GODEFRIDO·GVILIELMO·LEIBNITIO

NORMALE DEUTSCHE RECHTSCHREIBUNG

Theodor Ickler

Normale deutsche Rechtschreibung

Sinnvoll schreiben, trennen, Zeichen setzen

4. erweiterte Auflage

LEIBNIZ VERLAG
ST. GOAR

ISO 9706

4. erweiterte Auflage, 7.-8. Tsd.
Die 1.–3. Auflage erschien unter dem Titel
„Das Rechtschreibwörterbuch“

Gesamtherstellung: Druck- und Verlagsgesellschaft Bietigheim mbH
Gedruckt auf säurefreiem, alterungsbeständigem Papier

ISBN 3-931155-14-5

INHALT

Vorwort 9

Kurze Anleitung zum rechten Schreiben

Buchstaben und Laute 14
Getrennt- und Zusammenschreibung 17
Zusammenschreibung mit Zeitwörtern (Verben) 17
Zusammenschreibung bei Adjektiven und Partizipien 18
Zusammenschreibung bei anderen Wortarten 19
Der Bindestrich 19
Groß- und Kleinschreibung 20
Silbentrennung 23
Zeichensetzung 24
Ausrufezeichen und Fragezeichen 24
Punkt 25
Komma 26
Doppelpunkt 27
Strichpunkt (Semikolon) 27
Klammern 27
Gedankenstrich 27
Anführungszeichen 28
Auslassungszeichen (Apostroph) 28
Auslassungspunkte 29

Die Hauptregeln der deutschen Orthographie

1. Die Buchstaben und ihre Verbindungen: einige Besonderheiten

§ **1** Die Buchstaben 31
§ **2** Buchstaben und Laute 31
§ **3** Stammschreibung 32
§ **4** Das Zeichen ß 33
§ **5** Das Zeichen ck 33
§ **6** Das stumme h 33
§ **7** Einsparung von Buchstaben 33

2. Getrennt- und Zusammenschreibung
§ **8** Allgemeines über Verbzusätze ... 34
§ **9** Verbzusätze I: Obligatorische Zusammenschreibung ... 36
§ **10** Verbzusätze II: Fakultative Zusammenschreibung ... 37
§ **11** Zusammenschreibung bei Adjektiven und Partizipien ... 38
§ **12** Zusammensetzung und Zusammenschreibung bei anderen Wortarten ... 39
§ **13** Der Bindestrich ... 40
3. Groß- und Kleinschreibung
§ **14** Anfangsgroßschreibung ... 43
§ **15** Substantivgroßschreibung ... 44
§ **16** Großschreibung der Anredepronomina ... 49
4. Zeichensetzung
§ **17** Punkt ... 50
§ **18** Frage- und Ausrufezeichen ... 51
§ **19** Komma ... 52
§ **20** Gedankenstrich ... 58
§ **21** Semikolon ... 58
§ **22** Doppelpunkt ... 59
§ **23** Klammern ... 59
§ **24** Schrägstrich ... 60
§ **25** Apostroph ... 60
§ **26** Auslassungspunkte ... 61
§ **27** Anführungszeichen ... 62
5. Worttrennung am Zeilenende
§ **28** Morphologische Trennung ... 62
§ **29** Silbentrennung ... 62
Glossar ... 65
Benutzungshinweise zum Wörterverzeichnis ... 69
Wörterverzeichnis ... 73

Vorwort

Nach dem Ende des sogenannten Dudenprivilegs stellt sich die Frage, wie die deutsche Einheitsorthographie gerettet werden kann. Noch bevor die Neuregelung der Schulorthographie von 1996 in Kraft getreten war, schlugen ihre Urheber „unumgänglich notwendige“ Korrekturen vor, die von den Kultusministern zunächst begrüßt, dann jedoch überraschenderweise untersagt wurden. So trat zunächst für die Schulen, nach und nach auch für die Behörden eine bereits als fehlerhaft erkannte Übergangsschreibung in Kraft. Um deren Unzuträglichkeiten auszuweichen, erarbeiteten die Nachrichtenagenturen und einige Zeitungsverlage unterschiedliche Kompromiß- und Alternativentwürfe; „Hausorthographien“ – wie man sie im vorigen Jahrhundert gekannt hatte und durch die Einheitsorthographie von 1902 überwunden glaubte – schossen wie Pilze aus dem Boden. Der Dudenverlag bot mit seinem „Praxiswörterbuch“ eine weitere nichtamtliche Neuschreibung an. Es erschien eine zweite Generation reformierter Wörterbücher, die trotz erheblicher Abweichungen von der amtlichen Neuregelung den Anspruch erhoben, deren korrekte Auslegung zu sein. Sie konnten sich auf exklusive Beratung durch die zwischenstaatliche Rechtschreibkommission berufen. Unterdessen verweigerten sich fast alle Schriftsteller der Neuregelung, und den Schulbuchverlagen wurde auferlegt, geschützte Autoren nur in der Originalschreibung abzudrucken. Im Juni 2004 endlich beschlossen die Kultusminister eine zwar tiefgreifende, aber keineswegs ausreichende Korrektur des verunglückten Regelwerks. Wenig später kamen ihnen Zweifel, ob das ganze Unternehmen überhaupt noch zu retten sei.

So scheint ein Augenblick der Besinnung geboten. Wir hatten – und haben in weiten Teilen der seriösen Literatur immer noch –

eine seit Jahrzehnten bewährte, außerordentlich leserfreundliche und bei allem Wandel recht einheitliche Orthographie. Änderungswünsche wurden denn auch nicht etwa mit funktionalen Mängeln der üblichen Rechtschreibung begründet, sondern mit ihrer angeblich unzumutbaren Schwierigkeit für Lernende und „Wenigschreiber". Dem konnte die Neuregelung aber nicht abhelfen; sie ist sogar in vieler Hinsicht schwieriger als die alte und richtet sich außerdem in zentralen Bereichen ausdrücklich gegen die eigengesetzliche Entwicklung der Schriftsprache. Reformierte Texte – seien es Kinderbücher, Schulbücher oder selbst amtliche Schriftstücke – zeigen denn auch eine bisher nicht für möglich gehaltene Menge orthographischer Fehler. Noch schlimmer ist allerdings, daß die „korrekte" Befolgung der neuen Regeln zu grammatisch falschen Schreibweisen führt: *so Leid es mir tut, wie Recht du doch hattest, am Schwindel erregendsten* usw.

Nun gilt es zu unterscheiden: Die Rechtschreibung selbst war nie dasselbe wie ihre Darstellung im Duden. Der Duden wiederum bestand aus einem recht liberal gefaßten Regelwerk und einem Wörterverzeichnis, das nicht nur übermäßig aufgebläht war, sondern die Regeln mehr und mehr in allzu engherziger Weise auslegte, so daß es zu zahlreichen Haarspaltereien und unrealistischen Einzelfestlegungen gekommen war. Ferner ließ auch die Orientierung des Duden an der Sprachwirklichkeit zu wünschen übrig. Werden diese Mängel beseitigt, dann bleibt praktisch kein Reformbedarf mehr.

In dieser Situation liegt folgende Lösung nahe: Solange niemand eine sowohl stimmige als auch allgemeiner Zustimmung gewisse Rechtschreibreform vorzuschlagen vermag, sollte man bei der herkömmlichen Orthographie bleiben. Sie funktioniert ausgezeichnet, findet breiteste Anerkennung und ist anpassungsfähig genug, um sprachliche Neuentwicklungen aufzunehmen.

Der Plan einer vom Duden unabhängigen Neudarstellung des wirklichen Schreibgebrauchs wurde rasch verwirklicht. Die zahlreichen, zum Teil sehr ausführlichen Verbesserungsvorschläge, die auf die erste Veröffentlichung hin eingingen, habe ich in der nunmehr vorliegenden Fassung dankbar berücksichtigt.

Zusammen mit dem Wörterverzeichnis wird hier eine neue Fassung der Regeln zur Diskussion gestellt, und zwar zunächst in einer vereinfachten, allgemeinverständlichen Form, die ungefähr das enthält, was ein gebildeter Erwachsener über die deutsche Rechtschreibung weiß. Sie ist auch für Schüler gedacht. Eine anspruchsvollere, mehr in die Einzelheiten gehende Darstellung schließt sich an.

Es wird nicht übersehen, daß die Texte, die es zu durchforsten gilt, bereits mehr oder weniger durch die bisherige Dudennorm geprägt sind. Die Entwicklung der Schreibweisen im Wechselspiel von Schreibenden und Lesenden ist also nicht ganz frei, sondern gewissermaßen systematisch verzerrt, meist im Sinne des Beharrens auf einzelnen, im Grunde schon halb überlebten Schreibungen. Die so entstandenen Schreibvarianten sind einstweilen hinzunehmen. Auf der anderen Seite ist der Lexikograph nicht verpflichtet, jede vorgefundene Schreibweise aufzunehmen, und zwar auch dann nicht, wenn sie des öfteren angetroffen wurde. Ein orthographisches Wörterbuch ist keine wissenschaftliche Dokumentation, sondern ein Vorschlag zum sprachgerechten und vor allem leserfreundlichen Schreiben. Es ist jedem unbenommen, andere Vorschläge zu machen. Die Sprachgemeinschaft wird entscheiden, wie sie es letzten Endes immer getan hat.

Bei der Silbentrennung sind fast keine Varianten vorgesehen. Dieser Teil der Orthographie ist heute nicht ohne Rücksicht auf die automatische Textverarbeitung zu behandeln. Die Trennprogramme brauchen eindeutige Vorgaben und kommen mit dem, was Schülern schwierig erscheinen mag, im großen und ganzen sehr gut zurecht. Mit Beliebigkeitsräumen wäre daher niemandem gedient.

Übrigens entfällt die etwas vage Empfehlung des alten Duden, wonach zwei ungleiche Vokale selbst dann nicht getrennt werden, wenn sie zu verschiedenen Silben gehören. Es scheint wenig sinnvoll, zwar *ide-al, Isra-el* usw. zu trennen, *ide-ale, Isra-eli* usw. aber nicht zuzulassen. Zu unschönen einzeln stehenden Vokalbuchstaben kann es hier offenbar gar nicht kommen. Diese „Neuerung“ (wenn es denn eine ist, denn R 180 des alten Duden von 1991 läßt durchaus einen Spielraum) ist die einzige nennenswerte Abweichung von der bisherigen Norm.

Zu den Varianten ist noch folgendes zu sagen: Aus dem Kreise wohlwollender Kritiker ist vorgeschlagen worden, die Getrennt- und Zusammenschreibung „eindeutiger“ zu regeln. Dagegen sprechen zwei Gründe. Erstens berechtigt das Material nicht zu Festlegungen, wie sie der Duden in zahllosen Einzeleinträgen getroffen hatte. Noch wichtiger ist aber der zweite Grund: Entschiede der Lexikograph im Sinne der „Eindeutigkeit“ bei jedem Wort, ob es getrennt oder zusammenzuschreiben sei, dann wüßte der Benutzer zwar, daß eine Festlegung existiert, er müßte aber jedesmal nachschlagen, um herauszubekommen, wie sie aussieht. Diese geradezu monströse Erschwerung würde zum vielbeklagten früheren Zustand zurückführen, der allmählich eine gewisse Gleichgültigkeit gegenüber der Dudennorm erzeugt hatte.

In der vorliegenden Neubearbeitung sind auf Wunsch zahlreicher Benutzer knappe Bedeutungsangaben hinzugefügt, wo es sinnvoll erschien – etwa im Umfang der gewohnten Rechtschreibwörterbücher. Das grammatische Geschlecht ist, wo es sich nicht von selbst versteht, durch den Artikel gekennzeichnet. Neu ist auch die reichhaltigere Auswahl von Namen bekannter Persönlichkeiten, mit den Lebensdaten als Zugabe. Dennoch bleibt das Wörterbuch ein orthographisches und kann ein Bedeutungswörterbuch oder gar ein Konversationslexikon nicht ersetzen.

Es versteht sich, daß ein einzelner in verhältnismäßig kurzer Zeit nicht zu vollständiger Übersicht über den wirklich praktizierten Schreibbrauch in allen irgendwie zweifelhaften Fällen gelangen kann. Die computergestützte Nachprüfung an umfangreichen

Textsammlungen geht weiter. Auch sonst mag vieles verbesserungsbedürftig sein; für entsprechende Hinweise, Vorschläge und Ergänzungen bin ich dankbar.

Zuschriften bitte an: Theodor Ickler, Institut für Germanistik, Bismarckstr. 1, D-91054 Erlangen.

Erlangen, im Juli 2004 *Th. Ickler*

Kurze Anleitung zum rechten Schreiben

„Die Schrift ist nicht zum Schreiben da"

– so hat man mit Recht gesagt. Auch die Rechtschreibung ist kein Selbstzweck. Sie soll vielmehr dem Leser helfen, den Sinn eines Textes schnell und reibungslos zu erfassen. Darum sorgt sie dafür, daß Gleiches gleich, Verschiedenes verschieden geschrieben wird und daß dem Leser Irrwege erspart bleiben.

Unsere Schrift ist offenbar auf die Lautgestalt der Rede bezogen. Darum kann man viele Wörter bereits nach dem ersten Hören richtig schreiben, auch wenn sie in der eigenen Mundart nicht gebräuchlich sind: *Jauche*, *Schrippe*. Zusammengesetzte Wörter bestehen oft aus schon bekannten Teilen, so daß sich die Schreibweise erschließen läßt: *Maikäfer*, *Wiesenblume*.

Buchstaben und Laute

Das Deutsche wird mit den Buchstaben des lateinischen Alphabets, den Umlautbuchstaben *ä*, *ö* und *ü* sowie dem Buchstaben *ß* geschrieben. Außer *ß* kommen alle Buchstaben als Klein- und Großbuchstaben vor. In Wörtern aus fremden Sprachen werden manchmal Sonderzeichen verwendet.

Aus technischen Gründen können die Umlautbuchstaben durch *ae*, *oe* und *ue* ersetzt werden, und statt *ß* kann man *ss* schreiben (Schweizer Schreibweise).

Die wichtigste Abweichung von der lauttreuen Wiedergabe ist die sogenannte „Stammschreibung". Wenn ein Wortbestandteil durch Beugung oder Ableitung verändert wird, schreibt man ihn so, daß seine ursprüngliche Gestalt, mit der ja eine bestimmte Bedeutung verknüpft ist, leicht erkennbar bleibt. Das wirkt sich besonders auf zwei Gebieten aus: **Auslautverhärtung** und **Umlaut**.

Die **Auslautverhärtung** besteht darin, daß stimmhafte Mitlaute (Konsonanten) am Ende einer Silbe stimmlos werden. Man spricht *Rad* und *Rädchen* mit t, obwohl der Stamm, wie erweiterte Formen (*Rades*, *Räder*) zeigen, auf d endet. Ein echtes, zum Stamm gehöriges t bleibt in allen Formen erhalten: *Rat*, *Rates*, *Räte*. In der Schrift wird die Auslautverhärtung **nicht berücksichtigt**; man schreibt den Stamm in seiner eigentlichen Form.

Der **Umlaut** betrifft die Selbstlaute (Vokale) a, o und u sowie den Zwielaut (Diphthong) au, die bei Beugung und Ableitung oft zu ä, ö, ü und äu abgewandelt werden: *Kälte*, *Töchter*, *müßig*, *Häuser* (zu *kalt*, *Tochter*, *Muße*, *Haus*). Rechtschreiblich sind nur *ä* und *äu* beachtenswert, weil die Aussprache eigentlich *e* und *eu* als normale Schreibweise erwarten läßt. Auch die Umlautschreibung läßt also für das Auge den Stamm durchschimmern. Übrigens: Wer *Bären* und *Beeren* ohnehin verschieden ausspricht, wird zumindest mit dem langen ä keine Schwierigkeiten haben.

Umlautbuchstaben werden nicht verdoppelt: *Sälchen* (zu *Saal*), *Bötchen* (zu *Boot*).

Für einige Laute stehen keine Einzelbuchstaben zur Verfügung. Die Schrift behilft sich mit den Buchstabenverbindungen *ch*, *sch* und *ng*: *Bach*, *ich*, *Tisch*, *Finger*.

Die Einzelbuchstaben *x* und *z* stehen für die Konsonantenverbindungen ks bzw. ts: *Hexe*, *zu*. Die Buchstabenverbindung *qu* gibt die Konsonantenverbindung kv wieder (*Quark*), *chs* steht manchmal für ks (*Achse*). In Fremdwörtern gelten besondere Zuordnungen.

Vokale können lang oder kurz sein. Das wird nur teilweise in der Schrift angezeigt und niemals am Vokalbuchstaben selbst, sondern an seiner Umgebung:

Die **Länge** wird – wenn überhaupt – durch Verdoppelung des Vokalbuchstabens angezeigt (*Haar*, *Meer*, *Moor*) oder durch Hinzufügung von *e* (*Liebe*) oder *h* (*Mahl*, *sehr*, *ihm*, *Kohl*).

Die **Kürze** eines Vokals wird oft durch Verdoppelung des nachfolgenden Konsonantenbuchstabens angezeigt. Dies leuchtet ein, weil der doppelt geschriebene Konsonant zwar wie ein einfacher gesprochen wird, aber doch gewissermaßen zu zwei Silben gleichzeitig gehört: *kommen*, *raffen*, *wetten* usw. In *komm*, *raffst*, *Wettkampf* ist das zwar nicht mehr der Fall, aber wegen der Stammschreibung wird die Verdoppelung beibehalten. – Statt *kk* schreibt man *ck*: *backen*. Nur in einigen Fremdwörtern werden k und z verdoppelt: *Sakko*, *Pizza*.

Drei gleiche Konsonantenbuchstaben, die sich bei der Wortzusammensetzung ergeben müßten, werden zu zweien vereinfacht, wenn ein Vokal folgt: *Schiffahrt*, aber *Sauerstoffflasche*. Ähnliche Vereinfachungen gibt es auch bei Beugung und Ableitung: *du reist*, *Schlüsselein*.

Der Buchstabe *ß* – eigentlich eine Verschmelzung aus zwei Formen von *s* – steht einerseits für das stimmlose s nach langen Vokalen und Diphthongen, wenn noch ein Vokal folgt: *grüßen*, *reißen*; wegen der Stammschreibung dann auch in *grüßt*, *Gruß*, *reißt*. Andererseits steht *ß* anstelle von *ss*, wenn kein Vokal folgt: *Haß*, *haßt* (zu *hassen*). Hinzu kommt noch *daß* zur Unterscheidung von *das*. In Großbuchstaben schreibt man *SS*: *SCHLOSS-STRASSE*.

Das „stumme *h*" dient nicht nur als Dehnungszeichen, sondern kennzeichnet oft die Silbengrenze: *ste-hen*, *Kü-he*, *rau-hes*; wegen der Stammschreibung steht es dann auch in anderen Stellungen: *steht*, *Kuh*, *rauh*.

Getrennt- und Zusammenschreibung

Zusammenschreibung mit Zeitwörtern (Verben)

Im allgemeinen wird jedes Wort durch einen Zwischenraum von seinem Vorgänger und Nachfolger getrennt. Wenn die Wortstellung es zuläßt, schreibt man jedoch bestimmte Wörter mit Verben zusammen, um anzudeuten, daß sie besonders eng zusammengehören, zum Beispiel *aufgehen*, *wiederherzustellen*, *miesmachen*, *kennenlernen.* Bei anderer Wortstellung erkennt man, daß es sich nicht um echte Zusammensetzungen handelt: *Die Sonne geht auf*; *wir stellen es wieder her*; *sie macht das Buch mies*; *er lernte sie kennen.*

Wenn ein solcher Verbzusatz allein an der Spitze eines Aussagesatzes steht, wird er getrennt geschrieben: *Hinzu kommt ...*; aber *hinzukommen muß ...*

Einige wenige Zusätze werden, wenn die Stellung es zuläßt, **immer** mit dem Verb zusammengeschrieben. Es sind erstens die folgenden Verhältniswörter: *ab*, *an*, *auf*, *aus*, *bei*, *durch*, *entgegen*, *gegen*, *mit*, *nach*, *über*, *um*, *unter*, *vor*, *wider*, *zu*, *zwischen*, außerdem *dar*, *ein*, *her*, *hin*, *nieder*, *weg* und *zuvor.* Hinzu kommen *stand* (*standhalten*), *statt* (*stattfinden*), *teil* (*teilnehmen*) und einige andere. Getrennt vom Verb werden diese Zusätze klein geschrieben, auch wenn manche von ihnen ursprünglich Hauptwörter waren: *er hält stand*, *sie nimmt teil* usw.

In anderen Fällen ist Zusammenschreibung nur mehr oder weniger **üblich**. Getrenntschreibung ist dann nicht falsch, Zusammenschreibung aber oft besser. Im Wörterverzeichnis findet man genauere Angaben.

Zusammenschreibung bei Eigenschaftswörtern (Adjektiven) und Mittelwörtern (Partizipien)

Adjektive und Partizipien werden nur dann mit anderen Wörtern zusammengeschrieben, wenn sie mit ihnen wirkliche **Zusammensetzungen** bilden.

Das erste Partizip wird teils wie eine Form des Verbs behandelt, teils wie ein Adjektiv. Einerseits nämlich hängen dieselben Satzglieder von ihm ab wie von anderen Formen des Verbs: *großen Erfolg versprechend*, *tief schürfend*. Als Adjektiv kann es andererseits, wenn die Bedeutung es zuläßt, gesteigert werden: *sehr erfolgversprechend*, *noch erfolgversprechender*, *am tiefschürfendsten*. Das ist nur mit Zusammensetzungen möglich, Getrenntschreibung ist hier also ausgeschlossen. Zu diesen Steigerungsformen gehören entsprechende Grundformen: *erfolgversprechend*, *tiefschürfend*. Das zusammengesetzte Adjektiv kann außerdem zusammen mit *sein*, *werden* oder *bleiben* die Satzaussage bilden: *Der Anfang war erfolgversprechend*. Kaum möglich ist dagegen: *Der Anfang war Erfolg versprechend*. In der Allgemeinsprache vermeidet man meist auch das erweiterte erste Partizip als Beifügung: *die Rat suchenden Menschen* ist zwar möglich, wirkt aber schwerfälliger als *die ratsuchenden Menschen*. Dasselbe gilt bei hauptwörtlichem Gebrauch (Substantivierung): *die Rat Suchenden*, *Not Leidenden*, *anders Denkenden* ist viel ungelenker als *die Ratsuchenden*, *Notleidenden*, *Andersdenkenden*. Wenn das erste Glied näher bestimmt ist, tritt natürlich wieder Getrenntschreibung ein: *die ganz anders Denkenden*.

In einigen Fällen hat die Zusammensetzung einen besonderen, oft fachsprachlich festgelegten Sinn: *schwerbehindert* ist ein fester Begriff; dagegen drückt *schwer behindert* nur die Einschätzung durch den Sprecher aus. Hier ist auch die Betonung oft verschieden: *schwerbehindert* gegenüber *schwer behindert*. Man sagt: *Der Hund sitzt Fleisch fressend vor seiner Hütte*, aber: *Der Hund ist ein fleischfressendes Tier*. Die Wortgruppe bezieht sich auf einen einzelnen Vorgang, die Zusammensetzung ist ein zoologischer Fachausdruck.

Zusammenschreibung bei anderen Wortarten

Auch Wörter anderer Wortart können in oft gebrauchten Verbindungen allmählich zu neuen Wörtern zusammenrücken: *infolge*, *anhand*, *großenteils*, *irgendwie*, *unverrichteterdinge*, *unterderhand* usw. In dieser Übergangszone gibt es keine allgemeingültigen Regeln; die jeweils gebräuchliche Schreibweise läßt sich dem Wörterverzeichnis entnehmen.

Der Bindestrich

Manchmal würde die Zusammenschreibung zu schwer lesbaren oder mißverständlichen Formen führen: *Ipunkt*, *Septemberoktoberheft*. Dann hilft der Bindestrich. Er trägt dazu dabei, die Gestalt der einzelnen Bestandteile zu bewahren und dennoch ihre Zusammengehörigkeit anzuzeigen. Folgende Fälle sind am häufigsten:

1. Der Bindestrich zeigt an, daß ein Wortteil eingespart ist: *Groß- und Einzelhandel* (statt *Großhandel und Einzelhandel*), *be- und entladen* (statt *beladen und entladen*).

Man schreibt *auf- und untergehen*, aber *auf und ab gehen*. Denn im ersten Falle handelt es sich wirklich um die Kurzform von *aufgehen und untergehen*, aber wer auf und ab geht, geht nicht erstens auf und zweitens ab; *auf und ab* bildet eine geschlossene Wortgruppe. Ebenso *hin und her gehen* usw.

2. Der Bindestrich dient dazu, Abkürzungen und Symbolzeichen mit anderen Wortteilen zu verknüpfen: *Reg.-Rat*, *T-Shirt*, *UN-Sicherheitsrat*, *Fußball-WM*, *n-te Potenz*, *4x100-m-Staffel*, *röm.-kath*. Bei arabischen Ziffern ist das nicht nötig, weil es hier

nie zu Leseschwierigkeiten kommen kann. Man schreibt daher einfach *8jährig*, *die 8jährige*, *80er*, *24fach*, *das 24fache*.

3. Wenn eine Zusammensetzung mehrere Wörter enthält, die untereinander gleichrangig sind, werden alle Teile mit Bindestrichen „durchgekoppelt": Ein *September-Oktober-Heft* ist ein Heft für September **und** Oktober und nicht etwa ein Oktoberheft für September.

4. Wenn eine Zusammensetzung eine Wortgruppe oder eine Bindestrichzusammensetzung enthält, verknüpft man alle Bestandteile durch Bindestriche: *Wort-für-Wort-Übersetzung*, *das In-den-April-Schicken*, *Georg-Büchner-Preis*, *A-Dur-Tonleiter.* Bei einigen sehr geläufigen Verbindungen läßt man die Bindestriche oft oder immer weg: *Loseblattsammlung*, *Vergißmeinnicht.*

5. Zusammensetzungen aus einander gleichgeordneten Adjektiven werden oft durch Bindestriche gekennzeichnet: *weiß-blau* bedeutet ‚weiß **und** blau' und nicht etwa eine weißliche Art von Blau; dagegen bedeutet *rotbraun* ein rötliches Braun.

6. Der Bindestrich kann die Gliederung von Wörtern verdeutlichen: *Mädchen-Handelsschule* (= ‚Handelsschule für Mädchen', nicht ‚Schule für Mädchenhandel'). Das gilt auch beim Zusammentreffen von drei gleichen Buchstaben: *Tee-Ei* (statt *Teeei*), *Werra-Aal* (statt *Werraaal*). Auch sonst kann man nach Belieben Bindestriche setzen, um die Übersichtlichkeit zu erhöhen, sollte es allerdings auch nicht übertreiben.

Groß- und Kleinschreibung

Von großen Anfangsbuchstaben macht die deutsche Rechtschreibung auf drei verschiedene Weisen Gebrauch:

1. Das erste Wort am **Anfang** eines Textes oder nach einem Punkt, Ausrufe- oder Fragezeichen wird groß geschrieben. Diese

Anfangsgroßschreibung findet man auch bei Überschriften, Inschriften, Aufschriften, Anschriften, Werktiteln usw.:

Betreten verboten!

Vor Gebrauch schütteln!

An das Finanzamt

der Roman „Der grüne Heinrich"

2. Davon ist die Großschreibung im Inneren eines Satzes zu unterscheiden. Im allgemeinen nennen die groß geschriebenen Wörter eines Textes das, wovon in diesem Text die Rede ist. Daher werden zunächst die meisten **Hauptwörter** (Substantive) groß geschrieben, darunter alle **Eigennamen** sowie hauptwörtlich gebrauchte Wörter anderer Wortart (Substantivierungen). Dabei ist folgendes zu beachten:

Erstens gibt es eine Neigung, Substantive klein zu schreiben, sobald sie nicht eigentlich das nennen, wovon der Text handelt. Hier sind zwei Fälle zu unterscheiden:

Ein Substantiv kann in eine **feste Wendung** eingebaut werden und dabei etwas von seinem vollen Sinn und oft auch von seinen grammatischen Eigenschaften verlieren. Bei *du nimmst teil* ist eigentlich nicht mehr von einem Teil die Rede; auch wird *Teil* hier ohne Artikel gebraucht und unter geeigneten Umständen sogar mit dem Verb zusammengeschrieben (*teilnehmen*). In ähnlicher Weise herabgestuft sind die ursprünglichen Substantive auch in *das ist schade*, *heute abend*, *gestern mittag.*

In Wendungen wie *nicht im geringsten* (= ‚gar nicht') oder *des öfteren* (=‚oft') ist weder von einem „Geringsten" noch gar von einem „Öfteren" die Rede; darum wird auch dies klein geschrieben. Ganz anders dagegen: *Man soll auch im Geringsten seinen Nächsten achten.* Hier geht es wirklich um einen armseligen Menschen, den man als seinen Mitmenschen achten soll. – Klein geschrieben wird auch in Wendungen wie: *am schönsten*, *aufs schönste*, *von weitem* usw.

Einige substantivierte Adjektive werden – meist zusammen mit dem bestimmten Artikel – wie **Fürwörter** (Pronomina) verwendet und dann klein geschrieben: *das gleiche*, *der erstere*, *das folgende*, *der nächste, die übrigen* (= *die anderen*), *verschiedenes* (= *mancherlei*). Zum Beispiel verweist man mit *das gleiche* auf etwas anderes im Text, ähnlich wie mit *dasselbe* oder *solch*: *das gleiche gilt von anderen Wörtern.* Meint man hingegen wirklich die Gleichheit, so schreibt man groß: *Gleiches mit Gleichem vergelten.*

Zweitens werden auch Wörter anderer Wortarten oft groß geschrieben, wenn sie als **Teil von Eigennamen** oder **festen Begriffen** (Fachausdrücken, Typen- und Sortenbezeichnungen) auftreten: *der Alte Fritz*, *der Zweite Weltkrieg*, *das Schwarze Brett*, *die Rote Taubnessel*, *die Erste Hilfe*, *die Innere Medizin*, *die Künstliche Intelligenz.* In all diesen Beispielen hat das Adjektiv nicht seine gewöhnliche Bedeutung. Das Schwarze Brett muß nicht schwarz sein, und nicht jede zuerst geleistete Hilfe ist eine Erste Hilfe. Oft kann man fragen, ob etwas nur so **heißt** oder ob es wirklich so **ist**, wie das Adjektiv sagt. Im ersten Fall wird groß geschrieben, im zweiten klein. Weil aber Sein und Heißen sich nicht immer streng trennen lassen und oft auch beides zutrifft, gibt es hier einen gewissen Spielraum für eigene Entscheidungen.

Von geographischen Namen abgeleitete Adjektive auf *-er* werden immer groß geschrieben: *Nürnberger Lebkuchen.* Adjektive auf *-isch* oder *-sch*, die von Personennamen abgeleitet sind, schreibt man groß, wenn eine Zugehörigkeit oder Urheberschaft gemeint ist: *das Lessingsche Lustspiel* (‚Lustspiel von Lessing‘). Wenn eher eine Eigenschaft gemeint ist, wird oft klein geschrieben: *lessingsche Klarheit* (‚Klarheit wie bei Lessing‘).

Fremdsprachige Ausdrücke, die im Deutschen als Substantive gebraucht werden, schreibt man groß; bestehen sie aus mehreren Wörtern, wird nur das erste groß geschrieben: *Ultima ratio*, *Conditio sine qua non*, *Corned beef*, *Eau de toilette*, *Dolce vita*. Eigennamen behalten allerdings ihren großen Anfangsbuchstaben: *Eau de Cologne*. Vor allem in englischen Ausdrücken werden oft noch weitere Teile groß geschrieben: *Soft Drink*. Wechselt man **in** eine fremde Sprache, statt bloß einen Ausdruck **aus** ihr zu verwenden, so bleibt die dort übliche Kleinschreibung erhalten: *ultima ratio*, *dolce vita*.

3. Der dritte Fall von Großschreibung betrifft die **Anredepronomina**. Das Anredepronomen *Sie* und das zugehörige besitzanzeigende *Ihre* usw. (nicht aber *sich*) werden zu Unterscheidungszwecken in allen Formen groß geschrieben:

Kümmern Sie sich bitte selbst um Ihr Gepäck!

Aus Höflichkeit kann man auch *Du* und die entsprechenden Formen groß schreiben:

Liebe Oma, für Deinen Brief danke ich Dir von Herzen.

Silbentrennung

Die Silbentrennung dient dazu, die Zeilen möglichst gleichmäßig zu füllen und dennoch das flüssige Lesen nicht zu behindern. Weder am Ende einer Zeile noch am Anfang der nächsten sollen irreführende Bruchstücke stehen.

1. Zusammensetzungen und Wörter mit Vorsilben werden nach ihren Bestandteilen getrennt: *Sonn-abend*, *voll-enden*, *Ballett-truppe*, *Atmo-sphäre*, *Inter-esse*, *be-achten*, *ver-handeln*. (Es sind nur diejenigen Trennstellen angezeigt, auf die es hier ankommt.)

Die Vereinfachung von drei gleichen Buchstaben wird bei der Worttrennung rückgängig gemacht: *Schiff-fahrt*, *Brenn-nessel*.

2. Alle weiteren Trennstellen findet man, wenn man die Wörter langsam vorliest. Einzelne Buchstaben werden jedoch nicht abgetrennt, also nicht *A-bend*, *Klei-e*. Das gilt auch innerhalb von Zusammensetzungen: *all-abendlich*, nicht *alla-bendlich*; *Bio-müll*, nicht *Bi-omüll*.

st wird nicht getrennt: *ta-sten*, *Pol-ster*. Das gilt natürlich nicht, wenn *s* und *t* zu verschiedenen Teilen einer Zusammensetzung gehören; hier ist zunächst die erste Hauptregel anzuwenden: *Hals-tuch*.

Die Buchstabenverbindungen *ch* und *sch*, die für einzelne Laute stehen, werden nicht getrennt: *Bu-che*, *mi-schen*. Dasselbe gilt für gewisse Buchstabenverbindungen in Fremdwörtern: *ph*, *rh*, *sh*, *th*, *dsch*, *tsch*, also: *Pro-phet*, *Ra-dscha* usw. Dagegen wird *ng* getrennt: *Fin-ger*. *ck* wird als *k-k* getrennt: *bak-ken*.

Es ist üblich, in Fremdwörtern bestimmte Buchstabenverbindungen mit *l*, *n* oder *r* als letztem Bestandteil nicht zu trennen, nämlich *bl*, *br*, *cl*, *cr*, *fl*, *fr*, *gl*, *gn*, *gr*, *kl*, *kn*, *kr*, *pl*, *pr*, *phl*, *phr*, *str*, *tr*, *thr*, *vr*: *Pu-blikum*, *Zy-klus* usw. Auch hier geht aber die Trennung der Zusammensetzungen vor: *sub-lim* usw.

Zeichensetzung

Ausrufezeichen und Fragezeichen

Mit dem Ausrufezeichen werden Äußerungen als Aufforderung (verneint als Verbot) oder als Ausruf gekennzeichnet, mit dem Fragezeichen als Frage: *Ruf doch mal an! Geh nicht weiter! So ein Unglück! Wo warst du? Warum kommst du nicht?*

Punkt

Der Punkt wird zu ganz verschiedenen Zwecken verwendet.

Als **Schlußpunkt** gliedert er selbständige Sätze aus Texten aus. Kein Schlußpunkt steht nach Ausrufe- und Fragezeichen, Abkürzungs- und Auslassungspunkten, nach dem Punkt hinter Ordnungszahlen sowie nach den Anführungszeichen der wörtlichen Rede. (In dem Satz *Sie sagte: „Ich weiß es nicht."* hat also der Gesamtsatz kein Schlußzeichen, denn der Punkt gehört zur wörtlichen Rede.)

Aus der Hauptfunktion ergibt sich, daß allein stehende oder durch das Schriftbild hinreichend ausgegliederte Äußerungen wie Inschriften, Anschriften, Buchtitel, Überschriften, Unterschriften sowie in andere Sätze eingebettete Zitate im allgemeinen nicht durch einen Punkt abgeschlossen werden:

Hier ruht Max Müller (Inschrift)

Es muß nicht immer Kaviar sein (Buchtitel)

Mit freundlichen Grüßen
Max Müller (Unterschrift)

„Man soll den Tag nicht vor dem Abend loben" ist ein weiser Spruch. (Zitat)

Der Punkt steht nach **Abkürzungen**, die beim Lesen in den vollen Wortlaut aufgelöst werden: *i. a.* (gesprochen *im allgemeinen*), *A. D.* (gesprochen *Anno Domini*); aber *LKW* (gesprochen *el-ka-we*). Ausnahmen gibt es vor allem bei Maßeinheiten: *m* (gesprochen *Meter*), andererseits *k. o.* (gesprochen *ka-o*).

Der Punkt steht nach einer Ziffer, um sie als **Ordnungszahl** zu kennzeichnen: *der 7. April*, *Karl V.*

Außerdem gibt es noch verschiedene „technische" Verwendungen des Punktes, zum Beispiel zur Gliederung von Ziffern: *10.000* (‚zehntausend').

Komma

Das Komma verknüpft die Glieder einer Aufzählung, wenn sie auch durch Bindewörter wie *und*, *oder*, *sowie* verknüpft sein könnten: *Feuer, Wasser, Luft und Erde*; *kleine, unscheinbare Blüten.*

Zwischen Hauptsätzen, die durch *und* oder *oder* verbunden sind, steht dann ein Komma, wenn auch ein Punkt stehen könnte: *Sie las ein Buch, und er saß vor dem Fernseher.* Aber: *Sei so gut und halt mir einen Platz frei.*

Nebensätze und nebensatzwertige Wortgruppen werden durch Kommas abgetrennt. Als nebensatzwertig gelten bestimmte Infinitiv- und Partizipgruppen sowie solche Gruppen, zu denen man sich ein *seiend* oder *habend* hinzudenken könnte (auch wenn das meist kein gutes Deutsch ergäbe). Die folgenden Beispiele zeigen die wichtigsten Möglichkeiten:

Du willst wissen, wo ich gewesen bin? Hunde, die bellen, beißen nicht. Sie bat mich, ihn zu grüßen. Von aller Welt verlassen, gab er die Hoffnung dennoch nicht auf. Seit langem ohne Arbeit, verfiel er schließlich dem Alkohol. Den Hut auf dem Kopf, verließ er den Raum.

Bei sehr kurzen Infinitiv- oder Partizipgruppen bleibt das Komma oft weg:

Sie bat mich(,) mitzukommen.

Zwischen der wörtlichen Rede und dem nachfolgenden Begleitsatz steht ein Komma, wenn ihm kein Ausrufe- oder Fragezeichen vorhergeht:

„Es ist möglich", sagte sie, „daß ich morgen verreise." – Aber: *„Halt!" rief er. „So?" fragte sie.*

Beisätze (Appositionen), Einschübe, Nachträge, Anreden und

deutlich von ihrer Umgebung abgehobene Ausrufe werden durch Kommas vom umgebenden Satz getrennt:

Gutenberg, der Erfinder des Buchdrucks, wurde in Mainz geboren. Heinrich, der Wagen bricht. Ach, es war zu spät.

Vor Beinamen steht kein Komma: *Friedrich der Große.*

Doppelpunkt

Der Doppelpunkt leitet die wörtliche Rede ein:

Der Bundeskanzler sagte: „Wir werden siegen, weil wir siegen müssen."

Manchmal steht der Doppelpunkt zwischen Thema und Kommentar:

Der Wald, die Felder, der See: all dies gehört der Kirche. – All dies gehört der Kirche: der Wald, die Felder und der See.

Strichpunkt (Semikolon)

Das Semikolon steht zwischen Sätzen, die ihrer Form nach vollständig sind, aber zusammen eine inhaltliche Einheit bilden:

Die Schrift ist nicht zum Schreiben da; sie dient vielmehr dem Leser.

Klammern

Klammern treten stets paarweise auf; sie umschließen Einschübe und Zusätze. (Beispiele in diesem Text.)

Gedankenstrich

Der Gedankenstrich steht anstelle eines neuen Absatzes, um einen inhaltlichen Einschnitt oder den Wechsel des Sprechers anzuzeigen. Innerhalb eines Satzes kündigt der Gedankenstrich ein Abbrechen oder eine überraschende Wendung an. Paarweise auftretende Gedankenstriche umschließen Einschübe anstelle von Klammern oder Kommas.

Anführungszeichen

Anführungszeichen umschließen die wörtliche Rede und kennzeichnen Ausdrücke als nur angeführt; mit ihnen drückt man ähnlich wie mit *sozusagen* oder *sogenannt* aus, daß man nicht die volle Verantwortung für die Wortwahl übernimmt. Oft kennzeichnen sie ironische Distanzierung:

„Warum kommst du nicht?“ fragte die Mutter. Ich lese „Wilhelm Meisters Lehrjahre“.

Es starben „nur“ zehntausend Menschen im Straßenverkehr. Das ist der sogenannte „Fortschritt“.

Auslassungszeichen (Apostroph)

Der Apostroph deutet an, daß Laute ausgelassen sind:

Das war's. (In diesem Fall wird das verkürzte *es* ohne Zwischenraum angehängt.)

's ist gut. (Beachte hier die Kleinschreibung am Satzanfang!)

Verkürzte Verbformen wie *ich hör*, *ich fahr*, *ich laß* gelten heute als ziemlich normal und werden daher meist ohne Apostroph geschrieben; *sag' ich*, *ich lass'* usw. sind aber möglich. Imperative ohne -e werden immer ohne Apostroph geschrieben: *komm!*, *laß!*

Der Apostroph wird außerdem zur Kennzeichnung des Genitivs von Eigennamen verwendet, die auf einen s-haltigen Laut enden, wenn der Genitiv nicht durch den Artikel erkennbar ist: *Aristophanes' Komödien, Selz' Psychologie.*

Auslassungspunkte

Durch drei Punkte deutet man an, daß Wörter ausgelassen sind:

Wer einmal lügt ... Daß dich der ...!

Die Hauptregeln der deutschen Orthographie

1. Die Buchstaben und ihre Verbindungen: einige Besonderheiten

§ 1 Die Buchstaben

Das Deutsche wird mit den 26 Buchstaben des lateinischen Alphabets geschrieben; hinzu kommen die Umlautbuchstaben *ä, ö, ü* und das Zeichen *ß*. Bis auf *ß* gibt es alle Buchstaben als Klein- und als Großbuchstaben. Aus technischen Gründen können die Zeichen *ä, ö* und *ü* durch *ae, oe* und *ue* ersetzt werden; statt *ß* kann *ss* stehen (vgl. § 4, Anm.). In Wörtern aus anderen Sprachen kommen Sonderzeichen vor.

§ 2 Buchstaben und Laute

(1) Grundsätzlich werden die Wörter der gesprochenen Sprache zum Zwecke der Verschriftung in so viele Abschnitte – sogenannte „Laute" – zerlegt, daß sie durch ebenso viele Buchstaben wiedergegeben, d. h. voneinander unterschieden werden können.

(2) Für einige Laute stehen keine besonderen Einzelbuchstaben zur Verfügung. Die Schrift behilft sich hier mit Buchstabenverbindungen: *ch* steht für den ach/ich-Laut [x]/[ç], *sch* steht für [ʃ], *ng* für [ŋ]. Die Ligatur *ß* (= ss) wird in bestimmten Positionen zur Bezeichnung des stimmlosen [s] mitverwendet (s. § 4): *reißen.*

(3) Die Einzelbuchstaben *x* und *z* stehen für die Konsonantenverbindungen [ks] bzw. [ts]. Die Buchstabenverbindung *qu* gibt die Konsonantenverbindung [kv] wieder, *chs* steht manchmal für [ks]. In Fremdwörtern gelten besondere Zuordnungen.

(4) Vor *p* und *t* wird der Anlaut [ʃ] durch *s* statt *sch* wiedergegeben: *Spiel, Spreu, Stein, Stroh.*

(5) Die **Länge** und **Kürze** der Vokale wird nicht am Vokalbuchstaben selbst erkennbar, sondern – wenn überhaupt – an seiner Umgebung, nämlich Dehnungsbuchstaben für die Länge, Verdoppelung des nachfolgenden Konsonantenbuchstabens für die Kürze. Im allgemeinen wird ein Konsonant doppelt geschrieben, wenn er zu zwei Silben gleichzeitig gehört („Silbengelenk"); dann ist der vorhergehende Vokal kurz. *ch, ng* und *sch* werden nicht verdoppelt.

§ 3 Stammschreibung

Die Wiedergabe der Laute wird ferner durch die **Stammschreibung** durchkreuzt. Sie besteht darin, zusammengehörige Wörter und Wortformen ungeachtet systematischer Lautabwandlungen möglichst ähnlich zu schreiben. So wird die **Auslautverhärtung** im Schriftbild ignoriert: *Rad* (gesprochen [ra:t]) wegen *Rades, Räder* usw. Die weitverbreitete spirantische Aussprache des Wortausgangs -ig [ɪç] wird in der Schrift nicht wiedergegeben: *König, fertig*. Zur Stammschreibung gehört auch die **Umlautschreibung**: *kälter* wegen *kalt, Häuser* wegen *Haus.* Die **Verdoppelung** von Konsonantenbuchstaben als Zeichen für Silbengelenke bleibt in anderen Formen erhalten, auch wenn kein Silbengelenk mehr vorliegt: *stammt* wegen *stammen*. Bei vielen Wörtern tritt die Verdoppelung erst in Formen mit größerer Silbenzahl auf: *Erlebnisse* (aber *Erlebnis*), *Ärztinnen* (aber *Ärztin*); *Asse* (*As*), *Busse* (*Bus*) u. a.

§ 4 Das Zeichen *ß*

Das Zeichen *ß* wird erstens als Einzelbuchstabe zur Wiedergabe des stimmlosen [s] nach langen Vokalen und Diphthongen verwendet, wenn noch ein Vokal folgt; infolge der Stammschreibung auch vor dem *t* eines Suffixes und am Silbenende: *Straße; außen; grüßen, grüßt, Gruß; heißen, heißt.*

Zweitens wird *ß* als typographische Variante von *ss* verwendet, und zwar am Silbenende und vor konsonantisch anlautenden Suffixen: *haßt, gehaßt, häßlich, Haß, haßerfüllt* (zu *hassen*). Zur Unterscheidung von *das* schreibt man auch die Konjunktion *daß* mit *ß*.

Anm.: Bei durchgehender Verwendung von Großbuchstaben unterbleibt die Ersetzung von *SS* durch *ß*: *SCHLOSSSTRASSE*; in Personennamen kann es um der Eindeutigkeit willen erhalten bleiben: *JOHANN WEIß*. Zur Worttrennung vgl. § 28.

§ 5 Das Zeichen ck

Das Zeichen *ck* steht für *kk* und wird bei der Worttrennung entsprechend aufgelöst: *Zuk-ker.* Nur in einigen Fremdwörtern schreibt man *kk: Sakko.*

§ 6 Das stumme *h*

Der Buchstabe *h* wird ohne eigenen Lautwert nicht nur als Dehnungszeichen, sondern auch zur Kennzeichnung der Silbengrenze mitverwendet: *stehen, Kühe.* Wegen der Stammschreibung bleibt es auch in anderen Positionen erhalten: *steht, Kuh* usw.

§ 7 Einsparung von Buchstaben

(1) Die Verdoppelung und Verdreifachung von Buchstaben, die sich bei Beugung, Ableitung und Zusammensetzung regelhaft ergibt, wird in einigen Fällen vermieden. Man schreibt *du reist* (zu *reisen*), *Hoheit, Schlüsselein.* Drei

gleiche Konsonantenbuchstaben, die sich bei Zusammensetzungen ergeben würden, werden auf zwei reduziert, wenn kein weiterer Konsonant folgt: *Schiffahrt*, aber *Sauerstoffflasche*. (Zur Worttrennung s. § 28.) Drei gleiche Vokalbuchstaben werden entweder vereinfacht (*Seen*) oder durch einen Bindestrich entzerrt: *See-Elefant*, vgl. § 13 (7). In Fällen wie *Knie*[*e*], *spie*[*e*]*st* und *geschrie*[*e*]*n* kann man vereinfachen oder die gewünschte Silbenzahl durch unverkürzte Schreibung kenntlich machen.

(2) Umlautbuchstaben werden nicht verdoppelt: *Saal – Säle, Boot – Bötchen.*

2. Getrennt- und Zusammenschreibung

Vorbemerkung

Wörter werden im allgemeinen durch einen Zwischenraum voneinander getrennt. Ausgenommen sind zahlreiche Verbzusatzkonstruktionen (§§ 8-10).

Zusammensetzungen sind Wörter; sie werden daher zusammengeschrieben. Zweifelsfälle ergeben sich im Übergangsbereich zwischen Wortgruppen und Zusammensetzungen bei Adjektiven und Partizipien sowie bei Unflektierbaren (§§ 11-12).

§ 8 Allgemeines über Verbzusätze

Bestimmte Wörter werden als Verbzusätze mit Verben zusammengeschrieben, wenn sie unmittelbar davor stehen („Kontaktstellung"): *... wenn die Sonne aufgeht.* Dagegen in „Distanzstellung": *Die Sonne geht [im Osten] auf.* Das zusammengeschriebene Gefüge heißt „orthographisches Wort".

Verbzusätze erkennt man an folgenden Hinweisen:

Verbzusätze tragen bei neutraler Satzbetonung den Hauptakzent: *aneinanderhängen,* aber *aneinander hängen.* Zwischen den Verbzusatz und das Verb können im allgemeinen keine weiteren Elemente treten; vgl. *daß sie dabei zusammenarbeiten,* aber mit freiem Adverbial und anderer Bedeutung: *daß sie zusammen daran arbeiten.*

Anm.: In seltenen Fällen ist der Zusatz erweitert: *Kannst du mich mit zur Gießerei nehmen?*

Außerdem ist zu beachten:

- Die Partikel *zu* gilt nicht als trennendes Element, sondern wird in das orthographische Wort aufgenommen: *sie scheint aufzugehen, der anzunehmende Unfall.* Außerhalb solcher Gefüge schreibt man sie nicht mit dem Verb zusammen: *sie scheint zu gehen, dreimal täglich zu nehmende Arznei.*
- Ist das Verb bereits mit einem Zusatz versehen, so zieht ein zweiter Zusatz nicht den Hauptakzent auf sich: *wiederherstellen.* Bei Distanzstellung werden auch die beiden Zusätze voneinander getrennt geschrieben: *Er stellt es wieder her.*
- Die Zusammenschreibung unterbleibt, wenn der Verbzusatz allein das Vorfeld füllt: *Auf geht die Sonne um 5.30 Uhr.* Aber: *Aufgegangen ist die Sonne um 5.30 Uhr.* – *Hinzu kommt, daß* ... Aber: *Hinzukommen muß* ...
- Verbindungen mit *sein* und *werden* schreibt man (fakultativ) nur im Infinitiv und Partizip zusammen: *dasein, bekanntgeworden,* aber *da ist, bekannt wurde.*
- Gesteigerte Adjektive, umfangreichere Wörter sowie Wortgruppen werden meist nicht mit Verben zusammengeschrieben: *sehr bekannt gemacht, höher zu schätzen, mausetot schießen, krankenhausreif schlagen.* Es gibt jedoch Ausnahmen wie *näherkommen, weitergeben.*

- Kontrastakzent bewirkt keinen Unterschied bei der Getrennt- und Zusammenschreibung: *Du sollst es nicht aneinanderlegen, sondern aneinanderkleben.*
- Echte Verbzusammensetzungen wie *schlußfolgern* werden in allen Stellungen zusammengeschrieben: *er schlußfolgert, hat geschlußfolgert.* Ebenso Halbzusammensetzungen: *notzulanden, ist notgelandet.*
- Einige Zusammenschreibungen sind obligatorisch (§ 9), andere sind nur mehr oder weniger üblich (§ 10).

§ 9 Verbzusätze I: Obligatorische Zusammenschreibung

- Verbzusätze, die mit den folgenden Präpositionen gleichlauten, werden in Kontaktstellung mit dem Verb zusammengeschrieben:

ab, an, auf, aus, bei, durch, entgegen, gegen, mit, nach, über, um, unter, vor, wider, zu, zwischen sowie *ein* (statt *in*)

Anm. 1: Als umgangssprachliche Kurzformen verwendet, werden einige dieser Zusätze fakultativ mit dem Partizip und Infinitiv von *sein* zusammengeschrieben: *absein / ab sein* (‚abgerissen sein'), *angewesen / an gewesen* (‚angeschaltet gewesen'), *aussein / aus sein* (‚ausgeschaltet, ausgegangen sein').

- ebenso folgende Partikeln:

dar, her, hin, nieder, weg, zuvor

- Hinzu kommen einzelne, zum Teil reihenbildende Verbindungen:

achtgeben, achthaben, fehlgehen, fehlschlagen usw., *fernsehen, innehalten, irreführen, irreleiten* usw., *kundgeben, kundmachen, kundtun, maßhalten, preisgeben, standhalten, stattfinden, stattgeben, statthaben, teilhaben, teilnehmen, wahrnehmen, weismachen, wundernehmen ...*

Anm. 2: Diese Zusätze werden in Distanzstellung klein geschrieben, auch wenn sie auf Substantive zurückgehen: *hält stand, hat nicht daran teil.* In einigen Fällen gibt es gleichbedeutende Konstruktionen mit normaler Getrennt- und Großschreibung: *Acht geben, gibt Acht; Maß halten, hält Maß* usw. Nach diesem Muster bildet man gelegentlich auch Distanzformen von Verbindungen, die in Kontaktstellung zusammengeschrieben werden: *fährt Rad* (zu *radfahren* oder *Rad fahren*) usw.

- orthographische Rückbildungen, besonders fachsprachlicher Art:

kaltschweißen, weichzeichnen

§ 10 Verbzusätze II: Fakultative Zusammenschreibung

Zahlreiche Wörter, die ganz verschiedenen Wortarten angehören, werden mehr oder weniger regelmäßig mit Verben zusammengeschrieben. Dabei handelt es sich teils um feste Verbindungen, die meist auch besondere (idiomatische) Bedeutungen haben, teils um jederzeit neu zu bildende Verbindungen der Verben mit nicht zu umfangreichen Orts-, Richtungs- und Ergebniszusätzen.

Beispiele:

blindfliegen, dableiben, ernstnehmen, hochachten, schwarzarbeiten, zugrundeliegen ...

freisprechen, festhalten, festnehmen, gefangennehmen, kaltstellen, kaputtgehen, pleitegehen, sauberhalten, totschlagen, verlorengehen, wettmachen ...

abwärtsgehen, aneinanderlegen, darunterschreiben, heimgehen, vorwärtsgehen ...

hängenbleiben, stehenlassen, kennenlernen, spazierengehen ...

Anm.: Bei diesen Verben ist folgende Unterscheidung möglich: *hängen bleiben* ‚weiterhin hängen', aber *hängenbleiben ‚plötzlich festhängen'*; *laufen lassen* ‚zulassen, daß etwas weiterhin läuft', aber *laufenlassen* ‚loslassen' usw.

§ 11 Zusammenschreibung bei Adjektiven und Partizipien

(1) In diesem Bereich tritt Zusammenschreibung nur bei **Zusammensetzungen** ein. Zweifelsfälle ergeben sich, wenn derselbe Verband als Wortgruppe oder als Zusammensetzung aufgefaßt werden kann. Auf Zusammensetzung deutet hin:

- daß die Wortgruppe grammatisch nicht möglich wäre: *herzerquickend* (nicht **Herz erquickend*).
- daß das erste Glied den Hauptakzent trägt: *schwerbehindert.*
- daß der Verband als ganzer kompariert oder intensiviert werden kann: *tiefschürfender, der hartgesottenste Mensch, höchst aufsehenerregend.*
- daß das Partizip I kaum prädikativ oder adverbial gebraucht werden kann: *Der Fall ist aufsehenerregend* (nicht **ist Aufsehen erregend*); *er hat es zufriedenstellend gelöst* (nicht **zufrieden stellend*).
- daß das erweiterte Partizip als amts- oder fachsprachlich markiert ist: *die Rat suchenden Bürger* (gegenüber allgemeinsprachlich: *ratsuchenden*)

(2) Partizipien von zusammengesetzten Verben sind ebenfalls Zusammensetzungen: *wehklagend, schlußfolgernd, geschlußfolgert.*

(3) Partizipien werden mit denselben Zusätzen zusammengeschrieben wie die zugrundeliegenden Verben: *aufsteigend, standgehalten* (obligatorisch); *vornüberkippend, heiliggesprochen* (fakultativ).

(4) Darüber hinaus erlaubt der adjektivische Charakter der Partizipien eine unbegrenzte Anzahl von Zusammensetzungen: *bahnbrechend, rotglühend, neugeboren, frischgebacken, hartgesotten.*

(5) Die Substantivierung der genannten Verbindungen führt zu unterschiedlichen Ergebnissen. Aus den zusammengesetzten Partizipien werden substantivische Zusammensetzungen: *Ratsuchende* (zu *ratsuchend*), aus Wortgruppen wiederum Wortgruppen: *Rat Suchende* (zu *Rat suchend*).

(6) Wörter werden mit Adjektiven (auch Partizipien) zusammengesetzt, wenn sie mit ihnen zusammen eine besondere Kategorie bezeichnen, während die Wortgruppen eher beschreibend, wertend oder auf einen aktuellen Sachverhalt bezogen gebraucht werden: *schwerbehindert* (Fachausdruck), aber *schwer behindert* (subjektive Einschätzung durch den Sprecher); *fleischfressend* (biologische Klassifikation: ‚karnivor'), aber *Fleisch fressend* (‚[gerade] Fleisch verzehrend'). Ebenso: *allgemeinbildend, leichtverdaulich, schwerverständlich, nichtöffentlich.*

(7) Adjektive, die ein Akkusativobjekt regieren, können mit ihm Zusammensetzungen bilden, die formal von einer Wortgruppe nicht zu unterscheiden sind: *jahrelang / Jahre lang, meterbreit / Meter breit.*

Anm. 1: In einigen Fällen sind durch Zusammenrückung neue Substantive entstanden: *die Handvoll, eine Zeitlang, der Fingerbreit* u. a.; sie existieren mit eigener Bedeutung neben den weiterhin möglichen Wortgruppen: *eine Hand voll Geld usw.*

Anm. 2: Oft entsprechen den Schreibweisen Bedeutungsunterschiede: *meterbreit* ‚einen oder mehrere Meter breit', aber *Meter breit* ‚mehrere Meter breit'.

§ 12 Zusammensetzung und Zusammenschreibung bei anderen Wortarten

Viele Adverbien, Konjunktionen, Präpositionen und Pronomina sind durch Zusammenrückung von Wortgruppen entstanden. Beispiele:

Adverbien: *indessen, allerdings, großenteils, geradewegs, zuerst, irgendwie*

Präpositionen: *infolge, anhand, vonseiten* (Übergangsschreibweise *von seiten*)

Konjunktionen: *indem, soweit*

Pronomina: *irgendwer, irgendein*

Verbzusätze: *infrage, instand, zugrunde*

Anm. 1: Bei *irgendetwas* und *irgendjemand* ist auch Getrenntschreibung üblich, da *etwas* und *jemand* selbständige, vorfeldfähige Pronomina sind.

Anm. 2: Mehrteilige Konjunktionen mit *daß* werden getrennt geschrieben: *außer daß, ohne daß, so daß, statt daß*. Bei *so daß* bahnt sich Zusammenschreibung an: *sodaß*.

§ 13 Der Bindestrich

Vorbemerkung

Der Bindestrich steht im Inneren von (orthographischen) Wörtern. Er hat die Aufgabe, Hindernisse der normalen Zusammenschreibung zu überbrücken. Dabei handelt es sich meist um eine schreibtechnische Verschiedenheit der Bestandteile: Anführungen, Einzelbuchstaben, Abkürzungen, Bindestrichzusammensetzungen, Wortgruppen und Eigennamen. Weitere Hindernisse sind Unübersichtlichkeit, idiomatische Verdunkelung sowie Unterbrechung durch eingeschobene Wörter.

(1) Der Bindestrich steht obligatorisch am offenen Rand von Wortresten:

Ein- und Ausgang, be- und entladen, bergauf und -ab, Textilgroß- und -einzelhandel

(2) Zusammensetzungen aus Bestandteilen unterschiedlichen Typs werden oft mit Bindestrich geschrieben. Man kann unterscheiden:

Zusammensetzungen mit Buchstaben, Abkürzungen und Symbolen (obligatorisch):

i-Punkt, T-Shirt, A-Dur, Fugen-s; dpa-Meldung, km-Zahl, x-Eck, UKW-Sender, Reg.-Rat, röm.-kath., UN-Sicherheitsrat, Fußball-WM

Anm. 1: Kurzwörter wie *Akku, Bus* und Initialwörter wie *Radar* gelten nicht als Abkürzungen.

Anm. 2: Ohne Bindestrich zusammengeschrieben werden Ableitungen und Zusammensetzungen mit arabischen Ziffern: *8fach, 32eck, $^{1}/_{2}$zöllig, 10tonner, 17jährig, die 17jährige, 45prozentig, 80er.*

Zusammensetzungen mit Eigennamen (fakultativ); bei Adjektiven kann die Großschreibung des Eigennamens beibehalten werden:

Bismarck-Ära, napoleon-freundlich / Napoleon-freundlich / napoleonfreundlich

Mehrere Bestimmungswörter zu einem Grundwort werden mit diesem und untereinander durch Bindestriche verbunden („Durchkoppelung“):

September-Oktober-Heft, Nord-Süd-Gefälle, Arzt-Patient-Verhältnis

Zusammensetzungen mit anführend gebrauchten Bestandteilen:

Ich-Form / ich-Form, Daß-Satz / daß-Satz

Anm. 3: Wörter wie *ichbezogen* fallen nicht unter diese Regel, da hier nicht von dem Wort *ich* die Rede ist, sondern vom Ich.

Anm. 4: Hierher kann man auch Zusammensetzungen stellen, die ausschließlich aus angeführten Elementen bestehen: *das Als-ob, das Entweder-Oder.*

(3) Zusammensetzungen mit Bestandteilen, die bereits eine Bindestrichschreibung enthalten, werden durch einen weiteren Bindestrich gegliedert:

A-Dur-Tonleiter (zu A-Dur)

(4) Wird eine Wortgruppe Bestandteil einer Zusammensetzung, so treten Durchkoppelungsbindestriche zwischen alle Bestandteile:

Nacht-und-Nebel-Aktion, Wort-für-Wort-Übersetzung, Trimm-dich-Pfad

Anm. 1: Einige Wörter dieser Art werden oft oder immer ohne Bindestriche geschrieben: *das Inkrafttreten, das Vergißmeinnicht.*

Anm. 2: Mehrteilige Namen werden, wenn sie als Bestandteil einer Zusammensetzung auftreten, mit Bindestrichen durchgekoppelt: *Georg-Büchner-Preis.*

Anm. 3: Ebenso mehrgliedrige Zusammensetzungen, die Ziffern oder Formeln enthalten: *80-Pfennig-Briefmarke; 4x100-m-Staffel.*

(5) Kopulativzusammensetzungen aus Adjektiven werden oft mit Bindestrich geschrieben:

schaurig-schön, weiß-blau, wissenschaftlich-technisch

Anm. 1: Farbbezeichnungen werden mit Bindestrich geschrieben, wenn keine Mischfarbe, sondern das Nebeneinander mehrerer Farben gemeint ist. Der Bindestrich entfällt aber in der Wappenkunde oder wenn aus anderen Gründen keine Mischfarbe in Betracht kommt: *schwarzweiß, schwarzrotgold.*

Anm. 2: Einige Adjektivzusammensetzungen werden meist mit Bindestrich geschrieben, obwohl sie kein eindeutig kopulatives Verhältnis ausdrücken: *römisch-katholisch.*

(6) Der Bindestrich steht bei Ableitungen mit Einzelbuchstaben und Formelzeichen vor dem Ableitungssuffix:

x-fach, n-te Potenz

(7) Der Bindestrich steht fakultativ im Inneren einer Zusammensetzung oder Ableitung. Dies kann (a) der Übersichtlichkeit oder (b) der Heraushebung einer idiomatisch verdunkelten „eigentlichen" Bedeutung dienen.

(a) Unübersichtliche Zusammensetzungen können durch Bindestriche gegliedert und so gegen Mißverständnisse gesichert werden:

Mädchen-Handelsschule, Hunderttausendvolt-Hochspannungsleitung

Beim Zusammentreffen von drei gleichen Buchstaben in Zusammensetzungen kann die Fuge durch Bindestrich verdeutlicht werden. Die Groß- und Kleinschreibung richtet sich nach der Wortart des Grundwortes:

Kaffee-Ersatz, Werra-Aal, see-erfahren, armee-eigen

(b) Verdunkelte (auch vermeintliche) Grundbedeutungen können durch Bindestriche herausgehoben werden:

Hand-Arbeit, be-greifen, Ent-fernung

(8) Der Bindestrich am Zeilenende gilt zugleich als Zeichen der Worttrennung.

3. Groß- und Kleinschreibung

„Großschreibung" bedeutet die Schreibung mit einem Großbuchstaben am Anfang. Wenn die Großschreibung nicht durch eine der folgenden Regeln begründet ist, wird klein geschrieben.

§ 14 Anfangsgroßschreibung

Groß geschrieben wird das erste Wort eines Satzes oder Textes:

Die deutsche Rechtschreibung (Buchtitel), *Die drei Spinnerinnen* (Überschrift), *Es war ein Mädchen faul und wollte nicht spinnen* (Textanfang), *Sie sagten: „Vergiß nicht, was du uns versprochen hast!"* (wörtliche Rede), *Vor Gebrauch schütteln* (Aufschrift), *Bitte nicht rauchen!* (Inschrift), *An die Bezirksfinanzdirektion* (Anschrift), *Mit herzlichen Grüßen* (Grußformel), *Alles Gute zum neuen Jahr!*

Anm. 1: Überschriften, Werktitel, Anschriften, Inschriften und dgl. sind Texte im Sinne dieser Regel. Auch die wörtliche Rede ist ein Text.

Anm. 2: Ein Satz im Sinne dieser Regel bildet entweder den Anfang eines Textes oder folgt auf ein schließendes Satzzeichen (Punkt,

Ausrufezeichen, Fragezeichen), jedoch nicht als Redeausleitung. Zum Doppelpunkt s. § 22.

Anm. 3: Der anführende Gebrauch ändert die Schreibweise nicht: *das Buch „Die deutsche Rechtschreibung"*.

Anm. 4: Beginnt der Satz mit einem Apostroph, so wird der folgende Buchstabe klein geschrieben: *'s ist ein Jammer.*

Anm. 5: Die Abkürzung *v.* (= *von*) in Familiennamen wird zur Vermeidung von Fehldeutungen auch am Anfang eines Satzes klein geschrieben: *v. Hayek ist gestorben.*

§ 15 Substantivgroßschreibung

Durch die Großschreibung in Substantivgruppen wird sichtbar gemacht, wovon in einem Text die Rede ist.

Anm.: Worüber in einem Text gesprochen wird, das ist der „Gegenstand" der Rede. Typische Redegegenstände sind die Träger von **Eigennamen**. Der Gegenstand der Rede kann in allen primären und nichtprimären Satzgliedpositionen vorkommen. Dies und die Nähe zu den Eigennamen machen das **Substantiv** zur bevorzugt groß geschriebenen Wortart. Durch Substantivierung werden Sachverhalte zu Redegegenständen gemacht, durch Entsubstantivierung wird die thematische Herabstufung angezeigt. Diese Vorgänge sind ständig im Fluß, so daß es hier viele Übergangserscheinungen gibt.

(1) Substantive werden groß geschrieben:

Erde, Kindheit, Trimm-dich-Pfad, X-Beine, das Ich, alles Gute, das kleine Schwarze, auf Rot schalten, das Vergißmeinnicht

Anm. 1: Substantive erkennt man im allgemeinen

- an der Fähigkeit, durch ein Artikel- oder Zahlwort bestimmt zu werden: *ein Haus, drei Töchter, die Drei, das Gute.*
- an der Erweiterbarkeit durch Attribute: *das sichere Haus, drei Töchter des Verfassers.*
- an ihrer Funktion als Kern einer kasusbestimmten Nominalgruppe: *Schönheit muß leiden. Man schlägt den Sack und meint den Esel. Sie ließen Frauen und Kindern den Vortritt.*

Anm. 2: Der artikellose Gebrauch substantivierter Adjektive in Paarformeln (*Die Musik gefällt Jung und Alt; der Konflikt zwischen*

Jung und Alt = Jungen und Alten) entspricht der Grammatik erschöpfender Aufzählungen.

Anm. 3: Unterschiedliche syntaktische Muster führen zu verschiedenen Schreibweisen: *er spricht [richtiges] Deutsch* (was?) oder *er spricht [richtig] deutsch* (wie?).

(2) In Zusammensetzungen mit Bindestrich, deren erster Bestandteil ein klein zu schreibendes Zeichen oder Zitatwort ist, bleibt die Kleinschreibung erhalten:

km-Zahl (aber *Kilometerzahl*), *i-Punkt, daß-Satz* ... (aber *T-förmig* ‚wie ein T geformt')

Anm.: Wörter wie *i-Punkt* kann man auch groß schreiben: *I-Punkt.* Dann wird das Zeichen *i* nicht zitiert (vorgeführt), sondern genannt: *‚der Punkt auf dem I'.* Ebenso: *Daß-Satz.*

(3) Bei Zitatwörtern aus anderen Sprachen kann die dort übliche Schreibung beibehalten werden. Möglich ist jedoch auch die Großschreibung des ersten Wortes einer Wortgruppe, die als Ganzes wie ein Substantiv gebraucht wird:

ultima ratio / Ultima ratio, conditio sine qua non / Conditio sine qua non, corned beef / Corned beef, commedia dell' arte / Commedia dell' arte

Anm.: Besonders in Entlehnungen aus dem Englischen werden oft noch weitere Bestandteile groß geschrieben: *Centre Court, Soft Drink* usw.; auch *Coup d'Etat.*

(4) Bei durchgekoppelten Zusammensetzungen, die als Ganzes substantivisch gebraucht werden, schreibt man alle substantivischen Bestandteile sowie das erste und das letzte Wort groß:

das In-der-Sonne-Liegen, der 400-Meter-Lauf

(5) Untypischer Gebrauch von (ursprünglichen) Substantiven liegt vor, wenn sie aufgrund von Grammatikalisierung oder Phraseologisierung ohne ihre ursprüngliche Bezeichnungsfunktion gebraucht werden. In diesem Fall werden sie oft klein geschrieben. Die Grenzen sind fließend, da es sich

teils um produktive Verfahren, teils um mehr oder weniger abgeschlossenen Sprachwandel handelt. Klein geschrieben werden

Präpositionen mit substantivischen Dubletten wie

dank, kraft, laut, statt, trotz, wegen, von ... wegen, um ... willen, zeit

die unbestimmten Mengenangaben

ein bißchen, ein paar (im Sinne von ‚wenige')

Verbzusätze wie

gibt preis (*preisgeben*), *nimmt teil* (*teilnehmen*)

(6) Substantivierungen werden unter bestimmten Bedingungen klein geschrieben.

Anm. 1: Nur scheinbar substantiviert sind Adjektive, die sich auf eine ausgelassene, jedoch im Text aufzufindende Substantivgruppe beziehen: *Das grüne Kleid ist hübscher als das rote* (ergänze *Kleid*). Dies gilt auch für die von Possessivartikeln abgeleiteten Adjektive *der meine, der meinige* usw.: *Das ist der meinige* (beim zeigenden Verweis auf einen in der Situation gegebenen Gegenstand). Zur Großschreibung *die Meinigen* s. unten.

Kleinschreibung ist üblich bei Superlativen mit *am, auf das/aufs,* wenn sie adverbial oder prädikativ gebraucht werden; als Hinweis kann die Erfragbarkeit mit *wie?* dienen:

Dieser Stift schreibt am feinsten. Dieser Weg ist am steilsten. Sie begrüßte uns auf das herzlichste / aufs herzlichste. Aber: *Er erfreute sich am Feinsten* (woran?). *Wir verlassen uns auf das Sicherste* (worauf?).

In vielen adverbial gebrauchten festen Wendungen werden substantivierte Adjektive und Adverbien klein geschrieben: *binnen kurzem, vor kurzem, seit langem, von nahem, von neuem, bei weitem, bis auf weiteres, ohne weiteres, von weitem, im allgemeinen, im besonderen, im einzelnen, nicht im entferntesten, im (großen und) ganzen, im gesamten, nicht im geringsten, im mindesten, im kleinen, im übrigen, im weiteren, im wesentlichen, im nachhinein, im voraus, aufs neue, des langen und breiten, des näheren, des öfteren, des weiteren ...*

Die Bezeichnungen von Sprachen werden in Verbindung mit *auf* klein geschrieben: *auf deutsch*; nach *in* ist Großschreibung verbreitet: *in Deutsch*

In verbalen Phraseologismen kommen Klein- und Großschreibung nebeneinander vor:

zum besten / Besten geben, den kürzeren / Kürzeren ziehen, im dunkeln / Dunkeln tappen, auf dem trockenen / Trockenen sitzen, aus dem vollen / Vollen schöpfen

Anm. 2: Übertragener Gebrauch allein ist kein Grund, die Großschreibung von Substantiven aufzugeben. Erst das Verblassen der metaphorischen Bedeutung kann zur Umkategorisierung und damit zur Kleinschreibung führen: *mit jemandem durch dick und dünn gehen.*

Einige substantivierte Adjektive dienen eher der Verweisung als der Nennung. Sie werden dann in der Regel klein geschrieben:

der nächste (in einer Reihe), aber *der Nächste* (‚Mitmensch') usw.; *er freute sich aufs neue* (‚wiederum'), aber *er freute sich aufs Neue* (worauf?); *nicht im geringsten* (‚überhaupt nicht'), aber *man soll auch im Geringsten seinen Nächsten achten; mir gefiel verschiedenes* (‚einiges') *nicht, es war immer das gleiche* (‚dasselbe'), aber *das Verschiedene* (‚das, was verschieden ist') *muß verschieden, das Gleiche gleich behandelt werden; die übrigen* (‚die anderen'), aber *die Übrigen* (‚die Übriggebliebenen'); *das folgende* (nämlich im Text = ‚dies:'), aber *das Folgende* (nämlich in der Welt, von der der Text handelt)

Ebenso die Ordnungszahlwörter, wenn sie nur zum Abzählen dienen und nicht zum Ausdruck einer Rangordnung;

die Großschreibung in Eigennamen bleibt davon unberührt: *jeder zweite*, aber *er wurde Zweiter; Friedrich der Zweite*

Zu beachten sind einige nur prädikativ oder adverbial gebrauchte Adjektive, denen gleichlautende Substantive gegenüberstehen:

angst (himmelangst), bange, feind (spinnefeind, todfeind), freund, gram, leid, not, pleite, recht, schade (jammerschade), schuld, tabu, willens

(7) Eigennamen werden groß geschrieben.

In mehrteiligen Eigennamen werden das erste und das letzte Wort groß geschrieben:

der Stille Ozean, der Zweite Weltkrieg, die Fränkische Schweiz, Lange Zeile (Straßenname), *Zur alten Post* (Name eines Gasthauses), *der Heilige Vater* (der Papst)

Anm. 1: Der Artikel gehört meist nicht zum Namen und wird daher klein geschrieben.

Anm. 2: Traditionell werden auch andere Wörter innerhalb eines mehrteiligen Eigennamens oft groß geschrieben: *Zur Alten Post.*

Anm. 3: Als Eigennamen gelten auch die Bezeichnungen wiederkehrender Feiertage, Feste und dgl.: *der Erste Mai* (als Feiertag), *der Weiße Sonntag, das Neue / neue Jahr.*

Ableitungen von Eigennamen:

Von geographischen Namen abgeleitete Adjektive auf *-er* werden groß geschrieben:

Nürnberger Lebkuchen, Schweizer Käse

Ableitungen auf *(i)sch* von Personennamen werden klein geschrieben, wenn sie eine Qualität bezeichnen:

platonische Liebe (‚nichtsexuelle Liebe [im Sinne Platons]‘)

Sie werden groß geschrieben, wenn sie einen Realbezug zum Träger des Eigennamens bezeichnen, z. B. die Urheberschaft:

Platonische Schriften (‚Schriften Platons'), *Schillersche Gedichte* (‚Gedichte Schillers')

Anm. 4: Dieser Unterscheidung steht eine Tendenz entgegen, Eigennamen nicht durch Kleinschreibung zu verfremden: *Thomas-Mannsche Ironie* = ‚Thomas Manns Ironie' oder ‚Ironie nach Art Thomas Manns'.

Anm. 5: Wenn das Ende des Namens undeutlich sein sollte, kann ein Apostroph gesetzt werden: Corti'sches Organ (von *Corti*, nicht *Cort*).

(8) Appellativische Stereotype

Feste mehrteilige Bezeichnungen von Typen, Sorten, Gattungen und dgl. werden oft groß geschrieben. In Betracht kommen

allgemeinsprachliche Typenbezeichnungen wie *Schwarzes Brett, Erste Hilfe, Inoffizieller Mitarbeiter, der Goldene Schnitt*

fachsprachliche Klassifikationen: *Rote Taubnessel, Gemeine Stubenfliege, Roter Riese, Schneller Brüter, Künstliche Intelligenz, Rote Irdenware*

die Bezeichnungen von Sparten wie *Höhere Mathematik, Allgemeine Medizin, die Bildenden Künste*

Rollenbezeichnungen, Titel und dgl., die zum Teil in die Nähe von Eigennamen führen: *Technischer Direktor, Königliche Hoheit* (s. o. zu Eigennamen)

Warensorten und Markennamen: *Kölnisches Wasser, Irischer Frühling.*

§ 16 Großschreibung der Anredepronomina

(1) Das Anredepronomen *Sie* und seine Flexionsformen sowie der zugehörige Possessivartikel *Ihr* werden immer groß geschrieben, ebenso die Anrede *Ihr* für Einzelpersonen.

(2) Das Anredepronomen *Du* und seine Flexionsformen sowie der zugehörige Possessivartikel *Dein* werden in Briefen und ähnlichen Texten groß geschrieben.

Anm. 1: Klein geschrieben wird *du* in angeführter mündlicher Rede sowie in Anleitungstexten, die keine echte persönliche Anrede enthalten: *Er sagte: „Ich habe dich lange nicht gesehen.“ Schlag dein Wörterbuch auf und sieh nach, wie die folgenden Wörter geschrieben werden.* (Schulbuch)

Anm. 2: Das Reflexivpronomen *sich* wird immer klein geschrieben: *Haben Sie sich entschieden?*

4. Zeichensetzung

§ 17 Punkt

(1) Der Punkt steht am Ende eines Satzes, der Teil eines fortlaufenden Textes ist.

Anm. 1: Typographisch abgehobene Zeilen wie Überschriften, Inschriften, Anschriften, Unterschriften usw. stehen gewöhnlich ohne Punkt.

Reform der Rechtschreibung wird verschoben *Bevölkerung soll an Änderungen beteiligt werden* (Schlagzeile und Unterzeile)

Die Neuregelung der deutschen Rechtschreibung (Buchtitel)

An die Redaktion der Süddeutschen Zeitung (Anschrift)

Mit freundlichen Grüßen
E. Drach

Anm. 2: Der Aussagesatz als solcher hat, anders als Frage und Aufforderung (s. u.), kein Schlußzeichen. Das erkennt man an Einschüben und Zitaten:

Die Schule soll (so sagt man) unsere Kinder aufs Leben vorbereiten.
Kometen sind – das weiß heute jeder – keine Unheilsboten.
Der Satz „Aller Anfang ist schwer“ gilt nicht ohne Ausnahme.

Anm. 3: Der Punkt als Zeichen der Satzgrenze entfällt nach Abkürzungs- und Auslassungspunkten, Frage- und Ausrufezeichen (s. d.) sowie nach den Anführungszeichen der wörtlichen Rede: *Er sagte: „Ich komme bald wieder."*

(2) Der Punkt steht nach Abkürzungen, die beim Lesen in den vollen Wortlaut aufgelöst werden (Schreibkürzungen).

i. a. oder *i. allg.* (im allgemeinen), *A. D.* (Anno Domini)

Anm. 1: Nach Abkürzungen, die als Buchstabennamen oder Initialwörter gesprochen werden (Sprechkürzungen), steht meist kein Punkt: *UKW, CDU, NATO*. Ausnahmen wie *k. o.* kommen vor.

Anm. 2: In genormten Bereichen treten auch Schreibkürzungen ohne Punkt auf: *AA* (Auswärtiges Amt), *m* (Meter).

§ 18 Frage- und Ausrufezeichen

Das Fragezeichen steht am Ende einer Frage, das Ausrufezeichen am Ende eines Ausrufes oder einer Aufforderung bzw. eines Verbotes.

Wo warst du? Können Sie mir sagen, wo ich ein Taxi finde? Was, du hast gekündigt? Mit Sahne? Raucher oder Nichtraucher? Was? „Was habt ihr denn da angestellt?" fragte der erschrockene Bürger. Komm sofort hierher! So ein Unglück!

Sie empfahl uns immer (erinnerst du dich noch?), nachsichtig gegen andere zu sein. Sie empfahl uns immer (so eine Heuchelei!), nachsichtig gegen andere zu sein.

Anm. 1: Eine Frage (*Kannst du mir das Salz reichen?*) oder ein Ausruf (*So ein Pech!*) können unter geeigneten Umständen als Wunsch, Aufforderung usw. verstanden werden. Die Zeichensetzung berücksichtigt dies entweder nicht oder richtet sich danach, auf welche bevorzugte Weise die endgültige Deutung erreicht werden soll: *Wer ärgert sich nicht über die Verspätung?* (rhetorische Frage; die Wirkung wird durch Uminterpretation einer Frage erreicht) *Wer ärgert sich nicht über die Verspätung!* (beifallheischender Ausruf) *Wer ärgert sich nicht über die Verspätung.* (resignative Feststellung, da die Erwartung einer Antwort nicht einmal mehr vorgespiegelt wird)

Anm. 2: Die Stufen der beabsichtigten Deutung können auch durch Kombination von Frage- und Ausrufezeichen zum Ausdruck kommen: *Was, schon wieder?!* (Frage, die als Ausruf gedeutet werden soll)

Anm. 3: Besonders dringliche Fragen oder leidenschaftliche Ausrufe können durch Vervielfachung der Satzzeichen ausgedrückt werden: *Wie bitte?? Unsinn!!!*

Anm. 4: Nach einer Aufforderung kann das Ausrufezeichen wegfallen, wenn der Schreibende kein persönliches Interesse an der Befolgung hat: *Siehe S. 25. Bitte setzen Sie sich. Man nehme 3 Eier, schlage sie vorsichtig auf und trenne das Gelb vom Eiweiß. Das Eiweiß steif schlagen.* (Als isolierter Text [z. B. auf Hinweistafeln] nach § 17 (1) auch ohne Punkt: *Bitte nicht rauchen*)

Anm. 5: Frage- und Ausrufezeichen können als verkürzter Kommentar in Klammern hinter einem Ausdruck stehen, um daran etwas Fragliches, Erstaunliches usw. hervorzuheben: *Der Angeklagte hat das Geld gefunden (?). Am Ende wog er dreihundert (!) Kilogramm.*

§ 19 Komma

(1) Das Komma verknüpft die Glieder einer Aufzählung. Das Komma steht zwischen den Gliedern einer Aufzählung, soweit sie nicht durch wiederholbare Konjunktionen verbunden sind:

Feuer, Wasser, Luft, Erde; Feuer, Wasser, Luft und Erde; aber *Feuer und Wasser und Luft und Erde*

Ich kam, sah, siegte. Ich kam, sah und siegte.

Er sagte, er sei krank, seine Frau müsse ihn pflegen.

interessante, lehrreiche Experimente

Näh-, Mäh- und Waschmaschinen (= Näh- und Mäh- und Waschmaschinen)

Er will als Kellner, Koch oder Portier arbeiten. (= als Kellner oder Koch oder Portier)

Er wohnt in Mannheim, ich in Erlangen. Aber: *Er wohnt in Mannheim und ich in Erlangen.*

Anm. 1: Beim letzten Beispiel sind ein Satz und ein Satzrest entweder durch das Komma oder durch die Konjunktion verknüpft. Ein Satzrest entsteht, wenn Sätze einen oder mehrere Satzteile gemeinsam haben. Dies gilt auch bei abhängigen Sätzen und Satzresten: *daß er in Mannheim wohnt, ich in Erlangen.* Aber: *daß er in Mannheim wohnt und ich in Erlangen.*

Anm. 2: Wird durch neue Besetzung der Erststelle die Verb-Zweit-Stellung aufs neue hergestellt, während die Teilhabe an einem gemeinsamen Glied inhaltlich weitergilt, so kann ein Komma ebenfalls wegbleiben: *Als der Mann den Hof betrat, bellte der Hund(,) und die Gänse schnatterten.* (= *Als der Mann den Hof betrat, bellte der Hund und schnatterten die Gänse.*)

Anm. 3: Die Hinzufügung kopulativer Partikeln wie *bald – bald, einerseits – anderseits, einesteils – anderenteils, jetzt – jetzt, ob – ob, teils – teils, nicht nur – sondern auch, halb – halb, auch, außerdem, ferner* oder adversativer Partikeln wie *aber, jedoch* usw. ändert nichts an der Regel: *Es ist bald heiß, bald kalt.* (Aber: *Es ist bald heiß und bald kalt.*) *Sie ist unbegabt, aber fleißig.*

Anm. 4: In Fällen wie *dunkles bayerisches Bier* handelt es sich nicht um die Aufzählung von Attributen, da diese einander nicht nebengeordnet sind (und daher auch nicht z. B. durch *und* verbunden werden können).

Anm. 5: Bei Aufzählungen (Listen, Rubriken), die durch typographische Mittel hinreichend gekennzeichnet sind, können Satzzeichen wie Komma und Semikolon entfallen:
Das Komma hat drei Funktionen:
– *Verknüpfung*
– *Einbettung*
– *Klammerung*

(2) Das Komma bettet satzwertige Konstituenten in Matrixsätze ein, und zwar

• Gliedsätze und Gliedteilsätze:

Wenn es möglich ist, erledigen wir diesen Auftrag.

Wir erledigen, wenn es möglich ist, diesen Auftrag.

Wir erledigen diesen Auftrag, wenn es möglich ist.

Hunde, die bellen, beißen nicht.

Ich weiß, er ist unschuldig.

Er fragt, mit welchem Zug du kommst.

- extraponierte Infinitivgruppen, die mehr umfassen als den reinen Infinitiv und die Partikel *zu*:

Er hatte keine Gelegenheit, mich zu grüßen. Aber: *Er hatte keine Gelegenheit zu grüßen.* (Vgl. jedoch Anm. 7.)

Ich werde versuchen, das zu erledigen.

Es ist leicht, die Reform zu kritisieren.

Anm. 1: In kohärenten (von rechts nach links glatt geordneten) Verbkomplexen steht kein Komma: *Ich werde das zu erledigen versuchen.*

Anm. 2: Bei Verschränkungen steht kein Komma: *Das werde ich zu erledigen versuchen. Das werde ich versuchen zu erledigen.*

Anm. 3: Steht der erweiterte Infinitiv als Subjekt am Beginn des Satzes, so kann das Komma wegfallen: *Die Reform zu kritisieren(,) war leicht.* (Aber als Linksversetzung und Freies Thema, auch unerweitert, stets mit Komma: *Die Reform (zu) kritisieren, das war leicht. Kritisieren, das ist leicht.*

Anm. 4: Kein Komma steht, wenn der erweiterte Infinitiv von Hilfs- und Halbmodalverben wie *sein, haben, brauchen, pflegen, scheinen*, in gewissen Fällen auch *drohen* und *versprechen* abhängt: *Die Spur war deutlich zu sehen. Sie haben nichts zu verlieren. Sie pflegt ein Glas Wein zu trinken. Du scheinst schlecht gelaunt zu sein. Der Kranke drohte daran zu ersticken. Er verspricht ein anständiger Mensch zu werden.* Aber mit Vollverben: *Der Kranke drohte, sich umzubringen. Er versprach hoch und heilig, ein anständiger Mensch zu werden.*

Anm. 5: Steht der nichterweiterte Infinitiv in Subjektrolle nach dem Matrixsatz, so wird er durch Komma abgetrennt: *Seine Absicht war, zu imponieren.*

Anm. 6: Dasselbe gilt, wenn *zu* anstelle von *um zu* steht: *Ich komme nicht, zu binden.*

Anm. 7: Ein Infinitiv, von dem ein extraponierter Nebensatz abhängt, kann als erweitert oder nichterweitert behandelt werden: *Er hatte keinen Grund(,) zu glauben, daß sie log.*

Anm. 8: Bei sehr kurzen Erweiterungen des Infinitivs wie z. B. Verbzusätzen oder Reflexivpronomina kann das Komma weggelassen werden: *Hier gibt es die Möglichkeit(,) einzukaufen. Er hatte keine Gelegenheit(,) sich zu waschen.*

• Infinitivsätze, die mit *ohne zu, um zu, (an)statt zu oder als zu* eingeleitet sind:

Er ging, ohne zu zögern, auf das Angebot ein.

Sie fuhr in die Stadt, um einzukaufen.

Ich habe Besseres zu tun, als zu rauchen.

• Prädikativsätze

Partizipial- und Adjektivgruppen können als Prädikative zum Subjekt oder Objekt verwendet werden. Sie werden durch Kommas gerahmt, wenn der prädikative Bezug gegen eine mögliche adverbiale Deutung sichergestellt werden soll:

Aus vollem Hals lachend(,) kam er auf mich zu. (= Er kam auf mich zu und lachte dabei.)

Sie blickte ihn, durch sein Geschenk erfreut, erwartungsvoll an.

Zurückgewiesen, versuchte er es immer wieder. (= Obwohl ...)

Durch den Tod seiner Frau erschüttert, zog er sich ganz zurück. (= Weil ...)

Die Satzwertigkeit wird verstärkt, wenn zwischen Prädikativ und Matrixsatz durch Adverbien oder Konjunktionen ein besonderes logisches Verhältnis gesetzt wird:

Endlich wieder allein, setzten sie ihre Lektüre fort.

Obwohl frühzeitig auf ihren Fehler aufmerksam gemacht, verbesserten sie ihn nicht.

Anm.: Das gilt nicht bei konditionalen Beziehungen: *Leidlich begabt kann er das Gymnasium besuchen.* (= Wenn er leidlich begabt ist ...) Aber: *Leidlich begabt, besuchte er das Gymnasium.* (= Da er leidlich begabt war ...)

Der absolute Nominativ, gewisse Präpositionalgruppen und der absolute Akkusativ können als Verkürzung eines prädikativen Partizipialsatzes (mit *seiend* bzw. *habend*) angesehen werden; sie werden in Kommas eingeschlossen:

Obwohl kein Freund der Reform, half er bei ihrer Durchsetzung.

Endlich zu Hause, begannen sie mit der Lektüre.

Er sah, den Spazierstock in der Hand, tatenlos zu.

Ich sah ihn, den Spazierstock in der Hand, tatenlos dabeistehen.

(3) Das Komma steht zwischen Hauptsätzen zusätzlich, wenn sie durch *und, oder, entweder – oder* oder *weder – noch* verbunden und nicht durch andere Satzzeichen getrennt sind:

Das Feuer brannte endlich, und sie machten es sich gemütlich. Hast du ihn angerufen, oder wirst du es erst am Sonntag tun? Entweder du kommst, oder du schreibst einen Brief. Weder schrieb er einen Brief, noch kam er selbst.

Anm. 1: Wenn die Sätze kurz sind und eng zusammengehören, kann das Komma wegbleiben: *Er lief und er lief.* (= ‚Er lief immerzu'; es sind nicht zwei Vorgänge gemeint.)

Anm. 2: Wenn zwischen den Sätzen keine logische Nebenordnung besteht, kann das Komma wegbleiben: *Sei so gut und gib mir den Mantel.* (= ‚Sei so gut, mir den Mantel zu geben'; es sind nicht zwei Handlungen gemeint.)

Anm. 3: Kehrt der Teilsatz nach der Konjunktion zur Hauptsatzstellung zurück, während inhaltlich die Abhängigkeit fortbesteht (vgl. Abs. 1, Anm. 2), so kann ein Komma stehen: *Kennen Sie das, daß man in ein Gesicht schaut(,) und das ganze Leben verändert sich? (= Kennen Sie das, daß man in ein Gesicht schaut und das ganze Leben sich verändert?)*

(4) Zwischen angeführter Rede und nachfolgendem Begleitsatz steht ein Komma, wenn die angeführte Rede nicht mit

Ausrufe- oder Fragezeichen schließt:

„Es ist möglich", sagte sie, „daß ich morgen verreise." Aber: *„Halt!" rief er. „So?" fragte sie.*

Anm.: Das Gliedsatzkomma bleibt in jedem Fall erhalten: *Als sie mich fragte: „Warum?", konnte ich ihr nicht antworten.*

(5) Das Komma gliedert (gegebenenfalls paarig) nichtintegrierte Bestandteile wie Häufungen, Einschübe und Nachträge aus. Die wichtigsten Fälle sind folgende:

- Appositionen:

Der Angeklagte, Max Müller, erschien nicht zur Verhandlung.

Anm. 1: Die (auch intonatorisch integrierte) „enge Apposition" wird nicht in Kommas eingeschlossen: *Der Angeklagte Max Müller erschien nicht.*

Anm. 2: Beinamen stehen ohne Komma: *Friedrich der Große.* Auch Zusätze mit *geb., verw.* gelten als Beinamen in diesem Sinne: *Frau Martha Kühn geb. Schmidt.* Aber mit attributiver Erweiterung: *Friedrich, König von Preußen.* Auch ein weiterer Beiname wird in Kommas eingeschlossen: *Ludwig IX., der Heilige; Frau Martha Kühn geb. Schmidt, verw. Müller.* (Im letzten Beispiel kann das Komma auch fehlen.)

Anm. 3: Nach *das heißt (d. h.), das ist (d. i.), zum Beispiel (z. B.)* und ähnlichen Einleitungsfloskeln zu appositionellen Teilen steht meist kein Komma: *Im nächsten Jahr, d. h.(,) nach Beendigung ihres Studiums, wollen sie heiraten.*

Anm. 4: Erläuterungen zu attributiven Adjektiven oder zu Prädikatsteilen werden meist nicht wie Appositionen, sondern wie Aufzählungen behandelt und daher nicht durch Komma abgeschlossen: *Kostbare, insbesondere seidene oder golddurchwirkte Stoffe ... Er wurde erst ruhiger, als er sein Herz ausgeschüttet, d. h. alles erzählt hatte.*

- Parenthesen:

Das Schiff fährt wöchentlich einmal, und zwar sonntags, nach Helgoland.

- Nachträge:

Sie hatte viel Erfolg, zum Beispiel als Aida.

- Linksversetzungen:

Deinen Vater, den habe ich gut gekannt.

- Interjektionalsätze:

Ach, wäre ich doch in England!

Anm.: Bei *Ach! Wäre ich doch in England!* handelt es sich um zwei Ausrufe, deren Beziehung zueinander nicht ausdrücklich bezeichnet wird; mit Komma wird klar, daß der zweite im Bezugsbereich des ersten steht. Noch enger ist der Bezug bei integriertem Gebrauch ohne Komma: *Ach wäre ich doch in England!*

- Anreden:

Heinrich, der Wagen bricht.

Diese Geschichte, mein lieber Freund, erzähle ich dir später.

Anm.: Personalpronomina, die als persönliche Artikel gebraucht werden, sind keine Anreden und stehen daher ohne Kommas: *Ihr Franzosen habt es besser. Ich Esel habe es nicht gemerkt.*

§ 20 Gedankenstrich

Der Gedankenstrich steht anstelle eines neuen Absatzes, um einen inhaltlichen Einschnitt – z. B. den Wechsel des Themas oder des Sprechers – anzuzeigen. Er tritt hinter das Satzschlußzeichen. – Innerhalb eines Satzes kündigt der Gedankenstrich ein Abbrechen oder eine überraschende Wendung an. – Paarweise auftretende Gedankenstriche umschließen Einschübe anstelle von Klammern – oder Kommas. (Beispiele in diesem Abschnitt.)

§ 21 Semikolon

Das Semikolon trennt formal selbständige, jedoch inhaltlich verbundene Sätze.

Diese Lösung ist unbefriedigend; sie läßt nämlich die Betonung außer acht.

Das Semikolon gliedert gleichrangige Nebensätze:

Wer immer nur an sich selbst denkt; wer nur danach trachtet, andere zu übervorteilen; wer sich nicht in die Gemeinschaft einfügen kann: der kann von uns keine Hilfe erwarten. (Zum Doppelpunkt s. § 22.)

Das Semikolon gliedert Aufzählungen von Gruppen:

In dieser Gegend wachsen Roggen, Gerste und Weizen; Kirschen, Pflaumen und Äpfel; Tabak und Hopfen.

§ 22 Doppelpunkt

Der Doppelpunkt leitet direkte Rede ein. Er zeigt das Umschalten auf den Modus des Vorführens an:

Friedrich der Große sagte: „Ich bin der erste Diener meines Staates."

Der Doppelpunkt trennt Thema und Kommentar:

Der Wald, die Felder, der See: all dies gehört der Kirche. All dies gehört der Kirche: der Wald, die Felder, der See.

Anm. 1: Der Doppelpunkt wird auch als Zeichen der Rubrizierung verwendet: *Rechtschreibung: mangelhaft*

§ 23 Klammern

In Klammern werden Kommentare oder Lesealternativen eingeschlossen. Dabei sind zu unterscheiden:

Parenthesen, die innerhalb der linearen Ordnung des Textes bleiben und daher mitgelesen werden können:

In seiner Vergangenheit (nur wenige kannten ihn noch von früher) gab es manchen dunklen Punkt.

Anm.: Die Klammern konkurrieren hier mit Kommas oder Gedankenstrichen.

Parenthesen, die aus der linearen Ordnung herausfallen und daher als Lesealternativen oder nach Art von Anmerkungen, Glossen usw. behandelt werden:

d. h. (das heißt), Institut für deutsche Sprache (IDS)

Grille (Insekt) – Grille (Laune)

„Der Staat bin ich“ (Ludwig XIV.)

§ 24 Schrägstrich

Der Schrägstrich deutet Möglichkeiten an, die gleichzeitig oder alternativ in Betracht kommen. Er entspricht ungefähr einem *bzw.*:

Der Leser/die Leserin sollte folgendes beachten.
Ich/wir bestelle(n) zur sofortigen Lieferung ...

Anm.: Es gibt schreibtechnische Sonderverwendungen des Schrägstrichs:

- als Bruchstrich (= *je* oder *pro*): 100 km/Stunde, $5^1/4$ Prozent
- anstelle von Klammern, Komma oder Bindestrich: *Kleinert/Hannover* (= der Abgeordnete Kleinert aus Hannover), *das Buch von Thumb/Hauschild* (von den beiden Autoren Th. und H.), *CDU/CSU* (als Fraktionsgemeinschaft)

§ 25 Apostroph

(1) Der Apostroph deutet die Auslassung von Wortteilen an:

Kennen S' schon den neuesten Witz? (= Sie)

Wir haben 's Zelt aufgestellt. (= das Zelt)

ird'sche Güter (= irdische), g'nug (= genug)

Anm. 1: Am Satzanfang ist die Kleinschreibung zu beachten: *'s ist ein Glück. (= Es).*

Anm. 2: Das verkürzte Pronomen *'s* (= *es*) wird ohne Zwischenraum an ein vorhergehendes Wort angehängt: *Wenn's weiter nichts ist.*

Anm. 3: Bei allgemein gebräuchlichen Verschmelzungen von Präpositionen mit dem Artikel steht kein Apostroph: *ans, aufs, beim;* aber *auf'm, in'n.*

Anm. 4: Bei allgemein üblicher Auslassung eines unbetonten e im Wortinneren steht kein Apostroph: *auf verlornem Posten (= verlorenem), wäßrige Lösung (= wässerige), unsre (= unsere).* Ebenso bei Dialektwörtern wie *Dirndl, Wiesn.*

Anm. 5: Imperative werden immer, die umgangssprachliche Kurzform der 1. Person Singular oft ohne Apostroph geschrieben: *Kauf dir etwas Schönes! Ich kauf mir etwas. Ich laß es lieber.*

Anm. 6: Bei Ableitungen von Eigennamen auf *sch* steht kein Apostroph, außer gelegentlich zur Verdeutlichung der Grenze zwischen Name und Suffix: *Goethesche Gedichte, Grimmsche Märchen,* aber *Bernoullische* oder *Bernoulli'sche Gleichungen.*

(2) Der Apostroph steht als grammatisches Zeichen zur Kennzeichnung des Genitivs von Eigennamen, die auf *s, ss, ß, tz, z* oder *x* enden und nicht durch den Artikel als genitivisch erkennbar sind:

Aristoteles' Logik, Günter Grass' Werke, Törleß' Verwirrungen (aber *die Verwirrungen des jungen Törleß, des jungen Törleß Verwirrungen), Katz' Briefe, Giraudoux' Stücke*

Anm. 1: Bei fremden Namen, die nur in der Aussprache auf einen s-Laut enden, wird ebenfalls der Apostroph gesetzt: *Anatole France' Romane, Joyce' Werk;* sogar *Meredith' Romane*

Anm. 2: Der Apostroph steht auch nach Schreibkürzungen: *A.' Logik* (= *Aristoteles' Logik*)

§ 26 Auslassungspunkte

Mit den drei Auslassungspunkten deutet man an, daß ein Teil des Textes weggelassen ist. Nach den Auslassungspunkten entfällt ein Schlußpunkt.

Er wird doch nicht etwa ...?

Wir könnten es schaffen, wenn ...

Wer immer strebend sich bemüht ...

§ 27 Anführungszeichen

In Anführungszeichen werden Textstücke eingeschlossen, für die der Schreibende nicht die volle Urheberschaft beansprucht. Dabei kann es sich um die Vorführung fremder Rede (auch Werktitel und dgl.) oder um ironische Distanzierung handeln.

„Nichts im Übermaß!" sagte einer der Sieben Weisen.

Er liest gerade den „Grünen Heinrich".

Im zweiten Jahr wurden „nur" hunderttausend Bände verkauft.

Anm.: Anführungen innerhalb von Anführungen werden meist in halbe Anführungszeichen eingeschlossen: *„‚Nichts im Übermaß!' stammt von einem der Sieben Weisen", sagte er.*

5. Worttrennung am Zeilenende

§ 28 Morphologische Trennung

Zusammengesetzte und mit einem Präfix versehene Wörter werden nach ihren Bestandteilen getrennt: *Sonn-abend, voll-en-den, be-ob-ach-ten, Bal-lett-trup-pe, At-mo-sphä-re, In-ter-es-se*

Anm.: Die Vereinfachung von drei gleichen Konsonantenbuchstaben (s. § 7) wird bei der Worttrennung rückgängig gemacht: *Schiff-fahrt, Brenn-nessel.* Vgl. aber § 29 (1), Anm. 4.

Manche verdunkelten oder aus wenig bekannten Sprachen entlehnten Zusammensetzungen werden nach Sprechsilben getrennt: *al-lein; Ka-te-go-rie, Epi-so-de; His-bol-lah* (neben *Hisb-ol-lah*)

§ 29 Silbentrennung

(1) Einfache und mit einem Suffix versehene Wörter werden nach Sprechsilben getrennt. Dabei ist ein verlangsamtes

Sprechen (zum Teil „nach der Schrift“) zugrunde zu legen: *tre-ten, kal-kig, Zei-tung, Ärz-tin, Mau-er, ei-ne, Waa-ge, Trau-ung, Stra-ße; Na-ti-on, na-ti-o-nal, Ide-al*

Anm. 1: In Fremdwörtern, die noch nicht völlig integriert sind, werden die Verbindungen *bl, br, cl, cr, fl, fr, gl, gn, gr, kl, kn, kr, pl, pr, phl, phr, str, tr, thr, vr* meist nicht getrennt: *Pu-bli-kum, Zy-klus, neu-tral*

Anm. 2: Traditionell wird *st* nicht getrennt: *We-ste*

Anm. 3: Die Ersatzschreibung *ss* (nach § 1 und § 4, Anm.) wird nicht getrennt: *STRA-SSE*

Anm. 4: Eingesparte Buchstaben vor Suffixen leben nicht wieder auf: *Ho-heit, Schlüsse-lein*

Dabei ist folgendes zu beachten:

(2) Anfangssilben, die durch einzelne Vokalbuchstaben wiedergegeben werden, werden nicht abgetrennt: *Ufer, Igel,* aber *Ei-che, Aa-le.*

Anm.: Im Inneren eines Wortes ergeben sich keine allein stehenden Vokalbuchstaben; man trennt daher *Kanti-aner* oder *Kantia-ner.* Bei Zusammensetzungen ist jedoch auf die Bewahrung der Bestandteile zu achten (§ 28): *Dia-log* (nicht *Di-alog*).

(3) Das stumme *h* wird zwischenvokalisch wie ein einfacher Konsonantenbuchstabe behandelt, kommt also in die nächste Zeile: *ge-hen, zie-hen, rau-he.*

(4) Verdoppelte Konsonantenbuchstaben werden entsprechend der Silbengelenkschreibung getrennt: *Mut-ter, kommen, bak-ken* (vgl. § 5).

(5) Von mehreren Konsonantenbuchstaben kommt der letzte in die nächste Zeile: *Karp-fen.*

(6) Die Buchstabenfolgen *ch* und *sch* kommen bei der Trennung geschlossen in die nächste Zeile: *Be-cher, Bö-schung.* Dasselbe gilt für bestimmte Buchstabenverbindungen in fremdsprachigen Wörtern: *Ra-dscha, Pro-phet.*

(7) Die Verbindungen *ng* und *nk* werden bei der Trennung wie Zeichen für zwei Konsonanten behandelt: *Fin-ger, Anker.*

(8) Einfache Buchstaben, die für zwei Konsonanten stehen, sowie *qu* kommen in die nächste Zeile: *He-xe, trie-zen, li-quid.*

Glossar

Erläuterung der sprachwissenschaftlichen Fachausdrücke

absoluter Akkusativ – satzwertiger Ausdruck, der durch *habend* zu einem Partizipialsatz erweitert werden kann: *Den Hut noch auf dem Kopf, stürmte er ins Zimmer*

absoluter Nominativ – satzwertiger Ausdruck, der durch *seiend* zu einem Partizipialsatz erweitert werden kann: *Kein Freund der Geschwindigkeit, verzichtete er auf das Auto*

Adjektiv – Eigenschaftswort: *schön*, *englisch*, *quitt*

Adverb – Umstandswort: *zuerst*, *gestern*, *abends*

Appellativum – Allgemeinname im Gegensatz zum Eigennamen

Apposition – Form der Mehrfachnennung: *Max Müller, der Angeklagte*. Von „enger Apposition" spricht man in Fällen, die ohne Pause gesprochen werden: *der Angeklagte Müller* oder *Minister Krause*

Artikel – Geschlechtswort: *der*, *ein*, *kein*, *mein*

Attribut – Beifügung: *das sichere Haus*, *die Töchter des Verfassers*

Diphthong – Zwielaut, Doppellaut, z. B. au, ai

Extraposition (**extraponiert**) – Herausstellung einer Konstituente (meist eines Nebensatzes) an den rechten Rand des Matrixsatzes: *Ich habe erlebt, wie er ankam* statt: *Ich habe, wie er ankam, erlebt*; vgl. aber: *Ich habe seine Ankunft erlebt* (normale Stellung der nichtsatzförmigen Ergänzung)

Freies Thema – stark betonter, vor den linken Rand des Satzes gezogener Ausdruck, der angibt, wovon der Satz handelt, und grammatisch kaum oder gar nicht mit dem Satz verbunden ist: *Multimedia, was soll ich damit anfangen!*

Gliedsatz – Nebensatz, der den Wert eines primären Satzgliedes (Ergänzung oder Umstandsbestimmung) hat

Gliedteilsatz – Nebensatz, der den Wert eines nichtprimären Satzgliedes (Attribut) hat

Grammatikalisierung – Verlust der Bezeichnungsfunktion zugunsten einer grammatischen Funktion; so werden Vollverben zu Hilfsverben, Substantive zu Präpositionen (*Trotz* > *trotz*) usw.

idiomatisch – idiomatische Ausdrücke haben eine Bedeutung, die sich nicht aus den Bestandteilen ergibt

Imperativ – Befehlsform: *lauf!*, *gib!*

Infinitiv – Grundform des Verbs: *gehen*, *essen*

Initialwort – aus den Anfangsbuchstaben mehrerer Wörter zusammengesetztes Neuwort: *Laser*

Interjektion – Empfindungswort, Ausrufwort, z. B. *ach*, *oh*

kohärent – als kohärent oder glatt geordnet gilt hier eine Konstruktion, wenn die Abfolge der Teile der zunehmenden inhaltlichen Bestimmung entspricht: *daß er es*^{4} *tun*^{3} *zu wollen*^{2} *scheint*^{1}

Komparativ – Vergleichsstufe, erste Stufe der Steigerung: *größer*, *besser*

Konjunktion – Bindewort: *und*, *oder*, *daß*, *weil*

Konsonant – Mitlaut, z. B. b, t, v

Konstituente – Bestandteil, der sich bei der Zergliederung von Sätzen durch Umstell-, Austausch- und Weglaßproben ergibt

Kontrastakzent – Gegensatzbetonung: *nicht aussteigen, sondern einsteigen*

kopulativ – verknüpfend, anreihend

Kopulativkompositum – Und-Zusammensetzung: *Dichterkomponist*, *schwarzrotgold*

Ligatur – Verbindung, Verschmelzung

Linksversetzung – Herausstellung einer stark betonten Konstituente an den linken Rand des Satzes, wobei ein rückverweisender Stellvertreter an der normalen Stelle zurückbleibt: *Der Hans, der kann's* statt *Der Hans kann's*

Matrixsatz – Satz, dem ein anderer Satz untergeordnet ist

Objekt – Ergänzung

Parenthese – Einschub, Schaltsatz: *Damit, und das meine ich ernst, muß Schluß sein*

Partikel – nichtbeugungsfähiges Wort

Partizip – Mittelwort: *essend* (Partizip I); *gegessen* (Partizip II)

Phraseologismus – feste Wendung, Redensart: *im großen und ganzen*

Possessivartikel – besitzanzeigendes Geschlechtswort: *mein*, *unser*

Prädikativ – die Satzaussage bildender adjektivischer oder substantivischer Ausdruck: *sie ist mir feind*, *wir sind quitt*, *das Haus ist mein Eigentum*

Präfix – Vorsilbe, z. B. *in gemahlen*, *verderben*

Präposition – Verhältniswort: *an*, *auf*, *unter*

primär – primär sind Konstituenten, die sich bei der ersten Zergliederung eines Satzes ergeben; innerhalb der primären Konstituenten lassen sich nichtprimäre unterscheiden, z. B. Attribute

Pronomen – Fürwort: *du*, *dieser*, *es*

Reflexivpronomen – rückbezügliches Fürwort: *sich*

Satzrest – durch Aussparung eines Teils, den er mit einem anderen Satz gemeinsam hat, entstandener unvollständiger Satz: *er wohnt in Mannheim und ich [wohne] in Erlangen*

Stereotyp – feste Bezeichnung einer Gattung, Klasse, Sorte, Marke, Sparte usw. im Gegensatz zur frei wählbaren Beschreibung

Subjekt – Satzgegenstand

Substantiv – Hauptwort: *Dose*, *Gang*, *Verlegenheit*

Suffix – Endung, Nachsilbe, z. B. in *sagst*, *ärmlich*, *Fünkchen*

Superlativ – Höchststufe der Steigerung: *größte*, *beste*

Umlaut – Veränderung von a zu ä, o zu ö, u zu ü und au zu äu; der Zusammenhang mit den zugrundeliegenden Lauten wird durch die doppelten Pünktchen der sogenannten Umlautbuchstaben angedeutet

unflektierbar – was nicht gebeugt werden kann: *gestern*, *nicht*

Verb – Zeitwort, Tätigkeitswort: *essen*

Verbzusatz – Wort, das mit einem Verb eine enge Verbindung eingeht und oft mit ihm zusammengeschrieben wird oder werden kann, z. B. *aufgehen*, *heimfahren*, *auseinandersetzen*

Verb-Zweit-Stellung – Grundstellung des Aussagesatzes, wobei die gebeugte Form des Verbs nach genau einem Satzglied steht (das seinerseits satzförmig sein kann): *Nachts wird es kalt. Wenn der Morgen kommt, krähen die Hähne*

Verschränkung – Hinüberziehen eines Satzgliedes in den übergeordneten Satz: *Womit glaubst du, daß ich das verdient habe?* (*womit* gehört zu *verdienen*, nicht zu *glauben*) – *Das versuche ich mit deiner Hilfe zu erledigen* (*das* gehört zu *erledigen*, nicht zu *versuchen*)

Vokal – Selbstlaut, z. B. a, o, u

Vorfeld – im Aussagesatz die Stelle vor der Personalform des Verbs: *Du bist es gewesen. Nachts wird es kalt. Wenn der Morgen kommt, krähen die Hähne*

Wortrest – durch Aussparung von Teilen entstandenes unvollständiges Wort: *Auf- und Untergang* (statt *Aufgang*)

Benutzungshinweise zum Wörterverzeichnis

Das Verzeichnis enthält ausgewählte Wörter der deutschen Standardsprache; regional gebräuchliche Wörter, insbesondere aus Österreich und der Schweiz, wurden nur dann aufgenommen, wenn sie auch in Deutschland allgemein bekannt sind. Eigennamen, die oft Anlaß rechtschreiblicher Zweifel sind, konnten nur in enger Auswahl aufgenommen werden. Für ausländische Orts- und Personennamen gibt es oft unterschiedliche Schreibweisen: einheimische, englische, französische usw., z. T. mit Sonderzeichen; sie sind nur in Auswahl angeführt.

Das Wörterbuch ist ein rein orthographisches; Angaben zur Bedeutung, Aussprache, Grammatik oder Herkunft dienen vornehmlich der Identifikation der Wörter. Hinweise zur Bedeutung stehen in runden Klammern: fix (1. schnell; 2. fest), Feile (Werkzeug), Innozenz (*Papstname*). Linguistische Kommentare sind kursiv gedruckt: dein (*Possessivartikel*); *in Briefen usw. Großschreibung üblich*.

Trennstellen sind durch einen senkrechten Strich angezeigt: Was|ser. Gegebenenfalls wird dieser Hinweis in eckigen Klammern nachgestellt: wacker [k|k], wetturnen [tt|t].

Der Bogen ◡ kennzeichnet Wortverbindungen, die in bestimmten Stellungen zusammengeschrieben werden können: kalt◡stellen = kaltstellen oder kalt stellen. Obligatorische Zusammenschreibung wird nicht besonders gekennzeichnet: aufsteigen.

Eingesparte Wörter werden durch den kurzen Strich, eingesparte Wortteile durch Auslassungspunkte angedeutet: wach; -bleiben (lies: wach bleiben); wahr; ...sagen (lies: wahrsagen); Wächte; Schnee... (lies: Schneewächte).

Auf bloße Schreibvarianten wird durch *a.* (= *auch*), auf ähnliche, aber anderslautende Wörter durch *s. a.* (= *siehe auch*) hingewiesen: Anschovis; *a.* Anchovis; Amber; *s. a.* Ambra.

Varianten, die unmittelbar aufeinander folgen, sind unter dem Eintrag der ersten Form zusammengezogen. Die Abkürzung *vgl.* verweist auf Stichwörter, unter denen weiterführende Angaben zu finden sind.

Aus Platzgründen sind regelmäßige Zusammensetzungen nicht oder nur durch ein pauschales Beispiel in folgender Form vertreten: Hals...[kette *usw.*]. Das gilt auch für die regelmäßigen Verbzusatzkonstruktionen: abändern, aneinander◡hängen, es sei denn, das einfache Verb kommt sonst nicht vor oder nicht in dieser Bedeutung. Einzelne Zusammensetzungen werden dennoch angeführt, wenn irgendein Zweifel denkbar, zum Beispiel der Bezug auf das Bestimmungswort unklar ist: Halsberge, Halsgericht.

In eckigen Klammern stehen auch weglaßbare Buchstaben: Dostojewski[j].

Nicht eigens angeführt werden regelmäßige Abstraktbildungen auf -heit, -igkeit, -ung usw., feminine Ableitungen auf -in und von Verben abgeleitete Adjektive auf -bar. Als Zeichen der Substantivierung wird in der Regel der männliche Artikel verwendet: der Alleinstehende; die Übertragung auf die weibliche und sächliche Form ist sinngemäß vorzunehmen.

Angaben wie Oxid (*chem.*); *s. a.* Oxyd sind so zu lesen: Oxid gehört der chemischen Fachsprache an, Oxyd ist in dieser Hinsicht unmarkiert. Der Hinweis auf Sprachen wie (*lat.*), (*griech.*) soll andeuten, daß ein Wort eher lateinisch bzw. eher griechisch ist, z. B. hinsichtlich der Endung auf -us bzw. -os: Ostrakismos (*griech.*), Ostrazismus (*lat.*). Daß der griechischen Endung -os oft ein lateinisches -us entspricht, ist aber nicht jedesmal angegeben. Bei der Suche nach Fremdwörtern ist ferner zu beachten, daß lat. c oft durch k oder z ersetzt wird.

Mit *Abk. v.* wird auf die ungekürzte Orginalschreibung verwiesen, mit *Abk. f.* auf eine ungefähre deutsche Entsprechung: DGB (*Abk. v.* Deutscher Gewerkschaftsbund); KGB (*Abk. f.* sowjetischer Geheimdienst).

Durch Unterstreichung wird die Hauptakzentstelle angegeben, ohne Rücksicht auf Länge und Kürze.

Warenzeichen wie Contergan, Tesafilm sind nicht besonders gekennzeichnet.

Abkürzungen:

a.	auch
Abk.	Abkürzung
Anm.	Anmerkung
bes.	besonders
f.	für
s. d.	siehe dieses
übertr.	übertragen
usw.	und so weiter
v.	von
vgl.	vergleiche

Die Bezeichnungen von Sprachen und Nationalitäten sind in der üblichen Weise abgekürzt: dt. (deutsch), frz. (französisch) usw.

a A das a (der Kleinbuchstabe a, der Laut a, der Ton a der kleinen Oktave); das A (der Großbuchstabe A, der Ton A der großen Oktave); a (*Zeichen f.* a-Moll, *Abk. v.* atto...); A (*Zeichen f.* A-Dur, *Abk. v.* Ampere, Autobahn); von A bis Z; das A und O (der Anfang und das Ende, die Hauptsache); der a-Laut/A-Laut
a.../A..., *vor Vokal* an.../An... (*griech. Negationspräfix* = nicht-, un-); apathisch, anonym, Apnoe, Anästhesie *usw.*
Å (*Abk. v.* Ångström)
à (*frz.*) (*Präposition*) (zu, je); drei Flaschen à einen Liter
a., A. (*Abk. v.* anno)
ä, Ä; das ä (der Kleinbuchstabe ä *oder* der Laut ä); das Ä (der Großbuchstabe Ä). *Zur Umlautschreibung* ä *(gegenüber* e*) § 3*
AA (*Abk. v.* Auswärtiges Amt) *§ 17 (2) Anm. 2*
Aa, das (*kinderspr.* Kot); ~ machen
Aa|chen (dt. Stadt); Aachener Printe
Aal, der; *Pl.* Aa|le; *s.* Älchen
aa|len, sich
aal|glatt
Aal|strich (Längsstrich auf d. Rücken v. Pferden usw.)
Aal|to, Alvar (finn. Architekt 1898-1976)
a. a. O. (*Abk. v.* am angeführten *oder* angegebenen Ort)
Aar, der (Adler)
Aar|gau (Kanton d. Schweiz)
Aa|ron (bibl. Gestalt)
Aas, das (Tierleiche); *Pl.* Aase; *als Schimpfwort a. mit dem Plural* Äser
Aas|blu|me (Blume m. Aasgeruch)
aa|sen; du aast *§ 7 (1)*
aas|fres|send *§ 11 (6)*
Aas|gei|er (*oft übertr.* habgieriger Mensch)
ab; ab und an, ab und zu; ab- und zunehmen (= abnehmen und zunehmen); *aber* ab und zu nehmen (gelegentlich nehmen), auf und ab gehen; ab Nürnberg, ab Werk, ab diesem Bahnhof, ab [nächstem *oder* nächsten] Dienstag, ab achtzehn; *als Verbzusatz zusammengeschrieben*: abändern *usw. § 9*; *vgl.* ab‿sein *§ 9 Anm. 1*; der Knopf ist ab
Aba|chi, das (trop. Holz)
Aba|kus, der (Rechenbrett)
Abä|lard (Petrus Abaelardus, Philosoph 1079-1142)
Aba|lo|ne, die (Meeresschnecke)
Aban|don, der (*jur.* Abtretung)
aban|don|nie|ren (*jur.* abtreten)
Ab|art
ab|ar|tig
Aba|sie (*med.* Gehhemmung)
Aba|te, der (Weltgeistlicher)
A̲ba|ton, das (Allerheiligstes in Tempeln, Kirchen)
Abb. (*Abk. v.* Abbildung)
Ab|bas (*Name islam. Herrscher*)
Ab|ba|si̲|de (Angehöriger einer Dynastie v. Kalifen)
Ab|bau, der; *Pl.* Abbaue (*bergmannsspr.*)
Ab|be, Ernst (dt. Physiker 1840-1905)
Ab|bé, der (Weltgeistlicher)
Ab|bild
ab|bil|den
Ab|biß, der (*jägerspr.* abgebissener Pflanzenteil)
Ab|bit|te; ~ leisten
ab|blen|den
Ab|brand, der
Ab|bre|vi|a|ti|on (Abkürzung)
Ab|bre|vi|a|tur, die (abgekürztes Zeichen)
Ab|bruch, der
Ab|bu|ße, die
ab|bü|ßen; du büßt ab *§ 7 (1)*
Abc, das (Alphabet); *a.* Abece
Abc-Buch; *a.* Abece-Buch *§ 13 (2)*
ABC-[...Flug *usw.*] *§ 13 (2)*
Ab|cha̲|si|en (Region im Kaukasus)
ab|checken [k|k]
Abc-Schüt|ze; *a.* Abece-Schütze
ABC-Staa|ten (Argentinien, Brasilien, Chile) *§ 13 (2)*
ABC-Waf|fen (atomare, biolog. u. chem. Waffen) *§ 13 (2)*
Abd (Knecht *in arab. Personennamen*)
ab|däm|men
Ab|dampf
ab|dan|ken; der abgedankte König
Abd ar-Rah|man (*Name islam. Herrscher*); *vgl.* Abd
Ab|decker (Verwerter v. Tierkörpern) [k|k]
Ab|decke|rei [k|k]
Ab|de|ra (altgriech. Stadt)
Ab|de|rit; *Pl.* Abderiten (Einwohner v. Abdera, antike Schildbürger)
Ab|di|ka|ti|on (Abdankung)
ab|din|gen (*jur.* eine Abweichung vereinbaren)
ab|di|zie|ren (abdanken)
Ab|do|men, das (Bauch)
ab|do|mi|nal (*zu* Abdomen)
Ab|drift, die (Abweichung v. Kurs)
Ab|druck; *Pl.* ~drücke (Spuren) [k|k], ~drucke (Kopien) [k|k]
Ab|duk|ti|on (1. *med.* Seitwärtsbewegung e. Körperteils; 2. log. Schlußform)
Ab|duk|tor (*med.* abduzierender Muskel)
ab|du|zie|ren (*med.* e. Körperteil seitwärts bewegen)
ab|eb|ben
Abe|ce, das (Alphabet); *a.* Abc
Abe|ce-Buch; *a.* Abc-Buch
Abe|ce|da|ri|um, das (Abc-Buch, alphabet. Verzeichnis)
Abe|ce-Schüt|ze; *a.* Abc-

Schütze
Abee, das (*ugs.* Abort)
Abel (bibl. Gestalt)
Abel|mo|schus, der (Pflanze)
abelsch (*math.*); abelsche Verknüpfung; Abelscher Satz *§ 15 (7)*
abend; *nach der Tagesangabe zur genaueren Bestimmung eines Termins*: gestern/heute/morgen abend; er kommt Dienstag abend/am Dienstag abend; *aber* am [nächsten] Dienstagabend, den [nächsten] Dienstagabend; *vgl.* Abend, abends, Dienstag
Abend, der; des Abends, eines Abends; gegen Abend; es ist/wird Abend, zu Abend essen, guten Abend!, guten Abend sagen/wünschen; *vgl.* abend, abends
Abend...[brot *usw.*]
abend|lich
abends; von morgens bis abends, abends spät, um 8 Uhr abends; er kommt 8 Uhr abends; *nach der Tagesangabe zur genaueren Bestimmung eines Termins*: er kommt Sonntag abends (= am nächsten Sonntag, und zwar abends); *bei wiederkehrenden Terminen*: er kommt sonntags abends/sonntagabends; *vgl.* abend, Abend
Aben|teu|er, das
Aben|teu|er...[lust *usw.*]
Aben|teu|e|rin; *s. a.* Abenteurerin
aben|teu|er|lich
aben|teu|ern; du abenteuerst
Aben|teu|rer, der
Aben|teu|re|rin; *s. a.* Abenteuerin
aber (1. dennoch; 2. nochmals); aber und aber tausend *oder* Tausende; tausend und aber tausend, tausendmal und aber tausendmal); *vgl.* aberhundert; abertausend; ohne Wenn und Aber
Aber|glau|be, der
Aber|glau|ben, der
aber|gläu|bisch
aber|hun|dert; aberhundert Menschen; Aberhunderte von Menschen; *vgl.* aber
ab|er|ken|nen; du erkennst ab *oder* aberkennst
Ab|er|ra|ti|on (Abweichung)
aber|tau|send; abertausend Menschen; *substantiviert*: Abertausende von Menschen; *vgl.* aber
Aber|witz, der (Unsinn)
aber|wit|zig
Abes|si|ni|en (Äthiopien)
Abes|si|ni|er
abes|si|nisch
Ab|es|siv, der (*sprachwiss.* Kasus d. Abwesenheit)
ab|fackeln [k|k]
Ab|fahrt, die
Ab|fahrt...[tag *usw.*]
Ab|fahrts...[lauf *usw.*]
Ab|fall, der
Ab|fall...[eimer *usw.*]
ab|fäl|schen (*Ballsport*: zur Seite lenken)
ab|fas|sen; du faßt ab *§ 7 (1)*
ab|fie|ren; ein Boot ~ (herunterlassen)
ab|fin|den
ab|fla|chen
ab|flau|en
Ab|flug
Ab|fluß; *Pl.* ~flüsse
ab|foh|len
Ab|fol|ge
ab|fra|gen; du fragst mich/mir die Vokabeln ab; ich werde/mir werden die Vokabeln abgefragt
Ab|fuhr
Ab|führ...[mittel *usw.*]
ab|füh|ren
Ab|ga|be
Ab|gang
Ab|gän|ger
ab|gän|gig
Ab|gas
Ab|gas...[reinigung *usw.*]
Ab|gas|son|der|un|ter|su|chung; *Abk.* ASU
ab|gau|nern
ab|ge|dankt; *s.* abdanken
ab|ge|dro|schen
ab|ge|feimt (durchtrieben)
ab|ge|fuckt
ab|ge|kar|tet; e. abgekartetes Spiel
ab|gel|ten (abfinden); abgegolten
Ab|ge|ord|ne|te, der/die
Ab|ge|sand|te, der/die
Ab|ge|sang
ab|ge|schmackt
ab|ge|se|hen; ~ davon, daß ...
ab|ge|wöh|nen
Ab|glanz
ab|glei|chen
Ab|gott
ab|gren|zen
Ab|grund
ab|grün|dig
Ab|guß
ab|half|tern
ab|han|deln
ab|han|den; ~ kommen
Ab|hand|lung
Ab|hang
ab|här|men, sich
ab|här|ten
ab|has|peln
ab|hau|en (*a.* davonlaufen: du hautest ab); *vgl.* hauen
ab|häu|ten
ab|heu|ern
Ab|hieb, der
Ab|hil|fe
ab|hold; ~ sein
ab|ho|len
ab|hol|zen
ab|hö|ren; du hörst mich/mir die Vokabeln ab; ich werde/mir werden die Vokabeln abgehört
Ab|hör...[gerät *usw.*]
Ab|hub, der
Abi (*kurz f.* Abitur)
Abi|dj<u>a</u>n (Stadt der Elfenbeinküste)
ab|ir|ren
Ab|it<u>u</u>r, das (Reifeprüfung)
Ab|itu|ri|<u>e</u>nt, der

Abk. (*Abk. v.* Abkürzung)
ab|kal|ben
ab|kan|ten
ab|kan|zeln
ab|kap|seln
ab|kar|ten; abgekartet
Ab|kehr, die
ab|kin|dern (*DDR*: Darlehen durch Nachwuchs mindern)
Ab|klatsch (Kopie, *a. übertr.*)
ab|knap|pen
ab|knap|sen; du knapst ab *§ 7 (1)*
ab|knöp|fen
Ab|kom|men, das
ab|kömm|lich
Ab|kömm|ling
ab|kön|nen
ab|kra|gen
ab|krat|zen (*a.* sterben); du kratzt ab *§ 7 (1)*
ab|krie|gen
Ab|kunft
ab|kup|fern
ab|kür|zen; du kürzt ab *§ 7 (1)*
Ab|la|ge
ab|lan|dig (vom Land weg)
Ab|laß; *Pl.* Ablässe
Ab|la|ti|on (Abtragung)
Ab|la|tiv, der (*sprachwiss.* Kasus der Entfernung); *Abk.* Abl.
Ab|la|ti|vus ab|so|lu|tus (*sprachwiss.* satzwertige Fügung aus Ablativformen); *Abk.* Abl. abs.
Ab|lauf
ab|lau|gen
Ab|laut (*sprachwiss.* Vokalwechsel)
ab|le|ben
ab|le|dern
Ab|le|ger (Pflanzentrieb)
ab|leh|nen
ab|lich|ten
Ab|lö|se, die
ab|luch|sen; du luchst ab *§ 7 (1)*
Ab|luft
Ab|lu|ti|on (Abwaschung, *a. liturg.*)
ABM (*Abk. v.* Arbeitsbeschaffungsmaßnahme, Anti Ballistic Missile) *§ 17 (2) Anm. 1*
ABM-Stel|le
ab|ma|gern
Ab|marsch
ab|mei|ern (das landwirtschaftl. Nutzungsrecht entziehen)
ab|mü|hen, sich
ab|murk|sen; du murkst ab *§ 7 (1)*
ab|na|beln
Ab|nä|her
Ab|nah|me
ab|nib|beln (*ugs.* sterben)
ab|norm (unnormal)
ab|nor|mal (unnormal)
Ab|nor|mi|tät (Abweichung v. d. Norm)
ab|nut|zen; du nutzt ab *§ 7 (1)*
ab|nüt|zen; du nützt ab *§ 7 (1)*
Abo, das (*kurz f.* Abonnement); *Pl.* Abos
Åbo (Stadt in Finnland, *finn.* Turku)
Ab|oli|ti|on (Abschaffung, bes. d. Sklaverei; Niederschlagung e. Strafsache)
A-Bom|be (Atombombe) *§ 13 (2)*
ab|omi|na|bel (abscheulich); ab|omi|na|ble Reden
Abon|ne|ment, das
Abon|nent, der
abon|nie|ren; e. Zeitung ~
ab|ord|nen
Ab|ori|gi|ne, der (Ureinwohner [Australiens])
Ab|ort[1], der (Abtritt)
Ab|ort[2], der (*med.* Fehlgeburt)
ab|or|tie|ren (abtreiben)
Ab|or|ti|on (Abtreibung)
ab|or|tiv (abtreibend)
ab ovo (von Anfang an)
Ab|pfiff
ab|plat|ten
ab|pral|len
ab|prot|zen; du protzt ab *§ 7 (1)*
ab|rackern, sich [k|k]
Abra|ham (bibl. Gestalt);
Abra|ham a Sanc|ta Cla|ra (dt. Prediger; *eigtl.* Johann Ulrich Megerle 1644-1709)
ab|rah|men
Abra|ka|da|bra, das
Ab|ra|si|on (*geol.* Abtragung)
Ab|raum, der
Abra|xas (Zauberformel)
ab|re|beln
Ab|re|de; in ~ stellen
Ab|rei|bung (*a.* Prügel)
Ab|rei|se
Abri, der (Felsüberhang)
Ab|rieb, der
Ab|riß
Ab|ro|gans, der (althochdt. Buch)
Ab|ro|ga|ti|on (*jur.* Aufhebung)
Ab|ruf; auf ~
ab|rupt (plötzlich)
Abruz|zen (*Pl.*) (Gebirge in Italien)
Abruz|zi|scher Apen|nin (Gebirge in Italien)
ABS (*Abk. v.* Antiblockiersystem) *§ 17 (2) Anm. 1*
Abs, Hermann Josef (dt. Bankier 1901-1994)
Abs. (*Abk. v.* Absatz, Absender)
ab|sacken [k|k]
Ab|sa|ge, die
ab|sah|nen
Ab|sa|lom (bibl. Gestalt)
Ab|satz (1. Stufe, Abschnitt; 2. Verkauf)
ab|schat|ten
ab|schät|zig
Ab|schaum
Ab|scheu, der/die; abscheuerregend; sehr ~; *aber* [großen] Abscheu erregend *§ 11*
ab|scheu|lich
Ab|schie|be|haft
ab|schie|ben (*a.* des Landes verweisen)
Ab|schied
Ab|schieds...[feier *usw.*]
ab|schil|fern (abschuppen)
ab|schir|men
ab|schir|ren
ab|schlaf|fen
Ab|schlag
ab|schlä|gig
Ab|schluß; *Pl.* Abschlüsse

Ab|schluß...[feier *usw.*]
ab|schmet|tern
Ab|schnitt
ab|schot|ten
ab|schrä|gen
ab|schrecken [k|k]; du schrecktest ab
Ab|schrift
Ab|schuß; *Pl.* Abschüsse
Ab|schuß...[liste *usw.*]
ab|schüs|sig
ab|seh|bar
ab◡sein (abgerissen sein; abgespannt sein); *beim Partizip u. Infinitiv a. Zusammenschreibung*: abzusein/ab zu sein; daß der Knopf ab◡gewesen ist; *aber* ab ist *§ 9 Anm. 1*
Ab|sei|te, die
ab|sei|tig
ab|seits; ~ stehen (*a. sportspr.*); ~ des Weges, ~ vom Weg
Ab|seits, das (*a. sportspr.*); im ~ stehen
Ab|seits...[falle *usw.*]
Ab|sence (*frz.* Bewußtseinstrübung); *vgl.* Absenz
ab|sent (abwesend)
ab|sen|den; *vgl.* senden
Ab|sen|der
ab|sen|tie|ren, sich (s. entfernen)
Ab|senz (Abwesenheit; *a.* = Absence)
Ab|sicht
ab|sicht|lich
ab|sichts|los
Ab|sinth, der (Wermutbranntwein)
ab|so|lut
Ab|so|lu|ti|on (Freisprechung)
Ab|so|lu|tis|mus (unbeschränkte Monarchie)
Ab|so|lu|tist
ab|so|lu|ti|stisch
Ab|sol|vent ([Schul]abgänger)
ab|sol|vie|ren
ab|son|der|lich
ab|son|dern
Ab|sor|bens, das (*techn.* aufnehmender Stoff); *Pl.* Absorbentia, Absorbenzien
Ab|sor|ber (*zu* absorbieren)
ab|sor|bie|ren (*techn.* aufnehmen, aufsaugen)
Ab|sorp|ti|on (*zu* absorbieren)
ab|sorp|tiv (*techn.* aufnehmend)
ab|spa|nen (durch Abtrennung von Spänen formen)
Ab|spann, der
ab|span|nen (*a. elektrotechn.*)
ab|specken [k|k]
ab|spen|stig; ~ machen
Ab|spiel
Ab|spra|che
ab|stam|men
Ab|stand
Ab|stand...[halter *usw.*]
ab|stän|dig
Ab|stands...[zahlung *usw.*]
ab|stat|ten
ab|stau|ben
Ab|ste|cher
Ab|stei|ge
Ab|stei|ger
Ab|stell...[gleis *usw.*]
Ab|stich (Abstechen e. Hochofens, Umfüllen v. Wein)
Ab|stieg
ab|stil|len
ab|sti|nent (enthaltsam)
Ab|sti|nenz (Enthaltsamkeit)
Ab|sti|nenz|ler (jmd., der keinen Alkohol trinkt)
Ab|stoß
ab|stot|tern
Ab|stract (*engl.* Zusammenfassung)
ab|stra|hie|ren (verallgemeinern; absehen)
ab|strakt; abstrakte Kunst
Ab|strak|ti|on
Ab|strak|tum, das
Ab|strich
ab|strus (verworren)
ab|stump|fen
Ab|sturz
Ab|sud
ab|surd (sinnlos)
Ab|sur|di|tät
Ab|szeß, der (Eiteransammlung)
Ab|szis|se, die (*mathem.* Koordinate)
Abt (Klostervorsteher)
Abt. (*Abk. v.* Abteilung)
Ab|tei, die (Kloster)
Ab|teil, das
Ab|te|stat, das (Endbescheinigung des Vorlesungsbesuchs)
ab|teu|fen (*bergmannsspr.* e. Schacht nach unten treiben)
Äb|tis|sin (Klostervorsteherin)
Ab|trag, der; einer Sache ~ tun
ab|träg|lich; ~ sein (*m. Dativ*)
Ab|trans|port
ab|tre|ten; *vgl.* treten
Ab|tre|ter
Ab|trieb
Ab|trift, die
Ab|tritt (*a.* Abort)
ab|trün|nig
Abts...[würde *usw.*]
Abu (Vater *in arab. Namen*); Abu Bakr (Kalif)
Abu Dha|bi (Scheichtum u. dessen Hauptstadt)
Abu|ja (Hauptstadt v. Nigeria)
Abu|lie (*med.* Willensschwäche)
ab|un|dant (reichlich)
Ab|un|danz (Fülle)
ab ur|be con|di|ta (*lat.* seit Gründung der Stadt [Rom] 753 v. Chr.); *Abk.* a. u. c.
Abu Sim|bel (Tempelanlagen in Ägypten)
Ab|usus, der (Mißbrauch)
Ab|ver|kauf
Ab|vers, der (zweiter Teil des Langverses)
ab|vie|ren (vierkantig schneiden)
ab|wä|gen
Ab|wahl
Ab|wär|me
ab|wärts; *als Verbzusatz a. zusammengeschrieben*: abwärts◡gehen *usw. § 10*
ab|wärts◡ge|hen *§ 10*
Ab|wasch, der
Ab|was|ser; *Pl.* Abwässer
ab|wech|seln
Ab|wech|se|lung, Ab|wechs-

lung
Ab|weg; auf Abwege geraten
ab|we|gig
Ab|wehr, die
ab|wei|chen
Ab|weich|ler
ab|wer|ten
ab|we|send
Ab|we|sen|heit
ab|wie|geln
ab|wim|meln
Ab|wind
ab|wracken [k|k]
Ab|wurf
Ab|zei|chen
Ab|zug
ab|züg|lich
ab|zwacken [k|k]
ab|zwecken [k|k]
Ab|zweig, der (Abzweigung)
ab|zwei|gen
Ac (*chem. Zeichen f.* Actinium)
a c. (*Abk. v.* a conto)
à c. (*Abk. v.* à condition)
Aca|ci|us (byzantin. Patriarch † 489); *griech.* Akakios
Aca|dé|mie fran|çaise (frz. Institut f. Sprache u. Literatur, gegr. 1635)
a cap|pel|la ([Chormusik] ohne Instrumentalbegleitung)
Aca|pul|co [de Juárez] (Stadt in Mexiko)
accel. (*Abk. v.* accelerando)
ac|ce|le|ran|do (*Musik*: schneller werdend); *Abk.* accel.
Ac|cent ai|gu, der (frz. Akzentzeichen: á, é)
Ac|cent cir|con|flexe, der (frz. Akzentzeichen: â, ê)
Ac|cent grave, der (frz. Akzentzeichen: à, è)
Ac|cen|tus, der (kirchl. Sprechgesang)
Ac|ces|soire, das (modisches Beiwerk); *Pl.* Accessoires
Ac|ciac|ca|tu|ra (musikal. Verzierungsart)
Ac|com|pa|gna|to, das (Rezitativ mit Orchesterbegleitung)
Ac|count, der (Konto; *EDV* Zugangsberechtigung)
Ac|cra (Hauptstadt v. Ghana)
Ac|cro|chage, die (Ausstellung)
Ace|dia, die ([Sünde der] Trägheit)
Ace|tat, das (Salz d. Essigsäure); *a.* Azetat
Ace|ton, das (chem. Lösungsmittel); *a.* Azeton
Ace|ty|len, das (Gas); *a.* Azetylen
ach (*Interjektion*); ach so!; ach und weh schreien
Ach, das; mit Ach und Krach, mit Ach und Weh
Achä|er (Angehöriger e. griech. Volksgruppe); *s. a.* Achaier (*griech.*)
Achaia (Landschaft in Griechenland)
Achai|er (*griech.*); *s. a.* Achäer
Achä|me|ni|de (Angehöriger e. altpers. Herrscherfamilie)
Achä|ne, die (Nuß)
Achat, der (Mineral)
acha|ten (aus Achat)
Ache|be, Chinua (nigerian. Schriftsteller *1930)
Achen|see (See in Tirol)
Ache|ron (Fluß in Griechenland; *mythol.* Unterweltsfluß)
Ache|son, Dean (amerik. Politiker 1893-1971)
Acheu|lé|en, das (Kultur der Altsteinzeit)
Achill (griech. Sagengestalt); *s. a.* Achilles, Achilleus
Achil|les (*lat.*); *vgl.* Achill
Achil|les|fer|se (*übertr.* verwundbare Stelle)
Achil|les|seh|ne
Achil|leus (*griech.*); *vgl.* Achill
Ach-Laut; *a.* ach-Laut *13 (2), § 15 (2)*
Ach|ma|to|va, Anna (russ. Dichterin 1889-1966)
a. Chr. [n.] (*Abk. v.* ante Christum [natum]) (vor Christi Geburt)
Achro|ma|sie, die (1. Pigmentmangel; 2. Farbenblindheit)
Achro|mat, der (Linsensystem ohne Farbzerlegung)
achro|ma|tisch (ohne Farbzerlegung)
Achs...[bruch *usw.*]
Ach|se
Ach|sel, die
Ach|sel...[höhle *usw.*]
Ach|sel|zucken, das [k|k]
ach|sig (axial)
acht[1] (*Zahlwort*); acht Kinder, wir waren acht [Kinder], zu acht, die ersten acht, von acht bis zehn, acht Millionen; acht [Jahre] sein; über acht sein, es ist acht [Uhr], um acht [Uhr], es schlägt acht, halb acht, Punkt acht, das Jahr acht, die Linie acht; acht zu drei (8 : 3); 8fach, 8jährig, die 8jährige, 8mal, 8tonner *§ 13 (2) Anm. 2*; *vgl.* Acht[1], achte
acht[2] (*Verbzusatz*); *vgl.* Acht[2]
Acht[1], die (Zahl, Ziffer, Straßenbahnlinie u. ä.); eine Acht fahren, eine Acht in der Felge haben; *vgl.* acht
Acht[2], die (Aufmerksamkeit); außer acht/Acht lassen; außer aller Acht lassen; sich in acht /Acht nehmen, acht◡geben *oder* Acht geben, acht◡haben *oder* Acht haben *§ 9*
Acht[3], die (Ächtung); in Acht und Bann tun
Acht|ach|ser; 8ach|ser
acht|bar
ach|te; *§ 7 (1); in rein numerischer Verwendung (Abzählen) klein geschrieben § 15 (6); Großschreibung in Eigennamen, bei festen Begriffen oder wenn es sich um die Rolle eines Achtplazierten o. ä. handelt § 15 (7), (8)*: der achte, jeder achte, der achte Januar; er war Achter/der Achte (bei einem Wettbewerb o. ä.); der Achte (der achte Tag des Monats), am Achten [des Monats]; Heinrich der Achte, Heinrich VIII. *§ 8 (6), (7)*

Acht|eck, das
acht|eckig [k|k]
acht|ein|halb
ach|tel; ein achtel Liter; *s. a.* Achtelliter
Ach|tel, das (*auch Kurzform f.* Achtelliter *usw.*); ein Achtel Wein
Ach|tel|li|ter, das/der; *vgl.* achtel
ach|ten; du achtest
äch|ten; du ächtest
Acht|en|der (Hirsch)
ach|tens
Ach|ter, der (1. Boot; 2. Figur in Form einer 8)
ach|ter|lei
ach|ter|lich (*seemannsspr.*)
ach|tern (*seemannsspr.* hinten)
Ach|tern|busch, Herbert (dt. Schriftsteller u. Regisseur *1938)
acht|fach; 8fach; das Achtfache; das 8fache *§ 13 (2) Anm. 2*
acht|fal|tig
Acht|flach, das
Acht|fläch|ner
Acht|fü|ßer (Krake, Oktopode)
acht◡ge|ben; gib acht; *s. a.* Acht[2]
acht◡ha|ben; habt acht!; *s. a.* Acht[2]
acht|hun|dert
acht|jäh|rig; 8jährig; der Achtjährige; der 8jährige *§ 13 (2) Anm. 2*
acht|los
acht|mal; 8mal *§ 13 (2) Anm. 2*; achtmal so groß; *aber* acht mal vier; 8 mal 4
acht|sam
acht|tau|send
Acht|tau|sen|der, der
acht|tau|send|mal
Acht|ton|ner; 8tonner *§ 13 (2) Anm. 2*
Acht|und|vier|zi|ger, der; 48er *§ 13 (2) Anm. 2*
acht|und|zwan|zig
Ach|tung; ~ gebieten
Äch|tung
ach|tung|ge|bie|tend; *a.* Achtung gebietend; *prädikativ u. bei Steigerung zusammengeschrieben*: es war achtunggebietend, sehr achtunggebietend, am achtunggebietendsten; *aber* höchste Achtung gebietend *§ 11 (4)*
acht|zehn
acht|zehn|hun|dert
acht|zig; das Jahr achtzig; mit achtzig [Jahren]; mit achtzig [Sachen] (mit 80 km/h); Mitte achtzig/Achtzig; *vgl.* acht
Acht|zig, die
acht|zi|ger; 80er *§ 13 (2) Anm. 2*; die achtziger Jahre [des Jahrhunderts], der achtziger Jahrgang; *vgl.* Achtziger
Acht|zi|ger, der; 80er *§ 13 (2) Anm. 2*; er ist ein Achtziger (zwischen 80 und 90 Jahre alt); er ist in den Achtzigern, in den Achtzigerjahren [seines Lebens]
acht|zig|fach; 80fach *§ 13 (2) Anm. 2*
acht|zig|ste; *vgl.* achte
Acht|zig|ste, der (der 80. Geburtstag); *vgl.* achte
acht|zig|stel
Acht|zig|stel, das
äch|zen; du ächzt *§ 7 (1)*
a. c. i. (*Abk. v.* accusativus cum infinitivo; e. grammatische Konstruktion wie „[ich sehe] ihn kommen“)
Acid, das (eine Stickstoffverbindung); *a.* Azid
Aci|di|tät; *a.* Azidität
Aci|do|se; *a.* Azidose
Acker [k|k]
Acker...[bau *usw.*] [k|k]
acker|bau|trei|bend [k|k]; *aber* [den] Ackerbau treibend; die ackerbautreibenden Völker *§ 11 (4), (6)*
Äcker|chen [k|k]
Acker|mann [k|k]
ackern [k|k]
Ackers|mann [k|k]
Ack|ja, der (Schlitten)
Acon|ca|gua (Berg in Argentinien)
à con|di|tion (mit Rückgaberecht); *Abk.* à. c.
a con|to (auf Rechnung); *Abk.* a. c.
Acre (Flächenmaß)
Acryl, das (Kunststoff); *a.* Akryl
Ac|ti|ni|um; *chem. Zeichen* Ac
Ac|tion ['ɛkʃən] (spannende Handlung, Betriebsamkeit)
ad (*lat.*) (*Präposition*) zu
a d. (*Abk. v.* a dato)
a. d. (*Abk. v.* an der)
a. D. (*Abk. v.* außer Dienst)
A. D. (*Abk. v.* Anno Domini)
Ada|bei, der
ad ab|sur|dum; ~ führen
ADAC (*Abk. v.* Allgemeiner Deutscher Automobil-Club) *§ 17 (2) Anm. 1*
ad ac|ta; ~ legen
ada|gio (*Adjektiv*)
Ada|gio, das
Adal|bert (*Name v. Bischöfen*)
Adam (bibl. Gestalt); der alte ~
Adam, Adolphe (frz. Komponist 1803-1856)
Ada|mit (Anhänger e. Nacktkultes)
Adams, John (Präsident der USA 1735-1826); John Quincy ~ (Präsident der USA 1767-1848)
Adams...[apfel *usw.*]
Ada|na (Stadt in der Türkei)
Ad|ap|ta|ti|on (Anpassung); *s. a.* Adaption
Ad|ap|ter, der
ad|ap|tieren
Ad|ap|ti|on (Anpassung); *s. a.* Adaptation
ad|aptiv (s. anpassend)
ad|äquat (angemessen)
a da|to (vom Tag der Ausstellung an); *Abk.* a. d.
ad ca|len|das grae|cas (nie)
Ad|den|dum, das (Zusatz)
ad|die|ren (zusammenzählen)
ad|dio! (leb wohl!)

Ad|dis Abe|ba (Hauptstadt v. Äthiopien)
Ad|di|ti|on
ad|di|tiv (aneinandergereiht)
Ad|di|tiv, das (Zusatzstoff)
ad|di|zie|ren (zuerkennen)
Ad|duk|ti|on (Anziehen e. Körperteils)
Ad|duk|tor, der (anziehender Muskel)
ade (*Abschiedsgruß*); ade!; ade sagen; das Ade
Ade|bar (Storch); Meister ~
Adel, der
Ade|laide (Stadt in Australien)
ade|lig; *s. a.* adlig
adeln
Adels...[brief *usw.*]
Aden (Stadt in Jemen)
Ade|nau|er, Konrad (dt. Bundeskanzler 1876-1967)
Ade|nom (Geschwulst)
ade|no|ma|tös (geschwulstig)
Ad|ept (Schüler, Eingeweihter)
Ader, die
Äder|chen
ade|rig; *s. a.* adrig
äde|rig; *s. a.* ädrig
Ader|laß, der
ädern
Ad|es|siv (*sprachwiss.* Kasus der Anwesenheit)
à deux mains (zweihändig)
ad|hä|rent (anhängend)
ad|hä|rie|ren (anhaften)
Ad|hä|si|on (Anhaften)
Ad|hä|si|ons...[verschluß *usw.*]
ad|hä|siv (anhaftend)
ad hoc (nur für den gegenwärtigen Zweck)
Ad-hoc-...[Einfall *usw.*] *§ 13 (4)*
ad|hor|ta|tiv (ermahnend)
Ad|hor|ta|tiv, der (*sprachwiss.* Modus der Ermahnung)
Adia|pho|ron, das (moralisch wertneutral); *Pl.* Adiaphora
adieu; adieu!; adieu sagen; das Adieu
Ädil, der (Beamter im alten Rom); *Pl.* Ädile/Ädilen
ad in|fi|ni|tum (unbegrenzt)
ad|ja|zent (angrenzend)
Ad|jek|tiv (Eigenschaftswort)
ad|jek|ti|visch
Ad|ju|di|ka|tion (*jur.* Zuerkennung)
ad|ju|di|zie|ren (*jur.* zuerkennen)
ad|jun|gie|ren (*math., log., sprachwiss.* beiordnen)
Ad|junkt, das (*sprachwiss.* Beigeordnetes)
Ad|junkt, der (Amtsgehilfe)
Ad|junk|ti|on (*zu* adjungieren)
ad|ju|stie|ren (richtig einstellen)
Ad|ju|tant (Helfer, Offizier)
Ad|ju|tan|tur
Ad|ju|tum, das (Beihilfe)
ad l. (*Abk. v.* ad libitum); *s. a.* ad lib.
Ad|la|tus, der (Gehilfe)
Ad|ler
Ad|ler, Alfred (österr. Psychiater 1870-1937)
Ad|ler...[auge *usw.*]
ad lib. (*Abk. v.* ad libitum); *s. a.* ad l.
ad li|bi|tum (nach Belieben); *Abk.* ad l., ad lib.
ad|lig; *s. a.* adelig
Ad|li|ge, der
ad ma|io|rem Dei glo|ri|am (*lat.* „zum höheren Ruhme Gottes")
Ad|mi|ni|stra|tion (Verwaltung)
ad|mi|ni|stra|tiv
Ad|mi|ni|stra|tor
ad|mi|ni|strie|ren
Ad|mi|ral (1. Seeoffizier; 2. Schmetterlingsart); *Pl.* Admirale/Admiräle
Ad|mi|ra|li|tät
ad|no|mi|nal (*sprachwiss.* zum Substantiv gehörig)
ad no|tam (zur Kenntnis); ~ nehmen
ad ocu|los (vor Augen)
ado|les|zent (im Alter eines Jugendlichen stehend)
Ado|les|zenz (Jugendalter)
Ado|nai (*Name Gottes im Alten Testament*)
Ado|nis (1. Sagengestalt; 2. schöner Mann)
Ado|nis|rös|chen
ad|op|tie|ren ([an Kindes Statt] annehmen)
Ad|op|ti|on (*zu* adoptieren)
Ad|op|tiv...[eltern *usw.*]
Ad|ora|ti|on (Anbetung)
Adorf, Mario (dt. Schauspieler *1930)
ad|orie|ren (anbeten)
Ador|no, Theodor Wiesengrund (dt. Soziologe u. Philosoph 1903-1969)
ad rem (zur Sache)
Ad|re|na|lin, das (Hormon)
Adreß...[buch *usw.*]; *s. a.* Adressen...
Adres|sant (Absender)
Adres|sat (Empfänger)
Adres|se (Anschrift); *Abk.* Adr.
Adres|sen...[buch *usw.*]; *s. a.* Adreß...
adres|sie|ren
adrett
Adria, die
Adri|a|ti|sches Meer
ad|rig; *s. a.* aderig
äd|rig; *s. a.* äderig
ad|sor|bie|ren (*chem.* anlagern)
Ad|sorp|ti|on (*zu* adsorbieren)
ad|sorp|tiv (*zu* adsorbieren)
Ad|strin|gens, das (*med.* zusammenziehendes Mittel); *Pl.* Adstringenzien, Adstringentia
ad|strin|gie|ren (*med.* zusammenziehen)
Adu|lar, der (Feldspat)
ad|ult (erwachsen)
A-Dur; A-Dur-Tonleiter
ad usum (zum Gebrauch); ad usum Del|phi|ni (für Schüler bearbeitet)
Ad|van|tage, der (Vorteil *beim Tennis*)
Ad|vent, der
Ad|ven|tist (Angehöriger e. protest. Kirche)
ad|vent|lich
Ad|vents...[kalender *usw.*]

Ad|verb, das (*sprachwiss.* Umstandswort)
ad|ver|bi|al (*zu* Adverb)
Ad|ver|bi|al, das (Umstandsbestimmung); *s. a.* Adverbiale
Ad|ver|bi|al...[satz *usw.*]
Ad|ver|bi|a|le, das (Adverbial)
ad|ver|sa|tiv (entgegengesetzt)
Ad|ver|ti|sing, das (Werbung)
Ad|vo|ca|tus Dei (*lat.* Anwalt Gottes, Fürsprecher bei Heilig- oder Seligsprechung)
Ad|vo|ca|tus Dia|bo|li (*lat.* Anwalt des Teufels, Gegner bei Heilig- oder Seligsprechung)
Ad|vo|kat, der (Anwalt)
Ady|gi|en (Adygeische Republik)
AE (*Abk. v.* Ångströmeinheit; Astronomische Einheit) *§ 17 (2) Anm. 2*
ae|ro.../**Ae|ro**... (*griech.* Luft...)
ae|rob
Ae|ro|bic, das (Gymnastik)
Ae|ro|bi|er, der (Lebewesen, das Luft zum Leben braucht)
Ae|ro|bi|ont, der (Lebewesen, das Luft zum Leben braucht)
ae|ro|dy|na|misch (auf die Bewegung in Luft bezogen)
Ae|ro|flot, die (russ. Luftfahrtgesellschaft)
Ae|ro|gramm (Luftpostleichtbrief)
Ae|ro|sol, das (feinverteilter Stoff in Gas)
AFC (*Abk. v.* automatic frequency control = automatische Senderscharfeinstellung) *§ 17 (2) Anm. 1*
Af|fä|re, die
Äff|chen
Af|fe
Af|fekt, der (Erregung)
Af|fek|ta|ti|on (Geziertheit)
af|fek|tiert (geziert)
Af|fek|ti|on (Betroffenheit)
af|fek|tiv (erregbar)
Af|fen...[haus *usw.*]
äf|fen (nachahmen)
af|fen|ar|tig
Af|fen|brot|baum
af|fen|geil
af|fe|rent (*med.* zuleitend)
Af|fe|renz (*med.* Zuleitung)
Af|fi|che, die (Aushang, Anschlag)
af|fi|chie|ren (aushängen, anschlagen)
Af|fi|da|vit, das (eidesstattl. Versicherung)
af|fig
Af|fi|li|a|ti|on (*übertr.* Tochterverhältnis)
af|fi|li|ie|ren (*übertr.* in ein Tochterverhältnis bringen)
af|fin (verwandt)
Äf|fin
Af|fi|ni|tät (Verwandtschaft)
Af|fir|ma|ti|on (Bejahung)
af|fir|ma|tiv (bejahend)
af|fir|mie|ren (bejahen)
äf|fisch
Af|fix (*bes. grammat.* Anhängsel)
af|fi|zie|ren (reizen, betreffen)
Af|fo|dill, der (Asphodill)
Af|fri|ka|ta, Af|fri|ka|te, die (*sprachwiss.* angeriebener Verschlußlaut: pf *usw.*)
Af|front, der (Kränkung)
Af|gha|ne (*a.* Hunderasse)
Af|gha|ni, der (afghan. Währung)
af|gha|nisch
Af|gha|ni|stan (Staat)
Afla|to|xin, das (Pilzgift)
à fonds per|du (auf Verlustkonto)
AFP (*Abk. v.* Agence France-Presse) *§ 17 (2) Anm. 1*
a fres|co (auf feuchten Putz [gemalt]); *s. a.* al fresco
Afri|ka; das südliche ~
Afri|kaan|der (Afrikaans sprechender Weißer); *a.* Afrikander
afri|kaans (*Adjektiv*); auf ~
Afri|kaans, das; auf afrikaans sprechen
Afri|kan|der (Afrikaans sprechender Weißer); *a.* Afrikaander
Afri|ka|ner
afri|ka|nisch; der Afrikanische Elefant
Afri|ka|nist
Afri|ka|ni|stik (Wissenschaft von afrikan. Sprachen usw.)
Afro|ame|ri|ka|ner (schwarzer Amerikaner)
afro|ame|ri|ka|nisch (die Afroamerikaner betreffend)
afro-ame|ri|ka|nisch (Afrika und Amerika betreffend) *§ 13 (5)*
Afro-Look, der (Frisur)
Af|ter
Af|ter...[rede *usw.*] (Nachrede *usw., meist veraltet*)
Af|ter-sha|ve, das
Af|ter-sha|ve-Lo|tion, die
Ag (*chem. Zeichen f. Silber*)
AG (*Abk. v.* Aktiengesellschaft, Amtsgericht, Arbeitsgemeinschaft) *§ 17 (2) Anm. 1*
a. G. (*Abk. v.* auf Gegenseitigkeit)
Aga (*türk. Titel*)
äga|disch; Ägadische Inseln *§ 15 (7)*
Ägä|is, die (Meer zwischen Balkan und Kleinasien)
ägä|isch; Ägäisches Meer *§ 15 (7)*
Aga Khan (islam. Religionsführer)
Aga|mem|non (Sagengestalt)
Aga|pe, die (Liebe, christl. Liebesmahl)
Agar-Agar, das/der (Algengelatine)
Aga|ve, die (Pflanze)
Agence France-Presse (frz. Nachrichtenagentur); *Abk.* AFP
Agen|da, die (Themenliste)
Agen|de, die (Gottesdienstordnung)
Agens, das (Handlungsträger); *Pl.* Agenzien
Agent, der
Agent pro|vo|ca|teur (Lockspitzel)
Agen|tur (Geschäftsstelle)

Agen|zi|en (*Pl. v.* Agens)
Ag|glo|me|rat, das (Ansammlung)
Ag|glo|me|ra|ti|on (Ballung)
ag|glo|me|rie|ren (anhäufen)
Ag|glu|ti|na|ti|on (Zusammenklebung)
ag|glu|ti|nie|ren (zusammenkleben; *sprachwiss.* Affixe anfügen)
Ag|gre|gat, das (Gruppe von Maschinen u. ä.)
Ag|gre|ga|ti|on (Anhäufung)
Ag|gres|si|on (Angriff)
Ag|gres|si|ons...[trieb *usw.*]
ag|gres|siv (angriffslustig)
Ag|gres|si|vi|tät
Ag|gres|sor (Angreifer)
Ägi|de, die (Schutz); unter der ~ von *oder m. Genitiv*
agie|ren (handeln)
agil (beweglich, lebhaft)
Agi|li|tät (*zu* agil)
Ägi|na (griech. Insel u. Stadt)
Ägi|net, Ägi|ne|te, der (Giebelfigur eines Tempels auf Ägina); *Pl.* Ägineten
Agio, das (Aufgeld); *Pl.* Agien
Agio|ta|ge, die (Ausnutzung von Kursschwankungen)
Agio|teur (Börsenmakler)
Agi|ta|ti|on (Aufwiegelung)
agi|ta|to (*Musik*: bewegt)
Agi|ta|tor (Aufwiegler)
agi|ta|to|risch (aufwieglerisch)
agi|tie|ren (aufwiegeln)
Agit|prop (*kurz f.* Agitation und Propaganda)
Aglaia (griech. Göttin)
Agnat, der (männl. Blutsverwandter)
Ag|ni (ind. Gott)
Agno|men, das (Beiname)
Agno|sie, die (Wahrnehmungsstörung)
Agno|sti|ker; *vgl.* Agnostizismus
agno|stisch
Agno|sti|zis|mus (Überzeugung von der Unlösbarkeit der Gottesfrage)
agno|sti|zi|stisch
agnos|zie|ren (anerkennen)
Agnus Dei (*lat.* Lamm Gottes = Jesus); das ~ (Gebet)
Ago|gik (*Musik*: Tempogestaltung)
ago|gisch (die Agogik betreffend)
à go|go (nach Belieben)
Agon, der (Wettkampf)
ago|nal ([wett]kämpferisch)
Ago|nie (Todeskampf)
Ago|nist, der (Muskel)
Ago|ra, die (griech. Marktplatz)
Ago|ra|pho|bie (Platzangst)
Agra (Stadt in Indien)
Agraf|fe, die (Spange)
Agram (Stadt in Kroatien; *heute* Zagreb)
Agra|pha (*Pl.*) (Worte Jesu außerhalb der Evangelien)
Agra|phie (Verlust der Schreibfähigkeit)
Agrar...[reform *usw.*]
Agra|ri|er (Großgrundbesitzer)
agra|risch (landwirtschaftlich)
Agree|ment [ə'gri:mənt], das (*engl.* Übereinkunft); Gentleman's ~
Agré|ment [agre'mã], das (*frz.* Diplomatenzulassung)
Agri|kul|tur (Landwirtschaft)
Agrip|pa, Marcus Vipsanius (röm. Politiker 64/63-12 v. Chr.)
Agrip|pa von Net|tes|heim (dt. Gelehrter 1486-1535)
Agro|nom (Landwirtschaftskundler)
Agro|no|mie (Landwirtschaftskunde)
agro|no|misch (landwirtschaftskundlich)
Agu|ti, das/der (Goldhase)
Ägyp|ten (Staat)
Ägyp|ter
ägyp|tisch
Ägyp|to|lo|ge
Ägyp|to|lo|gie (Wissenschaft vom alten Ägypten)
ah (*Interjektion*); ah!, ah so!
Ah, das; ein lautes Ah
Ah (*Abk. v.* Amperestunde)
aha (*Interjektion*)
Aha-Er|leb|nis *§ 13 (2)*
Ahas|ver (Sagengestalt; der Ewige Jude); *s. a.* Ahasverus
ahas|ve|risch (umherirrend)
Ahas|ve|rus (Sagengestalt); *s. a.* Ahasver
ahd./Ahd. (*Abk. v.* althochdeutsch/Althochdeutsch)
ahi|sto|risch (ungeschichtlich)
Ah|le, die (Werkzeug)
Ah|ma|da|bad (Stadt in Indien)
Ah|ming, die (Tiefgangskala)
Ahn, der; *s. a.* Ahne
ahn|den (rächen)
Ah|ne, der/die; *s. a.* Ahn
äh|neln
ah|nen
ähn|lich; etwas Ähnliches (etwas, was ähnlich ist); *aber pronominal* (*wie* solches) *§ 15 (6)*: ich habe ähnliches erlebt; und ähnliche[s], *Abk.* u. ä.
ahoi; Boot ahoi!
Ahorn, der
Ähr|chen (*zu* Ähre)
Äh|re, die (Fruchtstand v. Getreide)
Ahu|ra Mas|da (iran. Gott; Ormuzd)
Ai, das (Faultier)
Ai|chin|ger, Ilse (österr. Schriftstellerin *1921)
Aide, der (Helfer, Partner)
Aide-mé|moire, das (Niederschrift)
Aids, AIDS (Krankheit)
Ai|gret|te, die (Federschmuck)
Ai|ki|do, das (jap. Verteidigungssportart)
Ai|nu (asiat. Volk)
Air (1. Aussehen, 2. Musikstück)
Air|bag, der (Prallsack)
Air|brush, das (Spritzpistolenmalerei)
Air|bus, der (Flugzeug)
Air-con|di|tio|ner (Klimaanlage)
Air-con|di|tio|ning

Aire|dale|ter|ri|er (Hunderasse)
Air|line, die (Luftfahrtgesellschaft)
Air|port, der (Flughafen)
ais, Ais (Ton)
Ais|chy|los (*griech.*) (griech. Dichter 525-456 v. Chr.); *vgl.* Äschylus (*lat.*)
Aix-en-Pro|vence (Stadt in Frankreich)
Ajan|ta (Höhlentempel in Indien)
Aja|tol|lah (islam. Geistlicher); *a.* Ayatollah
à jour (*frz.* auf dem laufenden; durchbrochen, freistehend)
Aka|de|mie
Aka|de|mi|ker
aka|de|misch
Akan|thit, der (Mineral)
Akan|thus, der (Bärenklau; Verzierung in dessen Form)
Aka|ryo|bi|ont, der (Bakterium ohne Zellkern)
aka|ta|lek|tisch (unverkürzt)
Aka|zie, die (Baum)
Ak|bar (Großmogul v. Indien 1542-1605)
Ake|lei, die (Pflanze)
Aki|hi|to (Kaiser v. Japan *1933)
Akk. (*Abk. v.* Akkusativ)
Ak|kad (antike Stadt)
ak|ka|disch; auf ~
Ak|ka|disch, das; auf akkadisch sprechen
Ak|ka|di|sche, das
Ak|kla|ma|ti|on (Zuruf)
ak|kla|mie|ren (Beifall spenden)
Ak|kli|ma|ti|sa|ti|on (Anpassung an eine neue Umwelt)
ak|kli|ma|ti|sie|ren
Ak|ko|la|de, die (geschweifte Klammer)
Ak|kom|mo|da|ti|on (Anpassung)
ak|kom|mo|die|ren (anpassen)
Ak|kom|pa|gne|ment (*Musik*: Begleitung)
ak|kom|pa|gnie|ren (begleiten)
Ak|kord, der (Zusammenklang)
Ak|kord...[lohn *usw.*] (Lohn *usw.* nach Stückzahl)
Ak|kor|de|on, das (Handharmonika)
ak|kor|die|ren (vereinbaren)
ak|kre|di|tie|ren (beglaubigen)
Ak|kre|di|tiv, das (Beglaubigungsschreiben)
Ak|ku, der (*kurz f.* Akkumulator)
Ak|kul|tu|ra|tion (Anpassung an eine Kultur)
ak|kul|tu|rie|ren (an eine Kultur anpassen)
Ak|ku|mu|la|ti|on (Anhäufung)
Ak|ku|mu|la|tor; *kurz* Akku
ak|ku|mu|lie|ren (anhäufen)
ak|ku|rat (genau)
Ak|ku|ra|tes|se (Sorgfalt)
Ak|ku|sa|tiv, der (*sprachwiss.* Wenfall); *Abk.* Akk.
ak|ku|sa|ti|visch
Ak|me, die (Höhepunkt)
Ak|ne, die (Hautausschlag)
Ako|lyth, der (Meßdiener)
Ako|ni|tin (Gift des Eisenhuts)
Akon|to, das (Anzahlung)
ak|qui|rie|ren (erwerben)
Ak|qui|si|teur (Werber, bes. von Anzeigen)
Ak|qui|si|ti|on
Ak|qui|si|tor (Akquisiteur)
Akri|bie (Genauigkeit)
akri|bisch (genau)
Akro|bat (Turnkünstler)
Akro|ba|tik
akro|ba|tisch
Akro|le|in, das (chem. Stoff)
Akro|nym, das (Wort aus Anfangsbuchstaben)
Akro|po|lis, die (Stadtburg)
Akro|sti|chon, das (Gedicht, dessen Zeilenanfänge Wörter ergeben)
Akro|ter, der (Giebelschmuck)
Akro|te|ri|on (*griech*), Akro|te|ri|um (*lat.*) (Akroter)
akro|ze|phal (spitzköpfig)
Akro|ze|pha|lie (Spitzköpfigkeit)
Akryl, das (Kunststoff); *a.* Acryl
Akt, der
Akt...[foto *usw.*]
Ak|tant, der (*sprachwiss.* Ergänzung)
Ak|te, die; *Pl.* Akten
Ak|tei
Ak|ten...[tasche *usw.*]
ak|ten|kun|dig
Ak|teur
Ak|tie, die (Anteilschein)
Ak|ti|en...[gesellschaft *usw.*]
Ak|ti|nie, die (Koralle)
Ak|ti|ni|um; *a.* Actinium (*s. d.*)
ak|ti|no.../Ak|ti|no... (*griech.*) strahlen.../Strahlen...
Ak|ti|on (Handlung, Maßnahme); *s. aber* Action
Ak|ti|o|när (Anteilseigner)
Ak|ti|o|nis|mus
Ak|ti|o|nist
ak|ti|o|ni|stisch
ak|tiv (*Adjektiv*)
Ak|tiv, das (*sprachwiss.* Tätigkeitsform)
Ak|tiv, das (Arbeitsgruppe)
Ak|ti|va (*Pl.*) (Vermögenswert); *s. a.* Aktiven
Ak|ti|ven (*Pl.*); *s. a.* Aktiva
ak|ti|vie|ren
Ak|ti|vis|mus
Ak|ti|vist
Ak|ti|vi|tas, die (die Aktiven e. Studentenverbindung)
Ak|ti|vi|tät
Ak|tri|ce (Schauspielerin)
ak|tu|al (tatsächlich)
ak|tu|a|li|sie|ren (verwirklichen, auf d. neuesten Stand bringen)
Ak|tu|a|li|tät
Ak|tu|ar, der (Schriftführer)
ak|tu|ell
Aku|pres|sur (Heilverfahren)
aku|punk|tie|ren (mit Nadeln heilen)
Aku|punk|tur
Akü|spra|che (*kurz f.* Abkürzungssprache)
Aku|stik (Lehre v. Schall; Klangeigenschaften)
Aku|sti|ker

aku|stisch
akut (*Adjektiv*); aku|te Gefahr
Akut, der (Akzent[zeichen])
AKW (*Abk. v.* Atomkraftwerk); *Pl.* AKWs *§ 17 (2) Anm. 1*
Ak|ze|le|ra|ti|on (Beschleunigung)
Ak|ze|le|ra|tor
ak|ze|le|rie|ren
Ak|zent, der (Betonung, [fremde] Aussprache)
ak|zen|tu|ie|ren (betonen)
Ak|zept, das (Annahmeerklärung)
ak|zep|ta|bel; ak|zep|ta|ble Preise
Ak|zep|ta|bi|li|tät
Ak|zep|tant (Bezogener)
Ak|zep|tanz (Annahmebereitschaft)
Ak|zep|ta|ti|on (Annahme)
ak|zep|tie|ren (annehmen)
Ak|zep|tor (Empfänger)
Ak|zes|si|on (Zugang)
Ak|zes|so|ri|e|tät (Abhängigkeit des Nebenrechts)
ak|zes|so|risch (hinzutretend)
Ak|zi|dens, das (Nebeneigenschaft); *Pl.* Akzidentia, Akzidenzien
ak|zi|den|tell (unwesentlich); *s. a.* akzidentiell
ak|zi|den|ti|ell (unwesentlich); *s. a.* akzidentell
Ak|zi|denz, die; *Pl.* Akzidenzen
Ak|zi|se, die (Zoll, Steuer)
Al (*chem. Zeichen f.* Aluminium)
Al. (*Abk. v.* Alinea)
à la; à la carte *usw.*
alaaf!
Ala|ba|ma (Bundesstaat der USA); *Abk.* Ala.
Ala|ba|ster, der (Mineral)
ala|ba|stern (aus Alabaster)
à la bonne heure! (gut so!)
à la carte (nach der Speisekarte)
à la jar|di|nière (nach Gärtnerinart)
à la longue (auf die Dauer)
à la mode (nach der Mode)
A̲land, der (Fisch)
Åland|in|seln (Inseln in der Ostsee)
Ala|ne (Angehöriger eines iran. Volkes)
Ala̲nt, der (Pflanze)
Ala|rich (Gotenkönig *um 370)
Alarm
Alarm...[stufe *usw.*]
alar|mie|ren
Alas|ka (Bundesstaat der USA); *Abk.* Alas.
à la suite (im Gefolge)
Alaun, der (Salz)
a-Laut, A-Laut *§ 15 (2) Anm.*
Alb, der (Naturgeist); *s. a.* Alp
Alb, die (Landschaft); die Schwäbische ~ *usw.*
Al|ba, Herzog von; Fernando Álvarez de Toledo (span. Feldherr 1507-1582)
Al|ba Lon|ga (antike Siedlung in Italien)
Al|ba|ner
Al|ba|ni|en
al|ba|nisch; auf ~
Al|ba|nisch, das; auf albanisch sprechen
Al|ba|ni|sche, das
Al|ba|tros, der (Vogel)
Alb|druck; *a.* Alpdruck
Alb|drücken [k|k]; *a.* Alpdrücken
Al|be, die (weißes Gewand)
Al|be|do, die (Rückstrahlvermögen)
Al|be|rich (Sagengestalt)
al|bern (*Adjektiv*)
al|bern; du alberst
Al|bers, Hans (dt. Schauspieler 1892-1960)
Al|bert (*Name v. Herrschern*)
Al|bert, Eugen (*a.* Eugène) d' (dt. Komponist 1864-1932)
Al|ber|ta (kanad. Provinz)
Al|ber|tus Ma|gnus (dt. Gelehrter ~1200-1280)
Al|bi|gen|ser (christl. Ketzer in Südfrankreich)
Al|bi|nis|mus (Pigmentmangel)
Al|bi|no, der (Lebewesen mit Albinismus)
Al|bi|on (England)
Al|brecht (*Name v. Herrschern*)
Alb|traum; *a.* Alptraum
Al|bum, das; *Pl.* Alben
Al|bu|men, das (Eiweiß)
Al|bu|min, das (Eiweißstoff)
al|bu|mi|nös
Al|bu|min|urie (Eiweißharnen)
Al|bu|quer|que (Stadt in USA)
al|cä|isch (Strophenform); *s. a.* alkäisch
Al|can|ta|ra, das (Kunstleder)
Al|che|mie; *vgl.* Alchimie *usw.*
Äl|chen, das (1. kleiner Aal; 2. Wurm)
Al|chi|mie (Geheimwissenschaft d. Goldmacher usw.); *s. a.* Alchemie
Al|chi|mist
al|chi|mi|stisch
Al|de|ba|ran (Stern)
Al|de|hyd (chem. Stoff)
Al|der|man (*engl.* Ratsherr)
Al|di|ne, die (alter Druck)
Ale, das (*engl.* Bier)
Ale|a|to|rik (Zufallsverfahren)
ale|a|to|risch (zufallsbedingt)
Alei|xan|dre, Vicente (span. Dichter 1898-1984)
Alek|to (Erinnye)
Ale|man|ne (Angehöriger e. germanischen Stammes)
ale|man|nisch; auf ~
Ale|man|nisch, das; auf alemannisch sprechen
Ale|man|ni|sche, das
Alem|bert, Jean le Rond d' (frz. Aufklärer 1717-1783)
Alep|po (Stadt in Syrien)
alert (lebhaft)
Aletsch|glet|scher (Gletscher in der Schweiz)
Aleu|ron, das (Eiweißschicht in Körnern)
Ale|u|ten (*Pl.*) (Inselgruppe)
Alex|an|der (*Name v. Herrschern u. Päpsten*); ~ der Große (makedon. König 336-323 v. Chr.)
Alex|an|dria (Stadt in Ägypten)

Alex|an|dri|ner (Vers)
alex|an|dri|nisch
Alex|an|drit, der (Mineral)
Ale|xi|a|ner (Angehöriger einer christl. Bruderschaft)
Ale|xie (Unfähigkeit zu lesen)
Ale|xin, das (Abwehrstoff)
Ale|xis, Willibald (dt. Schriftsteller 1798-1871)
Al|fa|gras; *s. a.* Halfagras, Esparto
Al|fan|ze|rei (Narrheit)
Al-Fa|tah (palästinens. Organisation)
Al|fons (*Name v. Herrschern*)
Al|fred der Gro|ße (angelsächs. König 848/49-899)
al fres|co (auf feuchten Putz [gemalt]); *s. a.* a fresco
Al|gar|ve, die (portug. Provinz)
Al|ge
Al|ge|bra, die (Rechnen mit Gleichungen)
Al|ge|bra|i|ker
al|ge|bra|isch
Al|ge|nib (Stern)
Al|ge|ri|en (Staat)
Al|ge|ri|er
al|ge|risch
Al|gier (Hauptstadt v. Algerien)
Al|gol (Stern)
ALGOL (Programmiersprache)
Al|go|lo|gie (Algenkunde)
Al|gon|kin, das (indian. Sprachengruppe)
Al|gon|ki|um (Erdzeitalter)
al|go|rith|misch (e. Rechenverfahren folgend)
Al|go|rith|mus (Rechenverfahren)
Al|ham|bra, die (Palast in Spanien)
ali|as (*lat.* anders); Theobald Tiger alias Kurt Tucholsky; das Alias (Pseudonym)
Ali|bi, das (Nachweis d. Abwesenheit; Ausrede)
Ali|bi...[frau *usw.*]
Ali|men|ta|ti|on (Versorgung)
Ali|men|te (*Pl.*) (Unterhaltsbeitrag)
ali|men|tie|ren (unterstützen, versorgen)
Ali|nea, das (neue Zeile)
ali|pha|tisch (*chem.* mit offenen Kohlenstoffketten)
Ali|za|rin, das (Farbstoff)
Alk, der (Vogel); *Pl.* Alke[n]
al|kä|isch (Strophenform); *s. a.* alcäisch
Al|kal|de, der (Richter, Bürgermeister)
Al|ka|li, das (basische Verbindung)
Al|ka|li|me|tall
al|ka|lisch (basisch)
Al|ka|lo|id, das (Pflanzengift)
Al|ka|zar, der (Burg)
Al|ke|ste, Al|ke|stis (*griech.*) (Sagengestalt)
Al|ki|bi|a|des (griech. Politiker ~450-404 v. Chr.)
Alk|me|ne (Sagengestalt)
Al|ko|hol, der
al|ko|hol|frei
Al|ko|ho|li|ka (*Pl.*)
Al|ko|ho|li|ker
al|ko|ho|lisch
al|ko|ho|li|sie|ren
Al|ko|ho|lis|mus
Al|kor (Stern)
Al|ko|ven, der (Bettnische)
Al|ku|in (angelsächs. Gelehrter ~730-804)
Al|kyl, das (Kohlenwasserstoffrest)
al|ky|lie|ren (*zu* Alkyl)
Al|ky|o|ne (Sagengestalt); *s. a.* Halkyone
al|ky|o|nisch (windstill); *s. a.* halkyonisch
all; (*stets klein geschrieben*; *aber* das All, mein Ein und Alles), all[e] diese Menschen, vor allem, alles in allem, dies alles, wer kommt alles?; diese alle, all[e] diese; alle sind eingeladen, euch allen; alles und jedes, alles oder nichts, er nahm alles; ein für allemal; *aber* ein für alle Male
All, das
all|abend|lich
al|la bre|ve (mit Zählung von halben als Viertelnoten); Alla-breve-Takt
Al|lah (Name Gottes im Islam)
Al|la|ha|bad (Stadt in Indien)
al|la mar|cia (wie ein Marsch)
Al|lasch, der (Kümmellikör)
Al|la|tiv, der
al|la tur|ca (nach türkischer Art)
al|la zin|ga|re|se (nach Zigeunerart)
all|be|kannt
all|dem, al|le|dem; bei all[e]dem; *aber* von all dem/mit all dem, was wir wissen
al|le|dem; *s.* alldem
Al|lee, die; *Pl.* Al|leen
Al|le|ghe|nies (*Pl.*) (Gebirge in Nordamerika)
Al|le|ghe|ny|ge|bir|ge (Alleghenies)
Al|le|go|re|se, die (allegorische Deutung)
Al|le|go|rie (Gleichnisrede)
Al|le|go|rik
al|le|go|risch (gleichnishaft)
al|le|go|ri|sie|ren
al|le|gret|to (*Musik*: mäßig schnell)
Al|le|gret|to, das
al|le|gro (*Musik*: schnell)
Al|le|gro, das
al|lein; ~ sein, ~ stehen; ~ lassen, ~ erziehen; seine Kinder allein erziehend; *aber* allein◡erziehend *usw.*; von allein; *s. a.* alleine
Al|lein...[erbe *usw.*]
al|lei|ne; *s. a.* allein
al|lein◡er|zie|hend *§ 11*; eine allein◡erziehende Mutter; der Alleinerziehende; *prädikativ zusammengeschrieben*: sie ist alleinerziehend; *aber* seine Kinder allein erziehend
All|ein|heit
al|lein|se|lig|ma|chend
al|lein|ste|hend (unverheiratet); *sonst a. getrennt geschrieben*: ein allein stehendes Haus

al|lel (*Adjektiv*); *vgl.* Allel
Al|lel, das (entsprechendes Gen in homologen Chromosomen)
al|le|lu|ja; *s. a.* halleluja
Al|le|lu|ja, das; das Alleluja singen; *s. a.* Halleluja
al|le|mal; ein für allemal; *aber* ein für alle Male
Al|le|man|de, die (Tanz)
Al|len|de, Salvador (chilen. Politiker 1908-1973)
al|len|falls
al|lent|hal|ben
Al|ler, die (Nebenfluß d. Weser)
al|ler|al|ler|letzt; das Allerallerletzte; *vgl.* letzte
al|ler|art; allerart Tiere; *aber* Tiere aller Art
al|ler|be|ste; es wäre das allerbeste/Allerbeste (am allerbesten); das Allerbeste, was es gibt
al|ler|dings
al|ler|durch|lauch|tigst; Allerdurchlauchtigster (*Anrede*)
al|ler|en|den
al|ler|erst; zuallererst; der Allererste; *vgl.* erste
al|ler|frü|hest
al|ler|frü|he|stens
all|er|gen (*Adjektiv*)
All|er|gen, das (Stoff, der eine Allergie verursacht)
All|er|gie (Überempfindlichkeit)
All|er|gi|ker
all|er|gisch (überempfindlich)
All|er|go|lo|ge
All|er|go|lo|gie (Allergieforschung)
all|er|go|lo|gisch
al|ler|hand; allerhand Neues, das ist doch allerhand
Al|ler|hei|li|gen (Kirchenfest)
al|ler|hei|ligst; das Allerheiligste; das Allerheiligste Sakrament [der kathol. Kirche] *§ 15 (7)*
al|ler|lei; *vgl.* letzte
Al|ler|lei, das; das Leipziger Allerlei (Mischgemüse)
al|ler|letzt; zuallerletzt; das Allerletzte
al|ler|liebst; es wäre mir am allerliebsten/das allerliebste/Allerliebste *§ 15 (6)*; du bist mir die Allerliebste
al|ler|meist (*Adverb*); ~ genug; *s. a.* allermeistens
al|ler|meist (*Adjektiv*); die allermeisten Werke; *vgl.* zuallermeist
al|ler|mei|stens
al|ler|min|dest
al|ler|nächst; das Allernächste
al|ler|neu|est, allerneust; das Allerneu[e]ste
al|ler|nö|tigst; das Allernötigste
al|ler|or|ten
al|ler|orts
Al|ler|see|len (kirchl. Gedenktag)
al|ler|seits
al|ler|spä|te|stens
al|ler|wärts
al|ler|we|ge
al|ler|we|gen
al|ler|weil
al|ler|we|nig|ste; das ist das allerwenigste, die allerwenigsten wissen das, am allerwenigsten; *vgl.* wenig
al|ler|wer|te|ste; der Allerwerteste (*a.* Gesäß)
al|les; *s.* all
Al|les...[brenner *usw.*]
al|le|samt
al|les‿ent|schei|dend *§ 11 (4); bei prädikativem Gebrauch stets zusammengeschrieben:* das ist allesentscheidend
al|le|we|ge
al|le|weil
al|lez! (*frz.* vorwärts!)
al|le|zeit (immer)
all|fäl|lig
All|gäu, das
All|gäu|er
all|gäu|isch
All|ge|gen|wart
all|ge|gen|wär|tig
all|ge|mein; im allgemeinen (gewöhnlich) *§ 15 (6)*, *Abk.* i. a., i. allg.; *aber* er hält sich sehr im Allgemeinen; *Großschreibung in Namen*: Allgemeiner Deutscher Automobil-Club *usw.*; Allgemeine Medizin *§ 15 (8)*
All|ge|mein|arzt
All|ge|mein|be|fin|den
all|ge|mein|bil|dend *§ 11 (4)*; allgemeinbildende Schulen
All|ge|mein|bil|dung
all|ge|mein|gül|tig; allgemeingültige Regeln, die Regeln sind allgemeingültig; *aber* allgemein gültig (weithin gültig)
All|ge|mein|heit
all|ge|mein|ver|ständ|lich; allgemeinverständliche Bücher, die Bücher sind allgemeinverständlich; *aber* allgemein verständlich (weithin verständlich)
All|ge|walt
all|ge|wal|tig
All|heil|mit|tel
All|heit
Al|li|anz (Bündnis)
Al|li|ga|tor, der (Krokodil)
al|li|ie|ren (verbünden)
Al|li|ier|te, der (Verbündeter)
Al|li|te|ra|ti|on (Anlautreim)
al|li|te|rie|ren (gleich anlauten)
Al|li|zin (Knoblauchwirkstoff)
all|jähr|lich
All|macht
all|mäch|tig
all|mäh|lich
All|mend, All|men|de, die (Gemeindegrund)
all|mo|nat|lich
all|mor|gend|lich
all|nächt|lich
Al|lo...[phon *usw.*] (*sprachwiss.* Variante eines Phonems *usw.*)
al|lo|chthon (anderswoher stammend)
Al|lod, das (abgabenfreier Grundbesitz)
al|lo|di|al (*zu* Allod)
Al|lo|ga|mie (Fremdbefruchtung)

Al|lo|graph, das (Variante eines Graphems)
Al|lo|ka|ti|on (Zuweisung v. Mitteln)
Al|lo|ku|ti|on (päpstl. Rede)
Al|lo|morph, das (Variante eines Morphems)
Al|lon|ge, die (Verlängerungsstreifen)
Al|lon|ge|pe|rücke [k|k]
al|lons! (*frz.* vorwärts!)
Al|lo|path, der (allopathischer Arzt)
Al|lo|pa|thie (Schulmedizin im Gegensatz zur Homöopathie)
al|lo|pa|thisch
Al|lo|phon, das (Variante eines Phonems)
Al|lo|pla|stik (Ersatz durch körperfremde Teile)
al|lo|pla|stisch
Al|lo|tria (*eigentl. Pl.*) (Unfug); ~ treiben
al|lo|zie|ren (*zu* Allokation)
All|rad|an|trieb
all right (*engl.* in Ordnung)
All|roun|der (vielseitiger Mensch)
All|round|man, der (vielseitiger Mensch); *Pl.* Allroundmen
all|sei|tig
all|seits
All|strom|ge|rät
all|stünd|lich
All|tag
all|täg|lich
all|tags (*Adverb*)
all|über|all
all|um|fas|send
Al|lü|re, die (Gehabe)
al|lu|vi|al (angeschwemmt)
Al|lu|vi|um, das (Schwemmland)
all|weil; *s. a.* alleweil
All|wet|ter|klei|dung
all|wis|send
All|wis|sen|heit
all|wö|chent|lich
all|zeit; *s. a.* allezeit
all|zu; allzu◡bald, ...◡früh, ...◡gern, ...◡lang, ...◡viel, ...◡weit *usw.*; *flektierte Formen u. längere Adjektive meist getrennt geschrieben*: der allzu frühe Tod, allzu viele Sorgen; allzu sorglos; das Allzumenschliche
Alm, die
Al|ma-Ata (Hauptstadt v. Kasachstan)
Al|ma ma|ter, die (Universität)
Al|ma|nach, der (Jahrbuch)
Al|man|din, der (Mineral)
al|men (Vieh auf der Alm halten)
Al|men|rausch; *s. a.* Almrausch
Al|mo|ha|den (*Pl.*) (maurisch-span. Dynastie)
Al|mo|ra|vi|den (*Pl.*) (maurisch-span. Dynastie)
Al|mo|sen, das (kleine Gabe)
Al|mo|se|nier (Verwalter der kirchl. Almosenpflege)
Alm|rausch (Alpenrose); *s. a.* Almenrausch
Aloe, die (Heilpflanze)
alo|gisch (unlogisch)
Alp, der (Gespenst, Alpdruck); *s. a.* Alb
Alp, die (Alm)
Al|pa|ka, das (1. Lama, Wolle davon; 2. Neusilber)
al pa|ri (zum Nennwert)
Alp|druck; *a.* Albdruck
Alp|drücken [k|k]; *a.* Albdrücken
Al|pe, die (Alm)
al|pen (almen); du alpst
Al|pen, die (Gebirge)
Al|pen...[steinbock *usw.*]
Al|pha, das (griech. Buchstabe α, A); das Alpha und Omega; Alpha Centauri, *Zeichen* α Centauri *usw.* (der hellste Stern im Sternbild Kentaur *usw.*)
Al|pha|bet, das
al|pha|be|tisch
al|pha|be|ti|sie|ren
al|pha|nu|me|risch
Al|phard (Stern)
Al|pha|strah|len, α-Strahlen (Strahlung aus Alphateilchen = Heliumkernen)
Alp|horn (Blasinstrument)
al|pin (die Alpen oder den Skiabfahrtslauf betreffend)
Al|pi|na|ri|um (Alpenwildpark)
Al|pi|ni (*Pl.*) (ital. Gebirgsjäger)
Al|pi|nis|mus (Bergsteigerei)
Al|pi|nist
al|pi|ni|stisch
Al|pi|num, das (Steingarten)
Älp|ler
Alp|traum; *a.* Albtraum
Al|raun, der; *vgl.* Alraune)
Al|rau|ne, die (Pflanze, Mandragora)
als; als daß, als ob, das Als-ob *§ 13 (2) Anm. 4*, Als-ob-Philosophie *usw. § 13 (3)*
al s. (*Abk. v.* al segno)
als|bald
als|bal|dig
als|dann
al se|gno (*Musik*: bis zum Zeichen); *Abk.* al s.
al|so
Al|ster, die (Fluß)
alt (älter, am ältesten); er ist immer noch der alte (derselbe wie früher); alt und jung *oder* Alt und Jung (jedermann); es beim alten lassen, es bleibt beim alten *§ 15 (6)*; aus alt mach neu; der Alte (Greis, Senior *usw.*); Altes und Neues; zwischen Jung und Alt (zwischen den Generationen) *§ 15 (1) Anm. 2*; der Älteste (der älteste Sohn, der Kirchenälteste *usw.*); der Alte Fritz (Friedrichs II.), der Alte Herr (Altmitglied einer student. Verbindung), Alte Geschichte (Geschichte des Altertums); das Alte Testament (Teil der Bibel), die Alte Welt (Europa usw. im Gegensatz zum spät entdeckten Amerika)
Alt, das (*kurz f.* Altbier)

Alt, der (tiefe Frauenstimme)
Alt...[bau *usw.*, *zu* alt]
Alt...[flöte *usw.*, *zu* Alt, der]
Alt-...[Heidelberg *usw.*] *§ 13 (2)*
Al|tai, der (Gebirge)
Al|ta|ir (Stern); *s. a.* Atair
al|ta|isch (*zu* Altai); al|ta|i|sche Sprachen
Al|ta|mi|ra (Höhle in Spanien mit Steinzeitmalerei)
Al|tan, der (Söller)
Al|tar, der (Opfertisch)
Al|tar...[bild *usw.*]
alt|backen [k|k]
alt|be|kannt
alt|be|währt
alt|deutsch
Alt|dorfer, Albrecht (dt. Maler ~1480-1538)
alt|ehr|wür|dig
alt|ein|ge|ses|sen
Al|te Land, das (Landschaft bei Hamburg)
Al|ter, das
Al|te|ra|ti|on (Veränderung)
Al|ter|chen
Al|ter ego, das (guter Freund; *eigentl.* zweites Ich)
al|te|rie|ren (verändern, aufregen); s. ~ (s. aufregen)
al|tern; du alterst
Al|ter|nanz, die (Wechsel)
Al|ter|na|ti|on (Wechsel)
al|ter|na|tiv
Al|ter|na|tiv...[lösung *usw.*]
Al|ter|na|ti|ve, die (Wahlmöglichkeit)
Al|ter|na|ti|ve, der (Anhänger einer Alternativbewegung)
al|ter|nie|ren (abwechseln)
al|ters; seit alters, von alters her
Al|ters...[schwäche *usw.*]
al|ters|be|dingt
Al|ter|tum
Al|ter|tü|me|lei
al|ter|tü|meln
al|ter|tüm|lich
Äl|te|ste, der (*s.* alt)
Äl|te|sten|rat
alt|frän|kisch (*a. übertr.* altmodisch)
alt|ge|wohnt
Alt|gold
Alt|grad, der (360. Teil des Kreises)
alt|grie|chisch; auf ~
Alt|grie|chisch, das; auf altgriechisch sprechen
Alt|grie|chi|sche, das
Al|thee, die (Eibisch); *Pl.* Al|theen
alt|her|ge|bracht
alt|her|kömm|lich
alt|hoch|deutsch; auf ~
Alt|hoch|deutsch, das; auf althochdeutsch sprechen
Alt|hoch|deut|sche, das
Al|tist (Sänger mit Altstimme)
Al|ti|stin
alt|jüng|fer|lich
Alt|ka|tho|lik (Mitglied einer katholischen Teilkirche)
alt|ka|tho|lisch
Alt|ka|tho|li|zis|mus
alt|klug
ält|lich
Alt|mark (Landschaft bei Magdeburg)
alt|mo|disch
alt|nor|disch; auf ~
Alt|nor|disch, das; auf altnordisch sprechen
Alt|nor|di|sche, das
Al|to Adi|ge (Südtirol)
Alt|phi|lo|lo|ge
Alt|phi|lo|lo|gie (Wissenschaft von griech. u. lat. Sprache und Literatur)
alt|phi|lo|lo|gisch
alt|rö|misch
alt|ro|sa; in Altrosa
Al|tru|is|mus (Selbstlosigkeit)
Al|tru|ist
al|tru|i|stisch (selbstlos)
alt|sprach|lich
alt|te|sta|men|ta|risch
Alt|te|sta|ment|ler
alt|te|sta|ment|lich
alt|über|lie|fert
alt|ver|traut
Alt|vor|de|ren, Alt|vor|dern, die (Vorfahren)
Alt|wei|ber|fas[t]|nacht
Alt|wei|ber|som|mer (Spätsommer, *a.* fliegende Spinnfäden)
Alt|welt...[affe *usw.*]; *vgl.* alt
alt|wie|ne|risch
Alu (*kurz f.* Aluminium)
Alu|fo|lie
Alu|mi|nat, das (Salz d. Aluminiumsäure)
alu|mi|nie|ren (mit Aluminium überziehen)
Alu|mi|ni|um; *chem. Zeichen* Al
Alu|mi|ni|um...[sulfat *usw.*]
Alum|nat, das (Schülerheim, Internat)
Alum|ne, der (Alumnus)
Alum|nus, der (Heimzögling)
al|ve|o|lar (*Adjektiv*)
Al|ve|o|lar, der
Al|ve|o|le (*med.* Bläschen; Zahnfächer); *Pl.* Alveolen
Al|weg|bahn (Einschienenbahn)
am (*Verschmelzung v.* an *und* dem); am Laufen sein *§ 15 (1)*
Am (*chem. Zeichen f.* Americium)
a. m. (*Abk. v.* ante meridiem, ante mortem)
ama|bi|le (*Musik*: lieblich)
Amal|gam (Quecksilberlegierung)
amal|ga|mie|ren (*a. übertr.* vermischen)
Amal|theia (myth. Gestalt)
Ama|rant, der (Fuchsschwanz [Pflanze])
Ama|rel|le, die (Sauerkirsche)
Amar|na (Ruinenstätte am Nil); Tell el-Amarna
Ama|ryl|lis, die (Pflanze)
Ama|teur (Liebhaber, Nichtprofessioneller)
Ama|teur...[sport *usw*]
Ama|ti, die (Geige)
Ama|zo|nas, der
Ama|zo|ne, die (myth. Kriegerin; *a. übertr.* Reiterin, sportl. Frau)
Am|bas|sa|deur (Botschafter)
Am|be, die (Doppeltreffer)
Am|ber, der (Duftstoff v.

Pottwal); *s. a.* Ambra
Am|bi|en|te, das (Umgebung)
am|big (zwei-, mehrdeutig); *a.* am|bi|gue
Am|bi|gu|i|tät (*zu* ambig)
Am|bi|ti|on (Ehrgeiz)
am|bi|ti|o|niert (ehrgeizig)
am|bi|ti|ös (ehrgeizig)
am|bi|va|lent (zwiespältig)
Am|bi|va|lenz
Am|bo, der (Lesepult); *s. a.* Ambon
Am|bon, der (Lesepult); *s. a.* Ambo
Am|boß, der (Schmiedeunterlage; *a.* Gehörknochen)
Am|bra, die (Duftstoff v. Pottwal); *s. a.* Amber
Am|bro|sia, die (göttl. Speise, die Unsterblichkeit verleiht)
am|bro|si|a|nisch; Ambrosianische Bibliothek, Liturgie, Hymnen *§ 15 (7)*
am|bro|sisch (himmlisch)
Am|bro|si|us (Kirchenvater ~340-397)
am|bu|lant (umherziehend; *med.* ohne Kliniksaufenthalt)
Am|bu|lanz, die (Abteilung zur ambulanten Behandlung; Notarztwagen)
am|bu|la|to|risch (ambulant)
Amei|se, die
Amei|sen...[haufen *usw.*]
Ame|li|o|ra|ti|on (Verbesserung)
ame|li|o|rie|ren (verbessern)
amen; ja und amen sagen
Amen, das
Amen|de|ment, das (*frz.* Zusatz [zu Gesetzen])
amen|die|ren
Amen|ho|tep (Name v. Pharaonen) *vgl.* Amenophis
Ame|no|phis (*griech.* Name v. Pharaonen); ~ IV. (Echnaton)
Ame|nor|rhö (*med.*), Amenorrhöe, die (Ausbleiben d. Menstruation)
ame|nor|rho|isch
Ame|ri|can Bar, die (Hotelbar)
Ame|ri|can way of life, der (Menschenrechtsorganisation); *Abk.* AI

Ame|ri|ci|um; *chem. Zeichen* Am
Ame|ri|ka (*a.* = USA)
ame|ri|ka|deutsch; der Amerikadeutsche
Ame|ri|ka|ner (*a.* = US-Bürger)
ame|ri|ka|nisch
ame|ri|ka|ni|sie|ren
Ame|ri|ka|nis|mus
Ame|ri|ka|nist
Ame|ri|ka|ni|stik (Wissenschaft v. [US-]amerikanischer Sprache u. Literatur)
Ame|thyst, der (Mineral)
ame|thy|sten (aus Amethyst)
Am|for|tas (Gralskönig bei Wolfram v. Eschenbach)
am|ha|risch; auf ~
Am|ha|risch, das; auf amharisch sprechen
Am|ha|ri|sche, das (Sprache in Äthiopien)
Ami (*kurz f.* US-Amerikaner)
Amiens (Stadt in Frankreich)
Amin, das (chem. Verbindung)
Amin; Idi Amin Dada (ugand. Politiker 1925-2003)
Ami|no...[säure *usw.*]
Am|man (Hauptstadt v. Jordanien)
Am|mann (*schweiz.*) (Vorsteher)
Am|me
Am|men|mär|chen
Am|mer[1], die (Vogel)
Am|mer[2], die (Fluß in Bayern)
Am|mon, das (*kurz f.* Ammonium)
Am|mo|ni|ak, das
Am|mo|nit, der (fossiler Kopffüßler) *Pl.* Ammoniten; *vgl.* Ammonshorn
Am|mo|ni|ter (bibl. Volk)
Am|mo|ni|um (chem. Verbindung); *Kurzform* Ammon
Am|mons|horn (Ammonit)
Amne|sie (Gedächtnisschwund)
Amne|stie (Straferlaß)
amne|stie|ren
Amne|sty In|ter|na|tio|nal

Am|ni|on, das (Eihaut um den Embryo)
Am|nio|sko|pie (Fruchtwasseruntersuchung)
Amö|be, die (Wechseltierchen)
amö|bo|id (amöbenhaft)
Amok, der; ~ laufen, ~ fahren
Amok...[läufer *usw.*]
a-Moll *§ 13 (2)*; a-Moll-Tonleiter *§ 13 (3)*
Amor (Liebesgott)
amo|ra|lisch (unmoralisch)
Amo|ra|lis|mus
amo|ra|li|stisch
Amo|ret|te, die (Putto, geflügelte Kindergestalt)
amo|ro|so (*Musik*: lieblich)
amorph (formlos)
Amor|ti|sa|ti|on (Rückzahlung, Rentabilität)
Amos (Prophet des AT)
amor|ti|sie|ren
Amou|ren (*Pl.*) (Liebschaften)
amou|rös (verliebt, die Liebe betreffend)
Am|pel, die
Am|pel|ko|ali|ti|on (Bündnis aus SPD, FDP u. Grünen, nach den Parteifarben)
Am|pere, das (Einheit d. Stromstärke); *Abk.* A
Am|pere|me|ter (Strommesser)
Am|pere|se|kun|de; *Abk.* As; *vgl.* Coulomb
Am|pere|stun|de; *Abk.* Ah
Amp|fer, der (Knöterichgewächs)
Am|phet|amin, das (Weckamin, Suchtmittel)
am|phi.../Am|phi... (doppel...)
Am|phi|bie, die (Lurch)
Am|phi|bi|en...[fahrzeug *usw.*]
am|phi|bisch (zu Wasser u. zu Lande [lebend])
Am|phi|bo|lie (Mehrdeutigkeit)
am|phi|bo|lisch
Am|phi|kty|o|ne, der
Am|phi|kty|o|nie (religiös verbundene Gruppe v. Völkern)
Am|phi|the|a|ter (Theater mit

ansteigender Arena)
am|phi|the|a|tra|lisch
Am|phi|try|on (König v. Tiryns)
Am|pho|ra, Am|pho|re, die (zweihenkliger Tonkrug); *Pl.* Amphoren
am|pho|ter (*chem.* als Säure u. Base reagierend)
Am|pli|fi|ka|ti|on (Erweiterung)
am|pli|fi|zie|ren
Am|pli|tu|de, die (Schwingungsweite)
Am|pul|le, die (Glasröhrchen)
Am|pu|ta|ti|on (Abtrennung e. Körperteils)
am|pu|tie|ren
Am|rit|sar (Stadt in Indien mit Sikh-Heiligtum)
Am|rum (nordfries. Insel)
Am|sel
Am|sel|feld (serb. Landschaft)
Am|ster|dam (Stadt in den Niederlanden)
Am|ster|da|mer
Amt
Ämt|chen
am|ten; du amtest
Amt|frau
am|tie|ren
amt|lich
Amt|mann
Amt|män|nin
Amts...[arzt *usw.*]
amts|ärzt|lich
amts|han|deln; er amtshandelt; amtsgehandelt
Amts|schim|mel (*übertr.* Bürokratismus)
Amu|dar|ja, der (Fluß in Asien)
Amu|lett, das (Glückbringer)
Amund|sen, Roald (norweg. Forscher 1872-1928 [verschollen])
Amur (Fluß in Asien)
amü|sant (vergnüglich)
Amü|se|ment, das (Vergnügen)
amü|sie|ren (erheitern); s. ~
amu|sisch (ohne Kunstsinn)
Amyg|da|la, die (*med.* Mandelkern)
Amyg|da|lin, das (chem. Stoff in bitteren Mandeln)
an (*Präposition*); *als Verbzusatz zusammengeschrieben*: anbinden *usw.*; *als Kurzform für* angeschaltet *u. ä. fakultativ mit Infinitiv u. Partizip von* sein *zusammengeschrieben*: an◡sein, an◡gewesen
Ana|bap|tis|mus (Wiedertäufertum)
Ana|bap|tist (Wiedertäufer)
ana|bol (muskelbildend)
Ana|bo|li|kum (muskelbildendes Präparat)
Ana|cho|ret, der (Einsiedler)
ana|cho|re|tisch
Ana|chro|nis|mus (falsche historische Zuordnung)
ana|chro|ni|stisch
Ana|dy|o|me|ne (Beiname der Aphrodite)
an|ae|rob (ohne Sauerstoff [lebend])
Ana|gramm (Buchstabenvertauschung)
ana|gram|ma|tisch (auf Buchstabenvertauschung beruhend)
An|ako|luth (*sprachwiss.* Satzbruch)
an|ako|lu|thisch
Ana|kon|da, die (Schlange)
Ana|kre|on (griech. Dichter im 6. Jhdt. v. Chr.)
Ana|kre|on|tik (anakreontische Lyrik)
Ana|kre|on|ti|ker
ana|kre|on|tisch (nach Art des Anakreon)
anal (den After betreffend)
Anal...[fissur *usw.*]
Ana|lek|ten (*Pl.*) (Textsammlung)
Ana|lep|ti|kum (anregendes Mittel)
ana|lep|tisch (*med.* anregend)
An|al|ge|sie (Schmerzlosigkeit)
An|al|ge|ti|kum (Schmerzmittel)
an|al|ge|tisch (schmerzstillend)
An|al|gie (Schmerzlosigkeit)
ana|log (entsprechend)
Ana|log...[rechner *usw.*]
Ana|lo|gie (Entsprechung)
ana|lo|gisch (entsprechend)
Ana|lo|gon, das
An|al|pha|bet, der (Lese- und Schreibunkundiger)
an|al|pha|be|tisch
An|al|pha|be|tis|mus
Ana|ly|sand (jemand, der zu analysieren ist)
Ana|ly|se, die (Zerlegung)
ana|ly|sie|ren (zerlegen)
Ana|ly|sis (Analyse)
Ana|lyst (Börsenfachmann)
Ana|ly|tik
Ana|ly|ti|ker
ana|ly|tisch
An|ämie (Blutarmut)
an|ämisch (blutarm)
Ana|mne|se, die (Vorgeschichte einer Krankheit)
Ana|mne|sis, die (*griech.* Wiedererinnerung)
ana|mne|stisch (*zu* Anamnese)
Ana|mor|pho|se, die (verzerrte Abbildung)
ana|mor|pho|tisch (verzerrt)
Ana|nas, die
Anan|kas|mus (*med.* Handlungszwang)
Anan|ke, die ([Göttin der] Notwendigkeit)
Ana|päst, der (Versfuß)
Ana|pher, Ana|pho|ra, die (Stilfigur; Rückverweisung)
ana|pho|risch (rückverweisend)
ana|phy|lak|tisch (durch Überempfindlichkeit ausgelöst)
Ana|phy|la|xie (Überempfindlichkeit)
An|ar|chie (Herrschaftslosigkeit)
an|ar|chisch (ohne Herrschaft)
An|ar|chis|mus (Streben nach Anarchie)
An|ar|chist
an|ar|chi|stisch
An|ar|cho|syn|di|ka|lis|mus
An|äs|the|sie (Betäubung)
an|äs|the|sie|ren (betäuben)
An|äs|the|sio|lo|ge (Anästhesiearzt)

An|äs|the|sio|lo|gie
An|äs|the|sist (Anästhesiearzt)
An|äs|the|ti|kum
an|äs|the|tisch
an|äs|the|ti|sie|ren (anästhesieren)
An|astig|mat, der (verzerrungsfreies Linsensystem)
an|astig|ma|tisch
Ana|sto|mo|se, die (*med.* Verbindung v. Hohlräumen)
Ana|the|ma, das (tabuisierter Gegenstand)
ana|the|ma|ti|sie|ren (mit einem Bann belegen)
Ana|to|li|en (Kleinasien)
Ana|to|li|er
ana|to|lisch
Ana|tom
Ana|to|mie (Lehre v. Körperbau)
ana|to|mie|ren (*med.* zerschneiden)
ana|to|misch
Ana|xa|go|ras (griech. Philosoph ~500-428)
Ana|xi|man|der (griech. Philosoph ~610- ~546 v. Chr.)
Ana|xi|me|nes (griech. Philosoph 6.Jh.v. Chr.)
an|ban|deln
an|bän|deln
An|bau; *Pl.* Anbauten
An|bau...[fläche *usw.*]
An|be|ginn; von ~
an|be|rau|men; du anberaumst, beraumst an
an|be|ten
An|be|tracht; in Anbetracht
an|bie|dern
An|blick
An|bot, das (Angebot)
an|bras|sen; du braßt an *§ 7 (1)*
An|bruch; *Pl.* Anbrüche
ANC (*Abk. v.* African National Congress) *§ 17 (2) Anm. 1*
An|cho|vis; *a.* Anschovis
An|ci|en|ni|tät (Dienstalter)
An|cien ré|gime (Zeitalter vor der [frz.] Revolution)
An|dacht
an|däch|tig
An|da|lu|si|en (Landschaft in Spanien)
An|da|lu|si|er
an|da|lu|sisch
An|da|ma|nen (Inselgruppe im Indischen Ozean)
an|dan|te (*Musik*: ruhig)
An|dan|te, das
an|dan|ti|no (*Musik*: etwas ruhig)
An|dan|ti|no, das
An|den, die (*Pl.*) (Gebirge in Südamerika)
An|den|ken, das
an|de|re; der andere, alles andere, nichts anderes, etwas ganz anderes, zum anderen *§ 15 (6)*; ein andermal; *aber* ein anderes Mal; *in der Bedeutung qualitativer Verschiedenheit auch Großschreibung*: das ganz Andere suchen; Gott ist der Andere; *s. a.* andre
an|de|rer|seits, an|der|seits; *s. a.* andrerseits
än|dern
an|ders; jemand anders, niemand anders, irgendwo anders, wo anders? (*aber* woanders = anderswo)
an|ders|ar|tig
an|ders◡den|kend; ganz anders denkend; der Andersdenkende (Dissident); der darüber ganz anders Denkende
An|der|sen, Hans Christian (dän. Dichter 1805-1875)
an|ders|far|big
an|ders◡ge|ar|tet; der Andersgeartete; *vgl.* andersdenkend
an|ders◡ge|sinnt; der Andersgesinnte; *vgl.* andersdenkend
an|ders|gläu|big; der Andersgläubige
an|ders|he|rum
an|ders◡lau|tend; das Anderslautende; *vgl.* andersdenkend
an|ders|rum
an|ders|wie
an|ders|wo
an|ders|wo|her
an|ders|wo|hin
an|dert|halb
an|dert|halb|fach; das Anderthalbfache
an|dert|halb|mal
an|der|wär|tig
an|der|wärts
an|der|weit
an|der|wei|tig
an|din (die Anden betreffend)
an|docken [k|k]
An|dor|ra (Staat in den Pyrenäen)
An|dor|ra|ner
an|dor|ra|nisch
An|drang
and|re; *s. a.* andere
An|dre|as (Apostel; *Name ungar. Herrscher*)
An|dre|as|kreuz
and|rer|seits; *s. a.* anderseits, andererseits
an|dro|gyn (zwitterhaft)
An|dro|gy|nie (Zwittrigkeit)
An̦|dro|i|de, der (menschengestaltiger Automat)
An|dro|lo|ge (Arzt f. Männerheilkunde)
An|dro|lo|gie
an|dro|lo|gisch
An|dro|me|da (1. Sagengestalt; 2. Sternbild)
An|druck
Äne|as (Sagengestalt)
an|ecken [k|k]
a̍n|eig|nen
an|ein|an|der; *als Verbzusatz meist mit dem Verb zusammengeschrieben*: aneinander◡hängen; *aber* aneinander hängen; *vgl.* einander
An|ek|do|te, die (pointierte Kurzerzählung)
an|ek|do|tisch
Ane|mo|graph, der (Windmesser)
Ane|mo|me|ter, das (Windmesser)
Ane|mo|ne, die (Windröschen)
An|er|be (Alleinerbe)

an|er|bie|ten, sich; du erbietest dich an, anerbietest dich
An|er|bie|ten, das
An|er|kennt|nis, die; *jur.* das ~
An|eu|rys|ma, das (Erweiterung)
An|fahrt
An|fall
an|fäl|lig
An|fang; Anfang dreißig/Dreißig
an|fan|gen
An|fän|ger
an|fäng|lich
an|fangs
An|fangs...[gehalt *usw.*]
an|fecht|bar
an|fech|ten
an|fein|den
an|feuch|ten
An|flug
An|fra|ge
an|freun|den
An|fuhr
An|ga|be
An|gang
an|gän|gig
an|geb|bar
An|ge|bin|de
an|geb|lich
an|ge|bo|ren
An|ge|bot
An|ge|bots...[theorie *usw.*]
an|ge|bracht
An|ge|den|ken, das
an|ge|führt; am angeführten Ort; *Abk.* a. a. O.
an|ge|ge|ben; am angegebenen Ort; *Abk.* a. a. O.
an|ge|hei|ra|tet
an|ge|hei|tert
an|ge|hend
an|ge|hö|rig; der Angehörige
An|ge|klag|te, der
an|ge|krän|kelt
An|gel, die
An|gel...[haken *usw.*]
An|geld, das
An|ge|li|co; Fra ~ (ital. Maler ~1401/02-1455)
an|geln; du angelst
An|gel|sach|se
an|gel|säch|sisch; auf ~
An|gel|säch|sisch, das; auf angelsächsisch sprechen
An|gel|säch|si|sche, das
An|ge|lus [Domini], das (Gebet)
An|ge|lus Si|le|si|us (dt. Dichter; *eigtl.* Johann Scheffler 1624-1677)
an|ge|mes|sen
an|ge|nehm
an|ge|nom|men
An|ger, der
An|ge|sicht; von ~ zu ~
an|ge|sichts (*Präposition*)
an|ge|stammt
An|ge|stell|te, der
An|ge|stell|ten...[versicherung *usw.*]
an|ge|wandt; angewandte Mathematik *usw.*, *als Name einer Disziplin auch groß geschrieben*: Angewandte Mathematik *usw.* *§ 15 (8)*
An|ge|wohn|heit
an|gif|ten
An|gi|na (Beengung); ~ pectoris (Herzenge)
angio.../Angio... (die Adern betreffend)
An|gio|gramm (Röntgenbild der Adern)
An|gio|gra|phie
an|gio|gra|phisch
An|gi|om, das (Geschwulst an Adern)
An|gio|sper|men (*Pl.*) (bedecktsamige Pflanzen)
Ang|kor (kambodschan. Tempelstadt); ~ Wat
an|glei|chen
Ang|ler
Ang|ler...[latein *usw.*]
Ang|li|ka|ner (Angehöriger der anglikanischen Kirche)
ang|li|ka|nisch
Ang|li|ka|nis|mus
ang|li|sie|ren (englisch machen)
Ang|list
Ang|li|stik (Wissenschaft von englischer Sprache und Literatur)
ang|li|stisch
Ang|li|zis|mus (Sprachveränderung nach engl. Vorbild)
Ang|lo|ame|ri|ka|ner (Amerikaner englischer Herkunft)
Ang|lo-Ame|ri|ka|ner (*Sammelbezeichnung f.* Engländer und Amerikaner)
ang|lo|ame|ri|ka|nisch (die Angloamerikaner betreffend)
ang|lo-ame|ri|ka|nisch (die Engländer und Amerikaner betreffend)
ang|lo|man (für Englisches begeistert)
Ang|lo|ma|nie
ang|lo|phil (der englischen Kultur zuneigend)
Ang|lo|phi|lie
ang|lo|phob (englandfeindlich)
Ang|lo|pho|bie
ang|lo|phon (englischsprachig)
Ang|lo|pho|nie
An|go|la (Staat in Afrika)
An|go|la|ner
an|go|la|nisch
An|grei|fer
An|griff
An|griffs...[krieg *usw.*]
angst; jmdm. angst [und bange] machen, mir ist/wird angst [und bange] *§ 15 (6)*; *vgl.* Angst
Angst, die; Angst haben, ~ einjagen, in Angst sein, in tausend Ängsten sein; *vgl.* angst
Angst...[schweiß *usw.*]
äng|sten
angst|er|füllt
äng|sti|gen
ängst|lich
Ång|ström (Längenmaß); *Abk.* Å
an|gu|lar (winklig)
an|ha|ben; wenn sie ein Kleid anhat; das kann ihr nichts anhaben
An|halt[1], der
An|halt[2] (Land); *s. a.* Sachsen-Anhalt

An|hal|ter; per ~ fahren
An|hal|ti|ner (Einwohner v. Anhalt[2])
anhand, an Hand
An|hang
An|hän|ger
an|hän|gig
an|häng|lich
An|häng|sel
an|hei|meln
an|heim‿fal|len
an|heim‿ge|ben
an|heim‿stel|len
an|hei|schig; s. ~ machen
an|herr|schen
An|hieb; auf ~
an|him|meln
an|hin
An|hö|he
An|hy|drid, das (wasserfreier Säurerest)
An|hy|drit, der (wasserfreier Gips)
Änig|ma, das (Rätsel); *vgl.* änigmatisch
änig|ma|tisch (räselhaft); *nach engl. Vorbild a.* enigmatisch
Ani|lin, das (chem. Zwischenprodukt f. Farben usw.)
Ani|lin...[farbe *usw.*]
ani|ma|lisch (tierisch, Tier...)
Ani|ma|teur (Unterhalter)
Ani|ma|ti|on (Belebung, Anregung)
ani|ma|to (*Adjektiv*) (lebhaft)
ani|mie|ren (beleben, anregen)
Ani|mis|mus (Beseeltheitsglaube)
Ani|mo|si|tät (Gereiztheit)
An|ion, das (negativ geladenes Teilchen)
an|io|nisch
Anis, der (Heil- u. Würzpflanze)
Anis...[plätzchen *usw.*]
Ani|set|te, der (Anislikör)
An|jou (frz. Grafschaft)
An|ka|ra (Hauptstadt der Türkei)
An|ka|the|te, die (Kathete am spitzen Winkel d. Dreiecks)
An|kauf
An|ke, der (Fisch)
An|ke, die (Nacken)
An|ken, der (Butter)
An|ker
An|ker...[platz *usw.*]
an|kern; du ankerst
An|ker|spill, das (Ankerwinde)
an|ket|ten
An|kla|ge
An|kla|ge...[bank *usw.*]
An|klä|ger
an|klä|ge|risch
An|klang
An|kömm|ling
an|krei|den
An|kreis
an|kün|den
an|kün|di|gen
An|kunft
An|ky|lo|se, die (Gelenkversteifung)
An|la|ge
An|la|ge...[berater *usw.*]
an|lan|gen
An|laß
An|las|ser
an|läß|lich
an|la|sten
An|lauf
An|laut
An|le|ger
an|leh|nen
an|leh|nungs|be|dürf|tig
an|lei|ern
An|lei|he
an|lei|nen
An|lern|ling
An|lie|gen, das
An|lie|ger
an|lu|ven (in den Wind drehen)
Anm. (*Abk. v.* Anmerkung)
An|ma|che, die
An|marsch
an|ma|ßen, sich; du maßt dir an *§ 7 (1)*
an|ma|ßend
an|mel|de|pflich|tig
an|men|gen
An|mer|kung; *Abk.* Anm.
An|mo|de|ra|ti|on (Einführung in eine Sendung)
An|mut, die
an|mu|stern (zum Dienst auf See anstellen *oder* s. anstellen lassen)
an|mu|ten
an|mu|tig
An|na (*Name v. Herrscherinnen*; Heilige); ~ Boleyn (Gemahlin Heinrichs VIII. 1507-1536); ~ selbdritt (Darstellung der heiligen Anna mit Maria u. Jesus)
an|nä|hernd
an|nä|he|rungs|wei|se
An|nah|me
An|nah|me...[bestätigung *usw.*]
An|na|len (Jahrbücher)
An|na|li|stik (Annalenschreibung)
An|nam (Region in Vietnam)
An|nan, Kofi (ghana. Politiker *1938)
An|na|pur|na (Berg)
An|na|ten (*Pl.*) (jährl. Abgabe an Papst oder Kirche)
an|nehm|bar
an|nehm|lich
an|nek|tie|ren (s. [Land] aneignen)
An|nex, der (Anhang)
An|ne|xi|on (*zu* annektieren)
An|ne|xi|o|nis|mus
An|ni|ver|sar, das (Jahrestag)
An|ni|ver|sa|ri|um (Jahrestag)
an|no; ~ dazumal, ~ Tobak; Anno Domini, *Abk.* A. D.
An|no (Erzbischof v. Köln, Heiliger ~1010-1075)
An|no|lied (mhd. Gedicht über Anno)
An|non|ce, die (Anzeige)
an|non|cie|ren (anzeigen)
An|no|ne, die (Baum)
An|no|ta|ti|on (Anmerkung)
an|no|tie|ren (mit Anmerkungen versehen)
an|nu|ell (einjährig)
An|nu|i|tät (jährl. Tilgung)
an|nul|lie|ren (für nichtig erklären)
An|nun|zi|a|ten|or|den
An|nun|zio, Gabriele d' (ital. Dichter 1863-1938); *vgl.*

D'Annunzio
An|ode, die (Pluspol)
an|öden
an|omal (abweichend)
An|oma|lie (Abweichung)
Ano|mie (Gesetzlosigkeit)
an|onym (namenlos); Anonyme Alkoholiker, *Abk.* AA
an|ony|mi|sie|ren
An|ony|mi|tät
An|ony|mus, der
An|ophe|les|mücke (Malariamücke) [k|k]
Ano|rak, der
An|ore|xia ner|vo|sa (Magersucht)
An|ore|xie (Appetitlosigkeit)
an|or|ga|nisch
anor|mal
An|or|thit, der (Mineral)
Anouilh, Jean (frz. Schriftsteller 1910-1987)
an|pas|sen
an|pas|sungs|fä|hig
An|pfiff
an|pflau|men
An|prall
an|pran|gern
an|prei|en (ein anderes Schiff anrufen)
An|pro|be
an|rai|nen (angrenzen)
An|rai|ner
An|ran|zer (Tadel)
An|ra|ten, das; auf Anraten
an|rau|hen
An|recht
An|re|de
an|re|gen
an|rei|chern
An|rei|se
An|rei|ßer
an|rei|ße|risch
An|reiz
An|rem|pe|lei
An|rich|te
an|rich|ten
An|riß; *Pl.* Anrisse
an|rü|chig
An|ruf
An|ruf|be|ant|wor|ter
An|ru|fer
ans (*Verschmelzung von* an *und* das) *§ 25 (1) Anm. 3*
An|sa|ge
An|sa|ger
an|sa|men
an|säs|sig
An|satz
An|satz...[punkt *usw.*]
an|satz|wei|se
An|schaf|fe, die
an|schäf|ten
an|schau|lich
An|schein, der
an|schei|nend
An|schiß; *Pl.* Anschisse
An|schlag
An|schlä|ger
an|schlä|gig
an|schlie|ßend
An|schluß; *Pl.* Anschlüsse
An|schluß...[treffer *usw.*]
an|schmie|gen
an|schmieg|sam
an|schnal|len
An|schnall...[pflicht *usw.*]
an|schnau|zen
An|schnau|zer
An|schnitt
An|scho|vis, die (Fisch); *s. a.* Anchovis
An|schrei|ben, das
An|schrift
an|schul|di|gen
An|schuß; *Pl.* Anschüsse
an|schwär|zen (*a. übertr.* schlechtmachen); du schwärzt an *§ 7 (1)*
an|schwel|len (*s.* schwellen)
an|schwem|men
An|schwung
An|se|hen, das
an|sehn|lich
An|se|hung; in Ansehung
an|sei|len
an◡sein (angeschaltet sein); an◡gewesen; *aber* an ist; *vgl.* an
An|selm von Can|ter|bury (engl. Theologe 1033-1109)
Ans|gar (Bischof, Heiliger ~801-865)
An|shan (Stadt in China)
An|sicht
an|sich|tig
An|sichts...[karte *usw.*]
An|sie|de|lung; *s. a.* Ansiedlung
An|sied|ler
An|sied|lung; *s. a.* Ansiedelung
An|sin|nen, das
An|sitz
an|sonst
an|son|sten
An|spiel
an|spin|nen; sich ~
An|spit|zer
An|sporn
an|spor|nen
An|spra|che
an|sprech|bar
an|spre|chend
An|spruch
An|sprung
An|sta|che|lung, An|stach|lung
An|stalt
An|stal|ten; ~ machen
An|stalts...[leiter *usw.*]
An|stand, der
an|stän|dig
An|stands...[regel *usw.*]
an|stands|hal|ber
an|stands|los
An|stands|wau|wau, der
an|statt; *aber* an Kindes Statt; *vgl.* Statt
an|stau|ben
an|steckend [k|k]
an|stel|le; *a.* an Stelle
an|stel|len
an|stel|lig
An|stich
An|stieg
an|stif|ten
An|stif|ter
an|stim|men
An|stoß; ~ nehmen
an|stö|ßig
an|strän|gen (anschirren); *vgl. aber* anstrengen
An|strei|cher
an|stren|gen; sich ~; einen Prozeß ~; *vgl. aber* ansträngen
an|stren|gend
An|strich

an|stü|cken [k|k]
An|sturm
An|su|chen, das
An|su|cher
Ant|ago|nis|mus (Gegensatz)
Ant|ago|nist (Gegenspieler)
ant|ago|ni|stisch
An|tai|os (*griech.*) (Sagengestalt); *s. a.* Antäus
An|tal|ya (Stadt in d. Türkei)
An|ta|na|na|ri|vo (Hauptstadt v. Madagaskar; *früher* Tananarive)
Ant|ares (Stern)
Ant|ark|ti|ka, die (Antarktis)
Ant|ark|tis, die
ant|ark|tisch
An|tä|us (*lat.*) (Sagengestalt); *s. a.* Antaios
An|te, die (Mauerstirnteil)
an|te Chri|stum [na|tum] (vor Chr.); *Abk.* a. Chr. [n.]
an|te|da|tie|ren (vordatieren)
An|teil; ~ nehmen
an|tei|lig
An|teil|nah|me
an|teils|mä|ßig
an|te me|ri|di|em (vor Mittag); *Abk.* a. m.
an|te mor|tem (vor dem Tod); *Abk.* a. m.
An|ten|ne, die
An|te|pän|ul|ti|ma, die (drittletzte Silbe)
An|te|pen|di|um, das (vordere Altarverkleidung)
an|te por|tas (vor den Toren)
An|te|stat, das (Eingangsbescheinigung des Vorlesungsbesuchs)
An|te|ze|dens, das (Vorgänger)
An|the|mi|on, das (Schmuckfries)
An|the|re, die (Pollensäckchen)
An|tho|lo|gie (Auslese [von Texten])
an|tho|lo|gisch
An|thra|cen, An|thra|zen, das (Teerprodukt)
an|thra|zit (*Adjektiv*); in Anthrazit (anthrazitfarben)
An|thra|zit, der (Kohle)
an|thro|po|gen (menschengemacht)
an|thro|po|id (menschenähnlich)
An|thro|po|i|de, der
An|thro|po|lo|ge
An|thro|po|lo|gie (Menschenkunde)
an|thro|po|lo|gisch
an|thro|po|morph (menschenähnlich, nach dem Bild des Menschen)
An|thro|po|mor|phis|mus (Vermenschlichung)
an|thro|po|phag (menschenfressend)
An|thro|po|pha|ge (Menschenfresser)
An|thro|po|pho|bie (Menschenscheu)
An|thro|po|soph, der (Anhänger der Lehre Rudolf Steiners)
An|thro|po|so|phie
an|thro|po|so|phisch
an|thro|po|zen|trisch (v. Menschen als Mittelpunkt ausgehend)
an|ti.../An|ti... (*griech.* gegen... /Gegen...)
An|ti|al|ko|ho|li|ker (Alkoholgegner)
an|ti|au|to|ri|tär (gegen Autorität gerichtet)
An|ti|ba|by|pil|le (Empfängnisverhütungsmittel)
an|ti|bak|te|ri|ell (gegen Bakterien wirkend)
An|ti|bi|o|ti|kum (Medikament gegen Bakterien); *Pl.* -ka
an|ti|bi|o|tisch
An|ti|blockier|sy|stem [k|k]; *Abk.* ABS
an|ti|cham|brie|ren (s. einschmeicheln)
An|ti|christ (*mythol.* Gegenspieler Christi)
An|ti|de|pres|si|vum (Mittel gegen Depression); *Pl.* -va
An|ti|dia|be|ti|kum (Mittel gegen Zuckerkrankheit); *Pl.* -ka
An|ti|dot, das (Gegenmittel); *Pl.* -dote, -doten
An|ti|gen, das
An|ti|go|ne (Sagengestalt)
An|ti|gua [und Bar|bu|da] (karib. Inselstaat)
An|ti|gu|a|ner
an|ti|gu|a|nisch
an|tik (alt, aus d. Antike)
An|ti|ke, die (1. Altertum, 2. altes Kunstwerk)
an|ti|kisch
an|ti|ki|sie|ren
an|ti|kle|ri|kal (gegen die Kirche eingestellt)
An|ti|kle|ri|ka|lis|mus
An|ti|kli|max (Umkehr e. Steigerung)
an|ti|kli|nal (*geol.* sattelförmig)
An|ti|klopf|mit|tel (Benzinzusatz)
An|ti|kör|per (körpereigener Stoff gegen Antigene)
An|til|len (*Pl.*) (Inselgruppe); die Großen ~, die Kleinen ~
An|ti|lo|pe, die
An|ti|ma|te|rie
An|ti|mon; *chem. Zeichen* Sb
an|ti|mon|ar|chisch (gegen das Königtum eingestellt)
An|ti|neur|al|gi|kum (Mittel gegen Nervenschmerzen
An|ti|no|mie (Widerspruch)
an|ti|o|che|nisch (*zu* Antiochia); Antiochenisches Schisma (Kirchenspaltung)
An|ti|o|chia (*Name antiker Städte*)
An|ti|o|chi|er
An|ti|pa|sti (*Pl.*) (Vorspeisen)
An|ti|pa|thie (Abneigung)
an|ti|pa|thisch
An|ti|phon, die (Gemeindegesang)
An|ti|pho|nar, das (Gesangbuch)
An|ti|po|de, der (Gegenfüßler)
An|ti|py|re|ti|kum (Mittel gegen Fieber); *Pl.* -ka
An|ti|qua (Schriftart)
An|ti|quar (Händler v. alten Büchern usw.)

An|ti|qua|ri|at
an|ti|qua|risch
an|ti|quiert (veraltet)
An|ti|qui|tät (alter Kunstgegenstand)
An|ti|ra|ke|ten|ra|ke|te
An|ti|rheu|ma|ti|kum (Mittel gegen Rheuma); *Pl.* -ka
An|ti|se|mit (Judenfeind)
an|ti|se|mi|tisch
An|ti|se|mi|tis|mus
An|ti|sep|sis (Desinfektion)
An|ti|sep|ti|kum (desinfizierendes Mittel); *Pl.* -ka
an|ti|sep|tisch
An|ti|se|rum (Antikörper); *Pl.* -ra, -ren
An|ti|ska|ting, das (korrigierender Gegendruck am Tonarm)
An|ti|spas|mo|di|kum (Mittel gegen Krämpfe): *Pl.* -ka
an|ti|sta|tisch (gegen elektrostat. Aufladung wirkend)
An|ti|stes, der (Priester); *Pl.* Antistites
An|ti|sthe|nes (griech. Philosoph ~440- ~360 v. Chr.)
An|ti|stro|phe (Gegenstrophe)
An|ti|teil|chen (Teilchen mit entgegengesetzter Ladung)
An|ti|the|se
an|ti|the|tisch (gegensätzlich)
An|ti|to|xin, das (Gegengift)
An|ti|tran|spi|rant, das (Mittel gegen Schweißbildung); *Pl.* -spirantien
An|ti|zi|pa|ti|on (Vorwegnahme)
an|ti|zi|pie|ren (vorwegnehmen)
an|ti|zy|klisch (gegen Konjunkturzyklen wirkend)
An|ti|zy|klo|ne, die (*meteorol.* Hoch)
Ant|litz, das
an|tö|nen
An|to|ni|nus [Pi|us] (röm. Kaiser 86-161)
An|to|ni|o|ni, Michelangelo (ital. Regisseur *1912)
An|to|ni|us, Marcus (Mark Anton, röm. Politiker ~82-30 v. Chr.); Antonius von Padua (Heiliger ~1195-1231)
Ant|ono|ma|sie (Umschreibung eines Eigennamens)
ant|onym (*Adjektiv*) (mit entgegengesetzter Bedeutung)
Ant|onym, das (Gegenwort)
ant|ony|misch
an|tör|nen (berauschen); *s. a.* anturnen)
An|trag
An|trei|ber
An|trieb
An|tritt
An|tritts...[besuch *usw.*]
an|tur|nen (berauschen); *s. a.* antörnen
Ant|wer|pen (Stadt in Belgien)
Ant|wer|pe|ner
Ant|wort
ant|wor|ten; du antwortest
ant|wort|lich
Anu|bis (ägypt. Totengott)
An|urie (Harnsperre)
Anus (After)
Anus prae|ter[na|tu|ra|lis] (künstl. After)
An|vers, der (erster Teil des Langverses)
an|ver|wandt
an|vi|sie|ren
An|walt
An|wäl|tin
an|walt|lich
An|walt|schaft
an|wan|deln
an|wan|zen, s.; du wanzt dich an *§ 7 (1)*
An|wär|ter
An|wart|schaft
an|wen|den
An|wen|der
an|wen|der|ori|en|tiert
An|we|sen, das
an|we|send
An|we|sen|heit
an|wi|dern
an|win|keln
An|woh|ner
An|wuchs
An|wurf
An|zahl
An|zei|chen
An|zei|ge
An|zei|ge...[tafel *usw.*]
An|zei|gen...[blatt *usw.*]
an|zei|ge|pflich|tig
An|zei|ger
An|zen|gru|ber, Ludwig (österr. Dichter 1839-1889)
an|zet|teln
an|zie|hend
An|zucht
An|zug
an|züg|lich
An|zün|der
an|zwecken [k|k]
ao *oder* a. o. (*Abk. v.* außerordentlicher [Professor])
AOK (*Abk. v.* Allgemeine Ortskrankenkasse) *§ 17 (2) Anm. 1*
Äo|li|en (griech. Siedlungsgebiet in Kleinasien)
Äo|li|er
äo|lisch; auf ~
Äo|lisch, das; auf äolisch sprechen
Äo|li|sche, das
Äols|har|fe (Windharfe)
Äo|lus (Gott der Winde)
Äon, der (Weltalter); *Pl.* Äo|nen
äo|nen|lang
Ao|rist, der (Verbform)
Aor|ta, die (Hauptschlagader)
Ao|sta (Stadt in Italien)
Ao|sta|tal (Region in Italien)
AP (*Abk. v.* Associated Press) *§ 17 (2) Anm. 1*
Apa|che (Indianer)
apal|lisch (den Ausfall der Großhirnrinde betreffend); apallisches Syndrom
Apa|na|ge, die (Unterhalt v. nichtregierenden Adeligen)
apart (besonders)
Apart|heid (Rassentrennung [in Südafrika])
Apart|ment [ə'pa:rtmənt] (kleine Wohnung); *aber* Appartement (*s. d.*)
Apart|ment|haus
Apa|thie (Teilnahmslosigkeit)

apa|thisch (teilnahmslos)
Apa|tit, der (Mineral)
Apel|doorn (Stadt in den Niederlanden)
Apen|nin, der (Gebirge in Italien); *Pl.* Apen|ni|nen
Apen|ni|nen|halb|in|sel
aper (schneefrei)
Aper|çu, das (Bemerkung)
Ape|ri|tif, der (appetitanregender Wein)
apern (*zu* aper); es apert
Aper|tur, die (Öffnung)
Apex, der (*astron.* Zielpunkt; *sprachwiss.* Betonungszeichen); *Pl.* Api|zes
Ap|fel
Ap|fel...[baum *usw.*]
Äp|fel|chen
äp|feln; das Pferd äpfelt
Ap|fel|si|ne
Ap|fel|si|nen...[saft *usw.*]
Aph|äre|se, die (Kürzung am Wortanfang)
Apha|sie (*med.* Sprachausfall)
apha|sisch (*zu* Aphasie); *s. a.* aphatisch
apha|tisch (*zu* Aphasie); *s. a.* aphasisch
Aph|el, das (sonnenfernster Punkt der Planetenbahn)
Aph|eli|um (Aphel)
Aphel|an|dra, die (Zierpflanze)
Apho|ris|mus (Ausspruch)
Apho|ri|stik
Apho|ri|sti|ker
apho|ri|stisch (kurz, geistreich)
Aphro|di|si|a|kum (Mittel zur Steigerung der Geschlechtslust); *Pl.* Aphrodisiaka
aphro|di|sisch
Aphro|di|te (Liebesgöttin)
Aph|the, die (Mundgeschwür)
Aph|then|seu|che (Maul- und Klauenseuche)
api|kal (*sprachwiss.* mit der Zungenspitze gebildet)
Apis, der; Apisstier (heiliger Stier im alten Ägypten)
apl. (*Abk. von* außerplanmäßig)
Apla|nat, der (Linsensystem ohne Verzerrung)
apla|na|tisch
Aplomb, der (Nachdruck)
Apnoe, die (Atemstillstand)
APO; *a.* Apo (*Abk. v.* außerparlamentarische Opposition) *§ 17 (2) Anm. 1*
Apo|chro|mat, der (Linsensystem ohne Farbfehler)
apo|chro|ma|tisch
apo|dik|tisch (keinen Widerspruch duldend)
Apo|gä|um, das (größte Erdferne)
Apo|ka|lyp|se, die (Offenbarung, Weltende)
Apo|ka|lyp|tik
Apo|ka|lyp|ti|ker
apo|ka|lyp|tisch; die Apokalyptischen Reiter
Apo|koi|nu, das (*sprachwiss.* Konstruktionsmischung mit einem gemeinsamen Teil)
Apo|ko|pe, die (Kürzung am Wortende)
apo|ko|pie|ren
apo|kryph (*Adjektiv*) (unecht)
Apo|kryph, das (nichtkanonisches Buch); *Pl.* Apokryphen
Apoll (griech. Gott); *s. a.* Apollo, Apollon
Apol|li|nai|re, Guillaume (frz. Dichter 1880-1918)
apol|li|nisch (*zu* Apollo)
Apol|lo (*lat.*) (1. griech. Gott; 2. Raumfahrtprojekt der USA); *s. a.* Apoll, Apollon
Apol|lo|fal|ter
Apol|lon (*griech.*); *vgl.* Apoll, Apollo
Apol|lo|ni|os; ~ Dyskolos (griech. Grammatiker 2. Jh.); ~ von Perge (griech. Mathematiker ~262- ~190 v. Chr.); ~ von Rhodos (griech. Dichter ~295-215 v. Chr.)
Apo|lo|get, der (Verteidiger)
Apo|lo|ge|tik
apo|lo|ge|tisch
Apo|lo|gie (Verteidigung)
apo|phan|tisch (aussagend)
Apo|phtheg|ma, das (Ausspruch)
Apo|phy|se, die (Knochenvorsprung, Gesteinsgang)
Apo|plek|ti|ker (*zu* Apoplexie)
apo|plek|tisch (*zu* Apoplexie)
Apo|ple|xie (Schlaganfall)
Apo|rie (Ausweglosigkeit, schweres Problem)
Apo|si|o|pe|se (Redeabbruch)
Apo|sta|sie (Glaubensabfall)
Apo|stat (vom Glauben Abgefallener)
Apo|stel (Jünger, Missionar)
Apo|stel|ge|schich|te (Buch des NT)
a po|ste|ri|o|ri (im nachhinein)
Apo|ste|ri|o|ri, das
apo|ste|ri|o|risch
Apo|stilb, das (Einheit der Leuchtdichte)
Apo|sto|lat, der, *a.* das (Apostelamt, Glaubensauftrag)
Apo|sto|li|kum (Apostolisches Glaubensbekenntnis)
apo|sto|lisch; das Apostolische Glaubensbekenntnis; der Apostolische Nuntius, Segen, Stuhl *usw.*
Apo|stroph, der (Auslassungszeichen)
Apo|stro|phe, die (Anrede)
apo|stro|phie|ren
Apo|the|ke
Apo|the|ker
Apo|the|o|se (Vergöttlichung)
apo|tro|pä|isch (einen Abwehrzauber bewirkend)
Ap|pa|la|chen (Gebirge in Amerika)
Ap|pa|rat
ap|pa|ra|tiv
Ap|pa|rat|schik, der (Funktionär)
Ap|pa|ra|tur
Ap|par|te|ment; *aber* Apartment (*s. d.*)
Ap|pas|si|o|na|ta, die (Klaviersonate Beethovens)
ap|pas|si|o|na|to (leidenschaftlich)
Ap|peal, der (Reiz)
Ap|pease|ment, das ([Politik der] Beschwichtigung)

Ap|pell, der (Aufforderung)
Ap|pel|la|ti|on (*jur.* Berufung)
Ap|pel|la|tiv, das (Gattungsbezeichnung)
ap|pel|la|ti|visch
Ap|pel|la|ti|vum (Appellativ)
ap|pel|lie|ren (aufrufen)
Ap|pen|dix (Anhang, Wurmfortsatz d. Blinddarms)
Ap|pen|di|zi|tis, die (Blinddarmentzündung)
Ap|pen|zell (Kanton der Schweiz)
Ap|pen|zel|ler (*a.* Käsesorte)
Ap|per|zep|ti|on (Aufnahme)
ap|per|zep|tiv
ap|per|zi|pie|ren (aufnehmen)
Ap|pe|tenz, die (Begehren)
Ap|pe|tit, der (Eßlust)
Ap|pe|tit...[zügler *usw.*]
ap|pe|tit|an|re|gend; *aber* den Appetit anregend
ap|pe|tit|lich
ap|pe|tit|los
Ap|pe|ti|zer (Appetitanreger)
ap|plau|die|ren (Beifall spenden)
Ap|plaus, der (Beifall)
ap|pli|ka|bel (anwendbar); ap|pli|ka|ble Ideen
Ap|pli|ka|bi|li|tät
Ap|pli|ka|ti|on (Anwendung)
ap|pli|zie|ren (anwenden)
ap|port! (Befehl an Hunde)
Ap|port, der (Herbeibringen)
ap|por|tie|ren (herbeibringen)
Ap|po|si|ti|on (Beisatz)
ap|po|si|ti|o|nell (als Apposition gebraucht)
ap|po|si|tiv (als Apposition gebraucht)
Ap|pre|hen|si|on (Erfassung)
Ap|pre|teur (Ausrüster)
ap|pre|tie|ren
Ap|pre|tur (Ausrüstung [von Geweben])
Ap|proach, der (Zugang)
Ap|pro|ba|ti|on (Anerkennung)
ap|pro|bie|ren (anerkennen); approbierter Apotheker
Ap|pro|xi|ma|ti|on (Annäherung)
ap|pro|xi|ma|tiv (angenähert)
Apra|xie (Handlungshemmung)
Après-Ski, das
Après-Ski-Klei|dung
Apri|ko|se
April
April...[scherz *usw.*]
a pri|ma vi|sta (auf den ersten Blick; *Musik*: vom Blatt)
a pri|o|ri (vor der Erfahrung)
Apri|o|ri, das
apri|o|risch
Apri|o|ris|mus
apro|pos (übrigens)
Ap|si|de, die (dem Zentralgestirn nächster oder fernster Bahnpunkt); *Pl.* Apsiden
Ap|sis, die (Teil v. Tempel oder Kirche); *Pl.* Apsiden
Apu|le|ius, Lucius (röm. Schriftsteller ~125- ~180)
Apu|li|en (Landschaft in Italien)
Apu|li|er
apu|lisch
aqua.../**Aqua**... (wasser.../Wasser...)
Aqua de|stil|la|ta, die (destilliertes Wasser)
Aquä|dukt, der (Wasserleitung als Brückenbau)
Aqua|kul|tur (Bewirtschaftung des Meeres u. ä.)
Aqua|ma|ni|le, das ([rituelles] Wassergefäß)
Aqua|ma|rin, der (Mineral)
Aqua|pla|ning, das (Wasserglätte)
Aqua|rell, das (Wasserfarbenbild)
aqua|rel|lie|ren
Aqua|rel|list
Aqua|ri|a|ner (Aquarienhalter)
Aqua|ri|stik (Aquarienkunde)
Aqua|ri|um; *Pl.* Aquarien
Aqua|tin|ta, die (Druckverfahren)
aqua|tisch (im Wasser lebend)
Äqua|tor, der
äqua|to|ri|al
Äqua|to|ri|al|gui|nea (Staat)
Aqua|vit, der (Branntwein)
äqui|di|stant (mit gleichem Abstand)
Äqui|li|brist (Balancekünstler); *s. a.* Equilibrist
äqui|nok|ti|al (*zu* Äquinoktium, tropisch)
Äqui|nok|ti|um (Tagundnachtgleiche)
Aqui|ta|ni|en (Landschaft in Frankreich)
äqui|va|lent (gleichwertig)
Äqui|va|lent, das
Äqui|va|lenz (Gleichwertigkeit)
äqui|vok (mehrdeutig)
Ar, das/der (Flächenmaß)
Ar (*chem. Zeichen f.* Argon)
Ara, der (Papagei)
Ära, die; *Pl.* Ären
Ara|ber (*a.* Pferderasse)
Ara|bes|ke, die (Verzierung)
Ara|besque, die (Tanzstellung)
Ara|bi|en (Halbinsel in Asien)
ara|bisch; auf ~; *in Eigennamen Großschreibung § 15 (7)*: Arabische Liga *usw.*
Ara|bisch, das; auf arabisch sprechen
Ara|bi|sche, das
Ara|bist
Ara|bi|stik (Wissenschaft v. arab. Sprache u. Literatur)
ara|bi|stisch
Arach|ni|den, Arach|no|i|den (*Pl.*) (Spinnentiere)
Arach|no|lo|ge
Arach|no|lo|gie (Spinnenkunde)
arach|no|lo|gisch
Ara|fat, Jasir (palästinens. Politiker *1929)
Ara|gón (span. Provinz); *s. a.* Aragonien
Ara|go|ni|en; *span.* Aragón
Ara|go|nit, der (Mineral)
Ara|lie, die (Zierpflanze)
Aral|see (See in Asien)
Ara|mäa (*heute*: Syrien)
Ara|mä|er
ara|mä|isch; auf ~
Ara|mä|isch, das; auf aramäisch sprechen

Ara|mä|i|sche, das
Aran|ci|ni, Aran|zi|ni (*Pl.*) (Konfekt aus Orangenschalen)
Aräo|me|ter, das (Dichtemesser)
Ärar, der (Fiskus)
Ara|ra, der (Papagei)
Ara|rat (Berg in der Türkei)
ära|risch (*zu* Ärar)
Arau|ka|ner (südam. Indianer)
Arau|ka|rie (südamer. Baum)
Araz|zo, der (Bildteppich); *Pl.* Arazzi
Ar|beit; [eine] ~ suchend; *vgl.* arbeitsuchend
ar|bei|ten
Ar|bei|ter
Ar|bei|ter...[partei *usw.*]
Ar|bei|ter-und-Bau|ern-Fa|kul|tät *§ 13 (2)*
Ar|beit|ge|ber
Ar|beit|neh|mer
Ar|beits...[amt *usw.*]
ar|beit|sam
Ar|beits|be|schaf|fungs|maß-nah|me; *Abk.* ABM
ar|beits|los
Ar|beits|lo|se, der
ar|beit|such|end; der Arbeitsuchende; *vgl.* Arbeit
Ar|ber; Großer ~ (Berg im Böhmerwald)
Ar|bi|ter (Sachverständiger)
Ar|bi|tra|ge, die (Ausnutzung der Kurs- oder Preisdifferenz)
ar|bit|rär (willkürlich)
Ar|bi|tra|ti|on (Schiedswesen)
Ar|bo|re|tum (Gehölzsammlung)
Ar|bu|se, die (Melonenart)
arc (*Abk. v.* Arkus, Arcus)
Arc de Tri|omphe, der (*frz.* Triumphbogen; bes. in Paris)
Ar|cha|ik, die (Altertümlichkeit)
Ar|cha|i|ker
Ar|cha|i|kum (*geol.* Frühzeit)
ar|cha|isch
ar|cha|i|sie|ren (altertümeln)
Ar|cha|is|mus (Altertümelei)
ar|cha|i|stisch
Ar|chan|gelsk (Stadt in Rußland)
Ar|chäo|lo|ge (Altertumsforscher)
Ar|chäo|lo|gie
ar|chäo|lo|gisch
Ar|chäo|pte|ryx, der (Urvogel)
Ar|chäo|zo|i|kum (*geol.* Teil des Erdaltertums)
Ar|che, die; ~ Noah (Schiff im AT)
Ar|che, die (*griech.* Anfang)
Ar|che|bak|te|rie, die (Mikroorganismus)
Ar|che|typ, der (Urbild)
ar|che|ty|pisch
Ar|che|ty|pus (Archetyp, Stammform)
ar|chi.../**Ar|chi**... (ur.../Ur..., ober.../Ober...)
Ar|chi|dia|kon (Kirchenvorsteher)
Ar|chi|le|xem, das (Zentralwort eines Wortfeldes)
Ar|chi|man|drit (*Priestertitel*)
Ar|chi|me|des (griech. Mathematiker ~285-212 v. Chr.)
ar|chi|me|disch; die archimedische Spirale; das Archimedische Prinzip, der Archimedische Punkt *§ 15 (7)*
Ar|chi|pel, der (Inselgruppe)
Ar|chi|pres|by|ter (Erzpriester)
Ar|chi|tekt
Ar|chi|tek|to|nik (Bau[kunst])
ar|chi|tek|to|nisch
Ar|chi|tek|tur
Ar|chi|trav, der (Querbalken)
Ar|chiv, das
Ar|chi|va|le, das (Dokument); *Pl.* Archivalien
Ar|chi|va|li|en (*Pl. v.* Archivale)
ar|chi|va|lisch
Ar|chi|var
ar|chi|vie|ren
Ar|chon, Ar|chont (antiker Beamter); *Pl.* Archonten
Ar|cus, der (Bogenmaß); *a.* Arkus; *Abk.* arc
ARD (*Abk. v.* Arbeitsgemeinschaft der öffentlich-rechtlichen Rundfunkanstalten der Bundesrepublik Deutschland) *§17 (2) Anm. 1*
Ar|da|bil, Ar|de|bil (Teppich)
Ar|den|nen (*Pl.*) (Gebirge in Belgien)
Are|al, das (Gebiet)
Are|ka|nuß (Betelnuß)
Are|ka|pal|me (Betelnußpalme)
Are|na, die (Kampf- oder Sportplatz)
Arendt, Hannah (dt. Politologin 1906-1975)
Areo|pag, der (athen. Gericht)
Ares (griech. Gott)
Are|te, die (Tugend)
Arez|zo (Stadt in Italien)
arg (*Adjektiv*); im argen/Argen liegen *§ 15 (6)*; s. nichts Arges denken; der Arge (Teufel); *s.* ärgste
Arg, das; kein ~ an etw. finden
Ar|gen|ti|ni|en (südam. Staat)
Ar|gen|ti|ni|er
ar|gen|ti|nisch
Ar|gen|tit, der (Mineral)
Ar|gen|tum (Silber); *chem. Zeichen* Ag
Är|ger, der
är|ger|lich
är|gern; sich ~
Är|ger|nis, das
är|ger|nis|er|re|gend; *aber* [großes] Ärgernis erregend *§ 11 (4)*
Arg|list, die
arg|li|stig
arg|los
Ar|go, die (1. Schiff der Argonauten; 2. Sternbild)
Ar|go|lis (griech. Landschaft)
Ar|gon, das; *chem. Zeichen* Ar
Ar|go|naut, der; *Pl.* Argonauten
Ar|gon|nen (*Pl.*) (Gebirge in Frankreich)
Ar|gos (antike Stadt in Griechenland)
Ar|got, das/der (*frz.* Vulgär- oder Geheimsprache)
ärg|ste; auf das ärgste (sehr arg) fehlgehen; *aber* auf das Ärgste gefaßt sein; es kommt zum Ärgsten; vor dem

Ärgsten bewahren *§ 15 (6)*
Ar|gu|ment, das
Ar|gu|men|ta|ti|on
ar|gu|men|ta|tiv
ar|gu|men|tie|ren
Ar|gus|au|gen; mit ~
arg|wöh|nen
År|hus (Stadt in Dänemark)
Arhyth|mie (Rhythmusstörung); *a.* Arrhythmie
Ari|ad|ne (griech. Göttin)
Ari|ad|ne|fa|den
Ari|ane (Rakete)
Ari|a|ner
ari|a|nisch; der Arianische Streit
Ari|a|nis|mus (christl. Sekte)
arid (trocken)
Ari|di|tät
Arie (Sologesang in Opern)
Ari|el (1. Engel; 2. Uranusmond)
Ari|er (Sprecher einer indischen od. iran. Sprache; *antisemit.* Nichtjude)
Ari|es (Sternbild Widder)
ari|os (liedhaft)
ari|o|so (*Musik*: liedhaft); das Arioso
Ari|ost, Ari|o|sto, Ludovico (ital. Dichter 1474-1533)
Ari|o|vist (german. Heerführer † ~54 v. Chr.)
arisch (*zu* Arier)
ari|sie|ren (*nationalsoz.* jüd. Eigentum in deutsches überführen)
Arist|arch (griech. Astronom 3.Jh. v. Chr.)
Ari|sti|des (griech. Politiker † ~467 v. Chr.)
Ari|sto|krat (Adliger)
Ari|sto|kra|tie (Adelsherrschaft)
ari|sto|kra|tisch
Ari|sto|pha|nes (griech. Dichter ~445- ~385 v. Chr.)
ari|sto|pha|nisch (nach Art des Aristophanes)
Ari|sto|te|les (griech. Philosoph 384-322 v. Chr.)
Ari|sto|te|li|ker
ari|sto|te|lisch
Ari|sto|te|lis|mus
Arith|me|tik (Rechenkunst)
Arith|me|ti|ker
arith|me|tisch; arithmetisches Mittel
Arith|mo|griph, der (Zahlenrätsel)
Ari|zo|na (Bundesstaat der USA); *Abk.* Ariz.
Ar|ka|de, die (Bogen)
Ar|ka|di|en (Landschaft in Griechenland)
Ar|ka|di|er
ar|ka|disch (*a.* idyllisch)
Ar|kan|sas (Bundesstaat der USA); *Abk.* Ark
Ar|ka|num (Geheimnis)
Ar|ke|bu|se, die (altes Gewehr)
Ar|ke|bu|sier (Soldat mit Arkebuse)
Ar|ko|na; Kap ~ (Teil Rügens)
Ar|ko|se (Mineral)
Ark|tis, die (Kontinent)
ark|tisch
Ark|tur (Stern)
Ar|kus; *a.* Arcus (Bogenmaß); *Abk.* arc
Ar|kus|ko|si|nus; *s.* Arcus
Ar|kus|ko|tan|gens; *s.* Arcus
Ar|kus|si|nus; *s.* Arcus
Ar|kus|tan|gens; *s.* Arcus
Arl|berg
Arles (Stadt in Frankreich)
arm; ärmer, am ärmsten; armer Ritter (Süßspeise); Arm und Reich (Arme und Reiche) *§ 15 (1) Anm. 2*; der Arme!, du Armer!
...**arm**; reizarm *usw.*
Arm, der
Arm...[band *usw.*]
Ar|ma|da (span. Kriegsflotte, *a. übertr.*)
Ar|ma|gnac, der (Weinbrand)
Ar|ma|tur
Ar|ma|tu|ren|brett
Arm|brust (Waffe)
arm|dick
Ar|mee; *Pl.* Ar|meen
Ar|mee...[korps *usw.*]
Ar|mee-Ein|heit *§ 13 (7)*
Är|mel
Ar|me|leu|te...[essen *usw.*]
Är|mel|ka|nal
Ar|men...[recht *usw.*]
Ar|me|ni|en (Land in Asien)
Ar|me|ni|er
ar|me|nisch; auf ~
Ar|me|nisch, das; auf armenisch sprechen
Ar|me|ni|sche, das
Ar|mes|län|ge; auf ~, um ~
Ar|me|sün|der, der (*früher* Hinzurichtender)
Ar|mier|ei|sen
ar|mie|ren
Ar|mi|ni|us (Hermann, cherusk. Heerführer ~16 v. Chr. ~ ~21 n.Chr.)
ärm|lich
Ärm|ling
Ar|mo|ri|ka (Bretagne)
ar|mo|ri|ka|nisch
Ar|mut
Ar|muts...[zeugnis *usw.*]
Arm|strong, Louis „Satchmo" (amerik. Musiker 1900-1971); Neil ~ (amerik. Astronaut *1930)
Arm|voll, der; zwei Armvoll Heu; *aber* er hat den Arm voll Heu
Arndt, Ernst Moritz (dt. Schriftsteller 1769-1860)
Ar|ni|ka, die (Heilpflanze)
Ar|nim, Achim von (Schriftsteller 1781-1831); Bettina von ~ (dt. Schriftstellerin 1785-1859)
Ar|no (Fluß in Italien)
Aro|ma, das
aro|ma|tisch
aro|ma|ti|sie|ren
Aron|stab (Pflanze)
Arp, Hans (dt. Bildhauer 1887-1966)
ar|peg|gie|ren
ar|peg|gio (*Musik*: in gebrochenen Akkorden)
Ar|peg|gio, das
Ar|rak, der (Branntwein)
Ar|ran|ge|ment (Anordnung)
Ar|ran|geur

ar|ran|gie|ren
Ar|rau, Claudio (chil. Pianist 1903-1991)
Ar|rest, der (Haft)
Ar|re|stant
ar|re|tie|ren
Ar|rhyth|mie (Rhythmusstörung); *a.* Arhyth|mie
Ar|ri|val (*engl.* Ankunft)
ar|ri|viert (erfolgreich)
ar|ro|gant (anmaßend)
Ar|ro|ganz
ar|ron|die|ren (abrunden)
Ar|ron|dis|se|ment (Bezirk)
Ar|row|root (Pfeilwurz[mehl])
Ar|sa|ki|de (Angehöriger einer parth. Dynastie)
Arsch
Arsch...[loch *usw.*]
ärsch|lings
Ar|sen; *chem. Zeichen* As
Ar|sen...[kies *usw.*]
Ar|se|nal, das ([Waffen]lager)
ar|se|nig (arsenhaltig)
Ar|se|nik, das (Arsenverbindung)
Ar|sis, die (*Musik, Dichtung*: Hebung)
Art
Art. (*Abk. v.* Artikel)
Ar|ta|xer|xes (*Name pers. Könige*)
Art dé|co, *a.* deco (Kunststil)
Art-di|rec|tor (künstler. Werbeleiter)
Ar|te|fakt, das (Hergestelltes)
art|ei|gen
Ar|te|mis (griech. Göttin)
ar|ten; du artest
Ar|te po|ve|ra (Kunststil)
art|er|hal|tend; *aber* die Art erhaltend
Ar|te|rie (Schlagader)
ar|te|ri|ell
Ar|te|ri|i|tis (Arterienentzündung); *Pl.* Arteriitiden
Ar|te|rio|skle|ro|se (Arterienverhärtung)
ar|te|rio|skle|ro|tisch
ar|te|sisch (den Grundwasserdruck betreffend); artesischer Brunnen
art|fremd
Ar|thral|gie (Gelenkschmerz)
Ar|thri|tis (Gelenkentzündung)
ar|thri|tisch
Ar|thro... (das Gelenk betreffend)
Ar|thro|po|de (Gliederfüßler)
Ar|thro|se (chron. Gelenkkrankheit)
Ar|thro|sko|pie (Gelenkspiegelung)
Ar|thur (sagenhafter König ~500); *s. a.* Artus
ar|ti|fi|zi|ell (künstlich)
ar|tig
...ar|tig; katzenartig *usw.*
Ar|ti|kel, der (Geschlechtswort; Textbeitrag; Paragraph)
Ar|ti|ku|la|ti|on (Gliederung; Aussprache)
ar|ti|ku|la|to|risch
ar|ti|ku|lie|ren
Ar|til|le|rie (Truppengattung)
Ar|til|le|rist
ar|til|le|ri|stisch
Ar|ti|schocke (Pflanze) [k|k]
Ar|tist
Ar|ti|sten...[fakultät *usw.*]
Ar|ti|stik
ar|ti|stisch
Art nou|veau (Kunststil)
Ar|tois (franz. Provinz)
Ar|to|thek (Kunstverleih)
Ar|tus (sagenhafter König ~500); *s. a.* Arthur
Aru|ba (Antillen-Insel)
Ar|ve, die (Zirbelkiefer)
Arz|nei, die
Arz|nei...[mittel *usw.*]
arz|nei|lich
Arzt
Arzt...[koffer *usw.*]
Ärz|te...[kammer *usw.*]
ärzt|lich
as (*Zeichen f.* as-Moll); As (*Zeichen f.* As-Dur)
As, der (röm. Münze); *Pl.* Asse
As, das (Spielkarte; *übertr.* der Beste); *Pl.* Asse
As (*chem. Zeichen f.* Arsen)
Asad; *vgl.* Assad
Asam (dt. Künstlerfamilie)
As|best, der (Mineral)
As|be|sto|se, die (Asbeststaublunge)
Aschan|ti (Volk in Afrika); *a.* Ashanti
Aschan|ti, die (Aschantinuß)
Aschan|ti|nuß
Asch|be|cher
asch|blond
Asch|cha|bad (Hauptstadt v. Turkmenistan)
Asche
Äsche (Fisch)
Aschen...[becher *usw.*]
Aschen|brö|del, das
Aschen|put|tel, das
Ascher, der
Ascher|mitt|woch
asch|fahl
asch|grau; bis ins Aschgraue
aschig
Asch|ke|nas (mittel- oder osteurop. Jude); *Pl.* Aschkenasim
Asch|mo|dai (myth. Gestalt im AT); *s. a.* Asmodi
Aschram, der (Meditationsort)
äschy|le|isch (nach Art des Äschylus); die Äschyleischen Dramen (Dramen des Äschylus) *§ 15 (7)*; *vgl.* Äschylus
Äschy|lus (*lat.*) (griech. Dichter 525-456 v. Chr.); *s. a.* Aischylos (*griech.*)
As|co|na (Ort in der Schweiz)
As|cor|bin|säu|re (Vitamin C); *a.* Askorbinsäure
As|cot (Ort in England mit Pferderennbahn)
As-Dur *§ 13 (2)*; As-Dur-Tonleiter *§ 13 (3)*
Ase, der (nord. Gott); *Pl.* Asen
ASEAN (*Abk. v.* Association of South East Asian Nations) *§ 17 (2) Anm. 1*
A-Sai|te *§ 13 (2)*
äsen
Asep|sis, die (Keimfreiheit)
asep|tisch (keimfrei)
Äser (*Pl. v.* Aas)
Aser|bai|dschan (Region u. Staat in Asien); *a.* Aserbei-

dschan
Aser|bai|dscha|ner; *a.* Aserbeidschaner
aser|bai|dscha|nisch; *a.* aserbeidschanisch
Aser|bei|dschan; *a.* Aserbaidschan
Aser|bei|dscha|ner; *a.* Aserbaidschaner
aser|bei|dscha|nisch; *a.* aserbaidschanisch
ase|xu|ell
Ashan|ti (Volk in Afrika); *a.* Aschanti
Asho|ka (ind. König 3. Jh. v. Chr.)
Asi|at, der; *Pl.* Asi|a|ten
Asi|a|ti|ka (*Pl.*) (Bücher über Asien, Kunst aus Asien)
asi|a|tisch
Asi|en
As|ka|ni|er (dt. Adelsfamilie)
As|ka|ri, der (afrik. Soldat)
As|ka|ris (Spulwurm); *Pl.* Askariden
As|ke|se (Enthaltsamkeit); *s. a.* Aszese
As|ket, der; *s. a.* Aszet
As|ke|tik; *s. a.* Aszetik
as|ke|tisch; *s. a.* aszetisch
As|kle|pi|os (*griech.*) (myth. Heilgott), As|kle|pi|us (*lat.*); *s. a.* Äskulap
As|kor|bin|säu|re (Vitamin C); *a.* Ascorbinsäure
Äs|ku|lap; *vgl.* Asklepios, Asklepius
Äs|ku|lap|stab
As|mo|di; *vgl.* Aschmodai
as-Moll *§ 13 (2)*; as-Moll-Tonleiter *§ 13 (3)*
Äsop (griech. Dichter 6. Jh. v. Chr.)
äso|pisch (nach Art Äsops); Äsopische Fabel (Fabel von Äsop) *§ 15 (7)*
Asow|sches Meer (nördl. Teil des Schwarzen Meeres)
aso|zi|al (gemeinschaftswidrig)
Aso|zi|a|li|tät
As|pa|ra|gin, das (Säure in Spargel usw.)
As|pa|ra|gus, der (Spargelgewächs)
Aspekt, der (Blickwinkel; *sprachwiss.* Verbform)
Asper|gill, das (Weihwassergefäß)
Asper|gil|lus, der (Schimmelpilz)
Asper|mie (Spermienmangel)
Asper|si|on (Besprengen)
As|phalt, der (Öl-Mineral-Gemisch)
as|phal|tie|ren
As|pik, der/das (Gelee)
Aspi|rant (Anwärter)
Aspi|ra|ta, die (*sprachwiss.* behauchter Laut)
Aspi|ra|ti|on (Behauchung)
Aspi|ra|tor (Absauger)
aspi|ra|to|risch
aspi|rie|ren (streben; *sprachwiss.* behauchen)
Aspi|rin (Schmerzmittel)
Ass. (*Abk. v.* Assessor)
As|sad; Hafis al-Assad (syr. Politiker 1930-2000); *a.* Asad (*arab.*)
As|sa|gai, der (Speer)
as|sai (*Musik*: ziemlich)
As|sam (ind. Bundesstaat; Teesorte)
as|sa|me|sisch; auf ~
As|sa|me|sisch, das; auf assamesisch sprechen
As|sa|me|si|sche, das
as|sa|misch; *vgl.* assamesisch
As|sas|si|ne, der (muslim. Geheimbündler)
As|saut, das/der (Fechtübung)
As|se|ku|ranz (Versicherung)
As|sel, die (Krebstierchen)
As|sem|bla|ge, die (Zusammenstellung, a. als Kunstform)
As|sem|bler, der (Programmiersprache)
as|se|rie|ren (behaupten)
As|ser|ti|on (Behauptung)
as|ser|to|risch (behauptend)
As|ser|vat, das (amtl. Verwahrgegenstand)
As|ser|va|ten|kam|mer
As|ses|sor (Anwärter im höheren Dienst)
as|ses|so|ral
As|si|bi|la|ti|on
as|si|bi|lie|ren (einen Zischlaut hervorbringen od. hinzufügen)
As|si|mi|la|ti|on
as|si|mi|la|to|risch
as|si|mi|lie|ren (angleichen)
As|si|sen (*Pl.*) (Schwurgericht)
As|si|si (Stadt in Italien)
As|si|stent (Helfer)
As|si|stenz (Hilfe)
As|si|stenz...[arzt *usw.*]
as|si|stie|ren (helfen)
As|so|ci|a|ted Press (Nachrichtenagentur); *Abk.* AP
As|so|lu|ta, die (Meistersängerin, -tänzerin)
As|so|nanz (Anklang)
as|sor|tie|ren (Waren ergänzen)
As|sor|ti|ment (Warenlager)
As|so|zi|a|ti|on (Verbindung [v. Gedanken, Pflanzen usw.])
as|so|zi|a|tiv
as|so|zi|ie|ren (verbinden)
As|su|an (Stadt in Ägypten)
As|su|an|[stau|]damm
As|sump|ti|o|nist (Angehöriger eines kathol. Ordens)
As|sum|ti|on (Annahme)
As|sur (assyr. Stadt)
As|sy|rer (Angehöriger eines antiken Volks in Asien)
As|sy|ri|en
As|sy|rio|lo|ge
As|sy|rio|lo|gie
as|sy|rio|lo|gisch
as|sy|risch
Ast; *Pl.* Äste
Ast...[gabel *usw.*]
AstA, Asta (*Abk. v.* Allgemeiner Studentenausschuß) *§ 17 (2) Anm. 1*
Astar|te (Göttin)
Astat, das; *früher* Asta|tin; *chem. Zeichen* At
asta|tisch (unfest)
Äst|chen (*zu* Ast)
asten; du astest
Aster (Pflanze)
Aste|risk, Aste|ris|kus (Sternchen)

Aste|rix (Comicfigur)
Aste|ro|id, der (Kleinplanet)
Asthe|nie (Schwäche)
Asthe|ni|ker (Körperbautyp)
asthe|nisch
Äs|thet (kunstsinniger Mensch)
Äs|the|tik (Lehre vom Schönen)
Äs|the|ti|ker
äs|the|tisch (schön)
Äs|the|ti|zis|mus
Äs|the|ti|zist
äs|the|ti|zi|stisch
Asth|ma, das (Atemnot)
Asth|ma|ti|ker
asth|ma|tisch
Asti (Stadt in Italien; Wein); ~ spumante
astig
ästig
astig|ma|tisch
Astig|ma|tis|mus (*med.* verzerrte Sicht v. Punkten)
Ästi|ma|ti|on (Wertschätzung)
ästi|mie|ren (wertschätzen)
Astra|chan (Stadt in Rußland)
Astra|chan, der (Lammfell, Plüsch)
Astra|gal, der (Würfel, *arch.* Perlstab)
astral (die Sterne betreffend)
Astral|leib (*mythol.*)
ast|rein
astro.../Astro... (die Sterne betreffend)
Astro|graph, der (Fernrohr)
Astro|log, Astro|lo|ge
Astro|lo|gie (Sterndeutung)
astro|lo|gisch
Astro|naut (Raumfahrer)
Astro|nau|tik
astro|nau|tisch
Astro|nom
Astro|no|mie (Himmelskunde)
astro|no|misch (*a.* riesig)
Astro|phy|sik
astro|phy|si|ka|lisch
Astro|phy|si|ker
Ästu|ar, das (Flußtrichter); *Pl.* Ästuarien
Astu|ri|as, Miguel Ángel (guatemaltek. Dichter 1899-1974)
ASU (*Abk. v.* Abgassonderuntersuchung) *§ 17 (2) Anm. 1*
Asun|ción (Hauptstadt v. Paraguay)
Äsung
Asyl, das (Zuflucht; Heim)
Asyl...[bewerber *usw.*]
Asy|lant (Asylbewerber)
Asym|me|trie (Ungleichmäßigkeit; Nichtentsprechung)
asym|me|trisch
Asym|pto|te, die (Gerade, der s. e. Kurve unendlich nähert)
asym|pto|tisch
asyn|chron
asyn|de|tisch (*sprachwiss.* ohne Konjunktion verbunden)
Asyn|de|ton, das
aszen|dent (aufsteigend)
Aszen|dent, der (*astron.* Aufgangspunkt; *ähnlich in der Astrologie*; *jur.* Vorfahre)
Aszen|denz
As|ze|se; *s. a.* Askese
As|zet; *s. a.* Asket
As|ze|tik; *s. a.* Asketik
as|ze|tisch; *s. a.* asketisch
At (*chem. Zeichen f.* Astat[in])
A. T., AT (*Abk. v.* Altes Testament)
Ata|ir (Stern)
Ata|man (Kosakenführer)
Ata|ra|xie (Seelenruhe)
Ata|türk, Kemal (Mustafa Kemal, türk. Politiker 1881-1938)
Ata|vis|mus (Rückfall auf ältere Entwicklungsstufen)
Ate|lier, das (Künstlerwerkstatt)
Atem
Atem...[luft *usw.*]
atem|be|rau|bend
atem|los
a tem|po (*Musik*: im früheren Tempo)
Äthan, das (Gas); *s. a.* Ethan
atha|na|si|a|nisch; das Athanasianische Glaubensbekenntnis *§ 15 (7)*
Atha|na|sie (Unsterblichkeit)
Atha|na|si|os (griech. Kirchenlehrer ~295-373)
Ätha|nol, das (e. Alkohol); *s. a.* Ethanol
Athar|va|ve|da, der (altind. Textsammlung)
Athe|is|mus (Leugnung Gottes)
Athe|ist
athe|i|stisch
athe|ma|tisch (*sprachwiss.* ohne Bindevokal gebildet)
Athen (Hauptstadt v. Griechenland)
Athe|ne (griech. Göttin)
Athe|ner
athe|nisch
Äther, der (chem. Verbindung; feinster Urstoff); *s. a.* Ether
äthe|risch
ather|man (wärmeundurchlässig)
Äthin, das (Acetylen)
Äthi|o|pi|en (Staat in Afrika)
Äthi|o|pi|er
äthi|o|pisch
Ath|let (Sportler)
Ath|le|tik
Ath|le|ti|ker (Körperbautyp)
ath|le|tisch (*a.* muskulös)
Athos (Berg in Griechenland)
Äthyl, das (chem. Verbindung); *s. a.* Ethyl
Äthy|len, das (Gas); *s. a.* Ethylen
Ätio|lo|gie (Ursache[nlehre])
ätio|lo|gisch
At|lant (*arch.* Trägerfigur); *Pl.* Atlanten
At|lan|ten (*Pl. v.* Atlant, Atlas)
At|lan|tik, der (Ozean)
At|lan|tis (versunkenes Reich)
at|lan|tisch; der Atlantische Ozean
At|las (1. griech. Sagengestalt; 2. Kartenwerk, *Pl.* Atlasse *oder* Atlanten; 3. Gewebe)
at|las|sen (aus Atlas 3.)
at|men; du atmest
At|mo|sphä|re (Lufthülle; *a. übertr.*; Druckeinheit)
At|mo|sphä|ren...[druck *usw.*]
at|mo|sphä|risch (*a. übertr.* die Stimmung betreffend)

At|mung
At|mungs...[organ *usw.*]
at|mungs|ak|tiv
Ät|na, der (Vulkan auf Sizilien)
Äto|li|en (griech. Landschaft)
äto|lisch
Atoll, das (Koralleninsel)
Atom, das
Atom...[bombe *usw.*]
ato|mar
ato|mi|sie|ren
Ato|mis|mus
Ato|mist
Ato|mi|stik
ato|mi|stisch
Atom|kraft|werk; *Abk.* AKW
Atom|test|stopp|ab|kom|men
Atom-U-Boot
ato|nal; atonale Musik
Ato|na|li|tät
Ato|nie (Muskelschlaffheit)
ato|nisch
Atout (*beim Kartenspiel*)
à tout prix (um jeden Preis)
Atreus (griech. Sagengestalt)
Atri|de (Sohn des Atreus)
Atri|um (Mittelraum, Hof)
Atro|phie (*med.* Schwund)
atro|phie|ren
atro|phisch
Atro|pin, das (Tollkirschengift)
Atro|pos (Parze)
ätsch!
At|ta|ché (Diplomat)
At|tach|ment, das (*engl.* Anhang [an E-Mails usw.])
at|ta|chie|ren (zuordnen)
At|tacke, die (Angriff) [k|k]
at|tackie|ren [k|k]
At|ten|tat, das (Mordanschlag)
At|ten|tä|ter
At|ten|tis|mus (abwartende Haltung)
At|test, das (Bescheinigung)
at|te|stie|ren
At|ti|ka (griech. Landschaft)
At|ti|la (Hunnenkönig † 453); *s. a.* Etzel
at|tisch (*zu* Attika)
At|ti|tu|de, die (Haltung); *a.* At|ti|tü|de
At|ti|zis|mus (attischer Stil)
At|ti|zist
at|ti|zi|stisch
At|to... (ein Trillionstel); *Abk.* a
At|trak|ti|on (Anziehung)
at|trak|tiv
At|trak|ti|vi|tät
At|trap|pe, die (täuschende Nachbildung)
at|tri|bu|ie|ren (beilegen)
At|tri|but, das (Beifügung)
at|tri|bu|tiv
atü (*Abk. v.* Atmosphärenüberdruck) *§ 17 (2) Anm. 1*
aty|pisch (untypisch)
Ätz...[kalk *usw.*]
at|zen; du atzt *§ 7 (1)*
ät|zen; du ätzt *§ 7 (1)*
ät|zend
au; au Backe!
Au (*chem. Zeichen f.* Gold [Aurum])
Au, die; *Pl.* Au|en; *s. a.* Aue
aua!
Aube (franz. Département)
au|ber|gi|ne (*Adjektiv*); ein Kleid in Aubergine
Au|ber|gi|ne, die (Eierfrucht)
a. u. c. (*Abk. v.* ab urbe condita; *s. d.*)
auch; auch wenn
Auck|land (Stadt in Neuseeland)
au con|traire (im Gegenteil)
au cou|rant (auf dem laufenden)
Au|di|enz, die (Empfang)
Au|di|max, das (*kurz f.* Auditorium maximum)
au|dio|vi|su|ell (hör- und sichtbar)
au|di|tiv (das Hören betreffend)
Au|di|tor (Richter, Ankläger)
Au|di|to|ri|um (Hörerschaft)
Au|di|to|ri|um ma|xi|mum (Hauptthörsaal); *kurz* Audimax
Aue, die; *Pl.* Au|en; *s. a.* Au
Au|en|wald
Au|er...[hahn *usw.*]
Au|er-Licht (Gaslicht) *§ 13 (2)*
Au|er|stedt (Ort bei Jena)
auf (*Präposition*); *als Verbzusatz zusammengeschrieben*: aufbauen *usw.*; *Ersparungsbindestrich in Verbindungen wie* auf- und untergehen (= aufgehen und untergehen) *§ 13 (1)*; *aber* auf und ab gehen; auf und davon gehen *usw.*
auf|bah|ren
Auf|bau; *Pl.* Aufbauten
auf|bau|men
auf|bäu|men, sich
Auf|bau|ten (*zu* Aufbau)
auf|bocken [k|k]
Auf|bruch
auf|bür|den
auf|dring|lich
Auf|druck
auf|ein|an|der; *als Verbzusatz meist mit dem Verb zusammengeschrieben § 10*: aufeinander‿folgen; *aber* aufeinander folgen, ~ achten *usw.*; *vgl.* einander
Auf|ent|halt
Auf|ent|halts...[erlaubnis *usw.*]
auf|er|le|gen
auf|er|ste|hen
Auf|fahrt
auf|fal|len
auf|fal|lend
auf|fäl|lig
auf|for|sten
auf|fri|schen; der Wind frischt auf
Auf|ga|be
Auf|gang
Auf|ge|bot
auf|ge|bracht
auf|ge|don|nert
auf|ge|dreht
auf|ge|dun|sen
auf|gei|len
auf|ge|klärt
auf|ge|knöpft (*a.* mitteilsam)
Auf|geld
auf|ge|legt
auf|ge|paßt!
auf|ge|räumt (*a.* heiter)
Auf|ge|sang
auf|ge|schmis|sen
auf|ge|wandt (*zu* aufwenden)

auf|ge|wen|det (*zu* aufwenden)
auf|grund (*Präposition*); *a.* auf Grund; *aber nur* auf Grund laufen (*zu* Grund)
Auf|guß; *Pl.* Aufgüsse
auf|ha|ben; einen Hut ~, Aufgaben ~
auf|hal|sen
Auf|hän|ger
Auf|he|ben, das; großes Aufheben, viel Aufhebens von etw. machen
auf|hei|tern
auf|hel|len
Auf|hel|ler
auf|hol|zen
auf|hö|ren
auf|klapp|bar
auf|kla|ren
auf|klä|ren
auf|klä|re|risch
Auf|kle|ber
auf|kom|men
Auf|kom|men, das
auf|kün|den
auf|kün|di|gen
Aufl. (*Abk. v.* Auflage)
Auf|la|ge; *Abk.* Aufl.
auf|lan|dig (zum Land hin)
Auf|lauf
Auf|lauf|form
Auf|le|ger
auf|leh|nen, sich
auf|li|sten
auf'm (*Verschmelzung von* auf *und* dem/einem) *§ 25 (1) Anm. 3*
Auf|ma|cher (Hauptartikel)
Auf|marsch
Auf|maß
auf|merk|sam
auf|mö|beln
auf|mot|zen
auf|mun|tern
auf|müp|fig
auf'n (*Verschmelzung von* auf *und* den/ein[en]) *§ 25 (1) Anm. 3*
Auf|nä|her
Auf|nah|me
Auf|nah|me...[prüfung *usw.*]
Auf|neh|mer
äuf|nen (*schweiz.* vermehren)
auf|pas|sen
Auf|pas|ser
auf|pep|pen
Auf|prall
Auf|preis
auf|prot|zen
auf|put|schen
Auf|putz
auf|raf|fen; sich ~
auf|rap|peln, sich
auf|räu|feln
auf|rau|hen
auf|recht; ~ sitzen *usw.*
auf|recht◡er|hal|ten
Auf|recht|er|hal|tung
auf|re|gen; sich ~
Auf|rei|ßer
auf|rei|zend
auf|rich|tig
Auf|riß; *Pl.* Aufrisse
Auf|ruf
Auf|ruhr
Auf|rüh|rer
auf|rüh|re|risch
auf|run|den
aufs (*Verschmelzung von* auf *und* das) *§ 25 (1) Anm. 3*; aufs schönste (sehr schön) *usw.*
auf|säs|sig
Auf|satz
Auf|satz...[lehre *usw.*]
Auf|schlag
Auf|schlag...[zünder *usw.*]
Auf|schlä|ger
auf|schläm|men (*zu* Schlamm)
Auf|schluß
auf|schlüs|seln
auf|schluß|reich
Auf|schnei|der
Auf|schnei|de|rei
auf|schnei|de|risch
Auf|schnitt
auf|schot|tern
Auf|schrei
Auf|schrift
Auf|schub
auf|schwem|men
Auf|schwung
Auf|se|hen, das; [großes] Aufsehen erregend; *aber* aufsehenerregend *§ 11 (4)*
auf|se|hen|er|re|gend; *prädikativ und bei Steigerung nur so*: das ist ~; sehr ~; aufsehenerregender, am aufsehenerregendsten; das Aufsehenerregendste; *aber* [großes] Aufsehen erregend *§ 11 (4)*; *s. a.* Aufsehen
Auf|se|her
auf◡sein (offen sein *oder* aufgestanden sein); *Zusammenschreibung mit Infinitiv und Partizip möglich*: er ist aufgewesen/auf gewesen; *aber nur* wenn er auf ist
auf◡seiten (seitens); *a.* auf Seiten
Auf|set|zer (*bei Ballspielen*)
Auf|sicht; ~ führen
auf|sicht|füh|rend; *aber* die Aufsicht führend *§ 11 (4)*; der Aufsichtführende
Auf|sichts...[beamter *usw.*]
Auf|sit|zer (Reinfall)
auf|sta|cheln
Auf|stand
auf|stän|dern
auf|stän|disch
Auf|stei|ger
Auf|stieg
auf|stocken [k|k]
Auf|strich
Auf|takt
Auf|takt...[veranstaltung *usw.*]
auf|ti|schen
Auf|trag
Auf|trag|ge|ber
Auf|trags...[buch *usw.*]
auf|trags|ge|mäß
Auf|tre|ten, das
Auf|trieb
Auf|tritt
auf|trump|fen
auf|tun; sich ~
Auf|wand
Auf|wands|ent|schä|di|gung
auf|war|ten
auf|wärts; *als Verbzusatz a. zusammengeschrieben*: aufwärts◡gehen *usw.* *§ 10*
Auf|wasch, der
auf|wei|chen

Auf|weis
auf|wen|dig
auf|wer|ten
auf|wickeln [k|k]
Auf|wie|ge|lei
auf|wie|geln
Auf|wie|ge|lung; *s. a.* Aufwieglung
Auf|wieg|ler
auf|wieg|le|risch
Auf|wieg|lung; *s. a.* Aufwiegelung
Auf|wind
Auf|zucht
Auf|zug
Aug|ap|fel
Au|ge
Äu|gel|chen
äu|geln
Au|gen...[arzt *usw.*]
au|gen|blick|lich
au|gen|blicks
au|gen|fäl|lig
Au|gen|lid
Au|gen-Make-up, das
Au|gen|merk
au|gen|schein|lich
Au|gen|trost, der (*a.* Pflanze)
Au|gen|wi|sche|rei
au|gen|zwin|kernd
Au|gi|as|stall (*a. übertr.* verdorbene Zustände)
Au|git, der (Mineral)
Äug|lein (*zu* Auge)
Aug|ment, das (*sprachwiss.* Zusatz)
Aug|men|ta|ti|on (Vermehrung; *Musik*: Verlängerung)
au gra|tin (überbacken)
Augs|burg (Stadt)
Augs|bur|ger
augs|bur|gisch; das Augsburgische Bekenntnis (Confessio Augustana) *§ 15 (7)*
Aug|sproß, der (Geweihteil)
Augst, Gerhard (dt. Rechtschreibreformer *1939)
Au|gur, der (röm. Priester)
Au|gu|ren|lä|cheln (Lächeln von Eingeweihten)
Au|gust (Monatsname)
Au|gust; ~ der Starke (König von Polen 1670-1733)
Au|gu|sta (dt. Kaiserin 1811-1890)
Au|gu|stin; *vgl.* Augustinus
au|gu|ste|isch
Au|gu|sti|ner (Mönchsorden)
Au|gu|sti|nus, Aurelius (Kirchenlehrer, Heiliger 354-430)
Au|gu|stus (röm. Kaiser 63 v. Chr.-14 n.Chr.)
Auk|ti|on (Versteigerung)
Auk|ti|o|na|tor
auk|ti|o|nie|ren
Au|la, die (Hof, Festsaal)
Au|le, die (Auswurf)
Au|los, der (antike Schalmei)
au na|tu|rel (auf natürl. Art)
Aung San Suu Kyi (birman. Politikerin *1945)
au pair (auf Gegenleistung)
Au-pair-Mäd|chen *§ 13 (4)*
Au|ra, die (Ausstrahlung)
Au|re|li|an (röm. Kaiser 214-275)
Au|re|o|le, die (Leuchtring)
Au|ri|gna|ci|en, das (Kulturstufe der Steinzeit)
Au|ri|kel, die (Blume)
au|ri|ku|lar (das Ohr betreffend)
Au|ri|pig|ment, das (Mineral)
Au|ro|bin|do, Sri (ind. Philosoph 1872-1950)
Au|ro|ra (Göttin der Morgenröte)
Au|ro|ra|fal|ter (Schmetterling)
Au|rum (Gold); *chem. Zeichen* Au
aus (*Präposition*); *als Verbzusatz zusammengeschrieben § 9*: ausbacken *usw.*; *s. aber* aus◡sein, aus◡haben; *Ersparungsbindestrich in Verbindungen wie* aus- und einlaufen (= auslaufen und einlaufen) *usw. § 13 (1)*; *s. a.* ausgehen; *aber* weder aus noch ein wissen
Aus, das; im ~ sein
aus|apern (wegschmelzen)
aus|ar|ten
aus|äs|ten
aus|ba|ken (mit Baken versehen)
aus|bal|do|wern
Aus|ball
Aus|bau
Aus|bau|chung
aus|be|din|gen
aus|bei|nen
aus|beu|len
Aus|beu|te
aus|beu|ten
Aus|beu|ter
aus|beu|te|risch
Aus|bil|der
Aus|blick
aus|bom|ben
aus|boo|ten
Aus|bre|cher
aus|brei|ten
Aus|bruch (*a.* Wein)
aus|buch|ten
Aus|bund; ein ~ an/von Fleiß
aus|bün|dig
aus|bür|gern
aus|bü|xen (weglaufen); du büxt aus *§ 7 (1)*
Ausch|witz (Ort u. KZ in Polen)
Aus|dau|er, die
aus|docken [k|k] (aus dem Dock holen)
aus|dor|ren
aus|dör|ren
Aus|druck
aus|drücken [k|k]
aus|drück|lich
aus|drucks|los
Aus|drusch, der
aus|dün|nen
aus|dün|sten
aus|ein|an|der; *als Verbzusatz meist mit dem Verb zusammengeschrieben*: auseinander◡bekommen *usw.*; *vgl.* einander
aus|er|ko|ren
aus|er|le|sen
aus|er|se|hen
aus|er|wählt
aus|fä|chern
Aus|fahrt
Aus|fall

Aus|fall...[straße *usw.*]
aus|fäl|len
aus|fal|lend
aus|fäl|lig
aus|fe|dern
Aus|feg|sel, das (Kehricht)
aus|fer|ti|gen
aus|fie|ren (Segelleine nachlassen)
aus|fin|dig; ~ machen
aus|flag|gen (beflaggen; unter fremde Flagge bringen)
aus|flie|sen (mit Fliesen auslegen); du fliest aus *§ 7 (1)*
aus|flip|pen (*ugs.* aussteigen; überschnappen)
aus|flocken [k|k]
Aus|flucht
Aus|flug
Aus|flüg|ler
Aus|flugs...[lokal *usw.*]
Aus|fluß
aus|fol|gen (aushändigen)
aus|fran|sen; du franst aus *§ 7 (1)*
aus|fres|sen; etwas ausgefressen haben (*a. übertr.* Unrecht tun)
Aus|fuhr...[verbot *usw.*]
aus|führ|lich
Aus|ga|be
Aus|ga|ben...[buch *usw.*]
Aus|gang
aus|gangs (*Präpos. m. Gen.*)
Aus|gangs...[sperre *usw.*]
aus|ga|sen
aus|ge|bucht
aus|ge|bufft
Aus|ge|burt
aus|ge|dient
Aus|ge|din|ge (Altenteil)
aus|ge|flippt
aus|ge|fuchst
aus|ge|gli|chen
aus|ge|hun|gert
aus|ge|klü|gelt
aus|ge|kocht
aus|ge|las|sen
aus|ge|latscht
aus|ge|laugt
aus|ge|lei|ert
aus|ge|macht
aus|ge|mer|gelt
aus|ge|nom|men
aus|ge|picht
aus|ge|po|wert
aus|ge|prägt
aus|ge|pumpt
aus|ge|rech|net
aus|ge|sorgt
aus|ge|spro|che|ner|ma|ßen
aus|ge|stal|ten
aus|ge|sucht
aus|ge|wo|gen
aus|ge|zehrt
aus|ge|zeich|net
aus|gie|big
Aus|gie|ßer
Aus|gleich
aus|glei|chen
Aus|gleichs...[abgabe *usw.*]
Aus|grä|ber
aus|grä|ten
aus|gren|zen; du grenzt aus *§ 7 (1)*
Aus|griff
Aus|guck
Aus|guß
aus◡ha|ben; Schule ~
aus|hän|di|gen
Aus|hang
Aus|hän|ge|bo|gen (Probedruckseiten)
Aus|he|ber
aus|he|bern
aus|hecken [k|k]
Aus|hil|fe
Aus|hilfs...[kraft *usw.*]
aus|hilfs|wei|se
aus|höh|len
aus|hor|sten (aus dem Nest nehmen)
Aus|hub, der
aus|hül|sen; du hülst aus *§ 7 (1)*
aus|hun|gern
aus|ixen; du ixt aus *§ 7 (1)*
aus|keh|len
aus|kei|len
aus|ken|nen, sich
aus|klam|mern
aus|kla|mü|sern
Aus|klang
Aus|klop|fer
aus|klü|geln
Aus|kom|men, das; sein ~ haben
aus|kömm|lich
aus|kra|gen
aus|ku|geln
Aus|kul|ta|ti|on
aus|kul|ta|to|risch
aus|kul|tie|ren (*med.* abhören)
aus|kund|schaf|ten
Aus|kunft
Aus|kunf|tei
Aus|kunfts...[büro *usw.*]
Aus|lad, der (*schweizer.* Ausladung)
Aus|la|ge
Aus|land
Aus|län|der
aus|län|disch
Aus|lands...[reise *usw.*]
aus|lands|deutsch; der Auslandsdeutsche
aus|lan|gen
Aus|lan|gen, das; sein ~ finden
Aus|laß; *Pl.* Auslässe
aus|la|sten
Aus|lauf
Aus|läu|fer
aus|lau|gen
Aus|laut
Aus|laut[s]|ver|här|tung
Aus|le|ger
Aus|le|ge|wa|re
aus|lei|ern
Aus|lei|he
Aus|leih|frist
Aus|le|se
aus|le|sen; *vgl.* lesen
Aus|li|nie
aus|log|gen; sich ~ (*EDV*: eine Verbindung beenden)
aus|lo|gie|ren
Aus|lö|ser
aus|lo|ten
Aus|lucht (Vorbau)
Aus|lug, der
aus'm (*Verschmelzung von* aus *und* dem/einem)
Aus|maß
aus|mer|geln
aus|mer|zen; du merzt aus *§ 7 (1)*

aus|mi|sten
aus|mit|tig (vom Mittelpunkt entfernt)
aus|mün|zen; du münzt aus *§ 7 (1)*
Aus|nah|me
Aus|nah|me...[fall *usw.*]
aus|nahms|los
aus|neh|mend
aus|nüch|tern
aus|nut|zen; du nutzt aus *§ 7 (1)*
aus|nüt|zen; du nützt aus *§ 7 (1)*
Au|spi|zi|um (Vorbedeutung); *Pl.* Auspizien (Aussichten)
Au|so|ni|us (lat. Dichter ~310-~395)
aus|po|wern
Aus|puff
Aus|puff...[rohr *usw.*]
Aus|puff|flam|me
Aus|put|zer
Aus|re|de
aus|rei|chend; die Note „ausreichend"
Aus|rei|se, die
aus|rei|sen; du reist aus *§ 7 (1)*
aus|rei|ßen; du reißt aus *§ 7 (1)*
Aus|rei|ßer
aus|rin|gen; *s. a.* auswringen
Aus|ritt
aus|rot|ten
aus|rücken [k|k]
Aus|ruf
Aus|ru|fer
aus|rü|sten
Aus|rü|stungs...[gegenstand *usw.*]
Aus|rut|scher
Aus|saat
Aus|sa|ge
Aus|sa|ge...[satz *usw.*]
Aus|satz (Lepra)
aus|sät|zig; der Aussätzige
aus|schach|ten
aus|scha|len
Aus|schank
Aus|schau; ~ halten
aus|schei|den
aus|schen|ken
aus|sche|ren
aus|schil|dern
Aus|schlag; den ~ geben
aus|schlag|ge|bend; *aber* den Ausschlag gebend *§ 11*
aus|schläm|men
aus|schließ|lich
Aus|schluß
Aus|schnitt
Aus|schrei|tung
Aus|schuß
Aus|schuß...[sitzung *usw.*]
aus|schwem|men
Aus|se|hen, das
aus◡sein; *Zusammenschreibung bei Infinitiv und Partizip möglich*; wenn das Licht aus◡gewesen ist; *aber* aus ist *§ 9 Anm. 1*
au|ßen; von außen, außen vor lassen/bleiben
Au|ßen, der (*kurz f.* Außenspieler)
Au|ßen...[wand *usw.*]
au|ßen◡lie|gend
au|ßen|po|li|tisch
Au|ßen|sei|ter
au|ßen◡ste|hend; *übliche Unterscheidung*: der Außenstehende (Unbeteiligte); *aber* der außen Stehende (draußen Befindliche)
au|ßer (*Präpos. m. Dativ*); außer daß, außer wenn; außer sich sein, außer Rand und Band, außer Dienst, außer Gefecht, außer Haus, außer Kurs, außer Landes gehen (*m. altem Genitiv*), außer aller Acht; *aber* außer acht/Acht lassen; *vgl.* Acht[2], außerstand
Au|ßer|acht|las|sen, das
au|ßer|be|ruf|lich
au|ßer|dem
au|ßer|dienst|lich
äu|ße|re; die Äußere Mongolei
Äu|ße|re, das; Ministerium des Äußeren; sein Äußeres
au|ßer|ehe|lich
au|ßer|ge|richt|lich
au|ßer|ge|wöhn|lich
au|ßer|halb
au|ßer|ir|disch
Au|ßer|kraft|set|zung
äu|ßer|lich
äu|ßern; sich ~
au|ßer|or|dent|lich
äu|ßerst; aufs/auf das äußerste (sehr), bis zum äußersten (sehr) *§ 15 (6)*; das Äußerste befürchten, es bis zum Äußersten kommen lassen
au|ßer|stand, au|ßer|stan|de; ~ setzen
Aus|set|zer
Aus|sicht
Aus|sichts...[turm *usw.*]
aus|sichts|los
Aus|sied|ler
aus|söh|nen
Aus|spra|che
Aus|spruch
aus|staf|fie|ren
Aus|stand
aus|stat|ten
Aus|ster|be|etat; auf dem ~
Aus|stei|ger
aus|stel|len
Aus|stel|lungs...[fläche *usw.*]
Aus|steu|er, die
aus|steu|ern (*a. elektron.* einstellen)
Aus|stieg
Aus|stoß (Produktion)
aus|ta|rie|ren (*a. übertr.* abwägen)
Aus|tausch
Aus|tausch...[student *usw.*]
Au|sten, Jane (engl. Schriftstellerin 1775-1817)
Au|ste|nit, der (kristall. Eisen)
Au|ster, die (Muschel)
Au|ste|ri|ty, die (Sparpolitik)
Au|stern|seit|ling (Pilz)
Aus|trag, der (*a.* Altenteil)
Aus|träg|ler
Au|stral (argent. Währung); *Abk.* A
au|stra|lid; *s. a.* australoid
Au|stra|li|de, der (Rasse)
Au|stra|li|en (Kontinent, Staat)
Au|stra|li|er
au|stra|lisch
au|stra|lo|id; *s. a.* australid
Au|stra|lo|pi|the|cus (fossiler

Hominide)
aus|träu|men; ausgeträumt
Au|stria (Österreich)
Au|stri|a|zis|mus (österr. Ausdruck)
Aus|trieb
Aus|tritt
aus|ufern
Aus|ver|kauf
Aus|wahl
Aus|wahl...[spieler *usw.*]
Aus|wan|de|rer
aus|wär|tig; Auswärtiges Amt, *Abk.* AA *§ 17 (2) Anm. 2*
aus|wärts
Aus|wärts...[spiel *usw.*]
aus|wech|seln
Aus|weg
aus|weg|los
aus|wei|den (*jägerspr.* von den Eingeweiden befreien)
Aus|weis; *Pl.* Ausweise
Aus|weis...[kontrolle *usw.*]
aus|wei|sen; sich ~
aus|weis|lich (*Präpos. m. Gen.*)
aus|wei|ten
aus|wen|dig; ~ lernen, ~ wissen; auswendig◡gelernt
Aus|wen|dig|ler|nen, das
aus|wer|ten
aus|win|tern
Aus|wuchs; *Pl.* Auswüchse
aus|wuch|ten
Aus|wurf
Aus|zeit
Aus|zu|bil|den|de, der/die; *kurz* Azubi
Aus|zug
aus|zugs|wei|se
aut|ark (unabhängig)
Aut|ar|kie (Selbstversorgung, Unabhängigkeit)
aut|ar|kisch
au|then|ti|fi|zie|ren (beglaubigen)
au|then|tisch (echt)
au|then|ti|sie|ren
Au|then|ti|zi|tät (Echtheit)
Au|tis|mus (Kontaktunfähigkeit)
au|ti|stisch
Au|to, das
au|to.../**Au|to...** (*griech.* selbst.../Selbst...)
Au|to...[fahrt *usw.*]
Au|to|bio|gra|phie, ...grafie (Beschreibung des eigenen Lebens)
au|to|bio|gra|phisch, ...grafisch
Au|to|bus; *Pl.* Autobusse
au|to|chthon (bodenständig)
Au|to|da|fé, das (Verbrennung [v. Ketzern, Büchern])
Au|to|di|dakt (durch Selbststudium Gebildeter)
au|to|di|dak|tisch
au|to|gen
Au|to|ero|tik
au|to|ero|tisch
au|to|g̲en; autogenes Schweißen (ohne Bindemittel); autogenes/Autogenes Training (Selbsthypnose) *§ 15 (8)*
Au|to|gramm (Unterschrift)
Au|to|graph, das (handgeschriebener Text)
au|to|ke|phal (mit eigenem Oberhaupt)
Au|to|ke|pha|lie
Au|to|krat (Alleinherrscher)
Au|to|kra|tie
au|to|kra|tisch
Au|to|ly|se (Selbstauflösung)
Au|to|mat, der
Au|to|ma|tik, die
Au|to|ma|ti|on
Au|to|ma|ti|sa|ti|on
au|to|ma|tisch
au|to|ma|ti|sie|ren
Au|to|ma|tis|mus
au|to|mo|bil (*Adjektiv*)
Au|to|mo|bil, das
au|to|nom (selbständig)
Au|to|no|mie
Aut|op|sie (Eigenschau, Leichenöfnung)
Au|tor (Urheber, Verfasser)
Au|to|ren...[lesung *usw.*]
Au|to|re|verse, das (*engl.*) (automat. Bandrücklauf mit Tonwiedergabe)
Au|to|ri|sa|ti|on (Ermächtigung)
au|to|ri|sie|ren (ermächtigen)
au|to|ri|tär (gebieterisch)
Au|to|ri|tät
au|to|ri|ta|tiv (maßgebend)
Au|to|sug|ge|sti|on (psychol. Selbstbeeinflussung)
au|to|troph (selbsternährend)
autsch!
Au|ver|gne (Landschaft in Frankreich)
Au|wald
au|weh!
au|weia!
au|xi|li|ar (hilfsweise)
Au|xin, das (Wuchsstoff)
Aval, der/das (Wechselbürgschaft)
ava|lie|ren (einen Aval unterschreiben)
Avan|ce, die (Vorteil); jdm. Avancen machen (für sich einzunehmen versuchen)
Avan|ce|ment, das (Beförderung)
avan|cie|ren (vorrücken)
Avant|gar|de, die (Vorhut, *a. übertr.*)
Avant|gar|dis|mus
Avant|gar|dist
avant|gar|di|stisch
avan|ti! (*ital.* vorwärts!)
AvD (*Abk. v.* Automobilclub von Deutschland) *§ 17 (2) Anm. 1*
Ave, das (Gebet); *s. a.* Ave-Maria
Ave-Ma|ria, das; *a.* Ave Maria
Ave-Ma|ria-Läu|ten, das
Aven|tin, der (Hügel in Rom)
aven|ti|nisch; der Aventinische Hügel (in Rom) *§ 15 (7)*
Aven|tiu|re, die (*mhd.* Abenteuer[erzählung])
Aven|tu|rin, der (Mineral)
Ave|nue, die (Prachtstraße)
Aver|ro|es (Ibn Ruschd, arab. Philosoph 1126-1198)
Avers, der (Münzvorderseite)
Aver|si|on (Abneigung)
Ave|sta (heilige Schriften der Parsen); *a.* Awesta
ave|stisch; auf ~; *a.* awestisch
Ave|stisch, das (altiran. Spra-

che); auf avestisch sprechen; *a.* Awestisch
Ave|sti|sche, das; *a.* Awestische
AVG (*Abk. v.* Angestelltenversicherungsgesetz) *§ 17 (2) Anm. 1*
Avi|a|ri|um (Vogelhaus)
Avi|cen|na (Ibn Sina, pers. Philosoph 980-1037)
Avi|gnon (Stadt in Frankreich)
Avis, der/das (Nachricht)
avi|sie|ren (ankündigen)
a vi|sta (bei Vorlage zahlbar)
Avit|ami|no|se (Vitaminmangel)
Avi|va|ge, die (Textilnachbehandlung)
Avo|ca|do, die (Frucht)
Avus, die (Autorennstrecke in Berlin)
AWACS (*Abk. v.* Airborne early warning and control system) *§ 17 (2) Anm. 1*
Awa|re, der (Angehöriger eines Nomadenvolks)
awa|risch
Awe|sta (heilige Schriften der Parsen); *a.* Avesta
awe|stisch; auf ~; *a.* avestisch
Awe|stisch, das; auf awestisch sprechen; *a.* Awestisch
Awe|sti|sche, das; *a.* Avestische
Axel, der (Sprung beim Eiskunstlauf)
axi|al (in Achsenrichtung)
axil|lar (zu Achsel gehörig)
Axi|om, das (Grundsatz); *Pl.* Axi|o|me
Axi|o|ma|tik
axi|o|ma|tisch
axi|o|ma|ti|sie|ren
Axo|lotl, der (Molch)
Axon, das (Nervenfortsatz)
Axt
Aya|tol|lah (schiit. Ehrentitel); *a.* Ajatollah
Ayur|ve|da, der (altind. Sammlung mediz. Texte)
ayur|ve|disch
AZ; *a.* Az. (*Abk. v.* Aktenzeichen) *§ 17 (2) Anm. 2*
a. Z. (*Abk. v.* auf Zeit)
Aza|lee, die (Zierstrauch); *Pl.* Aza|leen
Aze|tat, das (Salz d. Essigsäure); *a.* Acetat
Aze|ton, das (chem. Lösungsmittel); *a.* Aceton
Aze|ty|len, das (Gas); *a.* Acetylen
Azid, das (eine Stickstoffverbindung); *a.* Acid
Azi|di|tät (Säuregehalt); *a.* Acidität
Azi|do|se (Übersäuerung); *a.* Acidose
Azi|mut, der (ein Winkel)
Az|na|vour, Charles (frz. Schauspieler *1924)
azo.../Azo... (*chem.* mit einer bestimmten Stickstoffgruppe)
Azo|i|kum, das (Erdzeitalter ohne Leben)
azo|isch (ohne Leben)
Azo|ren, die (portug. Atlantikinseln)
Az|te|ke (Indianer)
az|te|kisch
Azu|bi, der/die (*kurz f.* Auszubildende[r])
Azu|le|jos (*Pl.*) (Fliesen)
Azur, der (blauer Himmel; blaue Farbe)
Azu|rit, der (Mineral)
azurn; ein azurner Himmel
azy|klisch (nichtzyklisch)

b B

das b (der Kleinbuchstabe b, der Laut b, der Ton b der kleinen Oktave); das B (der Großbuchstabe B, der Ton B der großen Oktave); b (*Zeichen f.* b-Moll); B (*Zeichen f.* B-Dur, *Abk. v.* Bundesstraße, Brief; *chem. Zeichen f.* Bor)
b. (*Abk. v.* bei, beim)
B. (*Abk. v.* Bachelor)
Ba (*chem. Zeichen f.* Barium)
Baa|der-Mein|hof-Grup|pe *§ 13 (2)* (dt. Terroristengruppe der 1970er Jahre)
Baal (Gott)
Baas, der (*niederl.* Meister)
bab|beln (plappern)
Ba|bel; der Turm[bau] von Babel; *vgl.* Babylon
Ba|beuf, *a.* Babœuf, François (frz. Revolutionär 1760-1797)
Ba|bu|sche, die (Pantoffel)
Ba|by; *Pl.* Babys
Ba|by...[jahr *usw.*]
Ba|by|lon (Hauptstadt von Babylonien); *vgl.* Babel
Ba|by|lo|ni|en (antikes Reich in Mesopotamien)
ba|by|lo|nisch; babylonische Verwirrung (Sprachenwirrwarr); Babylonische Gefangenschaft [der Juden], Babylonischer Turm[bau] *§ 15 (7)*
Ba|by|sit|ter
Bac|cha|nal, das (Trinkgelage, antike Kultfeier, *zu* Bacchus); *Pl.* Bacchanalien
Bac|chant, der (Teilnehmer e. Bacchanals; *übertr.* Trinker)
Bac|chan|tin, die (Mänade)
bac|chan|tisch
Bac|chi|us (Versfuß)
Bac|chus (röm. Gott)
Bach, der
Bach (dt. Komponistenfamilie); Carl Philipp Emanuel (1714-1788); Johann Christian (1735-1782); Johann Sebastian (1685-1750); Wilhelm Friedemann (1710-1784)
Ba|che, die (Wildsau)
Ba|che|lor (*engl.* akad. Grad)
Bäch|lein
Bach|mann, Ingeborg (österr. Schriftstellerin 1926-1973)
Bach|ofen, Johann Jakob (schweiz. Historiker 1815-1887)
Bach|stel|ze, die (Singvogel)
back (*seemannsspr.* zurück)
Back, die (Schiffsaufbau; Eßtisch zur See)
Back...[stein *usw.*]
back|bord (*Adverb*); *s. a.* backbords
Back|bord, das (linke Seite des Schiffs)

back|bords; *s. a.* backbord
Bäck|chen (*zu* Backe)
Backe, die [k|k]
Backen, der [k|k]
backen [k|k]; du backst, bäckst, backtest, bukst, bükest, gebacken
Backen...[zahn *usw.*] [k|k]
Bäcker [k|k]
Bäcker...[laden *usw.*] [k|k]
Bäcke|rei [k|k]
Back|fisch (*a.* junges Mädchen)
Back|gam|mon, das (Spiel)
Back|ground, der (*engl.* Hintergrund)
Back|hendl, das (*österr.* Backhuhn); *Pl.* -hendln
Back|list, die (Liste lieferbarer Bücher)
Back|pfei|fe (Ohrfeige)
back|pfei|fen; jemanden ~
Ba|con, Francis (engl. Philosoph 1561-1626); Francis (engl. Maler 1910-1992); Roger (engl. Philosoph 1219-~1292)
Ba|con, der (*engl.* Speck)
Bad, das (*a.* Kurort [in Ortsnamen])
Bad [Ems *usw.*]
Ba|de...[anstalt *usw.*]
ba|den; du badest; ~ gehen
Ba|den (Region in Baden-Württemberg)
Ba|den-Ba|den (Stadt)
Ba|den-Ba|de|ner
Ba|de|ner
Ba|den|ser (Badener)
Ba|den-Würt|tem|berg
Ba|den-Würt|tem|ber|ger
ba|den-würt|tem|ber|gisch
Ba|der, der
Bad|ga|stein (österr. Kurort)
Ba|di|ne|rie (Tanz)
ba|disch; die Badische Schule [der Philosophie]
Bad Ischl (österr. Kurort)
Bad|min|ton, das (Federball)
Bad Oeyn|hau|sen [ø:n...] (dt. Kurort)
Bad Pyr|mont (dt. Kurort)
Bad Wö|ris|ho|fen (dt. Kurort)
Baeck, Leo (dt. Rabbiner 1873-1956)
Bae|de|ker, der (Reisehandbuch)
Baer, Karl Ernst von (dt. Zoologe 1792-1876)
Ba|fel, der (Minderwertiges, Geschwätz)
baff (verblüfft); ~ sein
Baf|fin Is|land (kanad. Insel)
BAföG, Bafög (*Abk. v.* Bundesausbildungsförderungsgesetz) *§ 17 (2) Anm. 1*
Ba|ga|ge, die (Pack)
Ba|ga|tel|le, die (Kleinigkeit)
ba|ga|tel|li|sie|ren
Bag|dad (Hauptstadt v. Irak)
Bag|da|der
Bag|ger
Bag|ger...[see *usw.*]
Bag|ge|rer
bag|gern
Ba|gno (Straflager); *aber* Banjo (*s. d.*)
Ba|guette, die/das (Stangenweißbrot)
Ba|hai, der; Bahai-Religion
Ba|ha|is|mus (Religion)
Ba|ha|mas (*Pl.*) (Inselgruppe)
ba|ha|ma|isch
ba|ha|misch
Ba|ha|ma|er, Ba|ha|mer
Ba|ha|sa In|do|ne|sia (Amtssprache Indonesiens)
Ba|ha|sa Ma|lay|sia (Amtssprache Malaysias)
bä|hen (toasten)
Ba|hia (Teilstaat v. Brasilien)
Bahn
Bahn...[bus *usw.*]
bahn|bre|chend; *aber* sich Bahn brechend *§ 11 (4)*
Bahn|card (Sondertarif der Bahn); *firmeneigene Schreibweise* BahnCard
Bähn|chen (*zu* Bahn)
bah|nen; du bahnst
Bahn|hof
Bahn|hof[s]...[halle *usw.*]; *das Fugen-s in* Bahnhofsplatz *usw. ist im Norden üblicher*
bahn|la|gernd
Bahr, Egon (dt. Politiker *1922)
Bah|rain; *a.* Bahrein (Scheichtum)
Bah|rai|ner; *a.* Bahreiner
bah|rai|nisch; *a.* bahreinisch
Bah|re, die
Bah|rein; *a.* Bahrain
Bah|rei|ner; *a.* Bahrainer
bah|rei|nisch; *a.* bahrainisch
Baht, der (thailänd. Währung)
Bä|hung (Wärmebehandlung)
Bai, die (Bucht)
Bai|er (Sprecher d. Bairischen); *vgl.* Bayer
Bai|kal[|see] (See in Asien)
Bai|kal-Amur-Ma|gi|stra|le *§ 13 (2)*
Bai|ko|nur (Raumfahrtzentrum in Kasachstan)
Baile Átha Cliath (*gäl.* Dublin)
Bai|ram (muslim. Fest)
bai|risch (in bairischer Sprache); auf ~; *vgl.* bayerisch
Bai|risch, das (die bairische Sprache); auf bairisch sprechen
Bai|ri|sche, das (die bairische Sprache)
Bai|ser, das (Schaumgebäck)
Bais|se, die (Kurssturz); à la baisse
Bais|sier, der (Spekulant à la baisse)
Ba|ja|de|re (ind. Tänzerin)
Ba Jin (chines. Schriftsteller *1904)
Ba|jaz|zo (Spaßmacher)
Ba|jo|nett, das (Seitengewehr)
Ba|jo|nett|ver|schluß
Ba|ju|wa|re (Bayer)
ba|ju|wa|risch
Ba|ke, die (Verkehrszeichen)
Ba|ke|lit, das (Kunststoff)
Bak|ka|lau|re|at, das (akad. Grad; in Frankreich Abitur)
Bak|ka|lau|re|us
Bak|ka|rat, das (Kartenspiel)
Bak|ken, der (Sprungschanze)
Bak|schisch, das (Trinkgeld)
Bak|te|rie, die
bak|te|ri|ell

bak|te|ri|en|hem|mend *§ 11 (4)*
Bak|te|rio|lo|ge (Bakterienforscher)
Bak|te|rio|lo|gie
bak|te|rio|lo|gisch
Bak|te|rio|ly|se
Bak|te|ri|um
bak|te|ri|zid (bakterientötend)
Bak|te|ri|zid, das
Bak|tri|en (histor. Region in Asien)
bak|trisch
Ba|ku (Hauptstadt v. Aserbeidschan)
Ba|ku|nin, Michail (russ. Revolutionär 1814-1876)
Ba|la|lai|ka, die (Musikinstrument)
Ba|lan|ce, die (Gleichgewicht)
Ba|lan|ce|akt
Ba|lan|chine, Georges (russ.-amerik. Choreograph 1904-1983)
ba|lan|cie|ren
Ba|la|ta, die (Gummiharz)
Ba|la|ton, der (*ung.* Plattensee)
bal|bie|ren; *s. a.* barbieren
Bal|boa, der (panam. Währung)
bald; so bald wie möglich; *vgl.* sobald
Bal|da|chin, der (Traghimmel)
Bäl|de; in ~
bal|dig
bal|digst
bald|mög|lichst
Baldr (germ. Gott); *s. a.* Baldur
Bal|dri|an, der (Heilpflanze)
Bal|dri|an|trop|fen
Bal|du|in (Name v. Herrschern)
Bal|dung, Hans, genannt Grien (dt. Maler 1484/85-1545)
Bal|dur (germ. Gott); *s. a.* Baldr
Bald|win, James (amerik. Schriftsteller 1924-1987)
Ba|le|a|ren (*Pl.*) (Inselgruppe im Mittelmeer)
Ba|le|ster, der (Wurfmaschine)
Bal|four, Arthur James (engl. Politiker 1848-1930)
Balg[1], das/der (unartiges Kind); *Pl.* Bälger
Balg[2], der (Tierhaut); *Pl.* Bälge
Bal|ge, die (Bottich, Fahrrinne)
bal|gen; sich ~
Bal|gen, der (Kamerateil)
Bal|gen|ka|me|ra
Bal|ge|rei
Ba|li (indones. Insel)
Ba|li|ne|se
ba|li|ne|sisch
Bal|kan, der (europ. Halbinsel)
Bal|kan...[krieg *usw.*]
bal|ka|nisch
bal|ka|ni|sie|ren
Bal|ka|no|lo|ge
Bal|ka|no|lo|gie (Erforschung der Balkansprachen)
Bälk|chen (*zu* Balken)
Bal|ken, der (*a.* Teil des Gehirns, Corpus callosum)
Bal|ken...[waage *usw.*]
Bal|kon, der
Bal|ko|ni|en (*scherzh. f.* Zuhause); Urlaub auf ~
Ball (1. Spielzeug; 2. Tanzfest)
Ball...[spiel *usw. zu* Ball 1.]
Ball...[kleid *usw. zu* Ball 2.]
Bal|la|de, die (erzählendes Lied oder Gedicht)
Bal|last, der
Bal|last|stoff
Bäll|chen (*zu* Ball)
bal|len; sich ~
Bal|len, der
Bal|le|ri|na (Tänzerin)
Bal|lett, das
Bal|lett...[musik *usw.*]
Bal|lettän|zer [tt|t] *§ 7 (1), § 28 Anm.*
Bal|letthe|a|ter [tt|th] *§ 7 (1), § 28 Anm.*
Bal|lett|trup|pe *§ 7 (1)*
Bal|li|ste, die (Wurfmaschine)
Bal|li|stik (Lehre von Wurf- und Flugbahnen)
Bal|li|sti|ker
bal|li|stisch
Ballo|kal [ll|l] *§ 7 (1), § 28 Anm.*
Bal|lon, der
Bal|lon...[reifen *usw.*]
Bal|lo|ta|ge, die (Wahl [m. Kugeln]; Stichwahl)
bal|lo|tie|ren
Bal|ly|hoo, das (Werberummel)
Bal|moral (Schloß in Schottland)
Bal|mung (Siegfrieds Schwert)
Bal|neo|lo|gie (Bäderkunde)
bal|neo|lo|gisch
Bal pa|ré, der (Ball 1.)
Bal|sa|[holz], das
Bal|sam, der (Harzöl; *übertr.* Linderungsmittel)
bal|sa|mie|ren
Bal|sa|mi|ne, die (Springkraut)
bal|sa|misch
Bal|te, der (Angehöriger der balt. Staaten oder Völker)
Bal|tha|sar (einer der Heiligen Drei Könige)
Bal|ti|kum, das (balt. Staaten)
Bal|ti|more (Stadt in USA)
bal|tisch; das Baltische Meer *§ 15 (7)*
bal|to|sla|visch; *a.* baltoslawisch; *vgl.* Slave
Bal|trum (ostfries. Insel)
Ba|lu|ster, der (Stützsäule)
Ba|lu|stra|de, die (Brüstung)
Balz, die (Paarungsspiel)
Balz...[ruf *usw.*]
Bal|zac, Honoré de (frz. Schriftsteller 1799-1850)
bal|zen; du balzt *§ 7 (1)*
Ba|ma|ko (Hauptstadt v. Mali)
Bam|berg (dt. Stadt)
Bam|ber|ger; der ~ Reiter
Bam|bi, das (Rehkitz [als Filmfigur]); der ~ (Filmpreis)
Bam|bi|no (*ital.* Kind) *Pl.* Bambini
Bam|bu|le, die (Krawall)
Bam|bus, der (holziges Gras)
Ba|mi-go|reng; *a.* Bami Goreng, das (Nudelgericht)
Bamm, Peter (dt. Schriftsteller 1897-1975)
Bam|mel, der (Angst)
bam|meln (schwingen)
Ban, der (rum. Währung)
ba|nal (alltäglich)
ba|na|li|sie|ren
Ba|na|li|tät

Ba|na|ne
Ba|na|nen...[republik *usw.*]
Ba|nat, das (rum. Landschaft)
Ba|na|ter; ~ Gebirge
Ba|nau|se, der (Mensch ohne Kunstsinn)
ba|nau|sisch
Band, das (Streifen); *Pl.* Bänder, *a.* Bande (Bindung)
Band, der; *Abk.* Bd.; *Pl.* Bände, *Abk.* Bde.
Band [bɛnd], die (Musikgruppe); *Pl.* Bands
Band...[wurm *usw.*]
Ban|da|ge, die (Stützwickel)
ban|da|gie|ren
Ban|da|gist (Bandagenmacher)
Bänd|chen
Ban|de (1. Gruppe; 2. Einfassung b. Billard *usw.*)
Ban|del, das (Bändchen)
Bän|del, der (Bändchen); *a.* Bendel
Ban|den...[kriminalität *usw.*, *zu* Bande 1.]
Ban|den...[werbung *usw.*, *zu* Bande 2.]
Ban|de|ril|la, die (Speer beim Stierkampf)
Ban|de|ril|le|ro (Stierkämpfer)
bän|dern
Ban|de|ro|le, die (Fähnchen, Steuerband auf Zigarren *usw.*)
ban|de|ro|lie|ren
bän|di|gen
Ban|dit (Verbrecher)
Band|lea|der (Leiter einer Musikgruppe)
Band|schei|be
Band|schei|ben|vor|fall
Ban|dung (Stadt in Indonesien)
Ban|du|ra (Musikinstrument)
Band|wurm
bang, ban|ge; bänger, am bängsten; ihm ist/wird angst und bang[e], bang[e] machen; bange machen *oder* Bangemachen gilt nicht
Ban|ga|lore (Stadt in Indien)
Bang|büx, Bang|bü|xe
ban|ge; *vgl.* bang
Ban|ge, die (Angst)
ban|gen; du bangst
Bang|kok (Hauptstadt v. Thailand)
Bang|la|desch (Staat); *a.* Bangladesh
Bang|la|de|scher; *a.* Bangladesher
bang|la|de|schisch; *a.* bangladeshisch
Bang|la|desh *usw.*; *vgl.* Bangladesch *usw.*
bäng|lich
Bang|nis
Bang|sche Krankheit (Tierseuche) *§ 15 (7)*
Ban|gui (Hauptstadt d. Zentralafrikan. Republik)
Ban|jo (Musikinstrument); *s. aber* Bagno
Ban|jul (Hauptstadt v. Gambia)
Bank[1] (Sitzmöbel); *Pl.* Bänke
Bank[2] (Geldinstitut); *Pl.* Banken
Bank...[raub *usw. zu* Bank[2]]
Bänk|chen
Bän|kel|sang
Bän|kel|sän|ger
Ban|ker (Bankier)
ban|ke|rott; ~ gehen, ~ sein; *s. a.* bankrott
Ban|kert, der (unehel. Kind)
Ban|kett, das (1. Festmahl; 2. *a.* = Bankette)
Ban|ket|te, die (Randstreifen)
Ban|kier
Ban|king, das
bank|rott; ~ gehen, ~ sein; *s. a.* bankerott
Bank|rott, der; ~ machen
Bank|rot|teur
bank|rot|tie|ren
Bann (Acht, Verfluchung)
Bann...[fluch *usw.*]
ban|nen
Ban|ner, das (Fahne)
ban|nig (sehr)
Ban|tam|ge|wicht (niedrige Gewichtsklasse b. Boxen usw.)
Ban|tam|huhn (Zwerghuhn)
Ban|tu (afrik. Völkergruppe; *eigtl.* Ba-ntu)
Ban|tu...[volk *usw.*]
ban|tu|isch; *vgl.* Bantu
Ban|yan|baum (Feigenbaum)
Ba|o|bab, der (Affenbrotbaum)
Bap|tis|mus (freikirchl. Richtung mit Erwachsenentaufe)
Bap|tist
Bap|ti|ste|ri|um (Taufkirche)
bap|ti|stisch
bar; bares Geld; bar zahlen; in bar
Bar[1], das (Maßeinheit f. Druck; *Zeichen* bar)
Bar[2], die
Bar...[dame *usw.*, *zu* Bar[2]]
Bar...[geld *usw.*, *zu* bar]
Bär (Raubtier); der Große ~, der Kleine ~ (Sternbilder) *§ 15 (7; vgl.* Bären...
Bar|ab|bas (bibl. Gestalt)
Ba|racke [k|k]
Ba|ratt, der (Tausch)
ba|rat|tie|ren
Bar|ba|di|er (Einwohner von Barbados)
bar|ba|disch
Bar|ba|dos (Inselstaat)
Bar|bar (Rohling)
Bar|ba|rei
bar|ba|risch
Bar|ba|ris|mus
Bar|ba|ros|sa (Kaiser Friedrich I. 1122-1190)
Bar|be, die (Fisch)
Bar|be|cue, das (Spießbraten, Grillfest)
bär|bei|ßig
Bar|ber, Samuel (amerikan. Komponist 1910-1981)
Bar|bier (Herrenfriseur)
bar|bie|ren; *s. a.* balbieren
Bar|bi|tu|rat, das (Schlafmittel)
Bar|bi|tur|säu|re
Bar|ce|lo|na (Hauptstadt von Katalonien)
Bär|chen
Bar|chent, der (Gewebe)
Bar|code, der (Strichcode)
Bar|de, der ([kelt.] Sänger)
Bar|de, die (Speckscheibe)
Bar|diet, das (Kampfgeschrei);

s. a. Barditus
Bar|di|tus, der; *s. a.* Bardiet
Bar|dot, Brigitte (frz. Schauspielerin *1934)
Bä|ren...[tatze *usw.*]
Ba|ren|boim, Daniel (israel. Musiker *1942)
Bä|ren|dienst (gutgemeinter Schaden); jdm. e. ~ erweisen
Bä|ren|klau (Pflanze)
Bä|ren|trau|be (Pflanze)
Ba|rents|see, die (Polarmeer)
Ba|rett, das (Mütze)
bar|fuß; ~ gehen
bar|fü|ßig
bar|geld|los
bar|haupt; ~ gehen
bar|häup|tig
Ba|ri (Stadt in Italien)
Ba|ri|bal, der (Bär)
ba|risch (*zu* Bar[1])
Ba|ri|ton, der (mittlere Männerstimme)
ba|ri|to|nal
Ba|ri|um; *chem. Zeichen* Ba
Bark, die (Schiff)
Bar|ka|ro|le, die (Gondellied)
Bar|kas|se, die (Boot)
Bar|ke, die (Boot)
Bar|kee|per (Kellner an einer Bar)
Bar Koch|ba (jüd. Freiheitskämpfer † 135)
Bar|lach, Ernst (dt. Bildhauer 1870-1938)
Bär|lapp, der (Pflanze)
Bär|lauch, der (Pflanze)
Bär|me, die (Hefe)
bar|men; du barmst
barm|her|zig; die Barmherzigen Brüder, Schwestern (relig. Gemeinschaften) *§ 15 (7)*
Bar|mi|xer
Bar|na|bas (christl. Missionar)
Bar|nim, der (dt. Landschaft)
ba|ro.../Ba|ro... (schwer, Druck...); *vgl.* bary...
ba|rock (*Adjektiv*)
Ba|rock, das/der (Kunstepoche)
Ba|rock...[schloß *usw.*]
Ba|ro|graph, der (schreibender Druckmesser)
Ba|ro|me|ter, das (Druckmesser)
ba|ro|me|trisch
Ba|ron (Adelstitel, Freiherr)
Ba|ro|nat, das
Ba|ro|neß
Ba|ro|nes|se
Ba|ro|net (engl. Adelstitel)
Ba|ro|nie
Ba|ro|nin
ba|ro|ni|sie|ren
Bar|ra|ku|da, der (Fisch)
Bar|ras, der (Militär)
Bar|rault, Jean-Louis (frz. Schauspieler 1910-1994)
Bar|re, die (Sperre)
Bar|rel, das (Hohlmaß)
Bar|ren (Turngerät)
Bar|rès, Maurice (frz. Politiker 1862-1923)
Bar|ri|e|re (Hindernis)
Bar|ri|e|re|riff; das Große ~ *§ 15 (7)*
Bar|ri|ka|de (Straßensperre)
Bar|ri|ster (*engl.* Anwalt)
barsch (grob)
Barsch (Fisch)
Bar|schaft, die
Bar|soi, der (Hunderasse)
Bar|sor|ti|ment, das (Zwischenbuchhandel)
Bart
Bart...[flechte *usw.*]
Bärt|chen
Bar|te, die (Fischbein)
Bar|tel, die
Bar|ten|wal (*zu* Barte)
Barth, Karl (schweizer. Theologe 1886-1968)
Barthes, Roland (frz. Schriftsteller 1915-1980)
Bar|tho|lo|mä|us (Apostel)
Bar|tho|lo|mä|us|nacht (Pariser Hugenottenpogrom 1572)
bär|tig (*zu* Bart)
Bar|tók, Béla (ungar. Komponist 1881-1945)
Bar|to|lo|meo, Fra (ital. Maler 1472-1517)
Ba|ruch (bibl. Gestalt)
ba|ry.../Ba|ry... (schwer, Druck...) *vgl.* baro...
Ba|ry|on, das (Elementarteilchen)
Ba|ry|sphä|re (Erdinneres)
Ba|ryt, der (Schwerspat)
Ba|ry|to|ne|se, die (Vorverlagerung d. Akzents)
Bar|zel, Rainer (dt. Politiker *1924)
ba|sal (*zu* Basis, unten)
Ba|salt, der (Gestein)
ba|sal|ten (aus Basalt)
Ba|sar, der (Markt); *a.* Bazar
Bäs|chen (*zu* Base[1])
Basch|ki|re
Basch|ki|ri|en (russ. Teilstaat)
basch|ki|risch
Basch|lik, der (Kapuze)
Ba|se[1] (Kusine)
Ba|se[2] (Lauge)
Base|ball, der
Ba|se|dow|sche Krankheit *§ 15 (7)*, Basedow-Krankheit *§ 13 (2)*
Ba|sel (Stadt in der Schweiz)
Ba|sel|biet (Region im Halbkanton Basel-Landschaft)
Ba|se|ler; *s. a.* Basler
Ba|se|litz, Georg (dt. Maler *1938)
Ba|sel|land (Basel-Landschaft)
Ba|sel-Land|schaft (Halbkanton der Schweiz)
Ba|sel-Stadt (Halbkanton der Schweiz)
BASF (*Abk. v.* Badische Anilin- und Soda-Fabrik) *§ 17 (2) Anm. 1*
BASIC (Programmiersprache)
Ba|sic Eng|lish (vereinfachtes Englisch) *§ 15 (3) Anm.*
Ba|sie, Count (amerik. Musiker 1904-1984)
ba|sie|ren (beruhen); auf etw. ~
Ba|si|li|en|kraut (Basilikum)
Ba|si|li|ka (Hallenkirche)
Ba|si|li|kum (Würzkraut)
Ba|si|lisk, der (Leguan; *a.* myth. Mischwesen)
Ba|si|lis|ken|blick (tödl. Blick)
Ba|sis, die (Grundlage); auf ~
Ba|sis...[gruppe *usw.*]

ba|sisch (laugenhaft, alkalisch)
ba|sis|de|mo|kra|tisch
Bas|ke, der (Angehöriger eines Volkes an der Biscaya)
Bas|ken...[mütze *usw.*]
Bas|ket|ball (Korbballart)
bas|kisch; auf ~
Bas|kisch, das; auf baskisch sprechen
Bas|ki|sche, das
Bas|kü|le, die (Verriegelung)
Bas|ler (= Baseler) (*zu* Basel)
bas|le|risch
Bas|re|li|ef, das (Flachrelief)
baß (sehr); baß erstaunt sein
Baß, der
Baß...[stimme *usw.*]
Baß|ba|ri|ton (Männerstimme)
Bas|set, der (Hunderasse)
Bas|sett|horn (Blasinstrument)
Baß|gei|ge (Cello, Kontrabaß)
Bas|sin, das (Becken)
Bas|sist (Sänger, Baßspieler)
Bas|so, der (Baß); ~ continuo, ~ ostinato
Bast, der (Pflanzenfasern)
Bast...[korb *usw.*]
ba|sta! (genug!); und damit basta!
Ba|stard, der (Mischling; *a. Schimpfwort*)
Ba|ste, die (Spielkarte)
Ba|stei, die (Bastion)
Ba|ste|lei
ba|steln
Ba|stil|le, die (histor. Pariser Gefängnis)
Ba|sti|on, die (Bollwerk)
Bast|ler
Ba|sto|na|de, die (Prügelstrafe)
Ba|su|to (Volk in Afrika)
BAT (*Abk. v.* Bundesangestelltentarif) *§ 17 (2) Anm. 1*
Bat. (*Abk. v.* Bataillon)
Ba|tail|le, die (Schlacht)
Ba|tail|lon, das (militär. Verband)
Ba|ta|te, die (Süßkartoffel)
Ba|ta|ver (Angehöriger e. Germanenstammes)
Ba|ta|via (Jakarta)
ba|tho.../**Ba|tho**... (tief); *vgl.* bathy...
Bath|se|ba (bibl. Gestalt)
ba|thy.../**Ba|thy**... (tief); *vgl.* batho...
Ba|thy|sphä|re (Tiefsee)
Ba|tik (Färbetechnik)
Ba|tist, der (Gewebe)
ba|ti|sten (aus Batist)
Batsch|ka (Landschaft an der Donau)
Bat|ten|berg (Adelsfamilie)
Bat|te|rie (elektr. Bauteil; Artillerieeinheit; Schlagzeug)
bat|te|rie|be|trie|ben
Bat|zen, der (alte Münze)
Bau, der; *Pl.* Baue, Bauten (Gebäude)
Bau...[arbeiter *usw.*]
Bauch
Bauch...[decke *usw.*]
bau|chig
Bäuch|lein
bäuch|lings
bauch|pin|seln; gebauchpinselt (geschmeichelt)
bauch|re|den
bauch|tan|zen
Bau|chung
Bau|cis (Sagengestalt)
Baud (Maßeinheit); *Abk.* Bd
Bau|de, die (Berghütte)
Bau|de|laire, Charles (frz. Dichter 1821-1867)
Bau|dou|in (belg. König)
bau|en
Bau|er, das (Vogelkäfig)
Bau|er, der (Landwirt)
Bäu|er|chen; ein ~ machen (aufstoßen)
bäu|e|risch; *s. a.* bäurisch
bäu|er|lich
Bau|ern...[hof *usw.*]
bau|fäl|lig
Bau|haus (*a. Name einer stilbildenden Hochschule*)
Baum
Baum...[grenze *usw.*]
baum|be|woh|nend *§ 11 (4)*
Bäum|chen
bau|meln
bäu|men, sich
Baum|woll...[pikee *usw.*]
baum|wol|len (aus Baumwolle)
bäu|risch; *s. a.* bäuerisch
Bausch
Bausch, Pina (dt. Tänzerin *1940)
Bäusch|chen
Bäu|schel, der/das (Bergmannshammer)
bau|schen; du bauschst
bau|schig
bau|spa|ren; du bausparst
Bau|ten, die (*Pl.*)
Baut|zen (Stadt in Sachsen)
Bau|xit, der (Mineral)
Ba|va|ria (*lat.* Bayern); die ~ (ein Standbild in München)
Bay|er, der
bay|e|risch; die Bayerischen Alpen, der Bayerische Wald *§ 15 (7)*; *s. a.* bayrisch, *vgl.* bairisch
Bay|ern
Ba|yeux (Stadt in Frankreich); der Teppich von ~
Bayle, Pierre (frz. Philosoph 1647-1706)
Bay|reuth (Stadt in Franken); Bayreuther Festspiele
bay|risch; *s. a.* bayerisch, *vgl.* bairisch
Ba|zar (Markt); *a.* Basar
Ba|zil|le, die (Bakterie); *s. a.* Bazillus
Ba|zil|lus (Bazille); *Pl.* Bazillen
Ba|zoo|ka, die (Raketenwerfer)
BBC (*Abk. v.* British Broadcasting Corporation) *§ 17 (2) Anm. 1*
BCG (*Abk. v.* Bazillus Calmette-Guérin) *§ 17 (2) Anm. 1*
Bd. (*Abk. v.* Band)
BDA (*Abk. v.* Bund Deutscher Architekten) *§ 17 (2) Anm. 1*
Bde. (*Abk. v.* Bände)
B-Dur *§ 13 (2)*; B-Dur-Tonleiter *§13 (3)*
Be (*chem. Zeichen f.* Beryllium)
BE (*Abk. v.* Broteinheit) *§ 17 (2) Anm. 1*
be... *Präfix vor Verben*; *die Schreibweise folgt dem*

Grundwort: beachten *usw.*
be|ab|sich|ti|gen
be|ach|ten
be|ach|tens|wert
be|acht|lich
Bea|gle, der (Hunderasse)
be|am|peln
Be|am|te, der
Be|am|ten...[stand *usw.*]
Be|am|ten|tum
be|am|tet
Be|am|tin
be|äng|sti|gend
be|an|spru|chen
be|an|stan|den
be|an|tra|gen
Beards|ley, Aubrey (engl. Zeichner 1872-1898)
Beat [bi:t], der (*Musik*: Takt; *kurz f.* Beatmusik)
bea|ten (*zu* Beat)
Beat ge|ne|ra|ti|on (*engl.* amerik. Protestbewegung) *§ 15 (3)*
Be|a|ti|fi|ka|ti|on (Seligsprechung)
be|a|ti|fi|zie|ren (seligsprechen)
Bea|tle; *Pl.* Beatles (engl. Musikgruppe)
Beat|mu|sik
Beat|nik (Angehöriger der Beat generation)
Beau, der (Schönling)
be|auf|la|gen
Beau|fort|ska|la (Maß der Windstärke)
be|auf|sich|ti|gen
be|auf|tra|gen
Be|auf|trag|te, der
be|äu|gen
be|au|gen|schei|ni|gen
Beau|har|nais (frz. Adelsfamilie)
Beau|jo|lais (frz. Region; Wein)
Beau|mar|chais, Pierre de (frz. Schriftsteller 1732-1799)
Beau|ty|farm (Schönheitsfarm)
Beau|voir, Simone de (frz. Schriftstellerin 1908-1986)
Be|bel, August (dt. Politiker 1840-1913)
be|ben; du bebst
Be|ben, das
be|bil|dern
Be|bop, der (Musikstil)
Bé|cha|mel...[soße *usw.*]
Be|cher
Be|cher, Johannes R. (dt. Schriftsteller 1891-1958)
Be|cher...[frucht *usw.*]
be|chern
be|cir|cen; du becirct *§ 7 (1)*; *a.* bezirzen
Becken (1. Gefäß; 2. Körperteil; 3. Musikinstrument) [k|k]
Becken|bau|er, Franz (dt. Fußballspieler *1945) [k|k]
Becker, Boris (dt. Tennisspieler *1967) [k|k]
Beckett, Samuel (ir. Dichter 1906-1989) [k|k]
Beck|mann, Max (dt. Maler 1884-1950)
Beck|mes|ser (kleinl. Kritiker)
Beck|mes|se|rei
beck|mes|sern
Bec|que|rel (Einheit der Radioaktivität); *Abk.* Bq
be|da|chen
Be|dacht; ~ nehmen
Be|dach|te, der (*Rechtsspr.*) (*zu* bedenken)
be|däch|tig
be|dacht|sam
be|dan|ken, sich; sei bedankt!
Be|darf, der
Be|darfs...[artikel *usw.*]
be|darfs|ge|recht
be|dau|er|lich
be|dau|er|li|cher|wei|se
be|dau|ern
Be|dau|ern, das
be|dau|erns|wert
Be|deckt|sa|mer
be|deckt|sa|mig
Be|den|ken, das
be|den|ken|los
be|den|kens|wert
be|denk|lich
be|dep|pert
be|deu|ten
be|deu|tend; um ein bedeutendes/Bedeutendes (sehr) *§ 15 (6)*
be|deut|sam
Be|deu|tung
Be|deu|tungs...[lehre *usw.*]
be|die|nen
Be|die|ne|rin
be|dien|stet; der Bedienstete
Be|dien|te, der
Be|die|nungs...[anleitung *usw.*]
be|din|gen
be|dingt
Be|din|gung
be|din|gungs|los
Be|dräng|nis, die
be|droh|lich
Be|du|i|ne (Angehöriger eines arab. Nomadenvolks)
be|dün|ken; mich bedünkt
Be|dün|ken, das; meines Bedünkens
be|dür|fen (*m. Genitiv*)
Be|dürf|nis
be|dürf|tig
be|du|seln, sich (betrinken)
Bee|fa|lo, der (Kreuzung aus Bison u. Hausrind)
Beef|ea|ter (königl. engl. Leibgardist)
be|eh|ren
be|ei|den
be|ei|di|gen
be|ei|fern, sich
be|ei|len, sich
be|ein|drucken [k|k]
be|ein|fluß|bar
be|ein|flus|sen; du beeinflußt *§ 7 (1)*
be|ein|träch|ti|gen
Beel|ze|bub (Dämon im AT)
be|en|den
be|en|di|gen
be|en|gen
be|er|ben
be|er|di|gen
Bee|re
Bee|ren...[obst *usw.*]
bee|ren|för|mig
Beet, das
Beet|ho|ven, Ludwig van (dt. Komponist 1770-1827)
be|fä|hi|gen
Be|fall, der

be|fan|gen
be|fas|sen; du befaßt *§ 7 (1)*
be|feh|den
Be|fehl
be|feh|len; du befiehlst, befahlst, befählest, beföhlest, befohlen
be|feh|li|gen
Be|fehls...[gewalt *usw.*]
be|fehls|ge|mäß
be|fein|den
be|fe|sti|gen
be|feuch|ten
Beff|chen (Halsbinde)
be|fie|dern
be|fin|den
Be|fin|den, das
be|find|lich
be|fin|gern
be|flag|gen
be|flecken [k|k]
be|flei|ßen, sich (befleißigen); du befleißt *§ 7 (1)*, beflissest dich
be|flei|ßi|gen, sich (*m. Gen.*)
be|flis|sen
be|flü|geln
be|frach|ten
be|franst
be|frei|en
Be|frei|er
be|frem|den
Be|frem|den, das
be|fremd|lich
be|freun|den, sich
be|frie|den
be|frie|di|gen
be|fri|sten
be|fruch|ten
be|fu|gen
Be|fug|nis, die
be|fugt
be|fum|meln
Be|fund, der
be|fürch|ten
be|für|wor|ten
Beg (*türk. Titel*); *s. a.* Bei, Bey
be|ga|ben
be|gabt
Be|gäng|nis, das
be|ga|sen; du begast *§ 7 (1)*
be|gat|ten
be|geb|bar
be|ge|ben (in Umlauf setzen)
be|ge|ben, sich; du begibst, begabst, begäbest; begeben
Be|geb|nis, das
be|geg|nen
Be|geg|nis, das
be|ge|hen
Be|gehr, das/der
be|geh|ren
Be|geh|ren, das
be|geh|rens|wert
be|gehr|lich
be|gei|stern
Be|gier, die
Be|gier|de
be|gie|rig
be|gie|ßen; du begießt *§ 7 (1)*, begossest; begossen
Be|gin, Menachem (israel. Politiker 1913-1992)
Be|gi|ne, die (Angehörige einer klosterartigen Gemeinschaft)
Be|ginn, der
be|gin|nen; du beginnst, begannst, begännest, begönnest, begonnen
Be|gin|nen, das
be|glau|bi|gen
be|glei|chen
be|glei|ten
be|glücken [k|k]
be|glück|wün|schen
be|gna|det
be|gna|di|gen
be|gnü|gen, sich
Be|go|nie (Zierpflanze)
be|gön|nern
Be|gräb|nis, das
be|gra|di|gen
be|grannt (mit Grannen)
be|grap|schen; du begrapschst
be|grei|fen; du begreifst, begriffst, begriffest; begriffen
be|greif|lich
be|greif|li|cher|wei|se
be|gren|zen; du begrenzt *§ 7 (1)*
Be|griff, der
be|griff|lich
Be|griffs...[bestimmung *usw.*]
be|griffs|stut|zig
be|grün|den
be|grü|nen
be|grü|ßen; du begrüßt *§ 7 (1)*
be|grü|ßens|wert
Be|gum (*Titel v. Fürstinnen*)
be|gün|sti|gen
be|gut|ach|ten
be|gü|tert
be|gü|ti|gen
be|haart
be|hä|big
be|haf|tet
be|ha|gen
Be|ha|gen, das
be|hag|lich
Be|haim, Martin (dt. Seefahrer ~1459-1507)
be|hal|ten
Be|häl|ter
Be|hält|nis, das
be|häm|mert
be|han|deln
Be|hang, der
be|hän|gen
be|har|ken; sich ~
be|har|ren
be|harr|lich
be|haup|ten
be|haup|tet
be|haust
Be|hau|sung
Be|ha|vi|o|ris|mus (*amerik.*) (Schule der Psychologie); *a.* Behaviourismus (*brit.*)
Be|ha|vi|o|rist (*amerik.*); *a.* Behaviourist (*brit.*)
be|ha|vi|o|ri|stisch (*amerik.*); *a.* behaviouristisch (*brit.*)
Be|ha|vi|ou|ris|mus *usw.*; *vgl.* Behaviorismus *usw.*
be|he|ben
be|hei|ma|tet
be|hei|zen; du beheizt *§ 7 (1)*
Be|helf, der
be|hel|fen, sich
be|helfs|mä|ßig
be|hel|li|gen
be|helmt
be|hend, **be|hen|de** (flink)
be|her|ber|gen
be|herr|schen
be|her|zi|gen

Be|her|zi|gung
be|herzt
be|he|xen; du behext *§ 7 (1)*
be|hilf|lich
be|hin|dern
Be|hin|der|ten...[sport *usw.*]
Behm|lot, das (Echolot)
Beh|nisch, Günther (dt. Architekt *1922)
Be|hör|de, die
Be|hör|den...[sprache *usw.*]
be|hörd|lich
be|hörd|li|cher|seits
be|host
Beh|ring, Emil von (dt. Arzt 1854-1917)
Be|huf, der
be|hufs (*m. Gen.*)
be|huft
be|hum[p]|sen (betrügen); du behum[p]st *§ 7 (1)*
be|hü|ten; behüt dich Gott!
be|hut|sam
bei (*Präposition*); bei weitem *§ 15 (6)*, bei all◡dem; *aber* bei all dem Lärm; bei alledem; beim (*s. d.*); *als Verbzusatz zusammengeschrieben*: beibehalten *usw.*
Bei, der; *s. a.* Beg, Bey
Bei|boot
Beicht...[stuhl *usw.*]
Beich|te
beich|ten
beicht|hö|ren; du hörst beicht
Beich|ti|ger
beid|ar|mig
beid|bei|nig
bei|de; *immer klein geschrieben*: alle beide, alles beides, wir beide[n], wir beiden Männer, diese beiden, mit unser beider Hilfe
bei|de|mal; beide Male
bei|der|lei
bei|der|seits
bei|des|mal
Beid|hän|der
beid|hän|dig
bei|dre|hen
beid|sei|tig
beid|seits
bei|ein|an|der *§ 12*; *als Verbzusatz a. mit dem Verb zusammengeschrieben*: beieinander◡haben *usw. § 10*; *vgl.* einander
bei|ein|an|der◡sein; *nur im Infinitiv u. Partizip a. zusammengeschrieben*: beieinanderzusein *oder* beieinander zu sein; beieinander◡gewesen *§ 8*
Bei|ein|an|der|sein, das
Bei|fall
bei|fall|hei|schend
bei|fäl|lig
bei|fol|gend
Bei|fuß, der (Heilpflanze)
beige; ein beige[s] Kleid; in Beige
Beige, das; ein Kleid in ~
bei|ge|ben; klein beigeben
beige|far|ben (beige)
Bei|ge|ord|ne|te, der
Bei|gnet, der (Krapfen)
Bei|jing (Hauptstadt v. China); *s. a.* Peking (*ältere Umschrift*)
Beil
bei|läu|fig
bei|lei|be
Bei|leid
Bei|leids...[bezeigung *usw.*]
bei|lie|gend; das Beiliegende
beim (*Verschmelzung aus* bei *und* dem)
Bein
Bein...[bruch *usw.*]
bei|nah, bei|na|he
bein|am|pu|tiert; der Beinamputierte
bei|nern (aus Knochen)
be|in|hal|ten
bein|hart
bein|ver|sehrt
Bein|well, der (Heilpflanze)
Bei|rat, der
be|ir|ren
Bei|rut (Hauptstadt des Libanons)
bei|sam|men; *als Verbzusatz a. zusammengeschrieben*: beisammen◡bleiben *usw. § 10*
bei|sam|men◡sein; *nur im Infinitiv und Partizip a. zusammengeschrieben*: beisammenzusein *oder* beisammen zu sein; beisammen◡gewesen *§ 8*
Bei|sam|men|sein, das
Bei|sas|se (Stadtbewohner minderen Rechts)
Bei|schlaf, der
Bei|sein, das; im Beisein
bei|sei|te *§ 12*; *als Verbzusatz auch zusammengeschrieben*: beiseite◡legen *usw. § 10*
Bei|sei|te|schaf|fung
Bei|sel, das (Kneipe); *a.* Beisl
Bei|sit|zer
Beisl, das; *a.* Beisel
Bei|spiel
bei|spiel|ge|bend *§ 11 (4)*; *aber* ein [gutes] Beispiel gebend
bei|spiels|hal|ber
bei|spiels|wei|se
Bei|ßel, der (Meißel, Stemmeisen); *vgl.* Beitel
bei|ßen; du beißt *§ 7 (1)*, bissest, er biß, gebissen
Bei|stand
Bei|tel, der; *s. a.* Beißel
Bei|trag
Bei|trags...[erhöhung *usw.*]
Beiz, die (Beize 2.)
Bei|ze, die (1. Beizjagd; 2. Wirtshaus; 3. Flüssigkeit zum Einlegen)
bei|zei|ten *§ 12*
bei|zen; du beizt *§ 7 (1)*
be|ja|hen; du bejahst
be|jahrt
be|jam|merns|wert
Bé|jart, Maurice (frz. Choreograph *1927)
be|ka|keln
be|kannt; der Bekannte; *vgl.* bekanntmachen
be|kann|ter|ma|ßen
Be|kannt|ga|be
be|kannt◡ge|ben; *vgl.* bekannt◡machen
be|kannt|lich
be|kannt◡ma|chen; *Zusammenschreibung üblich, wenn*

förmliche Bekanntmachung gemeint ist; *aber* eine Theorie bekannt machen, mit jdm. bekannt machen *§ 8, § 10*
Be|kannt|schaft
be|kannt◡wer|den; *vgl.* bekannt◡machen
Be|kas|si|ne, die (Sumpfschnepfe)
be|keh|ren
be|ken|nen; Bekennende Kirche (kirchl. Bewegung nach 1934)
Be|kennt|nis, das
Be|kennt|nis...[schule *usw.*]
be|kennt|nis|frei
be|kiest (*zu* Kies)
be|kla|gens|wert
Be|klag|te, der
be|klem|mend
Be|klemm|nis, die
be|klom|men
be|kloppt
be|knackt
be|knie|en, **be|knien** *§ 7 (1)*
be|kom|men
be|kömm|lich
be|kö|sti|gen
be|kräf|ti|gen
be|krallt (*zu* Kralle)
be|krän|zen; du bekränzt *§ 7 (1)*
be|kreu|zen; du bekreuzt *§ 7 (1)*
be|kreu|zi|gen, sich
be|krie|gen
be|krit|teln
Be|küm|mer|nis, die
be|küm|mert
be|kun|den
Bel, das (logarithm. Einheit physikal. Größen); *Abk.* B
be|la|den; du belädst, beludst, belüdest; beladen
Be|lag, der
be|la|gern
Bel|ami, der (Frauenliebling)
Be|lang, der; ohne ~
be|lan|gen
be|lang|los
Be|la|rus (Weißrußland)
be|las|sen; du beläßt *§ 7 (1)*, beließest; belassen
be|last|bar
be|la|sten
be|lä|sti|gen
Be|la|stungs-EKG *§ 13 (2)*
be|lau|ben, sich
be|lau|fen, sich; beläuft, belief
Bel|can|to, der (Gesangsstil); *a.* Belkanto
Bel|chen, der (Berge im Schwarzwald u. in den Vogesen)
be|le|ben
be|lebt
Be|leg, der
Be|leg...[arzt *usw.*]
be|le|gen
Be|leg|schaft
Be|leg|schafts...[aktie *usw.*]
be|leh|nen
be|leh|ren
be|leibt
be|lei|hen; du beleihst, beliehst, beliehest; beliehen
Be|lém (Stadt in Brasilien)
be|lem|mern
be|lem|mert
Be|lem|nit, der (fossiler Kopffüßler, Donnerkeil)
be|le|sen
Bel|eta|ge, die (Hauptgeschoß)
be|leuch|ten
be|leum|det
be|leu|mun|det
Bel|fast (Hauptstadt v. Nordirland)
bel|fern
Bel|fried, der (Turm)
Bel|gi|en (Staat)
Bel|gi|er
bel|gisch; Belgisch-Kongo (ehemal. Kolonie)
be|lich|ten
be|lie|ben; du beliebst
Be|lie|ben, das; nach ~
be|lie|big; jeder beliebige (jeder), alles beliebige (alles); *aber* etwas Beliebiges
be|liebt
Be|lize (Staat in Mittelamerika)
Be|liz|er
be|li|zisch
Bel|kan|to (Gesangsstil); *a.* Belcanto
Bell, Alexander Graham (amerik. Erfinder 1847-1922)
Bel|la|don|na, die (*kurz f.* Atropa belladonna, Tollkirsche); das ~ (Gift der Tollkirsche)
Belle Époque, die (in Frankreich die Jahre vor dem Ersten Weltkrieg); *a.* Belle Epoque
bel|len
Bel|le|trist
Bel|le|tri|stik (schöne Literatur)
bel|le|tri|stisch
Belle|vue, das (*frz.* „Schöne Aussicht", Name von Schlössern, Hotels)
Bel|li|ni (ital. Malerfamilie); Vincenzo ~ (ital. Komponist 1801-1835)
Bel|lin|zo|na (Stadt im Tessin)
Bel|lo|na (röm. Kriegsgöttin)
Bel|mon|do, Jean-Paul (frz. Schauspieler *1933)
Bel|mo|pan (Hauptstadt v. Belize)
be|lo|bi|gen
be|loh|nen
Be|lo Ho|ri|zon|te (Stadt in Brasilien)
be|lo|rus|sisch (weißrussisch)
Bel|sa|zar (bibl. Gestalt)
Belt, der
be|lüf|ten
Be|lu|ga, die (Fisch)
Be|lu|ga, der (Kaviar)
be|lu|sti|gen
Be|lu|tsche, der (Angehöriger eines vorderasiat. Bergvolks)
be|lu|tschisch
Be|lu|tschi|stan (Region in Vorderasien)
Bel|ve|de|re, das (ital. „Schöne Aussicht", Name v. Schlössern, Hotels)
be|mäch|ti|gen, sich (*m. Gen.*)
be|ma|keln
be|män|geln
be|man|nen
be|män|teln
be|ma|ßen; du bemaßt *§ 7 (1)*
Bem|bel, der (Krug)

be|mer|ken
Be|mer|ken, das
be|mer|kens|wert
be|mes|sen
be|mit|lei|den
be|mit|telt
Bem|me, die (Butterbrot)
be|moost (*zu* Moos)
be|mü|hen; sich ~
be|mü|ßi|gen
be|mut|tern
be|nach|bart
be|nach|rich|ti|gen
be|nach|tei|li|gen
be|nam|sen; du benamst *§ 7 (1)*
be|nannt
Be|na|res (Varanasi, Stadt in Indien)
Bench|mark, die (Maßstab)
Ben|del, der/das; *a.* Bändel
be|ne|dei|en; du benedeist, [ge]benedeit
Be|ne|dic|tus, das (Teil der kath. Liturgie)
Be|ne|dikt (*Papstname*)
Be|ne|dik|ti|ner (Angehöriger eines Mönchsordens)
Be|ne|dik|ti|on (Segnung)
be|ne|di|zie|ren (segnen)
Be|ne|fiz, das ([kirchl.] Wohltat)
Be|ne|fiz...[konzert *usw.*]
Be|ne|fi|zi|ant (Wohltäter)
Be|ne|fi|zi|ar (Begünstigter eines Benefizes)
Be|ne|fi|zi|at (Benefiziar)
be|neh|men; sich ~; du benimmst, benahmst, benähmest; benommen
Be|neh|men, das
be|nei|den
be|nei|dens|wert
Be|ne|lux[|staa|ten] (Belgien, Niederlande, Luxemburg)
Be|neš, Edvard (tschechoslowak. Politiker 1884-1948)
be|net|zen; du benetzt *§ 7 (1)*
Ben|ga|le (Angehöriger eines indischen Volks)
Ben|ga|len (Region in Indien)
ben|ga|li; auf ~
Ben|ga|li, das (ind. Sprache); auf bengali sprechen
ben|ga|lisch; bengalisches Feuer; auf ~
Ben|ga|lisch, das (Sprache); auf bengalisch sprechen
Ben|ga|li|sche, das (Sprache)
Ben|ga|si (Stadt in Libyen)
Ben|gel
Ben Gu|ri|on, David (israel. Politiker 1886-1973)
Be|nimm, der
Be|nin (Staat in Afrika)
Be|ni|ner
be|ni|nisch
Ben|ja|min (bibl. Gestalt; Jüngster)
Ben|ja|min, Walter (dt. Schriftsteller 1892-1940)
Benn, Gottfried (dt. Dichter 1886-1956)
Ben|no (Heiliger †1106)
be|nom|men
be|no|ten
be|nö|ti|gen
Ben|ra|ther Li|nie (Lautverschiebungsgrenze)
be|num|mern
be|nut|zen; du benutzt *§ 7 (1)*
be|nüt|zen; du benützt *§ 7 (1)*
Benz, Carl (dt. Ingenieur 1844-1929)
Ben|zin, das
Ben|zi|ner
Ben|zoe, die (Harz)
Ben|zol, das (Kohlenwasserstoff)
Benz[o]|py|ren, das (Kohlenwasserstoff)
Ben|zyl, das (Molekülgruppe)
Beo, der (Vogel)
be|ob|ach|ten
Beo|grad (= Belgrad)
Beo|wulf (Titelheld e. altengl. Epos)
be|quem
be|que|men, sich
Be|rapp, der (Rauhputz)
be|rap|pen (1. mit Berapp versehen; 2. bezahlen)
be|ra|ten; du berätst, berietst
be|rat|schla|gen
be|rau|schen
Ber|ber (1. Angehöriger eines Berbervolkes; 2. Teppich; 3. Nichtseßhafter)
ber|be|risch
Ber|be|rit|ze, die (Strauch)
Ber|ceu|se, die (Wiegenlied)
be|re|chen|bar
be|rech|nend
be|rech|ti|gen
be|rech|tigt; der Berechtigte
be|rech|tig|ter|wei|se
be|red|sam
be|redt
Be|redt|heit
Be|reich, der; *selten* das ~
be|rei|chern; sich ~
be|rei|fen
be|rei|ni|gen
be|reit; *als Verbzusatz a. zusammengeschrieben*: bereit◡halten *usw.*
be|rei|ten
be|reit◡fin|den, sich; *vgl.* bereit
be|reit◡hal|ten; sich ~; *vgl.* bereit
be|reits
Be|reit|schaft
Be|reit|schafts...[dienst *usw.*]
be|reit|wil|lig
be|ren|ten
be|reu|en
Berg; zu Berge stehen
Berg, Alban (österr. Komponist 1885-1935)
Berg...[bahn *usw.*]
berg|ab; ~ gehen
berg|ab|wärts; ~ gehen
Ber|ga|mo (Provinz u. Stadt in Italien)
Ber|ga|mot|te, die (Pomeranzenart)
Ber|ga|mott|öl
berg|an; ~ gehen
berg|auf; ~ gehen
berg|auf|wärts; ~ gehen
ber|gen; du birgst, birg!, bargst, bärgest, geborgen
Ber|gen (Stadt in Norwegen)
Ber|gen|gruen, Werner (dt. Schriftsteller 1892-1964)
Berg|fex
Berg|fried, der (Turm)

ber|gig
ber|gisch; das Bergische Land *§ 15 (7)*
Berg|kri|stall, der (Mineral)
Berg|ler
Berg|man, Ingmar (schwed. Regisseur *1918); Ingrid ~ (schwed. Schauspielerin 1915-1982)
berg|män|nisch
Berg|ner, Elisabeth (österr. Schauspielerin 1897-1986)
berg|schüs|sig
berg|seits
Berg|son, Henri (frz. Philosoph 1859-1941)
berg|stei|gen; du gehst ~
Berg-und-Tal-Bahn *§ 13 (3)*
Ber|gungs...[schiff *usw.*]
Be|ri|be|ri, die (Vitamin-B_1-Mangel-Krankheit)
Be|richt
be|rich|ten
Be|richt|er|stat|ter
be|rich|ti|gen
Be|richts...[jahr *usw.*]
be|rie|seln
Be|rie|se|lungs|an|la|ge
Be|ri|ja, Lawrentij (sowjet. Politiker 1899-1953)
be|rin|gen
Be|ritt, der (Bezirk, Abteilung)
be|rit|ten
Ber|ke|li|um; *chem. Zeichen* Bk
Berke|ley (Stadt in USA)
Berke|ley, George (engl. Philosoph 1685-1753)
Ber|li|chin|gen, Götz von (dt. Ritter 1480-1562)
Ber|lin (Hauptstadt v. Deutschland)
Ber|li|na|le, die (Filmfest)
Ber|li|ner (1. Einwohner von Berlin; 2. Gebäck); ~ Bär *usw.*
ber|li|ne|risch
ber|li|nern
ber|li|nisch
Ber|lioz, Hector (frz. Komponist 1803-1869)
Ber|litz|schu|le (Sprachschule)
Ber|locke, die (Schmuck) [k|k]
Ber|me (Teil eines Deichs)
Ber|mu|da|drei|eck (Seegebiet, in dem Schiffe verschwinden)
Ber|mu|da|in|seln
Ber|mu|das (*Pl.*) (*a. kurz f.* Bermudashorts)
Ber|mu|da|shorts (*Pl.*)
Bern (Hauptstadt der Schweiz)
Ber|na|dette (Heilige)
Bern|biet (Kanton Bern)
Ber|ner; Berner Oberland
Bern|hard [von Clairvaux] (Abt 1091-1153)
Bern|hard, Thomas (österr. Schriftsteller 1931-1989)
Bern|har|di|ner (Hunderasse)
Bern|hardt, Sarah (frz. Schauspielerin 1844-1923)
Ber|ni|na (Alpengebirgszug)
Ber|ni|ni, Gian Lorenzo (ital. Bildhauer 1598-1680)
ber|nisch (*zu* Bern)
Ber|noul|li (schweiz. Gelehrtenfamilie); Bernoullische Gleichungen *§ 15 (7), Anm. 2, § 25 (1), Anm. 6*
Bern|stein
Bern|stein, Eduard (dt. Politiker 1850-1932); Leonard ~ (amerik. Musiker 1918-1990)
bern|stei|ne[r]n (aus Bernstein)
Bern|ward (Heiliger ~960-1022)
Be|ro|li|na (Berlin)
Ber|ry, Chuck (amerik. Musiker *1931); Walter ~ (österr. Sänger *1929)
Ber|sa|glie|re (ital. Panzergrenadier); *Pl.* Bersaglieri
Ber|ser|ker (wilder Kämpfer)
ber|ser|ker|haft
ber|sten; du/er birst, birst!, barst, bärste, geborsten
Berst|schutz
Ber|tels|mann A. G. (Medienkonzern)
Ber|to|luc|ci, Bernardo (ital. Regisseur *1941)
Bert|ram, der (Heilpflanze)
be|rüch|tigt
be|rücken [k|k]
be|rückend [k|k]
be|rück|sich|ti|gen
Be|ruf
be|ru|fen
Be|rufs...[schule *usw.*]
be|ru|hen; etwas auf sich ~ lassen
be|ru|hi|gen
Be|ru|hi|gungs...[mittel *usw.*]
be|rühmt
be|rühmt-be|rüch|tigt *§ 13 (5)*
be|rüh|ren
be|ru|ßen; du berußt *§ 7 (1)*
Be|ryll, der (Mineral)
Be|ryl|li|um; *chem. Zeichen* Be
Ber|ze|li|us, Jöns Jacob (schwed. Chemiker 1779-1848)
be|sa|gen; das besagt nicht viel
be|sagt (erwähnt)
be|sai|ten; zart◡besaitet
be|sa|men
Be|san, der (Segel)
be|sänf|ti|gen
Be|san|mast
Be|satz
Be|sat|zer
Be|sat|zungs...[zone *usw.*]
be|sau|fen, sich
Be|säuf|nis, das
be|schä|di|gen
be|schäf|ti|gen; sich ~
Be|schäf|tig|te, der
be|schä|len (begatten)
Be|schä|ler
be|schal|len
be|schä|men
be|schä|mend
be|schat|ten
be|schau|lich
Be|scheid, der; ~ geben, ~ sagen, ~ tun, ~ wissen
be|schei|den (*Adjektiv*)
be|schei|den; sich ~
be|schei|dent|lich
be|schei|ni|gen
be|schei|ßen; du bescheißt *§ 7 (1)*
be|sche|ren
be|scheu|ert (dumm)
be|schich|ten
be|schil|dern
be|schir|men
Be|schiß, der

be|schis|sen
Be|schlag, der; in ~ nehmen, mit ~ belegen
Be|schlag|nah|me
be|schlag|nah|men
be|schleu|ni|gen
be|schlie|ßen; du beschließt *§ 7 (1)*, beschlossest, beschlössest; beschlossen
Be|schluß
be|schmut|zen; du beschmutzt *§ 7 (1)*
be|schnei|den; beschnitten
be|schnei|en; beschneit
be|schö|ni|gen
be|schrän|ken
be|schrankt
be|schränkt (*a.* dumm)
be|schrif|ten
be|schu|hen; beschuht
be|schul|di|gen
Be|schul|dig|te, der
be|schu|len
Be|schuß
Be|schwer, die
Be|schwer|de; ~ führen
be|schwer|de|füh|rend; *a.* gegen etw. Beschwerde führend; der Beschwerdeführende *§ 11 (4)*
Be|schwer|de|füh|rer
be|schwe|ren; sich ~
be|schwer|lich
Be|schwer|nis, die
be|schwich|ti|gen
be|schwin|gen; beschwingt
be|schwipst
be|see|len; beseelt
be|sei|ti|gen
be|se|li|gen; beseligt
Be|sen
Be|sen...[stiel *usw.*]
be|sen|rein
be|ses|sen; der Besessene
be|set|zen; du besetzt *§ 7 (1)*
be|sich|ti|gen
be|sie|deln
be|sie|geln
be|sie|gen
be|sin|nen, sich
be|sinn|lich
Be|sitz; ~ ergreifen; *vgl.* besitzergreifend
Be|sitz...[denken *usw.*]
be|sitz|an|zei|gend (*sprachwiss.*); *aber* den Besitz anzeigend *§ 11 (4), (6)*
be|sit|zen; du besitz[es]t, besaßest, besäßest; besessen
Be|sit|zer
be|sitz|er|grei|fend; *aber* von etwas Besitz ergreifend *§ 11 (4), (6)*
Be|sitz|tum
Be|sit|zung
be|sof|fen (*zu* s. besaufen)
be|soh|len
be|sol|den
be|son|de|re; im besonderen (besonders) *§ 15 (66)*, insbesondere; das Besondere, etwas Besonderes, nichts Besonderes
Be|son|der|heit
be|son|ders
be|son|nen
be|sonnt (*zu* Sonne)
be|sor|gen
Be|sorg|nis; ~ erregen; *s. aber* besorgniserregend *§ 11 (4)*
be|sorg|nis|er|re|gend; *prädikativ und bei Steigerung zusammengeschrieben*: der Zustand war besorgniserregend; ein sehr besorgniserregender Zustand; das Besorgniserregendste; *aber* [große] Besorgnis erregend *§ 11 (4)*
be|sorgt
be|spit|zeln
Bes|sa|ra|bi|en
Bes|sel, Friedrich Wilhelm (dt. Astronom 1784-1846)
Bes|se|mer|bir|ne (Konverter)
Bes|se|mer|ver|fah|ren (Stahlgewinnung)
bes|ser; bessere (*synkopiert* beßre *usw.*), beste; es ist das bessere/Bessere (es ist besser), es ist das beste/Beste (am besten) *§ 15 (6)*; etwas Besseres finden, das Bessere ist der Feind des Guten, die Wendung zum Besseren, eines Besseren belehren
bes|ser◡ge|hen *§ 10*
bes|ser◡ge|stellt; die Bessergestellten *§ 11 (4)*
bes|sern
bes|ser◡stel|len; die Bessergestellten
Bes|se|rung; gute Besserung!
bes|ser◡ver|die|nend; die Besserverdienenden *§ 11 (4)*
Best...[leistung *usw.*]
be|stal|len (zu etw. ernennen)
Be|stand
be|stän|dig
be|stär|ken
be|stä|ti|gen
be|stat|ten
Be|stat|tungs...[unternehmen *usw.*]
be|stäu|ben
best|be|zahlt; *vgl.* beste
Best|bie|ter
be|ste; *Kleinschreibung in festen Verbindungen, wenn nicht wirklich von einem Besten die Rede ist*: am besten, auf das beste, es gerät aufs beste (sehr gut; *aber* er achtet auf das Beste), für das beste/Beste halten (für sehr gut halten), es steht nicht zum besten, es ist das beste/Beste (am besten), etwas zum besten/Besten geben; der erste beste, der nächste beste *§ 15 (6)*; bestenfalls; er ist der Beste (Primus o. ä.), er wurde Bester, *vgl.* achte; das Beste daraus machen; das Beste, was es gibt; zu deinem eigenen Besten; das Beste vom Besten; bestbezahlt *usw.*
be|ste|chen; du bestichst, bestachst, bestächest; bestochen
be|stech|lich
Be|steck; *Pl.* Bestecke
be|ste|hen; du bestehst, bestandest, beständest, bestündest; bestanden
Be|ste|hen, das; seit ~
be|ste|hen◡blei|ben *§ 10*

be|ste|hen◡las|sen *§ 10*
be|stel|len
Be|stelli|ste [ll|l] *§ 7 (1), § 28*
be|sten|falls
be|stens
be|sternt
be|steu|ern
be|sti|a|lisch
Be|sti|a|li|tät
Be|sti|a|ri|um; *Pl.* Bestiarien
Be|stie
be|stim|men
be|stimmt; etwas Bestimmtes, nichts Bestimmtes
be|stim|mungs|ge|mäß
best|in|for|miert; *vgl.* beste
be|stirnt (mit Sternen bedeckt)
best|mög|lich; *vgl.* beste
Be|stre|ben, das
be|strebt
be|stricken (*a.* bezaubern) [k|k]
be|strickend [k|k]
Best|sel|ler; *Pl.* die ~
be|stücken [k|k]
be|stuh|len
be|stür|men
be|stür|zend
be|stürzt
be|stußt
Best|wert
Be|such
be|su|chen
Be|su|cher...[strom *usw.*]
Be|suchs...[zeit *usw.*]
be|su|deln
Be|ta (der griech. Buchstabe β, B)
Be|ta|blocker, β-Blocker *§ 13 (2)* (Medikament) [k|k]
be|tagt
Be|ta|strah|len, β-Strahlen *§ 13 (2)* (Elektronenstrahlen)
be|tä|ti|gen
Be|ta|tron, das (Elektronenbeschleuniger)
be|tat|schen
be|täu|ben
Be|täu|bungs|mit|tel
Be|te, die (Rübe); rote ~ *§ 15 (8)*
Be|tei|geu|ze (Stern)
be|tei|li|gen; sich ~
Be|tei|lig|te, der
Be|tel, der (Droge)
Be|tel|nuß (Betel)
be|ten
be|teu|ern
Be|the, Hans Albrecht (dt.-amerik. Physiker *1906)
Be|thel (Anstalt in Bielefeld)
Beth|le|hem (Stadt in Israel)
Beth|mann Holl|weg, Theobald von (dt. Reichskanzler 1856-1921)
Be|ti|se, die (Dummheit)
be|ti|teln
Be|ton, der
Be|ton...[bau *usw.*]
be|to|nen (hervorheben)
be|to|nie|ren (*zu* Beton)
be|tö|ren
betr. (*Abk. v.* betreffend)
Betr. (*Abk. v.* Betreff)
Be|tracht, der; in ~ kommen, außer ~ bleiben
be|trach|ten
be|trächt|lich; um ein beträchtliches/Beträchtliches (sehr viel) *§ 15 (6)*
Be|trag
be|tra|gen; sich ~
Be|tra|gen, das
be|trau|en; betraut sein
Be|treff; *Abk.* Betr.; in betreff *oder* in Betreff
be|tref|fen
be|tref|fend; der Betreffende
be|treffs (*Präposition*)
be|trei|ben; du betreibst, betriebst, betriebest; betrieben
Be|trei|ben, das; auf ~
be|treßt (mit Tressen versehen)
be|tre|ten (*Adjektiv*) (verlegen)
be|tre|ten; du betrittst, betratest, beträtest; Betreten verboten
be|treu|en
Be|trieb; in ~ sein
be|trieb|lich
be|trieb|sam
be|trin|ken, sich; du betrinkst, betrankst, betränkest dich; betrunken
be|trof|fen; der Betroffene
be|trü|ben
be|trüb|lich
Be|trüb|nis, die
Be|trug
be|trü|gen; du betrügst, betrogst, betrögest; betrogen
be|trü|ge|risch
be|trun|ken; der Betrunkene
Bett; zu ~ gehen
Bet|tag; Buß- und Bettag *§ 13 (1)*
Bet|tel, der (Minderwertiges)
Bet|te|lei
bet|teln
bet|ten; sich ~
bett|lä|ge|rig
Bett|ler
Bett|ler|zin|ken, der (Geheimzeichen)
Bett|ru|he (*zu* Ruhe)
Bett|stel|le
Bett|tru|he (*zu* Truhe) *§ 7 (1)*
Bettuch (Bettlaken) [tt|t] *§ 7 (1), § 28*
Bet|tuch (Gebetsmantel)
be|tucht (reich)
be|tu|lich
be|tü|tern; betütert (leicht betrunken)
Beu|che, die (Bleichlauge)
Beu|ge, die (Biegung [beim Turnen])
Beu|ge|haft
Beu|gel, das (Hörnchen)
beu|gen
Beu|ger (Beugemuskel)
Beu|le
beu|len; sich ~
be|un|ru|hi|gen
be|ur|kun|den
be|ur|lau|ben
Beu|ron (dt. Wallfahrtsort); Kloster ~
Beu|schel, das (Innereien); Wiener ~
beut, beutst (*alt f.* bietet, bietest)
Beu|te[1], die (das Erbeutete)
Beu|te[2], die (Bienenstock)
Beu|te...[gut *usw.*, *zu* Beute[1]]
Beu|tel

beu|teln
Beu|tel...[tier *usw.*]
beu|ten; Bienen ~ (*zu* Beute[2])
Beut|ler (Beuteltier)
Beut|ner (Imker)
Beut|ne|rei (Imkerei)
Beuys, Joseph (dt. Künstler 1921-1986)
be|völ|kern
Be|völ|ke|rung
be|voll|mäch|ti|gen
Be|voll|mäch|tig|te, der
be|vor
be|vor|mun|den
be|vor|ra|ten
be|vor|rech|ten
be|vor|rech|ti|gen
be|vor|schus|sen; du bevorschußt *§ 7 (1)*
be|vor|ste|hen
be|vor|zu|gen
be|wa|chen
be|waff|nen
be|wah|ren; Gott bewahre! *oder* gottbewahre! (*Interj.*)
be|wäh|ren; sich ~
be|wahr|hei|ten; sich ~
be|währt
be|wal|den, bewaldet
be|wald|rech|ten
be|wäl|ti|gen
be|wan|dert
be|wandt
Be|wandt|nis, die
be|wäs|sern
be|we|gen; bewog (*nur* veranlaßte), bewöge, bewegt, bewogen (*nur* veranlaßt)
Be|weg|grund
be|weg|lich
be|wegt
be|wei|ben, sich; beweibt
be|weih|räu|chern
Be|wei|nung; die ~ Christi
Be|weis; unter ~ stellen
Be|weis...[stück *usw.*]
be|wei|sen; du beweist *§ 7 (1)*, bewiesest, bewiesen
Be|wen|den, das; sein ~ haben
Be|werb, der
be|wer|ben; sich ~
be|werk|stel|li|gen
be|wer|ten
be|wet|tern (belüften)
be|wil|li|gen
be|will|komm|nen
be|wir|ten
be|wirt|schaf|ten
Be|woh|ner
be|wöl|ken, sich
Be|wuchs, der
be|wun|dern
be|wun|derns|wert
be|wun|derns|wür|dig
be|wun|de|rungs|wür|dig
Be|wurf
be|wußt
be|wußt|los
be|wußt‿ma|chen *§ 10*
Be|wußt|sein
Be|wußt|seins...[spaltung *usw.*]
Bey; *s. a.* Beg, Bei (*türk. Titel*)
bez. (*Abk. v.* bezahlt, bezüglich)
be|zäh|men
be|zau|bernd
be|zecht (betrunken)
be|zeich|nen
be|zeich|nend
be|zeich|nen|der|wei|se
be|zei|gen
be|zeu|gen
be|zich|ti|gen (*mit Gen.*)
be|zie|hen; sich ~
be|zie|hent|lich
be|zie|hungs|wei|se; *Abk.* bzw.
be|zif|fern
Be|zirk, der
Be|zirks...[amt *usw.*]
be|zir|zen; du bezirzt *§ 7 (1)*; *a.* becircen
Be|zo|ar, der (Magenstein)
Be|zo|ge|ne, der (Zahlungspflichtiger)
be|zopft
Be|zug; in bezug *oder* Bezug auf; mit Bezug auf; Bezug nehmen
be|züg|lich
Be|zug|nah|me
Be|zugs...[system *usw.*]
be|zu|schus|sen; du bezuschußt *§ 7 (1)*
be|zwecken [k|k]
be|zwin|gen; du bezwingst, bezwangst, bezwängest; bezwungen
Bf. (*Abk. v.* Bahnhof, Brief)
BfA (*Abk. v.* Bundesversicherungsanstalt für Angestellte) *§ 17 (2) Anm. 1*
bfn. (*Abk. v.* brutto für netto)
bfr (*Abk. v.* belgische Franc)
BGB (*Abk. v.* Bürgerliches Gesetzbuch) *§ 17 (2) Anm. 1*
BGBl (*Abk. v.* Bundesgesetzblatt) *§ 17 (2) Anm. 2*
BGH (*Abk. v.* Bundesgerichtshof) *§ 17 (2) Anm. 1*
BGS (*Abk. v.* Bundesgrenzschutz) *§ 17 (2) Anm. 1*
BH (*Abk. v.* Büstenhalter) *§ 17 (2) Anm. 1*
Bha|ga|vad|gita, die (altind. Dichtung)
Bhag|wan, der (ind. Ehrentitel)
Bha|rat (Indien)
Bhf. (*Abk. v.* Bahnhof)
Bhu|mi|bol (König v. Thailand *1927)
Bhu|tan (Staat im Himalaya)
Bhu|ta|ner
bhu|ta|nisch
Bhut|to, Benazir (pakistan. Politikerin *1953); Zulfikar Ali ~ (pakistan. Politiker 1928-1979)
bi (*kurz f.* bisexuell); ~ sein
Bi (*chem. Zeichen f.* Wismut)
bi.../Bi... (*lat.* zweifach)
Bi|a|fra (Region in Nigeria)
Bi|ar|ritz (Stadt in Frankreich)
Bi|ath|let (Biathlonteilnehmer)
Bi|ath|lon, der (Wettkampf im Langlauf u. Schießen)
bib|bern
Bi|bel
Bi|bel...[spruch usw.]
bi|bel|fest
Bi|bel|le|se, die
Bi|ber (1. Nagetier; 2. Flanellstoff)
Bi|ber|bettuch [tt|t] *§ 7 (1)*, *§ 28*
Bi|ber|geil, das (Sekret)
Bi|ber|nel|le (= Pimpernell)
Bi|blio|graph

Bi|blio|gra|phie (Literaturverzeichnis)
bi|blio|gra|phie|ren
bi|blio|gra|phisch
Bi|blio|ma|ne, der (Büchernarr)
Bi|blio|ma|nie
bi|blio|phil; der Bibliophile
Bi|blio|phi|lie (Bücherliebe)
Bi|blio|thek (Bücherei)
Bi|blio|the|kar
bi|blio|the|ka|risch
bi|blisch
Bi|bli|zis|mus (strenger Bibelglaube)
Bick|bee|re (Heidelbeere)
bi|derb (bieder)
Bi|det, das (Sitzwaschbecken)
Bie|den|kopf, Kurt (dt. Politiker *1930)
bie|der
Bie|der|mann
Bie|der|mei|er, das (Stil)
bie|der|mei|er|lich
Bie|der|sinn
Bie|ge, die
bie|gen; du biegst, bogst, bögest, gebogen
bieg|sam
Bie|le|feld (Stadt)
Bie|ler See (See in der Schweiz)
Bien, der (Bienenvolk)
Bien|chen
Bie|ne
Bie|nek, Horst (dt. Schriftsteller 1930-1990)
Bie|nen...[schwarm *usw.*]
Bie|nen|stich (*a.* Kuchen)
Bi|en|na|le, die (Zweijahresschau)
Bier
Bier, August (dt. Chirurg 1861-1949)
Bier...[keller *usw.*]
Bier|baum, Otto Julius (dt. Schriftsteller 1865-1910)
Bier|mann, Wolf (dt. Dichter *1936)
Bier|sei|del, das (Bierkrug)
Bie|se, die (Ziernaht)
Bies|flie|ge (Dasselfliege)
Biest
Bie|ste|rei
bie|stig
Biest|milch (Erstmilch, Kolostrum)
bie|ten; du bietest, bot[e]st, bötest, geboten
Bie|ter
Bi|fo|kal|bril|le (Zweistärkenbrille)
Bi|ga, die (röm. Zweispänner)
Bi|ga|mie (Doppelehe)
Bi|ga|mist
bi|ga|mi|stisch
Bigband, Big Band, die (große Musikgruppe)
Big bang (*astron.* Urknall)
Big Ben (Glocke und Turm in London)
bi|gott (frömmelnd)
Bi|got|te|rie (Frömmelei)
Bi|har (ind. Bundesstaat)
Bi|ha|ri, der
Bi|jou, das (Schmuckstück)
Bi|jou|te|rie
Bi|jou|tier
Bi|kar|bo|nat
Bike (Fahrrad)
Bi|ki|ni (Atoll im Pazifik); der ~ (zweiteil. Badeanzug)
bi|kon|kav (beidseitig hohl)
bi|kon|vex (beidseitig gewölbt)
bi|la|bi|al (beidlippig)
Bi|la|bi|al[|laut], der
Bi|lanz (Abschlußrechnung)
bi|lan|zie|ren
bi|la|te|ral (zweiseitig)
Bil|bao (Stadt in Spanien)
Bilch, der (Nagetier, Schläfer)
Bild
Bild...[band *usw.*]
bil|den
bildend; die bildenden *oder* Bildenden Künste *§ 15 (8)*
bild|haft
Bild|hau|er
Bild|hau|e|rei
bild|hau|ern
bild|lich
Bild|ner
bild|ne|risch
Bild|nis
bild|sam
Bild|schirm
Bild|schirm|text; *Abk.* Btx
Bild-Ton-Ka|me|ra *§ 13 (2)*
Bil|dung
Bil|dungs...[chance *usw.*]
Bil|ge, die (Kielraum)
Bil|ge|was|ser
Bil|har|zi|o|se (Wurmkrankheit)
bi|lin|gu|al (zweisprachig)
Bi|lin|gu|a|lis|mus
Bi|lin|gue, die (zweisprachiger Text)
Bi|lin|gu|is|mus
Bi|li|ru|bin, das (Gallenfarbstoff)
Bi|li|ver|din, das (Gallenfarbstoff)
Bil|lard (Spiel)
bil|lar|die|ren
Bill|ber|gia, Bill|ber|gie (Zierpflanze); *Pl.* ...ber|gi|en
Bil|let|doux, das (Liebesbrief)
Bil|le|teur (Platzanweiser)
Bil|le|teu|se (Platzanweiserin)
Bil|lett, das (Eintritts- oder Fahrkarte)
Bil|li|ar|de (10^{15})
bil|li|ard|stel; ein ~ Gramm; das Billiardstel (der billiardste Teil); *vgl.* achtel, Achtel
bil|lig
bil|lig◡den|kend *§ 11 (4)*
bil|li|gen
bil|li|ger|ma|ßen
bil|li|ger|wei|se
Bil|li|on (10^{12}); *Pl.* Bil|li|o|nen
bil|li|on|[s]tel; ein ~ Gramm; das Billion[s]tel (der billion[s]te Teil); *vgl.* achtel, Achtel
Bil|lon, der/das (Silberlegierung)
Bim|bam, das (Glockenläuten); heiliger Bimbam!
Bim|bo, der (*Schimpfw.*)
Bi|me|ster, das (zwei Monate)
Bi|me|tall (Verbindung aus zwei Metallen)
Bim|mel, die (Glocke, Klingel)
bim|meln
Bims (= Bimsstein)
bim|sen; du bimst *§ 7 (1)*

Bims|stein (Schaumstein)
bi|när (zweigliedrig, dual)
Bin|de
Bin|de...[gewebe *usw.*]
bin|den; du bindest, bandest, bändest, gebunden
Bin|der
bin|dig
Bin|ge, die (Erdeinsturz über alten Gruben); *s. a.* Pinge
Bin|go, das (Glücksspiel)
bin|nen
Bin|okel, das (Brille, Doppelokular)
bin|oku|lar
Bi|nom, das (zweigliedriger mathem. Ausdruck)
bi|no|mi|al
bi|no|misch
Bin|se, die
Bin|sen|wahr|heit
Bin|sen|weis|heit
bio.../Bio... (Lebens...)
Bio...[laden *usw.*]
bio|ak|tiv
Bio|che|mie (Chemie des Stoffwechsels)
Bio|che|mi|ker
bio|che|misch
bio|dy|na|misch (ohne Kunstdünger usw.)
Bio|en|er|ge|tik (psychol. Körpertherapie)
Bio|ge|ne|se (Entstehung des Lebens)
bio|ge|ne|tisch; das biogenetische Grundgesetz
Bio|graf; *a.* Biograph
Bio|gra|fie (Lebensbeschreibung); *a.* Biographie
bio|gra|fisch; *a.* biographisch
Bio|graph; *a.* Biograf
Bio|gra|phie; *a.* Biografie
bio|gra|phisch; *a.* biografisch
Bio|ka|ta|ly|sa|tor (Enzym)
Bio|lo|ge
Bio|lo|gie
bio|lo|gisch-dy|na|misch (alternative Landwirtschaft) *§ 13 (5)*
Bio|ly|se (Zersetzung durch Organismen)
bio|ly|tisch
Bi|o|nik (naturorientierte Technik)
bi|o|nisch
Bio|phy|sik
Bi|op|sie (Untersuchung von Gewebe des lebenden Organismus)
Bio|rhyth|mus (Rhythmus in lebenden Organismen)
Bi|os, der (Lebenswelt)
Bio|sphä|re (belebte Schicht)
bi|o|tisch (auf das Leben bezogen)
Bio|top, der/das (Lebensraum)
Bio|zö|no|se (gemeinsamer Lebensraum)
bio|zö|no|tisch
bi|po|lar (zweipolig)
Bi|po|la|ri|tät
Bir|cher|müs|li
Bir|die, das (Golfschlag)
Bi|re|me, die (antikes Schiff mit zwei Ruderreihen)
Bi|rett, das (Priesterhut)
Bir|ke
bir|ken (aus Birkenholz)
Bir|ken...[holz *usw.*]
Birk|hahn
Birk|huhn
Bir|ma (Staat in Asien); *s. a.* Burma, Myanmar
Bir|ma|ne
bir|ma|nisch
Bir|ming|ham (Stadt in England)
Birn|baum
Bir|ne
bir|nen|för|mig
Bi|ru|ni (al-Biruni; islam. Gelehrter 973-~1050)
bis (*Konjunktion*, *Präposition*); bis heute, zwei- bis dreimal; 2 bis 3; *a.* 2 ~ 3; *aber* von 2 bis 3
Bi|sam, der (Pelz d. Bisamratte)
Bi|sam|rat|te (Pelztier)
Bis|ca|ya, die (Atlantikbucht); *a.* Biskaya
Bisch|kek (Hauptstadt v. Kirgistan)
Bi|schof
bi|schöf|lich
Bi|schofs...[mütze *usw.*]
Bi|se, die (Alpenwind)
Bi|se|xu|a|li|tät
bi|se|xu|ell (zweigeschlechtig)
bis|her
bis|he|rig
Bis|ka|ya, die (Atlantikbucht); *a.* Biscaya
Bis|kot|te, die (Biskuit)
Bis|kuit, das/der (Gebäck)
Bis|kuit|por|zel|lan
Bis|kuit|teig
bis|lang
Bis|marck, Otto von (dt. Reichskanzler 1815-1898)
Bis|marck|he|ring
bis|mar|ckisch, bis|marcksch; bismarck[i]sche Politik (Politik nach Art Bismarcks); Bismarck[i]sche Politik (Bismarcks P.) *§ 15 (7)*
bis|mil|lah (im Namen Gottes); die Bismillah (Anrufung Allahs)
Bis|mut, Bis|mu|tum (Wismut); *chem. Zeichen* Bi
Bi|son, der (amerik. Wildrind)
Biß, der
Bis|sau (Hauptstadt v. Guinea-Bissau)
biß|chen; ein ~ (wenig)
bis|sel (= bißchen)
Bis|sen, der
bis|serl (= bißchen)
biß|fest
bis|sig
bi|sta|bil (mit zwei stabilen Zuständen)
Bi|sten, das (Vogelruf)
Bi|ster, der/das (Farbe)
Bi|stro, das (kleines Lokal)
Bis|tum, das
bis|wei|len
Bit, das (*kurz f.* binary digit)
Bi|thy|ni|en (antike Landschaft in Kleinasien)
Bi|thy|ni|er
bi|thy|nisch
Bitt...[brief *usw.*]
bit|te; bitte schön/bitteschön
Bit|te, die

bit|ten; du bittest, batest, bätest, gebeten
bit|ter
bit|ter|bö|se
bit|ter|ernst
bit|ter|kalt
bit|ter|lich
Bit|ter|ling (Fisch)
Bit|ter|man|del|öl
Bit|ter|nis, die
Bit|ter|salz (Mineral)
bit|ter|süß; der Bittersüße Nachtschatten (Pflanze)
Bit|ter|was|ser (Heilquelle)
Bitt|stel|ler
Bi|tu|men, das (Erdölprodukt)
bi|tu|mig
bi|tu|mi|nie|ren
bi|tu|mi|nös
bit|zeln (prickeln)
bi|va|lent (zweiwertig)
Bi|va|lenz
Bi|wak, das (Behelfslager)
bi|wa|kie|ren
bi|zarr (seltsam)
Bi|zar|re|rie
Bi|zeps, der (Oberarmbeuger)
Bi|zet, Georges (frz. Komponist 1838-1875)
Bk (*chem. Zeichen f.* Berkelium)
Bl. (*Abk. v.* Blatt)
Bla|bla, das
Bla|che, die (Blachfeld)
Bla|cher, Boris (dt. Komponist 1903-1975)
Blach|feld (Ebene)
Black box, die (nicht direkt einsehbarer Systemteil) *§ 15 (3)*
Black|out, der (Ausfall)
blaf|fen (bellen)
Bla|ge, die (unartiges Kind)
Bla|he, die (Tuch)
blä|hen; sich ~
Blair, Anthony (Tony ~, engl. Politiker *1953)
Blake, William (engl. Dichter u. Maler 1599-1657)
bla|ken (rußen)
Bla|ker, der (Wandleuchter)
Bla|key, Art (amerik. Musiker 1919-1990)
bla|ma|bel; bla|ma|ble Reden
Bla|ma|ge, die (Bloßstellung)
bla|mie|ren; sich ~ (s. bloßstellen)
blan|chie|ren (überbrühen)
bland (*med.* mild)
blank; der blanke Hans (Nordsee)
Blan|kett, das (Formular)
blan|ko (nicht [ganz] ausgefüllt)
Blan|ko...[scheck *usw.*]
Blank|vers, der (reimloser fünffüßiger Jambus)
blank◡zie|hen
Bläs|chen
Blas|co Ibá|ñez, Vicente (span. Schriftsteller 1869-1928)
Bla|se
Bla|se|balg
bla|sen; du bläst *§ 7 (1)*, bliesest, er blies, geblasen
Bla|sen...[krebs *usw.*]
bla|sen|zie|hend; *aber* [große] Blasen ziehend *§ 11 (4)*
Blä|ser
bla|siert (überheblich)
bla|sig
Bla|si|us (Heiliger † 316[?])
Bla|son, der (Wappenschild)
bla|so|nie|ren
Blas|phe|mie (Gotteslästerung)
blas|phe|misch (lästerlich)
blaß; blasser, blässer, blasseste, blässeste
blaß|blau
Bläs|se (Blaßheit); *s. aber* Blesse
Bläß|huhn; *a.* Bleßhuhn
bläß|lich
bla|sto.../Bla|sto... (auf den Keim bezogen)
Bla|stom, das (Geschwulst)
Bla|stu|la, die (Keimblase)
Blatt (*a.* Schulter v. Jagdwild)
Blatt...[gold *usw.*]
Blattang [tt|t] *§ 7 (1)*, *§ 28*
Blätt|chen
blat|ten; du blattest
blät|te|rig; *s. a.* blättrig
Blät|ter|ma|gen (Vormagen)
Blat|tern (*Pl.*) (Pocken); schwarze ~
blät|tern
Blät|ter|teig
Blatt|fe|der
Blatt|gold
blätt|rig; *s. a.* blätterig
Blatt|schuß
blau; der blaue Planet (Erde), blauer Dunst, blauer Montag, blauer Brief (Mahnbrief); Forelle blau, die blaue/Blaue Blume der Romantik; die Farbe Blau, ins Blaue (fahren *usw.*), ein Kleid in Blau; *Großschreibung bei Eigennamen und vielen klassifizierenden Ausdrücken § 15 (7), (8)*: das Blaue Band des Ozeans, der Blaue Nil, der Blaue Engel (Umweltzertifikat), der Blaue Reiter (Malergruppe), die Blaue Grotte, Blauer Eisenhut; *als Verbzusatz a. zusammengeschrieben § 10*: blau◡färben, blau◡machen (*a. übertragen*); blau◡gestreift; blaugrün *usw.* (Farbmischung); *aber* blau-grün *usw.* (Farbkombination) *§ 13 (5)*; *s. a.* Blau, Blaue
Blau, das; ein Kleid in ~
Blau...[licht *usw.*]
blau|äu|gig
Blau|bart (Märchengestalt)
blau|blü|tig (adelig)
Blaue, das; das Blaue vom Himmel herunterreden, die Fahrt ins Blaue
Bläue, die
blau|en; der Himmel blaut
bläu|en (blau färben)
Blau|fel|chen (Fisch)
blau|grau; *s.* blau
blau|grün; *s.* blau
Blau|helm (UN-Soldat)
bläu|lich
Blau|ling, Bläu|ling (Schmetterling)
blau◡ma|chen (*a.* nicht arbeiten); *s.* blau

Blau|mann (Arbeitsanzug)
blau|rot; *s.* blau
Bla|zer, der (Jacke)
Blech (*a. übertr.* Unsinn)
Blech...[dach *usw.*]
ble|chen; du blechst (zahlen)
ble|chern (aus Blech)
blecken [k|k]; du bleckst
Blei, das; *chem. Zeichen* Pb
Blei, der (Fisch)
Blei...[asche *usw.*]
Blei|be, die
blei|ben; bleibst, bliebst, bliebest, geblieben; *mit Positionsverben wie* hängen, kleben, liegen, sitzen, stehen *a. zusammengeschrieben, bes. um den Übergang in einen Zustand zu kennzeichnen*: hängen◡bleiben (plötzlich festhängen); *aber* hängen bleiben (weiterhin hängen) *§ 10 Anm.*
blei|bend
blei|ben◡las|sen *§ 10*
bleich
Bleich...[mittel *usw.*]
Blei|che, die
blei|chen; (*trans.*) er bleichte die Wäsche; gebleicht; (*intrans.*) das Rot blich; geblichen
Blei|chert, der (Wein)
Bleich|ge|sicht
Bleich|sucht
bleich|süch|tig
blei|ern (aus Blei, *a. übertr.*)
blei|frei; das Bleifrei (bleifreies Benzin)
Blei|gie|ßen, das
Blen|de, die (*a.* Mineralart)
blen|den
blen|dend
Blen|nor|rhö, Blen|norrhöe, die (Schleimhauterkrankung)
Bles|se (1. weißer Stirnfleck o. ä.; 2. Tier mit Blesse 1.); *s. aber* Blässe
Bleß|huhn; *a.* Bläßhuhn
bles|sie|ren (verwunden)
Bles|sur, die (Verwundung)
bleu; ein bleues Kleid, in Bleu
Bleu, das; ein Kleid in ~
Bleu|el, der (Wäscheklopfer)
bleu|en (schlagen)
Blick
blicken [k|k]; du blickst
blind; blinder Alarm, blinder (nichtzahlender) Passagier; blind◡fliegen *usw. § 10*
Blind|darm
Blind date, das (Verabredung mit Unbekannten)
Blin|de, der
Blin|de|kuh; ~ spielen
Blin|den...[schrift *usw.*]
blind◡flie|gen (im Blindflug fliegen) *§ 10*
Blind|flug (Flug ohne Sicht)
Blind|gän|ger (nichtexplodiertes Geschoß)
blind◡ge|bo|ren; der Blindgeborene; *a.* blind Geborene *§ 11 (4)*
blind|lings
Blind|schlei|che, die (Echse)
blind◡schrei|ben (ohne Hinsehen schreiben) *§ 10*
blind◡spie|len (Schach) *§ 10*
blind|wü|tig
blink; ~ und blank
Blink...[licht *usw.*]
blin|ken
Blin|ker
blin|kern
blin|zeln
blin|zen; du blinzt *§ 7 (1)*
Bli|ster, der (Klarsichtpackung)
Blitz
Blitz...[ableiter *usw.*]
blitz|blank
blit|zen; du blitzt *§ 7 (1)*
Blit|zer (*a.* Nacktläufer)
Blit|zes|schnel|le
blitz|ge|scheit
blitz|sau|ber
blitz|schnell
Bliz|zard, der (Schneesturm)
Bloch, der/das (Holzblock); *Pl.* Blöcher
Bloch, Ernst (dt. Philosoph 1880-1959)
blo|chen (bohnern); du blochst
Blo|cher (Bohner)
Block
Block...[flöte *usw.*]
Blocka|de (Absperrung) [k|k]
blocken [k|k]
Blocker [k|k]
blockie|ren [k|k]
Blocks|berg (sagenhafter Berg)
blöd, blö|de
Blö|del, der
Blö|de|lei
blö|deln
Blö|di|an
Blöd|mann
blö|ken
blond; *a. übertragen*: ein kühles Blondes (helles Bier)
Blond, das
blond◡ge|lockt *§ 11*
blon|die|ren
Blon|di|ne
blond|lockig [k|k]
bloß (1. nur; 2. nackt)
Blö|ße
bloß◡le|gen *§ 10*
bloß◡lie|gen *§ 10*
bloß◡stel|len *§ 10*
bloß◡stram|peln, sich *§ 10*
Blou|son, der (Jacke)
Blow-up, das (Vergrößerung)
blub|bern
Blü|cher, Gebhard Leberecht von (preuß. Feldherr 1742-1819); rangehen wie ~
Blue|jeans; *a.* Blue jeans (Hose); *Pl.* , *a. als Singular gebraucht*
Blues, der (Gesangsform)
Bluff, der (Täuschung)
bluf|fen; du bluffst
blü|hen
Blüm|chen
Blu|me
Blu|men...[beet *usw.*]
Blu|men|berg, Hans (dt. Philosoph 1920-1996)
blü|me|rant (unwohl)
blu|mig
Blüm|lein
Blüs|chen
Blu|se
Blü|se, die (Leuchtfeuer)
Blut

Blut...[ader *usw.*]
blut|bil|dend; *aber* [neues] Blut bildend *§ 11 (4)*
blut|druck|sen|kend; *aber* den Blutdruck senkend *§ 11 (4)*
blut|dür|stig
Blü|te
blu|ten
Blu|ter (an Bluterkrankheit Leidender)
Blut|grät|sche, die (Foulspiel b. Fußball)
Blu|ter|krank|heit (Blutgerinnungsstörung)
blu|tig
blut|jung
blut|mä|ßig; *s. a.* blutsmäßig
blut|rei|ni|gend; *aber* das Blut reinigend *§ 11 (4)*
blut|rot
blut|rün|stig
blut|sau|gend; *aber* [menschliches] Blut saugend *§ 11 (4)*
blut|schän|de|risch
bluts|mä|ßig; *s. a.* blutmäßig
blut|stil|lend; *aber* das Blut stillend *§ 11 (4)*
bluts|ver|wandt
blut|trie|fend *§ 11 (4)*
blut|über|strömt
blut|un|ter|lau|fen
Blut|ver|gie|ßen, das
blut|ver|schmiert
Bly|ton, Enid (engl. Schriftstellerin 1896-1968)
BLZ (*Abk. v.* Bankleitzahl) *§ 17 (2) Anm. 1*
b-Moll *§ 13 (2)*; b-Moll-Tonleiter *§ 13 (3)*
BMX-Rad (Geländefahrrad)
Bö, die; *s. a.* Böe
Boa, die (1. Schlange; 2. Schal)
Boat peo|ple (*Pl.*) (Flüchtlinge über das Meer)
Bob, der (Schlitten)
Bob|bahn
bob|ben; du bobbst
Bob|by, der (engl. Polizist); *Pl.* Bobbys *oder* Bobbies
Bo|ber, der (Seezeichen)
Bo|bi|ne, die (Spule)
Bob|tail (Hunderasse)
Boc|cac|cio, Giovanni (ital. Dichter 1313-1375)
Boc|che|ri|ni, Luigi (ital. Komponist 1743-1805)
Boc|cia, das/die (Kugelspiel)
Boche (*frz. Schimpfname f. Deutsche*)
Bo|chum (dt. Stadt)
Bock, der; ~ springen; keinen ~, null ~ haben (keine Lust haben), Null-Bock-Generation *§ 13 (4)*
Bock, das (Bockbier)
bock|bei|nig
Bock|bier
Böck|chen
bocken [k|k]
Böckh, August (dt. Philologe 1785-1867)
bockig [k|k]
Böck|lin, Arnold (schweizer. Maler 1827-1901)
Bock|mist
Bocks|bart (Pflanze)
Bocks|beu|tel (Wein[flasche])
Böck|ser, der (übler Geruch)
Bocks|horn; ins ~ jagen
Bocks|horn|klee (Würzkraut)
Bock|sprin|gen, das
Bock|wurst
Bo|cuse, Paul (frz. Koch *1926)
Bod|den, der (Bucht)
Bo|de|ga, die (Weinschenke)
Bo|del|schwingh, Friedrich von (dt. Philanthrop 1831-1910); Bodelschwinghsche Anstalten
Bo|den, der
Bo|den...[belag *usw.*]
Bo|den-Bo|den-Ra|ke|te *§ 13 (4)*
Bo|den|see
bo|den|stän|dig
Bo|dhi|sat|tva (*buddh.* Erleuchteter); *a.* ~twa
Bo|din, Jean (frz. Jurist 1529/30-1596)
Bod|mer, Johann Jakob (schweiz. Gelehrter 1698-1783)
Bod|me|rei (Schiffsbeleihung)
Bo|dy, der (1. Körper; 2. *kurz f.* Bodysuit)
Bo|dy|buil|der (Muskeltrainer)
Bo|dy|buil|ding
Bo|dy|check, der (Rempeln)
Bo|dy|suit, der (Leibchen)
Böe, die; *s. a.* Bö
Boe|ing [Co.] (Flugzeugfirma)
Bo|e|thi|us, Anicius (röm. Philosoph ~480- ~524)
Boff, Leonardo (brasil. Theologe *1938)
Bo|fist, der (Pilz); *a.* Bovist
Bo|gart, Humphrey (amerik. Schauspieler 1899-1957)
Bo|gen; in Bausch und ~
Bo|gen...[lampe *usw.*]
bo|gig
Bo|go|mi|le (Angehöriger e. Religionsgemeinschaft im MA)
Bo|go|tá (Hauptstadt v. Kolumbien)
Bo|hème, Boheme, die (Künstlermilieu)
Bo|he|mi|en (*zu* Bohème)
Boh|le, die
Böhm, Karl (österr. Dirigent 1894-1981)
Böh|me
Böh|me, Jakob (dt. Mystiker 1575-1624)
Böh|men
Böh|mer|wald
böh|misch; böhmische Dörfer (unverständliches Zeug)
Böhn|chen
Boh|ne
boh|nen; *s. a.* bohnern
Boh|nen...[kaffee *usw.*]
Boh|ner
boh|nern; *s. a.* bohnen
Boh|ner|wachs, das
Bohr, Niels (dän. Physiker 1885-1962)
Bohr...[insel *usw.*]
boh|ren
Boh|rer
Boiel|dieu, François (frz. Komponist 1775-1834)
bö|ig
Boi|leau, Nicolas (frz. Schriftsteller 1636-1711)
Boi|ler (Wassererhitzer)

Bois|se|rée, Melchior (dt. Kunstsammler 1786-1851); Sulpiz ~ (dt. Kunstsammler 1783-1854)
Boi|to, Arrigo (ital. Komponist 1842-1918)
Bo|jar (russ. Adliger)
Bo|je, die (Seezeichen)
Bok|mål (norweg. Schriftsprache)
Bo|la, die (Wurfleine)
Bo|le|ro, der (1. Tanz; 2. Jäckchen)
Bo|lid, Bo|li|de, der (1. Meteor; 2. Rennwagen)
Bo|lí|var, Simón (südamerik. Freiheitskämpfer 1783-1830)
Bo|li|vi|a|ner
bo|li|vi|a|nisch
Bo|li|vi|a|no (Münze)
Bo|li|vi|en (Staat in Südamerika)
bo|li|visch
Böll, Heinrich (dt. Schriftsteller 1917-1985)
Bol|le, die (Zwiebel)
Böl|ler, der
bol|lern
böl|lern
Bol|ler|wa|gen
Bol|let|te (Bescheinigung)
Boll|werk
Bo|lo|gna (Stadt in Italien)
Bo|lo|gne|ser (*a.* Hunderasse)
Bo|lo|meter, das (Strahlenmeßgerät)
Bol|sche|wik (Leninist, Kommunist)
bol|sche|wi|kisch
bol|sche|wi|sie|ren
Bol|sche|wis|mus
Bol|sche|wist
bol|sche|wi|stisch
Boltz|mann, Ludwig (österr. Physiker 1844-1906)
Bo|lus, der (Klumpen; Mineral)
Bol|za|no, Berhard (böhm. Philosoph 1781-1848)
bol|zen; du bolzt *§ 7 (1)*
Bol|zen, der
bol|zen|g[e|]ra|de
Bom|ba|ge, die (Biegen, Wölbung)
Bom|bar|de, die (1. Mauerbrecher; 2. Blasinstrument)
Bom|bar|de|ment
bom|bar|die|ren (wölben)
Bom|bar|don, das (Blasinstrument)
Bom|bast, der (Redeschwulst)
bom|ba|stisch
Bom|bay (Stadt in Indien); *s. a.* Mumbai (*amtl. Name*)
Bom|be
bom|ben; du bombst
Bom|ben...[anschlag *usw.*]
bom|ben...[sicher *usw.*]
Bom|ber
Bom|ber|jacke [k|k]
bom|bie|ren
bom|big
Bom|mel, die (Troddel)
Bon, der (Kassenzettel)
bo|na fi|des (guter Glaube); bona fide (in gutem Glauben)
Bo|na|par|te (Familie Napoleons)
Bo|na|par|tis|mus (Napoleonverehrung; autoritäre Herrschaft)
Bo|na|ven|tu|ra (Kirchenlehrer 1221[?]-1274)
Bon|bon, das
Bon|bon|nie|re, die (Gefäß für Süßigkeiten)
Bond, der (Schuldverschreibung)
bon|gen; ist gebongt (abgemacht)
Bon|go, das (Trommel); *Pl.* Bongos
Bon|go, der (Antilope)
Bon|hoef|fer, Dietrich (dt. Theologe 1906-1945)
Bon|ho|mie, die (Gutmütigkeit)
Bo|ni|fa|ti|us (Heiliger † 754)
Bo|ni|fi|ka|ti|on (Gutschrift)
bo|ni|fi|zie|ren (gutschreiben)
Bo|ni|tät (Zahlungsfähigkeit; Güte)
bo|ni|tie|ren (einschätzen)
Bon|mot, das (Ausspruch)
Bonn (dt. Stadt)
Bon|ne, die (Kindermädchen)
Bon|net, das (Haube)
Bon|sai, der (Zwergbaum)
Bo|nus, der (Rabatt); *Pl.* Bonusse *oder* Boni
Bon|vi|vant, der (Lebemann)
Bon|ze, der (buddh. Priester; *übertr.* einflußreicher Mensch)
Bon|zo|kra|tie (Bonzenherrschaft)
Boo|gie-Woo|gie, der (Tanz)
Boole, George (engl. Mathematiker 1815-1864)
Boom, der (Aufschwung)
boo|men
Boo|ster, der (Verstärker)
Boot, das
Boot [bu:t], der (Schuh)
boo|ten (*EDV*); du bootest
Bo|otes (ein Sternbild)
Bö|o|ti|en (griech. Landschaft)
bö|o|tisch
Boots...[bau *usw.*]
Bopp, Franz (dt. Sprachwissenschaftler 1791-1867)
Bor; *chem. Zeichen* B
Bo|ra, die (Wind)
Bo|ra, Katharina von (Gattin Martin Luthers 1499-1552)
Bo|rat, das (Salz d. Borsäure)
Bo|rax, der (Mineral)
Bor|chardt, Rudolf (dt. Schriftsteller 1877-1945)
Bor|chert, Wolfgang (dt. Schriftsteller 1921-1947)
Bord, das (Brett)
Bord, der (Rand); an Bord, über Bord gehen
Bord...[buch *usw.*]
Bord|case, das/der (kl. Koffer)
Bör|de, die (Lößboden)
bor|deaux (bordeauxfarben); ein Kleid in Bordeaux
Bor|deaux (1. Stadt in Frankreich; 2. Wein)
Bor|de|le|se (Einwohner von Bordeaux)
Bor|dell, das (Freudenhaus)
bör|deln (den Rand umbiegen)
Bor|de|reau, Bordero (Wertpapierverzeichnis)

Bor|der|line-Syn|drom (psych. Krankheit)
Bor|de|ro; *s. a.* Bordereau
bor|die|ren (einfassen)
Bor|dun, der (*Musik*: Halteton)
Bor|dü|re, die (Zierrand)
bo|re|al (nördlich); bo|re|a|les Klima
Bo|re|as (1. Nordwind; 2. griech. Gott)
Borg, der; auf ~ kaufen
bor|gen
Bor|ges, Jorge Luis (argent. Schriftsteller 1899-1986)
Bor|ghe|se (Adelsgeschlecht)
bor|ghe|sisch; der Borghesische Fechter *§ 15 (7)*
Bor|gia (Adelsgeschlecht)
Bor|gis, die (Schriftgrad)
Bo|ris (*Name v. slav. Herrschern*)
Bor|ke
Bor|ken...[käfer *usw.*]
bor|kig
Bor|kum (ostfries. Insel)
Bor|mann, Martin (dt. Nationalsozialist 1900-1945[?])
Born, der (Brunnen)
Born, Max (dt. Physiker 1882-1970)
Börne, Ludwig (dt. Schriftsteller 1786-1837)
Bor|neo (Insel); *s. a.* Kalimantan
Born|holm (dän. Insel)
Bo|ro|bu|dur (Tempelstadt auf Java)
Bo|ro|din, Aleksandr (russ. Komponist 1833-1887)
bor|niert
Bor|retsch, der (Würzkraut)
Bor|ro|mä|ische In|seln (Inseln im Lago Maggiore)
Bor|ro|mä|us (ital. Kardinal 1538-1584)
Bor|sal|be
Borschtsch, der (russ. Suppe)
Bör|se
Bör|sen...[bericht *usw.*]
Bör|si|a|ner
Bor|ste
Bor|sten|vieh
bor|stig
Bor|te (Zierband)
Bo|rus|se (Preuße)
Bo|rus|sia (Preußen)
bös; *s.* böse
Bosch, Carl (dt. Ingenieur 1874-1940); Robert ~ (dt. Techniker 1861-1942)
Bosch, Hieronymus (niederl. Maler ~1450-1516)
bö|schen; du böschst
Bö|schung
Bos|co, Don Giovanni (Heiliger 1815-1888)
bö|se, bös; der böse Blick, eine böse Sieben; im bösen/Bösen auseinandergehen; das Böse, jenseits von Gut und Böse, es wendet sich zum Bösen; der Böse (*a.* Teufel)
Bö|se|wicht
bos|haft
Bos|kett, das (Zierwäldchen)
Bos|koop, Boskop, der (Apfelsorte)
Bos|ni|ak, Bos|ni|a|ke (Bosnier)
Bos|nickel, der (böser Mensch) [k|k]
Bos|ni|en (Land in Europa)
Bos|ni|er
bos|nisch
Bos|po|rus, der (Meerenge zwischen Europa u. Asien)
Boß; *Pl.* Bosse
Bos|sa No|va, der (Tanz)
Bo|ßel, der (Kugel)
bos|seln; ich bossele, boßle
bo|ßeln (mit dem Boßel werfen)
bos|sie|ren (modellieren)
Bos|sie|rer
Bos|sier|wachs
Bo|ston (Stadt in USA)
Bos|well, James (schott. Schriftsteller 1740-1795)
bös|wil|lig
Bot, das (Versammlung); *a.* Bott
Bo|ta|nik (Pflanzenkunde)
Bo|ta|ni|ker
bo|ta|nisch
bo|ta|ni|sie|ren
Böt|chen (kleines Boot) *§ 7 (2)*
Bo|te, der
Bo|tel, das (Hotelschiff)
Bo|ten...[dienst *usw.*]
Bo|to|ku|de (Indianer)
Bot|schaft
Bot|schaf|ter
Bot|schafts...[rat *usw.*]
Bo|tswa|na (Staat in Afrika)
Bott, das (Versammlung); *a.* Bot
Bött|cher
Bött|che|rei
bött|chern
Bot|ti|cel|li, Sandro (ital. Maler 1445-1510)
Bot|tich, der
Bot|tle-Par|ty (Party mit mitgebrachten Getränken)
bott|nisch; Bottnischer Meerbusen (Ostseebucht)
Bo|tu|lis|mus (Lebensmittelvergiftung)
Bou|clé, das (Garn)
Bou|clé[|tep|pich], der
Bou|doir, das (Damenzimmer)
Bou|gain|vil|lea, die (Pflanze)
Bou|gie, die (*med.* Sonde)
bou|gie|ren (*med.* erweitern)
Bouil|la|baisse, die (Fischsuppe)
Bouil|lon (Region in Belgien)
Bouil|lon, die (Fleischbrühe)
Boule [bu:l], das (Kugelspiel)
Bou|le|vard, der (Prachtstraße)
Bou|le|vard...[presse *usw.*]
Bou|lez, Pierre (frz. Musiker *1925)
Bou|quet, das (1. Strauß; 2. Weinduft); *s. a.* Bukett
Bou|qui|nist (Buchtrödler)
Bour|ba|ki, Nicolas (Deckname einer Mathematikergruppe)
Bour|bon, der (Whiskey)
Bour|bo|ne (Mitglied des Hauses Bourbon)
bour|geois (bürgerlich); bourgeoise Haltung
Bour|geois, der
Bour|geoi|sie (Bürgerschaft)
Bour|gui|ba, Habib (tunes. Politiker 1903-1996)

Bour|rée, die (Tanz)
Bour|ret|te[|sei|de] (Abfallseide)
Bou|teille, die (Flasche)
Bou|tique, die (kleiner Laden); *s. a.* Budike
Bou|ton, der (Anstecker, Klipp)
Bo|vist, der; *a.* Bofist (Pilz)
Bow|den|zug (Drahtzug)
Bo|wie|mes|ser (Jagdmesser)
Bow|le, die (Getränk)
bow|len (Bowling spielen)
Bow|ler, der (Hut)
Bow|ling, das (Kegelspiel)
Box, die
Box|calf (Leder); *a.* Boxkalb
bo|xen; du boxt *§ 7 (1)*
Bo|xen|stop[p], der
Bo|xer
Bo|xer|mo|tor
Box|kalb (Leder); *a.* Boxcalf
Boy (*a.* Diener); *Pl.* Boys
Boy|kott, der (Meidung)
boy|kot|tie|ren
Boyle-Ma|ri|otte-Ge|setz *§ 13 (2)*; Boyle-Mariottesches Gesetz
Boy-Scout (Pfadfinder)
Bo|zen (Stadt in Südtirol)
Boz|ner (Einwohner v. Bozen)
Bq (*Abk.* v. Becquerel) *§ 17 (2) Anm. 2*
Br (*chem. Zeichen f.* Brom)
Bra|ban|çonne, die (belg. Nationalhymne)
Bra|bant (Landschaft in Belgien/Niederlande)
Bra|ban|ter
brab|beln
brach; brach◡liegen *§ 10*
Bra|che, die (Ackerschonzeit)
Bra|chet (Juni)
bra|chi|al (handgreiflich, roh)
Bra|chio|sau|rus (Dinosaurier)
brach◡lie|gen *§ 10*
Brach|mo|nat (Juni)
Brach|mond (Juni)
Brach|schwal|be (Watvogel)
Brach|se, die (Fisch)
Brach|vo|gel; Großer ~ *§ 15 (8)*
bra|chy.../Bra|chy... (*griech.* kurz); Brachykardie *usw.*
Brack, das (Brackwasser)
Bracke, der (Hunderasse) [k|k]
brackig [k|k]
Bräckin (*zu* Bracke) [k|k]
Brack|was|ser (Gemisch aus Salz- und Süßwasser)
bra|dy.../Bra|dy... (*griech.* langsam); Bradykardie *usw.*
Brä|gen, der (Hirn); *s. a.* Bregen
Bra|gi (norweg. Dichter 9.Jh.)
Bra|he, Tycho (dän. Astronom 1546-1601)
Brah|ma (ind. Gott)
Brah|ma|huhn; *s. a.* Brahmaputrahuhn
Brah|man, das (*hinduist.* höchstes Wesen)
Brah|ma|ne, der (Angehöriger der höchsten ind. Kaste)
brah|ma|nisch
Brah|ma|nis|mus (ind. Religion)
Brah|ma|pu|tra (Fluß in Asien)
Brah|ma|pu|tra|huhn
Brahms, Johannes (dt. Komponist 1833-1897)
Braille|schrift (Blindenschrift)
Brain-Drain, der (Abwanderung der Elite)
Brain|stor|ming, das (Gruppendiskussion)
Brain-Trust, der (Expertengruppe)
Brä|ker, Ulrich (schweiz. Schriftsteller 1735-1798)
Brak|te|at, der (Münze; Goldamulett)
Bram, die (Bramstenge)
Bra|man|te (ital. Künstler 1444-1514)
Bra|mar|bas
bra|mar|ba|sie|ren
Bram|me
Bram|men|walz|werk
Bram|se|gel, das (*zu* Bram)
Bram|sten|ge, die (Mastverlängerung am Segelschiff)
Bran|che, die (*wirtsch.* Zweig)
Bran|chen...[verzeichnis *usw.*]
bran|chen|üb|lich
Bran|chi|at, der (Kiemenatmer)
Bran|chie, die (Kieme)
Bran|cu|si, Constantin (rum. Bildhauer 1876-1957)
Brand; *Pl.* Brände
Brand...[blase *usw.*]; *s. aber* Branntwein *usw.*
brand...[aktue̲ll *usw.*]
Brand|au|er, Klaus Maria (österr. Schauspieler *1943)
bran|den
Bran|den|burg (dt. Bundesland, Stadt u. Landschaft)
Bran|den|bur|ger
bran|den|bur|gisch; die Brandenburgischen Konzerte (J. S. Bachs) *§ 15 (7)*
Brand|en|te (Vogel)
Brand|gans (Vogel)
bran|dig
brand|mar|ken; gebrandmarkt
Bran|do, Marlon (amerik. Schauspieler 1924-2004)
brand|schat|zen (ausplündern; *eigtl.* mit Brand bedrohen); du brandschatzt *§ 7 (1)*
Brand|soh|le (Innensohle)
Brandt, Willy (dt. Bundeskanzler 1913-1992)
Bran|dung
Bran|le, der (frz. Tanz)
Bran|dy, der (Weinbrand)
Brannt|kalk (gebrannter Kalk)
Brannt|wein
Brant, Sebastian (dt. Dichter 1457-1521)
Braque, Georges (frz. Maler 1882-1963)
Bra|sil, der (Tabak, Kaffee)
Bra|sil, die (Zigarre)
Bra|sil|holz
Bra|si|lia, Brasília (Hauptstadt v. Brasilien)
Bra|si|li|a|ner
bra|si|li|a|nisch
Bra|si|li|en (Staat in Südamerika)
Bras|se[1], die (Fisch); *s. a.* Brassen
Brasse[2], die (Segeltau)
bras|sen; du braßt (*zu* Brasse[2]) *§ 7 (1)*

Bras|sen, der (Fisch); *s. a.* Brasse

Brat...[fisch *usw.*]

Brät, das (gehacktes Fleisch)

bra|ten; du brätst, brietst, brietest; gebraten

Bra|ten, der

Bra|ten...[duft *usw.*]

Bra|ten|rock (Gehrock)

Brä|ter

Brat|hendl

Brat|ling

Brät|ling (Pilz)

Brat|sche (Viola)

Brat|scher

Brat|schist

Brat|spill, das (Ankerwinde)

Brau...[haus *usw.*]

Bräu, das (Brauerei)

Brauch

brauch|bar

brau|chen

Brauch|tum

Brauch|was|ser

Braue, die

brau|en; du braust

Brau|er

Brau|e|rei

braun; ein Kleid in Braun

Braun, das; in Braun

Braun, Wernher von (dt.-am. Ingenieur 1912-1977)

Braun...[alge *usw.*]

Brau|ne, der (Milchkaffee *u. a.*)

Bräu|ne

Braun|ei|sen|erz

Brau|nel|le (1. Vogel; 2. Pflanze, *s. a.* Brunelle)

bräu|nen

braun◡ge|brannt *§ 11 (4)*

bräun|lich

Braun|sche Röh|re (Elektronenstrahlröhre) *§ 15 (7)*

Braun|schweig (dt. Stadt)

Braun|stein (Mineral)

Braus; in Saus und Braus

Brau|sche (Beule)

Brau|se, die

Brau|se...[bad *usw.*]

brau|sen; du braust *§ 7 (1)*

Braut

Braut...[kleid *usw.*]

Bräu|ti|gam

Braut|jung|fer

bräut|lich

Braut|schau; auf ~ gehen

brav

bra|vis|si|mo!

bra|vo!

Bra|vo, das

Bra|vo, der (Meuchelmörder)

Bra|vour, die (Meisterschaft)

bra|vou|rös

Braz|za|ville (Hauptstadt d. Republik Kongo)

BRD (*Abk. v.* Bundesrepublik Deutschland) *§ 17 (2) Anm. 1*

break (*Kommando b. Boxen*)

Break, der/das (Sport, Musik)

Break|dance (Tanzstil)

Break|dan|cer

brea|ken (*zu* Break); du breakst

Brec|cie (Gestein); *s. a.* Brekzie

Brech...[mittel *usw.*]

Bre|che, die (Flachsbrechgerät)

bre|chen; brichst, brich!, brachst, brächest, gebrochen; auf Biegen und Brechen

Bre|cher (Sturzsee; Brechgerät)

Brecht, Bertolt (dt. Dichter 1898-1956)

Bre|douil|le, die (Verlegenheit)

Bree|ches (*Pl.*) (Reithose)

Bre|gen, der (Hirn); *s. a.* Brägen

Bre|genz (Stadt in Österreich)

Bre|gen|zer

Bre|gen|zer|wald; *a.* Bregenzer Wald (Teil der Alpen)

Brehm, Alfred (dt. Zoologe 1829-1884); Brehms Tierleben

Brei

brei|ig

Brein, der (Hirse)

Breis|gau, der (Landschaft am Oberrhein)

breit; weit und breit; ins Breite; *Kleinschreibung in festen Verbindungen § 15 (6)*: des langen und breiten, ein langes und breites sagen; *als Verbzusatz auch zusammengeschrieben § 10*: breit◡schlagen *usw.* (*a. übertragen*), breit◡gefächert; *aber* breit gefächert *§ 11 (4), (6)*

breit|bei|nig

Brei|te, die; die nördliche ~, in die ~ gehen (*a.* dick werden)

brei|ten

Brei|ten...[grad *usw.*]

breit◡ge|fä|chert, breit gefächert *§ 11 (4), (6)*

Brei|tin|ger, Johann Jakob (schweiz. Gelehrter 1701-1776)

Breit|ling (Fisch)

breit◡ma|chen; sich ~ *§ 10*

Breit|scheid, Rudolf (dt. Politiker 1874-1944)

breit◡schla|gen (*a.* überreden) *§ 10*

breit|schul|te|rig, -schult|rig

Breit|sei|te

breit◡tre|ten (*a.* weitschweifig darstellen) *§ 10*

breit◡wal|zen *§ 10*

Brek|zie, die (Gestein); *s. a.* Breccie

Bre|me (Bremse[2])

Bre|men (dt. Stadt)

Bre|mer

Bre|mer|ha|ven (dt. Stadt)

bre|misch (*zu* Bremen)

Brem|se[1] (Hemmvorrichtung)

Brem|se[2] (Stechfliege)

brem|sen; du bremst *(§ 7)*, er brem|ste

Brenn...[holz *usw.*]

brenn|ba|r

bren|nen; du brennst, branntest, brennte, gebrannt

bren|nend; Brennende Liebe (Blume) *§ 15 (8)*

Bren|ner, der (Alpenpaß)

Bren|ne|rei

Brennes|sel (Pflanze) [nn|n] *§ 7, § 28 Anm.*

Bren|ta|no, Clemens (dt. Dichter 1901-1964); Franz ~ (dt. Philosoph 1838-1917)

brenz|lig

Bre|sche, die; eine ~ schlagen

Bresch|new, Leonid (sowjet.

Politiker 1906-1982)
Bres|lau (*poln.* Wrocław; Stadt in Polen)
Bres|lau|er
Bre|ta|gne (Region in Frankreich)
Bre|ton, der (Hut)
Bre|ton, André (frz. Schriftsteller 1896-1966)
Bre|to|ne (*zu* Bretagne)
bre|to|nisch
Brett
Bret|tel, Brettl (Kleinkunstbühne)
Bret|ton Woods (Stadt in USA); Abkommen von ~
Breu|ghel; *a.* Bruegel (fläm. Malerfamilie); Jan ~ (1568-1625); Pieter ~ d. Ä. (~1525-1569); Pieter ~ d. J. (1564-1638)
Bre|ve, das (päpstl. Erlaß)
Bre|vet, das (Schutzbrief)
Bre|vier, das (Gebetbuch)
Bre|zel, die
Bre|zen, der/die (Brezel)
Bri|an-Kel|logg-Pakt (internat. Vertrag 1928) *§ 13 (2)*
Bridge, das (Kartenspiel)
Bridge|town (Hauptstadt v. Barbados)
Brie (Landschaft in Frankreich); der ~ (Käse)
Brief
Brief...[marke *usw.*]
Brie|fing, das (Konferenz)
brief|lich
Brie[|kä|se]
Bries, das (Drüse)
Bries|chen (*zu* Bries)
Bri|ga|de (Abteilung)
Bri|ga|dier
Bri|gant (Bandit)
Bri|gan|ti|ne (Brigg)
Brigg, die (Segelschiff)
Briggs-Log|arith|mus (dekad. Logarithmus) *§ 13 (2)*
Bri|kett, das (Preßstück v. Kohle usw.)
bri|ket|tie|ren
bri|ko|lie|ren (*Billard*)
bril|lant (glänzend)
Bril|lant, der (geschliffener Diamant)
Bril|lant, die (Schriftgrad)
bril|lan|ten (aus Brillant)
Bril|lanz, die
Bril|le
Bril|len...[glas *usw.*]
bril|lie|ren (glänzen)
Brim|bo|ri|um, das
Bri|nell|här|te (Härtemaß); *Abk.* HB
brin|gen; du bringst, brachtest, brächtest, gebracht
Bri|oche, die (Gebäck)
Bri|o|ni|sche In|seln (Mittelmeerinseln)
bri|sant (explosiv, *a.* übertr.)
Bri|sanz
Bris|bane (Stadt in Australien)
Bri|se, die (Wind)
Bri|so|lett, das (Fleischkloß); *s. a.* Brisolette
Bri|so|let|te, die; *s. a.* Brisolett
Bri|stol|kar|ton, der (Malkarton)
Bri|tan|nia|me|tall (Legierung)
Bri|tan|ni|en (Großbritannien)
bri|tan|nisch
Bri|te
bri|tisch; die Britischen Inseln *§ 15 (7)*; Britisch-Kolumbien
Bri|ti|zis|mus
Britsch|ka, die (Kutsche)
Brit|ten, Benjamin (engl. Komponist 1913-1976)
Brno (Brünn; tschech. Stadt)
Broad|way, der (Straße in New York)
Bro|ca|sches Sprachzentrum (Teil des Gehirns)
Broc|co|li, der (Kohl); *a.* Brokkoli
Broch, Hermann (dt. Schriftsteller 1886-1951)
Bröck|chen
bröcke|lig [k|k]; *s. a.* bröcklig
bröckeln [k|k]
brocken [k|k]; du brockst
Brocken, der (*a.* Gipfel im Harz) [k|k]
Brock|haus (Verlag); der ~ (Lexikon)
bröck|lig; *s. a.* bröckelig
Brod, Max (österr. Schriftsteller 1884-1968)
bro|deln
Bro|dem, der (Dunst)
Bro|de|rie, die (Stickerei)
Broglie, Louis de (frz. Physiker 1892-1987)
Broi|ler, der (Brathähnchen)
Bro|kat, der (Gewebe)
Bro|ka|tell, der (Gewebe); *s. a.* Brokatelle
Bro|ka|tel|le, die; *s. a.* Brokatell
bro|ka|ten (aus Brokat)
Bro|ker (Makler)
Brok|ko|li, der (Kohl); *a.* Broccoli
Brom, das; *chem. Zeichen* Br
Bro|mat, das (Salz d. Bromsäure)
Brom|bee|re
Bro|mid, das (Salz d. Bromwasserstoffs)
Bro|mit, das (Salz d. Bromsäure)
bron|chi|al (*zu* Bronchie)
Bron|chie; *Pl.* Bronchien
Bron|chi|ti|ker
Bron|chi|tis
Bronn, der
Bron|nen; *s. a.* Brunnen
Bron|të, Anne (1820-1849), Charlotte (1816-1855), Emily (1818-1848) (engl. Schriftstellerinnen)
Bron|to|sau|ri|er, Brontosaurus (Dinosaurier)
Bronx, die (Teil v. New York)
Bron|ze, die (Kupferlegierung)
bron|ze|far|ben
bron|zen (aus Bronze)
bron|zie|ren
Bron|zit, der (Mineral)
Brook|lyn (Teil v. New York)
Bro|sa|men (*Pl.*)
Bro|sche
bro|schie|ren (in Karton binden)
Bro|schur, die (Kartonbindung)
Bro|schü|re (broschiertes Heft)
Brö|sel, der/das; *Pl.* Brösel
brö|se|lig; *s. a.* bröslig

brö|seln
brös|lig; *s. a.* bröselig
Brot
Brot...[kasten *usw.*]
Bröt|chen
Brot|ein|heit; *Abk.* BE
Brot|frucht|baum
Brot|laib
Brow|ning, die (Pistole)
Brow|ning, Elizabeth (engl. Dichterin 1806-1861); Robert ~ (engl. Dichter 1812-1889)
Brown|sche Bewegung (Molekularbewegung) *§ 15 (7)*
brow|sen ([im Internet] blättern); du browst *§ 7 (1)*
Brow|ser, der (*EDV*)
brr! (Zuruf an Zugtiere; *Interjektion*)
BRT (*Abk. v.* Bruttoregistertonne) *§ 17 (2) Anm. 1*
Bru|cel|lo|se (Tierseuche)
Bruch (*zu* brechen, *auch mathem.*); zu ~ gehen, in die Brüche gehen
Bruch, der/das [*a.* bru:x] (Sumpf)
Bruch, Max (dt. Komponist 1838-1920)
Bruch...[schokolade *usw.*]
brü|chig
bruch|lan|den *§ 10*; bruchgelandet
bruch|los
bruch|rech|nen *§ 10*; er kann ~
Bruch|rech|nen, das
Brücke [k|k]; [Die] Brücke (Malergemeinschaft)
Bruck|ner, Anton (österr. Komponist 1824-1896); Ferdinand ~ (österr. Schriftsteller 1891-1958)
Brü|den, der (Abdampf)
Bru|der; ~ Lustig
Bru|der...[krieg *usw.*]
Brü|der|ge|mei|ne (Religionsgemeinschaft); Herrnhuter ~
brü|der|lich
Bru|der|schaft
Brü|der|schaft; ~ trinken
Brue|gel (fläm. Malerfamilie); *vgl.* Breughel
Brüg|ge (Stadt in Belgien)
Brüh...[kartoffel *usw.*]
Brü|he
brü|hen; du brühst
brüh|warm
brül|len
Bru|maire (Monat des frz. Revolutionskalenders)
Brumm...[bär *usw.*]
brum|meln
brum|men
brum|mig
Brunch, der (Mahlzeit)
brun|chen; du brunchst
Brundt|land, Gro Harlem (norweg. Politikerin *1939)
Bru|nei (Staat auf Borneo)
Bru|nel|le; *s. a.* Braunelle 2.
Bru|nel|les|chi, Filippo (ital. Baumeister 1377-1446)
brü|nett
Brunft, die (Paarungszeit)
Brunft...[schrei *usw.*]
brunf|ten
brunf|tig
Brun|hild, Brün|hild (Sagengestalt)
brü|nie|ren (braunfärben)
Brü|ning, Heinrich (dt. Reichskanzler 1885-1970)
Brunn (Brunnen)
Brünn (Stadt in Tschechien; *tschech.* Brno)
Brünn|chen
Brün|ne, die (Panzerhemd)
Brun|nen
Brun|nen...[kresse *usw.*]
Brünn|lein
Bru|no (Name von Bischöfen, Heiligen)
Bru|no, Giordano (ital. Philosoph 1548-1600)
Brunst, die (Paarungszeit)
Brunst...[zeit *usw.*]
brun|sten
brün|stig
brun|zen; du brunzt *§ 7 (1)*
brüsk (barsch)
brüs|kie|ren
Brüs|sel (Hauptstadt v. Belgien); *s. a.* Bruxelles (*frz.*)
Brüs|se|ler; *a.* Brüßler; ~ Spitze, ~ Waffel
Brust
Brust...[bein *usw.*]
Brüst|chen
brü|sten, sich
brust|schwim|men; du kannst brustschwimmen, schwimmst Brust; brustgeschwommen *oder* Brust geschwommen
Brust|schwim|men, das
Brü|stung
brut [bryt] (*frz.*: trocken [v. Schaumwein])
Brut, die
Brut...[kasten *usw.*]
bru|tal
bru|ta|li|sie|ren
Bru|ta|li|tät
Bru|ta|lo, der
brü|ten
brü|tend‿heiß; brütend heiß
Brü|ter; schneller *oder* Schneller ~ (Reaktortyp)
brü|tig
Brut|stät|te
brut|to (ohne Abzug); brutto für netto (*Abk.* bfn.)
Brutto...[wert *usw.*]
Brut|to|raum|zahl; *Abk.* BRZ
Brut|to|re|gi|ster|ton|ne; *Abk.* BRT
Brut|to|so|zi|al|pro|dukt; *Abk.* BSP
Bru|tus, Marcus Iunius (Mörder Caesars 85-42 v. Chr.)
brut|zeln
Bru|xelles (*frz*); *s. a.* Brüssel
Bru|yère|holz
Bruyn, Günter de (dt. Schriftsteller *1926)
Bryo|lo|gie (Mooskunde)
BRZ (*Abk. v.* Bruttoraumzahl) *§ 17 (2) Anm. 1*
BSE (*Abk. f. Rinderwahnsinn) § 17 (2) Anm. 1*
Btx (*Abk. v.* Bildschirmtext) *§ 17 (2) Anm. 1*
Bub (Knabe)
Bu|be (*a.* Spielkarte)
Bu|ber, Martin (dt. Philosoph 1878-1965)
Bü|be|rei

Bu|bi, der (Bub)
Bu|bi|kopf (Damenfrisur)
Bu|bis, Ignatz (dt. Politiker *1927)
bü|bisch
Bu|bo, der (Schwellung); *Pl.* Bubonen
Buch; Buch führen; zu Buche schlagen; *vgl.* buchführend
Buch...[handel *usw.*]
Bu|cha|rin, Nikolaj (sowjet. Politiker 1888-1938)
Bu|che
Buch|ecker, die (Samen der Buche) [k|k]
Bu|chel, die (Buchecker)
Bü|chel|chen (kleines Buch)
bu|chen (aus Buchenholz)
bu|chen; du buchst
Bu|chen|wald (KZ bei Weimar)
Bü|cher|bord, das
Bü|che|rei
Buch|fink
buch|füh|rend; die buchführende Stelle; *aber* über die Ausgaben Buch führend *§ 11 (4)*
Büch|lein
Büch|mann, der (*kurz f. die Zitatsammlung „Geflügelte Worte"*)
Büch|ner, Georg (dt. Dichter 1813-1837)
Buchs[|baum] (Gehölz)
Büchs|chen (*zu* Buchse)
Buch|se, die (Zylinder; Kontaktdose)
Büch|se (1. Dose; 2. Gewehr)
Büch|sen...[milch *usw.*]
Buch|sta|be; *Gen.* ...stabens
Buch|sta|ben...[rätsel *usw.*]
buch|sta|ben|ge|treu
buch|sta|bie|ren
buch|stäb|lich
Bucht
Buch|tel, die (Hefegebäck)
Buch|wei|zen, der (Körnerfrucht)
Buck, Pearl S. (amerik. Schriftstellerin 1892-1973)
Bücke, die [k|k]
Buckel [k|k]
bucke|lig [k|k]; *s. a.* bucklig
Buckel|rind (Zebu) [k|k]
bücken, sich [k|k]
Bücking (Räucherhering) [k|k]; *s. a.* Bückling 2.
Bucking|ham [Palace] (Schloß in London)
buck|lig; *s. a.* buckelig
Bück|ling (1. Verbeugung; 2. Räucherhering); *s. a.* Bücking
Buck|ram, der (Gewebe)
Buck|skin, der (Gewebe)
Bück|wa|re
Bu|da|pest (Hauptstadt v. Ungarn)
Bu|da|pe|ster
Bud|del, die (Flasche)
bud|deln
Bud|del|schiff (Flaschenschiff)
Bud|dha (*Titel des Religionsstifters Siddhartha Gautama 6. Jhdt. v. Chr.*)
Bud|dhis|mus
Bud|dhist
bud|dhi|stisch
Budd|leia, *a.* Budd|le|ja, die (Sommerflieder)
Bu|de
Bud|get, das (Etat)
bud|ge|tär
bud|ge|tie|ren
Bu|di|ke, die; *s. a.* Boutique
Bu|di|ker
Bu|djon|nyj, Semjon (sowjet. Marschall 1883-1973)
Büd|ner
Bu|do, das (Kampfsport)
Bu|do|ka, der (Budosportler)
Bue|nos Ai|res (Hauptstadt v. Argentinien)
Bü|fett, das; *s. a.* Buffet, Büffet
Bü|fet|tier, der
Büf|fel
Büf|fe|lei
büf|feln
Buf|fet, das; *s. a.* Büffet, Büfett
Büf|fet, das; *s. a.* Büfett, Buffet
Buf|fo, der (Sänger in der komischen Oper)
buf|fo|nesk (buffoartig)
Bug, der (Vorderseite von Schiffen u. ä.)
Bug...[welle *usw.*]
Bü|gel
bü|gel|frei
bü|geln
Bug|gy, der (leichter Wagen, Kinderwagen); *Pl.* Buggys
Büg|ler
bug|sie|ren
Bug|sier|schlep|per
Bug|spriet, das (Mast)
buh!
Buh, das; *Pl.* Buhs
Bu|hei; großes ~ machen
Bü|hel (Hügel)
bu|hen; du buhst
Bühl, der (Hügel)
Buh|le, der/die (Geliebte[r])
buh|len (werben); du buhlst
Bühler, Charlotte (dt. Psychologin 1893-1974); Karl ~ (dt. Psychologe 1879-1963)
Buhl|schaft
Buh|mann
Buh|ne, die (Uferschutzbau)
Büh|ne
Büh|nen...[bild *usw.*]
Buh|nen|kopf
büh|nen|reif
Buh|ruf
Bu|hurt, der (Ritterturnier)
Bu|jum|bu|ra (Hauptstadt v. Burundi)
Bu|ka|ni|er (Seeräuber)
Bu|ka|rest (Hauptstadt v. Rumänien)
Bu|ka|re|ster
Bu|kett, das (Strauß; Duft); *s. a.* Bouquet
Bu|ko|lik (Hirtendichtung)
Bu|ko|li|ker
bu|ko|lisch
Bu|ko|wi|na (Karpatenregion)
Bu|ko|wi|ner
bu|ko|wi|nisch
bul|bös (geschwollen)
Bul|bus (*med.* Kolben)
Bu|let|te, die (Frikadelle)
Bul|ga|re
Bul|ga|ri|en (Staat in Europa)
bul|ga|risch; auf ~
Bul|ga|risch, das; auf bulgarisch sprechen

Bul|ga|ri|sche, das
Bu|li|mie, die (Heißhunger als Eßstörung)
Bull|au|ge (Rundfenster)
Bull|dog, der (Zugmaschine)
Bull|dog|ge, die (Hunderasse)
Bull|do|zer, der (Planierraupe)
Bul|le, der (*a.* Polizist)
Bul|le, die (Urkunde)
bul|lern (blubbern)
Bul|le|tin, das (Bericht)
Bull|finch, der (Hecke beim Reitsport)
bul|lig
Bull|ter|ri|er (Hunderasse)
Bul|ly, das (Anspiel beim Hockey u. ä.)
Bü|low, Bernhard von (dt. Reichskanzler 1849-1929); Hans von ~ (dt. Musiker 1830-1894); Vicco von ~ (Loriot, dt. Komiker *1923)
Bult, der (Mooskuppe); *Pl.* Bülte, Bulten; *s. a.* Bülte
Bül|te, die; *s. a.* Bult
Bult|mann, Rudolf (dt. Theologe 1884-1976)
Bu|me|rang, der (Wurfholz)
Bum|mel, der
Bum|me|lant
Bum|me|lei
bum|meln
bum|mern
Bumm|ler
bums!
Bums, der
bum|sen (*a.* Geschlechtsverkehr haben); du bumst *§ 7 (1)*
Bums|lo|kal
bums|voll
Bu|na, der/das (Gummi)
Bund[1], das; zwei Bund Möhren
Bund[2], der (*a. kurz f.* Bundeswehr)
BUND (*Abk. v.* Bund für Umwelt- und Naturschutz Deutschland e. V.) *§ 17 (2) Anm. 1*
Bund...[falte *usw.*]
Bun|da, die (Mantel)
Bünd|chen (*zu* Bund[1] *u.* Bund[2])
Bün|del, das
bün|deln
Bun|des...[kanzler *usw.*]
Bun|des|aus|bil|dungs|för|derungs|ge|setz; *Abk.* BAföG, *a.* Bafög
Bun|des|tags|ab|ge|ord|ne|te, der/die
bün|dig
bün|disch
Bünd|ner (*kurz f.* Graubündner)
Bünd|ner Fleisch (luftgetrocknetes Rindfleisch)
Bünd|nis, das
Bund|schuh (*a. hist.* Bauernaufstand)
Bund|steg, der (Falzstreifen auf Buchseiten)
Bun|ga|low, der (einstöckiges Wohnhaus)
Bun|ge, die (Reuse)
Bu|nin, Iwan (russ. Schriftsteller 1870-1953)
Bun|ker, der
bun|kern
Bun|ny, das (Barmädchen in Hasenkostüm); *Pl.* Bunnies
Bun|sen|bren|ner (Gasbrenner)
bunt; bunt◡gefiedert; *aber* bunt gefiedert *§ 11*
Bunt...[druck *usw.*]
bunt◡gemischt; bunt gemischt *§ 11 (4)*
Bunt|me|tall (Nichteisenmetall)
Bunt|sand|stein (*a.* geolog. Formation)
bunt|scheckig [k|k]
Bunt|specht
Bu|ñu|el, Luis (span. Regisseur 1900-1983)
Bunz|lau (Stadt in Polen); Bunzlauer Steingut
Burck|hardt, Carl Jacob (schweiz. Diplomat 1891-1974); Jacob ~ (schweiz. Historiker 1818-1897)
Bür|de
Bu|re, der (Siedler in Südafrika)
Bu|ren|krieg (1899-1902)
Bü|ret|te, die (Meßrohr)
Burg, die (*a. kurz f.* das Wiener Burgtheater)
Burg...[berg *usw.*]
Bür|ge, der
Bur|gen|land (österr. Bundesland)
Bür|ger
Bür|ger, Gottfried August (dt. Dichter 1747-1794)
Bür|ger...[wehr *usw.*]
bür|ger|lich
Bur|gess, Anthony (engl. Schriftsteller 1917-1993)
Bürg|schaft
Bur|gund (Region in Frankreich)
Bur|gun|der (*a.* Wein)
Bur|gun|der|wein
bur|gun|disch
Burg|ver|lies, das
Bu|ri|dan, Johannes (frz. Philosoph † nach 1358); Buridans Esel (Gestalt aus einem philos. Gleichnis)
bu|risch (*zu* Bure)
Bur|ja|ti|sche Re|pu|blik (Teilstaat in Rußland)
Burke, Edmund (brit. Politiker 1729-1797)
Bur|ki|na Fa|so (Staat in Afrika; *früher* Obervolta)
Bur|ki|ner
bur|lesk (possenhaft)
Bur|les|ke, die (Posse)
Bur|ma (*engl.*) (Staat in Asien); *s. a.* Birma
Bur|me|se
bur|me|sisch
Burn|out', das (Brennschluß)
Bur|nus, der (afrik. Mantel) (*Pl.* Burnusse)
Bü|ro, das
Bü|ro...[arbeit *usw.*]
Bü|ro|krat
Bü|ro|kra|tie (Verwaltungssystem, Beamtenherrschaft)
bü|ro|kra|tisch
bü|ro|kra|ti|sie|ren
Bur|sa (Stadt in der Türkei)
Bursch, der
Bürsch|chen
Bur|sche

Bur|schen|schaft (student. Verbindung)
Bur|schen|schaf|ter
bur|schi|kos (ungezwungen)
Bur|se, die (Studentenheim)
Bür|ste
bür|sten
Bur|ton, Richard (engl. Schauspieler 1925-1984)
Bu|run|di (Staat)
Bu|run|di|er
bu|run|disch
Bür|zel, der (Schwanz)
Bus; *Pl.* Busse
Bu|san (Stadt in Südkorea); *a.* Pusan
Busch
Busch, Wilhelm (dt. Zeichner u. Dichter 1832-1908)
Busch...[bohne *usw.*]
Bü|schel, das
bü|sche|lig
bü|scheln
Bu|schen, der (Strauß)
Bu|schen|schen|ke (Straußwirtschaft)
bu|schig
Busch|wind|rös|chen
Bu|sen, der
Bu|sen...[freund *usw.*]
bu|sen|frei
Bush, George (Präsident der USA *1924); George W. ~ (Präsident der USA *1946, Sohn des vorigen)
Bu|shel (Getreidemaß)
Busi|ness, das; Business class; *a.* Busineß
Bu|so|ni, Ferruccio (ital. Komponist 1866-1924)
Buß...[geld *usw.*]
Bus|sard, der (Greifvogel)
Bu|ße
bü|ßen; du büßt *§ 7 (1)*
Bü|ßer
Bus|serl, das (Kuß)
buß|fer|tig
Bus|so|le, die (geol. Meßgerät)
Buß|tag; Buß- und Bettag *§ 13 (1)*
Bü|ste
Bu|stier, das (Miederhemd)
bu|stro|phe|don (mit wechselnder Schriftrichtung); ~ schreiben; das Bustrophedon (Pflugwendeschrift)
Bu|su|ki, die (griech. Laute)
Bu|ta|di|en, das (Gas)
bu|ten (draußen)
Bu|te|nandt, Adolf (dt. Chemiker 1903-1995)
But|ler
Butt (Fisch)
Bütt, die (Faß; Rednerbühne im Karneval)
But|te, die (Bütte)
Büt|te, die (Faß)
But|tel (Flasche); *s. a.* Buddel
Büt|tel, der (Polizist)
Büt|ten, das (Büttenpapier)
Büt|ten|pa|pier
Büt|ten|re|de (Karnevalsrede)
But|ter, die
But|ter...[brot *usw.*]
But|ter|cre|me, die; *a.* Butterkrem
But|ter|fly (Schwimmstil)
But|ter|krem, die; *a.* Buttercreme
but|tern
Bütt|ner (Böttcher)
But|ton, der (Ansteckplakette)
Bu|tyl|al|ko|hol
But|ze|mann
But|zen, der
But|zen|schei|be
Büx, die (Hose)
Bu|xe, die (Hose)
Bux|te|hu|de, Dietrich (dt. Komponist 1637[?]-1707)
Buy|out, das (Übernahme e. Firma durch deren Manager)
b. w. (*Abk. v.* bitte wenden)
bye-bye!
By|pass, der (Überbrückungsarterie)
By|pass|ope|ra|ti|on
Byron, Lord George (engl. Dichter 1788-1824)
Bys|sus[**|fa|den**] (Haftfaden)
Byte, das (*EDV*) (Einheit von acht Bits)
By|zan|ti|ner (*zu* Byzanz)
by|zan|ti|nisch
By|zan|ti|ni|stik
By|zan|ti|nis|mus (Despotismus bzw. Kriecherei)
By|zan|ti|nist
By|zanz (die Stadt Konstantinopel, heute Istanbul)
bzw. (*Abk. v.* beziehungsweise)

c C

das c (der Kleinbuchstabe c, der Ton c der kleinen Oktave); das C (der Großbuchstabe C, der Ton C der großen Oktave); c (*Zeichen f.* c-Moll; *Abk. v.* Cent, Centime, Zenti... [*in* cm *usw.*]); C (*Zeichen f.* C-Dur; *chem. Zeichen f.* Kohlenstoff; *röm. Zahlzeichen* 100); Programmiersprache (*erweitert als* C+ +)
Ca (*chem. Zeichen f.* Calcium)
ca. (*Abk. v.* circa)
Ca. (*Abk. v.* Carcinoma, Karzinom)
Cab (Droschke)
Ca|bal|le|ro (Edelmann, Herr)
Ca|ban, der (Kurzmantel)
Ca|ba|ret, das [kabar'e:]; *s. a.* Kabarett
Ca|bo|chon, der (Edelstein)
Ca|bo|ra-Bas|sa-Stau|damm
Ca|brio, das; *a.* Kabrio (*kurz f.* Cabriolet); *s. a.* Kabriolett
Ca|bri|o|let, das; *s. a.* Kabriolett
Cache, der (Zwischenspeicher)
Ca|che|nez, das (Tüchlein)
Ca|chet, das (Eigenart)
Ca|che|te|ro, der (Dolch, Stierkämpfer)
Ca|chu|cha, die (Tanz)
Cä|ci|lia (Heilige 3. Jh.)
CAD (*Abk. v.* computer-aided design) *§ 17 (2) Anm. 1*
Cad|die, der (Golfwagen, -helfer)
Cá|diz (Provinz u. Stadt in Spanien)
Cad|mi|um (*chem.*); *chem. Zeichen* Cd; *a.* Kadmium
Caen [kã] (Stadt in Frankreich)

Cae|sar, Gaius Iulius (röm. Politiker 100-44 v. Chr.); *a.* Cäsar
Cae|si|um (*chem.*); *chem. Zeichen* Cs; *a.* Cäsium, Zäsium
Ca|fard, der (Überdruß)
Ca|fé, das; *vgl. aber* Kaffee
Ca|fé com|plet (kl. Frühstück)
Ca|fé crème *§ 15 (3)* (Kaffee mit Sahne)
Ca|fe|te|ria
Ca|fe|tier (Café-Besitzer)
Ca|fe|tie|re (Café-Wirtin, Kaffeekanne)
Cage, John (amerik. Komponist 1912-1992)
Ca|glio|stro, Alessandro (ital. Okkultist 1743-1795)
Ca|is|sa (Göttin des Schachs)
Cais|son, der (Senkkasten)
Cais|son|krank|heit (Taucherkrankheit)
Cake|walk, der (Tanz)
cal (*Abk. v.* Kalorie) *§ 17 (2) Anm. 2*
Cal. (*Abk. v.* California = Kalifornien)
Ca|lais (Stadt in Frankreich)
Ca|la|ma|res (*Pl.*) (Tintenfische)
ca|lan|do (*Musik*) (nachlassend)
Cal|ci|um (*chem.*); *chem. Zeichen* Ca; *a.* Kalzium
Cal|de|rón de la Bar|ca, Pedro (span. Dichter 1600-1681)
Ca|lem|bour, Ca|lem|bourg, der (Kalauer)
Ca|len|du|la, die (Ringelblume)
Cal|ga|ry (Stadt in Kanada)
Ca|li (Stadt in Kolumbien)
Ca|li|ban (Ungeheuer [bei Shakespeare])
Ca|li|for|ni|um; *chem. Zeichen* Cf
Ca|li|gu|la (röm. Kaiser 12-41)
Cal|las, Maria (griech. Sängerin 1923-1977)
Call-by-call, das (Wahl einer Telefongesellschaft)
Cal|la, die; *a.* Kalla (Blume)
Call|boy (Prostituierter)
Call|girl (Prostituierte)
Ca|lu|met, das (Friedenspfeife); *a.* Kalumet
Cal|va|dos, der (Apfelbranntwein)
Cal|vin, Johannes (schweiz. Reformator 1509-1564)
cal|vi|nisch; *a.* kalvinisch
Cal|vi|nis|mus; *a.* Kalvinismus
cal|vi|ni|stisch; *a.* kalvinistisch
Cal|vi|no, Italo (ital. Schriftsteller 1923-1985)
Ca|lyp|so, der (Tanz)
CAM (*Abk. v.* computer-aided manufacturing) *§ 17 (2) Anm. 1*
Ca|margue, die (Landschaft in Frankreich)
Cam|bridge (Stadt in England); ~, Mass. (Vorort v. Boston)
Cam|cor|der (Videokamera)
Ca|mem|bert, der (Käse)
Ca|me|ra ob|scu|ra, die (Lochkamera)
Ca|mões, Luis de (port. Dichter 1524/25-1580)
Ca|mor|ra, die (Mafia)
Ca|mou|fla|ge, die (Tarnung)
ca|mou|flie|ren (tarnen)
Camp, das/der (Lager)
Cam|pa|gna (Landschaft in Italien)
Cam|pa|nel|la, Tommaso (ital. Philosoph 1568-1639)
Cam|pa|ni|le, der (Glockenturm); *a.* Kampanile
Cam|pa|nu|la (Glockenblume)
Cam|pa|ri, der (Likör)
Cam|pe, Joachim Heinrich (dt. Schriftsteller 1746-1818)
cam|pen (*zu* Camping)
Cam|pe|si|no (Landarbeiter)
Cam|ping, das
Cam|ping...[platz *usw.*]
Cam|po|for|mio; Friede v. ~ (1797 zwischen Frankreich u. Österreich)
Cam|pus, der (Hochschulgelände)
Ca|mus, Albert (frz. Schriftsteller 1913-1960)
Ca|nail|le, die (Schurke, Gesindel); *a.* Kanaille
Ca|na|letto (ital. Maler 1697-1768)
Ca|na|pé (Sofa; belegtes Brotscheibchen); *a.* Kanapee
Ca|na|ris, Wilhelm (dt. Admiral 1887-1945)
Ca|na|sta, das (Kartenspiel)
Can|ber|ra (Hauptstadt v. Australien)
Can|can, der (Tanz)
can|ce|ro|gen (krebserzeugend); *a.* kanzerogen
cand. (*Abk. v.* candidatus, Kandidat)
Can|de|la (Einheit der Lichtstärke); *Abk.* cd
Can|di|da, die (Pilz); ~ albicans
Ca|net|ti, Elias (Schriftsteller 1905-1994)
Can|na, die (Pflanze)
Can|na|bis, der (Hanf)
Can|nae (Ort einer Schlacht in Italien)
Can|nel|lo|ni (*Pl.*) (Nudeln)
Cannes (Stadt in Frankreich)
Ca|ñon (*span.*) (Schlucht); *s. a.* Canyon
Ca|nos|sa (Burg in Italien)
Ca|nos|sa|gang
Ca|no|va, Antonio (ital. Bildhauer 1757-1822)
can|ta|bi|le (*Musik*: singend)
Can|ter|bury (Stadt in England)
Can|tha|ri|din (Gift aus Insekten); *a.* Kantharidin
Can|to, der (Gesang)
Can|tor, Georg (dt. Mathematiker 1845-1918)
Can|tus, der (Gesang); ~ firmus
Can|vas|sing, das (polit. Werbung an der Haustür)
Can|yon (*engl.* Schlucht); *s. a.* Cañon
Ca|pa, die (Umhang)
Cape, das (Umhang)
Ca|pe|a|dor (Stierkämpfer m. Capa)
Ča|pek, Karel (tschech. Schriftsteller 1890-1938)
ca|pi|to (*ital.* verstanden)

Ca|po|ne, Al (amerik. Gangster 1899-1947)
Ca|po|te, Truman (amerik. Schriftsteller 1924-1984)
Cap|puc|ci|no, der (Kaffee)
Ca|pre|se (Bewohner Capris)
ca|pre|sisch (*zu* Capri)
Ca|pri (Insel im Mittelmeer)
Ca|pric|cio, das (Phantasiestück in Musik, Literatur)
ca|pric|cio|so (*Musik*: launig)
Ca|pri|vi, Georg Leo von (dt. Reichskanzler 1831-1899)
Cap|ta|tio be|ne|vo|len|ti|ae *§ 15 (3)* (geneigt machende Textstelle)
Ca|put mor|tu|um (Eisenpigment)
Ca|ra|bi|nie|re (ital. Gendarm); *Pl.* -ri; *a.* Karabiniere
Ca|ra|cal|la (röm. Kaiser 188-217)
Ca|ra|cas (Hauptstadt v. Venezuela)
ca|ram|ba! (*span. Fluch*)
Ca|ra|vag|gio, Michelangelo da (ital. Maler 1573-1610)
Ca|ra|van (Wohn- oder Kombiwagen)
Ca|ra|va|ning
Car|bid, das (*chem.*); *a.* Karbid
Car|bo|nat, das; *a.* Karbonat
Car|bo|ne|um (Kohlenstoff); *chem. Zeichen* C
Car|cas|sonne (Stadt in Frankreich)
Car|ci|no|ma, das (Krebs); *s. a.* Karzinom; *Abk.* Ca.
Car|de|nal, Ernesto (nicarag. Dichter *1925)
Car|diff (Hauptstadt v. Wales)
Car|di|gan, der (Strickweste)
Car|duc|ci, Giosuè (ital. Dichter 1835-1907)
care of; *Abk.* c/o
Care|pa|ket; *a.* CARE-Paket
Ca|ri|o|ca, die (Tanz)
Ca|ri|tas (Wohltätigkeit; *a. kurz f.* Deutscher Caritasverband); *s.* Karitas
Carl (*Name schwed. Könige*)
Car|lyle, Thomas (engl. Schriftsteller 1795-1881)
Car|ma|gno|le (1. Revolutionslied; 2. Jakobinerjacke)
Car|mi|na Bu|ra|na (Liedersammlung a. Benediktbeuern)
Car|nal|lit, der (Mineral); *a.* Karnallit
Car|nap, Rudolf (dt.-amerik. Philosoph 1891-1970)
Car|né, Marcel (frz. Regisseur 1909-1996)
Car|ne|gie, Andrew (amerik. Unternehmer 1835-1919); ~ Hall
Car|net [de pas|sa|ges], das (Passierschein)
Ca|ros|sa, Hans (dt. Schriftsteller 1878-1956)
Ca|ro|tin, das (Farbstoff, Provitamin A); *a.* Karotin
Car|pac|cio, das
Car|ra|g[h]een, das (Algengelatine); *a.* Karrag[h]een
Car|ra|ra (Stadt in Italien; Marmor von dort)
car|ra|risch; carrarischer Marmor
Car|roll, Lewis (Charles Lutwidge Dodgson, engl. Schriftsteller 1832-98)
Car|stens, Karl (dt. Bundespräsident 1914-1992)
Carte [kart]; Carte blanche (Vollmacht); à la carte
Car|ter, Jimmy (James ~, Präsident der USA *1924)
car|te|si|a|nisch; *a.* kartesianisch
car|te|sisch; *a.* kartesisch
Car|te|si|us (Descartes)
Car|tha|min, das (Farbstoff); *a.* Karthamin
Car|toon, der/das (Witzzeichnung)
Car|too|nist
Ca|ru|so, Enrico (ital. Sänger 1873-1921)
car|ven (im Carvingstil Ski laufen); du carvst, gecarvt
Car|ving, das (Skitechnik)
Ca|sa|blan|ca (Stadt in Marokko)
Ca|sals, Pablo (span. Cellist 1876-1973)
Ca|sa|no|va, Giacomo (ital. Abenteurer 1725-1798)
Cä|sar, Gaius Iulius (röm. Politiker 100-44 v. Chr.); *a.* Caesar
Cä|sa|ren|wahn[|sinn] (Größenwahn bei Herrschern)
Cä|sa|ro|pa|pis|mus (Verbindung v. weltl. u. geistl. Macht)
Ca|se|in, das (Milcheiweiß); *a.* Kasein
cash (bar); cash and carry
Cash, das (Barzahlung)
Cash-and-car|ry-Klau|sel (Selbstabholung bei Barzahlung) *§ 13 (4)*
Ca|shew|nuß
Cash-flow, der (Überschuß)
Cä|si|um; *chem. Zeichen* Cs; *a.* Caesium (*chem.*), Zäsium
Cas|sa|ta, die (Eismischung)
Casse|grain...[-Teleskop *usw.*]
Cas|si|ni|sche Tei|lung (Teilung der Saturnringe) *§ 15 (7)*
Cas|sio|dor (Aurelius Cassiodorus, röm. Schriftsteller † 583)
Cas|si|rer, Ernst (dt. Philosoph 1874-1945)
Ca|stel Gan|dol|fo (Sommerresidenz d. Papstes bei Rom)
Ca|stor [und Pollux] (Sagengestalt[en])
Ca|stries (Hauptstadt v. St. Lucia)
Ca|stro [Ruz], Fidel (kuban. Politiker *1927)
Ca|sus, der (Fall); *a.* Kasus; *Pl.* Casus; *a.* Kasus
Ca|sus bel|li (Kriegsfall) *§ 15 (3)*
Ca|sus ob|li|quus (nichtnominativischer Fall)
Ca|sus rec|tus (Nominativ)
Cat|boot (Segelboot)
Catch-as-catch-can, das (Freistilkampfsport)
cat|chen; du catchst
Cat|cher

Ca|te|nac|cio, der (*Fußball*: Kette)
Ca|ter|pil|lar, der (Raupenschlepper)
Cat|gut, das (Darmsaite als Nähfaden); *a.* Katgut
Ca|ti|li|na, Lucius Sergius (röm. Politiker ~108-62 v. Chr.)
Ca|ti|nac|cio, der (Teil d. Dolomiten, „Rosengarten")
Ca|to, Marcus Porcius (röm. Politiker; ~ d. Ältere (234-149 v. Chr.), ~ d. Jüngere (95-46 v. Chr.)
ca|to|nisch (nach Art des Cato); Catonische Reden (Reden Catos) *§ 15 (7)*; *a.* katonisch
Catt|le|ya, die (Orchidee)
Ca|tull (Valerius Catullus, röm. Dichter ~84- ~54 v. Chr.)
Cau|dil|lo, der (*span.* Häuptling, *Titel von* F. Franco)
Cau|sa, die (Ursache, Rechtsgrund)
Cause cé|lè|bre, die (berühmter Fall)
Cau|se|rie (Plauderei)
Cau|seur (Plauderer)
Ca|va|lie|re, der (Ritter)
Ca|yenne (Hauptstadt v. Französisch-Guayana)
Ca|yenne|pfef|fer
CB-Funk (*nach* Citizen Band; freier Sprechfunk) *§ 13 (2)*
cbm (*Abk. v.* Kubikmeter) *§ 17 (2) Anm. 2*
CC (*Abk. v.* Corps consulaire) *§ 17 (2) Anm. 2*
ccm (*Abk. v.* Kubikzentimeter) *§ 17 (2) Anm. 2*
cd (*Abk. v.* Candela) *§ 17 (2) Anm. 2*
Cd (*chem. Zeichen f.* Cadmium)
CD (*Abk. v.* Corps diplomatique; Compact Disc) *§ 17 (2) Anm. 1*
CD-ROM, die; *s.* CD *u.* ROM; *a.* CD-Rom
CD-Spie|ler *§ 13 (2)*
CDU (*Abk. v.* Christlich Demokratische Union) *§ 17 (2) Anm. 1*
C-Dur; C-Dur-Tonleiter
Ce (*chem. Zeichen f.* Cer)
CE (*Abk. v.* Communauté Européenne) *§ 17 (2) Anm. 2*
Ceau|ses|cu, Nicolae (rum. Politiker 1918-1989)
CeBIT, die (EDV-Messe); *a.* Cebit
Ce|bu (Insel der Philippinen)
Ce|dil|le, die (Zeichenzusatz bei ç)
Ce|lan, Paul (Dichter 1920-1970)
Ce|le|bes (indones. Insel, Sulawesi)
Ce|le|sta, die (Tasteninstrument)
Ce|li|bi|da|che, Sergiu (rumän. Dirigent 1912-1996)
Cel|la (*med., architekt.* Kammer); *Pl.* Cellae
Cel|li|ni, Benvenuto (ital. Künstler 1500-1571)
Cel|list (Cellospieler)
Cel|lo, das (Violoncello)
Cel|lo|phan, das (Zellglas); *a.* Zellophan
Cel|lu|li|tis, die (Entzündung des Zellgewebes); *a.* Zellulitis
Cel|lu|loid, das (Kunststoff); *a.* Zelluloid
Cel|lu|lo|se, die (Zellstoff); *a.* Zellulose
Cel|si|us; *Abk.* C; 36°C *usw.*
Cel|tis, Konrad (dt. Gelehrter 1459-1508)
Cem|ba|list (Cembalospieler)
Cem|ba|lo, das (Tasteninstrument)
Ce|no|man, das (geolog. Stufe)
Cent, der; *Pl.* Cents; *Abk.* c, ct, cts
Cen|ta|vo, der (Währungseinheit)
Cen|ter, das (Einkaufszentrum)
Cen|te|si|mo, der (ital. Münze)
Cen|té|si|mo, der (span. Münze)
Cen|time, der (frz. Münze)
Cén|ti|mo (span. Münze)
Cen|tre Court, der (Tennishauptplatz)
Ce|phe|i|de, der (Sterntyp)
Cer, das; *chem. Zeichen* Ce
Ce|ram, C. W. (Kurt W. Marek, dt. Schriftsteller 1915-1972)
Cer|be|rus, der (Höllenhund, scharfer Wächter); *a.* Zerberus; *s. a.* Kerberos
Cer|cle, der (*frz.* Kreis)
Ce|re|a|lie, die (Feldfrucht); *a.* Zerealie
Ce|re|a|li|en (*Pl.*) (altröm. Fest)
Ce|re|bel|lum, das (*med.* Kleinhirn); *a.* Zerebellum
ce|re|bral (*med.* das Hirn betreffend); *a.* zerebral
ce|re|bro|spi|nal (*med.* Hirn und Rückenmark betreffend); *a.* zerebrospinal
Ce|re|brum, das (*med.* Gehirn); *a.* Zerebrum
Ce|res (röm. Göttin)
ce|rise (kirschrot); ein cerise[s] Kleid, in Cerise
CERN (*Abk. f.* Europäische Organisation f. Kernforschung) *§ 17 (2) Anm. 1*
Cer|van|tes [Saavedra], Miguel de (span. Dichter 1547-1616)
Cer|ve|lat, der (Wurst); *s. a.* Servelat, Zervelat
Cer|ve|lat|wurst; *s. a.* Servelatwurst, Zervelatwurst
Cer|vix, die (*med.* [Gebärmutter-]Hals); *a.* Zervix
ces, Ces (Tonart; *vgl.* a, A)
ce|te|ris pa|ri|bus (*lat.* unter sonst gleichen Umständen)
ce|te|rum cen|seo (*lat.* im übrigen meine ich); das Ceterum censeo (ständige Mahnung)
Ce|vap|ci|ci (*Pl.*) (Hackfleischröllchen); *serb.* Ćevapčići
Ce|ven|nen (*Pl.*) (Gebirge in Frankreich)
Cey|lon (*älterer Name v.* Sri Lanka)
Cey|lo|ne|se
cey|lo|ne|sisch

Cé|zanne, Paul (frz. Maler 1839-1906)
cf (*Abk. v.* cost and freight) *§ 17 (2) Anm. 2*
Cf (*chem. Zeichen f.* Californium)
cf. (*Abk. v.* confer = vgl.)
cg (*Abk. v.* Zentigramm) *§ 17 (2) Anm. 2*
CGS-Sy|stem (*Abk. v.* Zentimeter-Gramm-Sekunde-System) *§ 13 (2), § 17 (2) Anm. 1*
C. H. (*Abk. v.* Confoederatio Helvetica); *Kfz.-Kennzeichen* CH
Cha|ba|rowsk (Stadt in Rußland)
Cha|blis, der (frz. Wein)
Cha|brol, Claude (frz. Regisseur *1930)
Cha-Cha-Cha, der (Tanz)
Cha|conne, die (alter Tanz); *s. a.* Ciacona
Chad|wick, James (engl. Physiker 1891-1974)
Cha|gall, Marc (russ. Maler 1887-1985)
Cha|grin, der (Kummer)
Cha|grin, das (Leder)
cha|gri|nie|ren (narben)
Chai|ne, die (Kettfaden)
Chair|man; *Pl.* Chairmen
Chai|se, die (Kutsche, Sessel)
Chai|se|longue, die (Polsterliege)
Chal|däa ([Teil von] Babylonien)
Chal|dä|er
chal|dä|isch
Cha|let, das (Landhaus)
Chal|ke|don (antike Stadt)
Chal|ki|di|ke (Halbinsel in Griechenland)
chal|ko|gen
Chal|ko|gen, das (Bez. f. chem. Elemente e. best. Gruppe)
Chal|ko|li|thi|kum, das (späte Jungsteinzeit)
Chal|ze|don, der (Mineral)
Cha|ma|de, die (Rückzugssignal); *a.* Schamade
Cha|mä|le|on, das (Echse)
Cham|ber|lain, Arthur Neville (engl. Politiker 1869-1940)
Cham|bre sé|pa|rée, das (intimes Nebenzimmer)
Cha|mis|so, Adelbert von (dt. Dichter 1781-1838)
cha|mois (gamsfarben); ein Kleid in Chamois
Cha|mois, das
Cham|pa|gne, die (Landschaft in Frankreich)
Cham|pa|gner (Schaumwein)
cham|pa|gner|far|ben
Cham|pi|gnon, der (Pilz)
Cham|pi|on (*engl., frz.*) (Meister)
Cham|pi|o|nat, das
Cham|pol|lion, Jean François (frz. Ägyptologe 1790-1832)
Champs-Ély|sées (*Pl.*) Prachtstraße in Paris)
Chan (*Herrschertitel*); *a.* Khan
Chan|ce
chan|cen|los
Chand|ler, Raymond (amerik. Schriftsteller 1888-1959)
Chang|chun (Stadt in China)
Change, der (Geldwechsel)
chan|geant (schillernd)
Chan|geant, der (schillernder Stoff)
chan|gie|ren (schillern)
Chan|son, das/die (Lied); die Chanson de geste *§ 15 (3)*
Chan|so[n]|net|te, die (Liedchen, Sängerin)
Chan|son|ni|er, der (Liederbuch; Sänger)
Cha|nuk|ka, die (jüd. Fest)
Cha|os, das
Cha|ot, der (Radikaler); *Pl.* Cha|o|ten
cha|o|tisch
Cha|pel|loise, die (frz. Tanz)
Cha|peau, der (Hut)
Cha|peau claque, der (Zylinderhut)
Cha|pi|teau, das (Zirkuszelt)
Chap|lin, Charlie (engl. Schauspieler 1889-1977)
chap|li|nesk (nach Art Chaplins)
Cha|ra|de, die (Worträtsel); *a.* Scharade
Cha|rak|ter (Wesensart); *Pl.* Charaktere
cha|rak|ter|fest
cha|rak|te|ri|sie|ren
Cha|rak|te|ri|stik
Cha|rak|te|ri|sti|kum
cha|rak|te|ri|stisch
Cha|rak|te|ro|lo|gie (Persönlichkeitspsychologie)
cha|rak|te|ro|lo|gisch
Char|ge, die (Füllmenge; Rolle)
char|gie|ren (als Chargierter auftreten)
Char|gier|te, der (Amtsträger einer Studentenverbindung)
Cha|ris (Göttin, Grazie); *Pl.* Chariten, Charitinnen
Cha|ris|ma, das (persönliche Ausstrahlung)
cha|ris|ma|tisch
Cha|ri|té, die (Kliniksname)
Cha|ri|tin; vgl. Charis
Cha|ri|va|ri, das (Uhrschmuck; Allerlei)
Char|kow (Stadt in der Ukraine)
Charles, Prince of Wales (engl. Kronprinz *1948)
Charles|ton, der (Tanz)
Char|lot|ten|burg
char|mant; *a.* scharmant
Charme, der (Reiz); *a.* Scharm
Char|meur
Char|meuse, die (Gewirkart)
char|mie|ren; *a.* scharmieren
Cha|ron (1. Sagengestalt; 2. Mond des Pluto)
Char|ta (Urkunde)
Char|te (*frz.*) (Urkunde)
Char|ter, der (*engl.*) (Charta, Miete e. Flugzeugs usw.)
Char|ter...[flug *usw.*]
Char|te|rer
char|tern; du charterst; gechartert
Char|tres (Stadt in Frankreich)
Char|treuse, der (Likör)
Char|treuse, die (Teil der

Alpen)
Charts (*Pl.*) (Hitliste; Börsenkursverlauf)
Cha|ryb|dis, die (sagenhafter Meeresstrudel)
Chas|si|dim (Anhänger des Chassidismus)
Chas|si|dis|mus (Zweig der jüd. Religion)
Chas|sis, das (Fahrgestell)
Cha|su|ble, der (Überkleid)
Chat, der (Plauderei [im Internet])
Châ|teau, das (Schloß, Landhaus, Weingut)
Cha|teau|bri|and, François (frz. Schriftsteller 1768-1848)
Cha|teau|bri|and, das (gebrat. Rindssteak)
Cha|tscha|tur|jan, Aram (armen. Komponist 1903-1978)
chat|ten; du chattest; gechattet (*zu* Chat)
Chau|cer, Geoffrey (engl. Dichter ~1340-1400)
Chau|deau, das (Weinsauce)
Chauf|feur; *a.* Schofför
chauf|fie|ren; *a.* schoffieren
Chaus|see; *Pl.* Chaus|seen
Chau|vi (*kurz f.* Chauvinist *im Sinne v.* Frauenverächter)
Chau|vi|nis|mus (radikaler Nationalismus; Männlichkeitswahn)
Chau|vi|nist (1. extremer Nationalist; 2. Frauenverächter)
chau|vi|ni|stisch
Check (1. Scheck [*schweiz.*]; 2. *im Sport* Behinderung)
checken (kontrollieren; verstehen) [k|k]
Check|li|ste
Check|point (Kontrollstelle)
Check-up, der (Vorsorgeuntersuchung)
chee|rio! (zum Wohl!)
Chef
Chef de mis|sion (Delegationsleiter) *§ 15 (3)*
Chei|ron (ein Kentaur); *s. a.* Chiron
Che|mie
Che|mi|graph
Che|mi|gra|phie (Druckplattenätzung)
Che|mi|ka|lie
Che|mi|kant (Chemiefacharbeiter)
Che|mi|ker
Che|mi|née, das (Kamin)
che|misch; chemisch-technisch
Che|mise, die (Hemdbluse)
Che|mi|sett, das (Hemdbrust)
Ch|emi|set|te, die (Hemdbrust)
Che|mis|mus
Chem|nitz (Stadt in Sachsen; zeitweise Karl-Marx-Stadt)
che|mo|tak|tisch
Che|mo|ta|xis, die (Bewegung auf chem. Reize)
Che|mo|the|ra|peu|ti|kum
che|mo|the|ra|peu|tisch
Che|mo|the|ra|pie (Behandlung mit chem. Arzneien)
Cheng|du (Stadt in China)
Che|nil|le, die (Garn)
Chen|nai (Stadt in Indien); *s. a.* Madras
Cheops (Pharao ~2551-2528 v. Chr.)
Che|ops|py|ra|mi|de
Cher (amerik. Sängerin u. Schauspielerin *1946)
Cher|bourg (Stadt in Frankreich)
Che|ri|mo|ya, die (Obstbaum)
Che|ro|kee (Indianer)
Cher|ry Bran|dy (Kirschlikör)
Che|rub (Engel); *Pl.* Cherubim
Che|ru|bi|ni, Luigi (ital. Komponist 1760-1842)
che|ru|bi|nisch; der Cherubinische Wandersmann (Sammelwerk von Angelus Silesius)
Che|rus|ker (germ. Stamm)
Che|ster (Stadt in England)
Che|ster|kä|se
Che|ster|ton, Gilbert Keith (engl. Schriftsteller 1874-1936)
che|va|le|resk (ritterlich)
Che|va|li|er (Ritter, Adliger)
Che|vi|ot, der (Gewebe)
Che|vreau|le|der
Che|vron, der (Abzeichen; Gewebe)
Che|vy-Chase-Stro|phe
Chey|enne (Indianervolk)
Chi (der griech. Buchstabe χ, X)
Chiang Kai-shek (chines. Politiker 1887-1975); *a.* Tschiang Kai-schek
Chi|an|ti, der (ital. Rotwein)
Chiar|os|cu|ro, das (Helldunkel); *s. a.* Clair-obscur
Chi|as|mus (Überkreuzstellung)
chi|a|stisch (*zu* Chiasmus)
chic (*frz.*); *a.* schick {*gebeugte Formen besser vom deutschen Adjektiv:* ein schickes Kleid}
Chic, der; *a.* Schick
Chi|ca|go (Stadt in den USA)
Chi|ca|go-Stil (Jazz-Stil)
Chi|ca|no (Angehöriger einer spanischsprach. Minderheit in den USA)
Chi|chi, das (affekt. Gehabe)
Chi|co|rée, der/die (Pflanze)
Chiem|see (See in Bayern)
Chif|fon, der (Seidenstoff)
Chif|fre, die (Zeichen)
chif|frie|ren (verschlüsseln)
Chi|gnon, der (Frisur)
Chi|hua|hua (1. Staat u. Stadt in Mexiko; 2. Hunderasse)
Chi|le (Staat in Südamerika)
Chi|le|ne
chi|le|nisch
Chi|le|sal|pe|ter (Dünger)
Chi|li, der (Gewürz); ~ con carne (Fleischgericht)
Chi|li|as|mus (Lehre vom Tausendjährigen Reich)
Chi|li|ast
chi|li|a|stisch
Chi|mä|re, die (Fabelwesen, Einbildung); *a.* Schimäre
chi|mä|risch
Chim|bo|ra|zo, der (Berg in Ecuador)
Chi|na
Chi|na|kohl

Chi|na|rin|de
Chin|chil|la, das/die (Pelztier)
Chi|ne|se
chi|ne|sisch; auf ~; die Chinesische Mauer *§ 15 (7)*
Chi|ne|sisch, das; auf chinesisch sprechen
Chi|ne|si|sche, das
Chi|nin, das (Fiebermittel)
Chi|noi|se|rie (Gegenstand in chines. Stil)
Chintz, der (Glanzgewebe)
Chip, der (Halbleiterplättchen, fritierte Kartoffelscheibe, Spielmarke); *Pl.* Chips
Chip|pen|dale, das (Möbelstil)
Chir|agra, das (Handgicht)
Chi|ro|lo|gie (Handlesekunst)
Chi|ro|mant
Chi|ro|man|tie (Weissagung aus der Hand)
Chi|ron (ein Kentaur); *s. a.* Cheiron
Chi|ro|prak|tik (*med.* Einrenkungsverfahren)
Chi|ro|prak|ti|ker
Chir|urg, Chi|rurg
Chir|ur|gie, Chi|rur|gie
chir|ur|gisch, chi|rur|gisch
Chi|tin, das (Gerüststoff v. Insekten usw.)
Chi|ton, der (antikes Hemd)
Chit|ta|gong (Stadt in Bangladesch)
Chlad|ni|sche Klang|fi|gur (Schwingungsmuster) *15 (7)*
Chla|mys, die (antiker Mantel)
Chlod|wig (Frankenkönig 466-511)
Chlor, das (chem. Zeichen Cl)
Chlo|ral, das (ein Aldehyd)
chlo|ren; du chlorst
Chlo|rid, das (chem. Stoff)
chlo|rie|ren
chlo|rig
Chlo|rit, das (chem. Stoff)
Chlo|ro|form, das (Narkosemittel)
chlo|ro|for|mie|ren
Chlo|ro|phyll, das (Blattgrün)
Chlo|ro|quin, das (Malariamittel)
Chlo|ro|se, die (Bleichsucht)
Cho|der|los de La|clos, Pierre (frz. Schriftsteller 1741-1803)
Cho|do|wi|ec|ki, Daniel (dt. Kupferstecher 1726-1801)
Choke, der (Teil des Vergasers); *s. a.* Choker
Cho|ker (Teil des Vergasers); *s. a.* Choke
Cho|le|ra, die (Darmkrankheit)
Cho|le|ri|ker (jähzorniger Mensch)
cho|le|risch
Cho|le|ste|rin, das (Cholesterol)
Cho|le|ste|rol, das (chem. Verbindung im Blut)
Chol|iam|bus (Hinkiambus, ein Vers)
Cho|mei|ni; *a.* Khomeini (iran. Politiker 1900-1989)
Chom|sky, Noam (amerik. Linguist *1928)
Cho|pin, Frédéric (poln. Komponist 1810-1849)
Chop|per (Motorrad)
Chop-suey, das (chin. Gericht)
Chor, der
Chor...[knabe *usw.*]
Cho|ral, der
Chor|da, die (Saite); ~ dorsalis (Rückensaite v. Tieren)
Cho|rea, die (Reigen; *med.* Veitstanz)
Cho|reo|graph
Cho|reo|gra|phie (Vorlage oder Einrichtung von Tänzen)
cho|reo|gra|phie|ren
cho|reo|gra|phisch
Cho|reut, der (Chortänzer)
Chor|iam|bus (antiker Vers)
cho|risch
Cho|rus (*Jazz*: Grundmelodie)
Cho|se, die; *a.* Schose
Chow-Chow, der (Hunderasse)
Chre|sto|ma|thie (didaktische Textsammlung)
Chré|tien de Troyes (frz. Dichter vor 1135- vor1190)
Chri|sam, das/der (Salböl)
Chris|ma, das (Chrisam)
Christ
Christ...[baum *usw.*]
Christ|de|mo|krat
Chri|sten|heit
Chri|sten|tum
Chri|sti|an (*Name dänischer Könige*)
chri|sti|a|ni|sie|ren
Chri|stian Sci|ence; Christliche Wissenschaft (Freikirche)
Chri|stie, Agatha (engl. Schriftstellerin 1890-1976)
Chri|stie's (engl. Auktionshaus)
Christ|kind
christ|lich; Christlich Demokratische Union Deutschlands; *Abk.* CDU; Christlich Soziale Union Deutschlands; *Abk.* CSU
Christ|met|te, die
Chri|sto (amerik. Künstler *1935)
Chri|sto|lo|gie (Lehre von Christus)
chri|sto|lo|gisch
Chri|sto|pho|rus (Heiliger)
Chri|stus; Jesus ~
Chrom, das; *chem. Zeichen* Cr
Chro|ma|tik, die (Stammtonversetzung)
chro|ma|tisch
Chro|mo|som, das (Kernschleife d. Erbsubstanz)
Chro|mo|sphä|re (Schicht der Sonnenatmosphäre)
Chro|nik (Geschichtswerk)
Chro|nique scan|da|leuse (Klatschgeschichte)
chro|nisch (lang anhaltend)
Chro|nist
Chro|no|graph, der (Zeitaufzeichnungsgerät)
Chro|no|gra|phie
chro|no|gra|phisch
Chro|no|lo|gie (Zeitfolge; Datierungslehre)
chro|no|lo|gisch
Chro|no|me|ter, das (Uhr)
chro|no|me|trisch
Chru|schtschow, Nikita (sowjet. Politiker 1894-1971)
Chrys|an|the|me, die (Blume)

Chrys|an|the|mum
Chrys|ipp (griech. Philosoph † 205)
Chry|so|be|ryll, der (Mineral)
Chry|so|lith, der (Mineral)
Chry|so|pras, der (Mineral)
Chry|so|sto|mos, Johannes (Kirchenlehrer 344/45-407)
chtho|nisch (unterirdisch, unterweltlich)
Chur (Stadt in der Schweiz)
Chur|chill, Winston (engl. Politiker 1874-1965)
Chut|ney, das (Würze)
Chuz|pe, die (Frechheit)
Chy|mo|sin, das (Ferment)
Chy|mus, der (Magenbrei)
Cia|bat|ta, die (Weißbrot)
Cia|co|na, die (alter Tanz); *s. a.* Chaconne
Cia|no, Galeazzo (ital. Politiker 1903-1944)
ciao! (Abschiedsgruß)
Ci|ce|ro, Marcus Tullius (röm. Politiker u. Schriftsteller 106-43 v. Chr.)
Ci|ce|ro|ne (Fremdenführer)
ci|ce|ro|ni|a|nisch (*zu* Cicero)
ci|ce|ro|nisch (*zu* Cicero)
Ci|cis|beo (Begleiter e. Dame)
Cid, El (span. Held)
Ci|dre, der (frz. Apfelwein)
Cie. (*Abk. v.* Compagnie = Co.)
cif (*Abk. v.* cost, insurance, freight) *§ 17 (2) Anm. 2*
CIM (*Abk. v.* computer integrated manufacturing) *§ 17 (2) Anm. 1*
Ci|ma|ro|sa, Domenico (ital. Komponist 1749-1801)
Ci|ne|ast (Filmkenner)
ci|ne|a|stisch
Ci|ne|cit|tà (Filmstudios bei Rom)
Ci|ne|ma|scope, das (Breitwandverfahren)
Ci|ne|ma|thek (Filmarchiv); *s. a.* Kinemathek
Cin|na, Lucius Cornelius (röm. Politiker ~130-84 v. Chr.)
Cin|que|cen|to, das (das 16. Jahrhundert in Italien)
CIP (*Abk. v.* cataloguing in publication) *§ 17 (2) Anm. 1*
cir|ca; *a.* zirka; *Abk.* ca.
Cir|ce (*lat.*) (myth. Zauberin); *s. a.* Kirke (*griech.*)
cir|cen|sisch (den Zirkus betreffend); *a.* zirzensisch
Cir|cuit trai|ning (Sport) *§ 15 (3)*
Cir|cu|lus vi|ti|o|sus (Zirkelschluß, Teufelskreis)
Cir|cus; *a.* Zirkus; Circus maximus (röm. Bauwerk)
cis|al|pin (diesseits der Alpen); *a.* zisalpin
cis, Cis (Ton); *vgl.* a, A
Cis|kei (Region in Südafrika)
Cî|teaux (Kloster bei Dijon)
Ci|toy|en (Bürger)
Ci|trat, das (Salz der Zitronensäure); *a.* Zitrat
Ci|trin, der (Mineral); *a.* Zitrin
Ci|ty, die (Stadt, Innenstadt)
Ci|vet, das (Wildragout)
Ci|vi|tas, die (*lat.*) (Bürgerschaft): ~ Dei (Gottesstaat)
cl (*Abk. v.* Zentiliter) *§ 17 (2) Anm. 2*
Cl (*chem. Zeichen f.* Chlor)
Claim, das (Anspruch, Schürfrecht)
Clair, René (frz. Regisseur 1898-1981)
Clair-ob|scur, das (Helldunkel); *s. a.* Chiaroscuro
Clair|vaux (Abtei in Frankreich); Bernhard von ~
Clan, der (Sippe)
Clap|ton, Eric (engl. Musiker *1945)
Claque, die (bestellte Beifallgruppe)
Cla|queur (bestellter Beifallklatscher)
Cla|ri|no, das (Trompete, Orgelregister)
Clau|del, Paul (frz. Schriftsteller 1868-1955)
Clau|di|us (röm. Kaiser 10 v. Chr-54 n. Chr.)
Clau|di|us, Matthias (dt. Dichter 1740-1815)
Clau|se|witz, Carl von (preuß. General u. Schriftsteller 1780-1831)
Cla|vi|cem|ba|lo, das (Cembalo)
Cla|vi|cu|la, die (Schlüsselbein); *a.* Klavikula
Clay, Cassius (Muhammad Ali, amerik. Boxer *1942); Lucius ~ (amerik. General 1897-1978)
clean [kli:n] (suchtfrei)
Clea|ring, das (Verrechnung)
Clea|ring|stel|le
Cle|ma|tis, die (Waldrebe); *a.* Klematis
Cle|men|ceau, Georges (frz. Politiker 1841-1929)
Cle|men|ti, Muzio (ital. Komponist 1752-1832)
Cle|men|ti|ne, die (kernlose Mandarine); *a.* Klementine
Clerk (*engl.*) (Beamter; anglikan. Geistlicher)
Cler|mont-Fer|rand (Stadt in Frankreich)
cle|ver (klug)
Cle|ver|neß, die
Cli|ché, das (Druckstock, Abklatsch; *übertr.* Vorurteil); *a.* Klischee
Client, der (*EDV*)
Clinch, der (Umklammerung b. Boxen); im ~ liegen
clin|chen (umklammern)
Clin|ton, Bill (Präsident der USA *1946)
Clip, der (Ohrschmuck, Videoclip); *s. a.* Klipp
Clip|per, der (Flugzeug); *aber* Klipper (Segelschiff)
Cli|que, die (Personenkreis)
Cli|via, die (Zierpflanze); *s. a.* Klivie
Clo|chard, der (Stadtstreicher)
Clog, der (Holzschuh)
Cloi|son|né, das (Schmelzmalerei)
Clo|qué, der (Kreppgewebe)
Cloth, der/das (Baumwollstoff)
Clou, der (Höhepunkt)
Clou|zot, Georges (frz. Regis-

seur 1907-1977)
Clown, der
Clow|ne|rie, die
clow|nesk
Club, der [klab]; *s. a.* Klub
Clu|ni|a|zen|ser (christl. Reformer, *nach* Cluny); *a.* Kluniazenser
Clu|ny (Abtei in Frankreich)
Clu|ster, der/das (Zusammenballung)
cm (*Abk. v.* Zentimeter) *§ 17 (2) Anm. 2*
Cm (*chem. Zeichen f.* Curium)
cm² (*Abk. v.* Quadratzentimeter) *§ 17 (2) Anm. 2*
cm³ (*Abk. v.* Kubikzentimeter) *§ 17 (2) Anm. 2*
C+M+B (*Abk. v.* Christus mansionem benedicat; *gedeutet als* Caspar, Melchior und Balthasar)
cmm (*Abk. v.* Kubikmillimeter) *§ 17 (2) Anm. 2*
c-Moll *§ 13 (2)*; c-Moll-Tonleiter *§ 13 (3)*
cm/s (*Abk. v.* Zentimeter pro Sekunde)
c/o (*Abk. v.* care of)
Co (*chem. Zeichen f.* Kobalt)
Co; *a.* Co. (*Abk. v.* Compagnie) *§ 17 (2) Anm. 1*
Coach, der (Trainer)
coa|chen; du coachst
Coat, der (Mantel)
Co|bal|tum (*chem.*) (Kobalt); *chem. Zeichen* Co
Cobb|ler, der (Cocktail)
COBOL (Programmiersprache)
Co|burg (Stadt); Veste Coburg (Burganlage in Coburg)
Co|ca, die (Kokastrauch); *a.* Koka; *a. kurz f.* Coca-Cola
Co|ca-Co|la, das/die
Co|che|nil|le, die (Farbstoff); *a.* Koschenille
Co|chin|chi|na (südl. Vietnam); *a.* Kotschinchina
Co|chon|ne|rie (Schweinerei)
Cocker|spa|ni|el, der (Hunderasse) [k|k]
Cock|ney, das (Londoner Dialekt)
Cock|pit, das (Pilotenkabine; Sitzraum auf Booten)
Cock|tail, der (alkoh. Getränk)
Coc|teau, Jean (frz. Künstler 1889-1963)
Co|da, die (Schlußteil); *a.* Koda
Code, der (Zeichensystem, Dechiffrierschlüssel); *a.* Kode
Code ci|vil, der (frz. bürgerl. Gesetzbuch)
Co|de|in, das (Beruhigungsmittel); *a.* Kodein
Code Na|po|lé|on (Code civil)
Code-swit|ching, das (Sprachwechsel)
Co|dex, der (Gesetzestext, Handschriftensammlung); *a.* Kodex
co|die|ren; *a.* kodieren
Cof|fe|in, das; *a.* Koffein
co|gnac; ein Kleid in Cognac
Co|gnac (Weinbrand aus Cognac); *s. aber* Kognak
co|gnac|far|ben
Co|gno|men, das (Beiname); *a.* Kognomen
Coif|feur (Friseur)
Coif|feu|se (Friseurin)
Coif|fure, die (Frisur, Frisierkunst, Frisiersalon)
Co|ir, das (Kokosfaser)
Co|itus, der (Beischlaf); *a.* Koitus
Coke, das (Coca-Cola)
col. (*Abk. f.* Spalte)
Co|la, die/das (Coca-Cola [oder anderes Colagetränk])
Col|bert, Jean-Baptiste (frz. Politiker 1619-1683)
Col|chi|cin, das (Gift der Herbstzeitlose); *a.* Kolchizin
Cold Cream, die (kühlende Hautcreme)
Cole|ridge, Samuel (engl. Schriftsteller 1772-1834)
Co|lette, Sidonie-Gabrielle (frz. Schriftstellerin 1873-1954)
Col|la|ge, die (Kunstwerk aus verschiedenen Stoffen)
col|la|gie|ren
coll' ar|co (*Musik*: mit dem Bogen)
Col|le|ge, das (*engl.*) (Schule)
Col|lè|ge, das (*frz.*) (Schule)
Col|le|gi|um (Studienvereinigung); ~ musicum
col le|gno (*Musik*: mit dem Holz [des Bogens])
Col|li|co, der (Metallfaltkiste)
Col|li|co-Ki|ste
Col|lie, der (Hunderasse)
Col|lier, das (Halsband); *a.* Kollier
Col|lo|qui|um, das (fachl. Gruppen-, Prüfungsgespräch); *a.* Kolloquium
Co|lom|bo (Hauptstadt v. Sri Lanka)
Co|lón, der (Währung von Costa Rica)
Co|lo|nel (*engl., frz.*) (Oberst)
Co|lon|na (röm. Adelsfamilie)
Co|lo|ra|do (Bundesstaat der USA); *Abk.* Col.
Co|lo|ra|do|kä|fer (Kartoffelkäfer)
Colt, der (Revolver)
Com|bine, die (Erntemaschine); *a.* Kombine
Com|bo, die (Musikkapelle)
Come|back, das (Neubeginn)
COMECON, Comecon (*Abk. v.* Council for Mutual Economic Assistance = Rat für gegenseitige Wirtschaftshilfe, *s.* RGW) *§ 17 (2) Anm. 1*
Co|me|dy, die (witzige Show)
Co|me|ni|us, Johann Amos (tschech. Pädagoge 1592-1670)
Co|mer See (See in Italien)
Co|mes, der (*lat.* Begleiter; *Musik*: 2. Stimme der Fuge); *Pl.* Comites
Co|mic, der (*kurz f.* Comic strip)
Co|mic|heft
Co|mic strip, der
Co|ming-out, das (Bekenntnis zur Homosexualität)
comme ci, comme ça

Com|me|dia dell' ar|te (Stegreifkomödie) *§ 15 (3)*
comme il faut (musterhaft)
Com|mis vo|ya|geur (Handlungsreisender) *§ 15 (3)*
com|mo|do (*Musik*: ruhig); *a.* comodo
Com|mon sense, der (gesunder Menschenverstand)
Com|mon|wealth, das ([ehem. britische] Staatengemeinschaft
Com|mu|ni|qué, das (amtl. Erklärung); *a.* Kommuniqué
Com|mu|nis opi|nio (herrschende Meinung) *§ 15 (3)*
co|mo|do (*Musik*: ruhig); *a.* commodo
Com|pact Disc; *Abk.* CD
Com|pa|gnie (Handelsgesellschaft); *Abk.* Cie.; *s. a.* Kompanie
Com|pa|gnon; *a.* Kompagnon
Com|piègne (Stadt in Frankreich; Ort d. Waffenstillstands im 1. und 2. Weltkrieg)
Com|pi|ler, der (*EDV* Übersetzungsprogramm)
Com|po|sé, der (Gewebe)
Com|po|ser (Satzmaschine)
Com|pu|ter
Com|pu|ter...[spiel *usw.*]
com|pu|ter|ge|steu|ert
com|pu|ter|ge|stützt
com|pu|te|ri|sie|ren
com|pu|tern
Com|pu|ter|to|mo|gra|phie (Röntgenverfahren); *Abk.* CT
Comte, Auguste (frz. Philosoph 1798-1857)
Com|tesse (Gräfin); *s. a.* Komteß, Komtesse
Co|na|kry (Hauptstadt v. Guinea)
con brio (*Musik*: mit Feuer)
Con|cept-art, die (Kunststil)
Con|cer|ti|no, das (Solistengruppe; Konzertstück)
Con|cer|to gros|so, das (Barockkonzertform)
Con|cha (Halbkuppel, *a. anatom.*); *a.* Koncha
Con|cierge, der *bzw.* die (Hausmeister[in])
Con|clu|sio, die (Schlußfolgerung)
Con|corde, die (Flugzeugtyp)
Con|di|cio si|ne qua non, die (notwendige Bedingung); *a.* Conditio ...
Con|dil|lac, Étienne Bonnot de (frz. Philosoph 1714-1780)
Con|di|tio si|ne qua non, die (notwendige Bedingung); *a.* Condicio ...
Con|dor|cet, Antoine de (frz. Philosoph 1743-1794)
Con|dot|tie|re (Söldnerführer); *a.* Kondottiere
con es|pres|si|o|ne (*Musik*: ausdrucksvoll)
conf., confer (= cf.) (vergleiche)
Con|fé|rence, die (Ansage b. Kabarett u. ä.); *s. a.* Konferenz
Con|fé|ren|cier, der
Con|fes|sio, die (Bekenntnis); ~ Augustana; ~ Helvetica
Con|fi|te|or, das (Sündenbekenntnis)
Con|foe|de|ra|tio Hel|ve|ti|ca (Schweizer Eidgenossenschaft); *Abk.* CH
con for|za (*Musik*: kraftvoll)
con fu|o|co (*Musik*: mit Feuer)
con mo|to (*Musik*: bewegt)
Con|nais|seur (Kenner)
Con|nec|ti|cut (Bundesstaat der USA); *Abk.* Conn.
Con|ne|ry, Sean (schott. Schauspieler *1930)
Con|rad, Joseph (engl. Schriftsteller 1857-1924)
Con|se|cu|tio tem|po|rum, die (*sprachwiss.* Zeitenfolge) *§ 15 (3)*
Con|si|li|um, das (Rat); ~ ab|eun|di *§ 15 (3)*
Con|som|mé, das/die (Brühe)
con sor|di|no (*Musik*: gedämpft)
con spi|ri|to (*Musik*: geistvoll)
Con|stable, John (engl. Maler 1776-1837)
Con|struc|tio ad sen|sum, die (grammat. Form, die dem Sinn folgt) *§ 15 (3)*
Con|struc|tio ka|ta syn|esin (= C. ad sensum) *§ 15 (3)*
Con|tai|ner, der (Behälter)
Con|tai|ner...[schiff *usw.*]
Conte, die (*frz.* Erzählung)
Con|te, der (*ital.* Graf)
Con|te|nance, die (Haltung)
Con|ter|gan, das (Medikament, Thalidomid)
Con|ti|nuo, der (Generalbaß)
con|tra; *a.* kontra
Con|tra|dic|tio in ad|jec|to, die (Widerspruch im Beiwort)
Con|tre|danse, der/die (Tanz)
Con|trol|ler, der (Kostenplaner)
Con|trol|ling, das (Unternehmensüberwacher)
Con|vent, der (Versammlung); *a.* Konvent
Con|vey|er, der (Förderanlage)
Cook, James (engl. Seefahrer 1728-1779)
Coo|kie, das (Plätzchen; *a. übertr.* Textdatei)
cool; Cool Jazz
Coo|per, Gary (amerik. Schauspieler 1901-1961); James Fenimore ~ (amerik. Schriftsteller 1789-1851)
Co|pán (Mayastadt)
Co|pi|lot; *a.* Kopilot
Cop|land, Aaron (amerik. Komponist 1900-1990)
Cop|po|la, Francis (amerik. Regisseur *1933)
Co|py|right, das (Urheberrecht)
co|ram pu|bli|co (öffentlich)
Cord, der (geripptes Gewebe); *a.* Kord
Cór|do|ba (Stadt in Spanien)
Cor|don bleu, das (gefülltes Schnitzel)
Cor|don sa|ni|taire (Staatengürtel [zur Eindämmung])
Core, das (Reaktorkern)
Co|rel|li, Arcangelo (ital. Komponist 1653-1713)
Co|rinth, Lovis (dt. Maler

1858-1925)
Co|ri|o|lis-Kraft (*physikal.* Trägheitseffekt)
Cor|nea, die (Augenhornhaut); *a.* Kornea
Cor|ned beef, das (Dosenrindfleisch) *§ 15 (3)*
Cor|neille, Pierre (frz. Dichter 1606-1684)
Cor|ne|li|us, Peter (dt. Komponist 1783-1867)
Cor|ner, der (Eckball)
Cor|net|to, das (Blasinstrument)
Corn-fla|kes, Cornflakes (*Pl.*)
Cor|ni|chon, das (Gürkchen)
Corn|wall (Region in England)
Co|rot, Camille (frz. Maler 1796-1875)
Corps, das ([student.] Verband); *a.* Korps
Corps con|su|laire, das (konsularisches Corps); *Abk.* CC
Corps di|plo|ma|tique; *Abk.* CD
Cor|pus, das/der (Körper, *a. übertr.*; Textmasse); *a.* Korpus; *Pl.* Corpora, Korpora
Cor|pus Chri|sti (Leib Christi = Kirche)
Cor|pus de|lic|ti, das (Beweisstück) *§ 15 (3)*
Cor|pus ju|ris, das (Gesetzbuch) *§ 15 (3)*
Cor|reg|gio (Antonio Allegri, ital. Maler 1489-1534)
Cor|ri|da [de to|ros], die (Stierkampf)
cor|ri|ger la for|tune (dem Glück [durch Falschspiel] nachhelfen)
Cor|so, der (Umzug, Straße); *a.* Korso
Cor|tes (*Pl.*) (span. Parlament)
Cor|tés, Hernán (span. Eroberer 1485-1547)
Cor|ti|sche Or|gan, das (Teil d. Gehörs) *§ 15 (7), Anm. 2, § 25 (1), Anm. 6*
Cor|ti|son, das (Hormon); *a.* Kortison
cos (*Abk. v.* Cosinus, Kosinus) *§ 17 (2) Anm. 2*
Co|sa No|stra, die (Mafia)
co|sec (*Abk. v.* Cosecans; Kosecans) *§ 17 (2) Anm. 2*
Co|sta Bra|va, die (Region in Spanien)
Co|sta Ri|ca (Staat in Mittelamerika)
Co|sta|ri|ca|ner
co|sta|ri|ca|nisch
Cost|ner, Kevin (amerik. Schauspieler *1955)
cot (*Abk. v.* Cotangens, Kotangens) *§ 17 (2) Anm. 2*; *s. a.* ctg
Côte d'Azur, die (frz. Riviera)
Côte d'Or, die (Region in Frankreich)
CO-Test (Kohlenmonoxid-Test) *§ 13 (2)*
cotg (*Abk. v.* Cotangens, Kotangens) *§ 17 (2) Anm. 2*; *s. a.* cot
Co|to|nou (Stadt in Benin)
Cot|tage, das (engl. Landhaus)
Cott|bus (Stadt in Brandenburg)
Cott|bu|ser; *a.* Cott|bus|ser
Cot|ton, der/das (Baumwolle, Baumwollstoff)
Cou|ber|tin, Pierre de (frz. Historiker 1863-1937, IOK-Präsident)
Couch, die (Polsterliege)
Cou|leur, die (Farbe, *a. übertr.* Gesinnung)
Cou|loir, das/der (Gang, Rinne)
Cou|lomb (Maßeinheit); *Abk.* C; *vgl.* Amperesekunde
Cou|lomb|sches Gesetz
Count (*Grafentitel*)
Count|down, der (Rückwärtszählen beim Start)
Coun|ter|part, der (Gegenstück, Partner)
Coun|ter|te|nor, der (männl. Altstimme)
Coun|tess, die (engl. Adelstitel); *a.* Counteß
Coun|try-mu|sic (Volksmusik)
Coun|ty, die (*engl.* Grafschaft)
Coup, der (Streich); ~ d'État (Staatsstreich)
Coupe, die (Eisbecher)
Cou|pé, das (Abteil, zweisitziger Wagen); *a.* Kupee
Cou|perin, François (frz. Komponist 1668-1733)
Cou|plet, das (witziges Lied, Strophe)
Cou|pon, der (Zettel); *a.* Kupon
Cour, die; jdm. die ~ machen
Cou|ra|ge, die (Mut)
cou|ra|giert
Cour|bet, Gustave (frz. Maler 1819-1877)
Cou|rante, die (Tanz)
Court, der (*engl.* Tennisplatz)
Cour|ta|ge, die (Maklergebühr)
Courths-Mah|ler, Hedwig (dt. Schriftstellerin 1867-1950)
Cour|toi|sie, die (Ritterlichkeit)
Cous|cous, das (arab. Grieß[gericht]); *a.* Kuskus
Cou|sin, der
Cou|si|ne; *a.* Kusine
Cou|ture, die (Schneiderei); Haute ~ *§ 15 (7)*
Cou|tu|rier (Schneider)
Cou|va|de, die (Männerkindbett)
Cou|vert, das (Bettbezug; Umschlag); *a.* Kuvert
Co|ven|try (Stadt in England)
Co|ver, das (Einband, Titelblatt, Hülle)
Co|ver|girl
Cow|boy
Cow|per|sche Drü|sen (männl. Geschlechtsdrüsen)
Cox' Oran|ge, die (Apfelsorte); *a.* Cox Orange
Co|yo|te, der (Präriewolf); *a.* Kojote
CPU (*Abk. v.* central processing unit) *§ 17 (2) Anm. 1*
Cr (*chem. Zeichen f.* Chrom)
Crack, der (Spitzensportler, Rennpferd)
Crack, das (Rauschgift)
Cracker, der (Keks) [k|k] ; *a.* Kräcker
Cranach, Lucas d. Ältere; ~ d. Jüngere (dt. Maler 1472-

1553)
Cran|ko, John (amerik. Choreograph 1927-1973)
Cra|que|lé, das (Glasurriß, Eisglas); *a.* Krakelee
Crash, der (Zusammenbruch, -stoß); ~ course (Schnellkurs)
Crash|test
Cras|sus, Marcus Licinius (röm. Politiker ~115-53 v. Chr.)
Cra|yon, der (Bleistift); *s. a.* Krayon
Cream, die (*engl.*, Sahne, Creme)
Cre|do, das (Glaubensbekenntnis); *a.* Kredo
Creek, der (Flußlauf)
creme (cremefarben); ein Kleid in Creme
Creme, die; *a.* Krem
Crème de la crème, die (feine Leute) *§ 15 (3)*
Crème fraîche, die (Schmant)
cre|men; du cremst; *a.* kremen
cre|mig; *a.* kremig
Crêpe, der (Gewebe); ~ de Chine, ~ Georgette, ~ Satin, *s. a.* Krepp
Crêpe, die (Pfannkuchen); ~ Suzette
cresc. (*Abk. v.* crescendo)
cre|scen|do (*Musik:* anschwellend); *Abk.* cresc.
Cre|scen|do, das
Cre|tonne, der/die (Gewebe)
Cre|vette, die (Garnele); *a.* Krevette
Crew, die (Mannschaft)
Crick, Francis (engl. Chemiker 1916-2004)
Cro|ce, Benedetto (ital. Philosoph 1866-1952)
Croi|sé, das (Köper)
Crois|sant, das (Hörnchen)
Cro-Ma|gnon (steinzeitl. Fundstelle in Frankreich)
Crom|ar|gan, das (Stahl)
Crom|well, Oliver (engl. Politiker 1599-1658)
Cro|nin, Archibald J. (engl. Schriftsteller 1896-1981)
Crookes|sche Röhre (Gasentladungsröhre)
Cro|quet|te, die (gebackenes Teigbällchen); *s. a.* Krokette
Cro|quis, das (Skizze); *a.* Kroki
cross (diagonal *beim Tennis*)
Cross, der (Diagonalschlag)
Cross-Coun|try, das (Querfeldeinrennen)
Crou|pier, der (Spielleiter)
Crou|pon, der (Rückenleder)
Cruise, Tom (amerik. Schauspieler *1962)
Cruise-Mis|sile, das (Marschflugkörper)
Crux, die (Schwierigkeit); *a.* Krux
Cru|zei|ro, der (brasil. Münze)
Cs (*chem. Zeichen f.* Cäsium)
C-Sai|te *§ 13 (2)*
Csár|dás, der (Tanz); *a.* Tschardasch
C-Schlüs|sel *§ 13 (2)*
Csi|kós, der (Pferdehirt); *a.* Tschikosch
CSU (*Abk. v.* Christlich Soziale Union) *§ 17 (2) Anm. 1*
ct, Ct (*Abk. v.* Centime, Cent) *§ 17 (2) Anm. 2*
CT (*Abk. v.* Computertomographie) *§ 17 (2) Anm. 1*
c. t. (*Abk. v.* cum tempore)
ctg (*Abk. v.* Cotangens, Kotangens) *§ 17 (2) Anm. 2*
cts, Cts (*Abk. v.* Centimes, Cents) *§ 17 (2) Anm. 2*
Cu (*chem. Zeichen f.* Kupfer)
Cu|ba (Staat); *a.* Kuba
cu|ba|nisch; *a.* kubanisch
Cul de Pa|ris, der (Gesäßpolster)
Cu|le|mey|er, der (Tieflader)
Cu|mae (antiker Ort)
cum gra|no sa|lis (mit Einschränkung)
cum lau|de („gut" als Note)
cum tem|po|re (mit akademischem Viertel = eine Viertelstunde später); *Abk.* c. t.
Cun|ni|linc|tus, Cun|ni|lin|gus, der (Lecken des weibl. Geschlechtsteils)
Cu|no, Wilhelm (dt. Reichskanzler 1876-1933)
Cup, der (Pokal; Schale des Büstenhalters)
Cu|pi|do (röm. Gott)
Cu|prum (Kupfer); *chem. Zeichen* Cu
Cu|ra|çao, der (Likör)
Cu|ra po|ste|ri|or, die (nachrangige Sorge)
Cu|ra|re, das (Pfeilgift); *a.* Kurare
Cur|cu|ma, die/das (Gelbwurz); *a.* Kurkuma
Cu|ré, der (Priester)
Cu|rie, Marie (frz. Chemikerin 1867-1934); Pierre ~ (frz. Chemiker 1859-1906)
Cu|rie (Maßeinheit); *Abk.* Ci
Cu|ri|um; *chem. Zeichen* Cm
Cur|ling, das (Sport)
cur|ri|cu|lar (den Lehrplan betreffend)
Cur|ri|cu|lum, das (Lehrplan); Curriculum vitae *§ 15 (3)*
Cur|ry, das/der (ind. Ragout; Gewürzmischung)
Cur|ry...[wurst *usw.*]
Cur|sor, der (*EDV* Positionsanzeiger)
Cur|zon, George (engl. Politiker 1859-1925); Curzon-Linie
Cu|shing-Syn|drom (Hormonstörung)
Cu|stard, der (Süßspeise)
Cut, der (*kurz f.* Cutaway)
Cut|away, der (Anzug)
cut|ten (Film *usw.* schneiden); *s. a.* cuttern
Cut|ter
cut|tern (als Cutter arbeiten); *s. a.* cutten
Cu|vée, die (Wein[mischung])
Cu|vier, George (frz. Forscher 1769-1832)
Cu|vil|liés, François de (dt. Architekt 1695-1768)
CVJM (*Abk. v.* Christlicher Verein Junger Männer/Menschen) *§ 17 (2) Anm. 1*
Cy|an, das (chem. Verbindung);

a. Zyan

Cy|ber...[space *usw.*] (computersimuliert)

Cy|pern (Insel im Mittelmeer); *a.* Zypern

Cy|ra|no de Ber|ge|rac, Savinien (frz. Schriftsteller 1619-1655)

Czer|ny, Carl (österr. Komponist 1791-1857)

d D

das d (der Kleinbuchstabe d, der Laut d, der Ton d der kleinen Oktave); das D (der Großbuchstabe D, der Ton D der großen Oktave); d (*Zeichen f.* d-Moll, *Abk. v.* Dezi..., Denar, Penny *bzw.* Pence [alt]); D (*Zeichen f.* D-Dur, *chem. Zeichen f.* Deuterium, *röm. Zahlzeichen* 500, *Kennzeichen f.* Deutschland)

da (*Konj.*, *Adverb*); hier und da; da draußen *usw.*; da◡hinaus *usw.*; *als Verbzusatz a. zusammengeschrieben*: da◡behalten *usw.* *§ 10*, *§ 8*

d. Ä. (*Abk. v.* der Ältere)

DAAD (*Abk. v.* Deutscher Akademischer Austauschdienst) *§ 17 (2) Anm. 1*

DAB (*Abk. v.* Deutsches Arzneibuch) *§ 17 (2) Anm. 1*

da◡be|hal|ten *§ 10*

da|bei; *als Verbzusatz auch zusammengeschrieben*: dabei◡bleiben *usw.* *§ 10*; *aber* dabei bleiben; *s.* dabeisein

da|bei◡sein; *Zusammenschreibung nur im Infinitiv und Partizip üblich*: dabeizusein, dabeigewesen; *aber* wenn er dabei ist *§ 8*

da◡blei|ben

da ca|po (*Musik*: noch einmal von Anfang an); das Dacapo; vgl. Dakapo

d'ac|cord (einverstanden)

Dach

Dach...[ziegel *usw.*]

Dach|au (Stadt in Bayern)

Dachs, der (Marderart)

Dachs...[bau *usw.*]

Däch|sin (*zu* Dachs)

Dach|tel, die (Ohrfeige)

Dackel, der [k|k]

Da|da (Dadaismus)

Da|da|is|mus (Kunstrichtung)

Da|da|ist

da|da|i|stisch

Dä|da|lus (Sagengestalt); *s. a.* Daidalos (*griech.*)

Dad|dy (Papa); *Pl.* Daddies, Daddys

da|durch

Daff|ke; aus ~ (aus Trotz, Jux)

da|für

da|für◡hal|ten *§ 10*; nach meinem Dafürhalten

da|für◡kön|nen *§ 10*

da|für◡stehen *§ 10*

dag (*Abk. v.* Dekagramm) *§ 17 (2) Anm. 2*

DAG (*Abk. v.* Deutsche Angestellten-Gewerkschaft) *§ 17 (2) Anm. 1*

da|ge|gen; *als Verbzusatz auch zusammengeschrieben*: dagegen◡halten *usw.* *§ 10*

da◡ge|we|sen *§ 10, § 8*; etwas noch nie Dagewesenes

Da|ghe|stan (Region im Kaukasus)

Da|gon (bibl. Gott)

Da|guer|reo|ty|pie (frühe Fotografie)

da◡ha|ben *§ 10*

da|heim; ~ bleiben; *Partizip a. zusammengeschrieben*: daheim◡geblieben; der Daheimgebliebene

Da|heim, das

da|her; *als Verbzusatz auch zusammengeschrieben*: daher◡kommen *usw.* *§ 10*

da|hier

da|hin; *als Verbzusatz auch zusammengeschrieben*: dahin◡gehen *usw.* *§ 10*

da◡hin|ab

da◡hin|auf

da◡hin|aus

da◡hin|ein

da|hin|ge|gen

da|hin|ge|stellt; ~ sein lassen

da◡hin|ten

da|hin|ter; *als Verbzusatz auch zusammengeschrieben*: dahinter◡kommen *usw.* *§ 10*

da◡hin|über

da◡hin|un|ter

Dah|lem (Teil v. Berlin)

Dah|lie (Blume)

Dahl|mann, Friedrich Christoph (dt. Historiker 1785-1860)

Dah|ren|dorf, Ralf (dt.-brit. Soziologe *1929)

Da|ho|mey (Benin)

Dai|da|los (*griech.*) (Sagengestalt); *s. a.* Dädalus

Dáil Ei|reann (ir. Parlament)

Daim|ler, Gottlieb (dt. Ingenieur 1834-1900)

Daim|ler-Benz AG

Dai|na (*lett.*, *litau.* Lied); *Pl.* Dainas (*lett.*), Dainos (*litau.*)

Da|ka|po, das; *vgl.* da capo

Da|kar (Hauptstadt v. Senegal)

Da|ker (Einwohner v. Dakien)

Da|ki|en (antike Region an der Donau); *s. a.* Dazien

da|kisch

Da|ko|ta (Indianervolk)

dak|ty|lisch

Dak|ty|lo|gramm

Dak|ty|los, der (*griech.*) (Vers); *s. a.* Daktylus

Dak|ty|lo|sko|pie (Fingerabdruck)

Dak|ty|lus, der (*lat.*) (Vers); *s. a.* Daktylos

Da|la|dier, Édouard (frz. Politiker 1884-1970)

Da|lai-La|ma, der (Oberhaupt des Lamaismus)

da◡las|sen *§ 10*

Dal|be, die (Duckdalbe)

dal|be|rig; *s. a.* dalbrig

dal|bern (albern); du dalberst

dalb|rig; *s. a.* dalberig

Da|lí, Salvador (span. Maler

1904-1989)
Da|lian (Stadt in China)
da◡lie|gen *§ 10*
Dal|las (Stadt in den USA)
dal|li! (schnell!)
Dal|ma|ti|en (Region an der Adria)
Dal|ma|tik, Dal|ma|ti|ka, die (Priestergewand)
Dal|ma|ti|ner (*a.* Hunderasse)
dal|ma|ti|nisch
dal|ma|tisch
dal se|gno (*Musik*: vom Zeichen an); Abk. dal s.
Dal|ton, John (engl. Chemiker 1766-1844)
Dal|to|nis|mus (Farbenblindheit)
dam (*Abk. v.* Dekameter) *§ 17 (2) Anm. 2*
da|ma|lig
da|mals
Da|mas|kus (Hauptstadt v. Syrien)
Da|mast, der (Gewebe)
da|ma|sten (aus Damast)
Da|mas|ze|ner; ~ Stahl
da|mas|ze|nisch
da|mas|zie|ren (Stahl verzieren)
Däm|chen (*zu* Dame)
Da|me (*a.* Brettspiel, Schachfigur)
Dä|mel, der (Dummkopf)
Da|men...[hut *usw.*]
da|men|haft
Da|me|spiel
Dam|hirsch
da|misch (dumm, schwindlig)
da|mit
da|mit (*Konjunktion*)
Däm|lack, der (Dummkopf)
däm|lich
Damm, der; *Pl.* Dämme
Damm...[schnitt *usw.*]
Dam|mar, das (Dammarharz)
Dam|mar|harz, das
däm|men; du dämmst
Däm|mer, der
Däm|mer...[licht *usw.*]
däm|me|rig; *s. a.* dämmrig
däm|mern; du dämmerst
dämm|rig; *s. a.* dämmerig
Dam|num, das (Abzug vom Nennwert)
Da|mo|kles|schwert (Bedrohung)
Dä|mon, der
Dä|mo|nie
dä|mo|nisch
dä|mo|ni|sie|ren
Dä|mo|nis|mus
Dä|mo|no|lo|gie
Dampf; *Pl.* Dämpfe
Dampf...[bad *usw.*]
damp|fen; du dampfst
dämp|fen; du dämpfst
Damp|fer
Dämp|fer
damp|fig
dämp|fig (kurzatmig)
Dam|wild
Dan (bibl. Gestalt)
Dan (Budotitel)
da|nach
Da|nae (griech. Sagengestalt)
Da|na|er|ge|schenk (unheilbringendes Geschenk)
Da|na|i|de (Tochter d. Danaos)
Da|na|i|den|faß (unerfüllbare Aufgabe)
Da|na|os (griech. Sagengestalt)
Dan|cing, das (Tanz[lokal *oder* -veranstaltung])
Dan|dy, der (eleganter Plauderer); *Pl.* Dandys
Dan|dy|is|mus
Dan|dy|tum
Dä|ne
da|ne|ben; *als Verbzusatz a. zusammengeschrieben*: daneben◡fallen *usw.* *§ 10*
da|ne|ben◡sein; *nur im Inf. und Part. Zusammenschreibung üblich*: danebenzusein *oder* daneben zu sein, daneben◡gewesen; *aber* daneben ist *§ 8*
Da|ne|brog, der (dän. Flagge)
Dä|ne|mark (Staat)
da|nie|den
da|nie|der◡lie|gen *§ 10*
Da|ni|el (bibl. Gestalt)
dä|nisch; auf ~
Dä|nisch, das; auf dänisch sprechen
Dä|ni|sche, das
dank (*Präposition*) *§ 15 (5)*; dank den günstigen Umständen; *vgl.* Dank
Dank, der; Gott sei Dank, vielen Dank! Dank sagen (*s. a.* danksagen), ~ schulden, ~ wissen; mit Dank zurück; *vgl.* dank
Dank...[schreiben *usw.*]
dank|bar
dan|ke; danke sagen; danke schön sagen; danke schön!; ein herzliches Dankeschön sagen; *vgl.* dankeschön
dan|ken
dan|keschön = danke schön
dank|sa|gen; *s. a.* Dank; du danksagst/sagst Dank; dankzusagen/Dank zu sagen *§ 9 Anm. 2*
dann; dann und wann
dan|nen; von dannen gehen
D'An|nun|zio, Gabriele (ital. Dichter 1863-1938); *vgl.* Annunzio
Danse ma|ca|bre, der (*frz.* Totentanz)
Dan|te Ali|ghie|ri (ital. Dichter 1265-1321)
dan|tesch; *vgl.* dantisch
dan|tesk (nach Art Dantes)
dan|tisch; dantische/dantesche Dichtungen (D. nach Art Dantes); Dantische/Dantesche Werke (W. von Dante) *§ 15 (7)*
Dan|ton, Georges (frz. Politiker 1759-1794)
Dan|zig (Stadt in Polen; poln. Gdańsk)
Dan|zi|ger; ~ Goldwasser
Dao, das (*chin.* Weg; philosoph. Prinzip); *ältere Umschrift* Tao
Dao|is|mus; *a.* Taoismus; *vgl.* Dao
Daph|ne (Sagengestalt)
Daph|nia, Daph|nie (Wasserfloh); *Pl.* Daph|ni|en

Da|pon|te, Lorenzo (ital. Librettist 1749-1838)

dar; *Verbzusatz, immer zusammengeschrieben*: darstellen *usw. § 9*

dar|an; daran glauben; *als Verbzusatz a. zusammengeschrieben*: daran◡geben *usw. § 10*; *s. a.* dran

dar|auf; *als Verbzusatz a. zusammengeschrieben*: darauf◡sitzen *usw. § 10*; *s. a.* drauf

dar|auf|hin

dar|auf|los; *als Verbzusatz a. zusammengeschrieben*: darauflos◡reden *usw.*; *vgl.* drauflos

dar|aus

dar|ben

dar|bie|ten *§ 9*

dar|brin|gen *§ 9*

Dar|da|nel|len (*Pl.*) (Meerenge)

dar|ein; *s. a.* drein

dar|ein◡fin|den, sich *§ 10*

dar|ein◡mi|schen *§ 10*

dar|ein◡re|den *§ 10*

dar|ein◡set|zen *§ 10*

Da|rei|os (*Name pers. Könige*); *s. a.* Darius (*lat.*)

Dar|es|sa|lam (Hauptstadt v. Tansania)

Dar|ge|bot, das

dar|in; *als Verbzusatz a. zusammengeschrieben*: darin◡sitzen *usw. § 10*; *s. a.* drin

dar|in|nen

Da|ri|us; *vgl.* Dareios

dar|le|gen *§ 9*

Dar|le|hen, das; *s. a.* Darlehn

Dar|le|hens...[summe *usw.*]; *s. a.* Darlehn

Dar|lehn; *s. a.* Darlehen *usw.*

Dar|lei|her

Dar|ling, der (*engl.* Liebling)

Darm, der

Darm...[verschluß *usw.*]

dar|nach

dar|ne|ben

dar|nie|der

dar|nie|der◡lie|gen *§ 10*

dar|ob

Dar|re, die (Trocknungsanlage; Tierkrankheit)

dar|rei|chen *§ 9*

dar|ren; du darrst

Darß, der (Ostseelandschaft)

dar|stel|len *§ 9*

Dar|stel|ler

dar|stel|le|risch

Darts, das (Pfeilwurfspiel)

dar|tun *§ 9*

dar|über; darüber◡hinaus; darüber hinausgehen; *als Verbzusatz a. zusammengeschrieben*: darüber◡breiten *usw. § 10*

dar|über◡hinaus

dar|um; *als Verbzusatz a. zusammengeschrieben*: darum◡binden *usw. § 10*

dar|un|ter; *als Verbzusatz a. zusammengeschrieben*: darunter◡fallen *usw. § 10*

Dar|win, Charles (engl. Biologe 1809-1882)

Dar|wi|nis|mus (Evolutionslehre)

Dar|wi|nist

dar|wi|ni|stisch

das (*Pronomen*); das heißt, *Abk.* d. h.; das ist, *Abk.* d. i.

da◡sein; *Zusammenschreibung nur bei Infinitiv und Partizip üblich*: dazusein/da zu sein, da◡gewesen; *aber* weil sie da sind; etwas noch nie Dagewesenes

Da|sein, das

Da|seins...[form *usw.*]

da|selbst

Dash, der (Spritzer)

da|sig

da◡sit|zen *§ 10*

das|je|ni|ge

daß (*Konjunktion*); so daß *oder* sodaß, auf daß, bis daß

das|sel|be; ein und dasselbe

Das|sel|flie|ge

daß-Satz; *a.* Daß-Satz *§ 13 (2)*

da◡ste|hen, da◡gestanden, da zu stehen *§ 10*

Da|sy|me|ter, das (Dichtemesser)

Date, das (Verabredung)

Da|tei, die; *Pl.* Dateien

Da|ten (*Pl. v.* Datum)

Da|ten...[bank *usw.*]

da|ten|ver|ar|bei|tend; *aber* [neue] Daten verarbeitend *§ 11 (4)*

da|tie|ren

Da|tiv, der (Wemfall); *Abk.* Dat.

Da|ti|vus (Dativ); ~ commodi, ~ ethicus

da|to (heute); bis dato

Dat|scha, die (Wochenendhaus); *s. a.* Datsche

Dat|sche, die (Datscha)

Dat|tel, die

Dat|tel...[palme *usw.*]

Da|tum, das; *Pl.* Daten

Dau, die (Schiff); *a.* Dhau

Dau|be, die (Faßbrett)

Dau|er; von ~ sein

dau|er|be|la|sten

dau|er|haft

dau|ern

dau|ernd

Däu|me|lin|chen

Dau|men

Dau|men...[abdruck *usw.*]

dau|men|breit; er ist ~; *aber* er ist zwei Daumen breit

Däum|ling

Dau|ne, die (Flaumfeder)

Dau|nen...[bett *usw.*]

dau|nen|weich

Dau|phin (Thronfolger)

Dau|phi|né (Region in Frankreich)

Daus, der; ei der ~ !

Da|vid (bibl. Gestalt)

Da|vid[s]|stern (sechszackiger Stern als jüd. Symbol)

Da|vis, Bette (amerik. Schauspielerin 1908-1989); Colin ~ (engl. Dirigent *1927); Miles ~ (amerik. Musiker 1926-1991); Sammy ~ junior (amerik. Unterhaltungskünstler 1925-1990)

Da|vis-Cup, der (Tennispreis)

Da|vis-Po|kal (Davis-Cup)

Da|vit, der (Schiffskran)
da|von; *als Verbzusatz a. zusammengeschrieben*: davon◡gehen *usw. § 10*; zum Davonlaufen
da|vor; *als Verbzusatz a. zusammengeschrieben*: davor◡halten *usw. § 10*
da|wai! (*russ.* los!)
da|wi|der
da|wi|der◡re|den *§ 10*
Da|zi|en (antike Region an der Donau); *s. a.* Dakien
Da|zi|er (Einwohner v. Dazien); *s. a.* Daker
da|zu; *als Verbzusatz a. zusammengeschrieben*: dazu◡bekommen *usw. § 10*
da|zu◡ge|hö|rig
da|zu|mal; Anno Dazumal
da|zwi|schen; *als Verbzusatz a. zusammengeschrieben*: dazwischen◡fahren *usw. § 10*
dB (*Abk. v.* Dezibel) *§ 17 (2) Anm. 2*
DB (*Abk. v.* Deutsche Bahn, *früher* Deutsche Bundesbahn) *§ 17 (2) Anm. 2*
DBGM (*Abk. v.* Deutsches Bundes-Gebrauchsmuster) *§ 17 (2) Anm. 1*
d. c. (*Abk. v.* da capo)
D. C. (*Abk. v.* District of Columbia)
d. d. (*Abk. v.* de dato)
DDR (*Abk. v.* Deutsche Demokratische Republik) *§ 17 (2) Anm. 1*
DDR-...[Bürger *usw.*] *§ 13 (2)*
DDT (Insektengift) *§ 17 (2) Anm. 1*
D-Dur *§ 13 (2)*; D-Dur-Tonleiter *§ 13 (3)*
Dead|line, die (Stichtag)
Deal, der (Handel)
dea|len (*a.* mit Drogen handeln); du dealst; hast gedealt
Dea|ler (*a.* Drogenhändler)
Dean, James (amerik. Schauspieler 1931-1955)
De|ba|kel, das (Niederlage)
De|bat|te, die
de|bat|tie|ren
De|bet, das (Soll)
de|bil (schwachsinnig)
De|bi|li|tät
de|bi|tie|ren (Konto belasten)
De|bi|tor (Schuldner)
De|bre|czi|ner, De|bre|zi|ner, die (Wurst)
De|bug|ging, das (*EDV*: Fehlerbeseitigung aus Programmen)
De|bus|sy, Claude (frz. Komponist 1862-1918)
De|büt, das (erster Auftritt)
De|bü|tant
de|bü|tie|ren
De|ca|me|ro|ne, das (Werk von Boccaccio); *a.* Dekameron
De|cha|nat; *a.* Dekanat (*zu* Dechant); *vgl.* Dekan
De|cha|nei
De|chant (Kirchenvorsteher)
De|cher, das/der (10 Stück)
de|chif|frie|ren (entziffern)
De Chi|ri|co, Giorgio (ital. Maler 1888-1978)
Dech|sel, die (Beil)
Deck, das
Deck...[adresse *usw.*]
Deck|chen
Decke [k|k]
Deckel [k|k]
deckeln; du deckelst [k|k]
decken [k|k]; du deckst
Deck|hengst
Deckung [k|k]
deckungs|gleich [k|k]
De|co|der, der (Entschlüsselungsgerät); *a.* Dekoder
de|co|die|ren (entschlüsseln); *a.* dekodieren
De|col|la|ge, die (künstler. Verfahren d. Bildherstellung)
De|col|la|gist
Dé|colle|té, das (Halsausschnitt) *a.* Dekolleté
De Co|ster, Charles (belg. Schriftsteller 1827-1879)
de|cou|ra|giert (entmutigt)
de|cresc. (*Abk. v.* decrescendo)
de|cre|scen|do (*Musik*: abschwellend); Abk. decresc.
De|cre|scen|do, das
de da|to (vom Ausstellungsdatum an) (*Abk.* d. d.)
De|de|kind, Richard (dt. Mathematiker 1831-1916)
De|di|ka|ti|on (Widmung)
de|di|zie|ren (widmen)
De|duk|ti|on (Ableitung)
de|duk|tiv
de|du|zie|ren (ableiten)
De|es|ka|la|ti|on (Entspannung, Abschwächung)
de|es|ka|lie|ren
de fac|to (tatsächlich)
De-fac|to-An|er|ken|nung *§ 13 (4)*
De|fä|ka|ti|on (Stuhlgang)
de|fä|kie|ren; *s. a.* defäzieren
De|fä|tis|mus (Zweifel am Erfolg, Schwarzseherei)
De|fä|tist
de|fä|ti|stisch
De|fault
de|fä|zie|ren; *s. a.* defäkieren
de|fekt (*Adjektiv*) (schadhaft)
De|fekt, der (Fehler, Mangel)
de|fek|tiv (lückenhaft)
de|fen|siv (abwehrend)
De|fen|si|ve, die (Verteidigungshaltung)
De|fen|sor (Verteidiger)
De|fi|bril|la|ti|on (Beenden d. Herzflimmerns)
de|fi|bril|lie|ren
De|fi|cit-spen|ding, Deficit spending, das (ungedeckte Ausgaben zur Wirtschaftsförderung)
De|fi|lee, das (Vorbeimarsch)
de|fi|lie|ren
De|fi|ni|en|dum, das (zu Definierendes)
De|fi|ni|ens, das (Definierendes)
de|fi|nie|ren
de|fi|nit (bestimmt)
De|fi|ni|ti|on (Begriffsbestimmung)
de|fi|ni|tiv (endgültig)
de|fi|ni|to|risch
de|fi|zi|ent (unvollständig)
De|fi|zit, das (Mangel)

de|fi|zi|tär
De|fla|ti|on (Sinken der Preise)
de|fla|ti|o|när
de|fla|ti|o|ni|stisch
de|fla|to|risch
De|flek|tor (Gerät zur Ablenkung)
De|flo|ra|ti|on (Entjungferung)
de|flo|rie|ren
De|foe, Daniel (engl. Schriftsteller ~1660-1731)
De|for|ma|ti|on (Verformung, Entstellung)
de|for|mie|ren
De|for|mi|tät
De|frau|dant (Betrüger)
De|fro|ster, der (Anlage gegen Vereisen)
def|tig
de|ga|giert (ungebunden)
De|gas, Edgar (frz. Maler 1834-1917)
De Gas|pe|ri, Alcide (ital. Politiker 1881-1954)
De|gen (1. Waffe; 2. Krieger)
De|gen...[fechten *usw.*]
De|ge|ne|ra|ti|on (Entartung)
de|ge|ne|ra|tiv
de|ge|ne|rie|ren
De|gout, der (Abscheu)
de|gou|tant (abstoßend)
De|gra|da|ti|on (Herabstufung)
de|gra|die|ren
De|gres|si|on (Abnahme)
de|gres|siv (abnehmend)
De|gu|sta|ti|on (Verkostung)
de|gu|stie|ren
Deh|ler, Thomas (dt. Politiker 1897-1967)
deh|nen
Deh|nungs-h *§ 13 (2)*
De|hors (*Pl.*) (Anstand); die ~ wahren
De|hy|dra|ta|ti|on (Entzug von Wasser)
De|hy|dra|ti|on (Entzug von Wasserstoff)
de|hy|dra|ti|sie|ren (Wasser entziehen, trocknen)
de|hy|drie|ren (Wasserstoff entziehen)
Dei|bel (Teufel)
Deich, der
Deich...[bau *usw.*]
dei|chen; du deichst
Deich|sel, die (Zugstange)
deich|seln; du deichselst
Dei|fi|ka|ti|on (Vergöttlichung)
dei|fi|zie|ren
Dei gra|tia (von Gottes Gnaden); *Abk.* D. G.
deik|tisch (*sprachwiss.* zeigend)
dein (*Possessivartikel*); *in Briefen usw. ist Großschreibung üblich § 16 (2)*; *vgl.* du; mein und dein auseinanderhalten
dei|ner, dein[e]s *usw.*, *vgl.* dein; die Deinen (deine Angehörigen); das Deine (dein Anteil); *vgl.* du
dei|nig; ich lese meine Bücher, du die deinigen; die Deinigen (deine Angehörigen); das Deinige (dein Besitz, Anteil)
De|is|mus (Glaubensrichtung)
De|ist (Deismus-Anhänger)
de|i|stisch
Dei|wel (Teufel)
Dei|xel (Teufel)
Dei|xis, die (*sprachwiss.* Zeighandlung)
Dé|jà-vu, das
Dé|jà-vu-Er|leb|nis (Eindruck d. Wiedererkennens) *§ 13 (4)*
De|jek|ti|on (Ausscheidung)
De|jeu|ner, das (Frühstück)
de|jeu|nie|ren (frühstücken)
de ju|re (von Rechts wegen)
De-ju|re-An|er|ken|nung *§ 13 (4)*
De|ka... (das Zehnfache, *z. B.* Dekagramm)
De|ka, das (*kurz f.* Dekagramm)
De|ka|brist (russ. Aufständischer von 1825)
De|ka|de, die (Jahrzehnt)
de|ka|dent (kulturell verfallend)
De|ka|denz, die
de|ka|disch (im Zehnersystem)
De|ka|eder, das (geom. Körper)
De|ka|gramm (10 g); *Abk.* dag
De|ka|li|ter, der (10 Liter); *Abk.* dal
De|ka|log, der (die Zehn Gebote)
De|ka|me|ron, das; *s. a.* Decamerone
De|ka|me|ter, der (10 m); *Abk.* dam
De|kan (1. Kirchenvorsteher, *vgl.* Dechant; 2. Fakultätsvorsteher)
De|ka|nat, das
de|kan|tie|ren (abgießen)
de|ka|pie|ren (abbeizen)
de|ka|pi|tie|ren (enthaupten)
De|ka|po|de, der (Zehnfüßler)
Dek|ar, das (10 Ar)
de|ka|tie|ren (Wolle dämpfen)
De|ka|tur
De|khan (ind. Halbinsel)
De|kla|ma|ti|on
de|kla|ma|to|risch
de|kla|mie|ren (vortragen)
De|kla|ra|ti|on (Erklärung; *a.* beim Zoll)
de|kla|ra|to|risch
de|kla|rie|ren (erklären)
de|klas|sie|ren
de|kli|na|bel; de|kli|na|ble Wörter
De|kli|na|ti|on (Beugung v. nominalen Formen; Abweichung)
de|kli|nie|ren (*sprachwiss.*: [Nomina] beugen)
De|ko|der, der (Entschlüsselungsgerät); *a.* Decoder
de|ko|die|ren (entschlüsseln)
De|kokt, das (Absud)
De|kolle|té, das (Halsausschnitt); *a.* Décolleté
de|kolle|tie|ren
De|ko|lo|ni|sa|ti|on
de|ko|lo|ni|sie|ren
de|kom|po|nie|ren
De|kom|po|si|ti|on (Zerlegung)
de|kom|po|si|to|risch
De|kom|pres|si|on (Druckentlastung)
De|kon|ta|mi|na|ti|on (Entseuchung)
de|kon|ta|mi|nie|ren
De|kon|zen|tra|ti|on (Entflech-

tung)
de|kon|zen|trie|ren
De|kor, das (Verzierung)
De|ko|ra|teur
De|ko|ra|ti|on
de|ko|ra|tiv
de|ko|rie|ren (ausschmücken)
De|kort, der (Preisnachlaß)
de|kor|tie|ren
De|ko|rum, das (Anstand)
De|kre|ment, das (Abnahme)
De|kre|pi|ta|ti|on
de|kre|pi|tie|ren (zerplatzen)
De|kres|zenz, die (Abnahme)
De|kret, das (Verordnung)
De|kre|ta|le, das (päpstl. Entscheidung)
de|kre|tie|ren (verordnen)
De|ku|bi|tus, der (Wundliegen)
De|ku|mat|land (german. Randgebiet d. Röm. Reiches)
de|ku|pie|ren (ausschneiden)
De|ku|rie, die (Zehnerabteilung)
De|ku|rio, der (Vorsteher e. Dekurie)
de|ku|vrie|ren (enthüllen)
del. (*Abk. v.* deleatur 'zu tilgen' *oder* delineavit 'hat es gezeichnet')
De|la|ware; Bundesstaat der USA; *Abk.* Del.
De|la|wa|re, der (Indianer)
de|le|a|tur; *Abk.* del., d („zu tilgen", *Korrekturzeichen*)
De|le|gat, der (Bevollmächtigter)
De|le|ga|ti|on (Abordnung)
de|le|gie|ren (abordnen, übertragen)
De|le|gier|te, der
de|lek|tie|ren (erfreuen)
de|le|tär (verderblich)
Delft (Stadt in den Niederlanden)
Delf|ter
De|lhi (Stadt in Indien); *vgl.* Neu-Delhi
De|li|be|ra|ti|on (Erwägung)
de|li|be|rie|ren
De|libes, Léo (frz. Komponist 1836-1891)
De|li|cious (*engl.*); *a.* Delizius; Golden ~ (Apfelsorte)
de|li|kat (köstlich)
De|li|ka|tes|se, die (Leckerbissen; Zartgefühl)
De|likt, das (Vergehen)
de|lin. (*Abk. v.* delineavit)
de|li|ne|a|vit ('hat es gezeichnet'); *Abk.* del., delin.
de|lin|quent (*Adjektiv*)
De|lin|quent, der (Straftäter)
De|lin|quenz, die
de|li|rie|ren (irrereden)
De|li|ri|um, das; ~ tremens
de|lisch (*zu* Delos); der Delische Bund
De|lius, Frederick (engl. Komponist 1862-1934)
de|li|zi|ös (köstlich)
De|li|zi|us, der; *a.* Delicious; Golden ~ (Apfelsorte)
Del|kre|de|re, das (Garantie; Wertberichtigung)
Del|le, die
de|lo|gie|ren (aus d. Wohnung weisen)
De|lon, Alain (frz. Schauspieler *1935)
De|los (griech Insel)
Del|phi (antike Tempelstätte in Griechenland)
Del|phin, der (Walart)
Del|phi|na|ri|um
del|phin|schwim|men (*nur Inf.*)
Del|phin|schwim|men, das
del|phisch; delphisches (doppelsinniges) Orakel; das Delphische Orakel (O. von Delphi) *§ 15 (7)*
Del|ta (der griech. Buchstabe δ, Δ)
Del|ta...[flügel *usw.*]
Del|to|id, das (Drachenviereck)
de Luxe (Luxusausführung)
De-Luxe-Aus|stat|tung *§ 13 (4)*
Dem|ago|ge (Aufwiegler)
Dem|ago|gie
dem|ago|gisch
De|mant, der (*poet.* Diamant)
de|man|ten
De|man|to|id, der (Mineral)
De|mar|che, die (*diplomat.* Vorstelligwerden)
De|mar|ka|ti|on (Abgrenzung)
de|mar|kie|ren
de|mas|kie|ren
De|ma|te|ri|a|li|sa|ti|on
De|men|ti, das (Widerruf, Richtigstellung)
De|men|tia, die (Geistesschwäche); ~ praecox
de|men|tie|ren (widerrufen, richtigstellen)
De|menz, die (Geistesschwäche)
De|me|rit, der (wegen Straftat entpflichteter Geistlicher)
De|me|ter (Göttin)
dem|ge|gen|über
dem|ge|mäß
De|mi|john, der (Korbflasche)
de|mi|li|ta|ri|sie|ren
De|mi|mon|de, die (Halbwelt)
De|mi|ne|ra|li|sa|ti|on (Verlust od. Entzug v. Mineralstoffen)
de|mi|ne|ra|li|sie|ren
de|mi|nu|tiv (verkleinernd); *s. a.* diminutiv
De|mi|rel, Süleyman (türk. Politiker *1924)
de|mi-sec (halbtrocken)
De|mis|si|on (Rücktritt)
De|mis|si|o|när
de|mis|si|o|nie|ren
De|mi|urg (Weltenbaumeister)
De|mi-vierge („Halbjungfrau")
dem|nach
De|mo, die (*kurz f.* Demonstration)
De|mo...[version *usw.*]
De|mo|bi|li|sa|ti|on (Überführung in den Friedenszustand)
de|mo|bi|li|sie|ren
De|mo|cra|zia Cri|sti|a|na (ital. Partei); *Abk.* DC
De|mo|du|la|ti|on (*EDV*: Gleichrichtung)
De|mo|du|la|tor
de|mo|du|lie|ren
De|mo|graph
De|mo|gra|phie (Bevölkerungswissenschaft)

de|mo|gra|phisch
De|moi|selle (Fräulein)
De|mo|krat
De|mo|kra|tie
de|mo|kra|tisch
de|mo|kra|ti|sie|ren
De|mo|kra|tis|mus
De|mo|krit (griech. Philosoph ~460-380/370 v. Chr.)
de|mo|lie|ren
de|mo|ne|ti|sie|ren ([Edelmetallen] die Geldeigenschaft entziehen)
De|mon|strant
De|mon|stra|ti|on
de|mon|stra|tiv
De|mon|stra|tiv, das (*sprachwiss.* Demonstrativwort)
De|mon|stra|ti|vum, das
de|mon|strie|ren
De|mon|ta|ge (Zerlegung)
de|mon|tie|ren
De|mo|ra|li|sa|ti|on (Auflösung der Moral)
de|mo|ra|li|sie|ren
De|mos, der (Volk); *Pl.* Demen
De|mo|skop
De|mo|sko|pie (Meinungsforschung)
de|mo|sko|pisch
De|mo|sthe|nes (griech. Redner 384-322 v. Chr.)
de|mo|tisch (spätägypt. Schrift)
De|mo|ti|va|ti|on
de|mo|ti|vie|ren
De|mul|ga|tor (Entmischer)
dem|un|ge|ach|tet
De|mut, die
de|mü|tig
de|mü|ti|gen
De|muts...[geste *usw.*]
dem|zu|fol|ge; *als Pronominaladverb (=* deshalb*) meist zusammengeschrieben, als Verbindung des Relativpronomens mit der Präposition* zufolge *meist getrennt*
De|nar, der (Münze)
De|na|tu|ra|li|sa|ti|on
de|na|tu|ra|li|sie|ren (d. Staatsangehörigkeit entziehen)
de|na|tu|rie|ren (künstlich verändern)
de|na|zi|fi|zie|ren
Den|drit, der (Nervenfortsatz)
den|dri|tisch
Den|dro|chro|no|lo|gie (Datierung durch Baumjahresringe)
Den|dro|lo|ge
Den|dro|lo|gie (Gehölzkunde)
Den|dro|me|ter, das (Baumvermessungsgerät)
De|neb (Stern)
De|neuve, Catherine (frz. Schauspielerin *1943)
Deng Xiao|ping (chines. Politiker 1904-1997)
den|geln ([Sensen] schärfen); du dengelst
Den|gue|fie|ber (Tropenkrankheit)
Den Haag (s' Gravenhage, Stadt in den Niederlanden, Regierungssitz); im Haag *oder* in Den Haag
De|nier (Fadenstärke); *Abk.* den
De|nim, der/das (Gewebe)
De Ni|ro, Robert (amerik. Schauspieler *1943)
de|ni|trie|ren (Stickstoff freisetzen); *s. a.* denitrifizieren
De|ni|tri|fi|ka|ti|on
de|ni|tri|fi|zie|ren; *s. a.* denitrieren
Denk...[anstoß *usw.*]
den|ken; du denkst, dachtest, dächtest, gedacht
Den|ker
denk|faul
Denk|mal, das
Denk|tasch, Rauf (türk.-zypr. Politiker *1924)
Den|kungs|art
denk|wür|dig
denn (1. *Konjunktion*; 2. *Abtönungspartikel*; 3. = als *beim Komparativ*)
den|noch
De|no|mi|na|ti|on (Benennung; Bekenntnis)
de|no|mi|na|tiv (vom Nomen abgeleitet)
De|no|mi|na|ti|vum, das
De|no|tat, das (Bezeichnetes)
De|no|ta|ti|on (Gegenstandsbezug eines Zeichens)
de|no|ta|tiv
Den|si|me|ter, das (Dichtemesser)
Den|si|tät (Dichte)
Den|si|to|me|ter, das (Dichtemesser)
den|tal (die Zähne betreffend)
Den|tal[|laut], der (Zahnlaut)
den|te|lie|ren (auszacken)
Den|tin, das (Zahnbein)
Den|tist (Zahnheilkundiger)
Den|ti|ti|on (Zahndurchbruch)
Den|to|lo|gie (Zahnheilkunde)
De|nu|da|ti|on (Bodenabtragung)
De|nun|zi|ant
De|nun|zi|an|ten|tum
De|nun|zi|a|ti|on
de|nun|zi|a|to|risch
de|nun|zie|ren (anzeigen)
Deo, das (*kurz f.* Deodorant)
De|odo|rant, das (Geruchshemmer); *s. a.* Desodorant
de|odo|rie|ren; *s. a.* desodorieren
de|odo|ri|sie|ren
Deo gra|ti|as (Gott sei Dank)
De|par|dieu, Gérard (frz. Schauspieler *1948)
De|par|te|ment [depart'mã], das (Bezirk, Bereich)
De|part|ment [di'pa:tmənt], das (Fachbereich; *USA a.* Ministerium)
De|pen|dance, die (Zweigstelle); *a.* Dépendance
De|pen|denz, die (Abhängigkeit)
De|per|so|na|li|sa|ti|on (Entpersönlichung)
De|pe|sche, die (Telegramm)
De|pi|la|ti|on (Enthaarung)
de|pi|lie|ren
De|place|ment, das (Wasserverdrängung)
de|pla|ciert [-ts- *oder* -s-] (unpassend); *a.* **depla|ziert** [-ts-]
De|po|la|ri|sa|ti|on
de|po|la|ri|sie|ren
De|po|nens, das (*sprachwiss.*

pass. oder mediale Verbform mit aktiver Bedeutung)
De|po|nie (Lagerstätte)
de|po|nie|ren
De|port, der (Kursabzug)
De|por|ta|ti|on (Zwangsumsiedlung)
de|por|tie|ren
De|po|si|tar (Verwahrer)
De|po|si|tär (Verwahrer)
De|po|si|ten (*Pl. v.* Depositum)
De|po|si|ti|on (Hinterlegung)
De|po|si|to|ri|um
De|po|si|tum, das
de|pos|se|die|ren (enteignen)
De|pot, das (Verwahrungsort)
Depp, der
dep|pert (dumm)
De|pra|va|ti|on (Verschlechterung)
de|pra|vie|ren
De|pres|si|on (Niedergang, Niedergeschlagenheit, Senke)
de|pres|siv
De|pres|si|vi|tät
de|pri|mie|ren
De|pri|va|ti|on (Entzug)
de|pri|vie|ren
De|pu|tant (Inhaber eines Deputats)
De|pu|tat, das (Sachleistung; Lehrverpflichtung)
De|pu|ta|ti|on (Abordnung)
de|pu|tie|ren; Deputierter
der (*Artikel u. Pronomen*); die, das; des, dessen, dem, den, denen, deren, derer
De|ran|ge|ment, das (Verwirrung)
de|ran|gie|ren
der|art
der|ar|tig; etwas Derartiges (von solcher Art); *aber pronominal*: derartiges (solches) *§ 15 (6)*
derb
Der|by, das (Pferderennen)
der|einst
de|rent|hal|ben
de|rent|we|gen
de|rent|wil|len; um ~
der|ge|stalt
der|glei|chen; *Abk.* dgl.
De|ri|vat, das
De|ri|va|ti|on (Ableitung)
de|ri|va|tiv (*Adjektiv*)
De|ri|va|tiv, das
De|ri|va|ti|vum
de|ri|vie|ren
der|je|ni|ge, desjenigen *usw.*
der|lei
Der|ma, das (*griech.* Haut)
der|mal (die Haut betreffend)
der|mal|einst
der|ma|tisch
Der|ma|ti|tis, die (Hautentzündung); *Pl.* Dermatitiden
Der|ma|to|lo|ge
Der|ma|to|lo|gie
Der|ma|to|pla|stik, die
Der|ma|to|se, die
Der|mo|pla|stik, die
Der|nier cri *§ 15 (3)* (*frz.* ‚letzter Schrei', neueste Mode)
de|ro; Dero ... (*Anrede*)
De|ro|ga|ti|on
de|ro|ga|tiv
de|ro|ga|to|risch
de|ro|gie|ren
de|ro|we|gen
der|sel|be, desselben *usw.*; ein und dieselbe, eine und dieselbe
der|sel|bi|ge, desselbigen *usw.*
der|weil
der|wei|len
Der|wisch ([tanzender] muslim. Bettelmönch)
der|zeit
der|zei|tig
des, Des (*Tonbezeichnung, vgl.* a, A)
des. (*Abk. v.* designatus); Dr. des.
des|ar|mie|ren (entwaffnen)
De|sa|ster, das (Unglück)
de|sa|strös
des|avou|ie|ren (mißachten, bloßstellen)
Des|cartes, René (*lat.* Cartesius, frz. Philosoph 1596-1650)
Des-Dur *§ 13 (2)*; Des-Dur-Tonleiter *§ 13 (3)*
De|sen|si|bi|li|sa|ti|on
de|sen|si|bi|li|sie|ren (unempfindlich machen)
De|ser|teur (Fahnenflüchtiger)
de|ser|tie|ren
De|ser|ti|fi|ka|ti|on (das Wüstewerden)
De|ser|ti|on (Fahnenflucht)
des|glei|chen; *Abk.* desgl.
des|halb
De Si|ca, Vittorio (ital. Regisseur 1902-1974)
De|si|de|rat, das (Erwünschtes)
De|si|de|ra|tum
De|sign, das (Gestaltung)
De|si|gna|ti|on
de|si|gna|tus; *Abk.* des.
desi|gnen; du designst; designt
De|si|gner
de|si|gnie|ren
des|il|lu|si|o|nie|ren
Des|in|fek|ti|on
Des|in|fek|tor
Des|in|fi|zi|ens, das
des|in|fi|zie|ren (entkeimen)
Des|in|for|ma|ti|on
Des|in|te|gra|ti|on
des|in|te|grie|ren
Des|in|ter|es|se
Des|in|ter|es|se|ment
des|in|ter|es|siert
Dé|si|rée (Königin v. Schweden 1777-1860)
Desk-Re|search (‚Schreibtischforschung', Auswertung)
de|skri|bie|ren (beschreiben)
De|skrip|ti|on (Beschreibung)
de|skrip|tiv
De|skrip|tor
Desk|top pu|bli|shing *§ 15 (3)* (EDV-Satz und -Layout); *a.* Desktop Publishing *§ 15 (3) Anm.*; *Abk.* DTP
Des|odo|rant; *s. a.* Deodorant
des|odo|rie|ren; *s. a.* deodorieren
de|so|lat (trostlos)
Des|or|ga|ni|sa|ti|on
des|or|ga|ni|sie|ren
des|ori|en|tie|ren
Des|oxi|da|ti|on (*chem.*) (Sauerstoffentzug); *s. a.*

Desoxydation
des|oxi|die|ren (*chem.*); *s. a.* desoxydieren
Des|oxy|da|ti|on; *s. a.* Desoxidation (*chem.*)
des|oxy|die|ren; *s. a.* desoxidieren (*chem.*)
de|spek|tier|lich
De|spe|ra|do (Draufgänger aus Verzweiflung)
de|spe|rat (verzweifelt)
De|spe|ra|ti|on
Des|pot (Gewaltherrscher)
Des|po|tie
des|po|tisch
Des|po|tis|mus
Des|sau (Stadt)
Des|sau, Paul (dt. Komponist 1894-1979)
Des|sau|er; der [Alte] Dessauer (Leopold I. v. Anhalt-Dessau)
des|sau|isch
des|sel|ben
des|sent|hal|ben
des|sent|we|gen
des|sent|wil|len; um ~
des|sen◡un|ge|ach|tet
Des|sert, das (Nachtisch)
Des|sin, das (Muster)
Des|si|na|teur
des|si|nie|ren
des|si|niert
Des|sous, das (*a. Pl.*) (Unterwäsche)
de|sta|bi|li|sie|ren
De|stil|lat, das
De|stil|la|teur
De|stil|la|ti|on
De|stil|la|tor
De|stil|le, die (Schnapsbrennerei)
de|stil|lie|ren (Flüssigkeiten durch Verdampfen trennen)
De|sti|na|tar, De|sti|na|tär
De|sti|na|ti|on (Bestimmung; Zielflughafen)
de|sto; nichtsdestoweniger
de|stru|ie|ren (zerstören)
De|struk|ti|on
de|struk|tiv
De|struk|ti|vi|tät
des|un|ge|ach|tet
DESY (*Abk. v.* Deutsches Elektronen-Synchrotron) *§ 17 (2) Anm. 1*
de|szen|dent (absteigend; *astron.* untergehend); der Deszendent
De|szen|denz
de|szen|die|ren
De|szen|si|on
dé|ta|ché (*Musik*: abgesetzt)
De|ta|che|ment (Distanziertheit)
de|ta|chie|ren
de|ta|chiert (unbeteiligt)
De|tail, das; *vgl.* en détail
de|tail|lie|ren
De|tek|tei
De|tek|tiv
de|tek|ti|visch
De|tek|tor, der (Nachweisgerät; Rundfunkempfänger)
Dé|tente, die (Entspannung)
De|ter|gens, das (Waschmittel); *Pl.* Detergentia, Detergenzien
De|te|ri|o|ra|ti|on
de|te|ri|o|rie|ren
De|ter|mi|nan|te
De|ter|mi|na|ti|on
de|ter|mi|na|tiv
De|ter|mi|na|tiv, das
de|ter|mi|nie|ren
De|ter|mi|nis|mus
De|ter|mi|nist
de|ter|mi|ni|stisch
de|te|sta|bel; de|te|sta|ble Ideen
De|to|na|ti|on
De|to|na|tor
de|to|nie|ren
De|trak|ti|on
De|tri|tus, der (Sinkstoff)
De|troit (Stadt in USA)
det|to; *s. a.* dito
De|tu|mes|zenz, die (Abschwellung)
Deu|bel (Teufel); auf ~ komm raus
deu|ka|li|o|nisch; die Deukalionische Flut (Sintflut)
De|us abs|con|di|tus (verborgener Gott)
De|us ex ma|chi|na (*übertr.* überraschende Hilfe) *§ 15 (3)*
Deut; keinen ~
deut|bar
Deu|te|lei
deu|teln
deu|ten
Deu|te|ri|um; *chem. Zeichen* D
Deu|te|ron
Deu|te|ro|no|mi|um
deut|lich
deutsch; auf ~, auf gut ~, in ~ *oder* Deutsch; deutsch sprechen; *aber* gutes Deutsch (*s.* Deutsch); *in Eigennamen Großschreibung § 15 (7)*: Deutsche Bibliothek, Deutsche Bucht *usw.*; Tag der deutschen/Deutschen Einheit (3. Oktober, früher 17. Juni)
Deutsch, das; gutes ~, sein ~ ist fehlerhaft; eine Zwei in Deutsch; auf deutsch sprechen
Deutsch, Ernst (dt. Schauspieler)
Deut|sche, das
Deutsch|ame|ri|ka|ner (Amerikaner deutscher Herkunft)
deutsch|ame|ri|ka|nisch (die Deutschamerikaner betreffend)
deutsch-ame|ri|ka|nisch (Deutschland und Amerika betreffend) *§ 13 (5)*
deutsch-deutsch (die beiden Teile des geteilten Deutschlands betreffend) *§ 13 (5)*
Deut|sche, der
Deutsch|land
Deutsch|land...[lied *usw.*]
deutsch|na|ti|o|nal
deutsch|schwei|ze|risch (die deutschsprachige Schweiz betreffend)
deutsch-schwei|ze|risch (Deutschland und die Schweiz betreffend) *§ 13 (5)*
Deutsch|tum
Deutsch|tü|me|lei
Deut|zie (Pflanze)
De|val|va|ti|on (Abwertung)
de|val|vie|ren
De|va|na|ga|ri, die (ind. Schrift)

de|ver|ba|tiv (vom Verb abgeleitet)
de|vi|ant (abweichend)
De|vi|anz
De|vi|a|ti|on
de|vi|ie|ren (abweichen)
De|vi|se, die (1. Losung; 2. [*a. Pl.* Devisen] ausländ. Zahlungmittel)
De|vi|sen...[handel *usw.*]
De|von, das (geolog. Formation)
de|vot (unterwürfig)
De|vo|ti|on
De|vo|ti|o|na|li|en (*Pl.*) (Gegenstände der Verehrung)
De|xio|gra|phie (rechtsläufiges Schreiben)
de|xio|gra|phisch
Dex|trin
dex|tro|gyr
Dex|tro|kar|die
Dex|tro|se, die (Traubenzucker)
Dez, der (Kopf)
De|zem|ber
De|zem|vir; *Pl.* Dezemvirn
De|zem|vi|rat, das (Zehnmännerherrschaft)
De|zen|ni|um, das (Jahrzehnt)
de|zent (zurückhaltend)
de|zen|tral
De|zen|tra|li|sa|ti|on
de|zen|tra|li|sie|ren
De|zenz, die
De|zer|nat, das (Tätigkeitsbereich, Abteilung)
De|zer|nent, der
De|zi... (Zehntel...); *Abk.* d
De|zi|bel, das (Lautstärkemaß); *Abk.* dB
de|zi|diert (entschieden)
De|zi|gramm; *Abk.* dg
De|zi|li|ter; *Abk.* dl
De|zi|ma|le, die (Ziffer nach dem Komma)
De|zi|ma|ti|on
De|zi|me, die (Intervall)
De|zi|me|ter; *Abk.* dm
de|zi|mie|ren ([gewaltsam] vermindern)
De|zi|ton|ne; *Abk.* dt
DFB (*Abk. v.* Deutscher Fußball-Bund) *§ 17 (2) Anm. 1*
DFÜ (*Abk. v.* Daten-Fernübertragung) *§ 17 (2) Anm. 1*
dg (*Abk. v.* Dezigramm) *§ 17 (2) Anm. 2*
Dg (*Abk. v.* Dekagramm) *§ 17 (2) Anm. 2*
D. G. (*Abk. v.* Dei gratia)
DGB (*Abk. v.* Deutscher Gewerkschaftsbund) *§ 17 (2) Anm. 1*
dgl. (*Abk. v.* dergleichen)
d. Gr. (*Abk. v.* der/die Große)
d. h. (*Abk. v.* das heißt)
Dha|ka (Hauptstadt v. Bangladesch)
Dhau, die (Schiff); *a.* Dau
Dhau|la|gi|ri (Berg in Nepal)
d'Hondt|sche Sy|stem, das (Verfahren zur Berechnung der Parlamentssitze)
d. i. (*Abk. v.* das ist)
Dia, das (*kurz f.* Diapositiv)
Dia...[schau *usw.*]
Dia|bas
Dia|be|tes, der (Zuckerkrankheit); ~ mellitus
Dia|be|ti|ker
dia|be|tisch
Dia|bo|lik
dia|bo|lisch (teuflisch)
Dia|bo|lo, das (Spielzeug)
Dia|bo|los (*griech.*), **Dia|bo|lus** (*lat.*) (Teufel)
dia|chron (geschichtlich)
Dia|chro|nie
dia|chro|nisch
Dia|dem, das ([kostbarer] Stirnreif)
Dia|do|che, der (Nachfolgeherrscher [Alexanders d. Gr.])
Dia|do|chen|kämp|fe
Dia|ghi|lew, Sergej (russ. Ballettleiter 1872-1929)
Dia|gno|se
Dia|gno|stik
Dia|gno|sti|ker
dia|gno|stisch
dia|gno|sti|zie|ren
dia|go|nal; die Diagonale
Dia|go|nal, der (Gewebe)
Dia|go|nal...[schritt *usw.*]
Dia|go|na|le, die
Dia|gramm, das (graphische Darstellung)
dia|gram|ma|tisch
Dia|kon (*kath.* niederer Geistlicher; *ev.* Gemeindehelfer)
Dia|ko|nat, das/der
Dia|ko|nie
dia|ko|nisch; Diakonisches Werk
Dia|ko|nis|se
Dia|ko|nis|sin
Dia|kri|se
dia|kri|tisch (unterscheidend)
Dia|lekt, der (Mundart)
dia|lek|tal
Dia|lek|tik
Dia|lek|ti|ker
dia|lek|tisch
Dia|lek|to|lo|gie
dia|lek|to|lo|gisch
Di|al|le|le, die (log. Figur)
Dia|log, der (Gespräch)
dia|lo|gisch
Dia|ly|sa|tor
Dia|ly|se, die (Trennung von Flüssigkeiten, Blutwäsche)
dia|ly|sie|ren
dia|ly|tisch
Dia|mant, der
dia|man|ten (aus Diamant)
Dia|mat, DIAMAT (*kurz f.* dialektischer Materialismus)
Dia|me|ter, der (Durchmesser)
dia|me|tral (entgegengesetzt; gegenüberliegend)
dia|me|trisch
Di|amin, das
Di|a|na (röm. Göttin); Prinzessin ~ [von Wales]
dia|no|e|tisch
Dia|pa|son, das/der (Oktave; Orgelregister; Mensur)
Dia|pau|se (Entwicklungsruhe)
dia|phan (durchscheinend)
dia|pha|sisch
Dia|pho|ra (Unterschied, Wortspiel)
Dia|pho|re|se (Schweißbildung)
Dia|pho|re|ti|kum
dia|pho|re|tisch
Dia|phrag|ma, das (Zwerchfell;

Empfängnisverhütungsmittel)
Dia|phy|se (Markröhre)
Dia|po|si|tiv
Di|äre|se, Di|äre|sis (Aufspaltung)
Di|a|ri|um (Tagebuch)
Di|ar|rhö (*med.*), Diarrhöe (Durchfall)
di|ar|rhö|isch
Dia|skop
Dia|sko|pie
Dia|spo|ra, die (Minderheitsgebiet)
Dia|sta|se, die (Auseinanderklaffen)
Dia|sto|le, die (Dehnung)
dia|sto|lisch
dia|stra|tisch
Dia|sy|stem
di|ät; ~ kochen, ~ leben
Di|ät, die; auf ~ setzen
Di|ä|ten (*Pl.*; *a.* Aufwandsentschädigung)
Di|ä|te|tik
Di|ä|te|ti|kum
di|ä|te|tisch
Dia|thek
dia|ther|man (wärmedurchlässig)
Dia|ther|mie
Dia|the|se (Genus verbi)
di|ä|tisch
Di|ä|ti|stin
Dia|to|mee (Kieselalge); *Pl.* Dia|to|meen
Dia|to|nik (Tonsystem in sieben Stufen)
dia|to|nisch
dia|to|pisch
Dia|tret...[glas *usw.*]
Dia|tri|be, die (moral. Schrift; Streitschrift)
dib|beln (säen)
Di|bra|chys (Versfuß)
Di|cho|re|us (Versfuß)
di|cho|tom (zweigeteilt)
Di|cho|to|mie
di|cho|to|misch
Di|chro|is|mus
di|chro|i|tisch
Di|chro|ma|sie (auf zwei Farben beschränkte Sicht)
di|chro|ma|tisch
Di|chro|skop, das (Doppelbrechungslupe)
di|chro|sko|pisch
dicht; *als Verbzusatz a. zusammengeschrieben*: dicht◡halten, dicht◡machen *§ 10*; dicht◡besiedelt *usw. § 11 (4), (6)*; das Land ist dicht besiedelt *§ 11 (4)*
dicht◡be|haart *§ 11*; *vgl.* dicht
Dich|te, die
dich|ten
Dich|ter
dich|te|risch
dicht◡hal|ten *§ 10*; *vgl.* dicht
dicht◡ma|chen *§ 10*; *vgl.* dicht
dick; durch dick und dünn
Dick...[darm *usw.*]
dicke [k|k]; etwas dicke◡haben; dicke◡tun *§ 10*
Dicke, die [k|k]
dicke◡haben [k|k] *§ 10*
dicken [k|k]; du dickst
Dickens, Charles (engl. Schriftsteller 1812-1870)
Dicker|chen [k|k]
dicke◡tun [k|k] *§ 10*
dick◡füt|tern *§ 10*
Dickicht, das [k|k]
dick|lich
Dick-Read, Grantly (engl. Geburtshelfer 1890-1959)
Dick|te (Buchstabenbreite)
Dickung (*a.* Dickicht) [k|k]
Di|dak|tik (Unterrichtslehre)
Di|dak|ti|ker
di|dak|tisch
di|del|dum!
di|del|dum|dei!
Di|de|rot, Denis (frz. Philosoph 1713-1784)
Di|do (Sagengestalt)
Dieb
Die|bes...[gut *usw.*]
die|bisch
Dieb|stahl
Dief|fen|ba|chie, die (Pflanze)
der|je|ni|ge, desjenigen *usw.*
Die|le, die
Di|elek|tri|kum (elektr. isolierender Stoff)
di|elek|trisch
die|len; du dielst
Di|en, das (chem. Verbindung); *Pl.* Di|ene
Dien Bien Phu (Ort in Vietnam)
die|nen
Die|ner
die|nern; du dienerst
Die|ner|schaft
dien|lich
Dienst
Dienst...[bote *usw.*]
Diens|tag; er kommt Dienstag, Dienstag abend; Dienstag abends; *vgl.* abend, abends, Dienstagabend
Diens|tag...[abend *usw.*]
Diens|tag|abend, der; er kommt nächsten Dienstagabend; *vgl.* abend, abends
diens|tag|abends (*Adverb*)
diens|tä|gig
diens|täg|lich
diens|tags; *vgl.* Dienstag
dienst|bar
dien|sten
dienst|ver|pflich|ten, dienstverpflichtet
dies; *vgl.* dieser
Di|es, der; Dies academicus, Dies ater, Dies irae
Die|sel, Rudolf (dt. Ingenieur 1858-1913)
Die|sel...[motor *usw.*]
die|seln
die|ser, dieses *usw.*
die|ser|art; ~ Werke; *aber* Werke dieser Art
die|ser|halb
dies|falls
die|sig
Di|es irae (‚Tag des Zorns') *§ 15 (3)*; das D. i. (Teil der Totenmesse, Musikstück)
dies|jäh|rig
dies|mal
dies|ma|lig
dies|sei|tig
dies|seits
Dies|seits, das
Diet|mar von Aist (dt. Minne-

sänger ~1140-1171)
Diet|rich, der (Nachschlüssel)
Diet|rich von Bern (Sagengestalt; Theoderich d. Gr.)
Diet|rich, Marlene (dt.-amerik. Schauspielerin 1901-1992)
die|weil
dif|fa|mie|ren (verleumden)
dif|fe|rent (verschieden)
dif|fe|ren|ti|al
Dif|fe|ren|ti|al, das (*a. kurz f.* Differentialgetriebe)
Dif|fe|ren|ti|a|ti|on (Entmischung; Teil der Infinitesimalrechnung)
dif|fe|ren|ti|ell
Dif|fe|renz, die
dif|fe|ren|zier|bar
dif|fe|ren|zie|ren
dif|fe|ren|ziert
dif|fe|rie|ren (abweichen)
dif|fi|zil (schwierig)
Dif|flu|enz (Auseinanderfließen)
dif|form
Dif|for|mi|tät
Dif|frak|ti|on (Beugung)
dif|fun|die|ren (s. verbreiten)
dif|fus (verschwommen)
Dif|fu|si|on (*zu* diffundieren)
Dif|fu|sor
Di|gam|ma, das (altgriech. Buchstabe)
di|gen (aus zwei Zellen hervorgehend)
di|ge|rie|ren
Di|gest, der (*engl.*) (Zeitschrift)
Di|ge|sten (*Pl.*) (Gesetze)
Di|ge|stif, der (verdauungsförderndes alkohol. Getränk)
Di|ge|sti|on (Verdauung)
di|ge|stiv (*Adjektiv*)
Di|ge|sti|vum (verdauungsförderndes Mittel)
Di|ge|stor (Abzug)
Di|git, das (Ziffer)
di|gi|tal (auf Ja-Nein-Entscheidungen beruhend; in Ziffern darstellbar)
Di|gi|tal...[rechner *usw.*]
Di|gi|ta|lis, die (Roter Fingerhut); das ~ (Arznei daraus)
di|gi|ta|li|sie|ren
Di|glos|sie (Zweisprachigkeit [einer Region])
Di|glyph, der (Doppelverzierung einer Steinplatte)
Di|gni|tar, Di|gni|tär (kath. Geistlicher)
Di|gni|tät (Würde)
Di|graph, der (Doppelbuchstabe)
Di|gres|si|on (Abschweifung, Abweichung)
DIHT (*Abk. v.* Deutscher Industrie- und Handelstag) *§ 17 (2) Anm. 1*
Di|jam|bus (Doppeljambus)
Di|jon (Stadt in Frankreich)
Di|ka|ste|ri|on (altgriech. Volksgerichtshof)
Di|ke (Göttin d. Gerechtigkeit)
Di|ko|ty|le|do|ne, die (zweikeimblättrige Pflanze)
Dik|ta|phon (Diktiergerät)
Dik|tat, das
Dik|ta|tor
dik|ta|to|risch
Dik|ta|tur
dik|tie|ren
Dik|ti|on (Ausdrucksweise)
Dik|ti|o|när, das/der (Wörterbuch)
Dik|tum, das (Ausspruch); *Pl.* Dikta
di|la|ta|bel; di|la|ta|ble Lettern
Di|la|ta|bi|les (*Pl.*)
Di|la|ta|ti|on (Erweiterung)
di|la|to|risch (hinhaltend)
Dil|do, der (Penisnachbildung)
Di|lem|ma, das (Zwiespalt, Entscheidungssituation)
Di|let|tant (Amateur, Stümper)
Di|let|tan|ten|tum
di|let|tan|tisch
Di|let|tan|tis|mus
di|let|tie|ren
Di|li|gence, die (Postkutsche)
Dill, der
Dill...[soße *usw.*]
Dil|they, Wilhelm (dt. Philosoph 1833-1911)
di|lu|vi|al (*zu* Diluvium)
Di|lu|vi|um (geolog. Formation, Pleistozän)
dim. (*Abk. v.* diminuendo)
Dime [daim], der (Münze)
Di|men|si|on
di|men|si|o|nal
di|men|si|o|nie|ren
Di|me|ter, der (verdoppelter Versfuß)
di|mi|nu|en|do (*Musik*: leiser werdend); Abk. dim.
Di|mi|nu|en|do, das
di|mi|nu|ie|ren; *s. a.* deminuieren
Di|mi|nu|ti|on; *s. a.* Deminution
Di|mi|nu|tiv, das (Verkleinerungsform); *s. a.* Deminutiv
Di|mi|nu|ti|vum, das; *s. a.* Deminutivum
Di|mis|si|on (Freistellung, Entlassung)
Di|mis|si|o|när
Di|mi|trow, Georgi (bulgar. Politiker 1882-1949)
di|mit|tie|ren (entlassen)
dim|men; du dimmst
Dim|mer, der
di|morph (zweigestaltig)
Di|mor|phie
Di|mor|phis|mus
Din (*Abk. v.* Dinar) *§ 17 (2) Anm. 2*
DIN (*Abk. v.* Deutsche Industrie-Norm) *§ 17 (2) Anm. 1*
DIN-A4-Blatt *§ 13 (4)*
Di|nar, der (Währungseinheit); *Abk.* Din
di|na|risch (einem bestimmten Menschentyp angehörig)
Di|ner [di'ne:]; *s. aber* Dinner
DIN-For|mat *§ 13 (2)*
DIN-Norm *§ 13 (2)*
Ding; guter Dinge; die Letzten Dinge
Din|gel|chen
din|gen; du dingst, dangst, dängest; gedungen
Din|ger|chen
ding|haft
Din|gi, das (Boot)
ding|lich
Din|go, der (Wildhund)
Dings|bums, das/der

Dings|da
Ding|wort
di|nie|ren (speisen)
Di|ning-room, der (Speisesaal)
Dink, der (*kurz f.* double income, no kids) (in kinderloser Partnerschaft mit einem ebenfalls Berufstätigen Lebender)
Din|kel, der
Di̱n|ner, das; *s. aber* Diner
Di|no|sau|ri|er, der
Di|no|the|ri|um, das (fossil. Rüsseltier)
Dio Cas|si|us (röm. Historiker ~155- ~235)
Di|ode, die (elektron. Bauteil)
Dio|ge|nes von Si|no|pe (griech. Philosoph ~400-328/323 v. Chr.)
Dio|kle|ti|an (röm. Kaiser ~240-313[?])
dio|kle|ti|a|nisch; die Diokletianischen Reformen (R. des Diokletian) *§ 15 (7)*
Di|o|ny|si|en (*Pl.*) (antikes Fest)
di|o|ny|sisch
Di|o|ny|si|os (*Name von antiken Herrschern u. Gelehrten, lat.* Dionysius); ~ Areopagita
Di|o|ny|sos (Gott)
Dio|phant (griech. Mathematiker ~250)
dio|phan|tisch; diophantische Gleichung
Di|op|trie, die (opt. Brechwert)
di|op|trisch
Di|ora|ma, das (plast. Bild; transparentes Gemälde)
Di|orit, der (Mineral)
Di|os|ku|ren (*Pl.*) (die Zwillinge Kastor u. Pollux; *a. übertr.*)
Di|oxid, das (*chem.*) (Sauerstoffverbindung); *s. a.* Dioxyd
Di|oxin, das (giftige chem. Verbindung)
Di|oxyd, das; *s. a.* Dioxid
di|öze|san (*Adjektiv*)
Di|öze|san, der
Di|öze|se, die (Bistum)
Di|özie (Zweihäusigkeit)
di|özisch
Di|özis|mus
Dip, der (Soße)
Diph|the|rie, die (Infektionskrankheit)
Di|phthong, der (Zwielaut)
di|phthon|gie|ren
di|phthon|gisch
Dipl.- (*Abk. v.* Diplom-, *z. B.* Dipl.-Chemiker)
Di|plo|do|kus (Dinosaurier)
di|plo|id (mit doppeltem Chromosomensatz versehen)
Di|plo|kok|kus (Bakterium)
Di|plom, das (Anerkennungsurkunde)
Di|plom...[mathematiker *usw.*]
Di|plo|mand
Di|plo|mat (Angehöriger des auswärtigen Dienstes)
Di|plo|ma|tie
Di|plo|ma|tik (Urkundenlehre)
Di|plo|ma|ti|ker
di|plo|ma|tisch
di|plo|mie|ren
Di|po|die (Doppelversfuß)
di|po|disch
Di|pol, der (elektr. Element mit entgegengesetzten Ladungen oder Polen)
dip|pen; du dippst
Dip|tam, der (Pflanze)
Di|pte|ren (*Pl.*) (Zweiflügler)
Di|pte|ros (Tempelform)
Di|pty|chon, das (Klapptafel)
Di|rac, Paul (engl. Physiker 1902-1984)
Di|rect-mai|ling; *a.* Direct Mailing *§ 15 (3) Anm.*
Di|rec|toire, das (Kunststil)
Di|rec|tri|ce, *a.* Direktrice
di|rekt
Di|rekt...[verkauf *usw.*]
Di|rek|ti|on
Di|rek|ti|ve, die (Weisung)
Di|rek|tor
Di|rek|to|rat, das
di|rek|to|ri|al
Di|rek|to|ri|um
Di|rek|tri|ce, *a.* Directrice
Di|rek|trix
Di|ret|tis|si|ma, die (kürzester Weg [zum Gipfel])
Di|rex (Direktor)
Dir|ham, Dir|hem, der (Währungseinheit)
Di|ri|gat, das (das Dirigieren)
Di|ri|gent
di|ri|gie|ren
Di|ri|gis|mus
di|ri|gi|stisch
Dirn, die; *s. a.* Dirne
Dirndl, das (*a.* Trachtenkleid)
Dir|ne; *s. a.* Dirn
Dis, dis (Tonart; *vgl.* A, a)
Dis|agio, das (Preisabschlag)
dis|am|bi|gu|ie|ren (vereindeutigen)
Disco, die (*kurz f.* Discothek); *a.* Disko
Dis|co...[musik usw.]; a. Disko...
Dis|count, der (Preisnachlaß durch Selbstbedienung)
Dis|coun|ter
Dis|en|gage|ment, das (Rückzug aus einer Konfrontation)
Di|seu|se (Vortragskünstlerin)
dis|gru|ent
Dis|har|mo|nie
dis|har|mo|nie|ren
dis|har|mo|nisch
dis|junkt
Dis|junk|ti|on (Aufspaltung; log. Verknüpfung)
dis|junk|tiv
Dis|kant, der (höchste Stimmlage)
Dis|kant...[stimme *usw.*]
Dis|ket|te, die
Disk|jockey, der [k|k]
Disk|ka|me|ra
Dis|ko, die (*kurz f.* Diskothek 1.); *a.* Disco
Dis|ko...[musik usw.]; a. Disco...
Dis|ko|gra|phie
Dis|kont, der (Zinsabzug)
Dis|kont...[satz *usw.*]
Dis|kon|ten (*Pl.*)
dis|kon|tie|ren
dis|kon|ti|nu|ier|lich
Dis|kon|ti|nu|i|tät
dis|kor|dant
Dis|kor|danz (Mißklang;

Abstoßung)
Dis|ko|thek (1. Tanzlokal; *s. a.* Disko; 2. Plattensammlung)
dis|kre|di|tie|ren (dem Ansehen schaden)
dis|kre|pant
Dis|kre|panz (Mißverhältnis)
dis|kret (taktvoll; abgegrenzt)
Dis|kre|ti|on
Dis|kri|mi|nan|te (*mathem.*)
Dis|kri|mi|na|ti|on
dis|kri|mi|nie|ren (unterscheiden, benachteiligen)
Dis|kurs, der (Abhandlung, Gespräch)
dis|kur|siv
Dis|kus, der (Wurfscheibe)
Dis|kus|si|on
dis|ku|ta|bel; dis|ku|ta|ble Ideen
Dis|ku|tant
dis|ku|tie|ren
Dis|lo|ka|ti|on (Verlagerung)
dis|lo|yal (illoyal)
dis|lo|zie|ren (verlagern)
Dis|ney, Walt (amerik. Trickfilmer u. Produzent 1901-1966)
Dis|pa|che, die (Seeschadensberechnung)
Dis|pa|cheur (*zu* Dispache)
dis|pa|chie|ren (*zu* Dispache)
dis|pa|rat (ungleichartig)
Dis|pa|ri|tät (Ungleichheit)
Dis|pat|cher (Kontrolleur)
Dis|pens, der (Befreiung); *kirchenrechtl.* die ~
Dis|pen|sa|ti|on
dis|pen|sie|ren (*a.* Arznei abgeben)
di|sper|gie|ren (verteilen)
di|spers
Di|sper|sant
Di|sper|si|on (Ausbreitung)
Dis|placed per|son (aus dem eigenen Land Verschleppter oder Flüchtling) *§ 15 (3)*
Dis|play, das (Warenaufstellung; bildschirmartige Anzeige)
Di|spon|de|us (Versfuß)
Dis|po|nen|de (nichtverkaufte Bücher)
Dis|po|nent (Auftragserteiler)
dis|po|ni|bel (verfügbar); dis|po|ni|ble Beträge
Dis|po|ni|bi|li|tät
dis|po|nie|ren
dis|po|niert (in einem Zustand befindlich; empfänglich)
Dis|po|si|ti|on
Dis|po|si|ti|ons...[kredit *usw.*]
Dis|pro|por|ti|on (Mißverhältnis)
dis|pro|por|ti|o|nal
dis|pro|por|ti|o|niert
Dis|put, der (Streitgespräch)
dis|pu|ta|bel; dis|pu|ta|ble Ansichten
Dis|pu|tant
Dis|pu|ta|ti|on
dis|pu|tie|ren
Dis|qua|li|fi|ka|ti|on
dis|qua|li|fi|zie|ren
Dis|ra|e|li, Benjamin (engl. Politiker 1804-1881)
dis|sen (schmähen, diskriminieren); du dißt *§ 7 (1)*
Dis|sens, der (Meinungsverschiedenheit)
Dis|sen|ter (anglikan. Andersgäubiger)
dis|sen|tie|ren
Dis|ser|tant
Dis|ser|ta|ti|on (Doktorarbeit)
dis|ser|tie|ren (eine Dissertation schreiben)
Dis|si|dent (Abweichler)
dis|si|die|ren
Dis|si|mi|la|ti|on (Entähnlichung)
dis|si|mi|lie|ren
Dis|si|mu|la|ti|on
dis|si|mu|lie|ren (verheimlichen)
Dis|si|pa|ti|on (Schwund)
dis|so|lu|bel; dis|so|lu|ble Stoffe
Dis|so|lu|ti|on
dis|so|nant
Dis|so|nanz (Mißklang)
dis|so|nie|ren
dis|so|zi|al
Dis|so|zi|a|ti|on (Zerfall)
dis|so|zi|a|tiv
dis|so|zi|ie|ren
di|stal (entfernt)
Di|stanz
di|stan|zie|ren; sich ~
Di|stel, die
Di|stel|fal|ter
Di|stel|fink
Di|sti|chon, das (Verbindung von Hexameter und Pentameter)
di|stin|gu|ie|ren (unterscheiden)
di|stin|gu|iert (vornehm)
di|stinkt (unterscheidbar)
Di|stink|ti|on
di|stink|tiv (unterscheidend)
Dist|ler, Hugo (dt. Komponist 1908-1942)
Dis|tor|si|on (Verdrehung)
dis|tra|hie|ren
Dis|trak|ti|on
Dis|tri|bu|ent
dis|tri|bu|ie|ren (verteilen)
Dis|tri|bu|ti|on
dis|tri|bu|ti|o|nal
dis|tri|bu|ti|o|nell
dis|tri|bu|tiv
Dis|tri|bu|ti|vum, das
Di|strikt, der
Dis|zi|plin
dis|zi|pli|när
dis|zi|pli|na|risch
dis|zi|pli|nie|ren
Dith|mar|schen (norddt. Landschaft)
Dith|mar|scher
dith|mar|sisch
Di|thy|ram|be, die (Gedicht)
di|thy|ram|bisch (*a.* begeistert)
Di|thy|ram|bus, der
di|to (ebenso); *s. a.* detto
Di|tro|chä|us (Doppeltrochäus)
Dit|ters von Dit|tersdorf, Karl (österr. Komponist 1739-1799)
Dit|to|gra|phie (Doppelschreibung)
Di|ure|se, die (Harnausscheidung)
Di|ure|ti|kum (harntreibendes Mittel)
di|ure|tisch (harntreibend)
di|ur|nal (dem Tag-Nacht-Wechsel folgend)

Di|va (berühmte Bühnenkünstlerin)
di|ver|gent (abweichend)
Di|ver|genz
di|ver|gie|ren
di|vers (verschieden)
Di|ver|sant (Abweichler)
Di|ver|si|fi|ka|ti|on (Spreizung d. Produktion, d. Angebots)
di|ver|si|fi|zie|ren
Di|ver|si|on
Di|ver|ti|kel, das (Ausbuchtung)
Di|ver|ti|men|to, Di|ver|tis|sement, das (Suite)
Di|vi|dend, der (zu teilende Zahl)
Di|vi|den|de, die (Gewinnanteil)
di|vi|die|ren (teilen)
Di|vi|di|vi (*Pl.*) (gerbstoffhaltige Früchte)
Di|vi|na|ti|on (Voraussicht)
di|vi|na|to|risch
Di|vi|ni|tät (Göttlichkeit)
Di|vis, das (Bindestrich)
Di|vi|si|on (Teilung; Truppenverband)
Di|vi|si|o|när
Di|vi|sor (Teiler)
Di|wan; der „Westöstliche Diwan/Divan" (Goethes)
Dix, Otto (dt. Maler 1891-1969)
Di|xie[land] (Jazzmusik)
d. J. (*Abk. v.* dieses Jahres, der Jüngere)
DJH (*Abk. v.* Deutsche Jugendherberge) *§ 17 (2) Anm. 1*
Dji|bou|ti (Staat in Afrika u. dessen Hauptstadt); *a.* Dschibuti
dkr (*Abk. v.* dänische Krone)
dl (*Abk. v.* Deziliter) *§ 17 (2) Anm. 2*
DLRG (*Abk. v.* Deutsche Lebens-Rettungs-Gesellschaft) *§ 17 (2) Anm. 1*
dm (*Abk. v.* Dezimeter) *§ 17 (2) Anm. 2*
DM (*Abk. v.* Deutsche Mark) *§ 17 (2) Anm. 1*
d. M. (*Abk. v.* dieses Monats)
D-Mark *§ 13 (2)*
d-Moll *§ 13 (2)*; d-Moll-Tonleiter *§ 13 (3)*
Dnjepr (Fluß)
DNS (*Abk. v.* Desoxyribonukleinsäure, Domain Name System) *§ 17 (2) Anm. 1*
do (Solmisationssilbe)
do. (*Abk. v.* dito)
Dö|bel, der (Fisch)
Do|ber|mann (Hunderasse)
Döb|lin, Alfred (dt. Schriftsteller 1878-1957)
doch
Doch|mi|us, der (Versfuß)
Docht, der
Dock, das
Docke, die (Garnstrang) [k|k]
docken [k|k]; du dockst
Docker (Dockarbeiter) [k|k]
Docking, das (Andocken) [k|k]
Do|de|ka|dik (Zwölfersystem)
do|de|ka|disch
Do|de|ka|eder, das (Zwölfflächner)
Do|de|ka|nes, der (Gruppe von 12 Inseln in Griechenland)
Do|de|ka|pho|nie (Zwölftonmusik)
do|de|ka|pho|nisch
Do|de|rer, Heimito von (österr. Schriftsteller 1869-1966)
Do|do|ma (Hauptstadt v. Tansania)
Do|do|na (Zeusheiligtum)
do|do|nä|isch
Do|ga|res|sa (Gattin e. Dogen)
Dog|cart, der (zweirädriger Einspänner)
Do|ge, der (Herrscher v. Venedig)
Do|gen|pa|last
Dog|ge, die (Hunderasse)
Dog|ger, der (1. geolog. Formation; 2. Schiff)
Dog|ger|bank (Bank in der Nordsee)
Dög|ling (Walart)
Dog|ma, das (Glaubenssatz); *Pl.* Dogmen
Dog|ma|tik
Dog|ma|ti|ker
dog|ma|tisch
dog|ma|ti|sie|ren
Dog|ma|tis|mus
Dog|men...[geschichte *usw.*]
Dog|skin, das (Schafleder)
Do|ha (Hauptstadt v. Katar)
Doh|le (Vogel)
Doh|na|nyi, Hans von (dt. Widerstandskämpfer 1902-1945)
Doh|ná|nyi, Ernst von (ungar. Komponist 1877-1960)
Doh|ne (Vogelschlinge)
Do-it-your|self-Be|we|gung *§ 13 (3)*
Do|ket (Anhänger der Sekte des Doketismus)
dok|tern; du dokterst
Dok|tor; *Abk.* Dr. (*Titel vor Namen*); *Pl.* Dres. (*f. mehrere Titelträger*); D. (Ehrendoktor d. Theologie); *Zusätze*: e. h. (*Abk. v.* ehrenhalber), E. h. (*Abk. v.* Ehren halber); h. c. (*Abk. v.* honoris causa); mult. (*f. einen Träger mehrerer Titel*); des. (*Abk. v.* designatus)
Dok|tor...[arbeit *usw.*]
Dok|to|rand
Dok|to|rat
dok|to|rie|ren
Dok|to|rin; *Abk.* Dr.
Dok|trin, die (Lehre)
dok|tri|när (geistig starr)
Do|ku|ment, das
Do|ku|men|tar, der
Do|ku|men|tar...[film *usw.*]
do|ku|men|ta|risch
Do|ku|men|ta|rist
Do|ku|men|ta|ti|on
Do|ku|men|ta|ti|ons...[stelle *usw.*]
do|ku|men|tie|ren
Dol|by-Sy|stem (Rauschunterdrückungsverfahren)
dol|ce (*Musik*: sanft)
dol|ce far ni|en|te, das (*ital.* ‚es ist süß, nichts zu tun'); das Dol|ce|far|ni|en|te (das süße Nichtstun)
Dol|ce vi|ta, das/la (das süße Leben, *nach e. ital. Filmtitel*)

§ 15 (3)
Dolch
Dolch...[stoß *usw.*]
dol|cis|si|mo (*Musik*: sehr sanft)
Dol|de, die
Dol|den...[blütler *usw.*]
dol|dig
Do|le, die (Graben)
Do|le|rit, der (Basaltart)
do|li|cho|ke|phal (langschädelig); *s. a.* dolichozephal
Do|li|cho|ke|pha|lie; *s. a.* Dolichozephalie
do|li|cho|ze|phal; *s. a.* dolichokephal
Do|li|cho|ze|pha|lie; *s. a.* Dolichokephalie
do|lie|ren; *a.* dollieren
Do|li|ne, die (Talsenke)
Dol|lar; *Zeichen* $
Doll|bord, der/das (obere Planke e. Bootes)
Dol|le, die (Rudergabel)
Dol|len, der (Dübel)
dol|lie|ren; *a.* dolieren
Doll|punkt (*übertr.* Kernthema)
Dol|ly, der (Kamerawagen)
Dol|man, der (türk. Jacke)
Dol|men, der (Steingrab)
Dol|metsch, der (Dolmetscher)
dol|met|schen; du dolmetschst
Dol|met|scher
Do|lo|mit, der (Mineral)
Do|lo|mi|ten (*Pl.*) (Teil der Alpen)
do|lo|ro|so (*Musik*: schmerzlich)
Do|lus, der (List); ~ eventualis
Dom, der
Dom...[chor *usw.*]
Do|ma, das
Do|magk, Gerhard (dt. Mediziner 1895-1964)
Do|main, die (Internetadresse)
Do|mä|ne, die (Staatsgut, Bereich)
Do|me|stik, der (*abwertend* Diener); *Pl.* Domestiken; *s. a.* Domestike
Do|me|sti|ka|ti|on (Zähmung)
Do|me|sti|ke, der; *s. a.* Domestik
do|me|sti|zie|ren
Do|min, Hilde (dt. Schriftstellerin *1912)
Do|mi|na (Stiftsherrin; ‚Herrin' in sexueller Beziehung)
do|mi|nant (beherrschend)
Do|mi|nan|te, die (Haupteigenschaft; *Musik*: Quint)
Do|mi|nanz
Do|min|go, Plácido (span. Tenor *1941)
Do|mi|ni|ca (Staat)
do|mi|nie|ren
Do|mi|ni|ka|ner
Do|mi|ni|ka|ner|or|den; *Abk.* O. P., O. Pr.
do|mi|ni|ka|nisch
Do|mi|ni|ka|ni|sche Re|pu|blik
Do|mi|ni|kus (Heiliger 1170-1221)
Do|mi|ni|um (Herrschaft)
Do|mi|no, das (Spiel)
Do|mi|no, der (Kleid)
Do|mi|nus (Herr); ~ vobiscum (*lat.* ‚der Herr sei mit euch')
Do|mi|ti|an (röm. Kaiser 51-96)
Do|mi|zil, das (Wohnsitz)
Dom|pfaff (Vogel)
Domp|teur (Tierbändiger)
Domp|teu|se
Dom|ra, die (Laute)
Don[1] (Fluß in Rußland)
Don[2] (Herr *in ital. u. span. Anrede*)
Do|ña (*span.*)
Do|nald Duck (Comicfigur)
Do|nar (germ. Gott)
Do|na|tel|lo (ital. Bildhauer ~1382-1466)
Do|na|ti|on (Schenkung)
Do|na|tist (Anhänger der Sekte d. Donatismus)
Do|na|tor (Schenker)
Do|nau (Fluß)
Dö|ner, der; ~ Kebab
Do|ni|zet|ti, Gaetano (ital. Komponist 1797-1848)
Don|jon, der (Wohnturm)
Don Ju|an (Sagen- u. Operngestalt; unersättl. Liebhaber)
Don|ko|sak
Don|na (*ital.*)
Don|ner
Don|ner...[schlag *usw.*]
don|nern; es donnert
Don|ners|tag; *vgl.* Dienstag
don|ners|tä|gig
don|ners|tags
Don Qui|chotte (Romanheld; weltfremder Kämpfer für ein Ideal); *a.* Don Quijote, Don Quixote
Don|qui|chot|te|rie
Don Qui|jo|te; *a.* Don Quichotte, Don Quixote
Don Qui|xo|te; *a.* Don Quichotte, Don Quijote
doof
Dope, das (Droge)
do|pen; du dopst; gedopt
Do|ping, das (Leistungsförderung durch Medikamente)
Dop|pel, das
Dop|pel...[agent *usw.*]
Doppel-a *usw. § 13 (2)*
dop|peln
dop|pelt; ~ gemoppelt; ~ so groß, ~ so viel, ~ so viele; das Doppelte; um das Doppelte größer
dop|pelt|koh|len|sau|er
Dop|pel-T-Trä|ger *§ 13 (3)*
Dop|pe|lung; *s. a.* Dopplung
Dop|pik, die (doppelte Buchführung)
Dopp|ler|ef|fekt (durch relative Bewegung verursachte Frequenzänderung)
Dopp|lung; *s. a.* Doppelung
Do|ra|de, die (Fisch)
Do|ra|do, das (= Eldorado) (Wunschland)
Do|ré, Gustave (frz. Zeichner 1832-1883)
Do|rer (Angehöriger e. griech. Stammes); *s. a.* Dorier
Dorf
Dorf...[straße *usw.*]
Dörf|chen
Dörf|ler
dörf|lich
Do|ri|er (Angehöriger e. griech. Stammes); *s. a.* Dorer

do|risch
Dor|mi|to|ri|um (Schlafsaal)
Dorn
Dorn...[hecke *usw.*]; *s. a.* Dornen...
Dor|nen..[hecke *usw.*]; *s. a.* Dorn...
dor|nig
Dörr...[obst *usw.*]
Dör|re, die
dor|ren; du dorrst
dör|ren; du dörrst
dor|sal (rückwärtig; am Zungenrücken gebildet)
Dor|sal[|laut], der
Dorsch, der
Dorsch...[leber *usw.*]
Dorst, Tankred (dt. Schriftsteller *1925)
dort; ~ drüben, ~ oben; dort‿her, von dort‿her; dort‿hin, dort‿hinab, dort‿hinauf, dort‿hinaus; bis dort‿hinaus; *als Verbzusatz a. zusammengeschrieben § 10*: dort‿be|hal|ten
dort‿be|hal|ten *§ 10*
dort‿blei|ben *§ 10*
dor|ten
dort‿her *usw.*; *s.* dort
dor|tig
Dort|mund (Stadt)
Dort|mun|der
dort|sei|tig
dort|seits
dort|selbst
dort|zu|lan|de *§ 12*
Dos, die; *Pl.* Dotes
DOS (*Abk. v.* Disk Operating System) *§ 17 (2) Anm. 1*
Dös|chen
Do|se
dö|sen; du döst
Do|sen...[blech *usw.*]
do|sie|ren
dö|sig
Do|si|me|ter, das (Strahlungsmesser)
Do|si|me|trie
Do|sis, die
Dos Pas|sos, John (amerik. Schriftsteller 1896-1970)
Dos|si, Dosso (ital. Maler ~1489-1542)
Dos|sier, das (Akte)
dos|sie|ren
Dost, der (Pflanze)
Do|sto|jew|ski[j], Fjodor (russ. Dichter 1821-1881)
Do|ta|ti|on (Ausstattung, Zuweisung)
do|tie|ren
Dot|ter, der/das
Dot|ter...[sack *usw.*]
dot|ter|gelb
dou|beln; du doubelst
Dou|ble, das (Ersatzschauspieler)
Dou|blé, das (Metall); *a.* Dublee
dou|blie|ren
Dou|glas, Kirk (amerik. Schauspieler *1916); Michael ~ (amerik. Schauspieler *1944)
Dou|gla|sie, die (Nadelbaum)
Do|vi|fat, Emil (dt. Zeitungskundler 1890-1969)
Dow-Jones-In|dex *§ 13 (3)*
down (niedergeschlagen); ~ sein
Dow|ning Street (Straße in London, ~ 10 Wohnsitz des Premiers)
Down|load, das (*EDV*)
down|loa|den (herunterladen); du downloadest
Down-Syn|drom (Krankheit: Mongolismus) *§ 13 (2)*
Do|xa, die (Meinung)
Do|xa|le, das (Lettner, Chorgitter)
do|xa|stisch
Do|xo|lo|gie
Doy|en (dienstältester Diplomat; *a. übertr.*)
Doy|enne, die
Doyle, Arthur Conan (engl. Schriftsteller 1859-1930)
Do|zent
Do|zen|tur
do|zie|ren
dpa (*Abk. v.* Deutsche Presse-Agentur) *§ 17 (2) Anm. 1*
dpt, dptr., Dptr. (*Abk. v.* Dioptrie) *§ 17 (2) Anm. 2*
Dr (*Abk. v.* Drachme) *§ 17 (2) Anm. 2*
Dr. (*Abk. v.* Doktor)
d. R. (*Abk. v.* der Reserve)
Dra|che, der
Dra|chen, der
Dra|chen...[schnur *usw.*]
Drach|me, die (frühere griech. Währung); *Abk.* Dr
Dra|cu|la (Vampirfigur)
Dra|gée, das (flache Pille, Bonbon); *a.* Dra|gee
Dra|geur
Drag|gen (Anker)
dra|gie|ren
Dra|go|man
Dra|gon, der/das (Estragon); *s. a.* Dragun
Dra|go|na|de (Schikanierung Andersgläubiger [unter Ludwig XIV.])
Dra|go|ner (Reitersoldat)
Dra|gun, der/das (Estragon); *s. a.* Dragon
Draht
Draht...[seil *usw.*]
Dräht|chen
drah|ten
drah|tig
Drain, der (*med.* Röhrchen); *a.* Drän
Drai|na|ge, die (Ableitung v. Flüssigkeit); *a.* Dränage
drai|nie|ren (trockenlegen); *s. a.* dränen, dränieren
Drai|si|ne, die (erste Form des Fahrrads; kleines Schienenfahrzeug)
Drake, Francis (engl. Seefahrer ~1540-1596)
Dra|kon (griech. Politiker ~624 v. Chr.)
dra|ko|nisch (streng)
drall
Drall, der
Dra|lon, das (Kunstfaser)
Dra|ma, das; *Pl.* Dramen
Dra|ma|tik
Dra|ma|ti|ker
dra|ma|tisch
dra|ma|ti|sie|ren

Dra|ma|turg (Schauspielberater)
Dra|ma|tur|gie
dra|ma|tur|gisch
Dra|mo|lett, das (kurzes Drama)
dran; *als Verbzusatz a. zusammengeschrieben*: dran‿hängen *usw. § 10*; *vgl.* daran
Drän, der (*med.* Röhrchen); *a.* Drain
Drä|na|ge, die (Ableitung v. Flüssigkeit); *a.* Drainage
drä|nen (drainieren)
Drang, der
Drän|ge|lei
drän|geln
drän|gen
drang|sa|lie|ren
drä|nie|ren; *a.* drainieren
Dra|pé, der (Wollstoff)
Dra|pe|rie (Anordnung v. Stoffbahnen)
dra|pie|ren
Dra|stik
Dra|sti|kum, das (starkes [Abführ-]Mittel)
dra|stisch (grob)
Drau (Fluß)
dräu|en (drohen); du dräust
drauf; *als Verbzusatz a. zusammengeschrieben*: drauf‿bekommen *usw. § 10*; *vgl.* darauf
drauf|los; *als Verbzusatz auch zusammengeschrieben*: drauflos‿fahren *usw. § 10*; *vgl.* darauflos
draus
drau|ßen
Dra|vi|da (Angehöriger e. indischen Sprachfamilie); *a.* Drawida
dra|vi|disch; *a.* drawidisch
Dra|wi|da; *a.* Dravida (*s. d.*)
dra|wi|disch; *a.* dravidisch
drech|seln; du drechselst
Drechs|ler
Drechs|le|rei
Dreck
Dreck...[arbeit *usw.*]
dreckig [k|k]
Drecks...[arbeit *usw.*]
Dred|sche, die (Schleppnetz)
Dreh, der
Dreh...[achse *usw.*]
dre|hen
Dreher, der (*a.* Tanz)
drei; wir drei, zu dreien, bis drei zählen; die [Heiligen] Drei Könige *§ 15 (7)*; *vgl.* acht
Drei, die; eine Drei in Deutsch, eine Drei würfeln; *vgl.* Acht[1]
Drei...[klang *usw.*]
Drei|ach|ser; 3achser *§ 13 (2) Anm. 2*
drei|ach|sig; 3achsig *§ 13 (2) Anm. 2*
drei|di|men|si|o|nal; *kurz* 3-D *oder* 3D; 3-D-Film; *a.* 3D-Film *§ 13 (2), (3)*
drei|ein|halb
drei|er|lei
Drei|fel|der|wirt|schaft
drei|hun|dert
Drei|kä|se|hoch, der
drei|mal
drei|ma|lig
Drei|ma|ster
drein; *als Verbzusatz a. zusammengeschrieben*: drein‿blicken *usw. § 10*
Drei|rad
drei|sei|tig
drei|ßig; *vgl.* achtzig
drei|ßig|jäh|rig, 30jährig *§ 13 (2) Anm. 2*; der Dreißigjährige, 30jährige *§ 13 (2) Anm. 2*; der Dreißigjährige Krieg
dreist
Drei|stig|keit
drei|tau|send|mal
drei|vier|tel; eine dreiviertel Stunde, drei viertel Stunden; *aber* drei Viertelstunden
drei|vier|tel|lang
Drei|zim|mer|woh|nung
Drell, der (Gewebe)
Drem|pel
Dres. (*Abk. v.* Doctores; *s.* Doktor)
Dre|sche, die (Verprügelung)
dre|schen; du drischst, droschst, dröschest; gedroschen; drisch!
Dress, der (*engl.*); *Pl.* Dresses; *vgl.* Dreß
Dreß, der; *Pl.* Dresse; *vgl.* Dress
Dres|seur
dres|sie|ren
Dres|sing, das (Salatsoße)
Dress|man (männl. Modell)
Dres|sur
Drey|fus, Alfred (frz. Offizier 1859-1935)
drib|beln (e. Fußball vorantreiben)
Dribb|ler
Dribb|ling, das
Drift, die (Strömung, Treiben)
drif|ten
Drilch, der (Gewebe); *s. a.* Drillich
Drill, der (strenges Üben)
Drill...[bohrer *usw.*]
dril|len (1. bohren; 2. einüben; 3. säen)
Dril|lich, der (Gewebe); *s. a.* Drilch
Dril|ling
drin; *als Verbzusatz a. zusammengeschrieben*: drin‿sitzen *usw. § 10*; *vgl.* darin
Dr.-Ing. (*Abk. v.* Doktoringenieur)
drin|gen; du dringst, drangst, drängest, gedrungen
drin|gend; aufs dringendste (sehr dringend)
dring|lich
Drink, der
drin|nen
dritt; zu ~
Dritt...[mittel *usw.*]
drit|te; *in rein numerischer Verwendung (Abzählen) klein geschrieben § 15 (6)*; *Großschreibung in Eigennamen, bei festen Begriffen oder wenn es sich um die Rolle eines Drittplazierten o. ä. handelt § 15 (7), (8)*: der dritte von euch, jeder dritte [von ihnen], zum dritten (drittens),

zu dritt; ein Dritter (Unbeteiligter *usw.*) kann das nicht wissen, er wurde Dritter (Drittplazierter); das Dritte Reich, der Dritte Stand (Bürgertum), die dritte/Dritte Welt (Entwicklungsländer); Richard der Dritte, Richard III.; *vgl.* achte
drit|tel; ein drittel Stück Kuchen; *vgl.* achtel
Drit|tel, das; ein Drittel Wein; *vgl.* Achtel
drit|teln
drit|tens
Drit|te-Welt-La|den *§ 13 (4)*
Drive [draiv], der (Schwung)
Drive-in-Ki|no (Autokino) *§ 13 (4)*
Drive-in-Re|stau|rant *§ 13 (4)*
Dri|ver, der (Golfschläger)
DRK (*Abk. v.* Deutsches Rotes Kreuz) *§ 17 (2) Anm. 1*
drob (= darob)
dro|ben
Dro|ge, die (Heil-, Rauschmittel)
drö|ge (langweilig)
Dro|gen...[sucht *usw.*]
dro|gen|ab|hän|gig
Dro|ge|rie
Dro|gist
Droh...[brief *usw.*]
dro|hen; du drohst
Drohn, der (männl. Biene); *s. a.* Drohne
Droh|ne, die (männl. Biene; Faulenzer); *s. a.* Drohn
dröh|nen
Dröh|nung (Drogenrausch)
Dro|le|rie (komische Darstellung)
drol|lig
Dro|me|dar, das (einhöckeriges Kamel)
Dron|te, die (Vogel)
Drop|out, der (Ausfall; Mensch, der alle sozialen Bindungen verloren hat); *a.* Drop-out
Drops, der (*meist Pl.*) (Fruchtbonbon)
Drosch|ke, die (Kutsche; Taxi)
Drosch|ken...[platz *usw.*]
Dro|se|ra, die (Sonnentau)
Dro|so|phi|la, die (Taufliege)
Dros|sel (1. Vogel; 2. Luftröhre)
dros|seln
Dro|ste-Hüls|hoff, Annette von (dt. Dichterin 1797-1848)
Droy|sen, Johann Gustav (dt. Historiker 1808-1884)
drü|ben
drü|ber; *als Verbzusatz a. zusammengeschrieben*: drüber◡halten *usw. § 10*; *vgl.* darüber
Druck[1], der (Kraft); *Pl.* Drücke
Druck[2], der (Gedrucktes); *Pl.* Drucke, Drucks
Druck...[bogen *usw.*]
Drücke|ber|ger [k|k]
drucken [k|k]
drücken [k|k]
Drucker [k|k]
Drücker [k|k]
Drucke|rei [k|k]
druck|fer|tig
druck|sen; du druckst
Dru|de, die (Gespenst)
Dru|den|fuß (Pentagramm)
Drug|store, der (Geschäft für Artikel d. tägl. Bedarfs)
Dru|i|de, der (kelt. Priester)
dru|i|disch
drum; drum herum; das Drum und Dran (*vgl.* darum)
Drum|he|rum, das
Drum|lin, der (Moränenhügel)
Drum|mer (Schlagzeuger)
Drums (*Pl.*) (Schlagzeug)
drun|ten
drun|ter; drunter und drüber gehen; das Drunter und Drüber; *als Verbzusatz a. zusammengeschrieben*: drunter◡halten *usw. § 10*; *s. a. zu* darunter
Drusch, der (Dreschen; Ausgedroschenes)
Dru|schi|na, die (Gefolgschaft)
Dru|se, die (1. Gesteinsbildung; 2. Pferdekrankheit)
Dru|se, der (Anhänger einer islam. Religion)
Drü|se
Dru|sus, Nero Claudius (röm. Feldherr 38-9 v. Chr.)
dry (trocken *v. alkohol. Getränken*)
Dry|a|de, die (Baumnymphe)
Dry|den, John (engl. Dichter 1631-1700)
D-Sai|te *§ 13 (2)*
Dschi|bu|ti (Staat u. dessen Hauptstadt in Afrika); *a.* Djibouti
D-Schicht *§ 13 (2)*
Dschi|had, der (heiliger Krieg)
Dschin|gis Khan (mongol. Eroberer ~1155 od. 1167-1227)
Dschinn, der (Dämon)
Dschun|gel, der
Dschun|ke, die (chin. Schiff)
dt (*Abk. v.* Dezitonne) *§ 17 (2) Anm. 2*
dt. (*Abk. v.* deutsch)
DTB (*Abk. v.* Deutscher Turnerbund) *§ 17 (2) Anm. 1*
dto. (*Abk. v.* dito)
DTP (*Abk. v.* Desktop publishing) *§ 17 (2) Anm. 1*
Dtzd. (*Abk. v.* Dutzend)
du; du sagen; Menschen wie du und ich; das Du anbieten; *in Briefen u. ä. Texten ist Großschreibung üblich*: Du, Dir, Dein; Ihr, Euer *usw. § 16 (2) Anm. 1*
du|al (*Adjektiv*) (doppelt, Zweier-); Duales System Deutschland (Abfallentsorgung)
Du|al, der (*sprachwiss.* Zweier-Numerus)
Du|a|lis, der (Dual)
du|a|li|sie|ren
Du|a|lis|mus
Du|a|list
du|a|li|stisch
Du|a|li|tät
Du|bai (Scheichtum)
Dü|bel, der
dü|beln; du dübelst
du|bi|os, du|bi|ös (fragwürdig)

Du|bi|o|sen (*Pl.*) (unsichere Außenstände)
du|bi|ta|tiv (*sprachwiss.* zweifelnd)
Du|blee, das; *a.* Doublé
Du|blet|te, die (doppelt Vorhandenes)
du|blie|ren
Dub|lin (Hauptstadt d. Rep. Irland)
Du|blo|ne, die (alte Münze)
Du|blü|re, die (Uniformaufschlag; Buchspiegel)
Du|brov|nik
Du|buf|fet, Jean (frz. Maler 1901-1985)
Du|ce, der (*ital.* Führer; Titel Mussolinis)
Du|champ, Marcel (frz. Künstler 1887-1968)
Du|chesse (1. Herzogin; 2. Gewebe)
Ducht, die (Schiffsbank)
Duck|dal|be, die (Pfahl im Hafen); *s. a.* Duckdalben
Duck|dal|ben, der; *s. a.* Duckdalbe
ducken [k|k]
Ducker (Antilopenarten) [k|k]
Duck|mäu|ser
duck|mäu|se|risch
du|deln
Du|del|sack
Du|den, Konrad (dt. Orthograph 1829-1911); der Duden (Rechtschreibwörterbuch)
Due|cen|to, das (das 13. Jhdt.)
Du|ell, das
Du|el|lant, der
du|el|lie|ren, sich
Du|ett, das
Düf|fel, der (Gewebe)
Duf|fle|coat, der
Duft
Duft...[wasser *usw.*]
duf|te (*Adjektiv*)
duf|ten; du duftest
duf|tig
Du Fu (chines. Dichter 712-770)
Du|gong, der (Seekuh)
Düh|ring, Karl Eugen (dt. Philosoph 1833-1921)
Duis|burg (Stadt)
Du|kas, Paul (frz. Komponist 1865-1935)
Du|ka|ten, der (alte Münze)
Duke (*engl.* Herzog)
Dü|ker, der (Rohrleitung)
duk|til (formbar)
Duk|ti|li|tät
Duk|tus, der ([Linien-]Führung, Zug, Fortschreiten)
dul|den
duld|sam
Dul|les, John Foster (amerik. Politiker 1888-1959)
Dult, die (Jahrmarkt)
Du|ma, die (russ. Parlament)
Du|mas, Alexandre (D. père, frz. Schriftsteller 1802-1870); Alexandre ~ (D. fils, frz. Schriftsteller 1824-1895)
Dum|dum, das (präpariertes Geschoß)
Dum|ka, die (Tanz); *Pl.* Dumky
dumm; dümmer, am dümmsten
Dumm|chen
Dum|me|jun|gen|streich, der
Dum|mer|chen
Dum|mer|jan
Dumm|kopf
dümm|lich
Dum|my, das/der (Attrappe); *Pl.* Dummys/Dummies
düm|peln
Dum|per
dumpf
Dum|ping, das ([unfaire] Preisunterbietung)
dun (betrunken)
Du|nant, Henri (schweiz. Philanthrop 1828-1910)
Dun|can, Isadora (amerik. Tänzerin 1878-1927)
Dü|ne
Dung
Dung...[käfer *usw.*]
Dün|ge...[mittel *usw.*]
dün|gen
Dün|ger
dun|kel; im dunkeln *oder* im Dunkeln (im Ungewissen) lassen *usw.*; dunkel färben
Dun|kel, das; *s.* dunkel
Dun|kel...[kammer *usw.*]
Dün|kel, der
dun|kel|blau
dun|kel|haa|rig
dün|kel|haft
dun|keln; es dunkelt
dün|ken; es dünkt mich/mir
Dun|king, das (Wurf b. Basketball)
dünn; durch dick und dünn; dünn◡besiedelt *usw.* *§ 11 (4), (6)*; das Land ist dünn besiedelt *§ 11 (4)* sich dünn◡machen (*a. übertr.*) *§ 10*
Dünn...[säure *usw.*]
dünn◡be|völ|kert *§ 11 (4), (6)*; *vgl.* dünn
Dün|ne, die
dün|ne◡ma|chen, sich *§ 10*
dünn|flüs|sig
dünn|häu|tig
dünn◡ma|chen, sich *§ 10*
Dün|nung (Flanke v. Jagdtieren)
dünn|wan|dig
Duns Sco|tus (schott. Theologe 1266-1308)
Dunst
Dunst...[kreis *usw.*]
dun|sten
dün|sten
dun|stig
Dü|nung (Wellengang)
Duo, das
duo|de|nal (*zu* Duodenum)
Duo|de|num, das (Zwölffingerdarm)
Duo|dez, das (Buchformat); Zeichen 12°
Duo|dez|fürst (Fürst e. Kleinstaats)
duo|de|zi|mal (das Zwölfersystem betreffend)
Duo|de|zi|me, die (Intervall von 12 Tönen)
Du|o|le, die
dü|pie|ren (täuschen)
du|plie|ren
Du|plik

Du|pli|kat, das (Zweitschrift)
Du|pli|ka|ti|on
Du|pli|ka|tur
du|pli|zie|ren
Du|pli|zi|tät
Du|plum, das; *Pl.* Dupla
Dur, das (Tonart)
Dur...[akkord *usw.*]
du|ra|bel (haltbar); du|ra|ble Stoffe
Du|ras, Marguerite (frz. Schriftstellerin 1914-1996)
du|ra|tiv (*sprachwiss.* die Dauer anzeigend)
Dur|ban (Stadt in Südafrika)
durch (*Präposition*); *Verbpräfix*: durchsetzen; *als Verbzusatz zusammengeschrieben*: durchsetzen *usw. § 9*; *s. aber* durch◡sein *§ 8*; durch und durch
Durch...[sage *usw.*]
durch|ein|an|der; *Verbzusatz; a. zusammengeschrieben*: durcheinander◡bringen *usw. § 10*; *vgl.* einander; das Durcheinander
durchs (*Verschmelzung von* durch *u.* das)
durch|schnitt|lich
durch◡sein; *Zusammenschreibung nur im Infinitiv und Partizip üblich § 8*: durchzusein *oder* durch zu sein, durch◡gewesen; *aber* durch ist
durch|wursch|teln, durch|wursteln, sich *§ 9*
Dü|rer, Albrecht (dt. Künstler 1471-1528)
dür|fen; du darfst, durftest, dürftest, gedurft
dürf|tig
Du|rieux, Tilla (dt. Schauspielerin 1880-1971)
Durk|heim, Émile (frz. Soziologe 1858-1917)
dürr
Dur|ra, die (Getreideart)
Dür|re
Dür|ren|matt, Friedrich (schweiz. Schriftsteller 1921-1990)
Durst
Durst...[strecke *usw.*]
dur|sten
dür|sten
dur|stig
Dusch...[bad *usw.*]
Du|sche
du|schen; du duschst
Du|se, Eleonora (ital. Schauspielerin 1858-1924)
Dü|se
Du|sel (Glück, Schwindel)
du|se|lig; *s. a.* duslig; *aber* dusselig
du|seln
dü|sen; du düst
Dü|sen...[jäger *usw.*]
dus|lig; *s. a.* duselig; *aber* dußlig
Dus|sel, der (Dummkopf)
Düs|sel|dorf
Dus|se|lei
dus|se|lig; *s. a.* dußlig
dus|seln
duß|lig; *s. a.* dusselig
du|ster
dü|ster
dü|stern; es düstert
Dutsch|ke, Rudi (dt. Studentenführer 1940-1979)
Dutt, der (Haarknoten)
Du|ty-free-Shop, der (zollfreier Laden) *§ 13 (4)*
Dut|zend, das; Dutzende von Menschen; viele Dutzend Male; *s.* dutzendmal
dut|zen|de|mal; *s.* dutzendmal
dut|zend|fach
dut|zend|mal, dutzendemal; viele dutzendmal; *aber* viele Dutzend Male; *vgl.* Dutzend
Du|um|vir, der (Mitglied e. Duumvirats); *Pl.* Duumvirn
Du|um|vi|rat, das (Zweimännerherrschaft)
Dux, der (Führer; erste Fugenstimme)
Duz...[freund *usw.*]
du|zen; du duzt *§ 7 (1)*
Dvo|řák, Antonín (tschech. Komponist)
dwars (quer)
Dwars|li|nie
Dy (*chem. Zeichen f.* Dysprosium)
Dy|a|de, die (Paar)
Dy|a|dik
dy|a|disch (paarig; das Zweiersystem bertreffend)
Dy|as, die (Dyade); *Pl.* Dyaden
Dyck, Anthonis van (niederl. Maler 1599-1641)
Dy|lan, Bob (amerik. Musiker *1941)
Dyn, das (Maßeinheit für Kraft); *Zeichen* dyn
Dy|na|mik
Dy|na|mis, die (Kraft)
dy|na|misch
dy|na|mi|sie|ren (*a.* anpassen)
Dy|na|mit, das (Sprengstoff)
Dy|na|mo, der (Stromerzeuger)
Dy|nast, der (Herrscher)
Dy|na|stie (Herrscherfamilie)
dy|na|stisch
Dyo|pol, das (Beschränkung auf zwei Anbieter)
Dys|ästhe|sie (Fehlwahrnehmung)
Dys|ba|sie (Gehstörung)
Dys|en|te|rie (*med.* Ruhr)
dys|en|te|risch
Dys|funk|ti|on
dys|mel
Dys|me|lie (Mißbildung)
Dys|me|nor|rhö (*med.*), Dysmenorrhöe (Menstruationsbeschwerden),
dys|me|nor|rho|isch, dys|me|norrhö|isch
Dys|pep|sie (Verdauungsstörung)
dys|pep|tisch
Dys|pho|rie (Mißstimmung)
Dys|pla|sie (Fehlentwicklung)
Dys|pnoe (Atemnot)
Dys|pro|si|um; *chem. Zeichen* Dy
Dys|streß; *a.* Dysstress (*engl.*)
Dys|to|nie (Fehlspannung)
dys|troph
Dys|tro|phie (Mangelernährung)
Dys|tro|phi|ker

Dys|urie (Harnhemmung)
dz (*Abk. v.* Doppelzentner) *§ 17 (2) Anm. 2*
D-Zug *§ 13 (2)*

e E

das e (der Kleinbuchstabe e, der Laut e, der Ton e der kleinen Oktave); das E (der Großbuchstabe E, der Ton E der großen Oktave); e (*Zeichen f.* e-Moll); E (*Zeichen f.* E-Dur)
Ea|gle, der (Golfschlag; Goldmünze in USA)
EAN-Code, der (*Abk. v.* Europäische Artikel-Numerierung; Strichcode) *§ 13 (2)*
Earl (*engl.* Graf)
East|wood, Clint (amerik. Schauspieler u. Regisseur *1930)
Ea|sy-ri|der
Eau de Co|lo|gne *§ 15 (3), (7)*
Eau de par|fum *§ 15 (3)*
Eau de toi|lette *§ 15 (3)*
Eb|be, die
eb|ben; es ebbt
eben (*Adjektiv*; *Partikel*; *a. kurz f.* soeben); das ist eben so
Eben|bild
eben|bür|tig
eben|da
eben|da|her
eben|da|hin
eben|dann
eben|dar|um
eben|da|selbst
eben|der
eben|der|sel|be
eben|des|halb
eben|des|we|gen
eben|die|ser
eben|dort
Ebe|ne, die
eben|er|dig
eben|falls
Eben|holz
eben|so; *Zusammenschreibung mit kürzeren Adverbien und Adjektiven möglich; s. die einzelnen Einträge*
eben|so◡gern
eben|so◡gut
eben|so◡häu|fig
eben|so◡lang
eben|so◡lan|ge
eben|solch
eben|so◡oft
eben|so◡viel
eben|so◡weit
eben|so◡we|nig
eben|so◡wohl
Eber, der
Eber|esche, die
Ebert, Friedrich (dt. Politiker 1871-1925)
eb|nen
Eb|ner-Eschen|bach, Marie von (österr. Schriftstellerin 1830-1916)
Ebo|nit
Ebro, der (Fluß in Spanien)
Ecart, der (Kursdifferenz); *a.* Ekart
Ecar|té, das (Kartenspiel); *a.* Ekarté
Ec|ce-Ho|mo, das (Christusdarstellung)
Echap|pé, das (Ballettsprung)
echap|pie|ren (entweichen)
echauf|fie|ren, sich
Eche|ve|ria, Eche|ve|rie, die (Zierpflanze)
Echi|nit, der (versteinerter Seeigel)
Echi|no|der|me (Stachelhäuter)
Echi|no|kok|ko|se
Echi|no|kok|kus (Bakterium); *Pl.* ...kok|ken
Echi|nus, der (Seeigel; Säulenwulst)
Echn|aton (ägypt. König Amenophis IV.)
Echo, das
echo|en; du echost, es echot; geechot
Echo|lot, das (Echolaufzeit nutzender Entfernungsmesser)
Ech|se, die
echt; echt golden (wirklich aus Gold); *aber*: echtgolden (aus echtem Gold, aus Echtgold)
Echt...[haar *usw.*]
Ech|ter|nach (Stadt in Luxemburg); Echternacher Springprozession
Eck; das Deutsche ~
Eck...[fenster *usw.*]
Eckart (Sagengestalt) [k|k]; ein getreuer Eckart; *s. a.* Eckehart, *vgl.* Eckhart
Eck|chen
Ecke [k|k]
Ecke|hart [k|k]; *s. a.* Eckart, *vgl.* Eckhart
Ecken|band [k|k]; *s. a.* Eggenband
Ecker, die (Buchecker) [k|k]
Ecker|mann, Johann Peter (dt. Schriftsteller 1792-1854) [k|k]
Eckern (Farbe b. Kartenspiel) [k|k]
Eck|hart; Meister ~ (dt. Mystiker ~1260-vor 1328); *s. a.* Eckart, Eckehart
eckig [k|k]
Eclair, das (Gebäck)
Eco, Umberto (ital. Schriftsteller *1932)
Eco|no|mi|ser
Eco|no|my...[klasse *usw.*] (günstiger Tarif)
Ecos|sai|se, die (Tanz); *a.* Ekossaise
ecru (naturweiß); *a.* ekru
Ec|sta|sy, das (Droge)
Ecu, ECU, der/die (*Abk. v.* European currency unit; europ. Übergangswährung)
Écu, der (alte frz. Münze)
Ecua|dor (Staat); *a.* Ekua|dor
Ecua|do|ri|a|ner; *a.* Ekuadorianer
ecua|do|ri|a|nisch; *a.* ekuadorianisch
ed. (*Abk. v.* edidit), Ed. (*Abk. v.* Edition)
Eda|mer; Edamer Käse
Eda|phon
edd. (*Abk. v.* ediderunt)
Ed|da, die (altnord. Textsammlung)
edel; ed|ler, edelst; der Edle
Edel...[gas *usw.*]

Ede|ling (Adliger)
Edel|weiß (Pflanze)
Eden, das (Paradies); der Garten ~
Eden, Anthony (engl. Politiker 1897-1977)
edie|ren (herausgeben)
Edikt, das (Erlaß)
Edin|burg (*engl.* Edin|burgh) (Hauptstadt v. Schottland)
Edi|son, Thomas Alva (amerik. Erfinder 1847-1931)
edi|tie|ren (*EDV* bearbeiten)
Edi|tion; *Abk.* Ed.
Edi|tio prin|ceps, die (Erstausgabe)
Edi|tor (Herausgeber)
Edi|to|ri|al, das (Vorwort)
edi|to|risch
Ed|le, der
Ed|schmid, Kasimir (dt. Schriftsteller 1890-1966)
Edu|ard (*engl.* Edward) (*Name engl. Herrscher*)
Edukt, das (Extrakt, Produkt)
E-Dur *§ 13 (2)*; E-Dur-Tonleiter *§ 13 (3)*
Edu|tain|ment (unterhaltsame Bildung)
EDV (*Abk. v.* Elektronische Datenverarbeitung) *§ 17 (2) Anm. 1*
Ed|ward; *vgl.* Eduard
EEG (*Abk. v.* Elektroenzephalogramm) *§ 17 (2) Anm. 1*
Efen|di (*türk.* Herr); *a.* Effendi
Efeu, der
Eff|eff; aus dem ~
Ef|fekt, der (Wirkung)
Ef|fek|ten (*Pl.*) Wertpapiere
Ef|fek|ten...[bank *usw.*]
ef|fek|tiv (wirksam)
Ef|fek|ti|vi|tät
Ef|fek|tor (e. Reaktion bewirkender Nerv)
ef|fek|tu|ie|ren
Ef|fe|mi|na|tion (Verweiblichung; *a. übertr.*)
ef|fe|mi|niert (verweiblicht, *meist übertr.*)
Ef|fen|di (*türk.* Herr); *a.* Efendi
ef|fe|rent (*med.* [aus dem ZNS] herausführend)
Ef|fe|renz
Ef|fet, der (Drall)
ef|fi|lie|ren (ausdünnen)
ef|fi|zi|ent (wirkungsvoll)
Ef|fi|zi|enz
ef|fi|zie|ren (bewirken)
ef|fi|ziert
Ef|flo|res|zenz (Aufblühen)
ef|flo|res|zie|ren
Ef|fu|sion (Herausfließen)
ef|fu|siv
EFTA (*Abk. v.* European Free Trade Association) *§ 17 (2) Anm. 1*
eG, e. G. (*Abk. v.* eingetragene Genossenschaft) *§ 17 (2) Anm. 1*
EG (*Abk. v.* Europäische Gemeinschaft[en]) *§ 17 (2) Anm. 1*
e. g. (*Abk. v.* exempli gratia)
egal
ega|li|sie|ren
ega|li|tär
Ega|li|ta|ris|mus (Gleichheitsideologie)
Ega|li|tät
Éga|li|té, die (*frz.* Gleichheit)
Egel, der (Wurm)
Eger (Stadt u. Fluß in Böhmen)
Eger|land
Eger|län|der
Eger|ling (Pilz)
Eg|ge (1. Ackergerät; 2. Gewebekante)
eg|gen (*zu* Egge 1.); du eggst
Eg|gen|band; *s. a.* Eckenband
Egg|head, der (*engl.* Eierkopf, Intellektueller)
Egk, Werner (dt. Komponist 1901-1983)
eGmbH, EGmbH (*Abk. v.* eingetragene/Eingetragene Genossenschaft mit beschränkter Haftung) *§ 17 (2) Anm. 1*
Eg|mont, Graf von (niederl. Freiheitskämpfer 1522-1568)
ego (*lat. Pronomen*); das Alter ~
Ego, das (Ich)
Ego|is|mus (Eigensucht)
Ego|ist
ego|i|stisch
Ego|tis|mus (Ichbezogenheit)
Ego|tist
Ego|trip, der
Egout|teur (Walze in Papiermaschinen)
Ego|zen|trik
Ego|zen|tri|ker
ego|zen|trisch
egre|nie|ren (Baumwolle von Samen befreien)
egres|siv (*sprachwiss.* den Ausgang bezeichnend)
Egyp|ti|enne, die (Schriftart)
eh (1. sowieso; 2. ehe); seit eh und je
e. h., E. h. (*Abk. v.* ehrenhalber, Ehren halber)
ehe; eher, am ehesten; ehe denn; *s. a.* eh
Ehe, die
Ehe...[beratung *usw.*]
ehe|bal|digst
ehe|bre|chen; du sollst nicht ~
Ehe|bruch
ehe|dem
ehe|ge|stern
ehe|lich
ehe|li|chen; du ehelichst
ehe|los
ehe|ma|lig
ehe|mals
eher; je ~, um so ~
ehern; die Eherne Schlange (*bibl.*) *§ 15 (7)*
ehest; mit ehe|stem, am ehe|sten
ehe|stens
Ehr...[begriff *usw.*]
ehr|bar
ehr|be|gie|rig
Eh|re; Eh|ren hal|ber; *Abk.* E. h., e. h.; *s. a.* ehrenhalber
eh|ren; du ehrst
Eh|ren...[amt *usw.*]
Ehren|burg, Ilja (russ. Schriftsteller 1891-1967)
eh|ren|haft
eh|ren|hal|ber; *Abk.* e. h.; *s. a.* Ehre
eh|ren|rüh|rig
ehr|er|bie|tig

ehr|fürch|tig
ehr|gei|zig
ehr|lich
Ehr|lich, Paul (dt. Serologe 1854-1915)
ehr|los
ehr|pus|se|lig, ehr|puß|lig
ehr|sam
ehr|süch|tig
ehr|ver|ges|sen
Ehr|wür|den (*Anrede*)
ehr|wür|dig
ei!
Ei, das
Ei...[sprung *usw.*]
eia!
eia|po|peia!
Ei|be, die
ei|ben (aus Eibenholz)
Ei|bisch, der
Eib|see
Eich, Günter (dt. Schriftsteller 1907-1972)
Eich...[maß *usw.*]
Eich...[baum *usw.*, *zu* Eiche]
Ei|che
Ei|chel, die (*a.* Farbe b. Kartenspiel; Peniskopf)
Ei|chel|hä|her, der (Vogel)
ei|chen (aus Eichenholz)
ei|chen (prüfen); du eichst
Ei|chen, das (*zu* Ei)
Ei|chen...[baum *usw.*]
Ei|chen|dorff, Joseph von (dt. Dichter 1788-1857)
Ei|cher (Eichmeister)
Eich|hörn|chen
Eich|kätz|chen
Eich|kat|ze
Eich|mann, Adolf (dt. SS-Mann 1906-1962)
Eid; an Ei|des Statt
Ei|dam (Schwiegersohn)
eid|brü|chig
Ei|dech|se
Ei|der, die (Fluß)
Ei|der|dau|ne
Ei|der|en|te
Ei|des...[helfer *usw.*]
Ei|de|tik (außergewöhnliche Vorstellungsfähigkeit)
Ei|de|ti|ker
ei|de|tisch
eidg. (*Abk. v.* eidgenössisch)
Eid|ge|nos|se
Eid|ge|nos|sen|schaft; die Schweizerische ~ *§ 15 (7)*
eid|ge|nös|sisch; *Abk.* eidg.
eid|lich
Ei|do|phor, der (Teil des Fernsehprojektors)
Ei|er...[becher *usw.*]
ei|ern
Ei|er|schecke, die (Kuchen) [k|k]
Ei|fel, die (Gebirge)
Ei|fer
Ei|fe|rer
Ei|fer|sucht
ei|fer|süch|tig
ei|fern
Eif|fel|turm
ei|för|mig
eif|rig
Ei|gelb, das
ei|gen (*flektierte Formen auch synkopiert*: eigne *usw.*); zu ~ geben, zu ~ machen; mein ~ Fleisch und Blut, es ist mein ~ (gehört mir); es ist ihm ~ *oder* zu ~; *vgl.* Eigen
Ei|gen, das (Eigentum); das ist mein Eigen; *vgl.* eigen
Ei|gen, Manfred (dt. Chemiker *1927)
Ei|gen...[art *usw.*]
ei|gen|ar|tig
Ei|gen|bröt|ler
ei|gen|bröt|le|risch
Ei|gen|heit
ei|gen|hän|dig
ei|gen|mäch|tig
ei|gens
Ei|gen|schaft
Ei|gen|schafts|wort
ei|gen|sin|nig
ei|gent|lich; *Abk.* eigtl.
Ei|gen|tum
Ei|gen|tü|mer
ei|gen|tüm|lich
Ei|gen|tums...[wohnung *usw.*]
ei|gen|ver|ant|wort|lich
ei|gen|wil|lig
ei|gen|wüch|sig
Ei|ger, der (Berg in der Schweiz)
eig|nen; sich ~
eig|ne *usw.* (*s.* eigen)
Eig|ner
Eig|nung
Eig|nungs...[test *usw.*]
eigtl. (*Abk. v.* eigentlich)
Ei|ke von Rep|gow (sächs. Jurist 1180/90-nach 1233)
Ei|klar, das
Eil...[brief *usw.*]
Ei|land, das
Ei|le, die
ei|len
ei|lends
ei|lig; ei|li|ger, ei|lig|ste; ei|ligst
Ei|mer
ein (*Artikel*); ein Haus; (*Pronomen*) einer, eine, ein[e]s; (*Zahladjektiv*) der eine Mann; ein[er] und derselbe, auf ein[e] und dieselbe Weise; der eine und der andere; ein für allemal
ein; *Verbzusatz*; *stets zusammengeschrieben*: einarbeiten *usw.*
Ein...[bau *usw.*]
ein|ach|sig
Ein|ak|ter, der
ein|ak|tig
ein|an|der; *mit Präpositionen meist zusammengeschrieben*: sie arbeiten füreinander *oder* für einander; *bei Zusammenschreibung mit dem Verb auch mit der Präposition zusammengeschrieben*: auseinander◡gehen *usw.*
ein|ar|mig
ein|äu|gig
Ein|bahn|stra|ße
ein|bim|sen; du bimst ein *§ 7 (1)*
ein|bleu|en (nachdrücklich einprägen)
ein|boo|ten
Ein|bren|ne (Mehlschwitze)
Ein|bruch
ein|buch|ten
ein|bür|gern

Ein|bu|ße
ein|bü|ßen; du büßt ein *§ 7 (1)*
ein|checken [k|k]
ein|cre|men
ein|däm|men
ein|del|len
ein|deu|tig
ein|deut|schen
ein|dicken [k|k]
ein|docken [k|k]
ein|do|sen; du dost ein *§ 7 (1)*
ein|dring|lich
Ein|dring|ling
Ein|druck
ein|drück|lich
ein|du|seln
ei|ne, der ~ (*vgl.* ein)
ein|ei|ig
ein|ein|deu|tig
ein|ein|halb
Ei|nem, Gottfried von (österr. Komponist 1918-1996)
ei|nen (vereinigen); du einst
ein|en|gen
ei|ner (*vgl.* ein)
Ei|ner, der (Boot *usw.*)
ei|ner|lei; es ist mir ~
Ei|ner|lei, das
ei|ner|seits
ei|nes (*vgl.* ein)
ei|nes|teils
ein|fach
ein|fä|deln
Ein|fall
Ein|falt
ein|fäl|tig
Ein|falts|pin|sel
ein|far|big
ein|fen|zen; du fenzt ein *§ 7 (1)*
ein|flö|ßen; du flößt ein *§ 7 (1)*
ein|flü|ge|lig, ein|flüg|lig
Ein|fluß; *Pl.* Einflüsse
ein|för|mig
ein|frie|den
ein|frie|di|gen
ein|fühl|sam
Ein|fuhr
Ein|ga|be
Ein|gang
ein|gän|gig
ein|gangs
ein|ge|bo|ren
Ein|ge|bo|re|ne, der
ein|ge|denk
ein|ge|fleischt
ein|ge|hend
Ein|ge|mach|te, das; ans ~ gehen
ein|ge|mein|den
Ein|ge|sandt, das
ein|ge|schos|sig; *österr.* ein|ge|scho|ßig
ein|ge|stri|chen
Ein|ge|wei|de
ein|git|tern
ein|gla|sen; du glast ein *§ 7 (1)*
Ein|griff
Ein|guß
ein|ha|ken
Ein|halt; ~ gebieten
ein|hän|dig
ein|hän|di|gen
Ein|hard (Gelehrter bei Karl d. Großen ~770-840)
ein|he|gen
ein|hei|misch
ein|heim|sen; du heimst ein *§ 7 (1)*
Ein|hei|rat
Ein|heit
ein|heit|lich
Ein|heits...[wert *usw.*]
ein|hel|lig
ein|hen|ke|lig, ein|henk|lig
ein|her; *Verbzusatz*; *a. zusammengeschrieben*: einher◡fahren *usw. § 10*
ein|her◡fah|ren *§ 10*
ein|her◡ge|hen *§ 10*
Ein|he|ri|er (gefallener Krieger)
Ein|horn, das (Fabeltier)
ei|nig (*Adjektiv*); [sich] ~ sein, ~ werden; einig◡gehen *§ 10*
ei|ni|ge; *stets klein geschrieben*: einige Menschen; hier ist einiges versäumt worden; einige Male; *aber* einigemal
ein|igeln
ei|ni|ge|mal; *aber* einige Male
ei|ni|gen
ei|ni|ger|ma|ßen
ei|nig◡ge|hen *§ 10*
ein|jäh|rig; der Einjährig-Freiwillige; das Einjährige (mittlere Reife)
Ein|ka|rä|ter, der
ein|ka|steln
Ein|kauf
Ein|kaufs...[bummel *usw.*]
Ein|kehr, die
ein|keh|ren
ein|kei|len
ein|keim|blät|te|rig, ein|keim-blättrig
ein|kel|lern
ein|ker|kern
ein|kes|seln
Ein|klang
ein|klas|sig
Ein|kom|men, das
Ein|kom|men[s]|steu|er; *vgl.* Einkommensteuer
Ein|kom|men|steu|er (*amtl.*); *vgl.* Einkommenssteuer
Ein|korn, das (Getreideart)
ein|krei|sen; du kreist ein*§ 7 (1)*
Ein|la|ge
Ein|laß
ein|läß|lich
Ein|lauf
ein|leuch|tend
Ein|le|ger
ein|lie|gend
Ein|lie|ger
Ein|lie|ger|woh|nung
ein|lo|chen
ein|log|gen; sich ~
ein|lul|len
Ein|marsch
ein|mot|ten
Ein|nah|me
ein|ni|sten
Ein|öde
Ein|öd|hof
ein|pfer|chen
ein|pflocken [k|k]
ein|pol|dern
ein|quar|tie|ren
ein|räu|men
Ein|re|de
Ein|rei|her
ein|rei|hig
ein|ren|ken
Ein|rich|ter

Ein|riß
eins; eins und eins, fünf Minuten vor eins, eins sein, in eins setzen
Eins, die; eine Eins in Deutsch, drei Einsen würfeln
ein|sam
ein|sar|gen
Ein|satz
ein|sau|en
ein|säu|ern
ein|schach|teln
ein|scha|len
ein|schär|fen
ein|schen|ken
ein|sche|ren
Ein|schicht
ein|schich|tig
Ein|schieb|sel, das
ein|schif|fen
ein|schir|ren
einschl. (*Abk. v.* einschließlich)
ein|schlä|fern
ein|schlä|fe|rig; *s. a.* einschläfrig
ein|schlä|fig
ein|schläf|rig; *s. a.* einschläferig
Ein|schlag
ein|schlä|gig
ein|schläm|men
ein|schleu|sen; du schleust ein *§ 7 (1)*
ein|schließ|lich
Ein|schlupf
ein|schrän|ken
Ein|schrei|ben, das
Ein|schub
ein|schüch|tern
ein|schu|len
Ein|schuß
ein|seh|bar
Ein|sen|der
Ein|ser
Ein|sicht
ein|sich|tig
ein|sichts|los
Ein|sie|de|lei
Ein|sied|ler
ein|sied|le|risch
ein|sil|big
ein|si|lie|ren
Ein|sit|zer
ein|sit|zig
ein|spren|gen
Ein|spreng|sel, das
Ein|spruch
ein|spu|rig
Eins|sein, das
einst; das Einst und das Jetzt
ein|stal|len
Ein|stand
Ein|stein, Albert (dt.-schweiz.-amerik. Physiker 1879-1955)
Ein|stei|ni|um; *chem. Zeichen* Es
ein|stens
Ein|stich
Ein|stieg
ein|stig
ein|stim|mig
Ein|streu, die
ein|stu|fen
ein|stu|fig
ein|stül|pen
Ein|sturz
einst|wei|lig; einstweilige Verfügung
Eins|wer|den, das
Ein|tän|zer
Ein|tausch
Ein|topf
Ein|tracht
ein|träch|tig
Ein|trag
ein|träg|lich
ein|trich|tern
Ein|tritt
ein|trü|ben
ein|tü|ten
ein|und|ein|halb
ein|ver|lei|ben
Ein|ver|nah|me
ein|ver|neh|men
Ein|ver|neh|men, das
ein|ver|nehm|lich
ein|ver|stan|den
ein|ver|ständ|lich
Ein|ver|ständ|nis
Ein|waa|ge
Ein|wand
ein|wand|frei
ein|wärts; *als Verbzusatz (Richtungszusatz) a. zusammengeschrieben*: einwärts◡gehen *usw.*
ein|wecken [k|k]
Ein|weg...[spritze *usw.*]
ein|wen|den
ein|wil|li|gen
ein|win|tern
Ein|woh|ner
Ein|wurf
ein|wur|zeln
Ein|zahl
ein|zah|len
ein|zäu|nen
Ein|zel, das
ein|zeln; der einzelne, im einzelnen, ins einzelne gehen; *Großschreibung möglich, wenn die Vereinzelung hervorgehoben werden soll*: der Einzelne, das Einzelne (die Einzelheit)
ein|zig; das einzige, was wir wissen; ein einziger genügt; kein einziger wußte es; einzig und allein; *aber* er ist unser Einziger (einziger Sohn *o. ä.*)
ein|zig|ar|tig
Ein|zim|mer|woh|nung; 1-Zimmer-Wohnung *§ 13 (4) Anm. 3*
Ein|zug
Eire (Irland)
Ei|re|ne (Göttin)
Eis; Eis laufen; *vgl.* eislaufen
Eis...[bahn *usw.*]
ei|sen; du eist; geeist
Ei|sen, das; *chem. Zeichen* Fe
Ei|sen...[bahn *usw.*]
Ei|sen|ach (Stadt)
Ei|sen|how|er, Dwight (amerik. Politiker 1890-1969)
Ei|sen|stein, Sergej (sowjet. Regisseur 1898-1948)
ei|sern; eiserne Hochzeit; der eiserne Vorhang (im Theater); der Eiserne Vorhang (Ost-West-Trennung), das Eiserne Kreuz (Orden), das Eiserne Tor (an der Donau) *§ 15 (7)*
Ei|ses|käl|te
Eis|hei|li|ge
ei|sig

eis|kalt
Eis|lauf
eis|lau|fen; *a.* Eis laufen, du läufst eis/Eis
Eis|le|ben (Stadt)
Eis|ler, Hanns (dt. Komponist 1898-1962)
Eis|ner, Kurt (dt. Politiker 1867-1919)
Eiß, der (Geschwür)
Ei|ße, die (Geschwür)
ei|tel; ~ Sonnenschein
Ei|ter, der
Ei|ter...[beule *usw.*]
ei|te|rig; *s. a.* eitrig
ei|tern
eit|rig; *s. a.* eiterig
Ei|weiß, das
Eja|ku|lat, das
Eja|ku|la|tion (Samenerguß)
eja|ku|lie|ren
Ejek|tion (Auswerfen)
Ejek|tiv[|**laut**] (*sprachwiss.*)
Ejek|tor
eji|zie|ren (auswerfen)
Ekart, der (Kursdifferenz); *a.* Ecart
Ekar|té, das (Kartenspiel); *a.* Ecarté
EKD (*Abk. v.* Evangelische Kirche in Deutschland) *§ 17 (2) Anm. 1*
ekel; ek|le Angelegenheit
Ekel, der (Widerwille); das ~ (unangenehmer Mensch)
ekel|er|re|gend; *aber* [starken] Ekel erregend *§ 11 (4)*
ekel|haft
eke|lig; *s. a.* eklig
ekeln; sich ~
EKG (*Abk. v.* Elektrokardiogramm) *§ 17 (2) Anm. 1*
Ek|ke|hart (*Name v. St. Galler Mönchen 10./11.Jh.*)
Ek|kle|sia (Kirche)
Ek|kle|si|a|stes, der (das Buch Prediger des AT)
Ek|kle|s|io|lo|gie (Theologie der Kirche)
Ek|lamp|sie (Krankheit)
Eklat, der (großes Aufsehen)
ekla|tant (augenfällig)
Ek|lek|ti|ker
ek|lek|tisch (aus Vorhandenem auswählend, unoriginell)
Ek|lek|ti|zis|mus
ek|lek|ti|zi|stisch
ek|lig; *s. a.* ekelig
Ek|lip|se, die (Sonnen- oder Mondfinsternis)
Ek|lip|tik, die (Ebene der Erdbahn um die Sonne)
ek|lip|tisch
Ek|lo|ge, die (Hirtengedicht)
Eko|no|miser; *a.* Economiser
Ekos|sai|se, die (Tanz); *a.* Ecossaise
Ekra|sit, das (Sprengstoff)
ekrü (naturweiß); *a.* ecru
Ekrü[seide]
Ek|sta|se, die (Außersichsein)
Ek|sta|tik
Ek|sta|ti|ker
ek|sta|tisch
Ek|ta|se (Dehnung); *s. a.* Ektasis
Ek|ta|sie (Gefäßerweiterung)
Ek|ta|sis (Dehnung); *s. a.* Ektase
ek|to-/Ek|to- (*griech.* äußerer)
Ek|to|derm, das (äußeres Keimblatt)
Ek|to|mie (Herausschneiden)
Ek|to|pie (Herausverlagerung e. Organs)
Ekua|dor (Staat); *a.* Ecuador (*s. d.*)
Ek|zem, das (Hautentzündung)
Ela|bo|rat, das (Ausarbeitung; Machwerk)
ela|bo|riert (ausgearbeitet)
El-Ala|mein (Ort in Ägypten)
Elam (antikes Reich)
Elan, der (Schwung)
Ela|stik
ela|stisch
Ela|sti|zi|tät
Ela|sto|mer, Ela|sto|me|re, das (Kunststoff)
Ela|tiv, der (*sprachwiss.* sehr hoher Grad; Kasus d. Ausgangsortes)
El|ba (ital. Insel)
El|be (Fluß)
Elb-Flo|renz (= Dresden)
el|bisch (geisterhaft)
El|brus (Kaukasusgipfel)
Elb|sand|stein|ge|bir|ge
El|burs (Gebirge im Iran)
Elch
Elch...[bulle *usw.*]
El|der states|man *§ 15 (3)*
El|do|ra|do, das (= Dorado) (Wunschland)
Ele|at, der (Vertreter e. Philosophenschule); *Pl.* Ele|a|ten
ele|a|tisch
Ele|fant
Ele|fan|ten...[bulle *usw.*]
Ele|fan|ti|a|sis (Krankheit); *a.* Elephantiasis
ele|fan|tös
ele|gant
Ele|gant, der
Ele|ganz
Ele|gie (Gedichtform; Klagelied)
Ele|gi|ker
ele|gisch
Eleg|jam|bus (Versform)
Elei|son, das (= Kyrie eleison)
elek|tiv (auswählend)
Elek|to|rat (Kurfürstenwürde)
Elek|tra (Sagengestalt)
Elek|tret
Elek|tri|fi|ka|tion
elek|tri|fi|zie|ren
Elek|trik
Elek|tri|ker
elek|trisch
Elek|tri|sche, die
elek|tri|sie|ren
Elek|tri|zi|tät
Elek|tro...[auto *usw.*]
Elek|tro|de, die
Elek|tro|ly|se (chem. Zersetzung durch elektr. Strom)
elek|tro|ly|sie|ren
Elek|tro|lyt, der
elek|tro|ly|tisch
elek|tro|ma|gne|tisch
Elek|tron[1], das (Elementarteilchen)
Elek|tron[2], das (Legierung aus Gold u. Silber)
Elek|tro|nen...[blitz *usw.*]

Elek|tro|nik
Elek|tro|ni|ker
elek|tro|nisch
Elek|tro|pho|re|se (Wanderung geladener Teilchen)
elek|tro|tech|nisch
Ele|ment
ele|men|tar
Ele|men|tar...[teilchen *usw.*]
Ele|mi, das (Harz)
Elen, das (Elch)
Elen|an|ti|lo|pe
elend (*Adjektiv*)
Elend, das
elen|dig
elen|dig|lich
Elends...[viertel *usw.*]
Ele|phan|ti|a|sis (Krankheit); *a.* Elefantiasis
Eleu|si|ni|en (*Pl.*) (griech. Mysterienfeier)
Ele|va|ti|on (Erhebung; Heben d. Kelchs in der kathol. Messe; *astron.* Höhe ü. d. Horizont))
Ele|va|tor (Förderband)
Ele|ve, der (Schüler, Lehrling)
elf; zu elft sein, zu elfen sein; *vgl.* acht
Elf, der (Naturgeist)
Elf, die (*a.* Mannschaft); *vgl.* Acht[1]
El|fe, die (Naturgeist)
El|fen|bein
el|fen|bei|nern
el|fen|bein|far|ben
El|fen|bein|küs|te (Staat)
El|fer, der
el|fer|lei
elf|fach
el|fisch
elf|tau|send
elft; der Elfte (der elfte Tag des Monats); *vgl.* achte
elf|tel; *vgl.* achtel
Elf|tel, das; *vgl.* Achtel
elf|tens
El|gar, Edward (engl. Komponist 1857-1934)
Eli|as (Prophet ~900-850 v. Chr.)
Eli|as, Norbert (dt. Soziologe 1897-1990)
eli|die|ren (auslassen)
Eli|mi|na|ti|on
eli|mi|nie|ren (beseitigen)
Eliot, Thomas Stearns (engl. Dichter 1888-1965)
Eli|sa|beth (bibl. Gestalt, Heilige, *Name v. Herrscherinnen, engl.* Elizabeth)
eli|sa|be|tha|nisch; das Elisabethanische England *§ 15 (7)*
Eli|si|on (*zu* elidieren)
eli|tär
Eli|te (Führungsschicht)
Eli|xier, das (Zaubertrank)
Eli|za|beth (*engl.*); *vgl.* Elisabeth
Ell|bo|gen; *s. a.* Ellenbogen
El|le, die
El|len|bo|gen; *s. a.* Ellbogen
el|len|lang; *aber* drei Ellen lang
El|ling|ton, Duke (amerik. Musiker 1899-1974)
El|lip|se
el|lip|sen|för|mig
El|lip|so|id
el|lip|tisch
El|lip|ti|zi|tät
El|lok (= E-Lok)
El|lo|ra (Tempelort in Indien)
Elms|feu|er (elektr. Gasentladung)
Elo|ge, die (Lobrede)
Elo|him (Gott)
E-Lok *§ 13 (2)*
Elon|ga|ti|on (*astron.* Winkelentfernung von der Sonne)
elo|quent (beredt)
Elo|quenz
Elo|xal, das (Schutzschicht auf Aluminium)
elo|xie|ren
El Sal|va|dor (Staat); *s.* Salvadorianer
El|saß
El|säs|ser
el|säs|sisch
El|saß-Loth|rin|gen
el|saß-loth|rin|gisch
Els|bee|re (Eberesche); *a.* Elzbeere
Elß|ler, Fanny (österr. Tänzerin 1810-1884)
El|ster
El|ter, das (*fachspr.*); *Pl.* Eltern
el|ter|lich
El|tern (*Pl.*)
El|tern...[abend *usw.*]
El|ton John (engl. Musiker *1947)
Élu|ard, Paul (frz. Dichter 1895-1952)
ely|sä|isch (*zu* Elysium); *s. a.* elysisch
Ely|see, Ély|sée (Palast in Paris, Amtssitz des frz. Präsidenten)
ely|sisch (*zu* Elysium); *s. a.* elysäisch
Ely|si|um (Gefilde d. Seligen)
Ely|tron, das (Lamellen, Flügel)
Elz|bee|re (Eberesche); *a.* Elsbeere
El|ze|vir, die (Schriftart)
em. (*Abk. v.* emeritus)
Email, das (Schmelzglasüberzug); *s. a.* Emaille
E-Mail, die (elektron. Post) *§ 13 (2)*
Email|le, die; *s. a.* Email
Email|leur
email|lie|ren
Ema|na|ti|on (Hervortreten)
ema|nie|ren
Eman|ze (betont selbständige Frau)
Eman|zi|pa|ti|on (Gleichstellung [der Frau])
eman|zi|pa|tiv
eman|zi|pa|to|risch
eman|zi|pie|ren
Em|bal|la|ge, die (Verpackung)
Em|bar|go, das (Handelsblockade)
Em|blem, das (Sinnbild, Kennzeichen)
Em|ble|ma|tik
em|ble|ma|tisch
Em|bo|lie (Gefäßverschluß)
Em|bo|lus (Gefäßpropf)
Em|bon|point
Em|bryo, der (Leibesfrucht)
Em|bryo|ge|ne|se
Em|bryo|lo|gie

em|bry|o|nal
em|bry|o|nisch
Em|den (Stadt)
Emen|da|ti|on (Korrektur eines überlieferten Textes)
emen|die|ren
Eme|rit, der (Priester im Ruhestand); *s. a.* emeritus
eme|ri|tie|ren (entpflichten)
eme|ri|tus; *Abk.* em.; Professor emeritus; der Emeritus, *Pl.* die Emeriti
Emer|si|on (Auftauchen, Heraustreten)
Emer|son, Ralph Waldo (amerik. Dichter 1803-1882)
Eme|ti|kum (Brechmittel)
eme|tisch
Emi|grant (Auswanderer)
Emi|gra|ti|on
emi|grie|ren
Emi|lia-Ro|ma|gna (Landschaft in Italien)
emi|nent (hervorragend)
Emi|nenz; Euer/Eure/Seine Eminenz (*Anrede*) *§ 15 (8)*
Emi|nes|cu, Mihai (rum. Dichter 1850-1889)
Emin Pa|scha, Mehmed (Eduard Schnitzer, dt. Afrikaforscher 1840-1892)
Emir (*arab.* Fürst, Herr)
Emi|rat, das (Fürstentum)
Emis|sär (Abgesandter)
Emis|si|on (Ausstoß, Ausgabe)
Emit|tent
Emit|ter (Elektronenquelle)
emit|tie|ren (ausgeben, -senden)
Em|ma|us (bibl. Ort)
Em|men|ta|ler (*a.* Käsesorte)
Em|mer, der (Getreideart)
Em|me|ram (Heiliger ~700)
e-Moll *§ 13 (2)*; e-Moll-Tonleiter *§ 13 (3)*
Emo|ti|on (Gefühl)
emo|ti|o|nal
emo|ti|o|na|li|sie|ren
Emo|ti|o|na|li|tät
emo|ti|o|nell
emo|tiv
Em|pa|thie (Einfühlung)
em|pa|thisch
Em|pe|do|kles (griech. Philosoph 490-430 v. Chr.)
Emp|fang
emp|fan|gen; empfängst, empfingst, empfangen
Emp|fän|ger
emp|fäng|lich
Emp|fäng|nis
Emp|fäng|nis...[verhütung *usw.*]
emp|fäng|nis|ver|hü|tend; *aber* die Empfängnis verhütend
Emp|fangs...[chef *usw.*]
emp|feh|len; empfiehlst, empfahlst, empfählest, empfohlen
emp|feh|lens|wert
Emp|feh|lungs|brief
emp|fin|den
Emp|fin|den, das
emp|find|lich
emp|find|sam
Em|pha|se (Nachdruck)
em|pha|tisch
Em|phy|sem, das (Aufblähung)
Em|pire [ã'pi:r] (Empirestil)
Em|pire ['ɛmpaiə] (brit. Weltreich)
Em|pi|rem, das (Erfahrungstatsache)
Em|pire|stil
Em|pi|rie
Em|pi|ri|ker
em|pi|risch
Em|pi|ris|mus
Em|pi|rist
em|pi|ri|stisch
em|por; *als Verbzusatz a. zusammengeschrieben*: empor◡arbeiten *usw. § 10*
Em|po|re
em|pö|ren
em|pö|rend
Em|pö|rer
em|pö|re|risch
Em|por|kömm|ling
Em|pö|rung
em|py|re|isch
Em|py|re|um (myth. Feuerhimmel)
Ems, die (Fluß)
Em|scher, die (Fluß)
Em|scher, das (geolog. Stufe)
Em|ser; die Emser Depesche; Emser Salz (*nach* Bad Ems)
em|sig
Emu, der (Straußenart)
Emu|la|ti|on (*EDV* Nachahmung)
Emul|ga|tor (Hilfsstoff in Emulsionen)
emul|gie|ren
Emul|si|on (Flüssigkeitsgemenge)
E-Mu|sik *§ 13 (2)*
en (*frz. Präposition; s. die einzelnen Verbindungen*)
Ena|ki|ter (Riesengeschlecht im AT)
Enaks|kind, Enaks|sohn (großer Mensch)
En|al|la|ge, die (Stilfigur)
En|an|them, das (Ausschlag)
En|an|tio|tro|pie (Umschlagen ins Gegenteil)
en avant! (vorwärts!)
en bloc (im Ganzen)
En-bloc-Ab|stim|mung *§ 13 (4)*
En|chi|ri|di|on (Handbuch)
en|co|die|ren; *a.* enkodieren
En|coun|ter, das (psychol. Training)
End...[spiel *usw.*]
End|chen (*zu* Ende)
En|de; Ende dreißig/Dreißig
En|de, Michael (dt. Schriftsteller 1929-1995)
en|de|misch (*med.* begrenzt aufretend)
en|den
en dé|tail (im einzelnen)
end|gül|tig
en|di|gen
En|di|vie (Salatpflanze)
end|la|gern
end|lich
end|los
End|los...[band *usw.*]
en|do-/En|do- (innerer)
En|do|der|mis (Gewebeschicht)
en|do|gam

En|do|ga|mie (Heirat nur innerhalb der Gruppe)
en|do|gen
En|do|kard, das (Herzinnenhaut)
En|do|karp, das (Fruchtinnenhaut)
en|do|krin (nach innen absondernd)
En|do|kri|no|lo|gie
En|dor|phin
En|do|skop, das (med. optische Sonde)
En|do|sko|pie
en|do|sko|pisch
En|do|thel, En|do|the|li|um, das (Gefäßinnenhaut)
en|do|therm (wärmeaufnehmend)
En|dy|mi|on (Sagengestalt)
En|dung
En|er|ge|tik
en|er|ge|tisch
En|er|gie
en|er|gie|spa|rend; *aber* viel Energie sparend *§ 11*
en|er|gisch
Ener|va|ti|on
ener|vie|ren (entnerven)
en face (von vorn)
En|fant ter|ri|ble (oft aus der Rolle Fallender)
eng; *s.* eng◡anliegend, eng◡bedruckt *usw. § 11 (4)*
En|ga|din, das (Schweizer Inntalregion)
En|ga|ge|ment, das (Bindung, Anstellung)
en|ga|gie|ren
eng◡an|lie|gend; *aber* eng anliegend, enger anliegend *§ 11 (4)*
eng◡be|druckt; *aber* die Seiten sind eng bedruckt; enger bedruckt *§ 11 (4)*
eng◡be|freun|det; *vgl.* engbedruckt *§ 11 (4)*
eng◡be|grenzt; *vgl.* engbedruckt *§ 11 (4)*
En|ge, die
En|gel
En|gel|chen
En|ge|lein; *s. a.* Englein
en|gel|haft
En|gel|ma|cher (Abtreiber)
En|gels, Friedrich (dt. Politiker u. Schriftsteller 1820-1895)
En|gels...[geduld *usw.*]
En|ger|ling ([Maikäfer-]Larve)
En|gi|nee|ring, das (Ingenieursarbeit; Rationalisierung)
Eng|land
Eng|län|der (*a.* Werkzeug)
Eng|lein; *s. a.* Engelein
eng|lisch[1]; auf ~; Englische Fräulein (Kongregation) *§ 15 (7)*, Englischer Garten (im englischen Stil) *§ 15 (8)*
eng|lisch[2] (*zu* Engel); der Englische Gruß (Ave Maria) *§ 15 (7)*
Eng|lisch, das
Eng|li|sche, das
Eng|lisch|horn (Alt-Oboe)
Eng|lish-Waltz (Tanz)
eng|li|sie|ren
En|go|be, die (Keramiküberzug)
en|go|bie|ren
Eng|paß
En|gramm, das (Gedächtnisspur)
en gros (im großen)
En|gros|sist (Großhändler)
en|har|mo|nisch (den gleichen Ton betreffend)
enig|ma|tisch (rätselhaft); *s. a.* änigmatisch
Eni|we|tok (Inseln)
En|jam|be|ment (Überspielen des Zeilenendes im Gedicht)
en|kau|stie|ren
En|kau|stik (Maltechnik)
en|kau|stisch
En|kel[1] (Fußknöchel)
En|kel[2] (Enkelkind)
En|kel...[kind *usw.*]
En|kla|ve, die (eingeschlossenes Gebiet)
En|kli|se, die (Anlehnung an ein vorhergehendes Wort)
En|kli|ti|kon (*griech.*), En|kli|ti|kum (*lat.*)
en|kli|tisch (*zu* Enklise)
en|ko|die|ren; *a.* encodieren
En|ko|mi|ast (Lobredner))
En|ko|mi|on (*griech.*), En|ko|mi|um (*lat.*) (Lobgedicht)
En|kul|tu|ra|ti|on (Übernahme der umgebenden Kultur)
en masse (haufenweise)
en mi|ni|a|ture (im kleinen)
En|ni|us, Quintus (röm. Dichter 239-169 v. Chr.)
en|nu|yie|ren
enorm
Enor|mi|tät
en pas|sant (nebenbei)
en plei|ne car|rière (in gestrecktem Galopp)
en pro|fil (von der Seite)
En|quete, die (Erhebung)
en|ra|giert (erregt)
en route (unterwegs)
En|sem|ble, das (Gruppe)
En|si|la|ge, die (Silierung)
En|sin|ger (dt. Baumeisterfamilie ~1359-1419)
En|sor, James (belg. Maler 1860-1949)
en suite (ununterbrochen)
ent...; *Präfix vor Verben*; *die Schreibweise folgt dem Grundwort*: entgehen *usw.*
ent|am|ten
ent|ar|ten
ent|aschen
En|ta|sis, die (Verdickung)
ent|asten
ent|ästen
ent|äu|ßern
ent|ba|sten
ent|beh|ren
ent|behr|lich
ent|bei|nen
ent|bie|ten
ent|blät|tern
ent|blei|en
ent|blocken [k|k]
ent|blö|den, sich ~
ent|blö|ßen
ent|bre|chen, sich ~
ent|bü|ro|kra|ti|sie|ren
Ent|chen
ent|chlo|ren

ent|decken [k|k]
Ent|deckungs...[reise *usw.*] [k|k]
ent|dröh|nen
ent|dun|keln
En|te; kalte Ente
ent|eh|ren
ent|eig|nen
ent|ei|sen (von Eis befreien); du enteist *§ 7 (1)*
ent|ei|se|nen (von Eisen befreien)
Ent|ei|se|nung
Ent|ei|sung
En|te|le|chie (Zielbestimmtheit)
en|te|le|chisch
En|ten...[braten *usw.*]
En|tente; ~ cor|di|ale
en|te|ral (die Eingeweide betreffend)
ent|er|ben
En|te|rich
En|te|ri|tis (Darmentzündung)
en|tern; du enterst
en|te|ro-/En|te|ro- (den Darm, die Eingeweide betreffend)
En|te|ro|kly|se (Darmspülung)
En|te|ro|klys|ma
En|te|ro|kok|kus (Bakterium); *Pl.* ...kokken
En|te|ron, das (Darm)
En|te|ro|skop
En|te|ro|sko|pie (Darmuntersuchung)
En|te|ro|sto|mie (Anlegen eines künstl. Afters)
En|ter|tai|ner (Unterhaltungskünstler)
En|ter|tain|ment, das (Unterhaltung)
ent|fa|chen
Ent|fall, der
ent|fal|len
ent|fal|ten
ent|fer|nen
ent|fernt
ent|fes|seln
ent|fet|ten
ent|feuch|ten
ent|flamm|bar
ent|flam|men
ent|flei|schen
ent|fleu|chen
ent|frem|den
ent|fri|sten
ent|fro|sten
ent|ga|sen; du entgast *§ 7 (1)*
ent|ge|gen; *als Verbzusatz zusammengeschrieben*: entgegenarbeiten *usw. § 9*
Ent|ge|gen|kom|men, das
ent|ge|gen|kom|mend
ent|ge|gen|kom|men|der|wei|se *§ 12*
Ent|ge|gen|nah|me
ent|geg|nen
ent|gei|stert
Ent|gelt, das
ent|gel|ten
ent|gelt|lich
ent|gif|ten
ent|glei|sen; du entgleist *§ 7 (1)*
ent|gra|ten
ent|grä|ten
ent|gren|zen; du entgrenzt *§ 7 (1)*
ent|haa|ren
ent|hal|ten; sich ~
ent|halt|sam
ent|här|ten
ent|haup|ten
ent|häu|ten
ent|he|ben
ent|hem|men
ent|hül|len
ent|hül|sen; du enthülst *§ 7 (1)*
en|thu|si|as|mie|ren
En|thu|si|as|mus
En|thu|si|ast
en|thu|si|a|stisch
ent|ideo|lo|gi|sie|ren
En|ti|tät (Etwas, Ding; Dasein)
ent|jung|fern
ent|kal|ken
ent|kei|men
ent|ker|nen
ent|klei|den
ent|kno|ten
ent|kof|fe|i|nie|ren
ent|ko|lo|ni|a|li|sie|ren
ent|kom|men
ent|kor|ken
ent|kräf|ten
ent|kramp|fen
ent|krau|ten
ent|kri|mi|na|li|sie|ren
ent|lang; *als Verbzusatz a. zusammengeschrieben*: entlang◡fahren *usw. § 10)*
ent|lar|ven
ent|las|sen; du entläßt *§ 7 (1)*
ent|la|sten
ent|lau|ben
ent|lau|sen; du entlaust *§ 7 (1)*
ent|le|di|gen
ent|lee|ren
ent|le|gen
ent|leh|nen
ent|lei|ben, sich
Ent|lei|her
Ent|lein
ent|lo|ben
ent|na|zi|fi|zie|ren
ent|neh|men
ent|ner|ven
En|to|derm, das (inneres Keimblatt)
ent|ölen
En|to|mo|lo|ge
En|to|mo|lo|gie (Insektenkunde)
en|to|mo|lo|gisch
en|to|pisch (einheimisch)
ent|op|tisch
En|tou|rage, die (Gefolge)
ent|pflich|ten
ent|po|li|ti|sie|ren
ent|pup|pen, sich
ent|rah|men
ent|ra|ten
En|tre|chat, der (Ballettsprung)
ent|rech|ten
En|tre|cote, das (Rippenstück)
En|tree, das (Eintritt, Vorzimmer, Eröffnungsstück, Vorspeise)
en|tre nous (unter uns)
ent|rich|ten
ent|rie|geln
ent|rin|den
ent|rin|gen
En|tro|pie (Maß der Unordnung, Informationsgehalt)
ent|ro|sten
ent|rücken [k|k]
ent|rüm|peln
ent|run|den

ent|ru|ßen; du entrußt *§ 7 (1)*
ent|rüs|ten, sich
ent|saf|ten
ent|sa|gen
ent|sal|zen; du entsalzt *§ 7 (1)*
Ent|satz, der
ent|säu|ern
ent|schä|di|gen
ent|schär|fen
Ent|scheid, der
ent|schei|den
ent|schei|dend
ent|schie|den
ent|schlacken [k|k]
ent|schla|fen
ent|schla|gen, sich
ent|schlei|ern
ent|schlie|ßen, sich; du entschließt dich *§ 7 (1)*
ent|schlos|sen
ent|set|zen; du entsetzt *§ 7 (1)*; sich ~
Ent|set|zen, das
ent|setz|lich
ent|seu|chen
ent|si|chern
ent|sie|geln
ent|sin|nen, sich
ent|sor|gen
ent|spie|geln
ent|spin|nen, sich
ent|spre|chen
ent|spre|chend
ent|sta|li|ni|sie|ren
ent|stam|men
ent|stau|ben
ent|ste|hen
ent|stei|nen
ent|stel|len
ent|sticken [k|k]
ent|stie|len
ent|stoff|li|chen
ent|stö|ren
ent|strö|men
ent|süh|nen
ent|tar|nen
ent|täu|schen; du enttäuschst
ent|thro|nen
ent|trüm|mern
ent|völ|kern
ent|wach|sen
ent|waff|nen
ent|wal|den
ent|wan|zen; du entwanzt *§ 7 (1)*
ent|war|nen
ent|wäs|sern
ent|we|der
Ent|we|der-Oder, das
ent|wei|chen
ent|wei|hen
ent|wen|den
ent|wer|fen
ent|wer|ten
ent|wickeln [k|k]
ent|wid|men
ent|win|den
ent|wir|ren
ent|wi|schen; du entwischst
ent|wöh|nen
Ent|wurf
ent|wur|men
ent|wur|zeln
ent|zau|bern
ent|zer|ren
ent|zie|hen
ent|zif|fern
ent|zücken [k|k]
Ent|zücken, das [k|k]
ent|zückend [k|k]
Ent|zug
ent|zünd|bar
ent|zün|den
ent|zünd|lich
ent|zün|dungs|hem|mend
ent|zwei; *als Verbzusatz a. zusammengeschrieben*: entzwei◡brechen *usw. § 10*
ent|zwei|en; du entzweist
Enu|me|ra|ti|on (Aufzählung)
enu|me|ra|tiv
enu|me|rie|ren
E-Num|mer (Lebensmittelkennzeichnung) *§ 13 (2)*
En|ver Pa|scha (türk. Politiker 1881-1922)
En|vi|ron|ment, das (als Kunstwerk gestalteter Raum)
en vogue (modisch);
En|zens|ber|ger, Hans Magnus (dt. Schriftsteller *1929)
En|ze|pha|li|tis, die (Gehirnentzündung)
En|ze|pha|lo|gramm, das (Röntgenbild des Gehirns)
En|ze|pha|lo|gra|phie
En|zi|an, der (Pflanze; Schnaps)
En|zy|kli|ka, die (päpstl. Rundschreiben)
en|zy|klisch (umfassend)
En|zy|klo|pä|die (umfassendes Darstellung des Wissens)
en|zy|klo|pä|disch
En|zy|klo|pä|dist
En|zym, das (als Katalysator wirkendes Zellprodukt)
en|zy|ma|tisch
En|zy|mo|lo|gie
eo ip|so (von selbst)
Eo|li|enne (Gewebe)
Eo|lith, der (Feuerstein)
Eos (Göttin d. Morgenröte)
Eo|sin, das (Farbstoff)
Eo|zän, das (geolog. Formation)
Eo|zo|i|kum (geolog. Formation)
Ep|ago|ge
ep|ago|gisch (*logisch* vom Allgemeinen zum Besonderen führend)
Epa|mi|non|das (griech. Feldherr ~420-362 v. Chr.)
Ep|ana|lep|se, die (rhetor. Figur)
Ep|arch
Epau|let|te, die (Schulterstück)
Ep|en|the|se (Einschub)
Ep|ex|ege|se (*gramm.* präzisierender Zusatz)
ep|ex|ege|tisch
Ephe|be, der (Jüngling)
ephe|bisch
Ephe|dra, die (Pflanze)
Ephe|drin, das (Heilmittel)
Eph|eli|de (Sommersprosse)
eph|emer (vergänglich)
Eph|eme|ra
Eph|eme|ri|de (Gestirnsort; [*meist Pl.*] *a.* Chronik)
Ephe|ser (Einwohner v. Ephesos)
Ephe|sos (*griech.*), Ephe|sus (*lat.*) (antike Stadt)
Ephor (Beamter in Sparta); *Pl.*

Epho|ren
Epho|rat, das
epi-/Epi- (*griech.* bei, auf)
Epi|dau|ros
Epi|deik|tik (Prunkredekunst)
epi|deik|tisch
Epi|de|mie (Seuche)
Epi|de|mio|lo|ge
Epi|de|mio|lo|gie
epi|de|mio|lo|gisch
epi|de|misch
epi|der|mal (*zu* Epidermis)
Epi|der|mis, die (Oberhaut)
Epi|dia|skop, das (Projektionsapparat)
Epi|ge|ne|se (Neubildung)
epi|ge|ne|tisch
epi|go|nal
Epi|go|ne, der (Nachahmer)
Epi|gramm, das (Sinngedicht, Spottvers)
Epi|gram|ma|ti|ker
epi|gram|ma|tisch
Epi|graph, das (alte Inschrift)
Epi|gra|phik
Epi|gra|phi|ker
Epik (erzählende Dichtung)
Epi|kan|thus, der (Lidfalte)
Epi|karp, das (äußere Fruchthaut)
Epi|ker
Epi|kle|se (Anrufung [Gottes])
Epi|kon|dy|li|tis (Knochenhautentzündung)
Epi|kri|se, die (Nachbeurteilung e. Krankheitsverlaufs)
Epi|ktet (griech. Philosoph ~50- ~138)
Epi|kur (griech. Philosoph 341-271 v. Chr.)
Epi|ku|re|er
epi|ku|re|isch
Epi|ku|re|is|mus
epi|ku|risch
Epi|la|ti|on (Enthaarung)
Epi|lep|sie (Fallsucht)
Epi|lep|ti|ker
epi|lep|tisch
epi|lie|ren (enthaaren)
Epi|log, der (Nachwort)
Epin|glé, der (Gewebe)
Epi|ni|ki|on (Preislied)
Epi|pha|ni|as, das (christl. Fest am 6. Januar)
Epi|pha|nie ([göttl.] Erscheinung)
Epi|pho|ra, die (Stilfigur)
Epi|phyl|lum
Epi|phy|se, die (Zirbeldrüse)
Epi|phyt, der (auf anderen Pflanzen wachsende Pflanze)
Epi|rot (*zu* Epirus)
epi|ro|tisch (*zu* Epirus)
Epi|rus (griech. Landschaft)
episch ([breit] erzählend)
Epi|skop, das (Draufsicht-Projektionsapparat)
epi|sko|pal (bischöflich)
Epi|sko|pa|lis|mus
Epi|sko|pa|list
Epi|sko|pat (Bischofsamt)
Epi|so|de, die (Begebenheit)
epi|so|den|haft
epi|so|disch
Epi|stel, die (Brief)
epi|ste|misch (die Erkenntnis betreffend)
Epi|ste|mo|lo|gie (Erkenntnislehre)
epi|ste|mo|lo|gisch
Epi|styl, das (Querbalken)
Epi|taph, das (Grabinschrift)
Epi|ta|phi|um (Epitaph)
Epi|ta|sis (Steigerung im Drama)
Epi|ta|xie (Kristallaufbau)
Epi|tha|la|mi|on (*griech.*), Epi|tha|la|mi|um (*lat.*) (Hochzeitslied)
Epi|thel, das (oberste Hautschicht)
Epi|the|li|um
Epi|the|ton, das (Beiwort)
Epi|the|ton or|nans (stehendes Beiwort); *Pl.* Epitheta ornantia
Epi|tra|che|li|on (Priesterstola)
Epi|trit, der (Versfuß)
Epi|zen|trum (Region über e. Erdbebenherd)
Epi|zo|on (auf anderen lebendes Tier); *Pl.* Epizoen
Epi|zy|kel, der (*astron.* Nebenkreis)
Epi|zy|klo|i|de, die (Kurve)
epo|chal
Epo|che
Ep|ode, die (Gedichtform)
ep|odisch
Ep|onym, das (als Gattungsbegriff gebrauchter Name)
Epo|pöe, die (Epos)
Epos, das (Erzähldichtung); *Pl.* Epen
Ep|oxid, das (chem. Verbindung)
Ep|pich, der (Pflanze)
Eprou|vette, die (Reagenzglas)
Ep|si|lon (griech. Buchstabe)
Ep|stein-Barr-Vi|rus *§ 13 (4) Anm. 2*
Equa|li|zer (Gerät zur Klangverbesserung)
Equi|li|brist (Balancekünstler)
Equi|pa|ge, die (Kutsche; Mannschaft; Ausrüstung)
Equipe, die (Mannschaft)
equi|pie|ren
Equip|ment (Ausrüstung)
er, sie, es; ein Er und eine Sie (ein Mann und eine Frau)
er...; *Präfix vor Verben*; *die Schreibweise folgt dem Grundwort*: erahnen *usw.*
er|ach|ten
Er|ach|ten, das; meines Erachtens (*Abk.* m. E.)
er|ah|nen
Eras|mus von Rotterdam (niederl. Humanist ~1466-1536)
Era|to|sthe|nes (griech. Mathematiker ~284- ~202 v. Chr.)
er|äu|gen
Erb...[gut *usw.*]
er|bar|men, sich
Er|bar|men, das
er|bärm|lich
er|bau|en
er|bau|lich
Er|be
er|be|ben
er|ben; du erbst
er|bet|teln
er|beu|ten

er|bie|ten, sich
er|bit|tern
er|bit|tert
Er|bi|um; *chem. Zeichen* Er
er|blas|sen
Erb|las|sen|schaft
Erb|las|ser
er|blei|chen
erb|lich
er|blin|den
erb|los
er|bo|sen
er|bö|tig
Erbs...[wurst *usw.*]
Erb|schaft
Erb|schafts|steu|er, Erb|schaft-steu|er (*amtl. nur so*)
Erb|se
Erb|sen...[suppe *usw.*]
Erb|tum
erb|tüm|lich
Erd...[öl *usw.*]
er|dau|ern
Er|de
er|den; du erdest
Er|den...[kloß *usw.*]
er|denk|lich
erd|haft
er|dig
er|dol|chen
er|drei|sten, sich
er|dros|seln
er|drückend [k|k]
Ere|bos (*griech.*), Ere|bus (*lat.*) (Unterwelt)
Ere|chthei|on, das (Tempel in Athen)
er|ei|fern
er|eig|nen, sich
Er|eig|nis
er|ei|len
erek|til
Erek|ti|on (Aufrichtung [des Penis])
Ere|mit, der (Einsiedler)
Ere|mi|ta|ge, die (fingierte Einsiedelei in Parks u.ä.)
Erep|sin (Enzym)
er|er|ben
er|erbt
ere|thisch (reizbar)
Ere|this|mus (krankhafte Reizbarkeit)
Ere|wan (Hauptstadt v. Armenien); *s. a.* Eriwan, Jerewan
er|fah|ren
er|faß|bar
er|fas|sen; du erfaßt *§ 7 (1)*
er|fin|den
Er|folg; erfolgversprechend; *aber* [viel] Erfolg versprechend *§ 11 (4), (6)*
er|fol|gen
er|folg|ver|spre|chend; sehr ~; *aber* [viel] Erfolg versprechend *§ 11 (4), (6)*
er|for|der|lich
er|for|dern
Er|for|der|nis, das
er|fre|chen, sich
er|freu|en
er|freu|lich
er|frie|ren
er|fri|schen
er|fül|len
Er|furt (Stadt)
erg, Erg; das Erg
erg. (*Abk. v.* ergänze!)
er|gän|zen; du ergänzt *§ 7 (1)*; ergänze! (*Abk.* erg.)
er|gat|tern
er|gau|nern
er|ge|ben
Er|geb|nis
er|ge|hen; sich ~
er|gie|big
er|go (folglich)
Er|go|grap, der (Gerät zur Muskeluntersuchung)
Er|go|gra|phie
Er|go|me|ter, das (Meßgerät für Leistungsfähigkeit)
Er|go|no|mie (Anpassung der Arbeitswelt an die Leistungsfähigkeit)
Er|go|no|mik
er|go|no|misch
er|göt|zen; sich ~
Er|göt|zen, das
er|götz|lich
er|grau|en
er|grif|fen
er|grim|men
er|grün|den
er|grü|nen
Er|guß
er|ha|ben
Er|halt, der
er|hal|ten
er|hält|lich
er|hän|gen
Er|hard, Ludwig (dt. Bundeskanzler 1897-1977)
Er|hardt, Heinz (dt. Komiker 1909-1979)
er|här|ten
er|he|ben
er|he|bend
er|heb|lich
er|hei|schen
er|hei|tern
er|hel|len
er|hit|zen; du erhitzt *§ 7 (1)*
er|hof|fen
er|hö|hen
er|ho|len
er|hol|sam
Erie|see
eri|gi|bel (erektionsfähig); eri|gi|ble Organe
eri|gie|ren (s. aufrichten)
Eri|ka, die (Heidekraut)
er|in|ner|lich
er|in|nern; sich ~
Erin|nye, Erin|nys, die (Rachegöttin); *Pl.* Erin|ny|en
Eris (Göttin der Zwietracht)
Eri|stik (Streitkunst)
eri|stisch
Eri|trea (Staat)
Eri|tre|er
eri|tre|isch
Eriu|ge|na, Johannes Scotus (ir. Philosoph † nach 877)
Eri|wan (Hauptstadt v. Armenien); *s. a.* Erewan, Jerewan
er|ja|gen
er|kal|ten
er|käl|ten, sich
er|kämp|fen
er|kau|fen
er|ken|nen
er|kennt|lich
Er|kennt|nis, die; *aber* das ~ (Gerichtsurteil)
Er|ker, der

er|kie|sen; du erkiest; erkoren
er|klä|ren
er|klär|lich
er|kleck|lich
er|klim|men
er|klü|geln
er|ko|ren
er|kran|ken
er|küh|nen, sich
er|kun|den
er|kun|di|gen, sich
er|kün|steln
er|kü|ren
er|la|ben; sich ~
Er|lag, der (Einzahlung)
er|lah|men
Er|lan|gen (Stadt)
er|lan|gen
Er|laß
er|las|sen; du erläßt *§ 7 (1)*
er|lau|ben
Er|laub|nis
er|laucht
er|läu|tern
Er|le
er|le|ben
Er|leb|nis
er|le|di|gen
er|le|gen
er|leich|tern
er|len (aus Erlenholz)
Er|len...[holz *usw.*]
er|le|sen
er|leuch|ten
er|lie|gen
er|li|sten
er|lo|gen
Er|lös, der
er|lö|schen; erlischst/erlöschst, erlöschest, erloschen
er|lo|sen; du erlost *§ 7 (1)*
er|lö|sen; du erlöst *§ 7 (1)*
er|mäch|ti|gen
Er|ma|na|rich (Gotenkönig † 375/76)
er|man|geln
er|man|nen, sich ~
er|mä|ßi|gen
er|mat|ten
er|meß|bar
er|mes|sen; du ermißt *§ 7 (1)*
Er|mes|sen, das
er|mit|teln
er|mög|li|chen
er|mü|den
er|mun|tern
er|mu|ti|gen
Ern, der (Hausflur)
er|näh|ren
er|neu|en
er|neu|ern
er|neut (*a.* nochmals)
er|nied|ri|gen
ernst; ernst/Ernst machen; *als Verbzusatz a. zusammengeschrieben*: ernst◡nehmen *usw.*; es ist [mir] [sehr] ernst; *vgl.* Ernst
Ernst, der; es ist mir [vollkommener] Ernst; allen Ernstes; Ernst/ernst machen; *vgl.* ernst
Ernst (*Name v. Herrschern*); Max ~ (dt.-frz. Maler 1891-1976)
Ernst|fall
ernst◡ge|meint *§ 11 (4)*
ernst|haft
ernst|lich
ernst◡neh|men *§ 10*
Ern|te, die
Ern|te...[zeit *usw.*]
ern|ten
er|nüch|tern
er|obern
ero|die|ren
ero|gen (sexuell reizbar)
Ero|ge|ni|tät
Ero|i|ca, die (dritte Symphonie v. Beethoven)
er|ör|tern
Eros (1. Liebesgott; 2. Liebe; 3. Planetoid)
Eros-Cen|ter, das (Bordell)
Ero|si|on (Abtragung)
ero|siv
Ero|te|ma, das (Frage)
ero|te|ma|tisch
Ero|ten (*Pl. v.* Eros 1.)
Ero|tik
Ero|ti|ker
Ero|ti|kon (erot. Werk); *Pl.* Erotika
ero|tisch
ero|ti|sie|ren
Ero|tis|mus
Ero|ti|zis|mus
Ero|to|ma|ne
Ero|to|ma|nie
ERP (*Abk. v.* European Recovery Programme) *§ 17 (2) Anm. 1*
Er|pel
er|picht
er|preß|bar
er|pres|sen
er|pres|se|risch
er|pro|ben
er|quicken [k|k]
er|quick|lich
Er|ra|ta (*Pl. v.* Erratum)
er|ra|tisch
Er|ra|tum (Fehler); *Pl.* Errata
er|re|chen|bar
er|re|gen
er|reich|bar
er|rei|chen
er|rich|ten
er|rö|ten
Er|run|gen|schaft
Er|satz
Er|satz...[rad *usw.*]
er|sau|fen
er|säu|fen
er|schaf|fen
er|schau|ern
er|schei|nen
er|schlaf|fen
er|schlei|chen
er|schließ|bar
er|schlie|ßen; du erschließt *§ 7 (1)*
er|schlos|sen
er|schöp|fen
er|schos|sen
er|schrecken [k|k]; 1. *transitiv*: du erschreckst sie; 2. *intransitiv*: du erschrickst, erschrakst, erschräkest, erschrocken; *Vermischung von* 1. *und* 2. *ist häufig*
er|schreck|lich
er|schrocken [k|k]
er|schröck|lich (*scherzhaft f.* schrecklich)
er|schüt|tern
er|schwe|ren

Er|schwer|nis
er|schwin|gen
er|schwing|lich
er|se|hen
er|seh|nen
er|ses|sen
er|set|zen; du ersetzt *§ 7 (1)*
er|sicht|lich
Er|spar|nis
er|sprieß|lich
erst; erst recht, erst einmal, erst mal; *s.* erste
Erst...[besitzer *usw.*]
er|star|ken
er|star|ren
er|stat|ten
erst|auf|füh|ren; erstaufgeführt
er|stau|nen
Er|stau|nen, das; zum ~ sein
er|staun|lich
erste; der erste; *in rein numerischer Verwendung (Abzählen) klein geschrieben § 15 (6); Großschreibung in Eigennamen, bei festen Begriffen oder wenn es sich um die Rolle eines Erstplazierten, Primus o. ä. handelt § 15 (7), (8)*: als erster (zuerst) ans Ziel kommen; *aber* als Erster (Sieger) durchs Ziel gehen; der erste beste, die ersten drei, die drei ersten; der erste Januar (der erste Tag des Monats J.); der Erste Weltkrieg; Friedrich der Erste, der Erste Bürgermeister, Vorsitzende *usw.*, die Erste Hilfe (Erstversorgung durch med. Laien), am Ersten des Monats; der Erste Mai (*als Feiertag, sonst klein geschrieben*); die Erste Welt; die Ersten werden die Letzten sein; er war Erster unter Gleichen (primus inter pares); *s.* erstere
er|ste|hen
Er|ste-Hil|fe-Aus|rü|stung *§ 13 (4)*
er|steig|bar
er|stei|gern
Er|ste-Klas|se-Wa|gen *§ 13 (4)*
er|stel|len
er|stens
er|stere, der; der erstere (*im Text auf zuerst Erwähntes verweisend*); der erstere ... der letztere; ersterer ... letzterer *usw.*
er|ster|ben
Er|ste[r]-Klas|se-Wa|gen *§ 13 (4)*
erst|ge|bo|ren; der Erstgebo-r[e]ne
Erst|ge|burt
Erst|hel|fer
er|sticken [k|k]
erst|lich
Erst|ling
erst|ma|lig
erst|mals
er|strecken [k|k]
er|stun|ken; ~ und erlogen
er|stür|men
erst|ver|öf|fent|li|chen
er|su|chen
Er|su|chen, das
er|tap|pen
er|tau|ben
er|tei|len
er|tö|nen
er|tö|ten
Er|trag, der
er|tra|gen
er|träg|lich
er|trag|los
Er|träg|nis, das
er|trän|ken
er|trin|ken
er|trot|zen; du ertrotzt *§ 7 (1)*
er|tüch|ti|gen
er|tüf|teln
er|üb|ri|gen
eru|ie|ren (herausfinden)
Erup|ti|on (Ausbruch)
erup|tiv
er|wa|chen
er|wach|sen
Er|wach|se|ne, der
Er|wach|se|nen...[bildung *usw.*]
er|wä|gen
er|wäh|len
er|wäh|nen
er|wär|men
er|war|ten
er|wecken [k|k]
er|weh|ren, sich
er|wei|chen
Er|weis, der
er|wei|sen; du erweist *§ 7 (1)*
er|weis|lich
er|wei|tern
Er|werb, der
er|wer|ben; du erwirbst, erwarbst, erwürbest; erworben
Er|werbs...[leben *usw.*]
er|werbs|los; der Erwerbslose
er|wi|dern
Er|win [von Steinbach] (dt. Baumeister ~1244-1318)
er|wir|ken
er|wirt|schaf|ten
er|wi|schen
er|wünscht
ery|man|thisch; der Erymanthische Eber (aus dem Herakles-Mythos) *§ 15 (7)*
Ery|si|pel, das (Wundrose)
Ery|them, das (Hautrötung)
Ery|thro|zyt, der (rotes Blutkörperchen)
Erz, das (*a.* Bronze)
Erz...[grube *usw.*, *zu* Erz]
Erz...[bischof *usw.*]
Erz...[gauner *usw.*]
er|zäh|len
Erz|bi|schof
erz|bi|schöf|lich
Erz|bis|tum
erz|bö|se
Erz|di|öze|se (Erzbistum)
erz|dumm
er|zei|gen
er|zen (aus Erz, *d. h.* Bronze)
Erz|en|gel
er|zeu|gen
Er|zeug|nis
erz|faul
Erz|feind
Erz|feind|schaft
Erz|ge|bir|ge
Erz|her|zog
Erz|her|zo|gin
erz|her|zog|lich
Erz|her|zog|tum

erz|höf|fig (Erz versprechend)
er|zie|hen
er|zie|he|risch
er|zieh|lich
er|zie|len
er|zit|tern
erz|ka|tho|lisch
erz|kon|ser|va|tiv
erz|pro|te|stan|tisch
erz|re|ak|ti|o|när
er|zür|nen
er|zwin|gen
es (*Pronomen*); *verkürzt*: 's ist Frühling; *ohne Zwischenraum angehängt*: er ist's
es, Es (Ton)
Es (*chem. Zeichen f.* Einsteinium)
Es, das (Unbewußtes)
ESA (*Abk. v.* European Space Ageny) *§ 17 (2) Anm. 1*
E-Sai|te *§ 13 (2)*
Esau (bibl. Gestalt)
Esc (*Abk. v.* Escudo) *§ 17 (2) Anm. 2*
Es|cha|to|lo|gie (Lehre von den Letzten Dingen)
es|cha|to|lo|gisch
Esche, die (Baum)
eschen (aus Eschenholz)
Eschen...[holz *usw.*]
Escher, Maurits Cornelis (niederl. Zeichner 1898-1972)
E-Schicht *§ 13 (2)*
Es|co|ri|al (Ort u. Klosteranlage in Spanien); *a.* Eskorial
Es|cu|do, der (frühere Währung in Portugal); *Abk.* Esc
Es-Dur *§ 13 (2)*; Es-Dur-Tonleiter *§ 13 (3)*
Esel
Ese|lei
Es|ka|la|ti|on (Steigerung)
es|ka|lie|ren
Es|ka|mo|ta|ge, die (Taschenspielertrick)
es|ka|mo|tie|ren ([durch einen Trick] verschwinden lassen)
Es|ka|pa|de, die (Sprung zur Seite, *a. übertr.*)
Es|ka|pis|mus (Neigung zur Flucht vor d. Wirklichkeit)
es|ka|pi|stisch
Es|ki|mo (arkt. Volk)
Es|ki|mo, das (Eskimoisch)
es|ki|mo|isch; auf ~
Es|ki|mo|isch, das; auf eskimoisch sprechen
Es|ki|mo|ische, das
Es|ko|ri|al (Ort u. Klosteranlage in Spanien); *a.* Escorial
Es|kor|te (Begleitmannschaft)
es|kor|tie|ren
es-Moll *§ 13 (2)*; es-Moll-Tonleiter *§ 13 (3)*
Eso|te|rik (Geheimlehre, Scheinwissenschaft)
Eso|te|ri|ker
eso|te|risch
Es|pa|dril|le, die (Sandale aus Grasgeflecht)
Es|pa|gno|le, die (Tanz)
Es|par|set|te, die (Pflanze)
Es|par|to, der (Gras); *s. a.* Alfagras, Halfagras
Es|pe, die (Zitterpappel)
es|pen (aus Espenholz)
Es|pen|laub; zittern wie ~
Es|pe|ran|tist
es|pe|ran|to; auf ~
Es|pe|ran|to, das (Welthilfssprache); auf esperanto sprechen
Es|pe|ran|to|lo|ge
Es|pe|ran|to|lo|gie
Es|pla|na|de, die (Vorplatz)
es|pres|si|vo (*Adjektiv*) (ausdrucksvoll)
Es|pres|so, der (Kaffee)
Es|prit, der (Geist, Witz)
Es|quil|lin, der (Hügel in Rom)
Es|quire (Herr *in engl. Briefanschrift*); *Abk.* Esq.
Es|ra (bibl. Gestalt)
Es|say, der/das (Abhandlung)
Es|say|ist
Es|say|i|stik
es|say|i|stisch (nicht streng wissenschaftlich)
eß|bar
Es|se, die (Schornstein)
es|sen; du ißt *§7 (1)*, iß!, aßt *§7 (1)*, äßest, gegessen
Es|sen, das
Es|sen (Stadt)
Es|se|ner (Einwohner von Essen)
Es|se|ner (jüd. Religionsgemeinschaft)
es|se|nisch
es|sen|ti|al
Es|sen|tial, das (*engl.*) (*meist Pl.* Essentials) (das Wesentliche)
es|sen|ti|ell
Es|senz, die (Wesen; Konzentrat)
Es|sex (Grafschaft in England)
Es|sig
Es|sig...[baum *usw.*]
Esta|blish|ment (Oberschicht, bürgerl. Gesellschaft)
Estam|pe, die (Abzug eines Stichs)
Estan|cia (*span.*), Estan|zia, die (Landgut)
Este (Estländer)
Este (ital. Adelsfamilie)
Ester, der (chem. Verbindung)
Ester|há|zy (ungar. Adelsfamilie)
Esther (bibl. Gestalt)
Est|land
Est|län|der
est|län|disch
est|nisch; auf ~
Est|nisch, das; auf estnisch sprechen
Est|nische, das
Esto|mi|hi (letzter Sonntag vor der Passionszeit)
Estra|de, die (Podium)
Estra|gon, der (Gewürzpflanze)
Estre|ma|du|ra, die (span. Landschaft); *a.* Extremadura (*span.*)
Est|rich, der (Fußboden)
Es|zett, das (das ß)
Eta, das (der griech. Buchstabe η, H)
eta|blie|ren
Eta|blis|se|ment (Betrieb, Einrichtung, *a.* Bordell)
Eta|ge, die (Stockwerk)

Eta|ge|re, die (Stufengestell)
Eta|lon, der (Eichmaß)
Etap|pe, die
Etat, der (Budget)
Etat...[posten *usw.*]
eta|ti|sie|ren
Eta|tis|mus
eta|ti|stisch
Eta|zis|mus (Aussprache des griech. η als e [statt i])
etc. (*Abk. v.* et cetera)
et ce|te|ra pp., etc. pp.
Eteo|kles (Sagengestalt)
ete|pe|te|te (zimperlich)
Eter|nit, das/der (Asbestzement)
Ete|si|en (*Pl.*) (Nordwind im Mittelmeerraum)
Ethan, das (Gas); *s. a.* Äthan
Etha|nol, das (Alkohol); *s. a.* Äthanol
Ether, der (chem. Verbindung); *s. a.* Äther
Ethik (Moral[lehre])
Ethi|ker
ethisch
Eth|nie (Völkergruppe)
Eth|ni|kon
eth|nisch
Eth|no|graph
Eth|no|gra|phie ([beschreibende] Völkerkunde)
eth|no|gra|phisch
Eth|no|lo|ge
Eth|no|lo|gie ([theoret.] Völkerkunde)
eth|no|lo|gisch
Ethos, das (Moral, Haltung)
Ethyl, das; *s. a.* Äthyl
Ethy|len; *s. a.* Äthylen
Eti|kett, das (Aufkleber o. ä.)
Eti|ket|te, die (1. Umgangsformen; 2. = Etikett)
eti|ket|tie|ren
eti|o|lie|ren (vergeilen)
et|li|ch; *immer klein geschrieben*: etliches, etliche; um etliches zu lang
et|li|che|mal; aber etliche Male
Et|mal, das (*seemannsspr.* Zeitraum v. Mittag zu Mittag; entsprechender Weg)
Eton (Stadt in England)
Etru|rien (Landschaft in Italien)
Etrus|ker (Angehöriger d. antiken Volks der ~)
etrus|kisch; auf ~
Etrus|kisch, das; auf etruskisch sprechen
Etrus|kische, das
Etsch, die (Fluß) (*ital.* Adige)
Etü|de, die (Übungsstück)
Etui, das (schmale Hülle)
et|wa
et|wa|ig
et|was; ~ Bestimmtes, Derartiges, Großes; ~ anderes
Et|was, das; ein gewisses ~
et|welch
Ety|mo|lo|ge
Ety|mo|lo|gie ([Lehre von der] Herkunft der Wörter)
ety|mo|lo|gisch
ety|mo|lo|gi|sie|ren
Ety|mon, das
Et-Zei|chen (Und-Zeichen &) *§ 13 (2)*
Et|zel (Hunnenkönig † 453); *s. a.* Attila
Eu (*chem. Zeichen f.* Europium)
EU (*Abk. v.* Europäische Union)
Eu|bi|o|tik (Lehre v. gesunden Leben)
Eu|böa (griech. Insel)
eu|bö|isch
euch; *vgl.* du, ihr
Eu|cha|ri|stie (*kathol.* christl. Abendmahl)
eu|cha|ri|stisch
Eu|dä|mo|nie (Glückseligkeit)
Eu|dä|mo|nis|mus
Eu|dä|mo|nist
eu|dä|mo|ni|stisch
eu|er; *vgl.* du, ihr
Eugen [von Savoyen] (österr. Feldherr 1663-1736)
Eu|gé|nie (frz. Kaiserin 1826-1920)
Eu|ge|nik (Menschenzüchtung)
Eu|ge|ni|ker
eu|ge|nisch
Eu|ka|lyp|tus (austral. Baum)
Eu|klid (griech. Mathematiker ~300 v. Chr.)
eu|kli|disch (der klassischen Geometrie entsprechend)
Eu|lan, das (Mottenschutzmittel)
eu|la|ni|sie|ren (mottensicher machen)
Eu|le (1. Vogel; 2. Nachtfalter)
eu|len|haft
Eu|len|spie|gel, Till (lit. Gestalt)
Eu|len|spie|ge|lei
Eu|ler, Leonhard (schweiz. Mathematiker 1707-1783)
Eu|mel, der (Kerl)
Eu|me|nes (*Name antiker Herrscher*)
Eu|me|ni|de, die (Erinnye)
Eu|nuch, Eu|nu|che, der (Kastrat)
eu|nu|chen|haft
Eu|pen (Stadt in Belgien)
Eu|phe|mis|mus (Hüllwort)
eu|phe|mis|tisch (beschönigend)
Eu|pho|nie (Wohlklang)
eu|pho|nisch
Eu|phor|bie (Pflanze)
Eu|pho|rie (Hochstimmung)
eu|pho|risch
eu|pho|ri|sie|ren
Eu|phrat, der (Fluß in Asien)
Eu|phro|sy|ne (Göttin)
Eu|phu|is|mus (Schwulst)
eu|phu|i|stisch
EUR (*Zeichen für* Euro)
Eu|ra|si|en (Europa u. Asien)
Eu|ra|si|er
eu|ra|sisch
Eu|ra|tom (*kurz f.* Europäische Atomenergiegemeinschaft)
eu|re; *s.* du, ihr
Eu|rhyth|mie (Bewegungskunst); *anthroposoph. Schreibweise* Eurythmie
eu|ri|ge; die Eurigen (eure Angehörigen); *vgl.* du, ihr
Eu|ri|pi|des (griech. Dichter ~480-406 v. Chr.)
Eu|ro, der (Währung); *Zeichen*

EUR
Eu|ro...[tunnel *usw.*]
Eu|ro|cheque; *a.* Euroscheck
Eu|ro|cheque-Kar|te; *a.* Euroscheck-Karte; *Abk.* ec
Eu|ro|ci|ty[**|zug**]; *Abk.* EC
Eu|ro|con|trol (europ. Flugsicherung)
Eu|ro|krat
Eu|ro|pa
Eu|ro|pa...[rat *usw.*]
Eu|ro|pä|er
eu|ro|pä|isch; *in Eigennamen groß geschrieben*: Europäische Union *usw.* *§ 15 (7)*
eu|ro|pä|i|sie|ren
eu|ro|pid (zur europ. Rasse gehörig)
Eu|ro|pi|de, der
Eu|ro|pi|um; *chem. Zeichen* Eu
EUROSPACE (Verband europ. Raumfahrtunternehmen)
Eu|ry|di|ke (Sagengestalt)
Eu|ryth|mie (*anthroposoph. Schreibweise f.* Eurhythmie)
Eu|se|bi|os (*griech.*), Eusebius (*lat.*) (~ von Caesarea, griech. Kirchenhistoriker ~263-~393)
eu|sta|chisch; Eustachische Röhre, Tube (Ohrtrompete) *§ 15 (7)*
Eu|sta|chi|us (Märtyrer ~120/130)
Eu|streß, Eu|stress (*engl.*), der (günstiger Streß)
Eu|ter, das
Eu|ter|pe (Muse der Lyrik)
Eu|tha|na|sie (Sterbehilfe)
eu|troph (nährstoffreich)
Eu|tro|phie
eu|tro|phie|ren
eV (*Abk. v.* Elektronenvolt) *§ 17 (2) Anm. 2*
ev. (*Abk. v.* evangelisch)
e. V. (*Abk. v.* eingetragener Verein)
Eva (bibl. Gestalt)
Eva|ku|a|ti|on (Entleerung; vorübergehende Aussiedlung)
eva|ku|ie|ren
Eva|lu|a|ti|on (Bewertung)
eva|lu|a|tiv
eva|lu|ie|ren
Evan|ge|li|ar (Evangelienbuch)
Evan|ge|li|a|ri|um
evan|ge|li|kal (nur auf die Evangelien gestützt)
Evan|ge|li|ka|le, der
Evan|ge|li|sa|ti|on
evan|ge|lisch; *Abk.* ev.; Evangelische Kirche in Deutschland, *Abk.* EKD
evan|ge|lisch-lu|the|risch *§ 13 (5)*; *Abk.* ev.-luth.
evan|ge|lisch-re|for|miert *§ 13 (5)*
evan|ge|li|sie|ren
Evan|ge|list
Evan|ge|li|um
Eva|po|ra|ti|on
Eva|po|ra|tor
eva|po|rie|ren (verdampfen)
eva|siv (ausweichend)
even|tu|a|li|ter (gegebenenfalls)
even|tu|ell
Ever|ding, August (dt. Intendant 1928-1999)
Ever|glades (*Pl.*) (Sumpfgebiet in Florida)
Eve|rest; Mount ~ (höchster Berg der Erde im Himalaya)
Ever|green, der (unverwüstliches Musikstück)
Ever|te|brat
evi|dent (offensichtlich)
Evi|denz (*a.* Beweisstück)
ev.-luth. (*Abk. v.* evangelisch-lutherisch)
Evo|ka|ti|on (Erweckung)
evo|ka|tiv
Evo|lu|te (Krümmungsmittelpunkt e. Evolvente)
Evo|lu|ti|on (Entwicklung)
evo|lu|ti|o|När
Evo|lu|ti|o|nis|mus
Evo|lu|ti|o|nist
evo|lu|ti|o|ni|stisch
Evol|ven|te (Kurve)
evol|vie|ren
evo|zie|ren (wecken, hervorlocken)
ev.-ref. (*Abk. v.* evangelisch-reformiert)
evtl. (*Abk. v.* eventuell)
ev|vi|va (*ital.*) (Hochruf)
Ew. (*Abk. v.* Euer)
Ewe (Volk u. Sprache in Afrika)
Ewen|ke, der (Tunguse)
Ewer, der (Schiff)
E-Werk (*kurz f.* Elektrizitätswerk) *§ 13 (2)*
EWG (*Abk. v.* Europäische Wirtschaftsgemeinschaft) *§ 17 (2) Anm. 1*
ewig; das Ewige Licht (*kath. Kirche*); der Ewige Jude (Ahasver); die Ewige Stadt (Rom) *§ 15 (7)*
Ewig|keit
ewig|lich
Ew. M. (*Abk. v.* Euer/Eure Majestät)
EWS (*Abk. v.* Europäisches Währungssystem) *§ 17 (2) Anm. 1*
ex; ~ trinken
Ex... (ehemalig); Ex...[minister *usw.*]
ex ae|quo (in gleicher Weise)
ex|akt
Ex|al|ta|ti|on (Überspanntheit)
ex|al|tie|ren, sich (s. ereifern)
ex|al|tiert
Exa|men, das
Exa|mi|na|tor
exa|mi|nie|ren
Ex|an|them, das (Ausschlag)
Ex|arch (Statthalter)
Ex|ar|chat, das
Ex|au|di (6. Sonntag nach Ostern)
exc. (*Abk. v.* excudit)
ex ca|the|dra (mit Amtsautorität)
Ex|change, die (Börsenkurs)
excud. (*Abk. v.* excudit)
ex|cu|dit; *Abk.* exc. *oder* excud.
Ex|edra, die (Anbau, Apsis)
Ex|ege|se, die (Auslegung)
Ex|eget, der
Ex|ege|tik
ex|ege|tisch
exe|ku|tie|ren (ausführen, hin-

richten)
Exe|ku|ti|on
exe|ku|tiv
Exe|ku|ti|ve (vollziehende Staatsgewalt)
Exe|ku|tor
exe|ku|to|risch
Ex|em|pel, das (Beispiel)
Ex|em|plar, das (Vertreter einer Art)
ex|em|pla|risch
Ex|em|pli|fi|ka|ti|on
ex|em|pli|fi|zie|ren
ex|emt (ausgenommen)
Ex|em|ti|on
exen (relegieren); du ext *§ 7 (1)*
Exe|qua|tur, das (Zulassung)
Exe|qui|en (*Pl.*) (Bestattungsfeier)
ex|er|zie|ren
Ex|er|zi|ti|en (*Pl.*) (geistliche Übungen)
Ex|er|zi|ti|um; *Pl.* Exerzitien
Ex|ha|la|ti|on
ex|ha|lie|ren (ausatmen, ausdünsten)
Ex|hau|sti|on (Ausschöpfung)
ex|hau|stiv
Ex|hau|stor (Absauggerät)
ex|hi|bie|ren ([sich] zeigen)
ex|hi|bi|ti|o|nie|ren
Ex|hi|bi|ti|o|nis|mus
Ex|hi|bi|ti|o|nist
ex|hi|bi|ti|o|ni|stisch
Ex|hu|ma|ti|on (Wiederausgrabung einer Leiche)
ex|hu|mie|ren
Exil, das (erzwungener Auslandsaufenthalt)
exi|lie|ren
ex|imie|ren (ausnehmen)
exi|stent
exi|sten|ti|al
Exi|sten|ti|a|lis|mus (philos. Richtung)
Exi|sten|ti|a|list
exi|sten|ti|a|li|stisch
exi|sten|ti|ell
Exi|stenz
exi|stie|ren
Ex|itus, der (Tod)
Ex|kar|di|na|ti|on
Ex|ka|va|ti|on
Ex|ka|va|tor
ex|ka|vie|ren
exkl. (*Abk. v.* exklusive)
Ex|kla|ma|ti|on
ex|kla|ma|to|risch
Ex|kla|ve, die (in fremdes Gebiet eingeschlossenes Territorium)
ex|klu|die|ren (ausschließen)
Ex|klu|si|on
ex|klu|siv (anspruchsvoll)
ex|klu|si|ve (ausschließlich); *Abk.* exkl.
Ex|klu|si|vi|tät
Ex|kom|mu|ni|ka|ti|on
ex|kom|mu|ni|zie|ren (aus der Kirche ausschließen)
Ex|kre|ment (Ausscheidung)
Ex|kret, das (Absonderung)
Ex|kre|ti|on
ex|kre|to|risch (absondernd)
Ex|kul|pa|ti|on (Rechtfertigung)
ex|kul|pie|ren
Ex|kurs, der (Abschweifung)
Ex|kur|si|on (Bildungsausflug)
Ex|li|bris, das (Eigentümer-Einkleber in Büchern)
Ex|ma|tri|ku|la|ti|on (Streichung aus der Matrikel)
ex|ma|tri|ku|lie|ren
exo-/Exo- (außerhalb)
Exo|bio|lo|gie (Erforschung außeridischen Lebens)
exo|bio|lo|gisch
Ex|odus, der (Auszug; 2. Buch Mose)
ex of|fi|cio (von Amts wegen)
Exo|ga|mie (Heirat nur außerhalb der Gruppe)
exo|gen (von außen kommend)
Exo|karp, das (äußerste Fruchtschicht)
exo|krin (nach außen absondernd)
ex|or|bi|tant (außerordentlich)
Ex|or|bi|tanz
Ex|or|di|um (Einleitung)
ex|or|zie|ren
Ex|or|zis|mus (Austreibung von bösen Geistern)
Ex|or|zist
Exo|sphä|re (höchste Schicht der Atmosphäre)
Exot, der (sehr Fremder)
Exo|ta|ri|um (Anlage für exotische Tiere)
exo|te|risch (allgemeinverständlich)
exo|therm (wärmeabgebend)
Exo|tik
exo|tisch
Exo|tis|mus
ex ovo (vom Ei an)
Ex|pan|der, der
ex|pan|die|ren ([s.] ausdehnen)
Ex|pan|si|on
ex|pan|si|o|ni|stisch
ex|pan|siv
ex|pa|tri|ie|ren (ausbürgern)
Ex|pe|di|ent (im Versand Angestellter)
ex|pe|die|ren (absenden)
Ex|pe|di|ti|on (Forschungsreise; Versandabteilung)
Ex|pe|di|tor
Ex|pek|to|rans, das (schleimlösendes Mittel); *Pl.* Expektorantia, Expektoranzien
Ex|pe|ri|ment
ex|pe|ri|men|tal
Ex|pe|ri|men|ta|tor
ex|pe|ri|men|tell
ex|pe|ri|men|tie|ren
Ex|per|te
Ex|per|ti|se, die (Gutachten)
ex|pla|na|tiv (erklärend)
Ex|pli|ka|ti|on (Erklärung)
ex|pli|zie|ren
ex|pli|zit (ausdrücklich)
ex|pli|zi|te
ex|plo|die|ren
Ex|ploi|ta|ti|on (Ausbeutung)
ex|ploi|tie|ren
Ex|plo|rand (zu Untersuchender)
Ex|plo|ra|ti|on
Ex|plo|ra|tor
ex|plo|ra|to|risch
ex|plo|rie|ren (untersuchen)
ex|plo|si|bel; ex|plo|si|ble Stoffe
Ex|plo|si|on
ex|plo|siv

Ex|plo|siv[|laut], der
Ex|plo|si|vi|tät
Ex|po|nat, das (Ausstellungsstück)
Ex|po|nent, der (Hochzahl; ausgezeichneter Vertreter)
ex|po|nen|ti|ell
ex|po|nie|ren (aussetzen)
ex|po|niert
Ex|port
Ex|por|teur
ex|por|tie|ren
Ex|po|sé, das (Skizze)
Ex|po|si|ti|on
ex|po|si|to|risch
Ex|po|si|tur (Pfarrei)
Ex|po|si|tus (Priester)
Ex|preß
Ex|pres|si|on
Ex|pres|si|o|nis|mus (Kunstrichtung)
Ex|pres|si|o|nist
ex|pres|si|o|ni|stisch
ex|pres|sis ver|bis (ausdrücklich)
ex|pres|siv
Ex|pres|si|vi|tät
ex pro|fes|so (von Amts wegen)
Ex|pro|pri|a|ti|on
ex|pro|pri|ie|ren (enteignen)
Ex|pul|si|on (Ausstoßung)
ex|pul|siv
ex|qui|sit
Ex|sik|kans, das (Trockenmittel)
Ex|sik|ka|ti|on (Trocknung)
ex|sik|ka|tiv
Ex|sik|ka|tor
Ex|spi|ra|ti|on (Ausatmung)
ex|spi|ra|to|risch
ex|spi|rie|ren
Ex|su|dat (Ausgeschwitztes)
Ex|su|da|ti|on
ex|su|da|tiv
Ex|tem|po|ra|le, das (unvorbereitete Arbeit)
ex tem|po|re (unvorbereitet)
Ex|tem|po|re, das
ex|tem|po|rie|ren (aus dem Stegreif reden)
ex|ten|die|ren (ausdehnen)
Ex|ten|si|on
Ex|ten|si|tät
ex|ten|siv (ausgedehnt)
ex|ten|si|vie|ren
Ex|te|ri|eur, das (Äußeres)
ex|tern (auswärtig)
ex|ter|na|li|sie|ren
ex|ter|re|strisch (außerirdisch)
ex|ter|ri|to|ri|al (außerhalb der territorialen Gesetze)
ex|ter|ri|to|ri|a|li|sie|ren
Ex|ter|ri|to|ri|a|li|tät
Ex|tink|ti|on (Auslöschung)
ex|tra
Ex|tra, das
ex|tra.../Ex|tra... (besonders)
ex|tra dry (besonders trocken)
ex|tra|hie|ren (herausziehen)
Ex|trakt (Auszug)
Ex|trak|ti|on
ex|trak|tiv
ex|tra mu|ros (öffentlich)
Ex|tra|po|la|ti|on
ex|tra|po|lie|ren (verlängern, erschließen)
ex|tra|va|gant
Ex|tra|va|ganz
ex|tra|ver|tiert (nach außen gewandt); *s. a.* extrovertiert
ex|trem
Ex|trem, das
Ex|tre|ma|du|ra (Landschaft in Spanien); *a.* Estremadura (*span.*)
Ex|tre|mis|mus
Ex|tre|mist
ex|tre|mi|stisch
Ex|tre|mi|tät (*a.* Gliedmaße)
ex|trin|sisch (von außen kommend)
ex|tro|ver|tiert (nach außen gewandt; *s. a.* extravertiert
Ex|tru|der, der (Formmaschine)
ex|tru|die|ren
Ex|ul|ze|ra|ti|on
ex|ul|ze|rie|ren
Ex-und-hopp-Fla|sche *§ 13 (3)*
ex usu (nach Brauch, durch Übung)
Ex|uvie (abgestreifte Schlangenhaut); *Pl.* Ex|uvi|en
ex vo|to (aufgrund e. Gelübdes)
Ex|vo|to, das (Votivtafel)
Exz. (*Abk. v.* Exzellenz)
ex|zel|lent
Ex|zel|lenz; *Abk. in Titeln* Exz.
ex|zel|lie|ren
Ex|zen|ter, der (Scheibe z. Umsetzung einer Drehbewegung)
Ex|zen|trik
Ex|zen|tri|ker
ex|zen|trisch (*a.* ausgefallen)
Ex|zen|tri|zi|tät
ex|zep|ti|o|nell (außerordentlich)
ex|zep|tiv (ausnehmend)
ex|zer|pie|ren
Ex|zerpt, das (Auszug)
Ex|zerp|ti|on
Ex|zeß, der (Ausschweifung)
ex|zes|siv
ex|zi|die|ren (herausschneiden)
Ex|zi|si|on
Ex|zi|ta|ti|on (Erregung)
Eyck, Hubert van (niederl. Maler ~1370-1426); Jan van (~1390-1441)
Eye|li|ner, der (Lidschminke)
Ey|rir, der (isländ. Währung): *Pl.* Aurar
Eze|chi|el (Prophet ~590 v. Chr.); *s. a.* Hesekiel

f F

das f (der Kleinbuchstabe f, der Laut f, der Ton f der kleinen Oktave); das F (der Großbuchstabe F, der Ton F der großen Oktave); f (*Zeichen f.* f-Moll; *Abk. v.* forte, Femto...); F (*Zeichen f.* F-Dur; *Abk. v.* Fahrenheit, Farad, Franc; *chem. Zeichen f.* Fluor)
f. (*Abk. v.* folgend[e Seite], für)
fa (Solmisationssilbe)
Fa. (*Abk. v.* Firma)
Fa|bel
Fa|bel...[tier *usw.*]
Fa|be|lei
fa|bel|haft
fa|beln
Fa|ber|gé, Carl (russ. Gold-

schmied 1846-1920)
Fa|bi|er
Fa|bi|us (röm. Adelsfamilie); ~ Maximus [Cunctator] (röm. Diktator 3. Jh. v. Chr.)
Fa|brik
Fa|brik...[arbeit *usw.*]
Fa|bri|kant
Fa|bri|kat
Fa|bri|ka|ti|on
fa|bri|ka|to|risch
fa|bu|lie|ren
fa|bu|lös
Face, die [fa:s] (*frz.*) (Vorderansicht); en face
Face, das [feis] (*engl.*) (Gesicht, Prestige)
Face|lif|ting, das (operative Gesichtsglättung; *a. übertr.*)
Fa|cet|te, die (geschliffene Teilfläche an Edelsteinen; Aspekt)
fa|cet|tie|ren
Fach, das
Fach...[mann *usw.*]
...**fach**; achtfach, 8fach, das Achtfache, das 8fache *§ 13 (2) Anm. 4*
fä|cheln
fa|chen; du fachst
Fä|cher
fä|che|rig
fä|chern; du fächerst
fach|lich
Fach|schaft
Fach|sim|pe|lei
fach|sim|peln
Fach|werk
Fa|ci|a|lis, der; *a.* Fazialis (Nervus facialis)
Fa|ci|es, die (Gesicht, Aussehen); *a.* Fazies
Fackel [k|k]
fackeln [k|k]; du fackelst
Fact [fɛkt], der (Tatsache)
Fac|to|ring, das (Finanzierungsmethode)
Fa|cul|tas do|cen|di, die (Lehrbefähigung) *§ 15 (3)*
fad, fade
Fa|dai|se
Fäd|chen
fa|de, fad
fä|deln
Fa|den
Fa|den...[wurm *usw.*]
fa|den|los
fa|den|schei|nig
fä|dig
Fa|ding, das (An- u. Abschwellen d. Lautstärke; Nachlassen)
Fae|ces (*Pl.*) (Kot); *a.* Fäzes
Faf|nir (Drache)
Fa|gott, das
Fa|got|tist
Fahd (saudiarab. König)
Fä|he, die (Füchsin)
fä|hig
...**fä|hig**; arbeitsfähig *usw.*
fahl
fahn|den
Fah|ne
Fähn|lein (*a.* kleiner Trupp)
Fähn|rich (Offiziersanwärter)
Fahr...[gast *usw.*]
Fähr...[schiff *usw.*]
fahr|bar
Fäh|re
fah|ren; fährst, fahr!, fuhrst, führest, gefahren; fahren lassen (zu fahren erlauben/veranlassen); *s. aber* fahren◡lassen *§ 10*; fahren lernen; Auto, Bahn, Rad fahren; *s. a.* radfahren
fah|rend; fahrende Habe, fahrendes Volk
Fah|ren|heit (Temperaturgrad)
fah|ren◡las|sen (aufgeben, freigeben) *§ 10*; einen [Darmwind] ~; *s. aber* fahren
Fah|rens|mann
Fah|rer
fah|re|risch
fah|rig
Fahr|nis (*Rechtsspr.*: bewegl. Vermögen)
Fähr|nis, die (Gefahr)
Fahr|rad; Fahrrad fahren
Fahr|stuhl
Fahrt
Fähr|te
Fahr|ten...[messer *usw.*]
Fai|ble, das (Schwäche)
Fai|jum (Oase in Ägypten)
fair
Fair|neß; *a.* Fairness (*engl.*)
Fair play, das (faires Spiel, Verhalten) *§ 15 (3)*
Fair|way (Golfbahn)
Fai|sal (*Name arab. u. irak. Könige*); *a.* Feisal
Fait ac|com|pli (vollendete Tatsache)
fä|kal
Fä|ka|li|en (*Pl.*) (Exkremente)
Fake, der/das (Täuschung)
Fa|kir (schmerzunempfindlicher Asket oder Gaukler)
Fak|si|mi|le, das (Nachbildung)
fak|si|mi|lie|ren
Fakt, der (Tatsache)
Fak|ti|on
fak|ti|ös
fak|tisch
fak|ti|tiv (*sprachwiss.* das Bewirken ausdrückend)
Fak|ti|ti|vum, das
fak|tiv (*sprachwiss.* die Tatsächlichkeit einschließend)
Fak|ti|zi|tät (Tatsächlichkeit)
Fak|tor, der
Fak|to|rei (Niederlassung)
Fak|to|ren|ana|ly|se
Fak|to|tum, das (Helfer mit vielen Aufgaben)
Fak|tum, das; *Pl.* Fakten, Fakta
Fak|tur, die (Machart; Faktura)
Fak|tu|ra, die (Rechnung)
fak|tu|rie|ren
Fak|tu|rist
Fa|kul|tas (Lehrbefähigung)
Fa|kul|tät (Hochschulabteilung)
Fa|kul|täts...[rat *usw.*]
fa|kul|ta|tiv (wahlweise)
Fa |lan|ge, die (frühere span. Partei)
Fa|lan|gist
falb (gelblich)
Fal|be, der (Pferd)
Fal|bel, die (Rüsche)
fäl|beln
Fa|ler|ner (Wein)
Falk, Adalbert (preuß. Politiker 1827-1900)

Fal|ke
Fal|ken...[auge *usw.*]
Fal|ken|hayn, Erich von (dt. General 1861-1922)
Fal|ke|nier
Falk|ner
Falk|ne|rei
Fall
Fall, Leo (österr. Komponist 1873-1925)
Fall...[beil *usw.*]
Fal|la, Manuel de (span. Komponist 1876-1946)
Fal|la|da, Hans (dt. Schriftsteller 1893-1947)
Fäll|bad
Fal|le
fal|len; du fällst, fielst, fielest, gefallen
fäl|len
Fal|len...[steller *usw.*]
fal|len◡las|sen; einen Teller ~, eine Bemerkung ~ *§ 10*
fal|lie|ren
fäl|lig
Falli|nie [ll|l] *§ 7 (1), § 28 Anm.*
fal|lit
Fall|obst
Fall|out, der (radioaktiver Niederschlag)
Fall|reep, das (Schiffstreppe)
falls (*Konjunktion*)
fall|süch|tig
falsch
Falsch, der; ohne Falsch, kein Falsch
Falsch...[aussage *usw.*]
fäl|schen; du fälschst
Fäl|scher
Falsch|heit
falsch◡lie|gen (im Irrtum sein); *aber* falsch liegen (auf falsche Weise liegen) *§ 10*
Falsch|mün|zer
falsch◡spie|len (betrügerisch spielen); *aber* [die Geige] falsch spielen (auf verkehrte Weise spielen) *§ 10*
Fal|sett, das (Kopfstimme)
fal|set|tie|ren
Fal|set|tist
Fal|si|fi|kat
Fal|si|fi|ka|ti|on
fal|si|fi|zie|ren (widerlegen)
Fal|sum, das (Fälschung); *Pl.* Falsa
Falt...[blatt *usw.*]
falt|bar
Fält|chen
Fal|te
fäl|teln
fal|ten; du faltest
Fal|ten...[gebirge *usw.*]
fal|ten|los
Fal|ter (Schmetterling)
fal|tig
Falz, der
fal|zen; du falzt *§ 7 (1)*
Fa|ma, die (Gerücht)
fa|mi|li|är
Fa|mi|li|a|ri|tät
Fa|mi|lie
Fa|mi|li|en...[betrieb *usw.*]
fa|mos
Fa|mu|la|tur, die (Praktikum)
fa|mu|lie|ren
Fa|mu|lus (Praktikant)
Fan [fɛn], der (Verehrer)
Fa|nal, das (Aufbruchssignal)
Fa|na|ti|ker
fa|na|tisch
fa|na|ti|sie|ren
Fa|na|tis|mus
Fan|club; *s. a.* Fanklub
Fan|dan|go, der (Tanz)
Fan|fare, die (Trompete; Trompetensignal)
Fang (1. Beute; 2. Kralle; 3. Eckzahn)
Fang...[korb *usw.*]
fan|gen; du fängst, fingst, fingest, gefangen
Fan|gen, das; ~ spielen
Fän|ger
fän|gisch
Fan|go, der (Vulkanschlamm)
Fan|klub; *s. a.* Fanclub
Fant, der (unreifer Mensch)
Fan|ta|sia (1. Musikstück; 2. arab. Reiterspiel)
Fan|ta|sie (1. Musikstück; 2. Vorstellung; *a.* Phantasie)
fan|ta|stisch; *a.* phantastisch
Fan|ta|sy ['fɛntəzi], die (Literatur, Film u. ä. mit phantastischen Zügen)
Fan|zine, das (Fan-Magazin)
Fa|rad, das (Maßeinheit); *Abk.* F
Fa|ra|day|kä|fig, Fa|ra|dayscher Kä|fig *§ 15 (7)*
fa|ra|disch (ungleichmäßig [*v. Wechselstrom*])
Farb...[band *usw.*]
Far|be
Far|ben...[lehre *usw.*]
fär|ben
Fär|ber
Fär|ber...[distel *usw.*]
Fär|be|rei
Fär|ber|waid
far|big; der Farbige
fär|big
farb|lich
Far|ce, die (1. Posse; 2. Füllung)
far|cie|ren
Fa|rin, der (Zucker)
Fä|rin|ger (Einwohner der Färöer); *s. a.* Färöer
Farm
Far|mer
Farn, der
Farn...[kraut *usw.*]
Far|ne|se (ital. Adelsfamilie)
far|ne|sisch; der Farnesische Stier (ein Kunstwerk).
Fä|rö|er (Inselgruppe; deren Einwohner); *s. a.* Färinger
fä|rö|isch
Far|re, der (junger Stier)
Fär|se (junge Kuh)
Fa|san, der
Fa|sa|ne|rie
Fa|sche, die (Zierumfassung; Binde)
fa|schen; du faschst
fa|schie|ren (durch den Wolf drehen); Faschiertes (Hackfleisch)
Fa|schi|ne, die (Reisigbündel)
Fa|sching, der
Fa|schings...[ball *usw.*]
fa|schi|sie|ren
Fa|schis|mus (rechtsradikale

Ideologie oder Herrschaft)
Fa|schist
fa|schi|stisch
fa|schi|sto|id
Fa|se, die (Abschrägung)
Fa|sel, der (junges Zuchtrind)
Fa|se|lei
Fa|se|ler; *s. a.* Fasler
fa|se|lig
fa|seln
fa|sen (abschrägen); du fast *§ 7 (1)*
Fa|ser
Fa|ser...[schreiber *usw.*]
fa|se|rig; *s. a.* fasrig
fa|sern
Fa|shion, die (Mode)
fa|shio|na|bel, fa|shio|na|ble (*engl.*) (modisch)
Fas|ler; *s. a.* Faseler
Fas|nacht; *s. a.* Fastnacht
fas|rig; *s. a.* faserig
Faß, das
Faß...[bier *usw.*]
Fas|sa|de, die (Schauseite)
faß|bar
Fass|bin|der, Rainer Werner (dt. Regisseur 1946-1982)
Fäß|chen
fas|sen; du faßt *§ 7 (1)*, faßtest; faß!
faß|lich
Fas|son, die (Form, Machart)
Fas|son...[schnitt *usw.*]
fas|so|nie|ren
Fas|sung
Fas|sungs...[kraft *usw.*]
fas|sungs|los
fast (beinahe)
Fast|back, das (Fließheck)
fa|sten; du fastest
Fa|sten, das
Fa|sten, die (*Pl.*) (Fasttage)
Fa|sten...[kur *usw.*]
Fast food, das (Schnellgericht, Imbiß) *§ 15 (3)*
Fast|nacht, die; *s. a.* Fasnacht
Fast|nachts...[brauch *usw.*]
Fas|zes (*Pl.*) (Rutenbündel mit Beil als Liktorenzeichen)
Fas|zie, die (Bindegewebshaut)
Fas|zi|kel, der (Seitenbündel)
Fas|zi|na|ti|on
fas|zi|nie|ren (fesseln)
fa|tal (verhängnisvoll)
Fa|ta|lis|mus (schicksalsgläubige Haltung)
Fa|ta|list
fa|ta|li|stisch
Fa|ta|li|tät
Fa|ta Mor|ga|na, die (Luftspiegelung, Trugbild)
Fá|ti|ma, Fatima (Wallfahrtsort in Portugal)
Fa|tum, das (Schicksal); *Pl.* Fata
Fat|wa, die (islam. Rechtsgutachten)
Fatz|ke, der
fau|chen
faul; *aber* foul (regelwidrig)
Fäu|le
fau|len (faul werden); *aber* foulen (*zu* foul)
fau|len|zen; du faulenzt *§ 7 (1)*
Fau|len|zer
Fau|len|ze|rei
Faulk|ner, William (amerik. Schriftsteller 1897-1962)
fau|lig
Fäul|nis
fäul|nis|hem|mend; *aber* [die] Fäulnis hemmend *§ 11 (4), (6)*
Faul|tier
Faun, der (röm. Gott; Lüstling)
Fau|na, die (Tierwelt)
fau|nisch (*zu* Faun)
Fau|ré, Gabriel (frz. Komponist 1845-1924)
Faust
Faust, Johannes (dt. Arzt; ~1480- zw. 1536-1540; Held v. Dichtungen Goethes u. a.)
Faust...[regel *usw.*]
Fäust|chen
Fäu|stel, der (Hammer)
fau|sten; du faustest
fau|stisch
Fäust|ling
faute de mieux (mangels besserer Möglichkeiten)
Fau|teuil, der (Sessel)
Fauves (*Pl.*) (Malergruppe)
Fau|vis|mus
Fau|vist
fau|vi|stisch
Faux ami („falscher Freund"; *sprachwiss.* trügerisch ähnliche Form); *Pl.* Faux amis *§ 15 (3)*
Faux|pas, der (Fehltritt)
Fa|ve|la, die ([südamerik.] Slum)
fa|vo|ri|sie|ren (bevorzugen)
Fa|vo|rit, der (aussichtsreichster Teilnehmer, Günstling)
Fa|vus (Hautkrankheit); *Pl.* Favi, Faven
Fax, das (Fernkopie); *Pl.* Fa|xe
Fa|xe, die (Albernheit, Grimasse); Faxen machen
fa|xen (*zu* Fax); du faxt
Fa|yence, die (Keramik)
Fa|zen|da (Farm in Brasilien)
Fä|zes (*Pl.*) (Kot); *a.* Faeces
Fa|ze|tie (Scherzr, Schwank)
fa|zi|al (d. Gesicht betreffend)
Fa|zi|a|lis, der (Gesichtsnerv); *a.* Facialis
Fa|zi|es, die (Gesicht, Aussehen); *a.* Facies
Fa|zi|li|tät
Fa|zit, das (Ergebnis)
FBI (*Abk. v.* Federal Bureau of Investigation) *§ 17 (2) Anm. 1*
FCKW (*Abk. v.* Fluorchlorkohlenwasserstoff) *§ 17 (2) Anm. 1*
FDGB (*Abk. v.* Freier Deutscher Gewerkschaftsbund) *§ 17 (2) Anm. 1*
FDJ (*Abk. v.* Freie Deutsche Jugend) *§ 17 (2) Anm. 1*
FDJler (*zu* FDJ)
FDP (*Abk. v.* Freie Demokratische Partei) *§ 17 (2) Anm. 1*
F-Dur *§ 13 (2)*; F-Dur-Tonleiter *§ 13 (3)*
Fe (*chem. Zeichen f.* Eisen [Ferrum])
Fea|ture, das ([Funk-]Beitrag; Merkmal)
fe|bril (fiebrig)
Fe|bru|ar

fec. (*Abk. v.* fecit)
Fech|ser, der (Steckling)
fech|ten (*a.* betteln); du fichtst/fechtest, ficht/fechte! fochtest, föchtest, gefochten
fe|cit („hat gemacht", geschaffen von ...); *Abk.* fec.
Fe|da|jin, der (arab. Untergrundkämpfer)
Fe|der
Feder...[ball *usw.*]
fe|dern; du federst
Fe|der|wei|ße, der (Most)
Fee, die; *Pl.* Feen
Feed|back, das (Rückmeldung)
Fee|ling, das (Gefühl)
Feen...[märchen *usw.*]
feen|haft
Feet (*Pl. v.* Foot)
Fe|ge, die
Fe|ge|feu|er (*kathol.* Läuterungsort); *s. a.* Fegfeuer
fe|gen
Fe|ger
Feg|feu|er (kathol. Läuterungsort); *s. a.* Fegefeuer
Feg|sel, das
Feh, das (Eichhörnchenpelz)
Feh|de, die (Streit)
Feh|de|hand|schuh
fehl; fehl am Platz; *vgl.* fehlgehen *usw.* *§ 9*
Fehl, der; ohne Fehl
Fehl...[druck *usw.*]
fehl|bar
fehl|be|le|gen *§ 9*
fehl|be|set|zen *§ 9*
feh|len
Feh|ler
fehl|ge|hen *§ 9*
fehl|grei|fen *§ 9*
fehl|in|ter|pre|tie|ren *§ 9*
fehl|lei|ten *§ 9*
fehl|schie|ßen *§ 9*
fehl|schla|gen *§ 9*
fehl|tre|ten *§ 9*
Feh|marn (Insel)
Fehn, das (Sumpf, Moor); *s. a.* Fenn, Venn
Fehr|bel|lin (Stadt in Brandenburg)
Feh|ren|bach, Konstantin (dt. Reichskanzler 1852-1926)
fei|en (schützen); du feist
Fei|er
Fei|er...[tag *usw.*]
fei|er|lich
fei|ern
feig, fei|ge
Fei|ge, die (Baum, Frucht)
Fei|gen...[baum *usw.*]
Feig|ling
Feig|war|ze (Hautwucherung)
feil; *vgl.* feil◡bieten, feil◡halten
feil◡bie|ten *§ 10*
Fei|le (Werkzeug)
fei|len
feil◡hal|ten *§ 10*
feil|schen
Feim, der (Schaum)
Fei|me, die (Haufen)
fein; fein◡mahlen *usw.* *§ 10*
Fein...[arbeit *usw.*]
feind (*Adjektiv*); jdm. feind sein
Feind, der
feind|lich
Feind|schaft
Fei|ne, die (Feinheit)
fei|nen ([Metall] veredeln)
fein|füh|lig
fein◡ge|mah|len *§ 11 (3)*
fein◡ge|schnit|ten *§ 11 (3)*
fein◡ge|spon|nen *§ 11 (3)*
Fei|nin|ger, Lyonel (amerik. Maler 1871-1956)
fein|kör|nig
fein◡ma|chen *§ 10*; sich ~
fein|ner|vig
fein◡schlei|fen *§ 10*
feinst|ge|schlif|fen
feinst|schlei|fen
fein◡ver|mah|len *§ 11 (3)*
Fei|sal (*Name arab. u. irak. Könige*); *s.* Faisal
feiß (fett)
feist, fei|ster
Feist, das (Fett)
Fei|ste, die (Feistheit)
Fei|tel, der (Messer)
fei|xen; du feixt *§ 7 (1)*
fe|kund (fruchtbar)
Fe|kun|da|ti|on
Fe|kun|di|tät
Fel|bel (Gewebe)
Fel|chen, der (Fisch)
Feld
Feld...[arbeit *usw.*]
Feld|scher (*früher* Militärarzt)
Feld|spat, der (Mineral)
Feld|ste|cher (Fernglas)
Feld|we|bel
Fel|ge (1. Radkranz; 2. Turnübung)
fel|gen; du felgst
Fel|gen|brem|se
Felg|um|schwung
Fe|li|de, der (katzenartiges Tier)
Fell
Fell...[mütze *usw.*]
Fel|la|che, der (Bauer)
fel|la|chisch
Fel|la|tio, die (Penislutschen)
fel|la|ti|o|nie|ren
Fell|ei|sen, das (Rucksack)
Fel|li|ni, Federico (ital. Regisseur 1920-1993)
Fel|low, der (Kollegiat, Stipendiat)
Fel|low|ship, die
Fe|lo|nie, die (Verrat)
Fels, der
Fels...[block *usw.*]
Fel|sen
fel|sen|fest
fel|sig
Fel|sit, der (Mineral)
Fe|lu|ke, die (Schiff)
Fe|me, die ([geheime] Sondergerichtsbarkeit)
Fe|me...[gericht *usw.*]
Fe|mel, der (männl. Hanf)
Fe|mel...[betrieb *usw.*]
fe|mi|nie|ren (verweiblichen)
fe|mi|nin (weiblich)
Fe|mi|ni|num (*sprachwiss.* weibliche Form)
Fe|mi|nis|mus (Frauenbewegung)
Fe|mi|nist
fe|mi|ni|stisch
Femme fa|tale (verhängnisvoll verführerische Frau)
Fem|to...[farad *usw.*] (Billiardstel); *Abk.* f
Fench, der (Getreideart); *s. a.*

Fennich
Fen|chel, der
Fen|chel...[tee *usw.*]
Fen|dant, der (Wein)
Fen|der, der (Stoßdämpfer an Schiffen)
Fe|nek, der (Wüstenfuchs); *s. a.* Fennek
Fé|ne|lon (frz. Schriftsteller 1651-1715)
Fenn (Sumpf, Moor); *s. a.* Fehn, Venn
Fen|nek, der (Wüstenfuchs); *s. a.* Fenek
Fen|nich, der (Getreideart); *s. a.* Fench
Fen|no|sar|ma|tia (nordeurop. Festlandsblock)
fen|no|sar|ma|tisch
Fen|no|skan|dia, die (Skandinavien einschl. Finnland)
fen|no|skan|disch
Fen|rir (Fenriswolf)
Fen|ris|wolf (germ. Dämon)
Fen|ster
Fen|ster...[bank usw.]
fen|sterln
Fenz, die (Zaun)
fen|zen; du fenzt *§ 7 (1)*
Fe|ra|li|en (*Pl.*) (Totenfeiertag)
Fer|di|nand (*Name v. Herrschern*)
Fer|ge, der (Fährmann)
Fe|ri|a, die (Werktag)
Fe|ri|en (*Pl.*)
Fe|ri|en...[arbeit *usw.*]
Fer|kel
Fer|ke|lei
fer|keln
Fer|mat, Pierre de (frz. Mathematiker 1601-1665)
Fer|ma|te, die (verlängerte Note)
Fer|ment, das (als Katalysator wirkendes Zellprodukt)
Fer|men|ta|ti|on
fer|men|tie|ren
Fer|mi, Enrico (ital. Physiker 1901-1954)
Fer|mi|um; *chem. Zeichen* Fm
fern; von [nah und] fern *§ 15 (6)*; der Ferne Osten; *s. a.* ferne
Fern...[fahrer *usw.*]
Fer|nan|del (frz. Schauspieler 1903-1971)
Fer|nan|do Póo (afrik. Insel, *heute* Bioko)
fern|be|die|nen; fernzubedienen, fernbedient
fern|be|heizen; fernzubeheizen, fernbeheizt
fern◡blei|ben *§ 10*
fer|ne; von ~; *s. a.* fern
Fer|ne, die
fer|ner (*zu* fern); unter „ferner liefen" (*a. ohne Anführungszeichen*)
Fer|ner, der (Gletscher); *s. a.* Firner
fer|ner|hin
fern|ge|steu|ert
fern◡hal|ten *§ 10*
fern|hei|zen; fernzuheizen, ferngeheizt
fern|her; *aber* von fern her
fern|ko|pie|ren; fernzukopieren, fernkopiert
fern|len|ken; fernzulenken, ferngelenkt
fern◡lie|gen *§ 10*; ferner liegen
fern|münd|lich
Fern|ost; aus ~, nach ~, von ~
fern|öst|lich
fern|se|hen; du siehst fern; fernzusehen, ferngesehen
Fern|se|hen, das
Fern|spre|cher
fern◡ste|hen *§ 10*; ferner stehen
fern|steu|ern; fernzusteuern, ferngesteuert
fern|trau|en; fernzutrauen, ferngetraut
fern|über|mit|teln; fernzuübermitteln, fernübermittelt
Fer|ra|ri, Enzo (ital. Konstrukteur; Automarke)
Fer|rit, das (Reineisen; Eisenoxidmischung)
Fer|ro... (Eisen...)
Fer|rum (Eisen); *chem. Zeichen* Fe
Fer|se (Teil des Fußes)
fer|tig; fertig sein
Fer|tig...[bau *usw.*]
fer|tig◡be|kom|men *§ 10*
fer|tig◡brin|gen *§ 10*
fer|ti|gen
fer|tig◡ko|chen *§ 10*
fer|tig◡krie|gen *§ 10*
fer|tig◡ma|chen *§ 10*
fer|tig◡stel|len *§ 10*
fer|tig◡wer|den *§ 10*
fer|til (fruchtbar)
Fer|ti|li|tät
Fe|ru|la (Kreuzstab d. Papstes)
Fes, der (Kappe); *a.* Fez
fes, Fes (Ton); *vgl.* a, A
fesch
Fes|sel, die
Fes|sel...[ballon *usw.*]
fes|seln; du fesselst; feßle!
fest (*Adjektiv*); fest halten *usw.* (auf feste Weise halten *usw.*), *als Verbzusatz a. zusammengeschrieben § 10*: fest◡binden (so binden, daß es fest ist) *usw.*; *s. aber* festsetzen, feststellen
Fest, das
Fest...[freude *usw.*, *zu* Fest]
Fest...[meter *usw.*, *zu* fest]
fest◡binden; *vgl.* fest
Fe|ste, die (Festung)
fest◡halten; *vgl.* fest
fe|sti|gen
Fe|sti|ger
Fe|stig|keit
Fe|sti|val, das
Fe|sti|vi|tät
fest|lich
Fe|ston, das (Schmuckgehänge; Stickerei)
fe|sto|nie|ren
fest|set|zen
fest|stel|len
Fe|stung
fe|tal (*zu* Fetus); *s. a.* fötal
Fe|te, die
Fe|tisch, der (verehrter Gegenstand)
fe|ti|schi|sie|ren
Fe|ti|schis|mus (*a.* sexuelle Neigung zu Gegenständen)
Fe|ti|schist

fe|ti|schi|stisch
fett; ~ drucken; fett◡gedruckt *§ 11 (4), (6)*; Fette Henne (Pflanze); *s. a.* Fetthenne
Fett, das
Fett...[auge *usw.*]
fet|ten; du fettest
fett◡ge|druckt *§ 11 (4), (6)*
Fett|hen|ne (Pflanze); *s. a.* Fette Henne
fet|tig
Fett|lebe, die
fett|trie|fend *§ 7 (1)*
Fettu|sche [tt|t]
Fe|tus, der (*med.*) (Leibesfrucht); *s. a.* Fötus
Fetz|chen
fet|zen; du fetzt *§ 7 (1)*
Fet|zen, der
fet|zig
feucht
Feucht...[biotop *usw.*]
Feuch|te, die
feuch|ten
Feucht|wan|ger, Lion (dt. Schriftsteller 1884-1958)
feucht|warm
feu|dal (den Feudalismus betreffend; gehoben)
Feu|dal...[herrschaft *usw.*]
Feu|da|lis|mus (Lehnswesen, Adelsherrschaft)
feu|da|li|stisch
Feu|del, der (Scheuerlappen)
feu|deln
Feu|er; ~ fangen, ~ speien; feuerspeiende Berge (Vulkane); *aber* immer wieder Feuer speiende Berge *§ 11 (4), (6)*
Feu|er...[alarm *usw.*]
Feu|er|bach, Anselm (dt. Maler 1829-1880; Ludwig ~ (dt. Philosoph 1804-1872); Paul von ~ (dt. Jurist 1775-1833)
feu|er|fest
feu|ern; du feuerst
feu|er|ver|zin|ken
feu|er|wer|ken
Feuil|lage, die (Darstellung von Laubwerk)
Feuil|le|ton, das (Kulturteil, Unterhaltungsseiten)
Feuil|le|to|nist
feuil|le|to|ni|stisch
feu|rig
feu|rio!
Fex, der (Narr)
Fez; *a.* Fes (Kappe)
Fez (Spaß)
ff (*Abk. v.* sehr fein, fortissimo) *§ 17 (2) Anm. 2*
ff. (*Abk. v.* folgende)
FF (*Abk.v.* französische Francs) *§ 17 (2) Anm. 2*
Fi|a|ker, der (Kutsche, Kutscher)
Fi|a|le, die (Türmchen)
Fi|as|ko, das (Mißerfolg)
fi|at (*lat.*) (es geschehe)
Fi|bel[1], die (Elementarbuch)
Fi|bel[2], die (Spange)
Fi|ber, die (Faser)
Fi|ber...[glas *usw.*]
Fi|bo|nacci-Zahl (*nach dem ital. Mathematiker Leonardo da Pisa, genannt* F.)
Fi|bril|le, die (*med.* Fäserchen)
Fi|brin, das (Blutfaserstoff)
Fi|bri|no|gen, das (Blutgerinnungsstoff)
Fi|brom, das (Bindegewebstumor)
fi|brös (aus Bindegewebe bestehend)
Fi|bu|la, die (Wadenbein)
Fi|che, die (Spielmarke)
Fiche, das (fotograf. Verkleinerung als Speichermedium)
Fich|te, die
Fich|te, Johann Gottlieb (dt. Philosoph 1762-1814)
Fich|tel|ge|bir|ge
fich|ten (aus Fichtenholz)
Fi|chu, das (Tuch)
Fick, der
ficken [k|k]; du fickst
ficke|rig [k|k]
Fi|dei|kom|miß, das (unteilbares Vermögen)
fi|del (fröhlich)
Fi|del (altes Streichinstrument); *s. aber* Fiedel
Fi|di|bus, der (Feueranzünder)
Fi|dschi (Staat)
Fi|dschi|a|ner
fi|dschi|a|nisch
Fi|du|li|tät
Fi|du|zi|ar (Treuhänder)
fi|du|zi|a|risch
Fie|ber, das
fie|ber|haft
fie|bern
fie|ber|sen|kend; *aber* das Fieber senkend *§ 11 (4), (6)*
fieb|rig
Fie|del (Geige); *s. aber* Fidel
fie|deln
fie|de|rig; *s. a.* fiedrig
fie|dern
Fied|ler
fied|rig; *s. a.* fiederig
Fiel|ding, Henry (engl. Schriftsteller 1707-1754)
fie|pen
Fie|rant (Markthändler)
fie|ren (ein Tau ablaufen lassen)
fies
Fies|ling
Fi|e|sta, die (Fest)
FIFA (*Abk. f.* Internat. Fußballverband) *§ 17 (2) Anm. 1*
fif|ty-fif|ty (halbe-halbe)
Fi|ga|ro (Friseur)
Fight, der (Kampf)
figh|ten; du fightest
Figh|ter
Fi|gur
Fi|gu|ra; Figura etymologica
fi|gu|ral
Fi|gu|ra|ti|on
fi|gu|ra|tiv
Fi|gür|chen
fi|gu|rie|ren
Fi|gu|ri|ne (kleine Statue; Modell; Kostümentwurf)
fi|gür|lich
Fik|ti|on (bloße Annahme; Vorspiegelung)
fik|ti|o|nal
fik|tiv
Fi|lage, die (Verdrillen von Fäden)
Fi|la|ment (Faden)
Fi|la|ria, die (Fadenwurm): *Pl.*

Filarien
Fi|la|ri|o|se
File [fail], das (Datei)
Fi|let, das (zartes Fleisch- oder Fischstück; netzartiges Gewirk)
fi|le|tie|ren
Fi|lia hos|pi|ta|lis (*studentenspr.* Tochter der Wirtsleute)
Fi|li|a|le
Fi|li|a|list
Fi|li|a|ti|on (Abstammung)
Fi|li|bu|ster, das (Verschleppungstaktik im Parlament)
Fi|li|bu|ster, der (Seeräuber)
fi|li|bu|stern
fi|li|gran (feinfädig; *a. übertr.*)
Fi|li|pi|na
Fi|li|pi|no (Einwohner der Philippinen)
Fi|li|us (Sohn)
Fil|lér, der (ungar. Münze)
Film
Film...[kamera *usw.*]
Fil|me|ma|cher
fil|men; du filmst
Fi|lou (Schelm)
Fil|ter, der/das
Fil|ter...[kaffee *usw.*]
fil|ter|fein
fil|tern; du filterst
Fil|trat, das (Gefiltertes)
Fil|tra|ti|on
fil|trie|ren
Filz, der (Wollstoff, Geizhals)
Filz...[hut *usw.*]
fil|zen; du filzt *§ 7 (1)*
fil|zig
Fil|zo|kra|tie (korrupte Herrschaftsverhältnisse)
Fim|mel, der
fi|nal (endgültig, zielgerichtet)
Fi|nal...[satz *usw.*]
Fi|na|le, das (letzter Teil, Endspiel)
Fi|na|list
Fi|na|li|tät
Fi|nanz...[amt *usw.*]
Fi|nan|zen (*Pl.*)
fi|nan|zi|ell (geldlich)
Fi|nan|zier (Geldgeber)
fi|nan|zie|ren
fi|nas|sie|ren (trickreich handeln)
Finck, Werner (dt. Kabarettist 1902-1978)
Fin|del|kind
fin|den; du findest, fandest, fändest; gefunden
Fin|der
Fin|der...[lohn *usw.*]
Fin de siècle (Ende des 19. Jahrhunderts) *§ 15 (3)*
fin|dig
Find|ling
Fines herbes (*Pl.*) gehackte Kräuter) *§ 15 (3)*
Fi|nes|se, die (Schlauheit, Verfeinerung)
Fin|gal (Sagengestalt)
Fin|ger
Fin|ger...[hut *usw.*]
fin|ger|breit; ein fingerbreites Stück; *vgl.* Fingerbreit
Fin|ger|breit, der; einen Fingerbreit Abstand; *aber* einen Finger breit sein
fin|ger|lang
Fin|ger|ling
fin|gern; du fingerst
Fin|ger|zeig, der
fin|gie|ren (vorspiegeln, annehmen)
Fi|nis (*lat.* Ende)
Fi|nish, das (Endkampf im Sport; letzter Schliff)
fi|nit (begrenzt)
Fi|ni|tum, das (*sprachwiss.* Personalform des Verbs)
Fink, der
Fin|ken...[schlag *usw.*]
Finn-Din|gi, das (Boot)
Fin|ne, der (Einwohner Finnlands)
Fin|ne, die (Bandwurm)
fin|nig
fin|nisch; auf ~
Fin|nisch, das; auf finnisch sprechen
Fin|ni|sche, das
fin|nisch-ugrisch *§ 13 (5)*
Finn|land
Finn|län|der
finn|län|disch
finn|lan|di|sie|ren
Finn|mark, die
fin|no|ugrisch (die Sprachfamilie des Finnougrischen betreffend)
Fin|no|ugrist
Finn|wal, der (Walart)
fin|ster; im finstern/Finstern tappen (nicht Bescheid wissen)
Fin|ster|ling
Fin|ster|nis
Fin|te, die (Täuschung)
Fio|ret|te, die (Verzierung)
Fio|ri|tur, die (Verzierung)
Fir|do|si (pers. Dichter ~934-1020)
Fi|ren|ze (Florenz)
Firewall, die (*EDV*: Schutzprogramm)
Fir|le|fanz, der
firm (sattelfest)
Fir|ma
Fir|ma|ment, das (Himmel)
fir|men; du firmst (das Sakrament d. Firmung spenden)
Fir|men...[schild *usw.*]
fir|mie|ren
Firm|ling
Fir|mung (*zu* firmen)
firn (alt [*v.* Wein])
Firn, der (Altschnee)
Fir|ne, die (*zu* firn)
Fir|ner, der (Gletscher); *s. a.* Ferner
fir|nig
Fir|nis, der (schützende Ölschicht auf Bildern)
fir|nis|sen; du firnißt *§ 7 (1)*
First, der (Giebelkante)
first class (erste Klasse); er fährt first class
First-class-...[Hotel *usw.*]; *a.* First-Class-... *§ 13 (4)*
First La|dy (Gattin des Staatsoberhaupts) *§ 15 (3)*
fis, Fis (Ton); *vgl.* a, A
Fisch
Fisch...[adler *usw.*]
Fi|schart, Johann (dt. Schriftsteller 1546-1590)
fi|scheln

fi|schen; du fischst
Fi|scher
Fi|scher, Joseph (Joschka ~, dt. Politiker *1948); ~ von Erlach (österr. Baumeister 1656-1723)
Fi|scher-Dies|kau, Dietrich (dt. Sänger *1925)
Fi|sche|rei
fi|schig
Fis-Dur *§ 13 (2)*; Fis-Dur-Tonleiter *§ 13 (3)*
Fi|si|ma|ten|ten (*Pl.*)
fis|ka|lisch (*zu* Fiskus)
Fis|kus, der (Staatskasse)
fis-Moll *§ 13 (2)*; fis-Moll-Tonleiter *§ 13 (3)*
fis|se|lig
fis|seln
Fis|si|on (Teilung)
Fis|sur, die (Riß)
Fist, der (Furz)
Fi|stel, die (*med.* Kanal)
fi|steln
Fi|stel|stim|me
fi|sten (furzen)
Fi|stu|la (Fistel, *med.* Kanal)
fit; fitter; sich fit halten
Fi|tis, der (Vogel)
Fit|neß; *a.* Fitness (*engl.*)
Fit|sche, die (Scharnier)
Fit|tich, der
Fit|ting, das (Verbindungsrohr)
Fitz, der (Fadengewirr)
Fitz|chen
Fit|zel|chen
fit|zen
Fitz|ge|rald, Ella (amerik. Sängerin 1918-1996); Francis Scott ~ (amerik. Schriftsteller 1896-1940)
Fiu|ma|ra, die (periodisch trockenliegender Fluß)
Five o'clock tea (Nachmittagstee) *§ 15 (3)*
fix (1. schnell; 2. fest)
Fi|xa|tiv, das (Festigungsmittel)
fi|xen (s. Drogen spritzen); du fixt *§ 7 (1)*
Fi|xer
fi|xie|ren
Fix|ko|sten
Fi|xum, das (fester Grundlohn)
Fizz, der (Getränk)
Fjäll, der (Hochebene)
Fjord, der (tiefe Bucht)
FKK (*Abk. v.* Freikörperkultur) *§ 17 (2) Anm. 1*
FKKler
FKK-Strand *§ 13 (2)*
fl., Fl. (*Abk. v.* Florin = Gulden)
flach
Flach, das (Untiefe)
Flach...[dach *usw.*]
Flä|che
flä|chen|haft
flä|chen|deckend [k|k]
flach◡fal|len *§ 10*
Flach|heit
flä|chig
flach◡le|gen *§ 10*
flach◡lie|gen *§ 10*
Flachs, der
Flach|se, die (Flechte)
flach|sen; du flachst *§ 7 (1)*
fläch|sen, fläch|sern (aus Flachs)
flackern [k|k]
Fla|den
Fla|der, die (Holzmaserung)
fla|de|rig; *s. a.* fladrig
fla|dern (stehlen)
Fla|de|rung (Maserung)
Fläd|le, das
flad|rig; *s. a.* fladerig
Fla|gel|lant
Fla|gel|lan|tis|mus (relig. Geißlerbewegung; *a.* sexuelle Verhaltensweise)
Fla|gel|lat, der (Geißeltierchen)
Fla|gel|lum, das (Geißel)
Fla|geo|lett, das (*musik.* kleine Flöte; höchstes Register)
Fla|geo|letton [tt|t]
Flag|ge, die
flag|gen; du flaggst
fla|grant (offenkundig)
Flair, das (Gespür; Ausstrahlung)
Flak, die (*kurz f.* Flugzeugabwehrkanone)
Fla|ke, Otto (dt. Schriftsteller)
Fla|kon, der/das (Fläschchen)
Flam|beau, der (Leuchter)
flam|bie|ren ([Speisen] mit Alkohol übergießen und anzünden)
flam|bo|yant (strahlend)
Fla|me, der
Fla|men|co, der (Tanz)
Fla|min|go, der (Vogel)
Fla|mi|ni|us, Gaius (röm. Politiker †217 v. Chr.)
flä|misch; auf ~
Flä|misch, das; auf flämisch sprechen
Flä|mi|sche, das
Flam|län|der
Flämm|chen
Flam|me
flam|men; du flammst
fläm|men; du flämmst
Flam|me|ri (Süßspeise)
Flan|dern (belg. Provinz)
Fla|nell, der (Gewebe)
Fla|nell...[hemd *usw.*]
Fla|nellap|pen [ll|l] *§ 7 (1), § 28 Anm.*
fla|nel|len (aus Flanell)
Fla|neur (Spaziergänger)
fla|nie|ren
Flan|ke
Flan|ken...[schutz *usw.*]
flan|ken; du flankst
flan|kie|ren
Flansch, der (Verbindungsstück)
flan|schen; du flanschst
Fla-Pan|zer (*kurz f.* Flugzeugabwehrpanzer) *§ 13 (2)*
flap|pen (klatschen *von Segeln*)
Flaps, der (Flegel)
flap|sig (ungezwungen, lässig)
Fläsch|chen
Fla|sche
Flasch|ner (Klempner)
Fla|ser, die (Felsader)
fla|se|rig; *s. a.* flasrig
Flash, der (kurze Einblendung)
flas|rig; *s. a.* flaserig
Flatsch, der (fladenförmige Masse)
Flat|ter, die; die ~ machen (verschwinden)
Flat|ter...[geist *usw.*]

flat|ter|haft
flat|te|rig; *s. a.* flattrig
flat|tern
Flat|ter|satz
flatt|rig; *s. a.* flatterig
Fla|tu|lenz, die (Darmblähung)
Fla|tus, der (Blähung); Flatus vocis (Stimmhauch)
flau
Flau|bert, Gustave (frz. Schriftsteller 1821-1880)
Flaum, der
Flau|mer, der (Mop)
Flaum|fe|der
flau|mig
flaum|weich
Flaus, der (Flausch)
Flausch, der (rauher Wollstoff)
flau|schig
Flau|se, die (Albernheit); Flausen machen
Flau|te, die
Fla|vi|us (röm. Adelsfamilie)
Fläz, der (Lümmel)
flä|zen, sich; du fläzt dich *§ 7 (1)*
Fleb|be, die (Ausweispapier)
Flech|se, die (Sehne)
flech|sig
Flech|te, die (1. Zopf; 2. Pflanze; 3. Hautkrankheit)
flech|ten; du flichtst/flechtest, flicht/flechte!, flochtest, flöchtest, geflochten
Flecht|werk
Fleck, der
Flecken, der [k|k]
Flecken...[salz *usw.*] [k|k]
Fleckerl, das [k|k|] (*a.* Suppeneinlage aus Nudelteig)
Fleck|fie|ber
fleckig [k|k]
fled|dern ([Leichen] plündern)
Fle|der|maus
Fleece, das (Kunstfaserflausch)
Fleet, das (Kanal)
Fle|gel
Fle|ge|lei
fle|gel|haft
Fle|gel|jah|re (*Pl.*)
fle|geln, sich
fle|hen
fle|hent|lich
Fleisch; ~ fressen, fleischfressende Pflanzen; *aber* [rohes] Fleisch fressend *§ 11 (6)*
Fleisch...[brühe *usw.*]
Flei|scher
Flei|sche|rei
fleisch|fres|send; *vgl.* Fleisch
flei|schig
fleisch|lich
Fleiß
Fleiß...[arbeit *usw.*]
flei|ßig
flek|tier|bar
flek|tie|ren
flen|nen
Flens|burg (Stadt)
flet|schen; du fletschst
flet|schern (lange kauen)
Flett, das (Bauernstube)
Flett|ner, Anton (dt. Ingenieur 1885-1961)
Fletz, das/der (Hausflur)
fleucht (= fliegt); was da kreucht und fleucht
Fleu|ron, der (Blumenornament)
fleußt (= fließt)
fle|xi|bel; fle|xi|ble Zeiten
fle|xi|bi|li|sie|ren
Fle|xi|bi|li|tät
Fle|xi|on (*sprachwiss.* Beugung)
fle|xi|visch
Fle|xur, die (Biegung)
Fli|bu|stier (Seeräuber)
Flic, der (*frz.* Polizist)
Flick, der
Flick, Friedrich (dt. Unternehmer 1883-1972)
flicken [k|k]
Flicken, der [k|k]
Flicken|tep|pich [k|k]
Flicken|schildt, Elisabeth (dt. Schauspielerin 1905-1977) [k|k]
Flick|flack, der (Handstandüberschlag)
Flie|der
Flie|der...[busch *usw.*]
Flie|ge
flie|gen; fliegst, flogst, flögest, geflogen; fliegende Fische, fliegende Hitze, Untertasse (UFO), fliegender Start; der Fliegende Holländer (Sagengestalt) *§ 15 (7)*
Flie|gen...[fänger *usw.*]
Flie|ger
Flie|ger...[abwehr *usw.*]
Flie|ge|rei
flie|ge|risch
flie|hen; du fliehst, flohst, flöhest, geflohen
Flieh|kraft
Flie|se, die
flie|sen (mit Fliesen versehen); du fliest *§ 7 (1)*
Fließ|band
flie|ßen; fließt *§ 7 (1)*, floß, flösse; geflossen
Fließ|heck
Fließ|pa|pier (Löschpapier)
Flim|mer
flim|me|rig; *s. a.* flimmrig
Flim|mer|ki|ste
flim|mern
flimm|rig; *s. a.* flimmerig
flink
Flint, der (Gestein)
Flin|te (Gewehr)
Flin|ten...[schuß *usw.*]
Flinz, der (Gestein)
Flip, der (Getränk)
Flip-chart, das (Papierblock als Schautafel)
Flip|flop, das (Schaltung)
Flip|flop|schal|tung
Flip|per, der (Spielautomat)
flip|pern
flip|pig
flir|ren
Flirt, der
flir|ten
Flitt|chen
Flit|ter, der (Glitzerschmuck)
flit|tern
Flit|ter|wo|chen
Flitz|bo|gen, Flit|ze|bo|gen
flit|zen; du flitzt *§ 7 (1)*
Flit|zer
floa|ten (schwanken)
Floa|ting, das
F-Loch (Schalloch) *§ 13 (2)*

Flöck|chen
Flocke [k|k]
flocken [k|k]; es flockt
flockig [k|k]
Flö|del, der (Zierstreifen an Streichinstrumenten)
Floh, der
Floh...[markt *usw.*]
flö|hen (Flöhe entfernen); du flöhst
Flo|ka|ti, der (Zottelteppich)
Flom, Flo|men, der (Bauchfett)
Flop, der (Mißerfolg)
flop|pen
Flop|py disk, die (Diskette) *§ 15 (3)*
Flor[1], der (Blütenpracht)
Flor[2], der (Teppichoberfläche)
Flo|ra (röm. Göttin); die ~ (Pflanzenwelt)
Flo|ren|ti|ner (*a.* Gebäck)
flo|ren|ti|ni|sch
Flo|renz (Stadt in Italien)
Flo|res|zenz, die (Blütezeit)
Flo|rett, das
Flo|ri|an (Heiliger)
flo|rid (*med.* sehr aktiv)
Flo|ri|da (Bundesstaat der USA); *Abk.* Fla.
flo|rie|ren (*übertr.* blühen)
Flo|rin, der (Münze)
Flo|rist (Blumenbinder)
Flo|ri|stik
Flo|ri|stin
flo|ri|stisch
Flos|kel, die (Redensart)
Floß, das
flöß|bar
Flos|se
flö|ßen; du flößt *§ 7 (1)*
Flö|ßer
Flo|ta|tion (Stofftrennung durch Aufschwemmen)
flo|ta|tiv
Flö|te
flö|ten; du flötest
Flö|ten...[ton *usw.*]
flö|ten◡ge|hen (verlorengehen) *§ 10*
flo|tie|ren (durch Flotation aufbereiten)
Flö|tist
Flo|tow, Friedrich von (dt. Komponist 1812-1883)
flott; *vgl.* flott◡bekommen *usw. § 10*
flott◡be|kom|men *§ 10*
Flot|te
flot|tie|ren (schwimmen)
Flot|til|le, die (kleine Flotte)
flott◡krie|gen *§ 10*
flott◡ma|chen *§ 10*
Flöz, das (Kohle-, Erzschicht)
Flu|at (Fluorsilikat)
Fluch (*zu* fluchen)
fluch|be|la|den
flu|chen
Flucht
Flucht...[gefahr *usw.*]
fluch|ten (in eine gerade Linie bringen)
flüch|ten
flüch|tig (*a. chem.*)
Flücht|ling
Flüe|la, der (Alpenpaß)
Flug (*zu* fliegen)
Flug...[hafen *usw.*]
Flü|gel
Flü|gel...[schlag *usw.*]
flü|gel|los
flü|geln
flüg|ge
flugs
Flug|zeug
Fluh, die (Fels)
flu|id (*Adjektiv*) (flüssig)
Flu|id, das
Flu|i|dum (Ausstrahlung)
Flu|ke, die (Schwanzflosse des Wals)
Fluk|tu|a|ti|on
fluk|tu|ie|ren
Flun|der, die (Fisch)
Flun|ke|rer
flun|kern
Flunsch, der (weinerlicher Mund)
Flu|or, das
Flu|o|res|zenz, die
flu|o|res|zie|ren (von selbst leuchten)
Flu|o|rid, das (Salz)
flu|o|ri|die|ren
flu|o|rie|ren
flu|o|ri|sie|ren
Flu|o|rit, das (Mineral)
Flur, der
Flur, die
Flu|se, die (Fussel)
Fluß
Fluß...[fisch *usw.*]
fluß|ab
fluß|ab|wärts; *aber* den Fluß abwärts
Flüß|chen
flüs|sig
flüs|sig◡ma|chen (Metall, Kapital *usw.*) *§ 10*
Fluß|sand
flü|stern
Flut
flu|ten
flut|schen; du flutschst
flu|vi|al (zum Fluß gehörig)
Flu|xus (Kunststil)
Fly-by, das
Fly|er, der (Spinnmaschine, Flugblatt)
Fly|ing Dutch|man, der (Boot)
Fly-over, der
Flysch (Gestein)
Fm, fm (*Abk. v.* Festmeter) *§ 17 (2) Anm. 2*
Fm (*chem. Zeichen f.* Fermium)
Fmk (*Abk. v.* Finnmark) *§ 17 (2) Anm. 2*
f-Moll *§ 13 (2)*; f-Moll-Tonleiter *§ 13 (3)*
fob (*Abk. v.* free on board) *§ 17 (2) Anm. 2*
Foch, Ferdinand (frz. Marschall 1851-1929)
Fock, die (Segel)
Fock, Gorch (dt. Schriftsteller 1880-1916)
Focke, Henrich (dt. Flugzeugbauer 1890-1979) [k|k]
fö|de|ral (bundesstaatlich)
Fö|de|ra|lis|mus
Fö|de|ra|list
fö|de|ra|li|stisch
Fö|de|ra|ti|on
fö|de|ra|tiv
Fo|gosch, der (Zander)
foh|len (ein Fohlen gebären)
Foh|len, das

Föhn, der (Fallwind)
föh|nen; es föhnt *(zu* Föhn)
föh|nig
Föhr (Insel)
Föh|re (Baum)
föh|ren (aus Föhrenholz)
fo|kal (im Brennpunkt befindlich)
Fok|ker, Anthony (niederl. Flugzeugbauer 1890-1939)
Fo|kus, der (Brennpunkt)
fo|kus|sie|ren
fol., Fol. (*Abk. v.* Folio)
Fol|ge, die; in Folge (nacheinander); *aber* infolge, zufolge *usw.* (*s. d.*)
Fol|ge...[lasten *usw.*]
fol|gen
fol|gend; folgendes; ich mache auf folgendes aufmerksam; *mit Artikel meist Kleinschreibung, wenn die Verbindung pronominal gebraucht ist § 15 (6)* (dies, das nächste): lesen Sie bitte das folgende; im folgenden; *Großschreibung, wenn eine Nachfolge bezeichnet werden soll*: die Folgenden (Nachfolger)
fol|gen|der|ma|ßen
fol|gen|los
fol|ge|recht
fol|ge|rich|tig
fol|gern
folg|lich
folg|sam
Fo|li|ant, der (großes Buch)
Fo|lie, die; *Pl.* Fo|li|en
Fo|li|en|schwei|ßen, das
fo|li|ie|ren (*a.* [Seiten] numerieren)
Fo|lio, das (Buchformat)
Fo|li|um, das (Blatt); *Pl.* Folien
Folk, der (Musikart)
Fol|ke|ting, das (dänisches Parlament)
Folk|lo|re, die (Volkskultur)
Folk|lo|rist
Folk|lo|ri|stik
folk|lo|ri|stisch
Fol|li|kel, der (*med.* Bläschen)
fol|li|ku|lar
fol|li|ku|lär
Fol|ter
Fol|ter...[bank *usw.*]
fol|tern; du folterst
Fön, der (Haartrockner; *eigtl. Markenname*)
Fond, der (1. Hintergrund; 2. Rücksitz; 3. Fleischsaft)
Fonda, Henry (amerik. Schauspieler 1905-1982); Jane ~ (amerik. Schauspielerin *1937); Peter ~ (amerik. Schauspieler *1939)
Fon|dant, der/das (Zuckermasse)
Fonds, der (Vorrat, Anleihe); à fonds perdu
Fon|due, das (Essen, bei dem Brot in Käseschmelze oder Fleischstücke in heißes Öl bzw. Brühe getaucht werden)
fö|nen (mit dem Fön trocknen)
Font, der (*EDV* Zeichensatz)
Fon|ta|ne, Theodor (dt. Schriftsteller 1819-1898)
Fon|tä|ne, die
Fon|ta|nel|le, die (Lücke im Schädel Neugeborener)
Fon|teyn, Margot (engl. Tänzerin 1919-1991)
Foot, der (*engl.* Fuß); *Pl.* Feet
Foot|ball, der (amerik. Fußball)
fop|pen; du foppst
Fo|ra|mi|ni|fere, die (fossiles Urtierchen)
Force de frappe (frz. Atomstreitkraft) *§ 15 (3)*
Force ma|jeure (höhere Gewalt
for|cie|ren (steigern, erzwingen)
För|de, die (Bucht)
för|der|lich
for|dern
för|dern
Fore|checking, das (*Eishockey*: Aktion im gegnerischen Raum) [k|k]
Fo|reign Of|fice (engl. Außenministerium)
Fo|rel|le, die
Fo|ren|sik, die
fo|ren|sisch (das Gericht betreffend)
Fo|re|ster, Cecil Scott (engl. Schriftsteller 1899-1966)
Fo|rint, der (ungar. Währung)
For|ke, die (Mistgabel)
for|keln (mit dem Geweih kämpfen)
For|le, die (Baum)
Form; in Form sein, in Form von
Form...[fehler *usw.*]
for|mal
Form|al|de|hyd, der (Gas)
For|ma|lie (Formalität)
For|ma|lin, das (Formaldehydlösung)
for|ma|li|sie|ren
For|ma|lis|mus
For|ma|list
for|ma|li|stisch
For|ma|li|tät
for|ma|li|ter (*Adverb*) (förmlich)
For|mant, der (Kenngröße eines Sprachlautes)
For|mat, das
For|ma|ti|on
for|ma|tiv (*Adjektiv*)
For|ma|tiv, das
For|mel; Formel 1, Formel-1-Rennen *§ 13 (4) Anm. 3*
for|mel|haft
for|mell
for|men
For|men|te|ra (span. Insel)
For|mer (Formenhersteller)
For|me|rei
for|mi|da|bel (schrecklich); for|mi|da|ble Wut
for|mie|ren
form|lich
förm|lich
form|los
For|mu|lar, das
for|mu|lie|ren
For|nix, der (Wölbung, Dach)
forsch
For|sche, die (Forschheit)
for|schen; du forschst
For|scher
For|schungs...[reise *usw.*]

Forß|mann, Werner (dt. Chirurg 1904-1979)
Forst, der
Forst...[amt *usw.*]
for|sten
For|ster, Edward Morgan (engl. Schriftsteller 1879-1970); Johann Georg ~ (dt. Forschungsreisender 1754-1794)
För|ster
För|ste|rei
forst|lich
For|syth, Frederick (engl. Schriftsteller *1938)
For|sy|thie (Zierstrauch)
fort; *als Richtungszusatz a. zusammengeschrieben*: fort◡bewegen *usw.* *§ 10*; *aber* fortpflanzen, ...schreiben, ...setzen; fort sein
Fort, das (Festung)
fort|ab
fort|an
fort|dau|ern; fortdauernd
for|te (*Musik*: laut; *med.* stark)
For|te, das; *Pl.* Forti
For|te|pi|a|no, das (Klavier)
Fort|fall; in ~ kommen
fort|ge|schrit|ten (progressiv)
fort|ge|setzt (andauernd)
For|ti|fi|ka|ti|on
for|ti|fi|zie|ren (befestigen)
For|tis, die (*sprachwiss.* fester Verschlußlaut); *Pl.* Fortes
for|tis|si|mo (*Musik*: sehr laut)
For|tis|si|mo, das
Fort|kom|men, das
fort|lau|fend (dauernd)
Fort|ner, Wolfgang (dt. Komponist 1907-1987)
fort|pflan|zen
FORTRAN (Programmiersprache) *§ 17 (2) Anm. 1*
fort|schrei|ben (ergänzen)
fort|schrei|tend (progressiv)
Fort|schritt
fort|schritt|lich
Fort|schritts...[glaube *usw.*]
fort|set|zen
For|tu|na (Göttin; Glück)
For|tune, Fortüne, die (Glück)
fort|wäh|rend
Fo|rum, das (Platz [für Diskussionen]); *Pl.* Foren
for|za|to (*Musik*: stark)
Fos|bu|ry-Flop, der (Hochsprungtechnik) *§ 13 (2)*
Fo|ße, die (Spielkarte)
fos|sil (urzeitlich) (*Adjektiv*)
Fos|sil, das; *Pl.* Fos|si|li|en
fos|si|lie|ren (versteinern)
Fos|si|li|sa|ti|on
fos|si|li|sie|ren
fö|tal (*zu* Fötus); *s. a.* fetal
Fo|to, das; *s. a.* Photo
fo|to..., Fo|to...; *s. a.* photo..., Photo...
Fo|to|fi|nish, das (durch Zielfoto entscheidbarer Spurt)
fo|to|gen (gutaussehend)
Fo|to|gra|fie
fo|to|gra|fie|ren
fo|to|ko|pie|ren
fo|to|trop (sich nach dem Licht richtend)
Fö|tus, der (Leibesfrucht); *s. a.* Fetus
Fot|ze, die (1. weibl. Scham; 2. Ohrfeige; 3. Maul)
fot|zen; du fotzt *§ 7 (1)*
Fou|cault, Léon (frz. Physiker 1819-1869); Michel ~ (frz. Philosoph 1926-1984)
Fou|ché, Joseph (frz. Politiker 1759-1820)
foul (*Adjektiv*) (regelwidrig)
Foul, das
Fou|lard, der (Färbmaschine, gefärbtes Tuch); das ~ (*schweiz.* Halstuch)
fou|len (*zu* foul)
Fouqué, Friedrich de la Motte (dt. Dichter 1777-1843)
Fou|rier (b. Militär für Verpflegung Verantwortlicher); *s. a.* Furier
Fou|rier, Charles (frz. Sozialist 1772-1837); Jean-Baptiste ~ (frz. Physiker 1768-1830)
Fou|rier-Ana|ly|se *§ 13 (2)*
Fou|rier|sche Reihe *§ 15 (7)*
Fox|ter|ri|er (Hunderasse)
Fox|trott, der (Tanz)
Foy|er, das (Wandelhalle)
FPÖ (*Abk. v.* Freiheitliche Partei Österreichs) *§ 17 (2) Anm. 1*
fr (*Abk. f.* Franc) *§ 17 (2) Anm. 2*
Fr (*chem. Zeichen f.* Francium)
Fr. (*Abk. v.* Frau)
Fra (*Anrede:* Ordensbruder)
Fracht
Frach|ter
Fra Dia|vo|lo (Michele Pezza, ital. Freiheitskämpfer 1771-1806)
Frack, der
Fra|ge; in Frage *oder* infrage kommen, stehen, stellen; Frage-und-Antwort-Spiel *§ 13 (4)*
fra|gen
fra|gil (zerbrechlich)
Fra|gi|li|tät
frag|lich
frag|los
Frag|ment, das (Bruchstück)
frag|men|tär
frag|men|ta|risch
frag|men|tieren
Fra|go|nard, Jean (frz. Maler 1732-1806)
frais [frɛ:s], fraise [frɛ:z] (erdbeerfarben); ein Kleid in Frais[e]
Frai|sen (*Pl.*) (Krämpfe)
frak|tal (*Adjektiv*)
Frak|tal, das (geometr. Figur)
Frak|ti|on (Untergruppe; Destillat)
frak|ti|o|nell
frak|ti|o|nie|ren
Frak|tur, die (1. Knochenbruch 2. Schrift)
Fram|bö|sie
Frame, der (*engl.*) (Rahmen)
Franc [frã], der (alte Währung)
Fran|chi|se, die [frã'ʃi:zə]
Fran|chise, das ['frɛntʃaiz]
Fran|chi|sing, das (Lizenzvertrieb)
Fran|ci|um; *chem. Zeichen* Fr
Franck, César (frz. Komponist 1822-1890)

Fran|cke, August Hermann (dt. Pädagoge 1663-1727)
Fran|co Ba|ha|mon|de, Francisco (span. Politiker 1892-1975)
frank (*Adjektiv*)
Frank, Anne (niederl. NS-Opfer 1929-1945); Leonhard ~ (dt. Schriftsteller 1882-1961)
Fran|ke, der
Fran|ken (Region)
Fran|ken, der (Währung)
Fran|ken...[wein *usw.*]
Fran|ken|stein (Romanfigur; *a.* Monster)
Frank|furt [am Main] (Stadt)
Frank|furt (Oder) (Stadt)
Frank|fur|ter; ~ Schule (Soziologengruppe); ~ Würstchen
fran|kie|ren (freimachen)
frän|kisch; auf ~; d. Fränkische Alb, Fränkische Schweiz *§ 15 (7)*
Frän|kisch, das; auf fränkisch sprechen
Frän|ki|sche, das
Frank|lin, Benjamin (amerik. Politiker u. Forscher 1706-1790)
fran|ko (portofrei)
Fran|ko|ka|na|di|er
fran|ko|ka|na|disch
fran|ko|phil (frankreichfreundlich)
fran|ko|phon (französischsprechend)
Frank|reich
Frank|ti|reur (Freischärler)
Fran|se, die
fran|sen; du franst *§ 7 (1)*
fran|sig
Franz (*Name v. Herrschern*); ~ von Assisi (Heiliger 1181/82-1226); ~ von Sales (Heiliger 1567-1622); ~ Xaver (Heiliger 1506-1552)
Franz|band (Ledereinband)
Franz|brannt|wein (Mittel zum Einreiben)
Franz|bröt|chen
Fran|zis|kaner (Ordensbruder)
fran|zis|ka|nisch
Fran|zo|se
fran|zö|sie|ren
fran|zö|sisch; auf ~; die Französische Schweiz *§ 15 (7)*
Fran|zö|sisch, das; auf französisch sprechen
Fran|zö|si|sche, das
Fran|zö|sisch-Gua|ya|na
fran|zö|si|sie|ren
frap|pant (überraschend)
Frap|pé, das (Getränk, Süßspeise; Tanzschritt)
frap|pie|ren (überraschen)
Fras|ca|ti, der (Wein)
Frä|se, die (1. Gerät; 2. Halskrause; 3. Bart)
frä|sen; du fräst *§ 7 (1)*
Frä|ser
Fraß, der
Fraß|spur
Fra|ter (Ordensbruder, Laienbruder); *Pl.* Fra|tres
Fra|ter|ni|sa|ti|on (Verbrüderung [mit dem Gegner])
fra|ter|ni|sie|ren
Fra|ter|ni|tät (Bruderschaft)
Fra|ter|ni|té (Brüderlichkeit)
Fratz, der
Frätz|chen
Frat|ze, die
frat|zen|haft
Frau; *Abk.* Fr.
Frau|chen
Frau|en...[arzt *usw.*]
Frau|en|lob (dt. Dichter)
Fräu|lein; *Abk.* Frl.
frau|lich
Fraun|ho|fer, Joseph von (dt. Optiker 1787-1826); Fraunhofersche Linie *§ 15 (7)*
frdl. (*Abk. v.* freundlich)
Freak, der (Außenseiter; leidenschaftlicher Anhänger)
frech
Frech|dachs
Frech|heit
Free clim|bing, das (freies Klettern) *§ 15 (3)*
Free Jazz *§ 15 (3) Anm.*
Free|sie, die (Blume)
Free|ware, die (*EDV*)
Fre|gat|te, die (Schiff)
Fre|ge, Gottlob (dt. Mathematiker 1848-1925)
frei; frei Haus; freier Mitarbeiter, freies Geleit; das Freie, ins Freie, der Freie, die Sieben Freien Künste; Freie Demokratische Partei, *Abk.* FDP; frei bleiben, sein, werden, frei (ohne abzulesen) sprechen, frei (ohne Stütze) stehen; *als Verbzusatz a. zusammengeschrieben*: fr<u>ei</u>◡geben *usw. § 10*
...**frei**; fehlerfrei *usw.*
Frei...[bad *usw.*]
Freia (nord. Göttin); *s. a.* Freyja
Frei|bank (Verkaufsstelle für minderwertiges Fleisch)
fr<u>ei</u>◡be|kom|men *§ 10*
frei|be|ruf|lich
Frei|beu|ter
frei|blei|bend (*kaufmänn.* ohne Verbindlichkeit)
Frei|burg [im Breis|gau**]** (Stadt)
Frei|dank (dt. Dichter)
Frei|de|mo|krat (Mitglied der FDP)
Frei|den|ker
Freie, der; *vgl.* frei
frei|en; du freist
Frei|er (Bewerber um e. Braut; Kunde e. Prostituierten)
fr<u>ei</u>◡ge|ben *§ 10*
frei|ge|big; *s. a.* freigiebig
frei|gie|big; *s. a.* freigebig
fr<u>ei</u>◡ha|ben *§ 10*
fr<u>ei</u>◡hal|ten *§ 10*
Frei|heit
Frei|heits...[kampf *usw.*]
Frei|herr (Adliger); *Abk.* Frhr.
Frei|in (Tochter e. Freiherrn)
fr<u>ei</u>◡kau|fen *§ 10*
fr<u>ei</u>◡kom|men *§ 10*
fr<u>ei</u>◡las|sen *§ 10*; *s. aber* frei
fr<u>ei</u>◡lau|fen, sich ~ *§ 10*; *s. aber* frei
fr<u>ei</u>◡le|gen *§ 10*
frei|lich

Frei|lig|rath, Ferdinand (dt. Dichter 1810-1876)
frei◡ma|chen *§ 10*
Frei|mut, der
frei◡pres|sen *§ 10*
frei◡schwim|men, sich *§ 10*; *s. aber* frei
Freischwimmer (*a.* Freischwimmerzeugnis); seinen ~ machen
frei◡set|zen *§ 10*
Freis|ler, Roland (dt. Jurist 1893-1945)
frei◡spie|len, sich *§ 10*; *s. aber* frei
frei◡spre|chen (nicht schuldig sprechen) *§ 10*; *s. aber* frei
frei◡ste|hen (1. erlaubt sein; 2. leerstehen, für sich stehen) *§ 10*; ein frei◡stehendes (leer *oder* für sich stehendes) Haus
frei◡stel|len *§ 10*
frei◡stem|peln *§ 10*
Frei|tag; *vgl.* Dienstag
frei|tags
Frei|te, die
frei|weg
frei|zü|gig
fremd
Frem|de, die
frem|deln
fremd◡ge|hen *§ 10*
Fremd|ling
fre|ne|tisch (stürmisch)
Fre|nu|lum (Hautfalte [zwischen Vorhaut u. Eichel])
fre|quent (häufig)
Fre|quen|ta|ti|on
fre|quen|ta|tiv (*sprachwiss.* die Wiederholung ausdrückend)
Fre|quen|ta|ti|vum, das
fre|quen|tie|ren (oft besuchen)
Fre|quenz (Häufigkeit)
Fres|co|bal|di, Girolamo (ital. Komponist 1583-1643)
Fres|ke, die (Fresko)
Fres|ko, das (Malerei auf frischem Putz); *Pl.* Fresken
Fres|nel|linse (Sammellinse)
Fres|sa|li|en (*Pl.*) (Proviant)
Fres|se
fres|sen; du frißt *§ 7 (1)*, fraßest, fräßest; gefressen; friß!
Fres|sen, das
Freß|sack
Frett|chen (Marderart)
Freud, Sigmund (österr. Arzt 1856-1939)
Freu|de
Freu|den...[tanz *usw.*]
freu|de|strah|lend
Freu|di|a|ner (Anhänger Freuds)
freu|di|a|nisch
freu|dig
freud|los
freu|en; sich ~
freund (*Adjektiv*); jdm. freund sein/bleiben/werden
Freund, der; gut Freund sein
freund|lich
Freund|schaft
Freund|schafts...[dienst *usw.*]
freund|schaft|lich
fre|vel (*Adjektiv*); frev|le Tat
Fre|vel, der
fre|vel|haft
fre|veln
fre|vent|lich
Frev|ler
frev|le|risch
Frey (nord. Gott); *s. a.* Freyr
Frey|ja (nord. Göttin); *s. a.* Freia
Freyr (nord. Gott); *s. a.* Frey
Frey|tag, Gustav (dt. Schriftsteller 1816-1895)
Frhr. (*Abk. v.* Freiherr)
Fri|aul (Stadt in Italien)
fri|au|lisch; auf ~
Fri|au|lisch, das; auf friaulisch sprechen
Fri|au|li|sche, das
Fri|csay, Ferenc (österr. Dirigent 1914-1963)
Fri|dat|te, die (Pfannkuchenstreifen); *s. a.* Frittate
fri|de|ri|zi|a|nisch (zu Friedrich d. Großen gehörig)
Frie|de[n], der
frie|den; du friedest
Frie|de[n], der
Frie|dens...[preis *usw.*]
fried|fer|tig
fried|lich
fried|los
Fried|rich (*Name v. Herrschern*); ~ Barbarossa (1122-1190); ~ der Große (1712-1786)
Fried|rich, Caspar David (dt. Maler 1774-1840)
Fried|richs|dor, der (preuß. Goldmünze)
Fried|rich Wil|helm (*a.* Unterschrift)
fried|sam
frie|meln
frie|ren; du frierst, frorst, frörest; gefroren
Fries, der
Frie|se, der
Frie|sel, die (Pustel)
Frie|sen|nerz, der (wasserdichte Jacke)
frie|sisch; Friesische Inseln
Fries|land
Fries|län|der
fries|län|disch
Frigg (nord. Göttin); *s. a.* Frija
fri|gid
Fri|gi|da|ri|um
fri|gi|de
Fri|gi|di|tät
Fri|ja (nord. Göttin); *s. a.* Frigg
Fri|ka|del|le (flacher Bratklops)
Fri|kan|deau, das (Kalbfleisch)
Fri|kas|see, das (helles Ragout)
fri|kas|sie|ren
fri|ka|tiv (*sprachwiss.* gerieben)
Fri|ka|tiv[|laut], der
Frik|ti|on (Reibung)
Fri|maire (Monat des frz. Revolutionskalenders)
Frings, Joseph (dt. Kardinal 1887-1978)
Fris|bee, das (Wurfscheibe)
frisch; frischbacken, frisch◡gebacken (*a. übertr.*), frisch gestrichen; frisch-fröhlich *§ 13 (5)*
Frisch, Karl von (österr. Biologe 1886-1982); Max ~ (schweizer. Schriftsteller 1911-1991)

Frisch...[ei *usw.*]
frisch|auf!
frisch|backen (*Adjektiv*) [k|k]; frischbackenes Brot
Fri|sche, die
fri|schen; du frischst
frisch◡ge|backen (*a. übertr.*) [k|k]
Frisch|ling (junges Wildschwein)
frisch|mel|kend; frischmelkende Kuh
frisch|weg
Fri|sée|sa|lat
Fri|seur; *a.* Frisör
Fri|seu|se
fri|sie|ren
Fri|sör; *a.* Friseur
Frist, die
fri|sten
frist|los
Fri|sur
Fri|teu|se, die (Fritiergerät)
Frit|flie|ge
fri|tie|ren (in Fett schwimmend ausbacken)
Frit|ta|te, die (Pfannkuchenstreifen); *s. a.* Fridatte
Frit|te, die (fritiertes Kartoffelstäbchen)
frit|ten (durch Wärme verschmelzen)
fri|vol (leichtfertig)
Fri|vo|li|tät
Frl. (*Abk. v.* Fräulein)
Frö|be, Gert (dt. Schauspieler 1913-1988)
Frö|bel, Friedrich (dt. Pädagoge 1782-1852)
Fro|be|ni|us, Leo (dt. Ethnologe 1873-1938)
froh; die Frohe Botschaft (das Evangelium) *§ 15 (7)*
Fro|heit (*zu* froh) *§ 7*
froh◡ge|launt *§ 11*; froher gelaunt, am froh[e]sten gelaunt; noch frohgelaunter, am frohgelauntesten
froh◡ge|stimmt *§ 11 (4)*; *vgl.* frohgelaunt
fröh|lich
froh|locken [k|k]; du frohlockst
Frois|sé, der/das (Knitterstoff)
fromm
From|men; zu Nutz und ~
Fröm|me|lei
fröm|meln
from|men (nutzen)
Frömm|ler
frömm|le|risch
Fron, die (Frondienst)
Fron...[dienst *usw.*]
Fron|de, die (Opposition)
Fron|deur
fro|nen (*zu* Fron); du fronst
frö|nen; du frönst
Front, die (Vorderseite, Kampflinie)
Front...[bericht *usw.*]
fron|tal (vorn, vorderer)
Fron|tal...[unterricht *usw.*]
Fron|ti|spiz
Frosch
Frosch...[laich *usw.*]
Frösch|chen
Frost
Frost, Robert (amerik. Dichter 1874-1963)
Frost|beu|le
frö|steln
fro|sten
fro|stig
Fröst|ling
Frot|té, der/das (Gewebe); *a.* Frottee
Frot|té...[tuch *usw.*]
Frot|tee, der/das (Gewebe); *a.* Frotté
Frot|tee...[tuch *usw.*]
Frot|teur
frot|tie|ren
Frot|ze|lei
frot|zeln
Frou|frou
Frucht
Frucht...[zucker *usw.*]
frucht|bar
frucht|brin|gend; *aber* [reiche] Frucht bringend *§ 11 (6)*
Frücht|chen
Früch|te...[brot *usw.*]
fruch|ten
fruch|tig
frucht|los
frucht|tra|gend; *aber* [reiche] Frucht tragend *§ 11 (6)*
Fruc|to|se, die (Fruchtzucker); *a.* Fruktose
fru|gal (einfach *v. Essen*)
früh; morgens früh, morgen früh, von früh bis spät, [am] Sonntag früh, allzu◡früh, früh◡verstorben, früh◡vollendet *§ 11 (4), (6)*
Früh, die (= Frühe); bis in die Früh *usw.*
Früh|chen (Frühgeburt)
Frü|he, die; in der Frühe *usw.; s. a.* Früh
frü|her
frü||he|stens
frü|hest|mög|lich
Früh|jahr
früh|jahrs (*Adv.*)
Früh|jahrs...[putz *usw.*]
Früh|jahrs-Tag|und|nacht|glei|che
früh|kind|lich
Früh|ling
früh|lings (*Adverb*)
Früh|lings...[fest *usw.*]
früh|mor|gens (*Adverb*)
früh|neu|hoch|deutsch; auf ~
Früh|neu|hoch|deutsch, das; auf frühneuhochdeutsch sprechen
Früh|neu|hoch|deut|sche, das
Früh|stück
früh|stücken [k|k]
Früh|stücks...[ei *usw.*]
früh◡**ver|stor|ben**; *vgl.* früh
früh◡**voll|en|det**; *vgl.* früh
früh|zei|tig
Fruk|ti|dor (Monat des frz. Revolutionskalenders)
Fruk|ti|fi|ka|ti|on
fruk|ti|fi|zie|ren
Fruk|ti|vo|re, der (Früchteesser)
Fruk|to|se, die (Fruchtzucker); *a.* Fructose
Frust, der (Frustration)
Fru|stra|ti|on (Versagung, Unzufriedenheit)
fru|strie|ren
Frut|ti di ma|re (Meeresfrüch-

te)
F-Schlüs|sel *§ 13 (2)*
ft. (*Abk. v.* Foot, Feet)
Ft (*Abk. v.* Forint) *§ 17 (2) Anm. 2*
FTP (*Abk. v.* File Transfer Protocol) *§ 17 (2) Anm. 1*
Fuchs (*a.* Schmetterling; junger Verbindungsstudent)
Fuchs...[jagd *usw.*]
Füchs|chen
fuch|sen; es fuchst mich
Fuch|sie, die (Pflanze)
fuch|sig
Fuch|sin, das
Fuchs|schwanz (*a.* Säge; Pflanze)
fuchs|teu|fels|wild
Fuch|tel, die
fuch|teln
fuch|tig
fud. (*Abk. v.* fudit)
Fu|der, das (Maß)
fu|dit („hat gegossen"); *Abk.* fud.
Fu|dschi|ja|ma (Berg in Japan)
Fu|en|tes, Carlos (mexik. Schriftsteller *1928)
Fu|er|te|ven|tu|ra (span. Insel)
fuff|zehn
fuff|zig
Fuff|zi|ger; ein falscher Fuffziger
Fug, der; mit ~ und Recht
fu|ga|to (*Adjektiv*) (nach Art e. Fuge[2])
Fu|ga|to, das
Fu|ge[1] (Spalt)
Fu|ge[2] (Musikstück)
fu|gen (*zu* Fuge[1]); du fugst
fü|gen
Fu|gen-s, das (*zu* Fuge[1]) *§ 13 (2)*
Fu|get|te, die (kleine Fuge[2])
Fug|ger (dt. Kaufmannsfamilie)
fu|gie|ren
füg|lich
füg|sam
fühl|bar
füh|len
Füh|ler
fühl|los
fühl|sam
Fuh|re
füh|ren
Füh|rer
füh|rig
Fuhr|mann (*a.* Sternbild)
Füh|rungs...[kraft *usw.*]
fuhr|wer|ken
Fu|jian (chines. Provinz)
Ful|be (*Pl.*) (afrik. Volk)
Ful|bright, James (amerik. Politiker 1905-1995)
Ful|bright-Sti|pen|di|um *§ 13 (2)*
Ful|da (Fluß; Stadt)
Ful|da|er
ful|disch
Ful|gu|ra|ti|on
ful|gu|rie|ren (aufleuchten)
Ful|gu|rit, der (1. Blitzröhre aus Sand; 2. Sprengstoff)
Fül|le
fül|len; du füllst
Fül|len, das (Fohlen)
Fül|ler
Ful|le|ren, das (Kohlenstoffmolekül)
Füll|hal|ter
Füll|fe|der|hal|ter
Full house (volles Haus; Spielkartenkombination)*§ 15 (3)*
fül|lig
Füll|sel, das
Full|time-Job, Full-time-Job, der (Ganztagsarbeit) *§ 13 (3)*
ful|ly fa|shioned
ful|mi|nant (durchschlagend)
Fu|ma|ro|le
Fu|mé, der (Rußabdruck)
Fum|mel, der
Fum|me|lei
fum|meln; du fummelst
Fumm|ler
Fund, der
Fun|da|ment (Grundlage)
fun|da|men|tal
Fun|da|men|tal...[satz *usw.*]
Fun|da|men|ta|lis|mus
Fun|da|men|ta|list (Fanatiker)
fun|da|men|tie|ren
Fun|da|ti|on (Stiftung)
Fun|di (*kurz f.* Fundamentalist)
fun|die|ren
fün|dig
Fun|dus (Grundstock; Ausstattungsvorrat b. Theater)
Fü|nen (dän. Insel)
Fu|ne|ra|li|en (*Pl.*) (Begräbnisfeierlichkeiten)
fünf; die fünf Sinne; zu fünfen, zu fünft; fünf gerade sein lassen; *vgl.* acht
Fünf, die; eine ~ in Deutsch, die Note „Fünf"; *vgl.* Acht[1]
fünf|ein|halb
Fün|fer, der
fün|fer|lei
fünf|fach, 5fach; das Fünffache, das 5fache *§ 13 (2) Anm. 2*
fünf|hun|dert
Fünf|jah|res|plan
Fünf|ling
Fünf|mark|stück
Fünf|pro|zent|klau|sel
fünf|stel|lig
Fünf|strom|land (Pandschab)
fünf|te; *in rein numerischer Verwendung (Abzählen) klein geschrieben § 15 (6); Großschreibung in Eigennamen, bei festen Begriffen oder wenn es sich um die Rolle eines Fünftplazierten o. ä. handelt § 15 (7), (8)*: der fünfte, jeder fünfte; zu fünft; die fünfte/Fünfte Kolonne, Beethovens Fünfte; Karl der Fünfte, Karl V (1500-1558).; *vgl.* achte
fünf|tel; ein ~ Gramm; *vgl.* achtel
Fünf|tel, das; ein ~ Wein (Fünftelliter); *vgl.* Achtel
fünf|tens
fünf|zehn
fünf|zehn|hun|dert
fünf|zig
Fünf|zig, die
fünf|zi|ger
Fünf|zi|ger, der
Fünf|zig|mark|schein
fünf|zig|ste

fun|gi|bel (einsetzbar); fun|gi|ble Kräfte
Fun|gi|bi|li|tät
fun|gie|ren (wirken)
fun|gi|zid (pilztötend)
Fun|gi|zid, das
Fun|gus, der (Pilz)
Funk (Rundfunk usw.)
Funk, der (*engl.*) (Musikstil)
Funk...[amateur *usw.*]
Fun|ke[n], der
fun|keln
fun|kel|na|gel|neu
fun|ken; du funkst
Fun|ken, das
Fun|ke[n], der
Fun|ken|ma|rie|chen
fun|ken|sprü|hend; *aber* [helle] Funken sprühend *§ 11 (4), (6)*
funk|ent|stö|ren
Fun|ker
Fun|kie, die (Pflanze)
Funk|ti|on
funk|ti|o|nal
funk|ti|o|na|li|sie|ren
Funk|ti|o|na|lis|mus
Funk|ti|o|na|list
funk|ti|o|na|li|stisch
Funk|ti|o|när
funk|ti|o|nell
funk|ti|o|nie|ren
funk|ti|ons|los
Fun|zel, die
für
Fu|ra|ge. die (*milit.* Proviant)
fu|ra|gie|ren
für|baß
Für|bit|te
für|bit|ten (*nur Inf.*); fürzubitten
Fur|che
fur|chen; du furchst
fur|chig
Furcht; Furcht einflößen, [große] Furcht einflößend, immer wieder Furcht einflößend; *aber* furchteinflößend, am furchteinflößendsten; *ebenso* Furcht erregend *usw.* *§ 11 (4), (6)*
furcht|bar
furcht|ein|flö|ßend; *aber* [große] Furcht einflößend *§ 11 (4), (6)*
fürch|ten
fürch|ter|lich
furcht|er|re|gend; *aber* [große] Furcht erregend *§ 11 (4), (6)*
furcht|los
furcht|sam
für|der
für|der|hin
für◡ein|an|der; *vgl.* einander
Fu|rie (Rachegöttin); *Pl.* Fu|ri|en
Fu|rier (b. Militär für Verpflegung Verantwortlicher); *s. a.* Fourier
fu|ri|os (rasend)
fu|ri|o|so (*Adjektiv*)
Fu|ri|o|so, das
Fur|ka|paß (Alpenpaß)
für|lieb◡**neh|men** *§ 10*
Fur|nier, das (dünne Holzschicht)
fur|nie|ren
Fu|ror, der (Wut, Ungestüm)
Fu|ro|re, das (Aufsehen)
fürs (*Verschmelzung v.* für *und* das) *§ 25 (1) Anm. 3*; fürs erste
Für|sor|ge
Für|spra|che
Fürst
Fürst|bi|schof
für|sten; gefürstet
Für|sten...[grab *usw.*]
fürst|lich
Fürst-Pück|ler-Eis (Schichteis mit Erdbeer, Schokolade, Vanille) *§ 13 (2)*
Furt, die
Fürth (Stadt)
Furt|wäng|ler, Wilhelm (dt. Dirigent 1886-1954)
Fu|run|kel, das/der (Hautentzündung)
Fu|run|ku|lo|se
Für|wort (Pronomen)
Furz, der
fur|zen; du furzt *§ 7 (1)*
Fu|sel, der
Fü|si|lier (Infanterieschütze)
fü|si|lie|ren
Fü|sil|la|de
Fu|si|on (Verschmelzung)
fu|si|o|nie|ren
Fuß; einen Fuß breit, *vgl.* fußbreit, Fußbreit
Fuß...[bad *usw.*]
Fuß|ball
fuß|bal|lern
fuß|breit; ein fußbreiter Graben; *vgl.* Fuß, Fußbreit
Fuß|breit, der; keinen Fußbreit [Boden] hergeben; *aber* der Graben war einen Fuß breit; *vgl.* Fuß, fußbreit
Füß|chen
Fus|sel, die
fus|se|lig; *s. a.* fußlig
fus|seln
fü|ßeln
fu|ßen; du fußt *§ 7 (1)*
Fus|sen|eg|ger, Gertrud (österr. Schriftstellerin *1912)
fuß|lig; *s. a.* fusselig
Füß|ling
Fu|sta|nel|la, die (Männerrock)
Fu|sti (*Pl.*) ([Preisabschlag für] Verunreinigungen e. Ware)
Fu|thark, das (Runenalphabet)
Fu|ton, der (jap. Matratze)
futsch
fut|schi|ka|to
Fut|ter
Fut|ter...[mittel *usw.*]
Fut|te|ra|ge
Fut|te|ral
fut|tern
füt|tern
Fu|tur, das (*sprachwiss.* Zukunftsform)
fu|tu|risch
Fu|tu|ris|mus (Kunstbewegung)
Fu|tu|rist
fu|tu|ri|stisch
Fu|tu|ro|lo|ge (Zukunftsforscher)
Fu|tu|ro|lo|gie
fu|tu|ro|lo|gisch
Fu|tu|rum, das (Futur); Futurum exactum
Fuz|zi, der (komischer Typ)

Fuz|zy...[logik *usw.*] (unscharf)

g G das g (der Kleinbuchstabe g, der Laut g, der Ton g der kleinen Oktave); das G (der Großbuchstabe G, der Ton G der großen Oktave); g (*Zeichen f.* g-Moll; *Abk. v.* Gramm *u. a.*); G (*Zeichen f.* G-Dur; *Abk. v.* Gauß, Geld, Giga... *u. a.*)
Ga (*chem. Zeichen f.* Gallium)
Gäa (Göttin der Erde)
Ga|bar|dine, die/der (Gewebe)
Ga|be, die
Ga|bel
Ga|bel...[bock *usw.*]
Gä|bel|chen
ga|be|lig
ga|beln, sich
Ga|bels|ber|ger, die; Gabelsbergersche Kurzschrift *§ 15 (7)*
Ga|bel|stap|ler
Ga|be|lung
Ga|bel|wei|he (Vogel)
Ga|ben|tisch
Ga|bin, Jean (frz. Schauspieler 1904-1976)
Gab|ler
Ga|bri|el (Engel)
Ga|bun (Staat in Afrika)
Ga|bu|ner
ga|bu|nisch
gackern [k|k]
Ga|da|mer, Hans Georg (dt. Philosoph 1900-2002)
Gad|dha|fi; Moamar al-Gaddhafi (libyscher Politiker *1942)
Ga|de, Niels (dän. Komponist 1817-1890)
Ga|den, der (oberer Teil der Basilika; Wohnraum)
Ga|des, Antonio (span. Tänzer *1936)
Ga|do|li|ni|um; *chem. Zeichen* Gd
Gaf|fel, die (Segelstange)
Gaf|fel...[segel *usw.*]
gaf|fen
Gag [gɛg], der (überraschender Einfall)
Ga|ga|rin, Jurij (sowjet. Raumfahrer 1934-1968)
Ga|gat, der (Pechkohle)
Ga|ge ['ga:ʒə], die (Honorar)
gäh|nen
Gail|lar|de, die (Tanz)
Gains|bo|rough, Thomas (engl. Maler 1727-1788)
Ga|la, die (festl. Aufführung, Kleidung)
Ga|la...[abend *usw.*]
ga|lak|tisch (die Milchstraße betreffend)
Ga|lak|tor|rhö, die (*med.*) (Milchfluß); *a.* Galaktorrhöe
Ga|lak|to|se, die (Milchzucker)
Ga|lan, der (Liebhaber)
ga|lant (zuvorkommend [gegenüber Frauen])
Ga|lan|te|rie
Ga|la|pa|gos|in|seln, Galápagos... (*span.*) (ekuador. Inselgruppe im Pazifik)
Ga|la|tea (eine Nymphe)
Ga|la|ter (antikes Volk)
Ga|la|ter|brief [des Apostels Paulus]
Ga|la|xie, Ga|la|xis, die (Sternsystem, Milchstraße)
Gal|ba, Servius Sulpicius (röm. Kaiser 3 v. Chr.-69)
Gä|le, der (Angehöriger e. keltischen Volkes in Irland, Schottland)
Ga|le|as|se, die (Schiff)
Ga|lee|re, die (Schiff)
Ga|lee|ren...[sklave *usw.*]
Ga|len; Claudius Galenus (griech.-röm. Arzt 129-199)
Ga|le|nik (Arzneimittelkunde)
ga|le|nisch (aus Drogen bereitet); Galenische Schriften (Schriften Galens) *§ 15 (7)*
Ga|le|o|ne, die (Schiff); *s. a.* Galione
Ga|le|rie
Ga|le|rie|wald
Ga|le|rist
Ga|le|ri|us, Gaius (röm. Kaiser ~250-311)
Gal|gant|wur|zel (Ingwerart)
Gal|gen, der
Gal|gen...[frist *usw.*]
Ga|li|ci|en (span. Provinz)
Ga|li|ci|er (*zu* Galicien)
ga|li|cisch (*zu* Galicien)
Ga|li|läa (antike Landschaft in Palästina)
Ga|li|lä|er
ga|li|lä|isch (*zu* Galiläa)
Ga|li|lei, Galileo (ital. Physiker 1564-1642)
Ga|li|ma|thi|as, der (sinnlose Rede)
Ga|li|o|ne, die (Schiff); *s. a.* Galeone
Ga|li|ons|fi|gur (Figur am Schiffsvorbau; *a. übertr.*)
Ga|li|pot (Harz)
gä|lisch; auf ~
Gä|lisch, das; auf gälisch sprechen
Gä|li|sche, das
Ga|li|zi|en (osteurop. Region)
Ga|li|zi|er (*zu* Galizien)
ga|li|zisch (*zu* Galizien)
Gall...[apfel *usw.*]
Gal|la (Volk in Afrika)
Gal|le
gal|le|bit|ter
Gal|len...[blase *usw.*]
gal|len|bit|ter
gal|len|trei|bend
Gal|lert, das; *s. a.* Gallerte
gal|lert|ar|tig
Gal|ler|te, die; *s. a.* Gallert
gal|ler|tig
Gal|li|en (Frankreich)
Gal|li|er
gal|lig
gal|li|ka|nisch (die alte kathol. Staatskirche betreffend)
gal|lisch
Gal|li|um; *chem. Zeichen* Ga
Gal|li|zis|mus (frz. Spracheinfluß)
Gal|lon; *Abk.* gal; *vgl.* Gallone
Gal|lo|ne, die (Hohlmaß); *engl.* Gallon
gal|lo|ro|ma|nisch
Gal|lus|säu|re

Gal|mei, der (Zinkerz)
Ga|lois, Évariste (frz. Mathematiker 1811-1832)
Ga|lon, der (Borte); *s. a.* Galone
Ga|lo|ne, die (Borte); *s. a.* Galon
ga|lo|nie|ren
Ga|lopp, der
Ga|lopp...[rennen *usw.*]
Ga|lop|per
ga|lop|pie|ren
Ga|lo|sche, die (Überschuh)
Gals|wor|thy, John (engl. Schriftsteller 1867-1933)
Gal|ton, Francis (engl. Biologe 1822-1911)
Gal|va|ni, Luigi (ital. Naturforscher 1737-1798)
Gal|va|ni|sa|ti|on (elektrolyt. Beschichtung)
gal|va|nisch
Gal|va|ni|seur
gal|va|ni|sie|ren
Gal|va|nis|mus
Gal|va|no, das
Gal|va|no|pla|stik
gal|va|no|pla|stisch
Gal|va|no|skop
Ga|man|der, der (Pflanze)
Ga|ma|sche, die (Schutzkleidung des Unterschenkels)
Gam|be, die (Kniegeige)
Gam|bia (Staat in Afrika)
Gam|bi|er
gam|bisch (*zu* Gambia)
Gam|bist (*zu* Gambe)
Gam|bit (Schacheröffnung)
Gam|bri|nus (Schutzherr der Bierbrauer)
Game|boy, der (Computerspiel)
Ga|me|lan (indones. Orchester)
Ga|mel|le (Kochgeschirr)
Game|show, die (Fernsehquiz)
Ga|met, der (Geschlechtszelle)
Gam|ma (der griech. Buchstabe γ, Γ)
Gam|ma|strah|len; γ-Strahlen *§ 13 (2)*
Gam|mel, der (unbrauchbares Zeug; Beifang der Fischerei)
Gam|mel...[look *usw.*]
Gam|me|lei
gam|meln
Gamm|ler
Gams (Gemse)
Gams...[bart *usw.*]
Ga|na|sche, die (Süßspeise)
Gan|dhi, Mahatma (ind. Politiker 1869-1948); Indira ~ (ind. Politikerin 1917-1984); Rajiv ~ (ind. Politiker 1944-1991)
Ga|neff, der (Ganove)
Gan|er|be (Miterbe)
gang; ~ und gäbe
Gang; in ~ setzen
Gang [gɛŋ], die (Bande)
Gang...[art *usw.*]
gang|bar
Gän|gel|band
Gän|ge|lei
gän|geln
Gan|ges (Fluß in Indien)
gän|gig
Gan|gli|en|zel|le (Nervenzelle)
Gan|gli|on, das; *Pl.* Ganglien
Gan|grän, die (*med.* Brand)
gan|grä|nes|zie|ren
gan|grä|nös
Gang|spill, das (Ankerwinde)
Gang|ster
Gang|way, die (Schiebesteg/-treppe f. Schiffe, Flugzeuge)
Ga|no|ve
Gans, die
Gäns|chen
Gän|se...[braten *usw.*]
Gän|se|blüm|chen
Gän|se|rich
Gant, die (Versteigerung)
gan|ten
Gan|ter (männl. Gans)
Ga|ny|med (Mundschenk des Zeus)
ganz; ~ und gar; im ganzen, im großen [und] ganzen *§ 15 (6)*; ganz machen; das Ganze, aufs Ganze gehen, das große Ganze; ganz schwarz; *vgl.* ganzleinen *usw.*
Ganz, Bruno (schweiz. Schauspieler *1941)
Gän|ze; zur ~
g̲a̲nz|gar (gegerbt); *aber* ganz g̲a̲r (vollständig gar)
Ganz|heits...[medizin *usw.*]
ganz|jäh|rig
g̲a̲nz|lei|nen; in Ganzleinen
Ganz...[leinen *usw.*]
gänz|lich
ganz|sei|tig
ganz|tä|gig
ganz|tags
gar; gar◡kochen *§ 15 (2)*; ganz und gar, gar nicht, gar nichts, gar sehr, gar so sehr, gar kein
Gär...[stoff *usw.*]
Ga|ra|ge
Ga|ra|gen...[tor *usw.*]
Ga|ra|mond, die (Schrift)
Ga|rant, der (Bürge)
Ga|ran|tie
ga|ran|tie|ren
Gar|aus; den ~ machen
Gar|be, die
Gar|bo, Greta (schwed. Schauspielerin 1905-1990)
Gar|cía Lor|ca, Federico (span. Dichter 1899-1936)
Gar|cía Már|quez, Gabriel (kolumbian. Schriftsteller *1928)
Gar|çon, der (Kellner)
Gar|çonne, die (jungenhafte Frau)
Gar|çon|ni|ère, die (Einzimmerwohnung)
Gar|da|see (See in Italien)
Gar|de, die
Gar|de|maß
Gar|de|nie (Pflanze)
Gar|de|ro|be, die
Gar|de|ro|bier (Kostümpfleger)
Gar|de|ro|bie|re
gar|dez! (Ruf beim Schach)
Gar|di|ne
Gar|di|nen...[predigt *usw.*]
Gar|dist
Ga|re, die
ga|ren
gä|ren; gor/gärte, gegoren/gegärt (*in übertragener Bedeutung meist* gärte, gegärt)
Gar|gel, die (Nut)
Ga|ri|bal|di, Giuseppe (ital. Politiker 1807-1882)

Gar|koch
gar◡ko|chen *§ 10*
Gar|misch-Par|ten|kir|chen (Stadt)
Garn
Garn...[rolle *usw.*]
Gar|ne|le, die (Krebs)
gar|ni; Hotel garni (Hotel ohne Restaurantbetrieb)
gar|nie|ren
Gar|ni|son, die (Truppe[nstandort])
Gar|ni|tur, die
Ga|ronne (Fluß in Frankreich)
Ga|rot|te, die (Würgschraube)
ga|rot|tie|ren
gar|stig
gär|teln
Gar|ten
Gar|ten...[arbeit *usw.*]
Gärt|ner
Gärt|ne|rei
gärt|nern
Gas, das
Gas...[anzünder *usw.*]
Gas|co|gne, die
Ga|sel, das (Gedichtform); *a.* Ghasel; *s. a.* Gasele
Ga|se|le, die (Gedichtform); *a.* Ghasele; *s. a.* Gasel
ga|sen; es gast
gas|för|mig
ga|sie|ren
ga|sig
gaß|aus; gaßaus, gaßein
Gäß|chen
Gas|se
gaß|ein; *vgl.* gaßaus
Gas|sen|hau|er
gas|sen|sei|tig
Gas|si; ~ gehen
Gäß|lein
Gast (*a.* Matrose)
Gast...[arbeiter *usw.*]
Gä|ste...[zimmer *usw.*]
Ga|ste|rei
gast|frei
gast|freund|lich
gast|ge|bend
Gast|ge|ber
ga|stie|ren
gast|lich
ga|stral (den Magen betreffend)
ga|strisch (d. Magen betreffend)
Ga|stri|tis, die (Magenentzündung)
Ga|stro|nom (Gastwirt)
Ga|stro|no|mie
ga|stro|no|misch
Ga|stro|po|de, der (Bauchfüßler; Schnecke)
Ga|stro|skop, das (Magenspiegel)
Ga|stru|la, die (Keim)
Gat, das (Stauraum auf Schiffen; Segelöse); *a.* Gatt
Gate, das (*engl.* Ausgang)
Gate|way, der (*a. EDV*)
Ga|tow (Teil v. Berlin); Gatower Kugel (Gemüse)
Gatt, das; *s.* Gat
GATT (*Abk. f.* Allgemeines Zoll- und Handelsabkommen) *§ 17 (2) Anm. 1*
Gat|te
gat|ten, sich
Gat|ten...[wahl *usw.*]
Gat|ter (*a.* Schaltkreis)
Gat|ter...[säge *usw.*]
gat|tie|ren (mischen)
Gat|tin
Gat|tung
Gat|tungs...[begriff *usw.*]
Gau, der
GAU (*Abk. v.* größter anzunehmender Unfall) *§ 17 (2) Anm. 1*
Gäu, das
Gau|be, die (Dacherker); *s. a.* Gaupe
Gauch, der (Kuckuck)
Gauch|heil, der (Pflanze)
Gau|cho (Viehhirt)
Gauck, Joachim (dt. Theologe *1940); Gauck-Behörde
Gau|di, die
Gau|dieb
Gau|di|um, das (*lat.* Freude)
gau|frie|ren (Muster prägen)
Gau|frier|ka|lan|der
Gau|graf
Gau|guin, Paul (frz. Maler 1848-1903)
Gau|ke|lei
gau|keln
Gauk|ler
Gaul
Gau|lei|ter
Gaulle, Charles de (frz. Politiker 1890-1970)
Gaul|lis|mus
Gaul|list
Gault, der (geolog. Stufe)
Gau|men
Gau|men...[laut *usw.*]
gau|mig
Gau|ner
Gau|ner...[bande *usw.*]
Gau|ne|rei
gau|nern
Gau|pe, die (Dacherker); *s. a.* Gaube
Gaur, der (Wildrind)
Gau|ri|san|kar (Berg im Himalaya)
Gauß, Carl Friedrich (dt. Mathematiker 1777-1855)
Gauß, das (Einheit d. Induktion); *Abk.* G
gaußsch; Gaußsche Koordinaten, Gaußsches Prinzip *§ 15 (7)*
Gautsch...[brett *usw.*]
Gaut|sche, die (Papierpresse)
gaut|schen; du gautschst
Ga|vi|al, der (Krokodilart)
Ga|vot|te, die (Tanz)
Ga|wan, Ga|wein (Sagengestalt)
Gay-Lus|sac-Ge|setz *§ 13 (4) Anm. 2*
Ga|za-Strei|fen
Ga|ze, die (Gewebe)
Ga|zel|le, die (Antilope)
Ga|zet|te, die (Zeitung)
Gd (*chem. Zeichen f.* Gadolinium)
G-Dur *§ 13 (2)*; G-Dur-Tonleiter *§ 13 (3)*
Ge (*chem. Zeichen f.* Germanium)
ge... (*Präfix*); *die Schreibweise folgt dem Grundwort*: gebogen *s. unter* biegen; Gebalge *s. unter* balgen *usw.*

Ge|äder
ge|ädert
Ge|äf|ter, das (Afterklauen)
ge|ar|tet
Ge|äse, das (Maul)
Ge|äst
geb. (*Abk. v.* geboren[e])
Ge|bäck
Ge|bälk
Ge|bän|de, das; *a.* Gebende
Ge|bär|de
ge|bär|den, sich
Ge|bär|den...[sprache *usw.*]
ge|ba|ren, sich
Ge|ba|ren, das
ge|bä|ren; du gebierst, gebärst, gebier/gebäre!, gebarst, geboren
Ge|bär|mut|ter
Ge|ba|rung
ge|bauch|pin|selt
ge|baucht
Ge|bäu|de
ge|be|freu|dig
Ge|bein
ge|ben; du gibst, gib!, gabst, gäbst, gegeben
Ge|ben|de, das; *a.* Gebände
ge|be|ne|deit (*zu* benedeien)
Ge|be
Ge|bets...[mantel *usw.*]
ge|beut (= gebietet)
Ge|biet
ge|bie|ten
Ge|bie|ter
ge|bie|te|risch
ge|biets|wei|se
Ge|bild|brot
Ge|bil|de
ge|bil|det; der Gebildete
Ge|bin|de
Ge|bir|ge
ge|bir|gig
Ge|birg|ler
Ge|biß
Ge|blä|se
ge|blümt
ge|blumt
Ge|blüt
ge|bogt
ge|bo|ren; *Abk.* geb. (*a. für* geborene *in Namen*)
ge|bor|gen
Ge|bot
Gebr. (*Abk. v.* Gebrüder)
Ge|bräch, das (1. brüchiger Stein; 2. von Wildschweinen aufgewühlter Boden); *s. a.* Gebräche, Gebrech[e]
Ge|brä|che, das; *s. a.* Gebräch
Ge|brä|me
ge|brand|markt
Ge|bräu
Ge|brauch
ge|brau|chen
ge|bräuch|lich
Ge|brauchs...[anweisung *usw.*]
Ge|braucht...[wagen *usw.*]
Ge|brech, Ge|bre|che (1. = Gebräch 1.; 2. Rüssel des Wildschweins)
ge|bre|chen; es gebricht
Ge|bre|chen, das
ge|brech|lich
Ge|brei|te (Feld)
Ge|bre|sten, das (Gebrechen)
Ge|brü|der; *Abk.* Gebr.
Ge|brüll
ge|buch|tet
Ge|bühr, die; über ~
ge|büh|ren
Ge|büh|ren...[einheit *usw.*]
ge|büh|rend
ge|büh|ren|der|ma|ßen
ge|bühr|lich
Ge|bund, das
Ge|burt
Ge|bur|ten...[kontrolle *usw.*]
ge|bur|ten|schwach
ge|bür|tig
Ge|burts...[anzeige *usw.*]
Ge|büsch
ge|chintzt (*zu* Chintz)
Geck, der
gecken|haft [k|k]
Gecko, der [k|k]
Ge|dächt|nis
Ge|dächt|nis...[feier *usw.*]
ge|dackt (geschlossen *v. Orgelpfeifen*)
Ge|dan|ke
Ge|dan|ken...[blitz *usw.*]
ge|dan|ken|ver|lo|ren
ge|dank|lich
Ge|därm, Ge|där|me, das
Ge|deck, das
Ge|deih; auf ~ und Verderb
ge|dei|hen; du gedeihst, gediehst, gediehest, gediehen
ge|deih|lich
Ge|denk...[feier *usw.*]
Ge|den|ke|mein, das (Blume)
ge|den|ken; gedenkst, gedachtest, gedächtest; gedacht
Ge|den|ken, das
Ge|dicht
Ge|dicht...[band *usw.*]
ge|die|gen
ge|dient; ein gedienter Soldat
Ge|din|ge, das (Akkordlohn)
Ge|döns, das (Aufheben)
Ge|drän|ge
Ge|drän|gel
ge|drun|gen
Ge|duld
ge|dul|den, sich
ge|dul|dig
Ge|dulds...[probe *usw.*]
ge|dun|sen
ge|eig|net
Geest, die (sandiges Trockenland an der Küste)
gef. (*Abk. v.* gefallen)
Ge|fach (Fach im Fachwerk)
Ge|fahr
ge|fahr|brin|gend; *aber* [große] Gefahr bringend *§ 11 (6)*
ge|fähr|den
ge|fahr|dro|hend *§ 11 (4)*
Ge|fah|ren...[quelle *usw.*]
ge|fähr|lich
Ge|fährt, das
Ge|fähr|te, der
Ge|fäl|le, das
ge|fal|len; *Abk.* gef.
Ge|fal|len, das/der
Ge|fal|le|ne, der
Ge|fal|le|nen|fried|hof
Ge|fäl|le|strecke [k|k]; *s. a.* Gefällstrecke
ge|fäl|lig; *Abk.* gefl.
ge|fäl|ligst
Ge|fäll|strecke [k|k]; *s. a.* Gefällestrecke
Ge|fall|sucht
ge|fall|süch|tig

ge|fäl|telt
ge|fan|gen◡hal|ten *§ 10*
Ge|fan|gen|nah|me
ge|fan|gen◡neh|men *§ 10*
Ge|fan|gen|schaft
ge|fan|gen◡set|zen *§ 10*
Ge|fäng|nis
Ge|fäng|nis...[zelle *usw.*]
ge|färbt
Ge|fäß
Ge|büh|ren...[einheit *usw.*]
ge|faßt; auf etw. ~ sein
Ge|fecht
ge|fechts|be|reit
ge|fechts|mä|ßig
Ge|fe|ge (Bast von Geweihen)
ge|feit (*zu* feien); ~ gegen etwas
Ge|fer|tig|te, der (Unterzeichnete)
Ge|fie|der, das
ge|fie|dert
Ge|fil|de, das
ge|fin|gert
ge|fin|kelt (durchtrieben)
gefl. (*Abk. v.* gefällig)
ge|flammt
Ge|flecht
ge|fleckt
ge|flis|sent|lich
Ge|flu|der
Ge|flü|gel
ge|flü|gelt
Ge|fol|ge
Ge|folg|schaft
Gefr. (*Abk. v.* Gefreite[r])
ge|frä|ßig
Ge|frei|te, der; *Abk.* Gefr.
Ge|frier...[fach *usw.*]
ge|frie|ren
ge|frier|ge|trock|net
Ge|frier|schrank
ge|frier|trock|nen
Ge|fro|re|ne, das
Ge|fü|ge
ge|fü|gig
Ge|fühl
ge|füh|lig
Ge|fühls...[kälte *usw.*]
ge|fühls|mä|ßig
ge|füh|rig; geführiger Schnee
ge|furcht
ge|für|stet
ge|ge|ben; es ist das gegebene *oder* Gegebene (es ist zweckmäßig)
ge|ge|be|nen|falls
ge|gen
Ge|gen...[aktion *usw.*]
Ge|gend
ge|gen◡ein|an|der; *als Verbzusatz a. zusammengeschrieben*: gegeneinander◡drücken *usw.* *§ 10*; *vgl.* einander
ge|gen|len|ken
ge|gen|le|sen; du liest gegen
ge|gen|sätz|lich
ge|gen|sei|tig
Ge|gen|spie|ler
Ge|gen|stand
ge|gen|stän|dig
ge|gen|ständ|lich
ge|gen|stands|los
ge|gen|stro|mig
ge|gen|strö|mig
Ge|gen|teil; im ~
ge|gen|tei|lig
ge|gen|über; *als Verbzusatz a. zusammengeschrieben*: gegenüber◡liegen *usw.* *§ 10*
Ge|gen|über, das
Ge|gen|wart
ge|gen|wär|tig
Ge|gen|warts...[sprache *usw.*]
ge|gen|warts|be|zo|gen
ge|gen|warts|nah
ge|gen|zeich|nen
Geg|ner
geg|ne|risch
Geg|ner|schaft
ge|go|ren (*zu* gären)
gegr. (*Abk. v.* gegründet)
Geh...[bahn *usw.*]
Ge|ha|be, das
ge|ha|ben, sich; gehab dich wohl!
Ge|ha|ben, das
Ge|hack|te, das (Hackfleisch)
Ge|halt, das (Arbeitsentgelt)
Ge|halt, der (Inhalt)
ge|hal|ten (*a.* verpflichtet)
ge|halt|los
Ge|halts...[auszahlung *usw.*]
ge|han|di|kapt
Ge|hän|ge
ge|har|nischt (wütend)
ge|häs|sig
Ge|häu|se
geh|be|hin|dert
Ge|heck (Jungtiere, Brut)
Ge|heft, das
ge|hef|tet
Ge|he|ge
ge|heim; im geheimen (heimlich); die Geheime Staatspolizei *§ 15 (8)*, *Abk.* Gestapo (*nationalsoz.*); geheim◡halten *usw.* *§ 10*; sehr geheim halten *usw.*
Ge|heim...[abkommen *usw.*]
ge|heim◡hal|ten *§ 10*; sehr geheim halten
Ge|heim|nis, das
Ge|heim|nis...[krämerei *usw.*]
ge|heim◡tun *§ 10*; sehr geheim tun
Ge|heiß, das; auf ~
ge|hemmt
ge|hen; du gehst, geh!, gingst, gingest, gegangen; gehen◡lassen *§ 10*
Ge|hen, das (*a.* als Sportart)
Ge|henk, das
ge|hen|kelt
ge|henkt (*zu* henken); der Gehenkte
ge|hen◡las|sen *§ 10 Anm.*
Ge|hen|na, die (Hölle)
Ge|her, der
ge|heu|er
Ge|heul
Geh|hil|fe
Ge|hil|fe
Ge|hirn
Ge|hirn...[haut *usw.*]
Geh|len, Arnold (dt. Philosoph 1904-1976)
ge|ho|ben
Ge|höft
Ge|hölz
Ge|hör
Ge|hör...[schaden *usw.*]
ge|hor|chen
ge|hö|ren
ge|hör|ge|schä|digt
ge|hö|rig
ge|hör|los

Ge|hörn
ge|hörnt
ge|hor|sam (*Adjektiv*)
Ge|hor|sam, der
Geh|re, die (1. Gehrung; 2. Zwickel)
geh|ren (schräg abschneiden)
Geh|rung (*zu* gehren)
Geht|nicht|mehr; bis zum ~
Gei, die (Tau)
Gei|bel, Emanuel (dt. Dichter 1815-1884)
gei|en (*seemänn.* schnüren)
Gei|er, der (Vogel)
Gei|fer, der (Speichel; *übertr.* wütende Rede)
gei|fern
Gei|ge
gei|gen; du geigst
Gei|gen...[bauer usw.]
Gei|ger
Gei|ger|zäh|ler (Meßgerät f. radioaktive Strahlung)
geil
Gei|le, die (Geilheit)
gei|len (üppig wachsen)
Gei|sel, die (Bürge)
Gei|sel...[nahme *usw.*]
Gei|ser, der (heiße Quelle); *s. a.* Geysir
Gei|se|rich (Wandalenkönig 389[?]-477)
Gei|sha (jap. Gesellschafterin)
Gei|son, das (antikes Tempelgesims); *Pl.* Geisa
Geiß, die (Ziege)
Geiß...[bart *usw.*]
Gei|ßel, die (Peitsche)
gei|ßeln
Gei|ßel|tier|chen (Einzeller)
Geiß|fuß (*a.* 1. Werkzeug; 2. Pflanze)
Geiß|lein
Geiß|ler, Heiner (dt. Politiker *1930)
Geist
Gei|ster...[bahn *usw.*]
gei|ster|haft
gei|stern
Gei|stes...[geschichte *usw.*]
gei|stes|ab|we|send
Gei|stes|ab|we|sen|heit
gei|stes|ge|gen|wär|tig
gei|stes|ge|stört
gei|stes|krank
gei|stig
gei|stig-see|lisch *§ 13 (5)*
geist|lich
geist|los
geist|reich
Gei|tau (Gei)
Geiz
gei|zen; du geizt *§ 7 (1)*
Geiz|hals
gei|zig
Geiz|kra|gen
Ge|klüft
ge|knickt
ge|konnt
ge|kö|pert (in Köperbindung gewebt)
ge|ko|ren (gewählt; *zu* kiesen, küren)
ge|körnt
ge|kröpft (*zu* kröpfen; *a. techn.* herumgeführt, gebogen)
Ge|krö|se, das (Eingeweide)
ge|kün|stelt
Gel, das
Ge|la|ber (Geschwätz)
Ge|läch|ter
ge|lack|mei|ert (angeführt)
ge|lackt
ge|la|den
Ge|la|ge
Ge|lä|ger (Ablagerung v. Wein)
ge|lähmt
ge|lahrt (gelehrt)
Ge|län|de
Ge|län|de...[fahrt *usw.*]
Ge|län|der, das
ge|lan|gen
ge|lappt
Ge|laß (kleiner Raum)
ge|las|sen
Ge|la|ti|ne, die (leimartiges Eindickungsmittel)
Ge|läuf, das (Spur, Bahn)
ge|läu|fig
ge|launt; *vgl.* gut◡gelaunt *usw.*
Ge|läut
Ge|läu|te
gelb; gelbe Rüben, der gelbe Fleck; das gelbe/Gelbe Trikot, die gelbe/Gelbe Karte (im Sport) *§ 15 (8)*; der Gelbe Fluß (Hoangho) *§ 15 (7)*; ein Kleid in Gelb; *vgl.* blau
Gelb, das; ein Kleid in Gelb
gelb|braun
Gelb|fie|ber (Infektionskrankheit)
gelb|lich
Gelb|licht
Gelb|rand|kä|fer
Gelb|sucht
Gelb|wurst
Geld, das
Geld...[adel *usw.*]
geld|gie|rig
ge|leckt
Ge|lee, das/der
Ge|lée ro|yale (Futter d. Bienenkönigin)
Ge|le|ge, das (Eier)
ge|le|gen; ~ kommen; zu gelegener Zeit
Ge|le|gen|heit
Ge|le|gen|heits...[arbeit *usw.*]
ge|le|gent|lich
ge|leh|rig
ge|lehr|sam
ge|lehrt; der Gelehrte
Ge|lei|se, das
Ge|leit, das
Ge|leit...[wort *usw.*]
ge|lei|ten
ge|lenk (= gelenkig)
Ge|lenk, das
Ge|lenk...[band *usw.*]
ge|len|kig
ge|lernt
Ge|leucht, Ge|leuch|te
Ge|lich|ter, das
ge|lie|fert (*a. übertr.*); ~ sein
ge|lie|ren (zu Gelee werden)
Ge|lier|zucker [k|k]
ge|lind, ge|lin|de
ge|lin|gen; es gelingt, gelang, gelänge, gelungen
ge|li|stet
gell? (nicht wahr?); *s. a.* gelt?
gel|len
Gel|lert, Christian Fürchtegott (dt. Dichter 1715-1769)
ge|lo|ben

Ge|löb|nis
Ge|lock
ge|lockt
Gel|se, die (Stechmücke)
Gel|sen|kir|chen (Stadt)
Gel|sen|kir|che|ner Ba|rock (Stilrichtung)
gelt? (nicht wahr?); *s. a.* gell?
gel|ten; du giltst, galtest, gältest, göltest; gegolten
gel|tend; ~ machen
Gel|tung
Gel|tungs...[drang *usw.*]
Ge|lüb|de, das
Ge|lum|pe
Ge|lün|ge
ge|lun|gen (*zu* gelingen)
Ge|lüst, Ge|lü|ste
ge|lü|sten
GEMA (*Abk. v.* Gesellschaft für musikalische Aufführungs- u. mechanische Vervielfältigungsrechte) *§ 17 (2) Anm. 1*
ge|mach (gemächlich)
Ge|mach, das
ge|mäch|lich
Ge|mächt, Ge|mäch|te, das (männl. Geschlechtsteil)
Ge|mahl, der (Ehemann)
ge|mah|nen
Ge|mäl|de
Ge|mäl|de...[ausstellung *usw.*]
Ge|mar|kung
ge|ma|sert
ge|mäß
ge|mä|ßigt
Ge|mäu|er
ge|mein; die Gemeine Stubenfliege *usw. § 15 (8)*
Ge|mein...[besitz *usw.*]
Ge|mein|de
Ge|mein|de...[amt *usw.*]
ge|mein|ge|fähr|lich
ge|mei|nig|lich
ge|mein|sam
Ge|mein|schaft; ~ Unabhängiger Staaten, *Abk.* GUS
Ge|mein|schafts...[geist *usw.*]
ge|meint
ge|mein|ver|ständ|lich
Ge|men|ge
Ge|men|ge|la|ge
ge|mes|sen
Ge|met|zel
Ge|mi|na|ti|on (Verdoppelung)
ge|mi|nie|ren
Ge|misch
Ge|mischt|wa|ren|hand|lung
Gem|ma (Stern)
Gem|me, die (geschnittener Stein)
Gem|mo|lo|gie (Gemmenkunde)
Gems|bart
Gems|bock
Gem|se
gems|far|ben
Ge|mü|se
ge|mu|stert
Ge|müt
ge|müt|haft
ge|müt|lich
ge|müts|arm
ge|müts|krank
gen (*Präposition*)
Gen, das (Erbanlage)
Gen...[technik *usw.*]
gen. (*Abk. v.* genannt *in Namen*)
ge|nant [ʒe'nant] (peinlich)
ge|narbt
ge|nä|schig
ge|nau; *vgl.* genausogut
ge|nau◡neh|men *§ 10* ge|nau◡ge|nom|men
ge|nau◡so
ge|nau|so◡gut; *a.* genau so gut
Gen|darm (Polizist)
Gen|dar|me|rie
Ge|nea|lo|ge
Ge|nea|lo|gie (Abstammung[skunde])
ge|nea|lo|gisch
ge|nehm
ge|neh|mi|gen
ge|neh|mi|gungs|pflich|tig
ge|neigt
Ge|ne|ra (*Pl. v.* Genus)
Ge|ne|ral
Ge|ne|ral...[amnestie *usw.*] (Allgemein...)
Ge|ne|ra|lat
Ge|ne|ra|li|sa|ti|on
ge|ne|ra|li|sie|ren (verallgemeinern)
Ge|ne|ra|lis|si|mus
Ge|ne|ra|list (Nichtspezialisierter)
Ge|ne|ra|li|tät
ge|ne|ral|über|ho|len; du generalüberholst *§ 8*
Ge|ne|ra|ti|on (Altersstufe)
Ge|ne|ra|ti|o|nen...[vertrag *usw.*]
Ge|ne|ra|ti|ons...[konflikt *usw.*]
ge|ne|ra|tiv (erzeugend)
Ge|ne|ra|tor (Stromerzeugungsmaschine)
ge|ne|rell
ge|ne|rie|ren (erzeugen)
Ge|ne|ri|kum, das (Nachahmerpräparat)
ge|ne|risch
ge|ne|rös (großzügig)
Ge|ne|ro|si|tät
Ge|ne|se, die (Entstehung); *s. a.* Genesis
ge|ne|sen; du genest *§ 7 (1)*, genasest, genäsest
Ge|ne|sis, die (Entstehung; Schöpfungsgeschichte, 1. Buch Mose); *s. a.* Genese
Ge|net, Jean (frz. Schriftsteller 1910-1986)
Ge|ne|tik (Vererbungslehre)
ge|ne|tisch
Ge|ne|tiv, der (*sprachwiss.* Wesfall)*; s. a.* Genitiv
Ge|nève (*frz.*) (Stadt in der Schweiz); *s. a.* Genf
Ge|ne|ver, der (Wacholderschnaps)
Ge|ne|za|reth; See ~
Genf (Stadt in der Schweiz, *frz.* Genève)
Gen|fer See
ge|ni|al (höchstbegabt)
Ge|ni|a|li|tät
Ge|nick
Ge|nick...[starre *usw.*]
Ge|nie
Ge|nie...[kult *usw.*]
ge|nie|ren; sich ~
ge|nier|lich
ge|nieß|bar

ge|nie|ßen; du genießt *§ 7 (1)*, genossest, genössest, genossen
Ge|nie|ßer
ge|nie|ße|risch
ge|ni|tal
Ge|ni|ta|le, das (Geschlechtsteil); *Pl.* Genitalien
Ge|ni|tiv, der (Wesfall); *Abk.* Gen.; *s. a.* Genetiv
Ge|ni|us; *Pl.* Genien
Ge|nom, das (Erbmasse)
ge|noppt
Ge|nos|se
Ge|nos|sen|schaft
ge|nos|sen|schaft|lich
Ge|no|typ, der (Gesamtheit der Erbanlagen)
ge|no|ty|pisch
Ge|no|ve|va (Heilige ~422-~502)
Ge|no|zid, der (Völkermord)
Gen|re, das (Gattung)
Gen|re|bild (Darstellung von Alltagsszenen)
gen|re|haft
Gen|scher, Hans-Dietrich (dt. Politiker *1927)
Gent (Stadt in Belgien)
gen|tech|nisch
Gent|il|homme (Edelmann)
Gen|tle|man (wohlerzogener Mann); *Pl.* ...men; Gentlemen's Agreement
gen|tle|man|like (anständig)
Gen|trans|fer
Gen|try, die (niederer engl. Adel)
Gentz, Friedrich (dt. Diplomat 1764-1832)
Ge|nua (Stadt in Italien)
Ge|nu|e|se[r]
ge|nug; ~ haben
Ge|nü|ge; ~ tun, zur ~
ge|nü|gen
ge|nü|gend
ge|nüg|sam
ge|nug◡tun (Genugtuung leisten) *§ 10*
Ge|nug|tu|ung
ge|nu|in (echt)
Ge|nus, das (Gattung; grammatisches Geschlecht; ~ verbi (Aktiv, Passiv u. a.) *§ 15 (3)*
Ge|nuß, der
Ge|nuß...[mittel *usw.*]
ge|nuß|freu|dig
ge|nüß|lich
ge|nuß|süch|tig
Geo... (*griech.* Erd..., Land...)
Geo|dä|sie (Erdvermessung)
Geo|dät, der
Geo|drei|eck
Geof|froy Saint-Hi|laire (frz. Naturforscher 1772-1844)
Geo|graph
Geo|gra|phie (Erdkunde)
Geo|lo|ge
Geo|lo|gie (Wissenschaft von Bau u. Entwicklung der Erde)
Geo|man|tie
Geo|me|trie (math. Raumlehre)
Ge|org (*Name von Herrschern*; Heiliger)
Ge|org-Büch|ner-Preis (dt. Literaturpreis) *§ 13 (4) Anm. 2*
Ge|or|ge, Götz (dt. Schauspieler *1938); Heinrich ~ (dt. Schauspieler 1893-1946); Stefan ~ (dt. Dichter 1868-1933)
George|town (Hauptstadt v. Guyana)
Geor|gia (Bundesstaat der USA); *Abk.* Ga.
Ge|or|gi|en (Staat)
ge|or|gisch; auf ~
Ge|or|gisch, das; auf georgisch sprechen
Ge|or|gi|sche, das
geo|ther|misch (die Erdwärme betreffend)
geo|zen|trisch (auf die Erde als Mittelpunkt bezogen)
Ge|päck
Ge|pard, der (Raubtier)
ge|perlt
ge|pfef|fert
Ge|pflo|gen|heit
Ge|pi|de, der (Angehöriger eines alten Germanenvolks)
Ge|plän|kel
Ge|prä|ge
Ge|prän|ge
ge|punk|tet
Ge|quä|ke
Ger, der (Spieß)
Ge|ra (Stadt)
ge|rad (*verkürzt*: grad)
ge|ra|de (*verkürzt*: grade); *als Verbzusatz a. zusammengeschrieben*: gerade◡biegen *usw. § 10*
Ge|ra|de, die; *s. a.* Grade
ge|ra|de|aus; ~ gehen; *s. a.* grad[e]
ge|ra|de◡he|raus; *s. a.* grad[e]
ge|ra|den|wegs; *s. a.* grad[e]
ge|rä|dert
ge|ra|de◡so; *s. a.* grad[e]
ge|ra|de|so|gut; *s. a.* grad[e]
ge|ra|de◡ste|hen (*a.* verantwortlich sein) *§ 10*; *s. a.* grad[e]
ge|ra|de|wegs; *s. a.* grad[e]
ge|ra|de|zu; *s. a.* grad[e]
ge|rad|li|nig; *s. a.* grad[e]
ge|ram|melt
Ge|ran|gel
Ge|ra|nie, die (Pflanze)
Ge|ra|ni|um, das
Ge|rät
Ge|rä|te...[schuppen *usw.*]
ge|ra|ten; du gerätst, gerietst; geraten
Ge|ra|te|wohl; aufs ~
Ge|rät|schaf|ten
ge|raum; geraume Zeit
ge|räu|mig
Ge|räusch
Gerb...[säure *usw.*]
ger|ben
Ger|ber
Ger|be|ra, die (Blume)
Ger|be|rei
Gere, Richard (amerik. Schauspieler *1949)
ge|recht
Ge|rech|tig|keit
Ge|recht|sa|me, die
ge|rei|chen
ge|reizt
ge|reu|en
Ger|hardt, Paul (dt. Dichter 1607-1676)

Ger|ia|ter
Ger|ia|trie (Altersheilkunde)
Ge|richt
ge|richt|lich
Ge|richts...[arzt *usw.*]
ge|rie|ben
ge|rie|ren, sich
ge|rif|felt
ge|ring
ge|ring◡ach|ten *§ 10*
ge|rin|gelt
ge|ring|fü|gig
ge|ring◡schät|zen *§ 10*
ge|ring|sten|falls
ge|rinn|bar
Ge|rin|ne
ge|rin|nen
Ge|rinn|sel, das
Ge|rip|pe, das
ge|rippt
Ge|riß
ge|ris|sen
ge|ritzt
Germ, der (Hefe)
Ger|ma|ne
Ger|ma|nen|tum
Ger|ma|nia (das Deutsche Reich symbolisierende Frauengestalt)
Ger|ma|ni|cus, Gaius (röm. Feldherr 15 v. Chr.-19 n.Chr.)
Ger|ma|ni|en
ger|ma|nisch; das Germanische
Ger|ma|nist
Ger|ma|ni|stik (Deutschkunde)
Ger|ma|ni|um; *chem. Zeichen* Ge
Ger|mer, der (Pflanze)
Ger|mi|nal (Monat des frz. Revolutionskalenders)
Ger|mi|na|ti|on (Keimung)
Germ|knö|del (Hefekloß)
gern, ger|ne; gern haben, all-zu◡gern, ein gern◡gesehener Gast; *aber* ich habe ihn gern gesehen
ger|ne (= gern, *s. d.*)
Ger|ne|groß, der
Ge|ro (Markgraf † 965)
Ge|röll
Ge|röl|le
Ge|ront (Mitglied d. Ältestenrats im alten Griechenland)
Ge|ron|to|lo|ge
Ge|ron|to|lo|gie (Erforschung des Alterns)
Gersh|win, George (amerik. Komponist 1898-1937)
Ger|ste
Ger|sten...[brei *usw.*]
Ger|sten|korn (*a.* Krankheit)
Ger|te
ger|ten|schlank
Ge|ruch
Ge|ruchs...[sinn *usw.*]
Ge|rücht
ge|ruch|til|gend; *aber* den Geruch tilgend *§ 11 (4), (6)*
ge|rücht|wei|se
ge|ruh|en
ge|ru|hig
ge|rührt
ge|ruh|sam
Ge|rüm|pel
Ge|run|di|um (*sprachwiss.* substantiviertes Verb)
Ge|run|div, das (*sprachwiss.* Verbaladjektiv, das Notwendigkeit ausdrückt)
Ge|run|di|vum (Gerundiv)
Ge|ru|sia, Ge|ru|sie (Ältestenrat im alten Griechenland)
Ge|rüst
ge|rüt|telt; ein ~ Maß
Ger|vi|nus, Georg Gottfried (dt. Historiker 1805-1871)
ges, Ges (Ton); *vgl.* a, A
Ge|sab|ber
Ge|salb|te, der
ge|samt
Ge|samt...[ansicht *usw.*]
ge|samt|deutsch
Ge|samt|heit
ge|sandt (*zu* senden)
Ge|sand|te, der
Ge|sandt|schaft
Ge|sang
Ge|sang...[buch *usw.*]
Ge|säß
ge|sät|tigt
Ge|sätz (Strophe)
Ge|säu|ge
gesch. (*Abk. v.* geschieden)
Ge|schäft
ge|schäf|tig
ge|schäft|lich
Ge|schäfts...[zeit *usw.*]
ge|scha|mig; *a.* gschamig
ge|schä|mig; *a.* gschämig
ge|scheckt
ge|sche|hen; es geschieht, geschah, geschähe, geschehen
Ge|sche|hen, das
Ge|scheh|nis
Ge|schein
ge|scheit
Ge|schenk
Ge|schenk...[papier *usw.*]
ge|schert (dumm)
Ge|schich|te
Ge|schich|ten...[erzähler usw.]
ge|schicht|lich
Ge|schichts...[buch *usw.*]
Ge|schick
Ge|schick|lich|keit
ge|schickt
Ge|schie|be (von Gletschern verschobenes Gestein)
ge|schie|den (*zu* scheiden]; *Abk.* gesch.
Ge|schirr
Ge|schirr...[spüler *usw.*]
Ge|schiß
ge|schlämmt; geschlämmte Kreide
Ge|schlecht
Ge|schlech|ter...[folge *usw.*]
ge|schlecht|lich
Ge|schlechts...[akt *usw.*]
ge|schlechts|krank
Ge|schleif, Ge|schlei|fe (Dachsröhre)
Ge|schlep|pe
ge|schlif|fen (*zu* schleifen)
Ge|schlin|ge
ge|schlos|sen
Ge|schmack
ge|schmack|lich
Ge|schmacks...[sinn *usw.*]
ge|schmacks|bil|dend
ge|schmack|voll
Ge|schmei|de
ge|schmei|dig
Ge|schmeiß
Ge|schnet|zel|te, das
ge|schnie|gelt

Ge|schöpf
Ge|schoß (1. Stockwerk; 2. Projektil)
Ge|schoß...[bahn *usw.*]
Ge|schrei
Ge|schreib|sel
ge|schuppt
Ge|schütz
Ge|schütz...[donner *usw.*]
Ge|schwa|der
ge|schwät|zig
ge|schweift
ge|schwei|ge; geschweige denn
ge|schwind
Ge|schwin|dig|keit
Ge|schwin|dig|keits...[messer *usw.*]
Ge|schwind|schritt
Ge|schwi|ster
Ge|schwi|ster...[liebe *usw.*]
ge|schwi|ster|lich
ge|schwol|len
Ge|schwo|re|ne, der
Ge|schwulst
ge|schwun|gen
Ge|schwür
Ges-Dur *§ 13 (2)*; Ges-Dur-Tonleiter *§ 13 (3)*
ge|seg|net
Ge|seich
Ge|sei|re
Ge|selch|te, das
Ge|sell, Ge|sel|le
ge|sel|len; du gesellst
Ge|sel|len...[brief *usw.*]
ge|sel|lig
Ge|sell|schaft
ge|sell|schaft|lich
Ge|sell|schafts...[schicht *usw.*]
ges|ell|schafts|fä|hig
Ge|senk (1. Hohlform; 2. Verbindungsstollen)
Ge|setz (Norm); *s. aber* Gesätz
Ge|setz...[buch *usw.*]
Ge|set|zes...[brecher *usw.*]
ge|setz|ge|bend; die gesetzgebende Gewalt; *aber* ein Gesetz gebend *§ 11 (4)*
Ge|setz|ge|ber
ge|setz|lich
ge|setz|mä|ßig
ge|setzt
ge|setz|wid|rig
ges. gesch. (*Abk. v.* gesetzlich geschützt)
Ge|sicht
Ge|sichts...[ausdruck *usw.*]
Ge|sims
Ge|sin|de
Ge|sin|del
ge|sinnt
Ge|sin|nung
ge|sinn|ungs|los
ge|sit|tet
Ges|ner, Conrad (schweizer. Naturforscher 1516-1565)
Ge|socks
Ge|söff
ge|son|dert
ge|son|nen
ge|sot|ten (*zu* sieden)
Ge|span (Helfer)
Ge|spän|ge
Ge|spann (Zugtiere)
ge|spannt (*a.* neugierig)
Ge|spär|re (Sparrenverbindung)
Ge|spenst
Ge|spen|ster...[glaube *usw.*]
ge|spen|ster|haft
ge|spen|stern; du gespensterst
ge|spen|stig
ge|spen|stisch
Ge|sper|re (1. Jungvögel; 2. Sperrvorrichtung)
Ge|spie|le, der
Ge|spinst
Ge|spons, das (Ehefrau); der ~ (Ehemann)
ge|spon|sert (mitfinanziert)
Ge|spött
Ge|spräch
ge|sprä|chig
Ge|sprächs...[partner *usw.*]
ge|sprächs|be|reit
ge|spreizt
Ge|spren|ge (1. Gebirge; 2. Altaraufbau)
ge|spren|kelt
Ge|spritz|te, der (Getränk)
Ge|spür
Geß|ler|hut (Symbol der Tyrannei)
Geß|ner, Salomon (schweizer. Künstler 1730-1788)
Gest, die (Hefe)
gest. (*Abk. v.* gestorben)
Ge|sta|de, das (Küste)
Ge|sta|gen, das (Hormon)
Ge|stalt
Ge|stalt...[theorie *usw.*]
ge|stal|ten; du gestaltest
Ge|stal|tungs...[kraft *usw.*]
Ge|stän|de, das (Vogelbeine)
ge|stan|den; ein gestandener Mann
ge|stän|dig
Ge|ständ|nis, das
Ge|stän|ge
Ge|stank
Ge|sta|po (*kurz f.* Geheime Staatspolizei)
ge|stat|ten; du gestattest; gestatten? (*kurz f.* gestatten Sie?)
Ge|ste, die (Gebärde)
Ge|steck
ge|ste|hen; du gestehst, gestandest, geständest, gestündest; gestanden
Ge|ste|hungs|ko|sten
Ge|stein
Ge|steins...[probe usw.]
Ge|stell
Ge|stel|lungs...[befehl *usw.*]
ge|stelzt
ge|stern; gestern abend *usw.*; *vgl.* abend; seit gestern; das Gestern
ge|stie|felt
ge|stielt
Ge|stik (Gebärdenspiel)
Ge|sti|ku|la|ti|on
ge|sti|ku|lie|ren
Ge|stirn
ge|stirnt
ge|stisch
Ge|stö|ber
ge|sto|chen; ~ scharf
ge|stockt; gestockte Milch
Ge|stör, das (Teil des Floßes)
ge|stor|ben; *Abk.* gest.
Ge|sträuch
ge|streckt
ge|streift; blau◡gestreift *usw.* *§ 11 (4)*

ge|streng
Ge|streu
Ge|strick
gest|rig
ge|stromt
Ge|strüpp
Ge|stü|be (Schlacke)
Ge|stü|ber (Vogelkot)
Ge|stühl
Ge|stüm|per
Ge|stus, der (Ausdruck, Haltung)
Ge|stüt, das (Pferdezuchtbetrieb)
Ge|such, das
Ge|sums, das (Aufheben)
ge|sund; [Patienten] gesund schreiben; *als Verbzusatz auch zusammengeschrieben*: gesund◡beten *usw. § 10*
ge|sund◡be|ten *§ 10*
Ge|sund|be|te|rei
ge|sun|den; du gesundest
Ge|sund|heit
ge|sund|heit|lich
Ge|sund|heits...[amt *usw.*]
ge|sund|heits|schä|di|gend
ge|sund◡ma|chen *§ 10*
ge|sund◡schrump|fen *§ 10*
ge|sund◡sto|ßen, sich *§ 10*
Ge|tä|fel
ge|tä|felt
Geth|se|ma|ne (Garten, in dem Jesus gefangengenommen wurde)
Ge|tier
ge|ti|gert
Ge|tö|se
ge|tra|gen; getragene Musik
Ge|tränk
Ge|trän|ke...[automat *usw.*]
ge|trau|en, sich; du getraust dich
Ge|trei|de
Ge|trei|de...[korn *usw.*]
ge|trennt; ~ schreiben; getrennt◡lebend *§ 11 (4), (6)*; getrenntgeschlechtig
ge|trennt|ge|schlech|tig
ge|trennt|ge|schlech|lich
ge|trennt◡le|bend
Ge|trennt|schrei|bung
ge|treu
ge|treu|lich
Ge|trie|be
ge|trie|ben
ge|trost
Get|to, das (Judenviertel; *a. übertr.*: abgesonderter Bereich); *a.* Ghetto
Get|to|bla|ster, der (großer tragbarer Radiorekorder)
get|to|i|sie|ren; *a.* ghettoisieren
Ge|tue
Ge|tüm|mel
ge|tüp|felt
ge|türkt (gefälscht)
ge|übt
Geu|se, der (niederländ. Freiheitskämpfer)
Ge|vat|ter, der
Ge|viert, das
Ge|wächs
ge|wach|sen; einer Aufgabe ~ sein
ge|wachst
Ge|waff, das (Hauer d. Keilers)
ge|wagt
ge|wählt; ~ sprechen
ge|wahr; ~ werden
Ge|währ, die; ~ leisten; du leistest Gewähr; *s.* gewährleisten
ge|wah|ren; du gewahrst
ge|wäh|ren; du gewährst
Ge|währ|frist
ge|währ|lei|sten; du gewährleistest; *s.* Gewähr
Ge|wahr|sam, der
Ge|währs|mann
ge|walmt
Ge|walt
Ge|walt...[marsch *usw.*]
Ge|wal|ten...[teilung *usw.*]
ge|walt|los
ge|walt|sam
Ge|wand, das
Ge|wän|de, das
ge|wan|den (kleiden)
Ge|wand|haus|or|che|ster (Leipziger Orchester)
ge|wandt (geschickt)
Ge|wann, das (Ackerstreifen)
ge|wär|tig
ge|wär|ti|gen; du gewärtigst
Ge|wäsch (Geschwätz)
Ge|wäs|ser
ge|was|sert
ge|wäs|sert
Ge|we|be
Ge|we|be...[lehre *usw.*]
Ge|wehr (*a. jägerspr.* Hauer)
Ge|wehr...[kolben *usw.*]
Ge|weih
Ge|weih|farn
ge|weiht (1. *zu* weihen; 2. geweihtragend)
Ge|wen|de (Ackergrenze)
Ge|wer|be
Ge|wer|be...[aufsicht *usw.*]
ge|wer|be|trei|bend; *aber* ein Gewerbe treibend *§ 11 (4)*
ge|werb|lich
ge|werbs|mä|ßig
Ge|werk
Ge|werk|schaft
Ge|werk|schaf|ter
Ge|werk|schaft|ler
ge|werk|schaft|lich
Ge|werk|schafts...[haus *usw.*]
Ge|we|se, das
Ge|wicht
ge|wich|ten; du gewichtest
Ge|wicht|he|ben, das
Ge|wicht|he|ber
ge|wich|tig
Ge|wichts...[einheit *usw.*]
ge|wieft (schlau)
ge|wiegt (*a.* schlau)
ge|willt
Ge|win|de
Ge|win|de...[schneider *usw.*]
Ge|winn; Gewinn-und-Verlust-Rechnung *§ 13 (4)*; *a.* Gewinn- und Verlustrechnung *§ 13 (1)*
Ge|winn...[chance *usw.*]
ge|win|nen; du gewinnst, gewannst, gewännest, gewönnest, gewonnen
Ge|win|ner
ge|winn|süch|tig
Ge|wirk
Ge|wir|ke
ge|wirkt; gewirkter Stoff
Ge|wirr

ge|wiß
Ge|wis|sen, das
ge|wis|sen|haft
ge|wis|sen|los
Ge|wis|sens...[konflikt *usw.*]
ge|wis|ser|ma|ßen
ge|wiß|lich
Ge|wit|ter
Ge|wit|ter...[regen *usw.*]
ge|wit|te|rig; *s. a.* gewittrig
ge|wit|tern; es gewittert
ge|witt|rig; *s. a.* gewitterig
Ge|wit|zel
ge|witzt
GewO (*Abk. v.* Gewerbeordnung) *§ 17 (2) Anm. 2*
ge|wo|gen; jdm. ~ sein
ge|wöh|nen; sich ~
Ge|wohn|heit
Ge|wohn|heits...[recht *usw.*]
ge|wohn|heits|mä|ßig
ge|wöhn|lich
ge|wohnt; etw. ~ sein
ge|wöhnt
Ge|wöl|be
Ge|wölk
Ge|wöl|le (Ausgewürgtes von Eulen usw.
Ge|wühl
ge|wür|felt
Ge|würm
Ge|würz
Ge|würz...[gurke *usw.*]
Ge|wu|sel
Ge|yer, Florian (dt. Ritter ~ 1490-1525)
Gey|sir, der (heiße Quelle); *s. a.* Geiser
gez. (*Abk. v.* gezeichnet)
ge|zackt
Ge|zä|he, das (Werkzeug)
ge|zahnt
Ge|zänk
ge|zeich|net; *Abk.* gez.
Ge|zeit, die (period. Änderung des Meeresspiegels; Tide); *Pl.* Gezeiten
Ge|zei|ten...[wechsel *usw.*]
Ge|zelt
Ge|zie|fer
ge|zielt
ge|zie|men; sich ~
Ge|zücht
Ge|zweig
ge|zwirnt
ge|zwun|ge|ner|ma|ßen
GG (*Abk. v.* Grundgesetz) *§ 17 (2) Anm. 2*
ggf. (*Abk. v.* gegebenenfalls)
g. g. T., ggT (*Abk. v.* größter gemeinsamer Teiler)
Gha|na (Staat in Afrika)
Gha|sa|li; Al-Ghasali (islam. Theologe 1059-1111)
Gha|sel, das (Gedichtform); *a.* Gasel (*s. d.*)
Ghet|to, das (Judenviertel; *a. übertr.*: abgesonderter Bereich); *a.* Getto
ghet|to|i|sie|ren; *a.* gettoisieren
Ghi|bel|li|ne, der (ital. Anhänger der staufischen Kaiser)
Ghi|ber|ti, Lorenzo (ital. Bildhauer 1378-1455)
Ghost|wri|ter (ungenannter wirklicher Verfasser)
G. I., GI (*Abk. v.* Government Issue) (Soldat der USA) *§ 17 (2) Anm. 1*
Gi|aur (Ungläubiger [im Sinne des Islam])
Gib|bon, der (Affe)
Gib|bon, Edward (engl. Historiker 1737-1794)
Gi|bral|tar (brit. Territorium auf der iberischen Halbinsel)
Gicht (1. Krankheit; 2. Teil, a. Beschickung des Hochofens)
Gicht|bee|re (schwarze Johannisbeere)
gicht|brü|chig
gich|tig
gickeln (kichern) [k|k]
gick|sen; du gickst
Gide, André (frz. Schriftsteller 1869-1951)
Gi|de|on (*bibl. Name*)
Gie|bel, der
gie|be|lig, gieb|lig
Gieh|se, Therese (dt. Schauspielerin 1898-1975)
Giek|baum (Holz am Gaffelsegel)
Gie|men, das (pfeifendes Atmen)
Gien, das (Flaschenzug)
Gie|per, der (Appetit)
gie|ren; du gierst
gie|rig
Giersch, der (Pflanze)
Gieß...[kanne *usw.*]
gie|ßen; du gießt *§ 7 (1)*, gossest, gössest, gegossen
Gie|ßen (Stadt)
Gie|ßer
Gie|ße|rei
Gift
Gift...[gas *usw.*]
gif|ten
gift|frei
Gig, das (Einspänner)
Gig, der (Konzertauftritt)
Gig, die (Beiboot)
Gi|ga... (milliardenfach: Gigavolt = Milliarden Volt *usw.*), *Abk.* G; Gigabyte *usw.*
Gi|gant (Riese)
gi|gan|tisch
Gi|gan|tis|mus
Gi|gan|to|ma|nie
Gi|gerl, der/das (Geck)
Gi|gli, Benjamino (ital. Sänger 1890-1957)
Gi|go|lo, der (Eintänzer)
Gi|got, das (Hammelkeule)
Gigue, die (Tanz)
gil|ben
Gil|de, die (Genossenschaft, Interessengruppe)
Gi|let, das (Weste)
Gil|ga|mesch (Held des sumer. Epos)
Gil|ga|mesch-Epos *§ 13 (2)*
Gil|les|pie, Dizzy (amerik. Musiker 1917-1993)
Gil|ling, Gil|lung, die (Teil des Hecks; Wölbung)
Gim|mick, der/das (Werbegag)
Gim|pe, die (Faden)
Gim|pel, der (1. Vogel; 2. einfältiger Mensch)
Gin, der (Wacholderschnaps)
Gin-Fizz, der (Ginmischgetränk)
Gin|gan, der (Gewebe); *s. a.* Gingham

Gin|ger-ale, das (Ingwerbier)
Ging|ham, der (Gewebe); *s. a.* Gingan
Gin|seng, der (Heilpflanze)
Gin|ster, der (Strauch)
Gin|ster|kat|ze
Gin To|nic, der (Mischgetränk)
Gior|gio|ne (ital. Maler 1478-1510)
Giot|to (1. ital. Maler 1266[?]-1337; 2. Name e. Raumsonde)
Gip|fel
Gip|fel...[kreuz *usw.*]
gip|feln
Gips, der
Gips...[bein *usw.*]
gip|sen; du gipst *§ 7 (1)*
gip|sern (aus Gips)
Gi|raf|fe
Gi|ral|geld (unbares Bankgeld)
Gi|ran|do|la, Gi|ran|do|le, die (Leuchtkörper)
Gi|rant (Überträger eines Wechsels o. ä.)
Gi|rat, der (Empfänger eines übertragenen Wechsels o. ä.)
Gi|ra|tar, der (Girat)
Gi|rau|doux, Jean (frz. Schriftsteller 1882-1944)
gi|rie|ren (einen Wechsel o. ä. übertragen)
Girl, das (*engl.* Mädchen)
Gir|lan|de, die
Gir|litz, der (Vogel)
Gi|ro, das (bargeldloser Zahlungsverkehr)
Gi|ro...[bank *usw.*]
Gi|ro d'Ita|lia, der (Radrennen)
Gi|ronde, die (frz. Département)
Gi|ron|dist (gemäßigter frz. Revolutionär)
gir|ren
gis, Gis (Tonart); *vgl.* a, A
Gis|card d'Estaing, Valéry (frz. Politiker *1926)
Gischt, der/die
gisch|ten
gischt|sprü|hend
Gi|seh (Stadt in Ägypten); *a.* Gizeh
gis|sen (die Position schätzen); du gißt *§ 7 (1)*
Gi|tar|re; ~ spielen
Gi|tar|ren...[spieler *usw.*]
Git|ter
Git|ter...[bett *usw.*]
Gi|zeh (Stadt in Ägypten); *a.* Giseh
Glace, die (Gelee, Eis)
Gla|cé, der (Gewebe)
Gla|cé...[handschuh *usw.*]
gla|cie|ren
Gla|cis, das (Vorfeld einer Festung)
Gla|di|a|tor (Schwertkämpfer im alten Rom)
Gla|di|o|le (Blume)
Glad|stone, William (engl. Politiker 1809-1898)
gla|go|li|tisch
Gla|go|li|za, die (kirchenslav. Schrift)
Gla|mour, der (Glanz)
Gla|mour|girl, das
gla|mou|rös
Glans, die (Eichel)
Glanz, der
Glanz...[leistung *usw.*]
glän|zen; du glänzt *§ 7 (1)*
glän|zend
glanz|er|füllt
glanz|voll
Gla|rus (Kanton d. Schweiz)
Glas, das (*a. seemannsspr.* halbe Stunde)
Glas...[auge *usw.*]
glas|ar|tig
Gläs|chen
gla|sen; du glast
Gla|ser
Gla|se|rei
glä|sern
Glas|gow (Stadt in Schottland)
glas|hart
gla|sie|ren
gla|sig
Glas|nost, die (*russ.* Offenheit)
Glast, der (Glanz)
Gla|su|now, Alexander (russ. Komponist 1865-1936)
Gla|sur, die
glatt
Glät|te
Glatt|eis
glät|ten
glat|ter|dings
glatt◡ge|hen *§ 10*
Glat|ze
Glatz|kopf
glatz|köp|fig
Glau|be, der; *s. a.* Glauben
glau|ben; du glaubst; glauben machen
Glau|ben, der; *s. a.* Glaube
Glau|bens...[bekenntnis *usw.*]
glau|bens|stark
Glau|ber|salz (Natriumsulfat, Abführmittel)
glaub|haft
gläu|big
Gläu|bi|ge, der
Gläu|bi|ger, der
glaub|lich
glaub|wür|dig
Glau|kom, das (die Augenkrankheit grüner Star)
Glau|ko|nit, der (Mineral)
gla|zi|al (eiszeitlich)
Gla|zi|al, das (Eiszeit)
Gla|zio|lo|ge (Eiszeitforscher)
Gla|zio|lo|gie
gla|zio|lo|gisch
Glei|bo|den (feuchte Erdschicht)
gleich (1. ebenso; 2. *kurz f.* sogleich); gleich groß, gleich denken; *als Verbzusatz a. zusammengeschrieben*: gleich◡kommen (gleichen) *§ 10*; *aber* gleich kommen (sogleich kommen); *pronominal und in festen Verbindungen meist klein geschrieben*: der gleiche, das gleiche tun, das gleiche gilt, aufs gleiche hinauskommen, ins gleiche bringen, gleich und gleich gesellt sich gern; *Großschreibung in eigentlicher Bedeutung* (was einem anderen gleicht): Gleiches mit Gleichem vergelten, Gleiches gilt in folgendem Fall, ein Gleiches tun, Gleicher unter Gleichen

gleich|alt|rig
gleich|ar|tig
gleich|auf
gleich|be|deu|tend (synonym)
Gleich|be|hand|lung
gleich|be|rech|tigt
Gleich|be|rech|ti|gung
gleich◡blei|ben
Glei|che, die; in die ~ bringen
glei|chen; du gleichst, glichst, glichest, geglichen
glei|chen|orts
glei|chen|tags
glei|cher|ma|ßen
glei|cher|wei|se
gleich|falls
gleich|far|big
gleich◡ge|sinnt *§ 11 (4)*
gleich◡ge|stimmt *§ 11 (4)*
Gleich|ge|wicht
gleich◡kom|men *§ 10*
gleich◡lau|tend *§ 11 (3)*
gleich◡ma|chen *§ 10*
gleich|mä|ßig
Gleich|mut, der
gleich|mü|tig
gleich|na|mig
Gleich|nis
gleich|ran|gig
Gleich|rich|ter
gleich|sam
gleich◡schal|ten *§ 10*
gleich|schenk|lig
gleich◡se|hen *§ 10*
gleich sein
gleich|sei|tig
gleich◡set|zen *§ 10*
Gleich|stand
gleich◡ste|hen *§ 10*
gleich◡stel|len *§ 10*
gleich|stim|mig
Gleich|strom
gleich◡tun *§ 10*
Glei|chung
gleich|viel (wie dem auch sei)
gleich|wer|tig
gleich|wie
gleich|win|ke|lig
gleich|wink|lig
gleich|wohl
gleich|zei|tig
gleich◡zie|hen *§ 10*

Gleim, Ludwig (dt. Dichter 1719-1803)
Gleis, das
Gleis...[bau *usw.*]
Gleis|ner (Heuchler)
Gleis|ne|rei
glei|ßen (glänzen); du gleißt *§ 7 (1)*
Gleit...[bahn *usw.*]
glei|ten; du gleitest, glittest, geglitten
Glei|ter
gleit|si|cher
Glen|check, der (Gewebe)
Glenn, John (amerik. Astronaut *1921)
Glet|scher
Glet|scher...[feld *usw.*]
Gle|ve (Waffe)
Glia[|zel|le], die (Nervenstützgewebe)
Glib|ber, der
glib|be|rig, glibb|rig
Glied
Glied...[satz *usw.*]
Glie|der...[puppe *usw.*]
glie|dern; du gliederst
Glied|ma|ße, die; *Pl.* Gliedmaßen
glim|men; glomm/glimmte, glömme, geglommen/geglimmt
Glim|mer, der (Mineral)
glim|mern
Glimm|sten|gel (Zigarette)
glimpf|lich
Glin|ka, Michail (russ. Komponist 1804-1857)
Gli|om, das (Geschwulst der Gliazellen)
Glis|sa|de, die (gleitender Tanzschritt)
glis|san|do (*Adjektiv*) (gleitend)
Glis|san|do, das; *Pl.* Glissandi
Glitsch|bahn
glit|schen; du glitschst
glit|schig
Glit|zer, der
glit|zern
glo|bal (weltweit)
Glo|bal...[regel *usw.*]
glo|ba|li|sie|ren

Glo|be|trot|ter (Weltenbummler)
Glo|bu|lin, das (Eiweißkörper)
Globulus (Kügelchen)
Glo|bus (Kugel; Erdmodell)
Glöck|chen
Glocke [k|k]
Glocken...[geläut *usw.*] [k|k]
Glöck|ner
Glo|ria, die (Ruhm); das ~ (Lobgesang in der Liturgie)
Glo|rie, die (Ruhm)
Glo|ri|en|schein
Glo|ri|fi|ka|ti|on
glo|ri|fi|zie|ren (verherrlichen)
Glo|ri|o|le, die (Heiligenschein)
glo|ri|os (ruhmreich)
glor|reich
glo|sen (glühen); es glost
Glos|sar, das (Liste mit Worterklärungen)
Glos|se, die (Randbemerkung)
glos|sie|ren
glot|tal (die Glottis betreffend)
Glot|tal[|laut], der
Glot|tis, die (Stimmritze)
Glotz|au|ge
glotz|äu|gig
Glot|ze, die (Fernsehgerät)
glot|zen; du glotzt *§ 7 (1)*
Gloucester
Glo|xi|nie, die (Pflanze)
Glubsch|auge; *a.* Glupsch...
glub|schen; du glubschst
gluck; gluck, gluck!
Gluck, Christoph Willibald (dt. Komponist 1714-1787)
Glück; Glück auf!
glück|brin|gend; *aber* [großes] Glück bringend *§ 11(4)*
Glucke [k|k]
glucken [k|k]
glücken [k|k]
gluckern [k|k]
Gluck|hen|ne
glück|lich
Glücks...[spiel *usw.*]
Glück[s]|sa|che
gluck|sen; du gluckst *§ 7 (1)*
Glu|co|se, die (Traubenzucker); *a.* Glukose, Glykose
Glüh...[birne *usw.*]

glü|hen
glü|hend
glü|hend◡heiß
glüh|heiß
Glu|ko|se, die (Traubenzucker); *a.* Glucose, Glykose
Glu|kos|urie (Zucker im Harn); *s. a.* Glykosurie
Glupsch|au|ge; *a.* Glubsch...
Glut
Glut|amat, das (geschmacksverstärkendes Salz)
Glut|amin, das (organ. Säure)
glut|äu|gig
Glu|te̱n, das (Getreidekleber)
Glu|tin, das (Eiweiß)
Gly|ce|rin, das (e. Alkohol); *a.* Glyzerin
Glyk|ämie (Zucker im Blut)
Gly|kol, das (e. Alkohol)
Gly|ko|se, die (Traubenzucker); *s. a.* Glucose, Glukose
Gly|ko|sid
Gly|kos|urie (Zucker im Harn); *s. a.* Glukosurie
Glyp|te, die (geschnittener Stein)
Glyp|tik
Glyp|to|thek
Gly|ze|rin, das (e. Alkohol); *a.* Glycerin
Gly|zi|nie (Strauch)
GmbH (*Abk. v.* Gesellschaft mit beschränkter Haftung) *§ 17 (2) Anm. 1*
GMD (*Abk. v.* Generalmusikdirektor) *§ 17 (2) Anm. 2*
g-Moll *§ 13 (2)*; g-Moll-Tonleiter *§ 13 (3)*
Gna|de
gna|den; gnade dir Gott!
Gna|den...[akt usw.]
gna|den|brin|gend *§ 11 (4), (6)*
gna|den|los
gnä|dig
Gneis, der (Mineral)
Gnei|se|nau, August von (preuß. Feldherr 1760-1831)
Gnit|te, Gnit|ze, die (Mücke)
Gnom, der (Zwerg)
Gno|me, die (Sinnspruch)
gno|men|haft
Gno|mi|ker
gno|misch
Gno|mon, der (Sonnenuhr o. ä. Anzeigegerät)
Gno|sis, die (philos. Lehre)
Gno|stik
Gno|sti|ker
gno|stisch
Gno|sti|zis|mus
Gnu, das (Antilope)
Go, das (Brettspiel)
Goa (ind. Bundesstaat)
Goal, das ([Fußball-]Tor)
Goa|lie (Torhüter)
Go|ar (Missionar); Sankt Goar (*a.* Stadt am Rhein)
Go|be|lin, der (Bildteppich)
Go|bi, die (Wüste in Asien)
Go|bi|neau, Joseph (frz. Schriftsteller 1816-1882)
Gockel [k|k]
Go|dard, Jean Luc (frz. Regisseur *1930)
Go|da|va|ri (Fluß in Indien)
Go|de, der (Pate); *s. a.* Gote
Go|del, die (Patin); *s. a.* Godl
Godl, die (Patin); *s. a.* Godel
Gode|mi|ché, der (Penisnachbildung)
Goeb|bels, Joseph (dt. Politiker 1897-1945)
Goer|de|ler, Carl (dt. Politiker 1884-1945)
Goes, Albrecht (dt. Schriftsteller 1908.2000); Hugo van der ~ (niederl. Maler ~1440-1482)
Goe|the, Johann Wolfgang (dt. Dichter 1749-1832)
Goe|the|a|num (anthroposoph. Zentrum in Dornach)
Goe|the|haus
Goe|the-In|sti|tut [In|ter Na|ti|o|nes e. V.] (dt. Kulturinstitut)
goe|thesch (nach Art Goethes); *s. a.* goethisch; Goethesche Gedichte (Gedichte Goethes) *§ 15 (7)*
goe|thisch; *s. a.* goethesch
Goetz, Curt (dt. Schriftsteller 1888-1960)
Gog (bibl. Gestalt); ~ und Magog
Gogh, Vincent van (niederl. Maler 1853-1890)
Go-go-Girl, das (Vortänzerin) *§ 13 (4)*
Go|gol, Nikolaj (russ. Dichter 1809-1852)
Goi, der (Nichtjude [aus jüd. Sicht]); *Pl.* Gojim
Go-in, das (Eindringen zur Erzwingung einer Diskussion)
Go-Kart, der (kleiner Rennwagen, auch als Spielgerät)
go|keln (zündeln)
Go|lan, der (Landschaft in Syrien)
Go|lat|sche, die (Kuchen); *s. a.* Kolatsche
Gold; *chem. Zeichen* Au
Gold...[barren *usw.*]
gol|den; goldene Hochzeit, die goldenen Zwanziger; *Großschreibung bei Eigennamen u. festen Begriffen § 15 (7), (8)*: das Goldene Buch (einer Stadt), das Goldene Kalb (in der Bibel), das Goldene Vlies, das Goldene Zeitalter, der Goldene Schnitt, die Goldene Bulle, die Goldene Horde; die Goldene Stadt (= Prag)
Gol|den De|li|cious (Apfelsorte); *s. a.* Delizius
gold|far|ben
gold|far|big
gold|gelb
Gol|ding, William (engl. Schriftsteller 1911-1993)
Gold|mann, Nahum (jüd. Politiker 1894-1982)
Gol|do|ni, Carlo (ital. Dichter 1707-1793)
Gold|smith, Oliver (engl. Dichter 1730-1774)
Go|lem, der (künstl. Mensch)
Golf, das (Sport)
Golf, der (Meeresbucht)
Golf...[platz *usw.*]
Gol|fer
Golf|krieg
Golf|strom

Gol|ga|tha (Kreuzigungsstätte)
Go|li|ath (bibl. Gestalt; Riese)
Göl|ler
Go|mor|rha (bibl. Ort)
Go|muł|ka, Władysław (poln. Politiker 1905-1982); *a.* Gomulka
gon; *s.* Gon
Gon, das (Winkelmaß; *Zeichen* gon); 3 gon
Go|na|de, die (Keimdrüse)
Gon|agra, das (Kniegicht)
Gon|court, Edmond de (frz. Schriftsteller 1822-1896); Jules de ~ (frz. Schriftsteller 1830-1870)
Gon|del
gon|deln
Gon|do|li|ere
Gond|wa|na
Gong, der
gon|gen; du gongst
Gón|go|ra y Ar|go|te, Luis de (span. Dichter 1561-1627)
Go|nio|me|ter, das (Winkelmesser)
Go|nio|me|trie
gön|nen; du gönnst
Gön|ner
gön|ner|haft
Go|no|kok|kus, der (Tripperbakterium)
Go|nor|rhö (*med.*), Gonorrhöe, die (Tripper)
go|nor|rho|isch
Gon|tscha|row, Iwan (russ. Dichter 1812-1891)
good bye; *a.* goodbye; ~ sagen
Good|man, Benny (amerik. Musiker 1909-1986)
Good|will, der (Wohlwollen)
Good|will|rei|se
Gö|pel, der (Antrieb durch im Kreis gehende Zugtiere)
Gö|pel|werk
Go|pher (Internetdienst)
Gör, das (freches Mädchen); *s. a.* Göre
Gor|ba|tschow, Michail (sowjet. Politiker *1931)
Gor|di|mer, Nadine (südafrikan. Schriftstellerin *1923)
Gor|ding, die (Tau)
gor|disch; gordischer Knoten (Problem); der Gordische Knoten [der Legende] *§ 15 (7)*
Gore, Al[bert] (amerik. Politiker *1948)
Gö|re, die (freches Mädchen); *s. a.* Gör
Gor|gi|as (griech. Sophist ~485- ~380 v. Chr.)
Gor|go, die (Ungeheuer)
Gor|go|nen|haupt
Gor|gon|zo|la, der (Käse)
Go|ril|la, der
Gö|ring, Hermann (dt. Politiker 1893-1946)
Gor|ki[j], Maxim (russ. Dichter 1868-1936)
Gör|litz (Stadt)
Gör|res, Joseph von (dt. Schriftsteller 1776-1848)
Gor|tyn (antike Stadt)
Gösch, die (Flagge)
Go|sche[n], die (Mund)
Go|se, die (Bier)
Gos|lar (Stadt am Harz)
Go-slow, der/das
Gos|pel, das (religiös. Lied)
Gos|pel|song, der
Gos|se
Go|te[1], der (Pate); *s. a.* Gode
Go|te[2] (Angehöriger des Gotenvolkes)
Gö|te|borg (Stadt in Schweden)
Go|tha (Stadt); der Gotha (*kurz f.* Adelshandbuch)
Go|tik
go|tisch; auf ~
Go|ti|sch, das; auf gotisch sprechen
Go|ti|sche, das
Got|land (Insel)
Gott; um Gottes willen, in Gottes Namen, Gott sei Dank, *a.* gottseidank, grüß Gott!
gott|ähn|lich
gott|be|gna|det
gott|be|wah|re!
Gott|er|bar|men; zum ~
Göt|ter...[bild *usw.*]
Got|tes...[acker *usw.*]
got|tes|lä|ster|lich
Gott|fried von Bouil|lon (Herzog ~1060-1100)
Gott|fried von Straß|burg (dt. Dichter 13.Jh.)
gott|ge|fäl|lig
Gott|hard, der (= Sankt G., Alpenpaß)
Gott|hard|bahn
Gott|heit
Gott|helf, Jeremias (schweiz. Dichter 1797-1854)
Göt|tin
Göt|tin|gen
gött|lich
gott|lob!
gott|los
Gott|mensch
Gott|sched, Johann Christoph (dt. Gelehrter 1700-1766)
Gott|sei|bei|uns, der (Teufel)
gott|sei|dank, Gott sei Dank
gotts|er|bärm|lich
gott|ver|dammt
gott|ver|las|sen
Göt|ze
Göt|zen...[bild *usw.*]
Gou|ache, die (Maltechnik); *a.* Guasch
Gou|da, der (Käse)
Gou|dron, der (Teer, Anstrich)
Gould, Glenn (kanad. Pianist 1932-1982)
Gou|nod, Charles (frz. Komponist 1818-1893)
Gourde (Währungseinheit in Haiti); *Abk.* G
Gour|mand, der (Schlemmer)
Gour|man|dise
Gour|met, der (Feinschmecker)
gou|tie|ren (probieren; schätzen)
Gou|ver|nan|te (Erzieherin)
gou|ver|nan|ten|haft
Gou|ver|ne|ment, das (Verwaltung[sbezirk])
gou|ver|ne|men|tal
Gou|ver|neur (höchster Verwaltungsbeamter e. Provinz o. ä.)
Go|ya, Francisco (span. Maler

1746-1828)
Goz|zi, Carlo (ital. Dichter 1720-1806)
GPU (*Abk. f.* sowjet. Geheimpolizei) *§ 17 (2) Anm. 1*
Gr. (*Abk. v.* Greenwich)
Grab
Grab...[rede *usw.*]
Grab|be, Christian Dietrich (dt. Dichter 1801-1836)
grab|beln (herumtasten)
Grab|bel|tisch (Wühltisch)
gra|ben; du gräbst, grubst, grübest, gegraben
Gra|ben, der
Grä|ber, der
Gra|bes...[ruhe *usw.*]
Grab|mal
grab|schen; du grabschst; *a.* grapschen
Grac|chus, Gaius Pomponius (röm. Politiker 153-121 v. Chr.); Tiberius Pomponius ~ (röm. Politiker 162-133 v. Chr.); *Pl.* Gracchen
Gracht, die (Kanal)
Grad, der (Stufe, Einheit der Temperatur, Winkelmaß)
grad..., Grad...; *s.* gerad..., Gerad...
grad. (*Abk. v.* graduiert)
Gra|da|ti|on (Abstufung)
Grad|bo|gen
gra|de; *s.* gerade
Gra|di|ent, der (Gefälle)
Gra|di|en|te (Neigungslinie)
Gra|dier...[werk *usw.*]
gra|die|ren (Salz durch Rieselverdunstung gewinnen)
Grad|mes|ser
gra|du|al
Gra|du|ale, das (Kirchengesang als Teil der Messe)
gra|du|ell (stufenweise)
gra|du|ie|ren
Grae|cum (Griechischprüfung); *a.* Gräkum
Graf (*Adelstitel*)
Graf, Oskar Maria (dt. Schriftsteller 1894-1967); Stefanie ~ (Steffi ~, dt. Tennisspielerin *1969)
graf[o-]/Graf[o-]/...graf (*eingedeutschte Schreibweise für griech.* graph[o-]/Graph[o-]/...graph; *s. d.*)
Gra|fen...[titel *usw.*]
Graf|fi|to; *Pl.* Graffiti (*auch als Singular verwendet*)
Gra|fik; *a.* Graphik
Gra|fi|ker; *a.* Graphiker
Grä|fin
gra|fisch (Zeichnung oder Schrift betreffend); *a.* graphisch
gräf|lich
Gra|fo|lo|ge; *a.* Graphologe
Gra|fo|lo|gie (Handschriftendeutung); *a.* Graphologie
gra|fo|lo|gisch; *a.* graphologisch
Graf|schaft
Gra|ham, Martha (amerik. Tänzerin 1894-1991); Billy ~ (amerik. Prediger *1918)
Gra|ham|brot (Vollkornbrot)
Grain, der (engl. Gewicht)
grä|ko-la|tei|nisch
Grä|kum (Griechischprüfung); *a.* Graecum
Gral, der; der Heilige Gral *§ 15 (7)*
Grals|burg
gram; jemandem ~ sein
Gram, der
grä|meln
grä|men; sich ~
gram|er|füllt
Gram-Fär|bung (Färbetechnik für Bakterien) *§ 13 (2)*
gram|ge|beugt
gräm|lich
Gramm, das; *Abk.* g
Gram|ma|tik
gram|ma|ti|ka|lisch
Gram|ma|ti|ker
gram|ma|tisch
Gram|mel, die (Griebe)
Grammol, das [mm|m] (dem Molekulargewicht entsprechende Zahl v. Gramm)
Grammo|le|kül [mm|m]
Gram|mo|phon
gram|ne|ga|tiv (bestimmte Gram-Färbung)
gram|po|si|tiv
gram|voll
Gran, das (altes Gewicht)
Gra|na|da
Gra|nat[1], der (Garnele)
Gra|nat[2], der(Schmuckstein)
Gra|nat|ap|fel
Gra|na|te, die
Gran Ca|na|ria (span. Insel)
Gran Cha|co
Grand, der (Spiel beim Skat); Grand ouvert
Grand Can|yon, der (eine Schlucht in den USA) *§ 15 (3), (7)*
Gran|de, der (span. Adliger)
Grande Dame (*frz.* große Dame)
Gran|deur, die (Größe)
Gran|dez|za, die (Eleganz)
gran|di|os (großartig)
Grand Old La|dy (*engl.* große alte Dame) *§ 15 (3)*
Grand Old Man (*engl.* großer alter Mann) *§ 15 (3)*
Grand ou|vert, der; *vgl.* Grand
Grand Prix (Großer Preis)
Grand|sei|gneur (vornehmer Herr)
Grand Slam (Sieg in mehreren Tenniswettkämpfen) *§ 15 (3)*
gra|nie|ren (körnen)
Gra|nit, der (Mineralgemisch)
Gra|nit...[block *usw.*]
gra|ni|ten (aus Granit)
Gran|ne, die (Ährenborste)
gran|nig
Gran|ny Smith (Apfelsorte)
Grant, der (schlechte Laune)
Grant, Ulysses (Präsident der USA 1822-1885)
gran|tig
Grant|ler
Gra|nu|lat, das (gekörntes Material)
Gra|nu|la|ti|on
gra|nu|lie|ren (körnen)
Gra|nu|lit, der (Mineral)
Gra|nu|lom, das (Geschwulst)
gra|nu|lös
Grape|fruit, die (Zitrusfrucht)

Graph, der (mathem. Darstellung)
graph[o].../**Graph[o]**... *bzw.* ...**graph** (*wird allmählich durch die eingedeutschte Schreibweise mit* f *statt* ph *ersetzt*)
Gra|phem, das (kleinste funktionale Einheit d. Schrift)
Gra|phik; *a.* Grafik
Gra|phi|ker; *a.* Grafiker
gra|phisch (Zeichnung oder Schrift betreffend); *a.* grafisch
Gra|phit, der (Form des Kohlenstoffs)
Gra|phit...[mine *usw.*]
gra|phit|grau
Gra|pho|lo|ge; *a.* Grafologe
Gra|pho|lo|gie (Handschriftendeutung); *a.* Grafologie
gra|pho|lo|gisch; *a.* grafologisch
Grap|pa, der (Tresterschnaps)
grap|schen; du grapschst; *a.* grabschen
Gras
Gras...[decke *usw.*]
Gräs|chen
gra|sen; du grast
gra|sig
Grass, Günter (dt. Schriftsteller *1927)
gras|sie|ren (s. ausbreiten)
gräß|lich
Grat, der (scharfe Kante, Bergkamm)
Grä|te
grä|ten|frei
Gra|ti|as, das (Dankgebet)
Gra|ti|fi|ka|ti|on
grä|tig
Gra|tin, das/der (überbackenes Gericht)
Grä|ting, die (Gitterrost)
gra|ti|nie|ren (überbacken)
gra|tis (kostenlos)
Gra|tis...[aktie *usw.*]
grätsch|bei|nig
Grät|sche, die
grät|schen; du grätschst
Gra|tu|lant
Gra|tu|la|ti|on
Gra|tu|la|ti|ons|cour
gra|tu|lie|ren
Grat|wan|de|rung
grau; grau in grau; ein Kleid in Grau; der graue Markt, die graue Eminenz, die graue Literatur, der graue Star (Augenkrankheit); *Großschreibung in Eigennamen*: das Graue Kloster, die Grauen Panther, die Grauen Schwestern *§ 15 (7)*
Grau, das; ein Kleid in Grau
grau|äu|gig
Grau|bart
grau|bär|tig
Grau|bün|den (Kanton der Schweiz)
grau|en[1] (ängstigen); es graut mir
grau|en[2] (dämmerig werden)
Grau|en, das (*zu* grauen[1, 2])
grau|en|er|re|gend; noch grauenerregender, am grauenerregendsten; *aber* [großes] Grauen erregend *§ 11 (4), (6)*
grau|en|haft
grau|en|voll
Grau|gans
grau|len; sich ~
gräu|lich (ein wenig grau)
grau|me|liert (angegraut)
Gräup|chen
Grau|pe, die
Grau|pel, die (weicher Hagel)
grau|peln; es graupelt
graus; eine grause Tat
Graus, der; o Graus!
grau|sam
grau|sen; es graust mich
Grau|sen, das
grau|sig
graus|lich
Gra|va|men, das (Beschwerde [-gegenstand]); *Pl.* Gravamina
gra|ve (*Musik*: ernst)
Gra|ve, das
Gra|ven|stei|ner (Apfelsorte)
Gra|veur
gra|vid (schwanger)
Gra|vi|di|tät
Gra|vier...[anstalt *usw.*]
gra|vie|ren (einritzen)
gra|vie|rend (schwerwiegend)
Gra|vi|me|ter, das (Schwerkraftmesser)
Gra|vi|me|trie
gra|vi|me|trisch
Gra|vis, der (Akzent[zeichen])
Gra|vi|tät
Gra|vi|ta|ti|on (Schwerkraft)
Gra|vi|ta|ti|ons...[gesetz *usw.*]
gra|vi|tä|tisch (steif-würdevoll)
gra|vi|tie|ren
Gra|vur, die (Gravierung)
Gra|vü|re, die
Gray, das (Maß d. Energiedosis, *Zeichen* Gy)
Graz (Stadt in Österreich)
Gra|zie, die (1. Anmut; 2. Göttin d. Anmut; *Pl.* Grazien)
gra|zil (zierlich)
Gra|zi|li|tät
gra|zi|ös
gra|zi|o|so (*musik.* zierlich)
Gra|zi|o|so, das
grä|zi|sie|ren (griechisch gestalten)
Grä|zis|mus (griechisches Sprachelement)
Grä|zist (Erforscher des Griechischen)
Grä|zi|stik
Grä|zi|tät (Griechentum)
Gre|co, El (span. Maler 1541-1614)
Gré|co, Juliette (frz. Sängerin *1927)
Green, Julien (frz. Schriftsteller 1900-1998)
Greene, Graham (engl. Schriftsteller 1904-1991)
Green|horn, das (Neuling)
Green|peace (Umweltschutzorganisation)
Green|wich (Teil v. London)
Gre|gor (*Papstname*); ~ von Nazianz (griech. Theologe 330-390); ~ von Nyssa (griech. Theologe ~335-~394); ~ von Tours (fränk. Historiker 538/539-594)

Gre|go|ri|a|nik
gre|go|ri|a|nisch; gregorianischer Gesang; der Gregorianische Kalender *§ 15 (8)*
Greif, der
Greif...[vogel *usw.*]
grei|fen; du greifst, griffst, griffest, gegriffen
Greifs|wald (Stadt)
grei|nen; du greinst
greis; ein greiser Dichter
Greis, der
Grei|sen...[alter *usw.*]
grei|sen|haft
Grei|sin
grell
grell◡be|leuch|tet; *aber* sehr grell beleuchtet *§ 11 (4)*
Gre|mi|um (Ausschuß); *Pl.* Gremien
Gre|na|da (Staat)
Gre|na|dier (Fußsoldat)
Gre|na|di|ne (Frucht)
Grenz...[bahnhof *usw.*]
Gren|ze
gren|zen; du grenzt *§ 7 (1)*
gren|zen|los
Gren|zer
grenz|nah
grenz|über|schrei|tend
Gret|chen|fra|ge
Greu|el, der
Greu|el...[märchen *usw.*]
greu|lich (*zu* Greuel)
Gre|ven|broich (Stadt)
Grey|er|zer (*a.* Käse); *s. a.* Gruyère
Grey|hound, der (1. Hunderasse; 2. amerik. Überlandbus)
Grie|be, die; *s. a.* Griefe
Grie|ben...[schmalz *usw.*]
Griebs, der (Kerngehäuse)
Grie|che
Grie|chen|land
grie|chisch; auf ~
Grie|chisch, das; auf griechisch sprechen
Grie|chi|sche, das
grie|chisch-ka|tho|lisch *§ 13 (5) Anm. 2*
grie|chisch-or|tho|dox *§ 13 (5) Anm. 2*
grie|chisch-rö|misch *§ 13 (5)*
grie|chisch-uniert *§ 13 (5) Anm. 2*
Grie|fe, die; *s. a.* Griebe
Grieg, Edvard (norweg. Komponist 1843-1907)
grie|nen (grinsen)
grie|seln (erschauern); es grieselt mich
Gries|gram, der
gries|grä|mig
Grieß, der
Grieß...[brei *usw.*]
grie|ßeln (rieseln, *besonders v.* Eisregen)
grie|ßig (körnig)
Grie|ßig, das (Bienenkot)
Griff
griff|be|reit
Grif|fel
Grif|fel|bein
griffest [ff|f]
grif|fig
Grif|fon, der (Hunderasse)
Grill, der
Grill...[platz *usw.*]
Gril|la|de, die (Gegrilltes)
Gril|le (1. Insekt; 2. Laune, Einfall)
gril|len; du grillst
gril|len|haft
gril|lie|ren
Grill|par|zer, Franz (österr. Dichter 1791-1872)
Gri|mas|se
gri|mas|sie|ren
Grim|bart (Dachs in der Fabel)
Grimm, der
Grimm, Jacob u. Wilhelm (dt. Philologen 1785-1863 und 1786-1859); die Brüder Grimm; Grimms Märchen; *vgl.* grimmsch
Grim|mels|hau|sen, Hans Jacob Christoph von (dt. Dichter ~1622-1676)
grim|men; du grimmst
Grim|men, das
grim|mig
grimmsch; die Grimmschen Märchen, das Grimmsche Wörterbuch *§ 15 (7)*
Grind, der (1. Schorf; 2. Kopf v. Hirsch u. ä.)
grin|dig
Grind|wal
Grin|go, der (Nichtromane in Südamerika)
grin|sen; du grinst *§ 7 (1)*
grip|pal; grippaler Infekt
Grip|pe (Krankheit)
grip|pös
Grips, der
Gri|saille, die (1. Seidenstoff; 2. Malerei in Grautönen)
Gri|sel|dis (liter. Gestalt bei Petrarca u. a.)
Gri|set|te (Putzmacherin, leichtlebiges Mädchen)
Gris|ly[bär], Grizz|ly[bär]
gr.-kath. (*Abk. v.* griechisch-katholisch)
grob
Grob...[blech *usw.*]
Grö|be, die
grob|fa|se|rig
Gro|bi|an
grob|kno|chig
gröb|lich
grob|ma|schig
grob|schläch|tig
Grock (Adrian Wettach, schweiz. Clown 1880-1959)
Grog, der (alkohol. Getränk)
grog|gy (erschöpft)
grö|len; du grölst
grol|len; du grollst
Gro|my|ko, Andrej (sowjet. Politiker 1909-1989)
Gro|nin|gen (niederl. Stadt)
Grön|land (autonome dän. Insel)
Groove, der (Jazzrhythmus)
Gro|pi|us, Walter (dt. Architekt 1883-1969)
Grop|pe, die (Fisch)
Gros [gro:] (Großteil); *s. a.* en gros
Gros [grɔs], das (zwölf Dutzend)
Gro|schen, der
Gro|schen...[heft *usw.*]
Gros|ny[j] (Hauptstadt v. Tschetschenien)

groß; grö|ßer, am größ|ten; großenteils, größerenteils, größtenteils *§12*; gro̲ß◡angelegt; *als Verbzusatz a. zusammengeschrieben*: groß◡ziehen; *in festen und redensartlichen Verbindungen a. klein geschrieben § 15 (6)*: es wäre das größte (sehr groß), im großen [und] ganzen, im großen einkaufen; groß und klein *oder* Groß und Klein (*a.* jedermann); *Großschreibung, wenn von etwas Großem die Rede ist, bei festen Begriffen und in Eigennamen § 15 (7), (8)*: im Großen wie im Kleinen (in großen wie in kleinen Angelegenheiten), der Große Bär/Wagen (Sternbild), der Große Belt, der Große Kurfürst, die Große Mauer (in China)
Groß...[alarm *usw.*]
gro̲ß◡an|ge|legt *§ 11 (4)*
groß|ar|tig
Groß|bri|tan|ni|en
groß|bür|ger|lich
gro̲ß◡den|kend *§ 11 (4)*
groß|deutsch
Grö|ße
Groß|el|tern
Grö|ßen...[ordnung *usw.*]
gro|ßen|teils *§ 12*
grö|ßen|wahn|sin|nig
grö|ße|ren|teils *§ 12*
groß|fi|gu|rig
groß|flä|chig
gro̲ß◡ge|mu|stert *§ 11 (4)*
gro̲ß◡ge|wach|sen *§ 11 (4)*
Groß|glock|ner (Berg in Österreich)
groß|her|zig
Gros|sist (Großhändler)
groß|jäh|rig
groß|ka|li|be|rig, groß|ka|li|brig
gro̲ß◡ka|riert *§ 11 (4)*
Groß|kop|fe|te, der; *a.* Groß|kop|fer|te
groß|köp|fig
Groß|kotz, der
groß|kot|zig
groß◡ma|chen *§ 10*
groß|mäch|tig
groß|mäu|lig
Groß|mut|ter
Groß|ok|tav; *Abk.* Gr.-8°
Groß|quart; *Abk.* Gr.-4°
groß◡schrei|ben (1. mit großen [Anfangs-]Buchstaben oder in Großbuchstaben schreiben; 2. wichtig nehmen) *§ 10*; Fleiß wird hier sehr groß geschrieben
Groß|schrei|bung
groß|spre|che|risch
groß|spu|rig
Groß|stadt
groß|städ|tisch
Groß|tan|te
größ|te
Groß|teil
groß|teils
größ|ten|teils *§ 12*
Größt|maß
groß|tu|e|risch
groß◡tun *§ 10*
Groß|va|ter
groß|zü|gig
Grosz, George (dt. Zeichner 1893-1959)
gro|tesk (phantastisch, seltsam)
Gro|tes|ke, die
gro|tes|ker|wei|se
Gro|te|wohl, Otto (dt. Politiker 1894-1964)
Groth, Klaus (dt. Dichter 1819-1899)
Gro|ti|us, Hugo (niederl. Jurist 1583-1645)
Grot|te
Grot|ten|olm, der (Lurch)
Grot|zen, der (Kerngehäuse)
Grou|pie, das (Verehrerin [e. Popstars o. ä.])
Grub|ber, der (Gartengerät)
grub|bern (auflockern)
Grüb|chen
Gru|be
Grü|be|lei
grü|beln
Gru|ben...[gas *usw.*]
Grüb|ler
grüb|le|risch
Gru|de, die (Koks)
grüe|zi (schweizer. Gruß)
Gruft
Gruf|ti, der (älterer Mensch)
grum|meln; du grummelst
Grum|met, Grumt, das (Heu d. zweiten oder letzten Mahd)
grün; grünes Kleid, ein Kleid in Grün; das erste Grün, bei Grün über die Straße gehen; der Grüne; *Kleinschreibung*: der grüne Tisch (*a. übertr.*), die grüne Minna (Polizeifahrzeug), die grüne Welle, grüne Hochzeit, grüne Lunge *usw.*; das grüne/Grüne Trikot; *Großschreibung bei festen Begriffen und Eigennamen § 15 (7), (8)*: die Grüne Insel (Irland), der Grüne Punkt (Abfallentsorgung); die Grüne Woche (eine bestimmte Ausstellung), das Grüne Gewölbe (in Dresden)
Grün...[anlage *usw.*]
Grund; auf Grund laufen, des Grund und Bodens; im Grunde genommen; von Grund auf, auf Grund *oder* aufgrund; *s. a.* zugrunde
Grund...[ausbildung *usw.*]
grund|an|stän|dig
grund|ehr|lich
Grun|del, Grün|del, die (Fisch)
grün|deln
grün|den
Grün|der|zeit
grund|falsch
Gründ|gens, Gustaf (dt. Schauspieler 1899-1963)
grund|häß|lich
grun|die|ren
Grund|la|ge
grund|le|gend
gründ|lich
Gründ|ling (Fisch)
grund|los
Grün|don|ners|tag (Donnerstag vor Ostern)
Grund|satz
Grund|satz...[rede *usw.*]

grund|sätz|lich
grund|so|li|de
grund|stän|dig
Grund|stück
Grün|dungs...[jahr *usw.*]
Grün|dün|gung
grund|ver|kehrt
grund|ver|schie|den
Grü|ne, das; Fahrt ins ~, im Grünen; *vgl.* grün
Grü|ne, der (Anhänger e. Umweltschutzpartei); Bündnis 90/Die Grünen (dt. Partei)
grü|nen; es grünt
Grü|nen|ab|ge|ord|ne|te, der
Grü|ne|wald, Matthias (dt. Maler ~1470/1480-1528)
grün|gelb (Mischung aus grün u. gelb); *aber* grün-gelb (Muster aus grün u. gelb) *§ 13 (5)*
grün|lich
grün|lich|gelb; *vgl.* grüngelb
Grün|li|lie
Grün|ling (Pilz)
Grün|schna|bel
Grün|span, der (Belag v. korrodiertem Kupfer, Messing)
grun|zen; du grunzt *§ 7 (1)*
Grupp, der (Münzpaket)
Grüpp|chen
Grup|pe (1. Ansammlung; 2. Graben)
Grup|pen...[abend *usw.*]
grup|pen|wei|se
grup|pie|ren
Grus, der (grober Kohlenstaub)
Gru|sel...[film *usw.*]
gru|se|lig; *s. a.* gruslig
gru|seln
Gru|si|cal, das (Gruselfilm, -schauspiel)
gru|sig
grus|lig; *s. a.* gruselig
Gruß; *Pl.* Grü|ße
Gruß...[wort *usw.*]
grü|ßen; du grüßt *§ 7 (1)*
gruß|los
Grütz|beu|tel (verstopfte Talgdrüse)
Grüt|ze, die (*a.* Verstand)
Gru|yère, der (Käse); *s. a.* Greyerzer
Gry|phi|us, Andreas (dt. Dichter 1616-1664)
Grzi|mek, Bernhard (dt. Zoodirektor 1909-1987)
G-Sai|te *§ 13 (2)*
gscha|mig
gschä|mig
gschert; *s. a.* geschert
G-Schlüs|sel *§ 13 (2)*
Gspu|si
Gstan|zel, Gstanzl
Gua|da|la|ja|ra (Name von Städten in Mexiko, Spanien)
Gua|de|loupe (frz. Inselgruppe)
Gua|jak|harz
Gua|jak|holz
Gua|ja|kol (Alkohol)
Gu|am (Insel im Pazifik)
Gua|na|ko, das (Lama)
Gua|no, der
Gua|no|in|seln
Gua|ra|ni (1. Indianer; 2. Währungseinheit)
Gu|ar|di|an, der (Oberer eines Ordens)
Gu|asch, die (Maltechnik); *s. a.* Gouache
Gua|te|ma|la (Staat in Mittelamerika)
Gua|te|mal|te|ke
gua|te|mal|te|kisch
Gua|ya|na (Landschaft in Südamerika)
gucken; du guckst [k|k]
Guck|in|die|luft, Guck-in-die-Luft, der *§ 13 (4)*; Hans ~
Guck|ka|sten
Gud|run (Sagengestalt); *s. a.* Kudrun
Guel|fe (Papstanhänger im Mittelalter)
Gue|ricke, Otto von (dt. Naturforscher 1602-1686) [k|k]; Guerickesche Halbkugeln *§ 15 (7)*
Gue|ril|la, der/die (Guerillakrieg); der ~ (Guerillero)
Gue|ril|la...[krieg *usw.*]
Gue|ril|le|ro (Partisan)
Guer|ni|ca (Ort in Spanien)
Guern|sey (engl. Insel)
Gue|va|ra, Ernesto „Che" (kuban. Revolutionär 1928-1967)
Gu|gel|hupf, der (Napfkuchen)
Gui|do von Arez|zo (ital. Musiker ~992-1050)
Guil|loche, die (Verzierungslinien; Stichel)
Guil|lo|cheur
guil|lo|chie|ren
Guil|lo|ti|ne, die (Fallbeil)
guil|lo|ti|nie|ren
Gui|nea, die ['gini] (Münze); *s. a.* Guinee
Gui|nea (Staat in Afrika)
Gui|nea-Bis|sau (Staat in Afrika)
Gui|nee, die (Münze); *Pl.* Guineen; *s. a.* Guinea[1]
Guin|ness, Alec (engl. Schauspieler *1914)
GULAG (*Abk. f.* Sowjet. Straflagerverwaltung) *§ 17 (2) Anm. 1*
Gu|lasch, das/der
Gu|lasch|ka|no|ne (Feldküche)
Gul|brans|sen, Trygve (norweg. Schriftsteller 1894-1962)
Gul|brans|son, Olaf (norweg. Zeichner 1873-1958)
Gul|da, Friedrich (österr. Pianist *1930)
Gul|den; *Abk.* Fl (*von* Florin)
gül|den
Gul|din|sche Re|gel (mathem. Formel) *§ 15 (7)*
Gül|le, die
gül|len; du güllst
Gul|ly, das/der; *Pl.* Gullys
Gült, Gül|te, die (Zins, Grundschuld)
gül|tig
Gum|mi, das/der
Gum|mi...[ball *usw.*]
gum|mie|ren
Gum|mo|se (Pflanzenkrankheit)
Gum|pe, die (Wasserloch)
Gun|del|re|be, die (Pflanze)
Gun|der|mann (Pflanze)
Gün|sel, der (Pflanze); Kriechender ~
Gunst; in Gunst stehen, zu meinen Gunsten; *s. aber* zugunsten

Gunst...[beweis *usw.*]
gün|stig
gün|sti|gen|falls
gün|stig|sten|falls
Günst|ling
Gun|ther (Sagengestalt)
Gün|ther, Johann Christian (dt. Dichter 1965-1723)
Gup|py; *Pl.* Guppys
Gur, die (mineral. Brei)
Gur|gel
gur|geln; du gurgelst
Gur|ke
gur|ken; du gurkst
Gur|ken...[salat *usw.*]
Gur|kha (Volk in Nepal)
gur|ren; du gurrst
Gurt
Gurt...[bogen *usw.*]
Gür|tel
Gür|tel...[rose *usw.*]
gur|ten; du gurtest
gür|ten; du gürtest
Gürt|ler
Gurt|muf|fel
Gu|ru ([religiöser] Lehrer)
GUS (*Abk. v.* Gemeinschaft Unabhängiger Staaten) *§ 17 (2) Anm. 1*
Guß, der; *Pl.* Güsse
Guß...[eisen *usw.*]
guß|ei|sern
güst (unfruchtbar)
Gu|stav (*Name schwed. Könige*); Gustav Adolf (1594-1632)
Gu|stav-Adolf-Werk *§ 13 (4) Anm. 2*
Gu|sto (Geschmack); nach meinem ~
gut; guten Abend (*usw.*) sagen, guten Mutes sein, gut und gern, so gut wie; so weit, so gut; es gut haben; *aber* etwas gut◡haben; *als Verbzusatz a. zusammengeschrieben § 10*: gut◡gehen, gut◡heißen, gut◡tun; gut◡aussehend *§ 11 (4), s. d.*; *Kleinschreibung in festen und redensartlichen Verbindungen üblich*: im guten wie im bösen, im guten sagen; *Großschreibung, wenn von etwas Gutem die Rede ist und in Eigenamen*: jenseits von Gut und Böse, es hat sein Gutes, des Guten zuviel tun, zum Guten lenken; Kap der Guten Hoffnung *§ 15 (77)*; *s. a.* zugute
Gut, das; mein Hab und Gut
gut|ach|ten; du gutachtest
Gut|ach|ten, das
Gut|ach|ter
gut|ach|ter|lich
gut|acht|lich
gut|ar|tig
gut◡aus|se|hend; *aber* gut aussehend *§ 11 (4)*; *bei prädikativem Gebrauch stets zusammengeschrieben*: er war gutaussehend
gut◡be|zahlt; *aber* gut bezahlt *§ 11 (4)*
gut|brin|gen (anrechnen) *§ 9*
gut|bür|ger|lich; gutbürgerliche Küche
gut◡do|tiert; *aber* gut dotiert *§ 11 (4)*
Gut|dün|ken, das
Gü|te
Gü|te...[klasse *usw.*]
Gut|edel, der (Rebsorte)
Gu|te|nacht|kuß
Gu|ten|berg, Johannes (dt. Buchdrucker ~1397-1468)
Gu|ten|berg|bi|bel
Gü|ter...[bahnhof *usw.*]
gut◡ge|hen *§ 10*
gut◡ge|hend *§ 11 (4)*
gut◡ge|klei|det; *aber* gut gekleidet *§ 11 (4)*
gut◡ge|launt *§ 11*
gut◡ge|meint *§ 11*
gut◡ge|sinnt *§ 11*
Gut|ge|wicht (Abzug für Einwiegeverlust)
gut|gläu|big
gut◡ha|ben; etwas ~ *§ 10*
Gut|ha|ben, das
gut◡hei|ßen *§ 10*
gut|her|zig
gü|tig
güt|lich
gut|ma|chen (entgelten, erwerben) *§ 9*
gut|mü|tig
gut|nach|bar|lich
Gut|punkt
gut|sa|gen (bürgen) *§ 9*
Guts...[besitzer *usw.*]
Gut|schein
gut|schrei|ben *§ 9*
Gut|schrift
gut◡si|tu|iert; *aber* gut situiert *§ 11 (4)*
gut◡sit|zend; *aber* gut sitzend *§ 11 (4)*
Guts Muths, Johann Christoph Friedrich (dt. Turnlehrer 1759-1839)
gut|spre|chen (bürgen) *§ 9*
Gut|ta|per|cha, die/das (Gummiart)
Gut|teil, das/der
gut|teils
Gut|temp|ler (Mitglied eines Ordens)
gut◡tun *§ 10*
gut|tu|ral
Gut|tu|ral[|laut], der
gut◡un|ter|rich|tet; *aber* gut unterrichtet *§ 11 (4)*
gut|wil|lig
Gu|ya|na (Staat in Südamerika)
Gy (*Abk. v.* Gray) *§ 17 (2) Anm. 2*
Gy|ges (König v. Lydien 7. Jh. v. Chr.)
Gym|nae|stra|da (Turnfest)
Gym|na|si|al...[lehrer *usw.*]
Gym|na|si|ast
Gym|na|si|um
Gym|na|stik
gym|na|stisch
Gy|nai|kei|on (Frauenraum); *s. a.* Gynäzeum
Gy|nä|ko|lo|ge
Gy|nä|ko|lo|gie (Frauenheilkunde)
gy|nä|ko|lo|gisch
Gyn|an|drie (Zwittertum)
Gy|nä|ze|um (Frauenraum); *s. a.* Gynaikeion
Gy|ro|an|trieb

Gy|ros
Gy|ro|skop

h H das h (der Kleinbuchstabe h, der Laut h, der Ton h der kleinen Oktave); das H (der Großbuchstabe H, der Ton H der großen Oktave); h (*Zeichen f.* h-Moll, Plancksches Wirkungsquantum, *Abk. v.* Hekto..., hora [Stunde *in* 3 h *usw.*], Höhe); H (*Zeichen f.* H-Dur, *Abk. v.* Henry [Maßeinheit], *chem. Zeichen f.* Wasserstoff)
ha (*Abk. v.* Hektar) *§ 17 (2) Anm. 2*
ha!
Ha (*chem. Zeichen f.* Hahnium)
Haag, der; Den Haag (Stadt in den Niederlanden); im/in Haag, in Den Haag; Haager Landkriegsordnung; *Abk.* HLKO
Haar
Haar...[band *usw.*]
Haar|breit; um ein ~
haa|ren; sich ~
haa|rig
haar|klein
haar|scharf
haar|sträu|bend
Hab; das ~ und Gut; *s.* Habe
Ha|ba|kuk (Prophet)
Ha|ba|na, La (Hauptstadt v. Kuba); *s. a.* Havanna
Ha|ba|ne|ra, die (Tanz)
Ha|be, die; das Hab und Gut
Ha|be|as-Cor|pus-Ak|te (engl. Gesetz v. 1679) *§ 13 (2)*, Ha|be|as|kor|pus|ak|te
ha|ben; du hast, hattest, hättest, gehabt
Ha|ben, das; Soll und Haben
Ha|be|nichts, der
Ha|ben|zins
Ha|ber, Fritz (dt. Chemiker 1868-1934)
Ha|ber-Bosch-Ver|fahr|en *§ 13 (4)*
Ha|be|rer (Freund)
Ha|ber|feld|trei|ben
Ha|ber|geiß, die (Gespenst; Strohpuppe; Sumpfschnepfe)
Ha|ber|mas, Jürgen (dt. Philosoph *1929)
ha|bern (essen)
Hab|gier, die
hab|gie|rig
hab|haft
Ha|bicht, der
ha|bil (geschickt)
ha|bil. (*Abk. v.* habilitatus)
Ha|bi|li|tand (zu Habilitierender)
Ha|bi|li|ta|ti|on
Ha|bi|li|ta|ti|ons|schrift; *kurz* Habil.-Schrift *§ 13 (2)*
habilitieren (d. Lehrbefähigung an e. Hochschule verleihen); sich ~
Ha|bit, der/das (Tracht)
Ha|bi|tat, das (*biol.* Standort)
ha|bi|tu|a|li|sie|ren ([s.] gewöhnen)
ha|bi|tu|ell (gewohnheitsmäßig)
Ha|bi|tus, der (Gestalt, Benehmen)
Habs|burg (Adelsfamilie)
Habs|bur|ger
habs|bur|gisch
Hab|schaft
Hab|se|lig|keit
Hab|sucht
hab|süch|tig
Habt|acht|stel|lung
Há|ček, das (*tschech.* Häkchen auf Buchstaben); *a.* Hatschek
Ha|chel, die (1. Granne; 2. Gemüsehobel)
ha|cheln
Hach|se, die; *a.* Haxe (*süddt.*)
Ha|ciend|a (Farm); *s. a.* Hazienda
Hack, das (*kurz f.* Hackfleisch)
Hack...[beil *usw.*]
Hacke[1], die [k|k] (Werkzeug)
Hacke[2], die [k|k] (Ferse)
hacken [k|k]
Hacken, der [k|k]
Hacken|trick [k|k]
Hacke|pe|ter, der (Hackfleisch) [k|k]
Hacker (Computeramateur, der in fremde Systeme eindringt) [k|k]
Häcker|ling [k|k]
Hacks, Peter (dt. Schriftsteller 1928-2003)
Häck|sel, der/das
häck|seln; du häckselst
Häcks|ler
Ha|der[1], der (Streit)
Ha|der[2], der (Lumpen); *Pl.* Hadern
Ha|de|rer (Eckzahn d. Keilers)
Ha|der|lump, der (Taugenichts)
ha|dern; du haderst
ha|dern|hal|tig
Ha|des, der (Unterwelt)
Ha|dri|an (röm. Kaiser 76-138; *Papstname*)
Hadsch, der (Pilgerfahrt nach Mekka)
Ha|dschi, der (Mekkapilger)
Ha|du|brand (Sagengestalt)
Haeckel, Ernst (dt. Naturforscher 1834-1919) [k|k]
Ha|fen
Hafen...[arbeiter *usw.*]
Ha|fer
Ha|fer...[brei *usw.*]
Ha|ferl, Hä|ferl, das (Tasse, Nachttopf)
Haff, das (flache Meeresbucht)
Haff|ner, Sebastian (dt.-engl. Historiker 1907-1999)
Ha|fis (pers. Dichter ~1325-1390)
Haf|lin|ger, der (Pferderasse)
Haf|ner, Häf|ner (Töpfer, Ofensetzer)
Haf|ne|rei
Haf|ni|um; *chem. Zeichen* Hf
...**haft**; fehlerhaft *usw.*
Haft, die
Haft...[anstalt *usw.*]
haft|bar
Haf|tel, das (Haken, Öse)
häf|teln
haf|ten
haf|ten◡blei|ben *§ 10*
Häft|ling

Haft|pflicht
Hag, der (Hecke u. ä.)
Ha|ge|bu|che
Ha|ge|but|te
Ha|ge|but|ten...[tee *usw.*]
Ha|ge|dorn, Friedrich von (dt. Dichter 1708-1754)
Ha|gel
Ha|gel...[schlag *usw.*]
ha|gel|dicht
ha|geln; es hagelt
Ha|gel|stan|ge, Rudolf (dt. Schriftsteller 1912-1984)
Ha|gen (Stadt)
Ha|gen von Tron|je (Sagengestalt)
Ha|gen|beck, Karl (dt. Zoogründer 1844-1913)
ha|ger
Ha|ge|stolz, der
Hag|gai (Prophet)
Ha|gia So|phia (Kirche)
Ha|gio|graph
Ha|gio|gra|phie (Darstellung v. Heiligenleben)
ha|gio|gra|phisch
Hague, La (frz. Nuklearfabrik)
ha|ha!
Hä|her, der (Vogel)
Hahn, der
Hahn, Otto (dt. Chemiker 1879-1968)
Hähn|chen
Hah|ne|mann, Samuel (dt. Arzt 1755-1843)
Hah|nen...[kampf *usw.*]
Hah|nen|fuß, der (Pflanze)
Hah|ni|um (*chem. Zeichen* Ha); *s. a.* Joliotium
Hahn|rei (betrogener Ehemann)
Hai, der (Fisch)
Hai|der, Jörg (österr. Politiker *1950)
Hai|fa (Stadt in Israel)
Hai|fisch
Hai|ku, das (jap. Gedichtform)
Hai|le Se|las|sie (Kaiser v. Äthiopien 1892-1975)
Hai|mons|kin|der (Sagengestalten)
Hain, der (Wald)
Hai|nan (chines. Insel)
Hain|bu|che
Hain|bund
Hai|phong (Stadt in Vietnam)
Hair-Sty|list (Friseur)
Hai|tha|bu (Wikingersiedlung in Schleswig)
Ha|i|ti (Inselstaat)
Ha|i|ti|a|ner, Ha|i|ti|er
ha|i|ti|a|nisch
ha|i|tisch
Häk|chen
Hä|kel...[garn *usw.*]
hä|keln; du häkelst
ha|ken; du hakst
Ha|ken, der
Ha|ken...[kreuz *usw.*]
Ha|kim (*arab.*) (Arzt, Gelehrter)
Hå|kon (*Name norweg. Könige*)
Ha|la|li, das (Jagdruf, Ende der Jagd); zum ~ blasen
halb; halb eins, der Zeiger steht auf halb; *betontes Erstglied in zusammengesetzten, meist klassifizierenden Adjektiven*: halbamtlich *usw.*; *aber* halb amtlich [und halb privat]; *s. aber a.* halblink, halbrecht
halb|amt|lich; *vgl.* halb
halb|bat|zig
halb|bit|ter; halbbittere Schokolade; *vgl.* halb
halb|blind; *vgl.* halb
halb|bür|tig
halb|dun|kel; das Halbdunkel; *vgl.* halb
Hal|be, die
hal|be-hal|be *§ 13 (5)*
hal|ber; ehrenhalber, der Ehre halber
halb|er|wach|sen; *vgl.* halb
halb|fett; *vgl.* halb
Halb|fi|na|le, das
halb|gar; *vgl.* halb, ganzgar
halb|ge|bil|det; *vgl.* halb
Halb|ge|bil|de|te, der
Halb|ge|fro|re|ne, das
Halb|heit
halb|her|zig
halb|hoch; *vgl.* halb
hal|bie|ren
halb|jäh|rig
halb|jähr|lich
halb|lang; *vgl.* halb
halb|leer; *vgl.* halb
halb|leinen (*Adjektiv*); *vgl.* halb
Halb|lei|nen, das; aus ~
halb|link; der Halblinke (Sport)
halb|links; *vgl.* halb
halb|mast; ~ flaggen, auf ~
Halb|mes|ser (Radius)
halb|me|ter|dick
halb|recht; der Halbrechte (Sport)
halb|rechts; *vgl.* halb
halb|schläch|tig
halb|sei|den; *vgl.* halb
halb|sei|tig (*a.* unseriös)
halb|staat|lich; *vgl.* halb
Halb|star|ke, der
halb|stün|dig
halb|stünd|lich
halb|tags
halb|tot; *vgl.* halb
halb|trocken [k|k]; *vgl.* halb
halb|ver|hun|gert; *vgl.* halb
halb|voll; *vgl.* halb
halb|wegs
halb|wol|len; *vgl.* halb
halb|wüch|sig
Hal|de, die; auf ~
Ha|lér (Münze)
Hal|fa|gras; *s. a.* Alfagras, Esparto
Hälf|te
hälf|ten; du hälftest
Half|ter, das/der (Teil des Zaumzeugs)
half|tern
hälf|tig
Ha|li|fax, Edward Wood (engl. Politiker 1881-1959)
Ha|li|kar|nas|sos (antike Stadt)
Hal|ky|o|ne (Sagengestalt); *s. a.* Alkyone
hal|ky|o|nisch; *s. a.* alkyonisch
Hall, der
Hal|le, die
Hal|le (Saale) (Stadt)
Hall-Ef|fekt *§ 13 (2)*
hal|le|lu|ja; das Halleluja
hal|len

Hal|len...[bad *usw.*]
Hal|len|ser (Einwohner v. Halle a. d. Saale)
Hal|lert|au, die (Landschaft); *s. a.* Holledau
hal|lesch (*zu* Halle)
Hal|ley, Edmond (engl. Astronom 1656-1742); Halleyscher Komet *§ 15 (7)*
Hal|ley-Ko|met *§ 13 (2)*
Hal|ley|sche Ko|met, der
Hal|lig, die (kl. nordfries. Insel); *Pl.* Halligen
Hal|li|masch, der (Pilz)
Hall|jahr
hal|lo; ~ sagen, ~ rufen
Hal|lo, das; mit großem ~
Hal|lo|dri, der (leichtfertiger Mann)
Hal|lo|re, der (Salinenarbeiter in Halle)
Hall|statt|zeit (ältere Eisenzeit)
Hall|stein, Walter (dt. Politiker 1901-1982)
Hall|stein-Dok|trin
Hal|lu|zi|na|ti|on (Sinnestäuschung)
hal|lu|zi|na|tiv
hal|lu|zi|nie|ren
hal|lu|zi|no|gen; halluzinogene Drogen
Hal|lu|zi|no|gen, das
Halm
Hal|ma, das (Brettspiel)
Hälm|chen
hal|mig
Ha|lo, der (Hof [um eine Lichtquelle]); *Pl.* Halos, Halonen
Ha|lo|gen, das („salzbildendes" Element)
Ha|lo|ge|nid, das (Salz)
ha|lo|ge|nie|ren
Ha|lo|phyt, der (Salzpflanze)
Hals; Hals über Kopf
Hals, Frans (niederl. Maler 1580/85-1666)
Hals...[kette *usw.*]
Hals|ber|ge, die
hals|bre|che|risch
Hal|se, die (Wendung)
hal|sen[1] (um den Hals fallen); du halst *§ 7 (1)*
hal|sen[2] ([ein Segelschiff] wenden); du halst *§ 7 (1)*
hals|fern
Hals|ge|richt
Hals-Na|sen-Oh|ren-Arzt; *Abk.* HNO-Arzt *§ 13 (2)*
hals|star|rig
Hals- und Bein|bruch! *§ 13 (1)*
Hal|sung
halt!
Halt, der; Halt machen; *a.* halt◡machen; du machst halt/Halt *§ 10*
halt|bar
hal|ten; hältst, hielt[e]st, gehalten
Hal|ter
Hal|te|re, die (Flügel)
Hal|te|rung
Hal|te|stel|le
hal|tig
halt|los
halt◡ma|chen; du machst halt *§ 10*; *vgl.* Halt
Hal|tung
Ha|lun|ke, der
Ham (bibl. Gestalt)
Ha|ma|me|lis (Zaubernuß)
Ha|mann, Johann Georg (dt. Schriftsteller 1730-1788)
Ha|mas (*Abk. f.* Bewegung des islam. Widerstands) *§ 17 (2) Anm. 1*
Hä|ma|tin, das (Blutstoff)
Hä|ma|tit, der (Mineral)
Hä|ma|to|lo|gie (Blutkunde)
Hä|ma|tom, das (Bluterguß)
Hä|ma|to|zo|on, das (Blutparasit)
Hä|mat|urie (Blutharnen)
Ham|burg (Stadt)
Ham|bur|ger (*a. engl.* Brötchen mit Frikadelle); der ~ Hafen
ham|bur|gern; du hamburgerst
ham|bur|gisch
Hä|me, die (Gehässigkeit)
Ha|meln (Stadt); der Rattenfänger von ~
Ha|mel|ner
Ha|men, der (Netz)
Ha|mil|kar Bar|kas (karthag. Feldherr ~290-229/228 v. Chr.)
Ha|mil|ton, Alexander (amerik. Politiker 1755-1804); Emma Lady ~ (Geliebte Nelsons ~1765-1815)
hä|misch
Ha|mit, Ha|mi|te (Angehöriger e. afrikanischen Völkergruppe)
ha|mi|tisch
Ham|let (Figur bei Shakespeare)
Hamm (Stadt)
Ham|ma|da, die (Steinwüste)
Ham|mar|skjöld, Dag (schwed. Politiker 1905-1961)
Hamm-Brü|cher, Hildegard (dt. Politikerin *1921)
Ham|mel
Ham|mel|sprung (Abstimmungsverfahren)
Ham|mer, der; *Pl.* Hämmer
Häm|mer|chen
häm|mern
Ham|mer|wer|fen, das
Ham|mett, Dashiell (amerik. Schriftsteller 1894-1961)
Ham|mond|or|gel
Ham|mu|ra|bi, Ham|mu|ra|pi (König v. Babylon 1728-1686 v. Chr.)
Hä|mo|glo|bin, das (Blutfarbstoff)
Hä|mo|phi|lie (Bluterkrankheit)
Hä|mor|rha|gie (Blutung)
hä|mor|rho|i|dal
Hä|mor|rho|i|de, die (Venenausstülpung im Enddarm)
Hä|mo|zyt, der (Blutkörperchen)
Ham|pel|mann
ham|peln
Hamp|ton, Lionel (amerik. Musiker 1909-2002)
Ham|ster
Ham|ster...[kauf *usw.*]
Ham|ste|rer
ham|stern
Ham|sun, Knut (norweg.

Schriftsteller 1859-1952)
Hand; linker Hand; an Hand *oder* anhand (*Präposition*); Hand in Hand; eine Hand breit sein (so breit wie eine Hand) sein, *s. aber* handbreit, die Handbreit, Handvoll *als Maßangabe*; *s.* allerhand, abhanden, vorhanden, zuhanden; unterderhand (heimlich), vorderhand (einstweilen); handhaben; überhand◡nehmen
Hand...[arbeit *usw.*]
hand|ar|bei|ten; du handarbeitest
Hand|auf|he|ben, das
hand|breit; ein handbreiter Streifen; *vgl.* Hand
Hand|breit, die; zwei Handbreit; *vgl.* Hand
Händ|chen; sie halten Händchen; händchenhaltend, *a.* Händchen haltend
Händ|chen|hal|ten, das
händ|chen|hal|tend; *a.* Händchen haltend
Han|del
Hän|del, Georg Friedrich (dt. Komponist 1685-1759)
han|deln; du handelst
Han|deln, das
Handels...[gesetz *usw.*]
han|dels|eins
Hän|del|sucht
hän|del|süch|tig
han|del|trei|bend; *aber* [einen] Handel treibend *§ 11 (4), (6)*
Hän|de|rin|gen, das
hän|de|rin|gend; *aber* die Hände ringend *§ 11 (4)*
hand|fest
hand|ge|ar|bei|tet
hand|ge|knüpft
hand|ge|mein
Hand|ge|men|ge
hand|ge|schöpft
hand|ge|schrie|ben
hand|ge|strickt
hand|ge|webt
hand|greif|lich
hand|hab|bar
Hand|ha|be, die
hand|ha|ben
Han|di|cap, das (Behinderung; Vorgabe im Sport); *a.* Handikap
han|di|ca|pen; *a.* handikapen; gehandicapt
Han|di|kap, das (Behinderung; Vorgabe im Sport); *a.* Handicap
han|di|ka|pen; *a.* handicapen; gehandikapt
hän|disch
Hand|ke, Peter (österr. Schriftsteller *1942)
hand|ko|lo|riert
hand|lang
Hand|lan|ger
Händ|ler
hand|lich
Hand|ling [hɛndliŋ], das (Handhabung)
Hand|lung
Hand|lungs...[weise *usw.*]
Hand|out, das (Tischvorlage f. Seminare u. ä.)
hand|sam (gefällig)
hand|schrift|lich
hand|si|gniert
Hand|um|dre|hen; im ~
hand|ver|le|sen
Hand|voll, die; zwei Handvoll Erde; *aber* er hat die Hand voll Erde
hand|warm
Hand|werk
Hand|wer|ker
Hand|werks...[kammer *usw.*]
Han|dy, das (Mobiltelefon); *Pl.* Handys
ha|ne|bü|chen (unerhört)
Hanf, der
Hanf...[seil *usw.*]
han|fen, hän|fen (aus Hanf)
Hänf|ling (Vogel)
Hang
hang|ab|wärts; *aber* den Hang abwärts
Han|gar, der (Flugzeughalle)
han|geln
Hän|ge|mat|te
han|gen; mit Hangen und Bangen
hän|gen; du hängst, hingst, hängtest, hingest, gehangen, gehängt; *die Formen* hängtest, gehängt *sind bei transitivem Gebrauch vorzuziehen*; mit Hängen und Würgen
hän|gen◡blei|ben *§ 10 Anm.*
Han|gen|de, das (*bergm.*)
hän|gen◡las|sen *§ 10 Anm.*
Hän|ger
hän|gig
Hang|zhou (Stadt in China)
Han|ni|bal (karthag. Feldherr 247/46-183 v. Chr.)
Han|no|ver (Stadt)
Han|no|ve|ra|ner
han|no|ve|risch, han|nö|ve|risch; *s. a.* hannoversch, hannöversch
han|no|versch, han|nö|versch; Hannoversch Münden (Stadt); *s. a.* hannoverisch, hannöverisch
Ha|noi (Hauptstadt v. Vietnam)
Hans; Hans Guckindieluft *oder* Guck-in-die-Luft, Hans im Glück, der blanke Hans (Nordsee); *s.* Hansdampf, Hansnarr, Hanswurst
Han|sa, die (mittelalterl. Bündnis v. Handelsstädten); *s. a.* Hanse
Han|sa|plast, das (Wundpflaster)
Häns|chen (*zu* Hans)
Hans|dampf, der
Han|se, die (mittelalterl. Bündnis v. Handelsstädten); *s. a.* Hansa
Han|se|at (*heute*: Bewohner e. Hansestadt)
han|se|a|tisch
Han|se|kog|ge, die (Schiff)
Han|sel, der (armer Kerl)
Hän|se|lei
hän|seln; du hänselst
han|sisch
Hans|narr, der
Hans|wurst, der
Hans|wur|ste|rei
Hans|wur|sti|a|de

Han|tel, die (Sportgerät)
han|tie|ren
Ha|pax|le|go|me|non, das (nur einmal belegtes Wort); *Pl.* ...legomena
ha|pern; es hapert
ha|plo|id (nur einen Chromosomensatz enthaltend)
Ha|plo|logie (Auslassung gleicher o. ähnlicher Silben)
Häpp|chen
Hap|pen, der
Hap|pe|ning, das (Kunstereignis)
hap|pig
hap|py
Hap|py-End, das
Hap|tik (Lehre vom Tastsinn)
hap|tisch (den Tastsinn betreffend)
har! (*Befehl an Zugtiere*: links!)
Ha|ra|ki|ri, das (Selbstmord durch Aufschlitzen d. Bauchs)
Ha|rap|pa (Stätte der Induskultur)
Ha|ra|re (Hauptstadt v. Simbabwe)
Ha|raß, der (Kiste); *Pl.* Harasse
Har|bin (Stadt in China)
Här|chen (*zu* Haar)
Hard|co|py, die (*EDV* Datenausdruck)
Hard|core, der (krasser Sexfilm u. ä.)
Hard|core...[porno *usw.*]
Hard co|ver, das (Buch m. festem Einband) *§ 15 (3)*, *a.* Hard|cover
Hard disk, die (*EDV* Festplatte) *§ 15 (3)*; *Abk.* HD
Hard|drink, der (alkoholreiches Getränk)
Har|de, die (Verwaltungsbezirk)
Har|den|berg, Friedrich von (Novalis, dt. Dichter 1772-1801 August von ~ (preuß. Politiker 1750-1822)
Har|des|vogt (Vorsteher e. Harde)
Har|ding, Warren (Präsident der USA 1865-1923)
Hard|li|ner (kompromißloser Politiker)
Hard Rock, der (Musikstil)
Hard|top, das/der (festes Dach; Wagen mit festem Dach)
Hard|ware, die (Geräte einer EDV-Anlage)
Ha|rem, der
hä|ren (aus Haar)
Hä|re|sie (Ketzerei)
Hä|re|ti|ker
hä|re|tisch
Har|fe
har|fen; du harfst
Har|fen...[klang *usw.*]
Har|fe|nist
Harf|ner
Har|ke
har|ken; du harkst
Har|le|kin, der (Possenreißer)
Har|le|ki|na|de
Har|lem (Teil v. New York)
Harm
Har|mat|tan, der (Wüstenwind)
här|men; sich ~
harm|los
Har|mo|nie
har|mo|nie|ren
Har|mo|nik
Har|mo|ni|ka (Musikinstrument)
har|mo|nisch
har|mo|ni|sie|ren
Har|mo|ni|um (Musikinstrument)
Harn
Harn...[blase *usw.*]
Har|nack, Adolf von (dt. Theologe 1851-1930)
har|nen; du harnst
Har|nisch, der (Rüstung)
Har|non|court, Nikolaus (österr. Musiker *1929)
harn|trei|bend; *aber* den Harn treibend *§ 11 (4), (6)*
Har|pu|ne, die
Har|pu|nier
har|pu|nie|ren
Har|py|ie (1. Fabelwesen; 2. Vogel)
har|ren
harsch
Harsch, der (Schnee)
Harsch|schnee
har|schen
har|schig
Hars|dörf|fer, Georg Philipp (dt. Dichter 1607-1658)
hart; der Harte (Schnaps); hart auf hart
Hart...[gummi *usw.*]
Här|te
här|ten
hart◡ge|brannt *§ 11 (4)*
hart◡ge|fro|ren *§ 11 (4)*
hart◡ge|kocht *§ 11 (4)*
hart◡ge|sot|ten (*a. übertr.*) *§ 11 (4)*
hart|her|zig
Hart|heu, das (Johanniskraut)
hart|hö|rig
hart|köp|fig
hart|lei|big
Härt|ling (Felssockel)
Härt|ling, Peter (dt. Schriftsteller *1933)
hart|lö|ten; hartgelötet
hart|ma|gne|tisch
Hart|mann, Eduard von (dt. Philosoph 1842-1906); Karl Amadeus ~ (dt. Komponist 1905-1963); Nicolai ~ (dt. Philosoph 1882-1950)
Hart|mann v. Aue (dt. Dichter † zw. 1210 und 1220)
Hart|mo|nat, Hart|mond (Januar)
hart|näckig [k|k]
Hart|rie|gel, der (Pflanze)
hart|rin|dig
hart|scha|lig
Hart|schier (Leibwächter)
Har|tung (Januar)
Har|tung, Hans (dt. Maler 1904-1989); Hugo ~ (dt. Schriftsteller 1902-1972)
Ha|run ar-Ra|schid (Kalif 786-809)
Ha|ru|spex, der (Wahrsager); *Pl.* Haruspizes
Har|vard; Harvard-Universität
Har|vey, Lilian (engl. Schau-

spielerin 1907-1968); William ~ (engl. Arzt 1578-1657)
Harz, das
Harz, der (Gebirge)
Harz|bur|ger Front
har|zen; du harzt *§ 7 (1)*; geharzt
Har|zer (Käse); Harzer Roller (Kanarienvogel)
har|zig
Harz|säu|re
Ha|san (König v. Marokko 1929-1999)
Ha|sard, das (Glücksspiel)
Ha|sar|deur
ha|sar|die|ren
Hasch, das (*kurz f.* Haschisch)
Ha|schee, das (gehacktes Fleisch; Gericht daraus)
ha|schen; du haschst
Ha|schen, das; ~ spielen
Häs|chen (*zu* Hase)
Hä|scher
ha|schie|ren
Ha|schisch, das
Hasch|mich, der; einen ~ haben
Has|dru|bal (karthag. Feldherr † 221 v. Chr.)
Ha|se
Ha|šek, Jaroslav (tschech. Schriftsteller 1882-1923)
Ha|sel, die
Ha|sel...[nuß *usw.*]
Ha|sen...[braten *usw.*]
Ha|sen|cle|ver, Walter (dt. Schriftsteller 1890-1940)
Ha|sen|fuß (*a.* Feigling)
ha|sen|fü|ßig
ha|sen|her|zig
ha|sen|rein (*a. übertr.* einwandfrei)
Ha|sen|schar|te (Mißbildung)
Hä|sin
Has|kil, Clara (rum.-schweiz. Pianistin 1895-1960)
Has|pe, die (Türangel)
Has|pel, die (Spule, Winde)
has|peln
Haß
Haß...[gesang *usw.*]
Has|sell, Ulrich von (dt. Diplomat 1881-1944)
has|sen; du haßt *§ 7 (1)*
has|sens|wert
haß|er|füllt
häß|lich
haß|ver|zerrt
Hast, die
ha|sten; du hastest
ha|stig
Ha|thor (ägypt. Göttin)
Ha|tschek, das (Häkchen auf Buchstaben); *a.* Háček (*tschech.*)
Hät|sche|lei
hät|scheln
hat|schen; du hatschst
hat|schi!; *s. a.* hatzi!
Hat|trick, der (dreimaliger Erfolg im Sport)
Hat|tu|sa (antike Stadt)
Hatz, die
hat|zi!; *s. a.* hatschi!
Hau, der (1. Holzeinschlagstelle; 2. Hieb; *vgl.* Haue; *a. übertr.* einen Hau haben)
Hau|bank
Hau|barg, der (Bauernhaus)
Häub|chen
Hau|be
Hau|ben|ler|che
Hau|ben|mei|se
Hau|ben|tau|cher (Vogel)
Hau|bit|ze, die (Geschütz)
Hauch
hauch|dünn
hau|chen; du hauchst
hauch|fein
Hauch|laut, der
hauch|zart
Hau|de|gen, der
Haue[1] (Hacke)
Haue[2] (*Pl. v.* Hau 2.); Haue kriegen
hau|en; du haust, hautest/ hiebst, hiebest, gehauen
Hau|er, der (1. Bergmann; 2. Winzer; 3. Eckzahn d. Keilers)
Häuf|chen
Hau|fen; *s. a.* Haufen
häu|feln
Hau|fen; *s. a.* Haufe
Hau|fen...[dorf *usw.*]
häu|fen
hau|fen|wei|se
Hauff, Wilhelm (dt. Schriftsteller 1802-1827); die Hauffschen Märchen *§ 15 (7)*
häu|fig
Häuf|lein
Hau|he|chel, die (Pflanze)
Hau|klotz
Haupt
Haupt...[stadt *usw.*]
haupt|amt|lich
haupt|be|ruf|lich
Häup|tel (Salat-, Kohlkopf)
Haup|tes|län|ge
Häupt|ling
Haupt|mann
Haupt|mann, Gerhart (dt. Dichter 1862-1946)
haupt|säch|lich
haupt|städ|tisch
Haupt- und Staats|ak|ti|on *§ 13 (1)*
haupt|ver|ant|wort|lich
hau ruck!
Hau|ruck|ver|fah|ren
Haus; Haus halten; *s. a.* haushalten *§ 10*
Haus...[arzt *usw.*]
Hau|sa (Volk u. Sprache in Afrika); auf hausa; *a.* Haussa
haus|backen [k|k]
Häus|chen
haus|ei|gen
hau|sen; du haust *§ 7 (1)*
Hau|sen, der (Fisch)
Hau|ser, Kaspar (als Findelkind geltender Mann 1812[?]-1833; *a. übertr.*)
Häu|ser|chen
Haus|frau
haus|ge|macht
Haus|halt
haus|hal|ten; du hältst haus *§ 10*; *vgl.* Haus
Haus|hal|ter, Haus|häl|ter
haus|häl|te|risch
Haus|halts...[buch *usw.*]
haus|halts|üb|lich
haus|hoch
Haus|ho|fer, Albrecht (dt.

Schriftsteller); Karl ~ (dt. Geograph)
hau|sie|ren (Waren an der Haustür anbieten); *s. aber* haussieren
Hau|sie|rer
haus|in|tern
Häus|lein
Häus|ler
häus|lich
Haus|ma|cher|art; nach ~
Haus|man|nit, der (Mineral)
Haus|mei|er (oberster Verwalter eines Hofes)
Haus|rat, der
Haus|sa (Volk u. Sprache in Afrika); auf haussa sprechen; *a.* Hausa
haus|schlach|ten; hauszuschlachten, hausgeschlachtet
Haus|se, die (Aufschwung)
Haus|sier (*zu* Hausse)
haus|sie|ren (*zu* Hausse); *s. aber* hausieren
Haus-zu-Haus-Ver|kehr *§ 13 (4)*
Haut
Haut...[farbe *usw.*]
Häut|chen
Haute Coif|fure, die (Frisierkunst) *§ 15 (7)*
Haute Cou|ture, die (Modeschneiderei) *§ 15 (7)*
Haute|lisse, die (Bildteppich)
häu|ten; sich ~
haut|eng
Haute|vo|lee, die (feine Gesellschaft)
Haut|gout, der (Aroma abgehangenen Fleisches)
häu|tig (*zu* Haut)
haut|nah
Haut|re|li|ef (*frz.*) (Hochrelief)
Haut-Sau|ternes, der (Wein)
haut|scho|nend *§ 11 (4)*; *aber* die Haut schonend
Ha|van|na (Hauptstadt v. Kuba); *a.* [La] Habana
Ha|van|na[zi|gar|re], die
Ha|va|rie ([Schiffs-]Unfall)
ha|va|rie|ren
Ha|va|rist
Ha|vel, die (Fluß)
Ha|vel, Václav (tschech. Politiker *1936)
Ha|vel|land
ha|vel|län|disch
Ha|ve|lock, der (Mantel)
Ha|ve|mann, Robert (dt. Physiker 1910-1982)
Ha|waii (Insel; Bundesstaat der USA)
Ha|wai|i|a|ner
Ha|waii-In|sel
ha|wai|isch
Haw|king, Stephen (engl. Physiker *1942)
Hawks, Howard (amerik. Regisseur 1896-1977)
Haw|thorne, Nathaniel (amerik. Schriftsteller 1804-1864)
Ha|xe (*süddt.*); *a.* Hachse
Hay|dée, Marcia (brasilian. Tänzerin *1937)
Haydn, Joseph (österr. Komponist 1732-1809)
haydnsch (nach Art Haydns); Haydnsche Werke (Werke von Haydn) *§ 15 (7)*
Ha|yek, Friedrich August von (österr.-engl. Wirtschaftswissenschaftler 1899-1992)
Hay|worth, Rita (amerik. Schauspielerin 1918-1987)
Ha|zi|en|da (Farm); *s. a.* Hacienda
Hb (*Abk. v.* Hämoglobin) *§ 17 (2) Anm. 2*
HB (*Abk. v.* Brinellhärte) *§ 17 (2) Anm. 1*
Hbf. (*Abk. v.* Hauptbahnhof)
H-Bom|be (Wasserstoffbombe) *§ 13 (2)*
h. c. (*Abk. v.* honoris causa)
HDTV (*Abk. v.* High Definition Television) *§ 17 (2) Anm. 1*
H-Dur *§ 13 (2)*; H-Dur-Tonleiter *§ 13 (3)*
he! (*Zuruf*)
He (*chem. Zeichen f.* Helium)
Head|line, die (Schlagzeile)
Hea|ring, das (Anhörung)
Heart|field, John (dt.-engl. Grafiker 1891-1968)
Hea|vi|side|schicht (Teil der Erdatmosphäre)
Hea|vy Me|tal, das (Musikstil)
Heb|am|me
Heb|bel, Friedrich (dt. Dichter 1813-1863)
He|be (Göttin)
He|bel
He|bel, Johann Peter (dt. Dichter 1760-1826)
Hebel...[arm *usw.*]
he|beln; du hebelst
he|ben; du hebst, hobst, höbest, gehoben
He|ber
he|bern; du heberst
He|brä|er
He|bra|i|cum, He|bra|i|kum (Hebräischprüfung)
he|brä|isch; auf ~
He|brä|isch, das; auf hebräisch sprechen
He|brä|i|sche, das
He|bra|ist
He|bra|i|stik
He|bri|den (*Pl.*) (Inselgruppe)
He|chel, die (Gerät zum Auskämmen v. Flachs u. ä.)
he|cheln (1. mit der Hechel arbeiten; 2. rasch atmen; 3. schwätzen)
Hecht, der
Hecht...[sprung *usw.*]
hecht|blau
hech|ten; du hechtest
Heck, das
Heck...[flosse *usw.*]
Hecke [k|k]
Heckel, Erich (dt. Maler 1883-1970) [k|k]
hecken [k|k]; du heckst
Heck|meck, der (Getue)
Heck|pfen|nig
he|da!
He|de|rich, der (Pflanze)
He|din, Sven (schwed. Forschungsreisender 1865-1952)
He|do|ni|ker
He|do|nist
He|do|nis|mus (Lustethik)
he|do|ni|stisch

He|dschra, die (Flucht Mohammeds); *s. a.* Hidjra, Hidschra
Heer, das
Heer|bann (militär. Aufgebot)
Hee|res...[bericht *usw.*]
He|fe
He|fe...[teig *usw.*]
Hef|ner|ker|ze (*früher* Einheit der Lichtstärke)
Heft
Heft...[rand *usw.*]
Hef|tel, das (Haken, Öse)
hef|teln
hef|ten
Hef|ter (Heftmappe)
hef|tig
He|gau (Landschaft am Bodenseee)
He|ge, die
He|ge...[meister *usw.*]
He|gel, Georg Wilhelm Friedrich (dt. Philosoph 1770-1831)
He|ge|li|a|ner
he|ge|li|a|nisch
he|gelsch (nach Art Hegels); Hegelsche Werke (Werke von Hegel) *§ 15 (7)*
He|ge|mon, der (Führer)
he|ge|mo|ni|al
He|ge|mo|nie (Vorherrschaft)
he|ge|mo|nisch
he|gen; du hegst
He|gen|barth, Josef (dt. Maler 1884-1962)
Hehl; kein[en] ~ machen
heh|len
Heh|ler
Heh|le|rei
hehr (edel)
hei! (*Ausruf*)
Hei|de, der
Hei|de, die
Hei|de...[kraut *usw.*]
Hei|deg|ger, Martin (dt. Philosoph 1889-1976)
Hei|de|korn
Hei|del|bee|re
Hei|del|berg (Stadt)
Hei|de|ler|che
Hei|den...[angst *usw.*]
Hei|de[n]|rös|chen
Hei|den|tum
hei|di! (*Ausruf*)
heid|nisch
Heid|schnucke (Schaf) [k|k]
Hei|duck, der
Hei|er|mann
hei|kel; heik|ler
heil (unversehrt)
Heil, das
Heil...[bad *usw.*]
Hei|land (Erlöser)
heil|bar
heil|brin|gend; *aber* [großes] Heil bringend *§ 11 (4), (6)*
Heil|bronn (Stadt)
Heil|butt, der (Fisch)
hei|len
heil|froh
hei|lig; der heilige Augustinus; *Großschreibung in Eigennamen*: das Heilige Grab, Land, das Heilige Römische Reich Deutscher Nation; der Heilige Abend, Christ, Geist, Gral, Krieg, Stuhl, Vater (Papst); die Heilige Allianz, Dreifaltigkeit, Familie, Jungfrau, Nacht, Schrift (Bibel), Stadt (Jerusalem); die Heiligen Drei Könige; *Abk.* hl., *Plural* hll.
Hei|lig|abend
Hei|li|ge, der
Hei|li|ge|drei|kö|nigs|tag, der
hei|li|gen; du heiligst
Hei|li|gen...[schein *usw.*]
Hei|lig|geist|kir|che
hei|lig◡hal|ten *§ 10*
hei|lig◡spre|chen *§ 10*
Hei|lig|tum
heil|kli|ma|tisch
heil|kun|dig
heil|los
heil|päd|ago|gisch
Heils...[lehre *usw.*]
heil|sam
Heils|ar|mee (e. karitative christl. Organisation)
heim (nach Hause); *als Richtungszusatz a. zusammengeschrieben § 10*: heim◡gehen *usw.*; der Heimgegangene
Heim, das
Heim...[arbeit *usw.*]
Hei|mat
Hei|mat...[recht *usw.*]
hei|mat|be|rech|tigt
hei|mat|kund|lich
hei|mat|lich
hei|mat|los
heim◡be|glei|ten *§ 10*
heim◡brin|gen *§ 10*
Heim|chen (Grille)
Heim|dall (Gott)
hei|me|lig
heim◡fah|ren *§ 10*
Heim|fahrt
Heim|fall
heim◡füh|ren *§ 10*
Heim|gang
heim◡ge|hen *§ 10*; der Heimgegangene (*a.* Verstorbene)
heim◡gei|gen *§ 10*
heim◡ho|len *§ 10*
hei|misch
Heim|kehr
heim◡keh|ren *§ 10*
heim◡leuch|ten (*a. übertr.*) *§ 10*
heim|lich
heim|lich◡tun (s. geheimnisvoll verhalten)
heim◡müs|sen *§ 10*
heim◡rei|sen *§ 10*
heim|su|chen
Heim|tücke [k|k]
heim|tückisch [k|k]
heim|wärts
Heim|weh
Heim|wer|ker
heim◡wol|len *§ 10*
heim|zah|len
heim|zu
Hein; Freund ~ (Tod)
Hei|ne, Heinrich (dt. Dichter 1797-1856)
Hei|ne|mann, Gustav (dt. Bundespräsident 1899-1976)
hei|nesch (nach Art Heines); Heinesche Gedichte (Gedichte von Heine) *§ 15 (7)*; *s. a.* heinisch
Hei|ni (*a.* dummer Mensch)

hei|nisch; *s.* heinesch
Hein|rich (*Name von Herrschern*); ~ der Löwe
Hein|rich von Mo|run|gen (dt. Dichter † 1222)
Hein|rich von Of|ter|din|gen (Dichtergestalt)
Hein|rich von Vel|de|ke (dt. Dichter 1140/50- vor 1210)
Hein|zel|männ|chen
Hei|rat
hei|ra|ten
Hei|rats...[absicht *usw.*]
hei|rats|fä|hig
hei|sa!; *a.* heißa!
hei|schen; du heischst
Hei|sen|berg, Werner (dt. Physiker 1901-1976); Heisenbergsche Unschärferelation *§ 15 (7)*
Hei|sig, Bernhard (dt. Maler *1925)
hei|ser
heiß; *a. als Erstglied v. Zusammensetzungen*: heiß◡ersehnt *usw.* (*s. d.*)
Heiß...[mangel *usw.*]
hei|ßa!, heisa!
hei|ßas|sa!
heiß|blü|tig
hei|ßen (*a.* auffordern); du heißt *§ 7 (1)*, hießest, geheißen
Hei|ßen|büt|tel, Helmut (dt. Schriftsteller 1921-1996)
heiß◡er|sehnt *§ 11 (4)*
heiß◡ge|liebt *§ 11 (4)*
heiß|hung|rig
heiß◡lau|fen *§ 10*
Heiß|sporn
heiß◡um|kämpft *§ 11 (4)*
heiß◡um|strit|ten *§ 11 (4)*
Hei|ster, der (Baum)
...**heit**; Schönheit *usw.*
hei|ter
Heiz...[kissen *usw.*]
heiz|bar
hei|zen; du heizt *§ 7 (1)*
Hei|zer
He|ka|be (Sagengestalt); *vgl.* Hekuba
He|ka|te (griech. Göttin)
He|ka|tom|be, die (große Zahl [v. Opfern])
hekt... (hundert); *s. a.* hekto...
Hekt|ar, der/das; *Abk.* ha
Hek|tik
hek|tisch (aufgeregt)
hek|to... (hundert); *s. a.* hekt...
Hek|to|graph (Kopiergerät)
Hek|to|gra|phie
hek|to|gra|phie|ren
Hek|to|li|ter
Hek|to|pas|cal
Hek|tor (Sagengestalt)
He|ku|ba (Sagengestalt); das ist ihm ~ (gleichgültig); *s. a.* Hekabe
Hel (nord. Göttin)
He|lan|ca (Kunstfaser)
he|lau!
Held
Hel|den...[epos *usw.*]
hel|den|haft
hel|den|mü|tig
Hel|den|tum
Hel|der, der (Marschland)
hel|disch
He|le|na (Sagengestalt)
Hel|fe, die (Schnur am Webstuhl)
hel|fen; du hilfst, hilf!, halfst, hälfest/hülfest, geholfen
Hel|fer
Hel|fers|hel|fer
Hel|go|land (Insel)
Hel|go|län|der
hel|go|län|disch
He|li|and (altsächs. Dichtung)
He|li|an|thus (Sonnenblume)
He|li|kon, der (Berg in Griechenland)
He|li|kon, das (Baßtuba)
He|li|ko|pter (Hubschrauber)
He|lio|dor (griech. Schriftsteller 3. Jhdt.)
He|lio...[graph usw.] (Sonnen...)
He|lio|gra|phie
he|lio|gra|phisch
He|lio|gra|vü|re (photograph. Druckplattenätzung)
He|li|os (Sonnengott)
He|lio|trop, das (Pflanze)
He|lio|trop, der (Mineral)
he|lio|tro|pisch (sich zur Sonne wendend)
he|lio|zen|trisch (die Sonne als Mittelpunkt nehmend)
He|li|port, der (Hubschrauberlandeplatz)
He|li-Ski|ing, das (Skilauf mit Hubschrauberhilfe) *§ 13 (2)*
He|li|um; *chem. Zeichen* He
He|lix, die (Spirale); *Pl.* Helices
hell; *s. a.* helle
Hel|las (Griechenland)
hell|auf
hell|äu|gig
hell|blau
hell|blond
hell|dun|kel; ein helldunkles Bild; das Helldunkel
Hell-Dun|kel-Ad|ap[|ta]|ti|on *§ 13 (2)*
Hell|dun|kel|ma|le|rei
hel|le (aufgeweckt); *s. a.* hell
Hel|le, die
Hel|le|bar|de, die (alte Waffe)
Hel|le|bar|dier
Hel|le|gat[t], das (enger Raum auf Schiffen); *s. a.* Hellgat[t]
hel|len (hell werden)
Hel|le|ne (Grieche)
Hel|le|nen|tum
hel|le|nisch
hel|le|ni|sie|ren
Hel|le|nis|mus
Hel|le||nist
Hel|le|ni|stik
hel|le|ni|stisch
Hel|ler (Münze)
Hel|les|pont, der (Meerenge zw. Ägäischem und Marmarameer)
helleuch|tend [ll|l] *§ 7 (1), § 28 Anm.*; *a.* hell leuchtend *§ 11 (4)*
Hell|gat[t], das (enger Raum auf Schiffen); *s. a.* Hellegat[t]
hell|grün
hell|haa|rig
hell|häu|tig
hell|hö|rig
hellicht [ll|l] *§ 7 (1), § 28 Anm.*
Hel|lig|keit

hel|li|la [ll|l] *§ 7 (1), § 28 Anm.*
Hel|ling, die (Schiffsbauplatz)
hel|lo|dernd [ll|l] *§ 7 (1), § 28 Anm.*; *a.* hell lodernd *§ 11 (4)*
hell|rot
hell|se|hen
Hell|se|hen, das
Hell|se|he|rei
hell|se|he|risch
hell|sich|tig
hell|wach
Hell|weg (Straße in Westfalen)
Helm
Helm...[busch *usw.*]
Helm|holtz, Hermann von (dt. Physiker u. Mediziner 1821-1894)
Hel|min|the, die (Madenwurm)
Hel|min|thi|a|sis, die
Helm|stedt (Stadt)
Helm|sted|ter
Hé|lo|ise (Geliebte Abälards)
He|lot, der (spartan. Sklave)
He|lo|ten|tum
Hel|sing|fors (*schwed.* Helsinki)
Hel|sin|ki (Hauptstadt v. Finnland)
Hel|ve|ti|ca (Schrift)
Hel|ve|ti|en (Schweiz)
Hel|ve|ti|er (kelt. Volk)
hel|ve|tisch; die Helvetische Konfession *§ 15 (7)*
Hel|ve|tis|mus (Schweizer Eigentümlichkeit)
Hemd
Hemd...[kragen *usw.*]
Hemd|blu|se
Hemd|chen
Hem|den|matz
hemds|är|me|lig
He|ming|way, Ernest (amerik. Schriftsteller 1899-1961)
he|mi.../He|mi... (*griech.* halb)
He|mi|ple|gie (halbseitige Lähmung)
He|mi|pte|re, die (Insekt)
He|mi|sphä|re (Halbkugel)
he|mi|sphä|risch
He|mi|sti|chi|on, das (*griech.*) (Halbvers); *s. a.* Hemistichium
he|mi|sti|chisch
He|mi|sti|chi|um (*lat.*) (Halbvers); *s. a.* Hemistichion
Hem|lock|tan|ne (Kiefernart)
hem|men
Hemm|nis
Hemm|schuh
He|nan (chines. Provinz); *ältere Umschrift* Honan
Hen|de|ka|gon, das (Elfeck)
Hen|de|ka|syl|la|bus (Elfsilbler)
Hen|der|son, Arthur (engl. Politiker 1863-1935)
Hen|dia|dy|oin, das (zweifacher Ausdruck für dasselbe)
Hen|dia|dys, das (Hendiadyoin)
Hendl (Hähnchen)
Hen|drix, Jimi (amerik. Musiker 1942-1970)
Hengst
Hen|kel
Hen|kel...[korb *usw.*]
hen|ken (durch Aufhängen hinrichten); du henkst; gehenkt
Hen|ker
Hen|kers...[frist *usw.*]
Hen|lein, Peter (dt. Mechaniker 1480-1542)
Hen|na, die (Farbstoff)
Hen|ne (Huhn)
Hen|necke, Adolf (dt. Bergarbeiter 1905-1975) [k|k]
Hen|ne|gat[t], das (Ruderpinnenöffnung)
Hen|ne|gau (belg. Provinz)
Hen|ning (Hahn in der Fabel)
He|no|the|is|mus
Hen|ri (*Name frz. Könige*)
Hen|ri|qua|tre, der (Bartform)
Hen|ry (Maßeinheit); *Abk.* H
Hen|ry, O. (amerik. Schriftsteller 1862-1910)
Hen|ze, Hans Werner (dt. Komponist *1926)
he|pa|tisch (die Leber betreffend)
He|pa|ti|tis (Leberentzündung)
He|pa|to|lo|gie (Leber[heil]-kunde)
Hep|burn, Audrey (amerik. Schauspielerin 1929-1993); Katharine ~ (amerikan. Schauspielerin 1909-2003)
He|phae|stus (*lat.*), He|phai|stos (*griech.*) (griech. Gott)
Hephth|emi|me|res, die (Versmaß)
Hept[a]- (Sieben...)
Hep|ta|chord, der (Reihe von sieben aufeinanderfolgenden Tönen)
Hep|ta|gon, das (Siebeneck)
Hept|ame|ron, das (Siebentage-Erzählung)
Hep|ta|me|ter, der (Versmaß)
Hep|tan, das (Kohlenwasserstoff)
Hep|ta|teuch, der (die ersten sieben Bücher des AT)
Hept|ode
her; *Verbzusatz, zusammengeschrieben § 9*: herkommen *usw.*
He|ra (Göttin)
her|ab; *als Verbzusatz a. zusammengeschrieben § 10*: herab◡sehen *usw.*
her|ab|las|send
Her|ab|las|sung
her|ab◡wür|di|gen
He|ra|kles (griech. Sagenheld); *s. a.* Herkules
He|ra|kli|de (Nachkomme des Herakles)
He|ra|klit (griech. Philosoph)
He|ral|dik (Wappenkunde)
He|ral|di|ker
he|ral|disch
her|an; *als Verbzusatz a. zusammengeschrieben § 10*: heran◡arbeiten *usw.*
Her|an|wach|sen|de, der
her|auf; *als Verbzusatz a. zusammengeschrieben § 10*: herauf◡beschwören *usw.*
her|aus; *als Verbzusatz a. zusammengeschrieben § 10*: heraus◡arbeiten *usw.*
her|au|ßen
herb
Her|ba|ri|um (Pflanzensammlung)

Her|bart, Johann Friedrich (dt. Philosoph 1776-1841)
Her|be, die (Herbheit)
her|bei; *als Verbzusatz a. zusammengeschrieben § 10*: herbei◡bringen *usw.*
her|be|or|dern
Her|ber|ge
her|ber|gen
Her|ber|ger, Sepp (dt. Fußballtrainer 1897-1977)
Her|bergs...[vater *usw.*]
Her|bi|vo|re, der (Grasfresser)
Her|bi|zid, das (Unkrautvernichtungsmittel)
Herbst
Herbst...[ferien *usw.*]
herb|steln
herb|sten; es herbstet
herbst|lich
herbst|lich◡gelb
Herbst|ling
Herbst|zeit|lo|se, die (Pflanze)
herb|süß
Her|cu|la|ne|um, Her|cu|la|num
Herd (1. Feuerstelle; 2. Krankheitsquelle u. ä.)
Herd|buch (*zu* Herde)
Her|de
Her|den...[trieb *usw.*]
Her|der, Johann Gottfried (dt. Schriftsteller 1744-1803)
he|re|di|tär (erblich)
her|ein; *als Verbzusatz a. zusammengeschrieben § 10*: herein◡sehen *usw.*
He|re|ro (afrikan. Volk)
Her|fahrt
Her|ga|be
Her|gang
her|ge|brach|ter|ma|ßen
He|ring (1. Fisch; 2. Zeltpflock)
He|rings...[faß *usw.*]
her|in|nen
He|ris, der (Teppich)
He|ris|au (Stadt in der Schweiz)
Her|kom|men, das
her|kömm|lich
her|kömm|li|cher|wei|se
Her|ku|les (Sagenheld); *s. a.* Herakles
her|ku|lisch
Her|kunft
Her|lit|ze, die (Strauch)
Her|man|dad (*span.* Bruderschaft, hist. Städtebündnis)
Her|manns|denk|mal
Her|manns|schlacht
Her|mann|stadt (Stadt in Rumänien)
Herm|aphro|dit, der (Zwitter)
herm|aphro|di|tisch
Herm|aphro|di|tis|mus
Her|me, die (Bildsäule)
Her|me|lin, das (Wiesel)
Her|me|lin, der (Pelz)
Her|me|neu|tik (Auslegungskunst)
her|me|neu|tisch
Her|mes (Gott)
her|me|tisch (dicht; geheimnisvoll)
Her|mi|no|ne (Angehöriger eines germ. Volks)
Her|mi|ta|ge, der (Wein)
Herm|lin, Stephan (dt. Schriftsteller 1915-1997)
Her|mun|du|re (Angehöriger eines germ. Volks)
her|nach
Her|nie (1. Bruch; 2. Pflanzenkrankheit)
her|nie|der; *als Verbzusatz a. zusammengeschrieben § 10*: hernieder◡fallen *usw.*
Her|nio|to|mie (Bruchoperation)
her|oben
He|ro|des (*Name jüd. Könige*)
He|ro|dot (griech. Historiker)
He|roe, der (Held); *s. a.* Heros
He|ro|en|kult
He|ro|ik
He|ro|in, das (Rauschgift)
He|ro|i|ne (Heldendarstellerin)
he|ro|isch
he|ro|i|sie|ren
He|ro|is|mus
He|rold
He|ron von Alex|an|dria (griech. Mathematiker ~100 n.Chr.)
He|ro|on, das (Heldentempel); *Pl.* He|roa
He|ros (Held); *Pl.* Heroen; *s. a.* Heroe
He|ro|strat (*nach e. griech. Brandstifter*: Verbrecher aus Ruhmsucht)
He|ro|stra|ten|tum
he|ro|stra|tisch
Her|pes, der (Bläschenausschlag); ~ zoster (Gürtelrose)
Her|pe|to|lo|gie (Kriechtierkunde)
Herr
Herr|chen
Her|rei|se
Her|ren...[hemd *usw.*]
Herr|gott, der
her|risch
herr|je!
Herr|je|mi|ne!
Herr|lein
herr|lich
Herrn|hut (Stadt)
Herrn|hu|ter; ~ Brüdergemeine (Freikirche)
herrn|hu|tisch
Herr|schaft
herr|schaft|lich
herr|schen; du herrschst
Herr|scher
herrsch|süch|tig
Her|schel, Friedrich Wilhelm (dt.-engl. Astronom 1738-1822)
her|stel|len *§ 9*
Her|stel|ler
Hertz, Heinrich (dt. Physiker 1857-1894)
Hertz (Maßeinheit); *Abk.* Hz
Hertz|sprung-Rus|sell-Dia|gramm *§ 13 (2)*
her|üben
her|über; *als Verbzusatz a. zusammengeschrieben § 10*: herüber◡bitten *usw.*
He|ru|ler (Volk)
her|um; *als Verbzusatz a. zusammengeschrieben § 10*: herum◡albern *usw.*
her|um◡druck|sen *§ 10*
her|um◡fuhr|wer|ken *§ 10*

her|um◡schar|wen|zeln *§ 10*
her|un|ten
her|un|ter; *als Verbzusatz a. zusammengeschrieben § 10*: herunter◡bekommen *usw.*
her|vor; *als Verbzusatz a. zusammengeschrieben § 10*: hervor◡brechen *usw.*
her|vor|ra|gend
her|wärts
Her|wegh, Georg (dt. Dichter 1817-1875)
Herz, das
Herz...[muskel *usw.*]
herz|al|ler|liebst
Herz-As, das (Spielkarte); *vgl.* As
herz|be|klem|mend
herz|be|we|gend; *aber* das Herz bewegend *§ 11 (4)*
Herz|chen
Her|ze|go|wi|na, die (Region im ehemal. Jugoslawien)
Her|ze|leid, das
her|zen; du herzt *§ 7 (1)*
Her|zens...[güte *usw.*]
her|zens|gut
herz|er|freu|end; *aber* das Herz erfreuend *§ 11 (4)*
herz|er|fri|schend
herz|er|grei|fend; *aber* das Herz ergreifend *§ 11 (4)*
herz|er|wei|chend; *aber* das Herz erweichend *§ 11 (4)*
herz|för|mig
herz|haft
her|zig
herz|in|nig
herz|in|nig|lich
Herz|ka|the|ter, der
Herz|kir|sche
Herz|klop|fen, das
Herzl, Theodor (österr. Schriftsteller 1860-1904)
herz|lich
Herz-Lun|gen-Ma|schi|ne
Her|zog
Her|zog, Roman (dt. Bundespräsident *1934); Werner ~ (dt. Regisseur *1942)
her|zog|lich
Her|zog|tum
herz|stär|kend; *aber* das Herz stärkend *§ 11 (4)*
her|zu; *als Verbzusatz a. zusammengeschrieben § 10*: herzu◡kommen *usw.*
her|zy|nisch; Herzynischer Wald (dt. Mittelgebirge) *§ 15 (7)*
herz|zer|rei|ßend; *aber* das Herz zerreißend *§ 11 (4)*
He|se|ki|el (Prophet)
He|si|od (griech. Dichter ~700 v. Chr.)
Hes|pe|ri|de (griech. Sagengestalt) *Pl.* Hesperiden
Hes|pe|ri|den|äp|fel
Hes|pe|ri|en (Land im Westen)
Hes|pe|ros (*griech.*), Hes|pe|rus (*lat.*) (Abendstern)
Heß, Rudolf (dt. Politiker 1894-1987)
Hes|se, Hermann (dt. Dichter 1877-1962)
Hes|se (Einwohner v. Hessen)
Hes|sen (Bundesland)
Hes|sen-Darm|stadt
Hes|sen|land
Hes|sen-Nas|sau
hes|sisch
He|stia (Göttin des Herdes)
He|ston, Charlton (amerik. Schauspieler *1924)
He|tä|re (Freundin [bedeutender Männer]; Prostituierte)
He|tä|rie (altgriech. Bündnis)
he|te|ro.../He|te|ro... (*griech.* anders)
he|te|ro|dox (andersgläubig)
He|te|ro|do|xie
he|te|ro|gen (ungleichartig)
He|te|ro|ge|ni|tät
he|te|ro|morph (verschiedengestaltig)
He|te|ro|se|xu|a|li|tät
he|te|ro|se|xu|ell (dem anderen Geschlecht zugeneigt)
He|te|ro|sphä|re (Teil der Erdatmosphäre)
he|te|ro|troph (im Stoffwechsel auf andere Organismen angewiesen)
He|te|ro|tro|phie
he|ter|özisch (zweihäusig)
he|te|ro|zy|got (mischerbig)
He|thi|ter (antikes Volk)
he|thi|tisch
Het|man (Kosakenführer)
Het|ze, die
het|zen; du hetzt *§ 7 (1)*
Heu, das
Heu...[ernte *usw.*]
Heu|che|lei
heu|cheln
Heuch|ler
heuch|le|risch
heu|en (Heu machen); du heust
heu|er (in diesem Jahr)
Heu|er, die (Seemannslohn)
Heu|er|baas (Stellenvermittler f. Seeleute)
Heu|er|bü|ro
heu|ern; du heuerst
Heu|ert, Heu|et (Heumonat)
heu|len
Heu|ler (*a.* junger Seehund)
Heul|su|se
Heu|mo|nat
Heu|mond
Heu|ochs
Heu|och|se
Heu|pferd (Insekt)
heu|re|ka!
Heu|rei|ter (Trockengestell)
heu|rig
Heu|ri|ge, der (Wein)
Heu|ri|gen...[lokal *usw.*]
Heu|ri|stik (Suchverfahren)
heu|ri|stisch
Heu|schnup|fen
Heu|schreck, der
Heu|schrecke, die [k|k]
Heuss, Theodor (dt. Bundespräsident 1884-1963); Heusssche Reden (Heuss' Reden) *§ 15 (7)*
Heu|sta|del, der
heu|te; heute abend, morgen, nacht, nachmittag *usw.*, *vgl.* abend; bis heute, von heute an; das Heute
heu|tig; am Heutigen
heu|ti|gen|tags
heut|zu|ta|ge
He|xa|chord, der (Reihe von

sechs aufeinanderfolgenden Tönen)
he|xa|de|zi|mal; *s. a.* sedezimal
He|xa|de|zi|mal|sy|stem (System auf der Basis 16); *s. a.* Sedezimalsystem
He|xa|eder, das (Sechsflächner)
he|xa|edrisch
He|xa|gon, das (Sechseck)
he|xa|go|nal
He|xa|gramm, das (sechszackiger Stern)
He|xa|me|ter, der (Vers)
he|xa|me|trisch
He|xa|teuch, der (die ersten 6 Bücher des AT)
He|xe
he|xen; du hext
He|xen...[schuß *usw.*]
He|xer
He|xe|rei
Hex|ode, die (Elektronenröhre mit 6 Elektroden)
Heyd|rich, Reinhard (dt. Politiker 1904-1942)
Hey|er|dahl, Thor (norweg. Forschungsreisender 1914-2002)
Heym, Georg (dt. Dichter 1887-1912); Stefan ~ (dt. Schriftsteller 1913-2001)
Hey|se, Paul (dt. Schriftsteller 1830-1914)
Hf (*chem. Zeichen f.* Hafnium)
hfl (*Abk. f.* holländ. Gulden) *§ 17 (2) Anm. 2*
Hg (*chem. Zeichen f.* Quecksilber)
hg. (*Abk. v.* herausgegeben); *s. a.* hrsg.
Hg. (*Abk. v.* Herausgeber); *Pl. a.* Hgg.; *s. a.* Hrsg.
HGB (*Abk. v.* Handelsgesetzbuch) *§ 17 (2) Anm. 1*
hi!; hihi!
Hi|at, der (Hiatus)
Hi|a|tus (Kluft; Aufeinandertreffen zweier Vokale)
Hi|ber|na|kel, das (Überwinterungsform)
Hi|ber|na|ti|on (Überwinterung, [künstl.] Tiefschlaf)
Hi|ber|nia (alter Name Irlands)
Hi|bis|kus, der (Eibisch)
hick! (*Geräusch b. Schluckauf*)
Hick|hack, das/der (Streiterei)
Hicko|ry, der (Baum) [k|k]
hick|sen; du hickst *§ 7 (1)*
Hi|dal|go (span. Edelmann)
Hid|den|see (Ostseeinsel)
Hi|djra, die; *s. a.* Hedschra, Hidschra
hi|dro|tisch (schweißtreibend)
Hi|dschra (Flucht Mohammeds); *s. a.* Hedschra, Hidjra
hie (hier); ~ und da
Hieb; hieb- und stichfest *§ 13 (1)*
hie|bei
hieb|fest
hie|durch
Hie|fe (Hagebutte); *s. a.* Hiffe
Hie|fen|mark; *s. a.* Hiffenmark
hie|für
hie|ge|gen
hie|her
hie|mit
hie|nach
hie|ne|ben
hie|nie|den
hier; ~ und da; *als Verbzusatz a. zusammengeschrieben § 10*: hier◡behalten; *vgl. aber* hier◡sein
hier|amts
hier|an
Hier|ar|chie (Rangordnung)
hier|ar|chisch
hier|ar|chi|sie|ren
hie|ra|tisch (sakral)
hier|auf
hier|auf|hin
hier|aus
hier◡be|hal|ten *§ 10*
hier|bei
hier◡blei|ben *§ 10*
hier|durch
hier|ein
hier|für
hier|ge|gen
hier|her
hier◡her|auf
hier|her◡ge|hö|rend *§ 11 (3)*
hier|her◡ge|hö|rig
hier|her◡kom|men *§ 10*
hier◡her|um
hier|hin
hier|hin|ter
hier|in
hier|in|nen
hier|lands
hier◡las|sen *§ 10*
hier|mit
hier|nach
hier|ne|ben
Hi|e|ro|du|le, der (Tempelsklave)
Hi|e|ro|gly|phe, die ([bildhaftes] Schriftzeichen)
hi|e|ro|gly|phisch
Hi|e|ro|kra|tie (Priesterherrschaft)
Hi|e|ro|man|tie (Weissagekunst)
Hi|e|ro|ny|mus
hier|orts
hier◡sein; *nur im Infinitiv und Partizip a. zusammengeschrieben § 8*: hierzusein *oder* hier zu sein; hier◡gewesen; *aber* hier bist *usw.*
Hier|sein, das
hier|selbst
hier|über
hier|um
hier|un|ter
hier|von
hier|vor
hier|wi|der
hier|zu
hier|zu|lan|de
hier|zwi|schen
hier|selbst
hie|sig; der Hiesige
hie|ven; du hievst
hie|von
hie|vor
hie|wi|der
hie|zu
hie|zu|lan|de
hie|zwi|schen
Hif|fe (Hagebutte); *s. a.* Hiefe
Hif|fen|mark; *s. a.* Hiefenmark
Hi-Fi (*kurz f.* High-Fidelity); *a.* HiFi
Hi-Fi-An|la|ge *§ 13 (4)*

Hi-Fi-Turm *§ 13 (4)*
Hift|horn
high [hai]; ~ sein (berauscht)
High-Church (engl. Staatskirche)
High-Fi|de|li|ty, High Fidelity; *kurz* Hi-Fi, HiFi
High|life, das (flottes Leben)
High|light, das (Höhepunkt)
high|ligh|ten (*EDV* hervorheben); du highlightest
High|ri|ser, der (Zweirad m. hohem Sattel, Rückenlehne); *a.* High-riser
High|smith, Patricia (amerik. Schriftstellerin 1921-1995)
High-So|cie|ty, High Society
High-Tech, das
High-Tech-In|du|strie *§ 13 (4)*
High|way, der (Haupt-, Fernstraße)
hi|hi!
Hi|jacker, der (Flugzeugentführer) [k|k]
Hil|bert, David (dt. Mathematiker 1862-1943)
Hil|big, Wolfgang (dt. Schriftsteller *1941)
Hil|de|brand (Sagengestalt)
Hil|de|brand[s]|lied
Hil|de|brandt, Dieter (dt. Kabarettist *1927)
Hil|de|gard von Bin|gen (dt. Nonne 1098-1179)
Hil|des|heim (Stadt)
Hil|des|hei|mer, Wolfgang (dt. Schriftsteller 1916-1991)
Hil|fe; zu ~ kommen; Erste Hilfe *§ 15 (8)*; mit Hilfe des/von; *a.* mithilfe *§ 12*
Hil|fe...[leistung *usw.*]
hil|fe|brin|gend; *aber* [schnell] Hilfe bringend *§ 11 (4), (6)*
hil|fe|fle|hend
Hil|fer|ding, Rudolf (dt. Politiker 1877-1941)
hil|fe|ru|fend
hil|fe|su|chend; *aber* [überall] Hilfe suchend *§ 11 (4), (6)*
hilf|los
hilfs|wei|se
Hil|la|ry, Edmund (neuseel. Bergsteiger *1919)
Hill|bil|ly-mu|sic
Hil|le|bil|le, die (Klangholz)
Hil|ler, Johann Adam (dt. Komponist 1728-1804)
Hi|lus, der (Einbuchtung); *Pl.* Hili
Hi|ma|la|ja, Hi|ma|la|ya (Gebirge)
Him|bee|re
Him|beer...[eis *usw.*]
him|beer|far|ben
him|beer|far|big
Him|mel
Him|mel...[bett *usw.*]
him|mel|an
him|mel|angst *§ 15 (6)*; mir wird ~; jdm. ~ machen
Him|mel|don|ner|wet|ter!
Him|mel|herr|gott!
him|mel|hoch
him|meln
Him|mel|schlüs|sel (Blume)
him|mel|schrei|end
him|mel|wärts
him|mel|weit
Himm|ler, Heinrich (dt. Politiker 1900-1945)
himm|lisch
hin; *als Verbzusatz zusammengeschrieben § 9*: hingehen *usw.*; hin- und herlaufen (hinlaufen und herlaufen); *aber* hin und her laufen (umherlaufen)
hin|ab; *als Verbzusatz a. zusammengeschrieben § 10*: hinab◡fahren *usw.*
hin|auf; *als Verbzusatz a. zusammengeschrieben § 10*: hinauf◡blicken *usw.*
hin|aus; *als Verbzusatz a. zusammengeschrieben § 10*: hinaus◡befördern *usw.*
Hin|blick
Hin|de, die (Hirschkuh)
Hin|de|mith, Paul (dt. Komponist 1895-1963)
Hin|den|burg, Paul von (dt. Reichspräsident 1847-1934)
hin|der|lich
hin|dern
Hin|der|nis
Hin|der|nis|ren|nen
hin|di; auf ~
Hin|di, das; auf hindi sprechen
Hin|din (Hirschkuh)
Hin|du, der
Hin|du|is|mus (ind. Religion)
hin|du|i|stisch
Hin|du|kusch, der (Gebirge)
hin|durch; *als Verbzusatz a. zusammengeschrieben § 10*: hindurch◡gehen *usw.*
Hin|du|stan
hin|du|sta|ni; auf ~ sprechen
Hin|du|sta|ni, das; auf hindustani sprechen
hin|du|sta|nisch
hin|ein; *als Verbzusatz a. zusammengeschrieben § 10*: hinein◡begeben *usw.*
hin|ein◡ge|heim|nis|sen; er geheimnißt, du geheimnißt hinein *§ 7 (1)*; hineingeheimnißt
Hin|fahrt
hin|fäl|lig
hin|flä|zen, sich *§ 9*; du fläzt *§ 7 (1)*
Hin|flug
hin|fort
Hin|ga|be
Hin|gang
Hin|ge|bung
hin|ge|bungs|voll
hin|ge|gen
hin|hal|ten *§ 9*
Hin|hal|te|tak|tik
Hin|ke|bein
Hin|kel|stein (Kultstein)
hin|ken
Hin|kunft
hin|läng|lich
Hin|nah|me
hin|nen, von ~
hin|rei|chend
Hin|rei|se
hin|rei|ßend
Hin|run|de
Hin|schied
Hin|sicht
hin|sicht|lich

Hin|spiel
hint|an
hint|an◡hal|ten *§ 10*
Hint|an|hal|tung
hint|an◡set|zen *§ 10*
Hint|an|set|zung
hint|an◡stel|len *§ 10*
Hint|an|stel|lung
hin|ten
hin|ten|an
hin|ten|an◡set|zen *usw. § 10; vgl.* hintan
hin|ten◡drauf
hin|ten◡he|rum
hin|ten|hin
hin|ten|nach
hin|ten|rum
hin|ten|über; *als Verbzusatz a. zusammengeschrieben § 10*: hintenüber◡kippen *usw.*
hin|ter
Hin|ter...[achse *usw.*]
hin|ter|blei|ben
Hin|ter|blie|be|ne, der
hin|ter|brin|gen
hin|ter|drein; *als Verbzusatz a. zusammengeschrieben § 10*: hinterdrein◡laufen *usw.*
hin|te|re; der Hintere (Gesäß)
hin|ter|ein|an|der; *als Verbzusatz a. zusammengeschrieben § 10*: hintereinander◡fahren *usw.*; *vgl.* einander
hin|ter|ein|an|der|her
hin|ter|ein|an|der|weg
hin|ter|fot|zig
hin|ter|fra|gen
hin|ter|ge|hen
Hin|ter|glas|bild
hin|ter|grün|dig
hin|ter|ha|ken
Hin|ter|halt
hin|ter|häl|tig
Hin|ter|hand
hin|ter|her; *als Verbzusatz a. zusammengeschrieben § 10*: hinterher◡gehen *usw.*
Hin|ter|in|di|en
Hin|ter|la|der
hin|ter|las|sen
Hin|ter|las|sen|schaft
hin|ter|la|stig
hin|ter|le|gen
hin|ter|li|stig
hin|term
hin|ter|mau|ern
Hin|tern, der
Hin|ter|rhein
hin|ter|rücks
hin|ters
Hin|ter|saß, Hin|ter|sas|se (von Feudalherrn abhängiger Bauer)
hin|ter|sin|nig
hin|terst; der Hinterste (*a.* Gesäß)
Hin|ter|ste|ven, der (hintere Schiffsspitze)
Hin|ter|tref|fen, das; ins ~ geraten
hin|ter|trei|ben
Hin|ter|wäld|ler
hin|ter|wäld|le|risch
hin|ter|wärts
hin|ter|zie|hen
hin|über; *als Verbzusatz a. zusammengeschrieben § 10*: hinüber◡bringen *usw.*
hin und her; *vgl.* hin
Hin und Her, das
Hin|und|her|fah|ren, das
Hin- und Her|fahrt *§ 13 (1)*
Hin|und|her|ge|re|de
Hin- und Her|rei|se *§ 13 (1)*
Hin- und Her|weg *§ 13 (1)*
Hin- und Rück|fahrt *§ 13 (1)*
Hin- und Rück|flug *§ 13 (1)*
hin|un|ter; *als Verbzusatz a. zusammengeschrieben § 10*: hinunter◡befördern *usw.*
hin|wärts
hin|weg; *als Verbzusatz a. zusammengeschrieben § 10*: hinweg◡bringen *usw.*
Hin|weg, der
Hin|weis
hin|wie|der
hin|wie|der|um
Hinz; ~ und Kunz (jedermann)
hin|zu; *als Verbzusatz a. zusammengeschrieben § 10*: hinzu◡tun *usw.*
Hin|zu|tun, das
Hi|ob (bibl. Gestalt); das Buch Hiob; *s. a.* Job
Hi|obs|bot|schaft
Hipp|arch (*griech.* Reiterführer)
Hipp|arch (griech. Mathematiker 161-127 v. Chr.)
Hip|pa|ri|on, das (Urpferdchen)
Hip|pe, die (Gartenmesser)
hipp, hipp, hur|ra!
Hipp|hipp|hur|ra, das
Hip|pi|as (griech. Tyrann † 490 v. Chr.)
Hipp|ia|trik (Pferdeheilkunde)
Hip|pie, der (Aussteiger aus d. bürgerl. Gesellschaft)
Hip|po|drom, das/der (Pferderennbahn)
Hip|po|gryph, der (Fabeltier)
Hip|po|kra|tes (griech. Arzt 460-375 v. Chr.)
Hip|po|kra|ti|ker
hip|po|kra|tisch; der hippokratische Eid; Hippokratische Schriften (Schriften des H.) *§ 15 (7)*
Hip|po|lo|gie (Pferdekunde)
hip|po|lo|gisch
Hip|po|po|ta|mus (Flußpferd)
Hip|pur|säu|re (organ. Säure)
Hi|ra|ga|na, das/die (jap. Silbenschrift)
Hirn
Hirn...[nerv *usw.*]
hirn|ge|schä|digt
Hirn|holz
hirn|ris|sig
hirn|ver|brannt
hirn|ver|letzt
Hi|ro|hi|to (jap. Kaiser 1901-1989)
Hi|ro|shi|ma (Stadt in Japan)
Hirsch
Hirsch...[käfer *usw.*]
hirsch|le|dern
Hir|se, die
Hir|se...[korn *usw.*]
Hirt, Hir|te
Hir|ten...[brief *usw.*]
Hir|ten|tä|schel|kraut
his, His (Ton); *vgl.* a, A
Hisb|ol|lah, die (islam. Bewe-

gung); *a.* His|bol|lah
Hi|spa|ni|en (iber. Halbinsel)
Hi|spa|ni|o|la (Insel Haiti)
hi|spa|nisch
hi|spa|ni|sie|ren
Hi|spa|nist
Hi|spa|ni|stik (Spanienkunde, *bes.* Sprach- und Literaturwiss.)
his|sen; du hißt *§ 7 (1)*
Hist|amin, das (Hormon)
Hi|sto|gramm, das (Säulendiagramm)
Hi|sto|lo|ge
Hi|sto|lo|gie (med. Gewebelehre)
hi|sto|lo|gisch
Hi|stör|chen
Hi|sto|rie
Hi|sto|rik
Hi|sto|ri|ker
Hi|sto|rio|graph
hi|sto|rio|gra|phisch
hi|sto|risch
hi|sto|ri|sie|ren
Hi|sto|ris|mus
hi|sto|ri|stisch
Hi|stri|o|ne (Schauspieler)
Hit, der
Hit...[liste *usw.*]
Hitch|cock, Alfred (engl. Regisseur 1899-1980)
Hitch|hi|ker (Anhalter)
Hit|ler, Adolf (dt. Reichskanzler 1889-1945)
Hit|ler-Ju|gend *§ 13 (2)*; *Abk.* HJ
Hit|ler-Sta|lin-Pakt *§ 13 (2)*
Hit|ze
hit|ze|ab|wei|send; *aber* die Hitze abweisend *§ 11 (4), (6)*
hit|ze|be|stän|dig
hit|ze|frei; ~ haben; das Hitzefrei; kein Hitzefrei
hit|zig
Hitz|kopf
hitz|köp|fig
Hitz|schlag
HIV (*Abk. f.* Aidserreger) *§ 17 (2) Anm. 1*
HIV-ne|ga|tiv *§ 13 (2)*
HIV-po|si|tiv *§ 13 (2)*
Hi|wi, der (*kurz f.* Hilfswilliger, Hilfskraft)
HK (*Abk. v.* Hefnerkerze) *§ 17 (2) Anm. 2*
hl (*Abk. v.* Hektoliter) *§ 17 (2) Anm. 2*
hl. (*Abk. v.* heilig)
hm!
H. M. (*Abk. v.* Her/His Majesty)
H-Milch *§ 13 (2)*
h-Moll *§ 13 (2)*; h-Moll-Tonleiter *§ 13 (3)*
HNO-Arzt (*Abk. v.* Hals-Nasen-Ohren-Arzt) *§ 13 (2), § 17 (2) Anm. 1*
HNO-ärzt|lich *§ 13 (2)*
Ho (*chem. Zeichen f.* Holmium)
HO (*Abk. v.* Handelsorganisation [DDR]) *§ 17 (2) Anm. 1*
Hoang|ho, der (Fluß in China); *a.* Hwangho
Hobbes, Thomas (engl. Philosoph 1588-1679)
Hob|bock
Hob|by, das
Ho|bel
Ho|bel...[bank *usw.*]
ho|beln
Hob|ler
Ho|bo|ken, Anthony van (niederl. Musikwissenschaftler [Haydn-Werkkatalog] 1887-1983)
hoch; das hohe C, auf hoher See; das höhere Lehramt, höhere Schulen; *in Eigennamen, Titeln u. ä. Großschreibung 15 (7), (8)*: das Hohe Haus (Parlament), die Hohe Schule (Reiten; *im übertragenen Sinn a.* hohe S.), die Hohe Tatra, die Hohen Tauern; die Höhere Mathematik *§ 15 (8)*; *als Verbzusatz a. zusammengeschrieben § 10*: hoch◡achten *usw.*; *aber* höher achten, sehr hoch achten *usw.*; *Erstglied von meist klassifizierenden Zusammensetzungen mit Partizip II oder Adjektiv*: hoch◡beglückt; *aber* [sehr] hoch begabt; hochgiftig (sehr giftig) *usw.*; das Hoch
Hoch|ach|tung
hoch|ach|tungs|voll
hoch|ak|tu|ell
hoch|al|pin
hoch|an|stän|dig
hoch|be|gabt; *vgl.* hoch
hoch|be|glückt
hoch|bei|nig
hoch|be|rühmt
hoch|be|steu|ert; *vgl.* hoch
hoch|be|tagt; *vgl.* hoch
hoch|be|zahlt; *vgl.* hoch
hoch|bu|sig
hoch|deutsch, auf ~
Hoch|deutsch, das; auf hochdeutsch sprechen
Hoch|deut|sche, das
hoch|do|tiert; *vgl.* hoch
hoch|emp|find|lich
hoch|ent|wickelt [k|k]; *vgl.* hoch
hoch|er|freut; *vgl.* hoch
hoch|ex|plo|siv
hoch|fah|rend
hoch|fein
Hoch|fi|nanz, die
hoch|flie|gend
hoch|fre|quent
hoch|ge|bil|det; *vgl.* hoch
hoch|ge|bo|ren
hoch|ge|lehrt
hoch|ge|mut
hoch|ge|schlos|sen; *vgl.* hoch
hoch|ge|spannt; *vgl.* hoch
hoch|ge|steckt; *vgl.* hoch
hoch|ge|stellt; *vgl.* hoch
hoch|ge|sto|chen
hoch|ge|wach|sen; *vgl.* hoch
hoch|ge|züch|tet; *vgl.* hoch
hoch|gif|tig
hoch|glanz|po|liert
hoch|gra|dig
hoch|hackig [k|k]
hoch|hal|ten
hoch|herr|schaft|lich
hoch|her|zig
Hoch|huth, Rolf (dt. Schriftsteller *1931)
Ho Chi Minh (vietn. Politiker 1890-1969)

Ho-Chi-Minh-Stadt
hoch|in|du|stri|a|li|siert; *vgl.* hoch
hoch|in|tel|li|gent
hoch|in|ter|es|sant
hoch|kant
hoch|kan|tig
hoch|ka|rä|tig
Hoch|län|der
höch|lich
hoch|löb|lich
hoch|mo|dern
hoch|mo|disch
hoch|mö|gend
hoch|mo|le|ku|lar
hoch|mü|tig
hoch|nä|sig
hoch◡neh|men *§ 10*
hoch|not|pein|lich
hoch|of|fi|zi|ell
hoch|prei|sig
hoch|pro|zen|tig
hoch|qua|li|fi|ziert; *vgl.* hoch
hoch|räd|rig
hoch|ran|gig
hoch|rot
hoch|schult|rig
hoch|schwan|ger
hoch|sin|nig
hoch|som|mer|lich
hoch|sprach|lich
hoch◡sprin|gen *§ 10)*
Hoch|sprung
höchst; *als Erstglied von Zusammensetzungen zusammengeschrieben*: höchstwahrscheinlich; *als Gradpartikel getrennt*: höchst ungewöhnlich
hoch|stäm|mig
Hoch|sta|pe|lei
hoch|sta|peln
Hoch|stap|ler
Höchst|be|trag
höchst|bie|tend
Höchst|bie|ten|de, der
höchst|der|sel|be
hoch|ste|hend; *vgl.* hoch
höchst|ei|gen
höch|stens
Hoch|stift, das
höchst|mög|lich
höchst|per|sön|lich
höchst|rich|ter|lich
höchst|wahr|schein|lich; *aber* es ist höchst wahrscheinlich
höchst|zu|läs|sig
hoch|tech|ni|siert; *vgl.* hoch
hoch|tö|nend; *vgl.* hoch
hoch|to|nig
hoch|tou|rig
hoch|tra|bend
hoch|ver|dient; *vgl.* hoch
hoch|ver|ehrt; *vgl.* hoch
hoch|ver|rä|te|risch
hoch|ver|zins|lich; *vgl.* hoch
hoch|wer|tig
hoch|will|kom|men; *vgl.* hoch
hoch|wirk|sam
hoch|wohl|ge|bo|ren
hoch|wohl|löb|lich
Hoch|wür|den
hoch|wür|dig
Hoch|zeit
hoch|zeit|lich
Hoch|zeits|bit|ter
Hocke, die [k|k]
hocken [k|k]; du hockst
Hocker [k|k]
Höcker [k|k]
Hocker|grab [k|k]
höcke|rig [k|k]
Höcker|schwan [k|k]
Hockey, das [k|k] (Sport)
Ho|de, der/die (Hoden)
Ho|den, der
Ho|den...[sack *usw.*]
Hod|ler, Ferdinand (schweizer. Maler 1853-1918)
Ho|do|me|ter, das (Wegmesser)
Hödr (nord. Gott); *s. a.* Hödur
Ho|dscha (*türk.* Lehrer)
Ho|dscha, Enver (alban. Politiker 1908-1985)
Hö|dur (nord. Gott); *s. a.* Hödr
Hoechst AG (Chemiekonzern)
Hoek van Hol|land (Hafenort in den Niederlanden)
Hof; Hof halten; *a.* hofhalten *§ 10*
Hof...[hund *usw.*]
Ho|fer, Andreas (Tiroler Freiheitskämpfer 1767-1810)
hof|fä|hig
Hof|fart, die (Dünkel)
hof|fär|tig
hof|fen
hof|fent|lich
höf|fig
höff|lich (*bergm.*; *zu* hoffen); *s. aber* höflich
Hoff|mann, August Heinrich (von Fallersleben; dt. Dichter 1798-1874); Ernst Theodor Amadeus ~ (dt. Dichter 1776-1822); Heinrich ~ (dt. Arzt, Autor des „Struwwelpeter" 1809-1894)
Hoff|manns|trop|fen (Arzneimittel)
Hoff|nung
Hoff|nungs...[träger *usw.*]
hoff|nungs|los
hoff|nungs|voll
hof|hal|ten; *a.* Hof halten; du hältst hof/Hof *§ 10*
ho|fie|ren
hö|fisch
Hof|knicks
höf|lich (rücksichtsvoll); *s. aber* höfflich
Höf|lich|keits...[form *usw.*]
höf|lich|keits|hal|ber
Höf|ling
hof|män|nisch
Hof|manns|thal, Hugo von (österr. Dichter 1874-1929)
Hof|mann von Hof|manns|wald|au, Christian (dt. Dichter 1617-1679)
Hof|schran|ze, die (Höfling)
Ho|garth, William (engl. Maler 1697-1764)
HO-Ge|schäft *§ 13 (2)*; *vgl.* HO
ho|he; *vgl.* hoch
Hö|he
Ho|heit
ho|heit|lich
Ho|he|lied, das (Buch des AT); des Hohe[n]liedes, ein Hohe[s]lied *usw.*
hö|hen; du höhst, gehöht
Hö|hen...[messer]
Ho|hen|fried|ber|ger; ~ Marsch
hö|hen|gleich

Ho|hen|lo|he, Chlodwig zu (dt. Reichskanzler 1819-1901)
Ho|hen|stau|fe
Ho|hen|stau|fen
ho|hen|stau|fisch
Ho|hen|twiel, der (Berg)
Ho|hen|zol|ler
ho|hen|zol|le|risch
Ho|hen|zol|lern
Ho|hen|zol|lern-Sig|ma|rin|gen
Ho|he|prie|ster, der; des Hohe[n]priesters, ein Hohe[r]priester *usw.*
Ho|he|prie|ster|amt
ho|he|prie|ster|lich
Hö|he|punkt
hö|her; die Höhere Mathematik *§ 15 (8)*; *vgl.* hoch
hö|he|rer|seits
hö|her◡ge|stellt *§ 11 (4)*
hö|her◡grup|pie|ren *§ 10*
hö|her|ran|gig
hö|her◡schrau|ben *§ 10*
hö|her◡stu|fen *§ 10*
Ho|he Schu|le (*Reitkunst*); *vgl.* hoch
hohl
Hohl...[spiegel *usw.*]
hohl|äu|gig
Höh|le
höh|len; du höhlst
hohl|schlei|fen (einen Hohlschliff durchführen)
Hohl|schliff
Höh|lung
hohl|wan|gig
Hohn; Hohn lachen, Hohn sprechen; *vgl.* hohnlachen, hohnsprechen *§ 10*
Hohn...[gelächter *usw.*]
höh|nen
höh|nisch
hohn◡la|chen; du lachst hohn/Hohn, hohnlachst *§ 10*
hohn◡spre|chen; sprichst hohn/Hohn *§ 10*
Hö|ker
hö|kern
Hok|ka|i|do (jap. Insel)
Ho|ku|sai (jap. Maler u. Holzschneider (1760-1846)
Ho|kus|po|kus, der

Hol|ark|tis, die (arkt. Zone)
hol|ark|tisch
Hol|bach, Dietrich Baron von (dt.-frz. Philosoph 1723-1789)
Hol|bein, Hans [d. Ä.]; Hans ~ [d. J.] (dt. Maler ~1465-1524)
Hol|berg, Ludvig von (dän. Dichter 1684-1754)
hold
Hol|da (Frau Holle, Sagengestalt)
Hol|den, William (amerik. Schauspieler 1918-1981)
Hol|der; *s. a.* Holler, Holunder
Hol|der|baum
Höl|der|lin, Friedrich (dt. Dichter 1770-1843)
Hol|ding, die (Beteiligungsgesellschaft)
Hol|ding|ge|sell|schaft
hol|drio!
hold|se|lig
ho|len; du holst; holen lassen
Ho|lis|mus (Ganzheitslehre)
Holk, der/die (Schiff); *s. a.* Hulk
Hol|laen|der, Friedrich (dt. Komponist 1896-1976)
Hol|land ([Westteil der] Niederlande)
Hol|län|der
hol|län|dern (heften)
hol|län|disch, auf ~
Hol|län|disch, das; auf holländisch sprechen
Hol|län|di|sche, das
Hol|le; Frau ~ (Sagengestalt)
Höl|le
Hol|led|au; *s. a.* Hallertau
Höl|len...[fahrt *usw.*]
Hol|ler; *s. a.* Holder, Holunder
Hol|ler...[baum *usw.*]
Hol|le|rith|ma|schi|ne (Lochkartenmaschine)
höl|lisch
Hol|ly|wood (Teil v. Los Angeles; Filmproduktionsort)
Holm[1], der (Balken u. ä.)
Holm[2], der (kl. Insel)
Holm|gang (Zweikampf)
Hol|mi|um; *chem. Zeichen* Ho

ho|lo.../**Ho|lo**... (*griech.* ganz)
Ho|lo|caust, der (Brandopfer; Judenvernichtung); *a.* Holokaust
Ho|lo|fer|nes (assyr. Feldherr)
Ho|lo|gramm
Ho|lo|gra|phie
ho|lo|gra|phisch
Ho|lo|kaust, der (Brandopfer; Judenvernichtung); *a.* Holocaust
Ho|lo|zän, das (geol. Epoche)
hol|pe|rig; *s. a.* holprig
hol|pern
holp|rig; *s. a.* holperig
Hol|ste (Holsteiner)
Hol|stein (norddt. Landschaft)
Hol|stei|ner (*a.* Pferderasse)
hol|stei|nisch; die Holsteinische Schweiz *§ 15 (7)*
Hol|ster, das (Jagdtasche)
hol|ter|die|pol|ter
Höl|ty, Ludwig (dt. Dichter 1748-1776)
hol|über!
Ho|lun|der; *s. a.* Holder, Holler
Ho|lun|der|bee|re
Holz
Holz, Arno (dt. Dichter 1863-1929)
Holz...[bein *usw.*]
hol|zen; du holzt *§ 7 (1)*
höl|zern
hol|zig
holz|ver|ar|bei|tend; *aber* [viel] Holz verarbeitend *§ 11 (4), (6)*
holz|ver|klei|det
Hom|burg (Hut)
Home|land (Siedlungsgebiet schwarzer Südafrikaner)
Home|page, die (*EDV* Startseite, Internetauftritt)
Ho|mer (griech. Dichter 8.Jh. v. Chr.); *s. a.* Homeros, Homerus
Ho|me|ri|de (Homernachfolger)
ho|me|risch; homerisches Gelächter; die Homerischen Epen (Epen Homers) *§ 15 (7)*; die Homerische Frage
Ho|me|ros (*griech.*); *s. a.*

Homer, Homerus
Home Rule, die (ir. Autonomie)
Ho|me|rus (*lat.*); *s. a.* Homer, Homeros
Home|spun, der (Garn, Stoff)
Home|trai|ner (Sportgerät)
Ho|mi|let, der
Ho|mi|le|tik (Predigtlehre)
ho|mi|le|tisch
Ho|mi|lie (Predigt)
Ho|mi|ni|de, der (zur Familie der Menschenähnlichen gehörendes Lebewesen); *Pl.* Hominiden
Hom|mage, die (Huldigung); ~ à ...
Ho|mo (*a. kurz f.* Homosexueller); Homo sapiens *§ 15 (3)*
ho|mo..., Ho|mo... (*griech.* gleich)
Ho|mo|ero|tik (gleichgeschlechtl. Liebe)
ho|mo|ero|tisch
ho|mo|gen (gleichartig)
ho|mo|ge|ni|sie|ren
Ho|mo|ge|ni|tät
ho|mo|log (entsprechend)
hom|onym (gleichnamig)
Hom|onym, das
hom|ony|misch
Ho|möo|path
Ho|möo|pa|thie (alternative Medizinschule)
ho|möo|pa|thisch
ho|mo|phil (zum gleichen Geschlecht neigend)
Ho|mo|phi|lie
ho|mo|phon (gleichklingend)
Ho|mo|pho|nie
Ho|mo|se|xu|a|li|tät
ho|mo|se|xu|ell; der Homosexuelle
ho|mo|zy|got (reinerbig)
Ho|mo|zy|go|tie
Ho|mun|ku|lus (künstl. Mensch)
Ho|nan (chin. Provinz); *neuere Umschrift* Henan
Ho|nan|sei|de
Hon|du|ra|ner
hon|du|ra|nisch
Hon|du|ras (Staat in Mittelamerika)
Ho|necker, Erich (dt. Politiker 1912-1994) [k|k]
Ho|neg|ger, Arthur (Komponist 1892-1955)
ho|nen (schleifen)
ho|nett
Hong|kong (Stadt in China)
Ho|ni|a|ra (Hauptstadt d. Salomonen)
Ho|nig
Ho|nig...[biene *usw.*]
Hon|neurs (*Pl.*); die ~ machen
Ho|no|lu|lu (Hauptstadt v. Hawaii)
ho|no|ra|bel; ho|no|ra|ble Personen
Ho|no|rar, das
Ho|no|rar...[professor *usw.*]
Ho|no|ra|ti|o|ren (*Pl.*) (angesehene Bürger e. Ortes)
ho|no|rie|ren
ho|no|rig
ho|no|ris cau|sa (ehrenhalber); *Abk.* h. c.
Ho|no|ri|us (röm. Kaiser 395-423)
Hon|shu (jap. Insel)
Hoo|li|gan, der (Rowdy)
hop|fen; du hopfst
Hop|fen
Hop|fen...[stange *usw.*]
Ho|pi (Indianervolk)
Ho|plit (Schwerbewaffneter)
hopp!
Hop|pe, Marianne (dt. Schauspielerin 1911-2002)
hop|peln; du hoppelst
Hop|pel|pop|pel, das (Bauernfrühsück mit Ei u.a.; heißes alkohol. Mischgetränk)
Hop|per, Dennis (amerik. Regisseur *1936); Edward ~ (amerik. Maler 1882-1967)
hopp|hopp!
hopp|la!
Hops, der
hops!
hop|sa!
hop|sas|sa!
hop|sen; du hopst
Hop|ser
hops◡ge|hen *§ 10*
hops◡neh|men *§ 10*
Hör...[probe *usw.*]
Ho|ra[1], die (Stundengebet); *Pl.* Horen; *s. a.* Hore
Ho|ra[2], die (Tanz)
Ho|raz (Quintus Horatius Flaccus, röm. Dichter 65-8 v. Chr.)
ho|ra|zisch
hör|bar
Hör|bi|ger, Paul (österr. Schauspieler 1894-1981)
hor|chen
Hor|de
Ho|re, die; *Pl.* Horen; *s. a.* Hora
hö|ren; du hörst; hört, hört!
Hö|ren|sa|gen, das; vom ~
hö|rens|wert
Hö|rer
Hö|rer...[kreis *usw.*]
Hö|rer|schaft
hör|ge|schä|digt
hö|rig
Ho|ri|zont
ho|ri|zon|tal; die Horizontale
Hork|hei|mer, Max (dt. Philosoph 1895-1973)
Hor|mon, das (körpereigene Steuersubstanz)
Hor|mon...[spritze *usw.*]
hor|mo|nal
hor|mo|nell
Hor|mus; Straße von ~
Horn
Horn...[haut *usw.*]
Horn|ber|ger Schie|ßen; wie das ~ ausgehen (ergebnislos)
Horn|blen|de (Mineral)
Hörn|chen
hor|nen (aus Horn)
hör|nen; du hörnst
Hör|ner...[schall *usw.*]
hör|nern (aus Horn)
hor|nig
Hor|nis|se
Hor|nist
Horn|klee
Horn|ochs
Horn|och|se
Hor|nung (Februar)

Ho|ro|skop
Ho|ro|witz, Wladimir (amerik. Pianist 1904-1989)
hor|rend (furchtbar)
hor|ri|bel; hor|ri|ble Summen
hor|ri|bi|le dic|tu (schrecklich zu sagen)
hor|ri|do!
Hor|ror
Hor|ror...[trip *usw.*]
Hor|ror va|cui, der (Angst vor dem Leeren) *§ 15 (3)*
hors con|cours (außer Konkurrenz)
Hors|d'œu|vre, das (Vorspeise)
Horst, der (Nest)
hor|sten
Hort, der (*a. kurz f.* Kinderhort)
hor|ten
Hor|ten|sie (Pflanze)
Hort|ne|rin
Ho|rus (ägypt. Gott)
Hor|váth, Ödön von (österr. Dichter 1901-1938)
Hör|wei|te; außer ~
ho|san|na!; das Hosanna; *s. a.* hosianna!
Hös|chen
Ho|se
Ho|sea (Prophet)
Ho|sen...[bein *usw.*]
ho|si|an|na!; das Hosianna; *s. a.* hosanna!
Hos|pi|tal
hos|pi|ta|li|sie|ren
Hos|pi|ta|lis|mus (Schaden durch Klinik-/Heimaufenthalt)
Hos|pi|tant (Gastteilnehmer)
hos|pi|tie|ren
Hos|piz, das (christl. Unterkunft; Sterbeheim)
Hos|po|dar (rum. Fürstentitel); *s. a.* Gospodar
Host, der (*EDV* Zentralrechner)
Ho|steß, Ho|stess (*engl.*) (Betreuerin); *Pl.* Hostessen
Ho|stie, die (Oblate b. christl. Abendmahl)
Hot dog, das; Hot Dog *§ 15 (3) Anm.*
Ho|tel
Ho|tel...[zimmer *usw.*]
Ho|tel gar|ni (H. m. Frühstück)
Ho|te|lier
Ho|tel|le|rie
Hot Jazz
Hot|pants, Hot pants/Pants (Damenshorts) *§ 15 (3)*
hott! (*Zuruf an Zugtiere*)
Hot|te, die (Tragkorb)
hot|ten (Hot Jazz machen); du hottest
Hot|ten|tot|te (Angehöriger e. afrik. Volks; *übertr.* unzivilisierter Mensch)
hot|ten|tot|tisch
Hou|ston (Stadt in USA)
Hou|ston, Whitney (amerik. Sängerin *1963)
Ho|va|wart (Hunderasse)
How|ard, Trevor (engl. Schauspieler 1916-1988)
Höx|ter (Stadt)
h. p.; *früher* HP (*Abk. v.* horsepower) (Maßeinheit)
Hr. (*Abk. v.* Herr)
Hra|ban, Hra|ba|nus [Mau|rus] (Gelehrter im Kloster Fulda ~780-856); *s. a.* Rhabanus
Hrad|schin (Prager Burgviertel)
Hrd|lic|ka, Alfred (österr. Künstler *1928)
Hrn. (*Abk. v.* Herrn)
Hros|wi|tha [von Gandersheim] (dt. Dichterin ~935-nach 973[?]), Hrotsvith; *s. a.* Roswitha
hrsg. (*Abk. v.* herausgegeben); *s. a.* hg.
Hrsg. (*Abk. v.* Herausgeber); *s. a.* Hg.
Hs. (*Abk. v.* Handschrift)
Hss. (*Abk. v.* Handschriften)
HTML (*Abk. v.* Hypertext Markup Language) *§ 17 (2) Anm. 1*
http (*Abk. v.* Hypertext Transfer Protocol) *§ 17 (2) Anm. 1*
hü! (*Zuruf an Zugtiere*)
Hub, der
Hub...[brücke *usw.*]
Hub|bel, der
hub|be|lig
Hub|ble, Edwin (amerik. Astronom 1889-1953)
Hub|ble-Te|le|skop *§ 13 (2)*
Hu|be, die; *s. a.* Hufe
Hu|bei (chines. Provinz)
hü|ben
Huber, Kurt (dt. Widerstandskämpfer 1893-1943)
Hu|ber|tus (Heiliger)
Hu|ber|tus|burg
Hu|ber|tus|jagd
Hu|ber|tus|man|tel
Hu|ber|tus|tag (3. November)
hübsch
Hub|schrau|ber
huch!
Huch, Ricarda (dt. Schriftstellerin 1864-1947)
Hu|chel, Peter (dt. Schriftsteller 1903-1981)
Hu|chen, der (Fisch)
Hucke [k|k]; die ~ voll lügen/vollügen
hucken [k|k]
hucke|pack [k|k]; ~ nehmen
Hucke|pack|ver|kehr [k|k]
Hu|de, die (Viehweide)
Hu|de|lei
Hu|de|ler; *s. a.* Hudler
hu|de|lig; *s. a.* hudlig
hu|deln; du hudelst
hu|dern (unter die Flügel nehmen; im Sand baden)
Hud|ler; *s. a.* Hudeler
hud|lig; *s. a.* hudelig
Hud|son|bai (amerik. See)
Huê (Stadt in Vietnam)
huf!, hüf! (*Zuruf an Zugtiere*)
Huf
Huf...[eisen *usw.*]
Hu|fe, die (kleiner Landbesitz)
huf|ei|sen|för|mig
Hu|fe|land, Christoph Wilhelm (dt. Arzt 1762-1836)
Huf|lat|tich, der (Pflanze)
Hüft...[gelenk *usw.*]
Hüf|te
hüft|hoch
Hü|gel
hü|gel|ab

hü|gel|an
hü|gel|auf
hü|ge|lig; *s. a.* hüglig
Hu|gen|berg, Alfred (dt. Politiker 1865-1951)
Hu|ge|not|te (frz. Calvinist)
hu|ge|not|tisch
Hu|gin (myth. Rabe)
hüg|lig; *s. a.* hügelig
Hu|go, Victor (frz. Dichter 1802-1885)
Huhn
Hüh|ner...[auge *usw.*]
hu|hu!
hui!; außen hui, innen pfui!
Hui|zin|ga, Johan (niederl. Historiker 1872-1945)
Hu|ka, die (Wasserpfeife)
Huk|boot (Beiboot)
Hu|ker (Schiff)
Hu|la, die (Tanz)
Hu|la-Hoop, das (Gymnastik)
Hu|la-Hoop-Rei|fen *§ 13 (3)*
Huld, die
hul|di|gen
Hul|din, die
huld|reich
huld|voll
Hulk, der/die (Schiff); *s. a.* Holk
Hüll...[blatt usw.]
Hül|le, die
hül|len; du hüllst
hül|len|los
Hül|se
hül|sen; du hülst *§ 7 (1)*
Hül|sen|frucht
hül|sig
hu|man; Human ['hju:mən] relations (*Pl.*) *§ 15 (3)*
Hu|man...[genetik *usw.*]
hu|ma|ni|sie|ren
Hu|ma|nis|mus (geistige Bewegung der Renaissance; *a.* Humanität)
Hu|ma|nist
hu|ma|ni|stisch
hu|ma|ni|tär
Hu|ma|ni|tät (Menschlichkeit)
Hu|ma|ni|täts|du|se|lei
Hum|boldt, Alexander von (dt. Naturforscher 1769-1859); Wilhelm von ~ (dt. Gelehrter 1767-1835)
hum|boldtsch; die humboldtsche Einheit von Forschung und Lehre; die Humboldtschen Reisen (Reisen Humboldts) *§ 15 (7)*
Hum|boldt|strom (kalte Strömung im südöstl. Pazifik)
Hum|boldt-Uni|ver|si|tät (U. in Berlin) *§ 13 (2)*
Hum|bug, der (Schwindel)
Hume, David (schott. Philosoph)
Hu|me|ra|le, das (Schultertuch kath. Priester)
hu|mid, hu|mi|de (feucht)
Hu|mi|di|tät
Hu|mi|fi|ka|ti|on (Verrottung)
hu|mi|fi|zie|ren
Hum|mel
Hum|mer, der
Hu|mor, der
hu|mo|ral (die Körpersäfte betreffend)
Hu|mo|ral|pa|tho|lo|gie
Hu|mo|res|ke, die (kleines humorvolles Text- oder Musikstück)
hu|mo|rig
Hu|mo|rist
hu|mo|ri|stisch
hu|mos
hum|peln
Hum|pen, der
Hum|per|dinck, Engelbert (dt. Komponist 1854-1921)
Hu|mus, der (durch Verrottung gebildeter Boden)
Hund (*a.* Förderwagen); *s. a.* Hunt
Hünd|chen
Hun|de...[rasse *usw.*]
hun|de|elend
hun|de|mü|de
hun|dert; *röm. Zahlzeichen* C; zehn von hundert; einige/mehrere/viele/ein paar hundert Menschen; bis hundert, Tempo hundert; hundert und aber hundert; *vgl.* Hundert, acht
Hun|dert, das; ein halbes/gutes Hundert; einige/ein paar Hundert; Hunderte von Menschen; Hunderte und aber Hunderte *oder* Aberhunderte; mehrere/viele Hunderte; zehn vom Hundert; *vgl.* hundert, Acht[1]
Hundert, die (die Zahl 100)
hun|dert|ein[s]
Hun|der|ter, der
hun|der|ter|lei
Hun|dert|eu|ro|schein
hun|dert|fach; 100fach
Hun|dert|fa|che, das; das 100fache
hun|dert|fäl|tig
hun|dert|fünf|zig|pro|zen|tig
Hun|dert|jahr|fei|er
hun|dert|jäh|rig
Hun|dert|ki|lo|me|ter|tem|po
hun|dert|mal
hun|dert|ma|lig
Hun|dert|mark|schein
Hun|dert|me|ter|lauf
hun|dert|pro|zen|tig
Hun|dert|satz
Hun|dert|schaft
hun|dert|ste
hun|dert|stel; eine hundertstel Sekunde; *s. aber* Hundertstelsekunde; *vgl.* achtel
Hun|dert|stel, das (der hundertste Teil); *vgl.* Achtel
Hun|dert|stel|se|kun|de
hun|dert|stens
hun|dert|tau|send
Hun|dert|tau|send|mann|heer
hun|dert[|und]|ein[s]
Hun|dert|was|ser, Friedensreich (österr. Maler 1928-2000)
Hün|din
hün|disch
Hünd|lein
Hun|dred|weight, das (Gewicht); *Abk.* cwt
Hunds|fott, der
Hunds|föt|te|rei
hunds|föt|tisch
hunds|ge|mein
Hunds|ka|mil|le (unechte Ka-

mille)
hunds|mi|se|ra|bel
Hunds|ro|se
Hunds|stern (Sirius)
Hunds|ta|ge (*Pl.*) (Hochsommer)
Hunds|veil|chen (unechtes Veilchen)
Hü|ne, der (großgewachsener Mann)
Hü|nen|ge|stalt
Hü|nen|grab (vorgeschichtl. [Stein-]Grab)
hü|nen|haft
Hun|ger; Hungers sterben
Hun|ger...[kur *usw.*]
Hun|ger|blu|me (Pflanze)
hun|gern
Hungers; ~ sterben
hung|rig
Hun|ne (Angehöriger e. [als barbarisch geltenden] Nomadenvolks)
hun|nisch
Hunt (Förderwagen); *s. a.* Hund
Hun|ter, der (*engl.* Jagdpferd, Jagdhund)
Hun|za (Volk in Mittelasien)
Hu|pe
hu|pen; du hupst
hup|fen
hüp|fen
Hup|fer
Hüp|fer
Hüp|fer|ling (Kleinkrebs)
Hür|de
Hu|re
hu|ren; du hurst
Hu|ren...[haus *usw.*]
Hu|ren|wei|bel, der (Troßaufseher im Landsknechtsheer)
Hu|re|rei
Hu|ri, die (*islam.* Paradiesjungfrau)
hür|nen (aus Horn)
Hu|ro|ne (Indianer)
hu|ro|nisch
hur|ra; ~ rufen
Hur|ra, das
Hur|ra|pa|tri|o|tis|mus
Hur|ra|ruf
Hur|ri|kan, der (Wirbelsturm)
hur|tig
Hus, Jan (tschech. Reformator ~1370-1415)
Hu|sain (jordan. König 1935-1999); Saddam ~ (irak. Politiker *1937; *a.* Hussein)
Hu|sar (leichter Reitersoldat)
Hu|sa|ren...[ritt *usw.*]
husch!
Husch, der; auf einen ~
hu|sche|lig; *s. a.* huschlig
hu|scheln
hu|schen; du huschst
husch|lig; *s. a.* huschelig
Hus|ky, der (Hunderasse)
hus|sa!
hus|sas|sa!
Hus|sein, Saddam (irak. Politiker *1937); *a.* Husain
Hus|serl, Edmund (dt. Philosoph 1859-1938)
Hus|sit (Anhänger v. Jan Hus)
Hus|si|ten|krieg
hüst! (*Zuruf an Zugtiere*)
hü|steln; du hüstelst
hu|sten; du hustest
Hu|sten, der
Hu|sten...[tee *usw.*]
Hu|ston, John (amerik. Regisseur1906-1987)
Hu|sum (Stadt)
Hu|su|mer
Hut, der
Hut, die; auf der ~ sein
Hut...[band *usw.*]
Hüt|chen
Hüt|chen|spiel
hü|ten
Hü|ter
Hütt|chen
Hüt|te
Hut|ten, Ulrich von (dt. Humanist 1488-1523)
Hut|te|rer (christl. Täufergemeinschaft, heute in USA)
Hütt|ner
Hu|tu (Volk in Afrika)
Hu|tung (Weideland)
Hut|wei|de (Gemeindeweide)
Hut|zel, die (Dörrfrucht, -birne)
Hut|zel|brot
hut|ze|lig; *s. a.* hutzlig
Hut|zel|männ|chen
hut|zeln
hutz|lig; *s. a.* hutzelig
Hux|ley, Aldous (engl. Schriftsteller 1894-1963); Julian ~ (engl. Biologe 1887-1975)
Huy|gens, Christiaan (niederl. Physiker 1629-1695)
Huy|gens|sches Prin|zip *§ 15 (7)*
Huys|mans, Joris-Karl (frz. Schriftsteller 1848-1907)
Hu|zu|le (Anhöriger eines ukrain. Volkes)
Hwang|ho, der (Fluß in China); *a.* Hoangho
Hy|a|den (*Pl.*) (1. Nymphen; 2. Sternhaufen)
Hy|a|kin|thos (Sagengestalt); *s. a.* Hyazinth
Hy|a|lit, der (Mineral)
Hy|ä|ne, die
Hy|a|zinth[1] (Sagengestalt; *übertr.* schöner Jüngling), *s. a.* Hyakinthos
Hy|a|zinth[2], der (Edelstein)
Hy|a|zin|the (Blume)
hy|brid, hy|bri|de (1. überheblich; 2. gemischt[erbig])
Hy|brid...[rechner *usw.*]
Hy|bri|de, die (Bastard)
Hy|bri|di|sa|ti|on
hy|bri|di|sie|ren
Hy|bris, die (Überheblichkeit)
Hyde|park (Park in London)
Hy|de|ra|bad (Name v. Städten in Indien u. Pakistan)
hy|dr[o].../Hy|dr[o]... (*griech.* Wasser)
Hy|dra, die (1. Sagengestalt; 2. Sternbild; 3. Polyp)
Hy|drä|mie (Blutverdünnung)
Hy|drant, der (Wasserzapfstelle)
Hy|drar|gy|rum (Quecksilber); *chem. Zeichen* Hg
Hy|drat, das (wasserhaltige Verbindung)
Hy|dra[|ta]|ti|on
hy|dra|ti|sie|ren
Hy|drau|lik (Strömungslehre,

Flüssigkeitsdrucksystem)
hy|drau|lisch
Hy|dra|zin, das (Verbindung aus Wasserstoff u. Stickstoff)
Hy|dria, die (antiker Krug)
Hy|drid, das (Wasserstoffverbindung)
hy|drie|ren
hy|dro.../Hy|dro... (*griech.* Wasser)
Hy|dro|dy|na|mik
hy|dro|dy|na|misch
Hy|dro|gen, Hy|dro|ge|ni|um, das (Wasserstoff)
Hy|dro|gra|phie (Gewässerkunde)
hy|dro|gra|phisch
Hy|dro|kul|tur
Hy|dro|lo|gie
hy|dro|lo|gisch
Hy|dro|ly|se (Spaltung durch Wasser)
hy|dro|ly|tisch
Hy|dro|me|cha|nik
Hy|dro|me|ter
Hy|dro|me|trie
hy|dro|me|trisch
hy|dro|phil (zum Wasser neigend; Wasser anziehend)
hy|dro|phob (Wasser abstoßend)
Hy|droph|thal|mus (Augapfelschwellung b. grünem Star)
hy|dro|pisch (*zu* Hydropsie)
hy|dro|pneu|ma|tisch
Hy|drops, der (Wassersucht)
Hy|drop|sie (Wassersucht)
Hy|dro|sphä|re (Wasserhülle)
Hy|dro|sta|tik ([Lehre vom] Gleichgewicht in Flüssigkeiten)
hy|dro|sta|tisch
hy|dro|the|ra|peu|tisch
Hy|dro|the|ra|pie (Wasserheilkunde)
Hy|dro|xid, Hy|dro|xyd (chem. Verbindung)
Hy|dro|xyl|grup|pe (OH-Gruppe)
Hy|dro|ze|pha|lus (Wasserkopf)
Hy|e|to|gra|phie (Niederschlagsmessung)
Hy|e|to|me|ter, das (Regenmesser)
Hy|gi|eia (Göttin d. Gesundheit)
Hy|gi|e|ne (Gesundheitslehre, Reinlichkeit)
Hy|gi|e|ni|ker
hy|gi|e|nisch
Hy|gro|me|ter, das (Luftfeuchtigkeitsmesser)
Hy|gro|phyt
Hy|gro|skop
hy|gro|sko|pisch (Wasser anziehend)
Hyk|sos (Fremdherrscher in Ägypten)
Hy|men[1], der (1. griech. Gott; 2. Hochzeitslied); *s. a.* Hymenaios, Hymenäus
Hy|men[2], das (Jungfernhäutchen)
Hy|me|nai|os (*griech.*) (Gott); *s. a.* Hymen[1], der; Hymenäus (*lat.*)
Hy|me|nä|us (*lat.*); *vgl.* Hymen[1]; Hymenaios (*griech.*)
Hy|me|no|pte|re, die (Hautflügler)
Hym|ne, die
Hym|nik
hym|nisch
Hym|no|lo|gie
hym|no|lo|gisch
Hym|nus
Hyp|al|la|ge, die (rhetor. Figur)
Hype, der (Werbegag; Irreführung)
hy|per.../Hy|per... (*griech.* über)
Hy|per|aci|di|tät (Übersäuerung); *a.* ...azidität
Hy|per|al|ge|sie (Schmerzüberempfindlichkeit)
hy|per|al|ge|tisch
Hy|per|ämie (Blutfülle)
Hy|per|äs|the|sie (Überempfindlichkeit)
hy|per|äs|the|tisch
Hy|per|azi|di|tät (Übersäuerung); *a.* ...acidität
Hy|per|bel, die (1. e. Kurve; 2. rhetor. Übertreibungsfigur)
hy|per|bo|lisch (übertreibend)
Hy|per|bo|lo|id
Hy|per|bo|reer (sagenhaftes Volk)
hy|per|bo|re|isch
Hy|per|funk|ti|on
Hy|pe|ri|on (1. Sagengestalt; 2. Saturnmond)
hy|per|kor|rekt
hy|per|kri|tisch
Hy|per|link, der/das (*EDV* Verbindung zu weiteren Internetseiten)
Hy|per|me|ter, der (Versform)
hy|per|me|trisch
hy|per|mo|dern
Hy|pe|ron (Elementarteilchen)
Hy|per|schall
hy|per|sen|si|bel
hy|per|so|nisch (Überschall...)
Hy|per|text (*EDV* Textverknüpfung durch Hyperlinks)
Hy|per|ther|mie (Überhitzung)
Hy|per|to|nie (Bluthochdruck)
hy|per|troph (übermäßig)
Hy|per|tro|phie
Hy|phe, die (Pilzfaden)
Hyph|en, das (Bindestrich)
Hyp|no|pä|die (Lernen im Schlaf)
hyp|no|pä|disch
Hyp|nos (Gott d. Schlafs)
Hyp|no|se
Hyp|no|ti|kum
hyp|no|tisch
Hyp|no|ti|seur
hyp|no|ti|sie|ren
Hyp|no|tis|mus
hy|po.../Hy|po..., *vor Vokalen* hyp.../Hyp... (*griech.* unter)
Hy|po|chon|der
Hy|po|chon|drie (übertriebene Beachtung eigenen Mißbefindens)
hy|po|chon|drisch
Hy|po|gä|um (unterird. Raum)
Hy|po|ko|ri|sti|kum (Kosename)
hy|po|ko|ri|stisch

Hy|po|kri|sie (Heuchelei)
Hy|po|krit
hy|po|kri|tisch
Hy|po|phy|se (Hirnanhangdrüse)
Hy|po|sta|se (Vergegenständlichung)
hy|po|sta|sie|ren
hy|po|sta|tisch
hy|po|tak|tisch (unterordend)
Hy|po|ta|xe (*gramm.* Unterordnung)
Hy|po|te|nu|se (längste Seite im rechtwinkligen Dreieck)
Hy|po|tha|la|mus (Teil des Zwischenhirns)
Hy|po|thek (Belastung [einer Immobilie], *a. übertr.*)
Hy|po|the|kar
hy|po|the|ka|risch
Hy|po|the|ken|bank
Hy|po|ther|mie (Unterkühlung)
Hy|po|the|se (Vermutung)
hy|po|the|tisch
Hy|po|to|nie (Niederdruck)
Hy|po|tra|che|li|on (Teil der Säule)
Hy|po|tro|phie (Unterernährung, -entwicklung)
Hy|po|zen|trum (Erdbebenherd)
Hyp|si|pho|bie (Höhenangst)
Hyp|so|me|ter, das (Höhenmesser)
Hyp|so|me|trie
hyp|so|me|trisch
Hyr|ka|ni|en (antike Landschaft am Kaspischen Meer)
hyr|ka|nisch
Hy|ster|ek|to|mie (Entfernung d. Gebärmutter)
Hy|ste|re|se, Hy|ste|re|sis (Nachwirkung)
Hy|ste|rie (Überspanntheit)
Hy|ste|ri|ker
hy|ste|risch
Hy|ste|ron-Pro|te|ron, das (Vertauschung der Reihenfolge)
Hy|ste|ro|sko|pie (Gebärmutteruntersuchung)
Hy|ste|ro|to|mie (Gebärmutteroperation)
Hz (*Abk. v.* Hertz) *§ 17 (2) Anm. 2*

i I

das i (der Kleinbuchstabe i, der Laut i); i (*Zeichen f.* die imaginäre Zahl); das I (der Großbuchstabe I); I (*chem. Zeichen für* Iod/Jod [s. d.]; *röm. Zahlzeichen* 1)
i. (*Abk. v.* in, im); Freiburg i. Breisgau; i. a. (*s. d.*)
I a (eins a, prima); I a Leberwurst
Ia. (*Abk. v.* Iowa)
i. a. (*Abk. v.* im allgemeinen)
i. A. (*Abk. v.* im Auftrag)
iah! (Ruf des Esels)
ia|hen; der Esel iaht
Iam|bli|chos (griech. Philosoph ~250-330); *s. a.* Jamblich
Ia|son (Sagengestalt); *s. a.* Jason
IATA (*Abk. f.* Internationaler Luftverkehrsverband) *§ 17 (2) Anm. 1*
Ia|trik (Lehre von d. Heilkunst)
ia|tro|gen (durch den Arzt verursacht)
ib. (*Abk. v.* ibidem); *s. a.* ibd.
Iba|dan (Stadt in Nigeria)
ibd. (*Abk. v.* ibidem); *s. a.* ib.
Ibe|rer (vorindogerm. Bewohner d. iber. Halbinsel)
ibe|risch; die Iberische Halbinsel *§ 15 (7)*
Ibe|ro|ame|ri|ka
ibe|ro|ame|ri|ka|nisch (lateinamerikanisch)
ibe|ro-ame|ri|ka|nisch (die iberischen Länder und Amerika betreffend; *a.* = iberoamerikanisch) *§ 13 (5)*
Ibert, Jacques (frz. Komponist 1890-1962)
ibi|dem (ebenda); *Abk.* ib., ibd.
Ibis, der (Vogel); *Pl.* Ibisse
Ibi|za (span. Insel)
Ibi|zen|ker (Einwohner v. Ibiza)
ibi|zen|kisch
IBM (*Abk. v.* International Business Machines Corporation) *§ 17 (2) Anm. 1*
Ibn (Sohn *in arab. Namen*)
Ibn Chal|dun (arab. Historiker 1332-1406)
Ibn Saud (arab. König 1880-1953)
Ibo (Volk)
Ib|sen, Henrik (norweg. Dichter 1828-1906)
Iby|kos (*griech.*), Ibikus (*lat.*) (griech. Dichter 6. Jh. v. Chr.)
IC (*Abk. v.* Intercity) *§ 17 (2) Anm. 1*
ICE (*Abk. v.* Intercity-Expreß) *§ 17 (2) Anm. 1*
ich; meiner, mir, mich; *vgl.* mein, Ich
Ich, das; mein anderes Ich; *in Zusammensetzungen steht oft ein Bindestrich, wenn das Wort* ich *gemeint ist und nicht das Selbst*: Ich-Roman; *aber* Ichsucht
ich|be|zo|gen
Ich-Er|zäh|ler *§ 13 (2)*
Ich|form, ich-Form, Ich-Form *§ 13 (2)*; *vgl.* Ich
Ich|ge|fühl
ich-Laut, Ich-Laut *§ 13 (2)*
Ich|neu|mon, der/das (Raubtier)
Ich|no|gramm
Ich-Ro|man *§ 13 (2)*
Ich|sucht
ich|süch|tig
Ich|thyo... (Fisch...)
Ich|thy|odont
Ich|thyo|lith, der (Fischversteinerung)
Ich|thyo|lo|ge
Ich|thyo|lo|gie (Fischkunde)
Ich|thyo|sau|ri|er
Ich|thyo|sau|rus
Ich|thy|o|se, Ich|thy|o|sis
Icing, das (Schlag beim Eishockey)
id. (*Abk. v.* idem 1., 2.)
Id. (*Abk. v.* Idaho)

Ida (Berg auf Kreta)
Ida|feld (Wohnort der Asen)
Ida|ho (Bundesstaat der USA); *Abk.* Id.
ide. (*Abk. v.* indoeuropäisch); *a.* ie., i.-e.
ide|al; ide|a|ler
Ide|al, das; *Pl.* Ide|a|le
Ide|al...[bild *usw.*]
ide|a|li|sie|ren
Ide|a|lis|mus
Ide|a|list
Ide|a|li|stin
ide|a|li|stisch
Ide|a|li|tät
ide|al|ty|pisch
Idee, die; *Pl.* Ideen
Idée fixe, die (fixe Idee) *§ 15 (3)*
ide|ell
Ideen...[drama *usw.*]
idem [idɛm] (dasselbe); *Abk.* id.
idem [i:dɛm] (derselbe); *Abk.* id.
Iden (*Pl. v.* Idus) (13. oder 15. Tag des altröm. Monats
Iden|ti|fi|ka|ti|on
iden|ti|fi|zie|ren
iden|tisch (selbig, gleich)
Iden|ti|tät
Iden|ti|täts...[krise *usw.*]
Ideo|gramm, das (Begriffszeichen)
Ideo|gra|phie
ideo|gra|phisch
Ideo|lo|ge
Ideo|lo|gie (Weltanschauung)
ideo|lo|gisch
ideo|lo|gi|sie|ren
ideo|mo|to|risch (durch Vorstellungen e. Bewegung verursachend)
id est (das ist); *Abk.* i. e.
idg., Idg. (*Abk. v.* indogermanisch, Indogermanisch)
idio.../**Idio**... (*griech.* eigen)
Idio|lekt, der (persönl. Sprechweise)
idio|lek|tal
Idi|om, das (Sprechweise; Redewendung)
Idi|o|ma|tik
idi|o|ma|tisch
idi|o|ma|ti|sie|ren
Idio|syn|kra|sie (persönl. Abneigung, Besonderheit)
idio|syn|kra|tisch
Idi|ot, der; *Pl.* Idi|o|ten
Idi|o|tie (Schwachsinn)
Idi|o|ti|kon (Wörterbuch e. Mundart)
idi|o|tisch
Idi|o|tis|mus
Ido, das (Welthilfssprache)
Ido|kras, der (Mineral)
Idol, das (Götze, Wunschbild)
Ido|la|trie (*kurz f.* Idololatrie)
ido|li|sie|ren
Ido|lo|la|trie (Götzenverehrung); *s. a.* Idolatrie
Idu|mäa
Idun, Idu|na (nord. Göttin)
Idus (*Pl.* Iden, *s. d.*)
Idyll, das (friedl. Szene einfachen Lebens)
Idyl|le, die
Idyl|lik
idyl|lisch
IE, I. E. (*s. d.*)
ie. (*Abk. v.* indoeuropäisch); *a.* ide., i.-e.
i. e. (*Abk. v.* id est)
I. E., IE (*Abk. v.* Internationale Einheit); 500 I. E./IE Vitamin E *§ 17 (2) Anm. 1*
i.-e. (*Abk. v.* indoeuropäisch); *a.* ide., i.e.
IG, I. G. (*Abk. v.* Industriegewerkschaft) *§ 17 (2) Anm. 1*
Igel
Igel...[kaktus *usw.*]
igitt!; igitt|igitt!
Ig|lu, das/der (Schneehaus)
Igna|ti|us von Lo|yo|la (Gründer des Jesuitenordens 1491-1556)
igno|rant (unwissend)
Igno|rant, der
Ig|no|ranz
igno|rie|ren
Igor|lied (russ. Dichtung)
Igu|an|odon, das (Saurier)
IHK (*Abk. v.* Industrie- und Handelskammer) *§ 17 (2) Anm. 1*
Ih|le, der (Hering)
ihr *usw.*; *in der Höflichkeitsanrede groß geschrieben § 16 (2)*; *vgl.* du
ih|rer|seits; *vgl.* ihr
ih|res|glei|chen; *vgl.* ihr
ih|res|teils; *vgl.* ihr
ih|ret|hal|ben; *vgl.* ihr
ih|ret|we|gen; *vgl.* ihr
ih|ret|wil|len; *vgl.* ihr
ih|rig; die Ihrigen (Angehörige); *vgl.* deinig
ihr|zen (mit Ihr anreden); du ihrzt *§ 7 (1)*
IHS (*Abk. v.* Jesus)
i. J. (*Abk. v.* im Jahre)
Ijs|sel|meer (See in Holland)
Ika|ros (*griech.*), Ika|rus (*lat.*) (Sagengestalt)
Ike|ba|na, das (jap. Blumensteckerei)
Ikon, das (Heiligenbild)
Iko|ne, die (Heiligenbild)
Iko|nen...[malerei *usw*]
Iko|no|graph
Iko|no|gra|phie
Iko|no|klas|mus (Bildersturm)
Iko|no|klast
iko|no|kla|stisch
Iko|no|la|trie (Bilderverehrung)
Iko|no|lo|gie
Iko|no|stas, der (Bilderwand in Kirchen)
Iko|no|sta|se, die (Ikonostas)
Iko|sa|eder, das (Zwanzigflächner)
ikr (*Abk. v.* isländische Krone) *§ 17 (2) Anm. 2*
IKRK (*Abk. v.* Internationales Komitee vom Roten Kreuz) *§ 17 (2) Anm. 1*
ik|te|risch (*zu* Ikterus)
Ik|te|rus, der (Gelbsucht)
Ik|ti|nos (griech. Architekt 5.Jh. v. Chr.)
Ik|tus, der (Hebung [im Vers])
il-/Il- (*lat. Präfix* in *vor* l-)
Île-de-France (Region Frankreichs)
Ile|us, der (Darmverschluß); *Pl.*

Ileen
Ilex, der/die (Stechpalme)
Ili|as, die (griech. Epos)
Ili|es|cu, Ion (rum. Politiker *1930)
Ili|on (*griech.*), Ili|um (*lat.*) (Troja)
Ill. (*Abk. v.* Illinois)
il|le|gal (gesetzwidrig)
Il|le|ga|li|tät
il|le|gi|tim (unrechtmäßig)
Il|le|gi|ti|mi|tät
Il|ler, die (Fluß)
il|li|be|ral
Il|li|be|ra|li|tät
Il|li|nois (Bundesstaat der USA); *Abk.* Ill.; ~ River
il|li|quid
il|li|te|rat
Il|lo|ku|ti|on (Funktion eines Sprechaktes)
il|lo|ku|ti|o|när
il|lo|ku|tiv
il|lo|yal
Il|lo|ya|li|tät
Il|lu|mi|nat (Freimaurer)
Il|lu|mi|na|ten|or|den
Il|lu|mi|na|ti|on (Beleuchtung)
Il|lu|mi|na|tor
il|lu|mi|nie|ren
Il|lu|si|on (Einbildung)
il|lu|si|o|när
Il|lu|si|o|nis|mus
Il|lu|si|o|nist
il|lu|si|o|ni|stisch
il|lu|so|risch
il|lu|ster (glänzend); il|lu|stre Gesellschaft
Il|lu|stra|ti|on
il|lu|stra|tiv
Il|lu|stra|tor
il|lu|strie|ren
Il|lu|strier|te, die
Il|ly|ri|en (antike Region)
Il|ly|rer, Il|ly|ri|er (antikes Volk)
il|ly|risch
Il|men|au (Stadt)
Il|me|nit, der (Mineral)
ILO (*Abk. f.* Internationale Arbeitsorganisation) *§ 17 (2) Anm. 1*
Il|tis, der (Marder); *Pl.* Iltisse
im (*Verschmelzung von* in *und* dem); im allgemeinen, im besonderen, im übrigen *usw.* *§ 15 (6)*
im-/Im- (*lat. Präfix* in *vor* m-/b-/p-)
IM (*Abk. v.* Inoffizieller Mitarbeiter [*DDR*]); IM „Sekretär" *usw. § 17 (2) Anm. 1*
I. M. (*Abk. v.* Ihre Majestät)
Image, das (Bild, Ansehen)
Image...[pflege *usw.*]
ima|gi|när (vorgestellt)
Ima|gi|na|ti|on
ima|gi|nie|ren
Ima|go, die (Bild; Insekt nach der Häutung); *Pl.* Imagines
Imam (islam. Gelehrter)
im|be|zil [imbe'tsi:l], im|be|zill [imbe'tsil] (geistesschwach)
Im|biß, der; *Pl.* Imbisse
Im|biß...[bude *usw.*]
Imi|tat, das
Imi|ta|ti|on (Nachahmung)
Imi|ta|tor
imi|ta|to|risch
imi|tie|ren
Im|ker, der
Im|ker...[honig *usw.*]
Im|ke|rei
im|kern; du imkerst
im|ma|nent (innewohnend)
Im|ma|nenz
Im|ma|te|ri|a|li|tät
im|ma|te|ri|ell (nichtstofflich)
Im|ma|tri|ku|la|ti|on (Einschreibung an e. Hochschule)
im|ma|tri|ku|lie|ren
Im|me, die (Biene)
im|me|di|at (unmittelbar)
im|mens (unermeßlich)
im|men|su|ra|bel; im|men|su|rable Größen
im|mer; immer mehr; noch immer
im|mer|dar
im|mer|fort
im|mer|grün (*klassifizierend*); *aber* diese Pflanze ist immer grün (*beschreibend*) *§ 11 (6)*
Im|mer|grün, das (Pflanze)
im|mer|hin
Im|mer|mann, Karl (dt. Dichter 1796-1840)
Im|mer|si|on (Eintauchen)
im|mer|wäh|rend; immerwährender Kalender
im|mer|zu
Im|mi|grant (Einwanderer)
Im|mi|gra|ti|on
im|mi|grie|ren
im|mi|nent (drohend)
Im|mis|si|on (Einspeisung)
Im|mis|si|ons...[schutz usw.]
im|mo|bil (unbeweglich)
Im|mo|bi|lie, die (Grund-, Hausbesitz)
Im|mo|bi|li|en...[markt *usw.*]
im|mo|bi|li|sie|ren
Im|mo|bi|lis|mus
Im|mo|bi|li|tät
im|mo|ra|lisch
Im|mo|ra|lis|mus
Im|mo|ra|li|tät
Im|mor|ta|li|tät
Im|mor|tel|le, die (Pflanze, Strohblume)
im|mun (gefeit [gegen Krankheit, Strafverfolgung])
Im|mun...[abwehr *usw.*]
im|mu|ni|sie|ren
Im|mu|ni|tät
Im|mu|no|lo|ge
Im|mu|no|lo|gie
im|mu|no|lo|gisch
im nach|hin|ein
imp. (*Abk. v.* imprimatur)
Im|pa|la, die (Antilope)
im|pa|stie|ren (dick auftragen)
Im|pa|sto, das (impastiertes Bild)
Im|peach|ment, das (Amtsenthebungsverfahren)
Im|pe|danz (elektr. Widerstand)
im|pe|ra|tiv (befehlend)
Im|pe|ra|tiv, der (Befehlsform)
Im|pe|ra|tiv...[satz *usw.*]
im|pe|ra|ti|visch
Im|pe|ra|tor ([altröm.] Oberbefehlshaber); Imperator Rex; *Abk.* I. R.
im|pe|ra|to|risch

Im|per|fekt, das (Vergangenheitsform)
im|per|fek|tisch
im|pe|ri|al (herrschaftlich)
Im|pe|ri|a|lis|mus (Ausdehnungspolitik)
Im|pe|ri|a|list
im|pe|ri|a|li|stisch
Im|pe|ri|um (Reich)
im|per|me|a|bel (undurchlässig); impermea|ble Schicht
Im|per|me|a|bi|li|tät
Im|per|so|na|le, das (unpersönliches Verb)
im|per|ti|nent (unverschämt)
Im|per|ti|nenz
Im|pe|ti|go, die (Eiterflechte)
im|pe|tu|o|so (*musik.* heftig)
Im|pe|tus, der (Schwung)
Impf...[arzt *usw.*]
imp|fen; du impfst
Impf|ling
Im|plan|tat
Im|plan|ta|ti|on
im|plan|tie|ren (einpflanzen)
im|ple|men|tie|ren (einbauen)
Im|ple|men|ta|ti|on
Im|pli|ka|ti|on
im|pli|zie|ren (logisch einschließen)
im|pli|zit
im|pli|zi|te
im|plo|die|ren ([durch äußeren Druck] zusammenbrechen)
Im|plo|si|on
im|pon|de|ra|bel (unwägbar); impondera|ble Einflüsse
Im|pon|de|ra|bi|lie
Im|pon|de|ra|bi|li|tät
Im|po|nier...[sprache *usw.*]
im|po|nie|ren (beeindrucken)
Im|port (Einfuhr)
Im|port...[zoll *usw.*]
Im|por|te, die (Zigarre)
Im|por|teur
im|por|tie|ren
im|por|tun (ungeeignet)
im|po|sant (eindrucksvoll)
im|po|tent ([zeugungs]unfähig)
Im|po|tenz
impr. (*Abk. v.* imprimatur)
Im|prä|gna|ti|on
im|prä|gnie|ren (durchtränken)
im|prak|ti|ka|bel; im|prak|ti|kable Vorschläge
Im|pre|sa|rio (Künstleragent)
Im|pres|si|on (Eindruck)
Im|pres|si|o|nis|mus (Kunstrichtung)
Im|pres|si|o|nist
im|pres|si|o|ni|stisch
Im|pres|sum (Verlagsvermerk in Büchern usw.)
im|pri|ma|tur (lat. „es möge gedruckt werden"); *Abk.* imp., impr.
Im|pri|ma|tur, das (Druckerlaubnis)
im|pri|mie|ren
Im|promp|tu, das (Musikstück)
Im|pro|vi|sa|ti|on (Stegreifdarbietung)
Im|pro|vi|sa|ti|ons...[kunst *usw.*]
Im|pro|vi|sa|tor
im|pro|vi|sie|ren
Im|puls, der (Anstoß)
im|pul|siv
Im|pul|si|vi|tät
im|stand, im|stan|de (fähig) *§ 12*; *aber* gut im Stand[e] sein; im Stand[e] der Unschuld
im üb|ri|gen *§ 15 (6)*; *vgl.* übrig
im vor|aus *§ 15 (6)*; *vgl.* voraus, Voraus
im vor|hin|ein *§ 15 (6)*
in (*Präposition, a. lat.*); *s. die einzelnen Verbindungen*
in... (*lat. Negationspräfix*)
In (*chem. Zeichen f.* Indium)
in ab|sen|tia (*lat.* in Abwesenheit)
in ab|strac|to (*lat.* nur begrifflich)
in|ad|äquat (unangemessen)
in ae|ter|num (*lat.* in Ewigkeit)
in|ak|tiv
in|ak|ti|vie|ren
In|ak|ti|vi|tät
in|ak|tu|ell
in|ak|zep|ta|bel (unannehmbar); inakzepta|ble Forderungen
in|an [in'a:n] (leer)
In|an|griff|nah|me
In|an|spruch|nah|me
in|ar|ti|ku|liert
In|au|gen|schein|nah|me
In|au|gu|ral|dis|ser|ta|ti|on (Doktorarbeit)
In|au|gu|ra|ti|on (Amtseinsetzung)
in|au|gu|rie|ren
In|be|griff
in|be|grif|fen
In|be|sitz|nah|me
In|be|trieb|nah|me
in be|zug/Be|zug; *s.* Bezug
In|bild, das
In|brunst, die
in|brün|stig
In|bus|schlüs|sel (e. Schraubenschlüssel)
Inc. (*Abk. v.* incorporated)
Inch (*engl.* Zoll); *Abk.* in, in.
in|cho|a|tiv (den Beginn anzeigend)
in|ci|pit (*lat.* es beginnt)
in con|cert
in con|cre|to (*lat.* konkret)
in con|tu|ma|ci|am (*lat.* in Abwesenheit)
in cor|po|re (*lat.* gemeinsam)
I. N. D. (*Abk. v.* in nomine Domini „im Namen des Herrn")
Ind. (*Abk. v.* Indiana)
ind|an|thren (farbecht)
Ind|an|thren, das
in|de|fi|nit (unbestimmt)
In|de|fi|nit...[pronomen *usw.*]
in|de|kli|na|bel; indeklina|ble Wörter
in|dem (*Konjunktion*) *§ 12*
in|dem|ni|sie|ren (straffrei stellen)
In|dem|ni|tät (Straffreiheit)
In|de|pen|dence Day (Unabhängigkeitstag) *§ 15 (3) Anm., (7)*
In|de|pen|den|ten (*Pl.*)
In|der, der
in|des
in|des|sen
in|de|ter|mi|na|bel (unbestimmbar); indetermina|ble Folgen

In|de|ter|mi|na|ti|on
in|de|ter|mi|niert
In|de|ter|mi|nis|mus
In|dex, der (Verzeichnis; Kennziffer); *Pl.* Indizes; Index librorum prohibitorum (Verzeichnis verbotener Bücher)
In|dex...[klausel *usw.*]
in|de|zent (taktlos)
In|de|zenz
In|di|a|na (Bundesstaat der USA); *Abk.* Ind.
In|di|a|ner
In|di|a|ner...[häuptling *usw.*]
in|di|a|nisch
In|di|a|nist
In|di|a|ni|stik
In|di|en
In|dienst|nah|me
in|dif|fe|rent (gleichgültig)
In|dif|fe|ren|tis|mus
In|dif|fe|renz
In|di|ge|sti|on (Verdauungsstörung)
In|di|gna|ti|on (Entrüstung)
in|di|gniert
In|di|go, das/der (Farbstoff)
in|di|go|blau (*Adjektiv*)
In|dik, der (Indischer Ozean)
In|di|ka|ti|on (Heilanzeige)
In|di|ka|ti|ons...[lösung *usw.*]
In|di|ka|tiv, der (*sprachwiss.* Wirklichkeitsmodus)
in|di|ka|ti|visch
In|di|ka|tor (Zeichen)
In|di|ka|trix, die (Verzerrungsmaß auf Landkarten)
In|dio, der; *Pl.* In|di|os
in|di|rekt (mittelbar)
in|disch; Indisch Lamm *§ 15 (8)*
In|disch|rot, das
in|dis|kret (taktlos)
In|dis|kre|ti|on
in|dis|ku|ta|bel; indiskuta|ble Ideen
in|dis|po|ni|bel (nicht verfügbar); indisponi|ble Beträge
in|dis|po|niert (unpäßlich)
In|dis|po|si|ti|on
in|dis|pu|ta|bel; indisputa|ble Vorstellungen
In|di|um; *chem Zeichen* In
In|di|vi|du|al...[psychologie *usw.*]
in|di|vi|du|a|li|sie|ren
In|di|vi|du|a|lis|mus
In|di|vi|du|a|list
in|di|vi|du|a|li|stisch
In|di|vi|du|a|li|tät
In|di|vi|du|a|ti|on
in|di|vi|du|ell
In|di|vi|du|um
In|diz, das (Anzeichen); *Pl.* Indizien
In|di|zi|en...[beweis *usw.*]
in|di|zie|ren
In|do|chi|na (ehem. frz. südostasiat. Gebiet)
In|do|eu|ro|pä|er (Indogermane)
in|do|eu|ro|pä|isch; *Abk.* ide., ie., i.-e.; d. Indoeuropäisch[e]; *Abk.* Ide., Ie., I.-E.
In|do|ger|ma|ne (Sprecher einer indogerm. Sprache)
in|do|ger|ma|nisch; *Abk.* idg.; das Indogermanisch[e]; *Abk.* Idg.
In|do|ger|ma|nist
In|do|ger|ma|ni|stik
in|do|ger|ma|ni|stisch
In|dok|tri|na|ti|on (Beibringen einer bestimmten Meinung)
in|dok|tri|nie|ren
In|dol, das (Duftstoff)
in|do|lent (träge)
In|do|lenz
In|do|lo|ge
In|do|lo|gie (Indienkunde)
In|do|ne|si|en (Staat in Asien)
In|do|ne|si|er
in|do|ne|sisch
in|do|pa|zi|fisch (d. indischen u. pazifischen Raum umfassend)
In|dore (Stadt in Indien)
In|dos|sa|ment (Vermerk b. Übertragung e. Wechsels)
In|dos|sant
In|dos|sat
In|dos|sa|tar
in|dos|sie|ren
In|dos|so, das
In|dra (ind. Gott)
in du|bio pro reo (*lat.* „im Zweifel für den Angeklagten")
In|duk|ti|on (1. Erzeugung von elektr. Strom durch bewegtes Magnetfeld; 2. log. Schluß vom Besonderen aufs Allgemeine)
In|duk|ti|ons...[strom *usw.*]
in|duk|tiv
In|duk|ti|vi|tät
In|duk|tor (Transformator)
in|dul|gent (nachsichtig)
In|dul|genz
In|dult, der (Fristgewährung)
In|dus (Fluß)
In|du|stri|al De|sign (Gestaltung) *§ 15 (3) Anm.*
in|du|stri|a|li|sie|ren
In|du|stri|a|lis|mus
In|du|strie
In|du|strie...[betrieb *usw.*]
in|du|stri|ell; der Industrielle
In|du|strie- u. Han|dels|kammer; *§ 13 (1)*; *Abk.* IHK
in|du|zie|ren (bewirken; *vgl.* Induktion)
in|ef|fek|tiv (erfolglos)
in ef|fi|gie (*lat.* nur symbolisch)
in|ef|fi|zi|ent (unwirksam)
In|ef|fi|zi|enz
in|egal (ungleich)
in|ein|an|der; *als Verbzusatz a. zusammengeschrieben § 10*: ineinander◡fließen *usw.*; *vgl.* einander
in|ein|an|der◡flie|ßen *§ 10*
in|ein|an|der◡grei|fen *§ 10*
in|ein|an|der◡stecken [k|k] *§ 10*
in eins; in eins setzen
In|eins|set|zung
in|ert (träge)
In|ert|gas
in|es|sen|ti|ell
in|ex|akt
in|exi|stent
In|exi|stenz
in ex|ten|so (*lat.* ausführlich)

in ex|tre|mis (*lat.* im Sterben)
in|fal|li|bel (unfehlbar); infal|li|ble Urteile
In|fal|li|bi|li|tät
in|fam (ruchlos)
In|fa|mie
In|fant, der (Prinz)
In|fan|te|rie (Fußtruppe; *heute* Nahkampftruppe m. Panzern usw.)
In|fan|te|rie...[truppe *usw.*]
In|fan|te|rist
in|fan|te|ri|stisch
in|fan|til (kindlich)
In|fan|ti|lis|mus
In|fan|ti|li|tät
In|farkt, der (Ausfall v. Organen nach Gefäßverschluß)
In|fekt, der (Ansteckung)
In|fek|ti|on
In|fek|ti|ons...[gefahr *usw.*]
in|fek|ti|ös
in|fe|ri|or (minder[wertig])
In|fe|ri|o|ri|tät
in|fer|nal, in|fer|na|lisch (höllisch)
In|fer|no, das (Hölle)
in|fer|til (unfruchtbar)
In|fer|ti|li|tät
In|fight, der (Boxnahkampf)
In|figh|ting, das
In|fil|tra|ti|on (Einsickern)
in|fil|trie|ren
in|fi|nit (unbegrenzt)
in|fi|ni|te|si|mal (unendlich klein [werdend])
In|fi|ni|te|si|mal...[rechnung *usw.*]
In|fi|ni|tiv, der (Verbgrundform)
In|fi|ni|tiv...[satz *usw.*]
In|fir|mi|tät (Gebrechlichkeit)
In|fix, das (eingefügtes Affix)
in|fi|zie|ren (anstecken)
in fla|gran|ti (auf frischer Tat)
in|flam|ma|bel (entzündbar); inflamma|ble Stoffe
In|fla|ti|on (Geldentwertung)
in|fla|ti|o|när
in|fla|ti|o|ni|stisch
in|fla|to|risch
in|fle|xi|bel (starr); inflexi|ble Stoffe
In|fle|xi|bi|li|tät
In|flu|en|za, die (Grippe)
In|fo, das/die (*kurz f.* Information[sblatt o. ä.])
in|fol|ge (*Präposition*) *§ 12*; *aber* das dritte Mal in Folge (nacheinander)
in|fol|ge|des|sen *§ 12*
In|fo|line, die (telefon. Auskunft)
In|fo|mo|bil, das
In|for|mand (jmd., der zu informieren ist)
In|for|mant (jmd., der informiert)
In|for|ma|tik (EDV-Wissenschaft)
In|for|ma|ti|ker
In|for|ma|ti|on
in|for|ma|ti|o|nell
In|for|ma|ti|ons...[dienst *usw.*]
in|for|ma|tiv
In|for|ma|tor
in|for|ma|to|risch
In|for|mel, das (Kunststil)
in|for|mell
in|for|mie|ren
in|fra.../In|fra... (*lat.* unterhalb)
In|fra...[struktur *usw.*]
in|fra|ge; ~ kommen, ~ stellen; *a.* in Frage *§ 12*
in|fra|rot; das Infrarot, *Abk.* IR
In|fra|rot...[film *usw.*]
in|fra|struk|tu|rell
In|ful, die (Mitra, Stirnband)
in|fun|die|ren (Flüssigkeit einführen)
In|fus, das (Aufguß)
In|fu|si|on (Infundieren)
In|fu|si|ons|tier|chen (Aufgußtierchen, Kleinstlebewesen)
In|fu|so|ri|um
In|fu|sum (Aufguß)
Ing. (*Abk. v.* Ingenieur)
In|gang|hal|tung
In|gang|set|zung
In|gä|vo|ne (Angehöriger eines german. Volks); *s. a.* Ingwäone
In|ge|brauch|nah|me
in ge|ne|re (*lat.* im allgemeinen)
In|ge|nieur; *Abk.* Ing.
In|ge|nieur...[büro *usw.*]
in|ge|ni|ös (einfallsreich)
In|ge|ni|o|si|tät
In|ge|ni|um
In|ge|sti|on (Nahrungsaufnahme)
in|ge|züch|tet
In|got, der (Gußform)
In|grain|pa|pier (rauhes Zeichenpapier)
In|gre|di|ens, das (Zutat); *Pl.* Ingredienzien
In|gre|di|enz, die; *Pl.* Ingredienzen
Ingres, Jean Auguste (frz. Maler 1780-1867)
In|gres|si|on (Eintreten)
in|gres|siv (das Eintreten ausdrückend)
In|grimm, der
in|grim|mig
In|gu|sche (Angehöriger eines Kaukasusvolks)
In|gu|sche|ti|en
Ing|wä|o|ne (Angehöriger eines german. Volks); *s. a.* Ingävone
ing|wä|o|nisch
Ing|wer
Ing|wer...[bier *usw.*]
In|ha|ber
In|ha|ber...[aktie *usw.*]
in|haf|tie|ren
In|haft|nah|me
In|ha|la|ti|on
In|ha|la|to|ri|um
in|ha|lie|ren (einatmen)
In|halt
In|halts...[angabe *usw.*]
in|hä|rent (innewohnend)
In|hä|renz
in|hä|rie|ren
In|hi|bi|tor (Hemmstoff)
in hoc sa|lus (*lat.* „in diesem ist Heil"); *Abk.* I. H. S.
in hoc si|gno (*lat.* „in diesem Zeichen"); *Abk.* I. H. S.
in|ho|mo|gen (ungleichartig)
In|ho|mo|ge|ni|tät
in ho|no|rem (*lat.* zur Ehre)

in|hu|man
In|hu|ma|ni|tät
in in|fi|ni|tum (ins Unendliche)
In|iti|al, der (Anfangsbuchstabe oder -laut)
In|iti|al...[wort *usw.*]
In|iti|a|le, die (Anfangsbuchstabe)
In|iti|and (zu Initiierender)
In|iti|ant (Initiierender)
In|iti|a|ti|on
In|iti|a|ti|ons|ri|tus
in|iti|a|tiv (anstoßgebend)
In|iti|a|tiv...[antrag *usw.*]
In|iti|a|ti|ve
In|iti|a|tor
In|iti|en (*Pl.*)
in|iti|ie|ren (anstoßen; [in einen Geheimbund o. ä.] einführen)
In|jek|ti|on (Einspritzung)
In|jek|ti|ons...[spritze *usw.*]
In|jek|tor
in|ji|zie|ren (einspritzen)
In|ju|rie (Beleidigung)
In|ka, der (altperuan. Adliger; Angehöriger d. Inkavolks)
in|ka|isch
In|kar|di|na|ti|on (Aufnahme in den Klerikerverband)
In|kar|nat, das (Fleischfarbe)
In|kar|na|ti|on (Verkörperung)
in|kar|nie|ren
In|kas|so, das (Geldeinziehung)
In|kas|so...[büro *usw.*]
In|ka|tha, die (südafrik. Organisation)
In|kauf|nah|me
inkl. (*Abk. v.* inklusive)
In|kli|na|ti|on (Neigung)
in|klu|si|ve (einschließlich); *Abk.* inkl.
in|ko|gni|to (unerkannt)
In|ko|gni|to, das
in|ko|hä|rent (zusammenhanglos)
In|ko|hä|renz
in|kom|men|su|ra|bel (unvergleichbar, nicht meßbar); inkommensura|ble Größen
In|kom|men|su|ra|bi|li|tät
in|kom|mo|die|ren (belästigen)
In|kom|mo|di|tät
in|kom|pa|ra|bel (unvergleichbar); inkompara|ble Größen
in|kom|pa|ti|bel; inkompati|ble Vorstellungen
In|kom|pa|ti|bi|li|tät
in|kom|pe|tent (unfähig)
In|kom|pe|tenz
in|kom|pres|si|bel; inkompres-si|ble Stoffe
In|kom|pres|si|bi|li|tät
in|kon|gru|ent (nicht übereinstimmend)
In|kon|gru|enz
in|kon|se|quent
In|kon|se|quenz
in|kon|si|stent (widersprüchlich)
In|kon|si|stenz
in|kon|ti|nent (unfähig, d. Körperausscheidungen zu beherrschen)
In|kon|ti|nenz
in|kor|po|ral (im Körper befindlich)
In|kor|po|ra|ti|on (Einverleibung)
in|kor|po|rie|ren
in|kor|rekt
in Kraft; ~ setzen, ~ treten
In|kraft|set|zung
In|kraft|tre|ten, das
In|kreis
In|kre|ment, das (Zuwachs)
In|kret, das
In|kre|ti|on (innere Abscheidung)
in|kre|to|risch
in|kri|mi|nie|ren (beschuldigen)
In|kru|sta|ti|on (Überzug, Einlagerung)
in|kru|stie|ren
In|ku|ba|ti|on (Brutzeit, Ruheperiode)
In|ku|ba|ti|ons|zeit
In|ku|ba|tor (Brutkasten)
In|ku|bus (Teufel als Beischläfer)
In|ku|na|bel, die (Wiegendruck)
in|ku|ra|bel (unheilbar); inkurable Leiden
In|land
In|land...[eis *usw.*]
In|län|der, der
in|län|disch
In|lands...[brief *usw.*]
In|laut
in|lau|tend
In|lay, das (Zahnfüllung)
In|lett, das (Kissenhülle)
in|lie|gend
in ma|io|rem Dei glo|ri|am (*lat.* „zum höheren Ruhme Gottes“)
in me|di|as res (*lat.* „zum Kern der Sache“)
in me|mo|ri|am (*lat.* „zum Gedenken“)
in|mit|ten *§ 12*
Inn, der (Fluß)
in na|tu|ra (*lat.* „in Wirklichkeit“, „in Naturalien“)
in|ne; *Verbzusatz, a. zusammengeschrieben § 10*: inne◡haben *usw.*
in|ne◡ha|ben *§ 10*
in|ne◡hal|ten *§ 10*
in|nen
In|nen...[politik *usw.*]
in|nen|po|li|tisch
In|ner|asi|en
in|ner|be|trieb|lich
in|ner|deutsch
in|ne|re; die innere Medizin; *als Fachbezeichnung auch* Innere M. *§ 15 (8)*; Innere Mission (kirchliche Organisation); die Innere Mongolei *§ 15 (7)*
In|ne|re, das; Ministerium des Inneren, das Innere nach außen kehren, im Innern
In|ne|rei|en (*Pl.*)
in|ner|halb
in|ner|lich
in|ner|orts
In|ner|öster|reich
in|ner|par|tei|lich
in|ner|po|li|tisch
In|ner|rho|den (schweiz. Kanton)
In|ner|ste, das; im Innersten
in|nert (*schweizer.* innerhalb)

In|ner|va|ti|on
in|ner|vie|ren (mit Nerven ausstatten; reizen)
in|ne◡sein; *nur in den infiniten Formen a. Zusammenschreibung üblich*: inne◡gewesen; *aber* inne ist *§ 8, § 10*
in|ne◡wer|den; *nur in den infiniten Formen a. Zusammenschreibung üblich*: inne◡geworden; *aber* inne wird *§ 8, § 10*
in|ne◡woh|nen *§ 10*
in|nig
in|nig|lich
in|nigst
in no|mi|ne (*lat.* „im Namen"); in nomine Domini, *Abk.* I. N. D.
In|no|va|ti|on (Neuerung)
In|no|va|ti|ons...[prozeß *usw.*]
in|no|va|tiv
in|no|va|to|risch
In|no|zenz (*Papstname*)
Inns|bruck (Stadt in Österreich)
in nu|ce (*lat.* „im Kern", kurz gesagt)
In|nung (Handwerkerverband)
In|nungs...[meister *usw.*]
in|of|fi|zi|ell
in|ope|ra|bel; inopera|ble Tumore
in|op|por|tun (ungünstig)
In|op|por|tu|ni|tät
Ino|sit, der (ein Vitamin)
Inos|urie (krankhafte Inositausscheidung im Urin)
Inoue, Yasushi (jap. Schriftsteller)
in per|pe|tu|um (*lat.* fortwährend)
in per|so|na (*lat.* persönlich)
in pet|to (*ital.* bereit)
in pra|xi (*griech.-lat.* in der Praxis)
in punc|to (*lat.* betreffend)
In|put, der (Eingabe)
In|put-Out|put-Ana|ly|se
in|qui|rie|ren (untersuchen)
In|qui|si|ti|on (Ketzerverfolgung)
In|qui|si|ti|ons...[prozeß *usw.*]
In|qui|si|tor
in|qui|si|to|risch
I. N. R. I. (*Abk. v.* Iesus Nazarenus Rex Iudaeorum)
ins (*Verschmelzung von* in *und* das) *§ 25 (1) Anm. 3*
In|sas|se
ins|be|son|de|re; ins|be|sond|re *§ 12*
in|schal|lah (*arab.* „wenn Allah will")
In|schrift
In|sekt, das
In|sek|ta|ri|um
In|sek|ten...[kunde *usw.*]
in|sek|ten|fres|send; *aber* [schädliche] Insekten fressend *§ 11 (6)*
in|sek|ten|tö|tend; *aber* [alle] Insekten tötend *§ 11 (6)*
In|sek|ti|vo|re, der/die (Insektenfresser)
In|sek|ti|zid, das (Insektenvertilgungsmittel)
In|sel
In|sel...[staat *usw.*]
In|se|mi|na|ti|on (Besamung)
in|sen|si|bel (gefühllos); insensi|ble Worte
In|sen|si|bi|li|tät
In|se|rat, das (Anzeige)
In|se|ra|ten|teil
In|se|rent
in|se|rie|ren
In|sert, das (Einschub)
In|ser|ti|on
ins|ge|heim
ins|ge|mein
ins|ge|samt
In|si|der ([durch Betriebszugehörigkeit] Eingeweihter)
In|si|der...[geschäft *usw.*]
In|side-Sto|ry *§ 13 (2), § 15 (3) Anm.*
In|sie|gel, das
In|si|gni|en (*Pl.*) (Abzeichen)
in|si|gni|fi|kant
in|si|stent (hartnäckig)
In|si|stenz
in|si|stie|ren (auf etw. bestehen)
in si|tu (*lat.* an Ort u. Stelle)
in|skri|bie|ren
In|skrip|ti|on (Einschreibung)
ins|künf|tig
in|so|fern *§ 12*
in|so|lent (unverschämt)
in|sol|vent (zahlungsunfähig)
In|sol|venz
in|son|der|heit *§ 12*
in|so|weit *§ 12*
in spe (*lat.* künftig)
In|spek|teur
In|spek|ti|on (Prüfung)
In|spek|ti|ons...[reise *usw.*]
In|spek|tor
In|spi|ra|ti|on (Einatmung; Eingebung)
in|spi|rie|ren
In|spi|zi|ent (Überwacher [bes. im Theater, Film])
in|spi|zie|ren
in|sta|bil
In|sta|bi|li|tät
In|stal|la|teur
In|stal|la|ti|on (Einrichtung; *a.* künstler. Raumgestaltung)
in|stal|lie|ren
in|stand◡be|set|zen
In|stand|be|set|zer
in|stand◡hal|ten
In|stand|hal|tung
in|stän|dig
in|stand◡set|zen
In|stand|set|zung
in|stant (unvermittelt)
In|stant...[kaffee *usw.*]
In|stanz, die (zuständige Stelle)
In|stan|zen...[weg *usw.*]
in sta|tu nas|cen|di (*lat* „im Entstehen")
In|stil|la|ti|on (Einträufelung)
in|stil|lie|ren
In|stinkt (angeborenes Verhalten; Ahnung)
In|stinkt...[handlung *usw.*]
in|stink|tiv
in|sti|tu|ie|ren (gründen)
In|sti|tut
In|sti|tu|ti|on
in|sti|tu|ti|o|na|li|sie|ren
in|sti|tu|ti|o|nell
In|sti|tuts...[direktor *usw.*]

Inst|mann
in|stru|ie|ren (unterweisen)
In|struk|teur
In|struk|ti|on
in|struk|tiv
In|struk|tor
In|stru|ment
in|stru|men|tal
In|stru|men|tal, der (*sprachwiss.* das Mittel anzeigender Kasus); *s. a.* Instrumentalis
In|stru|men|tal...[musik *usw.*]
In|stru|men|ta|lis, der (Instrumental)
In|stru|men|ta|list
In|stru|men|ta|ri|um
In|stru|men|ta|ti|on
in|stru|men|tell
in|stru|men|tie|ren
In|sub|or|di|na|ti|on (Ungehorsam)
in|suf|fi|zi|ent (ungenügend)
In|suf|fi|zi|enz
In|su|la|ner
in|su|lar
In|su|lin, das (Hormon)
In|su|lin...[schock *usw.*]
In|sult, der (1. Beleidigung; 2. Schlaganfall o. ä.)
In|sul|ta|ti|on
in|sul|tie|ren
in sum|ma (insgesamt)
In|sur|gent, der (Aufrührer)
in|sur|gie|ren
In|sur|rek|ti|on (Aufstand)
in|sze|na|to|risch
in|sze|nie|ren
In|ta|glio, das (Gemme)
in|takt
In|tar|sie, die (Einlegearbeit)
In|tar|si|en...[arbeit *usw.*]
in|te|ger (unbestechlich)
in|te|gral (ganzheitlich, wesentlich)
In|te|gral, das (Summenausdruck in der Infinitesimalrechnung)
In|te|gral...[rechnung *usw.*]
In|te|gra|ti|on
in|te|gra|tiv
in|te|grie|ren
In|te|gri|tät
In|te|gu|ment (*biolog.* Hülle)
In|tel|lekt, der
In|tel|lek|tu|a|lis|mus
in|tel|lek|tu|ell
In|tel|lek|tu|el|le, der
in|tel|li|gent
In|tel|li|genz
In|tel|li|genz...[test *usw.*]
In|tel|li|gen|zi|ja (*russ.* Schicht v. [radikalen] Intellektuellen)
In|tel|li|genz|ler
in|tel|li|gi|bel (begreifbar); intelligi|ble Gründe
In|ten|dant (Leiter eines Theaters o. ä.)
In|ten|dan|tur
In|ten|danz
in|ten|die|ren (beabsichtigen)
In|ten|si|me|ter, das
In|ten|si|on (Anspannung; Begriffsinhalt); *s. aber* Intention
in|ten|si|o|nal; *s. aber* intentional
In|ten|si|tät
in|ten|siv
In|ten|siv...[station *usw.*]
in|ten|si|vie|ren
In|ten|si|vum, das (*sprachwiss.* die Verstärkung anzeigende Wortbildung)
In|ten|ti|on (Absicht); *s. aber* Intension
in|ten|tio|nal; *s. aber* intensional
In|ten|ti|o|na|li|tät (Absichtlichkeit; Gerichtetheit)
in|ter.../In|ter... (*lat.* zwischen)
in|ter|agie|ren (aufeinander einwirken)
In|ter|ak|ti|on
In|ter|ci|ty; *Abk.* IC
In|ter|ci|ty-Ex|preß; *a.* ...-Express (*engl.*); *Abk.* ICE
In|ter|ci|ty-Zug; *Abk.* IC
in|ter|de|pen|dent (voneinander abhängig)
In|ter|de|pen|denz
In|ter|dikt, das (Verbot)
In|ter|dik|ti|on
in|ter|dis|zi|pli|när (fächerübergreifend)
in|ter|es|sant
in|ter|es|san|ter|wei|se *§ 12*
In|ter|es|se
in|ter|es|se|hal|ber *§ 12*
In|ter|es|sen...[vertreter *usw.*]
In|ter|es|sent
In|ter|es|sen|ten...[kreis *usw.*]
in|ter|es|sie|ren; sich ~
In|ter|face, das (*EDV* Schnittstelle)
In|ter|fe|renz (Überlagerung)
in|ter|fe|rie|ren
In|ter|fe|ro|me|ter
In|ter|fe|ron, das (Abwehrstoff gegen Viren)
in|ter|frak|ti|o|nell (fraktionenübergreifend)
in|ter|ga|lak|tisch (zwischen Galaxien)
in|ter|gla|zi|al (zwischen den Eiszeiten)
In|ter|gla|zi|al|zeit
In|te|rieur, das (Innenraum)
In|te|rim, das (Übergangszeit)
In|te|rim[s]...[zustand usw.]
in|te|ri|mi|stisch
In|ter|jek|ti|on (Ausrufwort)
in|ter|ka|lar (eingeschoben)
in|ter|kon|fes|si|o|nell
in|ter|kon|ti|nen|tal
In|ter|kon|ti|nen|tal...[rakete *usw.*]
in|ter|ko|stal (zwischen den Rippen)
In|ter|la|ken (Stadt in der Schweiz)
in|ter|li|ne|ar (zwischen den Zeilen)
In|ter|li|ne|ar...[glosse *usw.*]
In|ter|lock|wa|re (Feinstrick)
In|ter|lu|di|um (Zwischenspiel)
In|ter|ma|xil|lar|kno|chen (Zwischenkieferknochen)
in|ter|me|di|är (zwischengeschaltet)
In|ter|mez|zo, das (Zwischenspiel)
in|ter|mi|ni|ste|ri|ell
in|ter|mit|tie|rend (mit Unterbrechungen)
in|tern (innerlich)
in|ter|na|li|sie|ren
In|ter|nat, das ([Schule mit]

Wohnheim für Schüler)
in|ter|na|ti|o|nal; *Großschreibung in Eigennamen § 15 (7)*: Internationaler Gerichtshof *usw.*
In|ter|na|ti|o|na|le, die (1. sozialist. Vereinigung; 2. deren Kampflied)
in|ter|na|ti|o|na|li|sie|ren
In|ter|na|ti|o|na|lis|mus
In|ter|nats...[schule *usw.*]
In|ter|net, das
in|ter|nie|ren (in staatl. Lagern festhalten)
In|ter|nie|rungs...[lager *usw.*]
In|ter|nist (Arzt f. innere Medizin)
In|ter|no|di|um (*botan.* verdicktes Zwischenglied)
In|ter|num (innere Angelegenheit); *Pl.* Interna
in|ter|par|la|men|ta|risch
In|ter|pel|lant
In|ter|pel|la|ti|on (parlament. Anfrage)
in|ter|pel|lie|ren
in|ter|pla|ne|tar (zwischen den Planeten)
in|ter|pla|ne|ta|risch
In|ter|pol, die (*kurz f.* Internationale Kriminalpolizeiliche Organisation)
In|ter|po|la|ti|on (Einfügung e. Zwischenwertes/-gliedes)
in|ter|po|lie|ren
In|ter|pret, der (Deuter; *a.* ausführender Musiker u. ä.)
In|ter|pre|ta|ti|on
in|ter|pre|tie|ren
in|ter|pun|gie|ren (Satzzeichen setzen)
in|ter|punk|tie|ren
In|ter|punk|ti|on (Interpungieren)
In|ter|re|gio, der (Eisenbahnzug); *Abk.* IR
In|ter|re|gio-Zug
In|ter|re|gnum (Übergangsherrschaft)
in|ter|ro|ga|tiv (fragend)
In|ter|ro|ga|tiv...[satz *usw.*]
In|ter|rup|tio, die (Schwangerschaftsabbruch)
In|ter|sex, das
In|ter|se|xu|a|li|tät
in|ter|se|xu|ell (zwischengeschlechtlich)
in|ter|stel|lar (zwischen den Sternen)
in|ter|sti|ti|ell (im Zwischenraum)
In|ter|sti|ti|um (Zwischenraum)
in|ter|sub|jek|tiv
In|ter|tri|go, die (Hautentzündung); *Pl.* Intertrigines
In|ter|vall, das (Zwischenraum; Tonabstand)
In|ter|vall...[training *usw.*]
in|ter|ve|nie|ren (einschreiten)
In|ter|ven|ti|on
In|ter|ven|ti|ons...[krieg *usw.*]
In|ter|view, das
in|ter|view|en; du interviewst
In|ter|view|er
in|ter|zel|lu|lar (zwischen den Zellen)
In|ter|zel|lu|lar...[raum *usw.*]
in|ter|zel|lu|lär
In|ter|zes|si|on (Bürgschaft)
in|ter|zo|nal (zwischen den Zonen)
In|ter|zo|nen|han|del
in|te|sta|bel (unfähig zu Zeugenschaft, Testat usw.**)** ; intesta|ble Personen
In|te|stat|er|be (gesetzl. Erbe)
in|te|sti|nal (die Eingeweide betreffend)
In|thro|ni|sa|ti|on
in|thro|ni|sie|ren
In|ti (peruan. Währung)
In|ti|fa|da, die (palästin. Widerstand)
in|tim (vertraulich, sexuell)
In|tim...[bereich *usw.*]
In|ti|ma, die (Gefäßhaut)
In|ti|mi|tät
In|ti|mus (Vertrauter); *Pl.* Intimi
in|to|le|ra|bel (unerträglich); intolera|ble Mißstände
in|to|le|rant (unduldsam)
In|to|le|ranz
In|to|na|ti|on (Tongebung)
in|to|nie|ren
in to|to (insgesamt)
In|to|xi|ka|ti|on (Vergiftung)
in|tra (*lat.* innerhalb)
In|tra|da, In|tra|de, die (*musik.* Eröffnungsstück)
in|tra|kar|di|al (im Herzen)
in|tra|ku|tan (in der/die Haut)
in|tra mu|ros (*lat.* nichtöffentlich)
in|tra|mus|ku|lär (in den/die Muskeln)
In|tra|net, das (*EDV* betriebsinternes Netzwerk)
in|tran|si|gent (unnachgiebig)
In|tran|si|genz
in|tran|si|tiv (*sprachw.* ohne Akkusativobjekt)
In|tran|si|ti|vum, das
in|tra|ute|rin (in der Gebärmutter)
In|tra|ute|rin...[pessar *usw.*]
in|tra|ve|nös (in der/die Vene)
in|tra|zel|lu|lar, intrazellulär (in der Zelle)
in|tri|gant
In|tri|ge (heiml. Machenschaft)
In|tri|gen...[spiel *usw.*]
in|tri|gie|ren
in|tro.../In|tro... (*lat.* hinein)
In|tro|duk|ti|on (Einleitung)
in|tro|du|zie|ren
In|tro|itus (Einleitungsstück)
In|tro|spek|ti|on (Innenschau)
in|tro|spek|tiv
In|tro|ver|si|on
in|tro|ver|tiert (nach innen gekehrt)
In|tru|si|on (Eindringen)
In|tru|siv|ge|stein
In|tu|ba|ti|on (*med.* Einführung einer Röhre)
in|tu|bie|ren
In|tu|i|ti|on (überlegungsloses Erfassen)
in|tu|i|tiv
In|tu|mes|zenz
in|tus (*lat.* innen)
In|tus|sus|zep|ti|on
Inu|it (*Pl.* v. Inuk [Eskimo]; *a. als Singular gebraucht*)
Inuk (Eskimo); *Pl.* Inuit

Inu|lin, das (Fruchtzucker)
in usum Del|phi|ni (für Schüler bearbeitet)
inv. (*Abk. v.* invenit)
in|va|lid, in|va|li|de (arbeitsunfähig)
In|va|li|de, der
In|va|li|den...[rente *usw.*]
in|va|li|di|sie|ren
In|va|li|di|tät
in|va|ri|a|bel (unveränderlich); invaria|ble Größen
In|va|ri|an|te, die
In|va|ri|anz
In|va|si|on (Eindringen)
in|va|siv
In|va|sor
In|vek|ti|ve (Schmährede)
in|ve|nit (*lat.* hat erfunden = die Vorlage geschaffen); *Abk.* inv.
In|ven|tar, das (Bestand)
In|ven|ta|ri|sa|ti|on (Bestandsaufnahme)
in|ven|ta|ri|sie|ren
In|ven|ti|on (Erfindung; *a.* kurzes Musikstück)
In|ven|tur, die (Bestandsaufnahme)
in|vers (umgekehrt)
In|ver|si|on
In|ver|te|brat, der (wirbelloses Tier)
In|ver|ter (Umwandlungsgerät)
in|ver|tie|ren
in|ver|tiert
In|vert|zucker [k|k]
In|ver|wahr|nah|me
in|ve|stie|ren ([Geld] anlegen)
In|ve|sti|ti|on
In|ve|sti|ti|ons...[programm *usw.*]
In|ve|sti|tur, die (Einsetzung)
in|ve|stiv
In|vest|ment (Geldanlage)
In|vest|ment...[fonds *usw.*]
In|ve|stor
in vi|tro (*lat.* „im Glas", im Labor)
In-vi|tro-Fer|ti|li|sa|ti|on (Befruchtung außerhalb des Mutterleibs) *§ 13 (4)*; *Abk.* IVF
in vi|vo (*lat.* am lebenden Körper)
In|vo|ka|ti|on (Anrufung)
In|vo|ka|vit (erster Fastensonntag)
In|vo|lu|ti|on (Rückentwicklung)
in|vol|vie|ren (einschließen, verwickeln)
in|wärts
in|wen|dig
in|wie|fern *§ 12*
In|zah|lung|nah|me
In|zest, der (Geschlechtsverkehr zw. engen Verwandten)
In|zest...[tabu *usw.*]
in|ze|stu|ös
In|zi|si|on (Einschnitt)
In|zucht
in|zwi|schen
Io. (*Abk. v.* Iowa)
IOC (*Abk. v.* International Olympic Committee) *§ 17 (2) Anm. 1*; *s. a.* IOK
Iod; *a.* Jod; *chem. Zeichen* I *bzw.* J
Io|dat, das (Salz); *a.* Jodat
Io|did, das (Salz); *a.* Jodid
IOK (*Abk. v.* Internationales Olympisches Komitee) *§ 17 (2) Anm. 1*
Io|ka|ste (Sagengestalt); *a.* Jokaste
Ion, das (elektr. geladenes Teilchen)
Io|nen...[strahl *usw.*]
Io|nes|co, Eugène (frz. Schriftsteller 1909-1994)
Io|ni|en (antike Landschaft in Kleinasien)
Io|ni|er (griech. Stamm)
Io|ni|sa|ti|on
io|nisch; die Ionischen Inseln *§ 15 (7)*
io|ni|sie|ren
Io|no|sphä|re (höchste Schicht der Atmosphäre)
Io|ta, das; *a.* Jota (der griech. Buchstabe ι, I)
Io|wa (Bundesstaat der USA); *Abk.* Ia., Io.
Iphi|ge|nie (Sagengestalt)
ip|se fe|cit (*lat.* „hat es selbst gemacht"); *Abk.* i. f.
ip|so fac|to (*lat.* „durch die Tat selbst")
I-Punkt, i-Punkt *§ 13 (2)*
IQ (*Abk. v.* Intelligenzquotient) *§ 17 (2) Anm. 1*
ir- (*lat. Negation oder Präposition vor* r)
Ir (*chem. Zeichen f.* Iridium)
i. R. (*Abk. v.* im Ruhestand)
I. R. (*Abk. v.* Imperator Rex)
IRA (*Abk. v.* Irisch-Republikanische Armee) *§ 17 (2) Anm. 1*
Irak, der (Staat); in *oder* im ~
Ira|ker
ira|kisch
Iran (Staat); in *oder* im ~
Ira|ner
ira|nisch
Ira|nist
Ira|ni|stik (Erforschung der iran. Kultur)
Ir|bis, der (Schneeleopard)
IRC (*Abk. v.* Internet Relay Chat) *§ 17 (2) Anm. 1*
ir|den (aus Ton)
Ir|den|wa|re; Rote ~ *§ 15 (8)*
ir|disch
Ire|nä|us (Theologe)
Ire (Irländer)
Ire|ne (byzant. Kaiserin 752-803)
Ire|nik (Friedensbemühung)
ire|nisch (friedfertig)
ir|gend; wenn irgend möglich; irgend so ein Mann; *Zusammenschreibung üblich mit* ...ein, ...wann, ...wer, ...wie, ...wo, ...woher *usw.*; *seltener mit* ...etwas, ...jemand
Iri|an Ja|ya (indones. Provinz)
Irid|ek|to|mie (Entfernung der Iris 1.)
Iri|do|lo|ge
Iri|do|lo|gie (Irisdiagnose)
Iris (Göttin)
Iris, die (1. Regenbogenhaut, *Pl.* Iriden; 2. Schwertlilie)
Iris|blen|de
irisch; die Irische See *§ 15 (7)*
Irisch-Re|pu|bli|ka|ni|sche

Armee; *Abk.* IRA
Irish Cof|fee, der *§ 15 (3)*
Irish Stew, das *§ 15 (3)*
iri|sie|ren (bunt schillern)
IRK (*Abk. v.* Internationales Rotes Kreuz) *§ 17 (2) Anm. 1*
Ir|land
Ir|län|der
ir|län|disch; Irländisches Moos (Karragheen) *§ 15 (8)*
Ir|min|säu|le, Ir|min|sul, die (german. Heiligtum)
Iro|ke|se (Indianer)
Iro|ke|sen|schnitt (Frisur)
Iro|nie (Verstellung, Stilfigur)
Iro|ni|ker
iro|nisch
iro|ni|sie|ren
irr; *s. a.* irre
Ir|ra|di|a|ti|on (Ausstrahlung)
ir|ra|ti|o|nal (vernunftlos)
Ir|ra|ti|o|na|lis|mus
Ir|ra|ti|o|na|li|tät
Ir|ra|ti|o|nal|zahl
ir|re; *s. a.* irr; irr[e] sein, werden; irreführen *usw. § 9*
Ir|re, der
Ir|re, die; in die ~ gehen, führen
ir|re|al (unwirklich)
Ir|re|a|lis, der (die Unwirklichkeit anzeigende Form)
Ir|re|a|li|tät
Ir|re|den|ta (*polit.* Wiederangliederung)
Ir|re|den|tis|mus
Ir|re|den|tist
ir|re|den|ti|stisch
ir|re|du|zi|bel (nicht rückgängig zu machen); irreduzi|ble Schäden
ir|re|füh|ren *§ 9*
ir|re|ge|hen *§ 9*
ir|re|gu|lär (unregelmäßig)
Ir|re|gu|la|ri|tät
ir|re|lei|ten *§ 9*
ir|re|le|vant (unwesentlich)
Ir|re|le|vanz
ir|re|li|gi|ös
Ir|re|li|gi|o|si|tät
ir|re|ma|chen *§ 9*
ir|ren; du irrst
Ir|ren...[haus *usw.*]
ir|re|pa|ra|bel; irrepara|ble Fehler
ir|re|re|den *§ 9*
Ir|re|sein, das (*s. aber* irre)
ir|re|ver|si|bel (nicht umkehrbar); irr|versi|ble Schäden
Irr|fahrt
Irr|gang
irr|gläu|big
ir|rig
Ir|ri|ga|ti|on (*med.* Einlauf)
Ir|ri|ga|tor
ir|ri|ger|wei|se
ir|ri|ta|bel (reizbar); irrita|ble Haut
Ir|ri|ta|bi|li|tät
Ir|ri|ta|ti|on
ir|ri|tie|ren (reizen)
Irr|läu|fer
irr|lich|te|lie|ren
irr|lich|tern
Irr|sal, das
Irr|sein, das (*s. aber* irr[e])
Irr|sinn
irr|sin|nig
Irr|tum
irr|tüm|lich
irr|tüm|li|cher|wei|se
Ir|rung; Irrungen, Wirrungen
Irr|weg
Irr|wisch, der
irr|wit|zig
Ir|tysch (Fluß in Asien)
Isa|ak (bibl. Gestalt)
Isa|bel|la (span. Königin 1451-1504)
Isa|bel|le, die (isabellfarbenes Pferd)
isa|bell|far|ben
isa|bell|far|big
Isai|as; *s. a.* Jesaja
Isar (Fluß)
Isa|tin, das (chem. Stoff)
ISBN (*Abk. v.* Internationale Standardbuchnummer) *§ 17 (2) Anm. 1*
Isch|ämie (Blutmangel)
Is|cha|ri|ot (Judas); *s. a.* Iskariot
Ische, die (Mädchen)
Is|chia (Insel)
Is|chi|a|di|kus (Ischiasnerv)
is|chi|a|disch
Is|chi|al|gie
Is|chi|as, der/das/die (Hüftnervschmerz)
Is|chi|as|nerv
Isch|tar (Göttin)
Isch|urie (Harnverhaltung)
ISDN (*Abk. v.* Integrated services digital network) *§ 17 (2) Anm. 1*
ISDN-Anschluß *§ 13 (2)*
Ise|grim (der Wolf in der Fabel)
Iser|ge|bir|ge (Bergland in Polen u. Tschechien)
Iser|lohn (Stadt)
Isi|dor von Sevil|la (Theologe ~560-636)
Isis (Göttin)
Is|ka|ri|ot (Judas ~); *s. a.* Ischariot
Is|lam
Is|la|ma|bad (Hauptstadt v. Pakistan)
Is|la|mi|sa|ti|on
is|la|misch
is|la|mi|sie|ren
Is|la|mis|mus
Is|la|mit
is|la|mi|tisch
Is|land (Insel u. Staat)
Is|län|der
is|län|disch; auf ~; Isländisches Moos *§ 15 (8)*
Is|län|disch, das; auf isländisch sprechen
Is|län|di|sche, das
Is|ma|el (bibl. Gestalt)
Is|ma|i|lit (Angehöriger einer muslim. Konfession)
Is|mus, der (*kurz f. Weltanschauungen, deren Bezeichnung oft auf* -ismus *endet*)
ISO (*Abk. f.* Internationale Normierungsorganisation) *§ 17 (2) Anm. 1*
iso.../Iso... (*griech.* gleich; z. B. Isobutan: chem. Verbindung mit gleicher Summenformel wie Butan)
Iso|ba|re, die (Linie, die Orte

m. gleichem Luftdruck verbindet)
Iso|ba|the, die (Linie, die Orte m. gleicher Wassertiefe verbindet)
Iso|bu|tan, das (*vgl.* iso.../Iso...)
iso|chrom (farbrichtig)
Iso|chro|ma|sie
iso|chro|ma|tisch
iso|chron (gleichdauernd)
Iso|chro|ne, die (Linie die Orte der Gleichzeitigkeit verbindet)
Iso|dy|ne, die (Linie, die Orte gleicher Kraft verbindet)
Iso|glas (Isolierglas)
Iso|glos|se, die (Linie, die Orte gleichen Wortgebrauchs verbindet)
Iso|gon, das (regelmäßiges Vieleck)
iso|go|nal (gleichwinklig)
Iso|hyp|se, die (Höhenlinie auf Landkarten)
Iso|la|ti|on (Abtrennung, Abdichtung)
Iso|la|ti|o|nis|mus
Iso|la|ti|o|nist
iso|la|ti|o|ni|stisch
Iso|la|tor
Iso|lier...[band *usw.*]
iso|lie|ren
iso|mer (*Adjektiv*)
Iso|mer, das (chem. Verbindung m. unterschiedlicher Anordnung der Atome bei gleicher Summenformel)
Iso|me|rie
Iso|me|trie (Maßgleichheit)
iso|me|trisch
iso|morph (gleichförmig)
Iso|mor|phie
Iso|mor|phis|mus
Ison|zo (Fluß in Jugoslawien u. Italien)
Iso|pren, das (chem. Stoff)
Iso|sei|ste, die (Linie, die Orte gleicher Bebenstärke verbindet)
Iso|ther|me, die (Linie, die Orte gleicher Temperatur verbindet)
iso|to|nisch (gleichen Druck aufweisend)
Iso|top, das (Element mit unterschiedlicher Neutronenzahl)
Iso|to|pie
Iso|tron, das (Gerät zur Isotopentrennung)
iso|trop (symmetrisch)
Iso|tro|pie
Is|ra|el (Staat)
Is|ra|e|li
is|ra|e|lisch
Is|ra|e|lit
is|ra|e|li|tisch
Istan|bul (Stadt in der Türkei)
Ist-Be|stand *§ 13 (2)*
Isth|mos (*griech.*), Isth|mus (*lat.*) (Landenge)
Istri|en
Ist-Stär|ke *§ 13 (2)*
Ist|wä|o|nen (*Pl.*) (Germanenstamm)
ist|wä|o|nisch
it. (*Abk. v.* item)
Itai-Itai-Krank|heit *§ 13 (3)*
Ita|ker (*Schimpfname f.* Italiener)
Ita|la, die (lat. Bibel)
Ita|ler (antike Bewohner Italiens); *s a.* Italiker
ita|li|a|ni|sie|ren
Ita|li|en (Staat)
Ita|li|e|ner
ita|li|e|nisch; auf ~; die Italienische Sinfonie (von Mendelssohn Bartholdy) *§ 15 (7)*
Ita|li|e|nisch, das; auf italienisch sprechen
Ita|li|e|ni|sche, das
Ita|li|enne, die (Schriftart)
Ita|li|ker (antike Bewohner Italiens); *s a.* Italer
Ita|lique (Schriftart)
ita|lisch; das Italische
Ita|lo|we|stern, der
Ita|zis|mus (Aussprache des griech. Eta als i)
item (*lat.* ebenso); *Abk.* it.
Item, das (*engl.*)
Ite|ra|ti|on (Wiederholung)
ite|ra|tiv
Ite|ra|tiv, der (die Wiederholung anzeigende Form)
Itha|ka (griech. Insel, Heimat des Odysseus)
Iti|ne|rar, das
i. Tr. (*Abk. v.* in der Trockenmasse)
I-Tüp|fel|chen, i-Tüpfelchen *§ 13 (2)*
It|ze|hoe (Stadt)
It|ze|ho|er
i. v. (*Abk. v.* intravenös)
i. V. (*Abk. v.* in Vertretung, in Vollmacht)
IVF (*Abk. v.* In-vitro-Fertilisation) *§ 17 (2) Anm. 1*
IVF-...[Baby *usw.*] *§ 13 (2)*
Ivo|rer (Bewohner der Elfenbeinküste)
Iwan (*Name russ. Herrscher; a. Spitzname f. Russen, Rußland*)
Iwein (Sagengestalt)
IWF (*Abk. v.* Internationaler Währungsfonds) *§ 17 (2) Anm. 1*
i wo!
Iwrit[h] (Neuhebräisch)
Iz|mir (Stadt in der Türkei)

j J

das j (der Kleinbuchstabe j, der Laut j); das J (der Großbuchstabe J); J (*chem. Zeichen f.* Jod, *s. d.*; *Abk. v.* Joule)
ja; ja sagen, ja freilich, na ja, nun ja, ja und amen sagen; das Ja, mit Ja stimmen; *s. a.* jaja
Jab, der (Boxschlag)
Ja|bo (*kurz f.* Jagdbomber)
Ja|bot, das (Umschlagkragen)
Jacht, die; *a.* Yacht (Schiff)
Jacht|club, Jacht|klub; *a.* Yacht...
Jacke [k|k]
Jacken...[tasche *usw.*] [k|k]
Jacket|kro|ne (Zahnersatz) [k|k]
Jackett, das (Jacke) [k|k]
Jacketta|sche [k|k] [tt|t]
Jack|pot, der (aus mehreren

Spielen angesammelte Gewinnquote)
Jack|son, Mahalia (amerik. Sängerin 1911-1972); Michael ~ (amerik. Popstar *1958)
Jack|stag, das (Schiene zum Festmachen d. Segel)
Ja|co|bi, Friedrich Heinrich (dt. Philosoph 1743-1819)
Ja|cob|sen, Jens Peter (dän. Schriftsteller 1847-1885)
Jac|quard, der (Gewebe)
Ja|cuz|zi, der (Sprudelbad)
Ja|de, der/die (Mineral)
Ja|de|bu|sen (Nordseebucht)
ja|de|grün
Jaf|fa
Jagd
Jagd...[hund *usw.*]
jagd|bar
Jagd|grün|de; die ewigen ~
ja|gen; du jagst
Jä|ger
Jä|ge|rei
Jä|ger|la|tein
Jä|ger|schaft
Jä|gers|mann
Ja|ger|tee (Tee mit Alkohol)
Ja|giel|lo|ne
Jagst (Fluß)
Ja|gu|ar (amerik. Katzenart)
jäh
Jä|heit, Jäh|heit
jäh|lings
Jahn, Friedrich Ludwig (dt. „Turnvater" 1778-1852)
Jahnn, Hans Henny (dt. Schriftsteller 1894-1959)
Jahr
Jahr...[buch *usw.*]
jahr|aus *§ 12*; jahraus, jahrein
Jähr|chen
jahr|ein *§ 12*; jahraus, jahrein
jah|re|lang; *aber* [viele] Jahre lang *§ 11 (6)*
jäh|ren, sich
Jah|res...[zeit *usw.*]
jah|res|zeit|lich
Jahr|fünft, das
Jahr|gang; *Abk.* Jg., *Pl.* Jgg.
Jahr|gän|ger
Jahr|hun|dert
jahr|hun|der|te|alt; *aber* [viele] Jahrhunderte alt *§ 11 (6)*
jahr|hun|der|te|lang; *aber* [viele] Jahrhunderte lang *§ 11 (6)*
Jahr|hun|dert|wen|de
jäh|rig
jähr|lich
Jähr|ling
Jahr|markt
Jahr|markts...[bude *usw.*]
Jahr|mil|li|on
Jahr|tau|send
jahr|tau|sen|de|lang; *aber* [viele] Jahrtausende lang *§ 11 (6)*
Jahr|zehnt
jahr|zehn|te|alt; *aber* [viele] Jahrzehnte alt *§ 11 (6)*
jahr|zehn|te|lang; *aber* [viele] Jahrzehnte lang *§ 11 (6)*
Jah|ve, Jah|we (jüd. Gott)
Jäh|zorn
jäh|zor|nig
Jai|na (Anhänger des Jainismus)
Jai|nis|mus (ind. Religion)
Jai|pur (Stadt in Indien)
Ja|i|rus (bibl. Gestalt)
ja|ja; *s. a.* ja
Jak, der (Wildrind); *a.* Yak
Ja|ka|ran|da|holz (Palisander)
Ja|kar|ta (Hauptstadt v. Indonesien)
Ja|ko, der (Papagei)
Ja|kob (bibl. Gestalt); der billige Jakob; der wahre Jakob
Ja|kob (*Name engl. Könige, engl.* James)
Ja|ko|bi, das (Jakobitag)
Ja|ko|bi|ner (frz. Revolutionär)
Ja|ko|bi|ner|müt|ze
Ja|ko|bi|ner|tum
ja|ko|bi|nisch
Ja|ko|bi|tag; *s. a.* Jakobi, Jakobstag
Ja|kobs|lei|ter (Strickleiter)
Ja|kobs|tag; *s. a.* Jakobitag, Jakobi
Ja|ko|bus (Apostel)
Ja|ku|te (Angehöriger eines Turkvolks)
Ja|ku|ti|en
ja|ku|tisch
Ja|la|pe, die (Pflanze)
Ja|lon, der (Vermessungsstab)
Ja|lou|set|te, die (Lamellenjalousie)
Ja|lou|sie, die (aufrollbarer Sichtschutz)
Jal|ta-Ab|kom|men
Ja|mai|ka (karib. Inselstaat)
Ja|mai|ka|ner
ja|mai|ka|nisch
Ja|mai|ka-Rum
Ja|mai|ker
Jam|be, die (Versfuß); *s. a.* Jambus
jam|bisch
Jam|blich (griech. Philosoph ~250- ~330); *s. a.* Iamblichos
Jam|bo|ree, das (Pfadfindertreffen; Tanzfest)
Jam|bus (Versfuß); *Pl.* Jamben; *s. a.* Jambe
James, Henry (amerik. Schriftsteller 1843-1916); William ~ (amerik. Psychologe 1842-1910)
James Grieve (Apfelsorte)
Jam|mer
Jam|mer...[miene *usw.*]
jäm|mer|lich
Jäm|mer|ling
jam|mern
jam|mer|scha|de
jam|mer|voll
Jam|mu (ind. Bundesstaat)
Jam Ses|sion, die (Jazzimprovisation) *§ 15 (3) Anm.*
Jams|wur|zel (eßbare Knolle); *a.* Yamswurzel
Ja|ná|ček, Leoš (tschech. Komponist 1854-1928)
Jandl, Ernst (österr. Schriftsteller 1925-2000)
Jan|ga|da (Floß)
Jang|tse[|**kiang**] (Fluß in China)
Jan|ha|gel
Ja|ni|ku|lus (Hügel in Rom)

Ja|ni|tschar (*hist.* türk. Soldat)
Ja|ni|tscha|ren|mu|sik
Jan|ker, der (Trachtenjacke)
Jan Maat, Jan|maat (Matrose)
Jän|ner (Januar)
Jan|nings, Emil (dt. Schauspieler 1884-1950)
Ja|nosch (dt. Kinderbuchautor *1931)
Ja|no|witz, Gundula (dt. Sängerin *1937)
Jan|se|nis|mus (kath. Bewegung in Frankreich)
Jan|se|nist
Jans|sen, Horst (dt. Zeichner 1929-1995)
Ja|nu|ar
Ja|nus (röm. Gott)
Ja|nus|ge|sicht (Doppelgesicht)
Ja|nus|kopf
ja|nus|köp|fig
Ja|pan
Ja|pa|ner
ja|pa|nisch; auf ~; Japanisches Meer *§ 15 (7)*; Japanische Kirschen (Zierkirschenarten) *§ 15 (8)*
Ja|pa|nisch, das; auf japanisch sprechen
Ja|pa|ni|sche, das
Ja|pa|no|lo|ge
Ja|pa|no|lo|gie
Ja|pan|pa|pier
Ja|phet (bibl. Gestalt)
jap|sen; du japst *§ 7 (1)*
Jar|di|nie|re, die (Pflanzschale)
Jar|gon, der (Gruppensprache)
Ja|ro|wi|sa|ti|on (landwirtschaftl. Wachstumsförderung)
ja|ro|wi|sie|ren
Ja|ru|zel|ski, Wojciech (poln. Politiker *1923)
Ja|sa|ger
Jas|min, der (Zierstrauch)
Jas|mund; Jasmunder Bodden
Ja|son (griech. Sagengestalt); *s. a.* Iason
Jas|pers, Karl (dt. Philosoph 1883-1969)
Jas|per|wa|re
Jas|pis, der (Halbedelstein)
Jaß, der (Kartenspiel)
jas|sen (Jaß spielen); du jaßt *§ 7 (1)*
Jas|ser (Jaßspieler)
Ja|stim|me
Ja|ta|gan, der (Säbel)
jä|ten
Jau|che
jau|chen; du jauchst
Jau|che|gru|be
Jau|chert, der/die (Feldmaß); *s.* Juchart
jauch|zen; du jauchzt *§ 7 (1)*
Jauch|zer
jau|len
Jaun|de (Hauptstadt v. Kamerun); *frz.* Yaoundé
Jau|rès, Jean (frz. Politiker 1859-1914)
Jau|se, die (Imbiß)
Jau|sen|sta|ti|on
Ja|va (indones. Insel)
Java, JAVA (Programmiersprache)
Ja|va|ner
Jaw|len|ski, Alexej (russ. Maler 1864-1941)
ja|wohl
Ja|wort
Jazz, der
Jazz...[fan *usw.*]
jaz|zen; du jazzt *§ 7 (1)*
Jaz|zer
Jb. (*Abk. v.* Jahrbuch)
je; je und je, seit je, von je her [*s. a.* jeher]; je mehr; je Person; je nachdem
Jeanne d'Arc (Jungfrau von Orléans 1410/12-1431)
Jean Paul (dt. Dichter 1763-1825)
Jeans, die (*a. als Plural*) (Hose)
Jeck, der (Narr); *Pl.* Jecken [k|k]
je|den|falls *§ 12*
je|der; *immer klein geschrieben*: ein jeder; alles und jedes
je|der|art *§ 12*
je|der|lei
je|der|mann (jeder) *§ 12*; Jedermann (allegor. Gestalt des gleichnamigen Schauspiels)
je|der|zeit *§ 12*; *aber* zu jeder Zeit
je|der|zei|tig
je|des|mal *§ 12*; *aber* ein jedes Mal
je|des|ma|lig
je|doch
jed|we|der
Jeep, der (Geländewagen)
jeg|li|cher
je|her; von ~, seit ~; *s. a.* je
Je|ho|va (Gott = Jahve)
jein (ja und nein)
Je|ka|te|rin|burg (Stadt in Rußland, Swerdlowsk)
Je|län|ger|je|lie|ber, das (Pflanze) *§ 13 (4) Anm. 1*
Je|li|nek, Elfriede (österr. Schriftstellerin *1946)
Jel|li|nek, Georg (dt. Jurist 1851-1911)
Jel|zin, Boris (russ. Politiker *1931)
je|mals
je|mand; mit jemandem *usw.*; ein gewisser Jemand
je mehr; *vgl.* je
Je|men, der (arab. Staat); in *oder* im Jemen
Je|me|nit
je|me|ni|tisch
je|mi|ne!; o ~!; *a.* ojemine!, herrjemine!
Jen, der (jap. Währung); *a.* Yen
Je|na (Stadt)
je nach|dem
Je|na|er; ~ Glas
je|na|isch
Je|natsch, Georg (Jürg) (schweiz. Freiheitskämpfer 1596-1639)
Je|nen|ser (*zu* Jena)
je|ner
je|nisch; auf ~
Je|nisch, das (Rotwelsch); auf jenisch sprechen
Je|ni|sche, das
Je|nis|sej (Fluß)
Jens, Walter (dt. Schriftsteller *1923)

jen|sei|tig
jen|seits; das Jenseits
Jen|seits|glau|be
Jen|sen, Johannes Vilhelm (dän. Schriftsteller 1873-1950)
Je|re|mia (Prophet); *s. a.* Jeremias
Je|re|mi|a|de (Klagelied)
Je|re|mi|as (Prophet); *s. a.* Jeremia
Je|re|wan (Hauptstadt v. Armenien); *s. a.* Erewan, Eriwan
Je|rez, der (Sherry)
Je|ri|cho (Stadt in Jordanien)
Je|ri|cho|ro|se
Jé|rôme Bo|na|parte (frz. König 1784-1860)
Jer|sey (Insel)
Jer|sey, der (Stoff)
Jer|sey, das (Trikot)
je|rum!; o jerum!, ojerum!
Je|ru|sa|lem (Stadt in Israel/Jordanien)
Je|sa|ja (Prophet); *s. a.* Isaias
Jes|se (bibl. Gestalt); Wurzel ~
Je|su|it; *Pl.* Je|su|i|ten
Je|su|i|ten|or|den; *Abk.* SJ (Societas Jesu)
je|su|i|tisch
Je|sus; Jesus Christus
Je|sus|kind
Je|sus Na|za|re|nus Rex Ju|daeo|rum; *a.* Iesus ... Iudaeorum; *Abk.* I. N. R. I.
Je|sus Peo|ple (religiöse Gruppe) *§ 15 (3) Anm.*
Je|sus-Peo|ple-Be|we|gung *§ 13 (4)*
Je|sus Si|rach (bibl. Autor)
Jet, der (Düsenflugzeug)
Je|ton, der (Spielmarke)
Jet-set, der (wohlhabende, vergnügungsuchende Schicht)
Jet-Stream, der (Strömung der oberen Atmosphäre)
Jett, der/das (Pechkohle)
jet|ten; du jettest
jet|zig
jet|zo
jetzt; das Jetzt
Jetzt|zeit
Jeu, das (Glücksspiel)
Jeu|nesse do|rée (reiche, verwöhnte Jugend)
Je|ver (Stadt)
Je|ver|land
je|wei|len
je|wei|lig
je|weils
Jew|tu|schen|ko, Jewgenij (russ. Dichter *1933)
Jg. (*Abk. v.* Jahrgang)
Jgg. (*Abk. v.* Jahrgänge)
Jiang|xi (chines. Provinz)
Jiang Ze|min (chines. Politiker *1926)
jid|disch; auf ~
Jid|disch, das (germanische Sprache); auf jiddisch sprechen
Jid|di|sche, das
Jid|di|stik
Ji|lin (Provinz u. Stadt in China)
Ji|mé|nez, Juan Ramón (span. Dichter 1881-1958)
Ji|nan (Stadt in China)
Jin|gle, der (Kennmelodie)
Jin|nah, Mohammed Ali (ind.-pakistan. Politiker 1876-1948)
Jir|mi|lik, der (Münze)
Jit|ter|bug, der (Tanz)
Jiu-Jit|su, das (Selbstverteidigung ohne Waffen); *s. a.* Ju-Jutsu
Jive, der (Tanz)
Jo|a|chims|ta|ler (Münze)
Job (bibl. Gestalt); *s. a.* Hiob
Job, der (Erwerbstätigkeit)
job|ben
Job|ber
Job-hop|ping, das (häufiger Stellenwechsel)
Job|kil|ler
Job-sha|ring, das (Teilung eines Arbeitsplatzes)
Job|si|a|de
Joch
Joch...[bein *usw.*]
jo|chen; du jochst
Jo|chum, Eugen (dt. Dirigent 1902-1987)
Jockey, der (Rennreiter) [k|k]
Jod; *a.* Iod (*chem.*); *chem. Zeichen* J *bzw.* I
Jo|dat, das (Salz); *a.* Iodat
jo|deln; du jodelst
jod|hal|tig; *s.* Jod
Jo|did (Salz); *a.* Iodid
jo|die|ren; *s.* Jod
Jo|dit; *a.* Iodit (Mineral)
Jodl, Alfred (dt. Offizier 1890-1946)
Jod|ler
Jo|do|form, das; *s.* Jod
Jod|tink|tur, die; *s.* Jod
Jo|el (Prophet)
Jo|ga, das (ind. Meditation, Konzentrationsübung); *a.* Yoga
jog|gen (langsam laufen)
Jog|ger
Jog|ging, das
Jo|ghurt; *a.* Yoghurt
Jo|gi, Jo|gin, der (Joga Treibender); *a.* Yogin
Jo|hann (*Name v. Herrschern*); ~ von Leiden (Wiedertäufer 1509[?]-1536)
jo|han|ne|isch; die Johanneischen Briefe (Briefe des Johannes) *§ 15 (7)*
Jo|han|nes (*Name v. Heiligen, Päpsten*); ~ Paul; ~ vom Kreuz (Heiliger 1542-1591)
Jo|han|nes|burg (Stadt in Südafrika)
Jo|han|nes|evan|ge|li|um
Jo|han|nes|pas|si|on
Jo|han|nes Paul (*Papstname*)
Jo|han|ni[s], das (Johannistag)
Jo|han|nis|bee|re
Jo|han|ni|ter|or|den
Jo|han|ni|ter-Un|fall-Hil|fe *§ 13 (2)*
joh|len
John Bull (*Spitzname f. Engländer*)
Johns, Jasper (amerik. Künstler *1930)
John|son, Eyvind (schwed. Schriftsteller 1900-1976); Lyndon B. ~ (Präsident der USA 1908-1973); Samuel ~

(engl. Schriftsteller 1709-1784); Uwe ~ (dt. Schriftsteller 1934-1984)
Joint, der (Zigarette mit Haschisch oder Marihuana)
Joint Ven|ture, das (Gemeinschaftsunternehmen) *§ 15 (3) Anm.*; *a.* Joint-venture
Jo-Jo, das (Seilrollenspiel)
Jo|ker, der (Spielkarte)
Jo|ko|ha|ma (Stadt in Japan); *a.* Yokohama
jo|kos (spaßig)
Jo|kus, der (Scherz)
Jo|liot-Cu|rie, Frédéric (frz. Physiker 1900-1958); Irène ~ (frz. Physikerin 1897-1956)
Jo|li|o|ti|um (Hahnium); *chem. Zeichen* Jl
Jol|le, die (Schiff)
Jom Kip|pur, der (jüd. Feiertag)
Jona|gold, der (Apfelsorte)
Jo|na[s] (Prophet)
Jo|na|than, der (*a.* Apfelsorte)
Jones, James (amerik. Schriftsteller 1921-1977); Quincy ~ (amerik. Musiker *1933)
Jon|gleur (Geschicklichkeitskünstler)
jon|glie|ren
Jon|son, Ben (engl. Dichter 1572-1637)
Jop|lin, Janis (amerik. Sängerin 1943-1970); Scott ~ (amerik. Komponist 1868-1917)
Jop|pe, die
Jor|daens, Jacob (fläm. Maler 1593-1678)
Jor|dan, der (Fluß)
Jor|dan, Pascual (dt. Physiker 1902-1980)
Jor|da|ni|en (Staat)
Jor|da|ni|er
jor|da|nisch
Jo|sef (bibl. Gestalt); *a.* Joseph
Jo|sefs|ehe (sexuell enthaltsame Ehe); *a.* Josephsehe
Jo|seph (*Name v. Herrschern*); *s. a.* Josef
jo|se|phi|nisch
Jo|se|phi|nis|mus
Jo|sephs|ehe (sexuell enthaltsame Ehe); *a.* Josefsehe
Jo|se|phus Fla|vi|us (jüd. Historiker 37/38- ~100)
Jos|pin, Lionel (frz. Politiker *1937)
Jos|quin Des|pres (frz. Komponist ~1440-1521)
Jo|sua (bibl. Gestalt|)
Jot, das (der Buchstabe j, J)
Jo|ta (d. griech. Buchstabe ι, Ι)
Joule, das (Einheit der Energie); *Abk.* J
Jour (*frz.* Tag, Besuchstag); ~ fixe
Jour|nail|le, die (Klatschjournalismus)
Jour|nal, das
Jour|na|lis|mus
Jour|na|list
Jour|na|li|stik
jour|na|li|stisch
jo|vi|al (wohlwollend herablassend)
Jo|vi|a|li|tät
Joyce, James (ir. Schriftsteller 1882-1941); Joyce' Werke
Joy|stick, der (*EDV* Steuerhebel für Spiele)
jr. (*Abk. v.* junior); *s. a.* jun.
Juan; *s.* Don ~; ~ Carlos (span. König *1938); ~ de Austria (span. Feldherr 1547-1578)
Ju|bel
Ju|bel...[feier *usw.*]
ju|beln; du jubelst
Ju|bi|lar
Ju|bi|la|te (3. Sonntag nach Ostern)
Ju|bi|lä|um
Ju|bi|lä|ums...[feier *usw.*]
ju|bi|lie|ren
Ju|chart, Ju|chert; *s. a.* Jauchert
ju|chen; du juchst
Ju|chert, Juchart; s. a. Jauchert
juch|he!
juch|hei|ßa!
juch|ten (aus Juchten)
Juch|ten, das (Leder)
Juch|ten...[leder *usw.*]
juch|zen; du juchzt *§ 7 (1)*
Juch|zer
jucken [k|k]
Jucker (Pferd) [k|k]
Juck|pul|ver
Ju|da (bibl. Volk)
Ju|däa (bibl. Südpalästina)
Ju|da|i|ka (*Pl.*) (jüdische Schriften u. Kulturgüter)
Ju|da|is|mus
Ju|da|i|stik
Ju|das (1. bibl. Gestalt; 2. Verräter); ~ Ischariot, Iskariot
Ju|das...[kuß *usw.*]
Ju|de
Ju|den...[stern *usw.*]
Ju|den|chri|sten|tum
Ju|den|heit
Ju|den|tum
Ju|di|ka (2. Sonntag vor Ostern)
Ju|di|ka|ti|ve, die (rechtsprechende Gewalt)
ju|di|ka|to|risch
Ju|di|ka|tur (Rechtsprechung)
Jü|din
jü|disch
Ju|dith (bibl. Gestalt)
ju|di|zie|ren
Ju|di|zi|um (Urteil[svermögen])
Ju|do, das (Kampfsport)
Ju|do|ka (Judokämpfer)
Ju|gend
Ju|gend...[amt *usw.*]
ju|gend|frei
ju|gend|ge|fähr|dend
ju|gend|lich; der Jugendliche
Ju|go|sla|we
Ju|go|sla|wi|en (Staat)
ju|go|sla|wisch
Ju|gur|tha (numid. König, ~160-104 v. Chr.)
ju|gur|thi|nisch; der Jugurthinische Krieg *§ 15 (7)*
ju|he!
ju|hu!
Juice, der (*engl.* Saft)
Juist (ostfries. Insel)
Ju|ju|be, die (Pflanze)
Ju-Jut|su, das (Selbstverteidigung ohne Waffen); *s. a.* Jiu-Jitsu
Juke|box, die (Musikautomat)

Jul|bock (Strohpuppe im skandinav. Weihnachtsbrauch)
Ju|lei (Juli)
Jul|fest (skand. Weihnachten)
Ju|li
Ju|li|an [Apo|sta|ta] (röm. Kaiser 331-363)
Ju|li|a|na (niederl. Königin *1909)
ju|li|a|nisch; der Julianische Kalender *§ 15 (7)*
Ju|li|enne, die (Suppeneinlage)
Ju|li|er[|**paß**] (Alpenpaß)
ju|lisch; die Julischen Alpen *§ 15 (7)*
Ju|li|us (*Papstname*)
Ju|li|us|turm (*a.* Staatsschatz)
Jul|klapp, der (skand. Weihnachtsbrauch)
Jul|mond (Dezember)
Jum|bo (*a. kurz f.* Jumbo-Jet)
Jum|bo-Jet, der
Ju|me|lage, die (*frz.* Partnerschaft)
jum|pen; du jumpst; gejumpt
Jum|per, der (Pullover)
jun. (*Abk. v.* junior); *s. a.* jr.
jung; jung und alt (jedermann; *a. Großschreibung möglich*); Jung und Alt (Junge und Alte; *a.* jedermann) *§ 15 (1) Anm. 2*; Junge und Alte; von jung auf; ich bin der Jüngste (das jüngste Kind); nicht mehr der Jüngste, einer von den Jüngsten sein; *in Eigennamen*: [Cranach] der Jüngere (*Abk.* d. J.); das Junge Deutschland, die Junge Union *usw.*
Jung, Carl Gustav (schweiz. Psychologe 1875-1961)
Jung...[wähler *usw.*]
Jung|brun|nen
Jung|chen
Jun|ge, das (Jungtier)
Jun|ge, der (Knabe); *Pl.* Jungen, Jungs
Jün|gel|chen
jun|gen (Junge werfen)
Jun|gen...[streich *usw.*]
jun|gen|haft
Jün|ger, der
Jün|ger, Ernst (dt. Schriftsteller 1895-1998); Friedrich Georg ~ (dt. Schriftsteller 1898-1977)
Jung|fer (*a.* Insekt)
jüng|fer|lich
Jung|fern...[fahrt *usw.*]
Jung|frau (*a.* Sternbild, Berg); ~ von Orléans (Jeanne d'Arc)
jung|fräu|lich
Jung|ge|sel|le
Jung|ge|sel|len...[bude *usw.*]
Jüng|ling
Jung|schar
Jung|so|zi|a|list; *kurz* Juso
jüngst
jüng|ste; das Jüngste Gericht *§ 15 (7)*; *s.* jung
Jüng|sten|recht
jüng|stens
jüngst|hin
Jung-Stil|ling, Heinrich (dt. Schriftsteller 1740-1817)
jüngst◡ver|gan|gen; *aber* erst jüngst vergangen *§ 11 (4)*
Ju|ni
Ju|ni|kä|fer
ju|ni|or; *Abk.* jr., jun.
Ju|ni|or, der (d. Jüngere)
Ju|ni|o|rat, das (Jüngstenrecht)
Ju|ni|or|chef
Ju|ni|o|ren|mei|ster|schaft
Ju|ni|or|part|ner
Junk (*engl.* wertloses Zeug)
Junk...[food *usw.*]
Jun|ker
jun|ker|haft
jun|ker|lich
Jun|kers, Hugo (dt. Ingenieur 1859-1933)
Jun|kie, der (*engl.* Drogensüchtiger)
Junk|tim, das (Verknüpfung)
Ju|no[1] (= Juni)
Ju|no[2] (Göttin)
ju|no|nisch (*a.* beleibt)
Jun|ta, die ([putschende] Offiziersgruppe)
Ju|pi|ter (1. Gott; 2. Planet)
Ju|ra (*Pl.*) (Rechtswissenschaften); *s.* Jus
Ju|ra, das (geol. Formation)
Ju|ra, der; der Fränkische, Schwäbische, Schweizer ~ *§ 15 (7)*
Ju|ra...[student *usw.*]
Ju|ras|si|er (Bewohner des Schweizer Jura)
ju|ras|sisch
Jür|gens, Curd (dt. Schauspieler 1915-1982)
ju|ri|disch (rechtlich)
ju|rie|ren
Ju|ris|dik|ti|on (Rechtsprechung)
Ju|ris|pru|denz (Rechtswissenschaft)
Ju|rist
Ju|ri|sten...[deutsch *usw.*]
Ju|ri|ste|rei
ju|ri|stisch
Ju|ror (Mitglied e. Jury)
Jur|te, die (Nomadenzelt)
Ju|ry, die (Preisrichtergruppe)
ju|ry|frei
Jus, das (Recht); *Pl.* Jura; Jus studieren, Jura studieren
Jus [ʒy:], die (*frz.* Saft)
Ju|so (*kurz f.* Jungsozialist)
Jus|stu|dent
just
ju|sta|ment (gerade)
ju|stie|ren (einstellen)
Ju|stier|waa|ge
Ju|sti|fi|ka|ti|on (Rechtfertigung)
ju|sti|fi|zie|ren
Ju|sti|ni|an (byzant. Kaiser 428-565)
Ju|sti|tia (Göttin der Gerechtigkeit)
ju|sti|ti|a|bel (vom Gericht zu behandeln); justitia|ble Vorgänge
Ju|sti|ti|ar (Rechtsbeistand eines Unternehmens)
Ju|sti|ti|a|ri|at
Ju|sti|ti|um (Stillstand der Rechtspflege)
Ju|stiz, die (Rechtswesen)
Ju|stiz...[minister *usw.*]
Ju|stiz|voll|zugs|an|stalt; *Abk.*

JVA
Ju|te, die (Pflanzenfaser)
Ju|te...[sack *usw.*]
Jü|te (Jütländer)
Jü|ter|bog (Stadt)
jü|tisch
Jüt|land (dän. Halbinsel)
Ju|ve|nal (röm. Dichter ~60-~140)
ju|ve|na|lisch; die Juvenalischen Satiren *§ 15 (7)*
ju|ve|nil (jugendlich)
Ju|ven|tas (Göttin)
ju|vi|val|le|ra!
Ju|wel, das
Ju|we|len...[dieb *usw.*]
Ju|we|lier
Jux, der
Jux|ta, die (Kontrollstreifen)
Jux|ta|po|si|ti|on (Nebeneinanderstellung)
JVA (*Abk. v.* Justizvollzugsanstalt) *§ 17 (2) Anm. 1*
jwd (*Abk. v.* janz weit draußen)

k K

das k (der Kleinbuchstabe k, der Laut k); das K (der Großbuchstabe K); k (*Abk. v.* Kilo...) *§ 17 (2) Anm. 2*; der K-Laut/k-Laut; K (*Abk. v.* Karat, Kelvin, *chem. Zeichen f.* Kalium) *§ 17 (2) Anm. 1*
K 2 (Berg im Himalaya)
Kaa|ba, die (islam. Heiligtum)
Ka|ba|le, die (Intrige)
Ka|ba|nos|si, die (ital. Wurst)
Ka|ba|rett, das; *s. a.* Cabaret
Ka|ba|ret|tist
ka|ba|ret|ti|stisch
Ka|bäus|chen (kleiner Raum)
Kab|ba|la, die (jüd. Geheimlehre)
kab|ba|li|stisch
Kab|be|lei (Streiterei)
kab|be|lig (unruhig)
kab|beln; sich ~
Ka|bel
Ka|bel...[fernsehen *usw.*]
Ka|bel|jau, der (Fisch)
ka|beln
Ka|bel-TV, das *§ 13 (2)*
Ka|bi|ne, die
Ka|bi|nen...[bahn *usw.*]
Ka|bi|nett (1. Raum; 2. Regierungsgremium)
Ka|bi|netts...[beschluß *usw.*]
Ka|bi|nett|stück (1. wertvoller Gegenstand; 2. geschicktes Verhalten)
Ka|bis, der (Kohl)
Ka|bo|ta|ge, die (1. Küstenschiffahrt; 2. Luftverkehr)
ka|bo|tie|ren
Ka|brio, das; *a.* Cabrio
Ka|bri|o|lett, das (Auto mit beweglichem Verdeck; Einspänner); *s. a.* Cabriolet
Ka|buff, das (Kämmerchen)
Ka|bul (Hauptstadt v. Afghanistan)
Ka|bu|se, Ka|bü|se, die (1. kleiner Schlafraum eines Schiffes; 2. Schiffsküche)
Ka|by|le, der
Ka|chel, die
ka|cheln; du kachelst
Ka|chel|ofen
Kach|exie (Kräfteverfall)
Kacke [k|k]
kacken [k|k]; du kackst
Ká|dár, János (ungar. Politiker 1912-1989)
Ka|da|ver, der (toter Körper)
Ka|da|ver...[gehorsam *usw.*]
Kad|disch, das (jüd. Gebet)
Ka|denz, die (Akkordfolge; Versausgang; Senken der Stimme)
ka|den|zie|ren
Ka|der, der ([Mitglied einer] Spezialgruppe)
Ka|der...[akte *usw.*]
Ka|dett, der (Zögling, Anwärter)
Ka|det|ten...[anstalt *usw.*]
Ka|di, der (Richter)
kad|mie|ren (mit Kadmium überziehen)
Kad|mi|um; *chem. Zeichen* Cd; *a.* Cadmium
Kad|mos (*griech.*), Kad|mus (*lat.*) (Sagengestalt)
ka|du|zie|ren (für ungültig erklären; niederschlagen)
Ka|far|na|um (bibl. Ort); *s. a.* Kapernaum
Kä|fer
Kaff, das
Kaf|fee, der; *vgl. aber* Café
Kaf|fee...[filter *usw.*]
Kaf|fee-Ern|te *§ 13 (7a)*
Kaf|fee-Er|satz *§ 13 (7a)*
Kaf|fer (Einfaltspinsel)
Kä|fig
kä|fi|gen; du käfigst
Ka|fir (Ungläubiger [vom islam. Standpunkt aus])
Kaf|ka, Franz (österr. Schriftsteller 1883-1924)
kaf|ka|esk (unheimlich)
Kaf|tan, der (Obergewand)
Ka|gel, Mauricio (argent. Musiker *1931)
kahl; *als Verbzusatz a. zusammengeschrieben*: kahl◡fressen *usw. § 10*
kahl◡fres|sen *§ 10*
kahl|köp|fig
Kah|lo, Frieda (mexikan. Malerin 1907-1954)
kahl◡sche|ren *§ 10*
kahl◡schla|gen *§ 10*
Kahm, der (Schimmel)
kah|men
Kahm|haut
kah|mig
Kahn
Kai, der (Anlegestelle für Schiffe; befestigtes Ufer)
Kai|man, der (Krokodil)
Kain (bibl. Gestalt)
Kai|nit, der (Mineral u. Düngemittel)
Kains|mal (Zeichen d. Schuld)
Kainz, Josef (österr. Schauspieler 1858-1910)
Kai|phas (bibl. Gestalt)
Kai|ro (Haupstadt v. Ägypten)
Kai|ro|er
Kai|ru|an (Stadt in Tunesien)
Kai|ser
Kai|ser...[krone *usw.*]
Kai|ser|ge|bir|ge
Kai|se|rin|mut|ter

kai|ser|lich
kai|ser|lich-kö|nig|lich *§ 13 (5)*; *in Titeln* Kaiserlich-Königlich, *Abk.* K. K.
Kai|ser|ling (Pilz)
Kai|ser|schmar|ren (Süßspeise)
Kai|ser|schnitt (Schnittentbindung)
Kai|sers|lau|tern (Stadt)
Kai|ser|stuhl (Bergmassiv)
Kai|ser|stüh|ler
Kai|ser|tum
Ka|jak, der/das (Padelboot)
Ka|jal, das (Augenschminke)
Ka|jal|stift
Ka|je, die (Kai)
Ka|je|deich
Ka|je|put|baum (Myrtengewächs)
Ka|je|put|öl
Ka|jü|te, die (Wohnraum auf Schiffen)
Ka|ka|du, der (Papageienart)
Ka|kao, der
Ka|kao...[bohne *usw.*]
ka|keln (gackern; schwätzen)
Ka|ke|mo|no, das (jap. Rollbild)
Ka|ker|lak, der (Küchenschabe)
Ka|ker|la|ke, die (Kakerlak)
Ka|ki, der (Tuch); *a.* Khaki
Ka|ki|pflau|me
ka|ko.../Ka|ko... (*griech.* schlecht)
Ka|ko|pho|nie (Mißklang)
ka|ko|pho|nisch
Kak|tee; *Pl.* Kak|teen
Kak|tus; *Pl.* Kak|tus|se
Kak|tus|fei|ge
Ka|la-Azar, die (Krankheit)
Ka|la|bre|se (Kalabrier)
Ka|la|bre|ser (Filzhut)
Ka|la|br|ien (Landschaft in Süditalien)
Ka|la|bri|er
ka|la|brisch
Ka|lab|scha (ägypt. Tempel)
Ka|la|ha|ri, die (afrik. Wüste)
Ka|la|mai|ka, die (Tanz)
Ka|la|mit, der (Gewächs)
Ka|la|mi|tät (Verlegenheit; Schaden)
Ka|lan|choe, die (Zierpflanze)
Ka|lan|der, der (Walz- oder Prägemaschine)
Ka|lan|der|ler|che (Vogel)
ka|lan|dern
ka|lan|drie|ren
Ka|lasch|ni|kow, die (sowjet. Maschinengewehr)
Ka|lau|er ([dürftiger] Wortwitz)
ka|lau|ern; du kalauerst
Kalb
Kalb...[fleisch *usw.*]
Kälb|chen
kal|ben; die Kuh kalbt, der Gletscher kalbt
Käl|ber|kropf (Pflanze)
kal|bern; du kalberst; *s. a.* kälbern[1]
käl|bern[1] (umhertollen)
käl|bern[2] (aus Kalbfleisch); das Kälberne
Käl|ber|zahn (*a.* Graupe)
Kal|chas (griech. Sagengestalt)
Kal|da|ri|um (röm. Wasserbad)
Kal|dau|ne, die (Eingeweide)
Ka|le|bas|se, die (Trinkgefäß)
Ka|le|do|ni|en (*lat.* „Schottland“)
Ka|le|do|ni|er
ka|le|do|nisch
Ka|lei|do|skop, das (Guckkasten; Bilderfolge)
ka|lei|do|sko|pisch
ka|len|da|risch
Ka|len|da|ri|um
Ka|len|den (*Pl.*) (erster Tag des altröm. Monats)
Ka|len|der; immerwährender ~
Ka|len|der...[blatt *usw.*]
ka|len|der|täg|lich
Ka|le|sche, die (Kutsche)
Ka|le|va|la, das (finn. Dichtung)
Kal|fak|ter, Kal|fak|tor (Helfer, Hausmeister)
kal|fa|tern (Fugen abdichten)
Kal|fat|ham|mer
Ka|li, das (Salz)
Ka|li (ind. Göttin)
Ka|li|an, der/das (Wasserpfeife)
Ka|li|ber, das (Maß)
ka|li|brie|ren (auf ein genaues Maß einstellen)
Ka|li|da|sa (ind. Dichter 5. Jh.)
Ka|lif (Oberhaupt; Sultan)
Ka|li|fat, das
Ka|li|for|ni|en (Bundesstaat der USA); *Abk.* Calif.
Ka|li|for|ni|er
ka|li|for|nisch
Ka|li|ko, der (Baumwollgewebe)
Ka|li|man|tan (Borneo)
Ka|li|nin|grad (Königsberg)
Ka|li|um; *chem. Zeichen* K
Ka|lixt (*Papstname*)
Ka|lix|ti|ner
Kalk, der
Kalk...[stein *usw.*]
Kalk|al|pen
Kal|kant (Orgelbalgtreter)
Kal|kar (Stadt)
kal|ken; du kalkst
käl|ken (*jägerspr.* defäzieren)
kalk|hal|tig
kal|kig
Kalk|oo|lith (Kalkkorn)
Kal|kül, das/der (Überlegung; Berechnung); der ~ (Rechenverfahren)
Kal|ku|la|ti|on (Berechnung)
Kal|ku|la|tor
kal|ku|la|to|risch
kal|ku|lie|ren
Kal|kut|ta (Stadt in Indien); *s. a.* Kolkata (*amtl. Name*)
Kal|la, die (Pflanze); *a.* Calla
Kal|le, die (*rotwelsch* Braut, Dirne)
Kal|li|graph (Schreibkünstler)
Kal|li|gra|phie
kal|li|gra|phisch
Kal|li|o|pe (Muse)
Kal|li|py|gos („Schönhintrige“, Beiname der Aphrodite)
kal|lös (schwielig)
Kal|lus (neugebildetes Gewebe)
Kál|mán, Emmerich (ungar. Komponist 1882-1953)
Kal|mar (Tintenfisch)

Kal|ma|rer Uni|on
Kal|ma|ri|sche Uni|on *§ 15 (7)*
Kal|mäu|ser (Sonderling)
Kal|me, die (Windstille)
Kal|men...[gürtel *usw.*]
Kal|muck, der (Gewebe)
Kal|mück, Kal|mücke (Angehöriger e. Mongolvolks) [k|k]; *s. a.* Kalmyke
Kal|mus (Pflanze)
Kal|my|ke (Angehöriger e. Mongolvolks); *s. a.* Kalmück, Kalmücke
Ka|lo|ka|ga|thie (altgriech. Bildungsideal)
Ka|lo|rie (physik. Maßeinheit)
ka|lo|ri|en|arm
ka|lo|ri|en|be|wußt
Ka|lo|rik (Wärmelehre)
Ka|lo|ri|me|ter, das (Meßinstrument)
Ka|lo|ri|me|trie (Messen von Wärmemengen)
ka|lo|ri|me|trisch
ka|lo|risch
Ka|lot|te, die (Kugelabschnitt, Schädeldecke, Mönchskäppchen)
Kal|pak, der (Mütze); *s. a.* Kolpak
kalt; kalte Ente (Getränk), Küche, Miete; kalter Krieg; *als Verbzusatz a. zusammengeschrieben § 10*: kalt◡machen *usw.*
Kalt|blut, das (Pferderasse)
Kalt|blü|ter (wechselwarmes Tier)
Kalt|blüt|ler
kalt|blü|tig
Käl|te
Käl|te...[welle *usw.*]
Kal|ter, der (Fischkasten)
Kal|te|rer (Wein)
kalt◡ge|schla|gen *§ 11 (4)*
kalt|her|zig
kalt◡lä|chelnd *§ 11 (4)*
kalt◡las|sen *§ 10*
kalt◡ma|chen *§ 10*
Kalt|na|del|ra|die|rung
kalt|schnäu|zig
kalt|schwei|ßen *§ 9*
kalt◡stel|len (*a. übertragen*) *§ 10*
kalt|wal|zen *§ 9*
Ka|lu|met, das (Stab mit Federschmuck, Friedenspfeife)
Kal|va|ri|en|berg (Hinrichtungsstätte Christi; Berg mit Wallfahrtskirche)
kal|vi|nisch
Kal|vi|nis|mus (christl. Glaubensrichtung)
Kal|vi|nist
kal|vi|ni|stisch
ka|ly|do|nisch; der Kalydonische Eber (sagenhaftes Untier) *§ 15 (7)*
Ka|lyp|so (Nymphe); *aber* Calypso (Tanz)
Ka|lyp|tra, die (pflanzl. Schutzgewebe der Wurzeln)
Kal|ze|o|la|rie (Pantoffelblume)
Kal|zi|na|ti|on
kal|zi|nie|ren (Kristallwasser durch Hitze entziehen)
Kal|zit, der (Kalkspat)
Kal|zi|um; *chem. Zeichen* Ca; *a.* Calcium (*chem.*)
Kal|zi|um|kar|bo|nat; *a.* Calciumcarbonat (*chem.*)
Ka|ma (Fluß in Rußland)
Ka|mal|du|len|ser (kath. Einsiedlerorden)
Ka|ma|ril|la (Ratgeberclique)
Ka|ma|su|tra, das (altind. Liebeslehrbuch)
Kam|bi|um (Zellgewebe)
Kam|bo|dscha (Staat); *s. a.* Kampuchea, Kamputschea
Kam|bo|dscha|ner; *vgl.* Kambodscha
kam|bo|dscha|nisch; *vgl.* Kambodscha
Kam|brik (lockere Zell- od. Baumwolle)
kam|brisch
Kam|bri|um (geolog. Formation)
Kam|by|ses (König d. Perser u. Meder †522 v. Chr.)
Ka|mee (Schmuckstein); *Pl.* Ka|meen
Ka|meen|schnei|der
Ka|mel
Ka|mel...[sattel *usw.*]
Ka|me|lie (Pflanze)
Ka|mel|le, die (1. Karamelbonbon; 2. *meist Pl.*: olle Kamellen = bekannte Geschichten)
Ka|me|lo|pard, der (Giraffe, *a.* Sternbild)
Ka|me|lott, der (Gewebe)
Ka|me|ra
Ka|me|ra...[mann *usw.*]
Ka|me|rad (Gefährte)
Ka|me|ra|de|rie
Ka|me|rad|schaft
Ka|me|rad|schafts...[geist *usw.*]
ka|me|rad|schaft|lich
Ka|me|ra|list
Ka|me|ra|li|stik (Staats- od. Finanzwissenschaft)
ka|me|ra|li|stisch
Ka|me|ral|wis|sen|schaft (Staatsverwaltungs- od. Volkswirtschaftslehre)
Ka|me|run (Staat in Afrika)
Ka|me|ru|ner (1. Einwohner von Kamerun; 2. Gebäck)
ka|me|ru|nisch
Ka|me|run|nuß (Erdnuss)
ka|mie|ren; *s. a.* kaminieren
Ka|mi|ka|ze (jap. patriot. Selbstopferung v. Fliegern)
Ka|mil|le, die
Ka|mil|len...[tee usw.]
Ka|min, der
Ka|min...[feuer *usw.*]
ka|mi|nie|ren (1. ausweichen; 2. klettern)
Ka|mi|sol, das (Unterjacke)
Kamm
Kamm...[garn *usw.*]
Kamma|cher [mm|m]
Kämma|schi|ne [mm|m]
Käm|mel|garn
käm|meln
käm|men
Kam|mer
Kam|mer...[musik *usw.*]
Käm|mer|chen
Käm|me|rei
Käm|me|rer (Person, die

Finanzen verwaltet)
Kam|mer|ling
Kam|mer|ton (Grundton)
Kammolch [mm|m]
Kammu|schel [mm|m]
Ka|mor|ra, die; *a.* Camorra (Geheimbund)
Kamp, der (Landstück)
Kam|pa|gne (gezielte Aktion)
Kam|pa|la (Hauptstadt v. Uganda)
Kam|pa|ni|en
Kam|pa|ni|le, der (freistehender Glockenturm)
Käm|pe, der (Kämpfer)
Kam|pe|sche|holz (Holzart mit blauem Farbstoff)
Käm|pe|vi|se (Heldenlied)
Kampf
Kampf...[kraft *usw.*]
kampf|be|reit
kampf|be|tont
kämp|fen
Kamp|fer, der (Desinfektionsmittel)
Kämp|fer (*a.* Teil v. Gewölben, Fenstern)
kämp|fe|risch
Kamp|fes...[lust *usw.*]
kampf|fä|hig
kam|pie|ren (lagern; übernachten)
Kam|pu|chea, Kamputschea (Staat), *s. a.* Kambodscha
Kam|sin, der (Wüstenwind)
Kam|tscha|da|le (Angehöriger e. Volks in Rußland)
Kam|tschat|ka (Halbinsel)
Ka|muf|fel, das (Dummkopf)
Ka|na (bibl. Ort)
Ka|na|an (Palästina)
ka|na|a|nä|isch; *s. a.* kananäisch
Ka|na|a|ni|ter; *s. a.* Kananiter
ka|na|a|ni|tisch; *s. a.* kananitisch
Ka|na|da (Staat)
Ka|na|di|er (1. Einwohner Kanadas; 2. Paddelboot)
ka|na|disch; der Kanadische Schild *§ 15 (7)*
Ka|nail|le, die (1. Schurke; 2. Gesindel)
Ka|na|ke (1. Eingeborener der Südseeinseln; 2. ungebildeter Mensch; 3. Ausländer)
Ka|nal, der
Ka|nal...[arbeiter *usw.*]
Ka|näl|chen
Ka|na|li|sa|ti|on (1. Abwassersystem; 2. Schiffbarmachen von Flüssen)
ka|na|li|sie|ren
ka|na|nä|isch; *s. a.* kanaanäisch
Ka|na|ni|ter; *s. a.* Kanaaniter
ka|na|ni|tisch; *s. a.* kanaanitisch
Ka|na|pee, das (Sofa; Schnittchen)
Ka|na|ren (*Pl.*) (Inselgruppe)
Ka|na|ri, der (Kanarienvogel)
Ka|na|rie, die (Kanarienvogel)
Ka|na|ri|en|vo|gel
Ka|na|ri|er
ka|na|risch; die Kanarischen Inseln *§ 15 (7)*
Kan|da|har-Ren|nen (Skirennen)
Kan|da|re, die (Gebißstange am Zaumzeug)
Kan|del, der/die (Regenrinne)
Kan|de|la|ber (mehrarmiger Kerzenständer, Laterne)
Kan|di|dat (Bewerber, Anwärter)
Kan|di|da|tur, die
kan|di|die|ren
kan|die|ren (mit Zucker überziehen; Zucker erhitzen)
Kan|din|sky, Wassily (russ.-frz. Maler 1866-1944)
Kan|dis, der (kristallisierter Zucker)
Kan|dis|zucker [k|k]
Kan|di|ten (*Pl.*) (Süßigkeiten)
Ka|neel, der (Zimt)
Ka|neel|blu|me
Ka|ne|pho|re (Korbträgerin)
Ka|ne|vas, der (Gewebe)
ka|ne|vas|sen (aus Kanevas)
Kang|chen|dzön|ga, der (Berg im Himalaya)
Kän|gu|ruh, das
Ka|ni|de, der (Hundeartiger)
Ka|nin, das (Kaninchenpelz)
Ka|nin|chen
Ka|ni|ster, der (Behälter)
Kan|ker, der (Spinne)
Kan|na, die (Pflanze); *a.* Canna
Kan|nä; sein ~ erleben; *a.* Cannae
Kan|na|da (drawid. Sprache); auf kannada sprechen
Kann-Be|stim|mung
Känn|chen
Kan|ne (Gefäß)
Kan|ne|gie|ßer (Stammtischpolitiker)
kan|ne|gie|ßern
Kän|nel (Dachrinne)
kan|ne|lie|ren (Vertiefungen anringen)
Kän|nel|koh|le (Bitumenkohle)
Kan|ne|lur, Kan|ne|lü|re (Rille)
Kan|nen|pflan|ze (fleischfressende Kletterpflanze)
Kan|ni|ba|le (Menschenfresser)
kan|ni|ba|lisch
Kan|ni|ba|lis|mus
Kann-Vor|schrift
Ka|non[1], der (Richtschnur)
Ka|non[2], der (Liedform)
Ka|no|na|de (Geschützfeuer)
Ka|no|ne, die
Ka|no|nen...[boot *usw.*]
Ka|no|nier
Ka|no|ni|kat (Kirchenamt)
Ka|no|ni|ker, Ka|no|ni|kus (Mitglied eines Domkapitels, Stifts)
Ka|no|ni|sa|ti|on (Heiligsprechung)
ka|no|nisch
ka|no|ni|sie|ren
Ka|no|nis|se, Ka|no|nis|sin (Angehörige eines Stiftes)
Ka|no|pe, die (Urne)
Ka|no|pus (Stern)
Kä|no|zo|i|kum (jüngstes Zeitalter der Erdgeschichte)
kä|no|zo|isch
Kan|pur (Stadt in Indien)
Kan|sas (Bundesstaat der USA); *Abk.* Kan., Kans.
Kant, Immanuel (dt. Philosoph 1724-1804)

kan|ta|bel (singbar); kan|ta|ble Stücke
Kan|ta|bi|li|tät
Kan|ta|brer (iber. Volk)
kan|ta|brisch; das Kantabrische Gebirge *§ 15 (7)*
Kan|tar (Gewichtseinheit)
Kan|ta|te (Gesangsstück)
Kan|te
Kan|tel, die (Holzstück)
kan|ten (eine Naht verstärken); du kantest
Kan|ten, der (Brotkante)
Kan|ten...[ball *usw.*]
Kan|ter[1], der (Gestell)
Kan|ter[2], der (Galoppart)
kan|tern; du kanterst
Kan|ter|sieg (müheloser Sieg)
Kant|ha|ken (Holzstange m. Metallhaken)
Kan|tha|ri|de (Käfer)
Kan|tha|ri|din (Drüsenprodukt der Ölkäfer); *a.* Cantharidin
Kant|holz (rechteckiges Holzstück)
Kan|ti|a|ner (Anhänger Kants)
Kan|ti|a|nis|mus
kan|tig
Kan|ti|le|ne (liedartige Melodie)
Kan|til|le, die (flacher Draht)
Kan|ti|ne (Speiseraum)
kan|tisch (nach Art von Kant); die Kantische Philosophie (die Philosophie Kants) *§ 15 (7)*
Ka̲n|ton (Guangzhou, Stadt in China)
Kan|to̲n, der ([schweiz.] Bundesland)
kan|to|nal
kan|to|na|li|sie|ren
Kan|to|nist; unsicherer ~ (unzuverlässiger Partner)
Kan|tön|li|geist
Kan|ton|ne|ment
Kan|tons...[gericht *usw.*]
Kan|tor (Chorleiter)
Kan|to|rat (Kantorsamt)
Kan|to|rei
Kan|tschu (Peitsche)
Kan|tus; *a.* Cantus; *s. a.* Cantus firmus (Gesang)
Ka|nu, das (Paddelboot)
Ka|nü|le (Hohlnadel; Röhrchen)
Ka|nu|te, der (Kanufahrer)
Kan|zel, die
Kan|zel...[redner *usw.*]
kan|ze|ro|gen (krebserzeugend)
kan|ze|rös (krebsartig)
Kanz|lei (Büro; Behörde)
Kanz|lei...[sprache *usw.*]
Kanz|ler (Regierungschef)
Kanz|list (Kanzleiangestellter)
Kan|zo|ne, die (Gedichtform; Musikstück)
Ka|o|lin, das (Porzellanerde)
Kap (Vorgebirge); Kap Hoorn, Kap Verde
Ka|paun (kastrierter Hahn)
ka|pau|nen, ka|pau|ni|sie|ren (einen Hahn kastrieren)
Ka|pa|zi|tät (Fassungsvermögen; Leistungsfähigkeit; Könner)
Ka|pa|zi|täts...[reserve *usw.*]
ka|pa|zi|tiv
Ka|pee; schwer von ~
Ka|pel|lan, der
Ka|pel|la (Stern)
Ka|pel|le (1. kleine Kirche; 2. Musikgruppe)
Ka|per, die (Knospe des Kaperstrauchs)
Ka|per...[brief *usw.*]
Ka|pe|rei
ka|pern; du kaperst (erbeuten)
Ka|per|na|um (bibl. Ort); *s. a.* Kafarnaum
Ka|pern|so|ße
Ka|pe|tin|ger (frz. Adelsfamilie)
ka|pie|ren (verstehen)
ka|pil|lar (haarfein; auf Kapillarwirkung beruhend)
Ka|pil|lar|ana|ly|se (chem. Stoffuntersuchung)
Ka|pil|la|re, die (kleinstes Blutgefäß)
Ka|pil|la|ri|tät
ka|pi|tal (hauptsächlich)
Ka|pi|tal, das (Geld)
Ka|pi|tal...[markt *usw.*]
Ka|pi|täl; *s. a.* Kapitell
Ka|pi|tal|band; *s. a.* Kaptalband (Band am Buch-rücken)
Ka|pi|täl|chen (kleiner Großbuchstabe)
Ka|pi|ta|le, die (Hauptstadt)
Ka|pi|ta|li|sa|ti|on
ka|pi|ta|li|sie|ren (zu Geld machen)
Ka|pi|ta|lis|mus (Wirtschaftssystem)
Ka|pi|ta|list
ka|pi|ta|li|stisch
ka|pi|tal|kräf|tig
Ka|pi|tän (Befehlshaber [eines Schiffes] *a. übertr.*)
Ka|pi|tän|leut|nant (Dienstgrad e. Seeoffiziers)
Ka|pi|täns...[patent *usw.*]
Ka|pi|tel, das (1. Abschnitt; 2. geistl. Körperschaft)
ka|pi|tel|fest (fest im Wissen)
Ka|pi|tell (Kopf einer Säule); *s. a.* Kapitäl
Ka|pi|tol, das (1. Burg v. Rom; 2. Kongreßgebäude der USA); *a.* Capitol
ka|pi|to|li|nisch; die Kapitolinische Wölfin *§ 15 (7)*
Ka|pi|tu|lant
Ka|pi|tu|lar (1. Mitglied eines geistl. Kapitels; 2. Gesetz)
Ka|pi|tu|la|ri|en (*Pl.*)
Ka|pi|tu|la|ti|on (1. Aufgabe; 2. Vertrag über die Niederlage)
ka|pi|tu|lie|ren (aufgeben)
Ka|plan (kath. Geistlicher)
Kap|land (Südspitze Afrikas)
Ka|po (KZ-Häftling m. Sonderaufgaben)
Ka|po|da|ster, der (bewegl. Bund auf Zupfinstrumenten)
Ka|pok, der (Faser)
ka|po|res (kaputt); ~ gehen, ~ sein
Ka|po|si-Sar|kom (Folge der AIDS-Erkrankung)
Ka|pot|te, die (Damenhut)
Kapp...[naht *usw.*]
Kap|pa, das (der griech. Buchstabe κ, K)

Kap|pa|do|ki|en (Landschaft in Kleinasien); *s. a.* Kappadozien
kap|pa|do|kisch; *s. a.* kappadozisch
Kap|pa|do|zi|en (Landschaft in Kleinasien); *s. a.* Kappadokien
kap|pa|do|zisch; *s. a.* kappadokisch
Kapp|beil
Käpp|chen
Kap|pe
kap|pen; du kappst (trennen)
Kap|pes, der (Kohl, *a. übertr.*)
Käp|pi, das
Kapp-Putsch *§ 13 (2)*
Kap|pus, der (Kohl)
Ka|pri|ce, die (Laune); *s. a.* Kaprize
Ka|pri|o|le, die (Bocksprung; übermütiger Einfall)
ka|pri|o|len; du kapriolst
Ka|pri|ze, die (Laune); *s. a.* Kaprice
ka|pri|zie|ren, sich (eigensinnig auf etwas beharren)
ka|pri|zi|ös (launisch)
Ka|priz|pol|ster (kleines Polster)
Ka|prun (Ort in Österreich)
Kap|sel (ovaler Behälter)
kap|seln
Kap|si|kum (Paprika)
Kap|stadt (Stadt in Südafrika)
Kap|tal, das (Kap[i]talband)
Kap|tal|band; *s. a.* Kapitalband
Kap|ta|ti|on (Erbschleicherei)
Käp|ten (Kapitän)
Kap|ti|on (1. Fangfrage; 2. Trugschluß)
kap|ti|ös
ka|putt; *als Verbzusatz a. zusammengeschrieben § 10*: kaputt◡gehen *usw.*
ka|putt◡ge|hen *§ 10*
ka|putt◡la|chen, sich *§ 10*
ka|putt◡ma|chen *§ 10*
Ka|pu|ze (Kopfbedeckung)
Ka|pu|zi|ner (Mitglied des Kapuzinerordens)
Ka|pu|zi|ner...[predigt *usw.*]
Kap Ver|de (Staat)
Kap|ver|den, die (Inselgruppe)
Kap|ver|di|er
kap|ver|disch; Kapverdische Inseln *§ 15 (7)*
Kap|wein
Kar, das (Talkessel im Hochgebirge)
Ka|ra|bi|ner (Gewehr)
Ka|ra|bi|ner|ha|ken (Haken mit Verschluß)
Ka|ra|bi|nier (Jäger)
Ka|ra|bi|nie|re; *a.* Carabiniere (*ital.*) (Polizist)
Ka|ra|cho, das (Schwung)
Ka|rä|er
Ka|raf|fe, die (Glasflasche mit Glasstöpsel)
Ka|ra|gan|da (Stadt in Kasachstan)
Ka|ra|gös (Bühnenfigur)
Ka|ra|i|be; *s. a.* Karibe
ka|ra|i|bisch; *s. a.* karibisch
Ka|ra|kal, der (Luchs)
Ka|ra|ko|rum, der (Gebirge in Mittelasien)
Ka|ra|kul|schaf
Ka|ra|kum (Wüste in Asien)
Ka|ra|man|lis, Konstantinos (griech. Politiker *1907)
Ka|ram|bo|la|ge (Zusammenstoß)
Ka|ram|bo|le, die (Billardkugel)
ka|ram|bo|lie|ren (zusammenstoßen)
Ka|ra|mel, der (erhitzter Zukker)
Ka|ra|mel...[pudding *usw.*]
ka|ra|me|li|sie|ren
Ka|ra|mel|le, die (Bonbon)
Ka|rat, das (Gewicht, Feinheitsmaß); Zehnkaräter, 10karäter
Ka|ra|te, das (Kampfsport)
Ka|ra|te|ka (Karatekämpfer)
Ka|ra|tschi (Stadt in Pakistan)
Ka|rau|sche, die (Fisch)
Ka|ra|vel|le (kleines Segelschiff)
Ka|ra|wa|ne (Reisegruppe [in der Wüste])
Ka|ra|wan|ken (*Pl.*) (Gebirge)
Ka|ra|wan|se|rei (Unterkunft für Karawanen)
Kar|bat|sche, die (Peitsche)
Kar|bid, das; *a.* Carbid (*chem.*) (Kohlenstoffverbindung)
Kar|bol, das (Desinfektionsmittel)
Kar|bol...[säure *usw.*]
Kar|bo|li|ne|um (Holzschutzmittel)
Kar|bon, das (geol. Formation)
Kar|bo|na|de, die (Kotelett)
Kar|bo|na|ri (*Pl.*) (ital. Geheimbund); *a.* Carbonari
Kar|bo|nat, das; *a.* Carbonat (*chem.*) (Kohlensäuresalz)
Kar|bo|ni|sa|ti|on
kar|bo|nisch
kar|bo|ni|sie|ren
Kar|bo|run|dum (Schleifmittel)
Kar|bun|kel, der (Entzündung)
kar|bu|rie|ren (Kohlenwasserstoffe zufügen)
Kar|da|mom, das/der (Gewürz)
Kar|dan...[antrieb *usw.*]
kar|da|nisch (allseitig drehbar)
Kar|dät|sche, die (Bürste)
kar|dät|schen (striegeln); du kardätschst
Kar|de, die (Distel; Krempelmaschine)
Kar|deel, das (Strang, Trosse)
kar|den; du kardest
Kar|den|di|stel (Pflanze)
Kar|di|a|kum (Herzmittel)
kar|di|al (das Herz betreffend)
Kar|di|al|gie (Herzschmerz, *a.* Magenkrampf)
kar|die|ren
kar|di|nal (hauptsächlich)
Kar|di|nal, der (kath. Würdenträger)
Kar|di|nal...[fehler *usw.*]
Kar|di|nals...[hut *usw.*]
Kar|di|nal|zahl (Grundzahl)
Kar|dio|gramm (graph. Darstellung der Herzbewegungen)
Kar|dio|graph, der (Meßgerät)
Kar|dio|lo|gie (Lehre vom Herzen)

kar|dio|lo|gisch
Kar|dio|spas|mus (Krampf des Mageneingangs)
Kar|di|tis (Herzentzündung)
Ka|re|li|en (Landschaft in Nordeuropa)
Ka|re|li|er
ka|re|lisch; Karelische Republik *§ 15 (7)*
Ka|renz, die (Wartezeit)
Ka|renz...[zeit *usw.*]
Ka|rer (Bewohner v. Karien)
ka|res|sie|ren (zärtlich sein)
Ka|ret|te, die (Schildkröte)
Kar|fi|ol, der (Blumenkohl)
Kar|frei|tag
Kar|fun|kel, der (1. Edelstein; 2. Karbunkel)
kar|fun|kel|rot
karg (spärlich)
kar|gen; du kargst
kärg|lich
Kar|go, der (Fracht); *a.* Cargo
Ka|ri|be; *s. a.* Karaibe
Ka|ri|bik
ka|ri|bisch; Karibisches Meer *§ 15 (7)*; *s. a.* karaibisch
Ka|ri|bu, das/der (nordamerik. Rentier)
Ka|ri|en (Landschaft in Kleinasien)
ka|rie|ren
ka|riert
Ka|ri|es, die (Zahnfäule)
Ka|ri|ka|tur
Ka|ri|ka|tu|rist (Zeichner von Karikaturen)
ka|ri|ka|tu|ri|stisch
ka|ri|kie|ren
ka|rio|gen (Karies erzeugend)
ka|ri|ös (von Karies befallen)
ka|risch; Karisches Meer *§ 15 (7)*
Ka|ri|tas, die (Wohltätigkeit); *a.* Caritas
ka|ri|ta|tiv (wohltätig)
Kar|kas|se, die (Drahtgestell; Gerippe)
Karl (*Name v. Herrschern*); ~ der Große (747-814), ~ der Fünfte, Karl V. (1500-1558)
kar|lin|gisch; *s. a.* karolingisch
Karl-Marx-Stadt (*DDR*) (die Stadt Chemnitz)
Karls|bad (Stadt in Tschechien); *tschech.* Karlovy Vary
Karls|ba|der; ~ Beschlüsse, Oblaten, Salz
Karls|ru|he (Stadt)
Kar|ma[n], das (*sanskr.*) (Schicksal)
Kar|mel, der (Gebirge in Palästina)
Kar|me|lit (Angehöriger des Karmeliterordens)
Kar|me|li|ter
Kar|me|li|ter...[orden *usw.*]
Kar|me|sin, das (roter Farbstoff der Schildlaus)
kar|me|sin|rot
Kar|min, das; *s. a.* Karmesin
kar|min|rot
Kar|min|säu|re
kar|mo|sie|ren
Karn, das (geolog. Formation)
Kar|nal|lit (Mineral)
Kar|na|ti|on
Kar|nau|ba|wachs (Wachs der Karnaubapalme)
Kar|ne|ol, der (Schmuckstein)
Kar|ner, der (Kapelle); *s. a.* Kerner
Kar|ner (Keltenvolk)
Kar|ne|val, der (Fasching)
Kar|ne|va|list
kar|ne|va|li|stisch
Kar|ne|vals...[kostüm *usw.*]
Kar|nickel [k|k]
Kar|nies (Zierleiste)
kar|nisch; Karnische Alpen *§ 15 (7)*
kar|ni|vor (fleischfressend)
Kar|ni|vo|re, der (fleischfressendes Tier)
Kar|ni|vo|re, die (fleischfressende Pflanze)
Kärn|ten (öster. Bundesland)
Kärnt|ner
kärnt|ne|risch
Ka|ro, das (Viereck; Spielkartenfarbe)
Ka|ro-As, das
Ka|ro|be; *s. a.* Karube
Ka|ro|li|nen (Inselgruppe)
Ka|ro|lin|ger (fränkisches Herrschergeschlecht)
ka|ro|lin|gisch; *s. a.* karlingisch
ka|ro|li|nisch
Ka|ros|se (elegante Kutsche; Auto
Ka|ros|se|rie (Wagenaufbau)
Ka|ro|tin, das (Provitamin A); *a.* Carotin
Ka|ro|tis, die; *a.* Carotis (*med.*)
Ka|rot|te (Mohrrübe)
Kar|pa|ten (Gebirge in Rumänien)
kar|pa|tisch
Kar|pell, das (Samenanlage)
Karp|fen, der
Kar|po|lith (Versteinerung von Früchten und Samen)
Kar|ra|g[h]een, das (Algengelatine); vgl. Carrageen
Kar|re[1] (Wagen); *s. a.* Karren
Karre[2] (Bergrinne)
Kar|ree, das (1. Viereck; 2. Wohnblock; 3. Rippenstück)
kar|ren; du karrst
Kar|ren, der; *s. a.* Karre[1]
Kar|rie|re (Laufbahn, Aufstieg; schneller Galopp)
Kar|rie|re...[frau *usw.*]
Kar|rie|rist
kar|rie|ri|stisch
Kärr|ner (*zu* Karren, *a. übertr.*)
Kar|sams|tag (Samstag vor Ostern)
Karst[1], der (Hacke)
Karst[2], der (Kalkgebirge)
Karst...[höhle *usw.*]
kar|stig
kart. (*Abk. v.* kartoniert)
Kar|tät|sche, die (Geschoß; Maurerbrett)
kar|tät|schen (schießen); du kartätschst
Kar|tau|ne, die (Kanone)
Kar|tau|se, die (Kartäuserkloster)
Kar|täu|ser (Mitglied des Kartäuserordens)
Kar|täu|ser...[nelke *usw.*]
Kärt|chen
Kar|te

Kar|tei, die
Kar|tei...[kasten *usw.*]
Kar|tell, das (Zusammenschluß v. Unternehmen, Studentenverbindungen)
Kar|tell...[amt *usw.*]
kar|tel|lie|ren
kar|ten; du kartest
Kar|ten...[haus *usw.*]
kar|te|si|a|nisch, kar|te|sisch (*zu* Descartes)
Kar|tha|ger (Einwohner von Karthago)
kar|tha|gisch
Kar|tha|go (antike Stadt in Afrika)
Kar|tha|min, das ; *a.* Carthamin (Farbstoff)
kar|tie|ren (vermessen; auf Landkarten darstellen)
Kar|tof|fel, die
Kar|tof|fel...[brei *usw.*]
Kar|to|gramm (Schaubild)
Kar|to|graph
Kar|to|gra|phie (Anfertigung von Landkarten)
kar|to|gra|phie|ren
kar|to|gra|phisch
Kar|to|man|tie (Wahrsagerei aus Karten)
Kar|to|me|trie (Messungen an Landkarten)
Kar|ton, der
Kar|to|na|ge, die (Verpackung; Bucheinband)
kar|to|nie|ren; kartoniert, *Abk.* kart.
Kar|to|thek
Kar|tu|sche (Metallhülse; ovales Ornament)
Ka|ru|be; *s. a.* Karobe
Ka|run|kel, die (Warze)
Ka|rus|sell, das
Kar|weel...[bau usw.]; *s. a.* Kraweel...
kar|weel|ge|baut; *s. a.* kraweelgebaut
Kar|wen|del[**|ge|bir|ge**] (Gebirge in Tirol)
Kar|woche (die Woche vor Ostern)
Ka|ry|a|ti|de (weibl. Sagengestalt)
Ka|ry|op|se, die (Schließfrucht der Gräser)
Kar|zer, der (Arrest[zelle])
kar|zi|no|gen (krebserzeugend)
Kar|zi|no|gen, das
Kar|zi|nom (Krebsgeschwulst)
kar|zi|no|ma|tös
Kar|zi|no|se, die (Krebs des ganzen Körpers)
Ka|sach, der (Teppich); *s. a.* Kasak
Ka|sa|che (Einwohner von Kasachstan)
ka|sa|chisch
Ka|sach|stan (Staat in Asien)
Ka|sack, der (Bluse)
Ka|sack, Hermann (dt. Schriftsteller 1896-1966)
Ka|sak, der (Teppich); *s. a.* Kasach
Ka|san (Stadt an der Wolga)
Ka|sa|tschok, der (russ. Tanz)
Kas|ba[h], die (Schloß des Sultans)
Ka|scha, die (*russ.* Brei)
Ka|schem|me, die (Spelunke)
ka|schen (fangen; schnappen); du kaschst
Kä|scher, der (Fangnetz); *a.* Kescher
ka|schie|ren (verhüllen; bekleben)
Kasch|mir (Staat in Asien)
Kasch|mir, der (Gewebe)
Kasch|mir...[wolle *usw.*]
Ka|scho|long, der (Mineral)
Ka|schu|be (Angehöriger e. slaw. Volkes; ungebildeter Mensch)
ka|schu|bisch
Kä|se
Kä|se...[brot *usw.*]
Ka|se|in, das (Milcheiweiß); *a.* Casein
Ka|sel, die (Meßgewand)
Ka|se|mat|te, die (gepanzerter Raum)
kä|sen; du käst *§ 7 (1)*
Ka|ser, Kä|ser, der
Kä|se|rei
Ka|ser|ne (Soldatenunterkunft)
Ka|ser|nen...[hof *usw.*]
ka|ser|nie|ren
kä|sig
Ka|si|mir (*Name poln. Herrscher*)
Ka|si|no, das (Speiseraum [für Offiziere]; Spielkasino)
Kas|ka|de, die (künst. Wasserfall; *übertr.* hintereinandergeschaltete Geräte u. ä.)
Kas|ka|den...[schaltung *usw.*]
Kas|ka|deur (Artist)
Kas|ka|rill|rin|de (Gewürz)
Kas|ko, der (Schiffsrumpf)
kas|ko|ver|si|chert (gegen selbstverschuldete Schäden versichert)
Kas|par (einer der Heiligen Drei Könige)
Kas|per (Puppenspielfigur)
Kas|perl (Kasper)
Kas|per|le, das/der (Kasper)
Kas|perl|the|a|ter, Kasperletheater
kas|pern (herumalbern); du kasperst
Kas|per|the|a|ter
kas|pisch; Kaspisches Meer *§ 15 (7)*
Kas|pi|see, der
Kas|sa, die (Kasse)
Kas|sa...[geschäft *usw.*]
Kas|san|dra (Sagengestalt)
Kas|san|dra|ruf (Warnung)
Kas|sa|ti|on (Ungültigkeitserklärung; Aufhebung e. Urteils)
Kas|sa|ti|ons|hof (Gericht, das Urteile überprüft od. aufhebt)
kas|sa|to|risch
Kas|se
Kas|sel (Stadt)
Kas|se|ler; Kasseler Braun, Kasseler [Rippenspeer] (Pökelfleisch); *s. a.* Kaßler
Kas|sen...[bon *usw.*]
Kas|se|rol, das (Stieltopf)
Kas|se|rol|le, die (Stieltopf)
Kas|set|te, die
Kas|set|ten...[deck *usw.*]
Kas|set|ten|decke (unterteilte Raumdecke) [k|k]

kas|set|tie|ren
Kas|sia (Pflanze); *s.* Kassie
Kas|sia...[baum *usw.*]; *s. a.* Kassienbaum
Kas|si|ber, der (heiml. Brief)
Kas|si|de, die (arab. Gedichtform)
Kas|sie, die (Pflanze); *s.* Kassia
Kas|si|en...[baum *usw.*]; *s. a.* Kassiabaum
Kas|sier, der; *s.a. Kassierer*
kas|sie|ren (einnehmen; aneignen; verhaften)
Kas|sie|rer
Kas|si|o|peia (Sagengestalt;. Sternbild)
Kas|si|te|rit (Erz)
Kaß|ler, das/der (~ Rippenspeer, Pökelfleisch); *vgl.* Kasseler
Ka|sta|gnet|te, die (Holzklapper)
Ka|sta|lia (Musenquelle)
ka|sta|lisch; die Kastalische Quelle *§ 15 (7)*
Ka|sta|nie (Baum; Frucht)
Ka|sta|ni|en...[baum *usw.*]
Käst|chen
Ka|ste, die (abgeschlossene Gruppe [in Indien])
ka|stei|en, sich (sich selbst züchtigen)
Ka|stell, das (Burg)
Ka|stel|lan ([Schloß]verwalter)
kä|steln (malen)
Ka|sten, der
Ka|sten...[drachen *usw.*]
Ka|sti|li|en (span. Region)
ka|sti|lisch
Käst|lein
Käst|ner, Erhart (dt. Schriftsteller (1904-1974); Erich ~ (dt. Schriftsteller 1899-1974)
Ka|stor (griech. Sagengestalt; Stern; Transportbehälter f. Atommüll); ~ u. Pollux (Zwillingspaar d. griech. Sage)
Ka|stor|öl (Rizinusöl)
Ka|strat, der
Ka|stra|ti|on (Entfernung der Fortpflanzungsorgane)
ka|strie|ren
Ka|su|a|li|en (*Pl.*) (1. Zufälligkeiten; 2. kirchl. Amtshandlung)
Ka|su|ar, der (Vogel)
Ka|su|a|ri|ne (Baum)
Ka|su|ist (Wortklauber)
Ka|su|i|stik (Rechtsfindung; Beschreibung d. Krankheitsheitsverlaufs; Wortklauberei)
ka|su|i|stisch
Ka|sus (Beugungsfall; Fall); *Pl.* Kasus; *a.* Casus (*lat.*)
Kat (*kurz f.* Katalysator)
ka|ta.../Ka|ta... (*griech.* entlang, hinab)
Ka|ta|bo|lis|mus (Stoffabbau im Körper)
Ka|ta|chre|se (schiefer Ausdruck, Bildbruch)
ka|ta|chre|stisch
Ka|ta|falk, der (Gestell für Särge)
Ka|ta|ka|na, die (japanische Silbenschrift)
Ka|ta|kla|se (Zerbrechen von Mineralien in Gesteinen)
ka|ta|kla|stisch
Ka|ta|klys|mus (*geol.* Überschwemmung u. ä.)
Ka|ta|kom|be, die (unterirdisches Gewölbe)
Ka|ta|la|ne (Einwohner von Katalonien)
ka|ta|la|nisch; auf ~
Ka|ta|la|nisch, das; auf katalanisch sprechen
Ka|ta|la|ni|sche, das
Ka|ta|la|se, die (Enzym)
Ka|ta|lau|ni|sche Fel|der (Ort einer Hunnenschlacht in Frankreich) *§ 15 (7)*
ka|ta|lek|tisch (unvollständig)
Ka|ta|lep|sie (Muskelstarre)
ka|ta|lep|tisch
Ka|ta|le|xe, Ka|ta|le|xis (unvollständige Versform)
Ka|ta|log (Verzeichnis)
ka|ta|lo|gi|sie|ren
Ka|ta|lo|ni|en (span. Region)
Ka|ta|lo|ni|er (Katalane)
ka|ta|lo|nisch
Ka|tal|pa, Ka|tal|pe (Baum)
Ka|ta|ly|sa|tor; *kurz* Kat (Stoff, d. chem. Reaktionen beschleunigt; Abgasfilter)
Ka|ta|ly|se (Beschleunigung einer chem. Reaktion)
ka|ta|ly|sie|ren
ka|ta|ly|tisch
Ka|ta|ma|ran, der (Schiff mit zwei Schwimmkörpern)
Ka|ta|mne|se, die (Krankenbericht)
Ka|ta|pho|re|se (Ladungstrennung)
ka|ta|plek|tisch
Ka|ta|ple|xie (Muskellähmung)
Ka|ta|pult, das/der (Wurfmaschine)
ka|ta|pul|tie|ren
Ka|tar (arab. Emirat)
Ka|ta|rakt, der (Wasserfall)
Ka|ta|rakt, Ka|ta|rak|ta, die (Augenkrankheit, grauer Star)
Ka|ta|rer (Einwohner v. Katar)
Ka|tarrh, der (Schleimhautentzündung)
ka|tar|rha|lisch
Ka|ta|ster (amtl. Grundverzeichnis)
Ka|ta|ster...[amt *usw.*]
Ka|ta|stral|ge|mein|de (Steuerbezirk)
ka|ta|strie|ren
ka|ta|stro|phal
Ka|ta|stro|phe
Ka|ta|stro|phen...[alarm *usw.*]
Ka|ta|to|nie (Schizophrenie)
Ka|te, die (ärmliches Haus)
Ka|te|che|se (Religionsunterricht)
Ka|te|chet (Religionslehrer)
Ka|te|che|tik
ka|te|che|tisch
Ka|te|chi|sa|ti|on
Ka|te|chis|mus (Glaubenslehrbuch)
Ka|te|chist
Ka|te|chu (Gerbstoff)
Ka|te|chu|me|ne (Konfirmand)
ka|te|go|ri|al
Ka|te|go|rie (Grundbegriff; Wortart)
ka|te|go|risch (*a.* streng)

ka|te|go|ri|sie|ren
Ka|te|ne, die (Textsammlung)
Ka|ter (1. männl. Katze; 2. Übelkeit [nach Alkoholgenuß])
Ka|ter...[stimmung *usw.*]
kat' exo|chen (schlechthin)
Kat|gut, das (Darmsaite als Nähfaden); *a.* Catgut
kath. (*Abk. v.* katholisch)
Ka|tha|rer (Angehöriger einer christl. Sekte)
Ka|tha|ri|na (*Name von Herrscherinnen, Heiligen*); ~ die Große (russ. Kaiserin 1729-1796)
Ka|thar|sis, die (Läuterung)
ka|thar|tisch
Ka|the|der, das (Lehrerpult; Lehrstuhl)
Ka|the|dra|le ([Haupt-]Kirche)
Ka|the|te, die (Dreiecksseite)
Ka|the|ter, der (med. Röhre)
ka|the|te|ri|sie|ren
ka|the|tern; du katheterst
Kath|man|du (Hauptstadt v. Nepal); *a.* Katmandu
Ka|tho|de, die (negativer Pol e. Elektrode) *§ 28*; *a.* Katode
Ka|tho|den|strahl; *a.* Katoden...
Ka|tho|lik
Ka|tho|li|ken|tag
ka|tho|lisch; Katholische Aktion (Laienaktion), Katholische Briefe (Teil des NT) *§ 15 (7)*
ka|tho|li|sie|ren
Ka|tho|li|zis|mus
Ka|tho|li|zi|tät
ka|ti|li|na|risch; katilinarische Existenzen; Katilinarische Verschwörung (Verschwörung des Catilina) *§ 15 (7)*; die Katilinarischen Reden [Ciceros] *§ 15 (7)*; *a.* catilinarisch *usw.*
Kat|ion, das (positiv geladenes Ion)
Kat|man|du (Hauptstadt v. Nepal); *a.* Kathmandu
Kät|ner (Katenbewohner)
Ka|to|de, die (negativer Pol e. Elektrode) *§ 28*; *a.* Kathode
ka|to|nisch; katonische Strenge; die Katonischen Reden (Reden Catos); *a.* catonisch *usw.*
Katt|an|ker
Kat|te|gat, das (Meerenge bei Jütland)
kat|ten; du kattest
Kat|to|witz (Stadt in Polen)
Kat|tun, der (Baumwollstoff)
kat|tu|nen (aus Kattun)
Ka|tyn (Ort in Rußland)
katz|bal|gen (raufen)
Katz|bal|ge|rei
katz|buckeln [k|k]
Kätz|chen
Kat|ze
Kat|zel|ma|cher
Kat|zen...[fell *usw.*]
Kat|zen|au|ge (*a.* Rückstrahler; Mineral)
Kät|zin
Katz-und-Maus-Spiel *§ 13 (4)*
kau|dal (schwanzseitig)
Kau|der|welsch, das (unverständliche Sprechweise)
kau|der|wel|schen; du kauderwelschst
kau|di|nisch; das Kaudinische Joch (Demütigung; nach einer schimpflichen Niederlage der Römer 321 v. Chr.) *§ 15 (7)*
Kaue, die (Waschraum der Bergleute)
kau|en; du kaust
kau|ern (in die Hocke setzen)
Kau|er|start
Kauf, der
Kauf...[frau *usw.*]
kau|fen; du kaufst
kau|fens|wert
Käu|fer
Kauff|mann, Angelika (dt. Malerin 1741-1807)
kauf|kräf|tig
käuf|lich
Kauf|mann
kauf|män|nisch
Kau|gum|mi, der/das
Kau|ka|si|en
Kau|ka|si|er (Einwohner von Kaukasien)
kau|ka|sisch
Kau|ka|sus (Gebirge in Vorderasien)
Kaul|bach, Wilhelm (dt. Maler 1804-1874)
Kaul|barsch (Fischart)
kau|li|flor (an Stengeln sitzend)
Kaul|quap|pe, die (Froschlarve)
kaum
Kau|ma|zit, der (Braunkohlenkoks)
Kau|nas (Stadt in Litauen)
Ka|un|da, Kenneth (samb. Politiker *1924)
Kau|ri, die (Schneckenart)
Kau|ri...[muschel *usw.*]
kau|sal (ursächlich)
Kau|sal...[kette *usw.*]
Kau|sa|li|tät (Ursächlichkeit)
kau|sa|tiv
Kau|sa|tiv, das (das Bewirken anzeigende Verbform)
Kau|sa|ti|vum; *s.a. Kausativ*
Kau|stik, die (1. Linsenbrennfläche; 2. Gewebezerstörung)
Kau|sti|kum (Ätzmittel)
kau|stisch (ätzend; *a.* übertr. spöttisch)
Kau|tel, die (Vorbehalt)
Kau|ter, der (Brenninstrument)
Kau|te|ri|sa|ti|on (Gewebezerstörung)
kau|te|ri|sie|ren
Kau|ti|on (Sicherheitsleistung)
kau|ti|ons|fä|hig
Käut|ner, Helmut (dt. Regisseur 1908-1980)
Kau|tschuk (Gummi[rohstoff])
Kau|tschuk...[milch *usw.*]
kau|tschu|tie|ren (mit Kautschuk überziehen)
Kaut|sky, Karl (österr. Politiker 1854-1938)
Kauz, der (Eule; Sonderling)
Käuz|chen
kau|zig (seltsam)
Ka|val, der (Spielkarte)
Ka|va|lier (höflicher Mensch)
Ka|va|liers...[delikt *usw.*]

Ka|val|ka|de, die (Reiterzug)
Ka|val|le|rie (Reitertrupp)
Ka|val|le|rist
Ka|va|ti|ne (Gesangsstück)
Ka|ve|ling, die (Mindestmenge)
Ka|vents|mann (1. Bürge; 2. wohlhabender Mann; 3. großes Exemplar)
Ka|ver|ne, die (Hohlraum)
Ka|ver|nom, das (Geschwulst aus Blutgefäßen)
ka|ver|nös
Ka|vi|ar, der (Rogen vom Stör)
Ka|vi|tät (Hohlraum)
Ka|vi|ta|ti|on (Hohlraumbildung)
Ka|wa, die (Harz, Getränk)
Ka|wi, das (Sprache)
Ka|zan, Elia (amerik. Regisseur 1909-2003)
Ka|zan|tza|kis, Nikolaos (griech. Schriftsteller 1883-1957)
Ka|zi|ke, der (Häuptling)
KB (*Abk. v.* Kilobyte) *§ 17 (2) Anm. 1*
kcal (*Abk. v.* Kilokalorie) *§ 17 (2) Anm. 2*
Kea|ton, Buster (amerik. Filmkomiker 1895-1966)
Keats, John (engl. Dichter 1795-1821)
Ke|bab, der (Drehspieß; Gericht aus Fleischstücken)
Keb|se, die (Konkubine)
Kebs|weib
keck (unbefangen)
keckern [k|k]
Ke|der, der (Kantenschutz)
Keep, die (Kerbe)
Kee|per, der (Torhüter)
Keep-smi|ling, das
Kees, das (Gletscher)
Ke|fir, der (Milchgetränk)
Ke|gel, der; mit Kind und ~; Kegel schieben; du schiebst Kegel *§ 9 Anm. 2*; *s. a.* kegelschieben
Ke|gel...[robbe *usw.*]
ke|gel|för|mig
ke|ge|lig; *s. a.* keglig
ke|geln
ke|gel|schie|ben; du schiebst Kegel *§ 9 Anm. 2*; *s. a.* Kegel
Ke|gel|schie|ben, das
Keg|ler
keg|lig; *s. a.* kegelig
Kehl...[laut *usw.*]
Keh|le, die (*a.* Höhlung)
keh|len; du kehlst (1. die Kehle aufschneiden; 2. eine Höhlung herstellen)
Kehl|ho|bel
keh|lig (aus der Kehle kommend)
Kehl|kopf
Kehl|kopf...[krebs *usw.*]
Keh|lung
Kehr...[besen *usw.*]
Kehr|aus, der (Ende eines Festes)
Keh|re, die (Kurve)
keh|ren; du kehrst
Keh|richt, der/das (Müll)
Kehr|reim (sich wiederholende Wörter am Ende der Strophe)
kehrt! (*Kommando*)
kehrt◡ma|chen *§ 10*; du machst kehrt
Kehrt|wen|dung
kei|fen (laut schimpfen)
Keil, der
Keil...[kissen *usw.*]
Kei|le, die (Prügel)
kei|len; du keilst (spalten)
Kei|ler (männl. Wildschwein)
Kei|le|rei (Schlägerei)
keil|för|mig
Keim
Keim...[drüse *usw.*]
kei|men
keim|frei
Keim|ling
keim|tö|tend
kein; keiner, keine, kein[e]s; *immer klein geschrieben*: für keinen *usw.*
kei|ner|lei
kei|ner|seits
kei|nes|falls
kei|nes|wegs
kein|mal; *aber* kein [einziges] Mal
Kek|ko|nen, Urho (finn. Politiker 1900-1986)
Keks, der; auf den ~ gehen
Keks...[dose *usw.*]
Ke|ku|lé [von Stra|do|nitz], August (dt. Chemiker 1829-1896)
Kelch
Kelch...[glas *usw.*]
kelch|för|mig
Ke|lim, der (Teppich)
Ke|lim|sticke|rei [k|k]
Kel|le, die
Kel|ler
Kel|ler, Gottfried (schweiz. Schriftsteller 1819-1890); Helen ~ (amerik. Schriftstellerin 1880-1968)
Kel|ler...[assel *usw.*]
Kel|le|rei
Kell|ner
kell|nern
Kel|logg-Pakt (Brian-Kellogg-Pakt, intern. Vertrag 1928) *§ 13 (2)*
Kelt[1], der (Beil)
Kelt[2], der (Wollstoff)
Kel|te, der (Angehöriger eines indogerm. Volks)
Kel|ter, die (Saftpresse)
kel|tern (Saft auspressen)
Kelt|ibe|rer (Mischvolk aus Kelten u. Iberern)
kelt|ibe|risch
kel|tisch; auf ~
Kel|tisch, das; auf keltisch sprechen
Kel|ti|sche, das
kel|to|ro|ma|nisch
Kel|vin, das (Maßeinheit); *Abk.* K
Ke|mal Ata|türk, Mustafa (türk. Politiker 1881-1938)
Ke|ma|lis|mus (*nach* Kemal Atatürk)
Ke|me|na|te, die (Frauengemach)
Kem|pow|ski, Walter (dt. Schriftsteller *1929)
Ken, das (jap. Amtsbezirk)
Ken|do, das (jap. Kampfsport)
Ke|nia (Staat in Afrika)
Ke|ni|a|ner

ke|ni|a|nisch
Kenn...[wort *usw.*]
Ken|ne|dy, Edward (amerik. Politiker *1932); John Fitzgerald ~ (Präsident der USA 1917-1963); Robert Francis ~ (amerik. Politiker 1925-1968)
Ken|nel, der (Hundezwinger)
ken|nen; du kennst, kanntest, kenntest, gekannt
ken|nen◡ler|nen; kennen◡gelernt *§ 10*
Ken|ner...[blick *usw.*]
Ken|ning, die (bildlicher Ausdruck); *Pl.* Kenningar
kennt|lich
Kennt|nis
Kennt|nis|nah|me
kennt|nis|reich
Kennum|mer [nn|n]
Ken|nung
kenn|zeich|nen
kenn|zeich|nen|der|wei|se *§ 12*
Ke|no|taph, das (leeres Grabmal); *s. a.* Zenotaph
Kent (engl. Grafschaft)
Ken|taur, der; *s. a.* Zentaur (Fabelwesen: halb Mensch, halb Pferd)
ken|tern (ins Wasser fallen)
Ken|tucky (Bundesstaat der USA); *Abk.* Ky.
Ken|tum|spra|che (indogerm. Sprache, in der das Wort für 100 mit k- anlautete)
Ken|yat|ta, Jomo (kenian. Politiker 1891-1978)
Ke|pheus (Sagengestalt; Sternbild); *s. a. Cepheus*
Kep|ler, Johannes (Astronom 1571-1630)
kep|lersch; die Keplerschen Gesetze *§ 15 (7)*
Ke|ra|bau, der (Büffel)
Ke|ra|la (ind. Bundesstaat)
Ke|ra|mik
Ke|ra|mi|ker
ke|ra|misch
Ke|ra|tin, das (Hornstoff)
Ke|ra|ti|tis (Hornhautkrankheit)
Ke|ra|tom, das (Hornhautgeschwulst)
Ke|ra|to|skop, das (Gerät z. Messung d. Augenhornhaut)
Kerb, der (schmale Vertiefung); *s. a.* Kerbe
Ker|be, die; *s. a.* Kerb
Ker|bel, der (Gewürzkraut)
ker|ben; du kerbst
Ker|be|ros (*griech.*) (Höllenhund, scharfer Wächter); *s. a.* Cerberus, Zerberus
Kerb|holz; etwas auf dem Kerbholz haben
Kerb|tier (Insekt)
Ke|ren, die (*Pl.*) (Schicksalsgöttinnen)
Ke|ren|skij, Aleksandr (russ. Politiker 1881-1970)
Kerf, der (Insekt)
Ker|gue|len (*Pl.*) (Inselgruppe)
Ker|ker (unterird. Gefängnis)
Ker|ker...[meister *usw.*]
Ker|kops (Sagengestalt)
Ker|ky|ra (Korfu)
Kerl
Ker|mes|bee|re
Ker|mes|ei|che
Ker|mes|schild|laus
Kern
Kern...[frage *usw.*]
Kern|bei|ßer (Vogel)
Ker|ner[1], der (Kapelle); *s. a.* Karner
Ker|ner[2], der (Wein)
Ker|ner, Justinus (dt. Dichter 1786-1862)
ker|nig
Kern|ling (aus e. Kern gezogener Baum)
kern|phy|si|ka|lisch
Ke|ro|pla|stik (Wachsbildnerei)
Ke|ro|sin, das (Flugtreibstoff)
Ke|rou|ac, Jack (amerik. Schriftsteller 1922-1969)
Kerr, Alfred (dt. Schriftsteller 1867-1948)
Ke|ryg|ma, das (Verkündigung [der christlichen Botschaft])
ke|ryg|ma|tisch
Ker|ze
Ke|scher, der (Fangnetz); *a.* Käscher
keß; kesser
Kes|sel
Kes|sel...[fleisch *usw.*]
Ke|sten, Hermann (dt. Schriftsteller 1900-1966)
Ketch|up, der/das
Ke|ton, das (chemische Verbindung)
Ketsch, die (Boot)
Ke|tschua, das (Indianersprache); *a.* Quechua
Kett...[baum *usw.*]
Kett|chen
Ket|te
Ket|te|ler, Wilhelm von (dt. Bischof 1811-1877)
ket|teln (Gestrick mit e. Rand befestigen)
ket|ten; du kettest
Ket|ten...[brief *usw.*]
Ket|zer, der
Ket|zer...[prozeß *usw.*]
Ket|ze|rei
ket|ze|risch
keu|chen; du keuchst
Keuch|hu|sten, der
Keu|le
keu|len; du keulst
Keu|len...[schlag usw.]
Keu|per, der (Mineral, geolog. Stufe)
keusch (sexuell enthaltsam)
Keusch|heit
Keusch|heits...[gürtel *usw.*]
Ke|ve|laer (Stadt)
Key|board, das (Tastatur; Tasteninstrument)
Key|boar|der
Keynes, John Maynard (engl. Ökonom 1883-1946)
Key|ser|ling, Eduard von (dt. Schriftsteller 1855-1918); Hermann von ~ (dt. Philosoph 1880-1946)
kfm. (*Abk. v.* kaufmännisch)
Kfm. (*Abk. v.* Kaufmann)
Kfz (*Abk. v.* Kraftfahrzeug) *§ 17 (2) Anm. 1*
Kfz-Werk|statt § 13 (2)
kg (*Abk. v.* Kilogramm) *§ 17 (2) Anm. 2*
KG (*Abk. v.* Kommanditgesell-

schaft) *§ 17 (2) Anm. 1*
KGB (*Abk. f.* sowjet. Geheimdienst) *§ 17 (2) Anm. 1*
kgl. (*Abk. v.* königlich); *in Titeln* Kgl.
k. g. V., kgV (*Abk. v.* kleinstes gemeinsames Vielfaches)
Khai|ber|paß (Paß in Afghanistan u. Pakistan); *a.* Khyberpaß
Kha|ki, der (Tuch); *a.* Kaki
kha|ki|far|ben; *a.* kaki...
kha|ki|far|big; *a.* kaki...
Khan (Herrschertitel)
Kha|nat, das (*zu* Khan)
Khar|tum (Hauptstadt v. Sudan)
Khe|di|ve, der (Vizekönig von Ägypten)
Khmer (Volk in Kambodscha)
Khmer, das (Sprache); auf khmer sprechen
Khoi|san (Volk in Afrika)
Kho|mei|ni, Ruhollah (iran. Politiker 1900-1989); *a.* Chomeini
Khy|ber|paß (Paß in Afghanistan u. Pakistan); *a.* Khaiberpaß
kHz (*Abk. v.* Kilohertz) *§ 17 (2) Anm. 2*
Kib|buz (bäuerliche Gemeinschaft in Israel); *Pl.* Kibbuzim, Kibbuze
Kib|buz|nik, der (Angehöriger eines Kibbuz)
Ki|be|rer (Polizist)
Ki|bit|ka, Kibitke, die (Nomadenzelt; überdachter Schlitten)
Ki|cher|erb|se
ki|chern; du kicherst
Kick, der (Stoß; Hochgefühl)
Kick|down, der/das (kräftiges Treten des Gaspedals)
Kickel|hahn (Berg in Thüringen) [k|k]
kicken [k|k]; du kickst
Kicker [k|k]
Kick-off, der/das (Anstoß)
Kick|star|ter (Fußhebel als Anlasser von Motorrädern)
Kick|xia, die (Baum)
Kid, das (1. Leder; 2. Kind, Jugendlicher; *Pl.* Kids)
kid|nap|pen (entführen); du kidnappst
Kid|nap|per
Kid|nap|ping, das
Kids; *s.* Kid 2.
kie|big (frech; gereizt)
Kie|bitz, der (Vogel)
kie|bit|zen; du kiebitzt *§ 7 (1)*
Kie|fer, die (Baum)
Kie|fer, der
Kie|fer...[knochen *usw.*]
kie|fern (aus Kiefernholz)
Kie|fern...[zapfen *usw.*]
kie|ken; du kiekst
Kie|ker (Fernglas); auf dem ~ haben
Kiel (Teil v. Blüten, Federn; Schiffsteil)
Kiel (Stadt)
Kiel...[boot *usw.*]
Kie|ler; ~ Bucht, ~ Sprotten
kiel|ho|len (ein Schiff an Land holen; als Strafe unter dem Kiel durchziehen)
kiel|oben
Kie|me, die (Atmungsorgan von Fischen usw.)
Kie|men...[at|mung *usw.*]
Kien, der (Kiefernholz)
Kien...[span *usw.*]
Kie|pe, die (hoher Tragekorb)
Kie|pen|hut
Kier|ke|gaard, Søren (dän. Theologe u. Schriftsteller 1813-1855)
Kies (1. kleine Steine; 2. Geld)
Kie|sel, der
Kie|sel...[alge *usw.*]
Kie|sel|gur
kie|seln; du kieselst
kie|sen (mit Kies bedecken)
kie|sen (wählen); du kiest *§ 7 (1)*, korst, körest; gekoren
Kie|se|rit
kie|sig
Kie|sin|ger, Kurt Georg (dt. Bundeskanzler 1904-1988)
Ki|ew (Hauptstadt der Ukraine)
Ki|e|wer
Kiez, der (Rotlichtviertel)
kif|fen (Rauschmittel rauchen)
Ki|ga|li (Hauptstadt v. Ruanda)
ki|ke|ri|ki!
Ki|ke|ri|ki, das
Ki|ki, der (unnötiger Aufwand)
Ki|ku|yu (Volk in Afrika)
Ki|li|an (ir. Missionar 7. Jhdt.)
Ki|li|ki|en; *s. a.* Zilizien
ki|li|kisch; *s. a.* zilizisch
Ki|li|ma|ndscha|ro (höchster Berg Afrikas)
kil|le|kil|le (*kinderspr.*); ~ machen (kitzeln)
kil|len; du killst; gekillt
Kil|ler
Kil|ler...[virus *usw.*]
Kiln, der (Ofen)
ki|lo.../Ki|lo... (tausend)
Ki|lo|byte, das; *Abk.* KB
Ki|lo|gramm, das; *Abk.* kg
Ki|lo|hertz, das; *Abk.* kHz
Ki|lo|joule, das; *Abk.* kJ
Ki|lo|ka|lo|rie; *Abk.* kcal
Ki|lo|li|ter, das; *Abk.* kl
Ki|lo|me|ter, der; *Abk.* km
Ki|lo|me|ter...[stein *usw.*]
ki|lo|me|ter|lang; *aber* [viele] Kilometer lang *§ 11 (6)*
ki|lo|me|ter|weit; *aber* [viele] Kilometer weit *§ 11 (6)*
ki|lo|me|trisch
Ki|lo|new|ton, das; *Abk.* kN
Ki|lo|ohm, das; *Abk.* kΩ
Ki|lo|pas|cal, das; *Abk.* kPa
Ki|lo|pond, das; *Abk.* kp
Ki|lo|volt, das; *Abk.* kV
Ki|lo|watt, das; *Abk.* kW
Kilt, der (Schottenrock)
Kim|ber (Angehöriger eines Germanenvolks); *s. a.* Zimber
Kim Dae Jung (südkorean. Politiker *1924)
Kim Il Sung (nordkorean. Politiker 1912-1994)
Kim Jong Il (nordkorean. Politiker *1942)
Kimm, die (Horizontlinie)
Kim|me, die (Visierkerbe)
Kim|mung (Luftspiegelung; Horizont)

Ki|mon (athen. Politiker ~510-450 v. Chr.)
Ki|mo|no, der (japan. Gewand)
Ki|nä|de, der (Päderast)
Kin|äs|the|sie (Kontrolle von Körperteilen)
Kind; von ~ auf; sich lieb ~ machen
Kind|bett
Kind|chen
Kin|del|bier
Kin|der...[garten *usw.*]
Kin|der|chen (*Pl.*)
Kin|de|rei
kin|der|ge|recht
Kin|der|krie|gen, das
Kin|der|läh|mung
kin|der|leicht
Kin|der|lein
Kin|des|kind
kind|ge|mäß
kind|haft
Kind|heit
kin|disch
kind|lich
Kinds...[kopf *usw.*]
kinds|köp|fig
Kinds|pech (Erstkot des Neugeborenen)
Kind[s]|tau|fe
Ki|ne|ma|thek (Filmsammlung)
Ki|ne|ma|tik (Bewegungslehre)
ki|ne|ma|tisch
Ki|ne|ma|to|graph (altes Filmgerät)
Ki|ne|ma|to|gra|phie
ki|ne|ma|to|gra|phisch
Ki|ne|tik (Bewegungslehre/-kunst)
ki|ne|tisch
King, der (König, Anführer)
King, Martin Luther (amerik. Politiker 1929-1968)
King-size, King Size, das/die (Übergröße)
Kings|ton (Hauptstadt v. Jamaika)
Kings|town (Hauptstadt v. St. Vincent und den Grenadinen)
Kin|ker|litz|chen
Kinn
Kinn...[haken *usw.*]
Ki|no, das
Ki|no...[programm *usw.*]
Kin|sha|sa (Hauptstadt v. Zaire)
Kin|sey-Re|port (e. sexualwiss. Werk)
Kin|ski, Klaus (dt. Schauspieler 1926-1991); Nastassja ~ (dt. Schauspielerin *1961)
Kin|topp, der (Kino)
Kin|zi|git, der (Mineral)
Ki|osk, der
Kipf, der (längliches Brot)
Kip|fel, Kipferl, das (Hörnchen)
Kip|ling, Rudyard (engl. Schriftsteller 1865-1936)
Kipp...[schalter *usw.*]
Kip|pe (1. Turnfigur; 2. Zigarettenstummel; 3. Müllkippe o. ä.); auf der ~ stehen
kip|pe|lig; *s. a.* kipplig
kip|peln (schaukeln)
kip|pen
Kip|per (1. Lastwagen; 2. geräucherter Hering)
kipp|lig; *s. a.* kippelig (instabil)
Kipp|scher Ap|pa|rat *§ 15 (7)*
Kir, der; Kir royal *§ 15 (3)* (Cocktail aus Johannisbeerlikör u. Weißwein)
Kirch...[hof *usw.*]
Kir|che
Kir|chen...[chor *usw.*]
Kir|cher, Athanasius (dt. Gelehrter 1602-1680)
Kirch|hoff, Robert (dt. Physiker 1824-1887)
kirch|lich
Kirch|ner (Küster)
Kirch|ner, Ernst Ludwig (dt. Maler 1880-1938)
Kirch|spren|gel, der (Kirchenbezirk)
Kirch|weih, die
Kir|gi|se (Angehöriger eines asiat. Volkes)
kir|gi|sisch
Kir|gi|stan (Staat in Asien)
Ki|ri|ba|ti (Inselstaat)
Kir|ke (*griech.*) (Sagengestalt); *s. a.* Circe (*lat.*)
Kir|mes, die; *Pl.* Kirmessen
Kir|mes...[bursche *usw.*]
kir|re (nervös); ~ machen
kir|ren; du kirrst
Kir|rung (Lockfutter)
Kirsch, der (Getränk)
Kirsch...[likör *usw.*]
Kirsch, Sarah (dt. Schriftstellerin *1935)
Kir|sche, die
Ki|shon, Ephraim (israel. Schriftsteller *1924)
Kis|met, das (Schicksal)
Kiß|chen (*zu* Kissen)
Kis|sen
Kis|sen...[hülle *usw.*]
Kis|sin|ger, Henry (amerik. Politiker *1923)
Ki|ste
ki|sten|wei|se
Ki|sua|he|li (afrik. Sprache); auf kisuaheli sprechen; *s. a.* Kiswahili
Ki|swa|hi|li; auf kiswahili sprechen; *s. a.* Kisuaheli
Ki|ta, die (*kurz f.* Kindertagesstätte)
Kit|che|ner, Horatio Herbert (engl. Heerführer 1850-1916)
Kit|fuchs (nordamerik. Fuchsart); *a.* Kittfuchs
Ki|tha|ra, die (altgriech. Zupfinstrument)
Ki|thar|öde (Kitharaspieler)
Ki|thä|ron, der (Gebirge)
Kitsch, der
Kitsch...[roman *usw.*]
kit|schig
Kitt, der (Dichtungsmaterial)
Kitt|chen (Gefängnis)
Kit|tel
kit|ten; du kittest
Kitt|fuchs (nordamerik. Fuchsart); *s. a.* Kitfuchs
Kitz, das; *s. a.* Kitze (junges Reh, Ziege od. Gemse)
Kitz|bü|hel (Stadt)
Kitz|chen
Kit|ze, die; *s. a.* Kitz
Kit|zel, der
kit|ze|lig; *s. a.* kitzlig
kit|zeln

Kitz|ler, der (Klitoris)
kitz|lig; *s. a.* kitzelig
Ki|wi, der (Vogel)
Ki|wi, die (Frucht)
kJ (*Abk. v.* Kilojoule) *§ 17 (2) Anm. 2*
k. k. (*Abk. v.* kaiserlich-königlich); *in Titeln* K. K.
KKW (*Abk. v.* Kernkraftwerk) *§ 17 (2) Anm. 1*
kl (*Abk. v.* Kiloliter) *§ 17 (2) Anm. 2*
Kl.-8° (*Abk. v.* Kleinoktav)
Kla|bau|ter|mann (Kobold)
Kla|bund (dt. Schriftsteller)
klack!
klacken [k|k]
klacks!
Klacks, der
Klad|de, die (gebundenes Heft)
Klad|de|ra|datsch, der (Durcheinander)
klaf|fen
kläf|fen (bellen)
Klaff|mu|schel
Klaf|ter, der/die (altes Längen- u. Raummaß)
klaf|ter|lang; *aber* zwei Klafter lang
klaf|tern; du klafterst (Holz aufstapeln)
Kla|ge
Kla|ge...[lied *usw.*]
kla|gen; du klagst
Kla|gen|furt (Stadt in Österreich)
Klä|ger
Kla|ges, Ludwig (dt. Philosoph 1872-1956)
Klag|ge|schrei (Trauerschrei)
kläg|lich
klag|los
Kla|mauk, der (alberner Spaß)
klamm (1. leicht feucht; 2. knapp bei Kasse)
Klamm, die (Schlucht)
Klam|mer
Klam|mer...[affe *usw.*]
klam|mern
klamm|heim|lich
Kla|mot|te (alte Kleidung [*meist Pl.*]; Plunder, wertloses Theaterstück)
Klam|pe
Klamp|fe, die (Gitarre)
kla|mü|sern (intensiv studieren)
Klan, der (Sippe, verschworene Gruppe); *a.* Clan
klan|de|stin (heimlich)
Klang
Klang...[effekt *usw.*]
klang|lich
Klapp...[bett *usw.*]
Klap|pe
klap|pen; es klappt
Klap|pen...[text usw.]
Klap|per, die
klap|per|dürr
klap|pe|rig; *s. a.* klapprig
klap|pern
Klapp|horn|vers (Scherzgedicht)
klapp|rig; *s. a.* klapperig
Klaps, der
Klaps|mühle (Irrenhaus)
klar; klar Schiff!; sich im klaren sein; der Klare (Schnaps); *als Verbzusatz a. zusammengeschrieben § 10*: klar◡gehen *usw.*
Klar, das (*kurz f.* Eiklar)
Klär...[anlage *usw.*]
Kla|ra (Heilige)
Klar|ap|fel
klar◡blickend [k|k] *§ 11 (4)*
klar◡den|kend *§ 11 (4)*
klä|ren
Kla|rett, der (heller Rotwein)
klar◡ge|hen *§ 10*
kla|rie|ren (verzollen); ein Schiff ~
Kla|ri|net|te (Holzblasinstrument)
Kla|ri|net|tist
Kla|ris|sen|or|den
Kla|ris|sin
klar◡kom|men *§ 10*
klar◡le|gen *§ 10*
klär|lich
klar◡ma|chen *§ 10*
klar◡se|hen *§ 10*
klar|sich|tig
klar◡stel|len *§ 10*
klar◡wer|den *§ 10*
Klaß...[lehrer *usw.*]; *s. a.* Klassen...
klas|se (*Adjektiv*); ein klasse Spiel; er spielt klasse; das ist klasse/Klasse; *vgl.* Klasse
Klas|se, die; das ist Klasse/klasse; *aber nur* das ist große Klasse; *vgl.* klasse
Klas|se|ment (Rangliste)
Klas|sen...[lehrer *usw.*]; *s. a.* Klaß...
klas|sen|bil|dend; *aber* [mehrere] Klassen bildend *§ 11 (6)*
klas|sie|ren (einordnen)
Klas|si|fi|ka|ti|on
klas|si|fi|zie|ren
Klas|si|ker
klas|sisch
Klas|si|zis|mus (Stilrichtung nach dem Vorbild der Antike)
klas|si|zi|stisch
Klas|si|zi|tät
kla|stisch (aus zerbrochenen Mineralien bestehend)
Klatsch (*a.* Geschwätz)
Klat|sche (1. Fliegenklatsche; 2. Schwätzer[in]; 3. Niederlage)
klat|schen; du klatschst
klatsch|haft
klatsch|naß
Klau, die
klau|ben (aufsammeln); du klaubst
Klaue, die
klau|en; du klaust
Klau|en|seu|che (*kurz f.* Maul- und Klauenseuche)
Klaus, Václav (tschech. Politiker *1941)
Klau|se (Zelle, kleine Wohnung; Schlucht)
Klau|sel, die (Bedingung; Melodieschluß; *rhetor.* Satzende)
Klau|sen|burg (Stadt in Rumänien, Cluj-Napoca)
Klau|sen|paß (Alpenpaß)
Klaus|ner (Einsiedler)
Klau|stro|pho|bie (Platzangst)
Klau|sur (1. Abgeschlossen-

heit; 2. Klassenarbeit)
Klau|sur...[tagung *usw.*]
Kla|vi|a|tur (Gesamtheit der Tasten)
Kla|vi|chord, das (kleines Tasteninstrument)
Kla|vier, das
Kla|vier...[sonate *usw.*]
kla|vie|ri|stisch
Kla|vi|ku|la, die (Schlüsselbein); *a.* Clavicula
Kla|vi|zim|bel (Tasteninstrument); *s. a.* Clavicembalo
kle|ben
kle|ben◡blei|ben *§ 10*
Kle|ber
kleb|rig
klecken [k|k]
Klecker|be|trag [k|k]
kleckern [k|k]
klecker|wei|se [k|k]
Klecks (1. Fleck; 2. einfache Aufgabe)
kleck|sen; du kleckst *§ 7 (1)*
Kleck|so|gra|phie (Klecksbild [als psychol. Test])
Kle|da|ge, Kle|da|sche, die (Kleidung)
Klee, der
Klee, Paul (schweiz. Maler 1879-1940)
Klee-Ern|te *§ 13 (7a)*
Klei, der (Lehm)
klei|ben
Klei|ber (Vogel)
Klei|ber, Carlos (argent. Dirigent *1930); Erich ~ (österr. Dirigent 1890-1956)
Klei|bo|den (Lehmboden)
Kleid
klei|den
kleid|sam
Kleie
klei|ig
klein; *Kleinschreibung üblich in festen Wendungen und wenn nicht wirklich von etwas Kleinem die Rede ist § 15 (6)*: im kleinen, von klein auf, um ein kleines, bis ins kleinste; groß und klein *oder* Groß und Klein (*a.* jedermann); *aber* mein Kleiner, die Kleinen und die Großen; Klein Erna; d. Kleine Wagen (Sternbild) *usw. § 15 (7)*; *als Verbzusatz a. zusammengeschrieben § 10*: klein◡kriegen *usw.*
Klein, das (Kleinfleisch)
Klein...[geld *usw.*]
klein|asi|a|tisch
Klein|asi|en
klein◡be|kom|men *§ 10*
klein|bür|ger|lich
Klein|chen
klein◡den|kend *§ 11 (4)*
Klei|ne|leu|te|mi|lieu, Kleine-Leute-Milieu *§ 13 (4)*
klei|ne|ren|teils, klei|nern|teils
kl<u>ei</u>n◡ge|druckt *§ 11 (4), (6)*; das Kleingedruckte; *aber* [sehr] klein gedruckt, [sehr] klein Gedrucktes
kl<u>ei</u>n◡ge|mu|stert *§ 11 (4), (6)*; *vgl.* kleingedruckt
kl<u>ei</u>n◡ge|wach|sen *§ 11 (4), (6)*; *vgl.* kleingedruckt
klein|gläu|big
klein◡hacken [k|k] *§ 10*
klein|her|zig
Klei|nig|keit
kl<u>ei</u>n|ka|riert (engstirnig)
klein◡kariert (mit kleinen Karos) *§ 11 (4), (6)*; *vgl.* kleingedruckt
kl<u>ei</u>n◡krie|gen *§ 10*
Klein|kunst
klein|laut
klein|lich
klein◡ma|chen; sich ~ *§ 10*
Klein|mut
klein|mü|tig
Klein|od, das; *Pl.* Klein|odi|en (wertvoller Gegenstand)
Klein|ok|tav, das (Buchformat); *Abk.* Kl.-8°
Klein-Pa|ris
klein◡schnei|den *§ 10*
klein◡schrei|ben (1. mit kleinen Anfangsbuchstaben *oder* in Kleinbuchstaben schreiben; 2. nicht wichtig nehmen) *§ 10 (2)*
Klein|schrei|bung
Kleinst...[kind *usw.*]
Klein|stadt
klein|städ|tisch
kleinst|mög|lich
klein|weis
klein|win|zig
klein|wüch|sig
Kleist, Heinrich von (dt. Dichter 1777-1811)
Klei|ster
klei|stern
klei|sto|gam
Klei|sto|ga|mie
Kleist|sche Fla|sche *§ 15 (7)*
Kle|ma|tis, die (Kletterpflanze)
Kle|mens (*Papstname*); *a.* Clemens (*lat.*); ~ von Alexandria (Theologe 2. Jh.)
Kle|men|ti|ne (kernlose Mandarine); *a.* Clementine
Klemmap|pe [mm|m]
Klem|me; in der ~ sitzen
klem|men
Klem|mer
klem|mig
Klem|pe|rer, Otto (dt. Dirigent 1885-1973); Victor ~ (dt. Romanist 1881-1960)
Klemp|ner
Klemp|ne|rei
klemp|nern
Kleng...[anstalt *usw.*]
klen|gen (Holzsamen darren); du klengst
Klen|ze, Leo von (dt. Architekt 1784-1864)
Kle|on (athen. Politiker † 422 v. Chr.)
Kleo|pa|tra (Königin v. Ägypten 69-30 v. Chr.)
Klep|per (Pferd)
Klep|per, Jochen (dt. Schriftsteller 1903-1942)
klep|to|man; der Kleptomane
Klep|to|ma|nie (krankhafter Trieb zum Stehlen)
klep|to|ma|nisch
kle|ri|kal (kirchlich)
Kle|ri|ka|lis|mus
Kle|ri|ker (Geistlicher)
Kle|ri|sei (geistlicher Stand)
Klerk, Frederik Willem de

(südafrik. Politiker *1936)
Kle|rus, der (Gesamtheit der kath. Geistlichen)
Kle|stil, Thomas (österr. Politiker 1932-2004)
Klet|te (Pflanze; deren anhaftender Blütenkopf)
Klet|ter...[steig *usw.*]
Klet|te|rei
Klet|te|rer
klet|tern
Klett|ver|schluß
Klet|ze, die (Dörrbirne)
Kle|ve (Stadt)
Kle|wi|an, der (*kurz f.* kleine Windanlage)
klick!; klick machen
Klick, der (*a.* Schnalzlaut); *Pl.* Klicks
klicken [k|k]; du klickst
Klicker (Murmel) [k|k]
klickern [k|k]
Kli|ent, der (Kunde e. Dienstleistung, Beratung)
Kli|en|tel, die
Klie|sche, die (Fisch)
Kliff, das (Steilufer)
Kli|ma, das
Kli|ma, Viktor (österr. Politiker *1947)
Kli|ma...[anlage *usw.*]
kli|mak|te|risch
Kli|mak|te|ri|um (Wechseljahre)
kli|ma|tisch
kli|ma|ti|sie|ren
Kli|ma|to|lo|gie
Kli|max (Stilmittel der Steigerung)
Klim|bim, der (überflüssiger Aufwand)
klim|men; du klimmst, klommst, klömmest; geklommen
Klimm|zug
klim|pern
Klimt, Gustav (österr. Maler 1862-1918)
Klin|ge
Klin|gel
klin|geln
klin|gen; du klingst, klangst, klängest, geklungen
Klin|ger, Friedrich Maximilian (dt. Dichter 1752-1831); Max ~ (dt. Maler 1857-1920)
Kling|klang, der
kling|ling!
Kling|sor (liter. Gestalt e. Zauberers)
Kli|nik
Kli|ni|ker
Kli|ni|kum
kli|nisch
Klin|ke
klin|ken; du klinkst
Klin|ken|put|zer
Klin|ker, der (Ziegelstein)
Klin|ker...[bau *usw.*]
Kli|no|me|ter, das (Gerät zum Messen des Neigungswinkels)
Kli|no|mo|bil (Auto mit klinischer Ausrüstung)
Klio (Muse)
klipp; ~ und klar
Klipp, der (Ohrschmuck); *s. a.* Clip
Klip|pe
Klip|per (Segelschiff); *aber* Clipper (Flugzeug)
Klipp|fisch (luftgetrockneter Fisch)
Klipp|schlie|fer (Tier)
klir|ren
Kli|schee, das (Druckplatte; schematische Vorstellung)
Kli|schee...[vorstellung *usw.*]
kli|schie|ren
Kli|scho|graph
Kli|stier, das (Einlauf)
kli|stie|ren
Kli|to|ris, die (Kitzler); *Pl.* Klitorides; *a.* Clitoris (*med.*), *Pl.* Clitorides
Klit|sche, die (kleine, erfolglose Firma; Provinztheater)
klit|sche|naß, klitsch|naß
klit|tern; du klitterst
klit|ze|klein
Klit|zing-Ef|fekt *§ 13 (2)*
Kli|vie, die (Pflanze); *s. a.* Clivia
Klo, das (*kurz f.* Klosett)
Klo|a|ke, die (Abwasserkanal)
Klo|ben, der
klo|big
Klon, der (ungeschlechtlich erzeugter Nachkomme; Duplikat)
Klon|dike (Fluß in Amerika)
klo|nen (künstlich erzeugen)
klo|nie|ren; *s.a.* klonen
klo|nisch (*zu* Klonus)
Klo|nus (Krampf)
Kloot|schie|ßen, das (Eissport)
Klöp|fel
klop|fen; du klopfst
Klop|fer
klopf|fest
Klop|pe, die (Schläge); Kloppe kriegen
Klöp|pel (Stab zum Anschlagen; Spule zum Klöppeln)
Klöp|pel...[kissen *usw.*]
Klöp|pe|lei
klöp|peln; du klöppelst
klop|pen; du kloppst
Klop|pe|rei (Schlägerei)
Klöpp|le|rin
Klops, der (Fleischkloß)
Klop|stock, Friedrich Gottlieb (dt. Dichter 1724-1803)
klop|stockisch (nach Art Klopstocks) [k|k], klop|stocksch; Klopstock[i]sche Ode (Ode von Klopstock) *§ 15 (7)*
Klo|sett, das; *kurz* Klo
Kloß
Kloß...[brühe *usw.*]
Klöß|chen
Klo|ster, das
Klo|ster...[bruder *usw.*]
klö|ster|lich
Klö|ten (*Pl.*) (Hoden)
Klo|tho (Parze)
Klotz
Klötz|chen
klot|zen; du klotzt *§ 7 (1)*
klot|zig
Klub, der; *s. a.* Club
Kluft[1], die (Kleidung)
Kluft[2], die (Spalte); *Pl.* Klüfte
klüf|tig
klug; es ist das klügste/Klügste (am klügsten); der Klügere

gibt nach
Klu|ge, Alexander (dt. Regisseur u. Schriftsteller *1932)
Klü|ge|lei
klü|geln
klu|ger|wei|se
Klüg|ler
klüg|lich
klug|re|den (wie ein Klugredner reden) *§ 9*
Klug|red|ner
klug|schei|ßen *§ 9; s.* klugreden
Klug|schei|ßer
klug|schwät|zen *§ 9; s.* klugreden
Klum|patsch, der
Klümp|chen
klum|pen; es klumpt
Klum|pen, der
Klump|fuß
klump|fü|ßig
klum|pig
Klün|gel, der (Clique)
Klün|ge|lei
klün|geln
Klu|ni|a|zen|ser (christl. Reformorden, *nach* Cluny); *a.* Cluniazenser
klu|ni|a|zensisch; *a.* cluniazensisch
Klun|ker, der/die (Schmuckstein)
Klunt|je
Klup|pe, die (Meßzange)
Klü|se, die (Ankerkettenöffnung)
Klu|sil[|laut], der (Verschlußlaut)
Klü|ver, der (Segel)
Klys|ma, das (Ausspülung; Klistier)
Kly|stron (Elektronenröhre)
Kly|tä|mne|stra (Sagengestalt)
km (*Abk. v.* Kilometer) *§ 17 (2) Anm. 2*
km/h (*Abk. v.* Kilometer je Stunde); *s. a.* Stundenkilometer
km-Zahl *§ 13 (2)*
kn (*Abk. v.* Knoten) *§ 17 (2) Anm. 2*
kN (*Abk. v.* Kilonewton) *§ 17 (2) Anm. 2*
knab|bern
Kna|be
Kna|ben...[liebe *usw.*]
Kna|ben|kraut (Orchidee)
Knäb|lein
Knack, der
Knack...[laut *usw.*]
Knäcke|brot [k|k]
knacken [k|k]
Knacker [k|k]; alter ~
knack|frisch
knackig [k|k]
Knacks, der
knack|sen; du knackst
Knag|ge, die (Stütze); *s. a.* Knaggen
Knag|gen, der (Stütze); *s. a.* Knagge
Knäk|en|te
Knall
Knall...[bonbon *usw.*]
knall|bunt
knal|len; du knallst
Knal|le|rei
knall|hart
knal|lig
Knall|kopf, Knall|kopp (wirrer Mensch)
knall|rot (extrem rot)
knapp
Knap|pe (Bergmann; junger Adliger)
knapp◡hal|ten *§ 10*
Knapp|schaft (Vereinigung von Bergleuten)
Knapp|schafts...[kasse *usw.*]
knapp|schaft|lich
knap|sen; du knapst *§ 7 (1)*
Knar|re (*a.* Gewehr)
knar|ren
Knast, der (Gefängnis)
Knast...[bruder *usw.*]
Kna|ster (Tabak; mürrischer Mann)
Kna|ste|rer
kna|stern
Knatsch, der
knat|schen; du knatschst
knat|schig
knat|tern
Knäu|el, der/das
Knäu|el|gras
Knauf
Knaul; *s.a.* Knäuel
Knäul|chen
knäu|len (zusammenballen)
knau|pe|lig; *s. a.* knauplig
knau|peln (abnagen)
knaup|lig; *s. a.* knaupelig
Knau|ser (geiziger Mensch)
knau|se|rig; *s. a.* knausrig
knau|sern; du knauserst
Knaus-Ogi|no-Me|tho|de *§ 10* (Verhütungsmethode)
knaus|rig; *s. a.* knauserig
Knau|tie, die (Pflanze)
knaut|schen; du knautschst
knaut|schig
Knautsch|lack
Knautsch|zo|ne
Kne|bel, der
Kne|bel...[vertrag *usw.*]
kne|beln
Knecht; ~ Ruprecht
knech|ten
knech|tisch
Knechts|ge|stalt
Knecht|schaft
Knef, Hildegard (dt. Schauspielerin *1925)
Kneif, der (Messer)
knei|fen; du kneifst, kniffst, kniffest, gekniffen
Knei|fer (Zwicker)
Knei|pe (Gastwirtschaft; student. Trinkabend)
knei|pen (*zu* Kneipe)
Knei|pier (Kneipenbesitzer)
Kneipp, Sebastian (dt. Pfarrer 1821-1897)
kneip|pen; du kneippst (eine Kneippkur machen)
Kneipp|kur (Wassertherapie)
Knes|set[h], die (israel. Parlament)
Kne|te, die (1. Knetmasse; 2. Geld)
kne|ten
Knick, der (1. Falz; 2. Hecke)
Knicke|bein, der (Eierlikörfüllung) [k|k]
Knick|ei
knicken [k|k]

Knicker (geiziger Mensch) [k|k]
Knicker|bocker (*Pl.*) (weite Kniebundhose) [k|k] [k|k]
knicke|rig [k|k]; *s. a.* knickrig
knickern [k|k]
knick|rig; *s. a.* knickerig
Knicks, der (Kniebeugung als Gruß)
knick|sen; du knickst *§ 7 (1)*
Knie; *Pl.* Knie [kni:] *oder* Kniee [kni:ə]; auf den Knien/Knieen
Knie...[beuge *usw.*]
knie|en; du kniest; *s. a.* knien *§ 7 (1)*
knie|fäl|lig (unterwürfig)
knie|frei
knie|hoch
knie|lang
knie|lings
knien; du kniest; *s. a.* knieen *§ 7 (1)*
Knie|riem; Meister ~ (Schuster); *s. a.* Knieriemen
Knie|riemen
Knies, der (Streit)
knie|tief
kniet|schen; du knietschst
Kniff, der (Knick; Trick)
knif|fe|lig; *s. a.* knifflig (schwierig)
knif|fen ([Papier] falten)
kniff|lig; *s. a.* kniffelig
Knig|ge[1], Adolf Freiherr von (dt. Schriftsteller 1751-1796); *s.* Knigge[2]
Knig|ge[2], der (Buch über Umgangsformen); *s.* Knigge[1]
Knilch (ungehobelter Kerl); *s. a.* Knülch
knip|sen; du knipst *§ 7 (1)*
Knip|ser
Knirps (kleiner Kerl)
knir|schen; du knirschst
kni|stern
Knit|tel, der (Stock); *s. a.* Knüttel
Knit|tel|vers; *s. a.* Knüttelvers
Knit|ter (Falte)
Knit|ter...[falte *usw.*]
knit|ter|arm
knit|ter|fest
knit|ter|frei
knit|te|rig; *s. a.* knittrig
knit|tern (Falten machen)
knit|trig; *s. a.* knitterig
Kno|bel...[becher *usw.*]
kno|beln
Knob|lauch
Knö|chel
knö|chel|lang
knö|chel|tief
Kno|chen
Kno|chen...[haut *usw.*]
kno|chen|trocken [k|k]
knö|che|rig; *s. a.* knöchrig
knö|chern
kno|chig
Knöch|lein
knöch|rig; *s. a.* knöcherig
knock|out; *Abk.* k. o.; ~ schlagen
Knock|out, der; *Abk.* K. o.; Sieg durch ~
Knock|out|schlag
Knö|del
Knöll|chen (*a.* Strafzettel)
Knol|le
Knol|len
Knol|len...[nase *usw.*]
Knol|len|blät|ter|pilz
knol|lig
Knopf
Knopf...[loch *usw.*]
Knöpf|chen
knöp|fen; du knöpfst
Knop|per, die (Gallapfel)
knö|ren; der Hirsch knört
knor|ke; das ist ~
Knor|pel, der
knor|pe|lig, knorp|lig
Knor|ren, der
knor|rig
Knos|pe
knos|pen; es knospt
Knos|sos (Ort auf Kreta)
Knöt|chen
Kno|te, der (ungehobelter Mensch)
knö|teln; du knötelst
kno|ten; du knotest
Kno|ten, der
Kno|ten...[punkt *usw.*]
Knö|te|rich (Kräutergewächs)
kno|tig
Knot|ten|erz
Know-how, das (praktisches Wissen)
Knub|be, die
Knub|ben, der
knud|deln; du knuddelst
Knuff, der (freundschaftlicher Stoß)
knuf|fen
Knülch, der (ungehobelter Kerl); *s. a.* Knilch
knül|le (betrunken)
knül|len; du knüllst
Knül|ler (Erfolg)
knüp|fen
Knüp|pel, der; ~ aus dem Sack
Knüp|pel...[schaltung *usw.*]
knüp|pel|dick
knüp|peln; du knüppelst
knup|pern (knabbern)
knur|ren
Knurr|hahn (Fisch)
knur|rig (schlecht gelaunt)
Knus|per...[häuschen *usw.*]
knus|pe|rig; *s. a.* knusprig
knus|pern
knusp|rig; *s. a.* knusperig
Knust, der (Brotende)
Knut (*Name dän. Herrscher*)
Knu|te, die (Peitsche)
knu|ten; du knutest
Knuth, Gustav (dt. Schauspieler 1901-1987)
knut|schen; du knutschst
Knüt|tel, der; *s. a.* Knittel (Knüppel)
Knüt|tel|vers; *s. a.* Knittelvers
k. o. (*Abk. v.* knockout); ~ schlagen
K. o., der (*Abk. v.* Knockout); Sieg durch ~
kΩ (*Abk. v.* Kiloohm) *§ 17 (2) Anm. 2*
Ko|ad|ju|tor (Gehilfe e. kath. Geistlichen)
Ko|agu|lat, das
Ko|agu|la|ti|on (Gerinnung; chemisches Verfahren)

ko|agu|lie|ren
Ko|a|la, der (Beutelbär)
Ko|a|la|bär
ko|alie|ren (s. verbünden)
Ko|ali|ti|on (Bündnis)
Ko|ali|ti|ons...[partei *usw.*]
Ko|ali|tio|när
Ko|au|tor (Mitverfasser)
ko|axi|al (eine gemeinsame Achse habend)
Kob, der (*kurz f.* Kontaktbereichsbeamter)
Ko|balt, das; *chem. Zeichen* Co; *s. a.* Cobaltum
Ko|balt...[bombe *usw.*]
ko|balt|blau
Ko|be (Stadt in Japan)
Ko|bel, der (Verschlag; Eichhörnchennest)
Ko|ben, der (Stall); *s. a.* Kofen
Ko|blenz (Stadt)
Ko|bold (Zwerg)
Ko|bold|ma|ki, der (Halbaffe)
Ko|bolz (Purzelbaum); ~ schießen
ko|bol|zen; du kobolzt *§ 7 (1)*
Ko|bra, die (Giftschlange)
Koch
Koch, Robert (dt. Arzt 1843-1910)
Koch...[buch *usw.*]
koch|echt (bis 95 Grad waschbar)
kö|cheln (langsam erhitzen)
Kö|chel|ver|zeich|nis; *Abk.* KV (Katalog v. Mozarts Werken)
ko|chen; du kochst
Ko|cher (Gerät zum Erhitzen)
Kö|cher, der (Pfeilbehälter)
Kö|cher|flie|ge (Fliegenart)
koch|fer|tig
Ko|czi|an, Johanna von (dt. Schauspielerin *1933)
Ko|da, die (Schlußteil); *a.* Coda
Ko|dály, Zoltán (ungar. Komponist 1882-1967)
kod|de|rig; *s. a.* koddrig
Kod|der|schnau|ze
kodd|rig; *s. a.* kodderig
Ko|de (Entschlüsselungssystem; Zeichenvorrat); *a.* Code
Ko|de|in, das (Beruhigungsmittel); *a.* Codein
Kö|der, der (Lockmittel)
kö|dern; du köderst
Ko|dex (Gesetzestext, Handschriftensammlung); *a.* Codex
Ko|di|ak (Insel in Alaska)
ko|die|ren; *a.* codieren
Ko|di|fi|ka|ti|on
ko|di|fi|zie|ren
Ko|di|zill, das (Testamentszusatz)
Ko|edu|ka|ti|on (gemeinsame Erziehung v. Jungen u. Mädchen)
Ko|ef|fi|zi|ent, der (konstante Größe)
Koep|pen, Wolfgang (dt. Schriftsteller 1906-1996)
Koest|ler, Arthur (engl. Schriftsteller 1905-1983)
ko|exi|stent (gleichzeitig vorhanden)
Ko|exi|stenz
ko|exi|stie|ren
Ko|fel, der (Berg)
Ko|fen, der (Stall); *s. a.* Koben
Kof|fe|in, das; *a.* Coffein
kof|fe|in|frei; *a.* coffeinfrei
kof|fe|in|hal|tig; *a.* coffeinhaltig
Kof|fer
Kof|fer...[radio *usw.*]
Köf|fer|chen
Kof|fer|ku|li, der (Gepäckkarre)
Kog, der (deichgeschütztes Land); *a.* Koog; *Pl.* Köge
Ko|gel, der (Berg)
Kog|ge, die (Schiff)
Ko|gnak (Weinbrand); *s. aber* Cognac
Ko|gnat
Ko|gni|ti|on (Erkenntnis)
ko|gni|tiv
Ko|gon, Eugen (dt. Publizist 1924-1982)
Ko|gno|men, das (Beinamen)
Ko|ha|bi|ta|ti|on (Geschlechtsverkehr)
ko|ha|bi|tie|ren
ko|hä|rent (zusammenhängend)
Ko|hä|renz
ko|hä|rie|ren
Ko|hä|si|on (innerer Zusammenhalt)
ko|hä|siv (zusammenhaltend)
Ko|hi|noor, Koh-i-Noor, der (ein Diamant) *§ 28*
Kohl
Kohl, Helmut (dt. Bundeskanzler *1930)
Kohl...[kopf *usw.*]
Kohl|dampf (Hunger); ~ schieben
Koh|le
Koh|le...[ofen *usw.*]
koh|le|füh|rend; *aber* [gute] Kohle führend *§ 11 (4), (6)*
koh|le|hal|tig
Koh|le[n]|hy|drat, das (organ. Verbindung)
koh|len; du kohlst (1. zu Kohle verglühen; 2. Lügen)
Koh|len...[säure *usw.*]
Koh|len|di|oxid (*chem.*), das (chem. Verbindung; CO_2); *a.* ...oxyd
Koh|len|pott (Ruhrgebiet)
koh|len|sau|er
Köh|ler (1. Holzkohlenhersteller; 2. Meeresfisch)
Köh|ler, Wolfgang (dt.-amerik. Psychologe 1887-1967)
Köh|le|rei
Köh|ler|glau|be[n] (einfältige Meinung)
Kohl|haas, Michael (Titelfigur bei Kleist)
Kohl|her|nie, die (Pflanzenkrankheit)
Kohl|mei|se, die (Vogel)
Kohl|weiß|ling (Schmetterlingsart)
kohl|ra|ben|schwarz
Kohl|ra|bi, der (Gemüsepflanze)
kohl|schwarz
Ko|hor|te, die (Truppenteil im alten Rom; Personengruppe)
Ko|hout, Pavel (tschech. Schriftsteller *1928)
Koi|ne, die (Gemeinsprache)

ko|in|zi|dent (zusammentreffend)
Ko|in|zi|denz
ko|in|zi|die|ren
ko|itie|ren (Geschlechtsverkehr vollziehen)
Ko|itus, der (Geschlechtsverkehr); *a.* Coitus (*fachspr.*)
Ko|je, die (kleine Schlafkammer, Bett)
Ko|jo|te, der (Präriehund)
Ko|ka, die (Pflanze)
Ko|ka|in, das (Rauschgift)
Ko|ka|i|nis|mus (Kokainsucht)
Ko|kar|de, die (Abzeichen an der Uniformmütze)
Ko|ka|strauch
ko|keln (mit Feuer spielen)
ko|ken (zu Koks machen od. werden)
Ko|ker
Ko|ke|rei
ko|kett (gefallsüchtig)
Ko|ket|te|rie
ko|ket|tie|ren
Ko|kil|le, die (Gießform)
Ko|kil|len|guß
Kok|ke, die (Bakterie); *s. a.* Kokkus
Kok|kus, der (Bakterie); *Pl.* Kokken; *s. a.* Kokke
Ko|ko|lo|res (Unsinn); ~ reden
Ko|kon, der (gesponnene Hülle)
Ko|kos...[faser *usw.*]
Ko|kosch|ka, Oskar (österr. Maler 1886-1980)
Ko|kot|te (Dirne)
Koks, der (1. Kohle; 2. Geld; 3. Kokain)
kok|sen (*a.* Kokain nehmen); du kokst *§ 7 (1)*
Kok|ser (*a.* Kokainsüchtiger)
Ko|ky|tos (Unterweltfluß)
Kok|zi|die (Sporentierchen)
Kok|zi|di|o|se (Kokzidieninfektion)
Ko|la, die/das (Coca-Cola [oder anderes Kolagetränk]); *a.* Cola
Ko|la (russ. Halbinsel)
Ko|la|ni (Jacke); *a.* Colani
Ko|la|nuß (Frucht des Kolabaums)
Ko|lat|sche, die (Kuchen); *s. a.* Golatsche
Kolb, Annette (dt. Schriftstellerin 1870-1967)
Kol|be, Georg (dt. Bildhauer 1877-1947); Maximilian ~ (poln. Priester 1894-1941)
Kol|ben
Kol|ben...[motor *usw.*]
Kol|chis (Landschaft in Georgien)
Kol|chos, der; *s. a.* Kolchose (staatlichere Agrarbetrieb); *s. a.* Kolchose
Kol|cho|se, die; *s. a.* Kolchos
Ko|leo|pte|ren (*Pl.*) (Käfer)
Ko|li|bak|te|rie, die
Ko|li|bak|te|ri|um, das
Ko|li|bri, der (kleiner Vogel)
ko|lie|ren (durch ein Tuch filtern)
Ko|lier|tuch
Ko|lik, die (Krämpfe der inneren Organe)
Ko|li|tis, die (Dickdarmentzündung); *a.* Colitis
Kolk, der (ausgewaschene Vertiefung in Bächen usw.)
Kol|ka|ta (Stadt in Indien); *s. a.* Kalkutta
Kolk|rabe
Kol|la, die (Leim, *a. med.*)
kol|la|bie|ren (zusammenbrechen)
Kol|la|bo|ra|teur (Mitarbeiter des Landesfeindes)
Kol|la|bo|ra|ti|on (Zusammenarbeit [mit dem Landesfeind])
kol|la|bo|rie|ren
kol|la|gen (*Adjektiv*) (Leim gebend)
Kol|la|gen, das (Eiweiß)
Kol|laps (Zusammenbruch des Kreislaufs)
Kol|lar, das (Kragen)
kol|la|te|ral (nebensächlich)
Kol|la|ti|on (1. Zusammentragen von Buchbögen; 2. Vergleich von Abschrift und Urschrift; 3. Fastenmahlzeit)
kol|la|tio|nie|ren
Kol|la|tur (Recht auf ein geistliches Amt)
Kol|leg, das (1. Vorlesung; 2. Vorlesungsgebäude; 3. kath. Studienanstalt)
Kol|leg...[geld *usw.*]
Kol|le|ge, der (*Abk.* Koll.)
Kol|le|gen...[kreis *usw.*]
kol|le|gi|al
Kol|le|gi|a|li|tät
Kol|le|gi|at (Mitbewohner eines Stifts)
Kol|le|gi|um
Kol|lek|ta|neen (*Pl.*) (Sammlung von Schriftauszügen)
Kol|lek|te (Spendensammlung)
Kol|lek|ti|on (Zusammenstellung von Warenmustern)
kol|lek|tiv (gemeinschaftlich)
Kol|lek|tiv, das (Arbeitsgruppe)
Kol|lek|tiv...[schuld *usw.*]
kol|lek|ti|vie|ren (in Gemeinbesitz überführen)
Kol|lek|ti|vis|mus
Kol|lek|ti|vist
kol|lek|ti|vi|stisch
Kol|lek|ti|vi|tät
Kol|lek|ti|vum, das
Kol|lek|tor (Sammler)
Koll|en|chym, das (Festigungsgewebe von Pflanzen)
Kol|ler, das (Kragen)
Kol|ler, der (Pferdekrankheit; Zorn)
Kol|ler|gang
kol|le|rig
kol|lern; du kollerst
Kol|li, das (Frachtstück); *a.* Colli; *s. a.* Kollo
kol|li|die|ren (1. zusammenstoßen)
Kol|lier, das (Halsschmuck); *a.* Collier
Kol|li|ma|ti|on (Zusammenfallen von Linien)
Kol|li|ma|tor (opt. oder kernphysikal. Gerät)
Kol|li|si|on (Zusammenstoß)
Kol|lo, das (Frachtstück); *Pl.* Kolli; *a.* Collo *usw.*; *s. aber a.* Kolli, Colli

Kol|lo|di|um, das (zähflüssige Lösung)
kol|lo|id (fein verteilte Stoffe enthaltend)
Kol|lo|id, das (chem. Lösung)
kol|lo|i|dal (kolloid)
Kol|lo|qui|um (wissenschaftliches [Prüfungs-]Gespräch)
Kol|lu|si|on (geheime Abmachung, Verschleierung einer Straftat)
Koll|witz, Käthe (dt. Malerin u. Bildhauerin 1867-1945)
kol|ma|tie|ren (auflanden)
Kol|ma|ti|on (Auflandung)
Köln (Stadt)
Köl|ner; ~ Braun, ~ Dom
köl|nisch; Kölnisch[es] Wasser *§ 15 (7)*; *vgl.* Kölnischwasser
Köl|nisch|braun
Köl|nisch|was|ser, Köl|nisch Was|ser *§ 15 (7)*; *vgl.* kölnisch
Ko|lom|bi|ne (Zofe als Theaterfigur)
Ko|lom|bo|wur|zel (Droge)
Ko|lon (1. Doppelpunkt; 2. Darm); *a.* Colon (*fachspr.*)
Ko|lo|ne, der (röm. Pächter)
Ko|lo|nel, die (Schriftgrad)
ko|lo|ni|al
Ko|lo|ni|al...[politik *usw.*]
Ko|lo|ni|a|lis|mus
Ko|lo|ni|a|list
Ko|lo|nie (überseeischer Landbesitz, Siedlung; Zellverbund)
Ko|lo|ni|sa|ti|on
Ko|lo|ni|sa|tor
ko|lo|ni|sie|ren
Ko|lo|nist
Ko|lon|na|de, die (Säulengang)
Ko|lon|ne (1. Marschgruppe; 2. Tabellenspalte; 3. Destillationsanlage)
Ko|lon|nen...[springer *usw.*]
Ko|lo|phon, der (Schlußvermerk)
Ko|lo|pho|ni|um (Balsamharz)
Ko|lo|quin|te, die (Frucht)
Ko|lo|ra|do|kä|fer (Kartoffelkäfer); *a.* Colorado...
Ko|lo|ra|tur, die (Gesangsverzierung)
ko|lo|rie|ren (färben)
Ko|lo|ri|me|ter, das (Gerät zur Farbintensitätsbestimmung)
Ko|lo|ri|me|trie
ko|lo|ri|me|trisch
Ko|lo|rist
ko|lo|ri|stisch
Ko|lo|rit, das (Farbgebung; *a. übertr.* Stimmung)
Ko|lo|skop, das (Gerät zur Untersuchung des Dickdarms)
Ko|loß, der (Riese; riesiges Gebilde)
ko|los|sal (gewaltig)
Ko|los|sal...[bild *usw.*]
ko|los|sa|lisch
Ko|los|ser|brief (Brief des Apostels Paulus); *Abk.* Kol.
Ko|los|se|um (riesiges Theater)
Ko|lo|stral|milch (erste Muttermilch)
Ko|lo|strum (erste Muttermilch)
Ko|lo|to|mie (Operation des Dickdarms)
Kol|pak, der (Mütze); *s. a.* Kalpak
Kol|ping, Adolf (dt. Theologe 1813-1865)
Kol|ping...[haus *usw.*]
Kol|pi|tis, die (Scheidenentzündung)
Kol|por|ta|ge, die (unsorgfältige Berichterstattung; Verbreitung von Gerüchten)
kol|por|ta|ge|haft
Kol|por|teur
kol|por|tie|ren
Kol|po|skop, das (Gerät zur Untersuchung der Scheide)
Kol|po|sko|pie
Kölsch, das (1. obergäriges Bier; 2. Dialekt)
Kol|ter, das (Messer am Pflug)
Ko|lum|ba|ri|um (Begräbnisstätte für Urnen)
Ko|lum|bi|a|ner
ko|lum|bi|a|nisch
Ko|lum|bi|en (Staat in Südamerika)
Ko|lum|bi|er
ko|lum|bisch
Ko|lum|bus, Christoph (ital. Seefahrer 1451-1506; *ital.* Cristoforo Colombo; *span.* Cristobal Colón)
Ko|lum|ne, die (Säule; Druckspalte; wiederkehrender Meinungstext in Zeitungen)
Ko|lum|nen...[titel *usw.*]
Ko|lum|nist (Kolumnenschreiber)
Köm, der (Schnaps)
Ko|ma, das (Bewußtlosigkeit)
Ko|man|tsche (Indianer)
ko|ma|tös (bewußtlos)
Kom|bat|tant (Kämpfer)
Kom|bi, der (Kombiwagen)
Kom|bi...[zange *usw.*]
Kom|bi|nat, das (Zusammenschluß von Industriezweigen)
Kom|bi|na|ti|on (*a.* mehrteilige Kleidung)
kom|bi|na|to|risch
Kom|bi|ne, die (landwirtschaftl. Maschine)
kom|bi|nie|ren
Kom|bü|se, die (Schiffsküche)
Kom|edo (Mitesser); *Pl.* Komedonen; *a.* Comedo
Ko|met, der (Schweifstern)
ko|me|ten|haft
Kö|me|te|ri|on (Friedhof); *s. a.* Zömeterium
Kom|fort, der (Annehmlichkeit)
Kom|fort...[wohnung *usw.*]
kom|for|ta|bel; kom|for|ta|ble Sitze
Ko|mik
Ko|mi|ker
Kom|in|form (*kurz f.* Kommunistisches Informationsbüro)
Kom|in|tern (*kurz f.* Kommunistische Internationale)
ko|misch
ko|mi|scher|wei|se
Ko|mi|tat, das/der (1. Feier beim Universitätsabschluß; 2. ungar. Verwaltungsbezirk)
Ko|mi|tee, das (Ausschuß)
Ko|mi|ti|en (*Pl.*)
Kom|ma (Beistrich); *Pl.* Kom-

mas, Kommata
Kom|ma...[bazillus *usw.*]
Kom|ma|ge|ne (antike Landschaft)
Kom|man|dant (Befehlshaber)
Kom|man|dan|tur (militärische Behörde)
Kom|man|deur
kom|man|die|ren
Kom|man|di|tär (Kommmanditist)
Kom|man|dit|ge|sell|schaft; *Abk.* KG
Kom|man|di|tist (jmd., der mit dem Vermögen haftet)
Kom|man|do (Befehlsgewalt)
Kom|man|do...[gewalt *usw.*]
Kom|mas|sa|ti|on (Flurbereinigung)
kom|mas|sie|ren
Kom|me|mo|ra|ti|on (Gedenken)
kom|men; du kommst, kamst, kämest, gekommen; ein Kommen und Gehen
Kom|men|de, die (Pfründe)
Kom|men|sa|lis|mus (Zusammenleben zweier Organismen)
kom|men|su|ra|bel; kommensura|ble Größen
Kom|men|su|ra|bi|li|tät (Meßbarkeit)
Kom|ment [kɔ'mã], der (Brauch)
Kom|men|tar, der
Kom|men|ta|tor
kom|men|tie|ren
Kom|mers, der (Trinkgelage)
Kom|merz, der (Handel)
kom|mer|zi|a|li|sie|ren
kom|mer|zi|ell
Kom|mer|zi|en|rat (früherer Ehrentitel)
Kom|mi|li|to|ne (Mitstudent)
Kom|mis [kɔ'mi], der (Handlungsgehilfe)
Kom|miß, der (Militär)
Kom|miß...[brot *usw.*]
Kom|mis|sar (Dienstrang d. Polizei; staatl. Beauftragter)
Kom|mis|sär (Kommissar)
Kom|mis|sa|ri|at (Dienststelle)
kom|mis|sa|risch (in Vertretung)
Kom|mis|si|on (Ausschuß)
Kom|mis|si|o|när
kom|mis|si|o|nie|ren
Kom|mis|si|ons|ge|schäft
Kom|mit|tent (Auftraggeber)
kom|mit|tie|ren (beauftragen)
kom|mod (bequem)
Kom|mo|de, die
Kom|mo|di|tät (Bequemlichkeit)
Kom|mo|do|re (Geschwaderführer)
kom|mun (gemeinschaftlich)
kom|mu|nal (die Gemeinde betreffend)
Kom|mu|nal...[wahl *usw.*]
kom|mu|na|li|sie|ren (einer Gemeinde unterstellen)
Kom|mu|nar|de (Angehöriger einer Kommune 2.)
Kom|mu|ne (1. Gemeinde; 2. unbürgerl. Wohn- und Wirtschaftsgemeinschaft)
Kom|mu|ni|kant (Teilnehmer an der Kommunion)
Kom|mu|ni|ka|ti|on
Kom|mu|ni|ka|ti|ons...[mittel *usw.*]
kom|mu|ni|ka|tiv
Kom|mu|ni|on (Feier des Abendmahls)
Kom|mu|ni|on...[kind *usw.*]
Kom|mu|ni|qué, das (amtliche Bekanntmachung)
Kom|mu|nis|mus
Kom|mu|nist
kom|mu|ni|stisch
Kom|mu|ni|tät (Gemeinschaft)
kom|mu|ni|zie|ren
kom|mu|ta|bel (austauschbar); kommuta|ble Größen
Kom|mu|ta|ti|on (Austausch)
kom|mu|ta|tiv
kom|mu|tie|ren
Ko|mö|di|ant
ko|mö|di|an|tisch
Ko|mö|die
Ko|mö|di|en...[dichter *usw.*]
Ko|mo|ren (Inselgruppe)
Ko|mo|rer
ko|mo|risch
Kom|pa|gnon (Teilhaber, Spießgeselle)
kom|pakt (dicht, massiv)
Kom|pa|nie (milit. Einheit; Handelsgesellschaft); *Abk. in Firmennamen* Co., Co, Cie.
kom|pa|ra|bel (vergleichbar); kompara|ble Größen
Kom|pa|ra|ti|on
Kom|pa|ra|ti|stik (vergleichende Sprach- oder Literaturwissenschaft)
kom|pa|ra|tiv (vergleichend)
Kom|pa|ra|tiv, der (erster Steigerungsgrad)
kom|pa|rie|ren
Kom|par|se (Person ohne Sprecherrolle im Film)
Kom|par|se|rie
Kom|paß, der
Kom|paß...[nadel *usw.*]
kom|pa|ti|bel (zusammenpassend); kompati|ble Größen
Kom|pa|ti|bi|li|tät
kom|pen|di|ös (zusammengefasst)
Kom|pen|di|um (kurzes Lehrbuch)
Kom|pen|sa|ti|on (Ausgleich)
Kom|pen|sa|ti|ons...[geschäft *usw.*]
Kom|pen|sa|tor (Meßgerät)
kom|pen|sa|to|risch
kom|pen|sie|ren
kom|pe|tent (befugt; befähigt)
Kom|pe|tenz
Kom|pe|tenz...[bereich *usw.*]
Kom|pi|la|ti|on (Sammlung)
Kom|pi|la|tor (Verfasser einer Kompilation)
kom|pi|la|to|risch
kom|pi|lie|ren
Kom|ple|ment (Ergänzung)
kom|ple|men|tär (ergänzend)
Kom|ple|men|tär, der (Gesellschafter einer KG)
kom|ple|men|tie|ren
Kom|plet, das (Kleidung)
Kom|plet, die (Gebet)
kom|plett (vollständig)

kom|plet|tie|ren
kom|plex (vielfältig)
Kom|plex, der (Gesamtheit; seelischer Störfaktor)
Kom|ple|xi|on
Kom|ple|xi|tät
Kom|pli|ka|ti|on
kom|pli|ka|ti|ons|los
Kom|pli|ment, das (Schmeichelei, Gruß)
kom|pli|men|tie|ren
Kom|pli|ze (Mittäter)
Kom|pli|zen|schaft
kom|pli|zie|ren (erschweren)
kom|pli|ziert
Kom|plott, das (Verschwörung)
Kom|po|nen|te, die (Bestandteil)
kom|po|nie|ren
Kom|po|nist
Kom|po|si|te, die (Korbblütler)
Kom|po|si|ti|on
kom|po|si|to|risch
Kom|po|si|tum (zusammengesetztes Wort)
Kom|post, der (Verrottungsprodukt)
Kom|po|ster
kom|po|stie|ren
Kom|pott, das (gekochtes Obst)
Kom|pottel|ler [tt|t]
kom|preß (dicht gedrängt)
Kom|pres|se (feuchter Umschlag)
kom|pres|si|bel (zusammendrückbar); kompressi|ble Stoffe
Kom|pres|si|bi|li|tät
Kom|pres|si|on
Kom|pres|si|ons...[strumpf *usw.*]
Kom|pres|sor (Verdichter)
kom|pri|mie|ren (verdichten)
kom|pri|miert
Kom|pro|miß, der/*älter a.* das
Kom|pro|miß|ler
kom|pro|mit|tie|ren (in Verlegenheit bringen)
Kom|so|mol, der (*russ. kurz f.* kommunist. Jugendorganisation)
Kom|so|mol|ze, der (Mitglied e. Komsomol)
Kom|teß, Kom|tes|se (verheiratete Gräfin)
Kom|tur (Verwalter in einem Ritterorden)
Kom|tu|rei (Verwaltungsbezirk)
Ko|nak, der (*türk.* Palast)
Kon|cha, die (muschelartiges Organ)
Kon|che, die (Wölbung)
Kon|chi|fe|re, die (Unterstamm der Weichtiere)
kon|chi|form (muschelförmig)
Kon|cho|i|de, die (Muschelkurve)
Kon|chy|lie, die (harte Schale)
Kon|dem|na|ti|on (Verdammung)
Kon|dens...[streifen *usw.*]
Kon|den|sat, das (Flüssigkeit aus abgekühltem Dampf)
Kon|den|sa|ti|on (Verflüssigung von Gasen)
Kon|den|sa|tor (1. Gerät zur Dampfabkühlung; 2. elektr. Bauelement)
kon|den|sie|ren
Kon|den|sor (opt. Linsensystem)
Kon|dik|ti|on (Klage auf Rückgabe)
kon|di|tern; du konditerst (*zu* Konditor)
Kon|di|ti|on (Bedingung; körperlicher Zustand)
kon|di|ti|o|nal (*Adjektiv*)
Kon|di|ti|o|nal, der (*sprachwiss.* Bedingungsform)
kon|di|ti|o|nie|ren (Werkstoffe herrichten; eine Reaktion andressieren)
kon|di|ti|o|niert
Kon|di|tor (Feinbäcker)
Kon|di|to|rei
Kon|do|lenz (Beileidsbezeugung)
Kon|do|lenz...[brief *usw.*]
kon|do|lie|ren
Kon|dom, das (Präservativ)
Kon|do|mi|nat, der/das (gemeinsame Herrschaft)
Kon|do|mi|ni|um (gemeinsame Herrschaft)
Kon|dor, der (Andengeier)
Kon|dot|tie|re (Söldnerführer); *a.* Condottiere
Kon|dukt, der (Leichenzug)
Kon|duk|tanz (Wert d. Stromwiderstandes)
Kon|duk|teur (Schaffner)
Kon|duk|tor (Stromleiter)
Kon|dy|lom, das (Hautwucherung)
Kon|fekt, das (Süßigkeit)
Kon|fek|ti|on (serienmäßig gefertigte Kleidung)
Kon|fek|ti|o|när (Unternehmer in der Konfektionsindustrie)
Kon|fek|ti|o|neu|se
kon|fek|ti|o|nie|ren (serienweise herstellen)
Kon|fek|ti|ons...[größe *usw.*]
Kon|fe|renz; ~ über Sicherheit und Zusammenarbeit in Europa; *Abk.* KSZE
Kon|fe|renz...[schaltung *usw.*]
kon|fe|rie|ren (eine Konferenz abhalten)
Kon|fes|si|on ([relig.] Bekenntnis)
Kon|fes|si|o|na|lis|mus
kon|fes|si|o|nell
Kon|fes|si|ons...[krieg *usw.*]
kon|fes|si|ons|los
Kon|fet|ti, das (*eigtl. Pl.*)
Kon|fet|ti...[parade *usw.*]
Kon|fi|gu|ra|ti|on (Gestaltung)
Kon|fir|mand
Kon|fir|man|den...[anzug *usw.*]
Kon|fir|ma|ti|on
Kon|fir|ma|ti|ons...[spruch *usw.*]
kon|fir|mie|ren (*a.* bestärken)
Kon|fi|se|rie (Konditorei)
Kon|fi|seur (Konditor)
Kon|fis|ka|ti|on (Beschlagnahmung, Enteignung)
kon|fis|zie|ren
Kon|fi|tü|re (Fruchtmus)
kon|fli|gie|ren (einen Konflikt austragen)
Kon|flikt, der (Widerstreit, Auseinandersetzung)

Kon|flikt...[stoff *usw.*]
kon|flikt|scheu
Kon|flu|enz (Zusammenfluß)
kon|fö|de|ra|li|stisch
Kon|fö|de|ra|ti|on (Staatenbündnis)
kon|fö|de|rie|ren
kon|fo|kal (denselben Brennpunkt habend)
kon|form (übereinstimmend)
Kon|for|mis|mus
Kon|for|mist
kon|for|mi|stisch
Kon|for|mi|tät
Kon|fra|ter (Amtsbruder)
Kon|fra|ter|ni|tät (kirchl. Bruderschaft)
Kon|fron|ta|ti|on (Gegenüberstellung)
kon|fron|tie|ren
kon|fus (verwirrt, verworren)
Kon|fu|si|on
kon|fu|zi|a|nisch
Kon|fu|zi|a|nis|mus (Lehre des Konfuzius)
kon|fu|zi|a|ni|stisch
Kon|fu|zi|us (chines. Philosoph 551- ~479 v. Chr.)
kon|ge|ni|al (geistig ebenbürtig)
Kon|ge|ni|a|li|tät
kon|ge|ni|tal (angeboren)
Kon|ge|sti|on (Blutandrang)
kon|ge|stiv
Kon|glo|me|rat (Mischung; Sedimentgestein)
Kon|go (Fluß in Afrika); [Republik] ~ (Staat)
Kon|go|le|se
kon|go|le|sisch
kon|go|rot; das Kongorot
Kon|gre|ga|ti|on (Vereinigung)
Kon|gre|ga|ti|o|nist
Kon|greß, der (Fachtagung; Versammlung; Volksvertretung in den USA)
Kon|greß...[saal *usw.*]
kon|gru|ent (übereinstimmend)
Kon|gru|enz
kon|gru|ie|ren
Ko|ni|die, die (Pflanzenspore)
Ko|ni|fe|re, die (Nadelbaum)
Kö|nig
Kö|nig|grätz (Stadt in Tschechien)
Kö|ni|gin; ~ der Nacht (Pflanze)
Kö|ni|gin|mut|ter
kö|nig|lich; Königliche Hoheit (*Titel, Anrede*) *§ 15 (8)*
Königs...[thron *usw.*]
Kö|nigs|berg (Stadt; *russ.* Kaliningrad)
kö|nigs|treu
Kö|nigs Wu|ster|hau|sen (Stadt)
Kö|nig|tum
Ko|ni|in, das (Schierlingsgift)
ko|nisch (kegelförmig)
Kon|jek|tur (Vermutung)
kon|jek|tu|ral
kon|ji|zie|ren (vermuten)
Kon|ju|ga|ti|on (1. Beugung von Verben; 2. Vereinigung von Einzellern)
Kon|ju|ga|ti|ons...[tabelle *usw.*]
kon|ju|gie|ren
kon|jun|gie|ren
Kon|junk|ti|on (Bindeglied)
Kon|junk|tiv, der (Verbmodus)
Kon|junk|ti|va (Bindehaut); *a.* Conjunctiva (*med.*)
kon|junk|ti|visch
Kon|junk|ti|vi|tis, die (Bindehautentzündung); *a.* Conjunctivitis (*med.*)
Kon|junk|tur (Wirtschaftslage)
Kon|junk|tur...[politik *usw.*]
kon|junk|tur|be|dingt
kon|junk|tu|rell
kon|kav (nach innen gewölbt)
Kon|ka|vi|tät
Kon|kla|ve, das (Versammlung zur Papstwahl)
kon|klu|dent (schlüssig)
kon|klu|die|ren (eine Schlußfolgerung ziehen)
kon|klu|siv
kon|kor|dant (übereinstimmend)
Kon|kor|danz (Übereinstimmung; Wortstellenregister; Seitenvergleichsregister)
Kon|kor|dat, das (Vertrag [mit dem Vatikan])
Kon|kor|dats...[lehrstuhl *usw.*]
Kon|kor|dia (Eintracht)
Kon|kre|ment (mineralische Abscheidung des Körpers)
kon|kret (gegenständlich)
Kon|kre|ti|on
kon|kre|ti|sie|ren
Kon|kre|tum
Kon|ku|bi|nat, das (wilde Ehe)
Kon|ku|bi|ne (Geliebte)
Kon|ku|pis|zenz (Begierde)
Kon|kur|rent, der (Mitbewerber, Rivale)
Kon|kur|renz
Kon|kur|renz...[kampf *usw.*]
kon|kur|renz|fä|hig
kon|kur|ren|zie|ren
kon|kur|rie|ren
Kon|kurs, der (Zahlungsunfähigkeit)
Kon|kurs...[verfahren *usw.*]
kön|nen; du kannst, konntest, könntest, gekonnt
Kön|nen, das
Kön|ner|schaft
Kon|ne|ta|bel, der (Oberbefehlshaber)
Kon|nex, der (Verbindung)
Kon|ne|xion
kon|ni|vent (nachsichtig)
Kon|ni|venz
kon|ni|vie|ren
Kon|nos|se|ment (Frachtbrief)
Kon|no|ta|ti|on (Nebenbedeutung)
kon|no|ta|tiv
kon|no|tie|ren
Kon|nu|bi|um (Ehegemeinschaft)
Ko|no|id, das (kegelähnlicher Körper)
Kon|qui|sta|dor (Eroberer)
Kon|rad (*Name dt. Könige*); ~ von Würzburg (dt. Dichter ~1230-1287)
Kon|rád, György (ungar. Schriftsteller *1933)
Kon|ra|din (stauf. Herzog 1252-1268)
Kon|rek|tor (Stellvertreter der Schulleitung)
Kon|sa|lik, Heinz (dt. Schrift-

steller 1921-1999)
Kon|se|kra|ti|on (Weihe)
kon|se|krie|ren
kon|se|ku|tiv (folgernd)
Kon|se|ku|tiv...[satz *usw.*]
Kon|sens; *s. a.* Konsensus (Einwilligung; Übereinstimmung)
kon|sens|fä|hig
Kon|sen|sus; *s. a.* Konsens
kon|sen|tie|ren (übereinstimmen)
kon|se|quent (folgerichtig; beharrlich)
Kon|se|quenz
Kon|ser|va|tis|mus
kon|ser|va|tiv (bewahrend); der Konservative
Kon|ser|va|ti|vis|mus
Kon|ser|va|ti|vi|tät
Kon|ser|va|tor (jmd., der Kunstwerke erhält)
kon|ser|va|to|risch
Kon|ser|va|to|rist (Schüler an einem Konservatorium)
Kon|ser|va|to|ri|um (Musikschule)
Kon|ser|ve, die
Kon|ser|ven...[dose *usw.*]
kon|ser|vie|ren
Kon|si|gnant (jmd., der etwas konsigniert)
Kon|si|gna|tar
Kon|si|gna|tär
Kon|si|gna|ti|on (Anweisung; Verbriefung)
kon|si|gnie|ren (urkundlich beglaubigen)
Kon|si|li|a|ri|us (zur Beratung zugezogener Arzt)
Kon|si|li|um (Rat); *aber* Consilium abeundi
kon|si|stent (widerspruchsfrei)
Kon|si|stenz (Beschaffenheit)
Kon|si|sto|ri|al|rat (Inhaber e. Kirchenamtes)
Kon|si|sto|ri|um (kirchl. Verwaltungsbehörde; Kardinalsversammlung)
kon|skri|bie|ren (zum Wehrdienst einberufen)
Kon|skrip|ti|on
Kon|so|le, die (Wandbord; *EDV* Grundgerät)
kon|so|li|die|ren (festigen)
kon|so|nant (mitklingend; zusammenstimmend)
Kon|so|nant, der (Mitlaut)
Kon|so|nan|ten...[häufung *usw.*]
kon|so|nan|tisch
Kon|so|nanz (Zusammenklang)
Kon|sor|te, der (Mitglied eines Konsortiums; Mittäter)
Kon|sor|ti|um (wirtschaftl. Zusammenschluß)
Kon|spekt, der (Überblick)
kon|spek|tie|ren
Kon|spi|ra|ti|on (Verschwörung)
kon|spi|ra|tiv
kon|spi|rie|ren
Kon|sta|bler (Polizist)
kon|stant (beständig)
Kon|stan|te, die (unveränderliche Größe)
Kon|stan|tin (d. Gr., röm. Kaiser ~272-337; Name weiterer Kaiser u. griech. Könige)
kon|stan|ti|nisch; die Konstantinische Schenkung *§ 15 (7)*
Kon|stan|ti|no|pel (Istanbul)
Kon|stan|ti|no|pe|ler, Kon|stan|ti|nop|ler
Kon|stan|ti|no|po|li|ta|ner
Kon|stanz (Stadt)
Kon|stanz (Beständigkeit)
Kon|stan|ze (Kaiserin 1154-1198)
kon|sta|tie|ren (feststellen)
Kon|stel|la|ti|on (Zusammentreffen von Umständen)
Kon|ster|na|ti|on (Verblüffung)
kon|ster|nie|ren
Kon|sti|pa|ti|on (Darmverstopfung)
Kon|sti|tu|an|te (Nationalversammlung); *s. a.* Constituante (*frz.*)
Kon|sti|tu|en|te (sprachl. Element)
kon|sti|tu|ie|ren (gründen)
Kon|sti|tu|ti|on (Verfassung; körperliche Verfassung)
kon|sti|tu|ti|o|nell
kon|sti|tu|tiv (grundlegend)
Kon|strik|ti|on (Abschnürung)
Kon|strik|tor (Schließmuskel)
kon|strin|gie|ren (abschnüren; sich zusammenziehen)
kon|stru|ie|ren
Kon|strukt, das (gedankliches Gebilde)
Kon|struk|teur
Kon|struk|ti|on
kon|struk|ti|ons|be|dingt
kon|struk|tiv (entwicklungsfördernd)
Kon|struk|ti|vis|mus (Kunstrichtung)
Kon|struk|ti|vist
kon|struk|ti|vi|stisch
Kon|sub|stan|ti|a|ti|on
Kon|sul (höchster Beamter Roms; Staatsvertreter im Ausland)
Kon|su|lar...[recht *usw.*]
kon|su|la|risch
Kon|su|lat, das
Kon|su|lent
Kon|sul|tant
Kon|sul|ta|ti|on (Beratung)
kon|sul|ta|tiv
kon|sul|tie|ren (um Rat fragen)
Kon|sum, der (Verbrauch)
Kon|sum...[gut *usw.*]
Kon|su|ma|ti|on (Verzehr)
Kon|su|ment
kon|su|mie|ren
Kon|sump|ti|on; *s.a.* Konsumtion
Kon|sum|ti|on (Verbrauch; Wertminderung; Auszehrung)
kon|sum|tiv (für den Verbrauch bestimmt)
Kon|ta|gi|on (Krankheitsübertragung)
kon|ta|gi|ös (ansteckend)
Kon|ta|gi|o|si|tät
Kon|ta|gi|um (Ansteckungsstoff)
Kon|takt, der
Kon|takt...[adresse *usw.*]
kon|takt|arm
kon|tak|ten; du kontaktest
kon|tak|tie|ren

Kon|ta|mi|na|ti|on (Verschmelzung; Verseuchung)
kon|ta|mi|nie|ren
kon|tant (bar)
Kon|tan|ten (*Pl.*) (Bargeld)
Kon|tem|pla|ti|on (Betrachtung, Versunkenheit)
kon|tem|pla|tiv
kon|tem|po|rär (zeitgenössisch)
Kon|ten...[führung *usw.*]
Kon|ten|ten (*Pl.*) (Ladeverzeichnisse)
Kon|ter, der (Gegenangriff)
kon|ter.../Kon|ter... (gegen)
Kon|ter|ban|de (Schmuggelware)
Kon|ter|fei, das (Abbild)
kon|ter|fei|en; du konterfeist
kon|ter|ka|rie|ren (entgegenarbeiten)
Kon|ter|mi|ne (Gegenmaßnahme, Baissespekulation)
kon|tern; du konterst
Kon|ter|re|vo|lu|ti|on
kon|ter|re|vo|lu|ti|o|när
Kon|text ([Text-]Zusammenhang)
kon|tex|tu|ell
kon|tie|ren (auf ein Konto buchen)
Kon|ti|gu|i|tät (Berührung; Zusammentreffen)
Kon|ti|nent, der (Erdteil)
kon|ti|nen|tal
Kon|ti|nen|tal...[macht *usw.*]
kon|ti|nen|tal|eu|ro|pä|isch
Kon|ti|nenz (Fähigkeit, Urin u. Stuhl zurückzuhalten)
kon|tin|gent (zufällig)
Kon|tin|gent, das (festgesetzte Menge; Truppeneinheit)
kon|tin|gen|tie|ren (einteilen)
Kon|tin|genz
kon|ti|nu|ier|lich (ununterbrochen)
Kon|ti|nu|i|tät
Kon|ti|nu|um (ununterbrochene Abfolge)
Kon|to, das; *Pl.* Konten, Konti
Kon|to|kor|rent, das (laufende Rechnung)
Kon|tor, das (Geschäftsraum; Handelsniederlassung)
Kon|to|rist
Kon|tor|si|on (Verdrehung)
Kon|tor|si|o|nist (Schlangenmensch)
kon|tra (gegen); *s. a.* contra
Kon|tra, das; ~ geben, das Pro und [das] Kontra
kon|tra.../Kon|tra... (*lat.* gegen)
Kon|tra...[baß *usw.*]
Kon|tra|dik|ti|on (Widerspruch)
kon|tra|dik|to|risch
Kon|tra|fak|tur (Umdichtung eines Gesangstextes)
Kon|tra|ha|ge (Forderung zum Duell)
Kon|tra|hent (Widersacher; Vertragspartner)
kon|tra|hie|ren (zusammenziehen; vereinbaren)
Kon|tra|in|di|ka|ti|on (Gegenanzeige)
Kon|trakt, der (Vertrag)
Kon|trakt...[bruch *usw.*]
kon|trak|til (zusammenziehbar)
Kon|trak|ti|li|tät
Kon|trak|ti|on (Zusammenziehung)
Kon|trak|tur (*med.* Verkürzung, Versteifung)
Kon|tra|post, der (künstler. Stellung von Körpern)
kon|tra|pro|duk|tiv (zweckwidrig)
Kon|tra|punkt, der (*musik.* Gegenstimme)
Kon|tra|punk|tik
kon|tra|punk|tisch
kon|trär (gegensätzlich)
Kon|tra|si|gna|tur (Gegenzeichnung)
kon|tra|si|gnie|ren
Kon|trast
Kon|trast...[mittel *usw.*]
kon|tra|stie|ren
kon|tra|stiv
Kon|tra|zep|ti|on (Empfängnisverhütung)
kon|tra|zep|tiv (*Adjektiv*)
Kon|tra|zep|tiv, Kontrazeptivum (Empfängnisverhütungsmittel)
Kon|trek|ta|ti|on (Berührung)
Kon|tre|tanz
Kon|tri|bu|ti|on (Beitrag)
Kon|tri|ti|on (Zerknirschung)
Kon|troll...[gang *usw.*]
Kon|trol|le
Kon|trol|ler
Kon|trol|leur
kon|trol|lie|ren
Kon|trol|liste [ll|l] *§ 7 (1), § 28 Anm.*
kon|tro|vers (umstritten)
Kon|tro|ver|se, die
Kon|tu|ma|zi|al|ver|fah|ren
Kon|tur, die (Umriß)
Kon|tur...[schrift *usw.*]
kon|tu|rie|ren
Kon|tu|si|on (Quetschung, Stoßverletzung)
Ko|nus, der (Kegel); *Pl.* Konusse, Konen
Kon|va|les|zent, der
Kon|va|les|zenz (Genesung)
Kon|vek|ti|on (Wärmeströmung)
Kon|vek|ti|ons...[strom *usw.*]
kon|vek|tiv
Kon|vek|tor (Heizkörper)
kon|ve|na|bel; kon|ve|na|ble Preise (herkömmlich)
Kon|ve|ni|at, das (regionales Priestertreffen)
Kon|ve|ni|enz, die (Schicklichkeit; Bequemlichkeit)
kon|ve|nie|ren (passen)
Kon|vent, der (Zusammenkunft)
Kon|ven|ti|kel, das ([geheimer] Bund von Gleichgesinnten)
Kon|ven|ti|on (Vereinbarung; Vertrag; Brauch)
kon|ven|ti|o|nal
Kon|ven|ti|o|nal|stra|fe (Buße b. Nichterfüllung e. Vertrags)
kon|ven|ti|o|nell (herkömmlich)
Kon|ven|tu|a|le, der (stimmberechtigtes Klostermitglied)
kon|ver|gent (aufeinander

zulaufend; übereinstimmend)
Kon|ver|genz (gegenseitige Annäherung)
kon|ver|gie|ren
Kon|ver|sa|ti|on
Kon|ver|sa|ti|ons...[lexikon *usw.*]
kon|ver|sie|ren
Kon|ver|si|on (Umwandlung)
Kon|ver|ter
kon|ver|ti|bel (umwandelbar); konverti|ble Währung
Kon|ver|ti|bi|li|tät
kon|ver|tie|ren
Kon|ver|tit, der (Bekehrter)
Kon|ver|ti|ten|tum
kon|vex (nach außen gewölbt)
Kon|ve|xi|tät (Außenwölbung)
Kon|vikt, das (kathol. Stift)
Kon|vik|tu|a|le (Angehöriger eines Konvikts)
Kon|vi|vi|um (Gastmahl)
Kon|voi, der (Geleitzug)
Kon|vo|ka|ti|on (Einberufung)
Kon|vo|lut, das (Bündel [v. Schriftstücken])
Kon|vul|si|on (Muskelzuckung)
kon|vul|siv (krampfhaft)
kon|vul|si|visch
kon|ze|die|ren (zugestehen)
Kon|ze|le|bra|ti|on (v. mehreren Priestern gefeierte Eucharistie)
kon|ze|le|brie|ren
Kon|zen|trat, das
Kon|zen|tra|ti|on
Kon|zen|tra|ti|ons...[training *usw.*]
kon|zen|trie|ren; sich ~
kon|zen|trisch (mit gleichem Mittelpunkt)
Kon|zen|tri|zi|tät
Kon|zept, das
Kon|zept...[papier *usw.*]
Kon|zep|ti|on (Empfängnis; Auffassung)
kon|zep|ti|o|nell
kon|zep|tu|a|li|sie|ren
kon|zep|tu|ell
Kon|zern, der
Kon|zern...[tochter *usw.*]
kon|zer|nie|ren
Kon|zert
Kon|zert...[halle *usw.*]
kon|zer|tant (konzertartig)
kon|zer|tie|ren (ein Konzert geben)
kon|zer|tiert (abgestimmt)
Kon|zer|ti|na (sechseckige Handharmonika)
Kon|zes|si|on (Zugeständnis; behördl. Genehmigung)
Kon|zes|si|o|när (Inhaber einer Konzession)
kon|zes|si|o|nie|ren
kon|zes|siv (einräumend)
Kon|zil, das (Versammlung kath. Würdenträger)
kon|zi|li|ant (umgänglich)
Kon|zi|li|anz
Kon|zi|li|a|ris|mus
kon|zinn (harmonisch)
kon|zi|pie|ren (entwerfen; ein Kind empfangen)
kon|zis (kurzgefaßt)
Koof|mich, der
Koog, der (durch Deiche geschütztes Land); *Pl.* Köge; *s. a.* Kog
Ko|ope|ra|ti|on
ko|ope|ra|tiv
Ko|ope|ra|ti|ve, die ([landwirtschaftl.] Genossenschaft)
Ko|ope|ra|tor (kath. Hilfsgeistlicher)
ko|ope|rie|ren (zusammenarbeiten)
Ko|op|ta|ti|on (Ergänzungswahl)
ko|op|tie|ren
Ko|or|di|na|te (Zahlenangabe zur Punktfestlegung)
Ko|or|di|na|ti|on (Nebenordnung)
Ko|or|di|na|tor
ko|or|di|nie|ren
Ko|pa|i|va|bal|sam (Harz des Kopaivabaumes)
Ko|pal, der (Harz)
Ko|pal|fich|te
Ko|pe|ke, die; *Abk.* Kop. (russ. Silbermünze)
Ko|pe|lew, Leo (russ. Schriftsteller 1912-1997)
Ko|pen|ha|gen (Hauptstadt v. Dänemark)
Ko|pen|ha|ge|ner
Kö|pe|nick (Stadt); Hauptmann von ~
Kö|pe|nicki|a|de (Betrug) [k|k]
Ko|pe|po|de, der (Ruderfußkrebs)
Kö|per, der (Gewebe)
Kö|per|bin|dung
ko|per|ni|ka|nisch; kopernikanisches Weltbild; kopernikanische Wende
Ko|per|ni|kus, Nikolaus (dt. Astronom 1473-1543)
Kopf; Kopf stehen; *s. a.* kopf◡stehen
Kopf...[ball *usw.*]
Kopf-an-Kopf-Ren|nen *§ 13 (4)*
Köpf|chen
köp|feln
köp|fen; du köpfst
kopf|hän|ge|risch
kopf|la|stig
kopf|los
kopf|rech|nen
Kopf|rech|nen, das
kopf|scheu
Kopf|schüt|teln, das
kopf|schüt|telnd
kopf◡ste|hen; *a.* Kopf stehen; du stehst kopf/Kopf *§ 9 Anm. 2*
kopf|über
kopf|un|ter
Koph|ta (ägyptischer Weiser)
Ko|pie
Ko|pier...[maschine *usw.*]
ko|pie|ren
Ko|pie|rer
Ko|pi|lot
ko|pi|ös (zahlreich)
Ko|pist
Kop|pe, die (Spitze)
Kop|pel, das (Gürtel)
Kop|pel, die (Weide)
kop|peln
kopp|hei|ster (kopfüber)
Ko|pra, die (Kokosmark)
Ko|pro|duk|ti|on
Ko|pro|du|zent

ko|pro|du|zie|ren
Ko|pro|lith, der (versteinerter Kot fossiler Tiere)
ko|pro|phag (kotfressend)
Ko|pro|pha|ge, der
Ko|pro|pha|gie
Kops, der (Spule)
Kop|te (christl. Nachkomme der alten Ägypter)
kop|tisch
Ko|pu|la (Satzband; Begattung)
Ko|pu|la|ti|on (Begattung)
ko|pu|la|tiv (verbindend)
ko|pu|lie|ren
Kör...[hengst *usw.*]
Ko|rah (bibl. Gestalt); die Rotte Korah
Ko|ral|le, die (Meerestier)
ko|ral|len (aus Koralle, korallenrot)
Ko|ral|len...[riff *usw.*]
Ko|ran, der (heilige Schrift des Islam)
Ko|ran...[schule *usw.*]
Korb
Korb...[ball *usw.*]
Körb|chen
Kor|czac, Janusz (poln. Arzt 1878-1942)
Kord, der (Gewebe); *a.* Cord
Kord...[hose *usw.*]; *a.* Cord...
Kor|del, die (gedrehte Schnur)
kor|die|ren (aufrauhen)
Kor|dil|le|ren (*Pl.*) (Gebirge in Amerika)
Kor|don, der (Absperrung)
Kor|do|nett...[seide *usw.*]
Ko|re, die (antike Mädchenstatue)
Ko|rea (Staaten in Asien: Nord- u. Südkorea)
Ko|re|a|ner
ko|re|a|nisch; auf ~
Ko|re|a|nisch, das; auf koreanisch sprechen
Ko|re|a|ni|sche, das
Ko|re|fe|rat, das (Zweitbericht; *s. a.* Korreferat
Ko|re|fe|rent; *s. a.* Korreferent
ko|re|fe|rie|ren; *s. a.* korreferieren
Ko|re|gis|seur
kö|ren ([Zuchttiere] auswählen)
Kor|fi|ot (Bewohner v. Korfu)
kor|fi|o|tisch (*zu* Korfu)
Kor|fu (Mittelmeerinsel, antik Kerkyra)
Ko|ri|an|der, der (Pflanze, Gewürz daraus)
Ko|rinth (Stadt in Griechenland)
Ko|rin|the, die (Rosine)
Ko|rin|then|kacker (Kleinigkeitskrämer) [k|k]
Ko|rin|ther
Ko|rin|ther|brief
ko|rin|thisch; korinthische Ordnung (von Säulen); der Korinthische Krieg *§ 15 (7)*
Kork, der
Kork...[eiche *usw.*]; *s. a.* Korken
kor|ken; du korkst
Kor|ken, der
Kor|ken...[zieher *usw.*]
kor|kig
Kor|mo|ran, der (Vogel)
Korn, das (*a.* Visierkorn)
Korn, der (*kurz f.* Kornschnaps)
Korn...[blume *usw.*]
Körn|chen
Kor|nea, die (Hornhaut des Auges); *a.* Cornea (*med.*)
Kor|nel|kir|sche (Herlitze)
kör|nen
Kor|ner (Ecke [Fußball]; Kursanstieg [Börse])
Kör|ner, der (Stichel)
Kör|ner, Theodor (dt. Dichter 1791-1813)
Kor|nett, das (Blasinstrument)
Kor|nett, der (Fähnrich)
Kor|net|tist
kör|nig
kor|nisch; auf ~
Kor|nisch, das (kelt. Sprache); auf kornisch sprechen
Kor|ni|sche, das
Körn|lein
Korn|ra|de, die (Pflanze)
Ko|rol|la, die (Blütenblätter); *s. a.* Korolle
Ko|rol|lar, das (Anhang); *s. a.* Korollarium
Ko|rol|la|ri|um; *s. a.* Korollar
Ko|rol|le; *s. a.* Korolla
Ko|ro|man|del|kü|ste (Region in Indien)
Ko|ro|na, die (Strahlenkranz; *übertr.* Menschengruppe)
ko|ro|nar (die Herzkranzgefäße betreffend)
Ko|ro|nar...[sklerose *usw.*]
Kör|per
Kör|per...[gewicht *usw.*]
kör|per|be|hin|dert; der Körperbehinderte
kör|per|lich
Kör|per|schaft
kör|per|schaft|lich
Kor|po|ral (Unteroffizier)
Kor|po|ra|ti|on (Verbindung)
kor|po|ra|tiv (körperschaftlich)
kor|po|riert (einer Korporation angehörend)
Korps, das ([milit. od. student.] Verband; *a.* Corps
Korps...[geist *usw.*]; *a.* Corps...
kor|pu|lent (beleibt)
Kor|pu|lenz
Kor|pus, das/der (Körper; *a.* *übertr.*; Textmasse); *a.* Corpus; *Pl.* Korpora, *a.* Corpora
Kor|pus|kel, das/die (Elementarteilchen)
Kor|ral, der (Gehege, Pferch)
Kor|re|fe|rat (Zweitbericht); *s. a.* Koreferat
Kor|re|fe|rent; *s. a.* Koreferent
kor|re|fe|rie|ren; *s. a.* koreferieren
kor|rekt
kor|rek|ter|wei|se
Kor|rek|ti|on (Berichtigung)
kor|rek|tiv (*Adjektiv*)
Kor|rek|tiv, das
Kor|rek|tor
Kor|rek|tur; ~ lesen; *im Infinitiv u. Partizip a. zusammen*: korrekturlesen, korrekturgelesen
Kor|rek|tur|le|sen, das
kor|re|lat (wechselseitig bedingend)
Kor|re|lat, das (Entsprechung;

grammat. Stützwort)
Kor|re|la|ti|on (Wechselbeziehung)
kor|re|la|tiv
kor|re|lie|ren
kor|re|pe|tie|ren (Gesangsübungen am Klavier begleiten)
Kor|re|pe|ti|tor
Kor|re|spon|dent (Briefpartner, Berichterstatter)
Kor|re|spon|denz (Entsprechung, Briefwechsel)
kor|re|spon|die|ren
Kor|ri|dor, der
Kor|ri|gen|dum (Druckfehler); *Pl.* Korrigenda
Kor|ri|gens, das (geschmacksverbessernder Zusatz); *Pl.* Korrigentia, Korrigenzien
kor|ri|gie|ren
kor|ro|die|ren ([chem.] anfressen; angefressen werden)
Kor|ro|si|on
Kor|ro|si|ons...[schutz *usw.*]
kor|ro|si|ons|be|stän|dig
kor|ro|siv
kor|rum|pie|ren (bestechen; [moralisch] verderben)
kor|rum|piert
kor|rupt (bestechlich)
Kor|rup|ti|on
Kor|rup|ti|ons...[verdacht *usw.*]
Kor|sa|ge, die (versteiftes Oberteil eines Kleides)
Kor|sar (Seeräuber)
Kor|se (*zu* Korsika)
Kor|se|lett, das (kleines Korsett)
Kor|sett, das (formendes Mieder)
Kor|sett|stan|ge
Kor|si|ka (Mittelmeerinsel)
kor|sisch
Kor|so, der (Autokolonne, Prachtstraße); *a.* Corso
Kor|tex, der (Hirnrinde); *a.* Cortex (*med.*)
kor|ti|kal (*zu* Kortex)
Kor|ti|son, das (Hormon); *a.* Cortison
Kort|ner, Fritz (dt. Schauspieler u. Regisseur 1892-1980)
Ko|rund, der (Edelstein)
Kor|vet|te (kleines Kriegsschiff)
Ko|ry|bant (Priester der Kybele)
ko|ry|ban|tisch
Ko|ry|phäe, die (bedeutender Fachmann)
Kos (Mittelmeerinsel)
Ko|sak (russ. Reiter)
Ko|sa|ken...[mütze *usw.*]
Ko|sche|nil|le, die (roter Farbstoff); *a.* Cochenille
ko|scher ([rituell] rein)
K.-o.-Schlag *§ 13 (2)*
Ko|se|form
Ko|se|kans, der (Winkelfunktion); *a.* Cosecans; *Abk.* cosec
ko|sen; du kost *§ 7 (1)*
Ko|se|na|me
K.-o.-Sie|ger *§ 13 (2)*
Ko|si|nus, der (Winkelfunktion); *a.* Cosinus; *Abk.* cos
Kos|mas (Heiliger)
Kos|me|tik
Kos|me|tik...[tasche *usw.*]
Kos|me|ti|ke|rin
Kos|me|ti|kum
kos|me|tisch
kos|misch
Kos|mo|bio|lo|ge
Kos|mo|bio|lo|gie (Erforschung außerirdischen Lebens)
Kos|mo|drom, das (*russ.* Raketenstartplatz)
Kos|mo|go|nie (Lehre von der Entstehung der Welt)
kos|mo|go|nisch
Kos|mo|gra|phie
Kos|mo|lo|gie
kos|mo|lo|gisch
Kos|mo|naut (Raumfahrer)
Kos|mo|nau|tik
Kos|mo|po|lit (Weltbürger)
kos|mo|po|li|tisch
Kos|mo|po|li|tis|mus
Kos|mos, der (Weltall)
Kos|mo|the|is|mus (Lehre v. d. Einheit v. Gott und Welt)
Kos|mo|tron, das (Teilchenbeschleuniger)
Ko|so|vo, das/der (Region auf dem Balkan)
Kos|suth, Lajos (ungar. Freiheitskämpfer 1802-1894)
Kost
ko|stal (die Rippen betreffend)
Ko|sta|ri|ka (Staat in Mittelamerika); *a.* Costa Rica
Ko|sta|ri|ka|ner; *a.* Costaricaner
ko|sta|ri|ka|nisch; *a.* costaricanisch
kost|bar
ko|sten (1. schmecken; 2. wert sein)
Ko|sten, die; auf Kosten von
Ko|sten...[rechnung *usw.*]
ko|sten|deckend [k|k]; *aber* die Kosten deckend *§ 11 (4), (6)*
ko|sten|frei
ko|sten|gün|stig
ko|sten|los
Ko|sten-Nut|zen-Ana|ly|se *§ 13 (2)*
ko|sten|pflich|tig
ko|sten|spa|rend; *aber* [große] Kosten sparend *§ 11 (4), (6)*
Kost|gän|ger
köst|lich
kost|spie|lig
Ko|stüm, das
Ko|stüm...[fest *usw.*]
ko|stü|mie|ren
K.-o.-Sys|tem *§ 13 (2)*
Kot, der
Ko|tan|gens, der (Winkelfunktion); *a.* Cotangens; *Abk.* cot, cotg
Ko|tau, der (demütige Verbeugung; *a. übertr.*)
Ko|te, die (1. Höhenpunkt; 2. Hütte)
Kö|te, die
Kö|tel, der (Kot)
Ko|te|lett, das
Ko|te|let|ten (*Pl.*) (Backenbart)
Kö|ten|ge|lenk
Ko|ten|ta|fel (*zu* Kote 1.)
Kö|ter (Hund)
Ko|te|rie (Cliquenwirtschaft)
Kot|flü|gel

Ko|thurn (Bühnenschuh mit dicker Sohle)
ko|tie|ren (1. ein Wertpapier an der Börse zulassen; 2. Höhenunterschiede bestimmen)
ko|tig
Ko|til|lon, der (Tanz)
Ko|ton (Baumwolle, Baumwollstoff); *s. a.* Cotton
ko|to|ni|sie|ren (Flachsabfälle erzeugen)
Ko|tschin|chi|na (südl. Vietnam); *a.* Cochinchina
Ko|tschin|chi|na|huhn
Ko|ty|le|do|ne (1. Keimblatt; 2. Lappen der Plazenta)
Ko|ty|lo|sau|ri|er
Kotz|brocken [k|k]
Kot|ze, die (1. Wolldecke u. ä.; 2. Erbrochenes)
Köt|ze, die (Tragkorb)
Kot|ze|bue, August von (dt. Schriftsteller 1761-1819)
kot|zen; du kotzt *§ 7 (1)*; zum Kotzen sein
Kot|zen, der (Wolldecke u. ä.)
kotz|übel
Kou|rou (Raketenbasis)
Kox|al|gie (Hüftschmerzen)
Ko|xi|tis, die (Hüftgelenkentzündung)
kp (*Abk. v.* Kilopond) *§ 17 (2) Anm. 2*
kPa (*Abk. v.* Kilopascal) *§ 17 (2) Anm. 2*
KPD (*Abk. v.* Kommunistische Partei Deutschlands) *§ 17 (2) Anm. 1*
kr (*Abk. v.* Krone) *§ 17 (2) Anm. 2*
Kr (*chem. Zeichen f.* Krypton)
Kr. (*Abk. v.* Kreis); *s. a.* Krs.
Krab|be
Krab|bel...[stube usw.]
krab|beln
krab|ben (glätten)
Krab|ben...[fischer *usw.*]
Krach; ~ machen
kra|chen; du krachst
Kra|cher
krach|le|dern
kräch|zen; du krächzt *§ 7 (1)*
Kracke, die (altes Pferd) [k|k]
kracken (Rohöl spalten) [k|k]
Kräcker, der (Keks) [k|k]; *a.* Cracker
Krack|ver|fah|ren (Erdöldestillation)
Krad (*kurz f.* Kraftrad); *Pl.* Kräder
kraft (*Präposition*) *§ 15 (5)*; kraft Amtes
Kraft, die
Kraft, Adam (dt. Bildhauer ~1460-1508/09)
Kraft...[probe *usw.*]
kräf|te|zeh|rend
kräf|tig
kräf|ti|gen
Kraft|mei|er
Kraft|mei|e|rei
Kraft|rad; *kurz* Krad
kraft|strot|zend
Krag...[stein *usw.*]
Kra|ge, die (Mauervorsprung)
Krä|gel|chen
Kra|gen, der
Kra|gen...[weite *usw.*]
Kräg|lein
Krä|he
krä|hen
Krä|hen...[nest *usw.*]
Krä|hen|fuß (*a.* Falte, Eisenhaken)
Krähl, der (*bergm.* Rechen)
kräh|len
Kräh|win|kel (*fingierter Name für* typische Kleinstadt)
Kräh|win|ke|lei (Spießbügertum)
Kräh|wink|ler
Kraich|gau (süddt. Landschaft)
Kraich|gau|er
Krain (Teil von Slowenien)
Kra|ji|na (Teil von Kroatien)
Kra|ka|tau (indones. Vulkaninsel)
Kra|kau (Stadt in Polen)
Kra|kau|er; die Krakauer (Wurst)
Kra|ke, der/die
Kra|keel, der (Lärm)
kra|kee|len; du krakeelst
Kra|kel, der (undeutliche Schrift)
Kra|ke|lee, das (Glasurriß, Eisglas); *s.* Craquelé
Kra|ke|lei
kra|ke|lig; *s. a.* kraklig
kra|keln; du krakelst
krak|lig; *s. a.* krakelig
Kra|ko|wi|ak, der (Tanz)
Kral, der (afrikan. Dorf)
Kral|le
kral|len; du krallst
Kram, der
Kram|bam|bu|li, der (alkohol. Getränk)
kra|men; du kramst
Krä|mer (Händler)
Krä|me|rei
Kram|mets|bee|re
Kram|mets|vo|gel
Kram|pe (Eisenklammer); *s. a.* Krampen
kram|pen (klammern)
Kram|pen, der (Haken); *s. a.* Krampe
Krampf
Krampf...[ader *usw.*]
krampf|haft
kramp|fig
krampf|lin|dernd
krampf|lö|send
Kram|pus[1] (Krampf)
Kram|pus[2] (Knecht Ruprecht)
Kran
Kran...[wagen *usw.*]
kra|nen (mit dem Kran fortbewegen); du kranst
Kra|ne|wit|ter (Wacholderschnaps)
krän|gen (sich neigen)
kra|ni|al (zum Kopf gehörend)
Kra|nich (Wattvogel)
Kra|nio|lo|gie (Schädellehre)
Kra|nio|me|trie (Schädelmeßlehre)
Kra|nio|to|mie (Schädeloperation)
krank; der Kranke; jdn. krank◡schreiben *§ 10*
krän|keln
kran|ken; an etwas ~
Kran|ken...[wagen *usw.*]
krän|ken

kran|ken|ver|si|chert
krank◡fei|ern *§ 10*
krank|haft
Krank|heits...[bild *usw.*]
krank|heits|er|re|gend
krank|heits|hal|ber
krank◡la|chen, sich *§ 10*
kränk|lich
krank◡ma|chen *§ 10*
krank◡schie|ßen (*jägerspr.*) *§ 10*
krank◡schrei|ben *§ 10*
Kranz
Kranz...[kuchen *usw.*]
Kränz|chen
krän|zen (mit einem Kranz versehen); du kränzt *§ 7 (1)*
Krap|fen, der (Gebäck)
Krapp, der (Pflanze)
Kräp|pel, der (Krapfen)
Krapp|lack
Kras|no|dar (Stadt in Rußland)
kraß; krasser
Kra|ter
Kra|ter...[rand *usw.*]
kra|ti|ku|lie|ren (maßgetreu zeichnen)
Kratz...[band *usw.*]
Kratz|bee|re; *s. a.* Kroatzbeere
Kratz|bür|ste (*a. übertr.*)
kratz|bür|stig
Krat|ze, die
Krät|ze, die (Hautkrankheit)
krat|zen; du kratzt *§ 7 (1)*
Krat|zer
Krät|zer
krat|zig
krät|zig
Krätz|mil|be (Überträger der Krätze)
krau|chen; du krauchst
krau|en (zart kratzen); du kraust
Kraul, das (Schwimmstil)
krau|len (1. zart kratzen; 2. schwimmen)
kraus
Kraus, Karl (österr. Schriftsteller 1874-1936)
Krau|se, die
Kräu|sel...[band *usw.*]
kräu|seln
Krau|se|min|ze (Pflanze)
krau|sen (kräuseln); sich ~; du kraust
Kraus|haar
kraus|haa|rig
Kraus|kopf
kraus|köp|fig
Krauß, Werner (dt. Schauspieler 1884-1959)
Kraut
Kraut...[salat *usw.*]
kraut|ar|tig
Kräut|chen
Krau|ter (sonderbarer Mensch)
Kräu|ter...[tee *usw.*]
Kräu|ticht, das
krau|tig
Kra|wall, der
Kra|wat|te
Kra|wat|ten...[nadel *usw.*]
Kra|weel...[bau *usw.*]; *s. a.* Karweel...
kra|weel|ge|baut; *s. a.* karweelgebaut
Kra|xe, die (Trage)
Kra|xe|lei
kra|xeln; du kraxelst
Krax|ler
Kre|as, das (ungebleichte Leinwand)
Kre|a|tin, das (Eiweißbaustein)
Kre|a|ti|on
kre|a|tiv (schöpferisch)
Kre|a|ti|vi|tät
Kre|a|tur
kre|a|tür|lich
Krebs (Tier; Krankheit)
Krebs...[schaden *usw.*]
krebs|ar|tig
kreb|sen; du krebst
krebs|er|re|gend; *aber* [bösartigen] Krebs erregend *§ 11 (4), (6)*
kreb|sig
krebs|rot
Kre|denz, die (Anrichte)
kre|den|zen; du kredenzt *§ 7 (1)*
Kre|dịt, der (Darlehen)
Kre̱|dit, das (Habenseite)
Kredit...[büro *usw.*]
kre|di|tie|ren
Kre|di|tor
Kre|do, das; (Glaubensbekenntnis); *a.* Credo
kre|gel (munter)
Krehl, der (Gartengerät)
Krei|de
Krei|de...[strich *usw.*]
krei|de|bleich
krei|den
krei|de|weiß
krei|dig
kre|ie|ren; du kreierst
Kreis; *Abk.* Kr., Krs. (als Verwaltungseinheit)
Kreis...[bogen *usw.*]
Kreis|au|er Kreis (Widerstandskreis im Dritten Reich)
krei|schen; du kreischst
Krei|sel, der (*a.* Kreisverkehr)
Krei|sel...[kompaß *usw.*]
krei|seln
krei|sen (sich im Kreis bewegen); du kreist *§ 7 (1)*
kreis|för|mig
kreis|frei
Krei|sky, Bruno (österr. Politiker 1911-1990)
kreis|rund
krei|ßen (in den Wehen sein); du kreißt *§ 7 (1)*
Kreiß|saal
Krem, die/der (Salbe; Süßspeise); *s. a.* Creme
Kre|ma|ti|on (Feuerbestattung)
Kre|ma|to|ri|um (Anlage zur Feuerbestattung)
kre|mie|ren (verbrennen)
kre|mig; *a.* cremig
Kreml, der (russ. Regierungssitz)
Krem|pe (Hutrand)
Krem|pel, der (Kram)
Krem|pel, die (Maschine zum Krempeln)
krem|peln (auflockern)
Kremp|ling (Pilz); Kahler Krempling *§ 15 (8)*
Krem|ser (Kutsche)
Krem|ser Weiß (Malfarbe)
Kren, der (Meerrettich)
Krenz, Egon (dt. Politiker *1937)

Kre|ol, das (Mischsprache)
Kre|o|le, der (südamerikan. Schwarzer)
kre|o|lisch; auf ~
Kre|o|lisch, das; auf kreolisch sprechen
Kre|o|li|sche, das (Mischsprache)
Kre|o|li|stik
Kre|on (Sagengestalt)
Kreo|pha|ge, der (Fleischfresser)
Kreo|sot (antiseptische Flüssigkeit)
kre|pie|ren (platzen, sterben)
Kre|pi|ta|ti|on (rasselndes Geräusch)
Krepp, der (Stoff); *s. a.* Crêpe
Kreppa|pier [pp|p] *§ 7, § 28 Anm.*
krep|pen; du kreppst (etwas kräuselig falten)
Kre|sol, das (Mittel zum Imprägnieren u. Desinfizieren)
Kres|se (Pflanze)
Kres|zenz (Wachstum)
Kre|ta (Insel im Mittelmeer)
kre|ta|ze|isch (zur Kreidezeit gehörig)
Kre|ter (*zu* Kreta)
Kre|thi und Ple|thi (*abschätzig* jedermann)
Kre|ti|kus (Versfuß); *Pl.* Kretizi
Kre|tin (Schwachsinniger)
Kre|ti|nis|mus
kre|ti|no|id
kre|tisch (*zu* Kreta)
kreucht; es kreucht und fleucht
Kre|u|sa (Sagengestalt)
Kreut|zer|so|na|te (Violinsonate v. Beethoven)
Kreuz
Kreuz...[gang *usw.*]
Kreuz|as, das (Spielkarte)
Kreuz|blüt|ler
kreuz|brav (sehr brav)
kreu|zen; du kreuzt *§ 7 (1)*
Kreu|zer (1. Münze; 2. Schiff)
kreuz|fi|del
kreuz|för|mig
kreu|zi|gen
kreuz|lahm
kreuz und quer; ~ ziehen
Kreuz|und|quer|fahrt
Kreu|zung
kreuz|un|glück|lich
kreuz|wei|se
Kre|vet|te, die (Garnele); *a.* Crevette
krib|be|lig; *s. a.* kribblig
Krib|bel|krank|heit
krib|beln
kribb|lig; *s. a.* kribbelig
Krickel, der (Horn) [k|k]
Krickel|kra|kel, das [k|k]
Krick|en|te; *s. a.* Kriekente
Kricket, das (Rasenspiel; *engl.* Cricket); [k|k]
Kricket...[ball *usw.*] [k|k]
Krie|bel|mücke [k|k]
krie|chen, kriechst, krochst, kröchest, gekrochen
Krie|cher
krie|che|risch
Krieg
krie|gen; du kriegst
Krie|ger
Krie|ger...[denkmal *usw.*]
krie|ge|risch
Krie|ger|tum
krieg|füh|rend; *aber* [oft] Krieg führend *§ 11 (4), (6)*
kriegs|be|dingt
kriegs|be|schä|digt
kriegs|ge|fan|gen
Kriegs|ge|fan|ge|nen...[lager *usw.*]
Kriek|en|te; *s. a.* Krickente
Kriem|hild (Sagengestalt)
Kri|ko|to|mie (Luftröhrenschnitt)
Krill, der (Plankton)
Krim, die (Halbinsel)
Kri|mi, der (*kurz f.* Kriminalroman, ~film *usw.*)
kri|mi|nal
Kri|mi|nal...[roman *usw.*]
Kri|mi|nal|be|am|te, der
Kri|mi|na|le, Kri|mi|na|ler, der (Kriminalbeamter)
kri|mi|na|li|sie|ren
Kri|mi|na|list
Kri|mi|na|li|stik
kri|mi|na|li|stisch
Kri|mi|na|li|tät
Kri|mi|nal|po|li|zei; *kurz* Kripo
kri|mi|nell
Kri|mi|nel|le, der
Kri|mi|no|lo|gie
kri|mi|no|lo|gisch
Krim|krieg
Krim|mer (Gewebe)
Krim|sekt
Krim|ta|tar
Krims|krams, der
Krin|gel, der
krin|ge|lig
krin|geln; sich ~
Kri|no|i|de, der (stacheliges Meerestier)
Kri|no|li|ne, die (Reifrock)
Kri|po (*kurz f.* Kriminalpolizei)
Kri|po|chef
Krip|pe (Futterbehälter; *kurz f.* Kinderkrippe)
Krip|pen...[spiel *usw.*]
Kris, der (Dolch)
Kri|se (schwieriger Zustand); *s. a.* Krisis
kri|seln
Kri|sen...[herd *usw.*]
kri|sen|an|fäl|lig
kri|sen|haft
Krish|na (ind. Gott)
Kri|sis, die; *s. a.* Krise
kris|peln
Kri|stall, der (Körper aus Molekülgittern)
Kri|stall, das (geschliffenes Glas)
Kri|stall...[glas *usw.*]
Kri|ständ|chen
kri|stal|len (aus Kristall)
Kri|stalleuch|ter [ll|l] *§ 7 (1), § 28 Anm.*
kri|stal|lin (aus Kristall)
kri|stal|li|nisch
Kri|stal|li|sa|ti|on
kri|stal|lisch
kri|stal|li|sie|ren
Kri|stal|lo|gra|phie
kri|stal|lo|gra|phisch
Kri|stallü|ster [ll|l] *§ 7 (1), § 28 Anm.*

Kri|te|ri|um (Beurteilungs- und Unterscheidungsmerkmal)
Kri|tik, die
Kri|tik...[punkt *usw.*]
Kri|ti|ka|ster (kleinlicher Kritiker)
Kri|ti|ker
kri|tisch
kri|ti|sie|ren
Kri|ti|zis|mus (Erkenntnislehre [besonders von I. Kant])
Krit|te|lei
Krit|te|ler (kleinlicher Kritiker)
krit|teln
Krit|tel|sucht
Krit|ze|lei
krit|zeln
Krk (Insel im Mittelmeer)
Kro|a|te
Kro|a|ti|en (Balkanstaat)
kro|a|tisch; auf ~
Kro|a|tisch, das; auf kroatisch sprechen
Kro|a|ti|sche, das
Kroatz|bee|re; *s. a.* Kratzbeere
Krocket, das (Rasenspiel) [k|k]
krockie|ren [k|k]
Kroetz, Franz Xaver (dt. Schriftsteller *1946)
Kro|kant, der (Karamel mit Mandel- od. Nußstückchen)
Kro|ket|te, die (gebackenes Röllchen [aus Kartoffelbrei])
Kro|ki, das (maßstabsgetreue Kartenskizze)
kro|kie|ren (zeichnen)
Kro|ko, das (*kurz f.* Krokodilleder); in ~
Kro|ko|dil
Kro|ko|dil...[leder *usw.*]
Kro|ko|dils|trä|ne
Kro|kus; *Pl.* Krokusse
Krom|lech (kelt. Kultstätte)
Kron...[leuchter *usw.*]
Krön|chen
Kro|ne
krö|nen
Kro|ni|de (Nachkomme des Kronos, Zeus)
Kron|kor|ken
Kro|nos (Gott)
Kron|prinz
Krons|bee|re (Preiselbeere)
Kron|zeu|ge (Hauptzeuge)
Kropf (Speiseröhrenerweiterung b. Vögeln; Schilddrüsenkrankheit)
Kropf...[band *usw.*]
Kröpf|chen
kröp|fen (1. biegen; 2. fressen); du kröpfst
Kröp|fer (Taube)
Kropp|zeug
Krö|se, die (Krause, a. an Faßdauben)
Krö|se|ei|sen
krö|seln; du kröselst
Krö|sel|zan|ge (Brechwerkzeug)
kroß (knusprig)
Krö|sus (lyd. König; Reicher)
Krö|te; *Pl.* Kröten (*a.* Geld)
Kro|ton, der (Pflanze)
Kro|ton|öl
Krs. (*Abk. v.* Kreis)
Krück|stock
Krucke (Horn d. Gemse) [k|k]
Krücke [k|k]
krud, kru|de (grob)
Kru|di|tät
Krug (Gefäß; Schenke)
Krü|ger, Hardy (dt. Schauspieler *1928); Paulus ~ (südafrik. Politiker, „Ohm Krüger“ 1825-1904)
Kru|ke (1. Gefäß; 2. komischer Kerl)
Krul|le, die
Krüll|schnitt (Tabak)
Krüll|ta|bak
Krüm|chen
Kru|me
Krü|mel
krü|me|lig
krü|meln; du krümelst
krumm; *als Verbzusatz a. zusammengeschrieben § 10*: krumm◡biegen *usw.*
Krumm...[stab *usw.*]
krumm|bei|nig
krüm|men; sich ~
Krüm|mer, der (Gartengerät)
kr<u>u</u>mm◡ge|hen (mißlingen] *§ 10*
kr<u>u</u>mm◡la|chen, sich *§ 10*
kr<u>u</u>mm◡le|gen, sich *§ 10*
Krümm|ling (Holzbogen)
krumm|li|nig
krumm|na|sig
kr<u>u</u>mm◡neh|men (verübeln) *§ 10*
Krüm|mungs...[radius *usw.*]
krum|pe|lig; *s. a.* krumplig
krum|peln
krumpf|echt
krump|fen (einlaufen [v. Gewebe])
krump|lig; *s. a.* krumpelig
Krupp, der (Krankheit)
Krupp (dt. Industriellenfamilie)
Krup|pa|de, die (Sprung d. Pferdes)
Krup|pe (hinterer Teil des Pferderückens)
Krüp|pel
Krüp|pel...[holz *usw.*]
krüp|pel|haft
krüp|pe|lig, krüpp|lig
kru|ral (den Schenkel betreffend)
Kru|sta|zee (Krustentier); *Pl.* Krustazeen
Krüst|chen
Kru|ste
Kru|sten|tier
kru|stig
Krux, die (Kummer); *a.* Crux
Kru|zi|fe|re, die (Kreuzblütler)
Kru|zi|fix, das (Darstellung des gekreuzigten Jesus)
Kru|zi|fi|xus, der (der gekreuzigte Jesus)
Kru|zi|tür|ken! (Ausruf)
Kry|low, Iwan (russ. Dichter 1768-1844)
Kryo|bio|lo|gie (Kältebiologie)
Kryo|lith, der (Mineral)
Kryp|ta (unterird. Kirchenraum); *Pl.* Krypten
kryp|tisch (unverständlich)
kryp|to.../Kryp|to... (verborgen)
Kryp|to|ga|me, die (blütenlose Pflanze)
Kryp|to|gramm (verschlüssel-

ter Text)
Kryp|to|gra|phie (Geheimschrift; Verschlüsselung)
kryp|to|gra|phisch
Kryp|ton; *chem. Zeichen* Kr (Edelgas)
Krypt|or|chis|mus (Entwicklungsstörung der Hoden)
Ksha|tri|ya, der (Angehöriger e. ind. Kaste)
KSZE (*Abk. v.* Konferenz für Sicherheit u. Zusammenarbeit in Europa) *§ 17 (2) Anm. 1*
KSZE-Schluß|ak|te *§ 13 (2)*
Kte|si|phon (antike Stadt)
Kto. (*Abk. v.* Konto)
Ku (*chem. Zeichen f.* Kurtschatovium)
Kua|la Lum|pur (Hauptstadt v. Malaysia)
Ku|ba (Inselstaat); *a.* Cuba
Ku|ba|ner; *a.* Cubaner
ku|ba|nisch; *a.* cubanisch
Ku|ba|tur (Berechnung des Rauminhalts)
Küb|bung
Kü|bel
Kü|bel...[pflanze *usw.*]
Ku|be|lik, Rafael (tschech.-schweiz. Dirigent 1914-1996)
ku|bie|ren (den Rauminhalt berechnen); *vgl.* Kubatur
Ku|bik...[meter *usw.*]
Ku|bin, Alfred (österr. Künstler 1877-1959)
ku|bisch (würfelförmig)
Ku|bis|mus (Kunstrichtung)
Ku|bist
ku|bi|stisch
ku|bi|tal (den Ellenbogen betreffend)
Ku|blai Khan (Mongolenherrscher 1215-1294)
Ku|brick, Stanley (amerik. Regisseur 1928-1999)
Ku|bus; *Pl.* Kuben (Würfel)
Kü|che
Kü|chel|chen
kü|cheln
Ku|chen
Ku|chen...[blech *usw.*]
Kü|chen...[herd *usw.*]
Küch|lein (1. kleiner Kuchen; 2. Küken)
kucken [k|k]; du kuckst; *s. a.* gucken
Kuckuck [k|k]
Kuckucks...[ei *usw.*] [k|k]
Ku'|damm (*kurz f.* Kurfürstendamm [Straße in Berlin])
Kud|del|mud|del, der/das
Ku|der, der (Wildkater)
Kud|run (Sagengestalt); *s. a.* Gudrun
Ku|du, der (Antilope)
Kues (Stadt); Nikolaus von ~ (Cusanus, dt. Philosoph 1401-1464)
Ku|fe, die
Kü|fer (Böttcher)
Kü|fe|rei
Kuff, die (Schiff)
ku|fisch; kufische Schrift
Kuf|stein (Stadt in Österreich)
Ku|gel
Ku|gel...[lager *usw.*]
Kü|gel|chen
ku|gel|fest
ku|gel|för|mig
Kü|gel|gen, Gerhard von (dt. Maler 1772-1820); Wilhelm von ~ (dt. Maler 1802-1867)
ku|ge|lig; *s. a.* kuglig
ku|geln
ku|gel|rund
ku|gel|si|cher
ku|gel|sto|ßen
Ku|gel|sto|ßen, das (Sportart)
Küg|lein (*zu* Kugel)
kug|lig; *s. a.* kugelig
Ku|gu|ar (Puma)
Kuh
Kuh...[handel *usw.*]
kühl
Kühl...[schrank *usw.*]
Kuh|le
küh|len
Küh|ler
Küh|ler...[haube *usw.*]
Kühl|te (Wind)
kühn
Kuh|nau, Johann (dt. Komponist 1660-1722)
kühn|lich
ku|jo|nie|ren (quälen)
k. u. k. (*Abk. v.* kaiserlich und königlich)
Kü|ken, das
Ku-Klux-Klan, der (amerik. Geheimbund) *§ 13 (2)*
Ku|ku|ruz, der (Mais)
Ku|lak (russ. Großbauer)
Ku|lan, der (Wildesel)
ku|lant (entgegenkommend)
Ku|lanz
Ku|li, der (1. billiger Arbeiter; 2. *kurz f.* Kugelschreiber)
Ku|lier|wa|re (Quergestricktes)
ku|li|na|risch (die Kochkunst betreffend)
Ku|lis|se, die (Bühnendekoration)
Ku|lis|sen...[wechsel *usw.*]
Kul|ler|au|gen (*Pl.*)
kul|lern
Kulm, der/das (Bergkuppe)
Kulm, das (geolog. Formation)
Kul|mi|na|ti|on
kul|mi|nie|ren (den Höhepunkt erreichen)
Kult, der; *s. a.* Kultus
Kult...[stätte *usw.*]
kul|tisch
Kul|ti|va|tor (Gerät zur Lokkerung des Erdreichs)
kul|ti|vie|ren (verfeinern)
kul|ti|viert
Kul|tur
Kul|tur...[kritik *usw.*]
kul|tu|rell
Kul|tus (Religionsausübung; Bildungswesen)
Kul|tus...[minister *usw.*]
Ku|ma|rin, das; *a.* Cumarin
Küm|mel, der (Pflanze; Gewürz daraus; Schnaps)
Kum|mer
Küm|me|rer
küm|mer|lich
Küm|mer|ling
küm|mern; sich ~
Küm|mer|nis, die
kum|mer|voll
Kum|met, das (Bügel für Zugtiere)
Kü|mo (*kurz f.* Küstenmotor-

schiff)
Kump, der (Schale)
Kum|pan, der (Kamerad)
Kum|pa|nei
Kum|pel (Kumpan; Bergmann)
küm|peln (wölben)
Kum|ran (Fundort antiker Schriftrollen); *a.* Qumran
Ku|mu|la|ti|on (Anhäufung)
ku|mu|la|tiv (sich häufend)
ku|mu|lie|ren
Ku|mu|lo|nim|bus (Gewitterwolke)
Ku|mu|lus (Haufenwolke); *Pl.* Kumuli
Ku|mys, Ku|myß, der (alkohol. Getränk aus Stutenmilch)
kund; *als Verbzusatz zusammengeschrieben*: kundgeben *usw.* *§ 9*; *s. aber* kund◡werden *§ 8*
künd|bar
Kun|de, der
kün|den
Kun|den...[dienst *usw.*]
Kun|de|ra, Milan (tschech. Schriftsteller *1929)
kund|ge|ben *§ 9*
kun|dig
kün|di|gen
Kün|di|gungs...[schreiben *usw.*]
kund|ma|chen
Kund|schaft
kund|schaf|ten
Kund|schaf|ter
kund|tun
kund◡wer|den *§ 8*
ku|nei|form (keilförmig)
Kü|net|te, die (Graben)
künf|tig
künf|tig|hin
Küng, Hans (schweiz. Theologe *1928)
Kun|ge|lei
kun|geln (heimlich aushandeln)
Kung-Fu, das (chin. Kampfsport)
Ku|ni|gun|de (Heilige; Kaiserin † 1033)
Kun|kel, die (Spindel)
Kunst
Kunst...[stoff *usw.*]
Kün|ste|lei
kün|steln
kunst|fer|tig
kunst|ge|recht
Kunst|ge|werbe
kunst|ge|werb|lich
Künst|ler
Künst|ler...[name *usw.*]
künst|le|risch
künst|lich; Künstliche Intelligenz *§ 15 (8)*, *Abk.* KI
kunst|sin|nig
Kunst|stoff|fla|sche *§ 7*
Kunst|stoffo|lie [ff|f] *§ 7, § 28 Anm.*
kunst|stop|fen; kunstzustopfen, kunstgestopft *§ 8*
kunst|ver|stän|dig
kunst|voll
kun|ter|bunt
Kun|ze, Reiner (dt. Schriftsteller *1933)
Kuo-min-tang (chines. Partei); *a.* Guomindang (*neuere Umschrift*)
Kü|pe, die (Färbebad)
Ku|pee, das (Eisenbahnabteil; sportl. Auto); *a.* Coupé
ku|pel|lie|ren (von unedlen Metallen trennen)
Kü|per (Böttcher)
Kup|fer; *chem. Zeichen* Cu
Kup|fer, Harry (dt. Regisseur *1935)
Kup|fer...[draht *usw.*]
kup|fe|rig; *s. a.* kupfrig
kup|fern (aus Kupfer); kupferne Hochzeit; Kupferner Sonntag *§ 15 (7)*
kup|fer|rot
kupf|rig; *s. a.* kupferig
ku|pie|ren (abschneiden)
ku|piert
Ku|pol|ofen; *s. a.* Kuppelofen (Schmelzofen)
Ku|pon, der (Zettel, Gutschrift); *a.* Coupon
Kup|pe (Gipfel eines Berges; Fingerspitze u. ä.)
Kup|pel (Deckenwölbung)
Kup|pel|ofen; *s. a.* Kupolofen
Kup|pe|lei
kup|peln
Kup|pe|lung; *s. a.* Kupplung
kup|pen (stutzen); du kuppst
Kupp|ler
kupp|le|risch
Kupp|lung; *s. a.* Kuppelung
Ku|pris|mus (Kupfervergiftung)
Kur, die
Kur...[bad *usw.*]
Kur...[fürst *usw.*]
Kür, die
Kür...[übung *usw.*]
ku|ra|bel (heilbar); kura|ble Leiden
ku|rant (im Umlauf befindlich [Währung])
Ku|ra|re, das (Pfeilgift); *a.* Curare
Kü|raß, der (Brustpanzer)
Kü|ras|sier (Angehöriger der schweren Reiterei)
Ku|rat, der (kath. Seelsorger)
Ku|ra|tel, die (Vormundschaft)
Ku|ra|tie (Amtsbezirk des Kuraten)
Ku|ra|tor (Vormund; Verwalter)
Ku|ra|to|ri|um (Aufsichtsgremium)
Kur|bel
Kur|bel...[welle *usw.*]
kur|beln; du kurbelst
Kur|bet|te, die (Galoppübung)
kur|bet|tie|ren
Kür|bis, der
Kür|bis...[suppe *usw.*]
Kur|de (Angehöriger eines vorderasiat. Volkes)
kur|disch
Kur|di|stan (Land der Kurden)
ku|ren (eine Kur machen); du kurst
kü|ren; du kürst (ernennen)
Kü|ren|berg, Der von (dt. Dichter ~1160)
Kü|ren|ber|ger|stro|phe (Gedichtform)
Kü|ret|ta|ge, die (Ausschabung)
Kü|ret|te (Ausschabungslöffel)

kü|ret|tie|ren
Kur|fürst
Kur|für|sten|damm (Straße in Berlin); *kurz* Ku'damm
Kur|für|sten|tum
kur|fürst|lich
Kur|hes|se
Kur|hes|sen
kur|hes|sisch
ku|ri|al (zum fürstlichen/päpstlichen Hof gehörig)
Ku|rie, die (Hof d. Papstes)
Ku|rier
Ku|rier...[post *usw.*]
ku|rie|ren (heilen)
Ku|ri|len (Inselgruppe in Ostasien)
ku|ri|os (sonderbar)
Ku|ri|o|si|tät
Ku|ri|o|sum
ku|risch; das Kurische Haff, die Kurische Nehrung (Landschaften an der Ostsee) *§ 15 (7)*
Kur|köln
kur|köl|nisch
Kur|ku|ma, die/das (Gelbwurz); *a.* Curcuma
Kur|land (lett. Landschaft)
Kur|laub (Kur als Urlaub)
Kür|lauf
kür|lau|fen
Kur|mainz
Kur|mark
Kur|mär|ker
kur|mär|kisch
Ku|ros (antike Jünglingsstatue)
Ku|ro|sa|wa, Akira (jap. Regisseur 1910-1998)
Kur|pfalz
Kur|pfäl|zer
kur|pfäl|zisch
kur|pfu|schen
Kur|pfu|scher (schlechter/nicht zugelassener Arzt)
Kur|pfu|sche|rei
Kur|prinz
kur|prinz|lich
Kur|re, die (Netz)
Kur|ren|de, die (Chor)
Kur|rent|schrift (Schreibschrift)
Kur|ri|ku|lum (Lehrplan); *a.* Curriculum
Kurs
Kurs...[buch *usw.*]
Kürsch, das (herald. Pelzwerk)
Kürsch|ner (Pelzhandwerker)
Kürsch|ner, der (*Name von biograph. Lexika*)
Kürsch|ne|rei
kur|sie|ren (in Umlauf sein)
kur|siv (schräg)
Kur|siv...[schrift *usw.*]
Kur|si|ve, die (schräge Druckschrift)
kur|si|vie|ren
kur|so|risch (fortlaufend)
Kur|sus; *Pl.* Kurse
Kur|ta|ge, die (Maklergebühr); *a.* Courtage
Kur|ti|sa|ne (vornehme Geliebte)
kur|trie|risch (*zu* Trier)
Kur|tscha|to|vi|um; *chem. Zeichen* Ku
ku|ru|lisch (zum Amtssessel gehörend)
Ku|rus (türk. Währungseinheit)
Kur|va|tur (Krümmung)
Kur|ve
kur|ven; du kurvst
Kur|ven...[technik *usw.*]
kur|ven|reich
kur|vig
Kur|vi|me|ter, das (Kurvenmesser)
Kurz...[welle *usw.*]
kurz; kurz und klein schlagen, kurz‿entschlossen; *Substantivierung oft klein geschrieben, wenn nicht wirklich von etwas Kurzem die Rede ist § 15 (6)*: auf das kürzeste, seit kurzem, über kurz oder lang; den kürzeren/Kürzeren ziehen; Pippin der Kurze; *als Verbzusatz a. zusammengeschrieben § 10*: kurz‿schneiden, kürzer‿treten *usw.*
kurz|ar|bei|ten (Kurzarbeit verrichten)
Kurz|ar|bei|ter
kurz|är|me|lig, kurz|ärm|lig
kurz‿bra|ten
Kur|ze, der (1. kleiner Schnaps; 2. Kurzschluß)
Kür|ze, die
Kür|zel, das
kür|zen; du kürzt *§ 7 (1)*
kurz‿entschlossen
kur|zer|hand *§ 12*
kür|zer‿tre|ten *§ 10*
kurz|fri|stig
kurz‿ge|bra|ten *§ 11 (3)*; das Kurzgebratene
kurz‿ge|faßt *§ 11 (3)*
Kurz|ge|schich|te
kurz‿ge|schnit|ten *§ 11 (3), (4)*
kurz|haa|rig
kurz|hal|sig
kurz‿hal|ten *§ 10*
kurz|hin
kurz|le|big
kürz|lich
kurz‿schlie|ßen *§ 10*
kurz|schrift|lich
kurz|sich|tig
kurz|sil|big
kurz‿tre|ten *§ 10*
kurz|um
kurz|weg *§ 12*
Kurz|weil, die
kurz|wei|lig
Kurz|wel|le
kurz|wel|lig
kurz|zei|tig
kusch! (*Zuruf an Hunde*)
ku|sche|lig; *s. a.* kuschlig
ku|scheln
ku|schen; du kuschst
kusch|lig; *s. a.* kuschelig
Ku|si|ne; *a.* Cousine
Kus|kus, das (arab. Grieß[gericht]); *a.* Couscous
Kuß
Küß|chen
kuß|echt
küs|sen; du küßt *§ 7 (1)*; geküßt
Kuß|hand
Kü|ste
Kü|sten...[schiffahrt *usw.*]
Kü|ster (Kirchendiener)
Ku|sto|de, der (Wächter)

Ku|sto|de, die (Kennzeichnung durch Zahlen od. Buchstaben)
Ku|stos (Vorsteher; Wächter); *Pl.* Kustoden
Ku|ti|ku|la, die (Häutchen); *a.* Cuticula
Ku|tis, die (Haut); *a.* Cutis
Kutsch...[bock *usw.*]
Kut|sche
kut|schen; du kutschst
Kut|schen...[schlag *usw.*]
Kut|scher
Kut|scher...[sitz *usw.*]
kut|schie|ren
Kut|te
Kut|tel, die (Eingeweide); *Pl.* Kutteln
Kut|tel|fleck (Kuttelgericht)
Kut|ter (Schiff)
Ku|tu|sow, Michail (russ. Feldherr 1745-1813)
Kü|ve|la|ge, die (wasserdichter Grubenausbau)
kü|ve|lie|ren
Ku|vert, das (Briefumschlag; Gedeck)
Ku|ver|tü|re (Gebäcküberzug)
Kü|vet|te (kleines Gefäß; Innendeckel der Taschenuhr)
Ku|wait (Emirat); *s. a.* Kuweit
Ku|wai|ter; *s. a.* Kuweiter
ku|wai|tisch; *s. a.* kuweitisch
Ku|weit (Emirat); *s. a.* Kuwait
Ku|wei|ter; *s. a.* Kuwaiter
ku|wei|tisch; *s. a.* kuwaitisch
Kux, der (Wertpapier)
kv. (*Abk. v.* kriegsverwendungsfähig)
kV (*Abk. v.* Kilovolt) *§ 17 (2) Anm. 2*
KV (*Abk. v.* Köchelverzeichnis) *§ 17 (2) Anm. 1*
kVA (*Abk. v.* Kilovoltampere) *§ 17 (2) Anm. 2*
kW (*Abk. v.* Kilowatt) *§ 17 (2) Anm. 2*
Kwaß, der (russ. Getränk)
kWh (*Abk. v.* Kilowattstunde) *§ 17 (2) Anm. 2*
Ky|a|ni|sa|ti|on (Imprägnierverfahren)
ky|a|ni|sie|ren
Ky|a|thos, der (antiker Becher)
Ky|be|le (Göttin)
Ky|ber|ne|tik (Theorie selbststeuernder Systeme)
Ky|ber|ne|ti|ker
ky|ber|ne|tisch
Kyff|häu|ser (Gebirge)
Ky|kla|den (Inselgruppe im Mittelmeer)
Ky|kli|ker (Dichter der kyklischen Epen); *s. a.* Zykliker
ky|klisch (kreisförmig; Dichter im Umkreis Homers betreffend); *s. a.* zyklisch
Ky|klop, der (einäugiger Riese); *s. a.* Zyklop
Ky|ma, das (befruchtete Eizelle)
Ky|ma|ti|on, das (Zierleiste mit Blattformen)
Ky|mo|gramm (Röntgenbild)
Ky|mo|graph (Röntgengerät)
Ky|mo|gra|phie (Röntgenverfahren)
ky|mo|gra|phie|ren
Kym|re (Bewohner v. Wales)
kym|risch; auf ~
Kym|risch, das; auf kymrisch sprechen
Kym|ri|sche, das
Ky|ni|ker (Philosoph d. kynischen Schule; schamloser, spöttischer Mensch); *s. a.* Zyniker
Ky|nis|mus; *s. a.* Zynismus
Ky|no|lo|ge (Hundezüchter)
Ky|no|lo|gie
Ky|nos|ke|pha|lai (Landschaft in Griechenland)
Kyo|to (Stadt in Japan)
Ky|pho|se (Rückgratverkrümmung)
Ky|re|na|i|ka (Landschaft in Libyen)
Ky|re|ne (antiker Ort in Libyen)
Ky|rie, das (~ eleison)
Ky|rie elei|son, Ky|rie|elei|son, das (gesungener Bittruf)
Ky|ri|eleis, das (Kyrie eleison)
ky|ril|lisch
Ky|ril|li|sche, das (Alphabet)
Ky|ril|li|za, die (kyrillische Schrift)
Ky|ril|los (Kyrill; Slawenapostel 826–869)
Ky|ros (pers. Herrscher † 529 v. Chr.)
Ky|the|ra (Insel)
Kyu|do (jap. Bogenschießen)
Kyu|shu (jap. Insel)
KZ (*Abk. v.* Konzentrationslager) *§ 17 (2) Anm. 1*

1 L

das l (der Kleinbuchstabe l, der Laut l); das L (der Großbuchstabe L); l (*Abk. v.* Liter, lävogyr, Leu, Lei) *§ 17 (2) Anm. 2*; L (röm. Zahlzeichen 50)
£ (*Zeichen f.* Pfund Sterling)
l. (*Abk. v.* lies, links)
L. (*Abk. v.* Lira/Lire [ital. Währung], Linné)
la (Solmisationssilbe)
La (*chem. Zeichen f.* Lanthan)
La. (*Abk. v.* Louisiana)
l. a. (*Abk. v.* lege artis)
Laa|cher See (See in der Eifel)
Laa|ser Mar|mor (Naturstein aus Südtirol)
Lab, das (Enzym)
La Bam|ba (Tanz)
La|ban (bibl. Gestalt); ein ~ (großer Mann)
La|ba|rum (kaiserl. Heeresfahne; Christusmonogramm)
lab|be|rig; *s. a.* labbrig
lab|bern (schlürfen; schlaff sein)
labb|rig; *s. a.* labberig
Lab|da|num (Harz); *s. a.* Ladanum
La|be, die
La|bel, das (*engl.* Etikett)
la|ben; du labst
La|ber|dan, der (Salzfisch)
la|bern (schwatzen)
la|bi|al (mit d. Lippen gebildet)
La|bi|al[|**laut**], der
La|bi|a|te, die (Lippenblütler)
la|bil (schwankend; unstabil)
La|bi|li|tät

la|bio|den|tal (mit Unterlippe u. Schneidezähnen gebildet)
La|bio|den|tal|[laut], der
la|bio|ve|lar (mit Lippen und Gaumen gebildeter Laut)
La|bio|ve|lar|[laut], der
Lab|kraut (Pflanzenart)
Lab|ma|gen
La|boe (Ort an der Ostsee)
La|boer (Einwohner v. Laboe)
La|bor (*kurz f.* Laboratorium)
La|bo|rant
La|bo|ra|to|ri|um (Forschungsstätte)
la|bo|rie|ren (an einer Krankheit leiden)
La|bour Par|ty (englische Arbeiterpartei)
La|bra|dor (1. Halbinsel; 2. *kurz f.* Labradorhund)
La|bra|do|rit, der (Mineral)
La|brum (Oberlippe der Insekten)
Lab|sal, das
Labs|kaus, das (Eintopfgericht)
La|by|rinth, das (Irrgarten)
la|by|rin|thisch
La|che[1] [*a.* la:xə], die (Pfütze)
La|che[2], die (Gelächter)
La|che[3], die (Lachte)
lä|cheln
la|chen; gut lachen haben; zum Lachen sein
La|cher (*a.* kurzes Lachen)
lä|cher|lich; ins Lächerliche ziehen
lä|cher|li|cher|wei|se
lä|chern; es lächert mich
La|che|sis (Parze)
Lach|gas (Betäubungsmittel)
lach|haft
Lach|mann, Karl (dt. Philologe 1793-1851)
Lachs
Lachs...[zucht *usw.*]
lachs|far|ben
lachs|far|big
lachs|ro|sa
Lach|tau|be
Lach|te, die (Borkenritzung); *s. a.* Lache[3]
Lach|ter (Maßeinheit)
la|cie|ren (mit Bändern versehen)
Lack
Lack...[schuh *usw.*]
Lack|af|fe (Geck)
Lackel (hilfloser Kerl) [k|k]
lacken [k|k]; du lackst
lackie|ren [k|k]
Lackie|re|rei [k|k]
lack|mei|ern; gelackmeiert
Lack|mus, das/der (Farbstoff)
Lack|mus|pa|pier (Indikator für Säuren oder Basen)
La|cri|mae Chri|sti (Wein)
la|cri|mo|so (klagend); *s. a.* lagrimoso
La|crosse, das (Ballspiel)
Lac|tam, das (chem. Verbindung); *a.* Laktam
Lac|to|se (*chem.*), die (Milchzucker); *a.* Laktose
La|dakh (Region im Himalaya)
La|da|num (Harz); *s. a.* Labdanum
Läd|chen (*zu* Lade, Laden)
La|de, die
La|de...[fläche *usw.*]
la|den; du lädst, ludst, lüdest, geladen
La|den, der
lä|die|ren (beschädigen)
la|din (ladinisch); auf ~ sprechen
La|din, das; auf ladin sprechen; *s. a.* ladinisch
La|di|ner (Angehöriger eines rätoromanischen Volkes)
la|di|nisch; auf ~; *s. a.* ladin
La|di|nisch, das; auf ladinisch sprechen
La|di|ni|sche, das (rätorom. Sprache in Graubünden)
La|di|no, der (Mischling)
La|di|no, das (Spaniolisch)
Lad|ner
La|do|ga|see, der (See in Rußland)
La|dy; *Pl.* Ladies
la|dy|like (damenhaft)
La Fa|yette (frz. Politiker 1757-1834); *a.* La|fa|yette
La|fet|te, die (Geschützwagen)
Laf|fe, der (dummer Mensch)
Laf|fe, die (Ausguß)
La|fon|taine, Oskar (dt. Politiker *1943)
La Fon|taine, Jean de (frz. Dichter 1621-1695); die La-Fontaineschen Fabeln *§ 15 (7)*
LAG (*Abk. v.* Lastenausgleichsgesetz) *§ 17 (2) Anm. 1*
La|gasch (antike Stadt)
La|ge
La|gen|schwim|men, das
la|gen|wei|se
La|ger
La|ger...[feuer *usw.*]
la|ger|fä|hig
La|ge|rist
La|ger|kvist, Pär (schwed. Schriftsteller 1891-1974)
La|ger|löf, Selma (schwed. Schriftstellerin 1858-1940)
la|gern
La|ger|statt
La|ger|stät|te
La|go Mag|gio|re (See in der ital. Schweiz)
La|gos (ehem. Hauptstadt v. Nigeria)
La|grange, Joseph de (frz. Mathematiker 1736-1813)
la|gri|mo|so (klagend); *s. a.* lacrimoso
Lag|ting, das (norweg. Oberhaus)
La|gu|ne, die (abgetrennter Meeresteil)
lahm
Läh|me, die
lah|men
läh|men
lahm◡le|gen *§ 10*
Lahn, der (Draht)
Lahn, die (Fluß)
Lahn|spu|le
Lah|nung (Damm)
La|hore (Stadt in Pakistan)
Laib, der (geformtes Brot u. ä.)
Lai|bach (Ljubljana, Hauptstadt v. Slowenien)
Laib|chen (Gebäck, *zu* Laib)

Lai|bung (innere Abgrenzung bei Fenstern u. ä.); *a.* Leibung
Laich, der (Eier v. Fisch usw.)
lai|chen (Laich ablegen)
Laie, der (Nichtfachmann; Nichtgeistlicher)
Lai|en...[theater *usw.*]
Lai|in, die (*zu* Laie)
La|ios (Sagengestalt)
la|i|sie|ren
Lais|ser-al|ler, das (Nichteinmischung)
Lais|ser-faire, das (Nichteinmischung)
La|i|zis|mus (Trennung von Staat und Kirche)
la|i|zi|stisch
La|kai (Diener)
la|kai|en|haft
Lake (Salzbrühe)
La|ke|dä|mon (Sparta)
La|ke|dä|mo|ni|er
la|ke|dä|mo|nisch
La|ken, das (Bettuch)
Lak|ka|di|ven (Inselgruppe im Ind. Ozean)
Lak|ko|lith, der (Magma)
La|ko|ni|en (antike Landschaft in Griechenland)
La|ko|nik (prägnante Ausdrucksweise)
la|ko|nisch (wortkarg; kurz u. treffend)
La|ko|nis|mus
La|kritz, das/der (Lakritze)
La|kritz...[stange *usw.*]
La|krit|ze, die (Masse aus Süßholzsaft)
Lak|shmi (ind. Göttin)
Lak|tam, das (chem. Verbindung); *a.* Lactam
Lak|ta|se, die (Enzym zur Spaltung von Milchzucker)
Lak|ta|ti|on (Milchabsonderung)
lak|tie|ren (stillen)
Lak|to|me|ter, das (Gerät zur Messung d. Milchfettgehalts)
Lak|to|se, die (Milchzucker); *a.* Lactose (*chem.*)
Lak|tos|u|rie (Auftreten von Milchzucker im Harn)
la|ku|när (schwammig; höhlenartig)
La|ku|ne, die (Textlücke; Hohlraum)
la|ku|strisch (in Seen vorkommend)
la|la; so lala
La|le|buch (dt. Volksbuch)
lal|len
La|ma, das (Kamelart)
La|ma, der (tibet. buddhist. Priester, Mönch)
La|ma|is|mus
la|ma|i|stisch
La|mäng; aus der ~ (unvorbereitet)
La|man|tin, der (Seekuh)
La|marck, Jean-Baptiste (frz. Naturforscher 1744-1829)
La|mar|ckis|mus (Lehre von der Vererbung erworbener Eigenschaften)
La|mar|tine, Alphonse de (frz. Dichter 1790-1869)
Lam|ba|da, die/der (Tanz)
Lam|ba|re|ne (Ort in Gabun)
Lamb|da, das (der griech. Buchstabe λ, Λ)
Lamb|da|zis|mus (fehlerhafte Aussprache von r als l)
Lam|berts|nuß (Haselnußart)
Lam|bris, der; *s. a.* Lamperie (Wandverkleidung)
Lam|brus|co, der (Rotwein)
Lambs|dorff, Otto Graf (dt. Politiker *1926)
Lamb|skin, das (Plüsch)
Lambs|wool, die (Schafwolle)
la|mé (mit Lamé versehen)
La|mé, der (Gewebe mit Metallfäden)
la|mel|lar (streifig geschichtet)
La|mel|le, die
La|mel|len...[verschluß *usw.*]
la|men|ta|bel (beklagenswert); lamenta|ble Vorgänge
La|men|ta|ti|on (Wehklage)
la|men|tie|ren
La|men|to, das (Gejammer)
La|met|ta, das (Metallfäden)
La Met|trie, Julien Offray de (frz. Philosoph 1709-1751)
La|mia (Sagengestalt)
La|mi|na, die (blattförmiger Teil)
la|mi|nar (nebeneinander)
La|mi|na|ria (*Pl.*) (Algen)
la|mi|nie|ren (mit Folie überziehen)
Lamm, das; Lamm Gottes
Lamm...[fleisch *usw.*]
lam|men (ein Schaf zur Welt bringen)
Läm|mer|gei|er
lamm|fromm
Lam|pas, der (Gewebe)
Lam|pas|sen (*Pl.*) (Zierstreifen)
Lämp|chen
Lam|pe; Meister ~ (Hase)
Lam|pe|rie; *s. a.* Lambris (Wandverkleidung)
Lam|pi|on, der (Papierlaterne)
Lam|pre|te, die (Fisch)
Lan|ça|de, die (Reitfigur)
Lan|ca|ster (Stadt in England; engl. Adelsfamilie)
Lan|ca|ster, Burt (amerik. Schauspieler 1913-1994)
lan|cie|ren (gezielt in die Öffentlichkeit bringen)
Land; zu Lande und zu Wasser; *vgl.* zulande
Land...[bau *usw.*]
land|ab; landauf, landab
Land|am|mann
Land|au|er, der (Kutsche)
Land|auer, Gustav (dt. Politiker 1870-1919)
land|auf; landauf, landab
land|aus; landaus, landein
land|be|woh|nend; *aber* das Land bewohnend *§ 11 (4), (6)*
Län|de, die (Landungsstelle)
land|ein; landaus, landein
land|ein|wärts
lan|den; du landest
Län|de|rei|en (*Pl.*)
län|der|kun|dig
län|der|kund|lich
Lan|des...[grenze *usw.*]
lan|des|flüch|tig
lan|des|herr|lich
lan|des|kun|dig

lan|des|kund|lich
lan|des|üb|lich
lan|des|weit
land|fein
land|flüch|tig
land|ge|stützt
land|läu|fig
Länd|ler (Tanz)
länd|lich; ländlich-sittlich
Land|ro|ver, der (Geländewagen)
land|säs|sig
Land|schaft
Land|schaf|ter
land|schaft|lich
Land|schafts...[maler *usw.*]
Land|ser
Lands|ge|mein|de
Lands|mål, das (Nynorsk)
lands|män|nisch
lands|mann|schaft|lich
Lands|ting, das (*früher* dän. Senat)
Land|stör|zer (Landstreicher)
land|wärts
Land|wirt|schaft
lang, län|ger, am läng|sten; *Substantivierung oft klein geschrieben, wenn nicht wirklich von etwas Langem die Rede ist § 15 (6)*: des langen und breiten, des längeren, seit langem *usw.*; *Großschreibung des Adjektivs in Eigennamen § 15 (7)*: die Langen Mauern (bei Athen), der Lange Marsch (in China); meterlang; *aber* drei Meter lang *§ 11 (7) Anm. 2*; *als Verbzusatz a. zusammengeschrieben § 10*: lang◡ziehen *usw.*
Lang, Fritz (österr. Regisseur 1890-1976)
lang|är|me|lig; *s. a.* langärmlig
lang|ar|mig
lang|ärm|lig; *s. a.* langärmelig
lang|at|mig
lang|bei|nig
lan|ge
Län|ge
län|ge|lang; ~ hinfallen
Lan|ge|marck (Ort in Belgien)
lan|gen; das langt
län|gen; du längst
Län|gen...[grad *usw.*]
Lan|gen|see (Lago Maggiore)
Lan|ge|oog (ostfries. Insel)
län|ger|fri|stig
Lan|ger|hans|sche In|seln, Langerhans-Inseln (Teil der Bauchspeicheldrüse)
lang◡er|sehnt; *aber* sehr lang ersehnt *§ 11 (4)*
Lan|get|te, die (Nähstich)
lan|get|tie|ren
Lan|ge|wei|le, die; wegen Langeweile *oder* Langerweile, der Langeweile *oder* Langenweile; *s. a.* Langweile
lang|fä|dig
Lang|fin|ger (Dieb)
lang|fin|ge|rig, lang|fing|rig
lang|fri|stig
Lang|gäs|ser, Elisabeth (dt. Schriftstellerin 1899-1950)
lang◡ge|hegt; *aber* sehr lang gehegt *§ 11 (4)*
lang◡ge|stielt; *aber* sehr lang gestielt *§ 11 (4)*
lang◡ge|streckt *§ 11 (4)*
lang◡ge|zo|gen *§ 11 (4)*
lang|haa|rig
lang|hin
lang|jäh|rig
Lang|lauf
lang|laufen (den Langlauf ausüben) *§ 9*
lang|le|big
lang◡le|gen; sich ~
läng|lich
läng|lich|rund
lang|mäh|nig
Lang|mut, die
lang|mü|tig
lang|na|sig
Lan|go|bar|de (Angehöriger e. Germanenstammes)
lan|go|bar|disch; auf ~
Lan|go|bar|disch, das; auf langobardisch sprechen
Lan|go|bar|di|sche, das
Lang|ohr, das
längs
Längs...[achse *usw.*]
lang|sam
lang|schä|de|lig, lang|schäd|lig
Lang|schäf|ter
Lang|schlä|fer
lang|schnä|be|lig, lang|schnäb|lig
längs|deck[s]
Lang|sei|te
Längs|fa|den
längs◡ge|streift *§ 11 (4)*
Längs|li|nie
längs|schiffs
längs|seit
Längs|sei|te
längs|seits
längst
lang|sten|ge|lig, lang|steng|lig
läng|stens
lang|stie|lig
Lang|streck|ler
Längs|wand
Langue|doc, das (Landschaft in Frankreich)
Langue d'oc, die (Sprache)
Lan|gu|ste, die (Schalentier)
Lang|wei|le; *s. a.* Langeweile
lang|wei|len
Lang|wei|ler
lang|wei|lig
Lang|wel|le (Frequenzbereich)
lang|wel|lig
lang|wie|rig
lang◡zie|hen *§ 10*
La|no|lin, das (Wollfettmasse)
Lan|ta|na, die (Pflanze)
Lan|than; *chem. Zeichen* La
Lan|tha|nit, der (Mineral)
La|nu|go, die (weiche Körperbehaarung); *Pl.* Lanugines
Lan|za|ro|te (kanar. Insel)
Lan|ze
Lan|zen...[reiter *usw.*]
Lan|zet|te (Operationsmesser)
Lan|zett|fen|ster
Lan|zett|fisch
lan|zett|för|mig (spitz zulaufend)
lan|zi|nie|ren (plötzlich auftreten); lanzinierende Schmerzen
La|o|ko|on (Sagengestalt)

Laon (Stadt in Frankreich)
La|os (Staat in Asien)
Lao She (chines. Schriftsteller 1899-1966)
La|o|te (Einwohner v. Laos)
la|o|tisch
Lao-tse, Lao|zi (*neuere Umschrift*) (chines. Philosoph ~300 v. Chr.)
La|pa|ro|skop (Gerät zur Untersuchung der Bauchhöhle)
La|pa|ro|to|mie (Öffnen der Bauchhöhle)
La Paz (Stadt in Bolivien)
la|pi|dar (kraftvoll, kurz u. bündig)
La|pi|dar...[schrift *usw.*]
La|pi|där, der (Poliermaschine)
La|pi|da|ri|um (Ansammlung von Steindenkmälern)
La|pil|li (*Pl.*) (Steinchen)
La|pis|la|zu|li, der (blauer Halbedelstein)
La|pi|the (Angehöriger eines sagenhaften Stammes)
La|place, Pierre Simon de (Mathematiker 1749-1827); die Laplacesche Theorie *§ 15 (7)*
La Pla|ta, der (Fluß in Südamerika)
La Pla|ta (Stadt in Argentinien)
La-Pla|ta-Staa|ten *§ 13 (4)*
Lap|pa|lie (Nichtigkeit); *Pl.* Lappa|li|en
Läpp|chen
Lap|pe (Lappländer)
Lap|pen, der
läp|pen; du läppst
Lap|pe|rei
Läp|pe|rei
läp|pern; es läppert sich
lap|pig (*zu* Lappen)
lap|pisch (*zu* Lappe)
läp|pisch
Lapp|land (Landschaft in Norwegen)
Lapp|län|der
lapp|län|disch
Lap|sus (Fehler); *Pl.* Lapsus; ~ calami, ~ linguae, ~ memoriae *§ 15 (3)*
Lap|top, der

Lar, der (Gibbon)
Lär|che (Baum)
Lär|chen...[holz *usw.*]
La|ren (*Pl.*) (röm. Schutzgötter)
lar|ghet|to *(Musik)* (etwas langsam)
Lar|ghet|to, das (etwas langsames Musikstück)
lar|go (*Musik*) (langsam)
Lar|go, das (langsames Musikstück)
la|ri|fa|ri! (Unsinn!)
La|ri|fa|ri, das
Lärm
Lärm...[schutz *usw.*]
lärm|emp|find|lich
lär|men; du lärmst
lär|mig
lar|moy|ant (weinerlich)
Lar|moy|anz (Weinerlichkeit)
La Roche, Sophie von (dt. Schriftstellerin 1730-1807)
La Roche|fou|cauld, François (frz. Schriftsteller 1613-1680)
L'art pour l'art, das (Kunstrichtung) *§ 15 (3)*
lar|val (die Larve betreffend)
Lärv|chen (*zu* Larve)
Lar|ve (1. Verkleidung; 2. Jungtier bestimmter Arten)
Lar|ven...[stadium *usw.*]
la|ryn|gal (den Kehlkopf betreffend)
La|ryn|gal...[laut *usw.*]
La|ryn|gi|tis (Kehlkopfentzündung)
La|ryn|go|skop (Kehlkopfspiegel)
la|ryn|go|sko|pisch
La|rynx, der (Kehlkopf); *Pl.* Laryngen
La|sa|gne, die *oder als Plural wie im Italienischen* (Nudelgericht)
Las Ca|sas, Bartolomé de (span. Mönch 1474-1566)
Las|caux (Ort in Frankreich)
lasch
La|sche, die
la|schen; du laschst
Lasch|heit

La|ser [leizɐ], der (*kurz aus* light amplification by stimulated emission of radiation; Gerät, das einen kohärenten Lichtstrahl erzeugt)
La|ser...[drucker *usw.*]
la|sie|ren (mit durchsichtiger Farbe überziehen)
Lä|si|on (Verletzung)
Las|ker-Schü|ler, Else (dt. Schriftstellerin 1869-1945)
Las Pal|mas (Hauptstadt d. Kanaren)
laß; lasser, am lassesten
Las|sa|fie|ber (Infektionskrankheit)
Las|salle, Ferdinand (dt. Politiker 1825-1864)
las|sen; du läßt *§ 7 (1)*, ließest, gelassen; laß!; fahren‿lassen (loslassen) *usw.*; *aber eher Getrenntschreibung, wenn* lassen = zulassen: fahren lassen *usw. § 10 Anm.*
läs|sig
läß|lich (nicht gravierend)
Las|so, das/der (Wurfschlinge)
Las|so, Orlando di (fläm. Komponist 1532-1594)
Last; zu Lasten
Last, James (dt. Musiker *1929)
Last...[tier *usw.*]
la|sten; du lastest
la|sten|frei
La|ster, das
La|ster, der
Lä|ste|rei
Lä|ste|rer
la|ster|haft
lä|ster|lich
lä|stern
La|stex, das (Gewebe mit Gummifäden)
lä|stig; ~ fallen
La|sting, der (Gewebe)
last[,] [but] not least (nicht zuletzt)
La|sur (durchsichtige Lack- od. Farbschicht)
La|su|rit, der (feinkörniges Mineral)

Las Ve|gas (Stadt in USA)
las|ziv (unanständig)
Las|zi|vi|tät
Lä|ta|re (3. Sonntag vor Ostern)
la|tein (lateinisch); auf ~
La|tein, das; auf latein; *s. a.* lateinisch
La|tein...[lehrer *usw.*]
La|tein|ame|ri|ka
la|tein|ame|ri|ka|nisch
La|tei|ner
la|tei|nisch; auf ~; *s. a.* Latein
La|tei|nisch, das; auf lateinisch sprechen
La|tei|ni|sche, das
La-Tène-Kul|tur *§ 13 (4)* (kelt. Kulturepoche)
la|tène|zeit|lich
la|tent (unterschwellig)
La|tenz
La|tenz|zeit
la|te|ral (seitlich)
La|te|ran, der (Papstpalast)
La|te|ran...[konzil *usw.*]
La|te|rit, der (Mineral)
La|te|rit|bo|den
La|ter|na ma|gi|ca (einfacher Projektor)
La|ter|ne
La|ter|nen...[pfahl *usw.*]
La|tex, der (Kautschuksaft); *Pl.* Latizes
la|te|xie|ren
La|tier|baum (Holzbalken im Pferdestall)
La|ti|fun|di|um (altröm. Landgut); *Pl.* Latifundien
La|ti|ner (antikes Volk)
la|ti|nisch
la|ti|ni|sie|ren (der lat. Sprache angleichen)
La|ti|nis|mus (lat. Ausdruck in anderen Sprachen)
La|ti|nist (Wissenschaftler der lat. Sprache u. Literatur)
La|ti|ni|tät
La|tin Lo|ver (südländischer Liebhaber)
La|ti|num (Lateinprüfung)
La|ti|tü|de (geograph. Breite)
La|ti|um (Region in Italien)
La|tri|ne (einfache)
Lat|sche, die (1. Nadelbaum; 2. Schuh; Latschen)
lat|schen; du latschst
Lat|schen, der (Schuh)
Lat|schen...[kiefer *usw.*]
Lat|te
Lat|te Mac|chi|a|to, der (Milchkaffeegetränk)
Lat|ten...[rost *usw.*]
Lat|tich, der (Pflanze)
Lat|wer|ge, die (Brei)
Latz
Latz...[hose *usw.*]
Lätz|chen
lau
Laub
Laub...[baum *usw.*]
Lau|be (Gartenhäuschen)
Lau|ben...[gang *usw.*]
Lau|ben|pie|per (Kleingärtner [in einer Laubenkolonie])
Laub|sä|ge (feine Handsäge)
laub|tra|gend; *aber* [dichtes] Laub tragend *§ 11 (4), (6)*
Lauch, der
Lau|da|num (schmerzstillendes Mittel)
Lau|da|tio (Lobrede); *Pl.* Laudationes, Laudationen
Lau|des (*Pl.*) (Gebet)
Laue, Max von (dt. Physiker 1879-1960)
Lau|er, der (Wein)
Lau|er, die; auf der ~ liegen
lau|ern; du lauerst
Lauf (1. das Laufen; 2. Bein; 3. Gewehrlauf u. ä.)
Lauf...[bahn *usw.*]
lau|fen; du läufst, liefst, liefest, gelaufen
lau|fend; auf dem laufenden *oder* Laufenden sein
lau|fen◡las|sen *§ 10 Anm.*; *vgl.* lassen
Läu|fer (*a.* Teppich, Geräteteil)
läu|fig (paarungsbereit)
Lau|ge
lau|gen; du laugst
Lau|gen...[brezel *usw.*]
Laugh|ton, Charles (engl. Schauspieler 1899-1962)
Lau|ne
lau|nen|haft
lau|nig
lau|nisch
Lau|re|at (preisgekrönter Dichter, Künstler usw.)
lau|ren|tisch; laurentisches Gebirge
lau|re|ta|nisch; die Lauretanische Litanei *§ 15 (7)*
Lau|rin (Sagengestalt); König ~
Lau|rus (Lorbeer)
Laus; *Pl.* Läuse
Lau|sanne (Stadt in der Schweiz)
Laus|bub, Laus|bu|be
Laus|bu|ben...[streich *usw.*]
Laus|bü|be|rei
laus|bü|bisch
Lau|scha|er Glas|wa|ren
Lausch|an|griff
Läus|chen (*zu* Laus)
lau|schen; du lauschst
Lau|scher (*a.* Ohr)
lau|schig
Lau|se...[bengel *usw.*]
Läu|se|kraut
lau|sen; du laust
Lau|ser
lau|sig
Lau|sitz (Landschaft in Brandenburg)
Lau|sit|zer; das ~ Bergland
lau|sit|zisch
laut; lauter, am lautesten
laut (*Präposition*); *Abk.* lt. (dem Wortlaut gemäß)
Laut, der
Laut...[lehre *usw.*]
laut|bar (allgemein bekannt)
Lau|te (Zupfinstrument)
lau|ten; es lautet
Lau|ten...[spiel *usw.*]
läu|ten
Lau|te|nist (*zu* Laute)
lau|ter; lautere Absichten, lauter gute Wünsche
läu|tern (von Fehlern säubern)
Läu|te|werk; *s. a.* Läutwerk
laut|hals; ~ schreien
lau|tie|ren

laut|los
laut|ma|lend
laut|nach|ah|mend; *aber* jeden Laut nachahmend *§ 11 (4), (6)*
Lau|tung
Läut|werk; *s. a.* Läutewerk
lau|warm
La|va (geschmolzenes Gestein); *Pl.* Laven
La|va|bel, der (Seidenstoff)
La|va|bo, das (Waschbecken)
La|va|ter, Johann Kaspar (schweiz. Schriftsteller 1741-1801)
la|ven|del (lavendelfarben); ein Kleid in Lavendel
La|ven|del, der (Pflanze)
La|ven|del...[duft *usw.*]
la|vie|ren (Schwierigkeiten umgehen)
lä|vo|gyr; *Abk.* l (linksdrehend)
La|voir, das (Waschbecken)
Lä|vu|lo|se, die (Fruchtzucker)
Law and or|der (Recht u. Ordnung) *§ 15 (3)*
La|wi|ne
La|wi|nen...[schutz *usw.*]
la|wi|nen|ar|tig
la|wi|nen|si|cher
Lawn-Ten|nis, das (Rasen-Tennis)
Law|rence, David Herbert (engl. Schriftsteller 1885-1930); Thomas Edward ~ (engl. Diplomat 1769-1830)
Law|ren|ci|um; *chem. Zeichen* Lr
lax; la|xer, am la|xe|sten
La|xans, das (Abführmittel); *Pl.* Laxantia, Laxantien
La|xa|tiv, das (Abführmittel)
La|xa|ti|vum (Abführmittel)
la|xie|ren (abführen)
Lax|ness, Halldór (isländ. Schriftsteller 1902-1998)
Lay|out, das (Text- und Bildgestaltung)
Lay|ou|ter
La|za|rett, das (Militärhospital)
La|za|rett...[zug *usw.*]
La|za|rist (Angehöriger eines Priesterordens ohne Gelübde)
La|za|rus (bibl. Gestalt; *a. übertr.* bemitleidenswerte Person)
La|ze|dä|mo|ni|er (Spartaner); *s. a.* Lakedämonier
la|ze|dä|mo|nisch; *s. a.* lakedämonisch
La|ze|ra|ti|on (Einriß)
la|ze|rie|ren (einreißen)
La|zer|te, die (Eidechse)
La|zu|lith, der (Mineral)
Laz|za|ro|ne, der
l. c. (*Abk. v.* loco citato)
LCD (*Abk. v.* liquid crystal display; Flüssigkristallanzeige) *§ 17 (2) Anm. 1*
LCD-An|zei|ge *§ 13 (2)*
Lea (bibl. Gestalt)
Lead, der (Führungsstimme; Vorspann)
Lead...[gitarrist *usw.*]
Lea|der (Anführer)
Lean, David (engl. Regisseur 1908-1991)
Le|an|der, Zarah (schwed. Schauspielerin 1907-1981)
Lear; König ~ (Figur bei Shakespeare)
lea|sen (mieten); du least *§ 7 (1)*, leastest; geleast
Lea|sing, das (Mieten)
Le|be|da|me
Le|be|hoch, das; *aber* er lebe hoch!
Le|be|mann
le|be|män|nisch
le|ben; du lebst; leb[e] wohl!
Le|ben, das
le|ben[s]|be|ja|hend; *aber* das Leben bejahend *§ 11 (4)*
le|bend|ge|bä|rend (*biolog. klassifizierend*, vivipar) *§ 11 (6)*
Le|bend|ge|wicht
le|ben|dig
Le|bens...[lauf *usw.*]
le|bens|be|droh|lich
le|ben[s]|be|ja|hend; *aber* das Leben bejahend *§ 11 (4)*
le|bens|fä|hig
le|bens|fremd
le|bens|froh
le|bens|ge|fähr|lich
le|bens|groß
le|bens|lang
le|bens|läng|lich
le|bens|lu|stig
le|bens|mü|de
le|bens|not|wen|dig
le|bens|wert
le|bens|wich|tig
Le|ber, die
Le|ber...[wurst *usw.*]
Le|besgue-Maß (*nach dem frz. Mathematiker* Henri Léon L.)
Le|ber|zir|rho|se (Krankheit)
Le|be|we|sen
Le|be|wohl, das; ~ sagen
leb|haft
Leb|ku|chen
Leb|ku|chen...[herz *usw.*]
Leb|küch|ler
Leb|küch|ner
leb|los
Le Bon, Gustave (frz. Arzt 1841-1931)
Leb|tag; mein ~ (solange ich lebe); meiner Lebtage
Leb|zei|ten; zu ~
Lec, Stanisław Jerzy (poln. Schriftsteller 1909-1966)
Lech, der (Fluß)
Lech|feld (Landschaft am Lech)
lech|zen; du lechzt *§ 7 (1)*
Le|ci|thin, das (fettähnliche Substanz); *a.* Lezithin
leck (undicht); *s.* leck◡schlagen *§ 10*
Leck, das
Lecka|ge, die [k|k]
Lecke, die [k|k]
lecken [k|k]
lecker [k|k]
Lecker|bis|sen [k|k]
Lecke|rei [k|k]
Lecker|li [k|k]
Lecker|maul [k|k]
leck◡schla|gen
Le|conte de Lisle, Charles Marie (frz. Dichter 1818-1894)
Le Cor|bu|sier (schweiz. Architekt 1887-1965)

LED (*Abk. f.* Leuchtdiode) *§ 17 (2) Anm. 1*
led. (*Abk. v.* ledig)
Le|da (Sagengestalt)
Le|der (gegerbte Tierhaut)
Le|der...[gurt *usw.*]
le|der|far|ben
le|de|rig; *s. a.* ledrig
le|dern (aus Leder)
le|dern; du lederst
le|der|ver|ar|bei|tend; *aber* [feines] Leder verarbeitend *§ 11 (4), (6)*
le|dig; *Abk.* led.
le|dig|ge|hend *§ 11 (4)*
le|dig|lich
led|rig; *s. a.* lederig
Lee, die/das (dem Wind abgeneigte Seite); nach Lee drehen, von Lee
leer; *als Verbzusatz a. zusammengeschrieben § 10*: leer◡laufen *usw.*
Leer...[taste *usw.*]
Lee|re, die (*zu* leer)
lee|ren (leer machen)
leer◡lau|fen *§ 10*
leer◡ste|hen *§ 10*
Leer|stel|le (leere Stelle)
Lee|sei|te
Leeu|wen|hoek, Antony van (niederl. Biologe 1632-1723)
lee|wärts
Le Fort, Gertrud von (dt. Schriftstellerin 1876-1971)
Lef|ze, die (herunterhängende Lippe beim Hund usw.)
leg. (*Abk. v.* legato)
le|gal (gesetzlich)
Le|ga|li|sa|ti|on
le|ga|li|sie|ren
Le|ga|lis|mus (Festhalten an Gesetzen)
le|ga|li|stisch
Le|ga|li|tät
leg|asthen (lese- u. schreibschwach)
Leg|asthe|nie (Lese- u. Schreibschwäche)
Leg|asthe|ni|ker
leg|asthe|nisch
Le|gat, das (Vermächtnis)
Le|gat, der (Gesandter)
Le|ga|tar (Vermächtnisinhaber)
Le|ga|ti|on (Gesandtschaft)
le|ga|to (*musik.* gebunden); *Abk.* leg.
Le|ga|to, das
le|ge ar|tis (nach den Regeln der Kunst); *Abk.* l. a.
Le|ge|bat|te|rie (Käfig zur Massengeflügelhaltung)
Le|ge|hen|ne; *s. a.* Leghenne
Le|gel (Ring)
le|gen; du legst
Le|gen|dar, das (Sammlung von Legenden)
le|gen|där (sagenhaft)
Le|gen|da|ri|um (Sammlung von Legenden)
Le|gen|de (Sage; Münzinschrift, Bildunterschrift)
Le|gen|den...[bildung *usw.*]
le|ger [leʒeːɐ] (zwanglos)
Lé|ger, Fernand (frz. Maler 1881-1955)
Le|ge|zeit
Leg|föh|re (Baum)
Leg|gings (*Pl.*) (Ledergamaschen; enge Hose)
Leg|hen|ne; *s. a.* Legehenne
Leg|horn, das (Hühnerrasse)
le|gie|ren; Metalle ~ (zusammenschmelzen); Suppe ~ (eindicken)
Le|gi|on (Truppeneinheit; große Menge)
Le|gi|o|nar
Le|gi|o|När (Soldat)
Le|gi|o|närs...[krankheit *usw.*]
Le|gi|o|nel|le (Bakterienart)
le|gis|la|tiv
Le|gis|la|ti|ve, die (gesetzgebende Staatsgewalt)
le|gis|la|to|risch
Le|gis|la|tur (Gesetzgebung)
Le|gis|la|tur|pe|ri|ode
le|gi|tim (rechtmäßig)
Le|gi|ti|ma|ti|on (Anerkennung; Berechtigung)
le|gi|ti|mie|ren
Le|gi|ti|mis|mus
Le|gi|ti|mist
le|gi|ti|mi|stisch
Le|gi|ti|mi|tät
Le|gu|an, der (Echse)
Le|gu|min, das (Eiweißstoff in Hülsenfrüchten)
Le|gu|mi|no|se (zu d. Hülsenfrüchte gehörende Pflanze)
Leg|war|mer (lange Strümpfe ohne Fuß)
Le|hár, Franz (österr. Komponist 1870-1948)
Le Ha|vre (Stadt in Frankreich)
Leh|de, die (Brachland)
Le|hen, das; zu Lehen geben
Le|hens...[wesen *usw.*]; *s. a.* Lehns...
Lehm, der
Lehm...[bau *usw.*]
Leh|mann, Karl (dt. Bischof *1936); Lotte ~ (dt.-amerik. Sängerin 1888-1976)
Lehm|bruck, Wilhelm (dt. Bildhauer 1881-1919)
leh|mig
Lehn...[wort *usw.*] (fremde Herkunft)
Leh|ne, die
leh|nen; du lehnst
Lehns...[eid *usw.*]; *s. a.* Lehens...
Leh|re, die (Unterweisung)
leh|ren; du lehrst
Leh|rer
Leh|rer...[zimmer *usw.*]
lehr|haft
Lehr|ling
lehr|reich
Lehr|stel|le (Ausbildungsplatz)
Lei (*Pl.*) (rumän. Währung); *Abk.* l; *s.* Leu
Leib (Körper); gut bei Leibe sein; *aber* beleibe nicht; zu Leibe rücken
Leib...[wache *usw.*]
Leib|chen (*a.* Unterwäsche)
leib|ei|gen (persönlich abhängig)
Leib|ei|ge|ne, der
Leib|ei|gen|schaft
lei|ben; wie er leibt und lebt
leib|haft

leib|haf|tig
Leibl, Wilhelm (dt. Maler 1844-1900)
leib|lich
Leib|niz, Gottfried Wilhelm (dt. Philosoph 1646-1716)
leib|ni|zisch, leib|nizsch (nach Art von Leibniz); die Leibniz[i]sche Philosophie (die Philosophie von Leibniz) *§ 15 (7)*
Leib-See|le-Pro|blem *§ 13 (3)*
leib|see|lisch
Lei|bung (innere Abgrenzung bei Fenstern u. ä); *a.* Laibung
Leice|ster (Stadt in England)
Leich, der (Lied)
Leich|dorn (Hühnerauge)
Lei|che, die
Lei|chen...[wagen *usw.*]
Lei|chen|bit|ter|mie|ne
lei|chen|blaß
lei|chen|fahl
Lei|chen|fled|de|rei
Leich|nam, der
leicht; etwas Leichtes; *in festen Wendungen a. Kleinschreibung § 15 (6)*: es ist ihm ein leichtes *oder* Leichtes; *als Verbzusatz a. zusammengeschrieben § 10*: leicht◡fallen *usw.*; *ebenso mit Partizip bzw. Adjektiv, bes. in festen Begriffen § 11 (6)*: leicht◡verletzt *usw.*
Leicht|ath|let
Leicht|ath|le|tik (Sportart)
leicht|ath|le|tisch
leicht◡be|schwingt *§ 11*
leicht◡be|waff|net; *aber* sehr leicht bewaffnet *§ 11 (6)*
Leicht|be|waff|ne|te, der
leicht|blü|tig
Leich|te
leicht◡ent|zünd|lich; *aber* sehr leicht entzündlich *§ 11 (6)*
Leich|ter, der (Schiff); *s. a.* Lichter
leich|tern; *s. a.* lichtern
leicht◡fal|len *§ 10*
leicht|fer|tig
leicht|flüs|sig
Leicht|fuß
leicht|fü|ßig
leicht|gän|gig
leicht◡ge|schürzt *§ 11 (4), (6)*
leicht|gläu|big
leicht|hin
leicht|le|big
leicht|lich
leicht◡ma|chen *§ 10*
leicht◡neh|men *§ 10*
Leicht|schwer|ge|wicht (Gewichtsklasse im Sport)
leicht|sin|nig
leicht◡tun, sich *§ 10*
leicht◡ver|dau|lich; *aber* sehr leicht verdaulich *§ 11 (4), (6)*
leicht◡ver|derb|lich *§ 11 (4), (6)*
leicht◡ver|letzt; *aber* sehr leicht verletzt *§ 11 (4), (6)*; der Leichtverletzte; *aber* ein eher leicht Verletzter
leicht◡ver|ständ|lich; *aber* sehr leicht verständlich *§ 11 (4), (6)*
leicht◡ver|wun|det; *aber* sehr leicht verwundet *§ 11 (4), (6)*; der Leichtverwundete; *aber* ein eher leicht Verwundeter
leid *§ 15 (6)*; es tut mir ~, es ist mir ~, ich bin es ~; *vgl.* Leid
Leid, das; in Freud und Leid; sich ein Leid[s] antun; *vgl.* leid
Lei|de|form (*grammat.* Passiv)
lei|den; du leidest, littest, gelitten
Lei|den, das
Lei|de|ner Fla|sche (Kondensator)
Lei|dens...[miene *usw.*]
Lei|den|schaft
lei|den|schaft|lich
lei|den|schafts|los
lei|dens|fä|hig
lei|der; leider Gottes
leid|ge|prüft
lei|dig
leid|lich
leid|tra|gend; *aber* [schweres] Leid tragend *§ 11 (4), (6)*; der Leidtragende
leid|voll
Leid|we|sen; zu unserem ~
Lei|er, die (Zupfinstrument); *a. übertr.* alte ~ (wiederholte Klage, Rede)
Lei|er...[kasten *usw.*]
lei|ern; du leierst
Leif Eriks|son (norweg. Seefahrer ~1000)
Leigh, Vivian (engl. Schauspielerin 1913-1967)
Leih...[amt *usw.*]
Lei|he, die
lei|hen; du leihst, liehst, liehest, geliehen
leih|wei|se
Lei|kauf (alter Kaufbrauch; Bestätigungstrunk)
Lei|lach, Lei|lak
Leim (Klebstoff)
Leim...[ring *usw.*]
lei|men (*a.* betrügen); du leimst
lei|mig
Lein, der (Flachs)
Lein...[öl *usw.*]
Lei|ne (Strick)
lei|nen (aus Leinen)
lei|nen; du leinst
Lei|nen, das; *Abk.* Ln. (als Bucheinband)
Lei|nen...[tuch *usw.*]
Lei|ne|we|ber; *s. a.* Leinweber
Lein|wand
Lein|we|ber; *s. a.* Leineweber
Leip|zig (Stadt)
Leip|zi|ger; ~ Allerlei (Mischgemüse)
leis, lei|se
Leis, der (Lied)
lei|se, leis
Lei|ser, Erwin (dt.-schwed. Regisseur 1923-1996)
Lei|se|tre|ter
Lei|se|tre|te|rei
lei|se|tre|te|risch
Leist, der (Pferdekrankheit)
Lei|ste, die (1. Holzlatte; 2. Übergang vom Rumpf zum Bein; 3. Rand)
lei|sten; du leistest
Lei|sten, der (Schuhform)
Lei|sten...[bruch *usw.*]

Lei|stung
lei|stungs|fä|hig
lei|stungs|ge|recht
lei|stungs|ori|en|tiert
lei|stungs|stark
lei|stungs|stei|gernd
Leit...[artikel *usw.*]
leit|ar|ti|keln; du leitartikelst
lei|ten; du leitest
Lei|ter[1], der (*zu* leiten; *a.* Stromleiter)
Lei|ter[2], die
Lei|ter...[platte *usw.*, *zu* Leiter[1]]
Lei|ter...[sprosse *usw.*, *zu* Leiter[2]]
Leit|fa|den
leit|fä|hig
Leit|geb, **Leit|ge|ber** (Gastwirt)
leit|mo|ti|visch
Lei|tungs...[netz *usw.*]
Lek (alban. Währung)
Lek|ti|on
Lek|tor (Lehrer; Prüfer u. Bearbeiter v. Manuskripten)
Lek|to|rat, das
lek|to|rie|ren
Lek|tü|re, die
Le|ky|thos (Gefäß); *Pl.* Lekythen
Le Mans (Stadt in Frankreich)
Lem|ma, das (Stichwort); *Pl.* Lemmata
lem|ma|ti|sie|ren
Lem|ming (Nagetier)
Lem|mon, Jack (amerik. Schauspieler *1925)
Lem|nis|ka|te (algebraische Kurve)
Lem|nos (griech. Insel)
Le|mur, Le|mu|re, der (altröm. Hausgeist; Halbaffe)
le|mu|ren|haft
le|mu|risch (zu den Lemuren gehörend)
Le|na (Fluß in Sibirien)
Le Nain (frz. Malerfamilie)
Le|nard, Philipp (dt. Physiker 1862-1947)
Le|nau, Nikolaus (österr. Dichter 1802-1850)
Len|bach, Franz von (dt. Maler 1836-1904)
Len|de, die (Körperteil)
Len|den...[wirbel *usw.*]
len|den|lahm
Leng, der (Lengfisch)
Le|nin, Wladimir Iljitsch (W. I. Uljanow, russ. Politiker 1870-1924)
Le|nin|grad (St. Petersburg)
Le|nin|gra|der
Le|ni|nist
Le|ni|nis|mus (*zu* Lenin)
le|ni|ni|stisch
Le|nis, die (weicher Laut); *Pl.* Lenes
Lenk...[drachen *usw.*]
len|ken; du lenkst
Len|ker
lenk|sam
Len|né, Peter Joseph (dt. Gartenarchitekt 1789-1866)
Len|non, John (engl. Musiker 1940-1980)
Le Nôtre, André (frz. Gartenarchitekt 1613-1700)
len|to (*Musik*) (langsam)
Len|to, das
Len|ya, Lotte (österr.-amerik. Sängerin 1898-1981)
lenz (*seemannssprachl.* leer)
Lenz, der (Frühling)
Lenz, Hermann (dt. Schriftsteller 1913-1998); Jakob Michael Reinhold (dt. Schriftsteller 1751-1792); Siegfried (dt. Schriftsteller *1926)
len|zen (1. Segelmanöver; 2. leerpumpen); du lenzt *§ 7 (1)*
Len|zing (= Lenzmonat)
Lenz|mo|nat
Lenz|pum|pe
Leo (*Papstname*)
Le|o|ben (Stadt in Österreich)
Le|o|nar|do da Vin|ci (ital. Künstler 1452-1519)
Le|on|ber|ger (Hunderasse)
Le|on|ca|val|lo, Ruggiero (ital. Komponist 1857-1919)
Le|o|ni|das (griech. Herrscher † 480 v. Chr.)
Le|o|ni|den (Sternschnuppen)
le|o|ni|nisch (mit einseitigem Vorteil)
le|o|nisch (aus Seidenfäden bestehend)
Leo|pard, der
Leo|par|di, Giacomo (ital. Dichter 1798-1837)
Leo|pold (*Name v. Herrschern*)
Leo|pol|di|na (naturwiss. Akademie in Halle)
Le|po|rel|lo (1. Opernfigur; 2. *kurz f.* Leporelloalbum)
Le|po|rel|lo|al|bum (Buch mit harmonikaartig gefaltetem Papier)
Le|po|rel|lo|falz
Le|pra, die (Hautkrankheit)
Le|prom, das (Lepraknoten)
le|pros, le|prös (aussätzig)
Le|pro|so|ri|um
Lep|ta (*Pl.*); *s.* Lepton
Lep|tis Ma|gna (antike Stadt)
Lep|ton (griech. Münze); *Pl.* Lepta
Lep|ton, das (Elementarteilchen)
lep|to|som (schmächtig)
lep|to|ze|phal (langköpfig)
Lep|to|ze|pha|lie
Ler|che (Vogel)
Ler|chen|sporn (Pflanze)
Ler|mon|tow, Michail (russ. Dichter 1814-1841)
Lern...[mittel *usw.*]
Ler|nä|i|sche Schlan|ge *§ 15 (7)*
lern|be|gie|rig
lern|be|hin|dert
lern|eif|rig
ler|nen; du lernst
Ler|ner
lern|fä|hig
Le|sage, Alain René (frz. Schriftsteller 1668-1747)
Les|art
les|bar
Les|be, die (homosexuelle Frau)
Les|bi|er (Einwohner v. Lesbos)
Les|bi|e|rin (*a.* homosexuelle Frau)

les|bisch
Les|bos (griech. Insel)
Le|se, die (Weinlese)
Le|se...[buch *usw.*]
le|sen; du liest *§ 7 (1)*, last/lasest; läsest; gelesen
le|sens|wert
Le|ser...[kreis *usw.*]
Le|se|rat|te
Le|se-Recht|schreib|schwä|che, Lese-Rechtschreib-Schwäche *§ 13 (2)*; *Abk.* LRS
le|ser|lich
Les|kow, Nikolaj (russ. Dichter 1831-1895)
Le|so|ther (Einwohner vom Lesotho)
le|so|thisch
Le|so|tho (Staat in Afrika)
Les|seps, Ferdinand de (frz. Ingenieur 1805-1894)
Les|sing, Gotthold Ephraim (dt. Dichter 1729-1781)
les|sin|gisch; *s.* lessingsch
les|singsch (nach Art Lessings); lessingsche Klarheit; *aber* Lessingsche Dramen (Dramen von Lessing) *§ 15 (7)*
le|tal (tödlich)
Le|thar|gie (Teilnahmslosigkeit)
le|thar|gisch
Le|the (Unterweltsstrom, Vergessenheit)
Let|kiss, der (Tanz)
Let|scho, das/der (ungar. Gericht)
Let|te (Lettländer)
Let|ten, der (Lehm)
Let|ter, die (Druckbuchstabe)
Let|tern...[metall *usw.*]
let|tig (*zu* Letten)
let|tisch, auf ~
Let|tisch, das; auf lettisch sprechen
Let|ti|sche, das
Lett|land (balt. Staat)
Lett|ner (Abgrenzung im Kirchenraum)
Let|tow-Vor|beck, Paul von (preuß. General 1870-1964)
let|zen; du letzt *§ 7 (1)*
Letzt; zu guter ~
letz|te; die letzte Ehre; *in rein numerischer Verwendung (Abzählen), bei Textverweisung und in festen (adverbialen) Verbindungen meist klein geschrieben § 15 (6)*: der letzte; letzteres, das letzte[re]; bis zum letzten (vollständig), letzter Hand; *aber* Letzter (Verlierer u. ä.) sein; der Letzte des Monats; das ist das Letzte (Schlimmste); die Letzten werden die Ersten sein (die Geringsten werden die Höchsten sein); der Letzte Wille (Testament); die Letzten Dinge, die Letzte Ölung, das Letzte Gericht (Jüngste Gericht); zu guter Letzt
letz|te|mal, das; *a.* letzte Mal; zum letzenmal/letzten Mal[e]; *s.* Mal
letzt|end|lich
letz|tens (neulich)
letz|te|re; *immer klein geschrieben*; *vgl.* letzte
letzt|ge|nannt; der Letztgenannte
letzt|hän|dig
letzt|hin
letzt|jäh|rig
letzt|lich
letzt|ma|lig
letzt|mals
letzt|mög|lich
letzt|wil|lig
Leu (Löwe); *Pl.* Leu|en, Leun
Leu, der (rumän. Währung); *Pl.* Lei; *Abk.* l
Leucht...[boje *usw.*]
Leuch|te, die
leuch|ten; du leuchtest
leuch|tend◡blau
Leuch|ter
leug|nen ([wahrheitswidrig] abstreiten); du leugnest
Leuk|ämie (Blutkrebs)
leuk|ämisch
Leu|kas (Insel)
Leuk|ipp, Leuk|ippos (griech. Philosoph 5. Jh.)
leu|ko-/Leu|ko- (*griech.* weiß)
leu|ko|derm
Leu|ko|der|ma, das (weiße Hautflecken)
Leu|kom (weiße Narbe der Augenhornhaut)
Leu|ko|pa|thie (Albinismus)
Leu|ko|plast, das (1. Teil der Pflanzenzelle; 2. Heftpflaster)
Leu|kor|rhö (*med.*), Leu|korrhöe, die (weißer Ausfluß)
leu|kor|rhö|isch
Leu|ko|to|mie (Gehirnoperation)
Leu|ko|zyt, der (weißes Blutkörperchen)
Leu|ko|zy|to|se (Vermehrung der weißen Blutkörperchen)
Leu|mund, der (Ruf, Ansehen)
Leu|munds|zeug|nis
Leu|na (Stadt in Thüringen)
Leusch|ner, Wilhelm (dt. Politiker 1890-1944)
Leut|chen (*zu* Leute)
Leu|te (*Pl.*)
leu|te|scheu
Leut|nant (Offiziersgrad); *Abk.* Lt., Ltn.
Leut|nants...[rang *usw.*]
Leut|prie|ster
leut|se|lig (umgänglich)
Leu|zit̥, der (Mineral)
Le|va|de, die (Reitfigur)
Le|van|te, die (östl. Mittelmeeranrainer)
Le|van|ti|ne, die (Gewebe)
Le|van|ti|ner (Bewohner der Levante)
le|van|ti|nisch
Le|vee, die (Rekruteneinberufung)
Le|vel, der (Niveau)
Le|ver [lə've:], das; Lever du roi (Morgenempfang)
Le|ver|ku|sen (Stadt)
Le|vi|a|than (Meerungeheuer)
Le|vi|rats|ehe
Lévi-Strauss, Claude (frz. Ethnologe *1908)
Le|vit (Angehöriger des Stammes Levi); *s.* Leviten

Le|vi|ta|ti|on
Le|vi|ten; die ~ lesen (zurechtweisen)
Le|vi|ti|kus (3. Buch Mose)
le|vi|tisch
Lev|ko|je, die (Pflanze)
Lew, der (bulgar. Währung); *Abk.* Lw
Lew|is, Sinclair (amerik. Schriftsteller 1885-1951)
Lex (Gesetz)
Lex.-8° (*Abk. v.* Lexikonoktav)
Le|xem, das (Bedeutungseinheit des Wortschatzes)
Le|xik, die (Wortschatz)
le|xi|kal
le|xi|ka|lisch
le|xi|ka|li|sie|ren
Le|xi|ko|graph
Le|xi|ko|gra|phie
le|xi|ko|gra|phisch
Le|xi|ko|lo|gie (Lehre vom Wortschatz)
le|xi|ko|lo|gisch
Le|xi|kon
Le|zi|thin, das (fettähnl. Substanz); *a.* Lecithin
lfr (*Abk. v.* Luxemburger Franc) *§ 17 (2) Anm. 2*
LG (*Abk. v.* Landgericht) *§ 17 (2) Anm. 2*
Lha|sa (Hauptstadt v. Tibet)
Lho|tse (Berg im Himalaya)
Li (*chem. Zeichen f.* Lithium)
Li (chines. Meile)
Li|ai|son, die (Verbindung)
Li|a|ne, die (Schlingpflanze)
Li|as, der/die (geolog. Formation)
li|as|sisch (*zu* Lias)
Li|ba|ne|se, der
li|ba|ne|sisch
Li|ba|non (Staat in Vorderasien)
Li|ba|ti|on (altröm. Trankopfer)
Li|bell, das (Klageschrift)
Li|bel|le (1. Insekt; 2. Teil der Wasserwaage)
li|be|ral (freiheitsliebend; großzügig)
Li|be|ra|le, der (*a.* Angehöriger einer liberalen Partei)
li|be|ra|li|sie|ren
Li|be|ra|lis|mus
Li|be|ra|list
li|be|ra|li|stisch
Li|be|ra|li|tät
Li|be|ria (Staat in Afrika)
Li|be|ri|a|ner
li|be|ri|a|nisch
Li|be|ri|er
Li|be|ro (Mehrzweckfußballer)
Li|ber|tas, die (Freiheit)
Li|ber|tin (Freidenker)
Li|ber|ti|na|ge (Zügellosigkeit)
li|bi|di|nös (triebhaft)
Li|bi|do, die (Begierde)
Li|bra|ti|on (Schwankung des Mondes)
Li|bret|tist (Librettoschreiber)
Li|bret|to, das (Operntext); *Pl.* Libretti
Li|bre|ville (Hauptstadt v. Gabun)
Li|bus|sa (tschech. Königin)
Li|by|en (Staat in Afrika)
Li|by|er
li|bysch; die Libysche Wüste *§ 15 (7)*
lic. (*Abk.* v. licet)
Lic. (*Abk. v.* Licentiatus)
li|cet (*lat.* es ist erlaubt); *Abk.* lic.
Li|chen, der (Flechte)
Li|che|no|lo|ge
Li|che|no|lo|gie (Flechtenkunde)
licht (hell); licht werden; lichte Weite
Licht, das
Licht...[blick *usw.*]
licht|arm
licht|be|stän|dig
licht|bre|chend; *aber* das Licht brechend *§ 11 (4), (6)*
licht|durch|flu|tet (voller Licht)
licht|durch|läs|sig
Lich|te, die (lichte Weite)
licht|echt
licht|elek|trisch
licht|emp|find|lich
lich|ten; du lichtest (1. ausdünnen; 2. Anker hochziehen)
Lich|ten|berg, Georg Christoph (dt. Physiker u. Schriftsteller 1742-1799)
Lich|ten|stein, Roy (amerik. Maler 1923-1997)
Lich|ter, der (Schiff); *s. a.* Leichter
Lich|ter|chen
lich|ter|loh
lich|tern; *s. a.* leichtern
Licht|meß; Mariä ~ (kath. Fest am 2. Februar)
licht|scheu
licht|tech|nisch
Lich|tung
licht|wen|dig
Lid, das (Augenlid)
Lid...[schatten *usw.*]
Li|do, der (Landzunge)
Lid|schat|ten
lieb; lieber, am liebsten; es ist mir das liebste/Liebste (am liebsten); mein Lieber, Liebster; *als Verbzusatz a. zusammengeschrieben § 10*: lieb◡gewinnen *usw.*
Lieb, das; mein Lieb
lieb|äu|geln; du liebäugelst
lieb◡be|hal|ten *§ 10*
Lieb|chen
Lieb|den; Euer ~
Lie|be, die; *aber* zuliebe
lie|be|be|dürf|tig
Lie|be|die|ne|rei
lie|be|die|ne|risch
lie|be|die|nern; du liebedienerst
lie|be|leer
Lie|be|lei
lie|ben; du liebst
lie|ben◡ler|nen *§ 10*
lie|bens|wert
lie|bens|wür|dig
lie|bens|wür|di|ger|wei|se
lie|ber (*zu* gern)
Lie|ber|mann, Max (dt. Maler 1847-1935)
Liebes...[gedicht *usw.*]
lie|bes|toll
lie|bes|trun|ken
lie|be|voll
Lieb|frau|en|kir|che
Lieb|frau|en|milch (Wein)

lieb◡ge|win|nen *§ 10*
lieb◡ge|wor|den *§ 11 (4)*
lieb◡ha|ben *§ 10*
Lieb|ha|ber
Lieb|ha|ber...[wert *usw.*]
Lieb|ha|be|rei
Lie|big, Justus von (dt. Chemiker 1803-1873)
Lieb|knecht, Karl (dt. Politiker 1871-1919); Wilhelm ~ (dt. Politiker 1826-1900)
lieb|ko|sen; du liebkost *§ 7 (1)*
lieb|lich
Lieb|ling
Lieb|lings...[buch *usw.*]
lieb|los
lieb|reich
Lieb|reiz
lieb|rei|zend
Lieb|schaft
Lieb|ste, der
Lieb|stöckel, das/der (Pflanze) [k|k]
lieb|wert
Liech|ten|stein (Fürstentum)
Liech|ten|stei|ner
liech|ten|stei|nisch
Lied (Gesang)
Lied|chen
Lie|der...[buch *usw.*]
Lie|der|jan
lie|der|lich
Lie|fe|rant
lie|fern
Lie|ge, die
Lie|ge...[stuhl *usw.*]
lie|gen; du liegst, lagst, lägest, gelegen
lie|gen◡blei|ben *§ 10*; *vgl.* bleiben
lie|gend; das Liegende (Gesteinsschicht)
lie|gen◡las|sen *§ 10 Anm.*; *vgl.* lassen
Lie|gen|schaft
Lie|ger (1. Wächter; 2. Wasserbehälter)
Lie|ge|stütz, der (Gymnastikübung)
Liek, das (Tauwerk)
Li|en, der (Milz); *Pl.* Li|e|nes
li|e|nal (zur Milz gehörend)
Li|e|ni|tis (Milzentzündung)
Li|enz (Stadt in Österreich)
Liesch, das (Gras)
Lie|schen (*Pl.*) (Maisblätter)
Lies|chen Mül|ler (Durchschnittsperson)
Lie|se, die (Kluft)
Life|style, der (Lebensweise)
Lift, der (1. Aufzug, Sessellift; 2. kosmet. Eingriff)
Lift|boy
lif|ten; du liftest
Li|ga, die (Bund; Spielklasse)
Li|ga|de, die (Wegdrücken der Klinge beim Fechten)
Li|ga|ment, Li|ga|men|tum (Band)
Li|ga|tur, die (Verbindung)
Li|ge|ti, György (österr. Komponist *1923)
Light-Show, die (Lichteffekt bei Popkonzerten u. ä.)
li|gie|ren ([Klinge] wegdrücken)
Li|gist (Angehöriger einer Liga)
Li|gnin, das (Holzbestandteil)
Li|gnit, der (Braunkohlenart)
Li|gro|in, das (Lackbenzin)
Li|gu|rer (antikes Volk)
Li|gu|ri|en (Region in Italien)
li|gu|risch
Li|gu|ster, der (Strauch)
Li|gu|ster...[hecke *usw.*]
li|ie|ren (sich verbinden)
Li|kör, der
Li|kör...[glas *usw.*]
Lik|tor (altröm. Amtsdiener)
Lik|to|ren|bün|del
Li|kud, der (israel. Parteienblock)
lila; ein lila Kleid, ein Kleid in Lila
Li|la, das; ein Kleid in Lila
li|la|far|ben
li|la|far|big
Li|lak, der (Flieder)
Li|lie (Pflanze)
Li|li|en...[gewächs *usw.*]
Li|li|en|cron, Detlev von (dt. Dichter 1844-1909)
Li|li|en|thal, Otto (Flugpionier 1848-1896)
li|li|en|weiß
Li|li|put (Märchenland)
Li|li|put...[format *usw.*]
Li|li|pu|ta|ner (zwergwüchsiger Mensch)
Lille (Stadt in Frankreich)
Li|long|we (Hauptstadt v. Malawi)
lim (*Abk.* v. Limes 2.) *§ 17 (2) Anm. 2*
lim., Lim. (*Abk. v.* limited)
Li|ma (Hauptstadt v. Peru)
Lim|ba, das (Holz)
Lim|bo, der (Tanz)
Lim|burg a. d. Lahn (Stadt)
Lim|bur|ger (*a.* Käse)
Lim|bus, der (Unterwelt; Teilkreis; Blütensaum); *Pl.* Limbi
Li|me|rick (Stadt in Irland)
Li|me|rick, der (Gedichtform)
Li|mes, der (1. röm. Grenzwall; 2. Grenzwert, *Abk.* lim)
Li|met|te, die (Zitronenart)
Li|mit, das (*engl.*) (Grenze)
Li|mi|ta|ti|on (Einschränkung)
Li|mi|te, die (*frz.*) (Grenze)
li|mi|ted (*in Firmennamen* mit beschränkter Haftung); *Abk.* Ltd., lim., Lim., Ld.
li|mi|tie|ren (einschränken)
Lim|mat (Fluß in der Schweiz)
lim|nisch (Süßwasser betreffend)
Lim|no|graph (Wasserstandsanzeiger)
Lim|no|lo|ge
Lim|no|lo|gie (Binnengewässerforschung)
lim|no|lo|gisch
Li|mo, die (*kurz f.* Limonade)
Li|mo|na|de
Li|mo|ne (Zitrusfrucht)
Li|mo|nit (Mineral)
li|mos, **li|mös** (schlammig)
Li|mou|si|ne
Lin|cke, Paul (dt. Komponist 1866-1946)
Lin|coln, Abraham (Präsident der USA 1809-1865)
lind; linde Luft (angenehm)
Lin|dau (Stadt)

Lind|bergh, Charles (amerik. Flieger 1902-1974)
Lin|de (Baum)
Lin|de, Carl von (dt. Ingenieur 1842-1934)
lin|den (aus Lindenholz)
Lin|den...[baum *usw.*]
lin|dern; du linderst
Lind|gren, Astrid (schwed. Schriftstellerin 1907-2001)
lind|grün
Lind|wurm (Drache)
Li|ne|al, das
li|ne|ar (*zu* Linie)
Li|ne|ar...[motor *usw.*]
Li|ne|a|tur (Linienmuster)
Lin|gam, das (Phallus[symbol])
lin|gu|al (die Zunge betreffend)
Lin|gu|al[|**laut**], der (Zungenlaut)
Lin|gu|ist
Lin|gu|i|stik (Sprachwissenschaft)
lin|gu|i|stisch
Li|nie
Li|ni|en...[bus *usw.*]
li|ni|en|treu
li|nie|ren; *s. a.* liniieren
li|ni|ie|ren; *s. a.* linieren
Li|ni|ment (Einreibemittel)
link; linker Hand; der Linke (Vertreter der politischen Linken); die Linke (politische Richtung; linke Hand)
Link, der/das (*EDV*) (Verbindung; *kurz f.* Hyperlink)
Lin|ke|hand|re|gel
lin|ken (betrügen); du linkst
lin|ker Hand
lin|ker|seits
lin|kisch (unbeholfen)
links; nach links, von links nach rechts, rechts vor links (im Verkehr); etwas mit links machen (mühelos); links um! (*Kommando*); *aber* linksum machen; *s. a.* links
Links...[abbieger *usw.*]
links|au|ßen
Links|au|ßen, der (Spieler auf der linken Seite)
links|bün|dig
links|dre|hend (*chem.*)
Link|ser
links|ex|trem
links◡ge|rich|tet *§ 11 (4)*
links|hän|dig
links|her|um
links|ra|di|kal
links|rhei|nisch
links|rum
links|sei|tig
links◡ste|hend; *aber* weit links stehend
links|uf|rig
links|um
Links|un|ter|zeich|ne|te, der
Lin|né, Carl von (schwed. Biologe 1707-1778); *Abk.* L. *hinter biolog. Namen*
lin|nen (aus Leinen); *s. a.* leinen
Lin|nen, das; *s. a.* Leinen
Lin|ole|um (Fußbodenbelag)
Lin|ol|schnitt
Li|non, der (Gewebe)
Li|no|type, die (Setz- und Gießmaschine f. Zeitungen)
Lin|se, die (Hülsenfrucht, opt. Glaskörper)
lin|sen (heimlich zuschauen); du linst *§ 7 (1)*
Lin|sen...[suppe *usw.*]
lin|sen|för|mig
Lin Yutang (chines. Schriftsteller 1895-1976)
Linz (Stadt in Österreich)
Lin|zer; ~ Torte
Li|ons Club (internat. karikativer Verein)
Lip|ämie (erhöhter Fettgehalt des Blutes)
lip|ämisch
Li|pa|ri|sche In|seln (Inselgruppe im Mittelmeer)
Li|pase, die (Enzym)
Li Peng (chines. Politiker *1928)
Lip gloss, das (Lippenpflegemittel)
Li|piz|za|ner (Pferderasse)
li|po|id (fettartig); li|po|i|de Stoffe
Li|po|id, das
Li|pom, das (Fettgeschwulst)
Li|po|ma|to|se, die (Fettsucht)
Lip|pe
Lip|pen...[stift *usw.*]
Lip|pe-Sei|ten|ka|nal *§ 13 (2)*
Lipp|fisch
Lip|tau|er (*a.* Käse)
Lip|urie (Fett im Urin)
liq., Liq. (*Abk. v.* Liquor)
Li|que|fak|ti|on (Verflüssigung)
li|quid, li|qui|de (flüssig)
Li|qui|da, die („fließender“ Konsonant); *Pl.* Liquiden
Li|qui|da|ti|on (Abwicklung; Rechnung; Tötung)
Li|qui|da|tor
li|qui|de, li|quid (1. flüssig; 2. zahlungsfähig)
li|qui|die|ren
Li|qui|di|tät
Li|quor, der; *Abk.* liq., Liq.
Li|ra, die (1. ital. Währung; *Pl.* Lire; *Abk.* L., Lit; 2. türk. Währung, *Abk.* TL)
Li|se|ne, die (Mauerstreifen)
lis|peln
Lisp|ler
Lis|sa|bon (Hauptstadt v. Portugal); *portug.* Lisboa
Lis|sa|bon|ner
lis|sa|bon|nisch
List, die
List, Friedrich (dt. Ökonom 1789-1846)
Li|ste, die
li|sten; du listest
Li|sten...[wahl *usw.*]
li|sten|reich
li|stig
li|sti|ger|wei|se
Liszt, Franz (ungar. Komponist 1811-1886)
Lit (*Abk. v.* [ital.] Lira, Lire) *§ 17 (2) Anm. 2*
Li Tai|bai (Li Bai, chines. Dichter 701-762); *ältere Umschrift* Li-T'ai-po
Li|ta|nei (Wechselgebet; eintönige Aufzählung)
Li|tau|en (balt. Staat)
Li|tau|er

li|tau|isch, auf ~
Li|tau|isch, das; auf litauisch sprechen
Li|taui|sche, das
Li|ter, der/das; *Abk.* l
Li|ter...[flasche *usw.*]
Li|te|ra, die (Buchstabe)
Li|te|rar...[kritik *usw.*]
li|te|rar|hi|sto|risch
li|te|ra|risch
Li|te|rat, der (Schriftsteller)
Li|te|ra|ten...[café *usw.*]
Li|te|ra|tur
Li|te|ra|tur...[geschichte *usw.*]
li|ter|wei|se
Li|tew|ka, die (blusenartiges Uniformteil)
Lit|faß|säu|le
Li|thi|a|sis (*med.* Steinbildung)
Li|thi|um; *chem. Zeichen* Li
Li|tho (*kurz f.* Lithographie) (Steindruckverfahren)
Li|tho|graph
Li|tho|gra|phie (Steindruckverfahren)
li|tho|gra|phie|ren
li|tho|gra|phisch
Li|tho|lo|ge
Li|tho|lo|gie (Gesteinskunde)
Li|tho|ly|se (Auflösung von Nieren- u. Gallensteinen)
Li|tho|po|ne, die (weiße Anstrichfarbe)
Li|tho|sphä|re (Erdhülle aus Gestein)
Li|tho|to|mie (operative Entfernung von Steinen)
Li|tho|trip|sie (Zertrümmerung von Blasensteinen)
Li|tho|trip|ter
Lith|ur|gik (Lehre von der Gesteinsverarbeitung)
li|to|ral (die Küste betreffend)
Li|to|ral, Li|to|ra|le, das (Ufer, Küste)
Li|to|tes, die (rhet. Figur: Verneinung des Gegenteils)
Li|tschi, die (Frucht); *a.* Lychee (*engl.*)
Li|turg
Li|tur|gie (Gottesdienst)
Li|tur|gik
li|tur|gisch
Lit|ze, die (schmales Band; Leitungsdraht)
live [laiv] (direkt); live senden
Live (Livländer)
Live-...[Mitschnitt *usw.*]
Li|ver|pool (Stadt in England)
Live-Show
li|visch
Li|vi|us, Titus (röm. Historiker ~59 v. Chr. ~ 17n. Chr.)
Liv|land (balt. Landschaft)
Liv|län|der
liv|län|disch
Li|vre, der/das (alte frz. Münze, Gewicht)
Li|vree, die (Uniform)
li|vriert
Li|zen|ti|at, das (theolog. Hochschulgrad)
Li|zen|ti|at, der; *Abk.* Lic.
Li|zenz, die (Befugnis)
li|zen|zie|ren
Lju|blja|na (Hauptstadt v. Slowenien); *s. a.* Laibach
Lkw, LKW; *Abk. v.* Lastkraftwagen
Lla|ne|ro (Bewohner des Llanos)
Lla|no, der (südamerik. Steppe)
Lloyd George, David (engl. Politiker 1863-1945)
Lloyd's (Versicherung)
Lloyd Web|ber, Andrew (engl. Komponist *1948)
lm (*Abk. v.* Lumen) *§ 17 (2) Anm. 2*
Ln. (*Abk. v.* Leinen [als Bucheinband])
Lob, das (positive Beurteilung)
Lob, der (hoher Tennisschlag)
Lob...[spruch *usw.*]
Lo|ba|tschew|skij, Nikolaj (russ. Mathematiker 1792-1856)
lob|ben (einen Lob schlagen); du lobbst
Lob|by, die (1. [Parlaments-] Vorraum; 2. Gruppe von Interessenvertretern)
Lob|by|is|mus
Lob|by|ist
Lo|be|lie (Pflanze)
lo|ben; du lobst
lo|bens|wert
lo|bens|wür|dig
lo|be|sam
lob|gie|rig
Lob|hu|de|lei
Lob|hu|de|ler; *s. a.* Lobhudler
lob|hu|deln; du lobhudelst
Lob|hud|ler; *s. a.* Lobhudeler
löb|lich
Lo|bo|to|mie (Gehirnoperation)
Lob|preis, der
lob|prei|sen; du lobpreist *§ 7 (1)*
lob|red|ne|risch
lob|sin|gen
Lo|car|ner
Lo|car|ne|se
Lo|car|no (Stadt in der Schweiz)
Loc|cum (Stadt)
Loc|cu|mer
Loch
Loch...[kamera *usw.*]
Lö|chel|chen
lo|chen; du lochst
Lo|cher
lö|che|rig; *s. a.* löchrig
lö|chern
Lo|chi|en (*Pl.*) (Wochenfluß)
Löch|lein
Loch|ner, Stephan (dt. Maler ~1410-1451)
Loch Ness (See in Schottland)
löch|rig; *s. a.* löcherig
Lock...[vogel *usw.*]
Löck|chen
Locke [k|k]
Locke, John (engl. Philosoph 1632-1704)
locken [k|k]; du lockst
löcken [k|k]; du löckst [wider den Stachel]
Locken...[kopf *usw.*] [k|k]
locken|köp|fig [k|k]
locker [k|k]
locker◡las|sen [k|k] *§ 10*
locker◡ma|chen [k|k] *§ 10*
lockern [k|k]
lockig [k|k]
lo|co ci|ta|to (am angeführten

Ort); *Abk.* l. c.
Lod|de, die (Fisch)
Lo|de, die (Schößling)
Lo|den, der (Gewebe)
Lo|den...[mantel *usw.*]
lo|dern
Lodz (Stadt in Polen)
Loer|ke, Oskar (dt. Dichter 1884-1941)
Loest, Erich (dt. Schriftsteller *1926)
Löf|fel
Löf|fel...[stiel *usw.*]
löf|feln; du löffelst
löf|fel|wei|se
Löff|ler (Vogel)
Lo|fo|ten (Lofotinseln)
Lo|fot|in|seln
log (*Abk. v.* Logarithmus) *§ 17 (2) Anm. 2*
Log, das (Meßinstrument für Schiffsgeschwindigkeit); *s. a.* Logge
Log|arith|men|ta|fel
log|arith|mie|ren
log|arith|misch
Log|arith|mus (Zahl, mit der eine Basis potenziert wird)
Lo|gau, Friedrich (dt. Dichter 1604-1655)
Log|buch (Schiffstagebuch)
Lo|ge [lo:ʒə] (Raum; Bund u. Versammlungsort d. Freimaurer)
Lo|gen...[bruder *usw.*]
Log|gast (Seemann, der das Log führt)
Log|ge, die (Meßinstrument für Schiffsgeschwindigkeit); *s. a.* Log
log|gen; du loggst (mit dem Log messen)
Log|ger, der (Schiff)
Log|gia, die (offene Säulenhalle; Balkon)
Log|glas (Sanduhr zum Loggen)
...**lo|gie** (*griech.* ...lehre); Geologie *usw.*
Lo|gier...[gast *usw.*]
lo|gie|ren (als Gast wohnen)
Lo|gik
Lo|gi|ker
Log|in, das (Einloggen, *EDV*)
Lo|gis, das (Unterkunft)
lo|gisch
...**lo|gisch** (*griech.* die Lehre betreffend); geologisch *usw.*
lo|gi|scher|wei|se
Lo|gi|stik (1. Transport- u. Beschaffungswesen; 2. mathem. Logik)
Lo|gi|sti|ker
lo|gi|stisch
Log|lei|ne (Meßleine)
lo|go; das ist ~ (logisch)
Lo|go, das (Namenskürzel)
Lo|go|griph, der (Buchstabenrätsel)
Lo|go|pä|de
Lo|go|pä|die (Sprachheilkunde)
lo|go|pä|disch
Lo|gor|rhö (*med.*), Lo|gor|rhöe (krankhafte Redseligkeit)
lo|gor|rhö|isch
Lo|gos, der (Vernunft)
Log|out, das (Ausloggen, *EDV*)
Loh...[beize *usw.*]
Lo|he[1], die (Gerbstoff)
Lo|he[2], die (Flamme)
lo|hen (*zu* Lohe[2])
Lo|hen|grin (Sagengestalt)
loh|gar (*zu* Lohe[1])
Lohn
Lohn...[tüte *usw.*]
lohn|ab|hän|gig; der Lohnabhängige
loh|nen; sich ~
löh|nen (bezahlen)
loh|nens|wert
lohn|in|ten|siv
Lohn-Preis-Spi|ra|le *§ 13 (2)*
Loi|pe, die (Skispur)
Loire, die (Fluß in Frankreich)
Lok (*kurz f.* Lokomotive)
Lok...[führer *usw.*]
lo|kal (örtlich)
Lo|kal, das (Gaststätte)
Lo|kal...[zeitung *usw.*]
Lo|ka|li|sa|ti|on
lo|ka|li|sie|ren
Lo|ka|li|tät (Örtlichkeit)
Lo|ka|ti|on (Örtlichkeit)
Lo|ka|tiv, der (*sprachwiss.* Ortskasus)
Lo|ki (Sagengestalt)
Lo|ko|ge|schäft (Geschäft mit sofort lieferbarer Ware)
Lo|ko|mo|ti|on (Bewegung)
Lo|ko|mo|ti|ve; *kurz* Lok
lo|ko|mo|to|risch
Lo|kris (antike Landschaft in Griechenland)
Lo|kus, der (Platz; Toilette)
Lolch, der (Gras)
Lo|li|ta (Romanfigur bei V. Nabokov; Kindfrau)
Lol|li, der (Lutscher)
Lol|lo|bri|gi|da, Gina (ital. Schauspielerin *1927)
Lom|bard, der/das (Beleihung von Sachen, Wertpapieren)
Lom|bard...[geschäft *usw.*]
Lom|bar|de, der (Bewohner der Lombardei)
Lom|bar|dei (Landstrich in Italien)
lom|bar|die|ren (verpfänden)
lom|bar|disch
Lom|bar|do (ital. Künstlerfamilie)
Lom|ber (Kartenspiel)
Lo|mé (Hauptstadt v. Togo)
Lo|mé-Ab|kom|men
Lo|mo|nos|sow, Michail (russ. Gelehrter 1711-1765)
Lo|mo|nos|sow-Uni|ver|si|tät
Lon|don (Hauptstadt v. Großbritannien)
Lon|do|ner
Long|drink, der (alkohol. Mischgetränk)
Long|drink|glas
Lon|ge, die (Leine)
Long|fel|low, Henry (amerik. Dichter 1807-1882)
lon|gie|ren (an der Leine laufen lassen)
Lon|gi|me|trie (Messung der Länge)
Long Island (Stadtteil von New York)
lon|gi|tu|di|nal (in der Längsausdehnung; den Längengrad betreffend)
Lon|gi|tu|di|nal...[welle *usw.*]

long|line; ~ spielen (die Linie entlang [beim Tennis])
Long|line, der (Schlag die Linie entlang [beim Tennis])
Long|sel|ler, der (Buch, das lange gut verkauft wird)
Lönn|rot, Elias (finn. Philologe 1802-1884)
Löns, Hermann (dt. Schriftsteller 1866-1914)
Look, der [luk] (Erscheinungsbild)
Loo|ping, der/das (Überschlag)
Lo|pe de Ve|ga (span. Dramatiker 1562-1635)
Lor|beer, der (Baum; Siegerkranz)
Lor|beer...[blatt *usw.*]
lor|beer|grün
Lor|chel, die (Pilz)
Lor|ca; *s.* García Lorca
Lord (engl. Adelstitel)
Lord|kanz|ler (höchster engl. Staatsbeamter)
Lord-Ma|yor (Erster Bürgermeister)
Lor|do|se, die (Rückgratverkrümmung)
Lord|ship (engl. Titel)
Lo|re, die (Wagen)
Lo|re|lei, Lo|re|ley (1. Sagengestalt; 2. Rheinfelsen)
Lo|rentz, Hendrik (niederl. Physiker 1853-1928)
Lo|rentz-Trans|for|ma|ti|on
Lo|renz, Konrad (österr. Biologe 1903-1989)
Lo|renz|strom (Meeresströmung)
Lo|re|to (Ort in Italien)
Lor|gnet|te (Brille ohne Bügel)
lor|gnet|tie|ren
Lor|gnon, das (Stielbrille)
Lo|ri, der (1. Papagei; 2. Halbaffe)
Lo|ri|ot (Vicco von Bülow, dt. Unterhaltungskünstler *1923)
Lo|ro|kon|to (Fremdkonto)
Lort|zing, Albert (dt. Komponist 1801-1851)
los; los und ledig; etwas los sein; hier ist etwas los; *als Verbzusatz a. zusammengeschrieben*: lo̱s◡binden *usw.*; *s. a.* lose
Los, das; das Große Los *§ 15 (7)*
...**los**; lieblos *usw.*
Los...[entscheid *usw.*]
Los Ala|mos (US-Atomzentrum)
Los An|ge|les (Stadt in USA)
Lösch...[wasser *usw.*]
lö|schen; du löschst
lo|se; *s. a.* los (locker)
Lo|se|blatt...[ausgabe *usw.*]
Lö|se|geld
los◡ei|sen *§ 10*; du eist los *§ 7 (1)*
Lö|se|mit|tel
lo|sen; du lost *§ 7 (1)*
lö|sen; du löst *§ 7 (1)*
los◡kom|men *§ 10*
los◡krie|gen *§ 10*
los◡las|sen *§ 10*
los◡lau|fen *§ 10*
los◡le|gen *§ 10*
lös|lich
los◡lö|sen *§ 10*
los◡rei|ßen *§ 10*
Löß, der; *Pl.* Lösse *bzw.* Löße (*bei langer Aussprache des* ö)
Löß...[boden *usw.*]
los◡sa|gen *§ 10*
los◡schicken [k|k] *§ 10*
los◡schla|gen *§ 10*
los◡sein *§ 10*; los ist
lös|sig, lö|ßig; *vgl.* Löß
Löß|kin|del, das (Kalkgebilde in Löß)
los◡spre|chen *§ 10*
Lost, der (Senfgas)
Los|tag
Lo|sung (1. Wahlspruch, Kennwort; 2. Kot des Wildes)
Lö|sungs...[mittel *usw.*]
Los-von-Rom-Be|we|gung
los◡wer|den *§ 10*
Lot, das (1. Senkblei, Senkrechte; 2. Packen, Bündel)
Lot (bibl. Gestalt)
Löt...[kolben *usw.*]
lo|ten
lö|ten (Metalle mit Lötzinn verbinden)
Lo|thar (*Name v. Herrschern*)
Lo|thrin|gen (Region in Frankreich)
Lo|thrin|ger
lo|thrin|gisch
Lo|ti|on, die (Körperemulsion)
Lo|to|pha|ge (Angehöriger eines sagenhafen Volkes)
Lo|tos, der (*griech.*) (Pflanze); *s. a.* Lotus
lot|recht (im rechten Winkel)
Lot|rech|te, die (Senkrechte)
Lötsch|berg (Berg in der Schweiz)
Löt|schen|paß (Schweizer Alpenpaß)
Lot|se (Führer [zur See])
lot|sen; du lotst
Lot|sen...[boot *usw.*]
Lot|ter...[bett *usw.*]
Lot|te|rie (Glücksspiel)
Lot|te|rie...[los *usw.*]
lot|te|rig; *s. a.* lottrig (schlampig u. ungepflegt)
lot|tern
Lot|to, das
Lot|to...[schein *usw.*]
lott|rig; *s. a.* lotterig
Lo|tus, der (*lat.*) (Pflanze); *s. a.* Lotos
lot|wei|se
Lou|is (*a.* Zuhälter)
Lou|is|dor, der (franz. Goldmünze)
Lou|is Fer|di|nand (Prinz von Preußen 1772-1806)
Lou|i|si|a|na (Bundesstaat der USA); *Abk.* La.
Lou|is-qua|torze, das (franz. Barockstil)
Lou|is-quinze, das (franz. Rokokostil)
Lou|is-seize, das (franz. Klassizismusstil)
Lounge, die (Halle)
Lourdes (frz. Wallfahrtsort)
Lou|vre, der (Museum in Paris)
Love-Pa|ra|de (Raverumzug in Berlin)
Love-Sto|ry (Liebesgeschichte)

Lö|we
Lö|wen...[käfig *usw.*]
Lö|wen|mäul|chen (Pflanze)
lö|wen|stark
Lö|wen|zahn (Pflanze)
lo|yal
Lo|ya|li|tät (Vertragstreue)
Lo|yo|la, Ignatius von (Ordensgründer 1491-1556)
LPG (*Abk. v.* Landwirtschaftliche Produktionsgenossenschaft) *§ 17 (2) Anm. 1*
Lr (*chem. Zeichen f.* Lawrencium)
LSD (*Abk. v.* Lysergsäurediäthylamid) *§ 17 (2) Anm. 1*
LSD-süch|tig *§ 13 (2)*
lt. (*Abk. v.* laut [*Präposition*])
Lt. (*Abk. v.* Leutnant); *s. a.* Ltn.
Ltd. (*Abk. v.* limited [s. d.])
Ltn. (*Abk. v.* Leutnant); *s. a.* Lt.
Lu (*chem. Zeichen f.* Lutetium)
Lu|an|da (Hauptstadt v. Angola)
Luang Pra|bang (Ort in Laos)
Lu|ba (Volk in Afrika); *s. a.* Baluba
Lü|beck (Stadt)
Lü|becker [k|k]; ~ Marzipan
lü|be|ckisch [k|k]
lü|bisch (lübeckisch)
Lu|bitsch, Ernst (dt. Regisseur 1892-1947)
Lüb|ke, Heinrich (dt. Bundespräsident 1894-1972)
Luchs, der
Luchs...[auge *usw.*]
luchs|äu|gig
luch|sen; du luchst *§ 7 (1)*
Lu|cia (Heilige)
Lu|ci|a|ner (Einwohner v. Santa Lucia)
Lücke [k|k]
Lücken...[test *usw.*] [k|k]
Lücken|bü|ßer [k|k]
lücken|haft [k|k]
lücken|los [k|k]
luckig (porenhaltig) [k|k]
Lu|cre|ti|us; Titus ~ Carus (röm. Dichter † 55 v. Chr.); *s. a.* Lukrez
Lu|cul|lus (röm. Feldherr ~117-~57 v. Chr.); *a.* Lukullus
Lu|de, der (Zuhälter)
Lu|den|dorff, Erich (preuß. General 1865-1937)
Lu|der (*a.* schlechte Person)
Lu|der|jan
Lu|der|le|ben
lu|dern; du luderst
Lu|dol|fin|ger (Adelsgeschlecht)
Lu|dolf|sche Zahl (Pi) *§ 15 (7)*, Lu|dolf-Zahl *§ 13 (2)*
Lud|wig (*Name v. Herrschern*)
Lud|wigs|burg (Stadt)
Lud|wigs|ha|fen am Rhein (Stadt)
Lu|es, die (Syphilis)
lu|e|tisch (syphilitisch)
Luf|fa, die (Pflanze)
Luf|fa|schwamm
Luft
Luft...[röhre *usw.*]
Luft-Bo|den-Ra|ke|te *§ 13 (2)*
Lüft|chen
luft|dicht
luft|durch|läs|sig
lüf|ten
Lüf|ter
luft|ge|kühlt
luft|ge|trock|net
Luft|han|sa (deutsche Fluggesellschaft)
luf|tig
Luf|ti|kus (leichtlebige Person)
luft|leer
Lüft|lein (lauer Wind)
Lüftl|ma|le|rei
Lug; Lug und Trug (Unwahrheit)
Lu|ga|ner
Lu|ga|ner See (See in der Schweiz)
Lu|ga|ne|se
lu|ga|ne|sisch
Lu|ga|no (Stadt in der Schweiz)
Lug|aus, der (Aussichtspunkt)
Lü|ge
lu|gen; du lugst
lü|gen; du lügst, logst, lögest, gelogen
Lü|gen...[gedicht *usw.*]
Lü|gen|bold
lü|gen|haft
Lug|ins|land (Aussichtspunkt)
Lüg|ner
lüg|ne|risch
Luh|mann, Niklas (dt. Soziologe 1927-1998)
lu|isch (syphilitisch)
Lu|i|se (Königin v. Preußen 1776-1810)
Luit|pold (Prinzregent v. Bayern 1821-1912)
Luk, das; *s. a.* Luke (Einstiegsöffnung)
Lu|kács, Georg (*ungar.* György) (ungar. Philologe 1885-1971)
Lu|kar|ne, die (Dachluke)
Lu|kas (Evangelist)
Lu|ke, die; *s. a.* Luk
Lu|ki|an (griech. Schriftsteller ~120-nach 180)
Luk|ma|ni|er[|paß] (Schweizer Alpenpaß)
lu|kra|tiv (gewinnbringend)
Lu|krez (röm. Dichter † 55 v. Chr.); *s. a.* Lucretius
lu|kul|lisch (reichhaltig; köstlich)
Lu|kul|lus (röm. Feldherr ~117- ~57 v. Chr.); *a.* Lucullus
Lu|latsch (großer, klobiger Mensch)
Lul|le, die (Zigarette)
lul|len (saugen); du lullst
Lul|lus, Raimundus (Ramón Llull, katalan. Mystiker 1232/33-1316)
Lul|ly, Jean Baptiste (frz. Komponist 1632-1687)
Lum|ba|go, die (Hexenschuß)
lum|bal (die Lenden betreffend)
Lum|bal...[punktion *usw.*]
lum|becken (klebebinden) [k|k]; du lumbeckst; gelumbeckt
Lum|ber|jack, der (Lederjacke)
Lu|men, das (lichte Weite von Hohlorganen; Maßeinheit für Licht); *Abk.* lm
Lu|miè̀re, Auguste (frz.

Fototechniker 1862-1954); Louis Jean ~ (frz. Fototechniker 1864-1948)
Lu|mi|nes|zenz (Kaltleuchten)
lu|mi|nes|zie|ren (kalt leuchten)
Lum|me, die (Vogel)
Lüm|mel
lüm|meln, sich
Lump, der (schlechter Mensch)
Lum|pa|zi|va|ga|bun|dus (Komödiengestalt bei Nestroy)
lum|pen; sich nicht ~ lassen
Lum|pen, der
Lum|pen...[pack *usw.*]
lum|pig
Lu|na (Mond[göttin])
lu|nar (den Mond betreffend)
Lu|na|tis|mus (Schlafwandeln)
Lunch, der (Mittagessen)
lun|chen (*zu* Lunch); du lunchst
Lund (Stadt in Schweden)
Lü|ne|burg (Stadt)
Lü|ne|bur|ger Hei|de
Lü|net|te (halbkreisartige Form)
Lu|né|ville; Friede von ~ (1801)
Lun|ge (Atmungsorgan)
Lun|gen...[fisch *usw.*]
lun|gen|krank
Lun|gen-Tbc, die *§ 13 (2)*
lun|gern
Lun|ker, der (Gußfehler)
Lün|se, die (Achsenstift)
Lun|te, die (Zündschnur); ~ riechen (Verdacht schöpfen)
Lu|pe, die (Vergrößerungsglas)
lu|pen|rein
Lu|per|ka|li|en (*Pl.*) (altröm. Fest am 15. Februar)
Lü|pertz, Markus (dt. Maler *1941)
lup|fen; du lupfst
lüp|fen; du lüpfst
Lu|pi|ne, die (Pflanze)
Lu|pi|no|se (Lupinenvergiftung)
Lup|pe, die (kohlenstoffarmes Eisen)
lup|pen; du luppst
Lu|pu|lin, das (Bierwürze aus Hopfen)
Lu|pus, der (*lat.* Wolf, Hauttuberkulose)
Lu|pus in fa|bu|la (*lat.* „der Wolf in der Fabel"); *§ 15 (3)*
Lurch, der (Amphibie)
Lu|re, die (Blasinstrument)
Lu|sa|ka (Hauptstadt v. Sambia)
Lu|sche, die (schlechte Spielkarte; Schlampe; Zigarette)
Lu|si|ta|ner (iber. Volk); *s. a.* Lusitanier
Lu|si|ta|ni|en
Lu|si|ta|ni|er (iber. Volk); *s. a.* Lusitaner
lu|si|ta|nisch
Lust
Lust...[schloß *usw.*]
Lust|bar|keit
lust|be|tont
Lüst|chen
Lü|ster (Kronleuchter)
Lü|ster...[klemme *usw.*]
lü|stern
lu|stig; s. lustig◡machen
lustig◡machen, sich *§ 10*
Lüst|ling
Lu|stra|ti|on (relig. Reinigung)
lu|strie|ren (durch Sühneopfer reinigen)
lü|strie|ren (polieren)
Lu|strum, das (Zeitraum v. 5 Jahren); *Pl.* Lustra, Lustren
lust|wan|deln; du lustwandelst
Lu|te|in, das (Farbstoff)
Lu|te|tia (Paris)
Lu|te|ti|um; *chem. Zeichen* Lu (Metall)
Lu|ther, Hans (dt. Reichskanzler 1879-1962); Martin ~ (dt. Reformator 1483-1546)
Lu|the|ra|ner
lu|the|risch
Lu|ther|ro|se (herald. Zeichen)
Lu|ther|stadt Wit|ten|berg
Lu|to|sław|ski, Witold (poln. Komponist 1913-1994)
lut|schen; du lutschst
Lut|scher
lütt (klein)
Lut|te (Belüftungsrohr)
Lut|ter, der (Destillat)
Lüt|tich (Stadt in Belgien)
Lutz, der (Drehsprung)
Lüt|zel|burg (Luxemburg)
Lüt|zow, Adolf von (preuß. Offizier 1782-1834); die Lützowschen Jäger
Luv, das/die (dem Wind zugeneigte Seite); nach Luv drehen; aus Luv
lu|ven (ein Schiff der Windseite zukehren); du luvst
Luv|sei|te
luv|wärts
Lux, das (Maßeinheit für die Beleuchtungsstärke); *Abk.* lx
Lu|xa|ti|on (Verrenkung)
Lu|xem|burg (Staat)
Lu|xem|burg, Rosa (poln.-dt. Politikerin 1870-1919)
Lu|xem|bur|ger
lu|xem|bur|gisch
lu|xie|ren (verrenken)
Lux|me|ter, das (Meßgerät für Beleuchtungsstärke)
Lu|xor (Stadt in Ägypten)
Lu Xun (chines. Schriftsteller 1881-1936)
lu|xu|rie|ren (üppig wachsen)
lu|xu|ri|ös
Lu|xus
Lu|xus...[steuer *usw.*]
Lu|zern (Kanton u. Stadt in der Schweiz)
Lu|zern|biet
Lu|zer|ne, die (Pflanze)
Lu|zer|ner
lu|zer|nisch
lu|zid, lu|zi|de (hell, klar)
Lu|zi|di|tät
Lu|zi|fer (1. Morgenstern; 2. Teufel)
Lu|zi|fe|rin, das (Leuchtstoff)
lu|zi|fe|risch (teuflisch)
Lu|zon (philippin. Insel)
Lw (*Abk. v.* Lew, Lewa [bulgar. Währung]) *§ 17 (2) Anm. 2*
lx (*Abk. v.* Lux) *§ 17 (2) Anm. 2*
Ly|chee, die (*engl.*) (Frucht); *a.* Litschi
Ly|der (antikes Volk); *s. a.* Lydier

Ly|di|en (antikes Reich)
Ly|di|er (antikes Volk); *s. a.* Lyder
ly|disch
Ly|ki|en (antikes Reich)
Ly|ki|er (antikes Volk)
ly|kisch
Ly|ko|po|di|um (Bärlapp[sporen])
Ly|kurg (griech. Gesetzgeber ~390-314 v. Chr.)
ly|kur|gisch
lym|pha|tisch (die Lymphknoten betreffend)
Lymph|drai|na|ge (Massage); *vgl.* Drainage
Lym|phe (Gewebsflüssigkeit)
lym|pho|gen
lym|pho|id (lymphartig)
Lym|pho|zyt (Zelle im Lymphgewebe)
Lym|pho|zy|to|se (Übermaß an Lymphozyten im Blut)
lyn|chen (in Selbstjustiz töten); du lynchst; gelyncht
Lynch|ju|stiz
Lyn|keus (Sagengestalt)
Ly|on (Stadt in Frankreich)
Ly|o|ner, der (Einwohner von Lyon)
Ly|o|ner, die (Brühwurst)
Ly|o|ne|ser
ly|o|ne|sisch
Ly|ra (Zupfinstrument; Sternbild)
Ly|rik
Ly|ri|ker (Dicher)
ly|risch
Lys|erg|säu|re|di|äthyl|amid, das (Droge); *Abk.* LSD
Ly|si|as (griech. Redner ~445 v. Chr.-380 n.Chr.)
Ly|sin, das (Stoff, der ein Antigen auflösen kann)
Lys|ip|pos (griech. Bildhauer 4. Jh. v. Chr.)
Ly|sis, die (Auflösung [v. Gewebe]; Fiebersenkung); *Pl.* Lysen
Ly|si|stra|ta, Ly|si|stra|te (Figur bei Aristophanes)
Ly|sol, das (Desinfektionsmittel)
Lys|sa (Wut, Raserei)
Lys|sen|ko, Trofim (sowjet. Biologe 1898-1976)
Ly|ze|um (höhere Mädchenschule)

m M

das m (der Kleinbuchstabe m, der Laut m); das M (der Großbuchstabe M); m (*Abk. v.* Meter, Milli...) *§ 17 (2) Anm. 2*; M (röm. Zahlzeichen 1000; *Abk. v.* Mark, Mega...) *§ 17 (2) Anm. 1*
µ (griech. Buchstabe; *Abk. v.* Mikro..., Mikron)
M. (*Abk. v.* Monsieur)
m² (*Abk. v.* Quadratmeter) *§ 17 (2) Anm. 2*
m³ (*Abk. v.* Kubikmeter) *§ 17 (2) Anm. 2*
ma. (*Abk. v.* mittelalterlich)
Ma (*Abk. v.* Mach-Zahl) *§ 17 (2) Anm. 2*
mA (*Abk. v.* Milliampere) *§ 17 (2) Anm. 2*
MA. (*Abk. v.* Mittelalter)
M. A. (*Abk. v.* Magister Artium, Master of Arts)
Mä|an|der (Flußbiegung; Wellenlinie)
mä|an|dern (sich schlängeln)
mä|an|drie|ren
mä|an|drisch
Maar, das (Vulkansee)
Maas, die (Fluß; *frz.* Meuse)
Maas|tricht (Stadt in den Niederlanden)
Maat (Seemann; Unterofffizier zur See)
Mac (Sohn *in schott. Namen*); MacDonald *usw.*
Ma|cao (Gebiet in China)
Mac|Ar|thur, Douglas (amerik. General 1880-1964)
Mac|beth (Figur bei Shakespeare)
Mac|chia, Mac|chie, die (1. Buschwerk; 2. Widerstandsbewegung im 2. Weltkrieg); *s. a.* Maquis
Mach, das (Mach-Zahl)
Mach, Ernst (österr. Physiker 1838-1916)
Ma|chan|del (Wacholder)
Ma|chan|del|baum
Mach|art
mach|bar
Ma|che, die (Vortäuschen von Wichtigkeit)
Ma|che-Einheit *§ 13 (2)*; *Abk.* ME
ma|chen; du machst
Ma|chen|schaft (heimliche u. oft ungesetzliche Aktivität)
Ma|cher|lohn
Ma|che|te, die (Buschmesser)
Ma|chia|vel|li, Niccolo (ital. Schriftsteller 1469-1527)
Ma|chia|vel|lis|mus (reine Machtpolitik)
ma|chia|vel|li|stisch (polit. bedenken- u. rücksichtslos)
Ma|chi|na|ti|on (Machenschaft)
Ma|chis|mo, der (männlicher Überlegenheitswahn)
Ma|cho (Person mit übertrieben männlichem Verhalten)
Ma|chor|ka, der (grober Tabak)
Macht
Macht...[kampf *usw.*]
mäch|tig
ma|chul|le (bankrott)
Ma|chu Pic|chu (Inkastadt)
Mach|werk
Mach-Zahl (Einheit der Fluggeschwindigkeit); *Abk.* Ma
Macke [k|k]; eine ~ haben
Macke, August (dt. Maler 1887-1914) [k|k]
Macken|sen, August von (dt. Heerführer 1849-1945) [k|k]
Mac|ken|zie (Fluß)
Macker [k|k]
Mac|Laine, Shirley (amerik. Schauspielerin *1934)
Mac|mil|lan, Harold (engl. Politiker 1894-1986)
MAD (*Abk. v.* Militärischer Abschirmdienst) *§ 17 (2)*

Anm. 1
Ma|da|gas|kar (Inselstaat)
Ma|da|gas|se; *s. a.* Madegasse
ma|da|gas|sisch; auf ~; *s. a.* madegassisch
Ma|dame
Ma|da|ri|a|ga [y Ro|jo], Salvador de (span. Schriftsteller 1886-1978)
Mäd|chen
Mäd|chen...[schule *usw.*]
Mäd|chen|au|ge (*a.* Blume)
Ma|de (wurmähnliches Insekt)
Ma|de|gas|se; *s. a.* Madagasse
ma|de|gas|sisch; auf ~; *s. a.* madagassisch
made in Ger|ma|ny (in Deutschland hergestellt)
Ma|dei|ra (1. span. Insel; 2. Madeirawein)
Ma|dei|ra|wein
Mä|del
Ma|de|moi|selle, die (*frz.* Fräulein); *Abk.* Mlle.; *Pl.* Mesdemoiselles, *Abk.* Mlles.
Mä|de|süß, das (Pflanze)
ma|dig; ~ machen (abwerten)
Ma|djar (Ungar); *a.* Magyar
ma|dja|risch; *a.* magyarisch
Ma|don|na (Jungfrau Maria)
Ma|don|nen...[bild *usw.*]
ma|don|nen|haft
Ma|dras (Stadt in Indien); *s. a.* Chennai *(amtl. Name)*
Ma|dre|po|re, die (Steinkoralle)
Ma|dre|po|ren|kalk
Ma|drid (Hauptstadt v. Spanien)
Ma|dri|der
Ma|dri|gal, das
ma|e|sto|so (majestätisch)
Ma|e|stro (bedeutender Musiker, *bes.* Dirigent)
Mae|ter|linck, Maurice (belg. Dichter 1862-1949)
Mä|eu|tik („Hebammenkunst"; Fragemethode [des Sokrates])
mä|eu|tisch
Ma|fia, die
ma|fi|os
Ma|fi|o|so (Mafiamitglied); *Pl.* Mafiosi
Mag. (*österr. Abk. v.* Magister)
Ma|gal|hães, Fernão de (portug. Seefahrer ~1480-1521); *s. a.* Magellan
Ma|gal|hães|straße (Meerenge bei Feuerland); *s. a.* Magellanstraße
Ma|ga|zin, das (Vorratsraum; Zeitschrift)
ma|ga|zi|nie|ren
Magd; *Pl.* Mägde
Mag|da|lé|ni|en, das (Steinzeitkultur)
Mag|de|burg (Stadt)
Mag|de|bur|ger; ~ Börde, ~ Halbkugeln
Mäg|de|lein; *s. a.* Mägdlein
Mägd|lein; *s. a.* Mägdelein
Magd|tum
Ma|gel|lan; *vgl.* Magalhães
Ma|gel|lan|sche Wol|ken *§ 15 (7)*
Ma|gel|lan|stra|ße; *vgl.* Magalhäesstraße
Ma|ge|lo|ne (Sagengestalt)
Ma|gen; *Pl.* Mägen
Magen...[saft *usw.*]
Ma|gen|bit|ter, der (alkohol. Kräutergetränk)
Ma|gen-Darm-Ka|tarrh *§ 13 (2)* (Entzündung des Magen- u. Darmtraktes)
ma|gen|krank
ma|gen|lei|dend
Ma|gen|ta, das (rote Farbe)
ma|ger (1. fettarm; 2. dünn)
Ma|ger...[milch *usw.*]
Mag|gi (*kurz f.* Maggiwürze)
Ma|ghreb, der (Region der westl. arabischen Staaten)
ma|ghre|bi|nisch
Ma|gie (Zauberei)
Ma|gi|er (Zauberer)
Ma|gi|not|li|nie (frz. Befestigungsanlage)
ma|gisch
Ma|gi|ster; *Abk.* M., *österr.* Mag.; ~ Artium, *Abk.* M. A.
Ma|gi|stra|le, die (Hauptverkehrsstraße)
Ma|gi|strat (Stadtverwaltung)
Ma|gi|strats...[sitzung *usw.*]
Mag|ma, das (vulkanische Gesteinsschmelze)
mag|ma|tisch
Ma|gna Char|ta (engl. Freiheitsurkunde, *a. übertr.*)
ma|gna cum lau|de (*lat.* mit großem Lob)
Ma|gna|ni, Anna (ital. Schauspielerin 1908-1973)
Ma|gnat (Großindustrieller)
Ma|gne|sia, die (Magnesiumoxid)
Ma|gne|sit, der (Mineral)
Ma|gne|si|um (Leichtmetall)
Ma|gnet, der
Ma|gnet...[eisen *usw.*]
ma|gne|tisch
Ma|gne|ti|seur
ma|gne|ti|sie|ren (magnetisch machen)
Ma|gne|tis|mus
Ma|gne|tit, der (Mineral)
Ma|gne|to|me|ter, das (Magnetismusmeßgerät)
Ma|gne|to|path (Magnetiseur)
Ma|gne|to|phon (Tonbandgerät)
Ma|gne|to|sphä|re (Raum, der durch das Erdmagnetfeld beeinflußt wird)
Ma|gne|tron (Elektronenröhre)
ma|gni|fik (großartig)
Ma|gni|fi|kat, das (Teil der kath. Vesper)
Ma|gni|fi|zenz, die (Titel eines Rektors)
Ma|gno|lie, die (Baum)
Ma|gnum, die (große Flasche)
Mag. (*Abk. v.* Magister *in österreichischen Titeln*); Mag. phil. *usw.*
Ma|gritte, René (belg. Maler 1898-1967)
Ma|gyar (Ungar); *a.* Madjar
ma|gya|risch; *a.* madjarisch
Mäh...[drescher *usw.*]
Ma|ha|go|ni (Baumart; Holz des Mahagonibaumes)
Ma|ha|go|ni...[holz *usw.*]
Ma|ha|ra|dscha (ind. Herrscher)
Ma|ha|ra|ni (Frau des Maha-

radschas)
Ma|ha|ri|schi, Ma|ha|rishi (Titel geistiger Führer in Indien)
Ma|hat|ma (Ehrentitel für geistige Führer in Indien); ~ Gandhi *(s. d.)*
Mahd, die (*zu* mähen) (Mähen; Gemähtes)
Mah|di, der (*islam.* Erlöser)
Mäh|drusch, der
mä|hen; du mähst
Mah|fus, Nagib (ägypt. Schriftsteller *1911)
Mahl (Essen)
Mahl...[gang *usw.*]
mah|len (Korn *usw.* zerkleinern), gemahlen
Mah|ler, Gustav (österr. Komponist 1860-1911)
mäh|lich
Mahl|statt (german. Gerichtsplatz)
Mahl|zeit
Mäh|ma|schi|ne
Mahn...[bescheid *usw.*]
Mäh|ne
mah|nen
Ma|ho|nie (Pflanze)
Mahr, der (Gespenst)
Mäh|re[1], die (Pferd)
Mäh|re[2], der (Bewohner von Mähren); *s. a.* Mährer
Mäh|ren (Region in Tschechien)
Mäh|rer; *s. a.* Mähre[2]
mäh|risch
Mai; der Erste Mai (als Feiertag)
Mai...[baum *usw.*]
Maid, die (Mädchen)
Mai|en|nacht
Mai|kä|fer
Mai|land (Stadt in Italien); *s. a.* Milano (*ital.*)
Mai|län|der
mai|län|disch
mai|len (E-Mail senden); du mailst; gemailt
Mai|ler, Norman (amerik. Schriftsteller *1923)
Mai|ling, das (*engl.* Versand)
Mail|lol, Aristide (frz. Bildhauer 1861-1944)
Mai|mo|ni|des, Moses (jüd. Philosoph 1135-1204)
Main (Fluß)
Main|au (Blumeninsel)
Main-Do|nau-Ka|nal *§ 13 (2)*
Maine (Bundesstaat der USA); *Abk.* Me.
Main|fran|ken
Mainz (Stadt)
Main|zer
main|zisch
Maire (*frz.* Bürgermeister)
Mai|rie (*frz.* Rathaus)
Mais, der (Getreideart)
Mais...[brei *usw.*]
Maisch, der (Wasser- u. Malzgemisch; gekelterte Trauben, zerhacktes Obst); *s. a.* Maische
Maisch|bot|tich
Mai|sche, die; *s. a.* Maisch
mai|schen; du maischst
mais|gelb
Mai|so[n]|nette, die (Wohnung über mehrere Stockwerke)
Mai|stre, Joseph de (frz. Philosoph 1753-1821)
Maî|tre de plai|sir (Festgestalter) *§ 15 (3)*
Ma|ja, die (*sanskr.* Illusion)
Ma|ja|kow|ski, Wladimir (russ. Dichter 1893-1930)
Maj|da|nek (Konzentrationslager)
Ma|je|stät (Hoheit)
ma|je|stä|tisch
Ma|je|stäts...[beleidigung *usw.*]
Ma|jo|li|ka (ital. Name für Mallorca; die ~ Keramik)
Ma|jo|nä|se; *a.* Mayonnaise
Ma|jor (Offiziersrang)
Ma|jor, John (engl. Politiker *1943)
Ma|jo|ran, der (Gewürz)
Ma|jo|rat, das (Ältestenrecht; Erbteil)
Ma|jo|rats...[gut *usw.*]
Ma|jor|do|mus (Hausmeier am ma. fränk. Hof)
ma|jo|renn (volljährig)
Ma|jo|ren|ni|tät
Ma|jo|rette (Tambourmajorin)
ma|jo|ri|sie|ren (überstimmen)
Ma|jo|ri|tät (Mehrheit)
Ma|jo|ri|täts...[prinzip *usw.*]
Ma|jus|kel, die (Großbuchstabe)
MAK (*Abk. v.* maximale Arbeitsplatzkonzentration) *§ 17 (2) Anm. 1*
ma|ka|ber (auf den Tod bezüglich, unheimlich); makab[e]re Scherze
Ma|ka|dam, der/das (Straßenbelag)
ma|ka|da|mi|sie|ren
Ma|kak, der (Affe); *Pl.* Ma|ka|ken
Ma|ka|me, die (arab. Gedichtform)
Ma|kao, der (Papagei)
Ma|ka|ri|os (zypr. Politiker 1913-1977)
Ma|kart, Hans (österr. Maler 1840-1884)
Ma|ke|do|ne; *s. a.* Makedonier, Mazedonier (Einwohner von Makedonien)
Ma|ke|do|ni|en (Staat); *s. a.* Mazedonien
Ma|ke|do|ni|er; *s. a.* Makedone, Mazedonier
ma|ke|do|nisch; *s. a.* mazedonisch
Ma|kel, der (Fehler)
Mä|ke|lei (Nörgelei)
mä|ke|lig; *s. a.* mäklig
ma|kel|los
ma|keln (vermitteln)
mä|keln (nörgeln)
mä|kel|süch|tig
Ma|ket|te, die (Satzvorlage); *a.* Maquette
Make-up, das (Verschönerung; Kosmetika)
Ma|ki, der (Halbaffe)
Ma|ki|mo|no, das (*jap.* Rollbild im Querformat)
Mak|ka|bä|er (Angehöriger e. jüd. Sippe)
mak|ka|bä|isch
Mak|ka|ro|ni (*Pl.*) (Nudeln)

mak|ka|ro|nisch (in schlechtem Latein, Sprachengemisch)
Mak|ler (Vermittler)
Mak|ler...[provision *usw.*]
mäk|lig; *s. a.* mäkelig
Ma|ko, der/die/das (*kurz f.* Makobaumwolle)
Ma|ko|baum|wol|le
Ma|ko|ré, das (Holz)
Ma|kra|mee, das (Knüpftechnik)
Ma|kre|le, die (Speisefisch)
Ma|kro, das (*EDV: kurz f.* Makrobefehl)
ma|kro.../Ma|kro... (*griech.* groß)
Ma|kro...[befehl *usw.*]
Ma|kro|bi|o|tik (Kunst, das Leben zu verlängern; gesunde Ernährung)
ma|kro|bi|o|tisch
ma|kro|ke|phal (mit vergrößertem Kopf); *s. a.* makrozephal
Ma|kro|ke|pha|lie; *s. a.* Makrozephalie
Ma|kro|kos|mos (Weltall)
Ma|kro|ne, die (Kleingebäck)
ma|kro|sko|pisch (mit bloßem Auge erkennbar)
ma|kro|ze|phal; *s. a.* makrokephal
Ma|kro|ze|pha|lie; *s. a.* Makrokephalie
Ma|kru|lie (Zahnfleischwucherung)
Ma|ku|la|tur (fehlerhafter Druckbogen; Altpapier; *übertr.* Unsinn)
ma|ku|lie|ren
mal; zwei mal zwei, 2 mal 2; *kurz f.* einmal: komm mal!, nun mal, schon mal; noch‿mal (*s. d.*); *Großschreibung, besonders bei Flexion des Substantivs* Mal: das eine/erste Mal, beide Male, einige Male, beim letzten Mal[e], nächstes Mal, ein um das andere Mal, zu wiederholten Malen; *sonst vielfach Zusammenschreibung § 12*: einmal, schon einmal, zwei- bis dreimal, millionenmal, dutzendmal, keinmal, das erstemal, zum erstenmal, zum letztenmal, jedesmal, allemal, beidemal, ein andermal, x-mal, wievielmal, auf einmal, ein paar dutzendmal, mit einemmal, noch‿mal (*s. d.*)
Mal[1], das (Zeitpunkt); *vgl.* mal
Mal[2], das (Merkmal)
Mal...[buch *usw.*]
Ma|la|bar|kü|ste
Ma|la|bo (Hauptstadt v. Äquatorialguinea)
Ma|la|chi|as (Prophet); *s. a.* Maleachi
Ma|la|chit, der (Mineral)
ma|la|chit|grün
ma|la|de (krank; lustlos)
ma|la fi|de (in böser Absicht)
Ma|la|ga, der (Wein)
Má|la|ga (Provinz u. Stadt in Spanien)
Ma|laie, der (Angehöriger eines ostasiat. Volkes)
ma|lai|isch; auf ~; der Malaiische Archipel *§ 15 (7)*
Ma|lai|isch, das; auf malaiisch sprechen
Ma|lai|i|sche, das
Ma|lai|se, die (1. moral. Unbehagen; 2. körperl. Übelkeit)
Ma|lak|ka (Halbinsel in Asien)
Ma|la|ko|lo|gie (Lehre von den Weichtieren)
Ma|la|ria, die (Tropenfieber)
Ma|la|ria...[mücke *usw.*]
ma|la|ria|krank
Ma|la|wi (Staat in Afrika)
Ma|la|wi|er
ma|la|wisch
ma|la|ya|lam; auf ~
Ma|la|ya|lam, das (südind. Sprache); auf malayalam sprechen
Ma|lay|sia (Staat)
Ma|lay|si|er
ma|lay|sisch
Ma|le (Hauptstadt d. Malediven)
Ma|le|a|chi (Prophet); *s. a.* Malachias
Ma|le|di|ven *(Pl.)* (Inselstaat)
Ma|le|di|ver
ma|le|di|visch
Ma|le|fiz, das (Übeltat)
ma|len (Bilder schaffen); gemalt
Ma|ler...[farbe *usw.*]
Ma|le|rei
ma|le|risch
ma|lern; du malerst
Ma|le|witsch, Kasimir (russ. Maler 1878-1935)
Mal|herbe, François de (frz. Dichter 1555-1628)
Mal|heur, das (Mißgeschick)
Ma|li (Staat in Afrika)
Ma|li|er (Einwohner v. Mali)
ma|li|gne (bösartig)
Ma|li|gni|tät (Bösartigkeit)
Ma|li|pie|ro, Gian Francesco (ital. Komponist 1882-1973)
ma|lisch (*zu* Mali)
ma|li|zi|ös (arglistig; schadenfroh)
mall (*seemannsspr.* umspringend; verrückt); ~ sein
Mall, das (Modell)
Mal|lar|mé, Stéphane (frz. Dichter 1842-1898)
Malle, Louis (frz. Regisseur 1932-1995)
mal|len[1] (ausmessen); du mallst (*zu* Mall)
mal|len[2] (drehen); der Wind mallt (*zu* mall)
Mal|lor|ca (span. Insel)
Mal|lor|qui|ner (Einwohner Mallorcas)
mal|lor|qui|nisch
Malm, der (geolog. Formation)
Mal|me|dy (Stadt in Belgien)
mal|men; du malmst
Mal|mö (Stadt in Schweden)
mal|neh|men *§ 9*
Ma|lo|che, die (schwere Arbeit)
ma|lo|chen; du malochst
Ma|lo|ja|paß (Alpenpaß)
Ma|los|sol, der (Kaviar)
Mal|raux, André (frz. Schriftsteller 1901-1976)

Mal|strom (Strömung im Atlantik)
Mal|ta (Inselstaat)
Mal|ta|fie|ber
Mal|ter, der/das (Hohlmaß)
Mal|te|ser (*zu* Malta)
Mal|te|ser...[kreuz *usw.*]
Mal|te|ser-Hilfs|dienst (karitative Organisation)
mal|te|sisch
Mal|thus, Thomas Robert (engl. Gelehrter 1766-1834)
Mal|thu|si|a|ner
Mal|thu|si|a|nis|mus (Bevölkerungslehre von Malthus)
mal|thu|sisch; Malthusisches Bevölkerungsgesetz *§ 15 (7)*
Mal|to|se, die (Malzzucker)
mal|trä|tie|ren (quälen)
Ma|lus, der (Prämienzuschlag)
Mal|va|sier (Süßwein)
Mal|va|sier|wein
Mal|ve, die (Pflanze)
mal|ven|far|ben
mal|ven|far|big
Mal|vi|nen (*Pl.*) (Inselgruppe)
Malz, das (Getreideprodukt für die Bierherstellung)
Malz...[bier *usw.*]
Mäl|zel, Johann Nepomuk (dt. Instrumentenbauer 1772-1838); Mälzels Metronom, Metronom Mälzel, *Abk.* M. M.
mäl|zen; du mälzt *§ 7 (1)*
Mäl|zer
Mäl|ze|rei
Ma|ma (Mutter)
Mam|ba, die (Schlange)
Mam|bo, der (Tanz)
Ma|me|luck (islam. Söldner; ägypt. Herrschergeschlecht)
Ma|mer|tus (einer der Eisheiligen)
Ma|mi (Mutter)
Mam|ma|lia (*Pl.*) (Säugetiere)
Mam|mo|gra|phie (Röntgenuntersuchung der Brust)
Mam|mon, der (Geld)
Mam|mut, das (eiszeitliche Elefantenart)
Mam|mut...[programm *usw.*]
mamp|fen (essen)
Mam|sell (Wirtschafterin)
man (*Pron.*)
Man (brit. Insel); Isle of ~
m. A. n. (*Abk. v.* meiner Ansicht nach)
Mä|na|de (Dienerin d. Weingottes Dionysos; rasendes Weib)
Ma|nage|ment (Führung e. Unternehmens)
Ma|nage|ment-Buy|out (Kauf v. Firmenanteilen durch das Management)
ma|na|gen; du managst; gemanagt
Ma|na|ger
Ma|na|gua (Hauptstadt v. Nicaragua)
Ma|na|ma (Hauptstadt v. Bahrain)
Ma|nas|se (bibl. Gestalt)
Ma|na|us (Stadt in Brasilien)
manch; mancher, manche, manches *usw.*; *immer klein geschrieben*; manches Schöne *usw.*; *aber* manches andere; manchmal *usw.* (*s. d.*)
man|chen|orts *§ 12*
man|cher; *s.* manch
man|cher|lei
man|cher|or|ten
man|cher|orts
man|ches; *s.* manch
Man|che|ster (1. Stadt in England; 2. der ~ Gewebe)
Man|che|ster|tum (völlige Freiheit der Wirtschaft)
manch|mal
Man|da|la (symbolische [Kreis-]Figur)
Man|da|lay (Stadt in Birma)
Man|dant (Kunde e. Anwalts)
Man|da|rin, das (*kurz f.* Mandarinchinesisch)
Man|da|rin, der (chines. Würdenträger)
Man|da|ri|ne, die (Frucht)
Man|da|ri|nen...[saft *usw.*]
Man|da|rin|en|te
Man|dat, das (Auftrag; Amt)
Man|da|tar (Bevollmächtigter)
man|da|tie|ren
Man|dats...[träger *usw.*]
Man|del[1], die (Frucht; Organ)
Man|del[2], die (alte Zähleinheit von 15 oder 16 Stück)
Man|del...[kern *usw.*]
Man|de|la, Nelson (südafrik. Politiker *1918)
man|del|äu|gig
man|del|för|mig
Man|del|stam, Ossip (russ. Dichter 1891-1938)
Man|di|beln (*Pl.*) (Unterkieferknochen; Mundgliedmaßen)
man|di|bu|lar, man|di|bu|lär
Man|do|la (Zupfinstrument)
Man|do|li|ne (vierseitiges Zupfinstrument)
Man|dor|la, die (Heiligenschein)
Man|dra|go|ra, die (Pflanze)
Man|drill, der (Affe)
Man|dschu (Mongolenvolk)
man|dschu; auf ~
Man|dschu, das (Sprache); auf mandschu sprechen
Man|dschu|kuo (Kaiserreich der Mandschu)
Man|dschu|rei
man|dschu|risch
Ma|ne|ge (1. Reitbahn; 2. Vorführplatz)
Ma|nen (*Pl.*) (gute Geister)
ma|nes|sisch; die Manessische Handschrift *§ 15 (7)*
Ma|net, Édouard (frz. Maler 1832-1883)
Man|fred (König v. Sizilien 1232-1266)
Man|ga|be, die (Affe)
Man|gan; *chem. Zeichen* Mn (Metall)
Man|ga|nat (Salz)
Man|gan|ei|sen
Man|ga|nit, der (Mineral)
Man|gel, der
Man|gel, die (Bügelgerät)
Man|gel...[ware *usw.*]
Män|gel...[rüge *usw.*]
man|gel|haft; die Note „mangelhaft“
man|geln[1] (fehlen)

man|geln[2] (durch die Mangel drehen)
man|gels (*Präposition m. Gen.*)
Man|go, die (Frucht)
Man|gold, der (spinatähnliches Gemüse)
Man|gro|ve, die (Baum mit Luftwurzeln)
Man|gu|ste, die (Schleichkatze)
Man|hat|tan (Stadtteil von New York)
Ma|ni (iran. Religionsstifter 216-277)
Ma|ni|chä|er
ma|ni|chä|isch
Ma|ni|chä|is|mus (Religion; schroffe Trennung v. Gut und Böse)
Ma|nie (Leidenschaft; Gemütskrankheit)
Ma|nier (Eigenart; Künstelei)
Ma|nie|ren (*Pl.*) (Benehmen)
ma|nie|riert (unnatürlich)
Ma|nie|ris|mus ([gekünstelte] Stilrichtung)
Ma|nie|rist
ma|nie|ri|stisch
ma|nier|lich (wohlerzogen)
ma|ni|fest (offenbar)
Ma|ni|fest, das (Grundsatzerklärung)
Ma|ni|fe|sta|ti|on
Ma|ni|kü|re (Handpflege; Kosmetikerin; Manikürebesteck)
ma|ni|kü|ren
Ma|ni|la (Hauptstadt d. Philippinen)
Ma|ni|la|hanf (Gewebefaser)
Ma|nil|le, die (1. Armreif; 2. Trumpfkarte im Lomber)
Ma|ni|ok, der (Strauchgewächs)
Ma|ni|ok...[wurzel *usw.*]
Ma|ni|pel, der (1. röm. Truppenteil; 2. [*auch* die ~] Teil der Priesterkleidung)
Ma|ni|pu|la|ti|on (Handhabung, Beeinflussung)
ma|ni|pu|la|tiv
Ma|ni|pu|la|tor (*a.* Apparat, der Handbewegungen überträgt)
ma|ni|pu|lie|ren
ma|nisch (an Manie erkrankt)
ma|nisch-de|pres|siv *§ 13 (5)*
Ma|nis|mus (Ahnenverehrung)
Ma|ni|to|ba (kanad. Provinz)
Ma|ni|tu (indian. Gottheit)
Man|ko, das (Mangel)
Mann; *Pl.* Männer, Mannen
Mann, Golo (dt. Historiker 1909-1994); Heinrich (dt. Schriftsteller 1871-1950); Klaus (dt. Schriftsteller 1906-1949); Thomas (dt. Schriftsteller 1875-1955)
Mann...[loch *usw.*]
Man|na, das/die (Himmelsbrot im AT)
mann|bar
Männ|chen
man|nen; du mannst
Man|ne|quin (weibl. Modell; Schaufensterpuppe)
män|ner|mor|dend
Män|ner|treu, das (Pflanze)
mann|haft
Mann|heim (Stadt)
Mann|hei|mer; die ~ Schule
Mann|heit
man|nig|fach
man|nig|fal|tig
män|nig|lich
Man|nit, der (Alkohol)
Männ|lein
männ|lich
Manns...[bild *usw.*]
Mann|schaft
Mann|schafts...[spiel *usw.*]
manns|hoch
manns|toll (nymphomanisch)
Man|nus (Sagengestalt)
Mann|weib
Ma|no|me|ter, das (Druckmeßgerät)
Ma|nö|ver, das (militär. Übung; Schiffsbewegung; gezieltes Vorgehen)
ma|nö|vrie|ren
ma|nö|vrier|fä|hig
Mans, Le (Stadt in Frankreich)
Man|sard|dach
Man|sar|de, die (Dachwohnung)
Man|sar|den...[wohnung *usw.*]
Mansch, der (Gemisch)
man|schen; du manschst
Man|schet|te (Hemdärmel; Papierumhüllung; Gummidichtung); Manschetten haben (*a.* Angst haben)
Man|te|gna, Andrea (ital. Maler 1431-1506)
Man|tel
Man|tel...[kragen *usw.*]
Män|tel|chen
Man|tel-und-De|gen-Film *§ 13 (4)*
Man|tik (Wahrsagerei)
Man|til|la, Man|til|le, die (span. Schleier)
Man|tis|se (Zahl hinter dem Komma)
Man|tua (Stadt in Italien)
Man|tu|a|ner
man|tu|a|nisch
Ma|nu (ind. Sagengestalt)
Ma|nu|al, das (Tastatur; Handbuch)
Ma|nu|el I. Kom|ne|nos (Kaiser v. Byzanz 12.Jh.)
ma|nu|ell (mit der Hand betrieben od. hergestellt)
Ma|nu|fakt, das (Erzeugnis der Handarbeit)
Ma|nu|fak|tur (vorindustrieller Betrieb)
Ma|nul|druck (fotochemisches Flachdruckverfahren)
ma|nu pro|pria (eigenhändig)
Ma|nu|skript (handschriftliche Aufzeichnung)
Ma|nu|skript...[seite *usw.*]
Ma|nu|ti|us (ital. Buchdrucker 1450-1515)
manx; auf ~
Manx, das (Sprache); auf manx sprechen
Man|za|nil|la, der (Weinsorte)
Man|zo|ni, Alessandro (ital. Dichter 1785-1873)
Mao|is|mus (polit. Richtung nach Mao Zedong)
Mao|ist; *Pl.* Mao|i|sten
mao|i|stisch
ma|o|ri; auf ~
Ma|o|ri (Volk in Neuseeland; dessen Sprache); auf maori

sprechen
ma|o|risch; auf ~
Mao Tse-tung, Mao Ze|dong (*neuere Umschrift*) (chines. Politiker 1893-1976)
Mäpp|chen
Map|pe
Ma|pu|to (Hauptstadt v. Mosambik)
Ma|quet|te, die (Satzvorlage); *a.* Makette
Ma|quis, der (1. Buschwerk; 2. Widerstandsbewegung im 2. Weltkrieg); *s. a.* Macchia, Macchie
Ma|qui|sard (Angehöriger der Maquisbewegung)
Mär, die; *s. a.* Märe (Erzählung; Gerücht)
Ma|ra|bu, der (Vogel)
Ma|ra|but, der (Heiliger)
Ma|ra|cai|bo (Stadt in Venezuela)
Ma|ra|cu|ja, die (Frucht der Passionsblume)
Ma|ra|na|tha, die (Gebetsruf)
Ma|rä|ne (Lachsart)
Ma|ran|ta, Marante, die (Pfeilwurz)
ma|ran|tisch (entkräftet); *s. a.* marastisch
Ma|ras|chi|no (Sauerkirschenlikör)
Ma|ras|mus (Verfall des Körpers)
ma|ra|stisch (entkräftet); *s. a.* marantisch
Ma|rat, Jean Paul (frz. Revolutionär 1743-1793)
Ma|ra|the, der (Angehöriger eines indischen Volkes)
ma|ra|thi; auf ~
Ma|ra|thi, das (ind. Sprache); auf marathi sprechen
Ma|ra|thon, das/der (lange Dauer)
Ma|ra|thon...[lauf *usw.*]
Mar|bod (König der Markomannen † ~ 37)
Mar|burg (*Name v. Städten*); *s. a.* Maribor
Marc, Franz (dt. Maler 1880-1916)
mar|ca|to (kräftig betont)
Mar|ceau, Marcel (frz. Pantomime *1923); Sophie ~ (frz. Schauspielerin *1966)
Mar|cel, Gabriel (frz. Philosoph 1889-1973)
Mär|chen
Mär|chen...[buch *usw.*]
mär|chen|haft
Mar|che|sa (*weibl. Form zu* Marchese)
Mar|che|se (ital. Adelstitel)
March|feld (Landschaft in Österreich)
March|zins (*schweiz.* Stückzins)
Marcks, Gerhard (dt. Bildhauer 1889-1981)
Mar|co|ni, Guglielmo (ital. Ingenieur 1874-1937)
Mar|co Po|lo (ital. Reiseschriftsteller 1271-1292)
Mar|cos, Ferdinando (philippin. Politiker 1917-1989)
Mar|cu|se, Herbert (dt.-amerik. Philosoph 1898-1979); Ludwig ~ (dt. Schriftsteller 1894-1971)
Mar|der, der (Raubtier)
Mar|duk (babylon. Gott)
Mä|re, die; *s. a.* Mär
Ma|rées, Hans von (dt. Maler 1837-1887)
Ma|ren|go, der (Gewebe)
Mar|ga|re|te (*Name v. Herrscherinnen*)
Mar|ga|re|ten|blu|me
Mar|ga|ri|ne
Mar|ge, die (Spielraum)
Mar|ge|ri|te
mar|gi|nal (nebensächlich)
Mar|gi|na|lie, die (Randbemerkung)
mar|gi|na|li|sie|ren (an den Rand drängen)
Mar|gre|the (dän. Königin *1940)
Ma|ria (bibl. Gestalt; *Name v. Herrscherinnen*); ~ Magdalena (bibl. Gestalt); Mariä Himmelfahrt
Ma|ri|a|ge, die („Heirat“, Spielkartenpaar)
Ma|riä-Him|mel|fahrts-Fest *§ 13 (4)*
Ma|ria Laach (Abtei)
Ma|ri|a|nen (*Pl.*) (Inselgruppe)
ma|ri|a|nisch|; Marianische Kongregation *§ 15 (7)*
Ma|ri|an|ne (*a.* Symbolfigur Frankreichs)
ma|ria-the|re|si|a|nisch
Ma|ria|the|re|si|en|ta|ler
Ma|ri|bor (Marburg an der Drau, Stadt in Slowenien)
Ma|ri|en...[käfer *usw.*]
Ma|ri|en|bad (tschech. Kurort)
Ma|ri|hu|a|na, das (Rauschmittel)
Ma|ril|le, die (Aprikose)
Ma|ril|len...[schnaps *usw.*]
Ma|rim|ba, die (Zupf- oder Schlaginstrument)
Ma|rim|ba|phon (Marimba mit Resonanzröhren aus Metall)
ma|rin (zum Meer gehörig)
Ma|ri|na|de (Soße)
Ma|ri|ne, die (Seestreitkräfte)
Ma|ri|ne...[flieger *usw.*]
ma|ri|ne|blau (dunkelblau)
Ma|ri|net|ti, Filippo Tommaso (ital. Schriftsteller 1876-1944)
Ma|ri|ni, Marino (ital. Künstler 1901-1980)
ma|ri|nie|ren (in Marinade einlegen)
Ma|rio|la|trie (Marienverehrung)
Ma|rio|lo|gie (Lehrsätze über Maria, die Mutter Jesu)
ma|rio|lo|gisch
Ma|ri|o|net|te (an Fäden bewegte Puppe; *a. übertr.*)
ma|ri|o|net|ten|haft
Ma|ri|otte, Edme (frz. Physiker ~1620-1684); Mariottesches Gesetz, Mariottescher Fleck *§ 15 (7)*
ma|ri|tim (zum Meer gehörend)
Ma|ri|us, Gaius (röm. Feldherr 156-86 v. Chr.)
Mark[1], das (Knochensubstanz)

Mark[2], die (ehemalige deutsche Währungseinheit); Deutsche Mark, *Abk.* DM
Mark[3], die (Grenzland; *bes.* Mark Brandenburg)
Mark...[knochen *usw.*] *zu* Mark[1]
Mark...[stein *usw.*] *zu* Mark[3]
mar|kant (scharf ausgeprägt)
Mar|ka|sit, der (Mineral)
Mark Au|rel (röm. Kaiser 121-180)
mark|durch|drin|gend
Mar|ke
Mar|ken...[ware *usw.*]
Mar|ker (Markierstift)
Mär|ker (Bewohner der Mark Brandenburg)
mark|er|schüt|ternd
Mar|ke|ten|der (Händler)
Mar|ke|te|rie (Einlegearbeit in Holz)
Mar|ke|ting, das (Maßnahme zur Verkaufsförderung)
Mark|graf (Adelstitel)
Mark|gräf|ler (Wein)
Mark|gräf|ler Land (Region in Baden)
mark|gräf|lich
Mark|graf|schaft
mar|kie|ren (hervorheben)
mar|kig (kräftig)
mär|kisch (die Mark[3] betreffend)
Mar|ki|se, die (Sonnendach)
Mar|ki|set|te, der/die (Gardinengewebe); *s. a.* Marquisette
Mark|ka (Finnmark, frühere finn. Währung); *Pl.* Markkaa; *Abk.* mk
Mar|ko|man|ne (Angehöriger eines Germanenvolks)
Mark|schei|de (Grenze)
Markt
Markt...[frau *usw.*]
markt|be|herr|schend; *aber* den Markt beherrschend *§ 11 (4), (6)*
mark|ten (handeln)
markt|füh|rend
markt|gän|gig
markt|ori|en|tiert
markt|schrei|e|risch
markt|üb|lich
Mark Twain (Samuel Langhorne Clemens, amerik. Schriftsteller 1835-1910)
markt|wirt|schaft|lich
Mar|kus (Name eines Evangelisten)
Marl|bo|rough, John Churchill (engl. Feldherr 1650-1722)
Mar|ley, Bob (jamaikan. Musiker 1942-1982)
Mar|litt, Eugenie (dt. Schriftstellerin 1825-1887)
Mar|lowe, Christopher (engl. Dichter 1564-1593)
Mar|ma|ra|meer (Teil des Mittelmeeres)
Mar|mel (Murmel; Marmor)
Mar|me|la|de, die
Mar|me|la|den...[glas *usw.*]
Mar|mel|stein
Mar|mo|la|da, die (Dolomitengipfel)
Mar|mor, der (Kalkstein)
Mar|mor...[treppe *usw.*]
mar|mo|rie|ren
mar|morn (aus Marmor)
Mar|ne, die (Fluß in Frankreich)
Ma|ro|cain, der/das (Gewebe)
ma|ro|de (baufällig)
Ma|ro|deur (räuberischer Soldat)
ma|ro|die|ren (plündern)
Ma|rok|ka|ner
ma|rok|ka|nisch
Ma|rok|ko (Staat in Afrika)
Ma|ro|ne, die (1. Pilz; 2. Eßkastanie; *s. a.* Maroni)
Ma|ro|nen|pilz
Ma|ro|ni; *s. a.* Marone 2.
Ma|ro|ni|bra|ter
Ma|ro|nit (Angehöriger der syr.-christl. Kirche im Libanon)
ma|ro|ni|tisch
Ma|ro|quin, der/das (Leder)
Ma|rot|te (wunderliche Neigung)
Mar|quis (Adelstitel)
Mar|qui|sat, das (Herrschaftsgebiet eines Marquis)
Mar|qui|se (Gräfin)
Mar|qui|sette, der/das (Gardinenstoff); *s. a.* Markisette
Mar|ra|kesch (Stadt in Marokko)
Mars (1. röm. Gott; 2. Planet)
Mars (Schiffsteil)
Mars...[sonde *usw.*]
Mar|sa|la (1. Stadt; 2. Wein)
marsch! (Befehl zum Aufbruch)
Marsch, der (1. Fußweg; 2. Musikstück)
Marsch, die (fruchtbares Land an der Nordsee)
Marsch...[musik *usw.*]
Mar|schall (hoher Beamter; Offiziersrang)
Mar|schall[s]|stab
Marsch|bo|den
Mar|schen|dorf
mar|schie|ren (zu Fuß gehen)
Marsch|land
Mar|seil|lai|se (franz. Nationalhymne)
Mar|seille (Stadt in Frankreich)
Mar|seil|ler
Mars|feld (Schlachtfeld)
Mar|shall, George C. (amerikan. Politiker 1880-1959)
Mar|shall|in|seln
Mar|shall|plan (amerikan. Wiederaufbauprogramm für Europa nach dem 2.Weltkrieg)
Mar|si|li|us von Pa|dua (ital. Gelehrter ~1275-1342/43)
Mar|stall (Pferdestall)
Mar|sy|as (Sagengestalt)
Mar|ten|sit, der (Stahlsorte)
Mar|ter, die (Qual; Folter)
Mar|ter...[pfahl *usw.*]
Mar|terl, das (Andachtsbild)
mar|tern
Mar|tha (bibl. Gestalt)
Mar|ti|al (röm. Dichter ~40-100)
mar|ti|a|lisch (kriegerisch)
Mar|tin (Heiliger)
Mar|tin|gal, das (Zügel)

Mar|tin-Horn (= Martinshorn)
Mar|ti|ni[1] (Martinstag)
Mar|ti|ni[2], der (alkohol. Getränk)
Mar|ti|nique (Insel)
Mar|tins|gans
Mar|tins|horn (Sirene); *vgl.* Martin-Horn
Mar|tins|tag
Mar|ti|nu, Bohuslav (tschech. Komponist 1890-1959)
Mär|ty|rer
Mar|ty|ri|um (Opfertod; Leiden)
Mar|ty|ro|lo|gi|um (Verzeichnis der Märtyrer)
Marx, Karl (dt. Philosoph 1818-1883); Marx' Philosophie; *vgl.* marxsch
Mar|xis|mus
Mar|xis|mus-Le|ni|nis|mus
Mar|xist
mar|xi|stisch
Mar|xist-Le|ni|nist
mar|xi|stisch-le|ni|ni|stisch *§ 13 (5)*
marxsch; eine marxsche Analyse (nach Art von Marx); *aber* die Marxsche Philosophie (die Philosophie von Marx) *§ 15 (7)*
Ma|ry Jane (Spitzname für Marihuana)
Ma|ry|land (Bundesstaat der USA); *Abk.* Md.
März
März|be|cher, Mär|zen|be|cher (Frühlingsblume)
März|feld (Schlachtfeld)
März|ge|fal|le|ne, der (gefallener Teilnehmer des Berliner Aufstandes vom März 1848)
März|glöck|chen
Mar|zi|pan (Konfekt aus Mandeln u. Zucker)
Mar|zi|pan...[kartoffel *usw.*]
märz|lich
März|veil|chen
Ma|sac|cio (ital. Maler 1401-1429)
Ma|sa|ryk, Tomáš (tschech. Politiker 1850-1937)
Mas|ca|gni, Pietro (ital. Komponist1863-1945)
Mas|ca|ra, die (Wimperntusche)
Mas|ca|ra[|stift]
Mas|car|po|ne (Gemisch aus Käse u. Sahne)
Ma|sche (1. Schlinge; 2. Trick)
Ma|schen...[draht *usw.*]
Ma|schi|ne; ~ schreiben; *s. a.* maschineschreiben
ma|schi|ne|ge|schrie|ben; *s. a.* maschinengeschrieben
ma|schi|nell (mit Hilfe einer Maschine)
Ma|schi|nen...[haus *usw.*]
ma|schi|nen|ge|schrie|ben; *s. a.* maschinegeschrieben
ma|schi|nen|ge|stickt
ma|schi|nen|ge|strickt
ma|schi|nen|les|bar
Ma|schi|nen|schrei|ben, das
ma|schi|nen|schrift|lich
Ma|schi|ne|rie
ma|schi|ne|schrei|ben; er schreibt Maschine; daß er maschineschreibt *oder* Maschine schreibt; maschinezuschreiben *oder* Maschine zu schreiben *§ 10*; *vgl.* Maschine
Ma|schi|ne|schrei|ben, das
Ma|schi|nist
Ma|ser, der (elektr. Gerät)
Ma|ser, die (Zeichnung in Holz u. ä.); *Pl.* Masern (*a.* Krankheit)
Ma|se|reel, Franz (belg. Grafiker 1889-1972)
Ma|ser|holz (Holz mit ausgeprägter Maserung)
ma|se|rig
ma|sern; du maserst
Ma|sern (*Pl.*) (*a.* Krankheit)
Ma|se|ru (Hauptstadt v. Lesotho)
Mas|ka|rill (als Diener verkleideter Herr)
Mas|ka|ron (ornamentale Maske)
Mas|kat (Hauptstadt v. Oman)
Mas|ke
Mas|ken...[ball *usw.*]
mas|ken|haft
Mas|ke|ra|de, die
mas|kie|ren (verkleiden)
Mas|kott|chen (Glücksbringer)
mas|ku|lin (männlich)
mas|ku|li|nisch
Mas|ku|li|num, das (männliches Geschlecht)
Ma|so|chis|mus (Neigung zu Schmerzlust)
Ma|so|chist
ma|so|chi|stisch
Ma|son, James (engl. Schauspieler 1909-1984)
Ma[s]|so|ra, die (Sammlung von Erklärungen zum AT)
Ma[s]|so|ret, der (jüd. Gelehrter)
ma[s]|so|re|tisch
Ma|so|wi|en (Region in Polen)
Maß, das; ~ nehmen; das rechte Maß halten; *aber* maßhalten (*s. d.*)
Maß, die; eine Maß Bier
Maß...[anzug *usw.*]
Mass. (*Abk. v.* Massachusetts)
Mas|sa|chu|setts (Bundesstaat der USA); *Abk.* Mass.
Mas|sa|ge [ma'sa:ʒə]
Mas|sai (Volk in Afrika)
Mas|sa|ker, das (Blutbad)
mas|sa|krie|ren (niedermetzeln)
maß|ana|ly|tisch
Ma|ße, die; über alle Maßen, in/mit/ohne Maßen
Mas|se
Mas|sel, der (*jidd.* Glück)
Mas|sel, die (Roheisenform)
mas|se|los
Mas|sen...[artikel *usw.*]
mas|sen|haft
mas|sen|wei|se
Mas|seur
Mas|seu|se
Maß|ga|be (Vorgabe)
maß|ge|bend
maß|geb|lich
maß|ge|schnei|dert
maß|hal|ten; du hältst maß; daß du maßhältst, maßgehalten,

maßzuhalten; *aber* das rechte Maß halten *§ 10*
maß|hal|tig
Maß|hol|der, der (Baum)
mas|sie|ren (1. *zu* Massage; 2. anhäufen)
mä|ßig
mas|sig
mä|ßi|gen
mas|siv
Mas|siv, das (Gebirgskette)
Mas|siv...[holz *usw.*]
Mas|si|vi|tät
Maß|kon|fek|ti|on
Maß|lieb, Maß|lieb|chen (Pflanze)
maß|los
Maß|nah|me
Maß|neh|men, das
Ma[s]|so|ra, die (Sammlung von Erklärungen zum AT)
Ma[s]|so|ret, der (jüd. Gelehrter)
ma[s]|so|re|tisch
maß|re|geln
maß|stäb|lich
maß|stab[s]|ge|recht
maß|voll
Mast[1], der (Teil von Schiffen); *Pl.* Ma|sten
Mast[2], die (Fütterung von Schlachttieren); *Pl.* Ma|sten
Mast...[baum *usw.*] *zu* Mast[1]
Mast...[huhn *usw.*] *zu* Mast[2]
Ma|sta|ba (altägypt. Grab)
mä|sten
Ma|ster; Master of Arts, *Abk.* M. A. (akadem. Abschluß)
Mä|ste|rei
Ma|stiff (Hunderasse)
ma|stig
Ma|sti|ka|tor (Knetmaschine)
Ma|stix, der (1. Harz des Mastixstrauches; 2. Straßenbelag aus Stein und Asphalt)
Mast|odon, das (ausgestorbenes Rüsseltier); *Pl.* Mastodonten
Ma|stro|ian|ni, Marcello (ital. Schauspieler 1924-1996)
Ma|stur|ba|ti|on (Selbstbefriedigung)
ma|stur|bie|ren
Ma|sur, Kurt (dt. Dirigent *1927)
Ma|su|re (Bewohner v. Masuren)
Ma|su|ren (Region in Ostpreußen)
ma|su|risch
Ma|sur|ka, die (poln. Nationaltanz); *Pl.* Masurkas, Masurken; *a.* Mazurka
Ma|sut, das (Öl)
Ma|ta|dor (Stierkämpfer; Anführer)
Ma|ta Ha|ri (niederl. Tänzerin 1876-1917)
Ma|ta|ré, Ewald (dt. Bildhauer 1887-1965)
Match, das (Wettkampf)
Match...[ball *usw.*]
Ma|te, der (Tee vom Matebaum)
Ma|ter, die (1. Matrize; 2. Hirnhaut)
Ma|ter do|lo|ro|sa (schmerzensreiche Mutter)
ma|te|ri|al (stofflich)
Ma|te|ri|al, das
Ma|te|ri|al...[bedarf *usw.*]
Ma|te|ri|a|li|sa|ti|on (*a.* Geistererscheinung)
ma|te|ri|a|li|sie|ren
Ma|te|ri|a|lis|mus (Lehre von der Stofflichkeit der Welt; Interesse am Wohlleben)
Ma|te|ri|a|list
ma|te|ri|a|li|stisch
Ma|te|rie
ma|te|ri|ell (stofflich; geldlich)
ma|tern (Matrizen anfertigen)
ma|tern (mütterlich)
Ma|ter|ni|tät (Mutterschaft)
Ma|the (*schülerspr. kurz f.* Mathematik[unterricht])
Ma|the|ma|tik (Lehre von den Zahlen u. Figuren)
Ma|the|ma|ti|ker
ma|the|ma|tisch
ma|the|ma|ti|sie|ren
Mat|hil|de (Heilige ~895-968)
Ma|ti|nee, die (künstlerische Veranstaltung am Vormittag); *Pl.* Ma|ti|neen
Ma|tisse, Henri (frz. Maler 1869-1954)
Mat|jes[|he|ring] (junger Salzhering)
Ma|to Gros|so (Region in Brasilien); ~ do Sul (Region in Brasilien)
Ma|trat|ze
Ma|trat|zen...[lager *usw.*]
Mä|tres|se (Geliebte)
ma|tri|ar|cha|lisch
Ma|tri|ar|chat (Mutterherrschaft)
Ma|tri|kel, die (Personenverzeichnis [der Studierenden])
Ma|trix, die (1. Mutterboden; 2. Chromosomenhülle; 3. System von Größen mit rechteckiger Anordnung; 4. Punktraster); *Pl.* Matrizen, Matrizes
Ma|tri|ze, die (1. Metallform; 2. eingeprägtes Abbild; 3. gewachstes Blatt zur Vervielfältigung; 4. math. System von Größen)
Ma|trjosch|ka (Holzpuppe zum Ineinanderstecken); *s. a.* Matroschka
Ma|tro|ne (behäbige Frau)
Ma|trosch|ka (Holzpuppe zum Ineinanderstecken); *s. a.* Matrjoschka
Ma|tro|se
Ma|tro|sen...[anzug *usw.*]
Matsch, der
Matsch...[wetter *usw.*]
mat|schen; du matschst
mat|schig
Matsch-und-Schnee-Rei|fen *§ 13 (2)*; *Abk.* M-und-S-Reifen
matt (1. erschöpft; 2. nicht glänzend); matt setzen, Schach und matt!; mattgrün *usw.*
Matt, das (Spielende beim Schach)
Matt...[glas *usw.*]
Mat|te, die (1. Unterlage; 2. Wiese)

Mat|ter|horn (Berg in der Schweiz)
matt|gol|den
Mat|thä|us (Evangelist); bei mir ist Matthäi am letzten (ich bin pleite)
Mat|thä|us|pas|si|on (Passionsmusik nach Matthäus)
Mat|thi|as (*Name v. Herrschern*); ~ Corvinus (König v. Ungarn 1443-1490)
mat|tie|ren (stumpf machen)
Matt|schei|be (*a.* Begriffsstutzigkeit)
Ma|tu|ra, die (Reifeprüfung)
Ma|tu|rand (*schweizer.*), Ma|turant (*österr.*) (*zu* Matura)
ma|tu|rie|ren (die Reifeprüfung ablegen)
Ma|tu|ri|tas prae|cox, die (sexuelle Frühreife)
Ma|tu|ri|tät (Reife)
Matz, der
Mätz|chen; ~ machen
Mat|ze, die (ungesäuertes Brot)
Mat|zen, der (ungesäuertes Brot)
mau (unwohl, knapp); mir ist mau
Mau|er
Mau|er...[stein *usw.*]
Mau|er|blüm|chen (*a.* wenig begehrtes Mädchen)
Mäu|er|chen
Mäu|er|lein
mau|ern (*a.* s. widersetzen); ich mau|e|re, du mauerst
Maugham, William Somerset (engl. Schriftsteller 1874-1965)
Mau|ke, die (Tierkrankheit)
Maul
Maul...[held *usw.*]
Maul|af|fen; ~ feilhalten (dumm schauen)
Maul|beer|baum
Maul|bee|re
Mäul|chen
mau|len; du maulst
Maul|esel
maul|faul
Maul|ta|sche (Nudelpastete)
Maul|tier
Maul|trom|mel (Zupfinstrument aus Metall)
Maul- und Klau|en|seu|che (Tierkrankheit) *§ 13 (1)*
Maul|wurf
Maul|wurfs...[grille *usw.*]
Mau-Mau (1. Geheimbund in Kenia; 2. Kartenspiel)
maun|zen; du maunzt *§ 7 (1)*
Mau|pas|sant, Guy de (frz. Schriftsteller 1850-1893)
Mau|per|tuis, Pierre de (frz. Philosoph 1698-1759)
Mau|re, der
Mau|rer
Mau|rer...[kelle *usw.*]
Mau|re|rei
mau|re|risch (*a.* freimaurerisch); die Maurerische Trauermusik [Mozarts] *§ 15 (7)*
Mau|res|ke (Ornament aus Blättern u. Blüten); *s. a.* Moreske
Mau|re|ta|ni|en (Staat in Afrika)
Mau|re|ta|ni|er
mau|re|ta|nisch
Mau|riac, François (frz. Schriftsteller 1885-1970)
Mau|ri|ner (Benediktinerkongregation)
mau|risch
Mau|ri|ti|er
mau|ri|tisch
Mau|ri|ti|us (Inselstaat)
Maur|ras, Charles (frz. Politiker 1868-1952)
Maus; *Pl.* Mäuse
Mau|schel, der (armer Jude)
Mau|sche|lei (kleiner Betrug)
mau|scheln (heimlich aushandeln; betrügen; [Kartenspiel] Mauscheln spielen)
Mau|scheln, das (*a.* Kartenspiel)
Mäus|chen (*zu* Maus)
mäus|chen|still
Mau|se...[falle *usw.*]
Mäu|se...[nest *usw.*]
mau|sen (Mäuse fangen, stehlen); du maust *§ 7 (1)*
Mau|ser, die (Erneuerung der Federn)
Mäu|se|rich
mau|sern, sich (das Gefieder wechseln, *übertr.* sich [positiv] ändern)
mau|se|tot
maus|grau
mau|sig; sich ~ machen
Mau|so|le|um (monumentales Grabmal)
Maut, die ([Weg-]Zoll]
Maut...[stelle *usw.*]
mau|ve; ein Kleid in Mauve
mau|ve|far|ben
Mau|ve|in (violetter Farbstoff)
mau|zen (miauen); du mauzt *§ 7 (1)*
m. a. W. (*Abk. v.* mit anderen Worten)
Max, Prinz von Baden (dt. Reichskanzler 1867-1929)
Ma|xen|ti|us (röm. Kaiser ~279-312)
ma|xi (lang); sie trägt ihr Kleid maxi
Ma|xi, das/der (*kurz f.* Maxikleid, Maxirock *usw.*)
Ma|xi...[kleid *usw.*]
Ma|xil|la, die (Oberkiefer)
ma|xil|lar
ma|xi|mal (so groß wie möglich)
Ma|xi|mal...[forderung *usw.*]
Ma|xi|me, die (Lebensregel)
Ma|xi|mi|an (röm. Kaiser 1459-1519)
ma|xi|mie|ren (vergrößern)
Ma|xi|mi|li|an (*Name von Herrschern*)
Ma|xi|mi|nus [Thrax] (röm. Kaiser *173 [?])
Ma|xi|mum (Höchstwert); *Pl.* Maxima
Max-Planck-Ge|sell|schaft *§ 13 (4) Anm. 2*
Max-Planck-In|sti|tut *§ 13 (4) Anm. 2*; *Abk.* MPI
Max|well, James Clerk (engl. Physiker 1831-1879); Maxwellsche Gleichungen *§ 15*

(7)
May, Karl (dt. Schriftsteller 1842-1912)
Ma|ya (Volk)
Ma|ya...[kultur *usw.*]
May|day (*Notruf*)
May|er, Julius Robert (dt. Naturwissenschaftler 1814-1878)
May|flo|wer (Schiff der Pilgerväter)
Ma|yo-Kli|nik (Therapieeinrichtung)
Ma|yon|nai|se; *a.* Majonäse
Ma|yor (*engl.* Bürgermeister)
Ma|za|rin, Jules (frz. Politiker 1602-1661)
Maz|da|znan, der/das (neuzarathustr. Religion)
Ma|ze|do|ni|en (Staat); *s. a.* Makedonien
Ma|ze|do|ni|er; *s. a.* Makedonier
ma|ze|do|nisch; *s. a.* makedonisch
Mä|zen (Kunstförderer)
Mä|ze|na|ten|tum (private Förderung der Kunst usw.)
mä|ze|na|tisch
Ma|ze|ra|ti|on (Gewebeerweichung; Auslaugung)
ma|ze|rie|ren
Ma|zis, der (Muskatgewürz)
Ma|zis|blü|te (Muskatblüte)
Ma|zur|ka, die (poln. Nationaltanz); *Pl.* Mazurkas, Mazurken; *a.* Masurka
mb (*Abk. v.* Millibar) *§ 17 (2) Anm. 2*
MB (*Abk. v.* Megabyte) *§ 17 (2) Anm. 1*
Mba|ba|ne (Hauptstadt v. Swasiland)
mbH (*Abk. v.* mit beschränkter Haftung) *§ 17 (2) Anm. 1*; GmbH
MByte (*Abk. v.* Megabyte) *§ 17 (2) Anm. 2*
Mc (= Mac *in schott. Namen*)
Mc|Car|thy, Joseph (amerik. Politiker 1909-1957); Mary ~ (amerik. Schriftstellerin 1912-1985)
Mc|Car|thy|is|mus (amerik. Kommunistenverfolgung)
Mc|Cloy, John (amerik. Politiker 1895-1989)
Mc|Cul|lers, Carson (amerik. Schriftstellerin 1917-1967)
Mc|Kin|ley, William (Präsident der USA 1843-1901)
Mc|Kin|ley (Mount McKinley, Berg in USA)
Md (*chem. Zeichen f.* Mendelevium)
Md. (*Abk. v.* Maryland)
MdB, M. d. B. (*Abk. v.* Mitglied des Bundestages) *§ 17 (2) Anm. 1*
MdL, M. d. L. (*Abk. v.* Mitglied des Landtages) *§ 17 (2) Anm. 1*
Me. (*Abk. v.* Maine)
ME (*Abk. v.* Mache-Einheit) *§ 17 (2) Anm. 2*
m. E. (*Abk. v.* meines Erachtens)
Mead, George Herbert (amerik. Philosoph 1863-1931); Margaret ~ (amerik. Ethnologin 1901-1978)
Me|cha|nik (Maschinenkunde)
Me|cha|ni|ker
me|cha|nisch
me|cha|ni|sie|ren
Me|cha|nis|mus
me|cha|ni|stisch
Mecke|rei [k|k]
Mecker|frit|ze [k|k]
meckern (*a.* sich beklagen) [k|k]; du meckerst
Meck|len|burg (Stadt)
Meck|len|bur|ger
meck|len|bur|gisch; die Mecklenburgische Seenplatte *§ 15 (7)*
Meck|len|burg-Schwe|rin
Meck|len|burg-Vor|pom|mern (Bundesland)
meck|len|burg-vor|pom|me|risch; *a.* ...pommersch
Me|dail|le, die (Auszeichnung; Gedenkmünze)
Me|dail|len...[spiegel *usw.*]
Me|dail|leur
Me|dail|lon, das (ovales Ornament, Schmuckanhänger; rundes Fleischstück)
Me|dea (Sagengestalt)
Me|del|lín (Stadt in Kolumbien)
Me|der (Angehöriger e. antiken Volks)
Me|dia, die (stimmhafter Verschlußlaut)
me|di|al (zur Mitte hin gerichtet)
me|di|an (zur Mitte gehörend)
Me|di|an...[ebene *usw.*]
Me|di|an|te, die (Mittelton der Tonika)
Me|di|a|ti|on (Vermittlung)
me|di|a|ti|sie|ren
me|di|äval (das Mittelalter betreffend)
Me|di|äval, die (Schriftart)
Me|di|ävist
Me|di|ävi|stik (Wissenschaft von Sprache, Literatur und Kunst des Mittelalters)
Me|di|ce|er (Angehöriger des Hauses Medici)
Me|di|ci (florentin. Familie)
me|di|ce|isch
Me|di|en, die (*Pl. v.* Media, Medium)
Me|di|en...[verbund *usw.*]
Me|di|ka|ment (Heilmittel)
me|di|ka|men|tös
Me|di|ka|ti|on (Verabreichung von Medikamenten)
Me|di|kus (Arzt)
Me|di|na (Stadt in Arabien)
me|dio (in der Mitte); ~ Januar; zum Medio Januar
me|di|o|ker (mittelmäßig); me|di|o|kres Werk
Me|di|o|kri|tät
Me|dio|wech|sel
Me|di|ta|ti|on (tiefes Nachdenken)
me|di|ta|tiv
me|di|ter|ran (mittelmeerisch)
me|di|tie|ren (tief nachdenken)
me|di|um (*engl.* halb durchgebraten)
Me|di|um, das (Träger von

Information; Geisterseher o. ä.; *gramm.* Verbform); *Pl.* Medien
Me|di|zin (Heilkunde; Medikament)
Me|di|zin...[mann *usw.*]
Me|di|zi|nal...[rat *usw.*]
Me|di|zi|ner
me|di|zi|nisch
me|di|zi|nisch-tech|nisch *§ 13 (5)*; medizinisch-technische Assistentin, *Abk.* MTA
Med|ley, das (Potpourri)
Me|doc (Wein, *frz.* Médoc)
Me|dre[s]|se, die (islam. Hochschule)
Me|du|sa (Sagengestalt); *vgl.* Meduse
Me|du|se (1. Medusa; 2. Qualle)
Me|du|sen...[blick *usw.*]
me|du|sisch
Meer, das (die See)
Meer...[enge *usw.*]
Mee|res...[grund *usw.*]
mee|res|be|woh|nend
Meer|kat|ze (afrik. Affenart)
Meer|ret|tich
Meers|burg (Stadt)
Meer|schaum (Mineral)
Meer|schaum|pfei|fe
Meer|schwein|chen
meer|um|schlun|gen
meer|wärts (auf das Meer zu)
Meer|zwie|bel
Mee|ting, das (Zusammenkunft)
me|ga.../Me|ga... (*griech.* groß; das Millionenfache); *s. a.* megalo.../Megalo...
Me|ga|byte, das (eine Million Byte); *Abk.* MB, Mbyte
Me|ga|elek|tro|nen|volt; *Abk.* MeV
Me|ga|hertz; *Abk.* Mhz
me|ga-in (besonders aktuell)
Me|ga|joule; *Abk.* MJ
Me|ga|lith, der (Baudenkmal)
Me|ga|lith...[grab *usw.*]
Me|ga|li|thi|ker (Träger der Megalithkultur)
me|ga|li|thisch
me|ga|lo.../Me|ga|lo... (*griech.* groß); *s. a.* mega.../Mega...
Me|ga|lo|ma|nie (Größenwahn)
Me|ga|lo|po|lis (riesige Großstadt)
Me|ga|lo|zyt (abnormal großes rotes Blutkörperchen)
Me|ga|ohm; *Abk.* MΩ; *s. a.* Megohm
me|ga-out (nicht zeitgemäß)
Me|ga|pas|cal; *Abk.* Mpa
Me|ga|phon, das (Lautsprechermikrophon)
Me|gä|re (böses Weib)
Me|ga|the|ri|um (urzeitliches Riesenfaultier)
Me|ga|ton|ne; *Abk.* Mt
Me|ga|ton|nen|bom|be (Bombe mit der Sprengkraft von einer Million Tonnen TNT)
Me|ga|volt; *Abk.* MV
Me|ga|watt; *Abk.* MW
Meg|ohm; *s.* Megaohm
Mehl
Mehl...[sack *usw.*]
mehl|ar|tig
Mehl|bee|re
meh|lig
Mehl|tau (Pflanzenkrankheit); *s. aber* Meltau
mehr; um so/umso mehr
Mehr, das; das Mehr oder Weniger
Mehr...[arbeit *usw.*]
mehr|deu|tig
mehr|di|men|si|o|nal
meh|ren (vermehren); du mehrst
meh|re|re, meh|re|res *usw.*; *immer klein geschrieben*: zu mehreren; er sagte [ein] mehreres
meh|rer|lei
mehr|fach; um ein mehrfaches *oder* Mehrfaches größer (viel größer); *vgl.* Mehrfache
Mehr|fach...[impfstoff *usw.*]
mehr|fach|be|hin|dert; *aber* mehrfach behindert *§ 11 (6)*
Mehr|fach|be|hin|der|te, der
Mehr|fa|che, das; um ein Mehrfaches; *a. klein geschrieben, wenn die gesamte Verbindung* viel *bedeutet*: um ein mehrfaches größer *§ 15 (6)*
mehr|far|big
mehr|glied|rig
Mehr|heit
Mehr|heits...[beschluß *usw.*]
mehr|heits|fä|hig
mehr|jäh|rig
Mehr|ling
Mehr|lings|ge|burt
mehr|ma|lig
mehr|mals
mehr|sil|big
mehr|spra|chig
mehr|stim|mig
mehr|stöckig [k|k]
mehr|stu|fig
mehr|stün|dig
mehr|tä|gig
mehr|tei|lig
Mehr|wert, der
Mehr|wert|steu|er
mehr|wö|chig
mehr|zei|lig
mehr|zel|lig
mei|den; du meidest, miedest, gemieden
Mei|er (Gutsverwalter)
Mei|e|rei
Mei|er|hof
Mei|ji-Re|form (jap. Modernisierungsbewegung)
Mei|le, die
mei|len|lang; *aber* drei Meilen lang *§ 11 (7)*
mei|len|weit; *aber* drei Meilen weit *§ 11 (7)*
Mei|ler (Schwelanlage zur Holzkohlengewinnung; *übertr.* Atomkraftwerk)
mein, meine (*Possessivartikel*); mein Haus; meiner Ansicht nach, *Abk.* m. A. n.; meines Erachtens, *Abk.* m. E.; meines Wissens, *Abk.* m. W.; der meine; *in substantivischem Gebrauch groß geschrieben*: das Meine (mein Besitz); die Meinen (meine Angehörigen); *vgl.* meiner

Mei|necke, Friedrich (dt. Historiker 1862-1964) [k|k]
Mein|eid (falscher Eid)
mein|ei|dig
mei|nen; du meinst
mei|ner (*Possessivpronomen*); das ist meiner; *s. a.* mein
mei|ner|seits
mei|nes|glei|chen
mei|nes|teils
mei|net|hal|ben
mei|net|we|gen
mei|net|wil|len; um ~
mei|nig; die Meinigen (meine Angehörigen), das Meinige (meine Habe, Pflicht); *sonst klein geschrieben*: das ist der meinige [z. B. Kuchen]
Mein|rad, Josef (österr. Schauspieler 1913-1996)
Mein|tat (Verbrechen)
Mei|nung
Mei|nungs...[bild *usw.*]
mei|nungs|bil|dend
Mei|o|se (Reduktionsteilung von Geschlechtszellen)
Me|ir, Golda (israel. Politikerin 1898-1978)
Mei|ran, der (Gewürz[kraut]) ; *s. a.* Majoran
Mei|se (Vogel); eine ~ haben (verrückt sein)
Mei|ßel, der (Werkzeug zum Spalten)
mei|ßeln; du meißelst
Mei|ßen (Stadt)
Mei|ße|ner (*zu* Meißen); ~ Porzellan; *s. a.* Meißner
Meiß|ner (1. Berg in Hessen; 2. Meißener, *s. d.*)
meiß|nisch (*zu* Meißen)
meist (1. meistens; 2. am meisten); *in der 2. Bedeutung mit Partizipien zusammengesetzt*: meistgekauft *usw.*
meist|be|gün|stigt
Meist|be|gün|sti|gung
meist|be|tei|ligt
meist|bie|tend
mei|ste; *immer klein geschrieben*: das meiste, am meisten; die meisten taugen nichts
mei|sten|orts
mei|stens
mei|sten|teils
Mei|ster
Mei|ster...[brief *usw.*]
mei|ster|haft
mei|ster|lich
mei|stern; du meisterst (1. etwas schaffen; 2. lösen)
Mei|ster|schaft
Meist|ge|bot
meist|ge|bräuch|lich
meist|ge|fragt
meist|ge|kauft
meist|ge|le|sen
meist|ge|nannt
Meist|stu|fe (Superlativ)
Meit|ner, Lise (österr. Physikerin 1878-1968)
Meit|ne|ri|um; *chem. Zeichen* Mt
Mek|ka (Stadt in Arabien)
Me|kong (Fluß)
Me|la|min|harz (Kunstharz)
Me|lan|cho|lie (Trübsinn)
Me|lan|cho|li|ker
me|lan|cho|lisch
Me|lan|chthon, Philipp (dt. Humanist 1497-1560)
Me|la|ne|si|en (Inselgruppe im Pazifik)
Me|la|ne|si|er
me|la|ne|sisch
Me|lan|ge, die (Mischung; Milchkaffee; Baumwollgarn)
Me|la|nin, das (Farbpigment)
Me|la|nis|mus (krankhaft dunkle Hautfärbung)
Me|la|nit, der (schwarzbraunes Granat)
Me|la|nom, das (bösartige Hautgeschwulst)
Me|la|no|se (Bildung von schwarzen Flecken)
Me|la|phyr, der (schwarzer Porphyr)
Me|las|se, die (zähflüssiger Rückstand bei der Zuckerherstellung)
Mel|bourne (Stadt in Australien)
Mel|chi|or (einer der Heiligen Drei Könige)
Mel|de (Pflanze)
mel|den (mitteilen)
mel|de|pflich|tig
Mel|der
me|lie|ren (vermischen)
me|liert; grau◡meliert *§ 11 (4)*
Me|li|lith, der (Mineral)
Me|li|o|ra|ti|on (Verbesserung)
me|li|o|rie|ren
Me|lis, der (Zucker)
me|lisch (liedhaft)
Me|lis|ma, das (melodische Verzierung)
Me|lis|ma|tik (*musik.* Kunst der Verzierung)
me|lis|ma|tisch
Me|lis|se, die (Pflanze)
melk; eine melke Kuh
mel|ken; du melkst/milkst, molkst, mölkest, gemolken
Mel|ker
Mel|ke|rei
Me|lo|die
Me|lo|di|en...[reigen *usw.*]
Me|lo|dik
me|lo|di|ös
me|lo|disch
Me|lo|dram, das (gesprochene Dichtung mit Musikuntermalung; leidenschaftlicher Konflikt)
Me|lo|dra|ma|tik
me|lo|dra|ma|tisch (übertrieben gefühlvoll)
Me|lo|ne, die (1. Frucht; 2. Hut)
me|lo|nen|ar|tig
Me|los (Melodie)
Me|los (griech. Insel)
Mel|po|me|ne (Muse)
Mel|tau (Honigtau); *s. aber* Mehltau
Me|lu|si|ne (Sagengestalt)
Mel|ville, Herman (amerik. Schriftsteller 1819-1891)
Mem|bran, Mem|bra|ne, die (Blättchen zur Schallübertragung bzw. -erzeugung; dünne Haut)
Me|mel (Fluß u. Stadt in Litauen)
Me|me|ler

Me|men|to, das (Mahnruf)
me|men|to mo|ri (*lat.* „Denke an die eigene Sterblichkeit"); das Memento mori
Mem|ling, Hans (niederl. Maler zw. 1433 und 1440-1494)
Mem|me, die (Feigling)
mem|men|haft (feige)
Mem|nons|säu|len (ägypt. Steinkolosse b. Theben)
Me|mo, das (*kurz f.* Memorandum) (Erinnerungsschrift)
Me|moire, das (Denkschrift)
Me|moi|ren (*Pl.*) (Lebenserinnerungen)
Me|mo|ra|bi|li|en (*Pl.*) (Denkwürdigkeiten)
Me|mo|ran|dum (Denkschrift)
Me|mo|ri|al (Gedenkveranstaltung, Denkmal)
me|mo|rie|ren (auswendig lernen)
Mem|phis (Name von Städten im alten Ägypten, in den USA)
Me|na|ge, die (Gestell; Haushalt *milit.* Verpflegung)
Me|na|ge|rie (Tierschau)
me|na|gie|ren
Me|nan|der (griech. Dichter 342-291 v. Chr.)
Men|ar|che (erste Regelblutung)
Men|ci|us; *vgl.* Mengze, Mengzi
Men|del, Gregor (österr. Biologe 1822-1884); Mendelsche Gesetze *§ 15 (7)*
Men|de|le|vi|um; *chem. Zeichen* Md
Men|de|lis|mus (Richtung der Vererbungslehre)
men|deln
men|delsch; Mendelsche Gesetze *§ 15 (7)*
Men|dels|sohn, Moses (dt. Philosoph 1728-1786)
Men|dels|sohn Bar|thol|dy, Felix (dt. Komponist 1809-1847)
Men|di|kant (Bettelmönch)
Men|di|kan|ten|or|den (Bettelorden)
Me|ne|la|os (*griech.*), Me|ne|la-us (*lat.*) (Sagengestalt)
Me|ne|te|kel (schlimmes Vorzeichen)
Men|ge
men|gen; du mengst
Men|gen...[lehre *usw.*]
men|gen|mä|ßig
Meng|sel, das (Mischung)
Meng|ze (chines. Philosoph 372-289 v. Chr.); *latinisiert* Mencius, *neuere Umschrift* Meng|zi
Men|hir, der (vorgeschichtl. Steinsetzung)
Me|nin|gi|tis, die (Gehirnhautentzündung)
me|nip|pisch; menippische Satire
Me|nis|kus (Knorpel im Kniegelenk)
Men|jou|bärt|chen
Men|ni|ge, die (Farbe)
Men|nig|rot, das
Men|no|nit (Angehöriger einer Religionsgemeinschaft)
Me|no|pau|se (Aufhören der Regelblutung)
Me|no|ra, die (liturg. Leuchter)
Me|nor|ca (span. Insel)
Me|nor|rhö (*med.*), Menorrhöe (Menstruation)
me|nor|rhö|isch
Me|no|sta|se (Ausbleiben der Menstruation)
Men|sa (1. Altar; 2. student. Speisestätte)
Men|sa|es|sen
Mensch, der
Mensch, das
men|scheln; du menschelst
Men|schen...[recht *usw.*]
men|schen|ähn|lich
men|schen|arm
men|schen|freund|lich
men|schen|leer
men|schen|mög|lich
men|schen|scheu
Men|schens|kind!
Men|schen|tum
men|schen|un|wür|dig
men|schen|ver|ach|tend; *aber* die Menschen verachtend *§ 11 (6)*
men|schen|wür|dig
Men|sche|wik (Vertreter des Menschewismus); *Pl.* Menschewiki
Men|sche|wis|mus (gemäßigte Richtung der russ. sozialdemokratischen Arbeiterpartei)
Men|sche|wist
men|sche|wi|stisch
Mensch|heit
mensch|heit|lich
Mensch|heits...[traum *usw.*]
mensch|lich
Mensch|wer|dung
Men|sen|dieck-Gymnastik
men|sis cur|ren|tis (laufenden Monats); *Abk.* m. c.
men|stru|al (die Regelblutung betreffend)
Men|stru|al...[blut *usw.*]
Men|stru|a|ti|on (monatliche Regelblutung)
men|stru|ie|ren
Men|sur, die (1. Zweikampf; 2. Abmessung; 3. Verhältnis der Notenwerte; 4. Meßgefäß)
men|su|ra|bel (meßbar); men|su|ra|ble Größen
Men|su|ra|bi|li|tät
Men|su|ral|mu|sik (Instrumentalmusik, bei der die Notenwerte durch Taktvorzeichen variieren)
Men|su|ral|no|ta|ti|on (Notenschrift mit Festlegung der Tondauer)
men|tal (geistig)
Men|ta|lis|mus (philosophische Richtung, die geistige Vorgänge annimmt)
men|ta|li|stisch
Men|ta|li|tät (seelisch-geistige Einstellung)
Men|tal|re|ser|va|ti|on (gedanklicher Vorbehalt)
Men|thol, das (Bestandteil des Pfefferminzöls)
Men|tor (Ratgeber)
Me|nü, das (Speisenfolge; Pro-

grammauswahl)
Me|nu|ett (Tanz; Musikstück)
Me|nu|hin, Yehudi (amerik. Geiger 1916-1999)
Men|zel, Adolph von (dt. Maler 1815-1905)
Me|phi|sto (Teufel)
Me|phi|sto|phe|les (Teufel in Goethes *Faust*)
me|phi|sto|phe|lisch
Me|ran (Stadt in Italien)
Mer|ca|tor, Gerhard (niederl. Kartograph 1512-1594)
Mer|ca|tor|pro|jek|ti|on (winkelgetreue zylindrische Kartenprojektion)
Mer|ce|des Benz AG
Mer|ce|ri|sa|ti|on; *a.* Merzerisation
mer|ce|ri|sie|ren (verdichten); *a.* merzerisieren
Mer|chan|di|sing (Verkaufsförderung)
mer|ci (*frz.* danke)
Mer|cou|ri, Melina (griech. Sängerin 1925-1994)
Me|re|dith, George (engl. Schriftsteller 1828-1909)
Mer|gel, der (Sedimentgestein)
mer|ge|lig
Me|ri|an, Maria Sibylla (dt. Malerin u. Forscherin 1647-1717)
Me|ri|an, Matthäus (d. Ä., schweizer. Kupferstecher 1593-1650)
Me|ri|di|an (1. Längenkreis um die Erde durch beide Pole; 2. Energiebahn im Körper)
Me|ri|di|an|kreis (Meßgerät für Gestirnsbewegungen)
me|ri|di|o|nal
Mé|ri|mée, Prosper (frz. Schriftsteller 1803-1870)
Me|rin|ge, die (Gebäck)
Me|rin|gel (Meringe)
Me|ri|no, der (Schaf)
Me|ri|no...[wolle *usw.*]
Me|ri|stem, das (pflanzl. Bildungsgewebe)
Me|ri|ten (*Pl. v.* Meritum)
me|ri|to|risch
Me|ri|tum (Verdienst); *Pl.* Meriten
Merk, das (Merkzeichen)
Merk, der (Pflanze)
Merk...[satz *usw.*]
mer|kan|til (kaufmännisch)
mer|kan|ti|lisch
Mer|kan|ti|lis|mus (wirtschaftl. System, das Außenhandel und Industrie fördert)
Mer|kan|ti|list
mer|kan|ti|li|stisch
Mer|kan|til|sy|stem
merk|bar
Mer|kel, Angela (dt. Politikerin *1954)
mer|ken; du merkst
merk|lich; um ein merkliches *oder* Merkliches (deutlich) *§ 15 (6)*
Mer|kur (1. röm. Gott; 2. Planet; 3. Quecksilber)
Mer|ku|ri|a|lis|mus (Quecksilbervergiftung)
merk|wür|dig
merk|wür|di|ger|wei|se
Mer|lan, der (Fisch)
Mer|lin (1. Zauberer; 2. Vogel)
Me|ro|win|ger (german. Herrschergeschlecht)
me|ro|win|gisch
Mer|se|burg (Stadt)
Mer|se|bur|ger; ~ Zaubersprüche (althochdeutsche Texte)
Mer|ze|ri|sa|ti|on; *a.* Mercerisation
mer|ze|ri|sie|ren (verdichten); *a.* mercerisieren
Merz|vieh (zuchtungeeignetes Vieh)
Mes|al|li|ance (nicht standesgemäße Verbindung)
me|schug|ge (verrückt)
Mes|dames (*Pl. v.* Madame)
Mes|de|moi|selles (*Pl. v.* Mademoiselle)
Mes|en|chym, das (embryonales Bindegewebe)
Me|se|ta (span. Hochebene)
Mes|ka|lin, das (Rauschmittel)
Mes|me|ris|mus (Heilmagnetismus)
Mes|ner (Kirchendiener)
Mes|ne|rei
me|so.../**Me|so**... (*griech.* mittlere, Mittel...)
Me|so|derm, das (mittleres Keimblatt des Embryos)
Me|so|karp, das (Fruchtfleisch)
Me|so|li|thi|kum (Mittelsteinzeit)
me|so|li|thisch
Me|son, das (Elementarteilchen)
Me|so|phyt, der (Pflanze an mäßig feuchten Standorten)
Me|so|po|ta|mi|en (Zweistromland zw. Euphrat und Tigris)
Me|so|po|ta|mi|er
me|so|po|ta|misch
Me|so|sphä|re (höhere Schicht der Erdatmosphäre)
Me|so|tron (Meson)
Me|so|zo|i|kum (Erdmittelalter)
me|so|zo|isch
Meß...[diener *usw.*, *zu* Messe]
Meß...[schieber *usw.*, *zu* messen]
Mes|sage, die (Nachricht)
Mes|sa|li|na (Gattin des Kaisers Claudius; *übertr.* ausschweifende Frau)
meß|bar
Mes|se (1. Gottesdienst; 2. geistliche Musik; 3. Ausstellung)
mes|sen; du mißt *§ 7 (1)*, maßest, mäßest; gemessen
Mes|se|ni|en (Landschaft in Griechenland)
mes|se|nisch
Mes|ser, das
Mes|ser...[spitze *usw.*]
Mes|ser|schmitt, Willy (dt. Konstrukteur 1898-1978)
mes|ser|scharf
Mes|si|a|de (Dichtung, deren Held der Messias ist)
Mes|siaen, Olivier (frz. Komponist 1908-1992)
mes|si|a|nisch
Mes|si|a|nis|mus (Glaube an den verheißenen Messias)

Mes|si|as (Heiland, Erlöser)
Mes|si|dor (Monat des frz. Revolutionskalenders)
Mes|sieurs (*Pl. v.* Monsieur)
Mes|si|na (Stadt auf Sizilien)
Mes|sing (Legierung aus Kupfer u. Zinn)
Mes|sing...[schild *usw.*]
mes|sin|gen (aus Messing)
Mess|ner, Reinhold (ital. Bergsteiger *1944)
Me|ste, die (alte Maßeinheit)
Me|sti|ze (Indianermischling)
MESZ (*Abk. v.* mitteleuropäische Sommerzeit) *§ 17 (2) Anm. 1*
Met, der (Honigwein)
Met, die (*kurz f.* Metropolitan Opera)
me|ta.../**Me|ta**... (*griech.* nach, zwischen, mit)
me|ta|bol (veränderlich)
me|ta|bo|lisch (veränderlich)
Me|ta|bo|lis|mus (Stoffwechsel)
Me|ta|ge|ne|se (Generationswechsel)
me|ta|ge|ne|tisch
Me|ta|lep|se, Me|ta|lep|sis, die (Stilfigur)
Me|tall, das
Me|tall...[bau *usw.*]
Me|tal|le|gie|rung [ll|l] *§ 7 (1), § 28 Anm.*
me|tal|len (aus Metall)
Me|tal|ler, der (Metallarbeiter; Mitglied der Gewerkschaft IG Metall)
me|tall|hal|tig
me|tal|lic (metallisch schimmernd)
Me|tal|li|sa|ti|on (das Überziehen mit Metall)
me|tal|lisch
me|tal|li|sie|ren (mit Metall überziehen)
Me|tal|lo|chro|mie (Färben von Metall durch Elektrolyse)
Me|tal|lo|gra|phie (Metallkunde)
Me|tall|urg, Me|tal|lurg
Me|tall|ur|gie, Me|tal|lur|gie (Lehre von der Gewinnung u. Verarbeitung von Metall)
me|tall|ver|ar|bei|tend; *aber* [edles] Metall verarbeitend *§ 11 (4), (6)*
me|ta|morph (den Zustand wandelnd)
me|ta|mor|phisch
Me|ta|mor|phis|mus (Umwandlung [der Erdkruste])
Me|ta|mor|pho|se (Umwandlung)
me|ta|mor|pho|sie|ren (die Gestalt ändern)
Me|ta|pha|se (Stadium einer Zellkernteilung)
Me|ta|pher, die (übertragener Ausdruck)
Me|ta|pho|rik
me|ta|pho|risch
Me|ta|phra|se (Übertragung von Versdichtung in Prosa; Umschreibung)
me|ta|phra|stisch (umschreibend)
Me|ta|phy|sik (philosoph. Teilgebiet)
Me|ta|phy|si|ker
me|ta|phy|sisch
Me|ta|plas|mus (Abänderung der Form)
Me|ta|spra|che (sprachl. Aussagen über Sprache)
me|ta|sprach|lich
Me|ta|sta|se, die (Tochtergeschwulst)
me|ta|sta|sie|ren
me|ta|sta|tisch
Me|ta|the|se; Me|ta|the|sis, die (Lautumstellung)
me|ta|zen|trisch
Me|ta|zen|trum (Schnittpunkt der Auftriebsrichtung)
Me|ta|zo|on (vielzelliges Tier)
Met|em|psy|cho|se (Seelenwanderung)
Me|te|or, der (auf die Erde niedergehender Himmelskörper)
Me|te|or...[eisen *usw.*]
me|te|o|risch
Me|te|o|rit, der
me|te|o|ri|tisch
Me|te|o|ro|lo|ge
Me|te|o|ro|lo|gie (Wetterkunde)
me|te|o|ro|lo|gisch
me|te|o|ro|trop (wetterfühlig)
Me|te|o|ro|tro|pis|mus
Me|ter, das/der (Längenmaß)
Me|ter...[maß *usw.*]
me|ter|dick; *aber* drei Meter dick *§ 11 (7)*
me|ter|hoch; *aber* drei Meter hoch *§ 11 (7)*
me|ter|lang; *aber* drei Meter lang *§ 11 (7)*
me|ter|wei|se
me|ter|weit; *aber* drei Meter weit *§ 11 (7)*
Me|tha|don, das (Medikament)
Me|than, das (brennbares Gas)
Me|tha|nol, das (Methylalkohol)
Me|tho|de
Me|tho|dik
Me|tho|di|ker
me|tho|disch (sinnvoll durchdacht)
Me|tho|dist (Anhänger der methodistischen Kirche)
me|tho|di|stisch
Me|tho|do|lo|gie (Methodenlehre)
me|tho|do|lo|gisch
Me|tho|ma|nie (Geistesstörung durch Alkoholmißbrauch)
Me|thu|sa|lem (bibl. Gestalt; sehr alter Mensch)
Me|thyl, das (organ. Atomgruppe)
Me|thyl|al|ko|hol
Me|thyl|amin, das (Gas)
Me|thy|len|blau, das (synthetischer blauer Farbstoff)
Me|tier, das (Beruf)
Met|öke (zugewanderte Person ohne politische Rechte)
me|to|nisch; Metonischer Zyklus (antiker Kalender) *§ 15 (7)*
Met|ono|ma|sie (Ersetzung e. Eigennamens)
Met|ony|mie (rhetor. Figur)

met|ony|misch
Met|ope, die (Reliefbild)
Me|trik (Takt- oder Verslehre)
Me|tri|ker
me|trisch
Me|tro, die (U-Bahn)
Me|tro|lo|gie (Lehre von Maßen u. Gewichten)
me|tro|lo|gisch
Me|tro|nom, das (Taktmesser)
Me|tro|po|le, Me|tro|po|lis, die (Hauptstadt)
Me|tro|po|lit (einer Kirchenprovinz vorstehender Erzbischof; leitender Geistlicher)
Me|tro|po|li|tan|kir|che
Me|trum; *Pl.* Metra, Metren (Versmaß; Takt)
Mett, das (Hackfleisch)
Met|ta|ge, die (Umbruch)
Met|te (nächtl. Gottesdienst)
Met|ter|nich, Klemens von (österr. Politiker 1773-1859)
Met|teur (Schriftsetzer)
Mett|wurst
Metz (Stadt in Frankreich)
Met|ze, die (1. Getreidemaß; 2. Dirne)
Met|ze|lei
met|zeln; du metzelst
Met|zel|sup|pe
Metz|ger
Metz|ge|rei
Meu|ble|ment (Möblierung)
Meu|chel...[mord *usw.*]
meu|cheln; du meuchelst
Meuch|ler
meuch|lings
Meu|te
Meu|te|rei
Meu|te|rer
meu|tern
MeV (*Abk. v.* Megaelektronenvolt) *§ 17 (2) Anm. 2*
Me|xi|co Ci|ty (Hauptstadt v. Mexiko)
Me|xi|ka|ner
me|xi|ka|nisch
Me|xi|ko (Staat in Mittelamerika)
Mey|er, Conrad Ferdinand (schweizer. Schriftsteller 1825-1898)
Mey|er|beer, Giacomo (dt. Komponist 1791-1864)
Mey|sel, Inge (dt. Schauspielerin *1910)
Mey|sen|bug, Malvida von (dt. Schriftstellerin 1816-1903)
MEZ (*Abk. v.* mitteleuropäische Zeit) *§ 17 (2) Anm. 1*
Mez|za|nin, der (niedriges Zwischenstockwerk)
mez|za vo|ce (*musik.* halblaut)
mez|zo|for|te (*musik.* mittelstark); *Abk.* mf
Mez|zo|gior|no, der (Süden Italiens)
mez|zo|pi|a|no (*musik.* ziemlich leise); *Abk.* mp
Mez|zo|so|pran, der (mittlere Stimmlage von Frauen)
Mez|zo|tin|to, das (Tiefdruckverfahren)
µF (*Abk. v.* Mikrofarad) *§ 17 (2) Anm. 2*
mg (*Abk. v.* Milligramm) *§ 17 (2) Anm. 2*
µg (*Abk. v.* Mikrogramm) *§ 17 (2) Anm. 2*
Mg (*chem. Zeichen f.* Magnesium)
MG (*Abk. v.* Maschinengewehr) *§ 17 (2) Anm. 1*; MG-Schütze
M. Glad|bach (*Abk. v.* Mönchengladbach)
Mgr. (*Abk. v.* Monseigneur, Monsignore)
mhd. (*Abk. v.* mittelhochdeutsch)
MHz (*Abk. v.* Megahertz) *§ 17 (2) Anm. 2*
mi (Solmisationssilbe)
Mi|ami (Stadt in USA)
Mi|as|ma, das (Ausdünstung des Bodens)
mi|as|ma|tisch (giftig; ansteckend)
mi|au (Laut der Katze)
mi|au|en; du miaust
Mich. (*Abk. v.* Michigan)
Mi|cha (Name eines Propheten im AT)
Mi|cha|el (Name eines Erzengels)
Mi|cha|e|li[s]
Mi|cha|els|tag
Mi|chel (naiver Mensch); der deutsche ~
Mi|chel|an|ge|lo Bu|o|nar|ro|ti (ital. Künstler 1475-1564)
Miche|let, Jules (frz. Historiker 1798-1874)
Mi|chel|son, Albert (amerik. Physiker 1852-1931)
Mi|chi|gan (Bundesstaat der USA); *Abk.* Mich.
Mi|chi|gan|see
micke|rig [k|k]; *s. a.* mickrig
mickern [k|k]
Mic|kie|wicz, Adam (poln. Dichter 1798-1855)
mick|rig; *s. a.* mickerig
Micky|maus (Trickfilmfigur von Walt Disney) [k|k]
Mi|das (phryg. König, 2. Hälfte 8. Jh. v. Chr.)
Mi|das|oh|ren (Eselsohren)
Mid|gard (irdische Welt in der nord. Mythologie)
Mid|gard|schlan|ge
mi|di (halblang)
Midi, MIDI, das (Dateiformat)
Mi|di...[mantel *usw.*]
Mi|di|a|ni|ter (bibl. Volk)
Mid|life-cri|sis (kritische Phase in der Lebensmitte)
Mid|ship|man (Offiziersanwärter in der Kriegsmarine)
Mie|der, das
Mie|der...[hose *usw.*]
Mief, der (Gestank)
mie|fen
mie|fig
Mie|gel, Agnes (dt. Schriftstellerin 1879-1964)
Mie|ne (Gesichtsausdruck)
Mie|re (Pflanze)
mies
Mie|se (*Pl.*); in den Miesen sein (Schulden haben)
Mie|se|pe|ter
mie|se|pe|te|rig, mie|se|pet|rig

mies∪ma|chen (herabsetzen) *§ 15 (1)*
Mies|ma|cher
Mies|mu|schel (Speisemuschel)
Mies van der Ro|he, Ludwig (dt.-amerik. Architekt 1886-1969)
Miet...[auto *usw.*]
Mie|te, die (1. Mietzins; 2. Silo)
mie|ten; du mietest
Mie|ter
miet|frei
Miet|ling
Miets...[haus *usw.*]
Miez, die; *s. a.* Mieze
Miez|chen
Mie|ze, die; *s. a.* Miez
Mie|ze|kat|ze
MiG (russ. Flugzeugtyp)
Mi|gno|net|te, die (Spitze aus Zwirn; kleingemusterter Kattun)
Mi|gnon|fas|sung (kleine Fassung für Glühlampen)
Mi|grä|ne, die (wiederkehrende starke Kopfschmerzen)
Mi|gra|ti|on (Wanderung)
Mih|rab, der (Gebetsnische)
Mijn|heer (niederländ. Anrede; Holländer)
Mi|ka|do, der (jap. Kaiser)
Mi|ka|do, das (Spiel)
Mi|ko, der (*kurz f.* Minderwertigkeitskomplex)
mi|kro.../Mi|kro... (*griech.* klein; der millionste Teil)
Mi|kro|be, die (einzelliges Lebewesen)
mi|kro|bi|ell (durch Mikroben verursacht)
Mi|kro|bio|lo|gie (Lehre von den Mikroben)
Mi|kro|che|mie (die Chemie kleinster Mengen)
Mi|kro|chip, der (hochintegrierte elektron. Schaltung)
Mi|kro|com|pu|ter
Mi|kro|elek|tro|nik
mi|kro|elek|tro|nisch
Mi|kro|fa|rad (millionstel Farad); *Abk.* µF
Mi|kro|fau|na
Mi|kro|fiche, das/der (Mikrofilm)
Mi|kro|film
Mi|kro|fon; *a.* Mikrophon
Mi|kro|gramm (millionstel Gramm); *Abk.* µg
mi|kro|ke|phal (mit anormal kleinem Schädel); *s. a.* mikrozephal
Mi|kro|ke|pha|lie; *s. a.* Mikrozephalie
Mi|kro|kok|kus (Kugelbakterium)
mi|kro|kos|misch
Mi|kro|kos|mos (Welt der kleinsten Lebewesen; Mensch als Gegenstück zum Weltall)
Mi|kro|me|ter, das (millionstel Meter; Meßgerät)
Mi|kron; *s. a.* My; *Abk.* µ (Mikrometer)
Mi|kro|ne|si|en (Staat im Pazifik; Inselgebiet)
Mi|kro|ne|si|er
mi|kro|ne|sisch
Mi|kro|or|ga|nis|mus
Mi|kro|phon; *a.* Mikrofon
Mi|kro|phyt, der (pflanzlicher Mikroorganismus)
Mi|kro|pro|zes|sor (zentrales Steuer- u. Rechenelement eines Computers)
Mi|kro|skop, das
mi|kro|sko|pie|ren
mi|kro|sko|pisch
Mi|kro|tom, das (Gerät zur Herstellung feinster Schnitte)
Mi|kro|wel|le (Mikrowellengerät)
Mi|kro|zen|sus (Bevölkerungsstatistik)
mi|kro|ze|phal (mit anormal kleinem Schädel); *s. a.* mikrokephal
Mi|kro|ze|pha|lie; *s. a.* Mikrokephalie
Mi|lan, der (Vogel); der Rote Milan
Mi|la|no (Stadt in Italien, Mailand)
Mil|be, die
Milch
Milch...[flasche *usw.*]
mil|chen (aus Milch)
mil|chen; die Kuh milcht
Mil|cher (geschlechtsreifer männl. Fisch); *s. a.* Milchner
Milch|ling (Pilz)
Milch|ner (geschlechtsreifer männl. Fisch); *s. a.* Milcher
milch|weiß
mild, mil|de
Mil|de, die
mil|dern
mild|her|zig
mild|tä|tig
Mi|le|si|er (Einwohner v. Milet)
Mi|let (antike Stadt in Kleinasien)
Mil|haud, Darius (frz. Komponist 1892-1974)
Mi|li|ar|tu|ber|ku|lo|se (schwere Form der Tuberkulose)
Mi|lieu (Umgebung u. Zeitverhältnisse; Umfeld einer sozialen Gruppe)
Mi|lieu...[roman *usw.*]
mi|lieu|ge|schä|digt
mi|li|tant (kämpferisch)
Mi|li|tanz
Mi|li|tär, das
Mi|li|tär...[arzt *usw.*]
Mi|li|ta|ria *(Pl.)* (militär. Sammlerstücke u. Bücher)
mi|li|tä|risch
mi|li|ta|ri|sie|ren
Mi|li|ta|ris|mus
Mi|li|ta|rist
mi|li|ta|ri|stisch
mi|li|tär|pflich|tig
Mi|li|ta|ry, die (Sportreiten)
Mi|liz, die (ausgebildete militär. Einsatztruppe; Polizei)
Mi|liz...[heer *usw.*]
Mi|li|zi|o|när
Mill. (*Abk. v.* Million[en])
Mil|le (*kurz f.* Tausend); *aber*: pro mille
Mil|le|fio|ri|glas (Glas aus farbigen Glasstäben)
Mille|fleurs, das (Blumenmuster)

Mille|fleurs, der (Stoff mit Blumenmuster)
Mil|le Mi|glia (Autorennen)
Mill|en|ni|um (Zeitraum von 1000 Jahren)
Mil|ler, Arthur (amerik. Schriftsteller *1915); Glenn ~ (amerik. Musiker 1904-1944); Henry ~ (amerik. Schriftsteller 1891-1980); Oskar von ~ (dt. Ingenieur 1855-1934)
Mil|let, Jean-François (frz. Maler 1814-1875)
Mil|li... (ein Tausendstel)
Mil|li|am|pere (tausendstel Ampere); *Abk.* mA
Mil|li|am|pere|me|ter, das
Mil|li|ar|där
Mil|li|ar|de (10^9); *Abk.* Mrd., Mia.
Mil|li|ar|den...[loch *usw.*]
mil|li|ard|ste; *vgl.* achte
mil|li|ard|stel; *vgl.* achtel
Mil|li|ard|stel, das; *vgl.* Achtel
Mil|li|ard|stel...[gramm *usw.*]
Mil|li|bar, das; *Abk.* mbar
Mil|li|gramm; *Abk.* mg
Mil|li|li|ter, der; *Abk.* ml
Mil|li|me|ter, der; *Abk.* mm
Mil|li|mol, das; *Abk.* mmol
Mil|li|on; *Abk.* Mill., Mio.
Mil|li|o|När
mil|li|o|nen|fach
mil|li|o|nen|mal
mil|li|o|nen|schwer
mil|li|on|ste; *vgl.* achte
mil|li|on|[s]tel; *vgl.* achtel
Mil|li|on|[s]tel, das; *vgl.* Achtel
Mill|statt (Ort in Österreich)
Mill|stät|ter; ~ See
Mi|lo|še|vić, Slobodan (serb. Politiker *1941)
Mi|łosz, Czesław (poln. Schriftsteller *1911)
Mil|reis (1000 Reis, alte Währung in Portugal, Brasilien)
Mil|ti|a|des (griech. Feldherr 5. Jh. v. Chr.)
Mil|ton, John (engl. Dichter 1608-1674)
Milz
Milz...[brand *usw.*]

Mi|me, der (Schauspieler)
mi|men; du mimst
Mi|me|se, Mi|me|sis, die (Nachahmung)
mi|me|tisch
Mi|mik (Gesichtsausdruck)
Mi|mi|kry, die (Tarntracht, Schutzanpassung)
mi|misch
Mi|mo|se, die (berührungsempfindliche Pflanze)
mi|mo|sen|haft
Mi|mus (antikes Stegreiftheater); *Pl.* Mimen
min, Min. (*Abk. v.* Minute[n]) *§ 17 (2) Anm. 1*
Mi|na|ma|ta-Krank|heit (Quecksilbervergiftung)
Mi|na|rett, das
Min|da|nao (Philippineninsel)
Min|del-Eis|zeit
Min|den (Stadt)
min|der
Min|der...[zahl *usw.]*
min|der◡be|deu|tend *§ 11 (4)*
min|der◡be|gabt *§ 11 (4)*
min|der◡be|mit|telt *§ 11 (4)*
Min|der|bru|der (Franziskaner)
Min|der|ein|nah|me
Min|der|heit
min|der|jäh|rig; der Minderjährige
min|dern
min|der|wer|tig
Min|der|zahl
Min|dest...[alter *usw.*]
min|de|ste; *immer klein geschrieben*: das mindeste, nicht im mindesten
min|de|stens
Mi|ne, die (1. Bergwerk; 2. Sprengkörper; 3. Teil von Bleistiften u. ä.; 4. antikes Gewicht); *aber* Miene (*s. d.*)
Mi|nen...[arbeiter *usw.*]
Mi|ne|ral, das
Mi|ne|ral...[dünger *usw.*]
mi|ne|ra|lisch
Mi|ne|ra|lo|ge
Mi|ne|ra|lo|gie
mi|ne|ra|lo|gisch

Mi|ner|va (röm. Göttin)
Mi|ne|stra, die (Gemüsesuppe)
Mi|ne|stro|ne, die (Gemüsesuppe)
Mi|net|te, die (Eisenerz)
Mi|net|ti, Bernhard (dt. Schauspieler 1905-1998)
Ming (chines. Dynastie)
mi|ni.../Mi|ni... (*lat.* klein)
mi|ni (sehr kurz); sie trägt ihr Kleid mini
Mi|ni, der/das (*kurz f.* Minikleid, ...rock *usw.*)
Mi|ni...[kleid *usw.*]
Mi|ni|a|tur
mi|ni|a|tu|ri|sie|ren
mi|nie|ren
mi|nim (sehr gering)
mi|ni|mal
Mi|ni|mal...[betrag *usw.*]
Mi|ni|mal art, die (Kunstrichtung) *§ 15 (3)*
Mi|ni|mal mu|sic, die (Musikstil) *§ 15 (3)*
mi|ni|mie|ren
Mi|ni|mum; *Pl.* Minima
Mi|ni|ster
Mi|ni|ste|ri|al...[rat *usw.*]
Mi|ni|ste|ri|a|le, der
mi|ni|ste|ri|ell
Mi|ni|ste|ri|um
mi|ni|stra|bel; mi|ni|stra|ble Personen
Mi|ni|strant (Meßdiener)
mi|ni|strie|ren
Mi|ni|um (Mennige)
Mink, der (Nerz)
Minn. (*Abk. v.* Minnesota)
Min|na; grüne ~ (Polizeiwagen)
Min|ne (Liebe)
Min|ne...[dienst *usw.*]
Min|nel|li, Liza (amerik. Schauspielerin *1946)
min|nen; du minnst
Min|ne|sota (Bundesstaat der USA); *Abk.* Minn.
min|nig|lich
mi|no|isch (zu e. frühen kretischen Kultur gehörig)
Mi|no|rat, das (Jüngstenrecht)
mi|no|renn (minderjährig)
Mi|no|ren|ni|tät

Mi|no|rist (Träger der niederen Priesterweihen)
Mi|no|rit (Angehöriger eines geistl. Ordens)
Mi|no|ri|tät (Minderheit)
Mi|nos (legendärer König auf Kreta)
Mi|no|taur, Mi|no|tau|ros (*griech.*), Mi|no|tau|rus (*lat.*) (griech. Sagengestalt)
Minsk (Hauptstadt v. Weißrußland)
Min|strel (Spielmann)
Mi|nu|end, der (Zahl, von der subtrahiert wird)
mi|nus; drei minus zwei; drei Grad minus, minus drei Grad
Mi|nus, das
Mi|nus...[betrag *usw.*]
Mi|nus|kel
Mi|nu|te; *Abk.* min, Min.
Mi|nu|ten...[zeiger *usw.*]
mi|nu|ten|lang; *aber* drei Minuten lang
mi|nu|ti|ös; *a.* minuziös
mi|nüt|lich
mi|nu|zi|ös; *a.* minutiös
Min|ze
Mio. (*Abk. v.* Million[en])
Mio|zän, das (geolog. Stufe)
MIPS (*Abk. v.* million instructions per second) *§ 17 (2) Anm. 1*
Mir, der (russ. Dorfgemeinschaft)
Mi|ra (Stern)
Mi|ra|beau, Honoré de (frz. Politiker 1749-1791)
Mi|ra|bel|le (Pflaumenart)
Mi|ra|bel|len....[likör *usw.*]
Mi|ra|kel, das (Wunder)
Mi|ra|kel|spiel
mi|ra|ku|lös
Mi|ró, Joan (katalan. Maler 1893-1983)
Mir|za (*pers. Titel*)
Mis|an|drie (Männerhaß)
Mis|an|throp (Menschenfeind)
Mis|an|thro|pie
mis|an|thro|pisch
Misch...[form *usw.*]
mi|schen; du mischst
Mi|scher
misch|far|ben
misch|far|big
Misch|ling
Misch|masch, der
Misch|na, die (Teil des Talmuds)
Misch|po|che, Misch|po|ke, die ([unangenehme] Sippschaft)
Mi|schung
Mi|se, die (*frz.* Prämie)
mi|se|ra|bel; mi|se|ra|ble Zustände
Mi|se|re, die
Mi|se|re|or (Spendenaktion)
Mi|se|re|re, das (Bußpsalm)
Mi|se|ri|cor|di|as Do|mi|ni (2. Sonntag nach Ostern)
Mi|se|ri|kor|die, die (Stütze am Chorgestühl)
Mi|ses, Ludwig von (amerikan. Ökonom 1881-1973)
Mi|shi|ma, Yukio (jap. Schriftsteller 1925-1970)
Mi|so|ga|mie (Ehescheu)
mi|so|gyn (frauenfeindlich); der Misogyn
Mi|so|gy|nie
Mis|pel, die (Strauch)
Mis|ra|chi, die (jüd. Organisation)
Miss (*engl.*), Miß (Fräulein); Miss/Miß Deutschland; *Pl.* Misses
Miss. (*Abk. v.* Mississippi]
Mis|sa (Messe 1.); Missa solemnis (*a.* Werk v. Beethoven)
miß|ach|ten
Mis|sal, das (1. Meßbuch; 2. Schriftgrad); *s. a.* Missale
Mis|sa|le, das (Missal 1.)
miß|be|ha|gen; es mißbehagt
Miß|be|ha|gen, das
miß|be|hag|lich
miß|be|schaf|fen
Miß|bil|dung
miß|bil|li|gen
Miß|brauch
miß|brau|chen
miß|bräuch|lich
miß|bräuch|li|cher|wei|se
miß|deu|ten
mis|sen; du mißt *§ 7 (1)*
Miß|er|folg
Miß|ern|te
Mis|se|tat
Mis|se|tä|ter
miß|fal|len
Miß|fal|len, das; bei ~
miß|fäl|lig
miß|far|ben
miß|far|big
miß|ge|bil|det
miß|ge|launt
Miß|ge|schick
miß|ge|stalt (*Adjektiv*)
Miß|ge|stalt, die
miß|ge|stal|ten; du mißgestaltest
miß|ge|stal|tet
miß|ge|stimmt
miß|ge|wach|sen
miß|glücken [k|k]
miß|gön|nen
Miß|griff
Miß|gunst
miß|gün|stig
miß|han|deln
miß|hel|lig
Mis|sing link, das (fehlendes Zwischenglied) *§ 15 (3)*
mis|singsch; auf ~
Mis|singsch, das (gemischtes Niederdeutsch); auf missingsch sprechen
Mis|sio ca|no|ni|ca (*kath.* Auftrag zur Verkündigung)
Mis|si|on (Religionspropaganda; Botschaft; Auftragsreise)
Mis|si|o|nar
mis|si|o|na|risch
mis|si|o|nie|ren
Mis|si|ons...[station *usw.*]
Mis|sis|sip|pi (Fluß, Bundesstaat der USA); *Abk.* Miss.
Miß|klang
Miß|kredit
miß|lau|nig
miß|lich
miß|lie|big
miß|lin|gen
Miß|lin|gen, das

Miß|ma|nage|ment
Miß|mut, der
miß|mu|tig
Mis|sou|ri (Fluß, Bundesstaat der USA); *Abk.* Mo.
Miß|pickel, der (Mineral) [k|k]
miß|ra|ten; du mißrätst
Miß|stand
miß|tö|nend
miß|tö|nig
miß|trau|en; du mißtraust
Miß|trau|en, das
miß|trau|isch
Miß|ver|gnü|gen
miß|ver|gnügt
Miß|ver|hält|nis
miß|ver|ständ|lich
Miß|ver|ständ|nis
miß|ver|ste|hen; du mißverstehst
Miß|wachs
miß|wach|sen
Miß|wahl (Wahl einer Schönheitskönigin); *vgl.* Miß
Miß|wei|sung (*a.* Deklination der Magnetnadel)
Miß|wirt|schaft
Miß|wuchs
Mist
Mist...[beet *usw.*]
Mi|stel, die (Halbschmarotzerpflanze)
Mi|stel...[zweig *usw.*]
mi|sten; du mistest
Mi|ster; *Abk.* Mr.
mi|stig
Mi|stral, der (Wind)
Mi|stral, Frédéric (frz. Dichter 1830-1914); Gabriela ~ (chilen. Dichterin 1889-1957)
Mi|streß, *engl.* Mistress; *Abk.* Mrs.
Mis|zel|le, die (Kurzaufsatz)
mit; mit Hilfe, *a.* mithilfe; *als Verbzusatz zusammengeschrieben § 9*: mitarbeiten (zusammenarbeiten), mitberücksichtigen; *als Adverb getrennt*: mit arbeiten (ebenfalls arbeiten); das ist mit (ebenfalls) zu berücksichtigen
Mit...[arbeit *usw.*]
Mit|chell, Margaret (amerikan. Schriftstellerin 1900-1949)
mit◡ein|an|der; *vgl.* einander
Mit|ein|an|der, das
Mit|glied
Mit|glie|der...[versammlung *usw.*]
Mit|glieds...[beitrag *usw.*]
mit|füh|lend
mit|haben (dabei◡haben)
mit|hil|fe; *a.* mit Hilfe
Mit|hil|fe, die
mit|hin
Mi|thra[s] (iran. Gott)
Mi|thrä|um (Mithrasheiligtum)
Mi|thri|da|tes [Eu|pa|tor] (König v. Pontus 130-63 v. Chr.)
Mit|laut (Konsonant)
Mit|leid
Mit|lei|den, das
mit|leid|er|re|gend; *aber* [großes] Mitleid erregend *§ 11 (4), (6)*
mit|lei|dig
mit|leid[s]|los
mit|mensch|lich
mit|nich|ten
Mi|to|se (Kernteilung)
Mi|tra, die (Bischofsmütze)
Mi|trail|leur (Schütze)
Mi|trail|leu|se, die (Geschütz)
mit|rei|ßend
Mi|tro|pa (*Abk. v.* Mitteleuropäische Schlaf- und Speisewagen-Aktiengesellschaft) *§ 17 (2) Anm. 1*
mit|sam|men
mit|samt
Mit|scher|lich, Alexander (dt. Psychoanalytiker 1908-1982)
mit|schul|dig
Mitt|acht|zi|ger
Mit|tag; über ~; des Mittags; *s. a.* mittags
mit|tä|gig
mit|täg|lich
mit|tags; *s. a.* Mittag
Mit|tags...[schlaf *usw.*]
Mit|tä|ter
Mitt|drei|ßi|ger
Mit|te; Mitte achtzig/Achtzig; Mitte der Achtziger
mit|tei|lens|wert
mit|teil|sam
mit|tel; es geht ihm mittel (mittelmäßig)
Mit|tel, das
Mit|tel...[bau *usw.*]
mit|tel|alt
Mit|tel|al|ter; *Abk.* Ma.
mit|tel|al|ter|lich; *Abk.* ma.
Mit|tel|ame|ri|ka
mit|tel|bar
Mit|tel|chen
mit|tel|deutsch; auf ~; Mitteldeutscher Rundfunk *§ 15 (7)*, *Abk.* MDR
Mit|tel|deutsch, das; auf mitteldeutsch
Mit|tel|deut|sche, das
Mit|tel|deutsch|land
Mit|tel|eu|ro|pa
Mit|tel|eu|ro|pä|er
mit|tel|eu|ro|pä|isch
mit|tel|fein
Mit|tel|fran|ken
mit|tel|fri|stig
mit|tel|groß
mit|tel|gut
mit|tel|hoch|deutsch; auf ~; *Abk.* mhd.
Mit|tel|hoch|deutsch, das; *Abk.* Mhd.
Mit|tel|hoch|deut|sche, das
Mit|te-links-Bünd|nis *§ 13 (2)*
mit|tel|län|disch
Mit|tel|land|ka|nal
Mit|tel|la|tein, das
mit|tel|la|tei|nisch; auf ~
mit|tel|los
mit|tel|mä|ßig
Mit|tel|meer
mit|tel|mee|risch
mit|tel|prei|sig
mit|tels (*Präposition*)
mit|tel|schwer
Mit|tels|mann
mit|tel|stän|dig
mit|tel|stän|disch
Mit|tel|ständ|ler
mit|telst; *s.* mittels, mittelste
mit|tel|ste; der mittelste
Mit|tel|streck|ler
mit|ten; mitten auf dem Tisch,

mitten durch den Wald; *aber* mittendrin *usw.* *§ 12*
mit|ten|drin *§ 12*
mit|ten|durch *§ 12*; *aber* mitten durch die Wüste; *vgl.* mitten
mit|ten|in|ne
mit|ten|mang
mit|ter|nacht; morgen mitternacht; *vgl.* abend
Mit|ter|nacht, die; des Mitternachts; *s. a.* mitternachts
mit|ter|näch|tig
mit|ter|nächt|lich
mit|ter|nachts; *s. a.* Mitternacht
mit|ter|nacht[s]|blau
Mit|ter|rand, François (frz. Politiker 1916-1996)
Mitt|fa|sten, die (*Pl.*)
Mitt|fünf|zi|ger
mit|tig
Mitt|ler, der
Mitt|ler...[rolle *usw.*]
mitt|le|re; die mittlere Reife; der Mittlere Osten *§ 15 (7)*
mitt|ler|wei|le
mitt|schiffs
Mitt|sech|zi|ger
Mitt|sieb|zi|ger
Mitt|som|mer
Mitt|som|mer|nacht
mitt|som|mers
Mitt|vier|zi|ger
Mitt|win|ter
Mitt|win|ter|käl|te
mitt|win|ters
Mitt|woch; *vgl.* Dienstag
mitt|wochs; *vgl.* dienstags
Mitt|zwan|zi|ger
mit|un|ter
mit|ver|ant|wort|lich
mit|ver|si|chert
mit|wir|ken
Mit|wis|ser
Mit|wis|ser|schaft
Mix, der (Mischung)
Mixed, das (gemischtes Doppel)
Mixed grill *§ 15 (3)*
Mixed Pickles (*Pl.*) *§ 15 (3) Anm.*; *s. a.* Mixpickles
mi|xen; du mixt
Mi|xer
Mix|ge|tränk
Mix|pickles (*Pl.*); *s. a.* Mixed Pickles
Mix|te|ke (Indianer)
Mix|tum com|po|si|tum (bunte Mischung)
Mix|tur, die (Mischung)
MJ (*Abk. v.* Megajoule) *§ 17 (2) Anm. 2*
Mjöl[l]|nir (Hammer des Thor)
mk (*Abk. v.* Markka) *§ 17 (2) Anm. 2*
MKS-Sy|stem (*Abk. v.* Meter-Kilogramm-Sekunde-System) *§ 13 (2), § 17 (2) Anm. 1*
ml (*Abk. v.* Milliliter) *§ 17 (2) Anm. 2*
mlat. (*Abk. v.* mittellateinisch)
Mlle. (*Abk. v.* Mademoiselle)
Mlles. (*Abk. v.* Mesdemoiselles)
mm (*Abk. v.* Millimeter) *§ 17 (2) Anm. 2*
µm (*Abk. v.* Mikrometer) *§ 17 (2) Anm. 2*
mm^2 (*Abk. v.* Quadratmillimeter) *§ 17 (2) Anm. 2*
mm^3 (*Abk. v.* Kubikmillimeter) *§ 17 (2) Anm. 2*
MM. (*Abk. v.* Messieurs)
m. m. (*Abk. v.* mutatis mutandis)
M. M. (*Abk. v.* Mälzels Metronom, Metronom Mälzel)
Mme. (*Abk. v.* Madame)
Mmes. (*Abk. v.* Mesdames)
mmol (*Abk. v.* Millimol) *§ 17 (2) Anm. 2*
Mn (*chem. Zeichen f.* Mangan)
Mne|me, die (Gedächtnis)
Mne|mo|nik (Gedächtniskunst)
Mne|mo|ni|ker
mne|mo|nisch
Mne|mo|sy|ne (Göttin des Gedächtnisses)
Mne|mo|tech|nik (Gedächtniskunst)
Mo (*chem. Zeichen f.* Molybdän)
MΩ (*Abk. v.* Megaohm) *§ 17 (2) Anm. 2*
Moa, der (Vogel)
Mo|ab (Landschaft in Jordanien)
Mo|a|bit (Stadtteil v. Berlin)
Mo|a|bi|ter (Angehöriger e. bibl. Volks; *zu* Moab)
Mo|ar (Moarschaftsführer)
Mo|ar|schaft (Mannschaft b. Eisschießen)
Mob, der (Pöbel)
mob|ben; du mobbst
Mob|bing, das
Mö|bel
Mö|bel...[wagen *usw.*]
mo|bil; ~ machen
Mo|bil...[funk *usw.*]
Mo|bi|le, das
Mo|bi|li|ar
Mo|bi|li|en (*Pl.*) (bewegliche Sachen)
Mo|bi|li|sa|ti|on
mo|bi|li|sie|ren
Mo|bi|li|tät
Mo|bil|ma|chung
mö|blie|ren
Mob|ster (Gangster)
Mo|bu|tu Se|se Se|ko (zair. Politiker 1930-1997)
Mo|çam|bique (Staat in Afrika); *a.* Mosambik (*s. d.*)
Mo|che (indian. Kultur)
Möch|te|gern, der
Möch|te|gern...[reformer *usw.*]
Moc|te|zu|ma (Aztekenkönig ~1466-1520); *s. a.* Montezuma
mo|dal (die Art und Weise betreffend)
Mo|dal...[satz *usw.*]
Mo|da|li|tät
Mod|der, der (Schlamm)
mod|de|rig, modd|rig
Mo|de
Mo|de...[wort *usw.*]
mo|de|be|wußt
Mo̲|del, das (*engl.*) (Fotomodell)
Mo̲|del, der (Form)
Mo|de̲ll, das
Mo|dell...[bau *usw.*]
Mo|del|leur

mo|dell|haft
Mo|del|lier...[masse *usw.*]
mo|del|lie|ren
Mo|del|lie|rer
mo|deln
Mo|dem, das (*EDV*)
Mo|den...[schau *usw.*]
Mo|de|na (Stadt in Italien)
Mo|der, der (Fäulnis)
Mo|de|ra|men, das (kirchl. Ausschuß)
mo|de|rat (gemäßigt)
Mo|de|ra|ti|on
mo|de|ra|to (*musik.* mäßig schnell)
Mo|de|ra|to, das
Mo|de|ra|tor
mo|de|rie|ren
mo|de|rig; *s. a.* modrig
mo|dern; es modert
mo|dern
Mo|der|ne, die
mo|der|ni|sie|ren
Mo|der|nis|mus
Mo|der|nist
Mo|der|ni|tät
Mo|dern Jazz *§ 15 (3) Anm.*
mo|dest (bescheiden)
Mo|di|fi|ka|ti|on
mo|di|fi|zie|ren
Mo|di|glia|ni, Amadeo (ital. Maler 1884-1920)
mo|disch
Mo|dist
mod|rig; *s. a.* moderig
Mod|row, Hans (dt. Politiker *1928)
Mo|dul, das (funktionaler Teil)
mo|du|lar
Mo|du|la|ti|on (Veränderung [der Tonart usw.])
mo|du|lie|ren
Mo|dus; *Pl.* Modi; ~ procedendi, ~ vivendi
Moel|ler van den Bruck, Arthur (dt. Schriftsteller 1876-1925)
Moers (Stadt)
Mo|fa, das (*kurz f.* Motorfahrrad)
Mo|fet|te, die (vulkanische Gasausströmung)
Mo|ga|di|schu (Hauptstadt v. Somalia)
Mo|gel...[packung *usw.*]
Mo|ge|lei (kleine Betrügerei)
mo|geln; du mogelst
mö|gen; du magst, mochtest, möchtest; gemocht
Mog|ler
mög|lich; soviel [wie] möglich, so gut [wie] möglich, wo möglich (wo es möglich ist), womöglich (vielleicht); *Kleinschreibung in festen Wendungen üblich, wenn nicht wirklich von etwas Möglichem die Rede ist § 15 (6)*: alles mögliche tun (allerlei) *usw.*
mög|li|chen|falls
mög|li|cher|wei|se
mög|lichst; ~ groß *usw.*
Mo|gul, der (indischer Herrscher)
Mo|hair, der (Haar der Angoraziege; Gewebe daraus); *a.* Mohär
Mo|ham|med (Stifter des Islam ~570-632)
Mo|ham|me|da|ner (Anhänger des Islam)
mo|ham|me|da|nisch (islamisch)
Mo|ham|me|da|nis|mus (Islam)
Mo|här der (Haar der Angoraziege; Gewebe daraus); *a.* Mohair
Mo|hen|jo-Da|ro (Ruinenstadt in Pakistan)
Mo|hi|ka|ner (Angehöriger eines Indianerstammes)
Mohn, der (Pflanze; deren Samen)
Mohn...[kuchen *usw.*]
Mo|holy-Nagy, László (ungar. Maler 1895-1946)
Mohr, der (dunkelhäutiger Mensch)
Möh|re, die (Wurzelgewächs)
Moh|ren...[kopf *usw.*]
moh|ren|schwarz
Mohr|rü|be
Mohs|här|te (Härtegrad von Mineralien)
Moi|ra (Schicksal[sgöttin])
Moi|ré (1. Gewebe; 2. Muster; 3. Bildstörung)
moi|rie|ren
moi|riert
mo|kant (spöttisch)
Mo|kas|sin, der (Lederschuh)
Mo|kett, der (Plüsch); *a.* Moquette
Mo|kick, das (Kleinmotorrad)
mo|kie|ren, sich (lustig machen)
Mok|ka (starker Kaffee)
Mok|ka...[tasse *usw.*]
mol (*Zeichen f.* Mol)
Mol, das; mol (*als Zeichen*) (Molekulargewicht eines Stoffes in Gramm)
mo|lar (*zu* Mol)
Mo|lar (Zahn)
Mo|las|se (geolog. Sandsteinschicht)
Molch (Lurchart)
Mol|dau (1. Fluß; 2. Landschaft)
mol|dau|isch
Mol|da|wi|en
mol|da|wisch
Mo|le (1. Hafendamm; 2. abgestorbener Fötus)
Mo|le|kel (Molekül)
Mo|le|kül (kleinste Einheit einer chem. Verbindung)
mo|le|ku|lar
Mo|le|ku|lar...[biologe *usw.*]
Mole|skin (Leder)
Mo|le|sten (*Pl.*) (Beschwerden)
mo|le|stie|ren
Mo|let|te (Druckwalze)
Mo|lière (Jean-Baptiste Poquelin, frz. Dichter 1622-1673)
Mol|ke, die
Mol|ken|kur
Mol|ke|rei
Moll, das (Tongeschlecht); a-Moll *usw. § 13 (2)*
Moll...[akkord *usw.*]
Mol|le (1. Mulde; 2. Bier[glas])
Möl|ler (Erzgemisch)
möl|lern; du möllerst (1. den

Hochofen beladen; 2. Erz mischen)
mol|lig
Mol|lus|ke, die (Weichtier)
mol|lus|ken|ar|tig
Mo|loch, der (ein Gott; verschlingende Macht)
Mo|lo|tow, Wjatscheslaw (sowjet. Politiker 1890-1986)
Mo|lo|tow|cock|tail (Behälter mit brennbarer Flüssigkeit als Waffe)
Molt|ke, Helmuth Graf von (preuß. Generalfeldmarschall 1800-1891); Helmuth von ~ (preuß. Generaloberst 1848-1916); Helmuth James Graf von ~ (dt. Widerstandskämpfer 1907-1945)
mol|to (*Musik*: sehr); molto allegro
Mol|ton, der (Gewebe)
Mol|to|pren, das (Kunststoff)
Mo|luk|ken (*Pl.*) (Inselgruppe)
Mo|lyb|dän; *chem. Zeichen* Mo
Mom|ba|sa (Stadt in Kenia)
Mo|ment, das (1. Kraftwirkung; 2. wichtiger Umstand)
Mo|ment, der (kurzer Zeitabschnitt)
mo|men|tan
Momm|sen, Theodor (dt. Historiker 1817-1903)
Mon (Volk)
Mo|na|co (Staat)
Mo|na|de, die (unteilbare Einheit)
Mo|na|do|lo|gie (von Leibniz begründete philosoph. Lehre)
Mo|na Li|sa (La Gioconda, Gemälde von Leonardo da Vinci)
Mon|arch (Alleinherrscher)
Mon|arch|fal|ter (Schmetterlingsart)
Mon|ar|chie
mon|ar|chisch
Mon|ar|chis|mus
Mon|ar|chist
mon|ar|chi|stisch
Mo|na|ste|ri|um (Kloster)
Mo|nat; laufenden Monat[s], *Abk.* lfd. M.; nächsten Monat, *Abk.* n. M.
mo|na|te|lang; *aber* drei Monate lang *§ 11 (7)*
mo|nat|lich
Mo|nats...[beitrag *usw.*]
mo|nat[s]|wei|se
mon|au|ral (einkanalig)
Mon|azit, der (glänzendes Mineral)
Mönch
Mön|chen|glad|bach (Stadt); *kurz* M. Gladbach (Stadt)
mön|chisch
Mönchs...[orden *usw.*]
Mönchs|gras|mücke (Vogel) [k|k]
Mönch[s]|tum
Mond
Mond...[aufgang *usw.*]
mon|dän (weltläufig)
mond|be|schie|nen
Mönd|chen
Mon|den|schein
Mon|des|glanz
mond|hell
Mond|kalb (Dummkopf)
Mon|dri|an, Piet (niederl. Maler 1872-1944)
Mond|see-Wie|ner Lie|der|buch
Mond|stein (Mineral)
mond|süch|tig (schlafwandelnd)
Mo|ne|gas|se (Einwohner v. Monaco)
mo|ne|gas|sisch
Mo|net, Claude (frz. Maler 1840-1926)
Mo|ne|ta (röm. Göttin Juno ~)
mo|ne|tär (geldlich)
Mo|ne|ten (*Pl.*) (Geld)
Mon|go|le (Angehöriger eines zentralasiatischen Volks)
Mon|go|lei (Staat)
Mon|go|len...[falte *usw.*]
mon|go|lid (Merkmale der mongolischen Rasse aufweisend)
Mon|go|li|de, der (Angehöriger der mongolischen Rasse)
mon|go|lisch (die Mongolei betreffend)
Mon|go|lis|mus (angeborene Behinderung, Down-Syndrom)
mon|go|lo|id (Merkmale des Mongolismus aufweisend)
Mon|go|lo|i|de, der (jmd., der an Mongolismus leidet)
Mo|nier...[bau *usw.*]
mo|nie|ren (beanstanden)
Mo|ni|lia (Pilz)
Mo|nis|mus (philosoph. Lehre)
Mo|nist
mo|ni|stisch
Mo|ni|tor (Bildschirm; Meßgerät für Radioaktivität)
Mo|ni|to|ri|um
Mo|ni|tum (Einwand); *Pl.* Monita
Mon|net, Jean (frz. Politiker 1888-1979)
mo|no (*kurz f.* monophon)
Mo|no, das; in Mono aufnehmen
mo|no.../Mo|no... (*griech.* allein, einzeln)
Mo|no|chord, das (Musikinstrument)
mo|no|chrom (einfarbig)
Mon|odie (einstimmiger Gesang)
mon|odisch
mo|no|fil (aus nur einer Faser bestehend)
mo|no|gam (nur einen Sexualpartner habend)
Mo|no|ga|mie (Einehe)
mo|no|ga|misch
mo|no|gen (durch ein einziges Gen bestimmt)
Mo|no|ge|ne|se (ungeschlechtliche Fortpflanzung)
Mo|no|gramm (Anfangsbuchstabe[n] des Namens)
Mo|no|gra|phie (Einzeldarstellung)
mo|no|gra|phisch
Mon|okel, das (Sehhilfe für ein Auge)
mo|no|klin (geneigt)
mo|no|klo|nal (Eigenschaft von bestimmten Sekreten)

Mo|no|ko|ty|le|do|ne (einkeimblättrige Pflanze)
mon|oku|lar (mit nur einem Auge; für nur ein Auge)
Mo|no|kul|tur (Anbau von nur einer Pflanzenart)
Mo|no|lith, der (einzelner Steinblock)
mo|no|li|thisch
Mo|no|log, der (Selbstgespräch)
mo|no|lo|gisch
mo|no|lo|gi|sie|ren
Mo|nom, das; *s. a.* Mononom (nur aus einem Glied bestehender Ausdruck)
mo|no|man (von einem Trieb beherrscht)
Mo|no|ma|nie (Wahnidee)
mo|no|ma|nisch
mo|no|mer (aus einzelnen Molekülen bestehend)
Mo|no|mer, Mo|no|me|re, das (monomer gebildete chem. Verbindung)
mo|no|misch (eingliedrig); *s. a.* mononomisch
Mo|no|nom, das; *s. a.* Monom
mo|no|no|misch; *s. a.* monomisch
mo|no|phon (einkanalig)
Mo|no|pho|nie (Tonwiedergabe über nur einen Kanal)
Mo|no|phthong (einfacher Vokal)
mo|no|phthon|gie|ren (in einen Monophtong umwandeln)
Mo|no|pol, das (Marktbeherrschung; Alleinanspruch)
Mo|no|pol...[kapital *usw.*]
mo|no|po|li|sie|ren
Mo|no|po|list
mo|no|po|li|stisch
mo|no|pol|ka|pi|ta|li|stisch
Mo|no|po|ly (Spiel)
Mo|no|po|sto, der (einsitziger Rennwagen)
Mo|no|pte|ros (kleiner Tempel)
mo|no|sem (nur eine Bedeutung habend)
Mo|no|se|mie
mo|no|sti|chisch
Mo|no|sti|chon (einzelner Vers)
mo|no|syl|la|bisch (einsilbig)
Mo|no|the|is|mus (Glaube an einen einzigen Gott)
Mo|no|the|ist
mo|no|the|i|stisch
mo|no|ton (eintönig, langweilig)
Mo|no|to|nie (Eintönigkeit)
mo|no|trop (nur begrenzt anpassungsfähig)
Mo|no|ty|pe (Setz- u. Gießmaschine für Einzelbuchstaben)
Mo|no|ty|pie
mo|no|va|lent (einwertige Bindungen eingehend)
Mon|oxid; Mon|oxyd, das (Sauerstoffverbindung mit nur einem Sauerstoffatom)
Mo|no|zel|le (kleine Batterie mit einem elektrochemischen Element)
Mon|özie (männl. u. weibl. Blüten auf einer Pflanze)
mon|özisch
Mo|no|zyt, der (weißes Blutkörperchen)
Mo|no|zy|to|se (übermäßige Vermehrung der weißen Blutkörperchen)
Mon|roe, Marilyn (amerikan. Schauspielerin 1926-1962)
Mon|roe|dok|trin (Nichteinmischungspolitik nach Präsident Monroe von 1823)
Mon|ro|via (Hauptstadt v. Liberia)
Mon|sal|vatsch (Gralsburg); *a.* Montsalwatsch
Mon|see-Wie|ner Frag|mente (ahd. Textsammlung)
Mon|sei|gneur; *Abk.* Mgr. (hoher Geistlicher; Fürst)
Mon|ser|rat (Bergmassiv in Spanien); *s. a.* Montserrat
Mon|sieur; *Abk.* M. (Herr)
Mon|si|gno|re; *Abk.* Mgr., Msgr. (kath. Würdenträger)
Mon|ster (Ungeheuer)
Mon|ster...[schau *usw.*]
Mon|ste|ra (Pflanze)
Mon|stranz (liturg. Gefäß)
mon|strös
Mon|stro|si|tät
Mon|strum (Ungeheuer; mißgebildetes Wesen); *Pl.* Monstra, Monstren
Mon|sun (jahreszeitlicher Wind in Asien)
Mon|sun...[regen *usw.*]
Mont. (*Abk. v.* Montana)
Mon|ta|baur (Stadt)
Mon|ta|fon, das (Alpental)
Mon|tag; *vgl.* Dienstag
Mon|ta|ge [mɔn'ta:ʒə] (Zusammenbau; künstlerische Gestaltung von Filmszenen)
Mon|ta|ge...[halle *usw.*]
mon|tä|gig
mon|täg|lich
Mon|ta|gnard (Radikalist im Konvent während der Franz. Revolution)
mon|tags; *vgl.* dienstags
Mon|tags...[auto *usw.*]
Mon|tai|gne (frz. Philosoph 1533-1592)
mon|tan (zum Bergbau und Hüttenwesen gehörend)
Mon|tan...[industrie *usw.*]
Mon|ta|na (Bundesstaat der USA); *Abk.* Mont.
Mon|ta|nis|mus (antike Religion)
Mont|blanc (Gebirge)
Mont|bre|tie (Schwertliliengewächs)
Mont Ce|nis (Alpenpaß)
Mon|te Al|bán (Fundstätte in Mexiko)
Mon|te Car|lo (Teil von Monaco)
Mon|te-Car|lo-Me|tho|de (statist. Methode) *§ 13 (4) Anm. 2*
Mon|te|cassi|no (Gebirge u. Abtei in Italien)
Mon|te|ne|gri|ner
mon|te|ne|gri|nisch
Mon|te|ne|gro (Staat in Europa)
Mon|te Ro|sa (Alpengipfel)
Mon|tes|quieu, Baron de (frz. Philosoph 1689-1755)
Mon|tes|so|ri, Maria (ital. Päd-

agogin 1870-1952)
Mon|teur
Mon|teur[s]...[anzug *usw.*]
Mon|te|ver|di, Claudio (ital. Komponist 1567-1643)
Mon|te|vi|deo (Hauptstadt v. Uruguay)
Mon|te|zu|ma (Aztekenkönig ~1466-1520); *s. a.* Moctezuma
Mont|gol|fi|e|re, die (Heißluftballon)
Mont|go|me|ry, Bernard (engl. Feldmarschall 1887-1976)
mon|tie|ren (zusammensetzen)
Mont|mar|tre (Stadtteil v. Paris)
Mont|par|nasse (Stadtteil v. Paris)
Mont|re|al; *frz.* Montréal (Stadt in Kanada)
Mon|treux (Stadt in der Schweiz)
Mont-Saint-Mi|chel (Ort in Frankreich)
Mont|sal|watsch (Gralsburg); *a.* Monsalvatsch
Mont|ser|rat (Berg, Kloster in Spanien); *s. a.* Monserrat
Mon|tur (spezielle Kleidung)
Mo|nu|ment (Denkmal)
mo|nu|men|tal
Mo|nu|men|tal...[bau *usw.*]
Mo|nu|men|tum An|cy|ra|num (Tatenbericht des Kaisers Augustus)
Mon|za (Stadt in Italien)
Moon|boot, der (Stiefel)
Moor, das (sumpfähnlicher Untergrund)
Moor...[bad *usw.*]
Moore, Henry (engl. Bildhauer 1898-1986)
moo|rig
Moos (1. Pflanze; 2. Sumpf; 3. Geld)
Moos...[beere *usw.*]
moos|be|deckt
moos|grün
moo|sig
Mop, der (Besen); *aber* Mob (Pöbel)
Mo|ped, das
Mop|pel, der
mop|pen; du moppst (*zu* Mop); *aber* mobben (*s. d.*)
Mops (Hunderasse)
Möps|chen
mop|sen (stehlen); du mopst *§ 7 (1)*
mops|fi|del (ausgelassen)
mop|sig
Mo|quette, der (Plüsch); *a.* Mokett
Mo|ra, die (Zeiteinheit in der Metrik); *Pl.* Moren; *s. a.* More
Mo|ral, die
Mo|ral...[lehre *usw.*]
Mo|ra|lin (spießige Entrüstung)
mo|ra|lin|sau|er
mo|ra|lisch
mo|ra|li|sie|ren
Mo|ra|lis|mus
Mo|ra|list
mo|ra|li|stisch
Mo|ra|li|tät (*a.* lehrhaftes Schauspiel)
Mo|rä|ne, die (Gletschergeröll)
Mo|rä|nen...[landschaft *usw.*]
Mo|rast, der
Mo|ra|via, Alberto (ital. Schriftsteller 1907-1990)
mor|bid (krank)
Mor|bi|dez|za (Hinfälligkeit)
Mor|bi|di|tät
Mor|bus, der (Krankheit); Morbus Alzheimer *usw.*
Mor|chel, die (Speisepilz)
Mord
Mord...[versuch *usw.*]
mor|den; du mordest
Mor|dent, der (Triller)
Mör|der
Mör|der...[hand *usw.*]
mör|de|risch
mord|gie|rig
mor|dio!
mords.../**Mords**...
Mords...[arbeit *usw.*]
mords|mä|ßig (extrem)
Mord|wi|ne (Angehöriger e. finno-ugr. Volks)
Mord|wi|ni|en
Mo|re, die (Zeiteinheit in der Metrik); *Pl.* Moren; *s. a.* Mora
More, Thomas (*lat.* Morus; engl. Philosoph u. Politiker 1478-1535)
Mo|reau, Gustave (frz. Maler 1826-1898); Jeanne ~ (frz. Schauspielerin *1928)
Mo|rel|le (Kirsche)
mo|ren|do (*Musik*) immer leiser werdend)
Mo|ren|do, das
Mo|res (*Pl.*) (Anstand); ~ lehren (die Meinung sagen)
Mo|res|ke, die (Arabeske); *s. a.* Maureske
mor|ga|na|tisch (nicht standesgemäß)
Mor|gar|ten (Berg in der Schweiz)
mor|gen; er kommt morgen, morgen früh; *nach der Tagesangabe zur genaueren Bestimmung eines Termins* (= früh): gestern/heute morgen; er kommt Sonntag morgen/am Sonntag morgen; *aber* am Sonntagmorgen, den nächsten Sonntagmorgen; *vgl.* Morgen, morgens, abend
Mor|gen, der (1. Tageszeit; 2. Flächenmaß); guten Morgen!, guten Morgen sagen, wünschen; des Morgens; zwei Morgen Ackerland; *vgl.* morgen, morgens, Abend
Mor|gen...[luft *usw.*]
mor|gend; morgenden Tags
mor|gend|lich
mor|gen|frisch
mor|gen|län|disch
mor|gens; von morgens bis abends, morgens früh, um 8 Uhr morgens; er kommt 8 Uhr morgens; *nach der Tagesangabe zur genaueren Bestimmung eines Termins*: er kommt Sonntag morgens (am nächsten Sonntag und zwar morgens); *aber* er kommt sonntagmorgens (am Sonntagmorgen); *bei*

wiederkehrenden Terminen: er kommt sonntags morgens; *vgl.* morgen, Morgen; abends
Mor|gen|stern (1. Venus; 2. Waffe)
Mor|gen|stern, Christian (dt. Schriftsteller 1871-1914)
Mor|gen|thau|plan (Plan zur Agrarisierung Deutschlands)
mor|gig
Mo|ria (Albernheit)
mo|ri|bund (im Sterben liegend)
Mö|ri|ke, Eduard (dt. Dichter 1804-1875)
Mo|rio-Mus|kat (Rebsorte; Wein)
Mo|ris|ke, der (span. Maure)
Mo|ri|tat, die (schauriges Lied)
Mo|ri|ta|ten|sän|ger
Mo|ritz (*Name von Herrschern*); Karl Philipp ~ (dt. Schriftsteller 1759-1793); der kleine ~ (unbedarfter Mensch)
Mor|mo|ne (Anhänger einer [amerik.] Religion)
Mo|ro|ni (Hauptstadt der Komoren)
mo|ros (verdrießlich)
Mo|ro|si|tät
Mor|phe, die (Gestalt)
Mor|phem, das (kleinste bedeutungstragende Einheit)
Mor|pheus (Gott des Traumes); in Morpheus' Armen (im Schlaf)
Mor|phin, das (Betäubungsmittel aus Morphium)
Mor|phi|nis|mus
Mor|phi|nist
Mor|phi|um
Mor|phi|um...[spritze *usw.*]
mor|phi|um|süch|tig
Mor|pho|ge|ne|se (Entwicklung der äußeren Form)
mor|pho|ge|ne|tisch
Mor|pho|lo|ge
Mor|pho|lo|gie (Formenlehre; *a. sprachwiss.*)
mor|pho|lo|gisch
Mor|ri|son, Toni (amerikan. Schriftstellerin *1931)
morsch (brüchig)
Mor|se...[alphabet *usw.*]
mor|sen; du morst *§ 7 (1)*
Mör|ser (Gefäß; Geschütz)
Mor|ta|del|la (Wurstsorte)
Mor|ta|li|tät (Sterblichkeit)
Mör|tel
mör|teln
Mo|ru|la (embryonale Entwicklungsstufe)
Mo|rus; *vgl.* More, Thomas
MOS (*Abk. v.* metal oxide semiconductor) *§ 17 (2) Anm. 1*
Mo|sa|ik, das (Bild aus Stein- od. Glasstückchen)
Mo|sa|ik...[stein *usw.*]
mo|sa|ik|ar|tig
mo|sa|isch (jüdisch)
Mo|sam|bik (Staat in Afrika); *a.* Moçambique
Mo|sam|bi|ka|ner
mo|sam|bi|ka|nisch
Mo|sam|bi|ker
mo|sam|bi|kisch
Mo|schee (islam. Gotteshaus); *Pl.* Mo|scheen
Mo|schus (Duftstoff)
Mo|schus...[ochse *usw.*]
Mo|se[s] (bibl. Gestalt); das erste Buch Mose *oder* Mosis
Mö|se (weibl. Geschlechtsteil)
Mo|sel, der (*kurz f.* Moselwein)
Mo|sel, die (Fluß)
Mo|se|la|ner; *a.* Mosellaner
Mose|ley, Henry (engl. Physiker 1887-1915); Moseleysches Gesetz *§ 15 (7)*
Mo|sel|la|ner; *a.* Moselaner
Mo|sel|wein
Mo|ser, Hans (österr. Schauspieler 1880-1964)
Mö|ser, Justus (dt. Historiker 1720-1794)
mo|sern (meckern)
MOSFET (*Abk. f.* Feldeffekttransistor) *§ 17 (2) Anm. 1*
Mos|kau (Hauptstadt v. Rußland)
Mos|kau|er
mos|kau|isch
Mos|ki|to, der (Stechmücke)
Mos|ki|to...[netz *usw.*]
Mos|ko|wi|ter (Einwohner von Moskau)
Mos|kwa (Fluß in Rußland)
Mos|lem; *s. a.* Muslim
mos|le|misch; *s. a.* muslimisch
Mos|li|me; *s. a.* Muslime
Möß|bau|er, Rudolf (dt. Physiker *1929)
Möß|bau|er-Ef|fekt (physikal. Erscheinung)
mos|so (*musik.* lebhaft)
Most (gegorener Traubensaft)
Most...[birne *usw.*]
Mo|star (Hauptstadt v. Herzegowina)
mo|sten; du mostest
Most|rich (Senf)
Mo|sul (Stadt im Irak)
Mo|tel, das (Hotel für Autofahrer)
Mo|tet|te (mehrstimmiger Kirchengesang)
Mo|ti|li|tät (Beweglichkeit)
Mo|ti|on (1. Bewegung; 2. Parlamentsantrag; 3. Bildung der Genusformen)
Mo|tiv (1. Beweggrund; 2. melodische Einheit eines Musikstücks; 3. Gegenstand der Darstellung)
Mo|ti|va|ti|on
mo|ti|vie|ren
Mo|ti|vik (Behandlung musikalischer Motive)
mo|ti|visch
Mo|to-Cross, Mo|to|cross, das (Motorsport im Gelände)
Mo|to|drom, das (Motorsportrennstrecke in einer Halle)
Mo|tor; *Pl.* Mo|to|ren
Mo|tor...[schaden *usw.*]
Mo|to|rik ([Lehre von den] Körperbewegungen)
Mo|to|ri|ker
mo|to|risch
mo|to|ri|sie|ren
Mot|te (Insekt)
Mot|ten...[kugel *usw.*]
mot|ten|echt
Mot|to (Leitspruch)
Mo|tu|pro|prio, das (päpstl.

Erlaß)
mot|zen; du motzt *§ 7 (1)*
Mouche, die (Schönheitspflaster)
mouil|lie|ren (am vorderen Gaumen aussprechen)
Mou|la|ge, die/der (Wachsabdruck)
Mou|li|né, der (Gewebe)
mou|li|nie|ren (Fäden zwirnen)
Mount (*engl.* Berg)
Moun|tain|bike (Sportfahrrad für Geländefahrten)
Mount Eve|rest (Berg im Himalaya)
Mount Pa|lo|mar (Berg mit Observatorium in Amerika)
Mousse (Schaumspeise); ~ au chocolat *§ 15 (3)*
mous|sie|ren (schäumen)
Mou|sté|ri|en, das (Steinzeitkultur)
mo|vie|ren (das Wortgenus ändern)
Mö|we
Mö|wen...[nest *usw.*]
Moz|ara|ber (Christ mit arab. Kultur)
moz|ara|bisch
Mo|zart, Wolfgang Amadeus (österr. Komponist 1756-1791)
Mo|zar|te|um (Musikschule in Salzburg)
mo|zar|tisch
Mo|zart|ku|gel (Praline)
Mo|zart|zopf
mp (*Abk. v.* mezzopiano) *§ 17 (2) Anm. 2*
m. p. (*Abk. v.* manu propria)
MP, MPi (*Abk. v.* Maschinenpistole) *§ 17 (2) Anm. 1*
Mr. (*Abk. v.* Mister)
Mrd. (*Abk. v.* Milliarde[n])
Mrs. (*Abk. v.* Mistress/Mistreß)
Ms. (*Abk. v.* Manuskript)
MS (*Abk. v.* Motorschiff; multiple Sklerose) *§ 17 (2) Anm. 1*
m/s (*Abk. v.* Meter je Sekunde)
Msgr. (*Abk. v.* Monsignore)
Mskr. (*Abk. v.* Manuskript
Mt (*Abk. v.* Megatonne) *§ 17 (2) Anm. 2*
MTA (*Abk. v.* medizinisch-technische[r] Assistent[in])
Mu|ba|rak, Mohammed Hosni (ägypt. Politiker *1928)
Mu|ci|us Scae|vo|la, Gaius (Sagengestalt)
Mücke [k|k]
Mucke|fuck, der (Kaffee-Ersatz) [k|k]
mucken (1. kritisieren; 2. bewegen) [k|k]
Mücken...[stich *usw.*] [k|k]
Mucker (konfliktscheuer Mensch) [k|k]
Mucks; keinen ~ machen; *s. a.* Muckser (Geräusch)
muck|sen; du muckst *§ 7 (1)*
Muck|ser; *s. a.* Mucks
mucks|mäus|chen|still
mü|de
Mu|dir (ägypt. Verwaltungsbeamter)
Mu|dscha|hed (Widerstandskämpfer); *Pl.* Mudschaheddin
Mu|ez|zin (islam. Gebetsrufer)
Muff, der (1. Schimmel; 2. Handwärmer)
Muf|fe, die (Rohrstück)
Muf|fel, das (Mufflon)
Muf|fel, der (1. Schnauze; 2. mürrischer Mensch; 3. feuerfestes Gefäß)
Muf|fel, die (Schmelztiegel)
muf|fe|lig; *s. a.* mufflig
muf|feln (1. mürrisch sein; 2. mit vollem Mund kauen)
müf|feln (unangenehm riechen)
Muf|fel|ofen
Muf|fel|wild; *s. a.* Mufflon
Muf|fen|sau|sen (Angst)
muf|fig (1. modrig feucht; 2. schlechtgelaunt)
muff|lig; *s. a.* muffelig
Muff|lon, der (Wildschaf): *s. a.* Muffel[wild]
Muf|ti (islam. Rechtsgelehrter)
Müg|gel|see (See bei Berlin)
muh; muh machen
Mu|ham|mad Ali (Cassius Clay, amerik. Boxer *1942)
Mü|he; mit Müh[e] und Not; sich Mühe geben
mu|hen; die Kuh muht
Mü|he|wal|tung
Muh|kuh
Mühl...[bach *usw.*]
Müh|le (*a.* Brettspiel)
Müh|len...[produkt *usw.*]
Müh|le|spiel
Mühl|hau|sen (*Name mehrerer Städte*); *s. aber* Mülhausen
Mühl|heim a. Main (Stadt)
Mühl|heim an der Do|nau (Stadt)
Muh|me
Müh|sal, die
müh|sam
müh|se|lig
mu|kös (schleimig)
Mu|ko|sa (Schleimhaut)
Mu|lat|te (Mischling)
Mulch, der (Bodenbedeckung aus Pflanzenteilen)
Mulch...[decke *usw.*]
mul|chen; du mulchst
Mul|de
mul|den|för|mig
Mu|le|ta (Tuch des Stierkämpfers)
Mül|hau|sen (Stadt im Elsaß)
Mül|heim a. d. Ruhr (Stadt)
Mu|li, das (Maulesel); *s. a.* Mulus
Mull, der (1. Gewebe; 2. Humus; 3. Nagetier)
Mull...[binde *usw.*]
Müll
Müll...[beutel *usw.*]
Mul|lah (islam. Geistlicher)
Mulläpp|chen [ll|l] *§ 7 (1), § 28 Anm.*
Mül|ler
Mül|ler, Friedrich (dt. Dichter u. Maler 1749-1825); Heiner ~ (dt. Schriftsteller 1929-1995); Hermann ~ (dt. Reichskanzler 1876-1931)
Mül|le|rin|art; Forelle auf ~
Mül|ler-Thur|gau (Weinsorte)
Mulm, der (morsches Holz u. ä.)
mul|men
mul|mig

Mul|ti, der (*kurz f.* multinationaler Konzern *u. ä.*)
mul|ti.../**Mul|ti**... (mehrfach)
mul|ti|funk|ti|o|nal (mit mehreren Funktionen)
mul|ti|kul|tu|rell
mul|ti|la|te|ral (mehrere Seiten betreffend)
Mul|ti|me|dia, das (Medienverbund)
mul|ti|me|di|al
Mul|ti|me|di|al|sy|stem
Mul|ti|mil|li|o|när
mul|ti|na|ti|o|nal
mul|ti|pel; mul|ti|ple Sklerose, *Abk.* MS (vielfach)
Mul|ti|ple-choice-Ver|fah|ren (Testverfahren, bei dem eine von mehreren Möglichkeiten ausgewählt wird) *§ 13 (4)*
mul|ti|plex (vielfältig)
Mul|ti|pli|kand (die zu multiplizierende Zahl)
Mul|ti|pli|ka|ti|on (das Malnehmen)
mul|ti|pli|ka|tiv
Mul|ti|pli|ka|ti|vum (Zahlwort zur Angabe der Wiederholung)
Mul|ti|pli|ka|tor (die multiplizierende Zahl)
mul|ti|pli|zie|ren (malnehmen)
mul|ti|va|lent (mehrwertig)
Mul|ti|va|lenz
Mu|lus (Maulesel); *Pl.* Muli; *s. a.* Muli
Mum|bai (Stadt in Indien); *s. a.* Bombay
Mu|mie (einbalsamierter Leichnam)
Mu|mi|en...[sarg *usw.*]
Mu|mi|fi|ka|ti|on (Einbalsamierung; Eintrocknung)
mu|mi|fi|zie|ren
Mumm, der (Mut)
Mum|mel, die (Teichrose)
Mum|mel|greis (sehr alter Mann)
Müm|mel|mann (Hase)
müm|meln
mum|men (einhüllen)
Mum|men|schanz, der
Mum|pitz (Fastnachtsbrauch; übertriebener Aufwand)
Mumps, der (Infektionskrankheit; Ziegenpeter)
Munch, Edvard (norweg. Maler 1863-1944)
Mün|chen (Stadt)
Mün|che|ner; *s. a.* Münchner
Münch|hau|sen, Börries Freiherr von (dt. Dichter 1874-1945); Karl Friedrich Hieronymus Freiherr von – (Geschichtenerzähler 1720-1797)
Münch|hau|se|ni|a|de, Münchhau|si|a|de (Lügengeschichte)
münch|hau|sisch
Münch|ner; *s. a.* Münchener
Mund[1], der; den Mund voll nehmen; *vgl.* Mundvoll
Mund[2], die (Schutz); *s. a.* Munt
Mund...[art *usw.*]
mund|art|lich
Münd|chen
Mün|del, der/das (minderjährige Person unter Vormundschaft)
Mün|del...[geld *usw.*]
mün|del|si|cher
mun|den; es mundet mir
mün|den
Mün|den (Stadt); Hannoversch Münden
Mün|de|ner
mund|faul (wortkarg)
Mund|fäu|le
mund|fer|tig
mund|ge|recht
mün|dig (volljährig)
mün|dig‿spre|chen *§ 10*
Mun|di|um (Schutzpflicht; *zu* Mund[2])
münd|lich
Mund|schaft (Schutzverhältnis)
Mund|schenk (Hofamt)
M-und-S-Rei|fen (*kurz f.* Matsch-und-Schnee-Reifen) *§ 13 (2), (4)*
mund|tot (zum Schweigen gebracht)
Mün|dung
Mund|voll, der; mit einem/zwei ~ Wasser; *aber* den Mund voll Wasser haben
Mund-zu-Mund-Be|at|mung *§ 13 (4)*
Mund-zu-Na|se-Be|at|mung *§ 13 (4)*
Mung|boh|ne
Mun|go, der (1. Katzenart; 2. Gewebe)
Mu|nin (Rabe Odins)
Mu|ni|ti|on (Schießmaterial für Feuerwaffen)
mu|ni|ti|o|nie|ren
mu|ni|zi|pal (städtisch)
Mu|ni|zi|pi|um (altröm. Landstadt; Stadtverwaltung)
mun|keln
Mün|ster, das (Dom)
Mün|ster (Stadt)
Mün|ste|ra|ner (Einwohner von Münster)
Mün|ster|kä|se
Mün|ster|land
Munt, die (Schutz); *s. a.* Mund[2]
mun|ter
Mün|ter, Gabriele (dt. Malerin 1877-1962)
Mun|ter|ma|cher
Münt|zer, Thomas (dt. Theologe ~1490-1525)
Münz...[automat *usw.*]
Mün|ze
mün|zen; du münzt *§ 7 (1)*
Mur, die (Fluß)
Mu|rä|ne, die (Fisch)
mürb, mür|be (brüchig)
Mürb...[teig *usw.*] *s. a.* Mürbe...
Mür|be, die
Mür|be...[teig *usw.*]; *s. a.* Mürb...
Mur|bruch (Felsformation)
Mur|doch, Iris (ir.-engl. Schriftstellerin 1919-1999)
Mu|re, die (Bergsturz)
mu|ren; du murst (*zu* Muring)
mu|ri|a|tisch (kochsalzhaltig)
mu|rig
Mu|ril|lo, Bartolomé Esteban

(span. Maler 1618-1682)
Mu|ring (Vorrichtung zum Verankern)
Mu|rings|bo|je (Ankerboje)
Murks (schlechte Arbeit)
murk|sen; du murkst
Mur|mansk (Stadt in Rußland)
Mur|mel, die
mur|meln (1. undeutlich sagen; 2. mit Murmeln spielen)
Mur|mel|tier
Mur|ner (Kater in der Fabel)
mur|ren; du murrst
mür|risch
Murr|kopf
murr|köp|fig
murr|köp|fisch
Mur|ten (Stadt in der Schweiz)
Mur|ten|see
Mus (Brei)
Mu|sa|faser (Bananenfaser)
Mus|aget (Musenführer Apollo)
Mu|sä|us, Johann Karl (dt. Schriftsteller 1735-1787)
Mus|ca|det, der (Weißwein)
Mu|schel
Mu|schel...[kalk *usw.*]
mu|schel|för|mig
Muschg, Adolf (schweizer. Schriftsteller *1934)
Mu|schi
Mu|schik (russ. Bauer)
Musch|ko|te (Fußsoldat)
Mu|se (Göttin der Kunst)
mu|se|al (zum Museum gehörig)
Mu|seen
Mu|sel|man (Muslim); *Pl.* Muselmanen; *s. a.* Muselmann
mu|sel|ma|nisch
Mu|sel|mann (Muslim); *Pl.* Muselmänner; *s. a.* Muselman
mu|sel|män|nisch
Mu|sen...[tem|pel *usw.*]
Mu|seo|lo|gie
mu|seo|lo|gisch
Mu|sette, die (Tanz)
Mu|se|um; *Pl.* Mu|seen
Mu|se|ums...[stück *usw.*]
mu|se|ums|reif
Mu|si|cal, das (Musiktheater)
mu|siert (eingelegt; *s.* Mosaik)
Mu|sik
Mu|sik...[stück *usw.*]
Mu|si|ka|li|en (*Pl.*)
mu|si|ka|lisch
Mu|si|ka|li|tät
Mu|si|kant
Mu|si|kan|ten|kno|chen (empfindl. Stelle am Arm)
mu|si|kan|tisch
Mu|si|ker
mu|sik|lie|bend; *aber* die Musik liebend *§ 11 (6)*
Mu|si|ko|lo|ge (Musikwissenschaftler)
Mu|si|ko|lo|gie
Mu|si|kus
mu|sik|ver|stän|dig
Mu|sil, Robert (österr. Schriftsteller 1880-1942)
mu|sisch (künstlerisch)
Mu|siv|ar|beit (Mosaik)
Mu|siv|gold (Zinnsulfid als Goldersatz)
mu|si|visch (eingelegt)
Mu|siv|sil|ber (Zinn-Wismut-Amalgam als Silberersatz)
Mu|si|zier...[stil *usw.*]
mu|si|zie|ren
Mus|kat, der (Gewürz)
Mus|kat...[nuß *usw.*]
Mus|ka|te (Muskatnuß)
Mus|ka|tel|ler (Traubensorte; Wein daraus)
Mus|ka|tel|ler|wein
Mus|kau; Bad ~ (Stadt)
Mus|kel
Mus|kel...[schwund *usw.*]
Mus|kel|ka|ter (Muskelübersäuerung)
Mus|ke|te (großkalibriges Gewehr)
Mus|ke|tier (mit einer Muskete bewaffneter Fußsoldat)
Mus|ko|vit, Mus|ko|wit, der (Mineral)
mus|ku|lär
Mus|ku|la|tur (Gesamtheit der Muskeln)
mus|ku|lös
Müs|li, das
Mus|lim, der; *s. a.* Moslem
Mus|li|me, die; *s. a.* Moslime
mus|li|misch
Mus|pel|heim (sagenhafter Ort)
Mus|pil|li, das (altdt. Gedicht)
Muß, das (Zwang)
Muß-Be|stim|mung *§ 13 (2)*
Mu|ße, die (freie Zeit)
Mu|ße...[stunde *usw.*]
Muß|ehe
Mus|se|lin (Gewebe)
mus|se|li|nen (aus Musselin)
müs|sen; du mußt *§ 7 (1)*, müßtest
Mus|se|ron, der (Pilz)
Mus|set, Alfred de (frz. Dichter 1810-1857)
Muß|hei|rat
mü|ßig
mü|ßi|gen
Mü|ßig|gang
Mü|ßig|gän|ger
mü|ßig|gän|ge|risch
mü|ßig◡ge|hen *§ 10*
Mus|so|li|ni, Benito (ital. Politiker 1883-1945)
Mus|sorg|ski[j], Modest (russ. Komponist 1839-1881)
Mus|sprit|ze (Regenschirm)
Mu|sta|fa (*Name türk. Sultane*)
Muß-Vor|schrift *§ 13 (2)*
Mu|stang, der (Pferd)
Mu|ster
Mu|ster...[koffer *usw.*]
mu|ster|gül|tig
mu|stern
Mus|topf; aus dem ~ kommen (ahnungslos sein)
Mut
Mut...[probe *usw.*]
Mu|ta, die (Verschlußlaut)
mu|ta|bel (veränderlich); mu|ta|ble Größen
Mu|ta|bi|li|tät
Mu|tant, der (Lebewesen mit verändertem Genpool)
Mu|tan|te, die (durch Mutation entstandene Form)
Mu|ta|ti|on (sprunghafte Genveränderung; Stimmwechsel)
mu|ta|tis mu|tan|dis (*lat.* mit den notwendigen

Abänderungen); *Abk.* m. m.
Müt|chen; sein ~ kühlen (Wut auslassen)
mu|ten (Abbaurechte beantragen); du mutest
mut|er|füllt
mu|tie|ren (1. genetisch verändern; 2. im Stimmbruch sein)
mu|tig
mut|ma|ßen; du mutmaßt *§ 7 (1)*
mut|maß|lich
Mut|schein (Abbaugenehmigung)
Mut|ter[1] (Elternteil); *Pl.* Mütter; *s. a.* Muttergottes
Mut|ter[2] (Gegenstück der Schraube); *Pl.* Muttern
Mut|ter...[tag *usw.*]
Müt|ter|chen
Mut|ter|got|tes; *a.* Mutter Gottes
Mut|ter|got|tes|bild
Mut|ter|korn (Pilz)
Müt|ter|lein
müt|ter|lich
müt|ter|li|cher|seits
Mut|ter|mal (angeborene Hautveränderung)
Mut|ter|mund (Öffnung des Gebärmutterhalses)
Mut|ter|schaft
mut|ter|see|len|al|lein (völlig allein)
Mut|ti
mu|tu|al (wechselseitig)
Mu|tu|a|lis|mus (Wechselbeziehung; Duldung)
mu|tu|ell (wechselseitig)
Mu|tung (*zu* muten)
Mut|wil|le
mut|wil|lig
Mütz|chen
Müt|ze
m. v. (*Abk. v.* mezza voce)
MV (*Abk. v.* Megavolt) *§ 17 (2) Anm. 2*
m. W. (*Abk. v.* meines Wissens)
MW (*Abk. v.* Megawatt) *§ 17 (2) Anm. 2*
MwSt., MWSt. (*Abk. v.* Mehrwertsteuer) *§ 17 (2) Anm. 2*
My (der griech. Buchstabe μ, M; *kurz f.* Mikron; *Zeichen* μ)
My|al|gie (Muskelschmerz)
My|an|mar (Staat in Asien, Birma)
My|asthe|nie (krankhafte Muskelschwäche)
My|ato|nie (Muskelkrampf)
My|e|li|tis (Rückenmarkentzündung)
My|ke|ne (antike Stadt)
my|ke|nisch; auf ~
My|ke|ni|sche, das
My|ko|lo|ge
My|ko|lo|gie (Lehre von den Pilzen)
my|ko|lo|gisch
My|kor|rhi|za (Gemeinschaft von Pflanzen u. Pilzen)
My|la|dy (gnädige Frau)
My|lo|nit, der (zermahlenes Gestein)
My|lord (gnädiger Herr)
Myn|heer; *s. a.* Mijnheer (1. mein Herr; 2. Holländer)
Myo|kard, das (Herzmuskel)
Myo|kar|die (Herzmuskelerkrankung)
Myo|kard|in|farkt (Herzinfarkt)
Myo|kar|di|tis (Herzmuskelentzündung)
Myo|kar|do|se, die (Herzmuskelerkrankung)
Myo|lo|gie (Muskellehre)
My|om, das (Muskelgeschwulst)
My|on, das (Elementarteilchen)
my|op (kurzsichtig)
My|opie (Kurzsichtigkeit)
my|opisch (kurzsichtig)
My|o|sin (Muskelprotein)
My|o|si|tis (Muskelentzündung)
Myo|to|nie (Muskelkrampf)
Myr|dal, Alva (schwed. Soziologin 1902–1986); Gunnar ~ (schwed. Ökonom 1898–1987)
My|ri|a|de, die (Menge von zehntausend; große Menge)
My|ria|po|de; My|rio|po|de, der (Tausendfüßler)
Myr|me|ko|lo|gie (Ameisenkunde)
Myr|mi|do|ne (Angehöriger eines antiken Volks; Gefährte des Achill)
My|ro|ba|la|ne, die (Obstbaum; dessen Frucht)
My|ron (griech. Bildhauer 5. Jh. v. Chr.)
Myr|rhe, die (tropisches Harz)
Myr|rhen|tink|tur
Myr|te, die (Strauchart)
Myr|ten|kranz
My|sore (Stadt in Indien)
My|ste|ri|en|spiel (Schauspiel mit biblischem Stoff)
my|ste|ri|ös (geheimnisvoll)
My|ste|ri|um (Geheimnis; geheimer Kult)
My|sti|fi|ka|ti|on (Irreführung)
my|sti|fi|zie|ren
My|stik
My|sti|ker
my|stisch
My|sti|zis|mus
my|sti|zi|stisch
My|the (Sage)
My|then...[bildung *usw.*]
my|thisch
My|tho|lo|gie (1. Lehre von den Mythen; 2. Gesamtheit der Mythen)
my|tho|lo|gisch
my|tho|lo|gi|sie|ren (zum Mythos machen)
My|thos (*griech.*), My|thus (*lat.*) ([sagenhafte] Überlieferung); *Pl.* Mythen
My|ti|le|ne (Stadt in Griechenland)
Myx|ödem (Hautverdickung)
My|xo|ma|to|se (Viruskrankheit bei Kaninchen)
My|zel, My|ze|li|um (Pilzgeflecht)

n N

das n (der Kleinbuchstabe n, der Laut n); das N (der Groß-

buchstabe N); n (*Abk. v.* Nano...) *§ 17 (2) Anm. 2*; N (*Abk. v.* Newton, Nord[en], *chem. Zeichen f.* Stickstoff) *§ 17 (2) Anm. 2*
Na (*chem. Zeichen f.* Natrium)
na (*Interjektion*)
Naab (Fluß)
Nab|burg (Stadt)
Na|be (Mittelachse eines Rades)
Na|bel
Na|bel...[bruch *usw.*]
Na|bob (schwerreicher Mann)
Na|bo|kov, Vladimir (russ.-amerikan. Schriftsteller 1899-1977)
Na|bo|po|las|sar (babyl. König 626-606 v. Chr.)
nach (*Präposition*); *als Verbzusatz zusammengeschrieben § 9*: nachäffen *usw.*
nach|äf|fen (nachahmen)
nach|ah|mens|wert
Nach|ah|mer
Nach|ah|mungs...[trieb *usw.*]
Nach|bar
nach|bar|lich
Nach|bar|schafts...[hilfe *usw.*]
Nach|be|ben
nach|be|han|deln
nach|be|zeich|net
nach|börs|lich
nach Chri|sti Ge|burt; *Abk.* n. Chr. Geb.
nach|christ|lich
nach Chri|sto; nach Chri|stus; *Abk.* n. Chr.
nach|de̱m (*Konjunktion*); je nachde̱m
nach|denk|lich
Nach|druck
Nach|druck...[erlaubnis *usw.*]
nach|drück|lich (energisch)
Nach|durst
nach|ei|ferns|wert
nach|ei|len
nach|eis|zeit|lich
Na|chen, der (Boot)
Nach|er|be
Nach|ern|te
Nach|fahr, Nach|fah|re
Nach|fall
Nach|fol|ge
nach|fol|gend; im nachfolgenden (weiter unten im Text); der Nachfolgende (Nachfolger); *vgl.* folgend
Nach|fol|ger
Nach|fra|ge
Nach|gang; im ~
nach|ge|bo|ren; der Nachgeborene
Nach|ge|bühr
Nach|ge|burt (nach der Geburt ausgestoßenes Gewebe)
nach|ge|las|sen
nach|ge|ord|net
nach|ge|ra|de
Nach|ge|schmack
nach|ge|wie|se|ner|ma|ßen
nach|gie|big
Nach|hall
nach|hal|tig
nach Haus, nach Hau|se
Nach|hau|se|weg, der
nach|her
nach|he|rig
Nach|hil|fe
Nach|hil|fe...[stunde *usw.*]
nach|hin|ein; im ~
Nach|hol|be|darf
Nach|hol|spiel
Nach|hut (die Letzten eines Zuges oder Trosses)
nach|kar|ten
Nach|klang
Nach|kom|me (Kind od. Enkel)
Nach|kom|men|schaft
Nach|kömm|ling
Nach|laß (1. Erbe; 2. Rabatt)
Nach|laß...[verwalter *usw.*]
Nach|las|ser
nach|läs|sig (oberflächlich ungenau)
nach|läs|si|ger|wei|se
Nach|le|ben, das
Nach|le|se
Nach|mahd
nach|ma|lig
nach|mals
Nach|mie|ter
nach|mit|tag; heute ~, Dienstag ~; *vgl.* abend
Nach|mit|tag; den ganzen ~, des Nachmittags; *vgl.* Abend
nach|mit|tä|gig
nach|mit|täg|lich
nach|mit|tags; *s. aber* Nachmittag|; *vgl.* abends
Nach|nah|me, die; per ~
Nach|nah|me...[sendung *usw.*]
Nach|na|me, der
Nach|por|to (nachträgliche Gebühr für unterfrankierte Postsendungen)
nach|prüf|bar
Nach|re|de; üble ~
Nach|richt
Nach|rich|ten...[agentur *usw.*]
nach|rich|ten|dienst|lich
nach|richt|lich
Nach|rücker [k|k]
Nach|ruf
Nach|sai|son
Nach|schlag
Nach|schlag|werk
Nach|schla|ge|werk
Nach|schlüs|sel
Nach|schrift
Nach|schub
Nach|schuß
Nach|schuß|pflicht
Nach|se|hen, das; das ~ haben
Nach|sen|de|auf|trag
Nach|sicht
nach|sich|tig
nach|sichts|voll
Nach|sicht|wech|sel
Nach|sil|be
Nach|som|mer
Nach|sor|ge
Nach|spann
nächst; nächstes Mal; *die Substantivierung wird bei rein numerischer Verwendung (Abzählen) meist klein geschrieben § 15 (6)*: der nächste (folgende), der nächste[,] bitte [!]; der nächste beste; *aber* der Nächste (Mitmensch)
nächst|best; der nächstbeste Mensch; der nächstbeste *oder* Nächstbeste *§ 15 (6)*
nächst|dem (kurze Zeit später)

Näch|ste, der (Mitmensch); *s. aber* nächst
nach|ste|hend; das nachstehende/Nachstehende (im selben Text Folgende); im nachstehenden/Nachstehenden (im folgenden, weiter unten im Text) *§ 15 (6)*; *vgl.* folgend
Näch|sten|lie|be
näch|stens (1. in naher Zukunft; 2. letztendlich)
nächst|fol|gend; der Nächstfolgende; *vgl.* folgend
nächst|ge|le|gen
nächst|hö|her; der Nächsthöhere
nächst|jäh|rig
nächst|lie|gend; das Nächstliegende
nächst|mög|lich
nacht; *nach der Tagesangabe zur genaueren Bestimmung eines Termins*: gestern/heute/morgen nacht; er kommt Sonntag nacht; *vgl.* Nacht, nachts, abend
Nacht, die; des Nachts, eines Nachts; es ist/wird Nacht; gute Nacht!; gute Nacht sagen; *vgl.* nacht, nachts, Abend
Nacht...[schicht *usw.*]
nacht|ak|tiv
nacht|blau
nacht|blind
Nach|teil
nach|tei|lig
näch|te|lang; *aber* [viele] Nächte lang *§ 11 (6)*
nach|ten; es nachtet
näch|tens
nacht|far|ben
näch|ti|gen
Nach|ti|gal, Gustav (dt. Afrikaforscher 1834-1885)
Nach|ti|gall (Singvogel)
Nach|tisch
nächt|lich
nächt|li|cher|wei|le (während der Nacht)
nacht|mah|len; du nachtmahlst (im Laufe des Abends essen)
Nacht|mahr, der
Nach|trag
nach|tra|gen
nach|trä|ge|risch
nach|träg|lich
Nach|trags|haus|halt
nachts; [um] zehn Uhr nachts; *nach der Tagesangabe zur genaueren Bestimmung eines Termins*: er kommt Sonntag nachts (am nächsten Sonntag und zwar nachts); *vgl.* nacht, Nacht, abends
Nacht|schat|ten (*a.* Pflanze)
Nacht|schat|ten|ge|wächs (Pflanzengattung)
nacht|schla|fend; zu nachtschlafender Zeit
nachts|über
Nacht-und-Ne|bel-Ak|ti|on *§ 13 (2)*
Nacht|vi|o|le, die (Pflanze)
nacht|wan|deln (schlafwandeln)
Nacht|wand|ler
nacht|wand|le|risch
nach|voll|zieh|bar
Nach|wahl
Nach|we|hen (*Pl.*)
Nach|weis
nach|weis|bar
nach|weis|lich
Nach|welt
Nach|wort
Nach|wuchs
nach|zei|tig
Nach|zoll
Nach|zucht
Nach|züg|ler
nach|züg|le|risch
Nacke|dei [k|k]
Nacken, der [k|k]
nackend [k|k]
nackert [k|k]
Nack|frosch (*Kosewort*) *s.* Nacktfrosch
nackig [k|k]
nackt
Nackt...[frosch *usw.*]
nackt|ar|mig
Nackt|ba|den, das
Nackt|sa|mer
Nackt|ger|ste
nackt|sa|mig
Na|del
Na|del...[kissen *usw.*]
na|deln; der Baum nadelt
Na|dir, der (Gegenpol des Zenits am Himmel)
Na|ga (Volk in Südasien)
Na|ga|land (ind. Region)
Na|gai|ka (Peitsche)
Na|ga|na, die (Tierkrankheit)
Na|ga|sa|ki (Stadt in Japan)
Na|gel
Na|gel...[schere *usw.*]
Nä|gel|chen
Nä|ge|lein *§ 7*; *s. a.* Näglein
Na|gel|falz
na|gel|fest
Na|gel|fluh, die (Felsgemisch)
na|geln; du nagelst
na|gel|neu
na|gen
Na|ger
Na|ge|tier
Näg|lein; *s. a.* Nägelein
Na|gor|ny Ka|ra|bach (Bergkarabach, Region in Aserbaidschan)
Na|go|ya (Stadt in Japan)
Nag|pur (Stadt in Indien)
Nagy, Imre (ungar. Politiker 1896-1958)
nah, na|he; näher, nächst (*s. d.*); von nahem, von nah und fern; *als Verbzusatz a. zusammengeschrieben § 10*: nahe◡legen *usw.*; der Nahe Osten
Nah...[verkehr *usw.*]
Näh...[arbeit *usw.*]
na|he; *vgl.* nah
Nä|he, die
na|he|bei
na|he◡brin|gen *§ 10*
na|he◡ge|hen *§ 10*
na|he◡ge|le|gen
na|he◡kom|men *§ 10*
na|he◡le|gen *§ 10*
na|he◡lie|gen *§ 10*
na|he◡lie|gend; *Getrenntschreibung nur bei attributivem Gebrauch möglich § 11 (1), (3)*: ein besonders nahe◡liegender

Gedanke; *aber* der Gedanke ist besonders naheliegend; näher◡liegend
na|hen; sich ~
nä|hen; du nähst
nä|her; näher◡liegend; *vgl.* naheliegend
nä|her◡brin|gen *§ 8, § 10*
Nä|he|rei
nä|her◡kom|men *§ 8, § 10*
nä|her◡lie|gen *§ 8, § 10*
nä|her◡lie|gend; *Getrenntschreibung nur bei attributivem Gebrauch möglich § 11 (1), (3)*; *vgl.* nahe◡liegend
nä|hern
nä|her◡ste|hen *§ 8, § 10*
nä|her◡tre|ten *§ 8, § 10*
Nä|he|rung
na|he◡ste|hen *§ 10*
na|he◡ste|hend *§ 11 (1), (3)*
na|he◡tre|ten *§ 10*
na|he|zu
Nah|ost
nah|öst|lich
Nähr...[boden *usw.*]
näh|ren
nahr|haft
Nähr|stoff
Nah|rung
Naht
naht|los
Naht|stel|le
Na|hua (Indianer)
Na|huatl, das (Aztekensprache); auf nahuatl sprechen
Na|hum (Prophet 7. Jh. v. Chr.)
na̲h◡ver|wandt; *aber* [sehr] **na̲h verwa̲ndt** *§ 11*
Nai|ro|bi (Hauptstadt v. Kenia)
na|iv
Na|i|vi|tät
Na|iv|ling
na ja (*Interjektion*)
Na|ja|de (1. Nymphe; 2. Familie der Süßwassermuscheln)
Na|ma (afrik. Volk; dessen Sprache); auf nama sprechen
Na|ma|land
Na|me, Na|men, der
Na|men...[kunde *usw.*]
Na|men-Je|su-Fest *§ 13 (2)*
na|men|kund|lich
na|men|los
na|mens; ein Mann namens Max; namens der Kläger
na|ment|lich
nam|haft
Nam|haft|ma|chung
Na|mib (Wüste in Afrika)
Na|mi|bia (Staat in Afrika)
Na|mi|bi|er
na|mi|bisch
näm|lich; der nämliche
na, na!
Nan|cy (Stadt in Frankreich)
Nan|du, der (Vogel)
Nan|ga Par|bat (Berg im Himalaya)
Nä|nie (altröm. Totenklage)
Nan|jing; Nan|king (*ältere Umschrift*) (Stadt in China)
Nan|king, der (Gewebe)
Na|no... (Milliardstel)
Na|no|fa|rad; *Abk.* nF
Na|no|me|ter, der/das; *Abk.* nm
Na|no|se|kun|de; *Abk.* ns
Nan|sen, Fridtjof (norweg. Forscher 1861-1930)
Nan|sen-Paß; Nansenpaß (Paß für Staatenlose)
Nantes (Stadt in Frankreich); das Edikt von ~ (Toleranzerlaß 1598 in Frankreich)
na|nu!
Na|palm, das (brennbarer Kampfstoff)
Na|palm|bom|be
Napf
Napf|ku|chen
Naph|tha, das/die (Erdöl)
Naph|tha|lin, das (Kohlenwasserstoff)
Naph|then, das (Erdöl)
Naph|thol, das (aromatischer Alkohol)
Na|po|le|on (*frz.* Napoléon; *Name frz. Herrscher*); ~ I. (frz. Kaiser)
Na|po|le|on|dor (frz. Goldmünze)
Na|po|le|o|ni|de (Abkömmling der Familie Napoleons I.)
na|po|le|o|nisch
Na|po|le|on|kra|gen
Na|po|li (*ital.* Neapel)
Na|po|li|tain, das (Schokolade)
Na|po|li|taine, die (Gewebe)
Nap|pa, das (Lederart)
Nap|pa...[leder *usw.*]
Nar|be
nar|ben; du narbst
Nar|ben...[leder *usw.*]
nar|big
Nar|bonne (Stadt in Frankreich)
Nar|cis|sus (Sagengestalt); *a.* Narzissus; *s. a.* Narziß (nur sich selbst liebender Mensch)
Nar|de (indische Pflanze)
Nar|den|öl
Nar|gi|leh, die (Wasserpfeife)
Nar|ko|ma|nie (Sucht nach Betäubungsmitteln)
Nar|ko|se
Nar|ko|ti|kum (Betäubungsmittel)
nar|ko|tisch
nar|ko|ti|sie|ren
Narr
nar|ra|tiv (in erzählender Form)
nar|ren; du narrst
Nar|ren...[kappe *usw.*]
nar|ren|si|cher
Nar|re|tei
Narr|hal|la
Narr|hal|la|marsch
Narr|heit
Nar|wa (Stadt in Estland)
Nar|wal (Zahnwal)
Nar|ziß (1. Sagengestalt; 2. selbstverliebter Mensch); *s. a.* Narcissus, Narzissus
Nar|zis|se (Zwiebelgewächs)
Nar|ziß|mus (krankhafte Selbstverliebtheit)
Nar|zißt (Selbstverliebter)
nar|ziß|tisch
Nar|zis|sus; *a.* Narcissus; *s. a.* Narziß
NASA (*Abk. v.* National Aeronautics and Space Administration) *§ 17 (2) Anm. 1*
na|sal (die Nase betreffend; durch die Nase gesprochen)

Na|sal[|laut], der (Laut, bei dem die Luft durch die Nase entweicht)
na|sa|lie|ren (durch die Nase sprechen)
Na|sal|vo|kal
na|schen; du naschst
Näs|chen (*zu* Nase)
Nä|sche|rei
nasch|haft
nasch|süch|tig
Nasch|werk
Na|se
na|se|lang; alle ~ (immer wieder); *s. a.* nasenlang, naslang
nä|seln
na|sen|lang; alle ~ (immer wieder); *s. a.* naselang, naslang
Na|sen-Ra|chen-Raum *§ 13 (2)*
Na|sen|stü|ber
Na|se|rümp|fen, das
na|se|rümp|fend; *aber* die Nase rümpfend *§ 11 (4)*
na|se|weis (*Adjektiv*) (vorlaut)
Na|se|weis, der
nas|füh|ren; du nasführst, genasführt
Nas|horn
Nas|horn...[käfer *usw.*]
Na|si-go|reng (indones. Reisgericht)
Na|si|rä|er (Angehöriger e. biblischen Sekte)
nas|lang; alle ~; *s. a.* naselang, nasenlang
naß; nas|ser, näs|ser
Naß, das; gut Naß!
Naß...[schnee *usw.*]
Nas|sau (1. Stadt u. Herzogtum; 2. Hauptstadt der Bahamas)
Nas|sau|er (Schmarotzer)
nas|sau|ern; du nassauerst
nas|sau|isch
Näs|se
näs|sen; du näßt *§ 7 (1)*
Nas|ser; Gamal Abd el-Nasser (ägypt. Politiker 1918-1970)
naß|fest
naß|forsch
naß◡ge|schwitzt *§ 11 (4)*
Naß-in-Naß-Druck *§ 13 (4)*
naß|kalt
Na|stie, die (durch einen Reiz ausgelöste Bewegung)
nas|zie|rend (im Entstehen)
Na|tal (südafrik. Provinz)
Na|ta|li|tät (Geburtenziffer)
Na|than (Prophet); Nathan der Weise (Titelheld bei Lessing)
Na|tha|na|el (bibl. Gestalt)
Na|ti|on
na|ti|o|nal; Nationales Olympisches Komitee *§ 15 (7)*, *Abk.* NOK
Na|ti|o|nal...[bewußtsein *usw.*]
na|ti|o|nal|de|mo|kra|tisch; Nationaldemokratische Partei Deutschlands *§ 15 (7)*; *Abk.* NPD
Na|ti|o|nal|elf, die
na|ti|o|na|li|sie|ren (1. einbürgern; 2. verstaatlichen)
Na|ti|o|na|lis|mus
Na|ti|o|na|list
na|ti|o|na|li|stisch
Na|ti|o|na|li|tät
na|ti|o|nal|li|be|ral
Na|ti|o|nal|so|zi|a|lis|mus; *kurz* Nazismus
Na|ti|o|nal|so|zi|a|list; *kurz* Nazi
na|ti|o|nal|so|zi|a|li|stisch; *kurz* nazistisch
na|ti|o|nal|staat|lich
Na|ti|vis|mus (Überzeugung von angeborenen Eigenschaften u. Fähigkeiten)
Na|ti|vist
na|ti|vi|stisch
Na|ti|vi|tät (1. Geburt; 2. Stand der Gestirne bei der Geburt)
NATO, Na|to (*Abk. v.* North Atlantic Treaty Organization) *§ 17 (2) Anm. 1*
na|to|grün
Na|tri|um; *chem. Zeichen* Na
Na|tri|um|chlo|rid (Kochsalz)
Na|tron, das (doppeltkohlensaures Natrium)
Na|tron...[lauge *usw.*]
Na|tschal|nik (*russ.* Chef)
Nat|té, der/das (Gewebe)
Nat|ter (Schlangenart)
Nat|tern...[brut *usw.*]
Na|tur
Na|tur...[schutz *usw.*]
Na|tu|ral...[wirtschaft *usw.*]
Na|tu|ra|li|en (*Pl.*) (Naturerzeugnisse)
Na|tu|ra|li|sa|ti|on (Einbürgerung)
na|tu|ra|li|sie|ren (einbürgern)
Na|tu|ra|lis|mus (Stilrichtung)
Na|tu|ra|list
na|tu|ra|li|stisch
na|tur|be|las|sen
na|tur|blond
na|ture [na'ty:r] (unvermischt; ohne Zusatz); Schnitzel ~
Na|tu|rell, das (Wesensart)
na|tur|far|ben
na|tur|ge|ge|ben
na|tur|ge|mäß
na|tur|ge|schicht|lich
na|tur|ge|treu
na|tur|iden|tisch
Na|tu|ris|mus (Nacktkultur)
Na|tu|rist
na|tur|kund|lich
na|tür|lich
na|tür|li|cher|wei|se
na|tur|nah
na|tur|rein
na|tur|trüb
na|tur|ver|bun|den
na|tur|wid|rig
na|tur|wis|sen|schaft|lich
na|tur|wüch|sig
Nau|arch (Befehlshaber eines Schiffes in der Antike)
Naue, die (Kahn); *s. a.* Nauen
Nau|en, der (Kahn); *s. a.* Naue
Nau|mann, Friedrich (dt. Politiker 1860-1919)
Naum|burg (Stadt)
Nau|pli|us (Krebsart)
Nau|ru (Inselstaat)
Nau|ru|er
nau|ru|isch
Nau|sea (Seekrankheit)
Nau|si|kaa (Sagengestalt)
Nau|tik (Schiffahrtskunde)
Nau|ti|ker

Nau|ti|lus (Tintenfischart); *Pl.* Nautilusse
nau|tisch; nautische Meile
Na|va|ho, Na|va|jo (Indianer)
Na|var|ra (Region in Spanien)
Na|var|re|se
na|var|re|sisch
Na|vel|oran|ge (kernlose Apfelsine)
Na|vi|ga|ti|on (Ortsbestimmung von Schiffen usw.)
Na|vi|ga|tor
na|vi|ga|to|risch
na|vi|gie|ren
Na|xos (griech. Insel)
Nay, Ernst Wilhelm (dt. Maler 1902-1968)
Na|za|rä|er (1. Jesus Christus; 2. die ersten Christen); *s. a.* Nazoräer
Na|za|re|ner (1. Einwohner von Nazareth; 2. Angehöriger des Lukasbundes von Malern)
Na|za|reth (Stadt in Israel)
Na|zi (*kurz f.* Nationalsozialist)
Na|zi...[zeit *usw.*]
Na|zis|mus (*kurz f.* Nationalsozialismus)
Na|zis|se (*spöttisch f.* Nationalsozialistin)
na|zi|stisch (*kurz f.* nationalsozialistisch)
Na|zo|rä|er (1. Jesus Christus; 2. die ersten Christen); *s. a.* Nazaräer
Nb (*chem. Zeichen f.* Niobium]
NB (*Abk. v.* notabene!) *§ 17 (2) Anm. 1*
n. Br. (*Abk. v.* nördliche[r] Breite)
n. Chr. (*Abk. v.* nach Christus)
n. Chr. Geb. (*Abk. v.* nach Christi Geburt)
Nd (*chem. Zeichen f.* Neodym)
nd. (*Abk. v.* niederdeutsch)
N'Dja|me|na (Hauptstadt v. Tschad)
NDR (*Abk. v.* Norddeutscher Rundfunk) *§ 17 (2) Anm. 1*
Ne (*chem. Zeichen f.* Neon)
Ne|an|der|ta|ler (Steinzeitmensch)
Nea|pel (Stadt in Italien)
Nea|pe|ler, Ne|ap|ler
Nea|po|li|ta|ner (1. Einwohner Neapels; 2. gefüllte Waffel; 3. neapolitanischer Sextakkord)
nea|po|li|ta|nisch
Ne|ark|tis (gemäßigte Kaltzone)
ne|ark|tisch
neb|bich (leider)
Neb|bich, der (unbedeutender Mensch)
Ne|bel
Ne|bel...[horn *usw.*]
ne|be|lig; *s. a.* neblig
ne|beln
Ne|be|lung (November); *s. a.* Neblung
ne|bel|ver|han|gen
ne|ben
Ne|ben...[amt *usw.*]
ne|ben|amt|lich
ne|ben|an
ne|ben|bei
ne|ben|be|ruf|lich
Ne|ben|buh|ler
ne|ben|ein|an|der; *als Verbzusatz a. zusammengeschrieben § 10*: nebeneinander◡schalten *usw.*; nebeneinander herlaufen; *vgl.* einander
Ne|ben|ein|an|der, das
ne|ben|ein|an|der|her; *aber* nebeneinander herlaufen *usw.*
ne|ben|her
ne|ben|her◡fah|ren *§ 10*
ne|ben|her◡ge|hen *§ 10*
ne|ben|her◡lau|fen *§ 10*
ne|ben|hin
ne|ben|ord|nen
ne|ben|säch|lich
ne|ben|schal|ten
ne|ben|ste|hend; das nebenstehende/Nebenstehende; im nebenstehenden/Nebenstehenden *§ 15 (6)*
ne|ben|to|nig
neb|lig; *s. a.* nebelig
Neb|lung (November); *s. a.* Nebelung
Ne|bras|ka (Bundesstaat der USA); *Abk.* Nebr.
nebst
nebst|bei
Ne|bu|kad|ne|zar (*Name babylon. Könige*)
ne|bu|los, ne|bu|lös (unklar)
Ne|ces|saire, das (Behälter für kleine Gebrauchsgegenstände)
Ne|cho (ägypt. Pharao 610-595 v. Chr.)
n-Eck, das *§ 13 (2)*
Neck, der (Wassergeist); *s. a.* Nöck
Neckar (Fluß) [k|k]
Neckar|sulm (Stadt) [k|k]
necken [k|k]; du neckst (ärgern)
Necker, Jacques (frz. Politiker 1732-1804) [k|k]
Necker|mann, Josef (dt. Unternehmer 1912-1992) [k|k]
Necking, das (Austausch von Zärtlichkeiten) [k|k]
neckisch [k|k]
nee (nein)
Neer, die (Strömung)
Neer|strom
Nef|fe
Ne|ga|ti|on (Verneinung)
ne|ga|tiv (*Adjektiv*)
Ne|ga|tiv, das
Ne|ga|tiv...[bild *usw.*]
Ne|ga|ti|vi|tät
Ne|ger (Schwarzafrikaner)
Ne|ger...[kuß *usw.*]
ne|ge|risch
Ne|gev, die (Wüste in Israel)
ne|gie|ren
Ne|gli|gé, das (Schlaf- oder Hauskleidung)
ne|gli|geant (nachlässig)
ne|gli|gie|ren (vernachlässigen)
ne|grid (negerartig)
Ne|gri|de, der (Schwarzafrikaner)
Ne|gri|to (Angehöriger eines kleinwüchsigen schwarzen Volkes)
Né|gri|tude (Besinnung auf afrik. Kulturtraditionen)
ne|gro|id (schwarzafrikanisch)
Ne|gro|i|de, der (Schwarzafrikaner)
Ne|gus (*äthiop. Kaisertitel*)

Ne|he|mia, Ne|he|mi|as (bibl. Gestalt)
neh|men; du nimmst, nahmst, nähmest; genommen; nimm!
Neh|mer
Neh|ru, Pandit Jawaharlal (ind. Politiker 1889-1964)
Neh|rung (schmale Landzunge)
Neid
nei|den; du neidest
Nei|der
neid|er|füllt
Neid|ham|mel
nei|dig
nei|disch
Neid|na|gel; *s. a.* Niednagel
Nei|ge (Rest in einem Behälter)
nei|gen; du neigst
Nei|gungs...[winkel *usw.*]
nein; nein sagen
'nein (*Kurzform v.* hinein)
Nein|sa|gen, das
Nein|sa|ger
Nein|stim|me
Nei|ße, die (Fluß)
Ne|kras|sow, Nikolaj (russ. Dichter 1821-1878)
Ne|kro|bi|o|se (langsames Zellsterben)
Ne|kro|log, der (Nachruf)
Ne|kro|lo|gi|um (Nekrolog)
Ne|kro|mant (Geisterbeschwörer)
Ne|kro|man|tie
Ne|kro|phi|lie (krankhafte Neigung zu Toten)
Ne|kro|po|le (antike Begräbnisstätte)
Ne|krop|sie (Leichenschau)
Ne|kro|se (Absterben von Organen od. Gewebe)
ne|kro|tisch (abgestorben)
Nek|tar
Nek|ta|ri|ne (Pfirsichart)
Nek|ta|ri|um (Honigdrüse)
Nek|ton, das (sich selbst fortbewegende Wasserfauna)
nek|tonisch
Nel|ke (1. Pflanze; 2. Gewürz)
Nel|ken...[öl *usw.*]
Nell-Breu|ning, Oswald von (dt. Sozialwissenschaftler 1890-1991)
Nel|son, Horatio Lord (engl. Admiral 1758-1805)
Nel|son, der (Ringergriff)
Ne|ma|to|de, die (Fadenwurm)
Ne|mea (antiker Ort in Griechenland)
ne|me|isch; der Nemeische Löwe, die Nemeischen Spiele *§ 15 (7)*
Ne|me|sis (strafende od. göttliche Gerechtigkeit)
NE-Me|tall (*Abk. v.* Nichteisenmetall) *§ 13 (2)*
Né|meth, László (ungar. Schriftsteller 1901-1975)
Nenn...[wert *usw.*]
nen|nen; du nennst, nanntest, nenntest; genannt
nen|nens|wert
Nen|ner
Nen|ze (Samojede)
neo.../Neo... (*griech.* neu)
Neo|dym; *chem. Zeichen* Nd
Neo|fa|schis|mus
Neo|fa|schist
neo|fa|schi|stisch
Neo|gen, das (geolog. Formation)
Neo|klas|si|zis|mus
Neo|ko|lo|ni|a|lis|mus
Neo|li|be|ra|lis|mus
Neo|li|thi|kum (Jungsteinzeit)
neo|li|thisch (jungsteinzeitlich)
Neo|lo|gis|mus (Wortneubildung)
Neo|mar|xis|mus
Ne|on; *chem. Zeichen* Ne (Edel-gas)
Ne|on...[lampe *usw.*]
Neo|na|zi; *s.* Nazi
Neo|na|zis|mus; *s.* Nazismus
neo|na|zi|stisch; *s.* nazistisch
Ne|on|fisch (blaugrün leuchtender Fisch)
Neo|phyt, der (1. durch die Taufe neu Aufgenommener; 2. Pflanzenart)
Neo|plas|ma, das (Geschwulst)
Neo|po|si|ti|vis|mus (philosoph. Strömung des 20. Jhd.)
Neo|te|nie (Beibehaltung von Jugendlichkeitsmerkmalen)
Neo|zo|i|kum (Erdzeitalter)
neo|zo|isch
Ne|pal (Staat in Asien)
Ne|pa|ler
Ne|pa|le|se
ne|pa|le|sisch
ne|pa|lisch
Ne|per, das (Maßeinheit); *Abk.* Np
Ne|phe|lin, das (Mineral)
Ne|phe|lo|me|trie (Trübungsmessung)
Ne|pho|graph
Ne|pho|skop (Gerät zur Bestimmung v. Wolkenbewegungen)
Ne|phrit, der (Mineral)
Ne|phri|tis (Nierenentzündung)
Ne|phro|se (Nierenkrankheit)
Ne|pos, Cornelius (röm. Historiker † nach 27 v. Chr.)
Ne|po|tis|mus (Ämtervergabe an Verwandte)
Nepp, der (Übervorteilung)
Nepp...[lokal *usw.*]
nep|pen; du neppst
Nep|per
Nep|pe|rei
Nep|tun (1. röm. Gott; 2. Planet)
nep|tu|nisch
Nep|tu|ni|um; *chem. Zeichen* Np
Ne|re|i|de, die (1. Meerjungfrau; 2. Borstenwurm)
Ne|reus (Meergott)
Nerf|ling (Fisch)
Ne|ri, Filippo (Ordensgründer 1515-1595)
Nernst, Walter (dt. Physiker 1864-1941)
Nernst|lam|pe, Nernst-Lam|pe (Infrarotstrahler)
Ne|ro (röm. Kaiser 37-68)
Ne|ro|li|öl (ätherisches Öl)
ne|ro|nisch
Ner|thus (germ. Göttin)
Ne|ru|da, Pablo (chil. Dichter 1904-1973)
Nerv, der
Ner|va (röm. Kaiser 30-98)

Ner|val, Gérard de (frz. Dichter 1808-1855)
ner|ven; du nervst
Ner|ven...[arzt *usw.*]
ner|ven|auf|peit|schend; *aber* die Nerven aufpeitschend *§ 11 (4)*
ner|ven|auf|rei|bend
ner|ven|be|ru|hi|gend; *aber* die Nerven beruhigend *§ 11 (4)*
ner|ven|krank
ner|ven|lei|dend
ner|ven|schwach
ner|vig
nerv|lich
ner|vös
Ner|vo|si|tät
nerv|tö|tend
Ner|vus re|rum (Triebfeder; Geld) *§ 15 (3)*
Nerz
Nerz...[farm *usw.*]
Nes|ca|fé
Nes|chi, die/das (arab. Schreibschrift)
Nes|sel, die (Pflanzengattung)
Nes|sel, der (Leinengewebe)
Nes|sel...[faden *usw.*]
Nes|sus|hemd (*mythol., a. übertr.* todbringendes Geschenk)
Nest
Nest...[wärme *usw.*]
Nest|chen
Ne|stel, die (Schnur)
ne|steln
Ne|ster|chen
Nest|flüch|ter
Nest|häk|chen (jüngstes, verwöhntes Kind)
Nest|hocker (spät flügge werdender Vogel) [k|k]
Nest|ling
Ne|stor (1. Sagengestalt; 2. Ältester [und Erfahrenster])
Ne|sto|ri|a|ner
Ne|sto|ri|a|nis|mus (christl. Lehre der zwei Naturen Jesu)
Ne|stroy, Johann Nepomuk (österr. Dichter 1801-1862)
Ne|tan|ja|hu, Benjamin (israel. Politiker *1949)
Ne|ti|quette, die (Umgangsformen im Internet)
nett
net|ter|wei|se
net|to (nach Abzug [von Steuern, Verpackung u. ä.])
Net|to...[lohn *usw.*]
Netz
Netz...[ball *usw.*]
net|zen; du netzt *§ 7 (1)*
neu; neuer, am neu[e]sten; das Neue, etwas Neues, nichts Neues; was gibt es Neues?; die neuen Medien; *Großschreibung in Eigennamen und bei festen Begriffen § 15 (7), (8)*: das Neue Testament, *Abk.* N.T.; der Neue Bund, die Neue Sachlichkeit, die Neue Welt (Amerika), die Neuen Hebriden; der Neue Markt (Börse); das Neue/neue Jahr (als festlicher Termin); *Kleinschreibung in adverbialen Wendungen, wenn nicht wirklich von etwas Neuem die Rede ist § 15 (6)*: aufs neue, von neuem, seit neuestem, auf ein neues; neu bearbeiten *usw.*; *als Erstglied a. mit Partizipien zusammengesetzt § 11 (4), (6)*: neu◡geboren *usw.*
Neu...[anfang *usw.*]
neu|apo|sto|lisch
neu|ar|tig
neu◡be|ar|bei|tet *§ 11 (4), (6)*
neu◡be|kehrt *§ 11 (4), (6)*
Neu|ber, Caroline („Neuberin", dt. Schauspielerin 1697-1760)
Neu|bran|den|burg
Neu|braun|schweig
Neu|châ|tel (Stadt in der Schweiz)
Neu-De|lhi (Hauptstadt v. Indien)
neu|deutsch; auf ~
Neue Ker|ze (= Candela); *Abk.* NK
Neu|en|burg (*frz.* Neuchâtel, Kanton u. Stadt in der Schweiz)
Neu|en|bur|ger See
Neu|eng|land (New England, Region der USA)
neu|er|dings
Neu|e|rer, der
neu|er|lich
neu|ern; du neuerst
neu◡er|öff|net *§ 11 (4), (6)*
neu|[e|]stens
Neu|fund|land (kanad. Provinz)
Neu|fund|län|der (*a.* Hunderasse)
neu|fund|län|disch
Neu|fünf|land (die neuen Bundesländer)
neu◡ge|bo|ren *§ 11 (4), (6)*; sich wie ~ fühlen; das Neugeborene
neu◡ge|schaf|fen *§ 11 (4), (6)*
Neu|gier
Neu|gier|de
neu|gie|rig
Neu|go|tik
Neu|grad (Gon; hundertster Teil e. rechten Winkels)
neu|grie|chisch, auf ~
Neu|grie|chisch, das; auf neugriechisch sprechen
Neu|grie|chi|sche, das
Neu|gui|nea (Staat in Asien)
neu|he|brä|isch, auf ~
Neu|he|brä|isch, das; auf neuhebräisch sprechen
Neu|he|brä|i|sche, das
Neu|he|ge|li|a|ner
neu|he|ge|li|a|nisch
Neu|he|ge|li|a|nis|mus
Neu|heit
neu|hoch|deutsch, auf ~; *Abk.* nhd.
Neu|hoch|deutsch, das; *Abk.* Nhd.; auf neuhochdeutsch sprechen
Neu|hoch|deut|sche, das
Neu|hu|ma|nis|mus
Neu|ig|keit
Neu|jahr
Neu|ka|le|do|ni|en (frz. Territorium im Pazifik)
Neu|kan|ti|a|ner
Neu|kan|ti|a|nis|mus (philos.

Schule)
Neu|klas|si|zis|mus
Neu|kölln (Stadtteil von Berlin)
neu|la|tei|nisch; auf ~
Neu|la|tei|nisch, das; auf neulateinisch sprechen
Neu|la|tei|ni|sche, das
neu|lich
Neu|ling
Neu|mann, Balthasar (dt. Baumeister 1687-1753); John von ~ (amerik. Mathematiker 1903-1957)
Neu|mark, die (Siedlungsgebiet östl. der Oder)
Neu|me, die (altes Notenzeichen)
Neu|mei|er, John (amerik. Choreograph *1942)
neu|mo|disch
Neu|mond
neun; alle neun[e]!, zu neunt; *vgl.* acht
Neun, die; *vgl.* Acht[1]
Neun|au|ge (fischartiges Wassertier)
neun|bän|dig
neun|eckig [k|k]
neun|ein|halb
Neu|ner, der
neu|ner|lei
neun|fach; 9fach; das Neunfache, 9fache *§ 13 (2) Anm. 2*
neun|hun|dert
neun|mal
neun|ma|lig
neun|mal|klug
neun|schwän|zig
neun|stel|lig
neun|stöckig [k|k]
neun|stün|dig
neunt; *vgl.* neunte
neun|tä|gig
neun|tau|send
neun|te; *in rein numerischer Verwendung (Abzählen) klein geschrieben § 15 (6)*; *Großschreibung in Eigennamen, bei festen Begriffen oder wenn es sich um die Rolle eines Neuntplazierten o. ä. handelt § 15 (7), (8)*: der neunte, jeder neunte; zu neunt; die Neunte Sinfonie [Beethovens] (*bei reiner Durchnumerierung klein geschrieben*); Karl der Neunte, Karl IX.; *vgl.* achte
neun|tel; *vgl.* achtel
Neun|tel, das; *vgl.* Achtel
neun|tens
Neun|tö|ter (Vogel)
neun|[und|]ein|halb
neun|und|zwan|zig
neun|zehn
neun|zig
Neu|phi|lo|lo|ge
Neu|phi|lo|lo|gie
neu|phi|lo|lo|gisch
Neu|pla|to|ni|ker
neu|pla|to|nisch
Neu|pla|to|nis|mus (philosoph. Schule)
Neur|al|gie (Nervenschmerz)
Neur|al|gi|ker
neur|al|gisch
Neur|asthe|nie (Nervenschwäche)
Neur|asthe|ni|ker
neur|asthe|nisch
Neu|rath, Konstantin von (dt. Diplomat 1873-1956)
neu|reich; der Neureiche
Neu|ries, das (Maßeinheit)
Neu|rin (Fäulnisgift)
Neu|ri|tis (Nervenentzündung)
neu|ro.../Neu|ro... (die Nerven betreffend)
Neu|ro|bio|lo|gie (Biologie des Nervensystems)
Neu|ro|chir|ur|gie (Chirurgie d. Nervensystems)
Neu|ro|der|mi|tis (Hautkrankheit)
neu|ro|gen (von Nerven ausgehend)
Neu|ro|lo|ge (Facharzt für Nervenkrankheiten)
Neu|ro|lo|gie
neu|ro|lo|gisch
Neu|ro|man|tik
Neu|ro|man|ti|ker
neu|ro|man|tisch
Neu|ron, das (Nervenzelle)
neu|ro|nal
Neu|ro|pa|thie (Nervenkrankheit)
neu|ro|pa|thisch
Neu|ro|pa|tho|lo|gie
Neu|ro|pte|ren (*Pl.*) (Ordnung der Insekten)
Neu|ro|se (psychische Störung)
Neu|ro|ti|ker
neu|ro|tisch
Neu|ro|to|mie (Nervenschnitt)
Neu|rup|pin (Stadt)
Neu|scho|la|stik (philosoph. Schule)
Neu|schott|land (Nova Scotia, kanad. Provinz)
Neu|schwan|stein (Schloß in Bayern)
Neu|see|land (Inselstaat)
Neu|see|län|der
neu|see|län|disch
Neu|sied|ler See (See in Österreich u. Ungarn)
Neu|sil|ber (Alpaka, Kupferlegierung)
neu|sil|bern
Neu|sprach|ler
neu|sprach|lich
Neuss (Stadt)
Neus|ser
neu|stens; *s. a.* neuestens
Neu|stri|en (Teil des Merowingerreichs)
Neu|süd|wales (Bundesland Australiens)
Neu|te|sta|ment|ler
neu|te|sta|ment|lich
Neu|tö|ner
neu|tral
Neu|tra|li|sa|ti|on
neu|tra|li|sie|ren
Neu|tra|lis|mus
Neu|tra|list
neu|tra|li|stisch
Neu|tra|li|tät
Neu|tri|no, das (Elementarteilchen)
Neu|tron, das (Elementarteilchen)
Neu|trum (geschlechtsloses Wesen, Wort mit sächlichem Geschlecht); *Pl.* Neutra,

Neutren
neu◡ver|mählt; *aber* neu vermählt (*a.* wiederverheiratet) *§ 11 (4)*
neu|wer|tig
Neu-Wien
Neu|wie|ner
neu|wie|ne|risch
neu|zeit|lich
Ne|va|da (Bundesstaat der USA); *Abk.* Nev.
Ne|wa (Fluß in Rußland)
New Age, das (weltanschaul. Bewegung)
New-Age-Be|we|gung *§ 13 (2)*
New|co|mer (Neuling)
New Deal (Wirtschaftspolitik Roosevelts nach 1933)
New Hamp|shire (Bundesstaat der USA); *Abk.* N. H.
New Jer|sey (Bundesstaat der USA); *Abk.* N. J.
New Look, der (neuer Stil)
New|man, John Henry (engl. Theologe 1801-1890); Paul ~ (amerik. Schauspieler *1924)
New Me|xi|co (Bundesstaat der USA); *Abk.* N. Mex.
New Or|leans (amerik. Stadt)
News (*Pl.*) (Nachrichten)
News|group (*EDV*)
New|ton, Isaac (engl. Physiker 1643-1727)
New|ton, das (Maßeinheit); *Abk.* N
New|ton|me|ter, das (Einheit des Drehmoments); *Zeichen* Nm
New York (Bundesstaat der USA); *Abk.* N. Y.
New Yor|ker
Ne|xus (Verknüpfung)
Ney, Elly (dt. Pianistin 1882-1968); Michel ~ (frz. Marschall 1769-1815)
nF (*Abk. v.* Nanofarad) *§ 17 (2) Anm. 2*
N. F. (*Abk. v.* Neue Folge) *§ 17 (2)*
n-fach; das n-Fache *§ 13 (2)*
Ngo|ro|ngo|ro[|kra|ter] (Krater in Tansania)
N. H. (*Abk. v.* Normalhöhe) *§ 17 (2)*
nhd. (*Abk. v.* neuhochdeutsch) *§ 17 (2)*; das Nhd.
Ni (*chem. Zeichen f.* Nickel)
Ni|a|ga|ra|fäl|le (Wasserfälle in Kanada und den USA)
Nia|mey (Hauptstadt v. Niger)
nib|beln (schneiden)
Nibb|ler (*zu* nibbeln)
Ni|be|lun|gen (*Pl.*) (Geschlecht d. germ. Sage)
Ni|be|lun|gen...[hort *usw.*]
Ni|blick (Golfschläger)
Ni|cäa (antiker Ort in Kleinasien); *a.* Nizäa, *s. a.* Nikäa
ni|cä|isch; *a.* nizäisch, *s. a.* nikäisch
ni|cä|a|nisch; *a.* nizäanisch, *s. a.* nikäanisch
Ni|ca|ra|gua (Staat in Mittelamerika); *a.* Nikaragua
Ni|ca|ra|gu|a|ner; *a.* Nikaraguaner
ni|ca|ra|gu|a|nisch; *a.* nikaraguanisch
nicht; gar nicht; zunichte, mitnichten; *als betontes Erstglied von Adjektiven u. Partizipien in klassenbildender oder fachlicher Bedeutung a. zusammengeschrieben § 11 (6)*: nicht◡öffentlich, nicht◡rostend *usw.*
Nicht...[achtung *usw.*]
nicht◡amt|lich *§ 11 (6)*
nicht◡be|rufs|tä|tig *§ 11 (6)*
nicht◡chri|stlich *§ 11 (6)*
Nich|te
nicht◡ehe|lich *§ 11 (6)*
Nicht|ei|sen|me|tall; *Abk.* NE-Metall
nicht◡eu|kli|disch *§ 11 (6)*
nicht◡flek|tier|bar *§ 11 (6)*
Nicht-Ich, das
nich|tig
nicht◡krieg|füh|rend *§ 11 (6)*
nicht◡lei|tend *§ 11 (6)*
nicht◡öf|fent|lich *§ 11 (6)*
nicht◡or|ga|ni|siert *§ 11 (6)*
Nicht|rau|cher
nicht◡ro|stend *§ 11 (6)*
nichts; für nichts und wieder nichts, in nichts auflösen; mir nichts, dir nichts; viel Lärm um nichts; nichts Bestimmtes, Derartiges, Neues *usw.*, *aber* nichts anderes; nichtsahnend, nichtssagend *§ 11 (7)*
Nichts, das
nichts|ah|nend *§ 11 (7)*; *aber* von allem nichts ahnend
nichts|de|sto|min|der
nichts|de|sto|trotz
nichts|de|sto|we|ni|ger
nicht◡selb|stän|dig *§ 11 (6)*; *vgl.* selbständig
nicht◡seß|haft *§ 11 (6)*; der Nichtseßhafte (*amtsspr.*)
Nichts|kön|ner
Nichts|nutz, der
nichts|nut|zig
nichts|sa|gend *§ 11 (7)*
Nichts|tu|er
nichts|tu|e|risch
Nichts|tun, das
nichts|wür|dig
nicht◡zutreffend *§ 11 (6)*; das Nichtzutreffende
Nickel, das [k|k]; *chem. Zeichen* Ni
Nickel...[legierung *usw.*] [k|k]
nicken [k|k]
Nicker|chen [k|k]
Nick|haut (Bestandteil des Auges)
Nicki, der (Baumwollpulli) [k|k]
Ni|col-Pris|ma, das (polarisierendes Prisma)
Ni|co|lai, Friedrich (dt. Schriftsteller 1733-1811); Otto ~ (dt. Komponist 1810-1849)
Ni|co|sia (Hauptstadt v. Zypern); *a.* Nikosia
Ni|co|tin, das; *a.* Nikotin
Ni|da|ti|on (Einnistung)
Nid|wal|den (Halbkanton der Schweiz)
Nid|wald|ner
nid|wald|ne|risch
nie; nie wieder, nie und nimmer
Nie|buhr, Barthold (dt. Historiker 1776-1831)

nie|der; *als Verbzusatz a. zusammengeschrieben § 10*: nieder◡beugen *usw.*
Nie|der|bay|ern
nie|der|deutsch; auf ~
Nie|der|deutsch, das; auf niederdeutsch sprechen
Nie|der|deut|sche, das
Nie|der|deutsch|land
Nie|der|druck
nie|der|drückend [k|k]
nie|de|re; niederste; der niedere Adel, die niederen Weihen; die Niedere Tatra, die Niederen Tauern *§ 15 (7)*
Nie|der|flur|wa|gen
Nie|der|fran|ken
nie|der|fre|quent
Nie|der|fre|quenz
Nie|der|gang
nie|der|ge|drückt
nie|der|ge|schla|gen
Nie|der|holz
Nie|der|jagd (Niederwildjagd)
Nie|der|kunft (Geburt eines Kindes)
Nie|der|la|ge
Nie|der|lan|de (Staat)
Nie|der|län|der
nie|der|län|disch; auf ~
Nie|der|län|disch, das; auf niederländisch sprechen
Nie|der|län|di|sche, das
Nie|der|las|sung
nie|der|läu|fig
Nie|der|lau|sitz
Nie|der|öster|reich
Nie|der|rhein
nie|der|rhei|nisch
Nie|der|sach|se
Nie|der|sach|sen (Bundesland)
nie|der|säch|sisch
Nie|der|schlag
Nie|der|schle|si|en
Nie|der|schrift
Nie|der|span|nung
nie|der|ste
Nie|der|sturz
nie|der|tou|rig
Nie|der|tracht
nie|der|träch|tig
Nie|de|rung
Nie|de|rungs|moor
Nie|der|wald|denk|mal (dt. Nationaldenkmal am Rhein)
nie|der|wärts
Nie|der|wild (kleinere jagdbare Tiere)
nied|lich
Nied|na|gel; *s. a.* Nietnagel, Neidnagel
nied|rig
Nied|rig|lohn|land
nied|rig|prei|sig
nied|rig|pro|zen|tig
nied|rig◡ste|hend; niedriger stehend, noch niedrigstehender *§ 11 (1), (4)*
Nied|rig|was|ser
Ni|el|lo, das (Ritzverzierung von Metallgegenständen)
Ni|el|lo|ar|beit
nie|mals
nie|mand; ein Niemand
Nie|mands|land
Nie|mey|er, Oscar (brasilian. Architekt *1907)
Nie|möl|ler, Martin (dt. Theologe 1892-1984)
Nie|re
Nie|ren...[stein *usw.*]
nie|ren|för|mig
nie|ren|krank
nie|rig
Nier|stei|ner (Wein)
nie|seln
Nie|sel|re|gen
nie|sen; du niest *§ 7 (1)*
Nies|pul|ver
Nies|reiz
Nieß|brauch (Nutzungsrecht)
Nieß|nutz
Nieß|nut|zer
Nies|wurz, die (Pflanze)
Niet, der
Nie|te, die (1. Bolzen; 2. Los ohne Gewinn; 3. Versager)
nie|ten; du nietest
Nie|ten|ho|se (Jeans); *s. a.* Niethose
Niet|ho|se; *s. a.* Nietenhose
Niet|na|gel; *s. a.* Niednagel, Neidnagel
niet- und na|gel|fest *§ 13 (1)*
Nietz|sche, Friedrich (dt. Philosoph 1844-1900)
Ni|fe (*kurz f.* Nickel- und Eisenkern [der Erde])
Nifl|heim (Unterwelt)
ni|gel|na|gel|neu
Ni|ger (1. Staat in Afrika; 2. Fluß in Afrika)
Ni|ge|ria (Staat in Afrika)
Ni|ge|ri|a|ner
ni|ge|ri|a|nisch
Nig|ger (Schimpfwort für Schwarze)
Night|club, der
Nigh|tin|gale, Florence (engl. Krankenpflegerin 1820-1910)
Ni|grer (Einwohner von Niger)
ni|grisch
Ni|gro|sin (blauvioletter Farbstoff)
Ni|hi|lis|mus (Leugnung von Werten)
Ni|hi|list
ni|hi|li|stisch
Ni|jin|ski, Vaclav (russ. Tänzer 1888/89-1950)
Nij|me|gen (Stadt in den Niederlanden); *s. a.* Nimwegen
Ni|käa (antiker Ort in Kleinasien); *s. a.* Nicäa, Nizäa
ni|kä|isch; *s. a.* nicäisch, nizäisch
ni|kä|a|nisch; *s. a.* nicäanisch, nizäanisch
Ni|ka|ra|gua (Staat in Mittelamerika); *a.* Nicaragua
Ni|ka|ra|gu|a|ner; *a.* Nicaraguaner
ni|ka|ra|gu|a|nisch; *a.* nicaraguanisch
Ni|ke (griech. Siegesgöttin)
Ni|ki|as (athen. Feldherr ~470-413 v. Chr.)
Ni|ko|ba|ren (Inselgruppe im ind. Ozean)
Ni|ko|de|mus (bibl. Gestalt)
Ni|ko|laus (*a. Name russ. Zaren, Papstname*); *Pl.* Nikoläuse; ~ von der Flüe (schweizer. Mystiker 1417-1487); ~ von Kues (Cusanus, Philosoph 1401-1464); ~ von Myra

(Heiliger ~270-342)
Ni|ko|laus|tag
Ni|ko|sia; *a.* Nicosia (Hauptstadt v. Zypern)
Ni|ko|tin, das; *a.* Nicotin
Nil (Fluß in Ägypten)
Nil|del|ta (Flußverzweigungen des Nils)
Nil|gans
Nil|gau (Antilope)
nil|grün
Ni|lo|te (Angehöriger e. afrik. Volks am oberen Nil)
ni|lo|tisch
Nil|pferd
Nils|son, Birgit (schwed. Sängerin *1918)
Nim|bus (Heiligenschein; Ansehen)
Nîmes (Stadt in Frankreich)
nim|mer; nie und nimmer
Nim|mer|leins|tag; Sankt-Nimmerleins-Tag *§ 13 (4)*
nim|mer|mehr
nim|mer|mü|de
Nim|mer|satt, der
Nim|mer|wie|der|se|hen, auf ~
Nim|rod (bibl. Gestalt; Jäger)
Nim|we|gen (Stadt in den Niederlanden); *s. a.* Nijmegen
Ni|ni|ve (antike Stadt in Mesopotamien)
Ni|ob; *chem. Zeichen* Nb; *s. a.* Niobium
Ni|o|be (Sagengestalt)
Ni|o|bi|um; *chem. Zeichen* Nb; *s. a.* Niob
Nip|kow, Paul (dt. Ingenieur 1860-1940)
Nip|kow-Scheibe (Lochscheibe zur Bildabtastung)
Nip|pel, der
nip|pen; du nippst
Nip|pes (*Pl.*) (kleine Figuren zur Dekoration)
Nipp|flut (geringe Fluthöhe)
Nip|pon (Japan)
Nipp|sa|chen (Nippes)
Nipp|ti|de (geringe Fluthöhe)
nir|gend[s] (an keiner Stelle)
nir|gend[s]|her
nir|gend[s]|hin
nir|gend[s]|wo
nir|gend[s]|wo|her
nir|gend[s]|wo|hin
Ni|ro|sta (Markenzeichen für nichtrostenden Stahl)
Nir|wa|na, das (Erlöschen aller Triebe; Lösung aus dem Kreislauf der Wiedergeburt)
Ni|sche (Mauervertiefung)
Ni|schen...[altar *usw.*]
Nisch|ni[j] Now|go|rod (Stadt in Rußland)
Nis|se, die (Läuseei)
Nis|sen|hüt|te (Wellblechhütte)
Nist...[kasten *usw.*]
ni|sten
Ni|trat, das (Salz der Salpetersäure)
ni|trat|frei
Ni|trid, das (Metall-Stickstoff-Verbindung)
ni|trie|ren (eine Nitrogruppe einbauen)
ni|tri|fi|zie|ren
Ni|trit, das (Salz der salpetrigen Säure)
Ni|tro|ge|la|ti|ne (Hauptbestandteil des Dynamits)
Ni|tro|ge|ni|um (Stickstoff); *chem. Zeichen* N
Ni|tro|gly|ze|rin, das (Sprengstoff)
Ni|tro|lack
Ni|tro|phos|phat, das (Düngemittel)
Ni|tros|amin, das (chem. Stoff)
Ni|tro|zel|lu|lo|se (Salpetersäureester)
nit|scheln (Textiltechnik); du nitschelst
Nit|schel|werk
ni|tsche|wo! (*russ.* macht nichts!)
Ni|veau, das (Höhenlage; *a. übertr.* geistige Stufe)
Ni|vel|le|ment (Gleichmachen; Messung von Höhenunterschieden)
ni|vel|lie|ren
Ni|vose, Nivôse, der (Monat d. frz. Revolutionskalenders)
nix (= nichts)
Nix, der (Wassergeist)
Ni|xe, die (weibl. Wassergeist))
Ni|xon, Richard (Präsident der USA 1913-1997)
Ni|zäa (antike Stadt in Kleinasien); *a.* Nicäa; *s. a.* Nikäa
ni|zä|isch; *a.* nicäisch; *s. a.* nikäisch; das Nizäische Glaubensbekenntnis *§ 15 (7)*
ni|zä|nisch; *a.* nicänisch; *s. a.* nikänisch
Ni|zä|num, Ni|zä|um (Konzil von Nicäa)
Niz|za; *frz.* Nice (Stadt in Frankreich)
Niz|za|er
niz|za|isch
Njas|sa (See in Afrika)
Njas|sa|land
NK (*Abk. v.* Neue Kerze) *§ 17 (2) Anm. 2*
nkr (*Abk. v.* norwegische Krone) *§ 17 (2) Anm. 2*
NKWD (*Abk. f.* sowjet. Geheimpolizei) *§ 17 (2) Anm. 1*
nlat. (*Abk. v.* neulateinisch)
nm (*Abk. v.* Nanometer)
Nm (*Abk. v.* Newtonmeter)
NN (*Abk. v.* Normalnull) *§ 17 (2) Anm. 2*; *s. a.* N. N.
N. N. (*Abk. gedeutet als* nomen nescio, nomen nominandum; *Abk. v.* Normalnull); *s. a.* NN
NNO (*Abk. v.* Nordnordost[en]) *§ 17 (2) Anm. 2*
NNW (*Abk. v.* Nordnordwest[en]) *§ 17 (2) Anm. 2*
No (*chem. Zeichen f.* Nobelium)
No., N° (*Abk. v.* Numero)
NO (*Abk. v.* Nordost[en]) *§ 17 (2) Anm. 2*
NÖ (*Abk. v.* Niederösterreich) *§ 17 (2) Anm. 2*
noa (nicht tabu, unbedenklich)
Noa, das
No|ah (bibl. Gestalt); die Arche Noah
no|bel; nob|ler
No|bel (Löwe in der Tierfabel)
No|bel, Alfred (schwed. Erfinder 1833-1896)

No|be|li|um; *chem. Zeichen* No
No|bel|preis
no|bi|li|tie|ren (adelig machen)
No|bles|se, die (Vornehmheit)
noch; ~ einmal, ~ mehr; noch‿mal *§ 12*
Noch|ge|schäft (Termingeschäft)
noch‿mal *§ 12*; *vgl.* noch
noch|ma|lig
noch|mals
Nöck; *s. a.* Neck (Wassergeist)
Nocke, die (Nocken) [k|k]
Nocken, der (Ausbuchtung auf e. Achse) [k|k]
Nocken|wel|le (Achse zur Kraftübertragung) [k|k]
Nockerl, das (Grießklößchen) [k|k]
Nockerl|sup|pe [k|k]
Noc|turne, das (*musik.* Nachtstück); *s. a.* Notturno
Noel|le-Neu|mann, Elisabeth (dt. Soziologin *1916)
No|e|sis, die (Akt des Denkens)
No|e|tik (Erkenntnislehre)
no|e|tisch
No|fre|te|te (ägypt. Königin 14. Jh. v. Chr.)
No-fu|ture-Ge|ne|ra|ti|on (Generation ohne Zukunftsperspektive) *§ 13 (4)*
no iron (bügelfrei)
Noi|sette, die (Schokolade mit gemahlenen Haselnüssen)
Noi|sette|scho|ko|la|de
NOK (*Abk. v.* Nationales Olympisches Komitee) *§ 17 (2) Anm. 1*
nö|len (nörgeln)
no|lens vo|lens (ob man will oder nicht)
No|li|me|tan|ge|re, das (Rührmichnichtan)
No|ma|de (Angehöriger e. wandernden Hirtenvolkes)
no|ma|disch
no|ma|di|sie|ren (umherschweifen)
No|men, das (Substantiv); *Pl.* Nomina; ~ acti, actionis, agentis, instrumenti, proprium *§ 15 (3)*
No|men|kla|tur (Namensverzeichnis, Terminologie)
No|men|kla|tu|ra (führende Gesellschaftsschicht)
no|mi|nal (zum Nomen gehörig; dem Namen nach)
No|mi|nal...[zins *usw.*]
No|mi|na|lis|mus (philosoph. Lehre)
No|mi|na|list
No|mi|na|ti|on (Benennung; Ernennung)
No|mi|na|tiv (Werfall)
no|mi|nell (dem Namen nach)
no|mi|nie|ren (benennen; ernennen)
No|mo|gramm (graphische Darstellung)
No|mo|gra|phie
Non, die (1. Gebet; 2. Tonintervall); *s. a.* None
No|na|gon, das (Neuneck)
No-name-Pro|dukt (markenlose Ware) *§ 13 (4)*
Non|cha|lance, die (Ungezwungenheit)
non|cha|lant
No|ne, die (1. Gebet; 2. Tonintervall); *s. a.* Non
No|nen, die (*Pl.*) (neunter Tag vor den Iden)
No|nen|ak|kord (Fünfklang)
No|nett (Musikstück für neun Instrumente; Gruppe von neun Musikern)
Non-food-Ab|tei|lung *§ 13 (4)* (Abteilung, in der keine Nahrungsmittel verkauft werden)
No|ni|us (verschiebbarer Teil an Meßgeräten)
Non|kon|for|mis|mus (individualistische Haltung)
Non|kon|for|mist
non|kon|for|mi|stisch
Nönn|chen
Non|ne
No|no, Luigi (ital. Komponist 1924-1990)
Non|pa|reille, die (Schriftgrad)
Non|plus|ul|tra, das (Höhepunkt)
Non|pro|li|fe|ra|ti|on (Nichtweitergabe [von Kernmaterial])
Non|sens, der (Unsinn)
non|stop (durchgehend); ~ fliegen
Non|stop...[flug *usw.*]
non trop|po (*musik.* nicht zu sehr)
Non|va|leur (entwertetes Wertpapier; veraltete Ware)
non|ver|bal (nichtsprachlich)
Nop|pe, die
Nopp|ei|sen
nop|pen; du noppst
Nop|pen...[garn *usw.*]
nop|pig
Nopp|zan|ge
Nord, der; der Wind kommt aus ~; *s. a.* Norden
Nord...[afrika *usw.*]
nord|ame|ri|ka|nisch
Nord|at|lan|tik|pakt; *Abk.* NATO, Nato (*s. d.*)
nord|deutsch
nor|den (nach Norden ausrichten); du nordest
Nor|den, der
Nor|der|ney (ostfries. Insel)
nord|frie|sisch
Nord|ger|ma|ne
nord|ger|ma|nisch
nor|disch; der Nordische Rat *§ 15 (7)*
Nor|dist
Nor|di|stik (Skandinavistik)
Nord|kap (Vorgebirge einer norwegischen Insel)
Nord|ka|ro|li|na (Bundesstaat der USA); *Abk.* N. C.; *s. a.* North Carolina
Nord|ko|re|a|ner
nord|ko|re|a|nisch
Nord|län|der
nord|län|disch
nörd|lich; *in Eigennamen groß geschrieben § 15 (7)*: Nördliche Dwina *usw.*
Nord|licht (Polarlicht; *scherzh.* Person aus Norddeutschland)
Nörd|lin|ger Ries, das (Land-

schaft in Bayern)
Nord|nord|ost; *s. a.* Nordnordosten; *Abk.* NNO
Nord|nord|osten; *s. a.* Nordnordost; *Abk.* NNO
Nord|nord|west; *s. a.* Nordnordwest; *Abk.* NNW
Nord|nord|we|sten; *s. a.* Nordnordwest; *Abk.* NNW
Nord|ost; *s. a.* Nordosten; *Abk.* NO
Nord|osten; *s. a.* Nordost; *Abk.* NO
nord|öst|lich
Nord-Ost|see-Ka|nal *§ 13 (1), (2)*
Nord|ost|wind
Nord|pol
Nord|po|lar...[gebiet *usw.*]
Nord|punkt
Nord|rhein-West|fa|len (Bundesland); *Abk.* NRW
nord|rhei|nisch-west|fä|lisch
nord|rhein-west|fä|lisch
Nord|see
Nord|see|ka|nal
Nord-Süd-Ge|fäl|le *§ 13 (2)*
nord|süd|lich
Nord|ter|ri|to|ri|um (Region in Australien)
nord|wärts
Nord|west; *s. a.* Nordwesten; *Abk.* NW
Nord|we|sten; *s. a.* Nordwest; *Abk.* NW
nord|west|lich
Nord|west|ter|ri|to|ri|en (*Pl.*) (Region in Kanada)
Nord|west|wind
Nord|wind
Nör|ge|lei
nör|ge|lig; *s. a.* nörglig
nör|geln
Nörg|ler
nörg|le|risch
nörg|lig; *s. a.* nörgelig
no|risch; die Norischen Alpen *§ 15 (7)*
Norm
Norm...[blatt *usw.*]
nor|mal
Nor|mal...[benzin *usw.*]
Nor|ma|le, die (Richtgröße; Senkrechte zur Tangente)
nor|ma|ler|wei|se
Nor|ma|lie; *Pl.* Normalien
nor|ma|li|sie|ren (der Norm angleichen)
Nor|ma|li|tät
Nor|mal|null (Bezugspunkt der Höhenmessungen); *Abk.* NN, N. N.
nor|mal|spu|rig
nor|men; du normst
Nor|ne (nord. Schicksalsgöttin)
North Ca|ro|li|na (Bundesstaat der USA); *Abk.* N. C.; *s. a.* Nordkarolina
Nor|we|gen (Staat)
Nor|we|ger
Nor|we|ger|mu|ster
nor|we|gisch; auf ~
Nor|we|gisch, das; auf norwegisch sprechen
Nor|we|gische, das
No|se|ma|seu|che (Bienen-, Seidenraupenkrankheit)
Nos|ke, Gustav (dt. Politiker 1868-1946)
No|so|gra|phie (Bezeichnung von Krankheiten)
No|so|lo|gie (Krankheitslehre)
No-Spiel (altjap. Singspiel)
Nos|sack, Hans Erich (dt. Schriftsteller 1901-1977)
Nost|al|gie (Sehnsucht nach Vergangenem)
nost|al|gisch
No|stri|fi|ka|ti|on (Anerkennung ausländischer Zeugnisse; Einbürgerung)
no|stri|fi|zie|ren
No|stro|gut|ha|ben, das (Guthaben e. Bank bei einer anderen)
No|stro|kon|to
not; not sein (nötig sein) *§ 15 (6)*; not◡tun *§ 10*
Not, die; Not leiden; *s.* notleidend, not
Not...[arzt *usw.*]
No|ta|beln (*Pl.*) (Elite)
no|ta|be|ne (*lat.* wohlgemerkt); *Abk.* NB
No|ta|be|ne, das (Merkzeichen)
No|tar (Jurist, der Beurkundungen vornimmt)
No|ta|ri|at (Notarskanzlei)
no|ta|ri|ell
no|ta|risch
No|ta|ti|on (Notenschrift)
Not|durft
not|dürf|tig
No|te
Note|book, das
not|falls
not|ge|drun|gen
no|tie|ren
No|ti|fi|ka|ti|on (Benachrichtigung)
no|ti|fi|zie|ren
nö|tig; das Nötigste
nö|ti|gen; du nötigst
nö|ti|gen|falls
No|tiz; ~ nehmen
No|tiz...[block *usw.*]
Not|ker (*Name v. Mönchen*); ~ Balbulus (~840-912); ~ Labeo (~ der Deutsche ~950-1022)
not|lan|den; du notlandest; notgelandet, notzulanden
not|lei|dend; *aber* [große] Not leidend; *prädikativ nur als Zusammensetzung*: die Kredite wurden notleidend *§ 11 (1), (6)*
Notre Dame (die Jungfrau Maria; Kirchenname)
not|reif
Not|rei|fe, die
not|schlach|ten; du notschlachtest; notgeschlachtet, notzuschlachten *§ 8*
Not|stand
not|tau|fen; du nottaufst; notgetauft, notzutaufen *§ 8*
Not|tur|no, das (Nachtmusik); *s. a.* Nocturne
not|was|sern; du notwasserst; notgewassert, notzuwassern *§ 8*
not|wen|dig
not|wen|di|gen|falls
not|wen|di|ger|wei|se
Not|zucht (Vergewaltigung)
not|züch|ti|gen; du notzüch-

tigst; genotzüchtigt, zu notzüchtigen *§ 8*
Nou|ak|chott (Hauptstadt v. Mauretanien)
Nou|gat, das/der (Süßigkeit aus Nüssen, Kakao, Zucker u. a.); *a.* Nugat
Nou|veau|té, die (Neuigkeit)
Nou|velle cui|sine (moderne [frz.] Kochkunst)*§ 15 (3)*
No|va, die (Stern)
No|va|lis (Friedrich von Hardenberg, dt. Dichter 1772-1801)
No|va|ti|on (Schuldumwandlung)
No|ve|cen|to, das (das 20. Jhdt. in der italienischen Kunst)
No|vel|le (1. Gesetzesänderung; 2. kurze Erzählung)
No|vel|len...[dichtung *usw.*]
no|vel|len|ar|tig
No|vel|let|te (kleine Novelle; kurzes Musikstück)
no|vel|lie|ren (ergänzen)
No|vel|list (Verfasser von Novellen)
no|vel|li|stisch
No|vem|ber; *Abk.* Nov.
No|ve|ne, die (neuntägige kath. Andacht)
No|vi|lu|ni|um (erstes Sichtbarwerden der Mondsichel)
No|vi Sad (Stadt in Serbien)
No|vi|tät (Neuheit)
No|vi|ze (junger Mönch, Neuling)
No|vi|zi|at, das (Probezeit im Kloster)
No|vum, das (Neuigkeit)
No|wa|ja Sem|lja (russ. Inselgruppe)
Now|go|rod (Stadt in Rußland)
No|wo|si|birsk (Stadt in Rußland)
No|xe, die (Krankheitsursache)
No|xi̱n (Gift)
Np (*chem. Zeichen f.* Neptunium)
NPD (*Abk. v.* Nationaldemokratische Partei Deutschlands) *§ 17 (2) Anm. 1*
Nr. (*Abk. v.* Nummer)
NRT (*Abk. v.* Nettoregistertonne)
NRZ (*Abk. v.* Nettoraumzahl)
ns (*Abk. v.* Nanosekunde)
NS (*Abk. v.* Nationalsozialismus)
NS-...[Kunst *usw.*] *§ 13 (2)*
NSDAP (*Abk. v.* Nationalsozialistische Deutsche Arbeiterpartei) *§ 17 (2) Anm. 1*
N. T. (*Abk. v.* Neues Testament)
n-te; die n-te Potenz *§ 13 (6)*
Nu, der (Augenblick); im Nu
Nu|an|ce (Abstufung; Kleinigkeit)
nu|an|cen|reich
nu|an|cie|ren
Nu|ba (afrik. Volk)
Nu|bi|en (Region in Afrika)
Nu|bi|er
nu|bisch; die Nubische Wüste *§ 15 (7)*
Nu|buk, das (Lederart)
nüch|tern
Nuckel, der [k|k]
nuckeln [k|k]
Nuckel|pin|ne, die (kleines Fahrzeug) [k|k]
Nu|del
Nu|del...[suppe *usw.*]
nu|deln; du nudelst
Nu|dis|mus (Freikörperkultur)
Nu|dist
Nu|di|tät (Nacktheit, Nacktbild)
Nu|gat, das/der (Süßigkeit aus Nüssen, Kakao, Zucker u. a.); *a.* Nougat
Nug|get, das (Goldklümpchen)
nu|kle|ar (1. den Atomkern betreffend; 2. auf Kernreaktion beruhend)
Nu|kle|ar...[macht *usw.*]
Nu|kle|a|se, die (Enzym)
Nu|kle|in (Eiweiß im Zellkern)
Nu|kle|in|säu|re
Nu|kle|on, das (Baustein eines Atomkerns)
Nu|kle|us (Kern; *bes.* Zellkern)
Nu|kua|lo|fa (Hauptstadt v. Tonga)
null; null Grad; null und nichtig; gegen null/Null gehen, gleich null/Null setzen; null Komma zwei, zwei zu null (2:0) spielen, null Bock haben
Null, die; er ist eine Null; die Zahl/Ziffer Null; die Stunde Null; auf Null stehen, gleich null/Null sein
null|acht|fünf|zehn (durchschnittlich, langweilig); 08/15
Null|acht|fünf|zehn-...[Gesicht *usw.*]
Nulla|ge (Nullstellung) [ll|l] *§ 7 (1), § 28 Anm.*
Null-Bock-Ge|ne|ra|ti|on *§ 13 (4)*
Null|di|ät
Nullei|ter, der (geerdeter Leiter) [ll|l] *§ 7 (1), § 28 Anm.*
nul|len; du nullst
Null|feh|ler|ritt
Nul|li|fi|ka|ti|on (Ungültigkeitserklärung)
nul|li|fi|zie|ren
Nulli|nie [ll|l] *§ 7 (1), § 28 Anm.*
Nul|li|tät
Null|men|ge
Null|me|ri|di|an (Ausgangslinie der Längengrade)
Nullö|sung [ll|l] *§ 7 (1), § 28 Anm.*
Null ou|vert, der/das (Nullspiel beim Kartenspiel)
Null|punkt (Bezugspunkt einer Skala)
Null|se|rie
Null|spiel
Null|ta|rif (ohne Entgelt)
null|te; die nullte Stelle
Nul|lung (*zu* nullen)
Null|wachs|tum
Nul|pe, die (Versager)
Nu|ma Pom|pi|lius (sagenhafter König von Rom)
Nu|me|ra|le, das (Zahlwort)
Nu|me|ri (das 4. Buch Mose)
nu|me|rie|ren
Nu|me|rik, die (Zweig d. Ma-

thematik)
nu|me|risch
Nu|me|ro; *Abk.* No., N°
Nu|me|rus (1. Zahl, zu der der Logarithmus gesucht wird; 2. grammatische Kategorie der Einzahl od. Mehrzahl); *Pl.* Numeri
Nu|me|rus clau|sus (Zulassungsbeschränkung)
Nu|mi|der
Nu|mi|di|en (antike Region in Nordafrika)
nu|mi|disch
nu|mi|nos (göttlich)
Nu|mis|ma|tik (Münzkunde)
Nu|mis|ma|ti|ker
nu|mis|ma|tisch
Num|mer; *Abk.* Nr.
num|mern; du nummerst
Num|mern...[schild *usw.*]
Num|mu|lit, der (fossil. Wurzelfüßler)
nun; nun und nimmer, von nun an; *s.* nunmehr
Nun|cha|ku[|**holz**], das (asiat. Waffe)
nun|mehr
nun|meh|rig
Nun|ti|a|tur (Sitz des Nuntius)
Nun|ti|us (päpstl. Botschafter)
nup|ti|al (ehelich, hochzeitlich)
nur; nur noch, nur mehr
Nur...[hausfrau *usw.*]
Nu|ra|ghe, die (vorgeschichtl. Bauwerk auf Sardinien)
Nu|re|jew, Rudolf (russ.-österr. Tänzer 1938-1993)
Nur|mi, Paavo (finn. Sportler 1897-1973)
Nürn|berg (Stadt)
Nürn|ber|ger; ~ Lebkuchen
nu|scheln; du nuschelst
Nuß
Nuß...[knacker *usw.*]
Nuß|beu|gel, das (Gebäck)
nuß|braun
Nüß|chen (*a.* Feldsalat)
Nuß|kip|ferl, das (Gebäck)
Nüss|lein-Vol|hard, Christiane (dt. Biologin *1942)
Nü|ster, die (Nasenöffnung); *Pl.* Nüstern
Nut, die (Einkerbung); *s. a.* Nute
Nu|ta|ti|on (Rankbewegung; Erdachsenschwankung)
Nu|te, die (Einkerbung); *s. a.* Nut
Nut|ei|sen
nu|ten; du nutest
Nut|ho|bel
Nu|tria, die (Biberratte)
Nu|tria, der (Pelz)
Nu|tri|ti|on (Ernährung)
nu|tri|tiv (nahrhaft)
Nut|sche, die (Filter)
nut|schen; du nutschst
Nut|te (Dirne)
nutz; zu nichts nutz sein; *s. a.* nütze
Nutz, der; zu unserem Nutz und Frommen; *s. a.* zunutze
Nutz...[anwendung *usw.*]
nutz|bar
nutz|brin|gend
nüt|ze; zu nichts nütze sein; *s. a.* nutz
nut|zen; du nutzt *§ 7 (1)*
nüt|zen; du nützt *§ 7 (1)*
Nut|zen, der
Nut|zen-Ko|sten-Ana|ly|se *§ 13 (2)*
nütz|lich
Nütz|ling
nutz|los
nutz|nie|ßen; du nutznießt *§ 7 (1)*
Nutz|nie|ßer
Nut|zungs...[recht *usw.*]
n. V. (*Abk. v.* nach Vereinbarung, nach Verlängerung)
NVA (*Abk. v.* Nationale Volksarmee) *§ 17 (2) Anm. 1*
NW (*Abk. v.* Nordwest[en]) *§ 17 (2) Anm. 2*
Ny, das (der griech. Buchstabe ν, N)
N. Y. (*Abk. v.* New York)
Ny|lon, das (synthetische Faser)
Ny|lon...[strumpf *usw.*]
Nym|phäa, Nym|phäe (Seerose); *Pl.* Nymphäen
Nym|phä|um (Heiligtum einer Nymphe; kunstvoller Brunnen)
Nymph|chen
Nym|phe, die (1. Naturgottheit; 2. Entwicklungsstadium bei Insekten)
Nym|phen|sit|tich (Vogelart)
nym|pho|man (mannstoll)
Nym|pho|ma|nie
nym|pho|ma|nisch
ny|norsk; auf ~
Ny|norsk, das (modernes Norwegisch; auf nynorsk sprechen
Ny|stag|mus (Zittern der Augäpfel)

o O

das o (der Kleinbuchstabe o, der Laut o); das O (der Großbuchstabe O); o (*Interjektion*); o Mensch!; *s. a.* oh; O (*chem. Zeichen f.* Sauerstoff; *Abk. v.* Ost[en]) *§ 17 (2) Anm. 2*
O' (*in ir. Namen*: Nachkomme)
Ω (*Zeichen f. d.* Maßeinheit Ohm)
o. a. (*Abk. v.* oben angeführt *oder* oben angegeben)
o. ä. (*Abk. v.* oder ähnliche, ähnliches *usw.*)
Oa|se
OAU (*Abk. v.* Organization of African Unity) *§ 17 (2) Anm. 1*
OAU-Staaten *§ 13 (2)*
ob (*Präposition*; *Konjunktion*); und ob!; das Ob und das Wie
Ob (Fluß in Rußland)
OB (*Abk. v.* Oberbürgermeister) *§ 17 (2) Anm. 1*
o. B. (*Abk. v.* ohne Befund)
Ob|acht, die; ~ geben
Obad|ja (Prophet)
ÖBB (*Abk. v.* Österreichische Bundesbahnen) *§ 17 (2) Anm. 1*
Ob|dach, das
ob|dach|los; der Ob|dach|lo|se
Ob|duk|ti|on (Leichenöffnung)

ob|du|zie|ren
Ob|edi|enz (Gehorsam); *s. a.* Obödienz
O-Bei|ne *§ 13 (2)*
O-bei|nig, o-bei|nig *§ 13 (2)*
Obe|lisk (vierkantige, spitze Säule)
oben
oben|an
oben|auf
oben|drauf
oben|drein (außerdem)
oben|drü|ber
oben|durch
oben◡er|wähnt; *aber* weiter oben erwähnt; der Obenerwähnte *oder* oben Erwähnte; *aber* der weiter oben Erwähnte *§ 11 (4)*
oben◡ge|nannt *§ 11 (4)*; *Abk.* o. g.; *vgl.* obenerwähnt
oben|her
oben|her|ein
oben|her|um
oben|hin
oben|hin|aus
Oben-oh|ne-Lo|kal *§ 13 (4)*
oben|rum
oben◡ste|hend; das obenstehende *oder* Obenstehende (im selben Text); *aber* das weiter oben Stehende *§ 11 (4)*
oben◡zi|tiert *§ 11 (4)*; *vgl.* obenerwähnt
Ober...[arzt *usw.*]
Ober, der (1. Kellner; 2. Spielkarte)
Ober|am|mer|gau (Ort in Bayern)
Ober|ba|yern
ober|deutsch; auf ~
Ober|deutsch, das; auf oberdeutsch sprechen
Ober|deut|sche, das
obe|re; der Obere See (See in Kanada) *§ 15 (7)*
Ober|flä|che
ober|flä|chen|ak|tiv
ober|fläch|lich
Ober|fran|ken
ober|gä|rig (so gebraut, daß die Hefe nach oben steigt)
ober|halb
Ober|hes|sen
Obe|rin
ober|ir|disch
Ober|ita|li|en
ober|kant
ober|la|stig
Ober|lau|sitz
Obe|ron (Elfenkönig)
Ober|öster|reich
Ober|pfalz
Ober|rhein
ober|rhei|nisch
Obers, der/das (Sahne)
ober|schläch|tig (durch Wasser von oben getrieben)
Ober|schle|si|en
ober|seits
oberst; *Großschreibung bei festen Begriffen § 15 (8)*: der Oberste Gerichtshof *usw.*
Oberst, der (Offiziersgrad)
ober|stän|dig
Oberst|dorf (Ort im Allgäu)
ober|ste; *s.* oberst
Oberth, Hermann (dt. Physiker 1894-1989)
Ober|vol|ta (Burkina Faso, Staat in Afrika)
Ober|vol|ta|er
ober|vol|ta|isch
ober|wärts
Ob|frau
ob|ge|nannt
ob|gleich
Ob|hut
Obi, das/der (*jap.* Gürtel)
obig; das obige *oder* Obige (im Text); im obigen *oder* Obigen (oben im Text)
Ob.-Ing. (*Abk. v.* Oberingenieur)
Ob.-Insp. (*Abk. v.* Oberinspektor)
Ob|jekt, das
Obj|ekt...[schutz *usw.*]
ob|jek|tiv (*Adjektiv*) (gegenständlich; unparteiisch)
Ob|jek|tiv, das (dem Gegenstand zugewandtes Teil eines optischen Gerätes)
Ob|jek|ti|va|ti|on
ob|jek|ti|vie|ren (1. zum Objekt machen; 2. vom Persönlichen absehen)
Ob|jek|ti|vis|mus
ob|jek|ti|vi|stisch
Ob|jek|ti|vi|tät
Ob|la|te, die (dünnes Gebäck)
Ob|la|te, der (Ordensbruder)
Ob|la|ti|on (Darreichung von Brot u. Wein durch den Priester; Gabe)
Ob|leu|te
ob|lie|gen; es obliegt, liegt ob; oblegen, obgelegen
Ob|lie|gen|heit
ob|li|gat (notwendig)
Ob|li|ga|ti|on (Haftung; Verbindlichkeit; Schuldverschreibung)
ob|li|ga|to|risch
Ob|li|ga|to|ri|um (Verpflichtung)
Ob|li|go, das (Haftung; Verbindlichkeit)
ob|lique; ob|li|quer Kasus (nichtnominativischer Fall)
Ob|li|qui|tät
Ob|li|te|ra|ti|on (1. Tilgung; 2. Verstopfung)
ob|long (länglich)
Oblt. (*Abk. v.* Oberleutnant)
Ob|mann (Vorsitzender [eines Schiedsgerichts])
Ob|ödi|enz (Gehorsam); *s. a.* Obedienz
Oboe (Holzblasinstrument)
Obo|ist
Obo|lus (kleine Spende)
Obo|trit (Abotrit; Angehöriger e. slaw. Stammes)
Ob|rig|keit
Obrist (Oberst)
ob|schon
Ob|ser|vant (Mönch einer strengen Richtung)
Ob|ser|vanz (Gewohnheitsrecht; Ordensregel)
Ob|ser|va|ti|on (Beobachtung)
Ob|ser|va|tor
Ob|ser|va|to|ri|um (Institut zur wissenschaftl. Beobachtung)
ob|ser|vie|ren

Ob|ses|si|on (Zwangsvorstellung)
Ob|si|di|an, der (Lavaglas)
ob|sie|gen
ob|skur (unklar, dunkel)
Ob|sku|ran|tis|mus
Ob|sku|ran|tist
Ob|sku|ri|tät
ob|so|let (veraltet)
Ob|sor|ge
Obst
Obst...[messer *usw.*]
Ob|ste|trik (Lehre von der Geburtshilfe)
ob|sti|nat (hartnäckig, widerspenstig)
Ob|sti|pa|ti|on (Verstopfung)
ob|sti|piert
Obst|ler (Schnaps)
ob|stru|ie|ren (behindern)
Ob|struk|ti|on
ob|struk|tiv (hemmend)
ob|szön
Ob|szö|ni|tät
Obus; (*kurz f.* Oberleitungsbus); *Pl.* Obusse
Ob|wal|den (Halbkanton d. Schweiz)
Ob|wald|ner
ob|wald|ne|risch
ob|wal|ten; unter den obwaltenden Umständen
ob|wohl
ob|zwar
O'Ca|sey, Sean (ir. Dramatiker 1880-1964)
och! (*Interjektion*)
Och|lo|kra|tie (Herrschaft des Pöbels)
och|lo|kra|tisch
ochot|skisch; das Ochotskische Meer *§ 15 (7)*
Ochs, Och|se
och|sen; du ochst *§ 7 (1)*
Och|sen...[blut *usw.*]
Och|sen|au|ge (*a.* Fenster)
Och|se|rei
Öchs|le (Mostgewicht); 90° Öchsle
Öchs|le|grad
ocker (*Adjektiv*) [k|k]
Ocker, der/das (gelb-braune Farbe) [k|k]
ocker|far|ben [k|k]
ocker|far|big [k|k]
ocker|gelb [k|k]
Ock|ham; Wilhelm von ~ (engl. Philosoph ~1285-1349)
Ock|ha|mis|mus (Lehre des Wilhelm von Ockham)
Od, das (*okkultist.* Ausstrahlung)
oder
öd, öde
Odal, das (Eigentum)
Oda|lis|ke (Haremssklavin; türk. Tänzerin)
Odds (*Pl.*) (Vorgabe)
Ode (Gedicht)
öde, öd
Öde, die
Odei|on, das (*griech.*) (Gebäude für künstlerische Aufführungen) *s. a.* Odeon, Odeum
Odel, der (Jauche)
Odem, der (Atem)
Ödem, das (krankhafte Wasseransammlung im Gewebe)
öde|ma|tös
öden; du ödest (ein krankes Blutgefäß entfernen)
Öden|burg (Sopron, Stadt in Ungarn)
Oden|wald (dt. Mittelgebirge)
Oden|wäl|der
Ode|on, das (*griech.*) (Gebäude für künstlerische Aufführungen); *s. a.* Odeion, Odeum
oder; *Abk.* o., oder
Oder, die (Fluß)
Oder|bruch, das (Landschaft in Brandenburg)
Oder|haff, das
Oder|men|nig, der (Pflanze)
Oder-Nei|ße-Gren|ze *§ 13 (2)*
Odes|sa (Stadt in der Ukraine)
Ode|um, das (*lat.*) (Gebäude für künstlerische Aufführungen); *s. a.* Odeion, Odeon
Odeur, das (Duft)
Ödig|keit
Odin (Gott); *s. a.* Wotan
odi|os, odi|ös (hassenswert)
ödi|pal (auf den Ödipuskomplex bezogen)
Ödi|pus (sagenhafter griech. König)
Ödi|pus|kom|plex (Mutterbindung und Rivalität zum Vater bei Knaben)
Odi|um (Makel)
Öd|land
Öd|nis, die
Odo|a|ker (german. Heerführer 433-493)
Odon|to|lo|ge
Odon|to|lo|gie (Zahnheilkunde)
Odys|see (Irrfahrt)
odys|se|isch
Odys|seus (Sagengestalt)
Oe, Kenzaburo (jap. Schriftsteller *1935)
OECD (*Abk. v.* Organization for Economic Cooperation and Development) *§ 17 (2) Anm. 1*
Oeso|pha|gus (Speiseröhre); *a.* Ösophagus
Œu|vre, das (Gesamtwerk)
Oeyn|hau|sen, Bad (Kurort)
OEZ (*Abk. v.* osteuropäische Zeit) *§ 17 (2) Anm. 1*
O'Fao|láin, Seán (ir. Schriftsteller 1900-1991)
Öf|chen (*zu* Ofen)
Ofen, der
ofen|frisch
off; ~ sein (ausgeschaltet)
Off, das (Bereich, der außerhalb der Szene liegt)
Off-Beat (*musik.* Betonung gegen den Grundrhythmus)
of|fen; *als Verbzusatz a. zusammengeschrieben*: offen◡haben, offen◡halten *usw. § 10*
Of|fen|bach, Jacques (dt.-frz. Komponist 1819-1880)
Of|fen|bach am Main (Stadt)
Of|fen|ba|cher
of|fen|bar
of|fen|ba|ren
Of|fen|ba|rung
of|fen◡blei|ben *§ 10*
of|fen◡hal|ten *§ 10*

of|fen|her|zig
of|fen|kun|dig
of|fen◡las|sen *§ 10*
of|fen◡le|gen *§ 10*
Of|fen|markt|po|li|tik (Wertpapierhandel auf eigene Rechnung)
of|fen|sicht|lich
of|fen|siv
Of|fen|si|ve, die (Angriff)
of|fen◡ste|hen *§ 10*
öf|fent|lich; die öffentliche Hand
öf|fent|lich-recht|lich *§ 13 (5)*; die öffentlich-rechtlichen Rundfunkanstalten
Of|fe|rent (Anbieter)
of|fe|rie|ren (anbieten)
Of|fert, das (Angebot)
Of|fer|te, die (Angebot)
Of|fer|to|ri|um (Teil des Abendmahls)
Of|fice, das (*engl.* Büro)
Of|fi|zi|al, der (bischöfl. Vertreter b. kirchl. Gericht)
Of|fi|zi|al|ver|tei|di|ger (Pflichtverteidiger)
Of|fi|zi|ant (Geistlicher b. Gottesdienst)
of|fi|zi|ell
Of|fi|zier
Of|fi|ziers...[korps *usw.*]
Of|fi|zin (Apotheken-Arbeitsraum; Druckerei)
of|fi|zi|nal, of|fi|zi|nell (als Arzneimittel anerkannt)
of|fi|zi|ös (halbamtlich)
Of|fi|zi|um (Dienstpflicht)
off li|mits (Betreten verboten)
off line, off|line (nicht mit einem Server od. Netzwerk verbunden)
Off-line-Be|trieb, *§ 13 (4)*; *a.* Offline-Betrieb
öff|nen
Öff|ner
Off|set|druck (Flachdruckverfahren)
Off-shore-Boh|rung (Ölbohrung auf See) *§ 13 (4)*
off|side (abseits)
Off|side, das (Abseits beim Sport)
Off-Spre|cher (Sprecher außerhalb des Bildes)
Off-Stim|me (Stimme eines nicht sichtbaren Sprechers)
Ofir (sagenhaftes Land); *a.* Ophir
O'Fla|her|ty, Liam (ir. Schriftsteller 1896-1984)
o-för|mig, O-för|mig (in der Form eines o bzw. O) *§ 13 (2)*
oft; öfter, öftest; am öftesten; des öfteren, des öftern; öfters
öf|ters; *vgl.* oft
oft|ma|lig
oft|mals
o. g. (*Abk. v.* oben◡genannt)
Oga|den (Region in Äthiopien)
Oger, der (Märchenriese)
Ogier der Dä|ne (Sagengestalt)
ogi|val (spitzbogig)
Ogi|ve, die (Gletscherlinie)
Oh. (*Abk. f.* Ohio)
oh! (*Interjektion*); oh, la, la! *s. a.* o
Oheim (Onkel)
OHG (*Abk. v.* offene Handelsgesellschaft) *§ 17 (2) Anm. 1*
Ohio (1. Bundesstaat der USA, *Abk.* Oh.; 2. Fluß in den USA)
oh, la, la!
Ohm, Georg Simon (dt. Physiker 1789-1854); ohmscher Widerstand, Ohmsches Gesetz *§ 15 (7)*
Ohm, das (Einheit d. elektr. Widerstands); *Zeichen* W; *s. a.* ohmsch
Ohm (Onkel); *s. a.* Oheim
Öhmd, das (zweite Mahd)
öhm|den; du öhmdest
Ohm|me|ter, das (Meßgerät)
ohmsch; der ohmsche Widerstand; das Ohmsche Gesetz *§ 15 (7)*
oh|ne; ohne daß; oben ohne (barbusig); ohne Befund, *Abk.* o. B.; ohne Jahr, *Abk.* o. J.; ohne Obligo, *Abk.* o. O.; ohne Ort, *Abk.* o. O.; ohne Ort und Jahr, *Abk.* o. O. u. J.; ohne weiteres
oh|ne|dem
oh|ne|dies (ohnehin) *§ 12*
oh|ne◡ein|an|der; *vgl.* einander
oh|ne|glei|chen
Oh|ne|halt|flug (Direktflug)
oh|ne|hin
Oh|ne-mich-Stand|punkt *§ 13 (4)*
Ohn|macht
ohn|mäch|tig
oho!
Ohr, das
Ohr...[muschel *usw.*]
Öhr, das (Nadelöhr *usw.*)
Öhr|chen (*zu* Ohr, Öhr)
Ohr|clip, der; *a.* ...klipp
Oh|ren...[arzt *usw.*]
oh|ren|be|täu|bend; *aber* die Ohren betäubend *§ 11 (6)*
Oh|ren|blä|ser (Einflüsterer)
oh|ren|fäl|lig
Ohr|fei|ge
ohr|fei|gen; du ohrfeigst
Ohr|klipp, der; *a.* ...clip
Ohr|wurm (*a.* Melodie)
Oh|ser, Erich (e. o. plauen, dt. Zeichner 1903-1944)
Oi|strach, David (russ. Geiger 1908-1974)
o. J. (*Abk. v.* ohne Jahr)
oje!
oje|mi|ne!
oje|rum!
ok, o. k.; *a.* O. K. (= okay)
Oka, die (Fluß in Rußland)
Oka|pi, das (Giraffenart)
Oka|ri|na (Tonflöte)
Oka|wan|go (Fluß)
okay; *Abk.* ok, o. k., O. K.; das Okay; sein Okay geben
Oke|a|ni|de (Sagengestalt); *s. a.* Ozeanide
Oke|a|nos (Sagengestalt)
Oker, die (Fluß)
Ok|ka|si|on (günstige Gelegenheit)
Ok|ka|si|o|na|lis|mus (metaphys. Lehre)
Ok|ka|si|o|na|list
ok|ka|si|o|nell (gelegentlich)

Ok|ki|ar|beit (Schiffchenarbeit)
ok|klu|die|ren (abschließen; hemmen)
Ok|klu|si|on (Einschließung)
ok|klu|siv (*Adjektiv*)
Ok|klu|siv[|**laut**], der (Verschlußlaut)
ok|kult (verborgen)
Ok|kul|tis|mus (Lehre v. übernatürlichen Erscheinungen)
Ok|kul|tist
ok|kul|ti|stisch
Ok|ku|pant
Ok|ku|pa|ti|on (Besetzung)
Ok|ku|pa|ti|ons...[heer *usw.*]
ok|ku|pie|ren
Okla|ho|ma (Bundesstaat der USA); *Abk.* Okla.
Öko...[bauer *usw.*]
Öko|lo|ge
Öko|lo|gie (Umweltlehre, -schutz)
öko|lo|gisch
Öko|nom
Öko|no|mie (Wirtschaft; Sparsamkeit)
Öko|no|mik (Wirtschaftskunde)
öko|no|misch
Öko|pax|be|we|gung (ökologische Friedensbewegung)
Öko|sy|stem
Okra, die (Gemüsepflanze)
Ok|ta|eder (Körper aus acht gleichseitigen Dreiecken)
ok|ta|edrisch
Ok|tant, der (achter Teil einer Kreisfläche; Winkelmesser)
Ok|tan|zahl (Maßzahl für die Klopffestigkeit)
Ok|tav, das (Buchformat)
Ok|tav, die (1. kath. Feier; 2. Tonintervall; *s. a.* Oktave)
Ok|tav...[band *usw.*]
Ok|ta|ve (achtstufiges Intervall)
Ok|ta|vi|an, Ok|ta|vi|a|nus (röm. Kaiser Augustus)
Ok|tett (achtstimmiges Musikstück; Gruppe von acht Musikern usw.)
Ok|to|ber
Ok|to|ber...[revolution *usw.*]
Ok|to|de (Elektronenröhre mit acht Elektroden)
Ok|to|gon, das (Achteck; achteckiger Bau)
ok|to|go|nal
Ok|to|po|de (Achtfüßer)
Ok|troi, der/das
ok|troy|ie|ren (aufnötigen)
Oku|lar, das (dem Auge zugewandte Linse)
Oku|la|ti|on (das Einsetzen einzelner Pfropfreisaugen)
Oku|li (4. Sonntag v. Ostern)
oku|lie|ren (Bäume durch Okulation veredeln)
Öku|me|ne (bewohnte Erde; Gemeinschaft der Christen)
öku|me|nisch
OKW (*Abk. v.* Oberkommando d. Wehrmacht) *§ 17 (2) Anm. 1*
Ok|zi|dent (Abendland)
ok|zi|den|tal
ö. L. (*Abk. v.* östliche[r] Länge)
Öl
Öl...[baum *usw.*]
Olaf (*Name norweg. Könige*)
Ol|den|burg (Stadt)
Ol|den|bur|ger; ~ Geest
Ol|des|loe (Stadt); Bad ~
Ol|die (alter Schlager, Film o. ä.)
Old|ti|mer (altes Auto)
Ol|du|vai (Schlucht in Afrika, Fossilienfundstätte)
olé!
Olea, die (Ölbaum)
Ole|an|der, der (Zierstrauch)
Ole|an|der|schwär|mer (Falter)
Ole|at, das (Salz der Ölsäure)
Ole|fin, das (Kohlenwasserstoffverbindung)
Oleg (Warägerherrscher um 900)
Ole|in, das (Ölsäure)
ölen
Ole|um (Öl; rauchende Schwefelsäure)
ol|fak|to|risch (den Geruchssinn betreffend)
OLG (*Abk. v.* Oberlandesgericht) *§ 17 (2) Anm. 1*
öl|höf|fig
Oli|fant (Jagdhorn Rolands)
oli|go..., *vor Vokal* olig... (*griech.* wenig)
ölig
Olig|ämie (Blutarmut)
Olig|arch
Olig|ar|chie (Herrschaft einer kleinen Gruppe)
olig|ar|chisch
Oli|go|phre|nie (Schwachsinn)
Oli|go|pol, das (Marktform mit wenigen Anbietern)
oli|go|troph (arm an Nährstoffen)
oli|go|zän (*Adjektiv*)
Oli|go|zän, das (Erdzeitalter)
olim (*lat.* ehemals); zu Olims Zeiten
oliv; das Kleid ist oliv[farben]; ein Kleid in Oliv
Oli|ve, die
Oli|ven...[öl *usw.*]
oli|ven|far|ben
oli|ven|far|big
oliv|grün
Oli|vier, Laurence (engl. Schauspieler 1907-1989)
Oli|vin, der (Mineral)
Ol|len|hau|er, Erich (dt. Politiker 1901-1963)
Olm, der (Lurch)
Ol|me|ke (Angehöriger eines Indianervolks)
Olymp (Berg in Griechenland, Wohnsitz der Götter)
Olym|pia (antike Stätte in Griechenland)
Olym|pia...[dorf *usw.*]
Olym|pi|a|de, die
olym|pia|reif
Olym|pi|er
Olym|pio|ni|ke (Olympiasieger; *heute a.* Teilnehmer an einer Olympiade)
olym|pisch; das olympische *oder* Olympische Feuer, die Olympischen Spiele *§ 15 (7)*
olyn|thisch; die Olynthischen Reden [des Demosthenes] *§ 15 (7)*
Oma (Großmutter)

Omai|ja|de (Angehöriger e. Kalifendynastie)
Oma|ma (Oma)
Oman (Sultanat)
Omar (*Name islam. Herrscher*)
Om|bro|graph, der (Niederschlagsmesser)
Om|bro|me|ter, das (Niederschlagsmesser)
Om|buds|frau, Om|buds|mann (Vertrauensperson gegen Behördenwillkür)
Ome|ga (letzter Buchstabe des griech. Alphabets: ω, Ω)
Ome|lett, das; *s. a.* Omelette
Ome|lette, die; *s. a.* Omelett
Omen, das (Vorzeichen); *Pl.* Omina
Omi|kron (griech. Buchstabe: ο, Ο)
omi|nös (unheilvoll, dunkel)
Omis|siv|de|likt (strafbare Unterlassung)
Om|ni|bus
Om|ni|bus...[fahrer *usw.*]
om|ni|po|tent (allmächtig)
Om|ni|po|tenz
om|ni|prä|sent (allgegenwärtig)
Om|ni|prä|senz
Om|ni|um, das (Radrennen)
om|ni|vor (allesfressend)
Om|ni|vo|re, der (Allesfresser)
Om|pha|le (sagenhafte lyd. Königin)
Om|pha|li|tis (Nabelentzündung)
Omsk (Stadt in Rußland)
on; ~ sein (*EDV* sichtbar sein)
On, das (*zu* on)
Ona|ger, der (Halbesel)
Ona|nie (Selbstbefriedigung)
ona|nie|ren
Ona|nist
ona|ni|stisch
On|dit, das (Gerücht)
On|du|la|ti|on
on|du|lie|ren (wellen)
One|ga|see (See in Rußland)
Onei|da (Indianervolk)
Onei|da|see (See in Kanada)
O'Neill, Eugene (amerik. Schriftsteller 1888-1953)
One|step, der (Tanz)
On|kel
On|kel|ehe
On|ko|lo|ge (Facharzt der Onkologie)
On|ko|lo|gie (Lehre von den Geschwülsten)
on|ko|lo|gisch
on line, on|line; ~ sein (mit einer EDV-Anlage verbunden; Daten sofort verarbeitend)
On-line-Be|trieb *§ 13 (4)*; *a.* On|line-Betrieb
ONO (*Abk. v.* Ostnordost[en]) *§ 17 (2) Anm. 2*
Öno|lo|gie (Lehre vom Weinbau)
öno|lo|gisch
Ono|ma|sio|lo|gie (Bezeichnungslehre)
ono|ma|sio|lo|gisch
Ono|ma|stik (Namenkunde)
Ono|ma|sti|kon (Namensverzeichnis)
ono|ma|stisch
Ono|ma|to|po|e|sie (Lautmalerei)
ono|ma|to|po|e|tisch
Ono|ma|to|pö|ie (Lautmalerei)
Öno|me|ter, das (Meßgerät f. Alkoholgehalt von Wein)
On-Spre|cher (Sprecher, der im Bild sichtbar ist)
On|ta|rio (Provinz in Kanada)
On|ta|rio|see (See in Kanada)
On|to|ge|ne|se (Entwicklung des Lebewesens)
on|to|ge|ne|tisch
On|to|lo|gie (Lehre vom Sein)
on|to|lo|gisch
Onyx, der (Mineral)
o. O. (*Abk. v.* ohne Ort)
o. ö. (*Abk. v.* ordentlich öffentlich); o. ö. Professor
Oo|lith, der (Gesteinsart)
Oo|lo|gie (Eikunde)
Oort|sche Wolke (Kometenansammlung)
OP (*Abk. v.* Operationssaal) *§ 17 (2) Anm. 1*
OP-...[Schwester *usw.*] *§ 13 (2)*
op. (*Abk. v.* Opus, *lat.* opus)
Opa (Großvater)
opak (undurchsichtig)
Opal, der (Halbedelstein)
Opa|les|zenz (Schimmern)
opa|les|zie|ren (wie ein Opal schimmern)
Opal|glas
opa|li|sie|ren (opaleszieren)
Opan|ke, die (flacher Schuh mit gebogener Spitze)
Opa|pa (Opa)
Op-art, die (Kunststil)
Opa|zi|tät (*zu* opak)
OPEC (*Abk. v.* Organization of the Petroleum Exporting Countries) *§ 17 (2) Anm. 1*
Opel, Adam (dt. Ingenieur 1837-1895)
Open air, das (Veranstaltung im Freien)
Open-air-Fe|sti|val *§ 13 (4)*
Open-air-Kon|zert *§ 13 (4)*
Open-end-Dis|kus|si|on *§ 13 (4)*
Oper
ope|ra|bel; opera|ble Tumore
Ope|ra buf|fa (komische Oper)
Ope|ra se|ria (ernste Oper)
Ope|ra|teur (*a.* Filmvorführer)
Ope|ra|ti|on
ope|ra|ti|o|nal
ope|ra|ti|o|na|li|sie|ren
Ope|ra|ti|ons...[tisch *usw.*]
Ope|ra|ti|ons|saal; *Abk.* OP
ope|ra|tiv
Ope|ra|tor
Ope|ret|te (leichte Oper)
ope|ret|ten|haft
ope|rie|ren
opern|haft
Op|fer
Op|fer...[tod *usw.*]
op|fer|be|reit
op|fern
op|fer|wil|lig
Ophio|la|trie (Schlangenkult)
Ophir (bibl. Land)
Ophi|uchus (Sternbild Schlangenträger)
Oph|thalm|ia|trie (Augenheilkunde)

Oph|thal|mie (Augenentzündung)
Oph|thal|mo|lo|ge
Oph|thal|mo|lo|gie (Augenheilkunde)
oph|thal|mo|lo|gisch
Opi|at (Opium enthaltendes Arzneimittel)
Opitz, Martin (dt. Dichter 1597-1639)
Opi|um (Rauschmittel)
Opi|um...[sucht *usw.*]
opi|um|hal|tig
Opos|sum (Beutelratte)
Op|pen|hei|mer, Franz (dt. Ökonom 1864-1943); Joseph ~ (Jud Süß, dt. Bankier 1698/99-1738); Robert ~ (amerik. Physiker 1904-1967)
Op|po|nent (Gegner)
op|po|nie|ren (sich widersetzen)
op|por|tun (nützlich)
Op|por|tu|nis|mus (prinzipienloses Anpassen)
Op|por|tu|nist
op|por|tu|ni|stisch
Op|por|tu|ni|tät (passende Gelegenheit; Vorteil)
Op|po|si|ti|on
op|po|si|ti|o|nell
Op|pres|si|on (Unterdrückung)
Op|ta|tiv (*sprachwiss.* Wunschmodus)
op|tie|ren (wählen)
Op|tik (Lehre vom Licht; Linsensystem)
Op|ti|ker
op|ti|mal (bestmöglich)
Op|ti|mat, der (Mitglied der altröm. Oberschicht)
op|ti|mie|ren (verbessern)
Op|ti|mis|mus
Op|ti|mist
op|ti|mi|stisch
Op|ti|mum, das (bester Fall)
Op|ti|on (Wahlmöglichkeit)
op|ti|o|nal (wahlweise)
op|tisch
Op|to|me|ter, das (Gerät zum Messen der Sehkraft)
Op|to|me|trie
opu|lent (üppig)
Opu|lenz (Üppigkeit)
Opun|tie (Feigenkaktus)
Opus, das (Werk); ~ maximum, ~ postumum; *Abk.* op. (*in Werktiteln*); *Pl.* Opera; Opera omnia; Opus Dei (kath. Missionsverein)
Ora|dour (Ort in Frankreich)
Ora|kel, das
Ora|kel...[spruch *usw.*]
ora|keln; du orakelst
oral (durch den Mund)
Oral...[verkehr *usw.*]
Oran (Stadt in Algerien)
oran|ge (*Adjektiv*); ein ~ Kleid; ein Kleid in Orange; *s. a.* orangen
Oran|ge, die
Oran|gea|de, die (Getränk)
Oran|geat, das (kandierte Pomeranzenschale)
oran|gen (orangenfarbig); ein orangenes Kleid
Oran|gen...[baum *usw.*]
oran|ge[n]|far|ben
oran|ge[n]|far|big
Oran|ge|rie (Gewächshaus)
oran|ge|rot
Orang-Utan, der (Affe)
Ora|ni|en (Adelsgeschlecht)
Ora|ni|er
Oran|je|frei|staat (südafrik. Provinz)
Ora|tio ob|li|qua, die (indirekte Rede)
Orat|io rec|ta (direkte Rede)
Ora|to|ri|a|ner (kath. Ordensmann)
ora|to|risch
Ora|to|ri|um (Raum zum Beten; geistl. Musikstück)
Or|bis pic|tus (illustr. Schulbuch von Comenius)
Or|bit, der (Umlaufbahn)
Or|bi|ta, die (Augenhöhle)
or|bi|tal (*zu* Orbit *u.* Orbita)
Or|bi|ter, der (Raumflugkörper in der Umlaufbahn)
Or|che|ster
Or|che|ster...[graben *usw.*]
Or|che|stra, die (Tanz- bzw. Chorplatz im antiken Theater)
or|che|stral
or|che|strie|ren
Or|che|stri|on (mechanisches Musikinstrument)
Or|chi|dee; *Pl.* Or|chi|deen
Or|chi|deen...[zucht *usw.*]
Or|chis, der (Hoden)
Or|chis, die (Knabenkraut)
Or|chi|tis (Hodenentzündung)
Or|dal, das (Gottesurteil)
Or|den
Or|dens...[bruder *usw.*]
or|dent|lich
Or|der, die (Anweisung); *s. a.* Ordre
Or|der...[buch *usw.*]
or|dern; du orderst
Or|di|nal|zahl (Ordnungszahl)
or|di|när (alltäglich; unanständig)
Or|di|na|ri|at (Lehrstuhl; bischöfl. Verwaltungsbehörde)
Or|di|na|ri|us (ordentlicher Professor; hoher Kirchenbeamter)
Or|di|na|te, die (Bestimmungsgröße der geometr. Lage)
Or|di|na|ti|on (Priesterweihe, Einsetzung ins Pfarramt; ärztl. Verordnung)
or|di|nie|ren (einsetzen, verordnen)
ord|nen; du ordnest
Ord|ner
Ord|nung
Ord|nungs...[sinn *usw,*]
ord|nungs|ge|mäß
ord|nungs|hal|ber
ord|nungs|wid|rig
Or|don|nanz (milit. Überbringer von Befehlen)
Or|dre, die (Anweisung); *s. a.* Order
Öre, das (skandinav. Münze)
Ore|a|de (Bergnymphe)
Ore|ga|no, der (Gewürz); *s. a.* Origano
Ore|ga|num, das (Pflanze); *s. a.* Origanum
Ore|gon (Bundesstaat d. USA);

Abk. Oreg.
Orest, Ore|stes (Sagengestalt)
Ore|stie (Werkgruppe v. Aischylos)
ORF (*Abk. v.* Österreichischer Rundfunk) *§ 17 (2) Anm. 1*
Or|fe, die (Fisch)
Orff, Carl (dt. Komponist 1895-1982)
Or|gan
Or|gan...[bank *usw.*]
Or|gan|dy, der (Gewebe)
Or|ga|nell, das (Teil eines Einzellers); *s. a.* Organelle
Or|ga|nel|le, die (Teil eines Einzellers); *s. a.* Organell
Or|ga|ni|gramm (Organisationsschaubild)
Or|ga|nik (Wissenschaft von den Organen)
Or|ga|ni|sa|ti|on
Or|ga|ni|sa|tor
or|ga|ni|sa|to|risch
or|ga|nisch; organische/Organische Chemie *§15 (8)*
or|ga|ni|sie|ren
or|ga|nis|misch
Or|ga|nis|mus
Or|ga|nist
or|ga|no|gen (aus organischen Stoffen bestehend)
or|ga|no|lo|gisch
Or|ga|non, das (Logik; bes. die log. Schriften d. Aristoteles)
Or|ga|num (1. Orgel u. ä.; 2. mehrstimmige Musik)
Or|gan|za, der (Gewebe)
Or|gas|mus (sexueller Höhepunkt)
or|ga|stisch
Or|gel
Or|gel...[pfeife *usw.*]
or|geln; du orgelst
Or|gi|as|mus (ausschweifende Feier)
or|gi|a|stisch
Or|gie (ausschweifendes Gelage)
Ori|ent (Osten; Morgenland)
Ori|ent...[teppich *usw.*]
Ori|en|ta|le (Bewohner des Orients)
ori|en|ta|lisch
Ori|en|ta|list
Ori|en|ta|li|stik (Wissenschaft v. orientalischen Sprachen u. Kulturen)
ori|en|ta|li|stisch
ori|en|tie|ren; sich ~
ori|en|tie|rungs|los
Ori|ga|mi, das (japanische Papierfaltkunst)
Ori|ga|no, der; *s. a.* Oregano (Gewürz)
Ori|ga|num, das (Pflanze); *s. a.* Oreganum
ori|gi|nal (ursprünglich, echt)
Ori|gi|nal, das (Urbild; ursprüngliche Fassung; einzigartige Person)
Ori|gi|nal...[text *u sw.*]
ori|gi|nal|ge|treu
Ori|gi|na|li|tät
ori|gi|när (ursprünglich)
ori|gi|nell (eigenartig)
Ori|no|ko (Fluß in Südamerika)
Ori|on (Sagengestalt; Sternbild)
Ori|on|ne|bel
Oris|sa (ind. Bundesstaat)
Or|kan, der
Ork|ney|in|seln (Inselgruppe vor Schottland)
Or|kus (Unterwelt)
Or|lé|ans (Stadt in Frankreich)
Or|log, der (Krieg)
Or|log|schiff
Or|muzd (Gott, Ahura Masda)
Or|na|ment
or|na|men|tal
or|na|men|tie|ren (verzieren)
Or|na|men|tik
Or|nat, der (feierliche Amtstracht)
Or|nis, die (Vogelwelt)
Or|ni|tho|lo|ge (Vogelkundler)
or|ni|tho|lo|gisch
Oro|ge|ne|se (Gebirgsbildung)
Oro|gra|phie (Beschreibung der Gebirge)
oro|gra|phisch
Or|pheus (Sagengestalt)
Or|phik (antike Dichtungsgattung)
Or|phi|ker
or|phisch (geheimnisvoll, dunkel)
Or|ping|ton (Hühnerrasse)
Ør|sted, Hans Christian (dän. Physiker 1777-1851)
Ort, der; *Pl.* Orte, Örter; an Ort und Stelle; allerorten; am angegebenen/angeführten Ort, *Abk.* a. a. O.
Ort, das (Ende einer Strecke im Bergbau); vor Ort
Ort, das/der (Ahle)
Ort|band (Band an der Säbelscheide)
Ört|chen
Or|te|ga y Gas|set, José (span. Philosoph 1883-1955)
or|ten; du ortest
Ör|ter|bau (Abbauverfahren)
ör|tern; du örterst
or|tho.../Or|tho... (*griech.* gerade, richtig)
Or|tho|chro|ma|sie (farbrichtige Wiedergabe)
or|tho|chro|ma|tisch
or|tho|dox (rechtgläubig)
Or|tho|do|xie
Or|tho|epie; Or|tho|epik (Lehre von der richtigen Aussprache)
or|tho|episch
Or|tho|ge|ne|se (Entwicklungsgeschichte)
Or|tho|gna|thie (gerader Stand der Kiefer)
Or|tho|gon, das (Rechteck)
or|tho|go|nal (rechtwinklig; rechteckig)
Or|tho|gra|phie (Rechtschreibung)
or|tho|gra|phisch
Or|tho|klas, der (Mineral)
Or|tho|pä|de
Or|tho|pä|die (Medizin des Bewegungsapparats)
or|tho|pä|disch
Or|tho|pte|re, die (Geradflügler)
Orth|op|tist (Augenarzthelfer)
Or|tho|sko|pie (unverzerrte Wiedergabe)
or|tho|sko|pisch

Ort|ler (Berg in Südtirol)
ört|lich
Or|to|lan, der (Vogel)
Orts...[angabe *usw.*]
orts|an|säs|sig
Ort|schaft
Ort|scheit, das (Querholz am Zuggeschirr)
orts|fest
orts|fremd
orts|kun|dig
Ort|stein (Eck-/Giebelstein)
orts|üb|lich
Ort|zie|gel, der (Giebelstein)
Or|well, George (engl. Schriftsteller 1903-1950)
Os (*chem. Zeichen f.* Osmium)
öS (*Abk. v.* österreichische[r] Schilling) *§ 17 (2) Anm. 2*
Osa|ka (Stadt in Japan)
OSB (*Abk. v.* Ordinis Sancti Benedicti); *a.* O. S. B.
Os|borne, John (engl. Schriftsteller 1929-1994)
Os|car (Filmpreis)
Öse
Ösel (Ostseeinsel)
Osi|an|der, Andreas (dt. Theologe 1498-1552)
Osi|ris (Gott)
Os|kar (*Name skandinav. Könige*)
Os|ker (italisches Volk)
os|kisch; oskisch-umbrisch *§ 15 (5) Anm. 2*
Os|ku|la|ti|on (Berührung zweier Kurven)
os|ku|lie|ren
Os|lo (Hauptstadt v. Norwegen)
Os|lo|er
OSM (*Abk. v.* Ordinis Servorum/Servarum Mariae); *a.* O. S. M.
Os|ma|ne (*hist.* Türke)
os|ma|nisch; das Osmanische Reich *§ 15 (7)*
Os|mi|um; *chem. Zeichen* Os
Os|mo|se (Flüssigkeitsaustausch durch eine Membran)
os|mo|tisch
Os|na|brück (Stadt)
OSO (*Abk. v.* Ostsüdost[en]) *§ 17 (2) Anm. 2*
Öso|pha|gus (Speiseröhre); *a.* Oesophagus
Os|sa (Berg in Griechenland)
Os|sa|ri|um (antike Urne)
Os|se|te (Angehöriger e. Kaukasusvolkes)
Os|se|ti|en (Land im Kaukasus)
os|se|tisch
Os|si, der (Ostdeutscher)
Os|si|an (sagenhafter Barde)
Os|si|etz|ky, Carl von (dt. Schriftsteller 1889-1938)
Os|si|fi|ka|ti|on (Knochenbildung)
os|si|fi|zie|ren
Ost; *Abk.* O; ein Wind aus ~; der ~ (Ostwind)
Ost...[block *usw.*]
Ost|al|gie (Verklärung der DDR)
ost|asi|a|tisch
ost|bal|tisch
ost|deutsch
Oste|al|gie (Knochenschmerz)
Ost|el|bi|en
Ost|el|bi|er
ost|el|bisch
osten (nach Osten ausrichten); du ostest
Osten, der
Ost|en|de (Stadt in Belgien)
osten|si|bel (vorzeigbar); ostensi|ble Erfolge
osten|siv (herausfordernd)
Osten|ta|ti|on
osten|ta|tiv (herausfordernd)
Osteo|lo|gie (Knochenlehre)
Osteo|ma|la|zie (Knochenerweichung)
Osteo|my|e|li|tis (Entzündung des Knochenmarks)
Osteo|pla|stik (Ersatz von Knochen)
osteo|pla|stisch
Osteo|po|ro|se (Knochenschwund)
Oster, Hans (dt. General 1888-1945)
Oster...[ei *usw.*]
Oster|glocke (Blume) [k|k]
Oste|ria (Gaststätte)
Oster|in|sel (peruan. Insel)
öster|lich
Oster|lu|zei, die (Pflanze)
Ostern; an/zu Ostern
Öster|reich (Staat)
Öster|rei|cher
öster|rei|chisch; *in Eigennamen Großschreibung*: Österreichische Bundesbahnen *usw. § 15 (7)*
öster|rei|chisch-un|ga|risch *§ 13 (5) Anm. 2*
Öster|reich-Un|garn
Ost|eu|ro|pa
ost|eu|ro|pä|isch
Ost|fa|le
Ost|fa|len
ost|fä|lisch
Ost|flan|dern
Ost|fran|ken
ost|frän|kisch
Ost|frie|se
Ost|frie|sen|witz
ost|frie|sisch
Ost|fries|land
Ost|ger|ma|ne
ost|ger|ma|nisch
Ostia (Hafen Roms)
osti|na|to (*musik.* hartnäckig wiederholt); das Ostinato
Ost|in|di|en (Vorder- u. Hinterindien)
ost|in|disch
ostisch; ostische Rasse
Osti|tis (Knochenentzündung)
öst|lich
Ost|mark, die (hist. Region)
Ost|nord|ost[en]; *Abk.* ONO
Ost|preu|ßen
ost|preu|ßisch
Ostra|kis|mos (*griech.*), Ostrazis|mus (*lat.*) (Scherbengericht)
Östro|gen, das (weibl. Geschlechtshormon)
Ost|rom (Byzantin. Reich)
ost|rö|misch; das Oströmische Reich
Ost|see
Ost|see...[bad *usw.*]
Ost|süd|ost[en]; *Abk.* OSO

Ost|ti|rol
Ostung (Ausrichtung nach Osten); *zu* osten
Ost|wald, Wilhelm (dt. Chemiker 1853-1932)
ost|wärts
Ost-West-Ge|spräch
ost|west|lich
Os|wald von Wol|ken|stein (dt. Dichter 1377-1445)
Os|zil|la|ti|on (Schwingung)
Os|zil|la|tor (Schwingungserzeuger)
os|zil|lie|ren (schwingen)
Os|zil|lo|gramm, das
Os|zil|lo|graph (Gerät zur Aufzeichnung von Schwingungen)
Ot|al|gie (Ohrenschmerzen)
Ot|fried von Wei|ßen|burg (dt. Dichter 9. Jh.)
Othel|lo (Titelheld bei Shakespeare)
Otho (röm. Kaiser 32-69)
Ot|ia|trie (Ohrenheilkunde)
Oti|tis (Ohrenentzündung)
Oto|lith, der (Teil des Gleichgewichtsorgans)
Oto|lo|gie (Ohrenheilkunde)
O-Ton (*kurz f.* Originalton) *§ 13 (2)*
O'Toole, Peter (ir. Schauspieler *1932)
Oto|skop, das (Ohrenspiegel)
Ot|ta|ve|ri|me (*Pl.*) (Strophenform)
Ot|ta|wa (Hauptstadt v. Kanada)
Ot|ter, der (Marderart)
Ot|ter, die (Schlange)
Ot|tern|ge|zücht
Ot|to (*Name v. Herrschern*); Frei ~ (dt. Architekt *1925); Nikolaus ~ (dt. Ingenieur 1832-1891); ~ von Freising (dt. Historiker *nach 1111-1158)
Ot|to|kar (König v. Böhmen ~1233-1278)
Ot|to|man, der (Gewebe)
Ot|to|ma|ne, der (Osmane)
Ot|to|ma|ne, die (Sofa)
ot|to|ma|nisch (osmanisch)
Ot|to|mo|tor (Verbrennungsmotor)
Ot|to|ne (*vgl.* Otto)
Öt|zi, der (*ugs.* Gletscherleiche aus den Ötztaler Alpen); *s. a.* Similaun-Mann
Ötz|tal (Alpenregion)
Ötz|ta|ler; ~ Alpen
out; ~ sein (unmodern)
Out, das (Raum außerhalb des Spielfeldes; Fehlschuß)
Out...[linie *usw.*]
Out|cast, der (Ausgestoßener)
Out|fit, das (Kleidung)
Out|law, der (Gesetzloser)
Out|put, der (Ergebnis)
ou|trie|ren (übertreiben)
Out|si|der (Außenseiter)
out|sour|cen
Out|sour|cing, das (Verlagerung der Produktion ins Ausland)
Ou|ver|tü|re (Einleitung, bes. als Musikstück)
Ou|zo, der (Anisschnaps)
oval; Oval Office (*engl.* Büro des US-Präsidenten)
Oval, das
Ovam|bo (Volk in Afrika)
Ovar, Ova|ri|um (Eierstock)
Ova|ti|on (Beifallssturm)
Over|all, der
over|dressed (zu vornehm angezogen)
Over|drive, der (Schnellgang, Zusatzprozessor)
Over|head...[folie usw.]
Over|kill, der (übermäßige militärische Rüstung)
Ovid (Publius Ovidius Naso, röm. Dichter 43 v. Chr.- ~17 n. Chr.)
ovi|disch; Ovidische Gedichte (Gedichte Ovids) *§ 15 (7)*
ovi|par (eierlegend)
ovo|id (eiförmig)
Ovu|la|ti|on (Eisprung)
Owen, Robert (engl. Reformer 1771-1858)
Owens, Jesse (amerik. Sportler 1913-1980)
Oxa|lat, das (Salz d. Oxalsäure)
Oxal|säu|re (Kleesäure)
Oxer, der (Zaun)
Ox|ford (Universitätsstadt in England)
Ox|hoft, das (Flüssigkeitsmaß)
Oxid, das (*chem.*) (Sauerstoffverbindung); *s. a.* Oxyd
Oxi|da|ti|on (*chem.*); *s. a.* Oxydation
oxi|die|ren (*chem.*) (sich mit Sauerstoff verbinden); *s. a.* oxydieren
Oxyd, das (Sauerstoffverbindung); *s. a.* Oxid (*chem.*)
Oxy|da|ti|on; *s. a.* Oxidation (*chem.*)
oxy|die|ren; *s. a.* oxidieren (*chem.*)
Oxy|gen, das (Sauerstoff)
Oxy|ge|ni|um (Sauerstoff)
Oxy|hä|mo|glo|bin, das
Oxy|mo|ron (Verbindung widersprüchlicher Begriffe)
Oxy|to|non (auf der letzten Silbe betontes Wort)
Oz, Amos (israel. Schriftsteller *1939)
Oza|lid
Oze|an, der
Oze|an...[dampfer *usw.*]
Oze|a|na|ri|um (Meerwasseraquarium)
Oze|a|ni|de, die (Meernymphe); *s. a.* Okeanide
Oze|a|ni|en (Pazifikinseln)
oze|a|nisch
Oze|a|no|gra|phie (Meereskunde)
oze|a|no|gra|phisch
Oze|lot, der (Raubkatze; deren Pelz)
Ozo|ke|rit, der (Wachsart)
Ozon (dreiatomiger Sauerstoff, *chem. Zeichen* O_3)
Ozon...[loch *usw.*]
ozon|hal|tig

p P

das p (der Kleinbuchstabe p, der Laut p), das P (der Großbuchstabe P);

p (*Abk. v.* Para, Penni, Penny, Pence, piano, Pico.../Piko..., Pond, typogr. Punkt) *§ 17 (2) Anm. 2*; P (*Abk. v.* Papier [Börsenkurs] *§ 17 (2) Anm. 2*; Peta..., *chem. Zeichen f.* Phosphor)
p. (*Abk. v.* Pagina, pinxit)
P. (*Abk. v.* Pastor, Pater)
Pa (*chem. Zeichen f.* Protactinium; *Abk. v.* Pascal) *§ 17 (2) Anm. 2*
Pa. (*Abk. v.* Pennsylvania)
p. a. (*Abk. v.* pro anno)
Pä|an, der (altgriech. Kamplied)
paar; ein ~ (einige); ein paarmal, ein paar dutzendmal; ein paar Male; *s. a.* Paar
Paar, das (zwei zusammengehörige Stücke, Personen); ein ~ Schuhe; *s. a.* paar
Paar...[lauf *usw.*]
paa|ren; sich ~
Paar|hu|fer
paa|rig
paar|lau|fen; paargelaufen
paar|mal; ein ~; ein paar Male
paa|rungs|be|reit
paar|wei|se
Paar|ze|her
Pace [peis], die (*engl.* Gangart)
Pace|ma|cher, Pace|ma|ker (*a.* Herzschrittmacher)
Pa|chel|bel, Johann (dt. Komponist 1653-1706)
Pacht, die
Pacht...[zins *usw.*]
pach|ten
Päch|ter
pacht|wei|se
Pa|ci|no, Al (amerik. Schauspieler *1940)
Pack, das
Pack, der; *s. a.* Packen
Pack...[eis *usw.*]
Package|tour, die (geplante Pauschalreise im Auto) [k|k]
Päck|chen
packen [k|k]; du packst
Packen, der [k|k]; *s. a.* Pack
Pack|fong, das (Metall)
Päd|ago|ge (Lehrer, Erzieher)
Päd|ago|gik (Erziehung[swissenschaft])
päd|ago|gisch
Pad|del, das
pad|deln; du paddelst
Padd|ler
Pad|dock, der (eingezäunte Pferdekoppel)
Päd|erast (Knabenschänder)
Päd|era|stie
päd|era|stisch
Pa|der|born (Stadt)
Pa|de|rew|ski, Ignacy (poln. Musiker u. Politiker 1860-1941)
Päd|ia|ter (Kinderarzt)
Päd|ia|trie (Kinderheilkunde)
päd|ia|trisch
Pa|di|schah (*Fürstentitel*)
pä|do|phil; der Pädophile
Pä|do|phi|lie (sexuelle Neigung Erwachsener zu Kindern)
Pa|douk, das (Holz)
Pa|dua (Padova, Stadt in Italien)
Pa|du|a|ner
pa|du|a|nisch
Pa|el|la, die (spanisches Reisgericht)
Pae|stum (antike Stadt); *a.* Pästum
paf|fen (rauchen)
pag. (*Abk. v.* Pagina)
pa|gan (heidnisch)
Pa|ga|nis|mus (Heidentum)
Pa|gat, der (Spielkarte)
pa|ga|to|risch (Zahlungsvorgänge betreffend)
Pa|ge [pa:ʒə] (Diener)
Pa|gen...[kopf *usw.*]
Pa|gi|na, die (Seite); *Abk.* p., pag.
pa|gi|nie|ren (mit Seitenzahlen versehen)
Pa|gnol, Marcel (frz. Schriftsteller 1895-1974)
Pa|go|de, die (buddhist. Tempel)
pah!
Pail|let|te, die (Zierplättchen)
Paine, Thomas (amerik. Schriftsteller 1737-1809)
Pair, der (frz. Adliger)
Pai|rie (Pairswürde)
Pai|si|el|lo, Giovanni (ital. Komponist 1740-1816)
Pak, die (*kurz f.* Panzerabwehrkanone)
Pa|ket, das
Pa|ket...[post *usw.*]
Pa|ki|stan (Staat)
Pa|ki|sta|ner
Pa|ki|sta|ni
pa|ki|sta|nisch
Pa|ko, das (Alpaka, Lamaart)
Pakt, der (Vereinbarung)
pak|tie|ren
Pa|la|din (Gefolgsmann)
Pa|lais, das (Palast)
Pa|lan|kin, der (ind. Sänfte)
pa|läo.../Pa|läo... (*griech.* alt, vorzeitlich)
Pa|läo|bio|lo|gie (Paläontologie)
Pa|läo|bo|ta|nik
Pa|läo|geo|gra|phie
Pa|läo|graph
Pa|läo|gra|phie (Lehre von den altertümlichen Schriften)
pa|läo|gra|phisch
Pa|läo|lith, der (altes Steinwerkzeug)
Pa|läo|li|thi|kum (Altsteinzeit)
pa|läo|li|thisch
Pa|lä|on|to|lo|ge
Pa|lä|on|to|lo|gie (Erforschung ausgestorbener Lebewesen)
pa|lä|on|to|lo|gisch
Pa|läo|zän, das (älteste Stufe des Tertiärs)
Pa|läo|zo|i|kum (Zeitalter der Erdgeschichte)
pa|läo|zo|isch
Pa|läo|zoo|lo|gie
Pa|las, der (Burggebäude)
Pa|last, der; *Pl.* Paläste
Pa|lä|sti|na (Staat)
Pa|lä|sti|nen|ser
pa|lä|sti|nen|sisch
pa|lä|sti|nisch
Pa|lä|stra (altgriech. Ringerschule)
pa|la|tal (*Adjektiv*) (zum Gaumen gehörend)

Pa|la|tal[|laut], der (Gaumenlaut)
Pa|la|tin, der (Hügel in Rom)
Pa|la|ti|na (Bibliothek in Heidelberg)
pa|la|ti|nisch
Pa|la|tschin|ke, die (Pfannkuchen)
Pa|lau (Inselstaat)
Pa|la|ver, das (Unterredung; belangloses Gerede)
pa|la|vern; du palaverst
Pa|laz|zo, der (Palast; vornehmes Stadhaus)
Pa|lem|bang (Stadt auf Sumatra)
Pa|len|que (Mayastadt)
Pa|ler|mer (*zu* Palermo)
pa|ler|misch
Pa|ler|mo (Stadt auf Sizilien)
Pa|le|stri|na, Giovanni (ital. Komponist ~1525-1594)
Pa|le|tot, der (Mantel)
Pa|let|te, die (Mischbrett; Transportgestell)
pa|let|ti; alles ~ (in Ordnung)
pa|li; auf ~
Pa|li, das (ind. Sprache); auf pali sprechen
Pa|lim|psest, das/der (wiederbeschriebener Schreibstoff)
Pa|lin|drom, das (Ausdruck, der vor- und rückwärts gelesen werden kann)
Pa|lin|ge|ne|se (Wiedergeburt; Entstehung von Magma)
Pa|lin|odie (Widerruf)
Pa|li|sa|de, die (Befestigungspfahl)
Pa|li|san|der, der (Edelholz)
pa|li|san|dern (aus Palisander)
Pal|la|dio, Andrea (ital. Architekt 1508-1580)
Pal|la|di|um, das (Schutzbild)
Pal|la|di|um; *chem. Zeichen* Pd
Pal|las (*Beiname d. Athene*)
Pal|lasch, der (Säbel)
Pal|li|a|tiv, das (schmerzlindernde Mittel)
Pal|li|um (Umhang; Binde am Meßgewand; Großhirnmantel)
Pal|lot|ti|ner (Angehöriger eines Mönchsordens)
Palm, der (geweihter Zweig am Palmsonntag)
Palm...[blatt *usw.*]
Palma, La (Insel)
Pal|ma de Mal|lor|ca (Stadt auf Mallorca)
Pal|ma|rum (Palmsonntag)
Pal|me, die (Baum)
Pal|me, Olof (schwed. Politiker 1927-1986)
Pal|men...[blatt *usw.*]
Pal|mer, Lilli (dt. Schauspielerin 1914-1986)
Pal|mer|ston, Henry (engl. Politiker 1784-1865)
Pal|met|te (fächerförmige Verzierung)
pal|mie|ren (in der Handfläche verstecken)
Pal|mi|tin, das (Palmenmark)
Palm|sonn|tag (Sonntag vor Ostern)
Palm|top, der (kleiner Computer)
Palm|wei|de (Salweide)
Pal|my|ra (Stadt in Syrien)
Pal|my|ra|pal|me
Pal|my|rer
pal|my|risch
Pa|lo|lo|wurm (Ringelwurm)
pal|pa|bel (greifbar)
Pal|pa|ti|on (Untersuchung durch Tasten)
Pal|pe, die (Fühler; Taster)
pal|pie|ren
Pal|pi|ta|ti|on (Herzklopfen)
pal|pi|tie|ren (klopfen)
Pa|mir, der/das (Bergland in Asien)
Pam|pa, die; *Pl.* Pampas (argent. Grassteppe; *übertr.* abgelegene Gegend)
Pam|pa[s]|gras
Pam|pe, die (Schlamm)
Pam|pel|mu|se (Zitrusfrucht)
Pam|phlet, das (Schmähschrift)
Pam|phle|tist
pam|pig (*a.* frech)
Pan (griech. Gott)
pan.../Pan... (*griech.* all)
Pa|na|de, die (Kruste)
pan|afri|ka|nisch
Pa|na|ma (Staat u. Stadt in Mittelamerika)
Pa|na|ma|er
Pa|na|ma|hut
pa|na|ma|isch
Pa|na|ma|ka|nal
pan|ame|ri|ka|nisch
pan|ara|bisch
Pa|na|ri|ti|um, das (Fingerentzündung)
Pa|nasch, der (Helmbusch)
Pa|na|schee (Speise aus mehrfarbigen Komponenten)
pa|na|schie|ren (mit bunten Streifen mustern; mehrere Kandidaten zugleich wählen)
Pan|athe|nä|en (*Pl.*) (antikes Fest der Athener)
Pan|azee, die; *Pl.* Pan|azeen (Allheilmittel)
pan|chro|ma|tisch (für alle Farben empfindlich)
Pan|cra|ti|us (einer der Eisheiligen); *vgl.* Pankratius
Pan|da[|bär]
Pan|dä|mo|ni|um (Gesamtheit aller bösen Geister)
Pan|da|ne, die (Pflanze)
Pan|dek|ten (*Pl.*) (Sammlung von röm. Rechtssprüchen)
Pan|de|mie (weltweite Seuche)
pan|de|misch
Pan|dit (Lehrer; *ind. Titel*)
Pan|do|ra (Sagengestalt); die Büchse der ~
Pan|do|ra|büch|se
Pandsch|ab, das/der (*engl.* Punjab, Fünfstromland)
pandsch|abi; auf ~; *vgl.* Pandschab
Pandsch|abi, das; auf pandschabi sprechen; *vgl.* Pandschab
Pan|dur (ungar. Fußsoldat)
Pa|neel, das (Holztäfelung)
pa|nee|lie|ren
Pan|egy|ri|ker (Festredner)
Pan|egy|ri|kon (Lobredensammlung)
Pan|egy|ri|kos (*griech.*), Pan-

egy|ri|kus (*lat.*) (Festrede)
pan|egy|risch
Pa|nel, das ['pɛnəl] (repräsentative Gruppe)
Pan|en|the|is|mus (philos.-theolog. Lehre)
pan|en|the|i|stisch
Pa|net|to|ne, der (Kuchen)
Pan|flö|te
Pan|hel|le|nis|mus (Bestreben, alle Griechen in einem Staat zu vereinigen)
pan|hel|le|ni|stisch
Pa|nier, das (Wahlspruch; Banner)
Pa|nier, die (Panade)
pa|nie|ren
Pa|nier|mehl
Pa|nik, die (kopflose Angst)
Pa|nik...[mache *usw.*]
pa|nisch
Pan|is|la|mis|mus (Plan, alle islam. Völker zu vereinigen)
Pan|je, der (poln. Bauer)
Pan|je|pferd (kleines Pferd)
Pan|kra|ti|on, das (Verbindung von Ring- u. Faustkampf)
Pan|kra|ti|us, Pan|kraz (einer der Eisheiligen); *a.* Pancratius
Pan|kre|as, das (Bauchspeicheldrüse)
Pan|kre|a|ti|tis (Entzündung der Bauchspeicheldrüse)
Pan|mi|xie (Kreuzung aller Tiere u. Pflanzen)
Pan|mun|jom (Ort in Korea)
Pan|ne, die
Pan|nen...[hilfe *usw.*]
Pan|no|ni|en (röm. Provinz an der Donau)
pan|no|nisch
Pann|witz, Rudolph (dt. Philosoph 1881-1969)
Pan|op|ti|kum (Kuriositätenkabinett)
Pan|ora|ma, das (Rundblick)
Pan|ora|ma...[fenster *usw.*]
Pan|ple|gie (völlige Lähmung)
Pan|psy|chis|mus (Lehre, daß alle Dinge eine Seele haben)
pan|schen; du panschst; *s. a.* pantschen
Pan|sen, der (erster Magen der Wiederkäuer)
Pan|sla|wis|mus (Plan, alle slaw. Völker zu vereinigen); *vgl.* Slawe, Slave
Pan|sper|mie (Besamung aus dem All)
Pan|ta|le|on (Heiliger † ~305)
Pan|ta|lo|ne (Lustspielfigur)
Pan|ta|lons (*Pl.*) (Hose)
Pan|tel|le|ria (ital. Insel)
Pan|the|is|mus (Lehre, daß Gott u. Welt eine Einheit sind)
Pan|the|ist
pan|the|i|stisch
Pan|the|on, das (Göttertempel; Ehrentempel; Gesamtheit aller Götter)
Pan|ther
Pan|ti|ne, die (Hausschuh [mit Holzsohle])
Pan|tof|fel
Pan|tof|fel...[held *usw.*]
Pan|to|graph, der (Gerät zum Vergrößern od. Verkleinern von geometr. Figuren)
Pan|to|let|te, die (leichter Schuh ohne Fersenteil)
Pan|to|mi|me, die (Bühnenstück ohne Worte)
Pan|to|mi|me, der (Künstler, der keine Worte benutzt)
Pan|to|mi|mik
pan|to|mi|misch
Pan|try, die (Speisekammer)
pant|schen; du pantschst; *s. a.* panschen
Pant|schen-La|ma (zweites religiöses Oberhaupt der Tibeter)
Pan|ty, die (Miederhose); *Pl.* Panties
Pän|ul|ti|ma (vorletzte Silbe)
Pan|zer
Pan|zer...[faust *usw.*]
pan|zern
Pä|o|nie (Pfingstrose)
Pa|pa (1. Vater; 2. Papst)
Pa|pa|bi|li (*Pl.*) (Kandidaten zur Papstwahl)
Pa|pa|gal|lo; *Pl.* Papagalli (Mann, der zu Liebesabenteuern mit Touristinnen neigt)
Pa|pa|gei
Pa|pa|gei|en...[krankheit *usw.*]
Pa|pa|gei|fisch
Pa|pa|ge|no (Opernfigur)
Pa|pa|mo|bil, das (Dienstwagen des Papstes)
pa|pal (päpstlich)
Pa|pan|dre|ou, Andreas (1919-1996) u. Georgios (1888-1968) (griech. Politiker)
Pa|pat, der (Papstwürde)
Pa|pa|ve|ra|zee, die (Mohngewächs); *Pl.* Papaverazeen
Pa|pa|ve|rin (krampflösendes Schlafmittel)
Pa|pa|ya, die (Melonenbaum; Frucht des Melonenbaums)
Pa|pel, die (Hautknötchen)
Pa|pen, Franz von (dt. Reichskanzler 1879-1969)
Pa|per, das (*engl.* Schriftstück)
Pa|per|back, das (Taschenbuch)
Pa|pe|te|rie (Schreibwarengeschäft)
Pa|phla|go|ni|en (antike Landschaft in Kleinasien)
Pa|pi (Papa)
Pa|pier
Pa|pier...[fabrik *usw.*]
pa|pie|ren (aus Papier)
Pa|pier|ma|ché, das (Masse aus Papier, Leim u. a.)
Pa|pier|ti|ger (jmd., der nur dem Anschein nach mutig ist)
pa|pier|ver|ar|bei|tend; *aber* [altes] Papier verarbeitend *§ 11 (6)*
pa|pil|lar (warzenförmig)
Pa|pil|le, die (warzenförmige Erhebung)
Pa|pil|lom, das (Warzengeschwulst)
Pa|pil|lon, der (kleine Hunderasse; Gewebe)
Pa|pil|lo|te, die (Lockenwickel aus Papier)
Pa|pin, Denis (frz. Physiker 1647-1712/14); Papinscher Topf *§ 15 (7)*

Pa|pi|ni, Giovanni (Gian Falco, ital. Schriftsteller 1881-1956)
Pa|pi|ros|sa, die (Zigarette); *Pl.* Papirossy
Pa|pis|mus (Papsttum)
Pa|pist
pa|pi|stisch
Papp...[becher *usw.*]
Pap|pa|ta|ci|fie|ber (Infektionskrankheit)
Pap|pe
Pap|pel
päp|peln
pap|pen (kleben)
Pap|pen|hei|mer; seine ~ kennen
Pap|pen|stiel (Kleinigkeit)
pap|per|la|papp!
pap|pig
Papp|ma|ché, das (Masse aus Papier, Leim u. a.)
Papp|pla|kat
Pap|pus, der (Haarkranz an Blüten)
Pa|pri|ka, der (Pflanze; Gewürz)
Pa|pri|ka, der/die (Frucht der Paprikapflanze)
Pa|pri|ka...[soße *usw.*]
Papst
Papst...[wahl *usw.*]
päpst|lich
Papst|tum
Pa|pua (Volk)
Pa|pua-Neu|gui|nea (Staat)
pa|pu|a|nisch
Pa|py|rin, das (Pergamentpapier)
Pa|py|ro|lo|gie (Lehre von den Papyri)
Pa|py|rus (papierähnlicher Schreibstoff; Papyrusrolle)
Par, das (*Golf*)
pa|ra.../Pa|ra..., *vor Vokal* par.../Par... (*griech.* neben)
Pa|ra, der (jugosl. Währung, *Abk.* p)
Pa|ra, der (*frz. kurz f.* Fallschirmjäger)
Pa|rá; Rio ~ (Amazonasarm)
Pa|ra|ba|se, die (Ansprache des Chors an die Zuschauer)
Pa|ra|bel, die (1. lehrhafte Erzählung; 2. Kegelschnitt)
Pa|ra|bol...[antenne *usw.*]
pa|ra|bo|lisch (eine Parabel betreffend)
pa|ra|bo|lo|id (*Adjektiv*)
Pa|ra|bo|lo|id, das (Körper, der durch Drehen einer Parabel entsteht)
pa|ra|cel|sisch; Paracelsische Schriften (S. von Paracelsus) *§ 15 (7)*
Pa|ra|cel|sus (Theophrast Bombast von Hohenheim, dt. Arzt 1493-1541)
Pa|ra|cel|sus-Me|dail|le (Auszeichnung f. Ärzte)
Pa|ra|de, die (Aufmarsch; Abwehr [b. Fechten])
Pa|ra|de...[beispiel *usw.*]
Pa|ra|dei|ser, der (*österr.* Tomate)
Pa|ra|den|to|se (Zahnfleischschwund); *s. a.* Parodontose
pa|ra|die|ren (*zu* Parade)
Pa|ra|dies, das
Pa|ra|dies...[apfel *usw.*]
pa|ra|die|sisch
Pa|ra|dig|ma, das (Muster)
pa|ra|dig|ma|tisch
pa|ra|dox (widersinnig)
Pa|ra|dox, das (widersinnige Aussage); *s. a.* Paradoxon
pa|ra|do|xer|wei|se
Pa|ra|do|xie (Widersinnigkeit)
Pa|ra|do|xon (Paradox)
Par|af|fin, das (wachsartiges Gemisch v. Kohlenwasserstoffen)
par|af|fi|nie|ren
Par|af|fin|ker|ze
Pa|ra|glei|ter (Gleitschirmflieger), *engl.* Pa|ra|gli|der
Pa|ra|gli|ding, das (Gleitschirmfliegen)
Pa|ra|gramm, das (scherzhafte Namensveränderung)
Pa|ra|graph, der (Absatz in [amtlichen] Schriftstücken)
Pa|ra|gra|phen...[dschungel *usw.*]
Pa|ra|gra|phie (Störung der Schreibfähigkeit)
Pa|ra|guay (Fluß u. Staat in Südamerika)
Pa|ra|guay|er
pa|ra|guay|isch
Pa|ra|ki|ne|se, die (Störung im Bewegungsablauf)
Pa|ra|kla|se, die (offene Spalte)
Pa|ra|klet, der (Fürsprecher)
Pa|ra|la|lie (Sprechstörung)
Pa|ra|le|xie (Lesestörung)
Pa|ra|li|po|me|non, das (Nachtrag); *Pl.* Paralipomena
par|al|lak|tisch
par|al|lel (in gleiche Richtung mit gleichem Abstand verlaufend)
Par|al|la|xe (Änderung des Sehwinkels bei Standortwechsel)
Par|al|lel...[aktion *usw.*]
Par|al|le|le, die
par|al|le|li|sie|ren (vergleichend nebeneinanderstellen)
Par|al|le|lis|mus
Par|al|le|li|tät
par|al|lel◡lau|fend *§ 11 (2), (4)*
Par|al|le|lo|gramm (Viereck aus parallelen Geradenpaaren)
par|al|lel◡schal|ten *§ 10*
Pa|ra|lo|gis|mus (Fehlschluß)
Pa|ra|lym|pics (Olympiade der behinderten Sportler)
Pa|ra|ly|se (Gehirnerweichung)
pa|ra|ly|sie|ren (lähmen)
Pa|ra|ly|ti|ker (jmd., der an Paralyse leidet)
pa|ra|ly|tisch
pa|ra|ma|gne|tisch
Pa|ra|ma|gne|tis|mus (Verstärkung e. magnetischen Feldes)
Pa|ra|ma|ri|bo (Hauptstadt v. Surinam)
Pa|ra|ment, das (Altardecke)
Pa|ra|men|ten|ma|cher
Pa|ra|me|ter (unbestimmte Konstante)
pa|ra|mi|li|tä|risch (mit dem Militär vergleichbar)
Pa|ra|ná (Fluß u. Region in Südamerika)

Pa|ra|noia (Wahnkrankheit)
pa|ra|no|id
Pa|ra|no|i|ker
pa|ra|no|isch
pa|ra|nor|mal (übersinnlich)
Pa|ra|nuß
Pa|ra|phe, die (Namenszeichen)
pa|ra|phie|ren
Pa|ra|phra|se (Umschreibung; Ausschmücken einer Melodie)
pa|ra|phra|sie|ren
Pa|ra|ple|gie (Lähmung)
Pa|ra|pluie, der/das (Regenschirm)
Pa|ra|psy|cho|lo|gie (Erforschung des Außersinnlichen)
pa|ra|psy|cho|lo|gisch
Pa|ra|sit, der (Schmarotzer)
pa|ra|si|tär
Pa|ra|si|ten|tum
pa|ra|si|tisch
Pa|ra|si|tis|mus
Pa|ra|si|to|lo|gie
Pa|ra|ski, der (Fallschirmspringen u. Riesenslalom); *vgl.* Ski
Pa|ra|sol, der (Schirmpilz)
Par|äs|the|sie (abnormes Gefühl aufgrund von Durchblutungsstörungen)
Pa|ra|sym|pa|thi|kus (Teil des Nervensystems)
pa|rat; ~ haben (bereit)
pa|ra|tak|tisch (nebenordnend)
Pa|ra|ta|xe, Pa|ra|ta|xis, die (*sprachwiss.* Nebenordnung)
Pa|ra|ty|phus (typhusähnliche Infektionskrankheit)
Pa|ra|vent, der/das (Wandschirm)
par avion (durch Luftpost)
par|bleu! (Donnerwetter!)
par|boiled (vorgekocht)
Pär|chen (*zu* Paar)
Par|cours, der (Hindernisstrecke)
par|dauz!
par di|stance (aus der Ferne)
Par|don, der/das; um ~ bitten, kein[en] ~ geben; Pardon!
par|do|nie|ren (jmdn. begnadigen)
Par|dun, das (Schiffstau); *s. a.* Pardune
Par|du|ne, die (Schiffstau); *s. a.* Pardun
Par|en|chym, das (Grundform des pflanzl. Gewebes; Eingeweidegewebe)
Pa|ren|tel, die (Nachkommenschaft)
Pa|ren|tel|sy|stem
Par|en|the|se (eingeschobener Teil)
par|en|the|tisch (eingeschoben)
Pa|reo, der (Wickeltuch)
Par|er|gon, das (Anhang); *Pl.* Parerga
par ex|cel|lence (vorzüglich; schlechthin)
Par|fait, das (Halbgefrorenes)
par force (mit Gewalt)
Par|force|jagd (Hetzjagd)
Par|force|ritt (schneller Langstreckenritt)
Par|fum, Par|füm, das
Par|fu|me|rie, Par|fü|me|rie
Par|fu|meur, Par|fü|meur
par|fü|mie|ren
pa|ri (gleich[dem Nennwert]); über/unter ~ stehen
pa|ri.../Pa|ri... (gleich)
Pa|ria, der (Unberührbarer)
pa|rie|ren (1. abwehren; 2. gehorchen)
pa|ri|e|tal (zum Scheitelbein gehörend)
Pa|ri|e|tal...[lappen *usw.*] (Seiten..., Schläfen...)
Pa|ri|kurs (dem Nennwert entsprechender Kurs)
Pa|ris (Hauptstadt v. Frankreich)
Pa|ris (Sagengestalt)
pa|risch (*zu* Paros); parischer Marmor
Pa|ri|ser; Pariser Blau; der Pariser (*a.* Präservativ)
pa|ri|se|risch
Pa|ri|si|enne, die (1. Gewebe; 2. Lied)
pa|ri|sisch
Pa|ri|tät (Gleichstand; Gleichwertigkeit)
pa|ri|tä|tisch; Deutscher Paritätischer Wohlfahrtsverband
Park
Park...[bank *usw.*]
Par|ka, der/die (langer Anorak)
Park-and-ride-Sy|stem *§ 13 (4)* (kombinierte Nutzung von Auto und öffentlichen Verkehrsmitteln)
par|ken; du parkst
Par|ker, Charlie, *genannt* Bird (amerikan. Musiker 1920-1955)
Par|kett, das (*a.* vorderer Teil des Zuschauerraumes; *übertr.* Börse)
Parkett...[sitz *usw.*]
par|ket|tie|ren
par|kie|ren (parken)
Parkinson, Cyril Northcote (engl. Historiker 1909-1993); James ~ (engl. Arzt) 1755-1824; Parkinsonsches Gesetz, Parkinsonsche Krankheit *§ 15 (7)*
Par|kin|so|nis|mus (Parkinsonsche Krankheit, Schüttellähmung)
Par|kin|son-Krank|heit *§ 13 (2)*
par|kin|sonsch; Parkinsonsches Gesetz, Parkinsonsche Krankheit *§ 15 (7)*
Par|ko|me|ter, der/das (Parkuhr)
Par|la|ment (gewählte Volksvertretung)
par|la|men|tär (*Adjektiv*)
Par|la|men|tär, der (*militär.* Unterhändler)
Par|la|men|ta|ri|er
par|la|men|ta|risch
Par|la|men|ta|ris|mus
Par|la|ments...[wahl *usw.*]
par|lan|do ([wie] im Sprechgesang)
Par|lan|do, das (Sprechgesang)
Par|ler, Peter (dt. Baumeister 1330/33-1399)
par|lie|ren (eifrig reden)
Par|ma (Stadt in Italien)
Par|mä|ne, die (Apfelsorte)

Par|me|ni|des (griech. Philosoph um 500 v. Chr.)
Par|me|san[|kä|se]
Par|naß, der; *s. a.* Parnassos, Parnassus (Berg der Musen; *a. übertr.*)
par|nas|sisch
Par|nas|siens (*Pl.*) (frz. Dichtergruppe des 19. Jhdts.)
Par|nas|sos (*griech.*), Par|nassus (*lat.*) (Gebirge in Griechenland); *s. a.* Parnaß
par|ochi|al (die Parochie betreffend)
Par|ochi|al|kir|che (Pfarrkirche)
Par|ochie (Amtsbezirk eines Pfarrers)
Par|odie (übertreibende Nachahmung)
par|odie|ren
Par|odist
Par|odi|stik
par|odi|stisch
Par|odon|ti|tis, die (Zahnbettentzündung)
Par|odon|to|se, die (Zahnfleischschwund); *s. a.* Paradentose
Pa|ro|le, die (Kennwort; Grundsatz)
Pa|ro|li; ~ bieten (Widerstand)
Par|ömie (Denkspruch)
Par|ömio|lo|gie (Lehre von den Sprichwörtern)
Par|ono|ma|sie (Stilfigur mit verwandten Wörtern)
par|onym (*sprachwiss.* stammverwandt); das Paronym
Par|ony|mik
par|ony|misch
Par|ony|mon (stammverwandtes Wort); *Pl.* Paronyma, Paronyme
Pa|ros (griech. Insel)
Par|otis, die (Ohrspeicheldrüse)
Par|oti|tis, die (Entzündung der Ohrspeicheldrüse)
Par|oxys|mus (Anfall)
Par|oxy|to|non, das (Wort, das auf der vorletzten Silbe betont wird); *Pl.* Paroxytona
Par|se (Anhänger des Parsismus)
Par|sec (*kurz f.* Parallaxensekunde)
Par|si|fal (Opernfigur b. Wagner); *s. a.* Parzival
par|sisch
Par|sis|mus (Lehre des Zarathustra)
pars pro to|to (ein Teil [steht] für das Ganze); etwas pars pro toto sagen; das Pars pro toto *§ 15 (3)*
Part, der (Anteil, Rolle)
Par|tei; Partei des Demokratischen Sozialismus, *Abk.* PDS
Par|tei...[spende *usw.*]
par|tei|amt|lich
par|tei|in|tern
par|tei|isch
Par|tei|ka|der
par|tei|lich
par|tei|los
par|tei|po|li|tisch
Par|tei|ung
par|terre (ebenerdig); ~ wohnen
Par|ter|re, das (Erdgeschoß; Blumenbeet; ebene Sitzreihen)
Par|the|no|ge|ne|se (Jungfernzeugung)
par|the|no|ge|ne|tisch
Par|the|non, der (Athenetempel)
par|the|no|pe|isch; die Parthenopeische Republik (Staat auf dem Boden des Königreichs Neapel 1799) *§ 15 (7)*
Par|ther (Anhöriger e. antiken iran. Volks)
Par|thi|en (nordiran. Region)
par|thisch
Par|ti|al...[bruch *usw.*] (Teil...)
Par|tie
Par|tie..[bezug *usw.*]
par|ti|ell (teilweise; anteilig)
par|ti|en|wei|se
par|tie|wei|se
Par|ti|kel, die (Teilchen; unbeugbares Wort)
par|ti|ku|lar, par|ti|ku|lär (einen Teil betreffend)
Par|ti|ku|la|ris|mus
Par|ti|ku|la|rist
par|ti|ku|la|ri|stisch
Par|ti|ku|lier[er] (Schiffseigentümer und -führer)
Par|ti|men|to, das (Generalbaßstimme)
Par|ti|san, der (Kämpfer)
Par|ti|sa|ne, die (spießartige Stoßwaffe)
Par|ti|ta, die (*musik.* Suite)
Par|ti|te, die (Rechnungsposten)
Par|ti|ti|on (Einteilung)
par|ti|tiv (teilend)
Par|ti|tur (Noten eines vielstimmigen Musikstücks)
Par|ti|zip, das; *s. a.* Partizipium (infinite Form des Verbs)
Par|ti|zi|pa|ti|on (Teilnahme)
par|ti|zi|pi|al (*zu* Partizip)
par|ti|zi|pie|ren (teilnehmen)
Par|ti|zi|pi|um; *s. a.* Partizip
Part|ner
Part|ner...[stadt *usw.*]
par|tout (unbedingt)
Par|ty, die; *Pl.* Partys, Parties
Par|ty...[girl *usw.*]
Par|usie, die (Wiederkunft [Christi])
Par|ve|nü, Par|ve|nu, der (Emporkömmling)
par|ve|nü|haft; *a.* parvenuhaft
Par|ze (Schicksalsgöttin)
Par|zel|le, die (kleines Grundstück)
par|zel|lie|ren
Par|zi|val (Sagengestalt); *s. a.* Parsifal
Pas, der (*frz.* Tanzschritt)
Pas|cal, Blaise (frz. Philosoph u. Wissenschaftler 1623-1662); Pascalscher Satz, Pascalsches Dreieck, Gesetz *§ 15 (7)*
Pas|cal (Einheit des Drucks); *Abk.* Pa
PASCAL (Programmiersprache)
Pasch, der (gleiche Augenzahl auf mehreren Würfeln oder

Dominosteinen)
Pa|scha (*türk. Titel*; *a. übertr.* Haustyrann)
Pas|cha|lis (*Papstname*)
pa|schen (1. würfeln; 2. schmuggeln); du paschst
Pasch|tu (iran. Sprache); auf paschtu sprechen
Pasch|tu|ne (Angehöriger e. iran. Volks in Afghanistan)
Pas de Ca|lais (*frz.* Meerenge von Dover)
Pas de deux, der (Tanz zu zweit)
Pa|so do|ble, der (Tanz)
Pa|so|li|ni, Pier Paolo (ital. Schriftsteller u. Regisseur 1922-1975)
Pas|pel, die (Zierband)
pas|pe|lie|ren
pas|peln; du paspelst
Pas|quill, das (Schmähschrift)
Pas|quil|lant (Verfasser einer Schmähschrift)
Paß, der (1. Ausweis; 2. Gebirgsübergang; 3. Ballabgabe); *Pl.* Pässe; zupaß, zupasse kommen
Paß...[bild *usw.*. *zu* Paß]
Paß...[form *usw.*, *zu* passen]
pas|sa|bel (annehmbar); pas|sa|ble Noten
Pas|sa|ca|glia, die (Musikstück aus Variationen über ein ostinates Thema im Baß)
Pas|sa|ge, die
pas|sa|ger (vorübergehend)
Pas|sa|gier
Pas|sah (jüdisches Fest)
Pas|sah...[fest *usw.*]
Pas|sant (Fußgänger)
Pas|sat, der (Wind)
Pas|sau (Stadt)
pas|sé (vorbei)
Pas|se, die (angesetztes Schulterteil)
Pas|sei|er[|**tal**] (Alpental)
pas|sen; du paßt *§ 7 (1)*
Passe|par|tout, das/der (Kartonrahmen für ein Bild; Generalschlüssel)
paß|ge|recht
Pas|sier...[schein *usw.*]
pas|sie|ren (an etwas vorbeigelangen; durch ein Sieb streichen; sich ereignen, zustoßen)
pas|sim (hier und da)
Pas|si|on (Leidenschaft; Leidensgeschichte)
pas|si|o|na|to (*musik.* leidenschaftlich)
Pas|si|o|na|to, das
pas|si|o|niert (begeistert)
Pas|si|ons...[frucht *usw.*]
pas|siv (untätig)
Pas|siv, das (Leideform des Verbs)
Pas|siv...[handel *usw.*]
Pas|si|va (*Pl.*) (Schulden)
pas|si|vie|ren (Schulden machen)
pas|si|visch (im Passiv stehend)
Pas|si|vi|tät
Pas|siv|rau|chen, das
Pas|sus, der; *Pl.* Passus (Abschnitt)
Pa|sta, die (1. *ital.* Teigwaren, *Pl.* Paste; 2. Creme *u. ä.*; *s. a.* Paste)
Pa|sta asciut|ta, die (Nudelgericht)
Pa|ste, die; *s. a.* Pasta
Pa|stell, das (Zeichnung mit Pastellfarben)
Pa|stell...[farbe *usw.*]
pa|stell|far|ben
Pa|ster|nak, Boris (russ. Schriftsteller 1890-1960)
Pa|ste|te, die (gefülltes Gebäck; streichbare Masse)
Pa|steur, Louis (frz. Chemiker 1822-1895)
Pa|steu|ri|sa|ti|on (Entkeimung durch Erhitzen)
pa|steu|ri|sie|ren
Pa|stil|le, die (Kügelchen)
Pa|sti|nak, der (Gemüsepflanze); *s. a.* Pastinake
Pa|sti|na|ke, die; *s. a.* Pastinak
Pa|stor (Geistlicher); ~ primarius (Hauptpastor)
pa|sto|ral
Pa|sto|ral...[brief *usw.*]
Pa|sto|ra|le, das (1. Musik; 2. Bischofsstab)
Pa|sto|ra|le, die (*a.* 6. Symphonie v. Beethoven)
Pa|sto|rat, das (Pfarramt, Wohnung des Pastors)
Pa|sto|rel|le, die (kleines Hirtenlied)
pa|stos (dickflüssig)
pa|stös (aufgedunsen)
Pä|stum (antike Stadt); *a.* Paestum
Pa|ta|go|ni|en (Südspitze Südamerikas)
Pa|ta|go|ni|er
pa|ta|go|nisch
Pa|tau-Syn|drom (angeborene Mißbildung, Trisomie 13) *§ 13 (2)*
Patch|work, das (Flickwerk)
Pa|te, der/die (Taufzeuge)
Pa|tel|la, die (Kniescheibe)
Pa|tel|lar|re|flex (Kniesehnenreflex)
Pa|te|ne, die (Teller zur Darreichung der Hostie)
Pa|ten|schaft
pa|tent
Pa|tent, das (Urkunde [über Verwertungsrechte oder Berufsausübung])
Pa|tent...[amt *usw.*]
pa|tent|fä|hig
pa|ten|tie|ren
Pa|ter ([geistl.] Vater); *Pl.* Patres
Pa|ter|fa|mi|li|as, der (Familienvorstand)
Pa|ter|ni|tät (Vaterschaft)
Pa|ter|no|ster, das (Vaterunser)
Pa|ter|no|ster, der (umlaufender offener Aufzug)
Pa|ter|pec|ca|vi, das (Geständnis)
Pa|tha|ne (Angehöriger eines iran. Volks, Paschtune)
Pa|the|tik (übertriebene Feierlichkeit)
Pa|thé|tique (Name e. Sonate v. Beethoven)
pa|the|tisch (übertrieben feier-

lich)
pa|tho.../Pa|tho... (auf Krankheit bezogen)
pa|tho|gen (krankmachend)
Pa|tho|ge|ne|se (Entstehung einer Krankheit)
Pa|tho|ge|ni|tät (Fähigkeit, Krankheiten hervorzurufen)
Pa|tho|lo|ge
Pa|tho|lo|gie (Lehre von den Krankheiten)
pa|tho|lo|gisch
Pa|thos, das (erhabener Ausdruck)
Pa|ti|ence (Geduldsspiel mit Karten)
Pa|ti|ent
Pa|ti|en|ten...[kartei *usw.*]
Pa|tin
Pa|ti|na, die (Edelrost)
pa|ti|nie|ren
Pa|tio, der (Innenhof)
Pa|tis|se|rie (Feinbäckerei)
Pa|tis|sier (Konditor)
Pat|na (Stadt in Indien)
Pa|tois, das (frz. Mundart)
Pa|ton, Alan (südafrikan. Schriftsteller 1903-1988)
Pa|tri|arch (Erzvater; oberster Geistlicher)
pa|tri|ar|cha|lisch
Pa|tri|ar|chal|kir|che
Pa|tri|ar|chat, das/der (Gesellschaftsform mit Vorherrschaft d. Mannes bzw. d. männl. Erbfolge; Amtsbereich e. Patriarchen)
pa|tri|ar|chisch
pa|tri|mo|ni|al
Pa|tri|mo|ni|al|recht
Pa|tri|mo|ni|um (väterliches Erbteil; Kirchenstaat)
Pa|tri|ot
pa|tri|o|tisch (vaterlandsliebend)
Pa|tri|stik (Wissenschaft v. d. Schriften d. Kirchenväter)
Pa|tri|sti|ker
pa|tri|stisch
Pa|tri|ze, die (Prägestock)
Pa|tri|zi|at, das (Gesamtheit der Patrizier)
Pa|tri|zi|er (altröm. Adeliger; wohlhabender Bürger)
pa|tri|zisch
Pa|tro|lo|gie (Patristik)
Pa|tron (Schutzheiliger)
Pa|tro|na (Schutzheilige)
Pa|tro|na|ge, die (Günstlingswirtschaft)
Pa|tro|nat, das (Schirmherrschaft)
Pa|tro|ne (Munitionshülse; Filmbehälter)
Pa|tro|nen...[tasche *usw.*]
pa|tro|nie|ren
pa|tro|ni|sie|ren (bevormunden)
Pa|tro|ny|mi|kon (*griech.*), Pa-tro|ny|mi|kum (*lat.*) (Benennung nach den Vater)
Pa|trouil|le, die (Spähtrupp; Streife)
Pa|trouil|len...[boot *usw.*]
pa|trouil|lie|ren
Pa|tro|zi|ni|um (Schutz eines Heiligen; dessen Fest)
patsch!
Pat|sche; in der ~ sitzen
pat|schen; du patschst
pat|sche|naß; *s. a.* patschnaß
patsch|naß; *s. a.* patschenaß
Pat|schu|li, das (Duftstoff der Patschulipflanze)
Pat|schu|li|öl
patt (*Adjektiv*); ~ sein
Patt, das (unentschiedene Spielstellung)
Pat|te, die (Stoffklappe an Taschen)
Pat|tern, das (*engl.* Muster)
pat|zen; du patzt *§ 7 (1)*
Pat|zer
pat|zig
Pauk...[arzt *usw.*]
Pau|kant (Mensurfechter)
Pau|ke
pau|ken; du paukst
Pau|ken...[schlegel *usw.*]
Pau|ker (*a.* Lehrer)
Pau|ke|rei (intensives Lernen)
Pau|kist
Paul (*Name v. Herrschern u. Päpsten*); Hermann ~ (dt. Germanist 1846-1921); Jean ~ (J. P. Friedrich Richter, dt. Dichter 1763-1825); Wolfgang ~ (dt. Physiker 1913-1993); Paulsche Ionenfalle *§ 15 (7)*
Pau|li, Wolfgang (österr. Physiker 1900-1958)
Pau|ling, Linus (amerikan. Chemiker 1901-1994)
pau|li|nisch
Pau|li|nis|mus (Theologie des Apostels Paulus)
Pau|li|nus; ~ von Antiochia (Bischof † 388); ~ von Aquileja (Dichter vermutl. v. 750-802), ~ von Nola (Schriftsteller ~348-431); ~ von Trier (Bischof † 358-59)
Pau|li-Prin|zip (Lehre, wonach zwei Elementarteilchen nicht in allen Zustandsgrößen übereinstimmen können) *§ 13 (2)*
Pauls|kir|che (Kirche in Frankfurt)
Pau|lus (Apostel ~10- ~60/62)
Pau|pe|ris|mus (Verarmung)
Pau|sa|ni|as (1. griech. Feldherr 5. Jh. v. Chr.; 2. griech. Schriftsteller 2. Jh.)
Paus|back, der
Paus|backen (*Pl.*) [k|k]
paus|backig [k|k]
paus|bäckig [k|k]
Pausch...[betrag *usw.*]
pau|schal (alles zusammen gerechnet)
Pauschal...[preis *usw.*]
Pau|scha|le, die (Gesamtbetrag ohne Aufschlüsselung)
pau|scha|lie|ren
pau|scha|li|sie|ren (verallgemeinern)
Pau|sche, die (1. Polsterung; 2. Haltegriffe)
Pau|schen|pferd (Trainingsgerät)
Pau|se
pau|sen; du paust
Pau|sen...[brot *usw.*]
pau|sen|los

pau|sie|ren
Paus|pa|pier (transparentes Papier; Kohlepapier)
Pa|va|ne, die (Tanz)
Pa|va|rot|ti, Luciano (ital. Sänger *1935)
Pa|ve|se, Cesare (ital. Schriftsteller 1908-1950)
Pa|via (Provinz u. Stadt in Italien)
Pa|vi|an, der (Affenart)
Pa|vil|lon, der (Gartenhaus; kleiner Rundbau; Zelt)
Paw|low, Iwan (russ. Arzt 1849-1936)
paw|lowsch; der pawlowsche Reflex; die Pawlowschen Schriften (Schriften Pawlows)
Paw|lo|wa, Anna (russ. Tänzerin 1882-1931)
Pax, die (Friede); ~ romana
Pax vo|bis|cum! (*lat.* Friede sei mit euch!)
Pay|ing guest, der (*engl.* zahlender Gast)
Paz, Octavio (mexikan. Schriftsteller 1914-1984)
Pa|zi|fik, der (Pazifischer Ozean)
pa|zi|fisch
Pa|zi|fis|mus (grundsätzliche Verwerfung des Krieges)
Pa|zi|fist
pa|zi|fi|stisch
pa|zi|fi|zie|ren (befrieden)
Pb (*chem. Zeichen f.* Blei)
pc (*Abk. v.* Parsec) *§ 17 (2) Anm. 2*
PC (*Abk. v.* Personal Computer, Political correctness) *§ 17 (2) Anm. 1*
PCB (*Abk. v.* polychlorierte Biphenyle) *§ 17 (2) Anm. 1*
p. Chr. [n.] (*Abk. v.* post Christum [natum]) (nach Christi Geburt)
Pd (*chem. Zeichen f.* Palladium)
PDS (*Abk. v.* Partei des Demokratischen Sozialismus) *§ 17 (2) Anm. 1*
Pearl Har|bor (Hafenstadt auf Hawaii)
Pech; ~ haben
Pech...[blende *usw.*]
pech|fin|ster
Pech|nel|ke (Blume)
pech|ra|ben|schwarz
Pech|stein, Max (dt. Maler 1881-1955)
Peck, Gregory (amerikan. Schauspieler 1916-2003)
Pe|dal, das (Fußhebel, -kurbel)
Pe|dant, der (übertrieben gewissenhafter Mensch)
Pe|dan|te|rie
pe|dan|tisch
Ped|dig|rohr (Stengel aus der Rotangpalme)
Pe|dell (Hausmeister)
Pe|di|gree, der (Stammbaum von Tieren)
Pe|di|kü|re, die (Fußpflege; Fußpflegerin)
pe|di|kü|ren
Pe|di|ment, das (Sandablagerung am Fuß von Bergen)
Pe|do|graph (Wegmesser)
Pe|do|me|ter, das (Schrittzähler)
Peel, Robert (engl. Staatsmann 1788-1850)
Pee|ling, das (Hautschälung)
Pee|ne|mün|de (Stadt)
Peep-Show, die
Peer, der (engl. Adliger)
Peer-group, die (Gruppe Gleichaltriger)
Peer-re|view, die (Begutachtung durch Kollegen)
Pe|ga|sos (*griech.*), Pe|ga|sus (*lat.*) (Dichterroß; Sternbild)
Pe|gel, der (Wasserstandsmesser; Meßlatte)
Pe|gel...[stand *usw.*]
Peg|ma|tit, der (grobkörniges Gestein)
Peg|ne|si|scher Blu|men-or|den, Peg|nitz|schä|fer (Nürnberger Dichterkreis; eine liter. Gesellschaft)
Pé|guy, Charles (frz. Schriftsteller 1873-1914)
Peh|le|wi, das (iran. Sprache); auf pehlewi sprechen
Pei, Ieoh Ming (amerikan. Architekt *1917)
Pei|es (*Pl.*) (Schläfenlocken)
Peil...[frequenz *usw.*]
pei|len
Pein, die
pei|ni|gen
pein|lich
pein|sam
Peirce, Charles Sanders (amerikan. Philosoph 1839-1914)
Pei|si|stra|tos (athen. Herrscher ~546-528/527 v. Chr.)
Peit|sche
peit|schen; du peitschst
Peit|schen...[leuchte *usw.*]
pe|jo|ra|tiv (bedeutungsverschlechternd)
Pe|jo|ra|ti|vum, das
Pe|ka|nuß
Pe|ka|ri, das (Wildschwein)
Pe|ke|sche, die (poln. Jacke)
Pe|ki|ne|se, der (Hunderasse)
Pe|king (*ältere Umschrift*) (Hauptstadt der VR China); *s. a.* Beijing
Pe|king...[mensch *usw.*]
Pek|ten|mu|schel (Kammuschel)
Pek|tin, das (Geliermittel)
pek|to|ral (zur Brust gehörend)
Pek|to|ra|le, das (Brustkreuz)
pe|ku|ni|är (geldlich)
Pe|la|gi|al, das (freies Gewässer; die Lebewesen darin)
Pe|la|gi|a|ner
Pe|la|gi|a|nis|mus (theolog. Richtung des Christentums)
pe|la|gisch (in großen Gewässern lebend)
Pe|lar|go|nie (Geranienart)
Pe|las|ger (Angehöriger e. antiken Volks)
pe|las|gisch
Pelé (brasil. Fußballspieler *1940)
Pe|le|ri|ne, die (Cape)
Pe|leus (Sagengestalt)
Pe|li|as (Sagengestalt)
Pe|li|kan, der (Wasservogel)
Pel|la (antike Stadt)
Pell|agra, das (Krankheit)

Pel|le, die
pel|len (schälen); du pellst
Pel|let, das (Tablette)
pel|le|tie|ren (Pellets herstellen)
Pell|kar|tof|fel
Pe|lo|pon|nes, die/der (griech. Halbinsel)
pe|lo|pon|ne|sisch; der Peloponnesische Krieg
Pe|lops (Sagengestalt)
Pe|lo|ta, die (Ballspiel)
Pe|lo|ton, das (Unterabteilung, Erschießungskommando; Hauptfeld b. Straßenrennen)
Pe|lot|te, die (Polster, Schuheinlage)
Pel|sei|de (Seidenfäden aus minderwertigen Kokons)
Pel|tast, der (altgriech. leichtbewaffneter Soldat)
Pel|tier-Ef|fekt (elektr. Phänomen an Lötstellen)
Pelz
Pelz...[besatz *usw.*]
pelz|be|setzt
pel|zen; du pelzt *§ 7 (1)*
pelz|ge|füt|tert
pel|zig
pelz|ver|brämt
Pem|mi|kan, der (indian. Konserve aus Fleisch u. Fett)
Pem|phi|gus, der (Ausschlag)
Pe|nal|ty, der (*engl.* Strafstoß)
Pe|na|ten (*Pl.*) (altröm. Hausgötter)
PEN, P.E.N. (*Abk. v.* poets, essayists, novelists) *§ 17 (2) Anm. 1*
Pence (*Pl. v.* Penny)
PEN-Club *§ 13 (2)*; *s.* PEN
Pen|dant, das (Gegenstück)
Pen|del, das
Pen|del...[uhr *usw.*]
pen|deln; du pendelst
Pen|den|tif, das (Zwickel)
Pen|de|rec|ki, Krzysztof (poln. Komponist *1933)
Pend|ler
Pen|do|li|no (Zug mit Neigetechnik)
Pen|du|le, Pendüle, die (Pendeluhr)
Pe|ne|lo|pe (Sagengestalt)
pe|ne|trant (durchdringend; aufdringlich)
Pe|ne|tranz
Pe|ne|tra|ti|on
pe|ne|trie|ren
peng!
Pen|hol|der|griff (Schlägerhaltung b. Tischtennis)
pe|ni|bel; peni|ble Sorgfalt
Pe|ni|cil|lin (Antibiotikum); *a.* Penizillin
Pe|nis; *Pl.* Penes *oder* Penisse
Pe|ni|zil|lin; *a.* Penicillin
Penn, William (engl. Quäker 1644-1718)
Pen|nal, das (Federbüchse)
Pen|nä|ler (Schüler)
Penn|bru|der
Pen|ne (Schule)
pen|nen; du pennst (schlafen)
Pen|ner (Obdachloser)
Pen|ni (finn. Münze)
Penn|syl|va|nia, Penn|syl|va|ni|en (Bundesstaat der USA); *Abk.* Pa.
penn|syl|va|nisch
Pen|ny (engl. Münze); *Pl.* Pennies, Pence; *Abk.* p (*früher* d)
Pen|see, das (Blume)
pen|see|far|big
Pen|si|on, die (Ruhestand bei Beamten; Ruhestandsgeld bei Beamten; Unterkunft)
Pen|si|o|när
Pen|si|o|nat (Internat)
pen|si|o|nie|ren
Pen|si|o|nist
pen|si|ons|be|rech|tigt
Pen|sum (Aufgabe); *Pl.* Pensa, Pensen
Pen|ta|de, die (Zeitraum von fünf Tagen)
Pen|ta|eder, das (von fünf Flächen begrenzter Körper)
Pen|ta|gon, das (Fünfeck; *a.* Verteidigungsministerium der USA)
Pen|ta|gon|do|de|ka|eder, das (von zwölf regelmäßigen Fünfecken begrenzter Körper)
Pen|ta|gramm, das (Stern mit fünf Zacken)
Pent|ame|ron, das (Märchensammlung)
Pen|ta|me|ter, der (sechsfüßiger Vers)
Pen|tan, das (gesättigter Kohlenwasserstoff)
Pent|ar|chie (Herrschaft von fünf Mächten)
Pen|ta|teuch, der (die fünf Bücher Mose)
Pent|ath|lon, das (antiker Fünfkampf)
Pen|ta|to|nik (Fünftonmusik)
Pen|te|ko|ste, die (Pfingsten; Zeit zw. Ostern u. Pfingsten)
pen|te|lisch (vom griech. Berg Pentelikos stammend); pentelischer Marmor
Pen|te|re, die (antikes Kriegsschiff m. fünf Ruderreihen)
Pent|haus; *a.* Penthouse (*engl.*) (Wohnung auf dem Hochhausflachdach)
Pen|the|si|lea (Amazonenkönigin)
Pent|house (*engl.*); *a.* Penthaus
Pent|ode, die (Elektronenröhre mit fünf Elektroden)
Pe|nun|ze, die (Geld)
Pen|zoldt, Ernst (dt. Dichter 1892-1955)
Pep, der (Schwung)
Pe|pe|ro|ne, der (Paprikaschote); *Pl.* Peperoni
Pe|pi|ta, der/das (Gewebe)
Pe|pi|ta|kleid
Pe|plos, der (griech. Frauengewand)
Pep|sin, das (Enzym)
Pep|sin|wein
Pep|ton, das (Abbauprodukt der Verdauung)
Pep|ton|urie (Auftreten von Peptonen im Harn)
per (*Präposition*) (mittels; durch; bis; völlig)
Per, das (*kurz f.* Perchloräthylen)
Per|bo|rat, das (Bleichmittel)
Per|bor|säu|re

per cas|sa (gegen Barzahlung)
Perche-Akt (Stangenartistik)
Per|chlor|äthy|len, das (Lösungsmittel); *kurz* Per
Perch|ten (*Pl.*) (Geistergestalten)
per con|to (auf Rechnung)
Per|cus|sion (*engl.* (Schlagzeuggruppe); *s. a.* Perkussion
per de|fi|ni|ti|o|nem (laut Definition)
per|du (verloren)
Père-La|chaise (Pariser Friedhof)
Per|em[p]|ti|on (Verfall, Verjährung)
per|em[p]|to|risch (vernichtend; zwingend)
per|en|nie|rend ([jährlich] wiederkehrend)
Pe|res, Shimon (israel. Politiker *1923)
Pe|re|stroi|ka, die (sowjet. Reformpolitik)
per|fekt
Per|fekt, das (Verbform der vollendeten Gegenwart)
per|fek|ti|bel (vervollkommnungsfähig)
Per|fek|ti|bi|lis|mus (Lehre von der Vervollkommnung des Menschen)
Per|fek|ti|bi|li|tät
Per|fek|ti|on
per|fek|ti|o|nie|ren
Per|fek|ti|o|nis|mus
Per|fek|ti|o|nist
per|fek|ti|o|ni|stisch
per|fek|tiv
per|fek|ti|visch
per|fid, per|fi|de (hinterhältig)
Per|fi|die
Per|fi|di|tät
Per|fo|ra|ti|on (Durchlöcherung)
Per|fo|ra|tor
per|fo|rie|ren
Per|for|mance (*engl.* Durchführung, Leistung)
Per|for|manz (Performance; *a.* konkrete Sprachverwendung)
per|for|ma|tiv
per|for|ma|to|risch
per|ga|me|nisch (*zu* Pergamon)
Per|ga|ment, das (Tierhaut als Schreibstoff; Text darauf)
Per|ga|ment...[band *usw.*]
per|ga|men|ten (aus Pergament)
Per|ga|mon (antike Stadt in Kleinasien); *s. a.* Pergamos
Per|ga|mon|al|tar (Baudenkmal aus Pergamon)
Per|ga|mon|mu|se|um (Berliner Museum m. d. Pergamonaltar)
Per|ga|mos (antike Stadt in Kleinasien); *s. a.* Pergamon
Per|go|la, die (Laubengang)
per|hor|res|zie|ren (verabscheuen)
pe|ri.../Pe|ri... (*griech.* um)
Pe|ri|car|di|um (Herzbeutel); *a.* Perikardium; *s. a.* Perikard
Pe|ri|chon|dri|tis, die (Knorpelhautentzündung)
Pe|ri|chon|dri|um (Knorpelhaut)
Pe|ri|dot, der (Olivin)
Pe|ri|do|tit, der (aus Olivin bestehendes Gestein)
Pe|ri|ga|stri|tis (Entzündung der Bauchfelldecke)
Pe|ri|gä|um (Punkt größter Erdnähe)
Pe|ri|gon, Pe|ri|go|ni|um, das (Blütenform)
Pé|ri|gord, das (Landschaft in Frankreich)
Pe|ri|hel (Punkt größter Sonnennähe)
Pe|ri|kard, das (Herzbeutel); *s. a.* Pericardium, Perikardium
Pe|ri|kar|di|tis (Entzündung des Herzbeutels)
Pe|ri|kar|di|um, das (Herzbeutel); *a.* Pericardium; *s. a.* Perikard
Pe|ri|karp, das (mehrschichtige Fruchtwand)
pe|ri|kle|isch; die Perikleischen Reden (Reden des Perikles) *§ 15 (7)*
Pe|ri|kles (griech. Politiker nach 500-429 v. Chr.)
Pe|ri|ko|pe, die (Bibelabschnitt)
Pe|ri|me|ter, das (Gerät zum Bestimmen d. Gesichtsfeldes)
Pe|ri|me|ter, der (Umfang einer Figur)
pe|ri|me|trisch
pe|ri|na|tal (während der Geburt auftretend)
Pe|ri|ode (Zeitabschnitt, Umlaufzeit, Schwingungszeit; Menstruation)
Pe|ri|oden...[system *usw.*]
Pe|ri|odik (regelmäßige Wiederkehr)
Pe|ri|odi|kum (regelmäßig erscheinende Druckschrift)
pe|ri|odisch
pe|ri|odi|sie|ren
Pe|ri|odi|zi|tät
Pe|ri|odon|ti|tis (Wurzelhautentzündung der Zähne)
Pe|ri|öke (freier Einwohner Spartas)
Pe|ri|ost, das (Knochenhaut)
Pe|ri|osti|tis, die (Knochenhautentzündung)
Pe|ri|pa|te|ti|ker (Angehöriger des Peripatos)
pe|ri|pa|te|tisch
Pe|ri|pa|tos, der (athenische Säulenhalle; Schule des Aristoteles)
Pe|ri|pe|tie (Wendepunkt)
pe|ri|pher (randständig)
Pe|ri|phe|rie (Randgebiet; Umrißlinie)
pe|ri|phe|risch
Pe|ri|phra|se, die (Umschreibung)
pe|ri|phra|stisch
Pe|ri|pte|ros (Tempel)
Pe|ri|skop, das (drehbares Fernrohr [bei U-Booten])
Pe|ri|spo|me|non (Wort mit Akzent auf der gedehnten letzten Silbe)
Pe|ri|stal|tik (Bewegung von Hohlorganen)
Pe|ri|ste|ri|um
Pe|ri|styl, das (Innenhof des antiken Hauses)

Pe|ri|to|ne|um (Bauchfell)
Pe|ri|to|ni|tis, die (Bauchfellentzündung)
Per|kal, der (Gewebe)
Per|ka|lin, das (Bucheinbandstoff)
Per|kins, Anthony (amerikan. Schauspieler 1932-1992)
Per|ko|la|ti|on (Drogengewinnung durch Lösungsmittel)
Per|ko|la|tor
per|ko|lie|ren
Per|kus|si|on (Klopfuntersuchung); *s. a.* Percussion
per|kus|so|risch
per|ku|tan (durch die Haut hindurch)
Perl, die (Schriftgrad)
Perl...[huhn *usw.*]
Per|le
Per|len...[kette *usw.*]
per|len|be|setzt
perl|grau
Per|lit, der (Gestein)
Per|lit|guß
Perl|mutt, das (Perlmutter)
Perl|mut|ter, die/das (innerste Schalenschicht d. Perlmuschel)
perl|mut|ter|far|ben
perl|mut|tern (aus *oder* wie Perlmutter)
Per|lon, das (Kunstfaser)
Per|lu|stra|ti|on (genaue Untersuchung)
perl|weiß
Perm[1], das (geolog. Formation)
Perm[2] (Stadt in Rußland)
per|ma|nent (ständig)
Per|ma|nent...[frost *usw.*]
Per|ma|nenz (permanente Beschaffenheit)
Per|man|ga|nat, das (Salz der Permangansäure)
per|me|a|bel; permea|ble Membran (durchlässig)
Per|me|a|bi|li|tät (Durchlässigkeit)
per mil|le (pro tausend)
per|misch (*zu* Perm[1])
per|mis|siv (nachgiebig)
Per|mis|si|vi|tät (Freizügigkeit)
Per|mu|ta|ti|on (Vertauschung)
per|mu|tie|ren
Per|nam|buk|holz (Tropenholzart)
Per|nio, der (Frostbeule); *Pl.* Per|ni|o|nen, Per|ni|o|nes
Per|ni|o|sis, die
per|ni|zi|ös (bösartig)
Pe|rón, Juan (argent. Politiker 1895-1974)
Pe|ro|nis|mus (politisch Bewegung in Argentinien)
Pe|ro|nist
pe|ro|ni|stisch
per|oral (durch den Mund)
Per|oxid (*chem.*), Per|oxyd, das (Sauerstoffverbindung)
per pe|des [apo|sto|lo|rum] (zu Fuß)
Per|pen|di|kel, der/das (Uhrpendel)
per|pen|di|ku|lar, per|pen|di|ku|lär (senkrecht)
per|pe|tu|ie|ren (fortführen, -bestehen)
Per|pe|tu|um mo|bi|le, das (Maschine, ohne Energiezufuhr arbeitet; Musikstück)
per|plex (verblüfft)
per pro|cu|ra (bevollmächtigt)
Per|rault, Charles (frz. Schriftsteller 1628-1703)
Per|ron, der (Bahnsteig)
per sal|do (durch Ausgleich)
per se (von selbst)
Per|se|i|den (*Pl.*) (Sternschnuppenschwarm)
Per|sen|ning, die (Segeltuch)
Per|se|pho|ne (*griech.*) (Sagengestalt); *s. a.* Proserpina (*lat.*)
Per|ser (*a. kurz f.* Perserteppich)
Per|ser...[teppich *usw.*]
Per|seus (Sagengestalt; Sternbild)
Per|se|ve|ranz (Beharrlichkeit)
Per|se|ve|ra|ti|on (beharrliche Wiederkehr)
per|se|ve|rie|ren
Per|shing, die (Raketentyp)
Per|si|a|ner (Pelz[mantel])
Per|si|a|ner...[mantel *usw.*]
Per|si|en (heute Iran)
Per|si|fla|ge, die (parodierende Verspottung)
per|si|flie|ren
Per|si|ko, der (Likör)
Per|sil|schein (Entlastungszeugnis)
Per|si|mo|ne, die (Frucht)
Per|si|pan, das (Marzipanersatz)
per|sisch; auf ~; der Persische Golf *§ 15 (7)*
Per|sisch, das; auf persisch sprechen
Per|si|sche, das
per|si|stent (anhaltend)
Per|si|stenz
Per|son
Per|so|na; ~ ingrata, non grata (unerwünschte Person)
per|so|nal
Per|so|nal...[ausweis *usw.*]
Per|so|nal|com|pu|ter, Personal Computer; *Abk.* PC
Per|so|na|lie (Angabe zur Person); *Pl.* Per|so|na|li|en
per|so|na|li|sie|ren
Per|so|na|li|tät (Persönlichkeit)
per|so|na|li|ter (*adv.* persönlich)
Per|so|na|li|ty-Show (Show um eine Person herum)
per|so|nell
Per|so|nen...[aufzug *usw.*]
per|so|nen|ge|bun|den
Per|so|ni|fi|ka|ti|on
per|so|ni|fi|zie|ren
per|sön|lich
Per|sön|lich|keits...[wahl *usw.*]
Per|spek|tiv, das (Fernrohr)
Per|spek|ti|ve (Blickwinkel; Zukunftsaussicht)
per|spek|ti|visch
Per|spi|ra|ti|on (Hautatmung)
per|spi|ra|to|risch
Per|su|a|si|on (Überredung)
per|su|a|siv
Perth (Stadt in Australien)
Pe|ru (Staat in Südamerika)
Pe|ru|a|ner
pe|ru|a|nisch
Pe|ru|bal|sam, der (Heil- u.

Duftstoff)
Pe|rü|cke, die [k|k]
Pe|ru|gia (Stadt in Italien)
Pe|rutz, Leo (österr. Schriftsteller 1882-1957); Max Ferdinand ~ (engl. Chemiker 1914-2002)
per|vers ([sexuell] abartig)
Per|ver|si|on
Per|ver|si|tät
per|ver|tie|ren (in das Gegenteil verkehren)
per|zep|ti|bel (wahrnehmbar); perzepti|ble Dinge
Per|zep|ti|bi|li|tät (1. Wahrnehmbarkeit; 2. Wahrnehmungsfähigkeit)
Per|zep|ti|on (1. Reiz; 2. sinnliche Wahrnehmung)
per|zep|tiv (die Wahrnehmung betreffend)
per|zep|to|risch
Per|zi|pi|ent (Empfänger)
per|zi|pie|ren
Pe|sa|de, die (Reitfigur)
pe|san|te (*musik.* wuchtig)
Pe|sel, der (fries. Bauernstube)
pe|sen; du pest *§ 7 (1)*
Pe|se|ta, Pe|se|te, die (ehemals spanische Währung); *Pl.* Peseten
Pe|sha|war (Stadt in Pakistan)
Pe|so, der (Währung)
Pes|sar, das (Verhütungsmittel)
Pes|si|mis|mus (Schwarzseherei)
Pes|si|mist
pes|si|mi|stisch
Pes|si|mum, das (das Schlechteste); *Pl.* Pessima
Pest (Krankheit)
Pest...[beule *usw.*]
Pe|sta|loz|zi, Johann Heinrich (schweiz. Pädagoge 1746-1827)
Pe|sti|lenz (ansteckende Krankheit)
pe|sti|len|zi|a|lisch
Pe|sti|zid, das (Mittel zur Schädlingsbekämpfung)
Pest|wurz, die (Pflanze)
Pé|tain, Philippe (frz. Marschall 1856-1951)
Pe|tar|de, die (Sprengbüchse)
Pe|tent (Bittsteller)
Pe|ter (*Name russ. Zaren*)
Pe|ter|männ|chen (Fisch)
Pe|ter-Paul-Kir|che *§ 13 (2)*
Pe|ters, Carl (dt. Politiker 1856-1918)
Pe|ters|fisch (Fischfamilie)
Pe|ter|si|lie, die
Pe|ter|si|li|en...[wurzel *usw.*]
Pe|ters|kir|che
Pe|ters|pfen|nig (Abgabe für den Papst)
Pe|ter-und-Paul-Kir|che *§ 13 (2)*
Pe|ter-und-Pauls-Tag *§ 13 (2)*
Pe|ter|wa|gen (Polizeiauto)
Pe|tit, die (Schriftgrad); einen Text petit setzen; in Petit
Pe|ti|tes|se (Geringfügigkeit)
Pe|ti|ti|on (Bittschrift)
Pe|ti|ti|ons...[recht *usw.*]
Petit point, das (Stickerei)
Pe|tits fours (*Pl.*) (Gebäck)
Pe|tö|fi, Sándor (ungar. Dichter 1823-1849)
Pe|tra (Runinenstadt in Jordanien)
PETRA (*Abk. f.* Deutsches Elektronen-Synchrotron) *§ 17 (2) Anm. 1*
Pe|trar|ca, Francesco (ital. Dichter 1304-1374)
Pe|trar|kis|mus (Stilrichtung)
Pe|tre|fakt, das (Versteinerung)
Pe|tri|fi|ka|ti|on (das Versteinern)
pe|tri|fi|zie|ren
Pe|tri Heil! (*Anglergruß*)
Pe|tri|jün|ger (Angler)
pe|tri|nisch; Petrinische Briefe (Briefe des Petrus) *§ 15 (7)*
Pe|tro|che|mie (1. Lehre von der Gesteinszusammensetzung; 2. Gewinnung von Stoffen aus Erdöl u. Erdgas)
pe|tro|che|misch (*a.* petrolchemisch)
Pe|tro|dol|lar (US-Dollar im Besitz der erdölfördernden Länder)
Pe|tro|graphie (Gesteinskunde)
pe|tro|gra|phisch
Pe|trol, das (Petroleum)
Pe|trol|che|mie; *s. a.* Petrochemie
pe|trol|che|misch
Pe|tro|le|um (Destillationsprodukt des Erdöls)
Pe|tro|le|um...[kocher *usw.*]
Pe|tro|lo|ge
Pe|tro|lo|gie (Gesteinskunde)
Pe|trus (Apostel † 64); ~ Lombardus (ital. Theologe ~1095-1160)
Pet|schaft, das (Siegel)
pet|schiert (ruiniert)
Pet|ten|ko|fer, Max von (dt. Hygieniker 1818-1901)
Pet|ti|coat, der (steifer Unterrock)
Pet|ting, das (sexueller Kontakt ohne Geschlechtsverkehr)
pet|to; in ~ haben (bereithalten)
Pe|tu|nie (Zierpflanze)
Petz (Bär); Meister ~
Pet|ze, die (*zu* petzen)
pet|zen; du petzt *§ 7 (1)*
peu à peu (*frz.* nach u. nach)
Peu|tin|ger, Konrad (dt. Humanist 1465-1547); Peutingersche Tafel *§ 15 (7)*
Pey|mann, Claus (dt. Regisseur *1937)
Pe|yotl, der (Rauschmittel aus einer Kaktusart)
pF (*Abk. v.* Pikofarad) *§ 17 (2) Anm. 2*
Pf (*Abk. v.* Pfennig) *§ 17 (2) Anm. 2*
Pfad
Pfad|fin|der
Pfaf|fe
Pfaf|fen|hüt|chen (*a.* Pflanze)
pfäf|fisch
Pfahl
Pfahl...[bürger *usw.*]
pfäh|len
Pfalz[1], die (Residenz d. Kaisers, Königs im Mittelalter)
Pfalz[2], die (Landschaft in Rheinland-Pfalz)

Pfäl|zer
Pfalz|graf
pfalz|gräf|lich
pfäl|zisch
Pfand, das
Pfand...[flasche *usw.*]
pfänd|bar
pfän|den
Pfän|der|spiel
pfand|wei|se
Pfänn|chen
Pfan|ne
Pfan|nen...[stiel *usw.*]
Pfarr...[amt *usw.*]
Pfar|re, die
Pfar|rei
Pfar|rer
Pfar|rers...[tochter *usw.*]
Pfau, der
Pfau|en|au|ge (Schmetterling)
Pfd. (*Abk. v.* Pfund)
Pfef|fer
Pfef|fer...[korn *usw.*]
Pfef|fer|fres|ser (Vogel)
pfef|fe|rig; *s. a.* pfeffrig
Pfef|fer|minz...[bonbon *usw.*]
Pfef|fer|min|ze, die
Pfef|fer|mu|schel
pfef|fern; du pfefferst
Pfef|fer-und-Salz-Mu|ster *§ 13 (4)*
pfeff|rig; *s. a.* pfefferig
Pfei|fe (1. Blasinstrument; 2. Tabakspfeife)
pfei|fen; du pfeifst, pfiffst, pfiffest; gepfiffen
Pfei|fen...[tabak *usw.*]
Pfeif|fer, Michelle (amerikan. Schauspielerin *1958)
Pfeil
Pfeil...[gift *usw.*]
Pfei|ler
pfeil|ge|ra|de
pfeil|ge|schwind
Pfeil|hecht (Fisch)
Pfeil|kraut (Pflanze)
pfeil|schnell
Pfeil|wurz, die (Pflanzenfamilie)
Pfen|nig; *Abk.* Pf.
Pfen|nig...[absatz *usw.*]
Pfen|nig|fuch|ser (Geiziger)
pfen|nig|groß
pfen|nig|wei|se
Pferch, der
pfer|chen; du pferchst
Pferd
Pfer|de...[striegel *usw.*]
Pfet|te, die (Dachbalken)
Pfet|ten|dach
Pfiff, der
Pfif|fer|ling (Speisepilz)
pfif|fig
Pfif|fi|kus
Pfingst...[fest *usw.*]
Pfing|sten; zu ~
Pfingst|ler (Anhänger der Pfingstbewegung)
pfingst|lich
Pfinz|gau (Landschaft am Oberrhein)
Pfir|sich, der
Pfir|sich...[blüte *usw.*]
pfir|sich|far|ben
Pfitz|ner, Hans (dt. Komponist 1869-1949)
Pflänz|chen
Pflan|ze
pflan|zen; du pflanzt *§ 7 (1)*
pflan|zen|schä|di|gend; *aber* die Pflanzen schädigend *§ 11 (4), (6)*
Pflan|zer
pflanz|lich
Pflänz|ling
Pfla|ster, das (Straßendecke; Wundabdeckungsstreifen)
Pfla|ster...[stein *usw.*]
Pflä|ster|chen
Pfla|ster|er
pfla|stern
Pflatsch, der
Pfläum|chen
Pflau|me
pflau|men (scherzen)
Pflau|men...[baum *usw.*]
pflau|men|weich
Pfläum|lein
Pfle|ge, die
Pfle|ge...[kind *usw.*]
pfle|ge|arm
pfle|ge|be|dürf|tig
pfle|ge|leicht
pfle|gen; du pflegst
Pfle|ger
pfle|ge|risch
pfleg|lich
Pfleg|ling
pfleg|sam
Pfleg|schaft
Pflicht
Pflicht...[eifer *usw.*]
pflicht|be|wußt
pflicht|eif|rig
pflicht|ge|mäß
pflicht|schul|dig; pflichtschuldigst
pflicht|treu
pflicht|ver|ges|sen
pflicht|ver|si|chert
pflicht|wid|rig
Pflock, der
pflocken [k|k]
pflöcken [k|k]
Pflück...[salat *usw.*]
Pflücke, die [k|k]
pflücken [k|k]
Pflug (Ackergerät)
Pflug...[schar *usw.*]
pflü|gen
Pfort|ader (Hauptvene)
Pfört|chen
Pfor|te
Pfört|ner (*a.* Magenausgangsmuskel)
Pfört|ner...[loge *usw.*]
Pforz|heim (Stadt)
Pfo|sten, der
Pföt|chen
Pfo|te
Pfriem, der (Werkzeug)
Pfrie|men|gras
Pfril|le, die (Fisch)
Pfropf, der
Pfropf...[reis *usw.*]
pfrop|fen; du pfropfst
Pfrop|fen, der
Pfröpf|ling
Pfrün|de, die (Kirchenamt mit Einkünften; *a. übertr.*)
Pfründ|ner
Pfuhl, der (Wasserloch)
Pfühl, der (Bett, Kissen)
pfui!
Pfui|ruf, der
Pfund; *Abk.* Pfd.

pfun|dig
Pfund|no|te
Pfunds...[kerl *usw.*]
pfund|wei|se
Pfusch, der
pfu|schen; du pfuschst
Pfu|scher
Pfu|sche|rei
Pfütz|chen
Pfüt|ze
PGiroA (*Abk. v.* Postgiroamt)
PH (*Abk. v.* pädagogische Hochschule) *§ 17 (2) Anm. 1*
Phä|ake (Angehöriger eines griech. Inselvolkes)
Phä|dra (Sagengestalt)
Pha|e|thon (Sagengestalt)
Pha|ge, der (Bakteriophage)
Pha|go|zyt, der (Freßzelle)
Pha|lanx, die (1. Schlachtreihe; 2. Fingerglied); *Pl.* Phalangen
phal|lisch (*zu* Phallus)
Phal|los (*griech.*), der (Penis), *Pl.* Phalloi; Phal|lus (*lat.*), *Pl.* Phalli, Phallusse
Phal|lus...[kult *usw.*]; *vgl.* Phallos
pha|ne|ro|gam
Pha|ne|ro|ga|me, die (Blütenpflanze)
Phä|no|men, das (Erscheinung)
phä|no|me|nal
Phä|no|me|no|lo|gie (Lehre von d. Erscheinung)
phä|no|me|no|lo|gisch
Phä|no|typ, der (Erscheinungsbild); *s. a.* Phänotypus
phä|no|ty|pisch
Phä|no|ty|pus; *s. a.* Phänotyp
Phan|ta|sie (Vorstellung); *a.* Fantasie
phan|ta|sie|ren; *a.* fantasieren
Phan|tas|ma (Sinnestäuschung)
Phan|tas|ma|go|rie (Trugbild)
phan|tas|ma|go|risch
Phan|tast
Phan|ta|ste|rei (Hirngespinst)
Phan|ta|stik
phan|ta|stisch; *a.* fantastisch
Phan|tom, das (Trugbild)
Phan|tom...[bild *usw.*]
Pha|rao, das (Kartenspiel)
Pha|rao, der (ägypt. Herrscher)
Pha|rao|amei|se (Insekt)
Pha|ra|o|nen...[grab *usw.*]
pha|ra|o|nisch
Pha|ri|sä|er (1. Mitglied e. altjüd. Religionspartei; 2. selbstgerechter Mensch, Heuchler)
pha|ri|sä|isch
Phar|ma...[industrie *usw.*]
Phar|ma|kant (Facharbeiter der Medikamentenherstellung)
Phar|ma|ko|lo|ge
Phar|ma|ko|lo|gie (Arzneiforschung)
phar|ma|ko|lo|gisch
Phar|ma|kon (Arzneimittel)
Phar|ma|zeut (Apotheker)
Phar|ma|zeu|tik
Phar|ma|zeu|ti|kum (Arznei)
phar|ma|zeu|tisch
phar|ma|zeu|tisch-tech|nisch *§ 13 (5)*; pharmazeutisch-technische Assistentin, *Abk.* PTA
Phar|ma|zie (Lehre von der Zubereitung der Arzneien)
Pha|ros (ägypt. Insel); Leuchtturm von ~ (eines der Sieben Weltwunder der Antike)
Phar|sa|los (antike Stadt in Griechenland)
pha|ryn|gal (im Rachen gebildet)
Pha|ryn|gal[|laut], der (Rachenlaut)
Pha|ryn|gi|tis, die (Rachenentzündung)
Pha|ryn|go|skop, das (Kehlkopfspiegel)
Pha|ryn|go|sko|pie
Pha|rynx, der (Rachen); *Pl.* Pharyngen
Pha|se, die (Entwicklungsstufe; Beleuchtungszeitraum eines Himmelskörpers; Zustand eines schwingenden Systems)
Pha|ze|lie (Pflanze)
Phen|ace|tin, das (schmerzhemmendes Medikament)
Phe|nol, das (organische Verbindung, Karbol)
Phe|nyl|grup|pe (einwertiges aromatisches Radikal)
Phe|ro|mon, das (Duftstoff)
Phi, das (der griech. Buchstabe ϕ, Φ)
Phi|a|le, die (flache Schale)
Phi|di|as (griech. Bildhauer *~490 v. Chr.)
Phil|adel|phia (Stadt in den USA)
Phil|an|throp, der (Menschenfreund)
Phil|an|thro|pie
Phil|an|thro|pi|nis|mus (Reformpädagogik [n. Basedow])
phil|an|thro|pisch
Phil|an|thro|pis|mus (*vgl.* Philanthropinismus)
Phil|ate|lie (Briefmarkenkunde)
Phil|ate|list (Briefmarkensammler)
phil|ate|li|stisch
Phil|har|mo|nie (Name von musikalischen Vereinen, Orchestern usw.)
Phil|har|mo|ni|ker
phil|har|mo|nisch
Phil|hel|le|nis|mus (Griechenverehrung)
Phi|lipe, Gérard (frz. Schauspieler 1922-1959)
Phil|ipp (*Name v. Herrschern*); ~ der Kühne (1342-1404), ~ der Schöne (1268-1314), ~ der Großmütige (1504-1567)
Phil|ip|per|brief (Brief des Apostels Paulus an die Gemeinde v. Philippi im NT)
Phil|ip|pi (antike Stadt)
Phil|ip|pi|ka, die (Mahnrede)
Phil|ip|pi|nen (*Pl.*) (Inselstaat)
Phil|ip|pi|ner; *s. a.* Filipino
phil|ip|pi|nisch
phil|ip|pisch; die Philippischen Reden [des Demosthenes] *§ 15 (7)*
Phil|ip|pus (Apostel)
Phi|li|ster (Volk im alten Palästina des AT; Spießbürger; Nichtstudent [aus burschen-

schaftl. Sicht])
Phi|li|ste|rei
Phi|li|ste|ri|um (Berufsleben [aus burschenschaftl. Sicht])
Phi|li|ster|tum
phi|li|strös (philisterhaft)
Phil|lu|me|nie (Sammeln von Streichholzschachteln)
Phil|lu|me|nist
phi|lo.../Phi|lo..., *vor Vokal* phil.../Phil... (*griech.* liebend)
Phi|lo|den|dron, der (Rankpflanze)
Phi|lo|ktet (Sagengestalt)
Phi|lo|lo|ge
Phi|lo|lo|gie (Sprach- u. Literaturwissenschaft)
phi|lo|lo|gisch
Phi|lo|me|la (Sagengestalt)
Phi|lon [von Alexandria] (jüd. Philosoph ~20 v. Chr. ~ ~50 n.Chr.)
Phi|lo|se|mit (Judenfreund)
phi|lo|se|mi|tisch
Phi|lo|se|mi|tis|mus
Phi|lo|soph
Phi|lo|so|pha|ster (oberflächlicher Philosoph)
Phi|lo|so|phem, das (philosophische These)
Phi|lo|so|phie (Weisheitslehre)
phi|lo|so|phie|ren
Phi|lo|so|phi|kum (philosoph. Teilprüfung für Lehramts- u. Priesterkandidaten)
phi|lo|so|phisch
Phi|mo|se, die (Vorhautverengung)
Phi|o|le, die (längliche Glasflasche)
Phle|bi|tis, die (Venenentzündung)
Phleg|ma, das (Trägheit)
Phleg|ma|ti|ker
phleg|ma|tisch
Phleg|mo|ne, die (Zellgewebsentzündung)
Phlox, der/die (Pflanze)
Phlo|xin, das (Farbstoff)
Phnom Penh (Hauptstadt v. Kambodscha)
Phö|be (Göttin)
Pho|bie (Furcht vor etwas)
Phö|bus (*lat.*), Phoi|bos (*griech.*) (*Beiname Apollos*)
Phon, das (1. Einheit der Lautstärke; 2. *sprachwiss.* Laut)
Pho|nem (kleinste bedeutungsunterscheidende Einheit der Lautsprache)
Pho|ne|ma|tik (Oberbegriff für Phonologie u. Phonetik)
pho|ne|ma|tisch
pho|ne|misch
Pho|ne|tik (Lehre von der Lauterzeugung u. -wahrnehmung)
Pho|ne|ti|ker
pho|ne|tisch
Phon|ia|ter (Facharzt auf dem Gebiet der Phoniatrie)
Phon|ia|trie (Lehre v. d. Hör-, Stimm- u. Sprechkrankheiten)
Phö|ni|ker (Angehöriger e. antiken Volks am östl. Mittelmeer); *s. a.* Phönizier
pho|nisch (die Stimme betreffend)
Phö|nix (sagenhafter Vogel, der aus seiner Asche wiederaufersteht)
Phö|ni|zi|en
Phö|ni|zi|er (Angehöriger e. antiken Volks am östl. Mittelmeer); *s. a.* Phöniker
phö|ni|zisch
Pho|no|dik|tat (Tonbanddiktat)
Pho|no|gramm (Tonaufzeichnung)
Pho|no|graph, der
Pho|no|gra|phie
pho|no|gra|phisch
Pho|no|kof|fer
Pho|no|lith, der (klingendes Mineral)
Pho|no|lo|gie (Lehre von den Lauten)
pho|no|lo|gisch
Pho|no|me|ter, das (Gerät zur Messung der Hörschärfe)
Pho|no|me|trie (Messung akustischer Reize)
Pho|no|thek (Tonarchiv)
Pho|no|ty|pi|stin
phon|stark
Phon|zahl
Phos|gen, das (Giftgas)
Phos|phat, das (Salz der Phosphorsäure)
phos|phat|hal|tig
Phos|phin, das (giftige Phosphor-Wasserstoffverbindung)
Phos|phit, das (Salz der phosphorigen Säure)
Phos|phor, der; *chem. Zeichen* P
Phos|pho|res|zenz (Leuchtfähigkeit nach Bestrahlung)
phos|pho|res|zie|ren
phos|pho|rig
Phos|pho|ris|mus (Phosphorvergiftung)
Phos|pho|rit, der (Mineral)
Pho|to, das; *a.* Foto
Pho|to...[album *usw.*]; *a.* Foto...
pho|to|che|misch; *a.* foto...
pho|to|gen (gut photographierbar); *a.* foto...
Pho|to|gramm (Meßbild); *a.* Foto...
Pho|to|gram|me|trie (Bildmessung); *a.* Foto...
pho|to|gram|me|trisch; *a.* foto...
Pho|to|graph; *a.* Foto...
Pho|to|gra|vü|re (Tiefdruckverfahren); *a.* Foto...
pho|to|me|cha|nisch; *a.* foto...
Pho|to|me|ter, das (Gerät, das Lichtstärken vergleicht); *a.* Foto...
Pho|to|me|trie; *a.* Foto...
pho|to|me|trisch; *a.* foto...
Pho|to|mon|ta|ge, die; *a.* Foto...
Pho|ton, das (Lichtteilchen)
pho|to|tak|tisch (s. nach dem Licht ausrichtend); *a.* foto...
Pho|to|thek (Sammlung von Fotografien); *a.* Foto...
pho|to|trop; *a.* foto...
pho|to|tro|pisch; *a.* foto...
Pho|to|tro|pis|mus (durch Licht ausgelöster Tropismus); *a.* Foto...
Pho|to|vol|ta|ik (Gewinnung

von elektrischer Energie aus Licht); *a.* Foto...
Phra|se, die (Wortgruppe; abgegriffene Redensart; Melodiestück)
Phra|sen...[drescher *usw.*]
phra|sen|haft
Phra|seo|lo|gie (Lehre oder Sammlung v. Redensarten)
phra|seo|lo|gisch
phra|sie|ren (in sinnvolle Abschnitte einteilen)
Phre|ne|sie (seelische Störung)
phre|ne|tisch (wahnsinnig); *s. aber* frenetisch
Phre|ni|tis (Zwerchfellentzündung)
Phry|gi|en (antikes Reich in Kleinasien)
Phry|gi|er
phry|gisch
Phthi|sis, die (Schwindsucht)
phthi|tisch (schwindsüchtig)
Phthi|ti|ker
pH-Wert *§ 13 (2)* (Maß für den Säure- od. Basengehalt)
Phy|ko|lo|gie (Algenkunde)
Phy|le, die (Sippe)
phy|le|tisch (die Stammesgeschichte betreffend)
Phyl|lit, der (Schieferart)
Phyl|lo|kak|tus (Blattkaktus)
Phyl|lo|xe|ra, die (Reblaus)
Phy|lo|ge|ne|se, die (Stammesgeschichte)
phy|lo|ge|ne|tisch
Phy|lum, das (Stamm)
Phy|sa|lis, die (Ananaskirsche)
Phys|ia|ter (Naturheilkundiger)
Phys|ia|trie (Naturheilkunde)
Phy|sik
phy|si|ka|lisch
Phy|si|ker
Phy|si|ko|che|mie (physikalische Chemie)
phy|si|ko|che|misch
Phy|si|kum (medizinische Vorprüfung nach dem 4. Semester)
Phy|si|kus (Arzt)
Phy|sio|gnom
Phy|sio|gno|mie (äußere Erscheinung [d. Gesichts])
Phy|sio|gno|mik (Deutung der Gesichtszüge als Ausdruck des Charakters)
Phy|sio|gno|mi|ker (Physiognom)
phy|sio|gno|misch
Phy|sio|krat
phy|sio|kra|tisch
Phy|sio|kra|tis|mus (Richtung der Wirtschaftsphilosophie)
Phy|sio|lo|ge
Phy|sio|lo|gie (Lehre von den Vorgängen im Körper)
phy|sio|lo|gisch
Phy|sio|the|ra|peut (Therapeut für Krankengymnastik)
phy|sio|the|ra|peu|tisch
Phy|sio|the|ra|pie (physikalische Therapie)
Phy|sis, die (Beschaffenheit des Körpers)
phy|sisch
phy|to|gen (aus Pflanzen entstanden)
Phy|to|geo|gra|phie (Geobotanik)
Phy|to|me|di|zin (Pflanzenmedizin)
Phy|to|pa|tho|lo|gie (Lehre von den Pflanzenkrankheiten)
phy|to|pa|tho|lo|gisch
phy|to|phag (pflanzenfressend)
Phy|to|pha|ge, der (Pflanzenfresser)
Phy|to|phar|ma|zie (Pharmazie auf Pflanzenbasis)
Phy|to|plank|ton, das (pflanzliches Plankton)
Phy|to|the|ra|pie (Pflanzenheilkunde)
Pi, das (der griech. Buchstabe π, Π; *Zeichen f.* die Zahl Pi [π])
Piaf, Édith (frz. Sängerin 1915-1963)
Pi|af|fe, die (Reitfigur)
pi|af|fie|ren (*zu* Piaffe)
Pi|a|ni|no, das (Kleinklavier)
pi|a|nis|si|mo (*musik.* sehr leise)
Pi|a|nis|si|mo, das
Pi|a|nist (Klavierspieler)
pi|a|ni|stisch
pi|a|no (*musik.* leise)
Pi|a|no, das (*kurz f.* Pianoforte)
Pi|a|no|for|te (Klavier)
Pi|a|no|la, das (automatisches Klavier)
Pi|a|rist (Mitglied des Piaristenordens)
Pi|as|sa|va, die (Palmfaser)
Pi|ast (Angehöriger einer polnischen u. schlesischen Adelsfamilie); *Pl.* Piasten
Pi|a|ster, der (Währung)
Pi|az|za, die (*ital.* Platz)
Pi|az|zet|ta, die (kleiner Platz)
Pi|az|zet|ta, Giovanni Battista (ital. Maler 1682-1754)
Pi|ca, die (Schriftgröße)
Pi|car|de; *a.* Pikarde
Pi|car|die (Region in Frankreich); *a.* Pikardie
pi|car|disch; *a.* pikardisch
Pi|cas|so, Pablo (span. Maler 1881-1973)
Pic|card, Auguste (1884-1962) u. Jacques (*1922) (schweiz. Forscher)
Pic|co|li, Michel (frz. Schauspieler *1925)
Pic|co|lo|flö|te; *a.* Pikkolo... (kleine Querflöte)
Pic|co|lo|mi|ni, Enea Silvio (1458-1464) u. Ottavio (1599-1656) (ital. Adlige)
pi|cheln; du pichelst ([Alkoholisches] trinken)
Pi|chel|stei|ner [Topf] (Eintopfgericht)
pi|chen; du pichst; [aus]gepicht
Pich|ler (*zu* picheln]
Pick, der (Groll); *s. a.* Pik 2.
Picke, die (Spitzhacke) [k|k]; *s. a.* Pickel 1.
Pickel, der (1. Spitzhacke; 2. Pustel) [k|k]
Pickel|hau|be (Helm mit einer Spitze) [k|k]
Pickel|he|ring (Lustspielfigur) [k|k]
picke|lig [k|k]; *s. a.* picklig

picken [k|k]; du pickst
Pick|ham|mer
Pickles; Mixed ~ (gemischtes eingelegtes Gemüse) *§ 15 (3) Anm.*
pick|lig; *s. a.* pickelig
Pick|nick, das
Pick|nick...[korb *usw.*]
pick|nicken [k|k]
Pick-up, der (Tonabnehmer; Pritschenlastwagen)
Pi|co...; *a.* Pi|ko... (billionstel); *Abk.* p; *z. B.* Picofarad, *Abk.* pF
pi|co|bel|lo (tadellos)
Pi|cot, das (Spitzenmasche)
Pid|gin, das (Sprachgemisch)
Pid|gin...[englisch *usw.*]
Pièce, die (Stück [der Musik usw.])
Pieck, Wilhelm (dt. Politiker 1876-1960)
Pie|de|stal, das (Sockel; Podest)
Pief|ke (Wichtigtuer)
Piek, die (Teil des Schiffsraumes; Gaffelspitze)
pie|ken, du piekst; *a.* piken
piek|fein
piek|sau|ber
Pie|mont (Stadt in Italien)
Pie|mon|te|se
pie|mon|te|sisch
pie|mon|tisch
Piep, der; keinen ~ mehr sagen
pie|pe; das ist mir ~
piep|egal; das ist mir ~
pie|pen; du piepst
Pie|pen (*Pl.*) (Geld)
Piep|matz (kleiner Vogel)
piep|sen; du piepst
Piep|ser
piep|sig
Piep|vo|gel
Pier, der (1. Hafendamm; 2. Pierwurm)
pier|cen; du pierct *§ 7 (1)*; gepierct
Pier|cing, das (Durchstechen der Haut, um Schmuck anzubringen)
Pier|wurm
Pier|ret|te (weibl. Form zu Pierrot)
Pier|rot, der (komische Pantomimenfigur)
pie|sacken (ärgern) [k|k]
Pies|por|ter (Wein)
Pi|e|ta, Pi|e|tà (*ital.*) (Mariendarstellung)
Pi|e|tät (Frömmigkeit; Ehrfurcht)
pi|e|tät|los
Pi|e|tis|mus (protestant. Frömmigkeitsbewegung)
Pi|e|tist
pi|e|ti|stisch
pi|e|zo|elek|trisch
Pi|e|zo|elek|tri|zi|tät (elektrische Aufladung von Kristallen)
Pi|e|zo|me|ter, das (Gerät zum Messen der Kompressibilität)
piff, paff!
Pig|ment, das (Farbstoff)
Pig|ment...[fleck *usw.*]
Pig|men|ta|ti|on (Färbung durch Ablagerung von Pigmenten)
pig|men|tie|ren
Pi|gno|le, die (Nuß)
Pik, das (Spielkarte)
Pik, der (1. Berggipfel; 2. Groll; einen Pik haben)
pi|kant
Pi|kan|te|rie (1. pikante Beschaffenheit; 2. Anzüglichkeit)
pi|kan|ter|wei|se
Pi|kar|de; *s. a.* Picarde *usw.*
pi|ka|resk
pi|ka|risch
Pi|ka|ro|ro|man (in der Ich-Form erzählter span. Schelmenroman)
Pik-As (Spielkarte)
Pi|ke, die; von der ~ auf lernen (von Grund auf lernen)
Pi|kee (Gewebe); *a.* Piqué
Pi|kee...[kragen *usw.*]; *a.* Piqué...
pi|ken (stechen); *a.* pieken
Pi|ke|nier (Landsknecht)
pi|kie|ren (Pflänzchen umsetzen)
pi|kiert (beleidigt)
Pik|ko|lo (Kellnerlehrling)
Pik|ko|lo|fla|sche
Pik|ko|lo|flö|te; *a.* Piccolo... (kleine Querflöte)
Pi|ko...; *a.* Pico... (billionstel); *Abk.* p; *z. B.* Pikofarad, *Abk.* pF
Pi|kör (Vorreiter bei d. Jagd)
Pi|krat (Salz der Pikrinsäure)
Pi|krin|säu|re (chem. Verbindung)
pik|sen; du pikst (stechen) *§ 7 (1)*
Pik|te (Angehöriger eines Keltenvolks)
Pik|to|gramm (Bild od. Zeichen mit festgelegter Bedeutung)
pik|to|gra|phisch
Pi|kul, das/der (Gewicht)
Pi|lar, der (Vorrichtung aus zwei Dressurpfosten)
Pi|la|ster, der (Wandpfeiler)
Pi|la|tus, Pontius (röm. Prokurator in Palästina 1. Jhdt.)
Pi|la|tus (Berg in der Schweiz)
Pi|lau, Pi|law (oriental. Gericht)
Pil|ger
Pil|ger...[fahrt *usw.*]
pil|gern; du pilgerst
Pil|grim (Pilger)
pi|lie|ren (zerkleinern)
Pil|ke, die (Köder)
pil|ken (*zu* Pilke)
Pil|le
Pil|len...[schachtel *usw.*]
Pil|len|dre|her (1. Apotheker; 2. Käfer)
pil|lie|ren (Pillen formen)
Pil|ling (Knötchenbildung in Textilien)
pil|ling|frei
Pil|njak, Boris (russ. Schriftsteller 1894-1937)
Pi|lot
Pi|lot...[studie *usw.*]
Pi|lo|te, die (Rammpfahl)
pi|lo|tie|ren
Pils, das (Bier)
Pil|se|ner, Pils|ner (Bier)
Pilz, der

Pilz...[kunde *usw.*]
pil|zig
Pi|ment, der/das (Gewürz)
Pim|mel (Penis)
pim|peln
Pim|per|nell, der (Gewürzpflanze); *s. a.* Bibernelle, Pimpinelle
Pim|per|nuß (Strauch)
Pimpf, der
Pim|pi|nel|le; *s. a.* Bibernelle, Pimpernell
Pin (1. ansteckbares Schild; 2. Wertungspunkt)
PIN (*Abk. v.* personal identification number) *§ 17 (2) Anm. 1*
Pi|na|tu|bo (Vulkan auf den Philippinen)
PIN-Code *§ 13 (2)* (Sicherheitscode)
Pi|na|ko|thek (Sammlung von Gemälden)
Pi|nas|se, die (dreimastiges Segelschiff; Beiboot)
Pin|ce|nez, das (Kneifer)
Pin|dar (griech. Dichter ~518-nach 446 v. Chr.)
pin|da|risch (nach Art Pindars); die Pindarischen Oden (die O. Pindars)
Pin|dos, der (Gebirge in Griechenland)
Pin|ge, die (Einsturztrichter); *s. a.* Binge
pin|ge|lig
Pin|get, Robert (schweizer. Schriftsteller 1919-1997)
Ping|pong, das (Tischtennis)
Pin|gu|in, der
Pi|nie (Kiefer)
Pi|ni|en...[kern *usw.*]
pink; ein Kleid in Pink
Pink[1], das (rosa Farbe)
Pink[2], die (Schiff); *s. a.* Pinke 1.
Pin|ke, die (1. Schiff; *s. a.* Pink[2]; 2. Geld)
Pin|kel, der; feiner Pinkel
Pin|kel, die (Wurst)
pin|keln; du pinkelst
Pin|ke|pin|ke, die (Geld)
Pink Floyd (engl. Rockband)
Pin|ne (Stift; Ruderarm)
pin|nen; du pinnst
Pinn|wand
Pi|noc|chio (Titelgestalt eines Buchs v. C. Collodi)
Pi|no|chet Ugar|te, Augusto (chilen. Politiker *1915)
Pi|no|le, die (Spannfutter an Maschinen)
Pin|scher (Hunderasse)
Pin|sel (*a.* Dummkopf)
Pin|sel...[strich *usw.*]
Pin|se|lei
pin|seln; du pinselst
Pint, die [paint] (*engl.* Hohlmaß)
Pin|ter, Harold (engl. Schriftsteller *1930)
Pin-up-Girl *§ 13 (4)*
pinx. (*Abk. v.* pinxit) (*lat.* hat es gemalt)
pin|xit; *Abk.* p., pinx.
Pin|yin, das (chines. Lateinschrift)
Pin|zet|te (kleine Greifzange)
Pin|zet|ten|griff
Pinz|gau, der (Landschaft in Österreich)
Pi|o|nier (Wegbereiter, Soldat einer technischen Einheit)
Pi|o|nier...[geist *usw.*]
Pi|pa|po; mit allem ~
Pipe|line, die (Rohrleitung)
Pi|pet|te, die (Saugröhrchen)
Pi|pi; ~ machen
Pi|pi|fax, der (Kleinigkeit)
Pip|pau, der (Pflanze)
Pip|pin (Frankenherrscher); ~ der Jüngere (Kleine, Kurze (~715-768); Pippinsche Schenkung *§ 15 (7)*
Pips, der (Geflügelkrankheit)
pip|sig (*zu* Pips)
Pi|qué, der (Stoff); *a.* Pikee
Pi|qué, das (Reinheitsgrad v. Diamanten)
Pi|ran|del|lo, Luigi (ital. Dichter 1867-1936)
Pi|ra|nha (*port.*), der (Raubfisch); *s. a.* Piraya
Pi|rat, der (Seeräuber)
Pi|ra|ten...[schiff *usw.*]
Pi|ra|te|rie
Pi|rä|us (griech. Hafenstadt)
Pi|ra|ya (*span.*), der (Raubfisch); *s. a.* Piranha
Pir|min (Heiliger † 753)
Pi|ro|ge, die (Boot)
Pi|rog|ge, die (Pastete)
Pi|rol, der (Singvogel)
Pi|rou|et|te (schnelle Drehung)
pi|rou|et|tie|ren
Pirsch, die
pir|schen; du pirschst
Pi|sa (Stadt in Italien)
Pi|sa|ner
Pi|sang, der (Banane)
pi|sa|nisch (*zu* Pisa)
Pi|sa|no, Antonio (gen. Pisanello, ital. Maler 1395-1455[?]); Giovanni ~ (ital. Bildhauer ~1250 ~ nach 1314); Niccolò ~ (ital. Bildhauer *~1225)
Pis|ca|tor, Erwin (dt. Regisseur 1893-1966)
Pi|see|bau (Lehmbauweise)
Pis|sar|ro, Camille (frz. Maler 1830-1903)
Pis|se, die (Urin)
pis|sen; du pißt *§ 7 (1)*
Pis|soir, das (Männertoilette)
Pi|sta|zie (Baum; Frucht davon)
Pi|sta|zi|en...[eis *usw.*]
Pi|ste, die
Pi|sten...[raupe *usw.*]
Pi|still, das (Stampfer, Stempel)
Pi|sto|le
Pi|sto|len...[schuß *usw.*]
Pi|ston, das (Pumpenkolben; Ventil e. Blasinstruments)
Pit|bull, der (Hunderasse)
Pitch|pine, die (Kiefernart)
Pi|thec|an|thro|pus, Pi|thek|an|thro|pus (Affenmensch)
pi|the|ko|id (dem Affen ähnlich)
pitsch|naß
Pitt, William d. Ä. (engl. Politiker 1708-1778); William ~ d. J. (engl. Politiker 1759-1806)
Pit|ti; Palazzo ~ (Stadtpalast u. Museum in Florenz)
pit|to|resk (malerisch)

Pitts|burgh (Stadt in den USA)
Pi|us (*Papstname*)
Piz, der (Gipfel *in ital. Namen*); ~ Buin, ~ Palü
Pi|zar|ro, Francisco (span. Eroberer 1478-1541)
pizz. (*Abkürzung v.* pizzicato)
Piz|za, die (belegter Fladen)
Piz|ze|ria
piz|zi|ca|to (*musik.* mit den Fingern gezupft); *Abk.* pizz.
Piz|zi|ca|to, das; *a.* Pizzikato
Pjöng|jang (Hauptstadt v. Nordkorea)
PKK (*Abk. f.* Kurdische Arbeiterpartei) *§ 17 (2) Anm. 1*
Pkw, PKW (*Abk. v.* Personenkraftwagen) *§ 17 (2) Anm. 1*
Pl. (*Abk. v.* Plural)
Pla|ce|bo, das (Scheinmedikament)
Pla|ce|ment [plas'mã], das (Kapitalanlage; Warenabsatz)
Pla|cet, das (Bestätigung); *a.* Plazet
pla|cie|ren (einen Platz zuweisen); *bei Aussprache mit* [ts] *a.* plazieren
placken, sich [k|k]; du plackst dich
Placken, der [k|k]
Placke|rei [k|k]
plad|dern (stark regnen); es pladdert
plä|die|ren (argumentieren)
Plä|do|yer, das (Verteidigungsrede)
Pla|fond, der (Zimmerdecke; *a. übertr.* obere Grenze)
pla|fo|nie|ren (nach oben hin begrenzen)
Pla|ge, die
pla|gen; sich ~
Pla|gi|at, das (Diebstahl geistigen Eigentums)
Pla|gi|a|tor
pla|gi|a|to|risch
pla|gi|ie|ren
Plaid, das (Wolldecke)
Pla|kat
Pla|kat...[kunst *usw.*]
pla|ka|tie|ren
pla|ka|tiv
plan (flach)
Plan, der
Plan...[spiel *usw.*]
Pla|na|rie, die (Wurm)
Planche, die (Fechtbahn)
Plan|chet|te, die (Stäbchen)
Planck, Max (dt. Physiker 1858-1947); Plancksches Wirkungsquantum *§ 15 (7)*
Planck-Kon|stan|te *§ 13 (2)*
Pla|ne, die
pla|nen; du planst
Pla|ner
Plä|ner, der (Mineral)
pla|ne|risch
Pla|net (Wandelstern)
pla|ne|tar
pla|ne|ta|risch
Pla|ne|ta|ri|um (Vorrichtung zur Projektion des Himmels)
Pla|ne|ten...[bahn *usw.*]
Pla|ne|to|id, der (kleiner planetartiger Körper)
plan|ge|mäß
pla|nie|ren (ebnen)
Pla|ni|fi|ka|ti|on
Pla|ni|me|ter, das (Gerät zum Messen des Flächeninhalts)
Pla|ni|me|trie (Geometrie der Ebene)
pla|ni|me|trisch
Plan|ke
Plän|ke|lei
plän|keln
Plänk|ler
Plank|ton, das (Gesamtheit der im Wasser schwebenden Kleinlebewesen)
Plank|tont, der (einzelnes Lebewesen des Planktons)
plan|mä|ßig
pla|no (glatt)
Plansch|becken [k|k]
plan|schen; du planschst
Plan|ta|ge, die (großflächiger Landwirtschaftsbetrieb)
Plan|ta|gen...[holz *usw.*]
Plan|ta|ge|net (engl. Königshaus)
plan|tar (zur Fußsohle gehörend)
Pla|num, das (eingeebnete Baufläche)
plan|zeich|nen (*nur Infinitiv*)
plap|per|haft
plap|pern
Plaque, die (Zahnbelag; Fleck)
plär|ren; du plärrst
Plä|san|te|rie (Vergnügen)
Plä|sier, das (Vergnügen)
plä|sier|lich
Plas|ma, das (1. flüssiger Bestandteil des Blutes; 2. erhitztes Gas mit elektr. Leitfähigkeit; 3. grüner Chalcedon)
Plas|ma...[physik *usw.*]
Plas|mo|di|um (1. Protoplasma [der Schleimpilze]; 2. Malariaerreger)
Plast, der (Kunststoff)
Pla|ste, die (Kunststoff)
Pla|ste...[tüte usw.]; *s. a.* Plastik...
Pla|stik, das (Kunststoff)
Pla|stik, die (Bildwerk)
Pla|stik...[tüte *usw.*]
Pla|sti|ker
Pla|sti|lin, das (Modelliermasse)
pla|stisch
Pla|sti|zi|tät (1. Körperlichkeit; 2. Geschmeidigkeit)
Pla|stron, das/der (Krawatte; Latz; Schutzpolster)
Pla|täa (antike Stadt)
Pla|ta|ne, die (Laubbaum)
Pla|teau, das (Hochebene)
Pla|ten, August Graf von (dt. Dichter 1796-1835)
Pla|te|resk, das (got. Baustil)
Pla|tin, das *chem. Zeichen* Pt
Pla|tin...[draht *usw.*]
pla|tin|blond
Pla|ti|ne, die (Montageplatte)
pla|ti|nie|ren
Pla|ti|no|id, das (Legierung)
Pla|ti|tü|de, die (banale Redensart)
Pla|to (*lat.*), Pla|ton (*griech.*) (griech. Philosoph 427-348/47 v. Chr.)
Pla|to|ni|ker

pla|to|nisch; platonische Liebe, Platonische Werke (Platons Werke) *§ 15 (7)*
Pla|to|nis|mus
Pla|to|now, Andrej (russ. Schriftsteller 1899-1951)
plat|schen; du platschst
plät|schern
platsch|naß
platt; das platte Land; platt sein (sprachlos); einen Platten haben (Reifenpanne); platt◡machen *usw. § 10*
Platt, das (= Plattdeutsch)
Platt...[fisch usw.]
Plätt...[brett *usw.*]
Plätt|chen
platt|deutsch; auf ~
Platt|deutsch, das; auf plattdeutsch sprechen
Platt|deut|sche, das
Plat|te, die
Plat|tei, die
plät|teln; du plättelst
plät|ten; du plättest
Plat|ten|see (Balaton, See in Ungarn)
Plat|ten|seer (Wein)
Platt|erb|se
plat|ter|dings
Plät|te|rei (Bügelbetrieb)
platt|fü|ßig
plat|tie|ren (eine Metallschicht auftragen)
plat|tig
Platt|ler (Tanz)
platt◡machen *§ 10*
platt|na|sig
Platz; ~ greifen, machen, nehmen
Platz...[karte *usw.*]
Plät|zchen (*a.* Kleingebäck)
plat|zen; du platzt *§ 7 (1)*
Platz|re|gen
platz|spa|rend; *aber* [viel] Platz sparend *§ 11 (4), (6)*
Plau|de|rei
plau|dern
Plau|en, E. O.; e. o. plauen (Erich Ohser, dt. Zeichner 1903-1944)
Plausch
plau|schen; du plauschst
plau|si|bel; plausi|ble Worte
Plau|si|bi|li|tät
Plau|tus, Titus Maccius (röm. Dichter ~250-184 v. Chr.)
Play|back, das (Einspielen von Gesang, wobei der Sänger nur die Lippen bewegt)
Play|back|ver|fah|ren
Play|boy
Play|girl
Play-off, das (Ausscheidungsspiele)
Play-off-Run|de *§ 13 (3)*
Pla|zen|ta, die (Mutterkuchen)
pla|zen|tal
pla|zen|tar
Pla|zet, das (Bestätigung); *a.* Placet
pla|zie|ren; *vgl.* placieren
Ple|be|jer (Angehöriger der Plebs; ungehobelter Mensch)
ple|be|jisch
Ple|bis|zit, das (Volksentscheid)
ple|bis|zi|tär
Plebs, die (Volk [im alten Rom]; [*a.* der ~] Pöbel)
Ple|cha|now, Georgij (russ. Politiker 1859-1918)
Plein|air, das (Freilichtmalerei)
Plein|air|ma|le|rei
plei|sto|zän (*Adjektiv*)
Plei|sto|zän, das (Erdzeitalter)
plei|te; ~ sein, pleite◡gehen *§ 10*
Plei|te, die; ~ machen
pleite◡gehen *§ 10*
Plei|te|gei|er
Ple|ja|den (*Pl.*) (Siebengestirn)
Plek|tron (Plättchen, mit dem Saiten angezupft werden); *Pl.* Plektra, Plektren
Plem|pe, die (fades Getränk)
plem|plem (verrückt); ~ sein
Ple|nar...[saal *usw.*] (Gesamt)
ple|ni|po|tent (bevollmächtigt)
Ple|ni|po|tenz (Vollmacht)
ple|no or|ga|no (mit allen Registern [d. Orgel])
ple|no ti|tu|lo (mit allen Titeln); *Abk.* P. T.
Plen|ter|be|trieb (Femelbetrieb)
plen|tern; du plenterst
Ple|num, das (Vollversammlung)
Plenz|dorf, Ulrich (dt. Schriftsteller *1934)
Ple|o|nas|mus (mehrfacher Ausdruck desselben Inhalts)
ple|o|na|stisch
Ple|on|exie (Habsucht)
Ple|sio|sau|ri|er; Ple|sio|sau|rus
Pless|ner, Helmuth (dt. Philosoph 1892-1985)
Ple|thi; Krethi und ~ (das gewöhnliche Volk)
Ple|tho|ra, die (Überfülle)
Ple|thys|mo|graph, der (Meßgerät für Volumenänderungen)
Pleu|el, der (Pleuelstange)
Pleu|el|stan|ge (Stange zw. Kolben und Kurbelwelle)
Pleu|ra, die (Brustfell)
Pleu|reu|se, die (Straußenfeder als Schmuck)
Pleu|ri|tis, die (Brustfellentzündung)
Pleur|ody|nie (Schmerz im Brust- und Rippenfell)
Pleu|ro|pneu|mo|nie (Rippenfell- u. Lungenentzündung)
Ple|xi|glas (glasartiger Kunststoff)
Ple|xus, der (Netz von Blutgefäßen, Lymphen u. Nerven)
Pli, der (Schliff)
Plicht, die (offener Sitzraum in Booten)
plie|ren (blinzeln, weinen); du plierst
Pli|ni|us [d. Ä.] (röm. Schriftsteller 23/24-79); ~ [d. J.] (röm. Schriftsteller 61/62-~113
Plin|se, die (Pfannkuchen)
Plin|sen|teig
Plin|the, die (Steinplatte)
plio|zän (*Adjektiv*)
Plio|zän, das (Erdzeitalter)
Plis|see, das (Fältelung)

Plis|see...[rock usw.]
plis|sie|ren
PLO (*Abk. v.* Palestine Liberation Organization) *§ 17 (2) Anm. 1*
Plock|wurst
Plom|be (Metallsiegel; Zahnfüllung)
plom|bie|ren
Plot, der (Handlung)
Plo|tin (griech. Philosoph ~205-270)
Plot|ter (Grafikdrucker)
Plöt|ze, die (Fisch)
plötz|lich
Plu|der|ho|se
plu|de|rig; *s. a.* pludrig (locker sitzend)
plu|dern; es pludert
plud|rig; *s. a.* pluderig
Plug-in, das (*EDV*) (Stecker; Zusatzprogramm)
Plum|bum (*lat.*) (Blei); *chem. Zeichen* Pb
Plu|meau, das (Federbett)
plump
plumps!
Plumps, der
Plump|sack (Spiel)
plump|sen; du plumpst *§ 7 (1)*
Plumps|klo
Plum|pud|ding (Süßspeise)
plump-ver|trau|lich *§ 13 (5)*
Plun|der, der
Plun|der...[teig *usw.*]
Plün|de|rei
Plün|de|rer
plün|dern
plu|ral (*Adjektiv*)
Plu|ral, der (Mehrzahl)
Plu|ral...[form *usw.*]
Plu|ra|le|tan|tum, das (Wort, das nur im Plural vorkommt); *Pl.* Pluraliatantum
plu|ra|lisch
Plu|ra|lis ma|je|sta|tis *§ 15 (3)* (Plural zur Bezeichnung der eigenen Person)
Plu|ra|lis|mus (Anerkennung der Vielheit [von Interessen usw.])
plu|ra|li|stisch
Plu|ra|li|tät (Vielheit)
plu|ri|form (vielfach)
Plu|ri|pa|ra, die (mehrfache Mutter); *Pl.* Pluriparen
plus; eins plus eins; plus 3 Grad, 3 Grad plus; non plus ultra, das Nonplusultra
Plus, das
Plus...[pol *usw.*]
Plüsch, der
Plüsch...[sessel *usw.*]
plü|schen (aus Plüsch)
plü|schig
Plus|quam|per|fekt, das (Tempus der Vorvergangenheit)
plu|stern
Plut|arch (griech. Historiker ~46- ~120)
Plu|to (*lat.*) (1. Gott; 2. Planet); *s. a.* Pluton
Plu|to|krat
Plu|to|kra|tie (Herrschaft der Reichen)
plu|to|kra|tisch
Plu|ton (*griech.*) (Gott); *s. a.* Pluto
plu|to|nisch
Plu|to|nis|mus (Vulkanismus)
Plu|to|ni|um; *chem. Zeichen* Pu
plu|vi|al (als Regen fallend)
Plu|vi|a|le (Regenumhang)
Plu|vio|graph, der (Niederschlagsmesser)
Plu|vio|me|ter, das (Niederschlagsmesser)
Plu|vio|ni|vo|me|ter (Meßgerät für Regen- u. Schnee)
Plu|vi|o|se, der (Monat des frz. Revolutionskalenders)
Ply|mouth Rocks (Hühnerrasse)
PLZ (*Abk. v.* Postleitzahl) *§ 17 (2) Anm. 1*
p. m. (*Abk. v.* post meridiem, post mortem, pro memoria, pro mille)
Pm (*chem. Zeichen f.* Promethium)
Pneu, der (1. Luftreifen; 2. *kurz f.* Pneumothorax)
Pneu|ma, das (Hauch; Lebenskraft)
Pneu|ma|tik, der (Luftreifen);
Pneu|ma|tik, die (Lehre von den Gasen; Luftdrucktechnik)
pneu|ma|tisch
Pneu|mo|graph, der (Gerät zum Aufzeichnen der Brustkorbbewegungen)
Pneu|mo|kok|kus (Erreger der Lungenentzündung)
Pneu|mo|nie (Lungenentzündung)
Pneu|mo|pleu|ri|tis (Brustfellentzündung)
Pneu|mo|tho|rax, der (Gasbrust zur Ruhigstellung der Lunge)
Po, der (Gesäß)
Po, der (Fluß in Italien)
Pö|bel, der (gemeines Volk)
Pö|bel...[herrschaft *usw.*]
Pö|be|lei
pö|beln; du pöbelst
Poc|ci, Franz Graf von (dt. Zeichner, Dichter, Komponist 1807-1876)
Poch, das/der (Kartenspiel)
Poch|brett
po|chen; du pochst
po|chie|ren (bei milder Hitze garen)
Poch|stem|pel (Hammer zum Zerkleinern)
Poch|werk
Pocke, die (Blatter) [k|k]
Pocken...[narbe *usw.*] [k|k]
pocken|nar|big [k|k]
Pocket[|**ka|me|ra**] (Taschenkamera) [k|k]
Pock|holz (Guajakholz)
pockig [k|k]
po|co; a poco, poco allegro (ein wenig)
Pod|agra, das (Fußgicht)
pod|agrisch
Pod|al|gie (Fußschmerz)
Po|dest, das/der (kleines Podium; Treppenabsatz)
Po|dex, der (Gesäß)
Po|di|um (erhöhte Fläche)
Po|di|ums...[gespräch *usw.*]
Po|do|me|ter, das (Schrittmesser)

Pod|sol, der (Bleicherde)
Poe, Edgar Allan (amerik. Schriftsteller 1809-1849)
Po|em, das (Gedicht)
Po|e|sie (Dichtkunst)
Po|e|sie|al|bum
Po|et
Po|e|ta doc|tus, der (gelehrter Dichter), P. lau|re|a|tus (gekrönter D.), P. va|tes (seherischer D.)
Po|e|ta|ster (Dichterling)
Po|e|tik (Lehre der Dichtkunst)
po|e|tisch
po|e|ti|sie|ren
Po|fel, der (Pöbel; Würfelspiel)
Po|grom, das/der ([rassistische] Ausschreitung)
Po|grom...[hetze *usw.*]
poi|ki|lo|therm (wechselwarm)
Poi|lu, der (frz. Soldat)
Poin|ca|ré, Henri (frz. Mathematiker 1854-1912); Raymond ~ (frz. Politiker 1860-1934)
Point d'hon|neur, der (Ehrenpunkt)*§ 15 (3)*
Poin|te, die (Höhepunkt einer Erzählung)
Poin|ter (Hund)
poin|tie|ren (hervorheben)
Poin|til|lis|mus (Stilrichtung der Malerei)
Poin|til|list
poin|til|li|stisch
Poise, das (Viskositätsmaß); *Abk.* P
Poi|tier, Sidney (amerik. Schauspieler *1924)
Po|kal, der (Prunkbecher)
Po|kal...[sieg *usw.*]
Pö|kel, der (Salzlake)
Pö|kel...[fleisch *usw.*]
pö|keln; du pökelst
Po|ker, das/der (Spiel)
Po|ker|face, das (undurchdringliche Miene)
po|kern; du pokerst
po|ku|lie|ren (zechen)
Pol, der
Po|lack, der (Pole)
Po|lan|ski, Roman (poln. Regisseur *1933)
po|lar (die Pole betreffend)
Po|lar...[eis *usw.*]
Po|la|re, die (Kreistangente)
Po|la|ri|sa|ti|on (Auseinandertreten gegenseitiger Meinungen; Herstellung e. einzigen Schwingungsrichtung)
Po|la|ri|sa|ti|ons...[ebene *usw.*]
Po|la|ri|sa|tor (Vorrichtung zur Erzeugung von polarisiertem Licht)
po|la|ri|sie|ren
Po|la|ri|tät (Gegensätzlichkeit)
Po|la|ro|id|ka|me|ra (Sofortbildkamera)
Pol|der, der (eingedeichtes Land; Überflutungsfläche)
Pol|der|deich
Po|le, der
Po|lei, der (Pflanze)
Po|le|mik (Steitkunst; [unsachliche] Auseinandersetzung)
Po|le|mi|ker
po|le|misch
po|le|mi|sie|ren
po|len; du polst
Po|len (Staat)
Po|len|ta, die (Maisbrei)
Po|len|te, die (Polizei)
Pole-po|si|tion, die (vorderste Startposition)
Pol|hö|he
Po|li|ce, die (Versicherungsschein)
Po|lier, der (Vorarbeiter)
Po|lier...[tuch *usw.*]
po|lie|ren; du polierst
Po|li|kli|nik (allg. Krankenhaus, besonders f. ambulante Behandlung))
Po|lio, die (*kurz. f.* Poliomyelitis)
Po|lio|in|fek|ti|on
Po|lio|my|e|li|tis, die (Kinderlähmung)
Po|lis, die (Stadt[staat]); *Pl.* Poleis
Po|lit...[offizier *usw.*]
Po|lit|bü|ro (Gremium einer kommunistischen Partei)
Po|li|tes|se (Hilfspolizistin)
Po|li|ti|cal cor|rect|ness (Vermeidung von Diskriminierung) *§ 15 (3)*; *Abk.* PC
Po|li|tik
Po|li|tik...[wissenschaft *usw.*]
Po|li|ti|ka|ster (jmd., der über Politik spricht, ohne etwas davon zu verstehen)
Po|li|ti|ker
po|li|tik|fä|hig
Po|li|ti|kum (Thema von politischer Bedeutung)
po|li|tisch
po|li|ti|sie|ren
Po|li|to|lo|ge
Po|li|to|lo|gie (Politikwissenschaft)
Po|lit|ruk (polit. Offizier)
Po|li|tur, die (Glanzschicht, -mittel)
Po|li|zei
Po|li|zei...[revier *usw.*]
po|li|zei|lich
po|li|zei|wid|rig
Po|li|zist
Pol|ka, die (Tanz)
Pol|lack, der (Fisch)
Pol|lai|uo|lo, Antonio (ital. Bildhauer 1432-1498); Piero ~ (ital. Bildhauer 1443-1496)
Pol|len, der (Blütenstaub)
Pol|len...[analyse *usw.*]
Pol|ler, der (Pfosten)
Pol|lock, Jackson (amerik. Maler 1912-1956)
Pol|lu|ti|on (1. Umweltverschmutzung; 2. unwillkürlicher Samenerguß)
Pol|lux (1. Sagengestalt; 2. Stern); Kastor und ~ (sagenhafte Zwillinge; Sternbild)
pol|nisch; auf ~
Pol|nisch, das; auf polnisch sprechen
Pol|ni|sche, das
Po|lo, das (Spiel)
Po|lo, Marco (ital. Reisender 1254-1324)
Po|lo...[hemd *usw.*]
Po|lo|nai|se, Po|lo|nä|se (Tanz)
po|lo|ni|sie|ren (der polnischen

Kultur u. Sprache angleichen)
Po|lo|nist
Po|lo|ni|stik (Wissenschaft von der polnischen Sprache u. Kultur)
po|lo|ni|stisch
Po|lo|ni|um; *chem. Zeichen* Po
Pols|ka, die (skandin. Tanz)
Pol|ster, das [*österr. a.* der]
Pol|ster...[sessel *usw.*]
Pol|ste|rer
pol|stern; du polsterst
Pol|ta|w|a (Stadt in der Ukraine)
Pol|ter|abend
Pol|ter|geist (Hausgeist)
pol|tern
po|ly.../Po|ly... (*griech.* viel)
Po|ly|acryl, das (Kunstfaser)
Po|ly|amid, das (Kunststoff)
Po|ly|an|drie (Vielmännerei)
Po|ly|ar|thri|tis, die (Entzündung mehrerer Gelenke)
Po|ly|äthy|len, das (Kunststoff); *s. a.* Polyethylen; *Abk.* PE
Po|ly|bi|os (griech. Historiker ~200 - ~120v. Chr.)
po|ly|chrom
Po|ly|chro|mie (Vielfarbigkeit)
Po|ly|dak|ty|lie (Bildung überzähliger Finger od. Zehen)
Po|ly|eder, das (von Vielecken begrenzter Körper)
po|ly|edrisch
Po|ly|ester, der (Kunstharz)
Po|ly|ethy|len, das (Kunststoff); *s. a.* Polyäthylen; *Abk.* PE
po|ly|gam
Po|ly|ga|mie (Vielehe)
Po|ly|ga|mist (Mann, der viele Ehefrauen gleichzeitig hat)
po|ly|gen (durch mehrere Ursachen hervorgerufen)
po|ly|glott (mehrsprachig)
Po|ly|glot|te, die (mehrsprachige Ausgabe)
Po|ly|gon, das (Vieleck)
po|ly|go|nal (vieleckig)
Po|ly|graph, der (Angehöriger des graph. Gewerbes)
Po|ly|gra|phie
Po|ly|gy|nie (Vielweiberei)
Po|ly|hi|stor (jmd., der in vielen Fächern Kenntnisse besitzt)
Po|ly|hym|nia (Muse); *s. a.* Polymnia
po|ly|karp (mehrmals fruchtend)
Poly|klet (griech. Bildhauer 5. Jh. v. Chr.)
Po|ly|kra|tes (griech. Herrscher † 522)
po|ly|mer (großmolekülig)
Po|ly|mer, Po|ly|me|re, das
Po|ly|me|ri|sa|ti|on
po|ly|me|ri|sie|ren
Po|ly|me|ter, das (Gerät zum Messen von Temperatur u. Luftfeuchtigkeit)
Po|ly|me|trie
Po|lym|nia; *s. a.* Polyhymnia
po|ly|morph
Po|ly|mor|phie (Vielgestaltigkeit)
Po|ly|mor|phis|mus
Po|ly|ne|si|en (Inselwelt im Pazifik
Po|ly|ne|si|er
po|ly|ne|sisch
Po|ly|nom, das (mehrgliedriger mathematischer Ausdruck)
po|ly|no|misch
Po|lyp, der (1. Nesseltier; 2. Krake; 3. Geschwulst; 4. Polizist); *Pl.* Polypen
Po|ly|pha|ge, der
Po|ly|pha|gie (flexible Nahrungswahl)
Po|ly|phem (ein Zyklop)
po|ly|phon (mehrstimmig)
Po|ly|pho|nie
po|ly|pho|nisch
po|ly|plo|id (mit mehr als zwei Chromosomensätzen)
Po|ly|pro|py|len, das (Kunststoff); *Abk.* PP
Po|ly|rhyth|mik (Nebeneinander verschiedener Rhythmen)
po|ly|rhyth|misch
Po|ly|sac|cha|rid, Polysacharid, das (Kohlenhydrat aus mehreren Zuckermolekülen)
po|ly|sem (mehrdeutig)
po|ly|se|man|tisch
Po|ly|se|mie (Mehrdeutigkeit)
Po|ly|sty|rol, das (Kunststoff); *Abk.* PS
po|ly|syn|de|tisch
Po|ly|syn|de|ton, das (durch mehrere Bindewörter verbundene Wortreihe)
po|ly|syn|the|tisch (vielfach zusammengesetzt)
Po|ly|tech|ni|ker (Schüler am Polytechnikum)
Po|ly|tech|ni|kum (höhere technische Fachschule)
po|ly|tech|nisch
Po|ly|the|is|mus (Glaube an mehrere Götter)
Po|ly|the|ist
po|ly|the|i|stisch
po|ly|to|nal (in mehreren Tonarten zugleich)
Po|ly|to|na|li|tät
Po|ly|ure|than, das (Kunststoff); *Abk.* PUR
Po|ly|vi|nyl|chlo|rid, das (Kunststoff); *Abk.* PVC
Po|ma|de, die (Haarsalbe)
po|ma|dig (träge)
po|ma|di|sie|ren
Po|me|ran|ze (Bitterorange)
Pom|mer, der
pom|me|risch; *s. a.* pommersch
Pom|mer|land
Pom|mern (Landschaft)
pom|mersch; *s. a.* pommerisch; die Pommersche Bucht *§ 15 (7)*
Pom|mes (*kurz f.* Pommes frites) (*Pl.*)
Pommes cro|quettes (*Pl.*) (Kartoffelkroketten)
Pommes Dau|phine (*Pl.*) (Kartoffelkroketten)
Pommes frites (*Pl.*) (fritierte Kartoffelstäbchen)
Po|mo|lo|gie (Lehre vom Obstanbau)
Po|mo|na (Göttin)
Pomp, der (Prunk)
Pom|pa|dour, Marquise de (Mätresse Ludwigs XIV.

1721-1764)
Pom|pa|dour, der (Tasche)
Pom|pe|ius, Gnaeus (röm. Politiker 106-48 v. Chr.); *a.* Pompejus
Pom|pe|ja|ner
pom|pe|ja|nisch
Pom|pe|jer
Pom|pe|ji (Ruinenstadt in Italien)
pom|pe|jisch
Pom|pe|jus, Gnaeus (röm. Politiker 106-48 v. Chr.); *a.* Pompeius
Pom|pi|dou, Georges (frz. Politiker 1911-1974)
Pom|pon, der (Quaste)
pom|pös (großartig auftretend)
pö|nal (das Strafrecht betreffend)
Pö|na|le, das (Strafrecht)
Pö|nal|ge|setz
pon|ceau (rot); ein Kleid in Ponceau
Pon|ceau, das; ein Kleid in ~
Pon|cho, der (Umhang)
pon|cie|ren; du poncierst (1. abschleifen; 2. durchpausen)
Pond, das (Einheit der Kraft); *Abk.* p
pon|de|ra|bel (wägbar)
Pon|de|ra|bi|li|en (*Pl.*) (wägbare Dinge)
Pon|di|cher|ry (Region u. Stadt in Indien)
Pon|gau (Landschaft in Österreich)
Ponge, Francis (frz. Schriftsteller 1899-1988)
Pö|ni|tent, der (Büßer)
Pö|ni|ten|ti|ar (Beichtvater)
Pö|ni|tenz (Buße)
Pont du Gard (röm. Aquädukt in Frankreich)
Pon|ti|cel|lo, der (Holzsteg, der die Saitenschwingungen auf den Klangkörper überträgt); *Pl.* Ponticelli, Ponticellos
Pon|ti|fex (röm. Oberpriester; [*heute meist:*] Papst); *Pl.* Pontifizes, Pontifices (*lat.*); Pontifex maximus
pon|ti|fi|kal
Pon|ti|fi|kal|amt
Pon|ti|fi|ka|le, das (Buch mit den Amtshandlungen des Bischofs)
Pon|ti|fi|ka|li|en (*Pl.*) (Amtshandlungen, Gewänder u. Abzeichen des Bischofs)
Pon|ti|fi|kat, der/das (Amtszeit des Bischofs od. Papstes)
pon|ti|nisch; Pontinische Sümpfe (Landschaft in Italien) *§ 15 (7)*
pon|tisch
Pon|ti|us Pi|la|tus (röm. Prokurator in Palästina 1. Jhdt.)
Pon|ton, der (schwimmende Brücke)
Pon|ton...[brücke *usw.*]
Pon|tos (*griech.*), Pon|tus (*lat.*) (antiker Staat)
Pon|tus Eu|xi|nus, der (das Schwarze Meer)
Po|ny, das (Pferd)
Po|ny, der (Frisur)
Pool, der (1. Zusammenschluß von Firmen, Beteiligungen; 2. Spieleinsatz; 3. Schwimmbecken)
Pool|bil|lard, das (Variante des Billardspiels)
Poo|na (Stadt in Indien); *a.* Pune
Pop, der (*kurz f.* Popmusik *usw.*)
Pop...[kunst *usw.*; *aber* Pop-art]
Pop-art, die (moderne Kunstrichtung)
Pop|corn, das (Puffmais)
Po|pe (Geistlicher)
Po|pel, der
po|pe|lig; *s. a.* poplig
Po|pe|lin, Po|pe|li|ne, der (dichter Baumwollstoff)
po|peln; du popelst
pop|far|ben
pop|lig; *s. a.* popelig
Po|po, der (Gesäß)
Po|po|ca|té|petl, der (Vulkan in Mexiko)
Po|pow, Oleg (russ. Clown *1930)
Pop|per, der (modisch angepaßter Jugendlicher)
Pop|per, Karl (österr.-engl. Philosoph 1902-1994)
pop|pig
po|pu|lär (volkstümlich)
po|pu|la|ri|sie|ren
Po|pu|la|ri|tät (Beliebtheit)
po|pu|lär|wis|sen|schaft|lich
Po|pu|la|ti|on (Bevölkerung)
Po|pu|la|ti|ons...[dichte *usw.*]
Po|pu|lis|mus (Anbiederung bei der Menge)
Po|pu|list
po|pu|li|stisch
Po|re, die (Hautöffnung)
po|ren|tief
po|rig
Pör|kel[t], Pör|költ, das (ungar. Gulaschgericht)
Por|ling (Pilz)
Por|no, der (*kurz f.* Pornofilm *u. ä.*)
Por|no...[film *usw.*]
Por|no|graph
Por|no|gra|phie
por|no|gra|phisch
po|rös (durchlässig)
Po|ro|si|tät (Durchlässigkeit)
Por|phyr, der (Gestein)
Por|phy|rit, der (Gestein)
Por|ree, der (Lauch)
Por|ridge, das/der (Haferbrei)
Por|sche, Ferdinand (dt. Konstrukteur 1875-1951)
Porst, der (Pflanze)
Port, der (Hafen)
Port, der (*engl.*) (*EDV* Anschluß)
Por|ta|ble, der/das (*engl.*) (tragbares Gerät)
Por|ta Hun|ga|ri|ca (Donauengtal)
Por|tal, das (anspruchsvoll gestaltetes Tor; *EDV* Eingangsseite im Internet usw.)
Por|ta|men|to, das (gleitende Tonverbindung)
Por|ta Ni|gra, die (röm. Bauwerk in Trier)
Por|ta|tiv, das (tragbare Orgel)

por|ta|to (*musik.* getragen)
Port-au-Prince (Hauptstadt v. Haiti)
Por|ta West|fa|li|ca (Weserengtal und Stadt)
Porte|feuille, das (Brieftasche; Geschäftsbereich; Wertpapierbestand)
Porte|mon|naie, das (Geldbörse)
Port|epee, das (Quaste am Degengehenk)
Por|ter, der/das (Biersorte)
Por|ter, Cole (amerikan. Komponist 1893-1964)
Por|ter|house|steak
Por|tier (Pförtner)
Por|tie|re, die (Vorhang)
Por|ti|kus, der (von Säulen getragener Vorbau)
Por|ti|on
Por|ti|ön|chen
por|ti|o|nie|ren
por|ti|ons|wei|se
Por|ti|un|ku|la, die (Muttergotteskapelle)
Port|land|ze|ment
Port Louis (Hauptstadt v. Mauritius)
Port Mores|by (Hauptstadt. v. Papua-Neuguinea)
Por|to, das (Gebühr f. Postsendungen); *Pl.* Porti, Portos
Porto...[kasse *usw.*]
por|to|frei
Port of Spain (Hauptstadt. v. Trinidad u. Tobago)
Por|to No|vo (Hauptstadt v. Benin)
por|to|pflich|tig
Por|trät, das (Bildnis)
Por|trät...[maler *usw.*]
por|trä|tie|ren
Por|trä|tist
Por|tu|gal (Staat)
Por|tu|ga|le|ser (Münze)
Por|tu|gie|se
Por|tu|gie|ser (Wein)
por|tu|gie|sisch; auf ~
Por|tu|gie|sisch, das; auf portugiesisch sprechen
Por|tu|gie|si|sche, das
Por|tu|gie|sisch-Gui|nea (heute Guinea-Bissau, Staat in Afrika)
Por|tu|lak, der (Gemüsepflanze)
Port|wein (Dessertwein)
Por|zel|lan, das
Por|zel|lan...[maler *usw.*]
por|zel|la|nen (aus Porzellan)
Po|sa|ment, das (Textilschmuck, Borten u. ä.)
Po|sa|men|ter
Po|sa|men|te|rie
Po|sa|men|tier
Po|sa|men|tier|ar|beit
po|sa|men|tie|ren
Po|sa|men|tie|rer
Po|sau|ne, die
po|sau|nen; du posaunst
Po|sau|nen...[chor *usw.*]
Po|sau|nist
Po|se, die (Stellung)
Po|sei|don (Gott)
Po|sei|do|ni|os (griech. Philosoph 135-51 v. Chr.)
Po|se|muckel (unbedeutender Ort) [k|k]
Po|seur (Wichtigtuer)
po|sie|ren (eine Pose einnehmen)
Po|si|ti|on
Po|si|ti|ons...[lampe *usw.*]
po|si|ti|o|nell
po|si|ti|o|nie|ren
po|si|tiv (*Adjektiv*)
Po|si|tiv, das (1. Fotoabzug; 2. Standorgel)
Po|si|tiv, der (Ausgangsform d. Komparation)
Po|si|ti|vis|mus (Lehre, die auf dem Tatsächlichen beruht)
Po|si|ti|vist
po|si|ti|vi|stisch
Po|si|ti|vum, das
Po|si|tron, das (elektr. positiv geladenes Elementarteilchen)
Po|si|tur (bestimmte Haltung)
Pos|se, die (derbe Komödie)
Pos|sen, der; ~ reißen (kindischer Scherz)
Pos|sen...[spiel *usw.*]
pos|sen|haft
Pos|ses|si|on (Besitz)
pos|ses|siv
Pos|ses|siv|pro|no|men, Posses|si|vum, das (besitzanzeigendes Fürwort)
pos|ses|so|risch (den Besitz betreffend)
pos|sier|lich (drollig)
Post
Post...[amt *usw.*]
post.../**Post**... (*lat.* nach)
po|sta|lisch
Po|sta|ment (Sockel)
post|amt|lich
Pöst|chen
post Chri|stum [natum]; *Abk.* p. Chr. [n.] (nach Christi Geburt)
post|da|tie|ren (mit einem späteren Datum versehen)
po|sten (*EDV*: senden); du postest
Po|sten, der
Po|sten...[dienst *usw.*]
Po|ster, das (Plakat)
poste re|stante (postlagernd)
Po|ste|ri|o|ri|tät (das Spätersein)
post fe|stum (hinterher)
post|frisch
post|gla|zi|al (nach der Eiszeit)
post|hum (nach dem Tode); *s. a.* postum
po|stie|ren (aufstellen)
Po|stil|le, die (1. religiöse Erbauungsschrift; 2. Predigtensammlung; 3. minderwertige Zeitschrift)
Po|stil|li|on, der (1. Postkutschenfahrer; 2. Posthörnchen)
Po|stil|lon d'amour (Liebesbote) *§ 15 (3)*
post|kar|bo|nisch (nach dem Karbon auftretend)
Post|kom|mu|ni|on (Schlußgebet der kath. Messe)
post|la|gernd
Post|leit|zahl; *Abk.* PLZ
Post|ler
post me|ri|di|em (nachmittags); *Abk.* p. m.
post|mo|dern

Post|mo|der|ne, die (Stilepoche)
post|mor|tal (nach dem Tode auftretend)
post mor|tem (nach dem Tode); *Abk.* p. m.
post|na|tal (nach der Geburt)
Po|sto; ~ fassen
post|ope|ra|tiv (nach der Operation)
Post|scheck|amt; *Abk.* PSchA
Post|skript, Post|skrip|tum, das (Nachschrift); *Abk.* PS
Post|spa|ren, das
Post|sze|ni|um (Raum hinter der Bühne)
post|trau|ma|tisch
Po|stu|lant (Bewerber; Angehöriger eines kath. Ordens)
Po|stu|lat, das (Forderung; Probezeit beim Eintritt in einen kath. Orden)
po|stu|lie|ren
po|stum (nach dem Tode); *s. a.* posthum
post ur|bem con|di|tam (nach der Gründung Roms); *Abk.* p. u. c.
post|wen|dend (direkt im Anschluß)
Pot, das (Marihuana)
Pot, der (Summe der Glücksspieleinsätze)
Po|tem|kin|sche Dör|fer (Vorspiegelung) *§ 15 (7)*
po|tent ([sexuell] leistungsfähig)
Po|ten|tat, der (Machthaber)
po|ten|ti|al (*Adjektiv*)
Po|ten|ti|al, das (Leistungsfähigkeit)
Po|ten|ti|a|lis, der (*sprachwiss.* Möglichkeitsform)
Po|ten|ti|a|li|tät
po|ten|ti|ell
Po|ten|til|la, die (Fingerkraut)
Po|ten|tio|me|ter, das (Spannungsteiler; Widerstand)
Po|tenz (Fähigkeit)
po|ten|zie|ren (steigern; *homöopath.* verdünnen)
po|tenz|stei|gernd; *aber* die Potenz steigernd *§ 11 (4), (6)*
Pot|pour|ri, das ([musikal.] Allerlei)
Pots|dam (Stadt)
Pots|da|mer; ~ Abkommen
Pott (Topf)
Pott|asche (Kaliumkarbonat)
Pott|harst, der (Eintopfgericht); *s. a.* Potthast
pott|häß|lich
Pott|hast, der (Eintopfgericht); *s. a.* Pottharst
Pott|sau (Dreckschwein)
Pott|wal, der (Zahnwalart)
potz Blitz!
potz|tau|send!
Pou|lar|de, die (Masthuhn)
Pou|lenc, Francis (frz. Komponist 1899-1963)
Pou|let, das (Masthuhn)
Pound, Ezra (amerik. Schriftsteller 1885-1972)
Pour le mé|rite, der (Verdienstorden)
pous|sie|ren (flirten)
Pous|sier|sten|gel (Weiberheld)
Pous|sin, Nicolas (frz. Maler 1594-1665)
Pow|er, die (*engl.* Stärke)
pow|ern; du powerst
Pow|er|play, das (*Sport*: konzentrierter Angriff)
Pow|er|slide, das (Schlittern d. Autos als Kurventechnik)
Po|widl, der (Pflaumenmus)
pp (*Abk. v.* pianissimo) *§ 17 (2) Anm. 2*
pp. (*Abk. v.* perge, perge = usw.; per procura)
P. P. (*Abk. v.* praemissis praemittendis)
ppa. (*Abk. v.* per procura)
Pr (*chem. Zeichen f.* Praseodym)
PR (*Abk. v.* Public Relations)
Prä, das (Vorrang)
prä.../Prä... (*lat.* vor)
Prä|am|bel, die (Einleitung zu einer Urkunde u. ä.)
PR-Ab|tei|lung (*s.* PR) *§ 13 (2)*
Pracht
Pracht...[stück *usw.*]
präch|tig
pracht|lie|bend; *aber* die Pracht liebend *§ 11 (4), (6)*
pracht|voll
Prä|de|sti|na|ti|on (Vorbestimmung)
prä|de|sti|nie|ren
Prä|di|kant (Pfarrhelfer)
Prä|di|kan|ten|or|den (Dominikanerorden)
Prä|di|kat, das (Titel; Prüfungsergebnis; Satzaussage)
prä|di|ka|tiv (*Adjektiv*)
Prä|di|ka|tiv, das (nominaler Teil des zusammengesetzten Prädikats); *s. a.* Prädikativum
Prä|di|ka|tiv|satz
Prä|di|ka|ti|vum, das (nominaler Teil des zusammengesetzten Prädikats); *s. a.* Prädikativ
Prä|di|kats...[examen *usw.*] (mit Auszeichnung)
prä|dis|po|nie|ren (empfänglich/geeignet machen)
Prä|dis|po|si|ti|on
Pra|do, der (Museum in Madrid)
prä|do|mi|nie|ren (vorherrschen)
prae|mis|sis prae|mit|ten|dis (der gebührende Titel sei vorausgeschickt); *Abk.* P. P.
Prä|exi|stenz (Dasein der Seele vor Eintritt in den Körper; Dasein in einem früheren Leben)
prä|fa|bri|zie|ren (vorfertigen)
Prä|fa|ti|on (Gebet)
Prä|fekt (hoher Verwaltungsbeamter)
Prä|fek|tur
prä|fe|ren|ti|ell (vorzugsweise)
Prä|fe|renz (Vorliebe)
Prä|fe|renz...[liste *usw.*]
prä|fe|rie|ren (bevorzugen)
Prä|fix, das (Vorsilbe)
Prä|for|ma|ti|on (Vorstellung, nach der die Lebewesen schon im Keim vorgebildet sind)

prä|for|mie|ren ([im Keim] vorbilden)
Prag (Hauptstadt v. Tschechien)
Prä|ge...[druck *usw.*]
prä|gen; du prägst
Pra|ger (*zu* Prag), ~ Fenstersturz; ~ Frühling
prä|gla|zi|al (vor der Eiszeit)
Prag|ma|tik (Ausrichtung auf das Nützliche; Richtung der Sprachwissenschaft, die das Sprachverhalten als Handeln untersucht)
Prag|ma|ti|ker
prag|ma|tisch
Prag|ma|tis|mus (*a.* Philosophie des [nützlichen] Handelns)
Prag|ma|tist
prä|gnant (kurz u. treffend)
Prä|gnanz (prägnante Beschaffenheit)
Prä|hi|sto|rie (Vorgeschichte)
Prä|hi|sto|ri|ker
prä|hi|sto|risch
prah|len
prah|le|risch
Prahl|hans
Prahl|sucht
prahl|süch|tig
Prahm, der (Schiff)
Pra|ia (Hauptstadt v. Kap Verde)
Prai|ri|al (Monat d. frz. Revolutionskalenders)
Prä|ju|diz, das (vorher getroffene Entscheidung; Vorurteil)
prä|ju|di|zi|ell
prä|ju|di|zie|ren
prä|kam|brisch
Prä|kam|bri|um (Erdzeitalter)
prä|kar|bo|nisch (vor dem Karbon auftretend)
prä|kar|di|al (in der Herzgegend); *s. a.* präkordial
Prä|kar|di|al|gie (Schmerz in der Herzgegend)
prä|klu|die|ren (ausschließen; verweigern)
Prä|klu|si|on
prä|ko|lum|bisch (vor der Entdeckung durch Kolumbus)
prä|kor|di|al; *s. a.* präkardial
Prä|kor|di|al|angst
Pra|krit, das (altind. Sprachform); auf prakrit
Prak|tik (Verfahren)
prak|ti|ka|bel (ausführbar); praktika|ble Vorschläge
Prak|ti|ka|bi|li|tät
Prak|ti|kant
Prak|ti|ker
Prak|ti|kum (praktische Arbeit als Teil der Ausbildung); *Pl.* Praktika
Prak|ti|kus (Praktiker)
prak|tisch; praktischer Arzt
prak|ti|zie|ren (in die Praxis umsetzen; als Arzt tätig sein)
prä|kul|misch (vor dem Kulm)
Prä|lat (geistlicher Würdenträger)
Prä|la|tur
Prä|li|mi|nar|frie|den (vorläufiger Frieden)
Prä|li|mi|na|ri|en (*Pl.*) (Vorverhandlungen)
Pra|li|ne, die (Konfekt)
Pra|li|né, das (Praline)
prall; pral|ler
Prall, der
pral|len; du prallst
Pral|ler, der (Pralltriller)
Prall|tril|ler
prall|voll
prä|lu|die|ren
Prä|lu|di|um (*musik.* Vorspiel)
Prä|ma|tu|ri|tät (Frühreife)
Prä|mie (Belohnung; Versicherungsbeitrag)
Prä|mi|en...[sparer usw.]
prä|mi|en|be|gün|stigt
prä|mi|en|frei
prä|mi|en|spa|ren; prämiengespart (*nur Inf., Part.*) *§ 8*
Prä|mi|en|spa|ren, das
prä|mie|ren, prä|mi|ie|ren
Prä|mis|se (Voraussetzung)
Prä|mon|stra|ten|ser (Angehöriger eines christl. Ordens)
prä|na|tal (vor der Geburt)
Prandtl-Rohr (Sonde für Druckmessung) *§ 13 (2)*
pran|gen; du prangst
Pran|ger (Schandpfahl; *a. übertr.* Bloßstellung)
Pran|ke, die (Tatze)
Prä|no|men, das (Vorname)
prä|nu|me|ran|do (im voraus)
Prä|nu|me|ra|ti|on (Voraussetzung)
prä|nu|me|rie|ren
Prä|pa|rat (1. Arzneimittel; 2. ausgestopftes Tier; 3. Gewebe zum Mikroskopieren)
Prä|pa|ra|ti|on
Prä|pa|ra|tor
prä|pa|rie|ren (vorbereiten; [Leichen] zerlegen; [Tierkörper] haltbar machen)
Prä|pon|de|ranz (Vorherrschaft)
Prä|po|si|ti|on (Verhältniswort)
prä|po|si|ti|o|nal
Prä|po|si|tur (Stelle eines Präpositus)
Prä|po|si|tus (Vorgesetzter)
prä|po|tent (dreist, vorlaut)
Prä|po|tenz (Übermacht, Frechheit)
Prä|pu|ti|um (Vorhaut)
Prä|raf|fa|e|lit (Mitglied einer Malervereinigung)
PR-Ar|beit (*s.* PR)
Prä|rie (amerik. Grassteppe)
Prä|rie...[hund *usw.*]
Prä|ro|ga|tiv, das (Vorrecht); *s. a.* Prärogative
Prä|ro|ga|ti|ve, die; *s. a.* Prärogativ
Prä|sens, das (Gegenwartsform des Verbs); *Pl.* Präsentien
Prä|sens...[partizip *usw.*]
prä|sent (gegenwärtig); etwas ~ haben
Prä|sent, das (Geschenk)
prä|sen|ta|bel (ansehnlich); prä|sen|ta|ble Stücke
Prä|sen|tant (jmd., der eine Urkunde vorlegt)
Prä|sen|ta|ti|on
prä|sen|tie|ren (darbieten)
prä|sen|tisch
Prä|senz, die (Anwesenheit)
Prä|senz...[bibliothek *usw.*]

Pra|seo|dym; *chem. Zeichen* Pr
Prä|ser, der (*kurz f.* Präservativ)
prä|ser|va|tiv (vorbeugend)
Prä|ser|va|tiv, das (Kondom)
Prä|ses, der (Kirchenvorstand); *Pl.* Präsiden, Präsides
Prä|si|de, der (Vorsitzender [b. student. Kommers])
Prä|si|dent (Vorsitzender; Staatsoberhaupt)
prä|si|di|al
prä|si|die|ren (vorsitzen)
Prä|si|di|um (Vorsitz; Amtsgebäude [der Polizei])
prä|si|lu|risch (vor dem Silur liegend)
prä|skri|bie|ren (vorschreiben)
Prä|skrip|ti|on
prä|skrip|tiv (vorschreibend)
pras|seln
pras|sen; du praßt *§ 7 (1)*
Pras|ser
Pras|se|rei
prä|sta|bi|lie|ren (vorher festlegen)
Prä|stant, der (Orgelpfeife)
Prä|sum|ti|on (Annahme)
prä|sum|tiv (vermutlich)
Prä|ten|dent (jmd., der Ansprüche erhebt)
prä|ten|die|ren
Prä|ten|ti|on (Anspruch; Anmaßung)
prä|ten|ti|ös (anmaßend)
Pra|ter, der (Park in Wien)
Prä|ter|itio, die (rhet. Figur d. [scheinbaren] Übergehung)
Prä|ter|ito|prä|sens, das (Verb m. präteritalen Präsensformen); *Pl.* ...präsentia, ...präsentien
Prä|ter|itum, das (*sprachwiss.* Vergangenheitsform); *Pl.* Präterita
prä|ter|prop|ter (ungefähr); das Präterpropter
Prä|tor (altröm. Justizbeamter)
Prä|to|ri|a|ner (altröm. Leibwache)
Prä|tur (Prätorenamt)
Prat|ze (Pranke, Hand)
Prau, die (malay. Segelboot)
Prä|ven|ti|on (Vorbeugung)
prä|ven|tiv (vorbeugend)
Prä|ven|tiv...[krieg *usw.*]
prä|ver|bal (vorsprachlich)
Pra|xis, die (Tätigkeit; Behandlungsräume)
Pra|xi|te|les (griech. Bildhauer 4. Jh. v. Chr.)
Prä|ze|denz, die (Vortritt)
Prä|ze|denz|fall (Musterfall)
Prä|zep|tor (Lehrer); Praeceptor Germaniae (*lat.* Lehrmeister Deutschlands)
Prä|zes|si|on (Auslenkung der Kreiselachse)
Prä|zi|pi|tat, das (Ausgefälltes)
Prä|zi|pi|ta|ti|on (chem. Ausfällung)
prä|zi|pi|tie|ren
prä|zis, prä|zi|se (exakt)
prä|zi|sie|ren (genauer fassen)
Prä|zi|si|on (Genauigkeit)
Prä|zi|si|ons...[arbeit *usw.*]
Pre|del|la, die (Altarsockel)
pre|di|gen
Pre|di|ger; ~ Salomo (Buch des A. T.)
Pre|digt
Pre|digt...[stuhl *usw.*]
Pre|fe|rence, die (Kartenspiel)
prei|en (*Seemannssprache*: anrufen); du preist; ein Schiff ~
Preis (Kosten; Auszeichnung)
Preis...[liste *usw.*]
Preis|aus|schrei|ben, das
preis|be|wußt
Prei|sel|bee|re
prei|sen; du preist *§ 7 (1)*, priesest; gepriesen
preis|ge|ben; du gibst preis
preis|ge|bun|den
preis|ge|krönt
preis|gün|stig
preis|ke|geln
Preis|ke|geln, das
Preis-Lei|stungs-Ver|hält|nis *§ 13 (2)*
preis|lich
Preis|lied
Preis-Lohn-Spi|ra|le *§ 13 (2)*
Preis|stop[p]
preis|trei|bend; *aber* den Preis treibend *§ 11 (4), (6)*
preis|wert
preis|wür|dig
pre|kär (unangenehm)
Prell...[bock *usw.*]
prel|len (*a.* betrügen); du prellst
Pré|lude, das (*musik.* Vorspiel)
Pre|mier, der (Regierungschef)
Pre|mie|re, die (Erstaufführung)
Pre|mier|mi|ni|ster
Pre|min|ger, Otto (österr.-amerik. Regisseur 1906-1986)
pre|mi|um (erstklassig)
Pre|mi|um...[bier *usw.*]
Pres|by|ter (Ältester der urchristl. Gemeinde; Priester)
Pres|by|te|ri|a|ner (Anhänger der evangelisch-reformierten Kirche)
pres|by|te|ri|a|nisch
Pres|by|te|ri|um (Kirchenvorstand; Priesterschaft; Altarraum)
pre|schen; du preschst
Pre-shave, das
Pre-shave-Lo|tion, die *§ 13 (3)*
Pres|ley, Elvis (amerik. Sänger 1935-1977)
preß (dicht); ~ decken (*im Sport*)
Preß...[ball *usw.*]
Preß|burg (Hauptstadt der Slowakei, Bratislava); Preßburger Friede
Pres|se
Pres|se...[agentur *usw.*]
pres|sen; du preßt *§ 7 (1)*; gepreßt
pres|sie|ren; es pressiert (eilig sein)
Pres|si|on (Druck; *a. übertr.*, Erpressung)
Preß|ling
Preß|sack (Wurstsorte)
Pres|sure-group, die (Interessenvertretung)
Preß|we|he (geburtsunterstützende Wehe)
Pre|sti|ge, das (Ansehen)
Pre|sti|ge...[sache *usw.*]
pre|stis|si|mo (*musik.* sehr schnell)

Pre|stis|si|mo, das
pre|sto (*musik.* schnell)
Pre|sto, das
Prêt-à-por|ter, das (Konfektionskleidung)
pre|ti|ös (kostbar, geziert); *a.* preziös
Pre|ti|o|sen (*Pl.*) (Schmuck); *a.* Preziosen
Pre|to|ria (Hauptstadt v. Südafrika)
Preu|ße, der
Preu|ßen
preu|ßisch
Preu|ßisch|blau, das
Preuß|ler, Otfried (dt. Schriftsteller *1923)
Pré|vost, Marcel (frz. Schriftsteller 1862-1941); Antoine [d'Exiles] Abbé ~ (frz. Schriftsteller) 1697-1763)
Prey|sing, Konrad Graf v. (dt. Kardinal 1880-1950)
pre|zi|ös (kostbar, geziert); *a.* pretiös
Pre|zi|o|sen (*Pl.*) (Schmuck); *a.* Pretiosen
Pri|a|mel, die/das (Spruchgedicht)
Pri|a|mos (*griech.*), Pri|a|mus (*lat.*) (König v. Troja)
pri|a|pe|isch (*zu* Priapos)
Pri|a|pis|mus (Dauererektion)
Pri|a|pos (*griech.*), Pri|a|pus (*lat.*) (Gott der Fruchtbarkeit)
Pricke, die (Seezeichen) [k|k]
Prickel, der [k|k]
pricke|lig [k|k]; *s. a.* pricklig
prickeln [k|k]
prick|lig; *s. a.* prickelig
Priel, der (Wasserrinne)
Priem, der (Kautabakstück)
prie|men; du priemst
Prieß|nitz-Um|schlag (kalter Umschlag) *§ 13 (2)*
Prie|ster
Prie|ster...[amt *usw.*]
Prie|ster|schaft
Prie|ster|tum
Priestley, John (engl. Schriftsteller 1894-1984); Joseph ~ (engl. Naturforscher 1733-1804)
Prim, die (1. Prime; 2. Fechthieb; 3. Morgengebet); *Pl.* Primen
pri|ma (erstklassig); *Abk.* Ia
Pri|ma, die (Gymnasialklasse); *Pl.* Primen
Pri|ma|bal|le|ri|na (erste Tänzerin eines Balletts)
Pri|ma|don|na (erste Sängerin, Hauptdarstellerin); ~ assoluta
Pri|ma|ge, die (Prämie)
Pri|ma|ner (Schüler einer Gymnasialklasse)
Pri|mar, der (Chefarzt)
Pri|mar...[arzt *usw.*]
pri|mär (ursprünglich)
Pri|mär...[energie *usw.*]
Pri|ma|ri|us (oberster Pfarrer; erster Geiger; Chefarzt)
Pri|mas, der (oberster Bischof)
Pri|mat[1], der (Vorrang)
Pri|mat[2], Pri|ma|te, der (Herrentier)
Pri|ma|wech|sel (Erstausfertigung eines Wechsels)
Pri|me, die (Intervall); *s. a.* Prim; *Pl.* Primen
Pri|mel, die (Pflanze)
Prime|time, die (Hauptsendezeit)
Prim|gei|ger (erster Geiger)
Prim|geld (Prämie)
pri|mis|si|ma (hervorragend)
pri|mi|tiv
Pri|mi|tiv...[kultur *usw.*]
Pri|mi|ti|ve, der
pri|mi|ti|vi|sie|ren
Pri|mi|ti|vis|mus (Kunstrichtung, die sich an Naturvölkern orientiert)
Pri|mi|ti|vi|tät
Pri|mi|tiv|ling
Pri|miz, die (erste Messe e. kath. Priesters)
Pri|mi|zi|ant (neu geweihter kath. Geistlicher)
Pri|mi|zi|en (*Pl.*) (Erstlinge)
Pri|mo de Ri|ve|ra, José (1903-1936) u. Miguel (1870-1930) (span. Politiker)
Pri|mo|ge|ni|tur (Erbfolge des Erstgeborenen)
Pri|mus (der Erste); Primus inter pares (Erster unter Gleichen) *§ 15 (3)*
Prim|zahl (nur durch 1 und sich selber teilbare Zahl)
Prin|ceps (*röm. Titel*); *Pl.* Principes
Prince|ton (Universitätsstadt in den USA)
Prin|te, die (Lebkuchen)
Prin|ter (Druckmaschine)
Print|me|di|en (*Pl.*) (Druckmedien)
Prinz
Prin|zen...[garde *usw.*]
Prin|zeß...[bohne *usw.*]
Prin|zes|sin
Prinz|ge|mahl
Prinz-Hein|rich-Müt|ze *§ 13 (4) Anm.*
Prin|zip, das
Prin|zi|pal, der (Chef)
Prin|zi|pal, das (Orgelregister)
Prin|zi|pal|gläu|bi|ger
prin|zi|pa|li|ter
Prin|zi|pat, der (*zu* Prinzeps)
prin|zi|pi|ell
Prin|zi|pi|en|rei|ter
prinz|lich
Prinz|re|gent (stellvertretend regierender Fürst)
Pri|or (Vorsteher eines Klosters)
Pri|o|rat, das (Amt des Priors)
Pri|o|ri|tät (Vorrang)
Pri|o|ri|täts...[streit *usw.*]
Pri|se (1. kleine Menge; 2. Seebeute)
Pri|sen...[gericht *usw.*]
Pris|ma, das (geometrischer [lichtbrechender] Körper)
pris|ma|tisch
Pris|men...[glas *usw.*]
Priš|ti|na (Hauptstadt d. Kosovo)
Prit|sche, die (1. Schlagholz; 2. Liege- od. Ladefläche)
prit|schen; du pritschst
Prit|schen|wa|gen
Pritsch|mei|ster
pri|vat

Pri|vat...[adresse *usw.*]
Pri|va|tier
pri|va|tim (*Adverb*)
Pri|va|ti|on (Beraubung; Verneinung)
pri|va|ti|sie|ren (1. in Privateigentum umwandeln; 2. vom Vermögen leben)
pri|va|tis|si|me (im engsten Kreis)
Pri|va|tis|si|mum, das (Vortrag für eine kleine Hörerschaft)
pri|va|tiv (entfernend)
pri|vat|recht|lich
pri|vat|ver|si|chert
pri|vat|wirt|schaft|lich
Pri|vi|leg, das (Sonderrecht)
pri|vi|le|gie|ren
Pri|vi|le|gi|um
Prix [pri:], der (*frz.* Preis)
PR-Mann (*s.* PR) *§ 13 (2)*
pro (*Präposition*) (für, je); pro Person; proamerikanisch *usw.*
Pro, das; das ~ und [das] Kontra
pro an|no (jährlich)
pro|ba|bel (annehmbar); proba|ble Argumente
Pro|ba|bi|lis|mus (Philosophie der Wahrscheinlichkeit)
Pro|ba|bi|li|tät (Wahrscheinlichkeit)
Pro|band (Versuchsperson)
pro|bat (bewährt)
Pröb|chen
Pro|be; Probe fahren; *vgl.* probefahren
Pro|be...[abzug *usw.*]
pro|be|fah|ren *§ 9*; *a.* Probe fahren; du fährst Probe; wenn du probefährst *oder* Probe fährst
pro|be|hal|ber
pro|be|hal|tig
pro|be|lau|fen; *vgl.* probefahren
pro|ben; du probst
Pro|ben...[arbeit *usw.*]
pro|be|schrei|ben; *vgl.* probefahren
pro|be|sin|gen; *vgl.* probefahren
pro|be|wei|se
pro|bie|ren
Pro|bier|glas
Pro|blem, das
Pro|blem...[bewußtsein *usw.*]
Pro|ble|ma|tik (Schwierigkeit)
pro|ble|ma|tisch
pro|ble|ma|ti|sie|ren
pro|blem|los
pro|blem|ori|en|tiert
Pro|ce|de|re, das (Vorgehensweise); *a.* Prozedere
pro cen|tum; *Abk.* p. c., *Zeichen* %; *s. a.* Prozent
Pro|de|kan (Vertreter des Dekans)
Pro|di, Romano (ital. Politiker *1939)
pro do|mo (in eigener Sache)
Pro|drom, das (Vorbote [einer Krankheit])
Pro|dro|mal|sym|ptom, das (Prodom)
Pro|duct place|ment, das (Schleichwerbung) *§ 15 (3)*
Pro|dukt...[haftung *usw.*]
Pro|duk|ten...[handel *usw.*]
Pro|duk|ti|on (Gütererzeugung)
Pro|duk|ti|ons...[anlage *usw.*]
Pro|duk|ti|vi|tät (schöpferische Leistung)
Pro|duk|tiv|kraft (Faktor, der die Produktivität bestimmt)
Pro|du|zent (jmd., der etwas erzeugt)
pro|du|zie|ren
Pro|en|zym, das (Vorstufe eines Enzyms)
Prof. (*Abk. v.* Professor)
pro|fan (unheilig; alltäglich)
Pro|fa|na|ti|on (Entheiligung)
pro|fa|nie|ren
Pro|fa|ni|tät
pro|fa|schi|stisch (dem Faschismus zugeneigt)
Pro|feß, die (Klostergelübde); *Pl.* Professen
Pro|fes|si|on (Beruf)
Pro|fes|sio|nal, der (*engl.*); *kurz* Profi
pro|fes|si|o|na|li|sie|ren (zur Erwerbsquelle machen)
Pro|fes|si|o|na|li|tät
pro|fes|si|o|nell
pro|fes|si|ons|mä|ßig
Pro|fes|sor; *Abk.* Prof.
pro|fes|so|ral
Pro|fes|sur (Lehrstuhl)
Pro|fi, der (*kurz f.* Professional)
Pro|fi...[fußball *usw.*]
pro|fi|haft
Pro|fil
Pro|fil...[bild *usw.*]
pro|fi|lie|ren; sich ~ (durch besondere Leistungen auffallen)
pro|fil|los
Pro|fit, der (Gewinn)
pro|fi|ta|bel (gewinnbringend); profita|ble Geschäfte
pro|fit|brin|gend; *aber* [großen] Profit bringend *§ 11*
Pro|fit|chen
Pro|fi|teur
pro|fi|tie|ren
pro|fit|lich
pro for|ma (nur der Form wegen)
Pro-for|ma-...[Rechnung *usw.*] *§ 13 (4)*
Pro|fos, der (*früher* militär. Gerichtsherr)
pro|fund (tiefgründig)
pro|fus (verschwenderisch)
Pro|ge|ni|tur, die (Nachkommenschaft)
Pro|ge|ste|ron, das (Gelbkörperhormon)
Pro|gno|se (Vorhersage)
Pro|gno|stik (Lehre von den Prognosen)
Pro|gno|sti|kon (*griech.*), Pro|gno|sti|kum (*lat.*) (Vorzeichen)
pro|gno|stisch
pro|gno|sti|zie|ren (vorhersagen)
Pro|gramm (Plan; Folge v. Arbeitsanweisungen für Computer)
Pro|gramm...[änderung *usw.*]
pro|grammä|ßig [mm|m] *§ 7 (1), § 28 Anm.*
Pro|gram|ma|tik (Zielsetzung)
Pro|gram|ma|ti|ker
pro|gram|ma|tisch

pro|gramm|ge|mäß
pro|gramm|ge|steu|ert
pro|gram|mie|ren
Pro|gram|mie|rer
Pro|grammu|sik [mm|m] *§ 7 (1), § 28 Anm.*
Pro|greß, der (Fortschritt)
Pro|gres|si|on (Fortschreiten; *bes.* Zunahme des Steuersatzes)
Pro|gres|sis|mus
pro|gres|si|stisch (überzogen fortschrittsgläubig)
pro|gres|siv (stufenweise; fortschrittlich)
pro|hi|bie|ren (verbieten)
Pro|hi|bi|ti|on (Alkoholverbot)
Pro|hi|bi|ti|o|nist
pro|hi|bi|tiv (verhindernd)
Pro|hi|bi|tiv...[zoll *usw.*]
Pro|jekt, das (Plan, Vorhaben)
pro|jek|tie|ren (ein Projekt entwerfen)
Pro|jek|til, das (Geschoß)
Pro|jek|ti|on (Abbildung)
Pro|jek|ti|ons...[fläche *usw.*]
Pro|jek|tor (Gerät, das Projektionen erzeugt)
pro|ji|zie|ren
Pro|kla|ma|ti|on (öffentliche Bekanntmachung)
pro|kla|mie|ren
Pro|kli|se (Anlehnung eines unbetonten Wortes an ein folgendes betontes)
Pro|kli|ti|kon (*griech.*), Pro|kli|ti|kum (*lat.*) (unbetontes Wort, das sich an ein folgendes betontes anlehnt)
pro|kli|tisch
Pro|ko|fjew, Sergei (russ. Komponist 1891-1953)
pro|kom|mu|ni|stisch
Pro|kon|sul (ehemaliger Konsul als Statthalter e. Provinz)
Pro|kon|su|lat, das
Pro-Kopf-Ver|brauch *§ 13 (4)*
Pro|kru|stes|bett (gewaltsam aufgezwungener Maßstab)
Prokt|al|gie (Schmerzen im After u. Mastdarm)
Prok|ti|tis, die (Mastdarmentzündung)
Prok|to|lo|ge
Prok|to|lo|gie (Lehre von den Mastdarmkrankheiten)
prok|to|lo|gisch
Prok|to|sta|se, die (Kotstau)
Pro|ku|ra (Vollmacht)
Pro|ku|ra|ti|on
Pro|ku|ra|tor (Statthalter einer Provinz; Finanzverwalter e. Klosters; Bevollmächtigter)
Pro|ku|rist (Inhaber der Prokura)
Pro|ky|on (Stern)
Pro|laps, der (Vorfall e. Organs)
Pro|le|go|me|non, das (Vorrede); *Pl.* Prolegomena
Pro|lep|se, Pro|lep|sis, die (*rhetor.* Vorwegnahme)
pro|lep|tisch
Pro|let (Angehöriger der Unterschicht; ungehobelter Mensch)
Pro|le|ta|ri|at (Unterschicht)
Pro|le|ta|ri|er
pro|le|ta|risch
pro|le|ta|ri|sie|ren
Pro|let|kult, der (proletar. Kulturbewegung in der Sowjetunion)
Pro|li|fe|ra|ti|on (Wucherung; Weiterverbreitung)
pro|li|fe|rie|ren
Pro|log, der (Einleitung)
PROLOG (Programmiersprache)
Pro|lon|ga|ti|on (Fristverlängerung)
pro|lon|gie|ren (verlängern)
pro me|mo|ria (zur Erinnerung an); *Abk.* p. m.
Pro|me|mo|ria, das (Denkschrift)
Pro|me|na|de, die (Spazierweg, -gang)
Pro|me|na|den...[weg *usw.*]
pro|me|nie|ren (spazierengehen)
Pro|mes|se, die (schriftliche Zusage; Schuldschein)
Pro|mes|sen|ge|schäft
pro|me|the|isch (äußerst kraftvoll)
Pro|me|theus (Sagenfigur)
Pro|me|thi|um; *chem. Zeichen* Pm
pro mil|le; *Abk.* p. m., *Zeichen* ‰; *s. a.* Promille
Pro|mil|le, das; 0,5 Promille
Pro|mil|le...[grenze *usw.*]
pro|mi|nent (hervorragend, bekannt)
Pro|mi|nenz, die
Pro|mis|ku|i|tät (häufiger Wechsel d. Geschlechtspartner)
pro|mis|ku|i|tiv
Pro|mo|ter (Veranstalter)
Pro|mo|ti|on (Verleihung der Doktorwürde; Werbung)
Pro|mo|tor (Förderer)
Pro|mo|vend (jmd., der promoviert werden soll)
pro|mo|vie|ren (den Doktorgrad verleihen/erlangen)
prompt
Pro|mul|ga|ti|on (Veröffentlichung)
pro|mul|gie|ren
Pro|no|men, das (Fürwort)
pro|no|mi|nal
Pro|no|mi|nal...[adverb *usw.*]
pro|non|cie|ren (deutlich/nachdrücklich aussprechen)
pro|non|ciert
Pro|ömi|um (Vorrede)
Pro|pä|deu|tik (vorbereitende Einführung in ein Fach)
Pro|pä|deu|ti|kum (*a.* medizinische Vorprüfung)
pro|pä|deu|tisch
Pro|pa|gan|da ([politische] Werbung)
Pro|pa|gan|da...[lüge *usw.*]
Pro|pa|gan|dist
pro|pa|gan|di|stisch
Pro|pa|ga|tor
pro|pa|gie|ren (für etwas werben)
Pro|pan, das (brennbares Gas, Kohlenwasserstoff)
Pro|pan|gas
Pro|par|oxy|to|non (auf der

drittletzten Silbe betontes Wort)
Pro|pel|ler, der (Flugzeug- od. Schiffsschraube)
Pro|pel|ler...[flugzeug *usw.*]
Pro|pen, das (Propylen)
pro|per (sauber, ordentlich); *s. a.* propre
Pro|per|ge|schäft (Eigenhandel) *s. a.* Propregeschäft
Pro|pe|ri|spo|me|non (Wort mit Zirkumflex auf der vorletzten Silbe)
Pro|perz; Sextus Propertius (röm. Dichter ~50 – n. 16 v. Chr.)
Pro|pha|se, die (einleitende Phase der Zellkernteilung)
Pro|phet; *Pl.* Propheten
Pro|phe|tie (Weissagung)
pro|phe|tisch
pro|phe|zei|en
Pro|phy|lak|ti|kum (vorbeugendes Mittel)
pro|phy|lak|tisch
Pro|phy|la|xe, die (Krankheitsvorbeugung)
Pro|po|nent (Antragssteller)
pro|po|nie|ren
Pro|por|ti|on (Größenverhältnis)
pro|por|ti|o|nal
Pro|por|ti|o|nal...[wahl *usw.*]
Pro|por|ti|o|na|le, die (Glied einer Verhältnisgleichung)
Pro|por|ti|o|na|li|tät
pro|por|ti|o|nell
pro|por|ti|o|niert
Pro|porz, der (Mandats- u. Ämterverteilung nach dem Verhältnis der errungenen Stimmen)
Pro|porz...[wahl *usw.*]
Pro|po|si|ti|on (Vorschlag; Thema; Satzinhalt)
Prop|pen, der (Korken)
prop|pen|voll
Pro|prä|tor (Statthalter einer röm. Provinz)
pro|pre; *s. a.* proper
Pro|pre|ge|schäft (Eigengeschäft); *s. a.* Propergeschäft
Pro|pri|e|tär, der (Eigentümer)
Pro|pri|e|tät
Pro|pri|um, das (1. Nomen proprium, Eigenname; identitätsschaffendes Merkmal; 3. Text einer Messe)
Propst (Titel eines Geistlichen)
Prop|stei
Pro|pusk, der (*russ.* Ausweis)
Pro|py|lä|en (*Pl.*) (von Säulen getragene Vorhalle)
Pro|py|len, das (chem. Verbindung); *s. a.* Propen
Pro|rek|tor (Stellvertreter des Rektors)
Pro|rek|to|rat
Pro|sa (ungebundene Sprache ohne Reime u. Verse; *übertr.* Nüchternheit)
Pro|sa|i|ker
pro|sa|isch
Pro|sa|ist
Pro|sek|tor (Facharzt für Pathologie)
Pro|sek|tur (pathologische Abteilung e. Klinik)
Pro|se|ku|ti|on (gerichtliche Verfolgung)
Pro|se|ku|tor (Verfolger; Ankläger)
Pro|se|lyt (jmd., der zu einem anderen Glauben übergetreten ist)
Pro|se|ly|ten|ma|cher
Pro|se|mi|nar (einführendes Seminar)
Pro|ser|pi|na (*lat.*) (Sagengestalt); *s. a.* Persephone (*griech.*)
pro|sit! (wohl bekomme es!); *s. a.* prost!
Pro|sit, das
pro|skri|bie|ren (ächten)
Pro|skrip|ti|on (Ächtung)
Pros|odie (Lehre vom Vers; Intonation der Rede)
Pros|odik (Prosodie)
pros|odisch
Pro|spekt
pro|spek|tie|ren
Pro|spek|ti|on (geologische Untersuchung)
pro|spek|tiv (eine Möglichkeit betreffend; vorausschauend)
Pro|spek|tor
pro|spe|rie|ren (gedeihen)
Pro|spe|ri|tät (Wachstum)
Pro|sper|mie (vorzeitiger Samenerguß)
prost!; *s. a.* prosit!
Pro|sta|ta (Vorsteherdrüse)
Pro|sta|ti|tis, die (Entzündung der Prostata)
pro|sten; du prostest
pro|sti|tu|ie|ren; sich ~ (sich verkaufen, um einen Vorteil zu erzielen)
Pro|sti|tu|ier|te, die (Hure)
Pro|sti|tu|ti|on
Pro|stra|ti|on (Kniefall; Erschöpfung)
Pro|sze|ni|um (vorderster Bühnenteil)
Pro|sze|ni|ums|lo|ge (vorderste Bühnenloge)
Prot|ac|ti|ni|um; *a.* Protaktinium; *chem. Zeichen* Pa
Prot|ago|nist (Hauptdarsteller)
Prot|ago|ras (griech. Philosoph ~ 485- ~ 415 v. Chr.)
Prot|ak|ti|ni|um; *a.* Protactinium, *s. d.*
Pro|te|gé, der (Schützling)
pro|te|gie|ren (schützen; begünstigen)
Pro|te|in, das (Eiweißart)
pro|te|isch (*zu* Proteus; verwandlungsfreudig)
Pro|tek|ti|on (Schutz; Begünstigung)
Pro|tek|ti|o|nis|mus (Abschottung von heimischen Märkten)
Pro|tek|ti|o|nist
pro|tek|ti|o|ni|stisch
Pro|tek|tor (Schutzherr; Gönner)
Pro|tek|to|rat (Schutzherrschaft)
Pro|te|ro|zo|i|kum (ältestes Zeitalter der Erdgeschichte)
Pro|test, der
Pro|test...[aktion *usw.*]

Pro|te|stant
pro|te|stan|tisch; *Abk.* prot.
Pro|te|stan|tis|mus
Pro|te|sta|ti|on
pro|te|stie|ren
Pro|test|ler
Pro|teus (Sagengestalt)
pro|teus|haft (wechselhaft)
Prot|evan|ge|li|um (Teil des AT); *s. a.* Pro|toevangelium
Pro|the|se (1. künstl. Ersatz e. Körperteils; 2. Hinzufügen eines Lautes vor ein Wort)
Pro|the|sen...[träger *usw.*]
Pro|the|tik (Prothesentechnik)
pro|the|tisch
Pro|tist, der (Einzeller)
Pro|to|evan|ge|li|um (Teil des AT); *s. a.* Protevangelium
pro|to|gen (1. zuerst entstanden; 2. urzeitlich)
Pro|to|koll (wortgetreue Niederschrift)
Pro|to|koll...[führer *usw.*]
Pro|to|kol|lant
pro|to|kol|la|risch
pro|to|kol|lie|ren
Pro|ton (positiv geladenes Elementarteilchen)
Pro|to|nen...[quelle *usw.*]
Pro|to|no|tar (pästl. Notar)
Pro|to|phy|te, die (einzellige Pflanze)
Pro|to|phy|ton, das; *Pl.* Protophyten
Pro|to|plas|ma (von der Zellmembran umhüllte Zellsubstanz)
Pro|to|typ (1. Vorbild; 2. Normalmaß; 3. erste Ausführung)
pro|to|ty|pisch
Pro|to|zo|on (einzelliges Tier)
pro|tra|hie|ren (verzögern)
Pro|tu|be|ranz (1. Gaseruption; 2. Knochenhöcker)
Protz, der
Prot|ze, die (Geschützwagen)
prot|zen; du protzt *§ 7 (1)*
Prot|ze|rei
prot|zig
Protz|ka|sten
Protz|wa|gen
Prou|dhon, Pierre Joseph (frz. Schriftsteller 1809-1865)
Proust, Marcel (frz. Schriftsteller 1871-1922)
Pro|vence, die (Region in Frankreich)
Pro|ve|ni|enz, die (Herkunft)
Pro|ven|za|le (Bewohner der Provence)
pro|ven|za|lisch
pro|ver|bi|al (sprichwörtlich)
Pro|vi|ant, der (Lebensmittelvorrat)
pro|vi|an|tie|ren
Pro|vi|der (*EDV*) (Anbieter von Onlinediensten)
Pro|vinz, die (Teilgebiet e. Staates; Lebensraum abseits der [kulturellen] Zentren)
Pro|vinz...[stadt *usw.*]
Pro|vin|zi|al, der (Vorsteher e. Klosterprovinz)
pro|vin|zi|a|li|sie|ren
Pro|vin|zi|a|lis|mus (beschränkte Haltung; mundartlicher Ausdruck)
pro|vin|zi|ell
Pro|vinz|ler
pro|vinz|le|risch
Pro|vi|si|on (Vermittlungsgebühr; Gewinnanteil als Vergütung)
Pro|vi|si|ons...[zahlung *usw.*]
pro|vi|si|ons|frei
Pro|vi|sor (Verwalter)
pro|vi|so|risch
Pro|vi|so|ri|um (behelfsmäßige Einrichtung)
Pro|vit|amin (Vorstufe eines Vitamins)
pro|vo|kant (herausfordernd)
Pro|vo|ka|teur (Aufwiegler)
Pro|vo|ka|ti|on
pro|vo|ka|tiv
pro|vo|ka|to|risch
pro|vo|zie|ren (herausfordern)
Pro|xi|ma Cen|tau|ri (Stern)
pro|xi|mal (dem Zentrum zugewandt)
Pro|ze|de|re, das (Vorgehensweise); *a.* Procedere
pro|ze|die|ren (vorgehen)
Pro|ze|dur (Behandlung, Vorgang)
Pro|zent, das (das Hundertstel); *Zeichen* %
Pro|zent...[rechnung *usw.*]
pro|zen|tu|al
pro|zen|tu|ell
pro|zen|tu|ie|ren
Pro|zeß, der (Rechtsstreit; Verlauf)
Pro|zeß...[akte *usw.*]
pro|zeß|be|voll|mäch|tigt
pro|zeß|fä|hig
pro|zeß|füh|rend; *aber* einen Prozeß führend
pro|zes|sie|ren
Pro|zes|si|on (feierlicher Umzug)
Pro|zes|si|ons|spin|ner (Schmetterling)
Pro|zes|sor (Recheneinheit e. Computers)
pro|zes|su|al
pro|zy|klisch (einen Zyklus verstärkend)
prü|de ([sexuell] zimperlich)
Prü|de|rie
Prud'hon, Pierre-Paul (frz. Maler 1758-1823)
Prüf...[bericht *usw.*]
prü|fen
Prüf|ling
Prü|fungs...[angst *usw.*]
Prü|gel, der
Prü|gel (*Pl.*) (Schläge); Prügel bekommen
Prü|ge|lei
Prü|gel|kna|be
prü|geln
Prüm (Stadt u. Abtei)
Prü|nel|le, die (Trockenpflaume)
Prunk, der
Prunk...[sitzung *usw.*]
prun|ken; du prunkst
prunk|haft
prunk|lie|bend; *aber* den Prunk liebend *§ 11 (4), (6)*
prunk|süch|tig
prunk|voll
Pru|ri|go, die (Hautkrankheit);

Pl. Prurigos, Prurigines
Pru|ri|tus, der (Hautjucken)
pru|sten
Pruz|ze (Preuße)
Pry|ta|ne (hoher Beamter im antiken Griechenland)
Pry|ta|nei|on (*griech.*), Pry|ta-ne|um (*lat.*), das (Versammlungsort des altgriech. Staatsrates)
Przy|by|szew|ski, Stanisław (poln. Schriftsteller 1868-1927)
PS (*Abk. v.* Pferdestärke, Postskript[um]) *§ 17 (2) Anm. 1*
Psa|li|gra|phie (Kunst des Scherenschnitts)
psa|li|gra|phisch
Psalm, der (relig. Lied)
Psal|men...[dichter *usw.*]
Psal|mist
Psalm|odie (Gesang von Psalmen)
psalm|odie|ren
psalm|odisch
Psal|ter, der (1. Buch der Psalmen im AT; 2. altes. Saiteninstrument; 3. Blättermagen)
PschA (*Abk. v.* Postscheckamt) *§ 17 (2) Anm. 2*
Pseud|epi|gra|phen (*Pl.*) (unter falschem Namen bekannte Schriften)
pseudo.../**Pseudo**... (falsch, unecht)
Pseu|do|krupp, der (Kehlkopfentzündung)
Pseu|do|lo|gie (krankhaftes Lügen)
pseud|onym
Pseud|onym, das (Deckname)
Pseu|do|po|di|um (Scheinfüßchen)
Psi, das (1. der griech. Buchstabe ψ, Ψ; 2. okkultes Phänomen)
Psi|lo|me|lan, der (Hartmanganerz)
Psi|lo|se, die (Haarausfall; *sprachwiss.* Enthauchung)
Psi-Phänomen, das (okkulte Erscheinung)
Psit|ta|ko|se, die (Papageienkrankheit)
Pso|ri|a|sis, die (Schuppenflechte)
Pso|ri|a|ti|ker
pst!
PS-stark (*s.* PS) *§ 13 (2)*
Psych|ago|ge (Heilpädagoge)
Psych|ago|gik (psycholog. Behandlung von Verhaltensstörungen)
Psy|che, die (Seele)
psy|che|de|lisch (bewußtseinserweiternd)
Psych|ia|ter
Psych|ia|trie (Lehre von den seelischen Krankheiten)
psych|ia|trisch
psy|chisch
psy|cho.../**Psy|cho**...; vor Vokal psych.../Psych... (*griech.* die Seele betreffend)
Psy|cho|ana|ly|se (Freudsche Schule der Psychologie u. Psychiatrie)
psy|cho|ana|ly|sie|ren
Psy|cho|ana|ly|ti|ker
psy|cho|ana|ly|tisch
Psy|cho|dia|gno|stik (Verfahren zum Erkennen und Beurteilen der Persönlichkeit)
Psy|cho|dra|ma, das (psycholog. Methode d. spielerischen Darstellung v. Konflikten)
psy|cho|gen (seelisch bedingt)
Psy|cho|ge|ne|se (Entwicklung des Seelenlebens)
Psy|cho|gramm (Persönlichkeitsbeschreibung)
Psy|cho|ki|ne|se, die (Zauberei)
Psy|cho|lin|gu|i|stik (Sprachpsychologie)
Psy|cho|lo|ge
Psy|cho|lo|gie (Seelenkunde)
psy|cho|lo|gisch
psy|cho|lo|gi|sie|ren
Psy|cho|lo|gis|mus (Psychologie am ungeeigneten Platz)
Psy|cho|me|trie (Messung psychischer Vorgänge u. Fähigkeiten)
psy|cho|me|trisch
Psy|cho|path (seelisch gestörter Mensch)
Psy|cho|pa|thie
psy|cho|pa|thisch
Psy|cho|pa|tho|lo|gie (Lehre vom kranken Seelenleben)
Psy|cho|phar|ma|kon, das (psychisch wirkendes Medikament)
Psy|cho|phy|sik (Lehre von den Beziehungen zwischen Leib u. Seele)
psy|cho|phy|sisch
Psy|cho|se (seelische Krankheit)
Psy|cho|so|ma|tik (Lehre von den Beziehungen zwischen Leib u. Seele)
psy|cho|so|ma|tisch
Psy|cho|ter|ror
Psy|cho|the|ra|peut
psy|cho|the|ra|peu|tisch
Psy|cho|the|ra|pie (Seelenheilbehandlung)
psy|cho|tisch
Psy|chro|me|ter, das (Feuchtigkeitsmesser)
Pt (*chem. Zeichen f.* Platin)
P. T. (*Abk. v.* pleno titulo)
Pta (*Abk. v.* Peseta) *§ 17 (2) Anm. 2*
PTA (*Abk. v.* pharmazeutisch-technische[r] Assistent[in]) *§ 17 (2) Anm. 1*
Ptah (ägypt. Gott)
Pter|an|odon, das (Flugsaurier); *Pl.* Pteranodonten
Pte|ro|dak|ty|lus (Flugsaurier); *Pl.* Pterodaktylen
Pte|ro|po|de, der (Flossenfüßer)
Pte|ro|sau|ri|er (Flugsaurier)
Pte|ry|gi|um, das (Wucherung der Bindehaut); *Pl.* Pterygia, Pterygien
Pto|le|mä|er (Abkömmling des Diadochen Ptolemäus)
pto|le|mä|isch
Pto|le|mä|us (*griech.* Ptolemaios) (griech. Feldherr 367/99-283 v. Chr.); Claudius ~ (griech. Naturwissenschaftler ~100- ~160)

Pto|ma|in, das (Leichengift)
Pty|a|lin, das (Enzym)
Pu (*chem. Zeichen f.* Plutonium)
Pub, das/der (*engl.*) (Wirtshaus)
pu|ber|tär
Pu|ber|tät (Übergang zur Geschlechtsreife)
Pu|ber|täts...[erscheinung *usw.*]
pu|ber|tie|ren
Pu|bes|zenz (Ausbildung der Geschlechtsreife)
Pu|blic Do|main, die (frei zugängliche Software)*§ 15 (3) Anm.*
pu|bli|ce (*Adv.*) (*lat.* öffentlich)
Pu|bli|ci|ty, die (Bekanntheit)
Pu|blic Re|la|tions (*Pl.*)*§ 15 (3) Anm.*; *Abk.* PR
pu|blik
Pu|bli|ka|ti|on (Veröffentlichung)
Pu|bli|kum, das (Zuhörerschaft, Öffentlichkeit)
pu|bli|zie|ren (veröffentlichen)
Pu|bli|zist
Pu|bli|zi|stik (Zeitungswissenschaft)
pu|bli|zi|stisch
Pu|bli|zi|tät (Zugänglichkeit für die Öffentlichkeit)
p. u. c. (*Abk. v.* post urbem conditam; *lat.* nach der Gründung Roms 753 v. Chr.)
Puc|ci|ni, Giacomo (ital. Komponist 1858-1924)
Puck, der (1. Kobold; 2. Eishockeyscheibe)
puckern (pochen) [k|k]; es puckert
Pück|ler-Mus|kau, Hermann von (dt. Schriftsteller 1785-1871)
Pud, das (russ. Gewicht)
Pud|del|ei|sen
pud|deln (Eisen gewinnen)
Pud|del|ofen
Pud|ding
Pud|ding...[pulver *usw.*]
Pu|del, der (1. Hunderasse; 2. Fehlwurf b. Kegeln)
Pu|del|müt|ze
pu|deln; du pudelst (*zu* Pudel 2.)
pu|del|nackt
pu|del|naß
pu|del|wohl; sich ~ fühlen
Pu|der, der/das
Pu|der...[dose *usw.*]
pu|de|rig; *s. a.* pudrig
pu|dern
pud|rig; *s. a.* puderig
Pu|e|blo, der (Indianerdorf)
Pu|e|blo|in|di|a|ner
pu|e|ril (kindlich)
Pu|e|ri|li|tät
Pu|er|pe|ral|fie|ber (Kindbettfieber)
Pu|er|pe|ri|um (Wochenbett)
Pu|er|to|ri|ca|ner; *a.* Puertorikaner
pu|er|to|ri|ca|nisch; *a.* puertorikanisch
Pu|er|to Ri|co (Staat)
Pu|fen|dorf, Samuel von (dt. Jurist 1632-1694)
Puff, das (Spiel)
Puff, der (Stoß)
Puff, der/das (Bordell)
Puff|är|mel
Puff|boh|ne (Saubohne)
Puf|fe, die (Bausch)
puf|fen; du puffst
Puf|fer
Puf|fer...[staat *usw.*]
Puff|mais
Puff|mut|ter
Puff|ot|ter, die (Schlange)
Puff|reis
Puff|spiel
Pug|wash-Be|we|gung (polit. Bewegung v. Wissenschaftlern) *§ 13 (2)*
Pul, der (afghan. Münze)
Pul|ci|nell, Pul|ci|nel|la (Gestalt der Commedia dell'arte)
pu|len; du pulst; Erbsen ~
Pu|lit|zer|preis (Auszeichnung für Journalisten u. Schriftsteller)
Pulk, der (Gruppe)
Pul|le, die (Flasche)
pul|len (1. rudern; 2. urinieren)
pul|lern (urinieren)
Pul|li, der (*kurz f.* Pullover)
Pull|man|wa|gen (luxuriöser Reisewaggon)
Pull|over, der
Pull|un|der, der (ärmelloser Pullover)
pul|mo|nal (die Lunge betreffend)
Pulp, der (Fruchtmark); *s. a.* Pulpe, Pülpe
Pul|pa, die (1. Zahnmark; 2. Fruchtfleisch)
Pul|pe, Pül|pe (Obstbrei); *s. a.* Pulp
Pul|pi|tis, die (Entzündung der Pulpa 1.)
pul|pös
Pul|que, der (Agavensaft)
Puls, der
Puls...[ader *usw.*]
Pul|sar, der (Stern, der in regelmäßiger Folge Radiostrahlung aussendet)
Pul|sa|ti|on (rhythm. Herztätigkeit; Druck im arteriellen Gefäßsystem; periodische Änderung v. Größen)
Pul|sa|tor (pulsierende Maschine; Melkmaschine)
pul|sen; du pulst *§ 7 (1)*
pul|sie|ren
Pul|so|me|ter (kolbenlose Kondensationspumpe)
Pult, das
Pult...[dach *usw.*]
Pul|ver
Pul|ver, Liselotte (schweizer. Schauspielerin *1929)
Pül|ver|chen
pul|ve|rig; *s. a.* pulvrig
Pul|ve|ri|sa|tor (Maschine, die Pulver herstellt)
pul|ve|ri|sie|ren
pul|vern
pulv|rig; *s. a.* pulverig
Pu|ma, der (Raubkatze)
Pum|mel, der
Pum|mel|chen
pum|me|lig, pumm|lig
Pump, der; auf ~ kaufen
Pum|pe
pum|pen (*a.* borgen)

Pum|pen...[schwengel *usw.*]
pum|perl|ge|sund
pum|pern
Pum|per|nickel, der (Schwarzbrotsorte) [k|k]
Pump|ho|se
Pumps, der (Damenschuh)
Punch, der (Boxhieb)
Pun|cher
Pun|ching|ball
Punc|tum, das (Punkt); Punctum puncti (Hauptsache; Geld); *a.* Punktum
Punc|tum sa|li|ens, das (der springende Punkt)
Pu|ne (Stadt in Indien); *a.* Poona
Pu|ni|er (Karthager)
pu|nisch (karthagisch); der Erste Punische Krieg *usw.* *§ 15 (7)*
Punk, der (1. Protestbewegung; 2. Musikstil)
Pun|ker
pun|kig (*zu* Punk)
Punk|rock (*zu* Punk 2.)
Punkt
Punkt...[richter *usw.*]
Punk|ta|ti|on (1. Vertragsentwurf; 2. Einsetzen von Punkten [in hebräische Texte])
Pünkt|chen
Punk|te|kampf
punk|ten
Punk|te|spiel
punkt|gleich
punk|tie|ren (Flüssigkeit aus dem Körper entnehmen)
Punk|tier|na|del
Punk|ti|on (Entnahme von Flüssigkeit aus dem Körper)
pünkt|lich
punkt|schwei|ßen; punktgeschweißt, punktzuschweißen *§ 8*
punk|tu|ell
Punk|tum, das (Punkt); *a.* Punctum
Punk|tur (Einstich in das Körpergewebe)
Punsch, der (alkohol. Getränk)
Punz...[arbeit *usw.*]
Pun|ze, die (Stempel; eingestanztes Zeichen d. Gehalts)
pun|zen; du punzt *§ 7 (1)*
pun|zie|ren (einstanzen; stempeln)
Pup, der (Darmwind)
pu|pen; du pupst
pu|pil|lar (*zu* Pupille)
Pu|pil|le, die (Öffnung der Regenbogenhaut des Auges)
Pu|pin|spu|le (Selbstinduktionsspule)
pu|pi|par (sich verpuppende Larven gebärend)
Püpp|chen
Pup|pe
Pup|pen...[stube *usw.*]
pup|pig
pur (rein)
Pur|cell, Henry (engl. Komponist 1659-1695)
Pü|ree, das (Brei)
Pur|gans, das (Abführmittel)
Pur|ga|tiv, das (Abführmittel)
Pur|ga|to|ri|um (Fegefeuer)
pur|gie|ren (abführen)
Pur|gier|mit|tel
pü|rie|ren (fein zerkleinern)
Pu|ri|fi|ka|ti|on (Reinigung)
pu|ri|fi|zie|ren (läutern)
Pu|rim, das (jüd. Fest)
Pu|rin, das (chem. Verbindung)
Pu|ris|mus (Kampf gegen Fremdwörter)
Pu|rist
pu|ri|stisch
Pu|ri|ta|ner (Angehöriger einer kalvinistischen Richtung; sittenstrenger Mensch)
pu|ri|ta|nisch
Pu|ri|ta|nis|mus (kalvinist. Glaubensrichtung)
Pur|pur, der (roter Farbstoff)
Pur|pur...[mantel *usw.*]
pur|pur|far|ben
pur|pur|far|big
pur|purn
pur|pur|rot
Pur|ser (Zahlmeister; Chefsteward)
pu|ru|lent (eitrig)
Pür|zel, der (Wildschweinschwanz)
Pur|zel|baum
pur|zeln; du purzelst
Pu|san (Stadt in Südkorea); *a.* Busan
Pu|schel, die (Quaste; fixe Idee)
pu|schen (vorantreiben); du puschst
Pusch|kin, Aleksandr (russ. Dichter 1799-1837)
pu|shen (mit Rauschgift handeln); du pushst
Pu|sher (*zu* pushen)
Pus|sel|ar|beit
pus|se|lig; *s. a.* pußlig
Pus|sel|kram, der
pus|seln
puß|lig; *s. a.* pusselig
Puß|ta, die (ungar. Steppe); *ungar.* Puszta
Pu|ste (Atem)
Pu|ste|blu|me (Löwenzahn)
Pu|ste|ku|chen (*ablehnender Ausruf*)
Pu|stel, die (Eiterbläschen)
pu|sten
Pu|ster|tal (österr. u. ital. Alpental)
pu|stu|lös (mit Pusteln versehen)
pu|ta|tiv (irrtümlich)
Pu|ta|tiv...[notwehr *usw.*]
Put|bus|ser (Einwohner v. Putbus)
Pu|te, die (Truthenne)
Pu|ter, der (Truthahn)
pu|ter|rot
put, put! (*Lockruf f. Hühner*)
Pu|tre|fak|ti|on (Verwesung)
Pu|tres|zenz (Fäulnis)
pu|tres|zie|ren (faulen)
Putsch, der (gewaltsamer Umsturz)
put|schen; du putschst
Put|schist
Putt, der (einlochender Golfschlag)
Pütt, der (Bergwerk, Grube)
Put|te, die; *s. a.* Putto
put|ten (*zu* Putt)
Putt|gar|den (Fährhafen auf

Fehmarn)
Püt|ting, die (Befestigung auf Schiffen)
Put|to, der; *s. a.* Putte (kindlich erscheinende Engeldarstellung)
Putz, der; auf den ~ hauen
Putz...[frau *usw.*]
Pütz, Püt|ze (Eimer)
put|zen; du putzt *§ 7 (1)*
Put|zer|fisch
Putz|fim|mel (übertriebener Drang zur Sauberkeit)
put|zig
putz|mun|ter
putz|süc|h|tig
Pu|zo, Mario (amerik. Schriftsteller *1920)
puz|zeln
Puz|zle, das (Geduldsspiel aus zusammenzulegenden Bildschnipseln; Rätsel)
Puz|zo|lan|er|de (Tonerdeverbindung)
PVC (*Abk. v.* Polyvinylchlorid) *§ 17 (2) Anm. 1*
Py|ämie (Blutvergiftung)
Py|e|li|tis, die (Nierenbeckenentzündung)
Pyg|mäe (Angehöriger eines zwergwüchsigen Volks in Afrika); *Pl.* Pyg|mä|en
pyg|mä|isch
Pyg|ma|li|on (Sagengestalt)
Py|ja|ma, der (Schlafanzug)
Py|ja|ma...[hose *usw.*]
Py|kni|ker (gedrungener, dicklicher Menschentyp)
py|knisch (gedrungen)
Py|kno|me|ter, das (Gerät zum Bestimmen der Dichte)
Py|la|des (Sagengestalt)
Py|lon, der (Torturm; Stütze einer Hängebrücke); *s. a.* Pylone
Py|lo|ne, die; *s. a.* Pylon
Py|lo|rus, der (Schließmuskel am Magenausgang)
pyo|gen (eitererregend)
Py|or|rhö (*med.*), Py|or|rhöe, die (Eiterfluß)
py|or|rho|isch
py|ra|mi|dal
Py|ra|mi|de, die (geometr. Figur; Grabmonument dieser Form [in Ägypten])
Py|ra|mi|den|stumpf
Py|ra|mus (Sagengestalt)
Pyr|ano|me|ter (Gerät zum Messen der Sonnenstrahlung)
Py|re|nä|en (*Pl.*) (Gebirge)
Py|re|nä|en|halb|in|sel
py|re|nä|isch
Py|re|thrum, das (Chrysanthemenart)
Py|re|ti|kum (fiebererzeugendes Mittel)
py|re|tisch (fiebererzeugend)
Pyr|exie, die (Fieberanfall)
Py|ri|din (chem. Lösungsmittel)
Py|ri|mi|din (chem. Verbindung)
Py|rit, der (Schwefelkies)
Pyr|mont; Bad ~ (Stadt)
py|ro|gen (1. fiebererzeugend; 2. aus glühendem Magma entstanden)
Py|ro|ly|se (Zersetzung durch hohe Temperaturen)
py|ro|man; der Pyromane
Py|ro|ma|nie (krankhafter Trieb zur Brandstiftung)
Py|ro|me|ter, das (Gerät zum Messen hoher Temperaturen)
py|ro|phor (selbstentzündlich)
Py|ro|tech|nik (Feuerwerkerei)
Py|ro|tech|ni|ker
Py|ro|xen, das (Mineral)
Pyr|rhon (griech. Philosoph ~365-~275 v. Chr.); pyrrhonische Skepsis
Pyr|rhus|sieg (mit großen Opfern erkaufter Sieg)
Py|tha|go|rä|er (Angehöriger e. altgriech.Philosophenschule); *s. a.* Pythagoreer
py|tha|go|rä|isch; *s. a.* pythagoreisch
Py|tha|go|ras (griech. Philosoph ~570- ~500 v. Chr.)
Py|tha|go|reer; *s. a.* Pythagoräer
py|tha|go|re|isch; *s. a.* pythagoräisch
Py|the|as [von Mar|si|lia] (griech. Geograph 4. Jh. v. Chr.)
Py|thia (Wahrsagerin des Orakels von Delphi; *a. übertr.*)
py|thisch
Py|thon, der/die (Schlange)
Py|xis, die (Hostienbehälter); *Pl.* Pyxiden, Pyxides

q Q

das q (der Kleinbuchstabe q); das Q (der Großbuchstabe Q); Q (*Abk. v.* Quetzal) *§ 17 (2) Anm. 2*
Q. (*Abk. v.* Quintus)
qcm (*Abk. v.* Quadratzentimeter) *§ 17 (2) Anm. 2*
qdm (*Abk. v.* Quadratdezimeter) *§ 17 (2) Anm. 2*
q. e. d. (*Abk. v.* quod erat demonstrandum)
Qin|dar, der (alban. Münze); *Pl.* Qindarka
Qing|dao (Stadt in China); *a.* Tsingtau (*ältere Umschrift*)
qkm (*Abk. v.* Quadratkilometer) *§ 17 (2) Anm. 2*
qua (*lat.* durch, gemäß, als); qua Gesetz
quab|be|lig, quabb|lig (schwammig)
Quack|sal|ber (Kurpfuscher)
Quack|sal|be|rei
quack|sal|bern; du quacksalberst
Quad|del, die (Hautschwellung)
Qua|de (Angehöriger eines Germanenvolks)
Qua|der, der (rechteckiger Körper)
Qua|der...[stein *usw.*]
Quad|flieg, Will (dt. Schauspieler 1914-2003)
Qua|dra|ge|si|ma (Fastenzeit)
Qua|drant, der (1. Viertelkreis; 2. Meßgerät für Höhenwinkel)
Qua|drat (1. Viereck mit gleichen Seiten u. Winkeln; 2. mit sich selbst multiplizierte Zahl)

Qua|drat...[zahl *usw.*]
Qua|drat|de|zi|me|ter; *Abk.* qdm, *Zeichen* dm^2
qua|drä|teln
qua|dra|tisch
Qua|drat|ki|lo|me|ter; *Abk.* qkm, *Zeichen* km^2
Qua|drat|me|ter; *Abk.* qm, *Zeichen* m^2
Qua|drat|mil|li|me|ter; *Abk.* qmm, *Zeichen* mm^2
Qua|dra|tur (1. Umwandlung einer ebenen u. krummlinigen Fläche in ein flächengleiches Quadrat; 2. Planetenstellung zu der Sonne in einem 90°-Winkel)
Qua|drat|zen|ti|me|ter; *Abk.* qcm, *Zeichen* cm^2
Qua|dri|en|na|le, die (alle vier Jahre stattfindende Schau)
Qua|dri|en|ni|um (Zeitraum von vier Jahren)
qua|drie|ren (eine Zahl mit sich selbst multiplizieren)
Qua|dri|ga, die (Viergespann)
Qua|dril|le, die (1. Tanz; 2. gerittene Dressurvorstellung)
Qua|dril|li|on (vierte Potenz einer Million, 10^{24})
Qua|dri|nom, das (aus vier Gliedern bestehende Größe)
Qua|dri|vi|um (die vier höheren Wissensgebiete an mittelalterl. Universitäten)
qua|dro|phon
Qua|dro|pho|nie (Übertragungstechnik über vier Kanäle u. Lautsprecher)
qua|dro|pho|nisch
Qua|dro|sound (durch Quadrophonie erzeugter Klang)
Qua|dru|pe|de, der (Vierfüßer)
Qua|dru|pel, das (vier zusammengehörende Größen)
Quag|ga, das (Zebra)
Quai, das (Hafenmauer, Uferstraße); *s. a.* Kai
Quai d'Or|say (Straße in Paris; dort gelegenes frz. Außenministerium)
qua|keln
qua|ken
quä|ken
Quä|ker (Angehöriger einer relig. puritan. Gemeinschaft)
Quak|frosch
Qual
quä|len
Quä|le|rei
Qua|li|fi|ka|ti|on (Befähigung[snachweis])
Qua|li|fi|ka|ti|ons...[spiel *usw.*]
qua|li|fi|zie|ren
qua|li|fi|ziert
Qua|li|tät
qua|li|ta|tiv
Qua|li|täts...[arbeit *usw.*]
qua|li|täts|be|wußt
Qual|le, die (Meerestier)
qual|lig
Qualm, der
qual|men (rauchen); du qualmst
qual|mig
Qual|tin|ger, Helmut (österr. Schauspieler 1928-1986)
qual|voll
Quant, das (kleinste Einheit [d. Energie]); *Pl.* Quanten
quan|teln
Quan|ten...[theorie *usw.*]
quan|ti|fi|zie|ren
Quan|ti|tät (1. Größe; 2. Anzahl; 3. Dauer)
quan|ti|ta|tiv
Quan|ti|té né|gli|geable (vernachlässigbare Größe)
quan|ti|tie|ren
Quan|tum; *Pl.* Quanten
Quap|pe, die (1. Fisch; 2. Kaulquappe)
Qua|ran|tä|ne (Isolation als Schutzmaßnahme gegen Infektionen)
Qua|ran|tä|ne...[station *usw.*]
Quar|gel, der (Käse)
Quark, der
Quark...[brot *usw.*]
quar|kig
Quark|käul|chen (Quarkbratling)
quar|ren
quar|rig
Quart, die (1. Fechthieb; 2. Tonintervall; *s. a.* Quarte)
Quar|ta; *Pl.* Quarten (dritte Gymnasialklasse)
Quar|tal, das (Vierteljahr)
Quar|tal[s]|säu|fer
Quar|ta|na, die (Quartanfieber)
Quar|ta|ner (Schüler der Quarta)
Quar|tan|fie|ber (Malaria)
quar|tär
Quar|tär, das (geolog. Formation)
Quar|tär...[formation *usw.*]
Quart|band (Buchformat)
Quart|blatt
Quar|te (Tonintervall); *s. a.* Quart
Quar|ter, der (engl. Hohlmaß; Gewicht; Vierteldollar)
Quar|ter|deck, das (hinterer Schiffsabschnitt)
Quar|tett (1. Vierergruppe; 2. vierstimmiges Musikstück; 3. Kartenspiel; 4. vierzeilige Strophe)
Quart|for|mat (Buchformat)
Quar|tier (Unterkunft; Stadtviertel)
quar|tie|ren
Quar|tier|ma|cher
Quar|tiers...[frau *usw.*]
Quart|sext|ak|kord (zweite Umkehrung eines Dreiklangs)
Quarz, der (Mineral)
Quarz...[uhr *usw.*]
quarz|ge|steu|ert
quarz|hal|tig
quarz|häl|tig
quar|zig
Quar|zit, der (Gestein)
Qua|sar, der (Himmelskörper mit starker Radiostrahlung)
qua|sen; du quast *§ 7 (1)*
qua|si (gleichsam)
Qua|si...[billigung *usw.*]
Qua|si|mo|do|ge|ni|ti (erster Sonntag nach Ostern)
Quas|se|lei
quas|seln
Quas|sel|strip|pe (Schwätzer)

Quas|sie, die (Baum)
Quast, der (Pinsel)
Qua|ste, die (Büschel)
Qua|sten|flos|ser (Fisch)
Quä|sti|on (Frage)
Quä|stor (hoher Finanzbeamter; Kassenwart)
Quä|stur (Amt des Quästors)
Qua|tem|ber (erster Tag eines Vierteljahres)
Qua|tem|ber|fa|sten, das
qua|ter|när (aus vier Teilen bestehend)
Qua|ter|ne, die (vier gewinnende Nummern)
Qua|ter|nio, der (vierteiliges Ganzes; log. Fehlschluß)
Quatsch
quat|schen; du quatschst
Quatsch|kopf
quatsch|naß
Quat|tro|cen|tist (Künstler aus dem Quattrocento)
Quat|tro|cen|to (das 15. Jahrhundert in der Kunst)
Que|bec (kanad. Provinz)
Que|be|cer
Que|bra|cho, das (Holz des Quebrachobaumes; Gerbstoff)
Que|chua (Angehöriger eines Indianervolkes in den Anden; Sprache dieses Volkes)
queck; *s. a.* quick (schnell)
Queck|born; *s. a.* Quickborn
Quecke, die (Grasart) [k|k]
Queck|sil|ber; *chem. Zeichen* Hg
Queck|sil|ber...[dampf *usw.*]
queck|sil|be|rig; *s. a.* quecksilbrig
queck|sil|bern
queck|silb|rig; *s. a.* quecksilberig
Qued|lin|burg (Stadt)
Queen (*engl.* Königin)
Queens|land (austral. Bundesstaat)
Quell; *s. a.* Quelle
Quell...[bewölkung *usw.*]
Quel|le; *s. a.* Quell
quel|len; *intrans.* du quillst, quollst, quöllest; gequollen; *trans.* du quellst
Quel|len...[forschung *usw.*]
quel|len|mä|ßig
quel|len|reich
Quel|ler, der (Küstenpflanze)
quell|frisch
Que|moy (chines. Insel)
Quem|pas, der (weihnachtl. Lieder im Wechselgesang)
Quen|del, der (Thymian)
Que|neau, Raymond (frz. Schriftsteller 1903-1976)
Quen|ge|lei
quen|ge|lig; *s. a.* quenglig
quen|geln
queng|lig; *s. a.* quengelig
Quent, das (Gewichtsmaß)
Quent|chen (*zu* Quent) (kleine Menge)
quent|chen|wei|se
quer; kreuz und quer schießen *usw.*; *als Verbzusatz a. zusammengeschrieben*: quer◡legen *usw.*
Quer...[balken *usw.*]
quer|beet (Adverb)
Quer|cia, Iacopo della (ital. Bildhauer 1374 (?)-1438)
quer|durch *§ 12*; ~ gehen
Que|re, die; in die Quere kommen
Que|re|le, die (Streitigkeit); *Pl.* Querelen
que|ren; du querst
quer|feld|ein
Quer|feld|ein...[lauf *usw.*]
quer◡ge|hen *§ 10*
quer|ge|streift
quer|köp|fig
quer◡le|gen; sich ~ *§ 10*
quer◡schie|ßen *§ 10*
quer|schiffs
quer|schnitt[s]|ge|lähmt
Quer|schnitts|läh|mung
quer◡schrei|ben *§ 10*
Quer|trei|ber
quer|über
Que|ru|lant (Nörgler)
que|ru|lie|ren (nörgeln)
Que|se, die (Bandwurmfinne)
Que|sen|band|wurm
Quetsch...[falte *usw.*]
Quet|sche (1. Zwetsche; 2. Kartoffelpresse; 3. Privatschule; 4. kleiner Raum)
quet|schen; du quetschst
Quetsch|kom|mo|de (Akkordeon)
Quet|zal, der (1. Vogel; 2. Münze, *Abk.* Q)
Queue, das (Billardstock)
Queue, die (Nachhut)
Que|zon City (Stadt auf den Philippinen)
Quiche, die (frz. Speckkuchen); Quiche lorraine
Qui|chotte (*frz.*) (Romanfigur bei Cervantes); Don ~; *s. a.* Quijote; Quixote
quick; *s. a.* queck
Quick|born (*a.* kath. Verein); *s. a.* Queckborn
quick|le|ben|dig
Quick|step, der (schneller Foxtrott)
Quick|test (Bluttest)
Quick|wert (Blutgerinnungsfaktor)
Quid|pro|quo, das (Mißverständnis)
quie|ken
Qui|e|tis|mus (weltabgewandte Lebenshaltung; relig. Lehre)
Qui|e|tist
qui|e|ti|stisch
Qui|e|tiv, das (Beruhigungsmittel)
quiet|schen; du quietschst
quietsch|fi|del
quietsch|ver|gnügt
Qui|jo|te (*span.*) (Romanfigur bei Cervantes); Don ~; *s. a.* Quichotte, Quixote
Quil|la|ja, die (Seifenbaum)
Quilt, der (Decke)
Qui|nar, der (röm. Münze)
quin|ke|lie|ren (trällern); *s. a.* quinquilieren
Quinn, Anthony (amerikan. Schauspieler 1915-2001)
Quin|qua|ge|si|ma (7. Sonntag nach Ostern)
Quin|quen|ni|um (Zeitraum

von fünf Jahren)
quin|qui|lie|ren (trällern); *s. a.* quinkelieren
Quin|quil|li|on (fünfte Potenz einer Million, 10^{30})
Quint, die (1. Fechthieb; 2. Tonintervall; *s. a.* Quinte)
Quin|ta (zweite Klasse der höheren Schule)
Quin|tal, der (Zentner)
Quin|ta|na, die (Quintanfieber)
Quin|ta|ner (Schüler der Quinta)
Quin|tan|fie|ber (Malaria)
Quin|te, die (Tonintervall); *s. a.* Quint
Quin|ten|zir|kel (kreisförmige Aufzeichnung der Tonarten in Quintenabständen)
Quin|ter|ne, die (fünf gewinnende Nummern)
Quint|es|senz (Hauptaspekt, Kern)
Quin|tett (fünfstimmiges Musikstück; Gruppe von fünf Musikern)
Quin|ti|li|an (röm. Schriftsteller ~30- ~96)
Quin|til|li|on (fünfte Potenz einer Million, 10^{30})
Quin|to|le, die (Gruppe von fünf Noten)
Quint|sext|ak|kord (erste Umkehrung des Septimenakkords)
Qui|pro|quo, das (Personenverwechslung)
Qui|pu, der (Knotenschrift)
Qui|rin (röm. Gott)
Qui|ri|nal, der (Hügel in Rom, Präsidentensitz)
Qui|ri|te, der (altröm. Bürger- u. Ehrentitel)
Quirl, der
quir|len; du quirlst
quir|lig
Quis|ling (Kollaborateur; *nach* Vidkun ~ 1887-1945)
Quis|qui|lie, die (Kleinigkeit)
Qui|to (Hauptstadt v. Ecuador)
quitt; ~ sein (ausgeglichen)
Quit|te, die
quit|te[n]|gelb
Quit|ten...[gelee *usw.*]
quit|te[n]|gelb
quit|tie|ren
Quit|tung (Empfangsbescheinigung)
Quit|tungs...[block *usw.*]
Qui|vive; auf dem ~ sein (auf der Hut sein)
Qui|xo|te (Romanfigur bei Cervantes); Don ~; *s. a.* Quichotte, Quijote
Quiz, das (Fragespiel)
Quiz...[frage *usw.*]
Quiz|ma|ster
quiz|zen
Qum|ran (Fundstelle antiker Schriftrollen am Toten Meer); *a.* Kumran
quod erat de|mon|stran|dum (*lat.* was zu beweisen war) ; *Abk.* q. e. d.
Quod|li|bet, das (buntes Durcheinander)
quor|ren; die Schnepfe quorrt
Quo|rum, das (erforderliche Zahl zur Beschlußfassung)
Quo|ta|ti|on (Notierung des Kurses)
Quo|te, die (Anteil)
Quo|ten...[regelung *usw.*]
Quo|ti|ent (Wert eines Bruches; Ergebnis e. Teilung)
quo|tie|ren (*Börse*: notieren)
quo|ti|sie|ren (dem Anteil gemäß verteilen)
quo va|dis? (*lat.* wohin gehst du?)

r R

das r (der Kleinbuchstabe r, der Laut r, *Zeichen f.* Radius); das R (der Großbuchstabe R), R (*Abk. v.* Rand, Reaumur; *Kfz-Kennzeichen f.* Rumänien; *Zeichen f.* elektr. Widerstand, allg. Gaskonstante) *§ 17 (2) Anm. 2*
Ra (ägypt. Gott); *s. a.* Re
Raab, die (Nebenfluß der Donau)
Raa|be, Wilhelm (dt. Schriftsteller 1831-1910)
Ra|ba|nus Maurus (Gelehrter im Kloster Fulda ~780-856); *s. a.* Hrabanus, Rhabanus
Ra|bat (Hauptstadt v. Marokko)
Ra|batt, der (Preisnachlaß)
Ra|bat|te, die (Beet)
ra|bat|tie|ren (Rabatt geben)
Ra|batz, der (Lärm)
Ra|bau, der (Apfelsorte)
Ra|bau|ke, der (Rüpel)
Rab|bi (jüdischer Schriftgelehrter)
Rab|bi|nat, das
Rab|bi|ner (Rabbi)
rab|bi|nisch
Ra|be|lais, François (frz. Schriftsteller 1494-1553)
Ra|ben...[aas *usw.*]
Ra|ben|schlacht (Schlacht bei Ravenna; gleichnamige mhd. Dichtung)
ra|ben|schwarz
ra|bi|at (wild)
Ra|bin, Itzhak (israel. Politiker 1922-1995)
Ra|bitz|wand (Drahtputzwand)
Ra|bu|list (Haarspalter)
Ra|bu|li|stik
ra|bu|li|stisch
Ra|che
Ra|che...[akt *usw.*]
ra|che|dür|stend
ra|che|dur|stig
Ra|chen
Ra|chen...[blütler *usw.*]
rä|chen; sich ~
Rach|gier
rach|gie|rig
Ra|chi|tis, die (Vitamin-D-Mangelkrankheit)
ra|chi|tisch
Rach|ma|ni|now, Sergej (russ. Komponist 1873-1943)
rach|süch|tig
Ra|cine, Jean (frz. Dichter 1639-1699)
Ra|cing|rei|fen (Rennreifen)
Rack [rɛk], das (Regal)

Racke, die (Vogel) [k|k]; *s. a.* Rake
Rackel|huhn (Auer- und Birkhuhnkreuzung) [k|k]
Racker [k|k] (lebhaftes Kind)
rackern [k|k]
Racket, das (Tennisschläger) [k|k]; *s. a.* Rakett
Ra|clette, das/die (Käsegericht; Kochgerät dafür)
Ra|clette|kä|se
Rad; Rad fahren, *a.* radfahren *§ 9 Anm. 2*; du fährst Rad; Rad schlagen, *a.* radschlagen *§ 9 Anm. 2*; du schlägst Rad
Rad...[ball *usw.*]
Ra|dar, das/der (*kurz f.* radio detecting and ranging; Funkmeßtechnik; Funkmeßgerät)
Ra|dar...[schirm *usw.*]
Ra|dau, der (Lärm)
Ra|dau|bru|der
Räd|chen (kleines Rad)
Ra|de, die (Pflanze)
ra|de|bre|chen (eine Sprache nur schlecht beherrschen)
ra|deln
rä|deln
Rä|dels|füh|rer (Anstifter)
rä|dern; sich wie gerädert fühlen
Rä|der|tier (Kleinlebewesen)
Rä|der|werk
Ra|detz|ky|marsch (Komposition v. Johann Strauß d. Ä.)
rad|fah|ren *§ 10*; *a.* Rad fahren; du fährst Rad; *vgl.* Rad
Rad|fah|ren, das
Ra|dha|krish|nan, Sarvapalli (ind. Philosoph u. Politiker 1888-1975)
Ra|di, der (Rettich)
ra|di|al (strahlenförmig)
Ra|di|al|ge|schwin|dig|keit
Ra|di|al|rei|fen (Gürtelreifen)
Ra|di|ant, der (Ausgangspunkt e. Meteorstroms; Winkeleinheit)
ra|di|är
Ra|di|a|ti|on (Strahlung)
Ra|di|a|tor, der (Heizstrahler)
Ra|dic|chio, der (Salatpflanze)
Ra|dier...[nadel *usw.*]
ra|die|ren
Ra|die|rer (*a.* Radiergummi)
Ra|dies|chen
ra|di|kal; der Radikale
Ra|di|kal...[operation *usw.*]
Ra|di|kal, das (*math.* Resultat des Wurzelziehens; freies Atom; Wurzelkonsonant in semit. Sprachen; Klassifikator in chines. Schriftzeichen)
Ra|di|ka|lin|ski (Radikaler)
ra|di|ka|li|sie|ren
Ra|di|ka|lis|mus (extreme politische Anschauungs- u. Denkweise)
Ra|di|ka|list
Ra|di|ka|li|tät
Ra|di|kand (Zahl, aus der die Wurzel gezogen werden soll)
Ra|dio, das/der
Ra|dio...[aktivität *usw.*]
ra|dio|ak|tiv (durch Kernzerfall strahlenaussendend)
Ra|dio|ak|ti|vi|tät
ra|dio|gra|phisch
Ra|dio|gra|phie (Nachweis v. Radioaktivität)
Ra|di|o|la|rie, die (Strahlentierchen)
Ra|dio|lo|ge (Facharzt für Radiologie)
Ra|dio|lo|gie (Strahlenforschung u. -anwendung)
ra|dio|lo|gisch
Ra|dio|me|ter, das (Meßgerät für Wärmestrahlung)
Ra|dio|me|trie (Untersuchung der Radioaktivität)
Ra|dio|pho|nie (drahtloses Telefonieren)
Ra|di|um, das (radioaktives chem. Element); *chem. Zeichen* Ra
Ra|di|us (1. Halbmesser von Kreis od. Kugel; 2. Unterarmknochen)
Ra|dix, die (Wurzel)
ra|di|zie|ren (*math.* Wurzeln ziehen)
Rad|ler (*a. kurz f.* Radlermaß)
Rad|ler|maß, die (Getränk)
Ra|dom (Stadt in Polen)
Ra|don, das; *chem. Zeichen* Rn
Ra|dscha (*ind.* Fürst)
Ra|dscha|sthan (ind. Bundesstaat); *a.* Rajasthan
rad|schla|gen *§ 9 Anm. 2*; *a.* Rad schlagen; du schlägst Rad; *vgl.* Rad
Rad|schla|gen, das
Rae|der, Erich (dt. Admiral 1876-1960)
RAF (*Abk. v.* Rote-Armee-Fraktion) *§ 17 (2) Anm. 1*
R.A.F. (*Abk. v.* Royal Air Force; brit. Luftwaffe)
Raff...[gier *usw.*]
Raf|fa|el (Raffaello Santi, ital. Maler 1483-1520)
raf|fa|e|lisch
Raf|fel, die (grobe Reibe)
raf|feln
raf|fen; du raffst
raff|gie|rig
Raf|fi|na|de, die (gereinigter Zucker)
Raf|fi|nat, das
Raf|fi|na|ti|on (Verfeinerung; Reinigung)
Raf|fi|ne|ment (Überfeinerung; Durchtriebenheit)
Raf|fi|ne|rie (Anlage zur Reinigung v. Zucker, Erdöl)
Raf|fi|nes|se (Durchtriebenheit; durchdachte Sache)
Raf|fi|neur
Raf|fi|nier...[stahl *usw.*]
raf|fi|nie|ren
raf|fi|niert (*a.* schlau)
Raf|fi|no|se, die (Zuckerart)
Raff|ke, der (raffgieriger Mensch)
Raf|san|dja|ni, Rafsandschani, Hodjatoleslam (iran. Politiker *1934)
Raft, das (Floß, Treibholzmasse; Raftingboot)
Raf|ting, das (Wildwasserfahren)
Rag [rɛg], der (*kurz f.* Ragtime)
Ra|gaz, Bad (Ort in der

Schweiz)
Ra|ge, die; in ~ bringen (Raserei)
ra|gen; du ragst
Ra|gio|nen|buch (schweiz. Handelsregisterabriß)
Ra|glan, der (Mantel)
Ra|glan|är|mel (schräg angesetzter Ärmel)
Ra|glan|schnitt
Rag|na|rök, die (Weltuntergang in der nord. Mythologie)
Ra|gout, das (Fleischwürfel in Soße)
Ra|goût fin, das; *a.* Ragout fin
Rag|time, der (Frühform des Jazz)
Ra|gu|sa (Stadt in Italien)
Rag|wurz (Orchideenart)
Rah, Ra|he, die (Segelstange)
Rahm, der (Sahne)
Rahm...[soße *usw.*]
Rähm, das (Versteifungsholz)
Rähm|chen
rah|men; du rahmst
Rah|men, der
Rah|men...[abkommen *usw.*]
rah|men|ge|näht
rah|mig
Rah|ne, die (Rübe)
Rah|se|gel
Raiff|ei|sen...[bank *usw.*]
Rai|gras, das; *a.* Raygras
Rai|mund, Ferdinand (österr. Dichter 1790-1836)
Rain (unbewirtschafteter Ackerstreifen)
Rai|nald von Das|sel (Reichskanzler ~1120-1167)
rai|nen (angrenzen)
Rain|farn, der (Pflanze)
Rai|nier (Fürst v. Monaco *1923)
Rain|wei|de (Liguster)
Rai|son, die (Einsicht); *a.* Räson
Ra|ja|sthan (ind. Bundesstaat); *a.* Radschasthan
ra|jo|len ([Boden] lockern); *s. a.* rigolen
Ra|ke, die (Vogel); *s. a.* Racke
Ra|kel, die (Schaber [f. Farbe])
rä|keln, sich; *s. a.* rekeln
Ra|ke|te
Ra|ke|ten...[abwehr *usw.*]
ra|ke|ten|be|stückt
Ra|kett, das; *a.* Racket (Tennisschläger)
Ra|ki, der (Branntwein aus Rosinen u. Anis)
Ra|leigh, Walter (engl. Seefahrer ~1554-1618)
Ral|le, die (Vogel)
ral|li|ie|ren (wiederannähern)
Ral|lye, die (Wettfahren)
Ral|lye-Cross, das (Geländewettfahren)
Ral|lye|fah|rer
RAM (*Abk. v.* Random Access Memory) *§ 17 (2) Anm. 1*
Ra|ma|dan, der (muslim. Fastenmonat)
Ra|ma|ya|na, das (ind. Epos)
Ram|bo, der (angriffslustiger Einzelkämpfer)
Ram|bouil|let (Stadt in Frankreich)
Ram|bur, der (Apfelsorte)
Ra|meau; Jean-Phili|ppe (frz. Komponist 1683-1764)
Ra|mie, die (Faser)
Ramm, der (Rammsporn)
Ramm...[bär *usw.*]
Ramma|schi|ne [mm|m] *§ 7 (1), § 28 Anm.*
ramm|dö|sig (benommen)
Ram|me
ram|meln
ram|men
Ramm|ler (Hasen-, Kaninchenmännchen)
Ramms|kopf („Widderkopf" beim Pferd)
Ram|pe, die
Ram|pen|licht
ram|po|nie|ren (beschädigen)
Rams|au, die (Landschaften in Bayern u. Österreich)
Ramsch, der (1. minderwertige Ware; 2. Skatspiel)
Ramsch...[laden *usw.*]
ram|schen; du ramschst (*zu* Ramsch 1. u. 2.)
Ram|ses (*Pharaonenname*)
ran (*kurz f.* heran, *s. d.*); *als Verbzusatz a. zusammengeschrieben § 10*: ran◡gehen *usw.*
Ranch, die (amerik. Farm mit Viehzucht)
Ran|cher
Rand; *Pl.* Ränder
Rand (südafrik. Währung); *Abk.* R
Rand...[erscheinung *usw.*]
Ran|da|le, die (Krawall)
ran|da|lie|ren
Ran|da|lie|rer
Ränd|chen
Ran|de, die (Rübe)
Rän|del, das (gerändelter Teil)
Rän|del|mut|ter
rän|deln (riffeln)
Rän|del|rad
rän|dern
rand|los
rand|voll
Ranft, der (Rand; Brotkanten); *Pl.* Ränfte
Ränft|chen
Rang, der
Rang...[folge *usw.*]
rang|äl|test; der Rangälteste
Ran|ge, die (wildes Kind)
Ran|ge|lei
ran|geln
Ran|ger (*engl.* Förster; Soldat)
rang|gleich
rang|höchst; der Ranghöchste
rang|hö|her; der Ranghöhere
Ran|gier...[bahnhof *usw.*]
ran|gie|ren
Ran|gun (Hauptstadt v. Birma)
rank; ~ und schlank (zierlich)
Rank, der (Intrige); *meist Pl.* Ränke; Ränke schmieden
Ran|ke, die (gewundener Pflanzenteil)
Ranke, Leopold von (dt. Historiker 1795-1886)
Rän|ke; *Pl. v.* Rank
ran|ken; sich ~
Ran|ken, der (Kletterpflanze)
Ran|ken|ge|wächs
Rän|ke|schmied
Rän|ke|spiel

rän|ke|süch|tig
rän|ke|voll
ran|kig
Ran|kü|ne, die (Groll)
Ra|nun|kel, die (Hahnenfußgewächs)
Änz|chen (*zu* Ranzen)
Rän|zel, das (*zu* Ranzen)
ran|zen (kopulieren); der Fuchs ranzt
Ran|zen, der (Schultasche)
Ran|zer, der (Rüge)
ran|zig (verdorben)
Ran|zi|on (Lösegeld)
ran|zi|o|nie|ren (freikaufen)
Ränz|lein (*zu* Ranzen)
Ranz|zeit
Rap, der (Pop-Sprechgesang)
Ra|pal|lo (Stadt in Italien)
Ra|pal|lo|ver|trag (Vertrag zw. Deutschem Reich u. Sowjetunion 1922)
Rap|fen, der (Fisch)
Ra|pha|el (Erzengel)
Ra|phia, die (Palme)
Ra|phia|bast
Ra|phi|den (*Pl.*) (nadelförmige Kristalle)
ra|pid, ra|pi|de
Ra|pi|di|tät
Ra|pier, das (Degen)
Rapp, der (Traubenkamm)
Rap|pe, der (Pferd)
Rap|pel, der (verrückte Laune)
rap|pe|lig; *s. a.* rapplig
Rap|pel|kopf
rap|peln
rap|pel|trocken [k|k]
rap|pen (*zu* Rap); du rappst
Rap|pen, der (Münze); *Abk.* Rp.
Rap|per (*zu* Rap)
Rap|ping; *vgl.* Rap
rapp|lig; *s. a.* rappelig
Rap|port, der (Bericht)
rap|por|tie|ren
Rapp|schim|mel
Raps, der (Futterpflanze)
Raps...[öl *usw.*]
Rap|tus, der (Wutanfall)
Ra|pünz|chen
Ra|pun|zel (1. Feldsalat; 2. Märchenfigur)
rar; sich rar machen
Ra|ri|tät (Seltenheit)
Ras (*arab.*) (Vorgebirge)
ra|sant (flach [von Geschoßbahnen]; schnell)
Ra|sanz (flacher Verlauf; hohe Geschwindigkeit)
rasch; rascher, am rasch[e]sten
ra|scheln
ra|sche|stens
Rasch|heit
rasch|le|big
rasch|wüch|sig
ra|sen; du rast
Ra|sen, der
ra|sen|be|deckt
ra|send
Ra|sier...[apparat *usw.*]
ra|sie|ren
Ra|sie|rer
ra|sig
Rask, Rasmus (dän. Sprachwissenschaftler 1787-1832)
Rä|son (Einsicht); *a.* Raison
Rä|so|neur
rä|so|nie|ren (nachdenken; schimpfen)
Rä|son|ne|ment (vernünftige Erwägung)
Ras|pa, die (Tanz)
Ras|pel, die (grobe Feile, Reibe)
ras|peln; du raspelst
Ra|speln (*Pl.*) (Geraspeltes)
Ras|pu|tin, Grigorij Jefimowitsch (russ. Mönch 1864/65-1916)
raß (scharf); ein rasses Gericht
Ras|se
Ras|se...[hund *usw.*]
Ras|sel
Ras|sel|ban|de
ras|seln; du rasselst
Ras|sen...[wahn *usw.*]
ras|se|rein
ras|sig
ras|sisch
Ras|sis|mus
Ras|sist
ras|si|stisch
Rast, die (Pause)
Ra|sta|fa|ri, der (Angehöriger einer afroamerik. Religion)
Ra|statt (Stadt)
Ra|ste, die (mechanische Sicherung)
ra|sten; du rastest
Ra|ster[1], der (Gitternetz; *a.* Raster[2])
Ra|ster[2], das (Punktmuster; Denkschema; *a.* Raster[1])
Ra|ster...[mikroskop *usw.*]
Ra|ster|fahn|dung (polizeiliche Fahndungsmethode)
ra|stern; du rasterst
rast|los
Ra|stral, das (Werkzeug mit fünf Zinken zum Ziehen der Notenlinien)
ra|strie|ren
Ra|sur
Rat; zu Rate gehen/ziehen; um Rat fragen; Rat suchen, Rat suchend; *vgl.* ratsuchend; Rat für gegenseitige Wirtschaftshilfe, *Abk.* RGW, COMECON
Rat...[haus *usw.*]
Rä|te...[demokratie *usw.*]
ra|ten; du rätst, er rät; du rietst, rietest; geraten
ra|ten|wei|se
Rä|ter (Bewohner Rätiens)
Ra|te|spiel
Ra|te|team
Ra|the|nau, Walther (dt. Politiker 1867-1922)
Rä|ti|en (röm. Provinz)
Ra|ti|fi|ka|ti|on (Bestätigung)
ra|ti|fi|zie|ren (bestätigen)
Rä|ti|kon (Region in der Schweiz u. Liechtenstein)
Ra|ti|né, der (flauschiges Gewebe)
ra|ti|nie|ren (noppen)
Ra|tio, die (Vernunft); Ultima ratio *§ 17 (3)*
Ra|ti|on (zugeteiltes Maß)
ra|ti|o|nal
ra|ti|o|na|li|sie|ren (profitabler machen; straffen)
Ra|ti|o|na|lis|mus (philosophische Richtung der Vernunft-

bestimmtheit)
Ra|ti|o|na|list
ra|ti|o|na|li|stisch
Ra|ti|o|na|li|tät
ra|ti|o|nell
ra|tio|nie|ren (planmäßig einteilen)
rä|tisch; die Rätischen Alpen
rat|los
Rä|to|ro|ma|ne (Angehöriger e. romanischen Alpenvolkes)
rä|to|ro|ma|nisch; auf ~
Rä|to|ro|ma|nisch, das; auf rätoromanisch sprechen
Rä|to|ro|ma|ni|sche, das
rat|sam
Rats...[beschluß *usw.*]
Rat|sche, die (Geräuschinstrument, Klapper; Sperre an Zahnkränzen; Schwätzerin)
rat|schen; du ratschst
rat|schla|gen
Rät|sel
Rät|sel...[frage *usw.*]
rät|sel|haft
rät|seln
Rät|sel|ra|ten, das
rät|sel|voll
rat|su|chend; *aber* [guten] Rat suchend *§ 11 (4), (6)*; der Ratsuchende *§ 11 (5)*; *vgl.* Rat
Rat|tan, das (Palmenrohr, Peddigrohr)
Rat|tan...[möbel *usw.*]
Rat|te
Rat|ten...[falle *usw.*]
Rät|ter, der (Siebmaschine)
rat|tern
rät|tern
Ratz, der (Ratte; Iltis); schlafen wie ein ~
Rat|ze, die (Ratte)
Rat|ze|fum|mel, der (Radiergummi)
rat|ze|kahl
rat|zen (tief schlafen); du ratzt *§ 7 (1)*
Rat|zin|ger, Joseph (Kardinal *1927)
Rau, Johannes (dt. Bundespräsident *1931)
Raub
Raub...[tier *usw.*]
rau|ben
Räu|ber
Räu|be|rei
räu|be|risch
räu|bern
raub|gie|rig
raub|süch|tig
Rauch
Rauch, Christian Daniel (dt. Bildhauer 1777-1857)
Rauch...[abzug *usw.*]
Rauch|bier
rau|chen
Rau|cher
Räu|che|rei
räu|che|rig
räu|chern
rauch|ge|schwärzt
rau|chig
Rauch|näch|te (die Zwölf Nächte zwischen Weihnachten u. Epiphanias); *s. a.* Rauhnächte
Rauch|to|pas, der (Edelstein)
Rauch|wa|re (Pelzware)
Rauch|wa|ren (*Pl.*) (Tabakwaren)
Rauch|werk (Pelz)
Räu|de, die (Tierkrankheit)
räu|dig
rauf (*kurz f.* herauf *oder* hinauf, *s. d.*); *als Verbzusatz a. zusammengeschrieben § 10*: rauf◡gehen *usw.*
Rauf|bold
Rau|fe, die
räu|feln (Gestricktes auflösen)
rau|fen (*a.* s. prügeln)
Rau|fe|rei
Rauf|han|del; *Pl.* ...händel
rauf|lu|stig
Rau|graf (Angehöriger einer dt. Adelsfamilie)
rauh
Rauh|bank (Hobel)
Rauh|bauz (grober Mensch)
rauh|bau|zig
Rauh|bein (grober Mensch)
rauh|bei|nig
Rau|heit (*zu* rauh) *§ 7 (1)*
rau|hen; du rauhst
Rau|hes Haus (Erziehungsheim in Hamburg)
Rauh|fa|ser (grob strukturierte Tapete)
Rauh|frost
Rauh|fut|ter
Rauh|haar|dackel [k|k]
rauh|haa|rig
Rau|hig|keit
Rauh|näch|te (die Zwölf Nächte zwischen Weihnachten u. Epiphanias); *s. a.* Rauchnächte
Rauh|putz
Rauh|reif
Rauh|wacke, die (Gestein) [k|k]
Rau|ke, die (Pflanze)
raum; (schräg von hinten kommend); raumer Wind
Raum, der
Raum...[anzug *usw.*]
räu|men; du räumst
raum|grei|fend
Räum|kom|man|do
räum|lich
Räum|ma|schi|ne
raum|spa|rend; *aber* [viel] Raum sparend *§ 11 (4), (6)*
Räum|te, die (Maß für den verfügbaren Laderaum)
Räu|mungs...[arbeiten *usw.*]
rau|nen
raun|zen; du raunzt *§ 7 (1)*
Raun|zer
raun|zig
Räup|chen
Rau|pe
Rau|pen...[bagger *usw.*]
Rau|ra|ker, Rau|ri|ker (Angehöriger e. Keltenvolks)
raus (*kurz f.* heraus *oder* hinaus, *s. d.*); *als Verbzusatz a. zusammengeschrieben § 10*: raus◡gehen *usw.*
Rausch, der
rausch|arm
Rausch|bee|re (Pflanze; Frucht davon)
Rausch|brand (Viehseuche)
Räusch|chen (kleiner Rausch)
Rau|sche|bart
rau|schen; du rauschst

Rau|schen, das
Rau|schen|berg, Robert (amerik. Künstler *1925)
rau|schend
Rau|scher (Most)
Rausch|gelb, das (Mineral)
Rausch|gift
rausch|gift|süch|tig
Rausch|gold (hauchdünn gewalztes Messing)
rausch|haft
Rausch|sil|ber (hauchdünn gewalztes Silberblech)
Rausch|zeit (Brunstzeit)
räus|pern, sich
Raus|schmiß
Rau|te, die (1. geometrische Figur, Rhombus; 2. Pflanze)
rau|ten|för|mig
Rau|ten|kranz
Rau|ten|kro|ne
Ra|vel, Maurice (frz. Komponist 1875-1937)
Ra|ven|na (Stadt in Italien)
Ra|vens|burg (Stadt in Deutschland)
Ra|vi|o|li (*Pl.*) (Nudelgericht)
rav|vi|van|do (*musik.* wiederauflebend)
Ra|wal|pin|di (Stadt in Pakistan)
Rax[|al|pe] (Berg in Österreich)
Ra|yé, der (Gewebe)
Ray|gras; *a.* Raigras
Ray|on (Dienstbezirk; Kaufhausabteilung)
Ray|on|chef
ray|o|nie|ren (in Rayons einteilen)
Ray|onne, Reyon, der/das (Viskosegewebe)
Raz|zia, die (polizeiliche Durchsuchungsaktion)
Rb (*chem. Zeichen f.* Rubidium)
Rbl (*Abk. v.* Rubel) *§ 17 (2) Anm. 2*
rd. (*Abk. v.* rund)
Re, das (*b. Kartenspiel*)
Re (ägypt. Gott)
Re (*chem. Zeichen f.* Rhenium)
Rea|der, der (Buch mit Auszügen aus anderen Texten)
Rea|gan, Ronald (Präsident der USA *1911)
Re|agens, Re|agenz, das (Stoff, der mit einem anderen Stoff reagiert); *Pl.* Reagenzien
Re|agenz|glas (röhrenförmiges Glas)
Re|agenz|pa|pier (Papier zum Nachweis des Säure- od. Basengehaltes)
re|agie|ren
Re|ak|tanz (Spannungsabfall)
Re|ak|ti|on (Gegenwirkung; chem. Umwandlung eines Stoffes; Muskelkontraktion; Verhinderung fortschrittlicher Entwicklungen)
Re|ak|ti|ons...[zeit *usw.*]
re|ak|ti|o|när (rückschrittlich)
Re|ak|ti|ons...[zeit *usw.*]
re|ak|ti|ons|fä|hig
re|ak|tiv (rückwirkend)
re|ak|ti|vie|ren (wieder aktiv machen)
Re|ak|ti|vi|tät (Rückwirkung)
Re|ak|tor (Behälter, in dem Reaktionen ablaufen)
Re|ak|tor...[block *usw.*]
re|al (*Adjektiv*) (1. sachlich; 2. wirklich)
Re|al, der (span., portug. Münze)
Re|al...[akt *usw.*]
Re|al|gar, der (Mineral)
Re|a|li|en (*Pl.*) (Tatsachen)
Re|a|li|en|buch
Re|a|li|sa|tor
re|a|li|sie|ren
Re|a|lis|mus (philosoph. Lehre, daß die allgemeinen Begriffe die realen Dinge sind; Sachlichkeit; wirklichkeitsgetreue Kunstdarstellung)
Re|a|list
Re|a|li|stik
re|a|li|stisch
Re|a|li|tät (Wirklichkeit)
Re|a|li|tä|ten (*a.* Immobilien)
Re|a|li|täts...[sinn *usw.*]
re|a|li|ter (in Wirklichkeit)
Re|a|lo, der (Realpolitiker)
Re|ani|ma|ti|on (Wiederbelebung)
re|ani|mie|ren
Re|au|mur (veraltete Gradeinteilung des Thermometers); *Abk.* R
Reb...[laus *usw.*]
Reb|bach, der (Gewinn); *s. a.* Reibach
Reb|be, der (Rabbiner)
Re|be, die
Re|bell
re|bel|lie|ren
Re|bel|li|on (Aufstand)
re|bel|lisch
re|beln
Re|ben...[blüte *usw.*]
Reb|huhn
Reb|ling
Re|bound, der (zurückprallender Ball)
Re|bus, das/der (Bilderrätsel)
Re|cei|ver, der (Rundfunkempfänger mit Verstärker)
Re|chaud, das (Tischkocher)
re|chen (harken); du rechst
Re|chen, der
Re|chen...[anlage *usw.*]
Re|chen|le|gung
Re|chen|schaft
re|chen|schafts|pflich|tig
Re|cher|che, die (Informationssuche)
Re|cher|cheur
re|cher|chie|ren
rech|nen; du rechnest
Rech|nen, das
Rech|ner (*a.* Computer)
Rech|ne|rei
rech|ner|ge|steu|ert
rech|ner|ge|stützt
rech|ne|risch
Rech|nung
Rech|nungs...[amt *usw.*]
recht; das ist mir recht; recht tun, recht bekommen, recht geben, recht haben, recht behalten; nicht recht haben *usw. § 15 (6)*; *aber* sein Recht bekommen, kein Recht haben *usw.*; rechter Hand; *vgl.* Recht
Recht, das; zu Recht, mit Recht; kein Recht haben, sein

Recht bekommen; *vgl.* recht
recht|dre|hend; *s. a.* rechtsdrehend
Rech|te, die (rechte Hand)
Recht|eck
recht|eckig [k|k]
Rech|te|hand|re|gel (Merkregel über d. Zusammenhang elektr. Größen)
rech|ten; du rechtest
rech|tens; ~ geschehen; *vgl.* Rechtens
Rech|tens; ~ sein (*jurist.*); *vgl.* rechtens
rech|ter Hand (auf der rechten Seite)
rech|ter|seits
recht|fer|ti|gen
Recht|fer|ti|gung
Recht|fer|ti|gungs...[versuch *usw.*]
recht|gläu|big
Recht|ha|ber
Recht|ha|be|rei
recht|ha|be|risch
Recht|kant, der/das (Quader)
recht|läu|fig
recht|lich
recht|los
recht|mä|ßig
rechts
Rechts...[abbieger *usw.*]
Rechts...[anwalt *usw.*]
rechts|au|ßen; der Rechtsaußen
rechts|be|flis|sen
rechts|bün|dig
recht|schaf|fen
Recht|schreib...[reform *usw.*]
recht|schrei|ben; rechtzuschreiben, rechtgeschrieben
Recht|schrei|ben, das
recht|schreib|lich
Recht|schrei|bung
rechts|dre|hend; *s. a.* rechtdrehend
Recht|ser (Rechtshänder)
rechts|er|fah|ren
rechts|ex|trem
rechts|ex|tre|mi|stisch
rechts|fä|hig
rechts|ge|lehrt; der Rechtsgelehrte
rechts◡ge|rich|tet *§ 11 (4)*
rechts|ge|schäft|lich
rechts|gül|tig
rechts|hän|dig
rechts|hän|gig
rechts|her|um
rechts|hin
rechts|kräf|tig
rechts|kun|dig
rechts|la|stig
rechts|läu|fig
Recht|spre|chung
rechts|ra|di|kal
rechts|rhei|nisch
rechts|rum
rechts|sei|tig
rechts|staat|lich
rechts◡ste|hend *§ 11 (4)*; *aber* weit rechts stehend
recht|su|chend; *aber* sein Recht suchend *§ 11 (4), (6)*
rechts|uf|rig
rechts|um
Rechts|un|ter|zeich|ne|te, der
rechts|ver|bind|lich
rechts|wid|rig
rechts|wirk|sam
recht|wink|lig
recht|zei|tig
Re|ci|fe (Stadt in Brasilien)
re|ci|pe! (*lat.* nimm!); *Abk.* Rec., Rp.
Re|ci|tal [risaitl] (Solisten-Konzert), das; *s. a.* Rezital
re|ci|tan|do (rezitierend)
Reck, das (Turngerät)
Recke (Held) [k|k]
recken [k|k]; sich ~
recken|haft [k|k]
Reck|ling|hau|sen (Stadt)
Reck|ling|häu|ser
Re|clam, Anton Philipp (dt. Verleger 1807-1895)
Re|cor|der (Aufnahmegerät); *a.* Rekorder
rec|te (*lat.* mit Recht)
Rec|to, das (Vorderseite); *a.* Rekto
Rec|tor ma|gni|fi|cus (Hochschulleiter)
re|cy|celn (wiederverwerten); du recycelst, hast recycelt
Re|cy|cling, das
Re|dak|teur (Schriftleiter)
Re|dak|ti|on (Bearbeitung eines Manuskripts; Gruppe der Redakteure; deren Arbeitsplatz)
re|dak|ti|o|nell
Re|dak|tor (Herausgeber)
Re|de (Vortrag)
Re|de...[fluß *usw.*]
re|de|ge|wandt
Red|emp|to|rist (Angehöriger eines kath. Ordens)
re|den; du hast gut reden, er macht von sich reden; zum Reden bringen
Re|dens|art
re|dens|art|lich
Red|ford, Robert (amerikan. Schauspieler *1937)
re|di|gie|ren (ausarbeiten)
Re|din|gote, die/der (Damenmantel)
re|di|vi|vus (wiedererstanden)
red|lich
Red|ner
Red|ner...[liste *usw.*]
red|ne|risch
Re|dou|te, die (geschlossene Veranstaltung; trapezförmige Schanze)
Red|ox|sy|stem (chem. System, in dem Oxidation u. Reduktion ablaufen)
re|dres|sie|ren (einrenken)
red|se|lig
Re|duc|tio ad ab|sur|dum, die (indirekter Beweis)
Re|duit, das (Festung)
Re|duk|ti|on (Verminderung; Zurückführung; *chem.* Entzug von Sauerstoff)
Re|duk|ti|o|nis|mus
re|duk|ti|o|ni|stisch
Re|duk|ti|ons...[diät *usw.*]
red|un|dant (überflüssig)
Red|un|danz (*a.* Mangel an Informationsgehalt)
Re|du|pli|ka|ti|on (Verdoppelung)
re|du|pli|zie|ren (verdoppeln)
re|du|zi|bel; re|du|zi|ble Stoffe

re|du|zie|ren (zurückführen; *vgl.* Reduktion)
Re|du|zier|ven|til
ree! (Kommando beim Segeln); *a.* rhe!
Ree|de, die (Ankerbereich)
Ree|der
Ree|de|rei (Unternehmen, das Schiffe betreibt)
re|ell (redlich)
Reep, das (Seil, Tau)
Ree|per|bahn (*a.* Hamburger Vergnügungsviertel)
Reep|schlä|ger
Reet, das (Schilf)
Reet|dach
Re|fak|tie, die (Preisnachlaß bei fehlerhafter Ware)
re|fak|tie|ren
Re|fek|to|ri|um (Speisesaal)
Re|fe|rat (Vortrag; Abteilung, Arbeitsgebiet)
Re|fe|ree (Schiedsrichter)
Re|fe|ren|dar (Anwärter auf die höhere Beamtenlaufbahn im Vorbereitungsdienst)
Re|fe|ren|da|ri|at, das
Re|fe|ren|dum (Volksentscheid)
Re|fe|rent (jmd., der ein Referat hält; jmd., der ein Arbeitsgebiet betreut)
re|fe|ren|ti|ell
Re|fe|renz (1. Empfehlung; 2. sprachl. Bezugnahme auf einen Gegenstand)
re|fe|rie|ren
Reff, das (1. Trage; 2. Vorrichtung zum Reffen; 3. dürre Frau)
ref|fen ([Segel] verkleinern)
re|fi|nan|zie|ren (durch Kreditaufnahme finanzieren)
Re|fla|ti|on (Erhöhung des Geldumlaufs)
re|fla|ti|o|när
re|flek|tie|ren
Re|flek|tor (Spiegel; Spiegelfernrohr; Teil einer Richtantenne)
re|flek|to|risch
Re|flex (Widerschein; automat. Reaktion auf einen Reiz)
Re|flex...[kette *usw.*]
Re|fle|xi|on (Zurückwerfen von Strahlen; Nachdenken)
re|fle|xiv (*Adjektiv*)
Re|fle|xiv, das (*sprachwiss.* Reflexivpronomen; rückbezügl. Verb)
Re|fle|xiv|pro|no|men (rückbezügliches Fürwort)
Re|fle|xi|vum, das (Reflexiv)
Re|form
Re|form...[haus *usw.*]
Re|for|ma|ti|on (Bewegung zur Erneuerung der Kirche; Neugestaltung)
Re|for|ma|tor
re|for|ma|to|risch
re|form|be|dürf|tig
Re|for|mer
re|for|me|risch
re|for|mie|ren
re|for|miert; der Reformierte, die Reformierte Kirche
Re|for|mis|mus (Streben nach Reformen)
Re|for|mist
re|for|mi|stisch
Re|frain (regelmäßig wiederkehrende Wort- od. Satzfolge)
re|frak|tär (*med.* unempfindlich)
Re|frak|ti|on (Brechung von Lichtstrahlen)
Re|frak|to|me|ter (optisches Meßgerät)
Re|frak|tor (Linsenfernrohr)
Ré|fu|gié, der (Hugenotte)
Re|fu|gi|um (Zufluchtsort)
Re|fus, Re|füs, der (Weigerung)
re|fü|sie|ren (s. weigern)
reg. (*Abk. v.* registered)
Reg. (*Abk. v.* Regiment)
Reg, die (Wüste)
Re|gal[1], das (Gestell)
Re|gal[2], das (Orgel[register])
Re|gal[3], das (Hoheitsrecht); *Pl.* Re|ga|li|en
re|ga|lie|ren
Re|ga|li|tät (staatliches Hoheitsrecht)
Re|gat|ta (Bootswettfahrt)
Reg.-Bez. (*Abk. v.* Regierungsbezirk) *§ 13 (2)*
re|ge (intensiv)
Re|gel
Re|gel...[fall *usw.*]
re|gel|los
re|gel|mä|ßig
re|geln
re|gel|recht
re|gel|wid|rig
re|gen, sich
Re|gen, der
Re|gen...[dach *usw.*]
re|gen|arm
Re|gen|bo|gen
Re|gen|bo|gen...[haut *usw.*]
re|gen|bo|gen|far|ben
Ré|gence, die (frz. Kunststil)
Re|gen|cy, die (engl. Kunststil)
re|gen|dicht
Re|ge|ne|rat, das (Produkt der Regeneration)
Re|ge|ne|ra|ti|on (Erneuerung)
re|ge|ne|ra|ti|ons|fä|hig
re|ge|ne|ra|tiv
re|ge|ne|rie|ren (neu bilden; s. erholen)
Re|gen|pfei|fer (Vogel)
Re|gens|burg (Stadt)
Re|gens|bur|ger; ~ Domspatzen
Re|gens|cho|ri, Re|gens cho|ri (Dirigent eines Kirchenchors)
Re|gent (regierender Fürst)
Re|gent|schaft
Re|ger, Max (dt. Komponist 1873-1916)
Re|ge|sten (*Pl.*) (Auszug einer Urkunde)
Reg|gae, der (Musikstil)
Reg|gio [di] Ca|la|bria (Stadt in Italien)
Reg|gio [nell']Emi|lia (Stadt in Italien)
Re|gie, die (künstlerische Leitung; Verwaltung)
Re|gie...[anweisung *usw.*]
re|gie|ren
Re|gie|rung
Re|gie|rungs...[chef *usw.*]

re|gie|rungs|fä|hig
Re|gier|werk (Spieltisch der Orgel)
Re|gime, das (Regierung, Leitung)
Re|gi|ment (1. militär. Truppenverband; 2. Befehlsgewalt); *Abk.* Regt., Rgt
Re|gi|ments|arzt
Re|gio|mon|ta|nus (Johannes Müller, dt. Astronom 1436-1476)
Re|gi|on (Landstrich)
re|gi|o|nal
Re|gi|o|nal...[zeitung *usw.*]
Re|gi|o|na|lis|mus (Vertretung von regionalen Interessen)
Re|gi|o|na|list
Re|gis|seur
re|gi|stered (*engl.*); *Abk.* reg. (in ein Register eingetragen)
Re|gi|ster|hal|ten, das
Re|gi|ster|ton|ne (Raummaß für Schiffe, 2,8 m^3)
Re|gi|stra|tor
Re|gi|ster, das (1. alphabet. Verzeichnis; 2. Orgelpfeifenreihe; 3. Klangfarbe)
Re|gi|stra|tur (Registrierstelle; Aktenschrank; Gesamtheit der Orgelregisterzüge)
re|gi|strie|ren (in ein Register eintragen; zur Kenntnis nehmen; Orgelregister ziehen)
Re|gi|strier|kas|se
Re|gle|ment (Regelwerk)
re|gle|men|ta|risch
re|gle|men|tie|ren (regeln)
Reg|ler
Re|glet|te, die (Streifen für Zeilenzwischenräume)
reg|los
reg|nen
Reg|ner
reg|ne|risch
Reg.-Rat (*Abk. v.* Regierungsrat) *§ 13 (2)*
Re|greß, der (Inanspruchnahme; Rückwärtsschreiten von der Wirkung zur Ursache)
Re|greß...[pflicht *usw.*]
Re|gres|si|on (Rückbildung, Rückgang)
re|gres|siv
reg|sam (aktiv)
Regt. (*Abk. v.* Regiment); *s. a.* Rgt.
Re|gu|la fal|si (mathemat. Näherungsverfahren) *§ 15 (3)*
Re|gu|lar, der (Ordensmitglied nach Ablegung des Gelübdes)
re|gu|lär (der Regel entsprechend)
Re|gu|lar|geist|li|che, der
Re|gu|la|ri|en (*Pl.*) (regelmäßig anfallende Angelegenheiten)
Re|gu|la|ri|tät
Re|gu|la|ti|on (Ausgleich)
re|gu|la|tiv (regelnd)
re|gu|lie|ren
Re|gu|lus (Stern)
Re|gu|la|tor (Steuerungselement; Pendeluhr)
Re|gung
re|gungs|los
Reh, das; *Pl.* Re|he
Reh...[braten *usw.*]
Re|ha|bi|li|tand (jmd., der rehabilitiert wird)
Re|ha|bi|li|ta|ti|on (Wiedereingliederung in die Gesellschaft; Wiederherstellung der körperl. Leistungsfähigkeit)
Re|ha|bi|li|ta|ti|ons...[klinik *usw.*]
re|ha|bi|li|tie|ren
reh|braun
Re|he, die (Hufkrankheit)
reh|far|ben
reh|far|big
Reh|klein, das
reh|le|dern
Reh|ling (Pfifferling)
Reh|po|sten (Schrot)
Reh|zie|mer (Rehrücken)
Rei|bach, der; *s. a.* Rebbach (Gewinn)
Reib|ah|le, die (Werkzeug)
Rei|be
Rei|be|brett
Reib|ei|sen
Rei|be|ku|chen (Kartoffelpuffer)
Rei|be|laut (Laut, der durch Reibung der Atemluft an Lippen, Zähnen od. Gaumen entsteht)
rei|ben
Rei|be|rei
Rei|bungs...[wärme *usw.*]
rei|bungs|los
reich (*Adjektiv*); reich◡geschmückt *usw. § 11 (4)*
...**reich**; ruhmreich *usw.*
Reich, das
Reich, Steve (amerik. Komponist *1936); Wilhelm ~ (österr. Psychoanalytiker 1897-1957)
reich◡be|gü|tert; *vgl.* reich
rei|chen (1. geben; 2. genügen)
Rei|chen|au, die (Insel im Bodensee)
Rei|chen|bach, Hans (dt.-amerik. Philosoph 1891-1953)
reichge|schmückt; *aber* sehr reich geschmückt *§ 11 (4)*
reich|hal|tig
reich|lich
Reich-Ranic|ki, Marcel (dt. Literaturkritiker *1920)
Reichs...[abt *usw.*]
reichs|frei
reichs|mit|tel|bar (der Hoheit e. Landesfürsten unterworfen)
reichs|un|mit|tel|bar (nur Kaiser u. Reich unterworfen)
Reich|tum
reich◡ver|ziert; *aber* sehr reich verziert *§ 11 (4)*
Reich|wei|te
reif
Reif, der (Ring)
Reif, der (gefrorener Tau; Gamsbartspitze)
Rei|fe, die
Rei|fe...[grad *usw.*]
rei|fen; du reifst
Rei|fen, der
Rei|fen...[druck *usw.*]
Rei|fe|rei
Reif|glät|te
reif|lich
Reif|rock
Rei|gen
Rei|gen...[tanz *usw.*]

Rei|he
Rei|hen...[bildung usw.]
rei|hen; du reihst
Rei|hen, der
rei|hen|wei|se
Rei|her (Vogel)
rei|hern (sich übergeben); du reiherst
Reih|fa|den
Reih|garn
reih|um
Reih|zeit (Paarungszeit)
Reim
Reim...[chronik usw.]
rei|men; du reimst
reim|los
Re|im|plan|ta|ti|on (Wiedereinpflanzung)
rei|m|plan|tie|ren
Re|im|port (Wiedereinfuhr)
re|im|por|tie|ren
Reims (Stadt in Frankreich)
rein[1] (sauber); *als Verbzusatz a. zusammengeschrieben § 10*: rein◡halten *usw.*; reingolden (aus reinem Gold); *aber* rein golden (rein aus Gold)
rein[2] (*kurz f.* herein *oder* hinein, *s. d.*); *als Verbzusatz a. zusammengeschrieben § 10*: rein◡gehen, rein◡wollen *usw.*
Rein, die (Kochtopf)
Rein...[gewinn *usw.*]
rein◡but|tern *§ 10*
Rei|ne|clau|de; *a.* Reneklode, *s. a.* Ringlotte (Grünpflanze)
Rei|ne|ke Fuchs (Gestalt der Tierfabel)
Rei|ne|ma|che|frau; *s. a.* Reinmachefrau
Rei|ne|ma|chen, das; *s. a.* Reinmachen
rein|er|big
Rei|net|te, die (Apfelsorte); *a.* Renette
rei|ne|weg
Rein|fall
rein◡fal|len *§ 10*
Re|in|fek|ti|on (erneute Infektion)
re|in|fi|zie|ren
rein|gol|den; *vgl.* rein[1]
rein◡hal|ten (sauberhalten) *§ 10*
Rein|hal|tung
rein◡hän|gen *§ 10*
Rein|hardt, Max (dt. Regisseur 1873-1943)
rei|ni|gen
Re|in|kar|na|ti|on (Wiedergeburt)
rein◡kom|men *§ 10*
rein◡krie|gen *§ 10*
rein◡las|sen *§ 10*
rein◡le|gen *§ 10*
rein|lei|nen; *vgl.* rein[1]
rein|lich
Rein|ma|che|frau; *s. a.* Reinemachefrau
Rein|ma|chen, das; *s. a.* Reinemachen
Rein|mar von Ha|gen|au (~ der Alte, Minnesänger † vor 1210)
rein|ras|sig
rein◡rei|ßen *§ 10*
rein◡rei|ten *§ 10*
Rein|schiff (Schiffsreinigung)
rein|schrift|lich
rein|sei|den; *vgl.* rein[1]
rein|sil|bern; *vgl.* rein[1]
rein◡wa|schen *§ 10*
rein|weg
rein|wol|len; *vgl.* rein[1]
Rein|zucht (Zucht reinrassiger Tiere)
Reis, das (dünner Zweig)
Reis, der (körniges Getreide)
Reis, Philipp (dt. Physiker 1834-1874)
Reis...[bau *usw.*]
Rei|se
Rei|se...[andenken *usw.*]
rei|se|fer|tig
rei|se|lu|stig
rei|sen; du reist *§ 7 (1)*
Rei|sen|de, der
Rei|ser|be|sen (Reisigbesen)
rei|sig (beritten); der Reisige
Rei|sig, das (trockene Zweige)
Rei|sig|be|sen
Reiß...[brett *usw.*]
Reiß|aus, der; ~ nehmen
rei|ßen; du reißt *§ 7 (1)*; reißend
Rei|ßen, das
Rei|ßer (*a.* spannendes Stück; Bestseller)
rei|ße|risch
reiß|fest
Reiß|zwecke, die [k|k]
rei|sten ([Holz] bergab rutschen lassen)
Reit...[bahn *usw.*]
rei|ten; du reitest, rittest; geritten
Rei|ter
Rei|ter...[angriff *usw.*]
Rei|te|rei
Rei|ters|mann
Reit- und Fahr|tur|nier *§ 13 (1)*
Reit- und Spring|tur|nier *§ 13 (1)*
Reiz
Reiz...[husten *usw.*]
reiz|bar
rei|zen; du reizt *§ 7 (1)*
rei|zend
Reiz|ker, der (Pilz)
reiz|voll
Re|ka|pi|tu|la|ti|on (zusammenfassende Wiederholung)
re|ka|pi|tu|lie|ren
Re|ke|lei; *s. a.* Räkelei
re|keln, sich; *s. a.* räkeln (den Körper dehnen)
Re|kla|ma|ti|on (Beschwerde)
Re|kla|me (Werbung)
re|kla|mie|ren
re|ko|gnos|zie|ren (erforschen)
Re|kom|man|da|ti|on (1. Einschreiben; 2. Empfehlung)
re|kom|man|die|ren
Re|kom|pens, die (Entschädigung)
Re|kom|pen|sa|ti|on (Entschädigung)
re|kom|pen|sie|ren
re|kon|stru|ie|ren (wiederherstellen)
Re|kon|struk|ti|on
re|kon|va|les|zent (genesend)
Re|kon|va|les|zent, der
Re|kon|va|les|zenz ([Zeit der] Genesung)

re|kon|va|les|zie|ren
Re|kord, der (Höchstleistung)
Re|kord...[ergebnis *usw.*]
Re|kor|der (Aufnahmegerät); *a.* Recorder
Re|kre|a|ti|on (Erholung)
re|kre|ie|ren
Re|krut (Soldat in der Grundausbildung)
re|kru|tie|ren (Nachwuchs heranziehen)
rek|tal (zum Mastdarm gehörig)
Rek|tal...[temperatur *usw.*]
rekt|an|gu|lär (rechtwinklig)
Rek|ta|pa|pier (auf den Namen des Berechtigten lautendes Wertpapier)
Rekt|aszen|si|on (Koordinate in Sternkarten)
Rek|ti|fi|ka|ti|on (1. Berichtigung; 2. wiederholte Destillation; 3. Bestimmung der Bogenlänge einer Kurve)
rek|ti|fi|zie|ren
Rek|ti|on (Steuerung; *a. grammat.*)
Rek|to, das; *a.* Recto (Vorderseite)
Rek|tor (Schulleiter)
Rek|to|rat (Amtszeit oder Geschäftsstelle e. Rektors)
Rek|to|skop, das (Mastdarmspiegel)
Rek|to|sko|pie (Untersuchung des Mastdarms)
Rek|tum (Mastdarm); *Pl.* Rekta
re|kul|ti|vie|ren (für die Landwirtschaft wiedergewinnen)
Re|ku|pe|ra|tor (Anlage zum Vorwärmen von Gasen usw.)
re|kur|rie|ren (zurückkommen)
Re|kurs, der (Rückgriff; Einspruch)
re|kur|siv (s. wiederholend)
Re|lais, das (Schalteinrichtung für Stromkreise)
Re|lais|sta|ti|on (Funkstation; Verstärkereinrichtung; *früher* Platz für Pferdewechsel)
Re|la|ti|on (Verhältnis)
re|la|tiv (verhältnismäßig)
Re|la|tiv...[satz *usw.*]
re|la|ti|vie|ren (abschwächen)
Re|la|ti|vis|mus
re|la|ti|vi|stisch
Re|la|ti|vi|tät
re|laxed (*engl.*) (entspannt); *vgl.* relaxen
re|la|xen; du relaxt *§ 7 (1)*, hast relaxt; *vgl.* relaxed
Re|lease, das (Drogenentzugsstelle)
Re|lea|ser (Betreuer von Drogenabhängigen)
Re|le|ga|ti|on (Ausschluß von der Schule o. ä.)
re|le|gie|ren
re|le|vant (wichtig)
Re|le|vanz (Bedeutung)
Re|li|ef, das (erhaben herausgearbeitetes Bild; [Nachbildung der] Erdoberfläche)
Re|li|ef...[druck *usw.*]
Re|li|gi|on
Re|li|gi|ons...[krieg *usw.*]
re|li|gi|ös
Re|li|gi|o|si|tät
Re|likt, das (Überbleibsel)
Re|lik|ten|fau|na (letzte Exemplare einer aussterbenden Tierwelt)
Re|lik|ten|flo|ra (letzte Exemplare einer aussterbenden Pflanzenwelt)
Re|likt|form
Re|ling, die (Schiffsgeländer)
Re|li|qui|ar, das (Behälter für Reliquien)
Re|li|quie, die (körperlicher Überrest eines Heiligen)
Re|li|qui|en|be|häl|ter
Re|lish, das (würzige Soße mit Gemüsestückchen)
Re|ma|gen (Stadt)
Re|make, das (Neuauflage)
Re|ma|nenz (Restmagnetismus)
Re|marque, Erich Maria (dt. Schriftsteller 1898-1970)
Rem|bours, der (Rückzahlung)
Rem|brandt (niederl. Maler 1606-1669)
Re|me|di|um (Heilmittel)
Re|me|dur, die (Abhilfe)
Re|mi|grant (Rückwanderer)
re|mi|li|ta|ri|sie|ren (wiederbewaffnen)
Re|mi|nis|zenz (Erinnerung)
Re|mi|nis|ze|re (5. Sonntag vor Ostern)
re|mis (unentschieden); das Spiel endet ~
Re|mis, das (unentschiedenes Spiel)
Re|mi|se, die (Schuppen)
Re|mis|si|on (Rücksendung; Rückgang e. Krankheit)
Re|mit|ten|de, die (zurückgeschicktes Buch)
Re|mit|tent (jmd., an den ein Wechsel gezahlt werden soll)
re|mit|tie|ren
Rem|mi|dem|mi, das (Trubel)
re|mon|tant (wiederkehrend)
Re|mon|tant|ro|se (zweimal blühende Rose)
Re|mon|te, die (junges Pferd)
Re|mou|la|de, die (Soße aus Öl, Eigelb, Kräutern)
Re|mou|la|den|so|ße
Rem|pe|lei
rem|peln
Remp|ler
Remp|ter, der (Speisesaal); *s. a.* Remter
Rem|scheid (Stadt)
Rem|ter, der (Speisesaal); *s. a.* Rempter
Re|mu|ne|ra|ti|on (Entschädigung)
re|mu|ne|rie|ren
Re|mus (röm. Sagengestalt)
Ren[1], das; *vgl.* Rentier
Ren[2], der (Niere)
Re|nais|sance („Wiedergeburt"; besonders die kulturelle Rückbesinnung auf die Antike am Ausgang des Mittelalters)
Re|nais|sance...[dichter usw.]
re|na|tu|rie|ren (in einen naturnahen Zustand zurückführen)
Re|nault (Autofirma); der ~ (Auto dieser Marke)
Ren|con|tre, das (feindliche Begegnung); *a.* Renkontre
Ren|dant (Kassenverwalter)

Ren|de|ment (Ausbeute)
Ren|dez|vous, das (Treffen)
Ren|di|te, die (Ertrag einer Kapitalanlage)
Re|ne|gat, der (Abtrünniger)
Re|ne|ga|ten|tum
Re|ne|klo|de (Pflaumenart); *a.* Reineclaude, *s. a.* Ringlotte
Re|net|te (Apfelsorte); *a.* Reinette
Ren|for|cé, der (Gewebe)
Re|ni, Guido (ital. Maler 1575-1642)
re|ni|tent (widerspenstig)
Re|ni|tenz (Widerspenstigkeit)
Ren|ke, die (Fisch)
ren|ken (drehen)
Ren|kon|tre, das (Treffen); *a.* Rencontre
Renk|ver|schluß (Drehverschluß)
Renn, Ludwig (dt. Schriftsteller 1889-1979)
Renn...[auto *usw.*]
ren|nen; du rennst, ranntest; gerannt
Ren|nen, das
Ren|ner, Karl (österr. Politiker 1870-1950)
Renn|steig (Weg im Thüringer Wald)
Re|noir, Auguste (frz. Maler 1841-1919); Jean ~ (frz. Regisseur 1894-1979)
Re|nom|ma|ge, die (Angeberei)
Re|nom|mee, das (guter Ruf u. Ansehen)
re|nom|mie|ren (angeben)
Re|nom|mier|stück
re|nom|miert (angesehen)
Re|nom|mist (Angeber)
Re|nom|mi|ste|rei
Re|non|ce, die (Spielkarte)
Re|no|va|ti|on (Erneuerung)
re|no|vie|ren
ren|ta|bel (gewinnbringend); renta|ble Geschäfte
Ren|ta|bi|li|tät (Einträglichkeit)
Rent|amt
Ren|te
Ren|ten...[alter *usw.*]
ren|ten|pflich|tig
Ren|tier (*zu* Ren[1]) (Hirschart)
Ren|tier (*zu* Rente) (Rentenempfänger)
ren|tie|ren, sich (lohnen)
Ren|tier|flech|te
ren|tier|lich
Rent|ner
re|nu|me|rie|ren
Re|nun|ti|a|ti|on, Re|nun|zi|a|ti|on (Abdankung)
re|nun|zie|ren (abdanken, verzichten)
Re|ok|ku|pa|ti|on (erneute Besetzung)
re|ok|ku|pie|ren
Re|or|ga|ni|sa|ti|on (Umgestaltung)
Re|or|ga|ni|sa|tor
re|or|ga|ni|sie|ren
REP (*Abk. v.* Republikaner [dt. Partei]) *§ 17 (2) Anm. 1*; *s. a.* Reps
re|pa|ra|bel (wiederherstellbar); repara|ble Fehler
Re|pa|ra|teur
Re|pa|ra|ti|on (Wiedergutmachung [von Kriegsschäden])
Re|pa|ra|tur (Instandsetzung)
re|pa|ra|tur|an|fäl|lig
re|pa|ra|tur|be|dürf|tig
re|pa|rie|ren (instand setzen)
re|par|tie|ren ([Kosten] aufteilen)
Re|par|ti|ti|on
re|pas|sie|ren (überarbeiten)
re|pa|tri|ie|ren (in den Heimatstaat zurückführen; eine frühere Staatsangehörigkeit wiederherstellen)
Re|per|kus|si|on (Tonwiederholung)
Re|per|toire, das (Gesamtheit der Stücke im Spielplan, der Rollen eines Künstlers)
Re|per|to|ri|um (Nachschlagewerk)
Re|pe|tent (Schüler, der eine Klasse wiederholt)
re|pe|tie|ren (wiederholen)
Re|pe|tier|ge|wehr (Mehrlader)
Re|pe|tier|uhr (Taschenuhr)
Re|pe|ti|ti|on (Wiederholung)
Re|pe|ti|tor (jmd., der Lehrstoff wiederholt)
Re|pe|ti|to|ri|um (Unterricht, um Lehrstoff zu wiederholen)
Re|pin, Ilja (russ. Maler 1844-1930)
Re|plik, die (Antwort; Wiederholung eines Kunstwerks [durch den Künstler selbst])
re|pli|zie|ren
re|po|nie|ren (wiedereinrichten)
Re|port, der (Bericht)
Re|por|ta|ge
Re|por|ter
Re|po|si|ti|on (Wiedereinrichtung)
re|prä|sen|ta|bel; re|prä|senta|ble Ideen
Re|prä|sen|tant (Vertreter)
Re|prä|sen|tanz (geschäftliche Vertretung)
Re|prä|sen|ta|ti|on
re|prä|sen|ta|tiv
Re|prä|sen|ta|ti|vi|tät
re|prä|sen|tie|ren (vertreten, darstellen)
Re|pres|sa|lie, die (Druckmittel)
Re|pres|si|on (Unterdrückung)
re|pres|siv
Re|print, der (Nachdruck)
Re|pri|se, die (Wiederaufnahme)
re|pri|va|ti|sie|ren (wieder in Privatbesitz umwandeln)
Re|pro, das/die (*kurz f.* Reproduktion) (Nachbildung; Vervielfältigung)
Re|pro|ba|ti|on (Gegenbeweis)
re|pro|bie|ren (mißbilligen)
Re|pro|duk|ti|on (Nachbildung; Vervielfältigung; Fortpflanzung)
Re|pro|duk|ti|ons...[medizin *usw.*]
re|pro|duk|tiv
re|pro|du|zie|ren
Re|pro|gra|phie (Verfahren zur Dokumentenwiedergabe)
Reps, die (*Pl.*) (*kurz f.* Mitglieder der dt. Partei der Republikaner)
Rep|til, das (Kriechtier)

Rep|ti|li|en|fonds, der (Geheimfonds)
Re|pu|blik (Staatsform, bei der die Staatsgewalt vom Volk od. gewählten Repräsentanten ausgeht)
Re|pu|bli|ka|ner (*a.* Mitglied d. gleichnamigen dt. Partei)
re|pu|bli|ka|nisch
Re|pu|bli|ka|nis|mus
Re|pu|di|a|ti|on (Zurückweisung)
Re|pul|si|on (das Zurückstoßen)
re|pul|siv
Re|pun|ze, die (Stempel)
re|pun|zie|ren
Re|pu|ta|tion ([guter] Ruf)
re|pu|tier|lich
Re|qui|em, das (Totenmesse)
re|qui|es|cat in pa|ce (er ruhe in Frieden); *Abk.* R. I. P.
re|qui|rie|ren (beschlagnahmen; anfordern)
Re|qui|sit, das (Zubehör)
Re|qui|si|te, die (Aufbewahrungsort für Requisiten)
Re|qui|si|teur (Verwalter von Requisiten)
Re|qui|si|ti|on (Beschlagnahme; Anforderung)
Re|sa (Schah v. Persien 1878-1944)
resch; *s. a.* rösch
Re|schen|paß (Alpenpaß)
Re|se|da, die (Pflanze); *s. a.* Resede
re|se|da|far|ben
Re|se|de, die (Pflanze); *s. a.* Reseda
Re|sek|ti|on (chirurgische Entfernung von Organteilen)
Re|ser|va|ge, die (Schutzbeize beim Färben)
Re|ser|vat (abgegrenzter Lebensraum)
Re|ser|va|tio men|ta|lis (gedanklicher Vorbehalt)
Re|ser|va|ti|on (Reservat; Reservierung)
Re|ser|ve, die (Rücklage, Notvorrat, vorsichtige Haltung)
Re|ser|ve...[bank *usw.*]
re|ser|vie|ren (vormerken, freihalten, aufbewahren)
re|ser|viert (unnahbar)
Re|ser|vist (Soldat nach Ableistung der Wehrpflicht)
Re|ser|voir, das (Sammelbecken; Vorrat)
re|se|zie|ren (chirurgisch entfernen)
Re|si|dent (Gesandter)
Re|si|denz (Amtssitz, Hauptstadt)
re|si|die|ren
re|si|du|al (zurückbleibend)
Re|si|du|um (Rest)
Re|si|gna|ti|on (Verzicht, Ergebung)
re|si|gna|tiv
re|si|gnie|ren
re|si|gniert
Re|si|nat, das (Salz einer Harzsäure)
Ré|si|stance, die (frz. Widerstandsbewegung)
re|si|stent (widerstandsfähig)
Re|si|stenz (Widerstandsfähigkeit)
re|si|stie|ren
re|si|stiv (Widerstand leistend)
Re|skript, das (schriftlicher Rechtsbescheid)
Res|nais, Alain (frz. Regisseur *1922)
re|so|lut (tatkräftig)
Re|so|lu|ti|on (Beschluß)
re|sol|vie|ren ([in kleinere Einheiten] auflösen)
Re|so|nanz (Mitschwingung; Widerhall, Zustimmung)
Re|so|na|tor (schwingender Körper; Gerät zur Klanganalyse)
Re|so|pal, das (Kunststoff)
re|sor|bie|ren (aufsaugen)
Re|sorp|ti|on
re|so|zi|a|li|sie|ren (wieder in die Gesellschaft eingliedern)
resp. (*Abk. v.* respektive)
Re|spekt, der (Achtung)
re|spek|ta|bel (achtbar); respekta|ble Versuche
Re|spek|ta|bi|li|tät
Re|spekt|blatt (leeres Blatt am Buchanfang)
re|spekt|ein|flö|ßend; *aber* [großen] Respekt einflößend *§ 11*
re|spek|tie|ren
re|spek|tier|lich
re|spek|tiv
re|spek|ti|ve (beziehungsweise); *Abk.* resp.
Res|pi|ghi, Ottorino (ital. Komponist 1879-1936)
Re|spi|ra|ti|on (Atmung)
Re|spi|ra|tor (Beatmungsgerät)
re|spi|ra|to|risch
re|spi|rie|ren (atmen)
re|spon|die|ren (antworten)
Re|spons, der (Reaktion auf einen Vorschlag, Reiz)
Re|spon|so|ri|um (Wechselgesang)
Res|sen|ti|ment (Abneigung)
Res|sort, das (Zuständigkeitsbereich)
res|sor|tie|ren (ein Ressort haben)
res|sort|mä|ßig
Res|sour|ce, die (Hilfsmittel; Produktionsfaktor)
Rest
Rest...[alkohol *usw.*]
Re|stant (rückständiger Schuldner; Restposten; nicht eingelöstes Wertpapier; Nachzügler)
Re|stan|ten|li|ste
Re|stau|rant
Re|stau|ra|teur
Re|stau|ra|ti|on (Wiederherstellung)
Re|stau|ra|tor
re|stau|rie|ren (instand setzen)
Re|ste...[verkauf *usw.*]
re|sti|tu|ie|ren (wiederherstellen; wiedereinsetzen; ersetzen)
Re|sti|tu|ti|on
rest|lich
rest|los
Re|strik|ti|on (Beschränkung)
re|strik|tiv
re|strin|gie|ren (beschränken)

re|struk|tu|rie|ren (neu ordnen)
Re|sul|tan|te, die (Ergebnis von verschieden Kräften)
Re|sul|tat, das (Ergebnis)
re|sul|ta|tiv
Re|sul|ta|ti|vum, das (Ausdruck des Ergebnisses)
re|sul|tie|ren
Ré|su|mé, Re|sü|mee, das (Zusammenfassung)
re|sü|mie|ren
Re|ta|bel, das (Altaraufsatz)
Re|tard, der (Verzögerung)
Re|tar|da|ti|on (Verzögerung)
re|tar|die|ren
Re|ten|ti|on (1. Zurückhaltung; 2. Behaltensleistung)
Re|thel, Alfred (dt. Maler 1816-1859)
re|ti|ku|lar, re|ti|ku|lär (netzartig)
Re|ti|na, die (Netzhaut)
Re|ti|ni|tis, die (Netzhautentzündung)
re|ti|rie|ren (s. zurückziehen)
Re|tor|si|on (Gegenmaßnahme)
Re|tor|te (Gefäß f. Destillation od. chem. Reaktion)
Re|tor|ten...[baby *usw.*]
re|tour (zurück)
Re|tour...[sendung *usw.*]
Re|trai|te, die (Rückzug, Zapfenstreich)
Re|trak|ti|on (Schrumpfung)
Re|tri|bu|ti|on (Rückgabe)
Re|trie|val, das (Auffindung [v. Informationen])
re|tro|da|tie|ren (zurückdatieren)
re|tro|flex *(Adjektiv)* (mit zurückgebogener Zungenspitze gesprochen)
Re|tro|fle|xi|on (Knickung)
re|tro|grad (rückläufig)
Re|tro|spek|ti|on (Rückblick)
re|tro|spek|tiv
Re|tro|spek|ti|ve (Rückblick)
re|tro|ver|tie|ren
Re|tro|vi|rus, das (krebserregendes Virus)
re|tro|ze|die|ren (zurückweichen)
Re|tro|zes|si|on (Rückversicherung)
Ret|si|na, der (geharztert Wein)
ret|ten
Ret|tich
rett|los
Ret|tungs...[aktion *usw.*]
Ret|tungs|ba|ke (Hinweisschild)
ret|tungs|los
Re|turn, der (Rückschlag)
Re|tu|sche, die (Überarbeitung von Fotos)
Re|tu|scheur
re|tu|schie|ren
Reuch|lin, Johannes (dt. Humanist 1455-1522)
Reue
reu|en
reue|voll
Reu|geld (Rücktrittssumme)
reu|ig
Reu|kauf (Strafgeld)
reu|mü|tig
re|unie|ren (wiedervereinigen)
Ré|uni|on (frz. Insel, Überseedépartement)
Re|uni|ons|kam|mern (*Pl.*) (frz. Annexionsbehörden im 17. Jhdt.)
Reu|se, die (Fangkorb)
Reuß, die (Fluß in der Schweiz)
Reuß (thüring. Adelsfamilie)
Reu|ße (Russe)
re|üs|sie|ren (Erfolg haben)
reu|ßisch
reu|ten (roden)
Reu|ter, Christian (dt. Schriftsteller 1665-1712); Ernst ~ (dt. Politiker 1889-1953); Fritz ~ (dt. Schriftsteller 1810-1874)
Reut|lin|gen (Stadt)
Reut|te (Ort in Österreich)
Reut|ter, Hermann (dt. Komponist 1900-1985)
Rev. (*Abk. v.* Reverend)
Re|vak|zi|na|ti|on (Wiederimpfung)
re|vak|zi|nie|ren
Re|val (Hauptstadt v. Estland, *estn.* Tallinn)
Re|val|va|ti|on (Aufwertung)
re|val|vie|ren
Re|van|che, die (Vergeltung)
Re|van|che...[krieg *usw.*]
re|van|chie|ren, sich (s. rächen; s. erkenntlich zeigen)
Re|van|chis|mus (Streben nach Revanche)
Re|van|chist
re|van|chi|stisch
Re|ve|nant, der (Gespenst)
Re|vent|low, Franziska zu (dt. Schriftstellerin 1871-1918)
Re|ve|nue, die (Einkommen)
Re|ve|rend (*engl.* Hochwürden)
Re|ve|renz, die (Ehrerbietung)
Re|vers, das (Aufschlag an Jacken usw.)
Re|vers, der (1. Rückseite; 2. schriftl. Erklärung)
re|ver|si|bel (umkehrbar); reversi|ble Prozesse
Re|ver|si|bi|li|tät
Re|ver|si|ble, der (Gewebe)
Re|ver|si|on (Umkehrung)
Re|vers|sy|stem (Preisbindung)
Re|vi|dent (jmd., der Revision einlegt)
re|vi|die|ren (überprüfen)
Re|vier, das (Gebiet; Polizeidienststelle)
re|vie|ren (umherstreifen)
Re|view, die (*engl.* Zeitschrift)
Re|vi|re|ment (Umbesetzung)
Re|vi|si|on (Überprüfung; Anrufung einer höheren Instanz)
Re|vi|si|o|nis|mus (Bestrebung zur Umkehr einer politischen Entwicklung)
Re|vi|si|o|nist
re|vi|si|o|ni|stisch
Re|vi|si|ons...[frist *usw.*]
Re|vi|sor
re|vi|ta|li|sie|ren (kräftigen)
Re|vi|val, das (Wiederbelebung e. Stückes u. ä.)
Re|vo|ka|ti|on (Widerruf)
Re|vol|te (Aufstand)
re|vol|tie|ren
Re|vo|lu|ti|on (Umsturz)

re|vo|lu|ti|o|när
Re|vo|lu|ti|o|när, der
re|vo|lu|ti|o|nie|ren
Re|vo|lu|ti|ons...[führer *usw.*]
Re|vo|luz|zer
Re|vol|ver (Handfeuerwaffe)
Re|vol|ver...[blatt *usw.*]
re|vol|vie|ren (zurückdrehen)
Re|vol|ving|kre|dit (mehrmals in Anspruch genommener Kredit)
re|vo|zie|ren (widerrufen)
Re|vue, die (Zeitschrift; musikal. Veranstaltung)
Re|vue...[bühne *usw.*]
Reyk|ja|vik (Hauptstadt v. Island); *isländ.* ...vík
Rey|on, der/das (Kunstseide); *s. a.* Rayonne
Re|zen|sent (Kritiker)
re|zen|sie|ren
Re|zen|si|on (Besprechung von Büchern usw.)
Re|zen|si|ons...[exemplar *usw.*]
re|zent (neu, gegenwärtig)
Re|zept (ärztliche Verschreibung; Anleitung)
re|zept|frei
re|zep|tie|ren
Re|zep|ti|on (Empfang; Übernahme; geistige Aufnahme)
re|zep|tiv
Re|zep|ti|vi|tät (Aufnahmefähigkeit)
Re|zep|tor (Steuereinnehmer; Reizempfänger)
re|zept|pflich|tig
Re|zep|tur (Herstellung eines Medikamentes; Arbeitsraum in der Apotheke)
Re|zes|si|on (wirtschaftl. Rückgang)
Re|zes|si|ons...[phase *usw.*]
re|zes|siv (von anderen Erbanlagen überdeckt)
re|zi|div (zeitweise wiederkehrend)
Re|zi|div, das (Rückfall)
re|zi|di|vie|ren
Re|zi|pi|ent (Empfänger einer Aussage od. Sendung)
re|zi|pie|ren (aufnehmen, empfangen)
re|zi|prok (wechselseitig, umgekehrt)
Re|zi|pro|zi|tät (Wechselseitigkeit)
Re|zi|tal, das (Solistenkonzert); *s. a.* Recital
Re|zi|ta|ti|on (künstlerischer Vortrag)
Re|zi|ta|tiv, das (Sprechgesang in der Oper)
re|zi|ta|ti|visch
Re|zi|ta|tor
re|zi|tie|ren
re|zy|klie|ren (wiederverwerten)
Rez|zo|ri, Gregor von (dt. Schriftsteller 1914-1999)
rf. (*Abk. v.* rinforzando); *s. a.* rfz.
rfz. (*Abk. v.* rinforzando); *s. a.* rf.
R-Ge|spräch (Ferngespräch) *§ 13 (2)*
Rgt. (*Abk. v.* Regiment); *s. a.* Regt.
RGW (*Abk. v.* Rat für gegenseitige Wirtschaftshilfe) *§ 17 (2) Anm. 1*
rh, Rh (*Zeichen f.* Rhesusfaktor); rh negativ, Rh positiv
Rh (*chem. Zeichen f.* Rhodium)
Rha|ba|nus Mau|rus (Gelehrter im Kloster Fulda ~780-856); *s. a.* Hrabanus, Rabanus
Rha|bar|ber, der (Pflanze)
Rhab|dom, das (Netzhautstäbchen, u. -zapfen)
Rha|da|man|thys (Sagengestalt)
Rha|ga|de, die (Hautriß)
Rhap|so|de (Sänger von Gedichten)
Rhap|so|die (Gedicht in freier Form; Ballade; musikal. Komposition)
rhap|so|disch
rhe!; *a.* ree!
Rhea (Sagengestalt)
Rhein (Fluß)
rhein|ab[|wärts]
Rhein|an|ke (Blaufelchen)
rhein|auf[|wärts]
Rhein|bund
Rhein|fall (Stromschnelle des Rheins)
Rhein|gau
Rhein-Her|ne-Ka|nal *§ 13 (2)*
Rhein|hes|sen
rhei|nisch
rhei|nisch-west|fä|lisch *§ 13 (5)*
Rhein|land
Rhein|lan|de (*Pl.*)
Rhein|län|der
rhein|län|disch
rhein|län|disch-pfäl|zisch *§ 13 (5)*
Rhein|land-Pfalz
rhein|land-pfäl|zisch
Rhein-Main-Do|nau-Groß-schiffahrts|weg [ff|f] *§ 7 (1), § 28 Anm., § 13 (2)*
Rhein-Main-Flug|ha|fen *§ 13 (2)*
Rhein-Mar|ne-Ka|nal *§ 13 (2)*
Rhein|pfalz, die
Rhein|pro|vinz
Rhein-Rho|ne-Ka|nal *§ 13 (2)*; *vgl.* Rhone
Rhein|sei|ten|ka|nal
Rhein-Wup|per-Kreis *§ 13 (2)*
rhe|na|nisch (rheinisch)
Rhe|ni|um, das *chem. Zeichen* Re
Rheo|lo|gie (Lehre vom Fließen u. Verformen)
Rheo|stat, der (Regelwiderstand)
Rhe|sus, Rhe|sus|af|fe (Affenart)
Rhe|sus|fak|tor; *kurz* Rh-Faktor; *Zeichen* rh/Rh (von der Blutgruppe abhängige erbliche Bluteigenschaften)
Rhe|tor (Lehrer der Rhetorik)
Rhe|to|rik (Redekunst; Lehre der Redekunst)
Rhe|to|ri|ker
rhe|to|risch
Rheu|ma, das (Rheumatismus)
Rheu|ma|ti|ker

rheu|ma|tisch
Rheu|ma|tis|mus (Entzündung von Gelenken u. Muskeln)
Rheu|ma|to|lo|ge (Facharzt für Rheumatologie)
Rheu|ma|to|lo|gie
rheu|ma|to|lo|gisch
Rh-Fak|tor (*kurz f.* Rhesusfaktor) *§ 13 (2)*
Rhi|ni|tis, die (Entzündung der Nasenschleimhaut)
Rhi|no|lo|gie (Lehre von den Nasenkrankheiten)
Rhi|no|pla|stik (operativer Eingriff an der Nase)
Rhi|no|skop, das (Nasenspiegel)
Rhi|no|sko|pie
Rhi|no|ze|ros, das (Nashorn)
Rhi|zom, das (Wurzelwerk)
Rhi|zo|po|de, der (Wurzelfüßer)
Rhld. (*Abk. v.* Rheinland)
Rh-ne|ga|tiv (*s.* rh/Rh) *§ 13 (2)*
Rho, das (der griech. Buchstabe ρ, P)
Rhode Island (Stadtteil von New York)
Rho|de|län|der (Hühnerrasse)
Rho|de|si|en
rho|de|sisch
rho|di|nie|ren (mit Rhodium beschichten)
rho|disch
Rho|di|um; *chem. Zeichen* Rh
Rho|do|den|dron, der/das (Zierstrauch)
Rho|do|pen (*Pl.*) (Gebirge in Griechenland u. Bulgarien)
Rho|dos (griechische Insel)
rhom|bisch
Rhom|bo|eder, das (von sechs Rhomben gebildeter Körper)
Rhom|bo|id, das (ungleichseitiges Parallelogramm)
Rhom|bus, der (schiefwinkliges Parallelogramm mit gleichen Seitenpaaren)
Rhön, die (Gebirge in Hessen)
Rho|ne, *frz.* Rhône, die (Fluß in der Schweiz u. Frankreich)
Rhön|rad (Sportgerät)
Rho|ta|zis|mus (Wandel von s zu r)
Rh-po|si|tiv (*s.* rh/Rh) *§ 13 (2)*
Rhus, der (Zierstrauch)
Rhyth|mik
Rhyth|mi|ker
rhyth|misch
rhyth|mi|sie|ren
Rhyth|mus (gleichmäßige Abfolge von Tönen usw.); *Pl.* Rhythmen
Ri|ad (Hauptstadt v. Saudi-Arabien)
Ri|al, der (Münze); *a.* Riyal
RIAS (*Abk. v.* Rundfunksender im amerikanischen Sektor [Berlins]) *§ 17 (2) Anm. 1*
Ri|bat|tu|ta, die (Wechsel zwischen einer Note u. ihrer höheren Nebennote)
rib|bel|fest
rib|beln
Rib|ben|trop, Joachim von (dt. Politiker 1893-1946)
Ri|bi|sel, die (Johannisbeere)
Ri|bo|fla|vin, das (Vitaminstoff)
Ri|bo|nu|kle|in|säu|re (Zellbestandteil)
Ri|car|do, David (engl. Ökonom 1772-1823)
Ri|chard (*Name v. Herrschern*)
Ri|chard-Wag|ner-Fest|spie|le *§ 13 (2)*
Ri|chard|son, Samuel (engl. Schriftsteller 1689-1761)
Ri|che|lieu, Armand Jean du Plessis (frz. Politiker 1585-1642)
Ri|che|lieu|sticke|rei (Weißstickerei) [k|k]
Richt...[antenne *usw.*]
Richt|ba|ke, die
Rich|te; in die ~ bringen
rich|ten; sich ~
Rich|ter
Rich|ter, Hans Werner (dt. Schriftsteller 1908-1993); Ludwig ~ (dt. Maler 1803-1884); Swjatoslaw ~ (ukrain. Pianist 1915-1997)
Rich|ter...[amt *usw.*]
rich|ter|lich
Rich|ter|schaft
Rich|ter-Ska|la (Skala der Erdbebenstärke)
Richt|ho|fen, Ferdinand von (dt. Geograph 1833-1905); Manfred von ~ (dt. Jagdflieger 1892-1918)
rich|tig; das ist [genau] das Richtige; für das richtigste/Richtigste halten
rich|tig|ge|hend (regelrecht); *s. aber* richtig◡gehend *§ 11 (4)*
richtig◡gehend (korrekt gehend); *s. aber* richtiggehend *§ 11 (4)*
rich|tig◡lie|gen (recht haben) *§ 10*
rich|tig◡ma|chen (begleichen) *§ 10*
rich|tig◡stel|len (korrigieren) *§ 10*
Rich|tig|stel|lung
Rich|tung
rich|tung|ge|bend
Rich|tungs...[pfeil *usw.*]
rich|tungs|los
rich|tung[s]|wei|send
Ricke, die (weibl. Reh) [k|k]
ri|di|kül (lächerlich)
Ri|di|kül, das/der (Handtäschchen)
ri|di|kü|li|sie|ren
Riech...[kolben *usw.*]
rie|chen; du riechst, rochst, röchest; gerochen
Rie|cher
Ried, das (Schilf)
Ried|gras
Rie|fe, die (schmale Vertiefung)
rie|feln
rie|fen (riefeln)
Rie|fen|samt
rie|fig
Rie|ge (Mannschaft)
Rie|gel, der
rie|geln
Riehl, Alois (österr. Philosoph 1844-1924); Wilhelm Heinrich ~ (dt. Soziologe 1823-1897)
Rie|mann, Bernhard (dt. Ma-

thematiker 1826-1866); Riemannsche Fläche *usw.* *§ 15 (7)*
Rie|men, der (1. Gurt; 2. Ruder)
Rie|men...[antrieb *usw.*]
Rie|men|schnei|der, Tilman (dt. Holzschnitzer ~1460-1531)
Rie|mer (Riemenmacher)
Ri|en|zi, Cola di (röm. Politiker, Held einer Oper v. Wagner 1313-1354)
Ries[1], das (Landschaft); Nördlinger Ries
Ries[2], das (Papiermaß)
Rie|se (großer Mensch)
Rie|se, Adam (Adam Ries, dt. Rechenmeister 1492-1559); nach Adam Riese
Rie|sel...[feld *usw.*]
rie|seln
Rie|sen...[kraft *usw.*]
Rie|sen|fel|ge, die (*Turnfigur*)
Rie|sen|ge|bir|ge (Gebirge in Mitteleuropa)
rie|sen|groß
rie|sen|haft
Rie|sen|rad
Rie|sen|schild|krö|te
Rie|sen|schlan|ge
Rie|sen|sla|lom, der
rie|sig
Ries|ling (Weinsorte)
Riet, das (Weberkamm)
Rif (Gebirge in Marokko)
Rif|at|las (Rif)
Riff, das (Klippe)
Riff, der (Tonfolge)
Rif|fel, die (Rille)
Rif|fel|glas
Rif|fel|kamm
rif|feln
Ri|fi|fi (Filmtitel von F. Truffaut; *danach* Gangsterstück)
Rif|ka|by|le (Angehöriger e. Berberstamms; *zu* Rif)
Ri|ga (Hauptstadt v. Lettland)
Ri|ga|er
ri|ga|isch
Ri|gel, der (Stern)
Rigg, das (Segelwerk)
rig|gen (takeln)
Ri|gi, der/die (Gebirge in der Schweiz)
ri|gid (streng, starr); ri|gi|de
Ri|gi|di|tät (Unnachgiebigkeit)
Ri|go|le, die (Graben)
ri|go|len
Ri|go|let|to (Held einer Oper v. Verdi)
Ri|gol|pflug
Ri|go|ris|mus (strenges Bestehen auf Grundsätzen)
Ri|go|rist
ri|go|ri|stisch
ri|go|ros (ohne Rücksicht)
Ri|go|ro|si|tät
Ri|go|ro|sum (mündl. Doktorprüfung)
Rig|ve|da, der (indische Hymnensammlung)
Rihm, Wolfgang (dt. Komponist *1952)
Ri|kam|bio, der (Rückwechsel)
Rik|scha, die (von Menschenkraft gezogenes Fahrzeug)
Riks|mål, das (norwegische Schriftsprache)
Ri|la|klo|ster (Kloster in Bulgarien)
Ril|ke, Rainer Maria (österr. Dichter 1875-1926)
Ril|le (schmale Vertiefung)
ril|len; du rillst
ril|lig
Rim|baud, Arthur (frz. Dichter 1854-1891)
Ri|mes|se, die (Geldsendung)
Ri|mes|sen|wech|sel
Ri|mi|ni (Stadt in Italien)
Rim|ski[j]-Kor|sa|kow, Nikolaj (russ. Komponist 1844-1908)
Rind
Rind...[fleisch *usw.*]
Rin|der...[braten *usw.*]
Rin|de
Rin|den...[boot *usw.*]
rin|dern (brünstig sein)
rin|dig
rind|le|dern; *s. a.* rindsledern
Rinds...[leder *usw.*]
rinds|le|dern; *s. a.* rindledern
Rind|viech, Rind|vieh
rin|for|zan|do (*musik.* plötzlich stärker); *Abk.* rf., rfz.
ring (mühelos, leicht)
Ring, der
Ring...[buch *usw.*]
Rin|gel, der (Spirale)
Rin|gel...[locke *usw.*]
Rin|gel|blu|me
rin|geln (spiralförmig drehen)
Rin|gel|nat|ter, die (Schlange)
Rin|gel|natz, Joachim (Hans Bötticher, dt. Schriftsteller 1883-1934)
Rin|gel|piez, der (Spiel)
Rin|gel|rei|gen, Rin|gel|rei|hen (Kinderspiel)
Rin|gel|tau|be (Wildtaube; *übertr.* günstige Gelegenheit)
Rin|gel|wurm
rin|gen; du ringst, rangst, rängest; gerungen
Rin|gen, das (*a.* Sport)
Rin|ger
Rin|ger|griff
rin|ge|risch
Ring|lein
Rin|glot|te (Pflaumenart); *s. a.* Reineclaude, Reneklode
rings
rings|he|rum
rings|um
rings|um|her
Rin|ne, die
rin|nen; rann, ränne/rönne; geronnen
Rinn|sal, das
Rinn|stein
Rin|ser, Luise (dt. Schriftstellerin 1911-2002)
Rio (*span.*, *portug.* Fluß)
Rio de Ja|nei|ro (Stadt in Brasilien)
Rio de la Pla|ta (Fluß in Südamerika)
Rio Gran|de (Fluß in Brasilien)
Rio Ne|gro (Fluß in Brasilien u. Kolumbien)
R. I. P. (*Abk. v. lat.* requiescat in pace „er ruhe in Frieden")
Ri|po|ste, die (Gegenstoß beim Fechten)
ri|po|stie|ren
Ripp|chen

Rip|pe
rip|pen; du rippst
Rip|pen...[bruch *usw.*]
Rip|pen|speer, der (gepökeltes Schweinefleisch), Kasseler/Kaßler ~
Rips, der (Gewebe)
ri|pu|a|risch (am Rheinufer wohnend, rheinfränk. Dialekt sprechend)
Ri|sa|lit, der (Gebäudevorsprung)
ri|scheln
Ri|si|ko, das (Gefahr, Wagnis)
Ri|si|ko...[faktor *usw.*]
Ri|si|pi|si, das (Reisgericht mit Erbsen)
ris|kant (gefährlich)
ris|kie|ren (ein Risiko eingehen)
Ri|sor|gi|men|to, das (italienische Einigungsbewegung von 1815-1870)
Ri|sot|to, das (Reisgericht)
Ris|pe (Blütenanordnung)
Ris|pen|gras
Riß, der (*zu* reißen)
Riß, die (Fluß)
Riß-Eis|zeit *§ 13 (2)*
riß|fest
ris|sig
Ris|so|le, die (Pastete)
Rist, der (vorderer Rückenteil b. Tieren; Fuß-, Handrücken)
Rist, Johann (dt. Dichter 1607-1667)
Rist|griff
Ri|sto|ran|te, das
ri|stor|nie|ren ([Buchung] rückgängig machen)
Ri|stor|no, das/der (Gegenbuchung)
ri|sve|glian|do (*musik.* munter)
rit. (*Abk. v.* ritardando)
ri|tar|dan|do (*musik.* langsamer); *Abk.* rit.
Ri|tar|dan|do, das
ri|te (*Adv.* ordnungsgemäß)
ri|ten. (*Abk. v.* ritenuto) (zurückhaltend)
Ri|ten|kon|gre|ga|ti|on
ri|te|nu|to (*musik.* zurückhaltend); *Abk.* riten.
Ri|tor|nell, das (Wiederholung von Vers od. Strophe)
Ri|trat|te, die (Rückwechsel)
Ritt
Ritt|ber|ger, der (Sprung beim Eiskunstlauf)
Rit|ter
Rit|ter...[burg *usw.*]
rit|ter|lich
Rit|ter|ling (Pilz)
Rit|ter|schaft
Rit|ters|mann
Rit|ter|sporn (Pflanze)
Rit|ter|tum
rit|tig
ritt|lings (wie ein Reiter sitzend)
Ritt|mei|ster
Ri|tu|al (Zeremonie)
Ri|tu|al...[buch *usw.*]
Ri|tu|a|lis|mus
Ri|tu|a|list
ri|tu|ell
Ri|tus ([religiöser] Brauch); *Pl.* Riten
Ritz, der
Rit|ze, die
Rit|zel, das (Zahnrad)
rit|zen; du ritzt *§ 7 (1)*; die Sache ist geritzt
Rit|zer (*a.* Schramme)
Riu|kiu|in|seln (japanische Inselgruppe); *a.* Ryukyu...
Ri|va|le (Konkurrent)
ri|va|li|sie|ren
Ri|va|li|tät (Nebenbuhlerschaft)
Ri|vel, Charlie (span. Artist 1896-1983)
Ri|ve|ra, Diego (mexik. Maler 1886-1957)
Ri|ver|boat|shuf|fle (Bootsfahrt mit Jazzmusik)
Ri|vi|e|ra, die (Mittelmeerküste von Frankreich u. Italien)
Ri|yal, der (arab. Münze); *a.* Rial
Ri|zi|nus, der (Wolfsmilchgewächs)
Ri|zi|nus|öl (Abführmittel)
r.-k. (*Abk. v.* römisch-katholisch)
Rm (*Abk. v.* Raummeter) *§ 17 (2) Anm. 2*
RM (*Abk. v.* Reichsmark] *§ 17 (2) Anm. 1*
Rn (*chem. Zeichen f.* Radon)
RNS (*Abk. v.* Ribonukleinsäure) *§ 17 (2) Anm. 1*
Roa|die (Roadmanager)
Road|ma|na|ger (technischer Begleiter e. Rockband)
Road|ster (offener zweisitziger Sportwagen)
Roast|beef, das (Rinderbraten)
Rob|be, die (Meeressäuger)
rob|ben; du robbst
Rob|ben...[jagd *usw.*]
Rob|bia, Andrea (1435-1525) u. Luca della (1400-1482) (ital. Künstler)
Ro|be, die ([festl.] Kleidung)
Ro|bert Guis|card (Normannenherrscher 1016-1085)
Ro|bert von Mo|lesmes (Heiliger 1027-1111)
Ro|bes|pierre, Maximilien (frz. Politiker 1758-1794)
Ro|bin Hood (Sagenheld)
Ro|bi|nie (Akazie)
Ro|bin|so|na|de, die (Roman in der Art v. Defoes Robinson Crusoe; Abenteuer e. Schiffbrüchigen)
Ro|bin|son Cru|soe (Romanfigur v. Defoe)
Ro|bin|son|li|ste (Verzeichnis v. Personen, die nicht durch Direktwerbung behelligt werden wollen)
ro|bo|ten (schwer arbeiten)
Ro|bo|ter
Ro|bu|rit, der (Sprengstoff)
ro|bust (stabil)
Ro|caille, das/die (Ornament aus Muscheln u. Steinen)
Ro|cha|de, die (gleichzeitiger Zug von König und Turm beim Schach; *a. übertr.*)
rö|cheln
Ro|chen, der (Fisch)
Ro|chett, das (Chorhemd)
ro|chie|ren (*zu* Rochade)

Ro|chus (Heiliger ~1295-1327); einen ~ haben (zornig sein)
Rock (Kleidungsstück)
Rock, der (*engl.*) (Rockmusik)
Rock...[musik *usw.*]
Rock and Roll; *vgl.* Rock 'n' Roll (Musikstil; Tanz)
Röck|chen
Rocke|fel|ler, John Davison (amerik. Unternehmer 1839-1937)
rocken [k|k]; du rockst
Rocken, der (Spinngerät) [k|k]
Rocker (Mitglied einer Motorradgang) [k|k]
Rock 'n' Roll, der (Musikstil; Tanz); *a.* Rock and Roll
Rock-'n'-Roll-Mei|ster|schaft *§ 13 (4)*
Rock|schoß
Rocky Moun|tains (Gebirge in den USA) [k|k]
Ro|da Ro|da (österr. Schriftsteller 1872-1945)
Ro|del, der
Ro|del|bahn
ro|deln; du rodelst
Ro|del|schlit|ten
ro|den; du rodest (abholzen)
Ro|deo, das/der (Wettkampf auf wilden Pferden od. Stieren)
Ro|der (Rodegerät)
Ro|de|rich (Rodrigo, Westgotenkönig 8. Jh.)
Ro|din, Auguste (frz. Bildhauer 1840-1917)
Rod|ler
Ro|do|mon|ta|de, die (Prahlerei)
ro|do|mon|tie|ren
Ro|don[|ku|chen] (Napfkuchen)
Ro|ga|te (5. Sonntag nach Ostern)
Ro|ga|ti|on (Fürbitte)
Ro|gen, der (Fischeier)
Ro|ge|ner (Fisch mit Rogen); *s. a.* Rogner
Ro|gen|stein (versteinertes Ei)
ro|ger (*engl. Kürzel im Funksprechverkehr:* „verstanden")
Ro|ger (*Name v. Normannenherrschern*)
Ro|ger Ba|con (engl. Philosoph 1219- ~1292)
Rög|gel|chen (Roggenbrötchen)
Rog|gen, der (Getreideart)
Rog|ner (Fisch mit Rogen); *s. a.* Rogener
roh; ro|her
Roh...[bau *usw.*]
Ro|heit, Roh|heit (*zu* roh)
Rohlfs, Gerhard (dt. Afrikaforscher 1831-1896)
Roh|ling
Röhm, Ernst (dt. Politiker 1887-1934); Röhm-Putsch *§ 13 (2)*
Roh|mer, Eric (frz. Regisseur *1920)
Röhm-Putsch (nationalsoz. Massenmord 1934) *§ 13 (2)*
Rohr
Rohr...[bruch *usw.*]
Rohr|am|mer, die (Vogel)
Röhr|chen
Rohr|dom|mel, die (Vogel)
Röh|re
röh|ren (brüllen)
Röh|ren...[brunnen *usw.*]
rohr|far|ben
Röh|richt, das (Schilf)
Röhr|ling (Pilz)
Rohr|sän|ger
Rohr|spatz; schimpfen wie ein Rohrspatz
Rohr|wei|he
Roh|sei|de
roh|sei|den (aus Rohseide)
ro|jen (rudern)
Ro|kam|bo|le (Zwiebelart)
Ro|ko|ko (Kunststil des 18. Jahrhunderts)
Ro|ko|ko...[stil *usw.*]
Ro|land (Sagengestalt)
Ro|lands|lied
Roll...[bahn *usw.*]
Rolla|den [ll|l] *§ 7 (1), § 28 Anm.*
Rol|land, Romain (frz. Schriftsteller 1866-1944)
Roll|back (Rücknahme)
Röll|chen
Rol|le
rol|len; du rollst
rol|len|för|mig
rol|len|spe|zi|fisch
Rol|ler
Rol|ler|brett (Skateboard)
rol|lern
Rol|ler|skate, der (Rollschuh)
rol|lie|ren
Rol|ling Stones (*Pl.*) (engl. Rockgruppe)
Rol|lo; *s. a.* Rouleau
Rolls-Royce (brit. Triebwerk- und Autohersteller)
Rom[1] (*ital.* Roma, Hauptstadt v. Italien)
Rom[2] (Zigeuner); *Pl.* Roma
ROM (*Abk. v.* read-only memory) *§ 17 (2) Anm. 1*
Rom...[reise *usw.*]
Ro|ma (*Pl. v.* Rom[2])
Ro|ma|dur, der (Käse)
Ro|ma|gna (ital. Landschaft)
Ro|mains, Jules (frz. Schriftsteller 1885-1972)
Ro|man, der (Großerzählung)
Ro|man...[autor *usw.*]
Ro|man|cier (Romanschriftsteller)
Ro|ma|ne, der
ro|ma|ni; auf ~
Ro|ma|ni, das (Zigeunersprache); auf romani sprechen
Ro|ma|nik (Stil der mittelalterl. europäischen Kunst)
ro|ma|nisch
ro|ma|ni|sie|ren (in lateinische Schrift übertragen)
Ro|ma|nist
Ro|ma|ni|stik (1. Erforschung der romanischen Sprachen u. Literaturen; 2. Lehre des römischen Rechtes)
ro|ma|ni|stisch
ro|ma|no|phil
Ro|ma|now (russ. Zarenfamilie)
Ro|man|tik (Kunstrichtung im 19. Jahrhundert; Gefühlsbetontheit)
Ro|man|ti|ker
ro|man|tisch
ro|man|ti|sie|ren

ro|mantsch; auf ~
Ro|mantsch, das (Rätoromanisch); auf romantsch sprechen
Ro|man|ze (balladenhafte Erzählung; Liebesaffäre)
Ro|man|ze|ro (spanische Romanzensammlung)
Ro|meo (Gestalt bei Shakespeare; jugendl. Liebhaber)
Rö|mer
Rö|mer|brief (Brief des Paulus im NT)
Rö|mer|topf (Kochgefäß aus Ton)
Rö|mer|tum
rö|misch; die Römischen Verträge (Gründungsverträge der EWG) *§ 15 (7)*
rö|misch-irisch *§ 13 (5) Anm. 2*
rö|misch-ka|tho|lisch *§ 13 (5) Anm. 2*; *Abk.* röm.-kath.
röm.-kath. (*Abk. v.* römisch-katholisch)
Rom|mé, das (Kartenspiel)
Rom|mel, Erwin (dt. Heerführer 1891-1944)
Ro|mu|lus (Sagengestalt)
Rom|ni (Zigeunerin, *s.* Rom[2])
Ron|ces|val|les (*span.*), Ronce|vaux (*frz.*) (hist. Ort in den Pyrenäen)
Ron|champ (frz. Wallfahrtsort)
Ron|deau, das (1. Rundbeet, Rondell; 2. Rondo)
Ron|dell, das (Rundbeet; runder Platz)
Ron|den|gang (Kontrollgang)
Ron|do (Musikstück); *s. a.* Rondeau
ron|ka|lisch; die Ronkalischen Felder (Ebene in Italien) *§ 15 (7)*
rönt|gen (mit Röntgenstrahlen durchleuchten); du röntgst; geröntgt
Rönt|gen, Wilhelm Conrad (dt. Physiker 1845-1923)
Rönt|gen...[apparat *usw.*]
rönt|ge|ni|sie|ren (röntgen)
rönt|ge|no|gra|phisch
Rönt|ge|no|lo|ge
Rönt|ge|no|lo|gie
rönt|ge|no|lo|gisch
Rönt|ge|no|sko|pie
Roo|ming-in, das (Unterbringung des Neugeborenen bei seiner Mutter)
Roon, Albrecht von (preuß. Generalfeldmarschall 1803-1879)
Roo|se|velt, Franklin Delano (Präsident der USA 1882-1945); Theodore ~ (Präsident der USA 1858-1919)
Roque|fort, der (Käsesorte)
Ro|ra|te (Adventsmesse)
Ro-Ro-Schiff (Roll-on-roll-off-Schiff) *§ 13 (2)*
Ror|schach (Ort in der Schweiz)
Ror|schach|test (psycholog. Projektionstest)
ro|sa; ein ~ Kleid; in Rosa
Ro|sa, das; ein Kleid in ~
ro|sa|far|ben
Ro|sa|li|en|ge|bir|ge (Alpenausläufer in Österreich)
Ros|ani|lin, das (Farbstoff)
Ro|sa|ri|um (1. Rosengarten; 2. Rosenkranz)
ro|sa|rot
ROSAT (Röntgensatellit)
Ro|sa|zee, die (Rosengewächs); *Pl.* Ro|sa|zeen
rösch; *s. a.* resch
Rös|chen (*zu* Rose)
Ro|se
ro|sé (Farbe); ein Kleid in Rosé
Ro|sé, der (Wein)
Ro|seau (Hauptstadt v. Dominica)
Ro|seg|ger, Peter (österr. Schriftsteller 1843-1918)
Ro|sen...[kranz *usw.*]
Ro|sen|berg, Alfred (dt. Politiker 1893-1946)
ro|sen|far|ben
ro|sen|far|big
Ro|sen|gar|ten (*ital.* Catinaccio, Teil d. Dolomiten)
Ro|se|no|bel (Münze)
ro|sen|rot
Ro|se|o|le, die (Hautausschlag)
Ro|set|te, die (Ornament; Edelsteinschliff; Blattanordnung)
Ro|sette (Ort in Ägypten); Stein von ~ (beschrifteter Stein, der die Entzifferung der ägypt. Hieroglyphen ermöglichte)
Ro|sé|wein
ro|sig
ro|sig|weiß
Ro|si|nan|te (*mask.*) (Pferd Don Quijotes; Klepper)
Ro|si|ne (getrocknete Weinbeere)
Ro|si|nen...[brot *usw.*]
ro|sin|far|ben
Rös|lein (*zu* Rose)
Ros|ma|rin, der (Gewürz)
Ro|so|lio, das (Likör)
Ross, James Clark (1800-1862) u. John (1777-1856) (engl. Polarforscher)
Roß[1], das (Pferd)
Roß[2] [ro:s], das (Wabe)
Roß...[apfel *usw.*]
Roß|brei|ten, die (*Pl.*) (Meereszone mit schwachen Winden)
Ro|ße (Wabe); *s. a.* Roß[2]
Rös|sel (Pferdchen); *s. a.* Rößl
Ros|se|len|ker
Ros|sel|li|ni, Roberto (ital. Regisseur 1906-1977)
Ros|sel|li|no, Antonio (1427-1479) u. Bernardo (1409-1464) (ital. Bildhauer)
Rös|sel|sprung (Zug des Springers b. Schach; Rätselspiel)
ros|sen; die Stute roßt (brünftig sein)
Ros|set|ti, Dante Gabriel (engl. Maler u. Dichter 1828-1882)
ros|sig (brünftig)
Ros|si|ni, Gioacchino (ital. Komponist 1792-1868)
Roß|kamm (Pferdehändler)
Roß|ka|sta|nie
Rößl; *s. a.* Rössel
Röß|lein (*zu* Roß[1])
Roß|täu|scher (1. Pferdehändler; 2. Betrüger)

Roß|täu|scher|trick (Betrug)
Rost[1] (Gitter)
Rost[2] (1. Eisenoxid; 2. Pflanzenkrankheit)
Röst...[brot *usw.*]
rost|be|stän|dig
rost|braun
Rö|ste (1. Erhitzung v. Erz; 2. Rottung v. Flachs; 3. Vorrichtung dazu)
ro|sten
rö|sten (1. braten, bräunen, erhitzen; 2. rotten)
Rö|ster
Rö|ste|rei
rost|far|ben
rost|far|big
rost|frei
Rö|sti (Kartoffelpuffer)
ro|stig
Ro|stock (Stadt)
Ro|stow (Stadt in Rußland)
Ro|stra (röm. Rednerbühne); *Pl.* Rostren
Ro|stro|po|witsch, Mstislaw (russ. Musiker *1927)
rost|rot
Ros|wi|tha [von Gan|ders|heim] (dt. Dichterin ~935- nach 973); *vgl.* Hroswitha
rot; rote Bete (Rübe), rote Grütze, der rote Planet *usw.*; er sieht rot; ein Kleid in Rot; *Großschreibung bei Eigennamen u. festen Begriffen § 15 (7), (8)*: der Rote Fluß, Khmer, das Rote Meer, Kreuz *usw.*; die Rote Karte (*Sport*), die Rote Liste [bedrohter Arten]; *vgl.* Rot
Rot, das; ein Kleid in Rot, bei Rot über die Straße gehen, die Ampel steht auf Rot
Röt, das (geolog. Stufe)
Ro|ta; Rota Romana (höchstes Gericht der kath. Kirche)
Rot|al|ge
Ro|tang, der (Peddigrohr)
Ro|tang|pal|me
Ro|ta|ri|er (Mitglied des Rotary Clubs)
ro|ta|risch (*zu* Rotary Club)
Rot|ar|mist (Soldat der sowjet. Roten Armee)
Ro|ta|ry Club (sozial ausgerichteter Verein)
Ro|ta|ry In|ter|na|tio|nal (internationale Vereinigung der Rotary Clubs)
Ro|ta|ti|on (1. Drehung; 2. Positionswechsel)
Ro|ta|ti|ons...[achse *usw.*]
Ro|ta|to|ri|en (*Pl.*) (Einzeller)
Rot|au|ge (Fisch)
rot|backig, rot|bäckig [k|k]
Rot|barsch (Fischart)
rot|bär|tig
rot|blond
rot|braun
Rot|bu|che (Baum; Holz davon)
Rot|chi|na (Volksrepublik China)
Rot|dorn, der (Strauch)
Rö|te, die
Ro|te-Ar|mee-Frak|ti|on (dt. kriminelle Vereinigung) *§ 13 (4)*; *Selbstbezeichnung a.* Rote Armee Fraktion; *Abk.* RAF
Ro|te-Be|te-Sa|lat *§ 13 (4)*; *vgl.* Bete
Ro|te-Kreuz-Schwe|ster *§ 13 (4)*
Rö|tel, der (mineral. Farbstoff)
Rö|teln, die (*Pl.*) (Krankheit)
Rö|tel|stift
rö|ten; sich ~
Ro|ten|burg a. d. Ful|da (Stadt)
Rot|fe|der, die (Fisch)
Rot|fuchs (1. Pferd; 2. Fuchs)
Rot|gar|dist (Angehöriger einer Roten Garde [kommunist. Kampftruppe])
rot|ge|sich|tig
r<u>o</u>t◡ge|weint *§ 11 (4)*
r<u>o</u>t◡glü|hend *§ 11 (4)*
rot|grün
rot|grün|blind
Rot|grün|blind|heit (Erbkrankheit)
Rot|gül|dig|erz, Rot|gül|tig|erz (Gesteinsart)
Rot|guß (Bronzeart)
Roth, Eugen (dt. Schriftsteller 1895-1976); Joseph ~ (österr. Schriftsteller 1894-1939); Philip ~ (amerikan. Schriftsteller *1933)
Rot|haar|ge|bir|ge (dt. Mittelgebirge)
rot|haa|rig
Rot|haut, die (Indianer)
Ro|then|ber|ger, Anneliese (dt. Sängerin *1926)
Ro|then|burg ob der Tau|ber (Stadt)
Rot|hirsch
Roth|schild (Bankiersfamilie)
ro|tie|ren (1. sich drehen; 2. die Position wechseln)
Ro|tis|se|rie (Restaurant mit Straßenverkauf; Zubereitung am Tisch des Gastes)
Rot|käpp|chen (Märchenfigur)
Rot|kehl|chen (Vogel)
Rot|kohl
Rot|kreuz|schwe|ster
Rot|lauf, der (Krankheit)
röt|lich
Rot|licht...[milieu usw.] (Dirnen...)
Rot|lie|gen|de, das
Röt|ling (Pilz)
Ro|tor, der (Propeller; rotierender Teil elektr. Maschinen)
Ro|tor|blatt (Propeller)
Rot|schwanz (Vogel)
Rot|schwänz|chen
rot◡se|hen (wütend werden) *§ 10*
Rot|spon, der (Wein)
Rot|tan|ne (Baum; Holz davon)
Rot|te[1] (Schar [von Soldaten, Wildschweinen])
Rot|te[2] (Verrottung)
rot|ten[1] (zusammenrotten)
rot|ten[2] (verrotten; sich zersetzen)
röt|ten; *s. a.* rotten[2]
Rot|ten|burg am Neckar (Stadt)
Rot|ten|füh|rer
Rot|ter|dam (Stadt)
Rot|ter|da|mer

Rot|tier (Hirschkuh)
Rott|wei|ler (Hunderasse)
Ro|tun|de (Rundbau)
Rö|tung
rot|wan|gig
Rot|wein
rot|welsch, auf ~
Rot|welsch, das (Gaunersprache); auf rotwelsch sprechen
Rot|wel|sche, das
Rot|wild
Rot|wurst
Rotz (1. Schleim; 2. Tierkrankheit)
Rotz...[bengel *usw.*]
rotz|frech
rot|zig
Rotz|krank|heit
rotz|nä|sig
Rot|zun|ge (Fisch)
Roué, der (Lebemann)
Rouen (Stadt in Frankreich)
Rouge, das (rote Schminke)
Rouge et Noir (Glücksspiel)
Rou|la|de (gerolltes Fleisch)
Rou|leau, das (aufrollbarer Vorhang); *s. a.* Rollo
Rou|lette, das (Glücksspiel)
rou|lie|ren (einrollen)
Round-ta|ble-Ge|spräch *§ 13 (4)*
Rous|seau, Henri (frz. Maler 1844-1910); Jean Jacques ~ (schweiz. Schriftsteller 1712-1778)
Rous|sel, Albert (frz. Komponist 1869-1937)
Rous|sil|lon, das (Region in Frankreich)
Rou|te, die (Strecke)
Rou|ter, der (EDV-Gerät)
Rou|ti|ne, die (Erfahrung)
Rou|ti|ne...[sache *usw.*]
rou|ti|ne|mä|ßig
Rou|ti|nier (erfahrener Mensch)
rou|ti|niert
Row|dy, der (Raufbold)
Row|dy|tum
Ro|wohlt, Ernst (dt. Verleger 1887-1960)
Ro|xa|ne (baktr. Prinzessin † ~310 v. Chr.)
Roy|al Air Force (Luftwaffe von Großbritannien); *Abk.* RAF
Roy|a|lis|mus (königstreue Gesinnung)
Roy|a|list
roy|a|li|stisch
Ró|ze|wicz, Tadeusz (poln. Schriftsteller *1921)
Rp (*Abk. v.* Rupiah) *§ 17 (2) Anm. 2*
Rp. (*Abk. v.* Rappen)
RP (*Abk. v.* Réponse payée) *§ 17 (2) Anm. 2*
RSFSR (*Abk. v.* Russische Sozialistische Föderative Sowjetrepublik) *§ 17 (2) Anm. 1*
RT (*Abk. v.* Registertonne) *§ 17 (2) Anm. 2*
Ru (*chem. Zeichen für* Ruthenium)
Ru|an|da (Staat in Afrika); *s. a.* Rwanda
Ru|an|der; *s. a.* Rwander
ru|an|disch; *s. a.* rwandisch
ru|ba|to (*musik.* frei im Tempo)
Ru|ba|to, das
rub|beln (reiben)
Rub|ber, der (Kartenspiel)
Rub|ber|wood, das (Holz)
Rüb|chen
Rü|be
Ru|bel, der (russ. Währung)
Ru|ben (bibl. Gestalt)
Rü|ben|kraut (*a.* Sirup)
Ru|bens, Peter Paul (fläm. Maler 1577-1640)
Rü|ben|si|rup, der
ru|benssch (nach Art von Rubens); Rubenssche Bilder (Bilder von Rubens) *§ 15 (7)*
rü|ber (*kurz f.* herüber *oder* hinüber); *als Verbzusatz a. zusammengeschrieben § 10*: rüber◡bringen *usw.*
Rü|be|zahl (Sagengestalt)
Ru|bi|di|um; *chem. Zeichen* Rb
Ru|bi|kon, der (antiker Grenzfluß; *übertr.* Grenze)
Ru|bin, der (roter Edelstein)
Ru|bin|glas
ru|bin|rot
Ru|bin|stein, Anton (russ. Komponist 1829-1894); Arthur ~ (poln.-amerikan. Pianist 1887-1982)
Rüb|kohl
Rub|ljow, Andrej (russ. Maler 1360/70-1427/30)
Ru|brik, die (Spalte, Abteilung)
ru|bri|zie|ren (einordnen)
Ru|brum (Rubrik); *Pl.* Rubra, Rubren
Rüb|sa|men, der (Ölpflanze)
Rüb|sen, der (Rübsamen)
Ruch, der (zweifelhafter Ruf; Duft)
ruch|bar
Ruch|gras (Grasgattung)
ruch|los (gewissenlos, schändlich)
ruck!; ruck, zuck!
Ruck, der
rück...; *in Halbzusammensetzungen*: daß er rückfragt; rückzufragen, rückgefragt *§ 8*
Rück...[ansicht *usw.*]
ruck|ar|tig
rück|be|züg|lich
rück|blen|den
rück|blickend [k|k]
rück|bu|chen
rück|da|tie|ren
rück|dre|hend
ruckeln [k|k]
rucken [k|k]
rücken [k|k]
Rücken, der [k|k]
Rücken...[deckung *usw.*] [k|k]
rücken|frei [k|k]
rücken|schwim|men [k|k]; du schwimmst Rücken; rückengeschwommen *oder* Rücken geschwommen *§ 9 Anm. 2*
Rücken|schwim|men, das [k|k]
Rückert, Friedrich (dt. Dichter 1788-1866) [k|k]
rück|fäl|lig
rück|fra|gen
rück|gän|gig; ~ machen
rück|ge|bil|det
Rück|grat
Rück|halt, der

rück|keh|ren
rück|kop|peln
rück|kreu|zen
Rück|kunft
rück|läu|fig
rück|lings
rück|schritt|lich
rück|sei|tig
rück|sicht|lich
rück|sichts|los
rück|sichts|voll
rück|stand|frei
rück|stän|dig
rück|stands|frei
rück|über|set|zen
rück|ver|gü|ten
rück|ver|si|chern
rück|wär|tig
rück|wärts; *als Verbzusatz a. zusammengeschrieben*: rückwärts◡gehen *usw.*
Rück|wärts...[gang *usw.*]
rück|wärts◡ge|wandt
Rück|wärts|ver|si|che|rung
ruck|wei|se
rück|wir|kend
rück|zahl|bar
Rück|zie|her
Ru|co|la, die (Salatpflanze); *a.* Rukola
rü|de (grob)
Rü|de, der (Hund)
Ru|del, der (Gruppe [von Rehen usw.])
ru|del|wei|se
Ru|der, das
Ru|der...[boot *usw.*]
Ru|de|ral|pflan|ze (Pflanze auf Schuttböden u.ä.)
Ru|de|rer; *s. a.* Rudrer
Ru|der|fü|ßer (Wasservogel)
ru|dern
Rü|des|heim (Stadt)
Rü|des|hei|mer
Ru|di|ment (Rest; verkümmertes Organ ohne Funktion)
ru|di|men|tär
Ru|dolf (*Name v. Herrschern*); ~ von Ems (dt. Dichter ~1200 - ~1250)
Ru|dol|stadt (Stadt in Thüringen)
Ru|dol|städ|ter
Rud|rer; *s. a.* Ruderer
Ruf
Ruf...[nummer *usw.*]
Rü|fe, die (Mure)
ru|fen; du rufst, riefst, riefest; gerufen
Rüf|fel, der (Tadel)
rüf|feln
Rüff|ler (*a.* Rüffel)
ruf|schä|di|gend; *aber* den Ruf schädigend *§ 11 (4), (6)*
Ruf|schä|di|gung
Rug|by, das (Sportart)
Ru|ge, Arnold (dt. Schriftsteller 1802-1880)
Rü|ge (Tadel)
rü|gen; du rügst
Rü|gen (Ostseeinsel)
Rü|ge|ner
rü|gensch (*zu* Rügen)
rü|gens|wert
Ru|gi|er (Angehöriger e. Germanenvolks)
rü|gisch (*zu* Rügen)
Ru|he
Ru|he...[bank *usw.*]
ru|he|be|dürf|tig
ru|he|ge|halts|fä|hig
ru|he|lie|bend; *aber* die Ruhe liebend *§ 11 (4), (6)*
Ru|he|mas|se; *s. a.* Ruhmasse
ru|hen; du ruhst
ru|hen◡las|sen *§ 10 Anm.*
Ru|he|ständ|ler (Rentner)
Ru|he|statt (Grabstätte)
Ru|he|stät|te
ru|he|stö|rend; *aber* die Ruhe störend *§ 11 (4), (6)*
ru|hig; ~ bleiben
ru|hig◡stel|len *§ 10*
Ru|hig|stel|lung
Ruh|la (Stadt in Thüringen)
Ruhm (Berühmtheit)
Ruhm...[sucht *usw.*]
Rüh|mann, Heinz (dt. Schauspieler 1902-1994)
Ruh|mas|se; *s. a.* Ruhemasse
ruhm|be|deckt
Ruhm|be|gier[|de]
ruhm|be|gie|rig
rüh|men
rüh|mens|wert
Ruh|mes|blatt
Ruh|mes|hal|le
Ruh|mes|tat
Rühm|korf, Peter (dt. Schriftsteller *1929)
rühm|lich
ruhm|re|dig
ruhm|süch|tig
Ruhr, die (1. Fluß; 2. Krankheit)
Rühr...[ei *usw.*]
rüh|ren
rüh|rend
Ruhr|ge|biet
rüh|rig
Ruhr|koh|le
Rühr|mich|nicht|an, das (Pflanze, Springkraut)
rühr|sam
rühr|se|lig
Rühr|stück (mitleiderregendes Stück)
Rüh|rung
Ru|in, der (Untergang)
Ru|i|ne, die (Rest e. Bauwerks)
ru|i|nie|ren (schwer beschädigen)
ru|i|nös
Ruis|dael, Jacob van; (niederl. Maler 1628/29-1682); Salomon van ~ (niederl. Maler; *a.* Ruysdael 1600/03-1670)
Ru|ko|la, die (Salatpflanze); *a.* Rucola
Ru|län|der (Wein)
rülp|sen; du rülpst *§ 7 (1)*
Rülp|ser
rum (*kurz f.* herum, *s. d.*); *als Verbzusatz a. zusammengeschrieben § 10*: rum◡gehen *usw.*
Rum (alkohol. Getränk)
Rum...[aroma *usw.*]
Ru|mä|ne
Ru|mä|ni|en (Staat)
ru|mä|nisch; auf ~
Ru|mä|nisch, das; auf rumänisch sprechen
Ru|mä|ni|sche, das
Rum|ba, die/der (Tanz)
Rum|mel

rum|meln
Rum|mel|platz
ru|mo|ren
Rum|pel|kam|mer
rum|peln
Rum|pel|stilz|chen (Märchengestalt)
Rumpf
Rumpf...[beuge *usw.*]
rümp|fen; du rümpfst
Rump|steak
rums!
rum|sen; du rumst
Run (*engl.*), der (Lauf)
rund; runder/Runder Tisch (*übertr.* Verhandlung) *§ 15 (7)*
Rund, das
Rund...[blick *usw.*]
Run|de, die
Run|dell; *s. a.* Rondell
run|den; sich ~
Run|den|re|kord
rund|er|neu|ert
Rund|funk
Rund|funk...[anstalt *usw.*]
rund◡ge|hen *§ 10*; es geht rund
rund|her|aus
rund|her|um
rund|lich
Rund|ling
rund|stricken [k|k] *§ 9*; rundgestrickt
rund|um
rund|um|her
Rund|um|schlag
Run|dung
rund|weg
Ru|ne (germanisches Schriftzeichen)
Ru|nen...[alphabet *usw.*]
Run|ge, die
Run|ge, Philipp Otto (dt. Maler 1777-1810)
Run|gen|wa|gen
ru|nisch
Run|kel
Run|kel|rü|be (Futterpflanze)
Run|ken, der
Run|ning gag, der (wiederholter Scherz) *§ 15 (3) Anm.*
Ru|no|lo|ge
Ru|no|lo|gie (Runenkunde)
Run|se (Rinne im Gebirge)
run|ter (*kurz f.* herunter *oder* hinunter, *s. d.*); *als Verbzusatz a. zusammengeschrieben § 10*: runter◡gehen *usw.*
Run|zel, die (Falte)
run|ze|lig; *s. a.* runzlig
run|zeln
runz|lig; *s. a.* runzelig
Ruod|lieb (Romanheld)
Rü|pel
Rü|pe|lei
rup|fen; du rupfst
Rup|fen, der (Jutegewebe)
Rup|fen|lein|wand
Ru|pi|ah (indones. Währung); *Abk.* Rp
Ru|pie, die (Währung in Indien u. a.)
rup|pig
Ru|precht; Knecht ~
Rup|tur (das Zerreißen)
ru|ral (ländlich)
Rus, die; Kiewer Rus (slaw. Reich)
Rü|sche, die
Ru|schel, die (geol. Zerrüttungszone)
rus|che|lig; *s. a.* ruschlig
ru|scheln
Rü|schen|blu|se
rusch|lig; *s. a.* ruschelig
Rush|die, Salman (brit. Schriftsteller *1947)
Rush-hour, die (Stoßzeit)
Rus|kin, John (engl. Schriftsteller 1819-1900)
Ruß, der (Verbrennungsrückstand)
Rus|se
Rüs|sel
Rüs|sel|kä|fer
Rus|sell, Bertrand (engl. Philosoph 1872-1970)
ru|ßen; es rußt *§ 7 (1)*
Rus|sen...[bluse *usw.*]
ruß|far|ben
ruß|far|big
Ruß|fil|ter, der
ruß|ge|schwärzt
ru|ßig
rus|sisch; auf ~; Russisch Brot (Gebäck) *§ 15 (8)*
Rus|sisch, das
Rus|si|sche, das
Rus|sisch|grün, das
rus|sisch-or|tho|dox *§ 13 (5) Anm. 2*
rus|sisch-rö|misch *§ 13 (5) Anm. 2*
Ruß|ki, der (Russe)
Ruß|land (Staat)
ruß|schwarz
Rüst...[anker *usw.*]
Rü|ste, die; zur ~ gehen (zu Ende gehen)
rü|sten (ausstatten)
Rü|ster, die (Ulme)
rü|stern (aus Rüsterholz)
rü|stig (tatkräftig)
Ru|sti|ka (Mauerwerk aus gleichmäßigen Quadern)
ru|sti|kal (ländlich)
Rüst|tag (Vortag e. Festes)
Rü|stungs...[auftrag *usw.*]
Ru|te, die (*a.* Längenmaß; Schwanz; Penis)
Ru|ten|gän|ger (Wünschelrutengänger)
Ru|the|ne (Angehöriger eines slaw. Volkes; Ukrainer)
ru|the|nisch
Ru|the|ni|um; *chem. Zeichen* Ru
Ru|ther|ford, Ernest (engl. Physiker 1871-1937)
Ru|ther|for|di|um; *chem. Zeichen* Rf (= Ku [Kurtschatovium])
Ru|til, der (Mineral)
Ru|ti|lis|mus (Neigung zum Rotwerden)
Ru|tin, das (pflanzlicher Stoff)
Rüt|li|schwur (Gründungseid der Schweiz)
Rutsch, der; e. guten Rutsch wünschen (Neujahrswunsch)
Rutsch...[bahn *usw.*]
Rut|sche, die
rutsch|fest
rut|schig
rutsch|si|cher

Rut|te, die (Fisch)
Rüt|tel|be|ton
rüt|teln (*a.* Flugbewegung v. Greifvögeln)
Rüt|tel|sieb
Rütt|ler (Gerät zum Rütteln)
Ru|wen|zo|ri, der (Gebirge in Afrika)
Ru|wer, die (Fluß)
Ru|wer, der (Weinsorte)
Ruys|dael, Salomon van (niederl. Maler 1600/03-1670); *a.* Ruisdael
RVO (*Abk. v.* Reichsversicherungsordnung) *§ 17 (2) Anm. 1*
Rwan|da (Staat in Afrika); *s. a.* Ruanda
Rwan|der; *s. a.* Ruander
rwan|disch; *s. a.* ruandisch
Ryu|kyu|in|seln; *a.* Riukiu...

s S

das s (der Kleinbuchstabe s, der Laut s), das S (der Großbuchstabe S); s (*Abk. v.* Sekunde, Shilling) *§ 17 (2) Anm. 2*, S (*Abk. von* Schilling, Süden; *chem. Zeichen f.* Schwefel)
s. (*Abk. v.* sieh[e]!)
S. (*Abk. v.* Seite, San, Santa, Santo, São)
Sa. (*Abk. v.* Summa, Sachsen, Samstag/Sonnabend)
SA (*Abk. v.* Sturmabteilung [*nationalsoz.*]) *§ 17 (2) Anm. 1*
SA-...[Mann *usw.*] *§ 13 (2)*
s. a. (*Abk. v.* sieh[e] auch, sine anno)
Saal; *Pl.* Säle
Saal|burg (Römerkastell)
Saa|le, die (Fluß)
Saar, die (Fluß)
Saar|brücken (Stadt) [k|k]
Saar|brücker [k|k]
Saari|n|en, Eero (1910-1961) und Eliel (1873-1950) (finn. Architekten)
Saar|land (deutsches Bundesland)
Saar|län|der
saar|län|disch
Saar|louis (Stadt)
Saar|louis|er
Saat
Saat...[korn *usw.*]
Sa|ba (Land in Arabien)
Sa|bä|er
Sa|bah (Teil v. Borneo)
Sá|ba|to, Ernesto (argentin. Schriftsteller *1911)
Sab|bat (jüdischer Ruhetag)
Sab|bat...[jahr *usw.*]
Sab|ba|ta|ri|er (Angehöriger einer christl. Sekte, die das Sabbatgebot achtet)
sab|beln (1. pausenlos reden; 2. Speichel tropfen lassen)
Sab|ber, der (Speichel)
sab|bern (1. pausenlos reden; 2. Speichel tropfen lassen)
Sä|bel
Sä|bel|fech|ten, das
sä|beln; du säbelst
Sä|bel|ras|seln, das (Drohgebärden)
Sä|bel|schnäb|ler (Vogel)
Sa|bi|ner (Angehöriger e. antiken Volkes); die Sabiner Berge
Sa|bot, der (Schuh)
Sa|bo|ta|ge, die (heimliche Schädigung; Unterlaufen e. feindl. Absicht)
Sa|bo|ta|ge...[akt *usw.*]
Sa|bo|teur
sa|bo|tie|ren
Sa|bre, der (in Israel geb. Einwandererkind)
Sac|cha|ra|se, die (Enzym); *a.* Sacharase
Sac|cha|rin, das (künstlicher Süßstoff); *a.* Sacharin
Sac|cha|ro|se, die (Rohrzucker); *a.* Sacharose
Sac|co di Ro|ma, der (Verwüstung Roms unter Karl V.)
Sach...[bereich *usw.*]
Sa|cha|lin (russ. Insel)
Sa|cha|ra|se, die (Enzym); *a.* Saccharase
Sa|cha|rin, das (künstlicher Süßstoff); *a.* Saccharin
Sa|cha|ro|se, die (Rohrzucker); *a.* Saccharose
Sa|cha|row, Andrej (russ. Physiker u. Dissident 1921-1989)
sach|be|zo|gen
sach|dien|lich
Sa|che
Sa|chen|recht
Sä|chel|chen
Sa|cher-Ma|soch, Leopold von (österr. Schriftsteller 1839-1895)
Sa|cher|torte
sach|fremd
sach|ge|mäß
sach|ge|recht
sach|kun|dig
sach|lich
säch|lich
Sachs, der (Schwert)
Sachs, Hans (dt. Dichter 1494-1576); Nelly ~ (dt.-schwed. Schriftstellerin 1891-1970)
Sach|se, der
säch|seln (in sächsischem Dialekt reden)
Sach|sen (Bundesland)
Sach|sen-An|halt (Bundesland)
Sach|sen-An|hal|ter
Sach|sen-An|hal|ti|ner
sach|sen-an|hal|ti|nisch
sach|sen-an|hal|tisch
Sach|sen|spie|gel (Rechtsbuch)
Säch|sin
säch|sisch
sacht, sach|te
Sach|ver|halt
Sach|wal|ter
Sack
Sack...[bahnhof *usw.*]
Säck|chen
Säckel, der (*a.* Kasse, Budget) [k|k]
sacken [k|k]
sacker|lot! [k|k]
sacker|ment! [k|k]
sack|för|mig
sack|hüp|fen; das Sackhüpfen
sack|lau|fen; das Sacklaufen
Säck|lein
sack|lei|nen (*Adjektiv* aus

grobem Leinenstoff)
Sa|cré-Cœur (Name frz. Kirchen)
Sa|cri|fi|ci|um in|tel|lec|tus (Denkverzicht) *§ 15 (3)*; *vgl.* Sakrifizium
Sa|dat (Mohammed Anwar as-Sadat, ägypt. Politiker 1918-1981)
Sad|dam Hus|sein (irak. Politiker *1937)
Sad|du|zä|er (Mitglieder e. jüd. Partei in der Antike)
Sade, Marquis de (frz. Schriftsteller 1740-1814)
Sa|de|baum (Zypressenart)
Sa|dhu, der (ind. Heiliger)
Sa|dis|mus (Quälerei als Mittel des Lustgewinns)
Sa|dist
sa|di|stisch
Sa|do|ma|so|chis|mus (Lustgewinn durch Zufügen u. Empfangen von Mißhandlungen); *Abk.* SM
Sa|do|ma|so|chist
sa|do|ma|so|chi|stisch
sä|en (Saatgut verteilen); du säst
Sä|er
Sa|fa|ri, die (Fahrt zur Jagd od. Tierbeobachtung)
Sa|fa|ri...[park *usw.*]
Safe, der/das (Panzerschrank o. ä.)
Safe Sex *§ 15 (3) Anm.*; Sa|fer Sex (geschützter Geschlechtsverkehr)
Saf|fi|an, das (fein gegerbtes Ziegenleder)
Saf|fi|an...[leder *usw.*]
Sa|flor, der (Färberdistel)
sa|flor|gelb
Sa|fran, der (Safrankrokus; Gewürz; Farbstoff)
sa|fran|gelb
Saft
Saft...[braten *usw.*]
saf|ten; du saftest
saf|tig
Sa|ga, die; *Pl.* Sagas (altnord. Erzählung [*Pl. a.* Sögur]; Familiengeschichte)
Sa|gan, Françoise (frz. Schriftstellerin *1935)
Sa|ga|zi|tät (Scharfsinn)
Sa|ge (überlieferte Erzählung)
Sä|ge
Sä|ge...[blatt *usw.*]
sa|gen; sage und schreibe; *vgl.* gutsagen, totsagen *§ 9*
sä|gen; du sägst
Sa|gen...[buch *usw.*]
sa|gen|haft
sa|gen|um|wo|ben
Sä|ge|rei
sa|git|tal (parallel zur Längsachse)
Sa|git|tal...[schnitt *usw.*]
Sa|go, das/der (gekörntes Mark der Sagopalme)
Sa|go...[palme *usw.*]
Sa|ha|ra, die (Wüstengebiet in Nordafrika)
Sa|hel, der (Region in Afrika)
Sa|hel...[zone *usw.*]
Sa|hib (Herr)
Sah|ne
Sah|ne...[eis *usw.*]
sah|nig
Saib|ling (Fisch)
Sai|ga, die (Antilope)
Sai|gon (Stadt in Vietnam; *heute* Ho-Chi-Minh-Stadt)
Saint, *fem.* Sainte (*frz.* heilig *in Namen*)
Saint-Cloud (Vorort v. Paris)
Saint-Denis (Stadtteil von Paris)
Sainte-Beuve, Charles (frz. Schriftsteller 1804-1869)
Saint-Étienne (frz. Stadt)
Saint-Exu|pé|ry, Antoine de (frz. Schriftsteller 1900-1944)
Saint-Ger|main-en-Laye (Stadt in Frankreich)
Saint-John Perse (frz. Dichter 1887-1975)
Saint Kitts and Ne|vis (Inselstaat)
Saint Louis (Stadt in USA)
Saint Lu|cia (Inselstaat)
Saint-Ma|lo (frz. Insel)
Saint Phalle, Niki de (frz. Künstlerin 1930-2002)
Saint-Pierre, Jacques Bernardin de (frz. Schriftsteller 1737-1814)
Saint-Saëns, Camille (frz. Komponist 1835-1921)
Saint-Si|mon, Claude Henri de Rouvroy (frz. Philosoph 1760-1825)
Saint-Si|mo|nis|mus (religiöser Sozialismus im Frankreich des 19. Jhd.)
Saint-Si|mo|nist
Saint-Tro|pez (frz. Stadt)
Saint Vin|cent and the Gre|na|dines (Inselstaat)
Sa|is (antiker Ort in Ägypten)
Sai|son, die (Jahreszeit; Spielzeit)
Sai|son...[arbeiter *usw.*]
sai|so|nal
sai|son|be|dingt
sai|son|be|rei|nigt (ohne jahreszeitliche Faktoren)
Sai|te (Bespannung von Musikinstrumenten)
Sai|ten...[instrument *usw.*]
Sait|ling (Schafdarm)
Sa|ke, der (Reiswein)
Sa|kai (Stadt in Japan)
Sak|ka|ra (Ort in Ägypten)
Sak|ko, das/der (Anzugjacke)
sa|kra! (verdammt)
sa|kral (heilig)
Sa|kral...[bau *usw.*]
Sa|kra|ment (relig. Handlung)
sa|kra|men|tal
Sa|kra|men|ta|li|en (*Pl.*) (1. kultische Handlungen; 2. geweihte Gegenstände)
sa|kra|ment|lich
Sa|kri|fi|zi|um (Opfer); *vgl.* Sacrificium intellectus
Sa|kri|leg, das (Entweihung)
sa|kri|le|gisch
Sa|kri|le|gi|um (Entweihung)
Sa|kri|stan (Küster)
Sa|kri|stei (Nebenraum in der Kirche)
sa|kro|sankt (unantastbar)
sä|ku|lar (weltlich; alle hundert

Jahre wiederkehrend)
Sä|ku|la|ri|sa|ti|on (Überführung von Kircheneigentum in staatlichen Besitz; Verweltlichung von Lebensbereichen; Entlassung aus dem Kloster)
sä|ku|la|ri|sie|ren
Sä|ku|lum (Jahrhundert; Zeitalter)
Sa|la|din (Sultan 1138-1193)
Sa|lam (*arab.* Friede); ~ alaikum (Friede sei mit dir!); *s. a.* Selam; Salem aleikum
Sa|la|man|ca (span. Stadt)
Sa|la|man|der (Lurch)
Sa|la|mi, die (Wurst)
Sa|la|mis (griech. Insel)
Sa|la|mi|tak|tik (Vorgehen in kleinen Schritten)
Sa|lan|ga|ne, die (Vogel)
Sa|lär, das (Gehalt)
Sa|lat
Sa|lat...[soße *usw.*]
Sa|la|zar, António de Oliveira (port. Politiker 1889-1970)
Sal|ba|der (übertrieben festliche, leere Rede)
sal|ba|dern; du salbaderst
Sal|be
Sal|bei, der/die (Pflanze, Gewürz; Tee daraus)
Sal|bei...[tee *usw.*]
sal|ben; du salbst
Salb|ling (Fisch)
Salb|öl
Säl|chen (kleiner Saal)
Sal|chow, der (Sprung beim Eiskunstlauf)
sal|die|ren (den Kontostand ermitteln; eine Rechnung bezahlen)
Sal|do, der (Differenz zwischen Soll u. Haben)
Sa|lem; Schloß ~ (Internatsschule in Baden-Württemberg); ~ aleikum (Friede sei mit dir!); *vgl.* Salam
Sa|lep, der (Droge)
Sa|ler|no (Stadt in Italien)
Sa|le|si|a|ner (Angehöriger eines kath. Ordens)
Sales-ma|na|ger (Verkaufsleiter)
Sales|man|ship (Verkaufsstrategie)
Sales-pro|mo|tion (Verkaufsförderung)
Sa|li|cyl|säu|re (Konservierungsstoff); *a.* Salizylsäure
Sa|li|er (Angehöriger e. fränk. Stammes; Kaisergeschlecht)
Sa|lie|ri, Antonio (ital. Komponist 1750-1825)
Sa|li|ne, die (Anlage zur Salzgewinnung)
Sa|ling, die (Stange)
Salis|bu|ry, Robert Gascoyne-Cecil (engl. Politiker 1830-1903)
sa|lisch; Salisches Gesetz (Lex Salica) *§ 15 (7)*
Sa|li|zyl|säu|re; *a.* Salicylsäure
Salk-Imp|fung *§ 13 (2)* (Impfung gegen Kinderlähmung)
Salm, der (Fisch)
Sal|mi|ak, der (chem. Verbindung)
Sal|mi|ak...[geist *usw.*]
Salm|ler (Fisch)
Sal|mo|nel|le (Bakterium, das Darmkrankheiten verursacht)
Sal|mo|nel|lo|se (Salmonellen-Erkrankung)
Sa|lo|me (bibl. Gestalt)
Sa|lo|mo[n] (bibl. Gestalt)
Sa|lo|mo|nen, Sa|lo|mon|in|seln (Inselgruppe im Pazifik)
sa|lo|mo|nisch (weise)
Sa|lon, der (Empfangs- oder Geschäftsraum)
Sa|lo|ni|ki (Thessaloniki, Stadt in Griechenland)
Sa|loon (*engl.* Lokal im Wildweststil)
sa|lopp (ungezwungen)
Sal|pe, die (Manteltier)
Sal|pe|ter, der (Salz der Salpetersäure)
Sal|pe|ter...[säure *usw.*]
sal|pe|te|rig, sal|pet|rig
Sal|pin|gi|tis (Eileiterentzündung)
Sal|pinx, die (1. altgriech. Trompete; 2. *med.* Eileiter); *Pl.* Salpingen
Sal|sa, der (Tanz)
Sal|se, die (1. salzige Tunke; 2. Schlammsprudel)
Salt, SALT (*Abk. v.* Strategic Arms Limitation Talks) *§ 17 (2) Anm. 1*
Sal|ta, das (Brettspiel)
Sal|ta|rel|lo (Hüpftanz)
sal|ta|to (*Adjektiv*) (mit springendem Bogen zu spielen)
Sal|ta|to, das (Spiel mit springendem Bogen)
Salt Lake Ci|ty (Stadt in den USA)
Sal|to; *Pl.* Saltos *oder* Salti; Salto mortale (Sprung mit Überschlag)
sa|lü! (*schweizer.* Hallo!)
Sa|lu|ki (Hunderasse)
Sa|lut, der (1. militär. Ehrung durch Schußsalven; 2. Gruß)
Sa|lu|ta|ti|on
sa|lu|tie|ren
Sal|va|dor, El (*s.* El Salvador)
Sal|va|do|ri|a|ner
sal|va|do|ri|a|nisch
Sal|var|san (Medikament)
Sal|va|ti|on (1. Rettung; 2. Verteidigung)
Sal|va|tor (Erlöser)
Sal|va|to|ri|a|ner (Priesterkongregation, *Abk.* SDS)
sal|va|to|risch; salvatorische Klausel
sal|va ve|nia (mit Verlaub); *Abk.* s. v.
sal|va ve|ri|ta|te (unter Beachtung der Wahrheit)
sal|ve! (*lat.* sei gegrüßt!)
Sal|ve, die (Begrüßungsschüsse)
sal|vie|ren; sich ~ (in Sicherheit bringen)
sal|vo er|ro|re (Irrtum vorbehalten)
Sal|wei|de (Baum)
Salz
Salz...[säure *usw.*]
Salz|ach (Fluß)
Salz|burg (Stadt in Österreich)
Salz|bur|ger; ~ Festspiele

sal|zen; du salzt *§ 7 (1)*
Säl|zer
sal|zig
Salz|kam|mer|gut (Region in Österreich)
Salz|so|le (Salzlösung zum Einlegen von Lebensmitteln)
Sam; Uncle Sam (USA)
SA-Mann; *s.* SA
Sä|mann
Sa|ma|ranch, Juan Antonio (span. Sportfunktionär *1920)
Sa|ma|ria (Stadt u. Landschaft im alten Palästina)
Sa|ma|ri|ta|ner
sa|ma|ri|ta|nisch
Sa|ma|ri|ter; der Barmherzige Samariter (bibl. Gestalt); Helfer
Sa|ma|ri|um; *chem. Zeichen* Sm
Sa|mar|kand (Stadt in Usbekistan); der ~ (Teppich)
Sa|ma|ve|da, der (altindische Hymnensammlung)
Sam|ba, der (Tanz)
Sam|be|si, der (Fluß in Afrika)
Sam|bia (Staat in Afrika)
Sam|bi|er
sam|bisch
Sa|me (Lappe)
Sa|me[n] (1. Frucht; 2. Sperma)
Sa|men...[korn *usw.*]
Sä|me|rei (Saatgut; Geschäft für Saatgut)
Sa|mi|el (*bibl.* Teufel)
sä|mig (zähflüssig)
sa|misch (*zu* Samos)
sä|misch (*zu* Same)
Sä|misch|le|der
Sam|is|dat (*russ.* Untergrundvertrieb v. Texten)
Sam|ja|tin, Jewgenij (russ. Schriftsteller 1884-1937)
Sam|land (Ostseehalbinsel)
Sam|län|der
sam|län|disch
Sam|mel...[band *usw.*]
sam|meln
Sam|mel|su|ri|um
Sam|met, der (Samt)
Samm|ler
Samm|lung
Sam|ni|ter (Angehöriger eines italischen Volks)
Sa|moa (Inselgruppe im Pazifik)
Sa|moa|in|seln
Sa|mo|a|ner
sa|mo|a|nisch; auf ~
Sa|mo|a|nisch, das; auf samoanisch sprechen
Sa|mo|a|ni|sche, das
Sa|mo|je|de (Angehöriger e. sibir. Volkes; Hunderasse)
Sa|mos (1. griech. Insel; 2. Wein von dort)
Sa|mo|thra|ke (griech. Halbinsel)
Sa|mo|war, der (russ. Teekocher)
Sam|pan, der (chines. Boot)
sam|peln (*zu* Sample)
Sam|ple, das (Stichprobe;. Probierpackung)
Sam|pler (Zusammenstellung
Sam|sa|ra, das (Wiedergeburt)
Sam|son (bibl. Gestalt); *s. a.* Simson
Sams|tag; langer Samstag; *vgl.* Dienstag
sams|tags; *vgl.* dienstags
samt; samt und sonders
Samt, der
Samt...[band *usw.*]
sam|ten (aus Samt)
sam|tig
sämt|lich
Sa|mu|el (bibl. Gestalt)
Sa|mum, der (Wind)
Sa|mu|rai (japan. Krieger)
San (heilig *in ital. u. span. Namen*)
Sa|na, Sa|naa (Hauptstadt des Jemen)
Sa|na|to|ri|um (Heilstätte); *Pl.* Sanatorien
San Ber|nar|di|no (Gebirgspaß in der Schweiz; Tunnel)
San|cho Pan|sa (Begleiter Don Quijotes)
Sanc|ta Se|des, die (der Heilige Stuhl)
sanc|ta sim|pli|ci|tas (*lat.* heilige Einfalt)
Sanc|ti|tas (*Titel d. Papstes*)
Sanc|tus, das (Lobgesang der kath. Messe)
Sand, der
Sand, George (frz. Schriftstellerin 1804-1876)
Sand...[aal *usw.*]
San|da|le, die
San|da|let|te, die
San|da|rak, der (Harz)
Sand|blatt (Tabak)
Sand|dorn, der (Pflanze)
San|del|holz (duftendes Tropenholz)
san|den; du sandest
sand|far|ben
sand|far|big
San Die|go (Stadt in USA)
san|dig
San|di|nist (Angehöriger der sozialist. Partei Nicaraguas)
san|di|ni|stisch; Sandinistische Nationale Befreiungsfront *§ 15 (7)*, *Abk.* FSLN
Sand|rock, Adele (niederl.-dt. Schauspielerin 1863-1937)
sand|strah|len (mit Sand reinigen); du sandstrahlst
Sand|wich, der/das (belegtes Weißbrot)
san|fo|ri|sie|ren (durch trockene Hitze schrumpfen lassen)
San Fran|cis|co (Stadt in USA)
sanft
Sänf|te, die (Tragsessel)
sänf|ti|gen
Sang, der
sang|bar
San|ger, Frederick (engl. Chemiker *1918)
Sän|ger
Sän|ger, Eugen (dt. Raketenforscher 1905-1964)
Sän|ger...[bund *usw.*]
Sän|ger|schaft
San|ges|bru|der
san|ges|froh
sang|los; sang- und klanglos *§ 13 (1)*
San|gria, die (Rotweinbowle)
San|gri|ta, die (Mischgetränk)

San|gui|ni|ker (Mensch mit lebhaftem Temperament)
san|gui|nisch
San|he|drin, der/das (oberstes Gericht)
San|he|rib (assyr. König 704-681 v. Chr.)
Sa|ni, der (*kurz f.* Sanitäter)
sa|nie|ren (heilen)
sa|ni|tär (die Hygiene oder das Gesundheitswesen betreffend)
Sa|ni|tä|ter
Sa|ni|täts...[dienst *usw.*]
San Jo|sé (Hauptstadt v. Costa Rica)
San-Jo|sé-Schild|laus (Insekt) *§ 13 (4) Anm. 2*
San Ju|an (Hauptstadt v. Puerto Rico)
San|ka, der (*kurz f.* Sanitätskraftwagen)
Sankt (heilig *in Namen*: Sankt Peter *usw.*)
Sankt-Flo|ri|ans-Prinzip (egoistische Einstellung) *§ 13 (4) Anm. 2*
Sankt Gal|len (Kanton u. Stadt in der Schweiz)
Sankt Gal|le|ner
Sankt Gal|ler
sankt|gal|lisch
Sankt Go|ar (Stadt)
Sankt Gott|hard (Alpenpaß in der Schweiz)
Sank|ti|on (Anerkennung; Strafe; Strafbewehrung)
sank|ti|o|nie|ren (1. gutheißen; 2. mit Strafe bedrohen)
Sank|tis|si|mum, das (das Allerheiligste)
Sankt-Lo|renz-Strom (Fluß in Nordamerika) *§ 13 (4) Anm. 2*
Sankt Mo|ritz (Ort in der Schweiz)
Sankt-Nim|mer|leins-Tag (fiktiver Zeitpunkt, niemals) *§ 13 (4) Anm. 2*
Sankt Pau|li (Stadtteil von Hamburg)
Sankt Pe|ters|burg (Stadt in Rußland)
Sank|tu|ar, das (Saktuarium)
Sank|tu|a|ri|um (Heiligtum; Reliquienschrein)
San|ma|ri|ne|se (Einwohner von San Marino)
san|ma|ri|ne|sisch
San Ma|ri|no (Staat)
San Sal|va|dor (Staat)
Sans|cu|lot|te, der (frz. Revolutionär aus dem Proletariat)
San|se|vi|e|ria, San|se|vi|e|rie, die (Liliengewächs)
San|si|bar (Staat in Afrika)
San|si|ba|rer
san|si|ba|risch
sans|krit; auf ~
Sans|krit, das (altindische Sprache); auf sanskrit sprechen
sans|kri|tisch
Sans|kri|tist
Sans|sou|ci (Name für Rokokoschlösser)
San|ta Claus (Weihnachtsmann)
San|ta Fe (Stadt in den USA)
San|tan|der (Stadt in Spanien)
Sant|ia|go de Chile (Hauptstadt v. Chile)
San|to Do|min|go (Hauptstadt d. Dominikanischen Republik)
San|to|rin (Thera, griech. Insel)
São (heilig *in portug. Namen*)
Saô|ne (Fluß in Frankreich)
São Pau|lo (Stadt)
São To|mé e Prín|ci|pe (Inselstaat im Atlantik)
Sa|phir, der (Edelstein)
Sa|phir...[nadel *usw.*]
Sa|po|nin, das (pflanzl. Giftstoff u. Heilmittel)
Sa|po|rosch|je (Stadt in der Ukraine)
Sap|pe, die (Laufgraben)
sap|per|lot! (Ausruf)
sap|per|ment! (Ausruf)
Sap|peur (*milit.* Pionier)
sap|phisch (nach Art der Sappho)
Sap|pho (griech. Dichterin ~600 v. Chr.)
Sap|po|ro (Stadt in Japan)
sa|pri|sti!
Sa|pro|bie, die (von faulenden Stoffen lebender Organismus)
Sa|pro|bi|ont (Saprobie)
sa|pro|gen (fäulniserregend)
Sa|pro|pel, das (Faulschlamm)
Sa|pro|pha|ge, der (v. faulenden Stoffen lebender Organismus)
sa|pro|phil (von verwesenden Stoffen lebend)
Sa|pro|phyt (von faulenden Stoffen lebender Organismus)
Sa|ra|ban|de (frz. Tanz)
Sa|ra|gos|sa (Stadt in Spanien); *span.* Zaragoza
Sa|rah (bibl. Gestalt)
Sa|ra|je|vo (Hauptstadt v. Bosnien); *a.* Sarajewo
Sa|ra|tow (Stadt in Rußland)
Sa|ra|wak (Teil v. Borneo)
Sa|ra|ze|ne (Araber, Muslim)
sa|ra|ze|nisch
Sar|de (Bewohner v. Sardinien)
Sar|del|le (Fisch)
Sar|des (antike Stadt)
Sar|di|ne (Fisch)
Sar|di|ni|en (ital. Insel)
Sar|di|ni|er
sar|di|nisch
sar|disch
sar|do|nisch (grimmig); sardonisches Lachen
Sard|onyx, der (Mineral)
Sarg
Sarg...[nagel *usw.*]
Sar|gas|so|see (Gebiet im Atlantik)
Sar|gon (*Name mesopotam. Könige*)
Sa|ri, der (ind. Kleid)
Sar|kas|mus (beißender Spott)
sar|ka|stisch
Sar|kom, das (Fleischtumor)
sar|ko|ma|tös
Sar|ko|ma|to|se (Bildung von Sarkomen)
Sar|ko|phag, der (Steinsarg)
Sar|ma|te, der (Angehöriger e. iranischen Nomadenvolks)

Sa|rong, der (malai. Rock)
Sa|roy|en, William (amerikan. Schriftsteller 1908-1981)
Sar|raß, der (Säbel)
Sar|raute, Natha|lie (frz. Schriftstellerin 1900-1999)
Sar|to, Andrea del (ital. Maler 1486-1530)
Sar|tre, Jean-Paul (frz. Schriftsteller 1905-1980)
Sas|kat|che|wan (kanad. Provinz)
Sa-Sprin|gen (Reiterprüfung) *§ 13 (2)*
Saß (Grundbesitzer); *s. a.* Sasse
Sas|sa|fras, der (Baum)
Sas|se, der (Grundbesitzer); *s. a.* Saß
Sas|se, die (Hasenlager)
Sa|tan (Teufel)
Sa|ta|nas (Satan)
Sa|tang, der (thail. Münze); *Abk.* St., Stg.
sa|ta|nisch
Sa|tans...[braten *usw.*]
Sa|tans|pilz (Giftpilz)
Sa|tel|lit, der ([künstlicher] Himmelskörper)
Sa|tel|li|ten...[bild *usw.*]
Sa|tem|sprache (indogermanische Sprache mit bestimmten Zischlauten)
Sa|ter|land (Landschaft in Norddeutschland, saterfries. Sprachinsel)
Sa|ter|tag (Samstag)
Sa|tie, Erik (frz. Komponist 1866-1925)
Sa|tin, der (Glanzgewebe)
Sa|tin...[bluse *usw.*]
Sa|ti|na|ge, die (Glättung)
sa|ti|nie|ren (glätten)
Sa|ti|re (parodistisch-spöttische Darstellung)
Sa|ti|ri|ker
sa|ti|risch
Sa|tis|fak|ti|on (Befriedigung; Genugtuung)
Sa|to, Eisaku (jap. Politiker 1901-1975)
Sa|trap (Statthalter einer altpersischen Provinz)
Sa|tra|pie (Provinz im alten Persien)
Sat|su|ma, die (Mandarinenart)
satt; sich satt essen; satt haben, bekommen; er hat/ist es satt, er bekommt es satt; sich satt sehen; s<u>a</u>ttgrün *usw.*
Sat|te, die (Schüssel)
Sat|tel
Sat|tel...[dach *usw.*]
sat|tel|fest
sat|teln
satt|gelb
satt|grün
sät|ti|gen
Sät|ti|gungs...[effekt *usw.*]
Satt|ler
Satt|le|rei
satt|sam
Sa|tu|ra|ti|on (Sättigung, *a. technisch*)
sa|tu|rie|ren
Sa|turn (1. röm. Gott; 2. Planet)
Sa|tur|na|li|en (*Pl.*) (altröm. Volksfest)
sa|tur|nisch
Sa|tur|nis|mus (Bleivergiftung)
Sa|tyr (lüsterner Dämon)
Sa|ty|ri|a|sis, die (krankhaft gesteigerter Geschlechtstrieb bei Männern)
Satz
Satz...[bau *usw.*]
Sätz|chen
satz|fer|tig
Sat|zung
satz|wer|tig
Sau; *Pl.* Säue, Sauen
Sau...[wetter *usw.*]
sau|ber; *als Verbzusatz a. zusammengeschrieben § 10*: s<u>au</u>ber◡halten *usw.*
s<u>au</u>|ber◡hal|ten
säu|ber|lich
s<u>au</u>|ber◡ma|chen
Sau|ber|mann
säu|bern
sau|blöd
Sau|boh|ne
Sau|ce; *s. a.* Soße; ~ béarnaise, ~ hollandaise
Sau|cier (Soßenkoch)
Sau|cie|re, Sau|cière (Soßenschüssel)
sau|cie|ren (mit einer Soße behandeln)
Sau|cis|chen (Würstchen)
Sau|di, der (Saudiaraber)
Sau|di|ara|ber
Sau|di-Ara|bi|en (Staat)
sau|di|ara|bisch
sau|dumm
sau|en; das Schwein saut
sau|er; sau[e]rer Regen; gib ihm Saures!
Sau|er, das
Sau|er...[braten *usw.*]
Sau|er|amp|fer (Pflanze)
Sau|er|bruch, Ferdinand (dt. Chirurg 1875-1951)
Sau|er|dorn (Pflanze)
Saue|rei
Sau|er|kir|sche
Sau|er|land (Landschaft in Westfalen)
sau|er|län|disch
säu|er|lich
Säu|er|ling (Sauerbrunnen)
säu|ern
Sau|er|stoff
Sau|er|stoff|fla|sche *§ 7 (1)*
sau|er|stoff|hal|tig
sau|er|süß
sau|er|töp|fisch (schlechtgelaunt)
Sauf|bold
Sau|fe|der (Jagdspieß)
sau|fen; du säufst, soffst, söffest; gesoffen
Säu|fer
Sau|fe|rei
Sauf|ge|la|ge
Saug...[bagger *usw.*]
sau|gen; du saugst
säu|gen; du säugst
Sau|ger (*a.* Schnuller)
Säu|ger
Säu|ge|tier
saug|fä|hig
Säug|ling
Säug|lings...[pflege *usw.*]
sau|grob

säu|isch
Saul (bibl. Gestalt)
Säul|chen
Säu|le
Säu|len...[gang *usw.*]
Sau|lus (bibl. Gestalt)
Saum
Saum...[naht *usw.*]
sau|mä|ßig
säu|men[1] (mit einem Saum versehen)
säu|men[2] (zögern)
Säu|mer (*a.* Saumtier)
säu|mig
Säum|nis, die (Nichteinhaltung einer Frist)
Saum|pfad (schmaler Gebirgspfad)
saum|se|lig (träge)
Saum|tier (Lasttier)
Sau|na, die
Sau|na...[tuch *usw.*]
sau|nen; du saunst
sau|nie|ren
Sa|u|ra, Carlos (span. Regisseur *1932)
Säu|re
Säu|re...[mantel *usw.*]
säu|re|fest
Sau|re|gur|ken|zeit *§ 13 (4) Anm. 1*
Sau|ri|er, der (Urzeitechse)
Saus; in Saus und Braus
Sau|se, die (rauschendes Fest)
säu|seln
sau|sen; du saust *§ 7 (1)*
sau|sen◡las|sen (*a.* aufgeben) *§ 10 Anm.*
Sau|ser (junger Wein; Rausch)
Sau|se|schritt; im ~
Sau|se|wind
Saus|sure, Ferdinand de (schweiz. Sprachforscher 1857-1913)
Sau|ternes, der (Weinsorte)
sau|tie|ren (in Fett schwenken)
sau|wohl
Sa|van|ne, die (Steppe mit dünnem Baumbestand)
Sa|ve, die (Nebenfluß d. Donau)
Sa|vi|gny, Friedrich Carl von (dt. Jurist 1779-1861)
Sa|voir-vi|vre, das (Lebensart)
Sa|vo|na|ro|la, Girolamo (ital. Theologe 1452-1498)
Sa|vo|yar|de
Sa|voy|en (Region in Frankreich)
Sa|voy|er
Sa|voy|er|kohl (Wirsing)
sa|voy|isch
Sa|xi|fra|ga, die (Steinbrech)
Sa|xo Gram|ma|ti|cus (dän. Historiker ~1150- ~1220)
Sa|xo|phon (Blasinstrument)
Sa|xo|pho|nist
Say|ers, Dorothy (engl. Schriftstellerin 1893-1957)
sa|zer|do|tal (priesterlich)
Sa|zer|do|ti|um (Amt des Priesters, bes. des Papstes)
sb (*Abk. v.* Stilb) *§ 17 (2) Anm. 2*
Sb (*chem. Zeichen f.* Antimon)
SB (*Abk. v.* Selbstbedienung) *§ 17 (2) Anm. 1*
SB-Re|stau|rant *§ 13 (2)*
SB-Tank|stel|le *§13 (2)*
S-Bahn (*kurz f.* Schnellbahn) *§13 (2)*
S-Bahn|hof *§13 (2)*
S-Bahn-Wa|gen *§13 (2)*
SBB (*Abk. v.* Schweizerische Bundesbahnen) *§ 17 (2) Anm. 2*
Sbir|re (ital. Hilfspolizist)
s. Br. (*Abk. v.* südlicher Breite)
Sbrinz, der (Käse)
Sc (*chem. Zeichen f.* Scandium)
sc. (*Abk. v.* scilicet, sculpsit)
Sca|bi|es, die (Krätze); *a.* Skabies
Sca|la, die (Opernhaus in Mailand)
Sca|li|ger (ital. Adelsfamilie)
Scam|pi (*Pl.*) (Krebsart)
Scan|di|um; *chem. Zeichen* Sc
scan|nen (abtasten; *a. techn.*); du scannst; gescannt
Scan|ner (Gerät zur elektron. Abtastung)
Sca|pa Flow (Bucht bei den Orkney-Inseln)
Scar|lat|ti, Alessandro (1660-1725) u. Domenico (1685-1757) (ital. Komponisten)
Scar|ron, Paul (frz. Schriftsteller 1610-1660)
Sce|ne [si:n], die (*engl.* [Drogen-]Milieu)
sch!
Schab|bes, der (Sabbat)
Scha|be, die (1. Insekt; 2. Schabwerkzeug)
Scha|be|fleisch (Hackfleischart)
scha|ben; du schabst
Scha|ber (Schabwerkzeug)
schä|big
Schab|kunst
Scha|blo|ne, die (ausgeschnittene Vorlage, Klischee; *a. übertr.* Schema)
Scha|blo|nen|druck
scha|blo|nie|ren
scha|blo|ni|sie|ren
Scha|bot|te, die (Hammerteil)
Scha|bracke (Satteldecke; abgenutzte Kleidung) [k|k]
Scha|bracken|ta|pir, der [k|k]
Schab|sel, das
Schab|zi[e]|ger (Käse)
Schach; Schach spielen, in Schach halten; Schach und matt!
Schach...[brett *usw.*]
Scha|cher, der (Handel; Feilschen)
Schä|cher (*bibl.* Räuber, Mörder)
Scha|che|rer
scha|chern; du schacherst
schach|matt (nicht mehr handlungsfähig)
Schacht
Schacht, Hjalmar (dt. Bankier 1877-1970)
Schach|tel
Schach|tel...[beteiligung *usw.*]
Schäch|tel|chen
Schach|tel|halm (Pflanze)
schach|teln
schach|ten
schäch|ten (rituell schlachten)
Schad...[stoff *usw.*]
scha|de (*Adjektiv*) *§ 15 (6)*; es

ist schade; schade, daß ...; o wie schade!; *vgl.* Schade
Scha|de, der; es soll dein Schade nicht sein; *s. a.* Schaden; *vgl.* schade
Schä|del
Schä|del...[bruch *usw.*]
scha|den; du schadest
Scha|den, der; *s. a.* Schade; *vgl.* schade
Scha|den[s]...[ersatz *usw.*]; *vgl.* Schadensersatz
scha|den[s]|er|satz|pflich|tig
Scha|den|feu|er
Scha|den|freu|de
scha|den|froh
Scha|dens|er|satz (*BGB*); *vgl.* Schaden[s]ersatz *usw.*
schad|haft
schä|di|gen
Schä|di|ger
schäd|lich
Schäd|ling
Schäd|lings...[bekämpfung *usw.*]
schad|los; sich ~ halten
Schad|los...[haltung *usw.*]
Scha|dor, der (pers. Schleier); *s. a.* Tschador
Scha|dow, Johann Gottfried (dt. Bildhauer 1764-1850)
Schad|stoff...[ausstoß *usw.*]
schad|stoff|frei
Schaf
Schaf...[bock *usw.*]
Schäf|chen
Schä|fer (Schafhirte)
Schä|fer...[hund *usw.*]
Schä|fe|rei
Schaff, das (Gefäß)
schaf|fen (1. vollbringen); du schaffst, schafftest; geschafft; (2. hervorbringen); du schaffst, schufst, schüfest; geschaffen)
Schaf|fen, das
Schaf|fens...[drang *usw.*]
Schaf|fleisch
Schäff|ler (Faßmacher, Böttcher)
Schäff|ler|tanz
Schaff|ner
Schaf|gar|be, die (Pflanze)
Schaf|käl|te (sommerlicher Kälteeinbruch); *s. a.* Schafskälte
Schaf|kä|se; *s. a.* Schafskäse
Schaf|kopf, der (*a.* Kartenspiel); *s. a.* Schafskopf
Schäf|lein (*zu* Schaf)
Schaf|milch; *s. a.* Schafsmilch
Scha|fott, das (Gerüst für Hinrichtungen)
Schafs|käl|te (sommerlicher Kälteeinbruch); *s. a.* Schafkälte
Schafs|kä|se; *s. a.* Schafkäse
Schafs|kopf, der (Kartenspiel); *s. a.* Schafkopf
Schafs|milch; *s. a.* Schafmilch
Schaft (Griff; Oberteil des Schuhs)
schäf|ten
Schaft|stie|fel
Schah (pers. Herrscher)
Schah-in-schah (*Titel des pers. Kaisers*)
Scha|kal, der (hundeartiges Raubtier)
Scha|ke, die (Kettenglied)
Schä|kel, der (Metallhaken)
schä|keln (*zu* Schäkel)
Schä|ker, der
schä|kern
schal (abgestanden)
Schal, der (Halstuch)
Schal|brett
Schäl|chen (*zu* Schal *oder* Schale)
Scha|le (*jägerspr. a.* Huf)
scha|len; du schalst
schä|len
Scha|len...[guß *usw.*]
scha|len|los
Scha|len|wild (Hufwild)
Schäl|hengst (Zuchthengst); *s. a.* Schellhengst
Schal|ja|pin, Fjodor (russ. Sänger 1873-1938)
Schalk, der (Spaßmacher)
Schal|ke, die (Verschluß)
schal|ken
schalk|haft
Schalk|heit
Schäl|kur, die (Ablösung d. obersten Haut)
Schall
Schall...[dämpfer *usw.*]
schall|däm|mend; *aber* den Schall dämmend *§ 11 (6)*
schall|dicht
Schalleh|re [ll|l] *§ 7 (1), § 28 Anm.*
Schallei|ter [ll|l] *§ 7 (1), § 28 Anm.*
schal|len
schal|lern; jdm. eine ~ (eine Ohrfeige geben)
schall|ge|dämpft
Schalloch [ll|l] *§ 7 (1), § 28 Anm.*
schall|schluckend [k|k]; *aber* den Schall schluckend *§ 11 (6)*
Schalm, der (Forstzeichen)
Schal|mei, die (Blasinstrument)
Schal|mei|en|klang
schal|men (*zu* Schalm); du schalmst
scha|lom! (*hebr.* Frieden!)
Scha|lot|te, die (Lauchzwiebel)
Schalt...[bild *usw.*]
schal|ten; du schaltest
Schal|ter
Schal|ter...[halle *usw.*]
Schal|tier (*zu* Schale 3.)
Schalt|jahr (um einen Schalttag verlängertes Jahr)
Schalt|tag (zusätzlicher Tag: 29. Februar)
Scha|lung
Scha|lup|pe (Fischereifahrzeug; Beiboot)
Scham, die (*a.* Geschlechtsteil)
Scham...[bein *usw.*]
Scha|ma|de, die (Rückzugssignal); *a.* Chamade
Scha|ma|ne (Zauberpriester)
Scha|ma|nis|mus
schä|men, sich
scham|fi|len (s. abscheuern)
scham|haft
schä|mig
scham|los
Scham|mes (Synagogendiener)
Scha|mott, der (wertloser

Gegenstand)
Scha|mot|te, die (feuerfester Ton)
Scha|mot|te...[ziegel *usw.*]
scha|mot|tie|ren (mit Schamotten auskleiden)
Scham|pon, das (Haarwaschmittel); *s. a.* Shampoo
scham|po|nie|ren
Scham|pus, der (Champagner)
scham|rot
scham|ver|let|zend; *aber* die Scham verletzend *§ 11 (6)*
Schand...[bube *usw.*]
schand|bar
Schan|de
Schan|deck, das (Schiffsplanke)
Schan|deckel, der (= Schandeck) [k|k]
schän|den
Schän|der
schänd|lich
Schand|mal, das
Schang|hai (Stadt in China); *a.* Shanghai
schang|hai|en (mit List u. Gewalt anheuern)
Scha|ni, der (Diener, Kellner)
Scha|ni|gar|ten (kleiner Biergarten)
Schank
Schank...[stube *usw.*]
Schän|ke, die (Gasthaus); *a.* Schenke
Schan|ker (Geschlechtskrankheit); harter ~, weicher ~
Schan|si (chin. Provinz)
Schan|tung (chines. Provinz); *a.* Shantung, Shandong (*neuere Umschrift*)
Schan|tung|sei|de; *a.* Shantungseide
Schan|ze, die (Befestigungsanlage; Sprungschanze); sein Leben in die ~ schlagen (riskieren)
schan|zen; du schanzt *§ 7 (1)*
Schan|zen...[rekord *usw.*]
Schanz|zeug
Scha|per, Edzard (dt. Schriftsteller 1908-1984)
Schap|ka, die (Mütze)
Schapp, das/der (Schrank)
Schap|pe[1], die (Seidengewebe)
Schap|pe[2], die (Bohrer)
Schap|pel, das (Kopfschmuck)
Schar[1], die (Gruppe)
Schar[2], die/das (Pflugschar)
Scha|ra|de, die (pantomimisches Worträtsel); *a.* Charade
Schär|baum (Kettbaum am Webstuhl); *s. aber* Scherbaum
Schar|be, die (Kormoran)
Schar|bock, der (Skorbut)
Schar|bocks|kraut
Schä|re, die (Insel)
scha|ren; sich ~
schä|ren (Kettfäden aufziehen)
scha|ren|wei|se
scharf; ~ sehen, ~ schießen; *als Verbzusatz a. zusammengeschrieben § 10*: scharf◡machen *usw.*; aufs schärfste
Scharf...[blick *usw.*]
Schär|fe
schär|fen; du schärfst
Schär|fen|tie|fe
scharf◡ma|chen *§ 10*
scharf|sich|tig
scharf|sin|nig
scharf|zün|gig
Scha|ria, die (islam. Gesetz); *s. a.* Scheriat
Schar|lach, der (1. rote Farbe; 2. [*a.* das ~] Infektionskrankheit)
Schar|lach|fie|ber
schar|lach|rot
Schar|la|tan (Schwindler)
Schar|la|ta|ne|rie
Scharm, der (Liebenswürdigkeit); *a.* Charme
schar|mant; *a.* charmant
schar|mie|ren
Schar|müt|zel, das (kleines Gefecht)
schar|müt|zeln
schar|mut|zie|ren
Scharn|horst, Gerhard von (preuß. Militärreformer 1755-1813)
Schar|nier, das (Verbindungsgelenk)
Scha|roun, Hans (dt. Architekt 1893-1972)
Schär|pe (breites Band)
Schar|pie (gezupfte Leinwand)
Schar|re (Werkzeug)
schar|ren
Schar|rier|ei|sen (Steinmeißel)
schar|rie|ren (Rillen in Stein schlagen)
Schar|te (Kerbe; Wunde; Schießöffnung; Fehler)
Schar|te|ke, die (altes, wertloses Buch)
schar|tig
schar|wen|zeln (übertrieben diensteifrig sein)
Schasch|lik, das/der (Fleischspießchen)
schas|sen (schimpflich entlassen); du schaßt *§ 7 (1)*
schas|sie|ren (geradlinig tanzen)
Schat|ten, der
Schat|ten...[bild *usw.*]
Schat|ten|mo|rel|le (Sauerkirsche)
schat|ten|spen|dend; *aber* [viel] Schatten spendend *§ 11 (6)*
schat|tie|ren (farblich abstufen; Schatten andeuten)
schat|tig
Scha|tul|le, die (Kästchen)
Schatz
Schatz...[meister *usw.*]
Schätz...[wert *usw.*]
schätz|bar
Schätz|chen
schat|zen; du schatzt *§ 7 (1)*
schät|zen; du schätzt *§ 7 (1)*
schät|zen◡ler|nen *§ 10*
schät|zens|wert
schät|zungs|wei|se
Schau
Schau...[bude *usw.*]
Schau|be, die (Mantel mit weiten Ärmeln)
Schäub|le, Wolfgang (dt. Politiker *1942)
Schau|der, der

schau|der|bar
schau|der|er|re|gend; *aber* [großen] Schauder erregend *§ 11 (6)*
schau|dern; mich schaudert
schau|en
Schau|er[1], der (1. Regenguß *o. ä.*; 2. Schreck)
Schau|er[2] (Hafen- oder Schiffsarbeiter)
Schauer[3], der/das (Scheune)
schau|er|ar|tig
schau|er|lich
Schau|er|mann
schau|ern
schau|er|voll
Schau|fel
Schau|fel...[bagger *usw.*]
schau|fel|för|mig
schau|feln
Schauf|ler (Hirsch)
Schau|kal, Richard von (österr. Schriftsteller 1874-1942)
Schau|kel
Schau|kel...[pferd *usw.*]
Schau|ke|lei
schau|keln
schau|lau|fen; schauzulaufen, schaugelaufen
Schau|lau|fen, das
schau|lu|stig
Schaum
Schaum...[bad *usw.*]
schäum|bar
schäu|men
schaum|ge|bremst
schau|mig
Schaum|kraut (Wiesenblume)
schau|rig
schau|rig-schön *§ 13 (5)*
Schau|spiel
Schau|spie|ler
Schau|spie|le|rei
schau|spie|lern
Schau|stel|ler
Schau|stel|lung
Scheck
Scheck...[buch *usw.*]
Schecke (scheckiges Tier) [k|k]
scheckig [k|k]
Scheck|kar|te
Sched|dach (Dachkonstruktion); *a.* Sheddach
Sche|del, Hartmann (dt. Arzt 1440-1514); Schedelsche Weltchronik
Scheel, Walter (dt. Bundespräsident *1919)
scheel|äu|gig (schielend)
scheel◡blickend [k|k] *§ 11 (4)*
Scheel|sucht (Neid)
scheel|süch|tig
Schef|fel, der (alte Maßeinheit; Kübel)
Schef|fel, Joseph Victor von (dt. Schriftsteller 1826-1886)
schef|feln (anhäufen)
schef|fel|wei|se
Sche|he|ra|za|de (Figur aus „1001 Nacht“)
Scheib|chen
scheib|chen|wei|se
Schei|be
Schei|ben...[bremse *usw.*]
Schei|ben|klei|ster
Schei|ben|schie|ßen, das
Scheich (arab. Titel e. Oberhaupts); *s. a.* Scheik
Scheich|tum
Schei|de (Hülle e. Dolchs usw.; Vagina)
Schei|de...[wasser *usw.*]
Schei|degg (Alpenpässe); Große ~, Kleine ~
Schei|de|mann, Philipp (dt. Politiker 1865-1939)
schei|den; du scheidest, schiedst; schiedest; geschieden
Schei|den...[krampf *usw.*]
Schei|den|streif|ling (Pilz)
Schei|dungs...[grund *usw.*]
Scheik (arab. Titel e. Oberhaupts); *s. a.* Scheich
Schein (1. Anschein; 2. Bescheinigung)
Schein, Johann Hermann (dt. Komponist 1586-1630)
Schein...[argument *usw.*]
schein|bar
schei|nen; du scheinst, schienst, schienest; geschienen
Schei|ner, Christoph (dt. Astronom 1575-1650)
schein|hei|lig
schein|tot (*Adjektiv*); der Scheintote
Schein|tod, der
Schein|wer|fer
Scheiß, der
Scheiß...[dreck *usw.*]
Scheiß...[arbeit *usw.*]
Schei|ße, die
scheiß|egal
schei|ßen; du scheißt *§ 7 (1)*, schissest; geschissen
Schei|ßer
scheiß|freund|lich
scheiß|li|be|ral
Scheit, das (abgespaltenes Holzstück)
Schei|tel, der
Schei|tel...[bein *usw.*]
schei|tel|los
schei|teln
Schei|ter|hau|fen
schei|tern
Sche|kel, der (israel. Währung; alte Gewichtseinheit)
Schelch, der (Kahn)
Sche|ler, Max (dt. Philosoph 1874-1928)
Schelf, das/der (Festlandsockel)
Schell, Maria (schweizer. Schauspielerin *1926), Maximilian ~ (schweizer. Schauspieler *1930)
Schel|lack, der (Harz der Schildläuse)
Schel|le, die (1. Klammerring; 2. Glöckchen)
schel|len
Schel|len|baum (Musikinstrument)
Schell|fisch
Schell|ham|mer (Niethammer)
Schell|hengst (Zuchthengst); *s. a.* Schälhengst
Schel|ling, Friedrich Wilhelm von (dt. Philosoph 1775-1854)
Schelm, der
Schel|men...[stück *usw.*]
Schel|me|rei
schel|misch
Schel|sky, Helmut (dt. Soziolo-

ge 1912-1984)
Schel|te, die
schel|ten; du schiltst, schaltst, schöltest/schältest; gescholten
Schelt|wort (Tadel; Schimpfwort)
Sche|ma, das (Muster; Übersicht); *Pl.* Schemata, Schemen; Schema F
Sche|ma...[zeichnung *usw.*]
sche|ma|tisch
sche|ma|ti|sie|ren
Sche|ma|tis|mus
Sche|mel
Sche|men, der (Schatten)
sche|men|haft
Schen|ge|ner Ab|kom|men (EU-Vertrag zur Grenzsicherung)
Schen|ke, die; *a.* Schänke
Schen|kel
Schen|kel...[bruch *usw.*]
schen|ken; du schenkst
Schen|ken|dorf, Max von (dt. Dichter 1783-1817)
Schenk|stu|be
schep|pern
Scher, der (Maulwurf)
Scher|baum (Deichselstange); *s. aber* Schärbaum
Scher|be, die
Scher|ben, der
Scher|ben|ge|richt (Volksabstimmung mit Tonscherben im alten Athen)
Scher|bett, das/der (halbgefrorenes Speiseeis); *s. a.* Sorbet, Sorbett
Sche|re (Schneidewerkzeug); *s. aber* Schäre
sche|ren[1] (kümmern); sich ~ ; das schert mich nicht
sche|ren[2] (schräg bewegen)
Sche|ren...[fernrohr *usw.*]
Sche|re|rei
Scher|fe|stig|keit (*zu* scheren[2])
Scherf|lein (kleiner Beitrag)
Scher|ge, der (Gerichtsdiener)
Sche|ri|at, die (islam. Gesetz); *s. a.* Scharia
Sche|rif (*arab. Titel*)
Scher|kopf
Scher|kraft (*zu* scheren[2])
Scher|maus (Wühlmaus)
Scher|mes|ser
Sche|rung
Scherz
Scherz...[frage *usw.*]
scher|zan|do (*musik.* heiter)
Scher|zan|do, das; *Pl.* Scherzandi
Scherz|bold
scher|zen; du scherzt *§ 7 (1)*
scherz|haft
scherz|haf|ter|wei|se
Scher|zo, das (heiteres Musikstück); *Pl.* Scherzi
scher|zo|so (*musik.* scherzhaft)
scheu (*Adjektiv*)
Scheu, die
Scheu|che, die
scheu|chen; du scheuchst
scheu|en; sich ~
Scheu|er (Schuppen)
Scheu|er...[besen *usw.*]
Scheu|er|mann-Krank|heit (Entwicklungsstörung der Wirbelsäule) *§ 13 (2)*
Scheu|er|mann|sche Krank|heit
scheu|ern (schrubben, reiben); du scheuerst; jdm. eine scheuern (ohrfeigen)
Scheu|klap|pe, die
Scheu|ne
Scheu|nen|dre|scher; essen wie ein ~
Scheu|nen|tor
Scheu|re|be (Rebsorte)
Scheu|sal, das
scheuß|lich
Sche|ward|nad|se, Eduard (georg. Politi|ker *1928)
Schi, die; *Pl.* Schier; Schi fahren, fliegen, laufen; Schi Heil!; *a.* Ski
Schi...[stock *usw.*]; *a.* Ski...
Schia|pa|rel|li, Giovanni (ital. Astronom 1835-1910)
Schib|bo|leth, das (Erkennungszeichen)
Schi|bob, der; *a.* Skibob
Schicht
Schicht...[arbeit *usw.*]
Schich|te, die (Schicht)
schich|ten; du schichtest
schich|ten|spe|zi|fisch
schich|tig
Schicht|käse
schicht|wei|se
schick (*Adjektiv*)
Schick, der; *a.* Chic
Schicke|le, René (elsäss. Schriftsteller 1883-1940) [k|k]
schicken; sich ~ [k|k]
schicker (angeheitert) [k|k]
Schicke|ria (extravagante Gesellschaftsschicht) [k|k]
Schicki|micki, der (1. Geck; 2. modischer Kram) [k|k] [k|k]
schick|lich
Schick|sal
Schick|sals...[frage *usw.*]
schick|sals|er|ge|ben
Schick|se (leichtlebige Frau)
Schickung [k|k]
Schie|be...[dach *usw.*]
schie|ben; du schiebst, schobst, schöbest; geschoben
Schie|ber (*a.* Betrüger)
Schie|be|rei
Schie|ber|müt|ze (Schirmmütze)
Schieb|leh|re (Meßgerät)
Schie|bung (Betrug)
schiech (häßlich, wütend)
schied|lich (versöhnlich)
schied|lich-fried|lich *§ 13 (5)*
Schieds...[gericht *usw.*]
schieds|rich|tern
schief; der Schiefe Turm von Pisa *§ 15 (7)*; schief stehen, ansehen; *s. aber* schi<u>ef</u>◡gehen *usw. § 10*
Schie|fe, die (Schiefheit)
Schie|fer (1. Gestein; 2. Splitter)
Schie|fer...[dach *usw.*]
schie|fer|grau
schie|fern (aus Schiefer)
schie|fern (splitterig ablösen); du schieferst
Schie|fe|rung
schi<u>ef</u>◡ge|hen (mißlingen) *§ 10*
schi<u>ef</u>◡ge|wickelt (im Irrtum befindlich) *§ 11 (4)* [k|k]

schief◡la|chen, sich *§ 10*
schief◡lau|fen (mißlingen) *§ 10*
schief◡lie|gen (sich irren) *§ 10*
schief|wink|lig
Schie|le, Egon (österr. Maler 1890-1918)
schie|len
Schien|bein
Schie|ne
schie|nen (mit einer Schiene versehen); du schienst
Schie|nen...[bus *usw.*]
schie|nen|ge|bun|den
schier (beinahe)
Schi|er (*Pl. v.* Schi)
Schier|ling (Doldengewächs)
Schier|lings|be|cher (Gifttrunk)
Schier|lings|tan|ne (Baum)
Schieß...[befehl *usw.*]
schie|ßen; du schießt *§ 7 (1)*, schossest, schössest; geschossen
Schie|ßen, das
schie|ßen◡las|sen (aufgeben) *§ 10*
Schie|ße|rei
Schieß|schar|te, die
Schiff
Schiff...[bau *usw.*]
Schiffahrt [ff|f] *§ 7 (1)*, *§ 28 Anm.*
schiff|bar
schiff|brü|chig
Schiff|chen
schif|fen; du schiffst
Schif|fer
Schif|fer|kla|vier (Akkordeon)
Schif|fer|kno|ten
Schif|fer|müt|ze
Schiffs...[arzt *usw.*]
schif|ten (die Lage verändern)
Schif|ter (Sparren)
Schi|is|mus (islam. Richtung)
Schi|it (Anhänger des Schiismus)
schi|i|tisch
Schi|ka|ne, die ([böswilliges] Hindernis)
Schi|ka|ne|der, Emanuel (österr. Schriftsteller 1751-1812)
schi|ka|nie|ren
schi|ka|nös
Schi|kjö|ring, das (Skifahren mit Vorspann von Pferden usw.); *a.* Skikjöring
Schi|lau|fen, das; *a.* Skilaufen; *vgl.* Schi, Ski
Schil|cher, der (Wein)
Schild, das (Fläche mit Beschriftung ö. ä.)
Schild, der (Abwehrwaffe)
Schild|bür|ger (Dummkopf)
Schild|bür|ger|streich
Schild|drü|se (Organ im Hals)
Schil|der|haus (Haus eines Wachmannes)
schil|dern
Schild|kap|pe
Schild|krö|te
Schild|laus (Insekt)
Schild|patt, das (Hornplatten der Schildkröte)
Schild|wa|che (Wachposten am Eingang)
Schilf
Schilf...[dach *usw.*]
schil|fern (s. schuppig ablösen)
Schilf|rohr|sän|ger (Vogelart)
Schill, der (Fisch)
Schil|ler, der (1. Glanz; 2. Wein)
Schil|ler, Friedrich (dt. Dichter 1759-1805)
Schil|ler|kra|gen
Schil|ler|locke (1. Räucherfisch; 2. gefüllte Blätterteigrolle) [k|k]
schil|lern
schil|lernd
schil|lersch (nach Art Schillers); Schillersche Balladen (Balladen Schillers) *§ 15 (7)*
Schil|ling (frühere österr. Währungseinheit); *Abk.* S, öS
Schil|lum, das (Haschischpfeife)
schil|pen; *s. a.* tschilpen (helle Töne hervorbringen)
Schi|mä|re, die (Fabelwesen; Hirngespinst); *a.* Chimäre
schi|mä|risch
Schim|mel, der (1. Pilz; 2. Pferd)
Schim|mel...[pilz *usw.*]
schim|me|lig; *s. a.* schimmlig
schim|meln
Schim|mer
schim|mern
schimm|lig; *s. a.* schimmelig
Schim|pan|se, der (Menschenaffe)
Schimpf, der (Unehre, Beleidigung); mit ~ und Schande
Schimpf...[wort *usw.*]
schimp|fen
schimp|fie|ren (kränken)
schimpf|lich
Schind|an|ger (Abdeckerei)
Schin|del, die (Holzbrettchen)
Schin|del|dach
schin|deln
schin|den (Haut abziehen; quälen); du schindest, schund[e]st, schündest; geschunden
Schin|der (Abdecker; Quäler)
Schin|de|rei
Schin|der|han|nes (Johann Bückler, Räuber 1783-1803)
Schin|der|kar|ren
Schind|lu|der, das (Unwesen); ~ treiben
Schin|kel, Karl Friedrich (dt. Baumeister 1781-1841)
Schin|ken, der
Schin|ken...[brot *usw.*]
Schin|to|is|mus (japan. Religion)
Schin|to|ist
schin|to|i|stisch
Schipp|chen
Schip|pe (Schaufel; vorgeschobene Unterlippe; Spielkartenfarbe; *vgl.* Schippen)
schip|pen; du schippst
Schip|pen (Spielkartenfarbe); *vgl.* Schippe
Schip|per (Schiffer)
schip|pern
Schi|rach, Baldur von (dt. Politiker 1907-1974)
Schi|ras (Stadt im Iran); der ~ (Teppich)
Schi|ri (*kurz f.* Schiedsrichter)

Schi|ri|now|skij, Wladimir (russ. Politiker *1946)
Schirm
Schirm...[bild *usw.*]
schir|men; du schirmst
Schirm|ling (Pilz)
Schi|rok|ko, der (heißer u. staubiger Mittelmeerwind)
schir|ren (in ein Geschirr spannen)
Schirr|mei|ster
Schir|ting, das (Gewebe)
Schir|wan, der (Teppich)
Schis|ma, das ([Kirchen]-Spaltung)
Schis|ma|ti|ker
schis|ma|tisch
Schiß, der; ~ haben (Angst haben)
Schis|ser
Schi|zo|go|nie (ungeschlechtliche Vermehrung durch Zellteilung)
schi|zo|id (seelisch gespalten)
Schi|zo|pha|sie (Sprachstörung)
schi|zo|phren
Schi|zo|phre|nie (Persönlichkeitsspaltung)
Schklow|skij, Viktor (russ. Philologe 1893-1984)
schlab|be|rig; *s. a.* schlabbrig
schlab|bern
schlabb|rig; *s. a.* schlabberig
Schlacht
Schlacht...[bank *usw.*]
Schlach|ta, die (poln. Adel)
schlach|ten
Schlach|ten|bumm|ler
Schlach|ter
Schläch|ter
Schlach|te|rei
Schläch|te|rei
schlacht|reif
Schlach|tschitz (poln. Adeliger, *zu* Schlachta)
Schlacke, die [k|k]
Schlacken...[erz *usw.*] [k|k]
schlackern [k|k]
Schlacker|wet|ter [k|k]
Schlack|wurst (Zervelatwurst)
Schlaf
Schlaf, Johannes (dt. Schriftsteller 1862-1941)
Schlaf...[anzug *usw.*]
Schläf|chen
Schlä|fe
schla|fen; du schläfst, schliefst, schliefest; geschlafen; ~ gehen; [sich] ~ legen
Schlä|fen|bein (Schädelknochen)
Schla|fen|ge|hen, das
Schla|fens|zeit
Schlä|fer (*a.* aktivierbarer Terrorist)
schlä|fern; mich schläfert
schlaff
Schla|fitt|chen; am ~ packen
schlaf|los
Schlaf|müt|ze (träger Mensch)
schläf|rig
schlaf|süch|tig
schlaf|trun|ken
Schlaf-wach-Rhythmus *§ 13 (2)*
schlaf|wan|deln; ich schlafwand[e]le
Schlaf|wand|ler
schlaf|wand|le|risch
Schlag; ~ zwei Uhr; ~ auf ~; Kaffee mit Schlag[obers]
Schlag...[ader *usw.*]
schlag|ar|tig
schlag|bar
Schlag|bohr|ma|schi|ne
Schlä|gel, der (Bergmannshammer); *s. aber* Schlegel
schla|gen; du schlägst, schlugst, schlügest; geschlagen
schla|gend; schlagende Wetter
Schla|ger
Schla|ger...[sänger *usw.*]
Schlä|ger
Schlä|ge|rei
schlä|gern
Schlä|ge|rung
Schla|ge|tot, der (Schläger)
schlag|fer|tig
schlag|fest
schlag|kräf|tig
schlag|licht|ar|tig
Schlag|obers (Schlagsahne)
Schlag|zeu|ger
Schlaks, der (sehr schlanker [junger] Mann)
schlak|sig
Schla|mas|sel, der/das (Durcheinander; schwierige Lage)
Schlamm
Schlammasse [mm|m] *§ 7 (1), § 28 Anm.*
Schlamm|bei|ßer (Karpfenart)
schläm|men (durch Absetzen in Wasser reinigen)
schlam|mig
Schlämm|krei|de
Schlämm|putz, der (dünne Putzschicht)
Schlamm|schlacht
Schlämm|ver|fu|gung
schlam|pam|pen
Schlam|pe, die (unordentliche Frau)
schlam|pen (nachlässig sein)
Schlam|per
Schlam|pe|rei
schlam|pig
Schlan|ge; ~ stehen
schlän|geln, sich
Schlan|gen...[gift *usw.*]
schlan|gen|ar|tig
schlank
schlan|ker|hand *§ 12*
Schlank|heits|kur
Schlank|ma|cher
schlank|weg
Schlap|fen, der (Pantoffel)
schlapp
Schläpp|chen
Schlap|pe, die (Niederlage)
Schlap|pen, der
Schlapp|hut
schlapp◡ma|chen *§ 10*
Schlapp|ohr
Schlapp|schwanz
Schla|raf|fe (das Leben genießender Faulenzer)
Schla|raf|fen|land (Faulenzerparadies)
schlau
Schlau|ber|ger
Schlau|ber|ge|rei
Schlauch
Schlauch...[boot *usw.*]
schlau|chen

Schlau|der, die (Fenster- oder Türbefestigung)
schlau|dern
Schläue, die
schlau|er|wei|se
Schlau|fe
Schlau|fuchs
Schlau|kopf
Schlau|mei|er
Schla|wi|ner (pfiffiger Kerl)
schlecht; *als Verbzusatz a. zusammengeschrieben § 10*: schle̲cht◡machen *usw.*, *ebenso mit Partizip II bei Betonung des Erstgliedes § 11 (4)*: schle̲cht◡beraten *usw.*; schlecht und recht, im Schlechten und im Guten, nichts Schlechtes, viel Schlechtes
schle̲cht◡be|ra|ten *§ 11 (4)*; sehr schlecht beraten
schle̲cht◡be|zahlt *§ 11 (4)*; sehr schlecht bezahlt
schlech|ter|dings (durchaus)
schlecht◡ge|hen *§ 11 (4)*; *aber* sehr schlecht gehen
schle̲cht◡ge|launt *§ 11 (4)*; sehr schlecht gela̲u̲nt
schlecht|hin
schlecht|hin|nig
Schlech|tig|keit
schlecht◡ma|chen *§ 10*
schlecht|weg (schlechthin)
Schlecht|wet|ter
Schlecht|wet|ter|geld
schlecken [k|k]
Schlecker [k|k]
Schlecke|rei [k|k]
schlecker|haft [k|k]
schleckern [k|k]
Schle|gel (Werkzeug; Keule v. Schlachttieren); *s. aber* Schlägel
Schle|gel, August Wilhelm (dt. Philologe 1767-1845); Caroline ~ (dt. Schriftstellerin 1763-1809); Dorothea ~ (dt. Übersetzerin 1764-1839); Friedrich ~ (dt. Schriftsteller 1772-1829)
Schleh|dorn (dorniger Strauch)
Schle|he (Schlehdornstrauch; Frucht davon)
Schle|hen...[likör *usw.*]
Schlei, der (Karpfenart); *s. a.* Schleie
Schleich...[katze *usw.*]
Schlei|che (Blindschleiche)
schlei|chen; du schleichst, schlichst, schlichest; geschlichen
schlei|chend
Schlei|cher, Kurt von (dt. Reichskanzler 1882-1934)
Schleie, die (Karpfenart); *s. a.* Schlei
Schlei|er
Schlei|er...[tanz *usw.*]
Schlei|er|eu|le
schlei|er|haft
Schlei|er|kraut (Pflanze)
Schlei|er|ma|cher, Friedrich (dt. Philosoph 1768-1834)
Schlei|er|schwanz (Schmetterling)
Schleif...[lack *usw.*]
Schlei|fe
schlei|fen (1. schärfen: du schliffst; geschliffen; 2. ziehen: du schleiftest)
Schleim
Schleim...[beutel *usw.*]
schlei|men
schlei|mig
schleim|lö|send; *aber* den Schleim lösend *§ 11 (4), (6)*
Schlei|ße, die (Span)
schlei|ßen; du schleißt *§ 7 (1)*, schlissest; geschlissen
Schle|mihl (Pechvogel; durchtriebener Kerl)
Schlemm, der (gewonnenes Kartenspiel mit allen Stichen)
schlem|men (üppig speisen)
Schlem|mer, Oskar (dt. Maler 1888-1943)
Schlem|mer...[lokal *usw.*]
Schlem|me|rei
Schlem|pe, die (Mastfutter aus Brennereiresten)
schlen|dern
Schlen|dri|an, der (nachlässige Arbeitsweise)
Schlen|ge, die (Reisigbündel)
Schlen|ke, die (Wasserrinne)
Schlen|ker (kleiner Bogen)
schlen|kern
schlen|zen (einen Ball flach schießen); du schlenzt *§ 7 (1)*
Schlepp; in Schlepp nehmen, im Schlepp haben
Schlepp...[antenne *usw.*]
Schlep|pe, die (am Boden schleifender Teil des Kleides; Gerät zum Ebnen des Bodens; Tierfährte)
schlep|pen
Schlep|per (*a.* Schiff zum Abschleppen; Traktor; Organisator illegaler Einreisen)
Schlepp|tau; im ~ haben
Schlern, der (Berg in Südtirol)
Schle|si|en (Landschaft)
Schle|si|er
schle|sisch
Schles|wig (Stadt)
Schles|wi|ger
Schles|wig-Hol|stein (Bundesland)
Schles|wig-Hol|stei|ner
schles|wig-hol|stei|nisch
schles|wi|gisch, schles|wigsch
Schleu|der, die
Schleu|der...[ball *usw.*]
Schleu|de|rer
schleu|dern
schleu|nig; schleunigst
Schleu|se, die
schleu|sen; du schleust *§ 7 (1)*
Schleu|sen...[tor *usw.*]
Schleu|ser (*a.* Menschenschmuggler)
Schlich, der; auf die Schliche kommen
schlicht (einfach)
Schlich|te, die (Flüssigkeit, die Kettfäden verstärkt)
schlich|ten; du schlichtest
Schlich|ter, der (Vermittler)
Schlicht|ho|bel (Werkzeug zum Glätten)
schlicht|weg (völlig)
Schlick, der (Bodenschlamm)
Schlick, Moritz (österr. Philosoph 1882-1936)

schlicken [k|k]
schlicke|rig [k|k]; *s. a.* schlickrig
schlickern [k|k]
schlick|rig; *s. a.* schlickerig
schlie|fen; du schliefst
Schlie|fer (Tiergattung)
Schlie|mann, Heinrich (dt. Archäologe 1822-1890)
Schlie|re, die (Streifenbildung in Schleim oder opt. Medien)
schlie|rig
Schließ...[fach *usw.*]
Schlie|ße, die (Schloß)
schlie|ßen; du schließt *§ 7 (1)*, schlossest, schlössest; geschlossen
Schlie|ßer
schließ|lich
Schliff, der
Schliff|flä|che
schlif|fig
schlimm; schlimm stehen; am schlimmsten; es ist das schlimmste *oder* Schlimmste (am schlimmsten) *§ 15 (6)*; auf das schlimmste zurichten; auf das Schlimmste gefaßt sein; es wendet sich zum Schlimmsten; etwas/nichts Schlimmes; es gibt nichts Schlimmeres
Schlin|ge
Schlin|gel
schlin|gen; du schlingst, schlangst, schlängest; geschlungen
schlin|gern
Schling|pflan|ze
Schlippe, die (1. Rockzipfel; 2. schmale Gasse)
schlip|pen; du schlippst
Schlips, der (Krawatte); jdm. auf den ~ treten
Schlit|ten, der; ~ fahren
Schlit|ten...[bahn *usw.*]
Schlit|ten|fah|ren, das
schlit|tern
Schlitt|schuh; ~ laufen
Schlitt|schuh|lau|fen, das
Schlitt|schuh|läu|fer
Schlitz
Schlitz|au|ge
schlitz|äu|gig
schlit|zen; du schlitzt *§ 7 (1)*
Schlitz|ohr (*a.* durchtriebener Mensch)
schlitz|oh|rig
Schlitz|ver|schluß
schloh|weiß
Schloß; *Pl.* Schlösser
Schloß...[garten *usw.*]
Schlöß|chen
Schlo|ße, die (Hagelkorn)
schlo|ßen; es schloßt *§ 7 (1)*, hat geschloßt
Schlos|ser
Schlos|ser, Johann Georg (dt. Schriftsteller 1739-1799)
Schlos|se|rei
schlos|sern; du schlosserst
Schlot, der (Schornstein); *Pl.* Schlote, Schlöte
Schlot|te, die (Zwiebel)
Schlot|ten|zwie|bel
schlot|te|rig; *s. a.* schlottrig
schlot|tern
schlott|rig; *s. a.* schlotterig
Schlö|zer, August Ludwig (dt. Historiker 1735-1809)
Schlucht
schluch|zen; du schluchzt *§ 7 (1)*
Schluch|zer
Schluck
Schluck|auf, der
Schluck|be|schwer|den
Schlück|chen
schlucken [k|k]; du schluckst
Schlucken, der (Schluckauf) [k|k]
Schlucker [k|k]; armer ~
Schluck|imp|fung
Schlück|lein
Schluck|specht (Trinker)
Schlu|de|rei
Schlu|de|rer
schlu|de|rig; *s. a.* schludrig
schlu|dern
Schlu|dri|an, der (unordentliche Arbeitsweise; Person, die unordentlich arbeitet)
schlud|rig; *s. a.* schluderig
Schluff, der (Tonerde u. ä.)
Schluft (Schlucht); *Pl.* Schlüfte
Schlum|mer
Schlum|mer...[lied *usw.*]
schlum|mern
Schlund; *Pl.* Schlünde
Schlun|ze (1. schlampige Frau; 2. dünnes Gebräu)
Schlupf, der (Spielraum)
Schlupf...[wespe *usw.*]
schlup|fen; du schlupfst
schlüp|fen; du schlüpfst
Schlüp|fer (Slip)
schlüpf|rig
schlur|fen
schlür|fen
Schluß
Schluß...[akkord *usw.*]
Schlüs|sel
Schlüs|sel...[bund *usw.*]
Schlüs|sel|bein (Schulterknochen)
Schlüs|sel|blu|me (Primel)
Schlüs|se|lein *§ 7*
schlüs|sel|fer|tig (bereit für den Einzug)
schluß|end|lich
schluß|fol|gern
schlüs|sig
Schlü|ter, Andreas (dt. Baumeister u. Bildhauer ~1660-1714)
Schmach, die (demütigende Niederlage)
schmach|ten
Schmacht|fet|zen (übertrieben rührendes Lied o. ä.)
Schmacht|locke (stark gedrehte Haarlocke) [k|k]
Schmacht|rie|men (Gürtel)
schmach|voll
Schmack (Färbemittel)
Schmackes (*Pl.*) (Schwung; Prügel) [k|k]
schmack|haft
Schmäh, der (1. charmante Konversation; 2. Schwindelei)
Schmäh...[rede *usw.*]
schmä|hen; du schmähst
schmäh|lich
schmäh|süch|tig
schmal; schmaler/schmäler, am schmalsten/schmälsten

Schmal...[film *usw.*]
schmal|brü|stig
schmä|len (tadeln, *a. jägerspr.* Laut v. Rehen usw.)
schmä|lern (verringern)
Schmal|hans; hier ist ~ Küchenmeister (geht es ärmlich zu)
schmal|kal|disch; Schmalkaldische Artikel (Schrift Luthers), Schmalkaldischer Bund (protest. Bündnis 1531) *§ 15 (7)*
schmal|lip|pig
schmal|spu|rig
Schmal|te, die (blaues Glas)
schmal|ten (emaillieren)
Schmal|tier (junge Hirschkuh)
Schmalz, das (tier. Fett)
Schmalz...[brot *usw.*]
Schmäl|ze (Flüssigkeit zum Schmälzen); *s. aber* Schmelze
schmal|zen; du schmalzt *§ 7 (1)*
schmäl|zen (Wolle einfetten); du schmälzt *§ 7 (1)*
schmalz|ge|backen [k|k]; das Schmalzgebackene
schmal|zig
Schmalz|ler (Schnupftabak)
Schmand, der (Sahne); *a.* Schmant
Schman|kerl, das (Leckerbissen; *a. übertr.*)
Schmant, der (Sahne); *a.* Schmand
schma|rot|zen; du schmarotzt *§ 7 (1)*
Schma|rot|zer (Parasit)
Schmar|re, die (Narbe)
Schmar|ren, der (Süßspeise; Unsinn)
Schma|sche, die (Fell)
Schmatz, der (Kuß)
Schmätz|chen
schmat|zen; du schmatzt *§ 7 (1)*
Schmat|zer
Schmät|zer (Vogel)
Schmauch, der (Rauch)
schmau|chen (genußvoll rauchen)
Schmauch|spur
Schmaus, der
schmau|sen; du schmaust *§ 7 (1)*
Schmau|se|rei
schmecken [k|k]
Schmei|che|lei
schmei|chel|haft
Schmei|chel|kat|ze
schmei|cheln
Schmei|chel|wort
Schmeich|ler
schmeich|le|risch
schmei|dig
schmei|di|gen
schmei|ßen; du schmeißt *§ 7 (1)*, schmissest; geschmissen
Schme|ling, Max (dt. Boxer *1905)
Schmelz, der
Schmelz...[bad *usw.*]
schmelz|bar
Schmel|ze, die (Verflüssigung); *s. aber* Schmälze
schmel|zen (1. flüssig werden) du schmilzt *§ 7 (1)*, schmolzt, schmölzest; geschmolzen; (2. flüssig machen) du schmelzt *§ 7 (1)*
Schmel|zer
Schmel|ze|rei
Schmer, der (Bauchfettgewebe)
Schmer|bauch
Schmer|fluß (krankhafte Absonderung der Talgdrüsen; Seborrhöe)
Schmer|le, die (Fisch)
Schmer|ling (Pilz)
Schmerz
Schmerz...[tablette *usw.*]
schmerz|emp|find|lich
schmer|zen; es schmerzt
Schmer|zens...[geld *usw.*]
schmer|zens|reich
schmerz|lin|dernd; *aber* den Schmerz lindernd *§ 11 (6)*
schmerz|stil|lend; *aber* den Schmerz stillend *§ 11 (6)*
Schmet|ten, der (Sahne)
Schmet|ter|ball
Schmet|ter|ling
Schmet|ter|lings...[blütler *usw.*]
schmet|tern
Schmicke, die (Peitschenschnur) [k|k]
Schmid, Carlo (dt. Politiker 1896-1979)
Schmidt, Arno (dt. Schriftsteller 1914-1979); Helmut ~ (dt. Bundeskanzler *1918)
Schmidt-Rott|luff, Karl (dt. Maler 1884-1976)
Schmied
Schmie|de
Schmie|de...[eisen *usw.*]
schmie|de|ei|sern
schmie|den; du schmiedest
Schmie|ge (Winkelmaß)
schmie|gen; sich ~
schmieg|sam
Schmie|le (Gras)
Schmiel|gras
Schmier...[fett *usw.*]
Schmie|ra|ge, die
Schmie|re (1. dickflüssiger Stoff; 2. schlechtes Theater; 3. Wache; ~ stehen)
schmie|ren; du schmierst
Schmie|ren|ko|mö|die
Schmie|re|rei
schmie|rig
Schmink...[stift *usw.*
Schmin|ke
schmin|ken
Schmir|gel, der (Schleifmittel)
schmir|geln
Schmir|gel|pa|pier
Schmiß, der (1. Hieb, Narbe; 2. Elan); *Pl.* Schmisse (*zu* 1.)
schmis|sig
Schmitt, Carl (dt. Jurist 1888-1985)
Schmitz, der (Peitschenschnur; Peitschenschlag)
Schmit|ze, die (Peitsche)
schmit|zen; du schmitzt *§ 7 (1)*
Schmock (gesinnungsloser Journalist)
Schmö|ker, der (anspruchsloses Buch)
schmö|kern
Schmoll...[mund *usw.*]
schmol|len

Schmol|ler, Gustav von (dt. Ökonom 1838-1917)
schmol|lis! (Zuruf beim Trinken)
Schmol|lis, das; ~ trinken
Schmon|zes, der (Geschwätz)
Schmon|zet|te (schlechtes Theaterstück o. ä.)
Schmor...[braten *usw.*]
schmo|ren
Schmu, der; ~ machen (kleiner Betrug)
schmuck (hübsch); ein schmuckes Heim [k|k]
Schmuck, der
Schmuck...[blatt *usw.*]
schmücken [k|k]
Schmud|del, der (Schmutz)
Schmuddel...[wetter *usw.*]
Schmud|de|lei
schmud|de|lig; *s. a.* schmuddlig
schmud|deln
schmudd|lig; *s. a.* schmuddelig
Schmug|gel
schmug|geln
Schmugg|ler
Schmugg|ler...[ring *usw.*]
schmur|geln (brutzeln)
Schmus, der (Schmeichelei)
Schmu|se|kat|ze
schmu|sen; du schmust *§ 7 (1) (1)*
Schmutz
Schmutz...[film *usw.*]
schmutz|ab|wei|send; *aber* den Schmutz abweisend *§ 11 (4), (6)*
Schmutz|blatt (erstes Blatt in einem Buch)
schmut|zen; du schmutzt *§ 7 (1)*
Schmut|ze|rei
schmut|zig
Schmutz|ti|tel (erstes Blatt in einem Buch)
Schna|bel
Schna|bel, Artur (österr. Pianist 1882-1951); Johann Gottfried ~ (dt. Schriftsteller 1692- nach 1750)
Schnabel...[tasse *usw.*]
Schnä|bel|chen
Schnä|be|lei
schnä|beln (die Schnäbel aneinanderreiben; sich küssen)
Schna|bel|tier (eierlegendes Säugetier)
Schnäb|lein
schna|bu|lie|ren (mit Behagen essen)
Schnack, der (Plauderei)
schnacken [k|k]; Plattdeutsch ~
Schna|der|hüp|fe[r]l, das (Spottliedchen)
Schna|ke[1], die (Scherz)
Schna|ke[2], die (Stechmücke)
Schnal|le
schnal|len; du schnallst
Schnal|len|schuh
Schnalz, der (Schnalzlaut)
schnal|zen; du schnalzt *§ 7 (1)*
Schnal|zer
Schnalz|laut, der
schnapp!; schnipp[,] schnapp!
Schnapp...[schuß *usw.*]
Schnäpp|chen
schnap|pen
Schnap|per
Schnäp|per; *a.* Schnepper (1. Vogel; 2. Gerät zur Blutabnahme; 3. Sprung)
schnäp|pern; *a.* schneppern
Schnapp|hahn
Schnaps
Schnaps...[glas *usw.*]
Schnäps|chen
schnar|chen
Schnar|re (Pistole)
schnar|ren
Schnarr|werk (Zungenstimmen der Orgel)
Schnat|ter|gans
schnat|tern
Schnatz, der (Kopfputz)
schnau|ben; du schnaubst, schnobst, schnöbest; geschnoben
schnau|fen
Schnau|fer
Schnauz, der (Schnurrbart)
Schnauz|bart
schnauz|bär|tig
Schnäuz|chen
Schnau|ze, die
schnau|zen; du schnauzt *§ 7 (1)*
Schnau|zer (1. Hund; 2. Bart)
Schneck, der
Schnecke, die [k|k]
Schnecken...[gang *usw.*] [k|k]
schnecken|för|mig [k|k]
Schneckerl, das [k|k]
Schnee
Schnee...[ball usw.]
schnee|be|deckt
Schnee|bee|re (Zierstrauch: dessen Frucht)
schnee|blind
Schnee-Eu|le *§ 13 (7) (a)*
Schnee|frä|se (Gerät zum Schneeräumen)
schnee|frei
Schnee|gans
schnee|glatt
Schnee|glät|te; Schnee- und Eisglätte
Schnee|glöck|chen (Blume)
Schnee|ha|se
Schnee|huhn
schnee|ig
Schnee|kö|nig; sich freuen wie ein ~
Schnee|leo|pard
Schnee|schmel|ze
schnee|si|cher
Schnee|wäch|te, die (überhängende Schneemasse)
Schnee|we|he
schnee|weiß
Schne|gel, der (Schnecke)
Schneid, der/die (Mut)
Schneid...[brenner *usw.*]
Schnei|de, die
schnei|den; du schneidest, schnittest; geschnitten
Schnei|der
Schnei|der, Reinhold (dt. Schriftsteller 1903-1958); Romy ~ (österr. Schauspielerin 1938-1982)
Schnei|de|rei
schnei|dern
Schnei|de|tisch
Schnei|de|zahn
schnei|dig

Schneid|klup|pe, die (Gewindeschneidgerät)
schnei|en; es schneit
Schnei|se, die (baumloser Streifen im Wald; *a. übertr.*)
schnei|teln (Äste u. Zweige entfernen)
schnell; schnellstens, auf das/ aufs schnellste; schneller *oder* Schneller Brüter (Atomreaktor) *§ 15 (8)*; auf die Schnelle
Schnell...[feuer *usw.*]
Schnelläu|fer [ll|l] *§ 7 (1), § 28*
Schnell|bahn; *Abk.* S-Bahn
Schnel|le, die; auf die Schnelle
schnelle|big [ll|l] *§ 7 (1), § 28*
schnel|len; du schnellst
schnell|fü|ßig
Schnel|lig|keit
Schnell|kraft
schnell|stens
schnellst|mög|lich
Schnep|fe (Vogel; Dirne)
Schnep|per; *a.* Schnäpper (*s. d.*)
schnep|pern; *a.* schnäppern
schnet|zeln
Schneuß, der (Fischblasenornament)
schneu|zen (1. die Nase putzen; 2. den Lampendocht kürzen); sich ~; du schneuzt *§ 7 (1)*
schnie|fen
schnie|geln
schnie|ke (elegant)
Schnie|pel, der (Frack; Penis)
schnipp!; schnipp[,] schnapp!
Schnipp|chen (Trick); ein ~ schlagen
Schnip|pel, der/das (kleines Stoff- od. Papierstück)
schnip|peln (schneiden)
schnip|pen
schnip|pisch
Schnip|sel, der/das
Schnip|se|lei
schnip|seln
schnip|sen; du schnipst *§ 7 (1)*
Schnir|kel|schnecke [k|k]
Schnitt
Schnitt...[blume *usw.*]
Schnitt|chen
Schnit|te (Brotscheibe)
Schnit|ter
schnitt|fest
schnit|tig
Schnitt|lauch
Schnitz, der
Schnitz...[bank *usw.*]
Schnit|zel
Schnit|zel|jagd
schnit|zeln
schnit|zen; du schnitzt *§ 7 (1)*
Schnit|zer (*a.* Fehler)
Schnit|ze|rei
Schnitz|ler, Arthur (österr. Schriftsteller 1862-1931)
schno|bern (schnüffeln)
schnöd, schnö|de (verachtenswert)
Schnod|der (Nasenschleim)
schnod|de|rig, schnodd|rig (respektlos)
schnö|de, schnöd
Schnö|dig|keit
Schnor|chel, der (Atemgerät)
schnor|cheln
Schnör|kel, der (Verzierung)
schnör|ke|lig; *s. a.* schnörklig
schnör|keln
Schnör|kel|schrift
schnörk|lig; *s. a.* schnörkelig
schnor|ren (andere anbetteln, ausnutzen)
Schnor|rer
Schnö|sel, der
schnö|se|lig
Schnucke, die (Wildschaf; *a. übertr. Kosename*) [k|k]
Schnuckel|chen [k|k]
schnucke|lig [k|k]; *s. a.* schnucklig
Schnucki (*Kosename*) [k|k]
Schnucki|putz (*Kosename*) [k|k]
schnuck|lig; *s. a.* schnuckelig
Schnüf|fe|lei
schnüf|feln
Schnüff|ler
Schnul|ler
Schnul|ze (gefühlsbetonte Darstellung)
schnup|fen; du schnupfst
Schnup|fen, der
Schnup|fen...[spray *usw.*]
Schnupf|ta|bak
Schnupf|tuch
schnup|pe (egal); das ist mir ~
Schnup|pe, die (Sternschnuppe; Kerzendocht)
schnup|pern
Schnur[1] (Faden)
Schnur[2] (Schwiegertochter)
Schnür...[schuh *usw.*]
Schnür|chen; wie am ~
schnü|ren
schnur|ge|ra|de
Schnur|ke|ra|mik (prähistor. Stil)
Schnürl|re|gen
Schnurr|bart
schnurr|bär|tig
Schnur|re (lustige Geschichte)
Schnur|re, Wolfdietrich (dt. Schriftsteller 1920-1989)
schnur|ren
Schnurr|haar
Schnurr|pfei|fe|rei (komische Idee)
Schnür|sen|kel
schnur|stracks
schnurz; das ist mir ~
schnurz|pie|pe
schnurz|piep|egal
Schnüt|chen
Schnu|te (Mund; verdrossene Miene)
Schoa, die (nationalsoz. Judenvernichtung); *a.* Sho|ah
Scho|ber, der (Scheune; Heuhaufen)
scho|bern
Schock, das (60 Stück)
Schock, der (Schreckreaktion)
Schock...[wirkung *usw.*]
schocken [k|k]
Schocker [k|k]
schock|ge|fro|ren
schock|ge|fro|stet
schockie|ren [k|k]
Schock|schwe|re|not! (Ausruf des Entsetzens)
schock|wei|se
Schoeck, Othmar (schweizer. Komponist 1886-1957)

Scho|far, der (jüd. Ritualhorn)
scho|fel (erbärmlich)
Scho|fel, der (Ramsch)
scho|fe|lig; *s. a.* schoflig
Schöf|fe (Laienrichter)
Schöf|fen...[gericht *usw.*]
Schof|för; *a.* Chauffeur
schof|fie|ren; *a.* chauffieren
schof|lig; *s. a.* schofelig
Scho|gun (japan. Feldherr); *a.* Shogun
Scho|ko (*kurz f.* Schokolade)
Scho|ko...[eis *usw.*]
Scho|ko|la|de
Scho|ko|la|de...[eis *usw.*]
scho|ko|la|de|far|ben
scho|ko|la|den (aus Schokolade)
Scho|ko|la|den...[eis *usw.*]
scho|ko|la|den|far|ben
scho|ko|lie|ren (mit Schokolade überziehen)
Scho|lar (Student i. Mittelalter)
Schol|arch (Aufseher an Klosterschulen)
Scho|la|stik (mittelalterl. philos. Methode; engstirnige Denkweise)
Scho|la|sti|ker
scho|la|stisch
Scho|la|sti|zis|mus (Spitzfindigkeit)
Scho|lem Alej|chem (jidd. Schriftsteller 1859-1916)
Scho|li|ast (Verfasser von Scholien)
Scho|lie, die (erklärende Randbemerkung)
Scho|li|on, das (Scholie)
Scholl, Hans (1918-1943) u. Sophie (1921-1943) (dt. Widerstandskämpfer)
Schol|le (1. Fisch; 2. Erdklumpen)
schol|lern
Schol|li; mein lieber ~
schol|lig
Schöll|kraut (Pflanze)
Scho|lo|chow, Michail (russ. Schriftsteller 1905-1984)
Schol|ti|sei (Bürgermeisteramt u. -besitz)
schon
schön; die schöne Literatur, die schönen Künste, das schöne Geschlecht; am schönsten, auf das/aufs schönste (sehr schön) *§ 15 (6)*; das Schöne, etwas Schönes, nichts Schöneres; Philipp der Schöne; *als Verbzusatz a. zusammengeschrieben § 10, (2)*: schön◡färben, schön◡reden, schön◡schreiben *usw.*
Schön|berg, Arnold (österr. Komponist 1874-1951)
Schön|druck
Schö|ne, die (1. schöne Frau; 2. Schönheit)
scho|nen; du schonst
schö|nen; du schönst
Scho|ner[1], der (Zweimaster)
Scho|ner[2], der (Schutzüberzug o. ä.)
schön◡fär|ben *§ 10*
Schön|fär|be|rei
Schon|frist
Schon|gang
Schon|gau|er, Martin (dt. Maler ~1450-1491)
Schön|geist (Kunst- u. Literaturkenner)
schön|gei|stig
schön◡ge|macht *§ 11 (3)*
Schön|heits...[chirurgie *usw.*]
Schon|kost
Schön|ling
schön◡ma|chen (verschönern) *§ 10*
schön◡re|den (schmeichelhaft darstellen) *§ 10*
Schön|re|de|rei
Schön|red|ner
schön◡schrei|ben (Schönschrift schreiben) *§ 10*
Schön|schreib|heft
Schön|schrift
schön|stens
Schön|tu|e|rei
schön◡tun (schmeicheln) *§ 10*
Scho|nung (*a.* Baumpflanzung im Wald)
scho|nungs|be|dürf|tig
scho|nungs|los
Schön|wet|ter|la|ge
Schon|zeit
Scho|pen|hau|er, Arthur (dt. Philosoph 1788-1860)
Schopf, der; *Pl.* Schöpfe
Schöpf|ei|mer
schöp|fen; du schöpfst
Schöp|fer
Schöp|fer...[geist *usw.*]
schöp|fe|risch
Schöpf|kel|le
Schöpf|löf|fel
Schöp|fung
Schöpp|chen
Schop|pen, der
Schop|pen|wein
Schöps, der (Hammel)
Schöp|sen|fleisch
Schorf, der (Kruste über einer Wunde)
schor|fig
Schörl, der (Mineral)
Schor|le, die (verdünnter Wein oder Saft)
Schor|le|mor|le, die (Schorle)
Schorn|stein, der
Schorn|stein|fe|ger
Scho|se, die (Angelegenheit); *a.* Chose
Schoß [ʃo:s], der; *Pl.* Schöße
Schoß [ʃɔs], der (junger Trieb); *Pl.* Schosse
Schöß|chen
schos|sen (Schosse treiben)
Schos|ser, der (geschossene Pflanze)
Schoß|hund
Schöß|ling
Scho|sta|ko|witsch, Dmitrij (russ. Komponist 1906-1975)
Schot, die (Segeltau); *s. a.* Schote 1.
Scho|te[1], die (Leine)
Scho|te[2], die (Frucht)
scho|ten|för|mig
Scho|ten|frucht
Schott, das (Querwand)
Schot|te (Einwohner von Schottland)
Schot|ten, der (karierter Stoff)
Schot|ten...[rock *usw.*]

Schot|ter, der (zerkleinerte Steine; Geröllmasse)
Schot|ter|decke [k|k]
schot|tern
schot|tisch; die Schottische Symphonie (v. Mendelssohn Bartholdy) *§ 15 (7)*
Schot|ti|sche, der (Tanz)
Schott|land (nördl. Teil Großbritanniens)
Schott|län|der
schott|län|disch
Schraf|fe, die (Strich)
schraf|fen
schraf|fie|ren
Schraf|fur (parallele Linien)
schräg
Schräg...[schrift *usw.*]
Schräg|bau
Schrä|ge, die
schra|gen; du schragst
Schra|gen, der (Holzgestell)
schrä|gen; du schrägst
Schräg|la|ge
schräg◡lau|fend *§ 11 (4)*
schräg|über
schral (schräg von vorn wehend); schraler Wind
schra|len; der Wind schralt
Schram, der (Einschnitt im Flöz); *Pl.* Schräme
Schram|boh|rer, Schrämbohrer
schrä|men
Schräm|ma|schi|ne
Schram|me, die
Schram|mel|mu|sik (in Wien beliebte Volksmusik)
schram|meln
schram|men
Schrank
Schrank...[wand *usw.*]
Schränk|chen
Schran|ke
Schränk|ei|sen (Gerät zum Schärfen eines Sägeblattes)
schrän|ken
schran|ken|los
Schran|ken|wär|ter
schrank|fer|tig
Schrank|kof|fer
Schrank|wand
Schran|ne (Verkaufshalle)
Schran|ze, die (dienstfertige Person in der Umgebung eines Mächtigen)
Schrap|nell, das (mit Bleikugeln gefülltes Geschoß)
Schrapp|ei|sen
schrap|pen (schaben, kratzen); du schrappst
Schrap|per
Schrat, der (Waldschrat, Waldgeist); *s. a.* Schratt
Schrat|se|gel
Schratt, der; *s. a.* Schrat
Schrat|te, die (Felsrinne)
Schrat|ten|kalk, der (Mineral)
Schraub...[stock *usw.*]
Schräub|chen
Schrau|be
Schrau|bel, die (Blütenstand)
schrau|ben; du schraubst
Schrau|ben...[dreher *usw.*]
schrau|ben|för|mig
schrau|big
Schre|ber|gar|ten (Parzelle in einer Kleingartenanlage)
Schreck, der
Schrecke (Heuschrecke) [k|k]
schrecken [k|k]; du schrickst [zusammen *usw.*], schreckst, schrakst, schrecktest, schräkest
Schrecken, der [k|k]
schrecken|er|re|gend [k|k]; *aber* [großen] Schrecken erregend *§ 11 (4), (6)*
Schreckens...[ruf *usw.*] [k|k]
schreckens|bleich [k|k]
schreck|er|füllt
Schreck|ge|spenst
schreck|haft
schreck|lich
Schreck|nis
Schreck|schrau|be
Schreck|schuß
Schreck|se|kun|de (Zeit der Reaktionsverzögerung)
Schred|der, der ([Papier-]Zerkleinerer); *a.* Shredder
schred|dern; *a.* shreddern
Schrei, der
Schreib...[papier *usw.*]
Schrei|be, die
schrei|ben; du schreibst, schriebst, schriebest; geschrieben; sage und schreibe
Schrei|ben, das
Schrei|ber
Schrei|ber|ling
schrei|en; du schreist, schriest, schrie|est; geschrien, geschrie|en
Schrei|er, Peter (dt. Sänger *1935)
Schrein, der
Schrei|ner
Schrei|ne|rei
schrei|nern
schrei|ten; du schreitest, schrittest; geschritten
Schrenz, der (Papier, Pappe)
Schrieb, der
Schrift...[bild *usw.*]
schrift|lich
schrift|stel|lern
Schrift|tum
schrill
schril|len
Schrip|pe (Brötchen)
Schritt
Schritt...[macher *usw.*]
Schrö|der, Gerhard (dt. Bundeskanzler *1944); Rudolf Alexander ~ (dt. Schriftsteller 1878-1962)
Schrö|din|ger, Erwin (österr. Physiker 1887-1961)
Schroe|ter, Werner (dt. Regisseur *1945)
Schro|fen, der (Felshang)
schroff
schro|fig (*zu* Schrofen)
schröp|fen; du schröpfst
Schrot, das (1. Grobmehl; 2. Bleikügelchen in Patronen)
Schrot...[brot *usw.*]
schro|ten; du schrotest
Schrö|ter
Schröt|ling (Metallstückchen)
Schrott, der (Altmetall)
Schrott...[handel *usw.*]
schrott|reif
schrub|ben (reinigen); du schrubbst; *s. aber* schruppen
Schrub|ber

Schrubbe|sen [bb|b] *§ 7 (1), § 28 Anm.*
Schrüh|brand (keramische Technik)
schrüh|en; du schrühst
Schrul|le, die (eigenartiges Verhalten)
schrul|len|haft
schrul|lig
Schrum|pel, die
schrum|pe|lig (runzelig); *s. a.* schrumplig
schrum|peln
schrump|fen
schrump|lig; *s. a.* schrumpelig
Schrund, der (Felsspalte); *Pl.* Schründe
Schrun|de, die (Hautriß)
schrun|dig
schrup|pen (hobeln); *s. aber* schrubben
Schrupp|ho|bel
Schub, der
Schub...[lade *usw.*]
Schu|bart, Christian Friedrich Daniel (dt. Schriftsteller 1739-1791)
Schu|ber, der (Einschiebhülle)
Schu|bert, Franz (österr. Komponist 1797-1828)
Schu|bi|ack (Schuft)
Schub|la|de
schub|la|di|sie|ren
Schüb|ling (Wurst)
Schubs, der
schub|sen; du schubst *§ 7 (1)*
schüch|tern
schuckeln (schaukeln) [k|k]
schud|dern (schaudern, zittern)
Schuf|fel (Gartengerät)
Schuft
schuf|ten
Schuh
Schuh, Oscar Fritz (dt. Theaterleiter 1904-1984)
Schuh...[sohle *usw.*]
Schuh|chen
Schüh|chen
schuh|plat|teln
Schuh|platt|ler (Tanz)
Schu|ko... (*kurz f.* Schutzkontakt...)
Schu|ko|stecker [k|k]
Schu|kow, Wassilij (russ. Marschall 1896-1974)
Schul...[amt *usw.*]
schuld; ~ sein *§ 15 (6)*, ~ haben, ~ geben; *vgl.* Schuld, zuschulden
Schuld, die; ~ tragen, die ~ an etwas geben; Schulden haben; *aber* schuld sein, haben, geben; *vgl.* schuld, zuschulden
schul|den; du schuldest
schuld|haft
schul|dig
Schul|di|ge, der
Schuld|ner
Schu|le
schu|len; du schulst
Schu|len|burg, Friedrich Werner (1875-1944) u. Fritz-Dietlof von der (1902-1944) (dt. Widerstandskämpfer)
Schü|ler
Schü|ler...[austausch *usw.*]
schu|lisch
Schulp, der (Tintenfischschale)
Schul|ter
schul|tern; du schulterst
Schult|heiß (Bürgermeister, Gemeindevorsteher)
Schul|ze (Schultheiß)
Schul|ze-De|litzsch, Hermann (dt. Ökonom 1808-1883)
Schu|ma|cher, Michael (dt. Autorennfahrer *1969)
Schu|man, Robert (frz. Politiker 1886-1963)
Schu|mann, Robert (dt. Komponist 1810-1856)
Schum|mel, der (kleiner Betrug)
Schum|me|lei
schum|meln; du schummelst
Schum|mer (Dämmerung)
schum|me|rig; *s. a.* schummrig
schum|mern (1. dämmern; 2. schattieren)
Schumm|ler
schumm|rig; *s. a.* schummerig
Schum|pe|ter, Joseph (österr. Ökonom 1883-1950)
Schund, der (wertloses Zeug)
Schund...[roman *usw.*]
schun|keln
Schupf (Schubs)
schup|fen; du schupfst
Schupf|nu|del (Kartoffelnudel)
Schu|po (*kurz f.* Schutzpolizist)
Schüpp|chen
Schup|pe, die (Hornplättchen)
schup|pen; du schuppst
Schup|pen, der (Holzverschlag)
Schup|pen...[flechte *usw.*]
schup|pig
Schur, die (Abscheren der Haare)
schü|ren
Schü|rer (Schürhaken)
Schurf, der (Schürfgrube)
schür|fen
Schür|ha|ken
schu|ri|geln (schikanieren); du schurigelst
Schur|ke
Schur|ke|rei
schur|kisch
schur|ren (scharren, rutschen)
Schurz, der (schürzenähnliches Kleidungsstück)
Schurz, Carl (dt.-amerikan. Politiker 1829-1906)
Schür|ze
schür|zen; du schürzt *§ 7 (1)*
Schusch|nigg, Kurt von (österr. Politiker 1897-1977)
Schuß
Schuß...[feld *usw.*]
Schus|sel, der (vergeßlicher Mensch)
Schüs|sel
schus|se|lig; *s. a.* schußlig
schus|seln
Schus|ser, die (Murmel)
schus|sern
schuß|fest
schuß|lig; *s. a.* schusselig
Schu|ster
Schu|ster...[junge *usw.*]
schu|stern
Schu|te, die (1. Schiff; 2. Hut)
Schutt, der (Trümmer)
Schütt (Donauinsel); Große ~, Kleine ~ *§ 15 (7)*

Schutt...[haufen *usw.*]
Schüt|te, die (Schüttbehälter; Aufschüttung)
Schüt|tel...[beton *usw.*]
schüt|teln
schüt|ten
schüt|ter (spärlich); schütteres Haar
Schutz
Schutz, Roger (frz.-schweizer. Theologe *1915)
Schutz...[anzug *usw.*]
Schütz, der; *s. a.* Schütze
Schütz, das (1. elektronischer Schalter; 2. Stauplatte)
Schütz, Heinrich (dt. Komponist 1585-1672)
Schüt|ze, der
schüt|zen; du schützt *§ 7 (1)*
Schüt|zen, der (Weberschiffchen)
Schüt|zen...[fest *usw.*]
Schüt|zer
schutz|imp|fen; du schutzimpfst; schutzgeimpft, schutzzuimpfen *§ 8*
schutz|los
Schw. (*Abk. v.* Schwester)
Schwa, das (Murmelvokal)
Schwab, Gustav (dt. Schriftsteller 1792-1850)
Schwa|ba|cher; ~ Schrift
schwab|be|lig; *s. a.* schwabblig
schwab|beln
Schwab|ber (Besen)
schwab|bern
schwabb|lig; *s. a.* schwabbelig
Schwa|be, der (Bewohner von Schwaben)
Schwa|be, die (Schabe)
schwä|beln
Schwa|ben (Gebiet in Süddeutschland)
Schwa|ben...[streich *usw.*]
Schwa|ben|spie|gel
schwä|bisch; die Schwäbische Alb *§ 15 (7)*
schwach; schwächer, schwächste
Schwach...[kopf *usw.*]
schwa̲ch◡be|gabt *§ 11 (4), (6)*
schwach|brü|stig
Schwä|che
Schwä|che...[anfall *usw.*]
schwä|chen; du schwächst
Schwach|heit
schwäch|lich
Schwäch|ling
schwach|sich|tig
schwach|sin|nig
Schwa|de, die (Bündel abgemähten Getreides o. ä.)
Schwa|den, der (1. Schwade; 2. Dampf)
Schwa|dron, die (kleinste Einheit der Kavallerie)
Schwa|dro|neur
schwa|dro|nie|ren (prahlen)
Schwa|fe|lei
schwa|feln
Schwa|ger
Schwä|ge|rin
schwä|ger|lich
Schwai|ge, die (Sennhütte)
Schwai|ger, Brigitte (österr. Schriftstellerin *1949)
Schwälb|chen
Schwal|be
Schwal|ben|schwanz (*a.* Falter)
Schwall, der
Schwalm, der (Vogel)
Schwamm, der (*a.* Pilz); *Pl.* Schwämme
Schwämm|chen
Schwam|merl, das (Pilz)
schwam|mig (*a.* ungenau)
Schwamm|spin|ner (Schmetterling)
Schwan
schwa|nen (sich ahnen lassen); mir schwant
Schwa|nen...[gesang *usw.*]
Schwang; im Schwang[e] sein
schwan|ger; die Schwan|ge|re
schwän|gern
Schwan|ger|schaft
Schwan|ger|schafts...[urlaub *usw.*]
schwank (schwankend); schwanker Boden
Schwank (lustige Erzählung; komisches Bühnenstück)
schwan|ken
Schwanz (*a.* Penis)
Schwanz...[feder *usw.*]
Schwänz|chen
schwän|zeln
schwän|zen; du schwänzt *§ 7 (1)*
schwap|pen
Schwä|re, die (Geschwür)
schwä|ren; es schwärt
Schwarm (*a.* verehrte Person)
schwär|men (*a.* verehren)
Schwär|mer (*a.* Feuerwerkskörper)
Schwär|me|rei
schwär|me|risch
Schwarm|geist
Schwar|te (dicke Hautschicht; *übertr.* dickes Buch)
Schwar|ten|ma|gen, der (Wurstsorte)
schwar|tig
schwarz; schwarz auf weiß, aus schwarz weiß machen; schwarzer Tag, schwarzes Schaf; ein Kleid in Schwarz; ins Schwarze treffen; der Schwarze (1. Neger; 2. Kaffee); die Farbe Schwarz; *Großschreibung bei Eigennamen und festen Begriffen*: das Schwarze Meer, das Schwarze Brett (Anschlagtafel), der Schwarze Erdteil (Afrika), der Schwarze Freitag (histor. Börsenkrach), die Schwarze Kunst (Magie); *als Verbzusatz auch zusammengeschrieben*: schwa̲rz◡arbeiten *usw.*
Schwarz, das; ein Kleid in Schwarz
Schwarz...[arbeit *usw.*]
schwa̲rz◡ar|bei|ten *§ 10*
Schwär|ze
schwär|zen; du schwärzt *§ 7 (1)*
Schwar|zen|berg, Felix Fürst zu (österr. Politiker 1800-1852)
Schwar|zen|eg|ger, Arnold (österr.-amerik. Schauspieler u. Politiker *1947)
Schwar|zer, Alice (dt. Journa-

listin *1942)
schwarz◡fah|ren *§ 10*
schwarz◡hö|ren *§ 10* (etwas hören, ohne dafür Gebühren zu zahlen)
Schwarz|kopf, Elisabeth (dt.-engl. Sängerin *1915)
schwärz|lich
schwarz◡ma|len *§ 10*
schwarz|rot|gold
schwarz◡schlach|ten *§ 10*
Schwarz|sau|er, das (Fleischgericht)
schwarz◡se|hen (1. pessimistisch sein; 2. ohne Anmeldung fernsehen)
Schwarz|wald (Gebirge in Süddeutschland)
Schwarz|wäl|der; ~ Kirsch
schwarz|weiß
schwarz|weiß◡ma|len *§ 10*
Schwatz, der (Plauderei)
Schwätz|chen
schwat|zen; du schwatzt *§ 7 (1)*
schwät|zen; du schwätzt *§ 7 (1)*
Schwät|zer
schwatz|haft
Schwe|be; in der ~
schwe|ben; du schwebst
Schwe|bung (Tonschwankung)
Schwe|de, der
Schwe|den (Staat)
schwe|disch; auf ~
Schwe|disch, das; auf schwedisch sprechen
Schwe|di|sche, das
Schwedt (Stadt)
Schwe|fel, der; *chem. Zeichen* S
Schwe|fel...[säure *usw.*]
schwe|fe|lig; *s. a.* schweflig
schwe|feln (mit Schwefel behandeln)
schwef|lig; *s. a.* schwefelig
Schwe|gel, die (Orgelpfeife); *s. a.* Schwiegel
Schweif, der (Schwanz)
schwei|fen
Schweif|stern (Komet)
Schwei|ge...[pflicht *usw.*]
schwei|gen; du schweigst, schwiegst, schwiegest; geschwiegen
Schwei|gen, das; Schweigen ist Gold
Schwei|ger, Til (dt. Schauspieler u. Regisseur *1963)
schweig|sam
Schwein
Schwei|ne...[fleisch *usw.*]
Schwei|ne|rei
schwei|nern; das Schweinerne
Schwein|igel (Zotenreißer)
Schwein|ige|lei (obszöner Witz)
schwein|igeln
schwei|nisch
Schweins...[haxe *usw.*]
Schweiß, der (*a. jägerspr.* Blut)
Schweiß...[brenner *usw.*]
schwei|ßen (1. Metalle verbinden; 2. *jägerspr.* bluten); du schweißt *§ 7 (1)*
Schweiß|hund (Jagdhund)
schweiß|trei|bend; *aber* den Schweiß treibend *§ 11 (4), (6)*
Schweit|zer, Albert (dt.-frz. Theologe, Arzt, Musiker 1875-1965)
Schweiz, die; die Fränkische [*usw.*] Schweiz *§ 15 (7)*
Schwei|zer (*a.* Melker); ~ Käse *usw.*
schwei|zer|deutsch; auf ~
Schwei|zer|deutsch, das; auf schweizerdeutsch sprechen
Schwei|zer|deut|sche, das
Schwei|zer|gar|de (Leibwache des Papstes)
schwei|ze|risch
Schwei|zer|land (Schweiz)
Schwel...[brand *usw.*]
Schwel|brenn|an|la|ge
schwe|len (langsam brennen)
Schwe|le|rei
schwel|gen (etwas im Übermaß haben)
schwel|ge|risch
Schwel|le
schwel|len (1. größer werden: du schwillst, schwollst, schwöllest; geschwollen; 2. größer machen: du schwellst)
Schwel|len...[angst *usw.*]
Schwel|ler, der
Schwell|kör|per
Schwemm...[land *usw.*]
Schwem|me, die (Viehbadestelle; Kneipe)
schwem|men; du schwemmst
Schwemm|sel, das
Schwen|de, die (Brandrodung)
schwen|den
Schwen|gel, der (Klöppel)
Schwenk, der
Schwenk...[bühne *usw.*]
schwenk|bar
schwen|ken; du schwenkst
Schwen|ker (*a.* Glas)
schwer; *als Verbzusatz a. zusammengeschrieben § 10*: schwer◡fallen *usw*; *vgl.* schwer◡beschädigt *usw. § 11 (4), (6)*
Schwer...[arbeiter *usw.*]
schwer◡be|hin|dert *§ 11 (4), (6)*; der Schwerbehinderte (*fachspr.*)
schwer◡be|la|den *§ 11 (4), (6)*
schwer◡be|schä|digt *§ 11 (4), (6)*; der Schwerbeschädigte (*fachspr.*)
schwer◡be|waff|net *§ 11 (4), (6)*
schwer|blü|tig
Schwe|re, die
schwe|re|los
Schwe|re|not; daß dich die ~ !
Schwe|re|nö|ter (durchtriebener, aber charmanter Mann)
schwer◡er|zieh|bar *§ 11 (6)*
schwer◡fal|len *§ 10*
schwer◡hal|ten *§ 10*
Schwe|rin (Stadt)
schwer◡kriegs|be|schä|digt *§ 11 (4), (6)*; der Schwerkriegsbeschädigte (*fachspr.*)
schwer|lich
schwer◡lös|lich *§ 11 (6)*
schwer◡ma|chen *§ 10*
Schwer|mut, die (Niedergeschlagenheit)
schwer|mü|tig
schwer◡neh|men *§ 10*
schwer|reich

schwerst
Schwerst|ar|beit
schwerst|be|schä|digt
Schwert
Schwert...[fisch *usw.*]
Schwer|tel, der (Pflanze)
schwer◡tun, sich *§ 10*
schwer◡ver|letzt *§ 11 (4), (6)*; der Schwerverletzte (*fachspr.*)
schwer◡ver|dau|lich *§ 11 (6)*
schwer◡ver|ständ|lich *§ 11 (6)*
schwer◡ver|träg|lich *§ 11 (6)*
schwer|wie|gend
Schwe|ster
Schwe|ster...[firma *usw.*]
schwe|ster|lich
Schwe|stern...[haus *usw.*]
Schwib|bo|gen (freischwebender Mauerbogen; ähnlich geformte Laubsägearbeit)
Schwie|gel, die (Orgelpfeife); *s. a.* Schwegel
Schwie|ger, die (Schwiegermutter)
Schwie|ger...[mutter *usw.*]
Schwie|le, die (verhärtete Hautstelle)
schwie|lig
schwie|me|lig (taumelig)
schwie|meln (taumeln)
schwie|rig
Schwimm...[becken *usw.*]
Schwimmei|ster [mm|m] *§ 7 (1), § 28 Anm.*
schwim|men; du schwimmst, schwammst, schwömmest, schwämmest; geschwommen
Schwim|mer
Schwin|del
Schwin|del...[anfall *usw.*]
schwin|del|er|re|gend; *aber* [leichten] Schwindel erregend *§ 11 (4)*
schwin|del|frei
schwin|de|lig; *s. a.* schwindlig
schwin|deln
schwin|den; du schwindest, schwandst, schwändest; geschwunden
Schwind|ler
schwind|lig; *s. a.* schwindelig
Schwing...[kreis *usw.*]
Schwin|ge, die (1. Wanne zum Getreidereinigen; 2. Flügel; 3. Weidenkorb; 4. Getriebeteil)
Schwin|gel, der (Gras)
schwin|gen; du schwingst, schwangst, schwängest; geschwungen
schwipp!; schwipp, schwapp!
Schwipp|schwa|ger (Schwager des Ehepartners)
Schwips, der (kleiner Rausch)
schwir|be|lig; *s. a.* schwirblig
schwir|beln (s. drehen, schwindlig sein)
schwirb|lig; *s. a.* schwirblig
Schwirl, der (Vogel)
schwir|ren
Schwit|ters, Kurt (dt. Schriftsteller u. Maler 1887-1948)
Schwitz...[bad *usw.*]
Schwit|ze (Mehlschwitze)
schwit|zen; du schwitzt *§ 7 (1)*
Schwitz|ka|sten
Schwof, der (Tanzveranstaltung)
schwo|fen
schwoi|en, schwo|jen (um den Anker treiben); das Schiff schwoit, schwojet
schwö|ren; du schwörst, schworst, schwürest; geschworen
Schwuch|tel, die (weibisch wirkender Homosexueller)
schwul
schwül (feuchtwarm)
Schwü|le, die
Schwu|li|tät (peinliche Situation)
Schwulst, der (überladene Pracht)
schwul|stig (angeschwollen)
schwül|stig (überladen)
schwum|me|rig, schwumm|rig
Schwund, der
Schwund...[stufe *usw.*]
Schwung
Schwung...[rad *usw.*]
schwung|haft
schwupp! (Ausruf)
schwupp|di|wupp! (Ausruf)
Schwur, der
Schwyz (Kanton der Schweiz)
Schwy|zer
schwy|zer|dütsch; auf ~
Schwy|zer|dütsch, das; auf schwyzerdütsch sprechen
schwy|ze|risch
Schy|gul|la, Hanna (dt. Schauspielerin *1943)
Sci|ence-fic|tion, die (phantasievolle Darstellung künftiger [technischer] Entwicklungen); *a.* Science Fiction
Sci|ence-fic|tion-Ro|man *§ 13 (3)*
Sci|en|to|lo|gy (Religionsgemeinschaft)
scil. (*Abk. v.* scilicet)
sci|li|cet; *Abk.* scil. (nämlich)
Scil|la, die (Pflanze); *a.* Szilla
Sci|pio; ~ Africanus maior, ~ d. Ä. (röm. Politiker ~235-183 v. Chr.); ~ Africanus minor, ~ d. J. (röm. Politiker ~185-129 v. Chr.)
Scoop, der (Sensationsnachricht)
Scooter, der (Elektroauto auf Jahrmärkten usw.); *a.* Skooter
Scor|da|tu|ra (Umstimmen von Saiten); *s. a.* Skordatur
Sco|re, der (Spielstand)
sco|ren (*zu* Score); du scorst
Scor|se|se, Martin (amerik. Regisseur *1942)
Scotch, der (Whisky)
Scotch|ter|ri|er (Hunderasse)
Sco|tis|mus (*nach* Duns Scotus)
Sco|tist
Scot|land Yard (Großbritanniens Kriminalpolizei)
Scott, Robert (engl. Polarforscher 1868-1912); Sir Walter ~ (schott. Schriftsteller 1771-1832)
Scout, der (Pfadfinder)
Scrab|ble, das (Gesellschaftsspiel, bei dem Wörter gebildet werden müssen)
Scrat|ching, das (Klangeffekte durch Manipulieren einer laufenden Schallplatte)

Scrib|ble, das (Skizze)
Scribe, Eugène (frz. Schriftsteller 1791-1861)
Script, das (Schriftstück; Drehbuch, Mitschrift); *a.* Skript
Scu|dé|ry, Madeleine de (frz. Schriftstellerin 1607-1701)
Scu|do, der (alte ital. Münze)
sculp|sit (hat es gestochen *auf Kupferstichen*); *Abk.* sc.
Scyl|la (*lat.*) (sagenhaftes Ungeheuer); *vgl.* Skylla, Szylla
SD (*Abk. v.* Sicherheitsdienst [*nationalsoz.*]) *§ 17 (2) Anm. 2*
SDS (*Abk. v.* Sozialistischer Deutscher Studentenbund) *§ 17 (2) Anm. 2*
Se (*chem. Zeichen f.* Selen)
Se. (*Abk. f.* Seine *in* Seine Exzellenz *usw.*)
Seal, der (Seehund[pelz])
Seals|field, Charles (Karl Postl, österr. Schriftsteller 1793-1864)
Sé|an|ce (spiritistische Sitzung)
SEATO (*Abk. v.* South East Asia Treaty Organization) *§ 17 (2) Anm. 1*
Se|ba|sti|an (Heiliger 3./4. Jh.)
Se|bor|rhö[e] (krankhafter Talgfluß)
sec (*frz.*) (1. trocken; 2. herb)
sec (*Abk. v.* Sekunde, Sekans) *§ 17 (2) Anm. 2*; *s. a.* sek, Sek.
SECAM (Fernsehen) *§ 17 (2) Anm. 1*
Sec|co|re|zi|ta|tiv, das (Rezitativ mit Baßbegleitung)
Se|cen|tis|mus (ital. Literaturstil des 17. Jh.)
Se|cen|tist
Se|cen|to (*ital.* das 17. Jh. in der ital. Kunst); *s. a.* Seicento
Sech, das (Teil des Pflugs)
sechs; zu sechst, zu sechsen sein; *vgl.* acht
Sechs, die; eine ~ würfeln, eine ~ im Zeugnis; *vgl.* Acht[1]
sechs|ach|sig; 6achsig *§ 13 (2) Anm. 2*
Sechs|ach|ser; 6achser *§ 13 (2) Anm. 2*
Sechs|ach|tel|takt
Sechs|eck
sechs|eckig [k|k]
sechs|ein|halb
Sech|ser; der ~
Sech|ser...[packung *usw.*]
sech|ser|lei
sechs|fach; 6fach *§ 13 (2) Anm. 2*; das Sechsfache, 6fache
Sechs|fläch|ner
Sechs|kant
Sechs|ling
sechs|mal; 6mal *§ 13 (2) Anm. 2*
Sechs|spän|ner
sechs|spän|nig
Sechs|ta|ge|ren|nen
sech|ste; *in rein numerischer Verwendung (Abzählen) klein geschrieben*; *Großschreibung in Eigennamen, bei festen Begriffen oder wenn es sich um die Rolle eines Sechstplazierten o. ä. handelt § 15 (6)*: der sechste, jeder sechste; er wurde Sechster; Karl der Sechste, Karl VI.; *vgl.* achte
sech|stel; ein ~ Gramm; *vgl.* achtel
Sech|stel, das; ein ~ Wein (= Sechstelliter); *vgl.* Achtel
sechs|stel|lig
sech|stens
sechs|und|drei|ßig
sechs|und|ein|halb
sechs|und|zwan|zig
Sechs|zy|lin|der, der
sechs|zy|lin|drig
Sech|ter, der (Getreidemaß)
sech|zehn
sech|zehn|hun|dert
Sech|zehn|me|ter|raum (Raum um die Fußballtore)
sech|zig; *vgl.* achtzig
sech|zi|ger; *vgl.* achtziger
Sech|zi|ger, der; *vgl.* Achtziger
sech|zigst; *vgl.* achtzigst
sech|zig|stel; *vgl.* achtzigstel
se|cond-hand (gebraucht)
Se|cond-hand-Shop, das/der
SED (*Abk. v.* Sozialistische Einheitspartei Deutschlands) *§ 17 (2) Anm. 1*
Se|dan (Stadt in Frankreich)
se|da|tiv (beruhigend)
Se|da|tiv, das (Beruhigungsmittel)
Se|da|ti|vum; *Pl.* Sedativa
Se|dez, das (Buchformat)
se|de|zi|mal
Se|de|zi|mal|sy|stem (System auf der Basis 16); s. a. Hexadezimalsystem
Se|dia ge|sta|to|ria (Papstsessel)
Se|di|ment (Ablagerung)
se|di|men|tär
Se|di|men|ta|ti|on (Bildung von Ablagerungen)
se|di|men|tie|ren
Se|dis|va|kanz, die (Zeit, in der der Papststuhl unbesetzt ist)
Se|dum, das (Pflanze, Fetthenne); *Pl.* Seda
See, der; *Pl.* Seen
See, die; *Pl.* Seen; die hohe See, schwere See
See...[aal *usw.*; *aber* See-Elefant *usw.*]
Seeckt, Hans von (dt. Generaloberst 1866-1936)
see-er|fah|ren *§ 13 (7) (a)*
see|klar
see|krank
See|land (dän. Insel)
See|le
See|len...[friede *usw.*]
see|len|los
see|len|ru|hig
see|len|ver|wandt
See|ler, Uwe (dt. Fußballer *1936)
see|lisch
Seel|sor|ge
Seel|sor|ger
seel|sor|ge|risch
See|mann
See|manns...[lied *usw.*]
Seen|kun|de
Seen|plat|te
See|pocke (Krebsart) [k|k]

see|tüch|tig
See|wal|ze (Tier, Seegurke)
see|wärts
Se|fe|ris, Giorgos (griech. Dichter 1900-1971)
Se|gal, Erich (amerik. Schriftsteller *1937); George ~ (amerik. Bildhauer *1924)
Se|gel
Se|gel...[boot usw.]
se|gel|fer|tig
se|gel|flie|gen (*Infinitiv*)
Se|gel|flie|gen, das
se|geln; du segelst
Se|gel|törn, der (Segelausflug)
Se|gen, der
se|gen|brin|gend; *aber* [großen] Segen bringend *§ 11 (4), (6)*
se|gen|spen|dend; *aber* [reichen] Segen spendend *§ 11 (4), (6)*
se|gens|reich
Se|gens|spruch
Se|ge|sta (antike Stadt in Sizilien)
Seg|ge, die (Gras)
Se|ghers, Anna (dt. Schriftstellerin 1900-1983)
Seg|ler
Seg|ment (Abschnitt)
seg|men|tal
seg|men|tär
Seg|men|ta|ti|on (Gliederung)
seg|men|tie|ren
seg|nen
Se|go|via, Andres (span. Gitarrist 1893-1987)
Se|gre|gat, das (Ausgeschiedenes)
Se|gre|ga|ti|on (Trennung nach bestimmten Kriterien)
se|gre|gie|ren
Se|gui|dil|la (span. Reigentanz)
Seh...[achse *usw.*, *zu* sehen]
seh|be|hin|dert
se|hen; du siehst, sahst, sähest; gesehen; sieh!, sieh[e] da!; etwas kommen sehen; vom Sehen kennen; ihm vergehen Hören und Sehen
se|hens|wert
se|hens|wür|dig
Se|her
Se|her...[gabe *usw.*]
se|he|risch
seh|ge|schä|digt
Seh|ne (*a. übertr.* Bogensehne)
seh|nen, sich
Seh|nen, das
Seh|nen...[riß *usw.*]
seh|nig
sehn|lich; sehnlichst
Sehn|sucht; *Pl.* Sehnsüchte
sehn|süch|tig
sehn|suchts|voll
sehr; zu sehr, sehr gut; die Note „sehr gut"
seh|ren
seh|schwach
Sei|cen|to, das (*ital.* das 17. Jh. in der ital. Kunst); *s. a.* Secento
Seich, der (1. Urin; 2. dummes Geschwätz); *s. a.* Seiche
Sei|che, die (Urin); *s. a.* Seich
sei|chen (urinieren); du seichst
seicht
Sei|de, die
Sei|del, das (1. Krug; 2. Flüssigkeitsmaß)
Sei|del|bast, der (Pflanze)
sei|den (aus Seide)
Sei|den...[faden *usw.*]
sei|den|weich
sei|dig
Seif...[lappen *usw.*]
Sei|fe, die (*a.* Mineralschicht)
sei|fen; du seifst
Sei|fen...[blase *usw.*]
Sei|fert, Jaroslaw (tschech. Dichter 1901-1986)
sei|fig
Sei|ge, die (Abflußrinne im Bergwerk)
Sei|gen|was|ser
sei|ger (senkrecht)
sei|gern; du seigerst
Sei|gneur (vornehmer Weltmann)
Sei|he, die (Durchsieben)
sei|hen; du seihst
Sei|her, der (Sieb)
Seil; ~ hüpfen, springen, tanzen; *a.* seilhüpfen, seilspringen, seiltanzen *§ 9 Anm. 2*
Seil...[bahn *usw.*]
sei|len; du seilst
Sei|ler (Hersteller von Seilen)
Sei|le|rei
seil|hüp|fen; hüpfst Seil *§ 9 Anm. 2*; seilzuhüpfen, seilgehüpft; *a.* Seil hüpfen *usw.*
Seil|hüp|fen, das
Seil|schaft
seil|sprin|gen; springst Seil *§ 9 Anm. 2*; seilzuspringen, seilgesprungen; *a.* Seil springen *usw.*
Seil|sprin|gen, das
seil|tan|zen; tanzt Seil *§ 9 Anm. 2*; seilzutanzen, seilgetanzt; *a.* Seil tanzen *usw.*
Seil|tan|zen, das
Seim, der (zäher Saft)
sei|mig
sein[1] (*Possessivartikel*); Seine Exzellenz *usw.*; das Seine tun; jedem das Seine; für die Seinen sorgen; *vgl.* dein
sein[2] (*Verb*); ich bin, du bist, er ist, wir sind, ihr seid, sie sind; du warst, wärest; gewesen; sei!, seid!
Sein, das
Seine, das; *vgl.* Deine, sein[1]
Sei|ne, die (Fluß in Frankreich)
sei|ner|seits
sei|ner|zeit *§ 12*; *aber* zu seiner Zeit
sei|ner|zei|tig
sei|nes|glei|chen
sei|net|hal|ben
sei|net|we|gen
sei|net|wil|len, um ~
sei|nig; du liest deine Bücher, er die seinigen; *aber* er sorgt für die Seinigen (seine Angehörigen), er tut das Seinige, sie tut das Ihrige; *vgl.* deinig
sein◡las|sen (unterlassen) *§ 10*
Seis|mik, die (Erdbebenkunde)
seis|misch
Seis|mo|gramm (Aufzeichnung eines Erdbebens)
Seis|mo|graph, der (Gerät zum

Aufzeichnen von Erdbeben)
seis|mo|gra|phisch
Seis|mo|lo|ge
Seis|mo|lo|gie (Erdbebenkunde)
seis|mo|lo|gisch
Seis|mo|me|ter, das
seit (*Präposition*); seit dem Krieg, seit gestern
seit|ab
seit|dem *§ 12*
Sei|te; aufseiten *§ 12*, auf seiten, auf Seiten; vonseiten *§ 12*, von seiten, von Seiten; zu seiten, zu Seiten
Sei|ten...[arm *usw.*]
sei|ten|lang; *aber* mehrere Seiten lang *§ 11 (7) Anm. 2*
sei|tens
sei|ten|ver|kehrt
seit|her
seit|lich
Seit|ling (Pilz)
seit|lings
seit|wärts
Sejm, der (poln. Parlament)
sek (*Abk. v.* Sekunde) *§ 17 (2) Anm. 2*; *s. a.* sec, Sek.
Sek. (*Abk. v.* Sekunde); *s. a.* sec, sek
Se|kans, der (Verhältnis der Hypotenuse zur Ankathete); *Abk.* sec
Se|kan|te, die (Gerade, die eine Kurve schneidet)
Se|kel, der (hebr. Gewichtseinheit, Münze); *s. a.* Schekel
sek|kie|ren (belästigen)
Se|kond, die (Fechthieb)
Se|kret, das (Absonderung)
Se|kret, die (Gebet)
Se|kre|tär (Titel für höhere Staatsbeamte; Schriftführer; Schrank; Kranichgeier)
Se|kre|ta|ri|at (Dienststelle eines Sekretärs)
Se|kre|tä|rin (weibl. Sekretär)
se|kre|tie|ren (absondern; verschließen)
Se|kre|ti|on (Absonderung)
se|kre|to|risch
Sekt
Sekt...[glas *usw.*]
Sek|te (nichtorthodoxe relig. Gemeinschaft)
Sek|ten...[beauftragter *usw.*]
Sek|tie|rer
sek|tie|re|risch
Sek|ti|on (1. Abteilung; 2. Leichenöffnung)
Sek|tor (Abschnitt)
Se|kund (Tonintervall); *s. a.* Sekunde
Se|kun|da, die (*früher* zweite Klasse am Gymnasium [von der letzten an gerechnet])
Se|kund|ak|kord
Se|kun|da|ner
Se|kun|dant (Betreuer; Zeuge beim Duell)
se|kun|där
Se|kun|där...[energie *usw.*]
Se|künd|chen
Se|kun|de (1. Zeiteinheit, *Abk.* s, sec, sek., Sek.; 2. Tonintervall, *s. a.* Sekund)
Se|kun|den...[zeiger *usw.*]
se|kun|den|lang; *aber* [mehrere] Sekunden lang *§ 11 (7) Anm. 2*
se|kun|die|ren (beistehen)
se|kund|lich
se|künd|lich
Se|ku|rit, das (Sicherheitsglas)
Se|ku|ri|tät (Sicherheit)
sel. (*Abk. v.* selig *bei Namen*)
se|la! (abgemacht!)
Se|la, das (Musikzeichen in den Psalmen des AT)
Se|la|chi|er (Haifisch)
Se|lam (Frieden); *s. a.* Salam
Se|lam|lik, der (*türk.* Empfangszimmer)
selb; zur selben Zeit; *vgl.* derselbe *usw.*
selb|an|der (als zweite Person)
selb|dritt (als dritte Person)
sel|ber
sel|bi|ge
selbst; von ~; er hat den Kuchen selbst gebacken; *aber* ein selbstgebackener Kuchen, der Kuchen ist selbstgebacken
Selbst, das
Selbst...[achtung *usw.*]
selb|stän|dig; *s. a.* selbstständig
selbst|be|stimmt; *s.* selbst
selbst|ei|gen
selbst|ge|backen [k|k]; *s.* selbst
selbst|ge|dreht; *s.* selbst
selbst|ge|fäl|lig
selbst|ge|macht; *s.* selbst
selbst|ge|nüg|sam
selbst|ge|recht
selb|stisch
selbst|kle|bend
selbst|kri|tisch
selbst|los
selbst|mör|de|risch
selbst|stän|dig; *s. a.* selbständig
selbst|süch|tig
selbst|tä|tig
selbst|tra|gend
selbst|ver|dient; *s.* selbst
selbst|ver|ges|sen; *s.* selbst
selbst|ver|liebt; *s.* selbst
selbst|ver|schul|det; *s.* selbst
selbst|ver|ständ|lich
selbst|zer|stö|re|risch
selbst|zu|frie|den
Selch...[fleisch *usw.*]
sel|chen (räuchern); du selchst
Selch|kar|ree, das (Kasseler, Räucherfleisch)
Sel|dschu|ke (Angehöriger eines Turkvolkes)
se|le|gie|ren (auswählen); *s. a.* seligieren
se|lek|tie|ren (auswählen)
Se|lek|ti|on
se|lek|ti|o|nie|ren (auswählen)
se|lek|tiv
Se|lek|ti|vi|tät
Se|len, das; *chem. Zeichen* Se
Se|le|nat, das (Salz der Selensäure)
Se|le|ne (Mondgöttin)
se|le|nig; selenige Säure
Se|le|nit, der (Gips)
Se|le|no|gra|phie (Beschreibung u. Kartographie des Mondes)
Se|le|no|lo|gie (Wissenschaft vom Mondgestein)
se|le|no|lo|gisch
Se|len|tschuk (russ. Observatorium)

Se|len|zel|le (Fotozelle)
Se|leu|ki|de (Angehöriger einer Diadochendynastie)
Self|made|man (jmd., der sich aus eigener Kraft hochgearbeitet hat); *Pl.* ...men
se|lig; *Abk.* sel. *bei Namen*; selig◡preisen, selig◡sprechen *§ 10*
se|li|gie|ren (auswählen); *s. a.* selegieren
se|lig◡prei|sen *§ 10*
Se|lig|prei|sung
se|lig◡spre|chen *§ 10*
Se|lig|spre|chung
Se|lim (*Name osman. Herrscher*)
Se|li|nunt (*griech.* Selinus; Stadt in Sizilien)
Sel|la|field (Stadt in England)
Sel|lars, Peter (amerikan. Regisseur *1957)
Sel|le|rie, der/die (Gemüsepflanze)
Sel|lers, Peter (engl. Schauspieler 1925-1980)
Sell|ner, Gustav Rudolf (dt. Regisseur 1905-1990)
sel|ten; seltene Erden, ein seltener Vogel (*a. übertragen*)
Sel|ters, das (Selterswasser)
selt|sam
selt|sa|mer|wei|se *§ 12*
Sem (bibl. Gestalt)
Sem, das (*sprachwiss.* semant. Merkmal)
Se|man|tik (Bedeutungslehre)
Se|man|ti|ker
se|man|tisch
Se|ma|phor, der (Signalmast mit verstellbaren Flügeln)
Se|ma|rang (Stadt in Indonesien)
Se|ma|sio|lo|gie (Bedeutungslehre)
se|ma|sio|lo|gisch
Se|me|le (Sagengestalt)
Se|mem, das (*sprachwiss.* Bedeutungseinheit)
Se|me|ster, das (Halbjahr, Studienhalbjahr)
Se|me|ster...[ferien *usw.*]
se|me|stral
se|mi.../Se|mi... (*lat.* halb)
Se|mi...[finale *usw.*]
se|mi|arid (halbtrocken)
Se|mi|ko|lon, das (Strichpunkt)
se|mi|lu|nar (in der Form eines Halbmondes)
Se|mi|nar, das (Kurs; Studienanstalt)
Se|mi|nar...[arbeit *usw.*]
Se|mi|na|rist (Angehöriger e. Lehrer- oder Priesterseminars)
Se|mio|lo|gie (Lehre von den Zeichen)
se|mio|lo|gisch
Se|mi|o|tik (Lehre von den Zeichen)
se|mi|o|tisch
se|mi|per|me|a|bel (halbdurchlässig); semipermea|ble Membran
Se|mi|ra|mis (assyr. Königin 9. Jh. v. Chr.); die Hängenden Gärten der ~ *§ 15 (7)*
Se|mit, der (Angehöriger einer vorderasiat. u. nordafrikan. Sprach- u. Völkergruppe)
se|mi|tisch
Se|mi|tist
Se|mi|ti|stik (Lehre von den semit. Sprachen u. Literatur)
se|mi|ti|stisch
Sem|mel, die
Sem|mel...[knödel *usw.*]
sem|mel|blond
Sem|mel|weis, Ignaz (ungar. Arzt 1818-1865)
Sem|no|ne (Angehöriger eines Germanenvolks)
Sem|per, Gottfried (dt. Baumeister 1803-1879)
sem|pli|ce (*musik.* schlicht)
Sem|prún, Jorge (span. Schriftsteller *1923)
Sen, der (jap./indones. Münze)
sen. (*Abk. v.* senior)
Se|nat, der (Entscheidungsgremium von Regierung, Parlament, Hochschule, Gericht)
Se|na|tor
se|na|to|risch
Se|nats...[beschluß *usw.*]
sen|cken|ber|gisch; Senckenbergische Naturforschende Gesellschaft *§ 15 (7)*
Send, der (Kirchengericht)
Send...[bote *usw.*]
Sen|de...[pause *usw.*]
sen|den; du sendest, sendetest, sandtest; gesendet, gesandt (*in technischer Bedeutung nur schwach gebeugt*)
Sen|der
Se|ne|ca, Lucius Annaeus (röm. Schriftsteller ~4 v. Chr. - ~ 65 n. Chr.)
Se|ne|ca (Angehöriger eines Indianervolks)
Se|ne|gal, der (Fluß u. Staat in Afrika)
Se|ne|ga|le|se
Se|ne|ga|ler
se|ne|ga|le|sisch
se|ne|ga|lisch
Se|ne|schall, der (merowingisches Hofamt)
Se|nes|zenz (Alterungsprozeß)
Senf
Senf...[glas *usw.*]
senf|far|ben
Sen|ge (*Pl.*) (Hiebe)
sen|gen (leicht verbrennen); du sengst
Sen|ghor, Léopold Sédar (senegal. Politiker u. Schriftsteller 1906-2001)
Se|nhor (*portug.* Herr)
Se|nho|ra (*portug.* Frau)
Se|nho|ri|ta (*portug.* Fräulein)
Se|ni, Giovanni Battista (ital. Astrologe 1600-1656)
se|nil (altersschwach, *bes.* geistig)
Se|ni|li|tät (Altersschwäche)
se|ni|or (älter; *als Namenszusatz* der Ältere; *Abk.* sen.)
Se|ni|or, der (Älterer; Vorsitzender)
Se|ni|or...[chef *usw.*]
Se|ni|o|ren...[heim *usw.*]
Senk...[blei *usw.*]
Sen|ke, die (Bodenvertiefung)
Sen|kel, der (Schnürband)

sen|ken; du senkst
senk|recht
Senk|recht...[starter *usw.*]
Senk|rech|te, die
Senn, der (Almhirt); *s. a.* Senne[1], Senner
Sen|na, die (Sennesblätter)
Sen|ne[1], der (Almhirt); *s. a.* Senn, Senner
Sen|ne[2], die (Viehweide)
sen|nen (als Senn arbeiten; Butter und Käse herstellen); du sennst
Sen|ner (Almhirt); *s. a.* Senn, Senne[1]
Sen|ne|rei
Sen|nes|blät|ter (Blätter einer Heilpflanze)
Se|non, das (geolog. Stufe)
Se|ñor (*span.* Herr)
Se|ño|ra (*span.* Frau)
Se|ño|ri|ta (*span.* Fräulein)
Sen|sa|ti|on
sen|sa|ti|o|nell
Sen|sa|ti|ons...[presse *usw.*]
Sen|se, die (Mähgerät); jetzt ist ~ (jetzt ist Schluß)
sen|sen; du senst *§ 7 (1)*
Sen|sen|mann (der Tod)
sen|si|bel (empfindsam); sensi|ble Menschen
sen|si|bi|li|sier|en
Sen|si|bi|li|tät
sen|si|tiv (empfindlich)
Sen|si|ti|vi|tät
Sen|si|to|me|ter, das (Gerät zum Messen der Lichtempfindlichkeit)
Sen|si|to|me|trie
Sen|so|mo|to|rik (Zusammenwirken von Wahrnehmung u. Bewegung)
Sen|sor, der (Meßfühler)
Sen|sor...[technik *usw.*]
sen|so|risch (die Wahrnehmung betreffend)
Sen|so|ri|um; *Pl.* Sensorien
Sen|su|a|lis|mus (philosoph. Lehre)
Sen|su|a|list
sen|su|a|li|stisch
Sen|su|a|li|tät (Empfindungsvermögen)
sen|su|ell
Sen|sus com|mu|nis (Gemeinsinn)
Sen|tenz, die (Denkspruch; Urteilsspruch)
sen|ten|zi|ös (knapp, zugespitzt)
Sen|ti|ment (Gefühl)
sen|ti|men|tal (rührselig)
sen|ti|men|ta|lisch
Sen|ti|men|ta|li|tät
Se|nus|si (Angehöriger eines islam. Ordens)
sen|za (*ital.* ohne)
Se|oul (Hauptstadt v. Südkorea)
se|pa|rat (abgeschieden)
Se|pa|rat...[druck *usw.*]
Se|pa|ra|ti|on
Se|pa|ra|tis|mus (Streben nach Absonderung)
Se|pa|ra|tist (Anhänger des Separatismus)
se|pa|ra|ti|stisch
Se|pa|ra|tor (Gerät zum Trennen [bes. von Fleisch und Knochen])
Sé|pa|rée, das; *kurz f.* Chambre séparée) (abgetrennter Raum)
se|pa|rie|ren (trennen)
Se|phar|dim (*Pl.*) (jüdische Gruppe)
se|phar|disch
Se|pia, die (1.Tintenfisch; 2. Farbe)
Sep|pel|ho|se (kurze Lederhose)
Sep|pel|hut (Hut mit Gemsbart)
Sep|sis, die (Blutvergiftung)
Sept|ak|kord (Akkord aus Grundton, Terz, Quinte u. Septime); *s. a.* Septimakkord
Sep|tem|ber
Sep|te|nar, der (achthebiger Vers)
Sep|tett, das (Musikstück für sieben Instrumente od. Stimmen; Gruppe aus sieben Musikern)
Sep|tim, die (Tonintervall); *s. a.* Septime
Sep|tim|akkord (Akkord aus Grundton, Terz, Quinte u. Septime); *s. a.* Septimenakkord
Sep|ti|me, die (Tonintervall); *s. a.* Septim
Sep|ti|men|ak|kord; *vgl.* Septimakkord
sep|tisch (Krankheitserreger enthaltend)
Sep|to|le, die (Gruppe von sieben Tönen)
Sep|tu|a|ge|si|ma (9. Sonntag vor Ostern)
Sep|tu|a|gin|ta (Bibelübersetzung)
Sep|tum (Scheidewand in einem Organ)
seq. (*Abk. v.* sequens)
seqq. (*Abk. v.* sequentes)
se|quens (folgend); *Abk.* seq.; *Pl.* sequentes, *Abk.* seqq.
se|quen|ti|ell
Se|quenz (Reihe; Tonfolge)
Se|que|ster, der (Verwalter)
Se|que|stra|ti|on (Sachverwahrung)
se|que|strie|ren
Se|quo|ia, Se|quo|ie, die (Mammutbaum)
Sé|rac (Gletscherspitze)
Se|rail, das (Palast des türk. Sultans)
Se|ra|pei|on (*griech.*), Se|ra|peum (*lat.*) (Tempel des ägypt. Unterweltgottes)
Se|raph (Engel); *Pl.* Se|ra|phim
se|ra|phisch
Se|ra|pis (ägypt. Gott der Unterwelt)
Ser|be (Angehöriger eines slaw. Volks)
Ser|bi|en (Staat)
ser|bisch; auf ~
Ser|bisch, das; auf serbisch sprechen
Ser|bi|sche, das
ser|bo|kro|a|tisch; auf ~
Ser|bo|kro|a|tisch, das; auf serbokroatisch sprechen
Ser|bo|kro|a|ti|sche, das

Se|re|na|de (Abendmusik; Ständchen)
Se|ren|ge|ti (Savanne in Afrika)
Se|re|nis|si|ma (regierende Fürstin)
Se|re|nis|si|mus (regierender Fürst)
Se|re|ni|tät (Heiterkeit)
Ser|ge, die/der (Gewebe)
Ser|geant (Unteroffiziersgrad)
Se|rie
se|ri|ell (zeitlich u. logisch aufeinanderfolgend)
Se|ri|en...[schaltung *usw.*]
se|ri|en|mä|ßig
Se|ri|fe, die (Querstrich an Buchstaben der Antiquaschriften)
se|ri|fen|los
Se|ri|gra|phie (Siebdruck)
se|ri|ös (ernsthaft; feierlich; gediegen)
Se|ri|o|si|tät
Ser|kin, Rudolf (amerik. Pianist 1903-1991)
Ser|mon, der (Predigt, [weitschweifige] Rede)
Se|ro|dia|gno|stik (*zu* Serum)
Se|ro|lo|ge
Se|ro|lo|gie (Serumforschung)
se|ro|lo|gisch
se|rös (*zu* Serum)
Ser|pen|tin, der (Mineral)
Ser|pen|ti|ne (gewundener Weg)
Ser|ra|del|la, Ser|ra|del|le, die (Futterpflanze)
Se|rum (Blutwasser); *Pl.* Sera, Seren
Ser|val, der (Katzenart)
Ser|va|ti|us (einer der Eisheiligen)
Serve-and-Vol|ley, das (Schlagkombination b. Tennis)
Ser|ve|lat[|wurst], die; *s. a.* Zervelat[wurst]
Ser|ver, der (*engl.*) (*EDV* Dienstrechner)
Ser|vet, Michel (span. Theologe u. Arzt 1511-1553)
Ser|vice [sɛr'vi:s], das (Tafelgeschirr)
Ser|vice ['sœ:vis], der (Dienst)
Ser|vier...[tisch *usw.*]
ser|vie|ren
Ser|vie|re|rin
Ser|vi|et|te, die (Mundtuch)
ser|vil (unterwürfig)
Ser|vi|li|tät
Ser|vi|ti|um (Kirchenabgabe); *Pl.* Servitien
Ser|vi|tut, das/die (Dienstbarkeit); *Pl.* Servituten
Ser|vo...[bremse *usw.*] (Hilfs...)
ser|vus! (Gruß)
Se|sam, der (Pflanze); Sesam[,] öffne dich! (Zauberformel)
Se|sam...[korn *usw.*]
Ses|sel
Ses|sel...[lift *usw.*]
seß|haft
Ses|si|on, die (Sitzungsperiode)
Se|ster, der (Hohlmaß)
Se|sterz, die (altröm. Münze)
Se|sti|ne, die (Strophe)
Set, das/der (Gruppe von zusammengehörigen Gegenständen; Platzdeckchen; der ~ (Szenenaufbau beim Film)
Seth (ägypt. Gott)
Seth (bibl. Gestalt)
Set|te|cen|to, das (*ital.* das 18. Jahrhundert in der Kunst)
Set|ter, der (Hunderasse)
Setz...[fehler *usw.*]
set|zen; du setzt *§ 7 (1)*
Set|zer
Set|ze|rei
Setz|ling
Seu|che
Seu|chen...[gefahr *usw.*]
seuf|zen; du seufzt *§ 7 (1)*
Seuf|zer
Seu|me, Johann Gottfried (dt. Schriftsteller 1763-1810)
Seu|rat, Georges (frz. Maler 1859-1891)
Seu|se, Heinrich (*lat.* Suso, dt. Mystiker 1295-1366)
Se|ve|rer (Angehöriger e. altröm. Dynastie)
Se|ve|so (Ort in Italien)
Sé|vi|gné, Marie de (frz. Schriftstellerin 1626-1696)
Se|vil|la (Stadt in Spanien)
Sex, der (Geschlecht[sverkehr])
Sex...[film *usw.*]
Se|xa|ge|si|ma, Se|xa|ge|si|mä (8. Sonntag vor Ostern)
se|xa|ge|si|mal
Se|xa|ge|si|mal|sy|stem (Zahlsystem mit der Grundzahl 60)
Sex-Ap|peal, der (geschlechtliche Anziehungskraft)
Se|xis|mus (Vorurteil gegen eines der Geschlechter)
Se|xist
se|xi|stisch
Se|xo|lo|ge
Se|xo|lo|gie (Sexualkunde)
se|xo|lo|gisch
Sext, die (1.Tonintervall; 2. Gebet); *s. a.* Sexte
Sex|ta (sechste Gymnasialklasse [von der letzten an gerechnet])
Sext|ak|kord
Sex|ta|ner (Schüler der Sexta)
Sex|tant, der (Gerät zur Messung der Gestirnhöhe)
Sex|te (Tonintervall); *s. a.* Sext
Sex|tett, das (Musikstück zu sechs Stimmen; sechstimmige Musikergruppe)
Sex|til|li|on (10^{36})
Sex|tole, die (Gruppe von sechs Tönen)
se|xu|al (geschlechtlich)
Se|xu|al...[delikt *usw.*]
se|xu|a|li|sie|ren
Se|xu|a|li|tät
se|xu|ell (geschlechtlich)
Se|xus, der (Geschlecht)
se|xy ([geschlechtlich] reizvoll)
Sey|chel|len (*Pl.*) (Inselgruppe im Indischen Ozean)
Seyß-In|quart, Artur (österr. Politiker 1892-1946)
se|zer|nie|ren (absondern)
Se|zes|si|on (Absonderung; *bes.* einer Künstlergruppe); Wiener ~ (Jugenstil)
Se|zes|si|o|nist
se|zes|si|o|ni|stisch
se|zie|ren (zerlegen)

sf (*Abk. v.* sforzando, sforzato) *§ 17 (2) Anm. 2*
s-för|mig, S-för|mig (in der Form eines s bzw. S) *§ 13 (2)*
Sfor (*kurz f.* Internationale Truppe in Bosnien u. Herzegowina)
sfor|zan|do (*musik.* plötzlich laut)
Sfor|zan|do, das
sfor|za|to (*musik.* plötzlich laut)
Sfor|za|to, das
sfr., sFr (*Abk. v.* [Schweizer] Franken) *§ 17 (2) Anm. 2*
sfu|ma|to (verschwimmend)
Sgraf|fi|to, das/der ([eingekratzte] Inschrift oder Verzierung)
sh (*Abk. v.* Shilling) *§ 17 (2) Anm. 2*; *s. a.* s
Shaan|xi (chines. Provinz)
Shaftes|bu|ry, Anthony Earl of (engl. Philosoph 1671-1713)
Shag, der (Tabak)
Shake, der (1. Mixgetränk; 2. Tanz)
Shake, das (Vibrato)
Shake|hands, das (Händeschütteln)
Shake|speare, William (engl. Dichter 1564-1616)
Sha|ker (Mixgefäß)
Sham|poo, Sham|poon, das (Haarwaschmittel); *s. a.* Schampon
sham|poo|nie|ren; *s. a.* schamponieren
Shan|dong (*neuere Umschrift*) (chines. Provinz); *s. a.* Schantung, Shantung
Shan|non (Fluß in Irland)
Shan|tung; *vgl.* Shandong
Shan|ty, das (Seemannslied)
Shan|xi (chines. Provinz)
Share, der (Aktie)
Share|hol|der (Aktionär)
Share|hol|der Value (Unternehmenswert)
Share|ware, die (Testsoftware)
Shaw, George Bernard (ir. Schriftsteller 1856-1950)
Shaw|nee (Indianer)
Shed|dach; *a.* Scheddach
Shel|ley, Percy Bysshe (engl. Dichter 1792-1822)
Shen|yang (Stadt in China)
She|riff (Verwaltungsbeamter; in USA kommunaler Polizeichef)
Sher|lock Holmes (Detektiv bei A. Conan Doyle)
Sher|pa (Volk im Himalaya)
Sher|ry, der (Wein aus Jerez)
Shet|land|in|seln (Inselgruppe im Atlantik)
Shet|land|po|ny, das
Shet|land|wol|le
Shi|ko|ku (jap. Insel)
Shil|ling (engl. Münze); *Abk.* s, sh
Shim|my, der (Tanz)
Shire (*engl.* Grafschaft)
Shirt, das (Hemd)
Shit, der/das (Haschisch)
Shi|va (ind. Gott)
Shi|va|is|mus
shi|va|i|stisch
Sho|ah, die (nationalsoz. Judenvernichtung); *a.* Schoa
Sho|gun, der (jap. Feldherr); *a.* Schogun
Shoo|ting-Star, der („Senkrechtstarter" [im Showgeschäft])
Shop, der (Laden)
Shop|ping, das (Einkaufen)
Shop|ping-Cen|ter
Shorts (*Pl., auch als Sg. gebraucht*) (kurze Hose)
Short story, die (Kurzgeschichte) *§ 15 (3)*; *Pl.* Short stories
Shor|ty, das/der (Schlafanzug mit kurzer Hose)
Sho|sho|ne (Angehöriger e. Indianervolks)
Show, die
Show|biz, das (*kurz f.* Showbusiness)
Show|down, der (Kraftprobe, Endkampf)
Show|girl
Show|man
Show|ma|ster
Shred|der (Zerkleinerungsmaschine); *a.* Schredder
shred|dern; *a.* schreddern
Shrimp, der (kleine Krabbe)
Shu|dra (Angehöriger einer ind. Kaste)
Shuff|le, der (Tanz)
Shunt, der (*elektr.* Nebenschluß, *med.* Nebenverbindung von Adern)
Shut|tle, der (Transporter im Pendelverkehr)
Si (*chem. Zeichen f.* Silicium)
Si|al, das (oberste Schicht der Erdkruste)
Si|am (Thailand)
Si|am|kat|ze
Si|a|me|se
si|a|me|sisch; siamesische Zwillinge
Si|be|li|us, Jean (finn. Komponist 1865-1957)
Si|bi|lant (Zischlaut)
Si|bi|rer
Si|bi|ri|en (Region in Nordasien)
si|bi|risch
Si|byl|le (Wahrsagerin)
si|byl|li|nisch (orakelnd); die Sibyllinischen Bücher (altröm. Weissagungen)
sic (*lat.* [tatsächlich] so)
sich; *immer klein geschrieben*: schämen Sie sich!
Si|chel
Si|chel...[zelle *usw.*]
si|cheln; du sichelst
si|cher; es ist das sicherste/Sicherste (am sichersten) *§ 15 (6)*; *aber* es ist das Sicherste, was wir tun können; auf Nummer Sicher; *als Verbzusatz a. zusammengeschrieben § 10*: sicher◡gehen, sicher◡stellen *usw.*
si|cher◡ge|hen *§ 10*
Si|cher|heits...[glas *usw.*]
si|cher|lich
si|chern
si|cher◡stel|len *§ 10*
Si|che|rungs...[kasten *usw.*]
si|che|rungs|über|eig|nen
si|cher◡wir|kend (zuverlässig

wirksam); *aber* ganz sicher wirkend *§ 11 (4)*
Sich|ler (Vogel)
Sicht, die; aus Sicht (*m. Genitiv oder* von)
Sicht...[grenze *usw.*]
sicht|bar
sich|ten
sich|tig
sicht|lich
Si|chuan (chines. Provinz)
Sicke (1. Rinne; 2. Vogelweibchen; *s. a.* Sieke) [k|k]
sicken [k|k]; du sickst
Sicker|gru|be [k|k]
sickern [k|k]
Sid|dhar|tha (Buddha)
Side|board, das (Anrichte)
si|de|risch (auf die Fixsterne bezogen); siderisches Jahr, siderisches Pendel
Si|de|rit, der (Eisenerz)
Si|de|ro|lith, der (Eisensteinmeteorit)
Si|don (antike Stadt)
sie (*Pronomen*); *s.* er; *vgl.* Sie[2]
Sie[1] (*Personalpronomen der 2. Person, Distanzform*) *§ 16*; schlafen Sie?; mit Sie anreden, mit „Sie" anreden
Sie[2] (weibl. Person); eine Sie wird gesucht
Sieb
Sieb...[bein *usw.*]
sie|ben; zu sieben, zu sieb[en]t; mit sieben [Jahren] in die Schule kommen; die sieben Sakramente, Todsünden; *Großschreibung in Eigennamen § 15 (7)*: die Sieben gegen Theben, die Sieben Schwaben, die Sieben Weltwunder, die Sieben Freien Künste, die Sieben Weisen [des Altertums]; *vgl.* acht
sie|ben; du siebst
Sie|ben, die (= die Zahl/Ziffer 7); die böse Sieben; *vgl.* Acht[1]
Sie|ben...[kampf *usw.*]
Sie|ben|bür|gen (Region in Rumänien)
Sie|ben|bür|ger; ~ Sachsen
sie|ben|bür|gisch
Sie|ben|eck, das
Sie|be|ner, der
sie|be|ner|lei
sie|ben|fach; 7fach *§ 13 (2) Anm. 2*; das Siebenfache; das 7fache
sie|ben|hun|dert
sie|ben|jäh|rig; 7jährig, der 7jährige *§ 13 (2) Anm. 2*
Sie|ben|ling
sie|ben|mal
sie|ben|ma|lig
sie|ben|stel|lig
sie|ben|tau|send
sie|ben|te; *in rein numerischer Verwendung (Abzählen) klein geschrieben; Großschreibung in Eigennamen, bei festen Begriffen oder wenn es sich um die Rolle eines Siebtplazierten o. ä. handelt § 15 (6)*: der siebente, jeder siebente; er wurde Siebenter; Johann der Siebente, Johann VII.; zu siebent; *s. a.* siebte; *vgl.* achte
sie|ben|tel; ein ~ Liter; *s. a.* siebtel; *vgl.* achtel
Siebentel, das; *s. a.* Siebtel; *vgl.* Achtel
sie|ben|tens; *s. a.* siebtens
sieb|te; *vgl.* siebent
sieb|tel; ein siebtel Liter; *s. a.* siebentel; *vgl.* achtel
Siebtel, das; *s. a.* Siebentel; *vgl.* Achtel
sieb|tens; *s. a.* siebentens
sieb|zig; mit ~ [Jahren]; *s. a.* achtzig
Sieb|zi|ger, der
sieb|zigste; *vgl.* achte
sieb|zig|stel; ein ~ Liter; *vgl.* achtel
Sieb|zig|stel, das; *vgl.* Achtel
siech (krank)
sie|chen; du siechst
Sie|chen|haus
Siech|tum, das
Sie|de, die
Sie|de...**[punkt *usw.*]**
sie|deln
sie|den (kochen); du siedest, sottest, söttest; gesotten
Sie|der
Sied|fleisch
Sied|ler
Sied|lung
Sied|lungs...[form *usw.*]
Sieg
Sie|gel, das (Stempel); *s. aber* Sigel
Sie|gel...[ring *usw.*]
sie|geln; du siegelst (*zu* Siegel; *s. aber* Sigel)
sie|gen; du siegst
Sie|gen (Stadt)
Sie|ger
Sie|ger...[macht *usw.*]
Sie|ger|land (Landschaft)
Sie|ger|län|der
sie|ger|län|disch
Sie|ges...[feier *usw.*]
sie|ges|be|wußt
Sieg|fried (Sagengestalt)
sieg|ge|wohnt
sieg|haft
sieh!, sie|he!; *Abk.* s.
Sie|ke (Vogelweibchen); *s. a.* Sicke
Siel, das (Deichschleuse)
Sie|le, die (Zuggeschirr); in den Sielen sterben
sie|len, sich (sich wälzen)
Sie|mens, das (Einheit d. elektr. Leitwerts)
Sie|mens, Werner von (dt. Ingenieur 1816-1892)
Sie|mens-Mar|tin-Ofen (Ofen zur Stahlgewinnung) *§ 13 (2)*
Sie|mens-Mar|tin-Ver|fah|ren *§ 13 (2)*
si|e|na (Farbe); ein ~ Stoff; ein Kleid in Siena
Si|e|na (Stadt in Italien)
Si|e|na|er|de
Sien|kie|wicz, Henryk (poln. Schriftsteller 1846-1916)
Si|er|ra, die (*span.* Säge) (Gebirgskette)
Si|er|ra Le|o|ne (Staat in Afrika)
Si|er|ra|le|o|ner

si|er|ra|le|o|nisch
Si|er|ra Ne|va|da (Gebirge in Spanien u. in den USA)
Sie|sta, die (Mittagsruhe)
Siet|land (Marschland)
Sie|yès, Abbé Emmanuel Joseph (frz. Revolutionär 1748-1836)
sie|zen (mit Sie anreden); du siezt *§ 7 (1)*
Si|gel, das (Kürzel); *s. a.* Sigle; *s. aber* Siegel
si|geln (*zu* Sigel)
Si|gill, das (Siegel)
Si|gil|la|rie, die (fossile Baumart)
Si|gis|mund (*Name v. Herrschern*)
Sig|le, die; *s. a.* Sigel
Sig|ma, das (der griech. Buchstabe σ, Σ, ς)
Sig|ma|ti|ker (Lispler)
Sig|ma|tis|mus (Lispeln)
Si|gnal, das
Si|gnal...[farbe *usw.*]
si|gna|li|sie|ren
Si|gna|tar, der (Unterzeichner)
Si|gna|tar|macht
si|gna|tum (*lat.* unterzeichnet); *Abk.* sign.
Si|gna|tur, die (Unterschrift, Kennzeichnung)
Si|gnet, das (Druckerzeichen, Markenzeichen u. ä.)
si|gnie|ren
si|gni|fi|kant
Si|gni|fi|kanz (Bedeutsamkeit)
si|gni|fi|ka|tiv
si|gni|fi|zie|ren (bezeichnen)
Si|gnor (*ital.* Herr *vor dem Namen*)
Si|gno|ra (*ital.* Frau); *Pl.* Signore
Si|gno|re (*ital.* mein Herr); *Pl.* Signori
Si|gno|rel|li, Luca (ital. Maler ~1445/50-1523)
Si|gno|ret, Simone (frz. Schauspielerin 1921-1985)
Si|gno|ria (Senat in ital. Stadtstaaten)
Si|gno|ri|na (*ital.* Fräulein)
Si|gno|ri|no (*ital.* junger Herr)
Si|gnum, das (Zeichen); *Pl.* Signa
Si|ha|nouk, Norodom (kambodschan. Politiker *1922)
Si|ka|hirsch
Sikh (Angehöriger der Sikh-Religion)
Si|khis|mus (Sikh-Religion)
Sik|ka|tiv, das (Trocknungsmittel)
Sik|kim (ind. Bundesstaat)
Sik|ki|mer
sik|ki|misch
Si|kor|sky, Igor (russ.-amerik. Ingenieur 1889-1972)
Si|la|ge, die (Gärfutter; dessen Einlagerung)
Sil|be, die (taktmäßige Einheit gesprochener Laute)
Sil|ben...[trennung *usw.*]
Sil|ber; *chem. Zeichen* Ag
Sil|ber...[münze *usw.*]
sil|ber|far|ben
sil|ber|grau
sil|be|rig; *s. a.* silbrig
Sil|ber|ling
Sil|ber|lö|we (Puma)
Sil|ber|mann, Gottfried (Orgelbauer 1683-1753)
Sil|ber|mö|we, die (Vogelart)
sil|bern (aus Silber)
Sil|ber|pap|pel (Baum)
sil|bisch (*zu* Silbe)
silb|rig; *s. a.* silberig
Sil|cher, Friedrich (dt. Komponist 1789-1860)
Sild, der (Fisch)
Si|len, der (Satyr)
Si|len|ti|um (*lat.* Ruhe)
Sil|ge, die (Pflanze)
Sil|hou|et|te, die (Umriß, Schattenriß)
sil|hou|et|tie|ren
Si|li|ci|um; *a.* Silizium; *chem. Zeichen* Si
Si|li|con, das (elast. Rohstoff); *a.* Silikon
si|lie|ren (als Silage einlagern)
Si|li|kat, das (Salz der Kieselsäure)
Si|li|kon, das (elast. Rohstoff); *a.* Silicon
Si|li|ko|se, die (Staublunge)
Si|li|zi|um; *a.* Silicium; *chem. Zeichen* Si
Sil|ja, Anja (dt. Sängerin *1940)
Sil|len (*Pl.*) (Spottverse)
Si|lo, das/der (Speicher; Silageanlage)
Si|lo|ne, Ignazio (ital. Schriftsteller 1900-1978)
Sils; ~ Maria (Ort im Engadin)
Si|lu|min, das (Leichtmetalllegierung)
Si|lur, das (geolog. Formation)
si|lu|risch
Sil|va|ner (Wein)
Sil|ve|ster (letzter Tag des Jahres; *Papstname*); *a.* Sylvester
Sil|ve|ster...[abend *usw.*]
Si|ma, das (Teil der Erdkruste)
Si|ma, die (Traufrinne)
Sim|bab|we (Staat in Afrika)
Sim|bab|wer
sim|bab|wisch
Si|me|non, Georges (belg. Schriftsteller 1903-1989)
Si|mi|laun, der (Berg in Tirol)
Si|mi|laun-Mann (Gletscherleiche); *s. a.* Ötzi
Si|mi|li|stein (falscher Edelstein)
Sim|mel, Georg (dt. Soziologe 1858-1918); Johannes Mario ~ (dt. Schriftsteller *1924)
Sim|mer, das (Getreidemaß)
sim|mern (leise sieden)
Sim|mer|topf (doppelwandiger Topf zum Simmern)
Si|mon (bibl. Gestalt)
Si|mo|nie (Handel mit geistlichen Ämtern)
sim|pel (einfach, einfältig)
Sim|pel, der
Sim|plex, das (einfaches Wort); *Pl.* Simplizia
sim|pli|ci|ter (*Adverb*: einfach)
Sim|pli|cis|si|mus, Simplicius (Titelfigur eines Romans v. Grimmelshausen)
Sim|pli|fi|ka|ti|on

sim|pli|fi|zie|ren (verinfachen)
Sim|pli|zia (*Pl. v.* Simplex)
Sim|pli|zi|tät
Sim|plon...[paß *usw.*]
Sims, das/der (Mauervorsprung)
Sim|se, die (Gras)
Sim|sa|la|bim (Zauberspruch)
Sim|son (bibl. Gestalt); *s. a.* Samson
Si|mu|lant (Vortäuscher)
Si|mu|la|tor (Gerät zum Vortäuschen eines Vorgangs)
si|mu|lie|ren (vortäuschen)
si|mul|tan (gleichzeitig)
Si|mul|tan...[dolmetscher *usw.*]
Si|mul|ta|ne|i|tät, Si|mul|ta|ni|tät
sin (*Abk. v.* Sinus) *§ 17 (2) Anm. 2*
Si|nai (ägypt. Halbinsel; Berg)
Sin|an|thro|pus (Pekingmensch)
Si|na|tra, Frank (amerik. Unterhaltungskünstler 1915-1998)
Si|nau, die (Pflanze)
Sin|clair, Upton (amerikan. Schriftsteller 1878-1968)
si|ne an|no (ohne Jahresangabe); *Abk.* s. a.
si|ne ira et stu|dio (*lat.* ohne Zorn und Eifer)
Si|ne|ku|re, die (Pfründe)
si|ne lo|co (ohne Ortsangabe); sine loco [et anno]; *Abk.* s. l. [e. a.]; *vgl.* sine anno
si|ne tem|po|re (ohne akademisches Viertel; pünktlich); *Abk.* s. t.
Sin|fo|nie; *s. a.* Symphonie
Sin|fo|nie...[konzert *usw.*]; *s. a.* Symphonie...
Sin|fo|ni|et|ta (kleine Sinfonie)
Sin|fo|nik; *s. a.* Symphonik
Sin|fo|ni|ker; *s. a.* Symphoniker
sin|fo|nisch; *s. a.* symphonisch
Sing. (*Abk. v.* Singular)
Sing...[kreis *usw.*]
Sin|ga|pur (Staat in Asien; dessen Hauptstadt)
Sin|ga|pu|rer
sin|ga|pu|risch
sin|gen; du singst, sangst, sängest; gesungen
Sin|ger, Isaac Bashevis (amerik. Schriftsteller 1904-1991)
Sin|gha|le|se (Angehöriger eines Volkes auf Sri Lanka)
sin|gha|le|sisch; auf ~
Sin|gha|le|sisch, das; auf singhalesisch
Sin|gle, das (Einzelspiel)
Sin|gle, der (Alleinstehender)
Sin|gle, die (Schallplatte)
Sing|sang, der
Sin|gu|lar, der (Einzahl)
sin|gu|lär (einzigartig)
Sin|gu|la|re|tan|tum, das (Wort ohne Mehrzahl); *Pl.* Singulariatantum
Sin|gu|la|ris|mus
Sin|gu|la|ri|tät
si|nid (chinesenartig)
si|ni|ster (links; düster)
sin|ken; du sinkst, sankst, sänkest; gesunken
Sink|ka|sten (Abwasserbehälter)
Sinn
Sinn...[bild *usw.*]
sinn|be|tö|rend *§ 11 (4)*
sin|nen; du sinnst
Sin|nen...[lust *usw.*]
sin|nen|froh
sinn|ent|stel|lend; *aber* den Sinn entstellend *§ 11 (4)*
Sin|nes...[wandel *usw.*]
Sinn Féin (irische Partei)
sin|nie|ren (grübeln)
sin|nig
sinn|lich
sinn|los
Si|no|lo|ge
Si|no|lo|gie (Wissenschaft von der chines. Sprache u. Kultur)
si|no|lo|gisch
sin|te|mal (weil)
Sin|ter, der (Ablagerung)
sin|tern (zusammenschmelzen [lassen])
Sin|ti|za (Zigeunerin; Sintosprache)
Sin|to (Zigeuner); *Pl.* Sinti
Si|nus (1. Hohlraum, Einbuchtung; 2. Winkelfunktion; *Abk.* sin)
Si|nu|si|tis, die (Nebenhöhlenentzündung)
Si|oux (Angehöriger e. Indianervolks)
Si|pho, der (Atemröhre); *Pl.* Siphonen
Si|phon, der (Geruchsverschluß; Kohlensäuregerät)
Sip|pe (Verwandtschaft)
Sip|pen...[kunde *usw.*]
Sipp|schaft
Sir (*engl.* Herr)
Si|rach; Jesus ~ (bibl. Buch)
Sire [si:r] (*frz. Anrede des Königs*)
Si|re|ne, die (Fabelwesen; Heultonerzeuger; Seekuh)
Si|re|nen...[gesang *usw.*]
Si|ri|us (Stern)
sir|ren (hell summen)
Sir|ta|ki, der (griech. Tanz)
Si|rup, der (dicker Süßsaft)
Si|sal, der (Faserstoff; Teppich daraus)
Si|sal...[teppich *usw.*]
Sis|ley, Alfred (frz. Maler 1839-1899)
si|stie|ren (festsetzen)
Si|strum, das (altägypt. Musikinstrument)
Si|sy|phos (*griech.*), Si|sy|phus (*lat.*) (Sagengestalt)
Si|tar, der/die (ind. Gitarre)
Sit|com, die (*kurz f.* Situationskomödie)
Site [sait], die (*kurz f.* Website)
Sit-in, das (Sitzdemonstration)
Sit|te (*a. kurz f.* Sitttenpolizei)
Sit|ten...[gesetz *usw.*]
sit|ten|wid|rig
Sit|tich, der (Papagei)
sit|ti|gen; du sittigst
sitt|lich
Sitt|lich|keits...[delikt *usw.*]
sitt|sam
Si|tu|a|ti|on
si|tu|a|ti|o|nell
Si|tu|a|ti|ons...[komik *usw.*]
si|tu|a|ti|ons|be|dingt
si|tu|a|tiv

si|tu|ie|ren
Si|tu|la, die (vorgeschichtl. Eimer)
Si|tus, der (Lage); *aber* in situ (*lat.*)
sit ve|nia ver|bo (*lat.* das Wort sei erlaubt); *Abk.* s. v. v.
Sitz
Sitz...[bad *usw.*]
sit|zen; du sitzt *§ 7 (1)*, saßest; säßest; gesessen; sitz!
sit|zen◡blei|ben *§ 10*
sit|zen◡las|sen *§ 10*
Sit|zungs...[geld *usw.*]
Si|wa (Oase in Ägypten)
Six|ti|na (Sixtinische Kapelle)
six|ti|nisch; die Sixtinische Kapelle, Madonna
Six|tus (*Papstname*)
Si|zi|li|a|ne, die (Tanz)
Si|zi|li|a|ner
si|zi|li|a|nisch; die Sizilianische Vesper
Si|zi|li|en (ital. Insel)
Si|zi|li|enne, die (Gewebe)
Si|zi|li|er
si|zi|lisch
SJ (*Abk. v.* Societas *bzw. [Genitiv]* Societatis Jesu) *§ 17 (2) Anm. 1*
Ska, der (Musikstil)
Ska|bi|es, die (Krätze); *a.* Scabies
ska|bi|ös
Ska|bi|o|se, die (Pflanze)
Ska|ger|rak, das/der (Meerenge zw. Norwegen und Dänemark)
skål! (*dän., norweg., schwed.* zum Wohl!)
Ska|la, die (Stufenleiter, Maßstab, Tonleiter); *Pl.* Skalen
ska|lar (*Adjektiv*)
Ska|lar[1], der (reelle Zahl)
Ska|lar[2], der (Fisch)
Skal|de, der (altnord. Sänger)
Skal|den|dich|tung
skal|disch
ska|lie|ren (mit einer Skala verbinden)
Skalp, der (Kopfhaut als Trophäe)
Skal|pell, das (chirurg. Messer)
skal|pie|ren
Skan|dal, der (Anstoß; anstoßerregendes Ereignis)
Skan|dal...[bericht *usw.*]
skan|da|lie|ren
skan|da|lös
Skan|der|beg (alban. Held)
skan|die|ren (rhythmisch betonen)
Skan|di|na|vi|en (Nordeuropa)
Skan|di|na|vi|er
skan|di|na|visch
Skan|di|um; *a.* Scandium; *chem. Zeichen* Sc
Ska|po|lith, der (Mineral)
Ska|pu|lier, das (Teil der Mönchstracht)
Ska|ra|bä|us (Käfer)
Ska|ra|muz, der (Komödienfigur d. prahlerischen Soldaten)
Skarn, der (Gestein)
skar|tie|ren ([Akten] aussondern)
Skat, der (Kartenspiel)
Skat...[bruder *usw.*]
Skate|board, das (Rollbrett)
Skate|boar|der
ska|ten[1] (Skat spielen)
ska|ten[2] [skeitən] (Skateboard fahren)
Ska|ter (*zu* skaten[2])
Ska|ting-Ef|fekt
Ska|tol, das (chem. Stoff)
Ska|to|lo|gie (Kotuntersuchung; Vorliebe für Fäkalsprache)
ska|to|lo|gisch
Ska|to|pha|ge (Kotesser)
Ske|let (*med.*); *a.* Skelett
Ske|le|ton, der (flacher Schlitten)
Ske|lett, das (Knochengerüst; *a. übertr.* Stützwerk); *a.* Skelet (*med.*)
Ske|lett...[bau *usw.*]
ske|let|tie|ren
Ske|ne, die (antiker Bühnenaufbau)
Skep|sis, die (krit. Zurückhaltung)
Skep|ti|ker
skep|tisch
Skep|ti|zis|mus
Sketch, Sketsch, der (kurze witzige Szene)
Ski, der; *Pl.* Skier; Ski fahren, fliegen, laufen; das Skifahren *usw.*; Ski Heil!; *a.* Schi
Ski...[bob *usw.*]; *a.* Schi... *usw.*
Skia|gra|phie (Schattenmalerei)
Skiff, das (Einerboot)
Ski|kjö|ring, das (Skilauf mit vorgespanntem Pferd); *a.* Schi...
Skin, der (*kurz f.* Skinhead)
Skin|head, der (Mitglied e. [neonaz.] Jugendbande)
Skink, der (Echsenart)
Skin|ner, Burrhus Frederic (amerik. Psychologe 1904-1990)
Skin|ner-Box (Experimentierkäfig) *§ 13 (2)*
Ski|pe|tar (Albaner)
Skip|per (Bootskapitän)
Skiz|ze, die (flüchtige Zeichnung)
skiz|zie|ren
Skla|ve
Skla|ven...[handel *usw.*]
Skla|ve|rei
skla|visch
Skle|ra, die (Lederhaut des Auges)
Skler|en|chym, das (stützendes Pflanzengewebe)
Skle|ri|tis (Skleraentzündung)
Skle|ro|der|mie (Hautverhärtung)
Skle|ro|me|ter, das (Härtemesser)
Skle|ro|se, die (Verhärtung)
Skle|ro|skop (Härtemeßgerät)
skle|ro|tisch (verhärtet)
Sko|lex, der (Bandwurmkopf); *Pl.* Skolizes
Sko|li|on, das (Lied)
Sko|li|o|se, die (seitl. Wirbelsäulenverkrümmung)
skon|tie|ren (Skonto abziehen)
Skon|to, das (Abzug vom Rechnungsbetrag)

skon|trie|ren
Skon|tro[|buch]
Skoo|ter, der (Elektroauto auf Jahrmärkten usw.); *a.* Scooter
Skop, der (Barde)
Sko|pas von Pa|ros (griech. Bildhauer 4. Jh. v. Chr.)
Skop|je (Hauptstadt v. Makedonien)
Sko|pol|amin (e. Alkaloid)
Sko|pus (Zielbereich)
Skop|ze, der (Angehöriger e. russ. Religionsgemeinschaft)
Skor|but, der (Vitamin-C-Mangel-Krankheit)
Skor|da|tur (Umstimmen von Saiten); *s. a.* Scordatura
sko|ren; *a.* scoren
Skor|pi|on, der (*a.* Sternbild, Tierkreiszeichen)
Sko|te (Angehöriger eines Volkes im alten Schottland)
Sko|tom, das (Teilausfall des Gesichtsfeldes)
Sko|to|mi|sa|ti|on
sko|to|mi|sie|ren
skr (*Abk. v.* schwedische Krone[n]) *§ 17 (2) Anm. 2*
Skri|bent (Schreiberling)
Skript, das (1. Nachschrift, *Pl.* Skripten; 2. Drehbuch; *a.* Script, *Pl.* Skripts, Scripts)
Skript|girl; *a.* Scriptgirl
Skrip|tum; *Pl.* Skripta, Skripten
skrip|tu|ral (auf die Schrift bezogen)
Skrja|bin, Aleksandr (russ. Komponist 1872-1915)
Skro|fel, die (Geschwür)
skro|fu|lös
Skro|fu|lo|se, die (Krankheit)
skro|tal (das Skrotum betreffend)
Skro|tum, das (Hodensack)
Skrub|ber, der (Gaswaschanlage)
Skru|pel, der (Bedenken)
skru|pel|los
skru|pu|lös
Skull, das (Ruder)
skul|len; du skullst
Skul|ler
Skulp|teur (Bildhauer)
skulp|tie|ren
Skulp|tur
skulp|tu|ral
skulp|tu|rie|ren
Skunk, der (Stinktier; dessen Pelz); *Pl.* Skunks
skur|ril (absonderlich)
Skur|ri|li|tät
S-Kur|ve *§ 13 (2)*
Skye[|**ter|ri|er**] (Hunderasse)
Sky|lab, das (Name einer Weltraumstation)
Sky|light, das (Oberlicht auf Schiffen)
Sky|line, die (Silhouette)
Skyl|la (*griech.*) (Fabelwesen); *s. a.* Scylla, Szylla
Sky|phos, der (altgriech. zweihenkliges Trinkgefäß)
Sky|ros (griech. Insel)
Sky|the (Angehöriger eines antiken Volks)
sky|thisch
s. l. (*Abk. v.* sine loco)
Sla|lom, der (Rennen durch Tore, um Hindernisse herum)
Sla|lom...[lauf *usw.*]
Slang, der (Gruppensprache)
Slap|stick, der (Auftritt mit Situationskomik)
s-Laut, S-Laut *§ 13 (2)*
Sla|ve *usw.* (*vor allem sprachwiss. für* Slawe *usw.*)
Sla|we; *vgl.* Slave
sla|wisch; *vgl.* Slave
sla|wi|sie|ren; *vgl.* Slave
Sla|wis|mus; *vgl.* Slave
Sla|wist; *vgl.* Slave
Sla|wi|stik; *vgl.* Slave
sla|wi|stisch; *vgl.* Slave
Sla|wo|ni|en (Region in Kroatien)
sla|wo|phil; *vgl.* Slave
s. l. e. a. (*Abk. v.* sine loco et anno)
Sle|vogt, Max (dt. Maler 1868-1932)
Sli|bo|witz, der (Pflaumenschnaps); *s. a.* Sliwowitz
Slice, der (Golf-, Tennisschlag)
Slip, der (1. Unterhose; 2. schiefe Ebene für Stapellauf u. ä.; *s. a.* Schlipp; 3. Vortriebsverlust)
Slip|per, der (Schuh)
Sli|wo|witz, der (Pflaumenschnaps); *s. a.* Slibowitz
Slo|gan, der (Losung, Werbespruch)
Sloop, die (Schiff); *a.* Slup
Slo|wa|ke
Slo|wa|kei (Staat)
slo|wa|kisch; auf ~; die Slowakische Republik
Slo|wa|kisch, das; auf slowakisch sprechen
Slo|wa|ki|sche, das
Slo|we|ne
Slo|we|ni|en (Staat)
Slo|we|ni|er
slo|we|nisch; auf ~
Slo|we|nisch, das; auf slowenisch sprechen
Slo|we|ni|sche, das
Slow|fox, der (Tanz)
Slum, der (Elendsviertel)
Slup, die (Schiff); *a.* Sloop
sm (*Abk. v.* Seemeile) *§ 17 (2) Anm. 2*
Sm (*chem. Zeichen f.* Samarium)
SM (*Abk. v.* Sadomasochismus) *§ 17 (2) Anm. 1*
S. M. (*Abk. v.* Seine Majestät)
Små|land (Region in Schweden)
Small|talk, der/das (Konversation)
Sma|ragd, der (Edelstein)
sma|rag|den (aus/wie Smaragd)
smart (schlau, modisch)
Smash, der (Tennisschlag, Schmetterball)
Sme|ta|na, Friedrich (tschech. Komponist 1824-1884)
Smith, Adam (engl. Ökonom 1723-1790)
Smog, der (Dunst)
Smog...[alarm *usw.*]
smo|ken (besticken); gesmokt
Smo|king, der (Anzug)
Smo|lensk (Stadt in Rußland)

Smör|re|bröd, das (*dän.* belegtes Brot)
smor|zan|do (*musik.* verlöschend)
Smut|je (Schiffskoch)
SMV (*Abk. v.* Schülermitverantwortung/-verwaltung) *§ 17 (2) Anm. 1*
Smyr|na (*türk.* Izmir) (Stadt in der Türkei)
Sn (*chem. Zeichen f.* Zinn)
Snack, der (Imbiß)
Snack|bar
Sniff, der (Schnüffeln [von Rauschmitteln])
snif|fen ([Rauschmittel] schnüffeln)
Snob, der (vornehmtuender Angeber)
Sno|bie|ty
Sno|bis|mus
sno|bi|stisch
Snor|ri Stur|lu|son (isländ. Dichter 1178-1179)
Snow|board, das (Einski)
snow|boar|den
Snow|boar|ding, das
so; es soll so sein (*aber* das Sosein), so ein Ding; so einer, so etwas, so was; so◡daß (*Konjunktion*) *§ 12 Anm. 2*; so gut wie möglich; soso; *zu den Zusammensetzungen* sobald, sogleich *usw. s. die einzelnen Einträge*
SO (*Abk. v.* Südost[en]) *§ 17 (2) Anm. 2*
s. o. (*Abk. v.* siehe oben)
Soap, die (Soap-opera)
Soap-ope|ra, die (Seifenoper)
so|a|ve (*musik.* sanft)
Soa|res, Mario (port. Politiker *1924)
so|bald (*Konjunktion*); sobald er kommt, sobald möglich; *hinweisend und korrelativ meist getrennt geschrieben*: so bald wie möglich
So|bi|bór (Ort in Polen, KZ)
So|bie|ski, Jan (poln. König 1629-1696)
Soc|cer, das/der (*amerik.* Fußball)
So|cial en|gi|nee|ring, das (angewandte Soziologie) *§ 15 (3)*
So|ci|e|tas Je|su, die (Jesuitenorden); *s. a.* SJ
So|ci|e|tas Ver|bi Di|vi|ni; *Abk.* SVD
Söck|chen
Socke, die [k|k]; *s. a.* Socken
Sockel [k|k]
Sockel...[betrag *usw.*] [k|k]
Socken, der [k|k]; *s. a.* Socke
So|da[1], die/das (Salz)
So|da[2], das (*kurz f.* Sodawasser)
So|da|le, der (Mitglied e. Bruderschaft)
So|da|li|tät (Bruderschaft)
So|da|lith, der (Mineral)
so|dann *§ 12*
so◡daß (*Konjunktion*) *§ 12 Anm. 2*; *aber* so, daß; *vgl.* so
So|da|was|ser
Sod|bren|nen
So|de, die (1. Pflanze; 2. Rasen- oder Torfstück)
So|dom; ~ und Gomorrha (bibl. Orte)
So|do|mie (Unzucht mit Tieren)
so|do|mi|sie|ren
So|do|mit
So|doms|apfel (Gallapfel)
so|eben (vor kurzem) *§ 12*; *aber* so eben (gerade noch)
Soest (Stadt in Westfalen)
Soe|ster (*zu* Soest); Soester Börde
So|fa, das
so|fern (*Konjunktion*) *§ 12*
Sof|fit|te, die (herabhängende Bühnendekoration)
So|fia (Hauptstadt v. Bulgarien)
So|fi|a|er
So|fi|o|ter
so|fort
So|fort...[bild *usw.*]
so|for|tig
soft (*engl.* weich); Soft Drink, Soft drug, Soft Rock
Soft-Eis
Sof|tie, der (weichlicher Mann)
Soft|ware, die (gespeicherte Information einer EDV-Anlage)
Sog, der
sog. (*Abk. v.* sogenannt)
so|gar *§ 12*
so|ge|nannt; *Abk.* sog.; *aber* die von manchen so genannte Reform
sog|gen (auskristallisieren)
so|gleich *§ 12*
Sog|ne|fjord, der (Fjord in Norwegen)
So|har, der (kabbalist. Text)
so|hin *§ 12*
Sohl|bank (Basis der Fensteröffnung)
Soh|le (Lauffläche)
Soh||len|gän|ger
söh|lig (waagerecht)
Sohn
Söhn|chen
Soh|nes|pflicht
soi|gniert (gepflegt)
Soi|ree, die (Abendveranstaltung); *Pl.* Soi|reen
So|ja, die (Sojabohne)
So|ja...[bohne *usw.*]
So|jus (*Name sowjet. Weltraummissionen*)
So|kra|tes (griech. Philosoph ~470-399 v. Chr.)
So|kra|tik
So|kra|ti|ker
so|kra|tisch
sol (Solmisationssilbe)
Sol (Sonnengott)
Sol, der (peruan. Münze)
Sol, das (Kolloid)
Sol...[bad *usw.*]
so|lang, so|lan|ge (*Konjunktion*) *§ 12*; solange es geht; *aber mit hinweisendem* so: es geht so lange, bis ...
so|lan|ge; *vgl.* solang
So|la|nin, das (Giftstoff in Kartoffelpflanzen u. a.)
So|la|num (Nachtschattengewächs)
so|lar (auf die Sonne bezogen)
So|lar...[energie *usw.*]

So|la|ri|sa|ti|on (fotogr. Effekt)
so|la|risch
So|la|ri|um (Bräunungsgerät, -studio)
solch, solcher, solches; *immer klein geschrieben*: ein solcher *usw.*
sol|cher|art *§ 12*; ~ Dinge; *aber* Dinge solcher Art
sol|cher|lei
sol|cher|ma|ßen
sol|cher|wei|se *§ 12*
Sold, der
Sold...[buch *usw.*]
Sol|da|nel|le (Pflanzengattung)
Sol|dat
Sol|da|ten...[grab *usw.*]
Sol|da|tes|ka, die (Bande v. gewalttätigen Soldaten)
sol|da|tisch
Söld|ling
Söld|ner
Sol|do (ital. Münze)
So|le, die (Salzlösung)
so|lenn (feierlich)
So|len|ni|tät
Sol|fa|ta|ra, Sol|fa|ta|re, die (vulkan. Wasserdampfquelle)
sol|feg|gie|ren
Sol|feg|gio, das (Tonübung)
so|lid, so|li|de
So|li|dar...[haftung *usw.*]
so|li|da|risch (füreinander eintretend)
so|li|da|ri|sie|ren; sich ~
So|li|da|ri|tät
So|li|dar|ność (poln. Gewerkschaft)
so|li|de, so|lid
So|li|di|tät
So|li|dus (röm. Münze)
So|li|lo|qui|um (Selbstgespräch); *Pl.* Soliloquien
So|ling, der/die/das (Boot)
So|lin|gen (Stadt)
So|lin|ger Stahl
Sol|ip|sis|mus (Auffassung, daß nur das Ich existiert)
Sol|ip|sist
sol|ip|si|stisch
So|list (allein auftretender Künstler usw.)
so|li|stisch
so|li|tär (einzeln)
So|li|tär, der (Einzelstück, einzeln gefaßter Edelstein)
Sol|jan|ka, die (Suppe)
Soll, das; das ~ und Haben
Soll-Be|stand *§ 13 (2)*
sol|len; du solltest; gesollt
Söl|ler, der (Balkonanbau; Dachboden)
Soll-Stär|ke *§ 13 (2)*
Soll-Wert *§ 13 (2)*
Soll|zin|sen (*Pl.*)
Sol|mi|sa|ti|on (Abbildung der Tonleiter auf Silben)
sol|mi|sie|ren
Soln|ho|fe|ner Schie|fer
so|lo (allein); solo spielen
So|lo, das
So|lo...[stimme *usw.*]
So|lon (griech. Politiker ~640-~560 v. Chr.)
so|lo|nisch (nach Art Solons); die Solonischen Gesetze (die Gesetze Solons) *§ 15 (7)*
So|lo|thurn (Kanton u. Stadt in der Schweiz)
So|lö|zis|mus (gramm. Fehler)
Sol|sche|ni|zyn, Aleksandr (russ. Schriftsteller *1918)
Sol|sti|ti|um (Sonnenwende)
Sol|ti, Georg (ungar.-engl. Dirigent 1912-1997)
so|lu|bel (löslich); solu|ble Stoffe
So|lu|tré|en, das (Steinzeitkultur)
sol|va|bel (löslich); solva|ble Stoffe
Sol|vens, das (lösendes Mittel); *Pl.* Solvenzien, Solventia
sol|vent (zahlungsfähig)
Sol|venz (Zahlungsfähigkeit)
So|ma[1], das (Körper)
So|ma[2], der (kultischer Trank in der ind. Mythologie)
So|ma|lia (Staat in Afrika)
So|ma|li|er
so|ma|lisch
so|ma|tisch (körperlich)
so|ma|to|gen (körperlich verursacht)
Som|bart, Werner (dt. Soziologe 1863-1941)
Som|bre|ro, der (breitkrempiger Strohhut)
so|mit
Somme, die (Fluß in Frankreich)
Som|me|lier (*frz.* Weinkellner)
Som|me|lière (*frz.* Weinkellnerin)
Som|mer
Som|mer...[anfang *usw.*]
som|mer|lich
som|mern; es sommert
söm|mern (auf d. Sommerweide halten oder bleiben)
som|mers (*Adv.*); *aber* des Sommers
Som|mer|spros|se
som|mer|spros|sig
som|nam|bul (schlafwandlerisch)
Som|nam|bu|lis|mus
som|no|lent (schläfrig)
so|nach
So|na|gramm (Aufzeichnung der Lautsprache)
So|na|graph
So|nant, der (tönender Laut)
so|nan|tisch
So|nar, das (akust. Ortungsgerät)
So|na|te, die (Kompositionsform)
So|na|ten...[satz *usw.*]
So|na|ti|ne (kleine Sonate)
Son|de, die (Untersuchungsgerät)
son|der (*Präposition*) (ohne)
Son|der...[druck *usw.*]
son|der|bar
son|der|lich
Son|der|ling
son|dern (*Konjunktion*)
son|dern; du sonderst
son|ders; samt und ~
Son|der|zie|hungs|rech|te (*Pl.*) (Buchgeld d. IWF); *Abk.* SZR
son|die|ren
So|nett, das (Gedichtform)
Song, der (*engl.* Lied)

Song [sung] (chines. Dynastie); *a.* Sung (*ältere Umschrift*)
Sonn|abend; *vgl.* Dienstag
Son|ne
son|nen; sich ~; du sonnst
Son|nen...[schein *usw.*]
son|nen|ba|den
son|nen|ge|bräunt
son|nen|klar
Son|nen|tau, der (fleischfressende Pflanze)
son|nig
Sonn|tag; nächsten Sonntag, Sonntag abend; *vgl.* Dienstag, abend
Sonn|tag|abend, der; *vgl.* Sonntag, Dienstag
sonn|tä|gig
sonn|täg|lich
sonn|tags; sonn- und feiertags; *vgl.* dienstags
Sonn|tags...[braten *usw.*]
Sonn|wend|fei|er
Son|ny|boy, der (beliebter junger Mann)
So|no|graph
So|no|gra|phie (elektroakustische Materialprüfung)
so|nor (volltönend)
So|no|ri|tät
sonst
son|stig
sonst◡je|mand *§ 12*
sonst◡was *§ 12*
sonst◡wer *§ 12*
sonst◡wie *§ 12*
sonst◡wo *§ 12*
sonst◡wo|her *§ 12*
sonst◡wo|hin *§ 12*
so|oft (*Konjunktion*) *§ 12*; sooft du kannst; *hinweisend u. korrelativ meist getrennt geschrieben*: komm so oft wie möglich
Soor, der (Pilzbelag im Mund)
Sophia (Heilige); die Kalte Sophie (eine der Eisheiligen)
So|phis|ma, das (Fangschluß)
So|phis|mus (Fangschluß)
So|phist (Haarspalter)
So|phi|stik (antike philosophisch-rhetorische Richtung)
so|phi|stisch (spitzfindig)
so|pho|kle|isch (nach Art des Sophokles); die Sophokleischen Dramen (Dramen des Sophokles) *§ 15 (7)*
So|pho|kles (griech. Dichter 497/496-406/405 v. Chr.)
So|phro|sy|ne, die (*griech.* Besonnenheit)
So|por, der (Benommenheit)
so|po|rös
So|pran, der (hohe Frauenstimme)
So|pra|ni|stin
So|pra|por|te, die (Feld über der Tür)
So|ra|bist
So|ra|bi|stik (Wissenschaft von sorbischer Sprache u. Kultur)
Sor|be (Angehöriger eines slawischen Volks)
Sor|bet, Sor|bett, das/der (Halbgefrorenes; *a.* kaltes Mischgetränk); *s. a.* Scherbett
Sor|bin|säu|re (Konservierungsmittel)
sor|bisch; auf ~
Sor|bisch, das (slaw. Sprache); auf sorbisch sprechen
Sor|bi|sche, das
Sor|bit, der (Alkoholart)
Sor|bonne, die (Universität in Paris)
Sor|di|ne, die (*musik.* Dämpfer); *s. a.* Sordino
Sor|di|no, der (*musik.* Dämpfer); *s. a.* Sordine; con sordino
Sor|dun, der/das (alte Oboenart; Orgelregister)
So|re, die (Hehlerware)
So|rel, George (frz. Philosoph 1847-1922)
Sor|ge
sor|gen; sich ~
Sor|gen...[kind *usw.*]
sor|gen|frei
Sor|ge|pflicht
Sor|ge|recht
Sorg|falt
sorg|fäl|tig
Sor|ghum, das (Getreideart)
sorg|lich
sorg|los
sorg|sam
Sorp|ti|on (Aufnahme eines Stoffes durch Poren o. ä.)
Sor|te
Sor|ten (*Pl.*) (*a.* Devisen)
Sor|ten...[handel]
sor|ten|rein
Sor|ter (Sortiermaschine)
sor|tie|ren
Sor|ti|le|gi|um (Loswerfen)
Sor|ti|ment (Warenangebot)
Sor|ti|men|ter (Buchgroßhändler)
SOS (Notsignal)
so|sehr (*Konjunktion*) *§ 12*; sosehr ich es möchte; *hinweisend und korrelativ meist getrennt geschrieben*; so sehr wie; *vgl.* so
so|so; soso!; es geht soso (einigermaßen)
SOS-Ruf
So|ße; *s. a.* Sauce
So|ßen...[löffel *usw.*]
sost. (*Abk. v.* sostenuto)
so|ste|nu|to (*musik.* getragen); *Abk.* sost.
So|ter (*griech.* Heiland)
So|te|rio|lo|gie
so|te|rio|lo|gisch
So|tho (Bantuvolk)
So|tschi (Stadt in Rußland)
Sot|ti|se, die (dumme Bemerkung, Stichelei)
sot|to vo|ce (*musik.* gedämpft)
Sou, der (alte frz. Münze)
Sou|bret|te (heitere Frauenrolle in Opern)
Sou|chong, der (Teesorte)
Souf|flé, das (Auflauf)
Souf|fleur (Einsager beim Theater)
Souf|fleu|se
souf|flie|ren
Souk, der (oriental. Markt); *a.* Suk
Soul, der (Musikstil)
Sound [saund], der (Klang)
Sound|kar|te (Zusatzteil im

Computer zur Tonwiedergabe)
so|und|so *§ 12*; ~ groß; soundso◡viel, der soundsovielte; ein Herr Soundso
Sound|track, der (Tonspur, Filmmusik)
Sou|per [su'pe:], das (Essen)
sou|pie|ren
Sou|sa|phon, das (Blechblasinstrument)
Sou|ta|che, die (Zierschnur)
sou|ta|chie|ren
Sou|ta|ne, die (Priestergewand)
Sou|ta|nel|le (Priestergehrock)
Sou|ter|rain, das (Kellergeschoß)
South Ca|roli|na (Bundesstaat der USA); *Abk.* S. C.; *s. a.* Südkarolina
South Da|ko|ta (Bundesstaat der USA); *Abk.* S. D.
Sou|ve|nir, das (Erinnerungsstück)
sou|ve|rän (mit eigenen Hoheitsrechten ausgestattet; überlegen auftretend)
Sou|ve|rän, der
Sou|ve|rä|ni|tät
so|viel (*Konjunktion*) *§ 12*; soviel ich weiß; *hinweisend und korrelativ a. getrennt geschrieben*; so viel wie *oder* soviel wie; *vgl.* so
Sow|chos, der (Staatsgut in der Sowjetunion); *s. a.* Sowchose
Sow|cho|se, die (Staatsgut in der Sowjetunion); *s. a.* Sowchos
so|weit (*Konjunktion*) *§ 12*; soweit ich weiß; *hinweisend und korrelativ meist getrennt geschrieben*: so weit wie; *vgl.* so
so|wenig (*Konjunktion*) *§ 12*; sowenig es gefällt; *hinweisend und korrelativ meist getrennt geschrieben*: so wenig wie; *vgl.* so
So|we|to (South Western Township, Siedlung b. Johannesburg, Südafrika)
so|wie (*Konjunktion*) *§ 12*
so|wie|so (ohnehin) *§ 12*; ein Herr Sowieso
So|wjet, der (*russ.* Rat) (Behörde); der Oberste ~
So|wjet...[bürger *usw.*]
so|wje|ti|sie|ren
so|wohl *§ 12*; sowohl ... als auch; das Sowohl-Als-auch *§ 13 (2) Anm. 4*
So|yin|ka, Wole (nigerian. Schriftsteller *1934)
So|zi (*kurz f.* Sozialdemokrat)
So|zia, die (*a.* Beifahrerin)
so|zi|a|bel (gesellig); sozia|ble Personen
So|zi|a|bi|li|tät
so|zi|al (gesellschaftlich)
So|zi|al...[staat *usw.*]
So|zi|a|li|sa|ti|on
so|zi|a|li|sie|ren
So|zi|a|lis|mus (polit. Richtung, die nach Vergesellschaftung der Produktionsmittel strebt)
So|zi|a|list
so|zi|a|li|stisch
So|zi|a|li|tät
So|zi|e|tät (Gesellschaft)
so|zi|ie|ren (vereinigen)
So|zi|us (*a.* Beifahrer)
so|zu|sa|gen *§ 12*; *aber* um es einmal so zu sagen
Space|lab, das (Weltraumlabor)
Space|shut|tle, der (Weltraumfähre)
Spach|tel, der/die (Werkzeug)
spach|teln (*a.* essen)
Spa|dil|le (Spielkarte)
Spa|gat[1], der (Gymnastikübung, e. Art Grätsche; *a. übertr.*)
Spa|gat[2], der (Bindfaden)
Spa|ghet|ti (*Pl., a. als Singular gebraucht*: eine ~)
spä|hen
Spä|her
Spa|hi (*türk.* Kavallerist)
Späh|trupp
Spa|lier, das (Obstbaumgitter); ~ stehen (einen Weg säumen)
Spa|lier|obst
Spal|la|ti|on (Aufsplitterung [von Atomkernen])
Spalt; *s.* Spaltbreit
Spalt...[pilz *usw.*]
spalt|bar
Spalt|breit, der; die Tür einen ~ öffnen
Spal|te, die
spal|ten
spal|ten|breit; *aber* drei Spalten breit *§ 11 (7) Anm. 2*
Span, der; *Pl.* Späne
Span...[korb *usw.*]
spa|nen; du spanst
spä|nen; du spänst
Span|fer|kel (junges Ferkel)
Späng|chen
Span|ge
Spa|ni|el, der (Hunderasse)
Spa|ni|en
Spa|ni|er
Spa|ni|ol, der (Schnupftabak)
Spa|ni|o|le, der (Nachkomme span. Juden)
spa|nisch; auf ~; Spanische Reitschule Wien; Spanischer Erbfolgekrieg *§ 15 (7)*; ~ vorkommen (seltsam)
Spa|nisch, das; auf spanisch sprechen
Spa|ni|sche, das
Spann, der
Spann, Othmar (österr. Ökonom 1878-1950)
Spann...[beton *usw.*]
Span|ne, die; zwei Spannen lang
span|nen (1. anspannen; 2. heimlich beobachten); du spannst
span|nend
span|nen|lang; *aber* drei Spannen lang *§ 11 (7) Anm. 2*
Span|ner[1] (Schmetterling)
Span|ner[2] (Voyeur)
Span|nung
Span|nungs...[feld *usw.*]
Spant, der/das (Rippe am Schiff, Flugzeug)
Span|ten|riß (Konstruktionszeichnung)
Spar...[kasse *usw.*]
spa|ren

Spa|rer
Spar|gel, der (*süddt. a.* die ~)
Spar|gel...[beet *usw.*]
Spark, der (Pflanze)
Spark, Muriel (engl. Schriftstellerin *1918)
spär|lich
spar|ren; du sparrst
Spar|ren, der
spar|rig
Spar|ring (Trainingsboxen)
Spar|rings|part|ner
spar|sam
Spart, der (Gras)
Spar|ta (antike Stadt)
Spar|ta|ki|a|de, die (Sportwettkampf in sozialist. Staaten)
Spar|ta|kist (Angehöriger des Spartakusbundes)
Spar|ta|ner (*zu* Sparta)
spar|ta|nisch (*a.* genügsam)
Spar|te, die (Zweig, Bereich)
Spar|te|rie (Geflecht)
Spar|ti|at (Vollbürger von Sparta)
spas|misch (krampfhaft)
spas|mo|disch (krampfhaft)
Spas|mo|ly|ti|kum (krampflösendes Mittel)
spas|mo|ly|tisch
Spas|mus (Krampf); *Pl.* Spasmen
Spaß
Spaß...[macher *usw.*]
Späß|chen
spa|ßen; du spaßt *§ 7 (1)*
spa|ßes|hal|ber
spaß|haft
spa|ßig
Spa|sti|ker
spa|stisch (krampfartig)
Spat, der (Mineral); *Pl.* Spate, Späte
spät; später, am spätesten; spätestens; von früh bis spät; spät◡berufen *§ 11 (4), (6)*; allzu◡spät *§ 12*
Spät...[dienst *usw.*]
spät|abends *§ 12*
spät◡be|ru|fen *§ 11 (4), (6)*
Spa|tel, der/die (Werkzeug zum Glätten)
Spa|ten, der
Spa|ten|stich; der erste ~
spä|ter
spä|ter|hin
spä|te|stens
Spa|tha, die (Blütenscheide; germ. Schwert)
spa|ti|ie|ren (*Drucktechnik*: Zwischenräume einschalten)
spa|ti|o|nie|ren (spatiieren)
Spa|ti|um (Zwischenraum); *Pl.* Spatien
Spät|ling
spät|nach|mittags *§ 12*
spät◡voll|en|det *§ 11 (4), (6)*
Spatz
Spätz|chen
Spat|zen...[hirn *usw.*]
Spätz|le (*Pl.*) (Nudeln)
Spa|zier...[fahrt *usw.*]
spa|zie|ren
spa|zie|ren◡fah|ren *10 (5)*
spa|zie|ren◡füh|ren *10 (5)*
spa|zie|ren◡ge|hen *10 (5)*
spa|zie|ren◡rei|ten *10 (5)*
SPD (*Abk. v.* Sozialdemokratische Partei Deutschlands) *§ 17 (2) Anm. 1*
Specht
Specht|mei|se (Vogel)
Spe|cial ef|fect *§ 15 (3)*
Speck
Speck...[kuchen *usw.*]
speckig [k|k]
Speck|stein (Mineral)
spe|die|ren (befördern)
Spe|di|teur (Transportunternehmer)
Spe|di|ti|on
Spe|di|ti|ons...[firma *usw.*]
spe|di|tiv (schnell, wirksam)
Spee, Friedrich (dt. Theologe 1591-1635)
Speed, der (Spurt)
Speed, das (Droge)
Speed|way[rennen], das (Motorradrennen auf Sand usw.)
Speer
Speer, Albert (dt. Architekt u. Politiker 1905-1981)
Speer...[wurf *usw.*]
speer|wer|fen (*Infinitiv*)
Speer|wer|fen, das
Spei|che
Spei|chel
Spei|chel...[drüse *usw.*]
spei|cheln
Spei|chen...[kranz *usw.*]
Spei|cher
Spei|cher...[ofen *usw.*]
spei|cher|bar
spei|chern
spei|en; du speist, spiest, spieest; gespien, gespie|en *§ 7 (1)*
Spei|er|ling (Obstbaum)
Speik, der (Pflanze)
Speil, der (Holzstäbchen)
spei|len (mit dem Speil verschließen); du speilst
Speis, der (Mörtel)
Spei|se, die; Speis und Trank
Spei|se...[karte *usw.*]
spei|sen; du speist
Spei|sen...[folge *usw.*]
Spei|täub|ling (Pilz)
spei|übel
Spek|ta|bi|li|tät (Titel für Dekane)
Spek|ta|kel, das (Schauspiel); der ~ (Lärm)
spek|ta|keln
spek|ta|ku|lär (aufsehenerregend)
spek|tral (*zu* Spektrum)
Spek|tro|graph
Spek|tro|gra|phie
spek|tro|gra|phisch
Spek|trum (Bandbreite, Lichtzerlegung in Regenbogenfarben); *Pl.* Spektra, Spektren
Spe|ku|lant (Spekulierer)
Spe|ku|la|ti|on
Spe|ku|la|ti|ons...[gewinn *usw.*]
Spe|ku|la|ti|us (Figurengebäck)
spe|ku|la|tiv (mutmaßend)
spe|ku|lie|ren (an der Börse Gewinne anstreben)
Spe|ku|lum, das (*med.* Spiegelsonde)
Spe|läo|lo|ge
Spe|läo|lo|gie (Höhlenkunde)
spe|läo|lo|gisch
Spelt, der (Dinkel); *s. a.* Spelz
Spe|lun|ke

Spelz, der (Dinkel); *s. a.* Spelt
Spel|ze, die (Getreidehülle)
Spe|mann, Hans (dt. Zoologe 1869-1941)
Spen|cer, Herbert (engl. Philosoph 1820-1903)
spen|da|bel; spenda|ble Gönner
Spen|de
spen|den; du spendest
Spen|den...[aufruf *usw.*]
Spen|der
Spen|der, Stephen (engl. Schriftsteller 1909-1995)
spen|die|ren
Speng|ler
Speng|ler, Oswald (dt. Schriftsteller 1880-1936)
Speng|le|rei
Spen|ser, Edmund (engl. Dichter 1552[?]-1599)
Spen|zer, der (Jacke)
Sper|ber
Sper|ber, Manès (österr. Schriftsteller 1905-1984)
Spe|renz|chen; ~ machen (Umstände machen)
Sper|ling (Spatz)
Sper|ma, das; *Pl.* Spermen
Sper|ma|to|ge|ne|se (Bildung von Spermien)
Sper|ma|to|zo|on (Spermium)
Sper|ma|zet, das (Walrat)
Sper|mio|ge|ne|se
Sper|mi|um (männl. Samenzelle); *Pl.* Spermien
sper|mi|zid (samentötend); das Spermizid (empfängnisverhütendes Mittel)
Sperr...[feuer *usw.*]
Sper|re, die
sper|ren; du sperrst
Sperrie|gel [rr|r] *§ 7 (1), § 28 Anm.*
sper|rig
Sper|ry, Roger (amerik. Physiologe 1913-1994)
Spe|sen (*Pl.*) (Unkosten)
spe|sen|frei
Spes|sart (dt. Mittelgebirge)
Spe|yer (Stadt)
Spe|ze|rei, die (Gewürz; Delikatesse)
Spe|zi, das (Getränk)
Spe|zi, der (Freund)
spe|zi|al
Spe|zi|al...[fach *usw.*]
Spe|zi|a|li|sa|ti|on
spe|zi|a|li|sie|ren; sich ~
Spe|zi|a|list
Spe|zi|a|li|sten|tum
Spe|zi|a|li|tät
spe|zi|ell
Spe|zi|es, die (Art)
Spe|zi|fik, die (Besonderheit)
Spe|zi|fi|ka|ti|on
Spe|zi|fi|kum (Besonderheit); *Pl.* Spezifika
spe|zi|fisch
Spe|zi|fi|tät
spe|zi|fi|zie|ren (genauer bestimmen)
Spe|zi|fi|zi|tät
Spe|zi|men, das (Probestück)
Sphä|re, die (Bereich)
Sphä|ren...[harmonie *usw.*]
sphä|risch (kugelförmig)
Sphä|ro|id, das (kugeliger Körper)
sphä|ro|i|disch
Sphä|ro|lith, der (kugeliges Mineral)
Sphen, der (Mineral)
Sphe|no|id, das (Kristallform)
sphe|no|i|dal
Sphink|ter, der (Schließmuskel); *Pl.* Sphinktere
Sphinx, die (sagenhaftes Ungeheuer); *a.* der ~ (altägypt. Löwenplastik mit Menschenkopf)
Sphra|gis, die (Siegel)
Sphra|gi|stik (Siegelkunde)
Sphyg|mo|gramm (Pulsaufzeichnung)
Sphyg|mo|graph, der (Pulsaufzeichnungsgerät)
Spi|ca (Stern); *a.* Spika
Spick...[aal *usw.*, *zu* spicken 1.]
spicken (1. mit Speck durchziehen; 2. abschreiben) [k|k]
Spick|zet|tel
Spi|der, der (Sportwagen)
Spie|gel
Spie|gel...[bild *usw.*]
spie|gel|bild|lich
spie|gel|glatt
spie|geln; du spiegelst
spie|gel|ver|kehrt
Spie|ker, der (Nagel)
spie|kern
Spie|ker|oog (ostfries. Insel)
Spiel
Spiel...[ball *usw.*]
Spiel|berg, Steven (amerikan. Regisseur *1947)
spie|len
Spie|ler
spie|le|risch
spiel|freu|dig
Spiel|ha|gen, Friedrich (dt. Schriftsteller 1829-1911)
Spie|lo|thek, die (Spielhalle, -verleih)
Spie|re, die (Segelstange)
Spier|ling (Speierling)
Spier|strauch (Zierstrauch, Spiräe)
Spieß
Spieß|bür|ger
Spieß|chen
spie|ßen
Spie|ßer
spie|ßig
Spieß|ru|ten (*Pl.*); ~ laufen; das Spießrutenlaufen (milit. Strafe; *heute meist übertr.*)
Spi|ka (Stern); *a.* Spica
Spike [spaik], der (Dorn); *Pl.* Spikes (*kurz f.* Laufschuhe *oder* Reifen mit Spikes)
Spill, das ([Anker-]Winde)
Spil|la|ge, die (*kaufm.* Gewichtsverlust)
spil|le|rig
Spil|ling, der (Pflaumenart)
Spin, der (Drall, Drehimpuls)
Spi|na, die (Rückgrat; Dorn)
spi|nal (*zu* Spina)
Spi|nat, der
Spi|nat|wach|tel (komische Frau)
Spind, das/der (Schränkchen)
Spin|del, die
Spin|del...[baum *usw.*]
spin|del|dürr

Spi|nell, der (Mineral)
Spi|nett, das (Tasteninstrument)
Spinn...[düse *usw.*]
Spin|na|ker, der (Vorsegel)
Spin|ne
spin|ne|feind *§ 15 (6)*; jdm. ~ sein
spin|nen; du spinnst, spannst, spännest; gesponnen
Spin|nen...[netz *usw.*]
Spin|ner
Spin|ne|rei
Spin|ne|rin
Spin-off, der (weitere Nutzung technischer Nebenprodukte)
spi|nös (wunderlich)
Spi|no|za, Baruch de (niederl. Philosoph 1632-1677)
Spi|no|zis|mus
Spi|no|zist
spi|no|zi|stisch
spin|ti|sie|ren (abwegige Gedanken hegen)
Spi|on
Spi|o|na|ge, die
Spi|o|na|ge...[dienst *usw.*]
spi|o|nie|ren
Spi|räe, die (Zierpflanze, Spierstrauch)
spi|ral (*Adjektiv*)
Spi|ral...[block *usw.*]
Spi|ra|le, die (gewundene Linie)
spi|ra|lig
Spi|rans, die (Reibelaut); *Pl.* Spirantien
Spi|rant, der (Reibelaut); *Pl.* Spiranten
spi|ran|tisch
Spi|ril|le, die (Bakterienart)
Spi|ri|tis|mus (Gespensterglaube)
Spi|ri|tist
spi|ri|ti|stisch
spi|ri|tu|al (*Adjektiv*) (geistig)
Spi|ri|tu|al, das (religiös. Lied)
Spi|ri|tu|al, der (Klostergeistlicher)
Spi|ri|tu|a|lis|mus (Annahme des Geistigen als Grundlage der Wirklichkeit)
Spi|ri|tu|a|list
spi|ri|tu|a|li|stisch
Spi|ri|tu|a|li|tät (Geistigkeit)
spi|ri|tu|ell (geistig)
Spi|ri|tu|o|se, die (Getränk mit hohem Alkoholanteil); *Pl.* Spirituosen
Spi|ri|tus (1. Alkohol; 2. Hauch, Geist)
Spi|ri|tus...[kocher *usw.*]
Spi|ri|tus as|per (Behauchungszeichen)
Spi|ri|tus le|nis (Zeichen des hauchlosen Einsatzes)
Spi|ri|tus rec|tor (führender Kopf)
Spi|ri|tus Sanc|tus (Heiliger Geist) *§ 15 (7)*
Spi|ro|chä|te, die (Bakterium)
Spi|ro|me|ter (Gerät zur Lungenuntersuchung)
Spir|re, die (Blütenstand)
Spis|sen, das (Vogelruf)
Spi|tal, das (Krankenhaus)
Spit|te|ler, Carl (schweizer. Schriftsteller 1845-1924)
spitz
Spitz, der (Hunderasse)
Spitz...[bogen *usw.*]
spitz◡be|kom|men (bemerken) *§ 10*
Spit|ze
Spit|zel, der
spit|zeln
spit|zen; du spitzt *§ 7 (1)*
Spit|zen...[kandidat *usw.*]
Spit|zer
spit|zig
spitz◡krie|gen (bemerken) *§ 10*
Spitz|weg, Carl (dt. Maler 1808-1885)
Spitz|we|ge|rich, der (Pflanze)
Splanch|no|lo|gie (Eingeweidekunde)
Spleen, der (Marotte)
splee|nig
Spleiß, der (Splitter; gesplissene Verbindung von Seilen)
splei|ßen; du spleißt *§ 7 (1)*, splissest; gesplissen
Splen, der (Milz)
splen|did (glänzend)
Splen|did iso|la|tion *§ 15 (3)*
Spließ, der (Schindel)
Splint, der (Stift; obere, weiche Holzschicht)
Splint|holz
Split (Stadt in Kroatien)
Splitt, der
split|ten; du splittest
Split|ter
Split|ter...[gruppe *usw.*]
split|tern
Split|ting, das (Aufteilung)
Splü|gen[paß] (Alpenpaß in der Schweiz)
Spo|di|um (Knochenkohle)
Spoerl, Heinrich (dt. Schriftsteller 1887-1955)
Spohr, Louis (dt. Komponist 1784-1859)
Spoi|ler (Luftstromlenker an Autos, Flugzeugen usw.)
Spö|ken|kie|ker
Spo|li|um (Beutestück); *Pl.* Spolien
spon|de|isch (*zu* Spondeus)
Spon|de|us (Versfuß); *Pl.* Spon|deen
Spon|di|a|kus (Versform)
Spon|dyl|ar|thri|tis, die (Wirbelgelenkentzündung)
Spon|dy|li|tis, die (Wirbelentzündung)
Spon|dy|lo|se (Wirbelarthrose)
Spon|gia, die (Schwamm)
Spon|gin, das (Schwammeiweiß)
spon|gi|ös (schwammartig)
Spon|sa|li|en (*Pl.*) (Verlobungsgeschenke)
spon|sern (fördern, mitfinanzieren); du sponserst; gesponsert
Spon|si|on (*österr.* Verleihung akad. Titel)
Spon|sor (Förderer); *Pl.* Sponsoren
Spon|so|ring, das (Förderung)
spon|tan (von selbst, ohne äußeren Anlaß)
Spon|ta|ne|i|tät, Spon|ta|ni|tät
Spon|ti, der (jemand, der planlos handelt)
Spo|ra|den (*Pl.*) (griech. Inseln)
spo|ra|disch (verstreut)

Spor|an|gi|um (Sporenbehälter)
spor|co (mit Verpackung); *s. a.* Sporko
Spo|re, die; *Pl.* Sporen
Spo|ren...[pflanze *usw.*]
spo|ren|bil|dend; *aber* [viele] Sporen bildend *§ 11 (4), (6)*
spo|ren|tra|gend; *aber* [viele] Sporen tragend *§ 11 (4), (6)*
Spör|gel, der (Pflanze)
Spor|ko, das (Bruttogewicht); *s. a.* sporco
Sporn, der; *Pl.* Sporne, *a.* Sporen
spor|nen; du spornst
sporn|streichs (sofort)
Spo|ro|phyll, das (Blattorgan bei Farnen usw.)
Spo|ro|phyt, der (Zwischengeneration bei Sporenpflanzen)
Spo|ro|zo|on, das (Sporentierchen)
Sport
Sport...[artikel *usw.*]
Spor|tel, die; *Pl.* Sporteln (Entgelt für Amtshandlungen)
spor|tiv
Sport|ler
sport|lich
Sports...[geist *usw.*]
Spot, der (1. Werbesendung; 2. Spotlight)
Spot|light, das (Scheinwerfer)
Spot|markt (Warenbörse für Sofortgeschäfte)
Spott, der
Spott...[bild *usw.*]
spott|bil|lig
Spott|dros|sel, die (Vogel)
Spöt|te|lei
spöt|teln
spot|ten
Spöt|ter (*a.* Vogelgattung)
spöt|tisch
S. P. Q. R. (*Abk. v.* Senatus Populusque Romanus)
Sprach...[lehre *usw.*]
sprach|be|gabt
Spra|che
Spra|chen...[politik *usw.*]
sprach|ge|stört
sprach|kun|dig
sprach|lich
sprach|los
Spran|ger, Eduard (dt. Philosoph 1882-1963)
sprat|zen; du spratzt *§ 7 (1)*
Spray, der (Zerstäuber)
spray|en; du sprayst; gesprayt
Sprech...[blase *usw.*]
spre|chen; du sprichst, sprachst, sprächest; gesprochen; sprich!
Spre|cher
Spree, die (Fluß)
Spree-Athen (Berlin) *§ 13 (2)*
Sprei|ßel, der (Splitter)
sprei|ten; du spreitest
Spreiz...[fuß *usw.*]
spreiz|bei|nig
Sprei|ze, die
sprei|zen; du spreizt *§ 7 (1)*
Spreng...[körper usw.]
Spren|gel, der (Amtsbezirk)
spren|gen
Spren|ger
Spreng|sel, das/der (Fleck)
Spren|kel, der (Fleck)
spren|keln
Spreu
Sprich|wort
sprich|wört|lich
Sprie|gel, der (Dach- oder Verdeckhalterung)
Sprie|ße, die (Stützholz)
sprie|ßen[1] (stützen); du sprießt *§ 7 (1)*, sprießtest; gesprießt
sprie|ßen[2] (wachsen); du sprießt *§ 7 (1)*, sprossest, sprössest; es sproß; gesprossen
Spriet, das (Stange)
Spring...[brunnen *usw.*]
sprin|gen; du springst, sprangst, sprängest; gesprungen
Sprin|ger
Sprin|ger, Axel Cäsar (dt. Verleger 1912-1985)
Spring|ins|feld, der *§ 13 (4) Anm. 1*
spring|le|ben|dig
Sprink|ler (Wassersprenger)
Sprint, der (schneller Kurzstreckenlauf)
sprin|ten
Sprin|ter
Sprit, der (Treibstoff; Schnaps, Alkohol)
Spritz...[kuchen *usw.*]
Sprit|ze
sprit|zen; du spritzt *§ 7 (1)*
Sprit|zen...[haus *usw.*]
Sprit|zer
Sprit|ze|rei
spritz|ge|backen [k|k]; das Spritzgebackene
sprit|zig
spröd, sprö|de
Sprö|de, die (*a.* Sprödigkeit)
Sproß
Sproß...[vokal *usw.*]
Spröß|chen
Spros|se
spros|sen; du sproßt *§ 7 (1)* sproßtest, sprössest; gesproßt
Spros|sen...[leiter *usw.*]
Spros|ser (Vogel)
Spröß|ling
Sprot|te, die (Fisch)
Spruch
Spru|del
Spru|del...[flasche *usw.*]
spru|deln
Sprue, die (Darmkrankheit)
Sprüh...[dose *usw.*]
sprü|hen; du sprühst
Sprung
Sprung...[gelenk *usw.*]
sprung|haft
Spucke [k|k]
spucken [k|k]; du spuckst
Spuck|napf
Spuk, der
Spuk...[schloß *usw.*]
spu|ken; du spukst
Spül...[maschine *usw.*]
Spu|le
Spü|le
spu|len; du spulst
spü|len; du spülst
Spu|ler (Teil der Nähmaschine)
Spul|wurm (Darmparasit)
Spu|man|te, der (Schaumwein)
Spund (Verschluß); junger ~ (junger Kerl)

Spund...[wand *usw.*]
spun|den; du spundest
Spur
Spur...[breite *usw.*]
Spür...[hund *usw.*]
spür|bar
spu|ren; du spurst
Spu|ren...[suche *usw.*]
spü|ren; du spürst
spur|los
Spurt, der (schneller Kurzstreckenlauf)
spur|ten
spurt|stark
spu|ten, sich (s. eilen)
Sput|nik (sowjet. Raumsonde)
Spu|tum (Speichel); *Pl.* Sputa
Square dance, der (amerik. Volkstanz) *§ 15 (3)*
Squash, das (1. Fruchtsaft; 2. Ballspiel)
Squash|cen|ter
Squat|ter (Siedler ohne Berechtigung)
Squaw (indian. Ehefrau)
Squi|re (*engl. Anrede*)
Sr (*chem. Zeichen f.* Strontium)
Sr. (*Abk. v.* Seiner *in Anreden*)
Sri Lan|ka (Ceylon)
Sri|lan|ker
sri|lan|kisch
S-Rohr *§ 13 (2)*
SS (*Abk. v.* Schutzstaffel [*nationalsoz.*]) *§ 17 (2) Anm. 1*
SS-...[Mann *usw.*] *§ 13 (2)*
SSD (*Abk. v.* Staatssicherheitsdienst [*DDR*]) *§ 17 (2) Anm. 1*
SSO (*Abk. v.* Südsüdost) *§ 17 (2) Anm. 2*
SSR (*Abk. f.* Sozialistische Sowjetrepublik) *§ 17 (2) Anm. 1*
SSSR (*Abk. f.* Union der Sozialistischen Sowjetrepubliken) *§ 17 (2) Anm. 1*
SSW (*Abk. v.* Südsüdwest) *§ 17 (2) Anm. 2*
st! (*Interjektion*)
St. (*Abk. v.* Sankt)
s. t. (*Abk. v.* sine tempore)
Staat; von Staats wegen
Staa|ten...[bund *usw.*]
staa|ten|bil|dend; *aber* [große] Staaten bildend *§ 11 (6)*
staa|ten|los
staat|lich
staat|li|cher|seits
Staats...[akt *usw.*]
staats|bür|ger|lich
Staats|qual|le (Quallenart)
Stab
Stab...[hochsprung *usw.*)
Sta|bat ma|ter, das (kirchl. Hymnus)
Stäb|chen
sta|ben (alliterieren; *s. a.* stabreimen)
sta|bil
Sta|bi|le, das (Kunstwerk)
Sta|bi|li|sa|ti|on
Sta|bi|li|sa|tor
sta|bi|li|sie|ren
Sta|bi|li|tät
Stab|reim (Alliteration, reimender Anlaut)
stab|rei|men; *s. a.* staben
Stabs...[arzt *usw.*]
stacc. (*Abk. v.* staccato)
stac|ca|to (*Adjektiv*); *Abk.* stacc.
Stac|ca|to, das; *a.* Stakkato
Sta|cha|now-Sy|stem (sowjet. Wettbewerbssystem) *§ 13 (2)*
Sta|chel
sta|che|lig; *s. a.* stachlig
sta|cheln; du stachelst
stach|lig; *s. a.* stachelig
Stack, das (Stapel; *bes. EDV*)
Sta|del, der (Scheune)
sta|di|al (stufenweise)
Sta|di|on (Sportanlage); *Pl.* Stadien
Sta|di|um (Zustand); *Pl.* Stadien
Stad|ler, Ernst (dt. Dichter 1883-1914)
Stadt
Stadt...[rat *usw.*]
stadt|aus|wärts
stadt|be|kannt
stadt|ein|wärts
Städt|chen
Städ|ter
städ|tisch
Staël, Germaine de (frz. Schriftstellerin 1766-1817)
Sta|fet|te, die (einander abwechselnde Läufer, Boten)
Staf|fa|ge, die (Aufmachung, Belebung durch Beiwerk)
Staf|fel, die (Gruppe)
Staf|fel...[lauf *usw.*]
Staf|fe|lei, die (Malgestell)
staf|feln; du staffelst
staf|fie|ren (Stoff aufnähen)
Stag, das (Haltetau)
Stag|fla|ti|on (Verbindung von Stagnation und Inflation)
Sta|gio|ne, die (*ital.* Spielzeit)
Sta|gna|ti|on (Stillstand)
sta|gnie|ren
Stahl
Stahl...[beton *usw.*]
stäh|len; du stählst
stäh|lern (aus Stahl)
Sta|ke, die (Stange)
sta|ken; du stakst
Sta|kes [steiks] (*Pl.*) (Einsatz b. Pferderennen)
Sta|ket, das (Lattenzaun)
Sta|ke|te, die (Zaunlatte)
Sta|ke|ten|zaun
Stak|ka|to, das; *a.* Staccato
stak|sen; du stakst *§ 7 (1)*
stak|sig
Sta|lag|mit, der (aufsteigender Tropfstein)
sta|lag|mi|tisch
Sta|lak|tit, der (herabhängender Tropfstein)
sta|lak|ti|tisch
Sta|lin, Josef (Dschugaschwili, georg.-sowjet. Politiker 1879-1953)
Sta|lin|grad (Stadt in Rußland, heute Wolgograd)
Sta|li|nis|mus
Sta|li|nist
sta|li|ni|stisch
Sta|lin|or|gel (Raketenwerfer)
Stall
Stall...[mist *usw.*]
Stalla|ter|ne [ll|l] *§ 7 (1), § 28 Anm.*
Ställ|chen (*zu* Stall)
stal|len; du stallst
Stal|lo|ne, Sylvester (amerikan.

Schauspieler *1946)
Sta|mi|no|di|um (umgewandeltes Staubblatt)
Sta|mitz, Johann (böhm. Komponist 1717-1757); Carl ~ (dt. Komponist 1745-1801)
Stamm
Stamm...[baum *usw.*]
Stämm|chen (*zu* Stamm)
stam|meln
stam|men; du stammst
Stam|mes...[geschichte *usw.*]
Stammie|te [mm|m] *§ 7 (1), § 28 Anm.*
stäm|mig
Stamm|ler
Sta|mo|kap (*kurz f.* staatsmonopolistischer Kapitalismus)
Stam|pe|de, die (wilde Flucht e. Herde)
Stam|per, der (Schnapsglas)
Stam|perl, das (Schnapsglas)
Stampf...[kartoffeln *usw.*]
Stamp|fe, die
stamp|fen; du stampfst
Stamp|fer
Stand; in den Stand setzen, im Stand[e] der Unschuld; standhalten (*s. d.*); außerstande, imstande *§ 12*; instand setzen *usw.*; zustande◡kommen;
Stand...[licht *usw.*]
Stan|dard, der (Norm)
Stan|dard...[brief *usw.*]
Stan|dar|di|sa|ti|on
stan|dar|di|sie|ren (vereinheitlichen)
Stan|dar|te, die (Fähnchen; *jägerspr.* Schwanz)
Stand-by, das (Bereitstehen)
Stand-by-Schal|tung *§ 13 (3)*
Ständ|chen
Stan|der, der (Flagge)
Stän|der
Stän|der...[pilz *usw.*]
Stan|des...[amt *usw.*]
stand|fest
stand|haft
stand|hal|ten *§ 9*; du hältst stand *§ 9 Anm. 2*
stän|dig
Stan|ding, das (Rang)
Stan|ding ova|tions (*Pl.*) (*engl.* stehender Beifall) *§ 15 (3)*
stän|disch
Stan|ge
Stän|gel|chen (*zu* Stange)
stän|geln (an Stangen befestigen)
Stan|gen...[bohne *usw.*]
Sta|nis|laus (Heiliger)
Sta|nit|zel, Sta|nitzl, das (Tüte)
Stank, der
Stän|ker
Stän|ke|rei
Stän|ke|rer
stän|kern; du stänkerst
Stan|ley, Henry Morton (engl. Afrikaforscher 1841-1904)
Stan|ni|ol, das (Folie aus Zinn, Aluminium)
Stan|num (Zinn); *chem. Zeichen* Sn
stan|te pe|de (*lat.* „stehenden Fußes“)
Stan|ze, die (1. Strophe; 2. Maschine)
stan|zen; du stanzt *§ 7 (1)*
Sta|pel, der
Sta|pel...[lauf *usw.*]
Sta|pel|da|tei (*EDV*)
Sta|pe|lie, die (Pflanze)
sta|peln
Stap|fe, die; *s. a.* Stapfen
Stap|fen, der; *s. a.* Stapfe
Sta|phy|lo|kok|kus (Bakterium)
Stap|ler
Star[1], der (Vogel)
Star[2], der (Augenleiden)
Star[3], der (berühmter Könner)
Star...[operation *usw.*, *zu* Star[2]]
Star...[kult *usw.*, *zu* Star[3]]
Sta|ren|ka|sten
stark; stärker, am stärksten
Stark, Johannes (dt. Physiker 1874-1957)
Stark...[bier *usw.*]
Stär|ke (1. Kraft; 2. chem. Stoff)
stär|ken (kräftigen; mit Stärke 2. behandeln)
Star|king (Apfelsorte)
stark◡machen; s. für etwas ~ *§ 10*
Star|let[t], das (Nachwuchsschauspielerin mit Starallüren)
Sta|rost („Ältester“; Verwaltungsbeamter, Statthalter)
Sta|ro|stei
starr
Star|re, die (Starrheit)
star|ren; du starrst
Stars and Stripes (Sternenbanner der USA) *§ 15 (7)*
Start
START (*Abk. v.* Strategic Arms Reduction Talks) *§ 17 (2) Anm. 1*
Start...[bahn *usw.*]
star|ten
Star|ter
Start-und-Lan|de-Bahn *§ 13 (2)*
Start-up, der/das (neues Unternehmen)
Start-Ziel-Sieg, der *§ 13 (2)*
Sta|se, die (Stillstand); *s. a.* Stasis
Sta|si (*kurz f.* Staatssicherheitsdienst [der DDR])
Sta|si...[akte *usw.*]
Sta|si|mon, das (Standlied in der antiken Tragödie)
Sta|sis, die (Stillstand); *s. a.* Stase
sta|ta|risch (verweilend)
State De|part|ment (Außenministerium der USA) *§ 15 (7)*
State|ment, das (Erklärung, These)
Sta|ter, der (antike Münze)
sta|tie|ren (als Statist arbeiten)
stä|tig (störrisch); *s. aber* stetig
Sta|tik ([Lehre v.] Kräftegleichgewicht, bes. an Bauwerken)
Sta|ti|ker
Sta|ti|on
sta|ti|o|när
sta|ti|o|nie|ren
sta|tisch
stä|tisch (störrisch)
Sta|tist ([stumme] Nebenfigur)
Sta|ti|ste|rie

Sta|ti|stik (Auswertung großer Zahlen)
Sta|ti|sti|ker
sta|ti|stisch
Sta|tiv, das (Gestell für Kameras u. ä.)
Sta|to|blast, der (Entwicklungsstadium v. Moostierchen)
Sta|to|lith, der (Steinchen im Gleichgewichtsorgan)
Sta|tor, der (Ständer bei Elektromotoren u. ä.)
statt (*Präposition*); statt deiner; *aber* an deiner Statt *usw.* (*s.* Statt); statt◡dessen *§ 12*; *vgl.* anstatt
Statt, die; an meiner Statt, an Kindes Statt; *vgl.* anstatt
statt◡dessen *§ 12*
Stätte, die
statt|fin|den *§ 9*; es findet statt
statt|ge|ben *§ 9*; du gibst statt
statt|ha|ben *§ 9*; es hat statt
statt|haft
Statt|hal|ter
statt|lich
sta|tu|a|risch
Sta|tue, die
sta|tu|en|haft
Sta|tu|et|te (kleine Statue)
sta|tu|ie|ren (aufstellen)
Sta|tur, die
Sta|tus, der (Zustand); *Pl.* Status [u:]
Sta|tus nas|cen|di, der (Entstehungsstadium); in statu nascendi (*lat.*) *§ 15 (3)*
Sta|tus quo [an|te], der (früherer Zustand)
Sta|tut, das (Satzung); *Pl.* Statuten
sta|tu|ta|risch (standbildartig)
Stau
Stau...[meldung *usw.*]
Staub; Staub saugen; *s. aber* staubsaugen
Staub...[sauger *usw.*]
Stäub|chen
stau|ben; es staubt
stäu|ben; es stäubt
stau|big
Stäub|ling (Pilz)
staub|sau|gen *§ 8*; du staubsaugst; *aber* Staub saugen, du saugst Staub
stau|chen; du stauchst
Stau|de, die
Stau|den...[beet *usw.*]
stau|dig
Staud|te, Wolfgang (dt. Regisseur 1906-1984)
stau|en; du staust
Stau|er
Stauf, der (Hohlmaß, Gefäß)
Stau|fe[r] (Angehöriger eines Fürstengeschlechts)
Stauf|fen|berg, Claus Schenk von (dt. Widerstandskämpfer 1907-1944)
Stauf|fer|fett (Schmiermittel)
stau|nen; das Staunen
Stau|pe, die (1. Tierkrankheit; 2. Prügelstrafe)
stäu|pen (*zu* Staupe 2.)
Stau|ro|lith, der (Mineral)
Stau|ro|thek, die (Reliquiar)
Stau|ung
Steak, das (Fleischscheibe)
Stealth-Bom|ber (Tarnkappenbomber) *§ 13 (2)*
Stea|mer (Dampfer)
Ste|a|rin, das (Kerzenmaterial)
Ste|a|tit, der (Speckstein)
Ste|a|to|py|gie (Fettsteißigkeit)
Ste|a|to|se, die (Verfettung)
Stech...[uhr *usw.*]
Stech|ap|fel (Nachtschattengewächs)
ste|chen; du stichst, stachst, stächest; gestochen
Steck...[brief *usw.*]
stecken [k|k]; du stecktest, stakst, stäkest; gesteckt
Stecken, der [k|k]
stecken◡blei|ben [k|k] *§ 10 Anm.*
stecken◡las|sen [k|k] *§ 10 Anm.*
Stecker [k|k]
Steck|ling
Stee|ple|chase, die (Hindernispferderennen)
Steep|ler (Pferd)
Steg, der
Ste|go|sau|ri|er (Dinosaurier)
Ste|go|ze|pha|le, der (fossiler Panzerlurch)
Steg|reif; aus dem ~
ste|hen; du stehst, standest, ständest/stündest; gestanden; zum Stehen bringen
ste|hen◡blei|ben *§ 10 Anm.*
ste|hen◡las|sen *§ 10 Anm.*
Ste|her (*a.* Rennpferd; Radrennfahrer)
steh|len; du stiehlst, stahlst, stählest, stöhlest; gestohlen
Steh|ler; Hehler und Stehler
Stei|er|mark (österr. Bundesland)
steif; *als Verbzusatz a. zusammengeschrieben*: st<u>eif</u>◡schlagen *usw.*
Stei|fe (Steifheit)
stei|fen; du steifst
st<u>eif</u>◡halten *§ 10*; die Ohren ~ (*a. übertr.*)
st<u>eif</u>◡schlagen *§ 10*
Steig
Steig...[flug *usw.*]
Steig|bü|gel
Stei|ge, die
stei|gen; du steigst, stiegst, stiegest; gestiegen
Stei|ger (*a.* Bergingenieur)
stei|gern
Stei|ge|rungs...[rate *usw.*]
Stei|gungs...[winkel *usw.*]
steil; steiler, am steilsten
Steil...[hang *usw.*]
Stein
Stein, Charlotte von (dt. Schriftstellerin 1742-1827); Edith ~ (dt. Philosophin 1891-1942); Heinrich Friedrich Karl Freiherr vom und zum ~ (preuß. Politiker 1757-1831); Lorenz von ~ (dt. Jurist 1815-1890); Peter ~ (dt. Regisseur *1937)
Stein...[bruch *usw.*]
stein|alt (sehr alt)
Stein|beck, John (amerikan. Schriftsteller 1902-1968)
Stein|bei|ßer (Fisch)

Stein|brech, der (Pflanze)
Stein|butt, der (Fisch)
Stei|ner, Rudolf (österr. Anthroposoph 1861-1925)
stei|nern (aus Stein); Steinernes Meer (Teil der Alpen)
Stein|er|wei|chen; zum ~
stein|hart (sehr hart)
Stein|hu|der Meer (See in Norddeutschland)
stei|nig
stei|ni|gen
Stein|metz, der
stein|reich (sehr reich)
Stei|rer (Steiermärker)
stei|risch
Steiß, der (Gesäß)
Steiß|bein
Steiß|lage
Stek, der (*seemänn.* Knoten)
Ste|le, die (Grabsäule)
Stell...[schraube *usw.*]
stel|lar (die Sterne betreffend)
Stell|dich|ein, das *§ 13 (4) Anm. 1*
Stel|le; an Stelle, *a.* anstelle; zur Stelle
stel|len; du stellst
Stel|len...[suche *usw.*]
Stel|ling, die (Arbeitsbühne)
Stel|lungs...[krieg *usw.*]
St.-Elms-Feuer *§ 13 (4)*
Stelz...[fuß *usw.*]
Stel|ze, die (*a.* Hachse)
Stemm...[eisen *usw.*]
Stem|ma, das (Baumdiagramm)
Stem|me, die
stem|men
Stem|pel
Stem|pel...[kissen *usw.*]
Sten|del, der (Stendelwurz)
Sten|del|wurz, die (Orchidee)
Sten|dhal (Henri Beyle, frz. Schriftsteller 1783-1842)
Sten|ge, die (Maststange)
Sten|gel, der (Stiel)
sten|gel|los
Ste|no, das (*kurz f.* Stenogramm)
Ste|no|block
Ste|no|graf; *a.* ...graph
Ste|no|gra|fie (Kurzschrift); *a.* ...graphie
ste|no|gra|fie|ren; *a.* ...graphieren
ste|no|gra|fisch; *a.* ...graphisch
Ste|no|kar|die (Angina pectoris)
Ste|no|se, die (Verengung)
ste|no|ty|pie|ren (in Kurzschrift aufnehmen und tippen)
Ste|no|ty|pist
Sten|tor (Sagengestalt)
Sten|tor|stim|me
Stenz, der (Geck)
Step, der (Tanz)
Step...[tanz *usw.*]
Ste|phan, Heinrich von (dt. Postdirektor 1831-1897)
Ste|phan (König v. Ungarn ~975-1038)
Ste|phans|dom (Dom in Wien)
Ste|pha|nus (Heiliger)
Ste|phen|son, George (engl. Ingenieur 1781-1848)
Stepp...[decke *usw.*]
Step|pe
step|pen (1. Stoff zusammennähen; 2. Step tanzen)
Step|pen...[brand *usw.*]
Step|per (Steptänzer)
Ster, der (Raummeter)
Ster|be...[bett usw.]
ster|ben; du stirbst, starbst, stürbest; gestorben
Ster|bens...[angst usw.]
sterb|lich
ste|reo; eine Platte ~ aufnehmen; *aber* in Stereo; *vgl.* stereophon)
Ste|reo, das; in Stereo
Ste|reo...[anlage *usw.*]
ste|reo|phon (über mehrere Kanäle aufgenommen, räumlich klingend)
Ste|reo|pho|nie
ste|reo|pho|nisch
ste|reo|sko|pisch (beidäugig sichtbar, räumlich wirkend)
ste|reo|typ (*Adjektiv*)
Ste|reo|typ, das/der (Vorurteil; Prototyp)
ste|reo|ty|pie|ren
ste|ril (unfruchtbar, keimfrei)
Ste|ri|li|sa|ti|on
Ste|ri|li|sa|tor
ste|ri|li|sie|ren
Ste|ril|ver|band
Ster|ke (junge Kuh)
Ster|let[t], der (Fisch)
Ster|ling; Pfund ~ (engl. Währung)
Stern
Stern, Isaac (amerikan. Geiger *1920); William ~ (dt. Psychologe 1871-1938)
Stern...[bild *usw.*]
Stern|berg, Josef von (österr.-amerikan. Regisseur 1894-1969)
Stern|ber|ger, Dolf (dt. Politologe 1907-1989)
Ster|nen...[himmel *usw.*]
Stern|heim, Carl (dt. Schriftsteller 1878-1942)
Stern|schnup|pe
Ste|ro|id, das (chem. Verbindung); *Pl.* Ste|ro|i|de
Stert, der (Schwanz); *s. a.* Sterz
Sterz, der (1. Schwanz, 2. Teil des Pfluges usw.); *s. a.* Stert
ster|zeln
stet
Ste|tho|skop, das (Hörrohr)
ste|tig
stets
Stet|tin (Stadt in Polen, *poln.* Szczecin)
Stet|ti|ner
Steu|ben, Friedrich Wilhelm von (dt.-amerikan. General 1730-1794)
Steu|er[1], das
Steu|er[2], die
Steu|er...[rad *usw.*, *zu* Steuer[1]]
Steu|er...[bescheid *usw.*, *zu* Steuer[2]]
steu|er|bar
steu|er|lich
steu|er|los
steu|ern; du steuerst
Ste|ven, der (Verlängerung des Kiels bei Schiffen)
Ste|ven|son, Robert Louis (engl.

Schriftsteller 1850-1894)
Ste|ward, der (Betreuer auf Schiffen, Flugzeugen)
Ste|war|deß, Stewardess (*engl.*)
Stew|art, James (amerikan. Schauspieler 1908-1997)
StGB (*Abk. v.* Strafgesetzbuch) *§ 17 (2) Anm. 2*
Sthe|nie (Kraft)
sthe|nisch
sti|bit|zen
Sti|bi|um (Antimon); *chem. Zeichen* Sb
Stich; ~ halten
Stich...[tag *usw.*]
Sti|chel, der
Sti|che|lei
stich|fest; hieb- und stichfest *§ 13 (1)*
sti|cheln
stich|hal|tig
Stich|ling (Fisch)
Sti|cho|my|thie (Dialog in Einzelversen)
Stick...[garn *usw.*]
sticken [k|k]
Sticker (Aufkleber) [k|k]
Sticke|rei [k|k]
stickig [k|k]
Stick|oxid (*chem.*), Stick|oxyd
Stick|stoff
Stick|stoff...[dünger *usw.*]
stie|ben; du stiebst, stobst, stöbest; gestoben
Stief...[mutter *usw.*]
Stie|fel
Stie|fel...[knecht *usw.*]
stie|feln; du stiefelst
Stief|müt|ter|chen (Pflanze)
Stie|ge (1. Kiste; 2. Treppe)
Stieg|litz (Vogel)
stie|kum (heimlich)
Stiel
Stiel...[bürste *usw.*]
Stiel|au|ge; Stielaugen machen
stiel|los (*zu* Stiel)
stier (starr)
Stier, der
Stier...[blut *usw.*]
stie|ren; du stierst
stie|rig
Stie|sel (Flegel); *s. a.* Stießel
stie|se|lig; *s. a.* stießelig
Stie|ßel (Flegel); *s. a.* Stiesel
stie|ße|lig; *s. a.* stieselig
Stift, das (relig. Stiftung)
Stift, der (*a.* Lehrling)
stif|ten
stif|ten◡ge|hen *§ 10*
Stif|ter, Adalbert (österr. Dichter 1805-1868)
Stift|ler
Stifts...[kirche *usw.*]
Stif|tungs...[fest *usw.*]
Stig|ma, das (Kennzeichen, Wundmal, Brandmal, Schandmal; Atemöffnung); *Pl.* Stigmen, Stigmata
Stig|ma|ti|sa|ti|on
stig|ma|ti|sie|ren (*übertr.* brandmarken)
Stijl; De Stijl (niederl. Künstlergruppe)
Stil, der (Kunstrichtung *usw.*)
Stil...[kunst *usw.*]
Stilb, das (Maßeinheit der Leuchtdichte); *Abk.* sb
Sti|lett, das (Dolch)
Stilf|ser Joch (ital. Alpenpaß)
sti|li|sie|ren
Sti|list
Sti|li|stik
sti|li|stisch
still, stil|le; stille Reserve, stiller Teilhaber; im stillen (heimlich, ohne Aufheben); *Großschreibung in Eigennamen und bei festen Begriffen § 15 (7), (8)*: Stiller Freitag (Karfreitag), Ozean (Pazifik); Stille Woche (Karwoche); *als Verbzusatz a. zusammengeschrieben*: still◡halten usw.
Still...[zeit *usw.*]
still◡blei|ben *§ 10*
Stil|le, die
Stille|ben (Darstellung unbelebter Dinge) [ll|l] *§ 7 (1), § 28 Anm.*
stille|gen [ll|l] *§ 7 (1), § 28 Anm.*, still legen *§ 10*
Stille|gung [ll|l] *§ 7 (1), § 28 Anm.*
stil|len; du stillst
still◡hal|ten *§ 10*
Still|hal|te|ab|kom|men
stillie|gen [ll|l] *§ 7 (1), § 28 Anm.*, still liegen *§ 10*
stil|los
still|schwei|gen; stillschweigend
still◡sit|zen *§ 10*
still◡ste|hen *§ 10*
Stimm...[abgabe *usw.*]
Stim|me
stim|men (1. die Tonhöhe richten; 2. zutreffen); du stimmst das Klavier; das stimmt
stimm|haft
stim|mig
stimm|lich
stimm|los
Stim|mung
Stim|mungs...[musik *usw.*]
Sti|mu|lans; *Pl.* Stimulantia, Stimulanzien
Sti|mu|la|ti|on
sti|mu|lie|ren (anregen)
Sti|mu|lus (Reiz); *Pl.* Stimuli
Stink...[bombe *usw.*]
stink|be|sof|fen
stin|ken; du stinkst, stankst, stänkest; gestunken
stin|kig
stink|lang|wei|lig
stink|nor|mal
stink|reich
stink|sauer
Stin|nes, Hugo (dt. Industrieller 1870-1924)
Stint, der (Fisch)
Sti|pen|di|at, der
Sti|pen|di|um (Unterstützung e. Studenten usw.); *Pl.* Stipendien
Stipp, der (kleiner Fleck)
Stip|pe, die (dicke Soße)
stip|pen
stip|pig
Stipp|vi|si|te, die (Kurzbesuch)
Sti|pu|la|ti|on ([mündl.] Vertrag, Zusage)
sti|pu|lie|ren
Stir|ling, James (brit. Architekt 1926-1992)

Stirn, Stir|ne
Stirn...[band *usw.*]
Stir|ne, Stirn
St. Lu|cia
Stoa, die (1. Säulenhalle; 2. Philosophenschule)
stö|bern; du stöberst
Sto|cha|stik (Wahrscheinlichkeitsrechnung)
sto|cha|stisch
Sto|cher, der
sto|chern
Stö|chio|me|trie (Berechnung v. Stoffmengen b. chem. Reaktionen)
Stock (1. Stab; 2. Stockwerk; 3. Vorrat)
Stock...[rose *usw.*]
Stock-Car, der ([frisiertes] Auto)
Stock-Car-Rennen
Stöck|chen
stöckeln [k|k]
stocken [k|k]
Stock|en|te (Vogel)
Stock|holm (Hauptstadt v. Schweden)
stockig [k|k]
stock|ka|tho|lisch
stock|sau|er
Stock|werk
Stoecker, Adolf (dt. Prediger 1835-1909) [k|k]
Stoff
Stoff...[rest *usw.*]
Stoffar|be [ff|f] *§ 7 (1), § 28 Anm.*
Stoffet|zen [ff|f] *§ 7 (1), § 28 Anm.*
Stof|fel, der (ungehobelter Mensch)
stof|fe|lig, stoff|lig (*zu* Stoffel)
stoff|lich (*zu* Stoff)
stöh|nen
Sto|i|ker
Sto|i|zis|mus (antike Philosophie; Unerschütterlichkeit)
Sto|la, die (eine Art Schal)
Stol|ge|büh|ren (*Pl.*) (kirchl. Gebühren)
Stol|le, die; *s. a.* Stollen 1.
Stol|len, der (1. Gebäck; 2. Zapfen; 3. Gang im Bergwerk; 4. Strophe)
Stol|per...[stein *usw.*]
stol|pern
stolz (*Adjektiv*)
Stolz, der
Stolz, Robert (österr. Komponist 1880-1975)
stol|zie|ren
Sto|ma, das (Mund; *med.* künstl. Ausgang); *Pl.* Stomata
Sto|ma|ti|tis, die (Mundschleimhautentzündung)
Sto|ma|to|lo|ge
Sto|ma|to|lo|gie (Mundheilkunde)
sto|ma|to|lo|gisch
stop!
Stop, der (*engl.*) (Halt, Stoppball im Sport); *a.* Stopp
Stop-and-go-Ver|kehr *§ 13 (2)*
Stopf|ei
stop|fen; du stopfst
Stop|fen, der
Stop|fer
Stoph, Willy (dt. Politiker 1914-1999)
stopp!
Stopp, der; *engl.* Stop (*s. d.*)
Stopp|ball
Stop|pel
stop|pe|lig; *s. a.* stopplig
stop|peln
stop|pen
Stop|per
stopp|lig; *s. a.* stoppelig
Stöp|sel, der
stöp|seln
Stör, der (Fisch)
Stör...[fall *usw.*]
Sto|rax, der (Pflanze; Harz); *s. a.* Styrax
Storch
Storch...[nest *usw.*]
Stor|chen...[nest *usw.*]
Stör|chin
Storch|schna|bel (*a.* 1. Pflanze; 2. Zeichengerät)
Store[1], der (Vorhang)
Store[2], der (*engl.*) (Laden)
stö|ren
Storm, Theodor (dt. Dichter 1817-1888)
stor|nie|ren
Stor|no, das/der (Rückbuchung); *Pl.* Stornos, Storni
stör|rig
stör|risch
Stör|te|be|ker, Klaus (dt. Freibeuter † 1402)
Stor|ting, das (norweg. Parlament)
Sto|ry, die (Geschichte)
Stoß
Stoß...[band *usw.*]
Stö|ßel, der
sto|ßen; du stößt *§ 7 (1)*, stießest; gestoßen
Stö|ßer (Sperber)
stoß|fest
stö|ßig
Sto|tin|ka, die (bulg. Münze); *Pl.* Stotinki
Stot|te|rer
stot|tern
Stout, das (Bier)
Stöv|chen
StPO (*Abk. v.* Strafprozeßordnung) *§ 17 (2) Anm. 2*
stra|ban|zen (s. herumtreiben); *s. a.* strawanzen
Stra|bon (griech. Geograph ~63 v. Chr. - nach 23 n.Chr.)
Strac|cia|tel|la, die (ital. Suppe); das ~ (Speiseeissorte)
strack
stracks
Strad|dle, der (Hochsprungtechnik, Wälzsprung)
Stra|di|va|ri, Antonio (ital. Geigenbauer 1644-1737)
Stra|di|va|ri, die (Geige von ~)
Straf...[gesetz *usw.*]
Straf|ge|setz|buch; *Abk.* StGB
straf|bar
Stra|fe
stra|fen (*zu* Strafe); du strafst
straf|ex|er|zie|ren *§ 8*
straff; straffer, am straff[e]sten
straf|fen (straff machen)
sträf|lich

Sträf|ling
Straf|pro|zeß|ord|nung; *Abk.* StPO
straf|ver|set|zen *§ 8*
Strahl
Strahl...[triebwerk *usw.*]
strah|len; du strahlst
Strah|len...[schutz *usw.*]
sträh|len
Strah|ler
Strah|lungs...[gürtel *usw.*]
Sträh|ne
sträh|nen
sträh|nig
Strak, das (Schiffsumriß)
stra|ken (Kurven zeichen)
Stral|sund (Stadt)
Stra|min, der (Gewebe)
stramm; strammer, am strammsten
stramm◡ste|hen *§ 10*
stramm◡zie|hen *§ 10*
Stram|pel...[anzug *usw.*]
stram|peln
Strand
Strand...[gut *usw.*]
stran|den
Strang; *Pl.* Stränge; über die Stränge schlagen
Stran|gu|la|ti|on
stran|gu|lie|ren (erdrosseln)
Strang|urie (Harnzwang)
Stra|pa|ze, die
stra|pa|zie|ren
stra|pa|zi|ös
Straps, der (Strumpfhalter); *Pl.* Strapse
Stras|bourg (*frz.*) (Straßburg)
Straß, der (Glasschmuck); *Pl.* Strasse
straß|ab; *s.* straßauf
straß|auf; ~, straßab
Straß|burg (*frz.* Strasbourg) (Stadt in Frankreich)
straß|bur|gisch
Sträß|chen
Stra|ße
Stra|ßen...[verkehr *usw.*]
Stra|ßen|ver|kehrs|ord|nung; *Abk.* StVO
Stra|ßen|ver|kehrs-Zu|las|sungs-Ord|nung; *Abk.* StVZO
Stra|ße-Schie|ne-Ver|kehr
Straß|mann, Fritz (dt. Chemiker 1902-1980)
Stra|te|ge (Feldherr)
Stra|te|gie (Kriegsplan; *a. übertr.*)
stra|te|gisch
Strat|ford-upon-Avon (Stadt in England)
Stra|ti|fi|ka|ti|on (Schichtnug)
stra|ti|fi|zie|ren
Stra|ti|gra|phie (Schichtenkunde; Schichtung)
stra|ti|gra|phisch
Stra|to|sphä|re (mittlere Schicht der Erdatmosphäre)
stra|to|sphä|risch
Stra|tus (Wolke); *Pl.* Strati
sträu|ben; sich ~
Strauch
Strauch...[werk *usw.*]
strau|cheln
strau|chig
Straus, Oscar (österr. Komponist 1870-1954)
Strauss, Richard (dt. Komponist 1864-1949)
Strauß (Vogel); *Pl.* Strauße; der Vogel Strauß
Strauß (1. Blumengebinde; 2. Kampf); *Pl.* Sträuße
Strauß, Botho (dt. Schriftsteller *1944); David Friedrich ~ (dt. Theologe 1808-1874); Franz Josef ~ (dt. Politiker 1915-1988); Johann ~ (Vater 1804-1849 u. Sohn 1825-1899, österr. Komponisten)
Sträuß|chen
stra|wan|zen (s. herumtreiben); *s. a.* strabanzen
Stra|win|sky, Igor (russ. Komponist 1882-1971)
Straz|za, die (Seidenabfall); *Pl.* Strazzen
Straz|ze, die (Kladde)
Strea|ker (Blitzer, Nacktläufer)
Streb, der (Abbaustollen)
Stre|be, die (Stütze)
stre|ben; du strebst
Stre|ber
streb|sam
Strecke [k|k]
strecken [k|k]
Strecker [k|k]
Streep, Meryl (amerikan. Schauspielerin *1949)
Street|wor|ker (Sozialarbeiter)
Streh|ler (Werkzeug)
Streh|ler, Giorgio (ital. Regisseur 1921-1997)
Streich; einen Streich spielen
Streich...[holz *usw.*]
strei|cheln
strei|chen; du streichst
Strei|chen, das (Gangart beim Pferd)
Strei|cher
Strei|cher, Julius (dt. Politiker 1885-1946)
Streif; *s. a.* Streifen
Streif...[schuß *usw.*]
Strei|fe
strei|fen; du streifst
Strei|fen, der
Strei|fen...[wagen *usw.*]
strei|fig
Streik
Streik...[brecher *usw.*]
strei|ken; du streikst
Strei|sand, Barbra (amerikan. Schauspielerin *1942)
Streit
Streit...[frage *usw.*]
streit|bar
strei|ten; du streitest, strittest; gestritten
strei|tig; ~ machen
streng; *als Verbzusatz a. zusammengeschrieben*: streng◡nehmen, streng◡genommen *§ 10, § 11 (3)*
Stren|ge, die (*zu* streng)
streng◡neh|men *§ 10*; streng◡genommen *§ 11 (3)*
streng|stens
stren|zen (stehlen); du strenzt *§ 7 (1)*
Strep|to|kok|kus (Bakterium)
Strep|to|my|cin (Antibiotikum), ...my|zin

Stre|se|mann, Gustav (dt. Politiker 1878-1929)
Streß, der (Belastung)
Streß|si|tu|a|ti|on
stres|sen; du streßt *§ 7 (1)*; gestreßt
stres|sig
Stretch, der (dehnbares Gewebe)
Stret|ching, das (Gymnastik)
Stret|ta, die (schnellerer Schlußteil e. Musikstücks)
Streu, die
Streu...[obst *usw.*]
streu|en; du streust
streu|nen
Streu|ner
Streu|sel, das/der
Streu|sel|ku|chen
Streu|ung
Strich (*a.* Straßenprostitution)
Strich...[junge *usw.*]
stri|cheln
Stri|cher (Strichjunge)
strich|lie|ren (stricheln)
Strick
Strick...[leiter *usw.*]
stricken [k|k]; du strickst
Stricker [k|k]; Der Stricker (dt. Dichter d. Mittelalters)
Stricke|rei [k|k]
Stri|du|la|ti|on (Schrillen)
Strie|gel, der
strie|geln
Strie|me, die; *s. a.* Striemen
Strie|men, der; *s. a.* Strieme
Strie|zel, der (1. Gebäck; 2. Taugenichts)
strie|zen (quälen); du striezt *§ 7 (1)*
strikt (streng)
strik|te (Adverb)
Strik|ti|on (Zusammenziehen)
Strik|tur (Einschnürung)
Strind|berg, August (schwed. Schriftsteller 1849-1912)
string. (*Abk. v.* stringendo)
strin|gen|do (*musik.* schneller werdend)
Strin|gen|do, das
strin|gent (schlüssig)
Strin|genz
Strip, der (1. Streifen; 2. *kurz f.* Striptease)
Strip|pe, die
strip|pen; du strippst
Strip|per
Strip|pe|rin
Strip|tease, der/das
Stritt|mat|ter, Erwin (dt. Schriftsteller 1912-1994)
Striz|zi, der (Zuhälter)
Stro|bo|skop, das (Gerät zur Aussendung v. Lichtblitzen)
stro|bo|sko|pisch
Stroh
Stroh...[dach *usw.*]
stro|hern (aus Stroh)
stro|hig
Strolch
strol|chen; du strolchst
Strom; *Pl.* Ströme
Strom...[netz *usw.*]
Strom|bo|li (Insel und Vulkan in Italien)
strö|men
Stro|mer
stro|mern
Ström|ling (Fisch)
strom|spa|rend; *aber* viel Strom sparend *§ 11*
Strö|mung
Stron|ti|um; *chem. Zeichen* Sr
Stroph|an|thin, das (Medikament)
Stroph|an|thus (trop. Pflanze)
Stro|phe (mehrzeiliger Gedichtabschnitt)
Stro|phen...[form usw.]
stro|phisch
strot|zen; du strotzt *§ 7 (1)*
strub|be|lig, strubb|lig
Stru|del, der (*a.* Gebäck)
Stru|del...[wurm *usw.*]
stru|deln
Stru|en|see, Johann Friedrich Graf von (dän. Politiker 1737-1772)
Struk|tur (Bau)
Struk|tur...[formel *usw.*]
struk|tu|ral
Struk|tu|ra|lis|mus (vorrangiges Interesse an Strukturen)
Struk|tu|ra|list
struk|tu|ra|li|stisch
struk|tu|rell
struk|tu|rie|ren
strul|len (urinieren)
Stru|ma, die (Kropf)
stru|mös
Strumpf
Strumpf...[band *usw.*]
Strunk
strup|pig
Struw|wel|peter (Kinderbuchfigur)
Strych|nin, das (Giftstoff)
Stu|art (schott. Adelsfamilie)
Stu|bai|er Alpen (Gebirge in Österreich)
Stu|bai|tal (Tal in Österreich)
Stub|ben, der
Stu|be
Stu|ben...[wagen *usw.*]
Stu|ben|flie|ge; Gemeine ~ *§ 15 (8)*
Stü|ber (Nasenstüber)
Stuck, der; *s. aber* Stukkateur
Stuck, Franz von (dt. Maler 1863-1928)
Stuck...[decke *usw.*]; *s. aber* Stukkateur
Stück; *Pl.* Stücke [k|k]; Stücker drei
stückeln [k|k]
Stücke|lung [k|k]
stuckern [k|k]
stückig [k|k]
stud. (*Abk. v.* studiosus); stud. phil. *usw.*
Stu|dent
Stu|den|ten...[ausweis *usw.*]
stu|den|tisch
Stu|die
Stu|dien...[rat *usw.*]
stu|die|ren
Stu|die|ren|de, der
stu|diert; der Studierte
Stu|di|ker
Stu|dio, das
Stu|dio...[bühne *usw.*]
Stu|di|o|sus
Stu|di|um; Studium generale
Stu|fe
stu|fen; du stufst
Stufen...[plan *usw.*]

stu|fig
Stuhl (1. Sitzmöbel; 2. Kot)
Stuhl|gang
Stühl|chen
Stu|ka (*kurz f.* Sturzkampfflugzeug)
Stuk|ka|teur (Stuckarbeiter)
Stuk|ka|tor
Stuk|ka|tur
Stul|le, die (belegtes Brot)
Stul|pe, die (Aufschlag an Stiefeln usw.)
Stul|pen...[stiefel *usw.*]
stül|pen; du stülpst
Stülp|na|gel, Karl-Heinrich von (dt. General 1886-1944)
stumm
Stum|mel
Stum|mel...[schwanz *usw.*]
Stumm|film
Stump; *s. a.* Stumpf
Stum|pen, der (1. Baumstumpf; 2. Hut; 3. Zigarre)
Stüm|per
Stüm|pe|rei
stüm|per|haft
stüm|pern
stumpf; stump|fer
Stumpf, der; *Pl.* Stümpfe
Stumpf, Carl (dt. Psychologe 1848-1936)
Stumpf...[sinn *usw.*]
Stünd|chen; das letzte Stündchen
Stun|de; eine viertel Stunde, *s. a.* Viertelstunde; drei Stunden lang, *s. a.* stundenlang
stun|den; du stundest
Stun|den...[plan *usw.*]
stun|den|lang; *aber* drei Stunden lang *§ 15 (7) Anm. 2*
Stünd|lein; das letzte Stündlein
stünd|lich
Stunk; ~ machen
Stunt [stant], der (gefährliche Szene im Film)
Stunt|man (*zu* Stunt); *Pl.* ...men
Stu|pa, der (buddhist. Kultbau)
stu|pend (erstaunlich)
stu|pid, stu|pi|de (dumm)
Stu|pi|di|tät
Stu|por, der (Starre, Stumpfsinn)
Stu|prum (Vergewaltigung)
Stups, der (kleiner Stoß)
stup|sen; du stupst *§ 7 (1)*
Stup|ser
Stups|na|se
stur
Sturm; *Pl.* Stürme; Sturm läuten; Sturm und Drang
Sturm...[böe *usw.*]
stür|men; du stürmst
Stür|mer
sturm|frei; sturmfreie Bude
stür|misch
Sturm|läu|ten, das
Sturz
Sturz...[bach *usw.*]
stür|zen; du stürzt *§ 7 (1)*
Sturz|kampf|flug|zeug; *kurz* Stuka
Stuß, der (Unsinn)
Stut|buch (Pferdezuchtregister)
Stu|te
Stu|ten, der (Gebäck)
Stu|ten...[milch *usw.*]
Stutt|gart (Stadt)
Stutz, der (Stutzen)
Stutz...[uhr *usw.*]
Stütz, der (Turnhaltung)
Stüt|ze
stut|zen; du stutzt *§ 7 (1)*
Stut|zen
stüt|zen; du stützt *§ 7 (1)*
Stut|zer (Geck)
stut|zig; ~ machen
St. Vin|cent und die Gre|na|dinen (Inselgruppe)
StVO (*Abk. v.* Straßenverkehrsordnung) *§ 17 (2) Anm. 2*
StVZO (*Abk. v.* Straßenverkehrs-Zulassungs-Ordnung) *§ 17 (2) Anm. 2*
sty|gisch
sty|len; du stylst, gestylt
Sty|ling, das
Sty|list
Sty|lit (Säulenheiliger)
Stym|pha|li|de (Fabelwesen)
Sty|rax, der (Pflanze; Harz); *s. a.* Storax
Sty|rol, das (Kohlenwasserstoff)
Sty|ro|por, das (Kunststoff)
Styx, der (Unterweltstrom)
SU (*Abk. v.* Sowjetunion) *§ 17 (2) Anm. 2*
s. u. (*Abk. v.* siehe unten)
Su|a|da, die (Redefluß)
su|a|he|li; auf ~; *s. a.* swahili
Su|a|he|li, das (afrikan. Sprache); auf suaheli sprechen; *s. a.* Swahili
Su|a|he|li, der (Angehöriger eines Bantuvolks); *s. a.* Swahili
su|a|so|risch (auf die Redeübung bezogen)
su|a|ve (*ital.* süß)
sub.../Sub... (*lat.* unter)
Sub|aci|di|tät (Säuremangel)
sub|akut
sub|al|pin
sub|al|pi|nisch
sub|al|tern (untergeordnet)
sub|ant|ark|tisch
sub|ark|tisch
sub|ato|mar
Sub|bot|nik, der (unentgeltlicher Arbeitseinsatz)
Sub|dia|kon
Sub|do|mi|nan|te, die (vierte Tonstufe; Akkord darauf)
sub|gla|zi|al (unter dem Gletscher befindlich)
su|bi|to (plötzlich)
Sub|jekt, das (Person; Satzgegenstand)
Sub|jek|ti|on
sub|jek|tiv
Sub|jek|ti|vis|mus
Sub|jek|ti|vist
sub|jek|ti|vi|stisch
Sub|jek|ti|vi|tät
Sub|junk|tiv (Konjunktiv)
Sub|ka|te|go|rie
Sub|kon|ti|nent
Sub|kul|tur
sub|kul|tu|rell
sub|ku|tan (unter der Haut befindlich)
sub|lim (fein[sinnig])
Sub|li|mat, das

Sub|li|ma|ti|on (Übergang vom festen in gasförmigen Zustand und umgekehrt)
sub|li|mie|ren
sub|li|mi|nal (unterschwellig)
Sub|li|mi|tät
sub|ma|rin (unterseeisch)
sub|mers (unter Wasser)
Sub|mer|si|on (Untertauchen)
sub|mi|kro|sko|pisch
Sub|mis|si|on (Ausschreibung, Unterbreitung; Unterwerfung)
Sub|mit|tent (Bewerber)
sub|mit|tie|ren
Sub|or|di|na|ti|on (Unterordnung)
sub|or|di|nie|ren
sub|po|lar
sub|si|di|är (hilfeleistend)
sub|si|di|a|risch
Sub|si|di|a|ris|mus
Sub|si|di|a|ri|tät
Sub|si|di|um (Beihilfe); *Pl.* Subsidien
Sub|si|stenz (Lebensunterhalt)
sub|si|stie|ren
Sub|skri|bent
sub|skri|bie|ren
Sub|skrip|ti|on (Abnahmeverpflichtung)
sub spe|cie ae|ter|ni|ta|tis (*lat.* unter dem Gesichtspunkt der Ewigkeit)
sub|stan|ti|ell
sub|stan|ti|ie|ren
Sub|stan|tiv (Hauptwort)
Sub|stanz
Sub|sti|tu|ent
sub|sti|tu|ie|ren (ersetzen)
Sub|sti|tut, das (Ersatz)
Sub|sti|tut, der (Stellvertreter)
Sub|sti|tu|ti|on
Sub|strat, das (Zugrundeliegendes; Sprache der Unterworfenen)
sub|su|mie|ren (begrifflich unterordnen)
Sub|sump|ti|on (Unterordnung); *s. a.* Subsumtion
sub|sump|tiv; *s. a.* subsumtiv
Sub|sum|ti|on (Unterordnung); *s. a.* Subsumption
sub|sum|tiv
sub|ter|ran (unterirdisch)
sub|til (fein; schwer erkennbar)
Sub|ti|li|tät
Sub|tra|hend (abzuziehende Größe)
sub|tra|hie|ren (abziehen)
Sub|trak|ti|on
sub|trak|tiv
Sub|tro|pen (*Pl.*) (Klimazone zwischen Tropen und gemäßigter Zone)
sub|tro|pisch
Sub|ur|bia (Vorortgürtel)
Sub|ven|ti|on (staatliche Wirtschaftshilfe)
Sub|ven|ti|ons...[betrug *usw.*]
sub|ven|ti|o|nie|ren
Sub|ver|si|on (Untergrabung [der Staatsordnung])
sub|ver|siv
sub vo|ce (*lat.* unter dem Stichwort); *Abk.* s. v.
Sub|woo|fer, der (Baßlautsprecher)
Such...[maschine *usw.*]
Su|che
su|chen; du suchst
Su|cher (*a.* Zielvorrichtung)
Sucht
Sucht...[gefahr *usw.*]
sucht|er|re|gend; *aber* keine Sucht erregend
süch|tig
suckeln (saugen) [k|k]
Su|cre (1. Hauptstadt v. Bolivien; 2. ecuador. Währung)
Sud, der
Süd; *Abk.* S; Nord und Süd; aus Süd; *s. a.* Süden
Süd, der (Südwind)
Süd...[wind *usw.*]
Süd|afri|ka
Süd|afri|ka|ner
süd|afri|ka|nisch
Süd|ame|ri|ka
Süd|ame|ri|ka|ner
süd|ame|ri|ka|nisch
Su|dan (Staat in Afrika)
Su|da|ner
Su|da|ne|se
su|da|ne|sisch
su|da|nisch
Süd|asi|en
Süd|da|ko|ta (Bundesstaat der USA); *vgl.* South Dakota
Su|da|ti|on (Schwitzen)
süd|deutsch
Süd|deutsch|land
Su|de|lei
Su|de|ler; *s. a.* Sudler
su|de|lig; *s. a.* sudlig
su|deln
Sü|den, der; *Abk.* S; aus ~, nach ~; *s. a.* Süd
Su|de|ten (*Pl.*) (Gebirgslandschaft in Europa)
su|de|ten|deutsch; der Sudetendeutsche
Su|de|ten|land
su|de|tisch
Süd|ka|ro|li|na (Bundesstaat der USA); *vgl.* South Carolina
Süd|ko|rea (Staat in Ostasien)
Süd|ko|re|a|ner
süd|ko|re|a|nisch
südl. Br. (*Abk. v.* südliche[r] Breite)
Sud|ler; *s. a.* Sudeler
süd|lich
sud|lig; *s. a.* sudelig
Süd|ost; *Abk.* SO
Süd|ost, der (Südostwind)
Süd|osten; *Abk.* SO
Süd|süd|ost; *Abk.* SSO
Süd|süd|osten; *Abk.* SSO
Süd|süd|west; *Abk.* SSW
Süd|süd|we|sten; *Abk.* SSW
Süd|ti|rol (Landschaft in Norditalien)
Süd|ti|ro|ler
süd|ti|ro|lisch
Süd|viet|nam; *vgl.* Vietnam
Süd|west; *Abk.* SW
Süd|west, der (Südwestwind)
Süd|we|sten; *Abk.* SW
Süd|we|ster, der (Hut)
Sue, Eugène (frz. Schriftsteller 1804-1857)
Sue|be (Angehöriger eines Germanenvolkes); *s. a.* Swebe
Su|es (Stadt in Ägypten); *a.* Suez
Sue|ton (röm. Schriftsteller

~70-nach 140)
Su|ez (Stadt in Ägypten); *a.* Sues
Su|ez|ka|nal, Sueskanal
Suff, der
süf|feln
süf|fig
suf|fi|gie|ren (als Suffix anfügen)
süf|fi|sant (überheblich spottend)
Süf|fi|sanz
Suf|fix, das (*sprachwiss.* hinten angehängtes Morphem)
Suf|fi|xo|id (suffixähnliches Morphem)
suf|fi|zi|ent (ausreichend)
Suf|fi|zi|enz
Suf|fra|gan (Diözesanbischof)
Suf|fra|gan|bis|tum
Suf|fra|get|te (Frauenrechtlerin)
Su|fi (Anhänger des Sufismus)
Su|fis|mus (islam. Mystik)
sug|ge|rie|ren (einflüstern)
sug|ge|sti|bel; sug|ge|sti|ble Personen
Sug|ge|sti|bi|li|tät
Sug|ge|sti|on
sug|ge|stiv
Su|har|to (indones. Politiker *1921)
Suhl (Stadt)
Suh|le
suh|len, sich
Süh|ne
süh|nen
sui ge|ne|ris (eigener Art)
Sui|te, die (*musik.* lose Folge von Sätzen; Zimmerflucht; Gefolge)
Sui|tier (unseriöser Mann)
Sui|zid, der/das (Selbstmord)
sui|zi|dal
Sui|zi|dant
sui|zi|där
Sui|zi|dent
Su|jet, das (Motiv, Thema)
Suk, der (oriental. Markt)**;** ; *a.* Souk
Su|kar|no, Achmed (indones. Politiker 1901-1970)
Suk|ka|de, die (kandierte Schale von Orangen u. ä.)
Suk|ku|bus (Teufel als Beischläferin)
suk|ku|lent (wasserreich)
Suk|ku|len|te (wasserspeichernde Pflanze)
Suk|ku|lenz
Suk|kurs, der (Hilfe)
suk|ze|die|ren (nachfolgen)
Suk|zes|si|on
suk|zes|siv
suk|zes|si|ve
Su|la|we|si (Celebes)
Sü|lei|man (*Name v. Sultanen*); ~ der Prächtige (1494-1566)
Sul|fat, das (Salz der Schwefelsäure)
Sul|fid, das (Salz der Schwefelwasserstoffsäure)
Sul|fit, das (Salz der schwefligen Säure)
Sul|fon|amid, das (Antibiotikum)
sul|fo|nie|ren (mit Schwefel verbinden)
Sul|fur, das (*lat.* Schwefel); *chem. Zeichen* S
Sul|ky, das (leichter zweirädriger Pferderennwagen)
Sul|la, Lucius Cornelius (röm. Politiker 138-78 v. Chr.)
Sul|tan (islam. Herrschertitel)
Sul|ta|nat, das
Sul|ta|ni|ne (Rosine)
Sulz|fleisch
Sül|ze
sul|zen (sülzen); du sulzt *§ 7 (1)*
sül|zen (*a.* schwätzen); du sülzt *§ 7 (1)*
sul|zig
Su|mach, der (Baum)
Su|ma|tra (Insel in Südostasien)
Su|mer (antiker Staat)
Su|me|rer
su|me|risch; auf ~
Su|me|risch, das; auf sumerisch sprechen
Su|me|ri|sche, das
Sum|ma (Summe); *Abk.* Sa.; in summa (*lat.*)
sum|ma cum lau|de (*lat.* „mit höchstem Lob", Prädikat)
Sum|mand (zu addierende Größe)
sum|ma|risch
sum|ma sum|ma|rum (zusammengerechnet)
Sum|ma|ti|on
Sümm|chen
Sum|me
sum|men
Sum|mer (Summgerät)
sum|mie|ren
Su|mo, das (jap. Ringkampf)
Sumpf
Sumpf...[gas *usw.*]
sump|fen (*a.* ausgiebig zechen)
sümp|fen (trockenlegen)
sump|fig
Sums; großen ~ machen
Sund, der (Meerenge)
Sun|da|in|seln (Inselgruppen in Südostasien); die Großen ~, die Kleinen ~
Sün|de
Sün|den...[fall *usw.*]
Sün|den|ba|bel, das
Sün|der
sünd|haft
sün|dig
sün|di|gen
sünd|lich
sünd|teu|er
Sung (chines. Dynastie); *a.* Song (*neuere Umschrift*)
Sunn, der (Faserpflanze)
Sun|na (islam. Überlieferung)
Sun|nit (Anhänger eines auf die Sunna gestützten Glaubens)
sun|ni|tisch
Sun Yat-sen (chines. Politiker 1866-1925)
Su|o|mi (Finnland)
su|per; das ist ~
Su|per, das (*kurz f.* Superbenzin)
Su|per, der (Radio)
su|per.../Su|per... (*lat.* über)
Su|per-8-Film
Su|per-G (Slalomrennen)
Su|per-GAU; s. GAU
su|pe|rie|ren (übertreffen)

su|pe|ri|or (überlegen)
Su|pe|ri|or, der (Kloster-, Ordensvorsteher)
Su|pe|ri|o|ri|tät
Su|per|la|tiv, der (Höchstgrad)
su|per|la|ti|visch
Su|per|no|va, die (explodierender Stern)
Su|per|sti|ti|on (Aberglaube)
Su|per|strat, das (Überlagerndes; Sprache der Eroberer)
Su|per|vi|si|on (Beaufsichtigung)
Su|per|vi|sor (Aufseher, Kontrolleur)
Su|pi|num (Verbform)
Süpp|chen
Sup|pe
Sup|pé, Franz von (österr. Komponist 1819-1895)
sup|pen; es suppt
sup|pig
Sup|ple|ment (Ergänzung)
sup|ple|men|tär
Sup|pleti|on
sup|ple|tiv
Sup|ple|ti|vis|mus (*gramm.* Ergänzung durch systemfremde Formen)
sup|ple|to|risch
sup|plie|ren (ergänzen)
Sup|plik, die (Bittschrift)
Sup|pli|kant (Bittsteller)
sup|pli|zie|ren
sup|po|nie|ren (unterstellen)
Sup|port, der (Unterstützung)
Sup|po|si|ti|on (Annahme; *philosoph.* Bezeichnungsweise)
Sup|po|si|to|ri|um (*med.* Zäpfchen)
Sup|po|si|tum
Sup|pres|si|on (Unterdrückung)
sup|pres|siv
sup|pri|mie|ren (unterdrücken)
su|pra.../Su|pra... (*lat.* über)
su|pra|lei|tend (Strom widerstandsfrei leitend)
su|pra|na|ti|o|nal
Su|pra|na|tu|ra|lis|mus
Su|pre|mat, der/das (Oberherr)
Su|pre|ma|tie (Oberherrschaft)
Su|pre|ma|tis|mus (Malstil)
Su|ra|ba|ya (Stadt auf Java)
Su|re, die (Korantext)
Surf...[brett *usw.*]
sur|fen ([auf einem Brett über das Wasser] gleiten; *a. EDV übertr.*); du surfst
Sur|fer
Sur|fing, das
Su|ri|nam (Staat in Südamerika)
Su|ri|na|mer
su|ri|na|misch
Sur|plus, das (Überschuß)
sur|re|al
Sur|re|a|lis|mus (phantast. Kunstrichtung)
Sur|re|a|list
sur|re|a|li|stisch
sur|ren
Sur|ro|gat, das (Ersatz)
Su|sa (antike Stadt)
Su|shi, das (jap. Fischgericht)
Su|si|ne (Frucht)
Süs|kind, Patrick (dt. Schriftsteller *1949)
Su|so (Heinrich Seuse, dt. Mystiker 1295-1366)
su|spekt (verdächtig)
sus|pen|die|ren (zeitweilig aufheben, amtsentheben)
Sus|pen|si|on (Aufhängung; chem. Aufschwemmung)
sus|pen|siv
Sus|pen|so|ri|um (Halterung für Brüste, Geschlechtsteile)
süß
Süß...[wasser *usw.*]
Sü|ße, die
sü|ßen; du süßt *§ 7 (1)*
Sus|sex (engl. Grafschaft)
süß|lich
Süß|ling (Weinsorte)
Süss|muth, Rita (dt. Politikerin *1937)
süß-sau|er *§ 13 (5)*
sus|zep|ti|bel (reizbar); suszepti|ble Personen
Sus|zep|ti|bi|li|tät
Su|ter|mei|ster, Heinrich (schweizer. Komponist 1910-1995)
Su|ther|land, Donald (kanad. Schauspieler *1935); Graham ~ (engl. Maler 1903-1980); Joan ~ (austral. Sängerin *1926)
Sut|lej (Fluß im Pandschab)
Su|tra, das (*sanskr.* Lehrsatz, -text); *Pl.* Sutren, Sutras
Süt|ter|lin[|schrift]
Sutt|ner, Bertha von (österr. Schriftstellerin 1843-1914)
Su|tur, die (Naht)
Su|va (Hauptstadt v. Fidschi)
Su|ze|rä|ni|tät (Oberhoheit)
s. v. (*Abk. v.* salva venia, sub voce)
s. v. v. (*Abk. v.* sit venia verbo)
SW (*Abk. v.* Südwest[en]) *§ 17 (2) Anm. 2*
swa|hi|li; auf ~; *s. a.* suaheli
Swa|hi|li, das (afrik. Sprache) ; auf swahili sprechen; *s. a.* Suaheli
Swa|hi|li, der (Angehöriger eines Bantuvolks); *s. a.* Suaheli
Swa|mi (ind. geistl. Lehrer)
Swap, der (Tauschgeschäft an der Börse)
SWAPO (*Abk. v.* South West African Peoples' Organization) *§ 17 (2) Anm. 1*
Swa|ra|bhak|ti, der (Sproßvokal)
Swa|si, der (Angehöriger eines Bantuvolks); das ~ (Sprache)
Swa|si|land (Staat in Südafrika)
Swa|sti|ka, die (Hakenkreuz)
Swea|ter, der (Pullover)
Swe|be (Angehöriger eines Germanenvolks); *a.* Suebe
swe|bisch; *a.* suebisch
Swe|den|borg, Emanuel von (schwed. Mystiker 1688-1772)
Swift, Jonathan (ir. Schriftsteller 1667-1745)
Swim|ming|pool, der; *a.* Swimming-pool
Swin|burne, Algernon Charles (engl. Schriftsteller 1837-1909)
Swing, der (*musik.* Rhythmus, Jazzstil; Kreditbegrenzung)

swin|gen (*musik. zu* Swing; Gruppensex treiben)
Sy|ba|rit (Genießer)
sy|ba|ri|tisch
Sy|bel, Heinrich von (dt. Historiker 1817-1895)
Syd|ney (Stadt in Australien)
Sy|e|nit, der (Mineral)
Sy|ko|mo|re, die (Feigenart)
Sy|ko|phant (Denunziant)
sy|ko|phan|tisch
Sy|ko|se (Bartflechte)
syl|la|bisch (silbisch)
Syl|la|bus (päpstl. Liste von Irrlehren)
Syl|lep|se, Syl|lep|sis (*rhetor.* Ersparung gleicher Glieder)
syl|lep|tisch
Syl|lo|gis|mus (log. Schluß)
Syl|lo|gi|stik
syl|lo|gi|stisch
Syl|phe, der (Luftgeist)
Syl|phi|de (weibl. Luftgeister)
Sylt (nordfries. Insel)
Syl|ve|ster; *vgl.* Silvester
Syl|vin, der (Mineral)
sym.../Sym... (*griech.* zusammen); *s. a.* syn.../Syn...
Sym|bi|ont; *Pl.* Symbionten
sym|bi|on|tisch
Sym|bi|o|se, die (Lebensgemeinschaft verschiedener Arten)
sym|bi|o|tisch (*zu* Symbiose)
Sym|bol (Sinnbild)
Sym|bo|lik
sym|bo|lisch
sym|bo|li|sie|ren
Sym|bo|lis|mus (Kunststil)
Sym|bo|list
sym|bo|li|stisch
Sym|ma|chie (Kampfbund)
Sym|me|trie
Sym|me|trie...[achse *usw.*]
sym|me|trisch
sym|pa|the|tisch (gleichgesinnt, mitempfindend)
Sym|pa|thie
Sym|pa|thie...[werbung *usw.*]
Sym|pa|thi|kus (Nerv)
Sym|pa|thi|sant
sym|pa|thisch
sym|pa|thi|sie|ren
Sym|pho|nie; *s. a.* Sinfonie
Sym|pho|nie...[konzert *usw.*]; *s. a.* Sinfonie...
Sym|pho|nik; *s. a.* Sinfonik
Sym|pho|ni|ker; *s. a.* Sinfoniker
Sym|phy|se (Knochenfuge)
sym|phy|tisch
Sym|plo|ke (rhet. Figur)
Sym|po|si|on (*griech.*), Sym|posi|um (*lat.*) (Tagung)
Sym|ptom (Anzeichen)
Sym|pto|ma|tik
sym|pto|ma|tisch
Sym|pto|ma|to|lo|gie
syn.../Syn... (*griech.* zusammen); *s. a.* sym.../Sym...
syn|ago|gal
Syn|ago|ge (jüd. Gebetshaus)
syn|al|lag|ma|tisch (gegenseitig)
Syn|alö|phe, die (Verschleifung von Lauten)
Syn|an|drie (Verwachsung von Staubgefäßen)
syn|an|drisch
Syn|ap|se, die (Kontaktstelle von Nervenzellen)
Syn|äre|se (Zusammenziehung)
Syn|äs|the|sie (Doppelempfindung mit verschiedenen Sinnen)
syn|äs|the|tisch
syn|chron (gleichzeitig)
Syn|chro|nie
Syn|chro|ni|sa|ti|on
syn|chro|nisch
syn|chro|ni|sie|ren (a. Bild und [übersetzten] Ton eines Filmes in Übereinstimmung bringen)
Syn|chro|nis|mus
syn|chro|ni|stisch
Syn|dak|ty|lie (Verwachsung von Fingern, Zehen)
Syn|det, das (Seife aus Tensiden)
syn|de|tisch (*sprachwiss.* durch eine Partikel koordiniert)
Syn|di|ka|lis|mus (gewerkschaftl. polit. Richtung)
Syn|di|ka|list
syn|di|ka|li|stisch
Syn|di|kat, das (Wirtschaftsverband)
Syn|di|kus (Rechtsbeauftragter eines Verbands)
Syn|drom, das (Krankheitsbild)
Syn|edri|on (*griech.*), Syn|edrium (*lat.*) (Ratsversammlung)
Syn|ek|do|che, die (rhetor. Figur)
syn|er|ge|tisch (mitwirksam)
Syn|er|gie ([nutzbares] Zusammenwirken)
Syn|er|gis|mus
syn|er|gi|stisch
Syn|esis, die; ka|ta syn|esin (*griech.* dem Sinn nach)
Synge, John (irischer Schriftsteller 1871-1909)
Syn|ize|se (Verschmelzung von Lauten)
Syn|ko|pe, die (*musik.* Betonungsverschiebung; *sprachwiss.* Vokalausfall; *med.* Ohnmacht)
syn|ko|pie|ren
syn|ko|pisch
Syn|kre|tis|mus (Vermischung [von Religionen, grammat. Formen])
syn|kre|ti|stisch
Syn|od, der (oberstes Gremium der älteren russ. Kirche)
syn|odal
Syn|oda|le, der (Mitglied einer Synode)
Syn|ode, die (kirchl. Versammlung)
syn|odisch
Syn|ökie; *s. a.* Synözie
syn|onym (gleichbedeutend)
Syn|onym, das
Syn|ony|mie
Syn|ony|mik
syn|ony|misch
Syn|op|se, Syn|op|sis, die (Zusammenschau)
Syn|op|ti|ker (die Evangelisten außer Johannes)
syn|op|tisch

Syn|özie; *s. a.* Synökie
Syn|tag|ma, das (Wortgruppe)
syn|tag|ma|tisch
syn|tak|tisch
Syn|tax, die (Satzlehre)
Syn|the|se, Syn|the|sis (Verbindung)
Syn|the|si|zer (elektron. Musikinstrument)
Syn|the|tics (*Pl.*) (Kunstfaser)
Syn|the|tik, das (Kunstfaser); aus ~
syn|the|tisch
syn|the|ti|sie|ren
Sy|phi|lis, die (Geschlechtskrankheit)
Sy|phi|li|ti|ker
sy|phi|li|tisch
Sy|ra|kus (Stadt in Sizilien)
Sy|ra|ku|ser
sy|ra|ku|sisch
Syr|dar|ja (Fluß in Asien)
Sy|rer; *s. a.* Syrier
Sy|ri|en (Staat in Asien)
Sy|ri|er; *s. a.* Syrer
Sy|rin|ge, die (Flieder)
Sy|rinx, die (Panflöte); *Pl.* Syringen
sy|risch; auf ~
Sy|risch, das; auf syrisch sprechen
Sy|ri|sche, das
Syr|te; die Große ~, die Kleine ~ (Mittelmeerbuchten) *§ 15 (7)*
Sy|stem, das
Sy|ste|ma|tik
Sy|ste|ma|ti|ker
sy|ste|ma|tisch
sy|ste|ma|ti|sie|ren
sy|ste|misch
Sy|sto|le, die (Zusammenziehung [des Herzens])
sy|sto|lisch
Sy|zy|gie (Verbindung; *astron.* Stellung von Mond u. Sonne)
Sze|ged (Stadt in Ungarn)
Sze|ge|di|ner; ~ Gulasch
Sze|na|rio, das (Entwurf); *Pl.* Szenarien, Szenarios
Sze|na|ri|um ([entworfener] Schauplatz); *Pl.* Szenarien

t T

das t (der Kleinbuchstabe t, der Laut t); das T (der Großbuchstabe T); t (*Abk. v.* Tonne) *§ 17 (2) Anm. 2*; T (*Abk. v.* Tesla, Tera...; *chem. Zeichen f.* Tritium) *§ 17 (2) Anm. 2*
Ta (*chem. Zeichen f.* Tantal)
TA (*Abk. v.* Technische Anleitung); ~ Luft, ~ Siedlungsabfall (*Abk.* Tasi) *usw.*
Ta|bak, der
Ta|bak...[anbau *usw.*]
Ta|baks...[dose *usw.*]
Ta|bas|co, der (Würzsoße)
Ta|ba|tie|re, die (Tabaksdose)
ta|bel|la|risch
Ta|bel|le
Ta|bel|len...[führung *usw.*]
ta|bel|lie|ren
Ta|ber|na|kel, das (Schrein f. Hostien)
Ta|bes, die (Schwindsucht)
Ta|bi|ker (Schwindsüchtiger)
ta|bisch (schwindsüchtig)
Ta|bla, die/der (ind. Trommelpaar)
Ta|blar, das (Regalbrett)
Ta|bleau, das (Bild; *a. übertr.*)
Ta|blett, das
Ta|blet|te, die
Ta|blet|ten...[form *usw.*]
ta|blet|tie|ren
Ta|bli|num (altröm. Zimmer)
Ta|bor (Berg in Israel)
Ta|bo|ri, George (engl. Schriftsteller u. Regisseur *1914)
Tä|bris, der (Teppich, nach der iran. Stadt ~)
ta|bu (unberührbar, verboten); ~ sein
Ta|bu, das
ta|bu|ie|ren
ta|bu|i|sie|ren
Ta|bu|la ra|sa (Neubeginn), die; tabula rasa machen *§ 15 (3)*
Ta|bu|la|tor (Tabellenvorrichtung)
Ta|bu|rett, das (Trommel; Stuhl o. Lehne)
Ta|che|les; ~ reden
Ta|chis|mus (Malstil)
Ta|cho, der (*kurz f.* Tachometer)
Ta|cho|graph (Fahrtschreiber)
Ta|cho|me|ter, der/das (Geschwindigkeitsmesser); *kurz* Tacho
ta|chy.../**Ta|chy**... (*griech.* schnell)
Ta|chy|gra|phie (Kurzschrift)
ta|chy|gra|phisch
Ta|chy|kar|die (*med.* Herzrasen)
Ta|chy|on (Elementarteilchen)
ta|ci|te|isch (nach Art des Tacitus); taciteische Kürze; *aber* Taciteische Werke (Werke des Tacitus) *§ 15 (7)*
Ta|ci|tus, Cornelius (röm. Historiker ~55- nach 116)
Tack|ling, das (Angreifen)
Täcks, der (Nagel); *a.* Täks
Ta|del
ta|del|los
ta|deln
ta|delns|wert
ta|delns|wür|dig
Ta|del|sucht
ta|del|süch|tig
Tad|ler
Ta|dschi|ke
ta|dschi|kisch
Ta|dschi|ki|stan (Staat)
Tadsch Ma|hal, das (Grabmal bei Agra in Indien)
Taek|won|do, das (korean. Kampfsport)
Ta|fel
Ta|fel...[besteck *usw.*]
Ta|fel|berg
Tä|fel|chen
Ta|fel|en|te
ta|fel|fer|tig
Ta|fel|ge|bir|ge
ta|feln
tä|feln
Ta|fel|spitz, der (Rindfleisch)
Taft, der (Gewebe)
Taft, William (Präsident der USA 1889-1953)
taf|ten (aus Taft)
Tag, der; von Tag zu Tag, Tag für Tag, des Tags (*s. aber* tags); über Tag, unter Tage

(im Bergbau unter der Erde); guten Tag sagen; *vgl.* tags, tagsüber, tagaus, tagelang, zutage
Tag...[falter *usw.*]
tag|aus *§ 12*; tagein, tagaus
Ta|ge...[bau *usw.*]
tag|ein *§ 12*; tagein, tagaus
ta|ge|lang; *aber* drei Tage lang *§ 11 (7) Anm. 2*
Ta|ge|lied (ma. Gedichtart)
Ta|ge|lohn
Ta|ge|löh|ner
ta|ge|löh|nern
ta|gen; es tagt
Ta|ges...[ablauf *usw.*]
Ta|ge|tes, die (Blume)
ta|ge|wei|se
tag|hell
Ta|glia|tel|le (*Pl.*) (Bandnudeln)
täg|lich
Ta|go|re, Rabindranath (ind. Dichter 1861-1941)
tags; tags darauf
tags|über
tag|täg|lich
Tag|und|nacht|glei|che, die *§ 13 (4) Anm. 1*
Ta|gung
Ta|gungs...[ort *usw.*]
Ta|hi|ti (Pazifikinsel)
Tai|fun, der (Wirbelsturm)
Tai|ga, die (nördl. Waldland)
Tail|le, die (Gürtellinie)
tail|len|be|tont
Tail|len|wei|te
Tail|leur, das (Damenkleid)
tail|lie|ren
tail|liert
Tai|lor|made, das (Schneiderkleid)
Tai|peh (Hauptstadt v. Taiwan)
Tai|shan (Berg in China)
Tai|wan (Staat Nationalchina)
Tai|wa|ner
Tai|wa|nese
tai|wa|ne|sisch
tai|wa|nisch
Tai|zé (Sitz e. Mönchsgemeinde in Frankreich)
Ta|jo (*span.*) (Fluß); *s. a.* Tejo (*port.*)
Take, der/das (Filmszene)
Ta|kel, das (Takelage; Talje)
Ta|ke|la|ge, die (Gesamtheit d. Segeleinrichtungen)
ta|keln
Ta|kel|werk
Take-off, der/das (Start)
Ta|kla-Ma|kan (Wüste in Asien)
Täks, der (Nagel); *a.* Täcks
Takt
tak|ten
takt|fest
tak|tie|ren
Tak|tik
Tak|ti|ker
tak|tisch
takt|los
takt|voll
Tal
Tal...[sohle *usw.*]
tal|ab|wärts *§ 12*
Ta|lar (Mantel)
tal|auf|wärts *§ 12*
tal|aus *§ 12*; talein, talaus
Täl|chen
tal|ein *§ 12*; talein, talaus
Ta|lent, das
Ta|lent...[suche *usw.*]
ta|len|tiert
Ta|ler
Talg, der (Fett)
Talg...[drüse *usw.*]
tal|gen; du talgst
tal|gig
Ta|li|on, die (Grundsatz der Vergeltung mit Gleichem); Jus talionis *§ 15 (3)*
Ta|lis|man, der (Gegenstand m. Zauberkräften)
Tal|je, die (Flaschenzug)
tal|jen; du taljest
Talk[1], der (Mineral, Talkum)
Talk[2], der [tɔ:k] (*engl.*) (Gespräch)
tal|ken (*zu* Talk[2]); du talkst
Talk|ma|ster
Talk|pu|der
Talk-Show, die
Tal|kum (pulverisierter Talk[1])
Tal|ley|rand, Charles Maurice de (frz. Politiker 1754-1838)
Tal|lin[n] (Hauptstadt v. Estland); *s. a.* Reval
Tal|mi, das (Metallegierung)
Tal|mi...[glanz *usw.*]
Tal|mud, der (jüd. Textsammlung)
tal|mu|disch (*zu* Talmud)
Tal|mu|dist (Talmudkenner)
Ta|lon, der (Restbestand; Kontrollabschnitt; Kartenstock)
tal|wärts
Ta|ma|rin|de, die (Baum)
Ta|ma|ris|ke, die (Steppenstrauch)
Tam|bour, der (Trommler; Trommel [*a. techn.*]; Gewölbeteil)
Tam|bour|ma|jor(Spielmannsführer)
Tam|bur, der (Stickrahmen)
tam|bu|rie|ren (sticken)
Tam|bu|rin, das (kleine Schellentrommel; Tambur)
Ta|mer|lan (mongol. Eroberer 1336-1405); *s. a.* Timur
ta|mil; auf ~; *s. a.* tamilisch
Ta|mil, das; auf tamil sprechen
Ta|mi|le, der
ta|mi|lisch; auf ~; *s. a.* tamil
Ta|mi|lisch, das (dravid. Sprache); auf tamilisch sprechen
Ta|mi|li|sche, das
Tamp, Tam|pen, der (Tauende)
Tam|pe|re (Stadt in Finnland)
Tam|pon, der/das (Tupfer, Bausch)
Tam|po|na|de, die (Wundbehandlung)
Tam|po|na|ge, die (Bohrlochabdichtung)
tam|po|nie|ren (*vgl.* Tampon)
Tam|tam, das
tan (*Abk. v.* Tangens)
Ta|na|gra (antiker Ort in Griechenland)
Ta|na|na|ri|ve (Hauptstadt von Madagaskar); *vgl.* Antananarivo
Tand, der (Geschwätz)
Tän|de|lei
Tan|del|markt, Tän|del|markt (Trödelmarkt)
tän|deln
Tan|dem, das (Zweierfahrrad)

Tan|dem...[achse *usw.*]
Tand|ler, Tänd|ler (Trödler)
tang (*Abk. v.* Tangens)
Tang, der (Meeresalge)
Tan|ga, der (schmaler Bikini)
Tan|ga|slip, der
Tan|ga|nji|ka|see (See in Afrika)
Tan|gens, der (Winkelfunktion); *Abk.* tan, tang, tg
Tan|gen|te, die (die Kurve berühende Gerade, *a.* Straße)
tan|gen|ti|al
Tan|ger (Stadt in Marokko)
Tan|ger|mün|de (Stadt)
tan|gie|ren (berühren)
Tan|go, der (südamer. Tanz)
Tang|shan (Stadt in China)
Tank, der (Flüssigkeitsbehälter; Panzerwagen)
tan|ken
Tan|ker
Tank|red (*Name von Herrschern*)
Tann, der
Tan|nat, das (Salz d. Gerbsäure)
Tänn|chen
Tan|ne
tan|nen (aus Tannenholz)
Tan|nen...[baum *usw.*]
Tann|häu|ser (dt. Minnesänger 13. Jh.)
tan|nie|ren (beizen)
Tan|nin, das (Gerbsäure)
Tänn|ling
Tan|sa|nia (Staat in Afrika)
Tan|sa|ni|er
tan|sa|nisch
Tan|sa|nit, der (Edelstein)
Tan|tal, das; *chem. Zeichen* Ta
Tan|ta|li|de (Nachkomme des Tantalos)
Tan|ta|los (*griech.*), Tan|ta|lus (*lat.*) (Sagengestalt)
Tan|ta|lus|qua|len; *vgl.* Tantalos
Tant|chen
Tan|te
Tan|te-Em|ma-La|den *§ 13 (4) Anm. 2*
Tan|ti|e|me, die; *Pl.* Tantiemen (Vergütung f. Aufführungen)
Tan|tra, das (ind. philosoph. System u. Schrifttum)
Tanz
Tanz...[abend *usw.*]
Tänz|chen
tän|zeln
tan|zen; du tanzt *§ 7 (1)*
Tän|zer
tän|ze|risch
tanz|lu|stig
Tao, das (*ältere Umschrift*) (Grundbegriff d. chines. Philosophie); *s. a.* Dao
Tao|is|mus; *s. a.* Daoismus
Tape, das (Tonband)
Tape|deck (Kassettendeck)
Ta|per|greis
ta|pe|rig
ta|pern
Ta|pet, das; *nur in* aufs ~ bringen (zur Sprache bringen)
Ta|pe|te
Ta|pe|zier, der (Tapezierer)
Ta|pe|zier...[tisch *usw.*]
ta|pe|zie|ren
Tap|fen, der (Fußstapfen)
tap|fer
Tà|pi|es, Antoni (katalan. Maler *1923)
Ta|pi|o|ka, die (Maniokmehl)
Ta|pir, der (Säugetier)
Ta|pis|se|rie (Wandteppich)
tap|pen
täp|pisch
tap|sen; du tapst *§ 7 (1)*
tap|sig
Ta|ra, die (Verpackungsgewicht)
Ta|ran|tel, die (Giftspinne)
Ta|ran|tel|la, die (ital. Volkstanz)
Tar|busch, der (Fes)
Ta|rent (Stadt in Italien)
Ta|ren|ti|ner
Tar|get, das (*phys.* Zielscheibe)
Tar|gi; *Pl.* Tuareg (*s. d.*)
Tar|hon|ya, die (Mehlspeise)
ta|rie|ren (das Gewicht einstellen)
Ta|rier|waa|ge
Ta|rif, der (festgesetzter Preis)
Ta|rif...[vertrag *usw.*]
ta|ri|fie|ren
ta|rif|lich
Ta|rim (Fluß in Asien)
Ta|rim|becken [k|k]
Tar|la|tan, der (Gewebe)
Tarn...[kappe *usw.*]
tar|nen
Ta|ro, der (Knollenfrucht)
ta|rocken [k|k]
Ta|rock|spiel (Kartenspiel)
Tar|pan, der (ausgestorbenes Wildpferd)
tar|pe|jisch; der Tarpejische Fels *§ 15 (7)*
Tar|qui|ni|er
Tar|qui|ni|us (Sagengestalten); ~ Superbus
Tar|ra|go|na (Stadt, Wein)
Tar|ra|go|ne|se
Tar|ski, Alfred (poln. Logiker 1901-1983)
Tar|sos (*griech.*), Tar|sus (*lat.*) (antike Stadt)
Tar|tan, der (Umhang; Kunststoff)
Tar|tan|bahn
Tar|ta|ne, die (Schiff)
tar|ta|re|isch (zur Unterwelt gehörig)
Tar|ta|ros (*griech.*), Tar|ta|rus (*lat.*); der
Tar|trat, das (Salz der Weinsäure)
Tart|sche, die (Schild)
Tar|tüff, Tartuffe (Heuchler)
Tar|zan (Urwaldmensch)
Täsch|chen
Ta|sche
Ta|schen...[buch *usw.*]
Tasch|kent (Hauptstadt v. Usbekistan)
Tasch|ner, Täsch|ner, der (Taschenmacher)
Ta|si, die (*Abk. v.* Technische Anleitung Siedlungsabfall)
Tas|ma|ni|en (neuseel. Insel)
Tas|ma|ni|er
tas|ma|nisch
Täß|chen
Tas|se
Tas|sen...[rand *usw.*]
Tas|so, Torquato (ital. Dichter

1544-1595)
Tast...[sinn *usw.*]
Ta|sta|tur
tast|bar
Ta|ste
ta|sten; du tastest
Ta|sten...[druck *usw.*]
Ta|ster
Tat
Tat...[kraft *usw.*]
Ta|tar, das (rohes Rinderhackfleisch)
Ta|tar, der (Angehöriger eines Volks in Rußland u. Ukraine)
Ta|ta|rei (Heimat der Tataren)
Ta|ta|ren|nach|richt (Falschmeldung)
ta|ta|risch
Ta|ten...[drang *usw.*]
ta|ten|dur|stig
Tä|ter
Ta|ti, Jacques (frz. Schauspieler u. Regisseur 1907-1982)
Ta|ti|an (christl. Schriftsteller 2. Jh.)
tä|tig
tä|ti|gen
tat|kräf|tig
tät|lich
tä|to|wie|ren
Ta|tra (Gebirge); die Hohe ~, die Niedere ~ *§ 15 (7)*
Tat|sa|che
tat|säch|lich
tät|scheln
tat|schen; du tatschst
Tat|ter|greis
Tat|te|rich
tat|te|rig; *s. a.* tattrig
tat|tern
Tat|ter|sall, der (Reithalle)
Tat|too, das (Tätowierung)
tatt|rig; *s. a.* tatterig
ta|tü|ta|ta!
tat|ver|däch|tig
Tat|ze
Tat|zel|wurm (Lindwurm)
Tau[1], das (der griech. Buchstabe τ, T)
Tau[2], das (Seil)
Tau, der
Tau, Max (dt. Schriftsteller 1897-1976)
Tau...[tropfen *usw.*]
taub
taub|blind
Täub|chen
Tau|be
tau|ben|blau
Tau|ben|stö|ßer (Wanderfalke)
Tau|ber (*zu* Taube); *s. a.* Täuber
Tau|ber, die (Fluß)
Tau|ber, Richard (österr. Sänger 1891-1948)
Täu|ber (*zu* Taube); *s. a.* Tauber
Tau|be|rich
Täu|be|rich
Täub|ling (Pilz)
Taub|nes|sel; Rote ~, Weiße ~ *§ 15 (8)*
taub|stumm
tau|chen
Tau|cher
Tauch|sie|der
tau|en; es taut
Tau|ern (*Pl.*) (Gebirge der Ostalpen); die Hohen ~, die Niederen ~
Tau|ern|ex|preß
Tau|ern|tun|nel
Tauf...[buch *usw.*]
Tau|fe
tau|fen
Täu|fer
Täuf|ling
tau|frisch
tau|gen
Tau|ge|nichts, der
taug|lich
Tau|mel (Schwindel)
tau|me|lig (schwindelig)
Tau|mel|lolch, der (Gras)
tau|meln
Tau|nus, der (Gebirge)
Tau|ri|en (Region der Krim)
Tau|ri|er
Tau|ris (Halbinsel Krim)
Tau|rog|gen (Stadt in Litauen)
Tau|rus, der (Gebirge in der Türkei)
Tausch
Tausch...[handel *usw.*]
tau|schen; du tauschst
täu|schen; du täuschst
tau|schie|ren (mit Ornamenten versehen)
tau|send; viele tausend Menschen; tausend und aber tausend *oder* abertausend; *vgl.* Tausend; acht
Tau|send, das; Tausende von Menschen; Tausende u. aber Tausende/Abertausende; *vgl.* tausend
Tau|send|blatt, das (Pflanze)
tau|send|ein; *s. a.* tausendundein
tau|send|eins; *s. a.* tausendundeins
Tau|sen|der, der
tau|sen|der|lei
tau|send|fach; das Tausendfache
tau|send|fäl|tig
Tau|send|fuß (Tier)
Tau|send|füß|ler
Tau|send|gul|den|kraut, Tausend|gül|den|kraut
Tau|send|jahr|fei|er
tau|send|jäh|rig; das Tausendjährige Reich *§ 15 (7)*
Tau|send|künst|ler, der
tau|send|mal; *aber* tausend Male
tau|send|ma|lig
Tau|send|mark|schein
Tau|send|sas|sa, der
Tau|send|schön, das (Blume)
Tau|send|schön|chen
tau|send|ste; der Tausendste; *vgl.* achte
tau|send|stel; *vgl.* achtel
Tau|send|stel, das; *vgl.* Achtel
Tau|send|stel|se|kun|de
tau|send|stens
tau|send|und|ein; ein Märchen aus Tausendundeiner Nacht *§ 15 (7)*; *s. a.* tausendein
Taut, Bruno (1880-1938) u. Max (1884-1967) (dt. Architekten)
tau|to.../**Tau|to**... (identisch)
Tau|to|lo|gie (rhetorische Figur, mehrfach dasselbe sagend)
tau|to|lo|gisch
Tau|zie|hen, das

Ta|ver|ne, die (Wirtshaus)
Ta|xa|me|ter, das/der (Fahrpreisanzeiger)
Ta|xa|tor (Sachverständiger)
Ta|xe, die (1. Gebühr; 2. Taxi)
tax|frei (gebührenfrei)
Ta|xi, das
Ta|xi...[fahrer *usw.*]
ta|xie|ren (abschätzen)
Ta|xi|no|mie (Ordnung, Systematik); *s. a.* Taxonomie
ta|xi|no|misch; *s. a.* taxonomisch
Ta|xis (Bewegung)
Tax|preis (Schätzpreis)
Ta|xo|no|mie (Ordnung, Systematik); *s. a.* Taxinomie
ta|xo|no|misch; *s. a.* taxinomisch
Ta|xus (Eibe)
Tax|wert (Schätzwert)
Ta|y|ge|tos (Gebirge)
Tay|lor, Elizabeth (amerikan. Schauspielerin *1932)
Ta|zet|te, die (Blume)
Tb (*chem. Zeichen f.* Terbium; *Abk. v.* Tuberkulose) *§ 17 (2) Anm. 1*; *s. a.* Tbc, Tbk
Tbc (*Abk. v.* Tuberkulose) *§ 17 (2) Anm. 1*; *s. a.* Tb, Tbk
Tbc-krank *§ 13 (2)*; der Tbc-Kranke
Tbi|lis|si (Hauptstadt v. Georgien); *s. a.* Tiflis
Tbk (*Abk. v.* Tuberkulose) *§ 17 (2) Anm. 2*; *s. a.* Tb, Tbc
Tb-krank *§ 13 (2)*; der Tb-Kranke
Tbk-krank *§ 13 (2)*; der Tbk-Kranke
T-bone-Steak *§ 13 (3)* (Rinderrippensteak)
Tc (*chem. Zeichen f.* Technetium)
Te (*chem. Zeichen f.* Tellur)
Teach-in, das (polit. Diskussionsversammlung)
Teak, das (Teakholz)
Teak...[holz *usw.*]
tea|ken (aus Teakholz)
Team, das
Team...[arbeit *usw.*]
Team|work, das
Tea-Room, der (Lokal)
Te|bal|di, Renata (ital. Sängerin *1922)
Tech|ne|ti|um; *chem. Zeichen* Tc
tech|ni|fi|zie|ren
Tech|nik
Tech|ni|ker
Tech|ni|kum (Ingenieurschule, techn. Lehranstalt)
tech|nisch; Technischer Direktor *§ 15 (8)*
tech|ni|sie|ren
Tech|ni|zis|mus (Technikgläubigkeit)
Tech|no|krat
Tech|no|kra|tie (Vorherrschaft der Technik)
tech|no|kra|tisch
Tech|no|lo|ge
Tech|no|lo|gie (Gesamtheit der technischen Kenntnisse)
tech|no|lo|gisch (*a.* = technisch)
Tech|tel|mech|tel, das
Teckel, der (Hund) [k|k]
Te|cum|seh (Indianerhäuptling 1768-1813)
TED (*Abk. v.* Teledialog) *§ 17 (2) Anm. 1*
Ted|dy, der
Ted|dy|bär
Ted|dy|fut|ter (Plüschfutter)
Te|de|um, das (Lobgesang)
Tee, der
Tee...[abend *usw.*]
Tee-Ei *§ 13 (7) (a)*
Tee-Ern|te *§ 13 (7) (a)*
tee|löf|fel|wei|se
Teen, der (Teenager)
Teen|ager, der (Jugendlicher von 13 bis 19)
Tee|nie, Tee|ny, der (Teenager); *Pl.* Teenies
Teer, der
Teer...[decke *usw.*]
tee|ren
teer|hal|tig
Te|fil|la, die (jüd. Gebet)
Te|fil|lin (*Pl.*) (Gebetsriemen)
Tef|lon, das (Kunststoff)
tef|lon|be|schich|tet
Te|gel, der (Tonerde)
Te|gel (Teil v. Berlin)
Te|gern|see (See in Bayern)
Te|gern|seer
Teg|nér, Esaias (schwed. Dichter 1782-1846)
Te|gu|ci|gal|pa (Hauptstadt v. Honduras)
Te|he|ran (Hauptstadt v. Iran)
Te|huan|te|pec (Stadt in Mexiko); Isthmus von ~
Teich (kleiner See)
Teich|huhn
Tei|cho|sko|pie (Mauerschau im Drama)
Teich|rohr|sän|ger (Vogel)
Teig (Masse f. Gebäck usw.)
Teig...[masse *usw.*]
tei|gig
Teil
Teil...[abschnitt *usw.*]
teil|au|to|ma|ti|siert
teil|bar
Teil|chen
tei|len
Tei|ler
tei|ler|fremd
Teil|ha|be
teil|ha|ben; du hast teil
Teil|ha|ber
teil|haf|tig
Teil|kas|ko[ver|si|che|rung]
teil|kas|ko|ver|si|chern
teil|mö|bliert
Teil|nah|me
teil|nah|me|be|rech|tigt
teil|nahms|los
teil|neh|men *§ 9*; du nimmst teil
teil|neh|mend *§ 11 (3)*
Teil|neh|mer
teils; teils ... teils
teil|wei|se
Te|in [te'i:n], das (*veraltet f.* Koffein); *a.* Thein
Teint, der (Gesichtsfarbe)
Tei|re|si|as (Sagengestalt); *s. a.* Tiresias
T-Ei|sen *§ 13 (2)*
Tei|ste, die (Vogel)
Te|ja (Ostgotenkönig)
Te|jo (*port.*) (Fluß auf der iberischen Halbinsel); *s. a.* Tajo (*span.*)
Tek|to|nik (Aufbau [der

Erdkruste usw.])
tek|to|nisch
Tek|tur, die (Deckblatt)
Tel Aviv (Hauptstadt Israels)
te|le.../**Te|le...** (*griech.* fern)
Te|le...[kommunikation *usw.*]
Te|le|dia|log; *Abk.* TED
Te|le|fax, das; *kurz* Fax
te|le|fa|xen; du telefaxt *§ 7 (1)*; *kurz* faxen
Te|le|fon; *a.* Telephon
Te|le|fon...[nummer *usw.*]; *a.* Telephon...
Te|le|fo|nat; *a.* Telephonat
Te|le|fo|nie, die
te|le|fo|nie|ren; *a.* telephonieren
te|le|fo|nisch; *a.* telephonisch
Te|le|fo|to; *a.* Telephoto
Te|le|fo|to|gra|fie; *a.* Telephotographie
te|le|gen (attraktiv im Fernsehen)
Te|le|graf; *a.* Telegraph
Te|le|gra|fen...[amt *usw.*]
Te|le|gra|fie
te|le|gra|fie|ren
te|le|gra|fisch
Te|le|gramm
Te|le|gramm...[stil *usw.*]
Te|le|graph *usw.*; *a.* Telegraf *usw.*
Te|le|ka|me|ra
Te|le|ki|ne|se (Bewegen von Gegenständen durch okkulte Kräfte)
Te|le|kol|leg, das (Weiterbildungsangebot im Fernsehen)
Te|le|kom|mu|ni|ka|ti|on
te|le|ko|pie|ren (fernkopieren)
Te|le|ko|pie|rer (Fernkopierer)
Te|le|kra|tie (Fernsehherrschaft)
Te|le|mach (Sagengestalt)
Te|le|mann, Georg Philipp (dt. Komponist 1681-1767)
Te|le|mark, der (Skischwung)
Te|le|mark|schwung
Te|le|me|trie (Meßwertübertragungstechnik)
te|le|me|trisch
Te|le|ob|jek|tiv (Objektiv m. großer Brennweite)
Te|leo|lo|gie ([Lehre von der] Zweckgerichtetheit)
te|leo|lo|gisch
Te|le|pa|thie (Gedankenlesen)
te|le|pa|thisch
Te|le|phon; *a.* Telefon
Te|le|phon...[nummer *usw.*]; *a.* Telefon...
Te|le|pho|nat; *a.* Telefonat
te|le|pho|nie|ren; *a.* telefonieren
te|le|pho|nisch; *a.* telefonisch
Te|le|pho|to|gra|phie; *a.* Telefotografie
Te|le|skop, das (Fernrohr)
te|le|sko|pisch
Te|le|vi|si|on, die (Fernsehen)
Te|lex, das (Fernschreiben)
te|le|xen; du telext *§ 7 (1)*
Tell, Wilhelm (Sagengestalt)
Tel|ler
Tel|ler, Edward (amerikan. Physiker 1908-2003)
Tel|ler...[rand *usw.*]
tel|ler|fer|tig
Tel|ler|mi|ne (Sprengkörper)
Tel|lur, das; *chem. Zeichen* Te
tel|lu|rig
Tel|lu|rit, das (Tellursalz)
Tel|lu|ri|um (Modell d. Bewegung v. Erde, Sonne u. Mond)
Te|lo|pha|se (Endphase der Kernteilung)
Tel|tow (Stadt)
Tel|tow|er; ~ Rübchen
Tel|tow|ka|nal
Te|mes|var (Temeschburg; Stadt in Rumänien, *rum.* Timişoara, *ung.* Temesvár)
Tem|pel
Tem|pel|hof (Bezirk v. Berlin)
Tem|pe|ra[|**far**|**be**], die
Tem|pe|ra|ment
tem|pe|ra|ment|voll
Tem|pe|ra|tur
Tem|pe|ra|tur...[anstieg *usw.*]
tem|pe|ra|tur|ab|hän|gig
Tem|pe|renz (Enthaltsamkeit)
Tem|pe|renz|ler
Tem|per|guß (getempertes Gußeisen)
tem|pe|rie|ren (auf eine gemäßigte Temperatur bringen)
Tem|per|koh|le
tem|pern (glühfrischen)
Tem|pest, die (Tempestboot, Segelboot)
tem|pe|sto|so (*musik.* heftig)
Temp|ler
Temp|ler|or|den (geistl. Ritterorden im Mittelalter)
Tem|po, das; *Pl.* Tempi; Tempi passati
Tem|po...[sünder *usw.*]
Tem|po|li|mit, das
tem|po|ral (zeitlich)
Tem|po|ral...[satz *usw.*]
Tem|po|ra|li|en (*Pl.*) (weltl. Rechte von Geistlichen)
tem|po|rär (vorübergehend)
Tem|po|ta|schen|tuch (Papiertaschentuch)
Tem|pus, das; *Pl.* Tem|po|ra (*sprachw.* Zeitbestimmtheit d. Verbs)
ten. (*Abk. v.* tenuto)
Te|na|kel, das (Manuskripthalter)
Te|na|zi|tät (Beharrlichkeit, Zugfestigkeit)
ten|den|ti|ell; *a.* tendenziell
Ten|denz, die (Richtung)
Ten|denz...[schutz *usw.*]
ten|den|zi|ell; *a.* tendentiell (*vgl.* Tendenz)
ten|den|zi|ös (nicht objektiv)
Ten|der, der (Kohlenwagen)
ten|die|ren (zu etw. Hinneigen)
Té|né|ré, die (Teil der Sahara)
Te|ne|rif|fa (Kanar. Insel)
Tenn. (*Abk. v.* Tennessee)
Ten|ne, die (Dreschplatz)
Ten|nes|see (Bundesstaat der USA); *Abk.* Tenn.
Ten|nis, das
Ten|nis...[ball *usw.*]
Ten|no (*jap. Kaisertitel*)
Ten|ny|son, Alfred Lord (engl. Dichter 1809-1892)
Te|noch|ti|tlán (Aztekenstadt)
Te|nor, der (Hauptinhalt)
Te|nor, der (Stimmlage)
Te|nor...[flöte *usw.*]
Te|no|rist (Tenorsänger)

Ten|sid, das (Waschsubstanz)
Ten|si|on (Spannung)
Ten|sor, der (*mathem.*)
Ten|ta|kel, der/das (Fangarm)
Ten|ta|men, das (Versuch; [med.] Vorprüfung)
Te|nue, das (Kleidung)
Te|nu|is, die (stimmloser Verschlußlaut); *Pl.* Tenues
te|nu|to (*musik.* getragen)
Teo|ti|hua|cán (altamerik. Stadt in Mexiko)
Te|pi|da|ri|um (temperierter Raum in röm. Thermen)
Tepl, Johannes von (dt. Dichter Mitte 14. Jh. ~ 1414)
Tepp; *s. a.* Depp
tep|pert; *s. a.* deppert
Tep|pich
Tep|pich...[boden *usw.*]
Te|qui|la, der (Schnaps)
Te|ra... (billionenfach); *Abk.* T
te|ra|to|gen (Mißbildungen verursachend)
Te|ra|to|lo|gie (Lehre von den Mißbildungen)
te|ra|to|lo|gisch
Ter|borch, Gerard (niederl. Maler 1617-1681)
Ter|bi|um; *chem. Zeichen* Tb
Te|re|bin|the, die (Baum)
Te|renz (Terentius Afer, röm. Dichter ~185/195-159 v. Chr.)
Te|re|sa, Mutter (alban. Ordensschwester 1910-1997)
Term, der (log. Ausdruck)
Ter|min, der
Ter|min...[druck *usw.*]
ter|mi|nal (das Ende betreffend)
Ter|mi|nal, der (Abfertigungsstelle, Endgerät)
ter|min|ge|mäß
ter|min|ge|recht
ter|mi|nie|ren (zeitlich begrenzen)
ter|min|lich
Ter|mi|no|lo|ge
Ter|mi|no|lo|gie (Gesamtheit der Fachwörter e. Gebietes)
ter|mi|no|lo|gisch
Ter|mi|nus (Fachausdruck; Grenzdatum); *Pl.* Termini; Terminus technicus *§ 15 (3)*; ~ ante quem, post quem
Ter|mi|te, die (Insekt)
Ter|mi|ten...[staat *usw.*]
Terms of trade *(Pl.)* (Verhältnis der Ein- und Ausfuhrpreise e. Landes) *§ 15 (3)*
ter|när (dreifach)
Ter|pen, das (organische Verbindung)
Ter|pen|tin, das/der (Harz)
Ter|pen|tin...[öl *usw.*]
Ter|psi|cho|re (Tanzmuse)
Ter|ra (Erde); ~ di Siena (Farbe), ~ incognita (unbekanntes Land; *a. übertr.*), ~ sigillata (Keramik) *§ 15 (3)*
Ter|rain, das (Gelände)
Ter|ra|kot|ta, Ter|ra|kot|te, die (unglasierter Ton)
Ter|ra|ri|a|ner
Ter|ra|ri|en|kun|de
Ter|ra|ri|stik
Ter|ra|ri|um (Behälter f. Lurche u. Kriechtiere); *Pl.* Terrarien
Ter|ras|se
Ter|ras|sen...[dach *usw.*]
ter|ras|sen|ar|tig
ter|ras|sen|för|mig
ter|ras|sie|ren
Ter|raz|zo, der (Kunststein)
ter|re|strisch (die Erde betreffend)
ter|ri|bel (schrecklich); terri|ble Vorgänge
Ter|ri|er (Hunderasse)
Ter|ri|ne (Schüssel)
ter|ri|to|ri|al
Ter|ri|to|ri|al...[gewalt *usw.*]
Ter|ri|to|ri|a|li|tät (Zugehörigkeit zu einem Territorium)
Ter|ri|to|ri|um (Gebiet)
Ter|ror, der
Ter|ror...[akt *usw.*]
ter|ro|ri|sie|ren
Ter|ro|ris|mus
Ter|ro|rist
ter|ro|ri|stisch
Ter|schel|ling (westfries. Insel)
Ter|stee|gen, Gerhard (dt. Dichter 1697-1769)
Ter|tia, die (dritte Gymnasialklasse [von der letzten an gerechnet])
Ter|ti|a|na|fie|ber (dreitägiges Fieber)
Ter|ti|a|ner (Schüler der Tertia)
ter|ti|är (drittrangig; zum Tertiär gehörig)
Ter|ti|är, das (geolog. Formation)
Ter|ti|a|ri|er (Mitglied eines Dritten Ordens, d. h. Laienordens)
Ter|ti|um com|pa|ra|ti|o|nis (Vergleichspunkt) *§ 15 (3)*
Ter|tul|li|an (Theologe ~160-~222)
Terz, die (1. Fechthieb; 2. Tonintervall)
Ter|zel, der (männl. Falke)
Ter|ze|rol, das (Pistole)
Ter|zett, das (dreistimmiges Musikstück)
Ter|zi|ar, der (Ordensbruder)
Ter|zi|ne, die (Gedichtstrophe)
Te|sa, das/der (*kurz f.* Tesafilm)
Te|sa|film (Klebeband)
Te|sching, das (Gewehr)
Tes|la, das (Einheit der magnetischen Induktion); *Abk.* T
Tes|sin, das (Kanton der Schweiz)
Tes|si|ner
tes|si|nisch
Test, der
Test...[bild *usw.*]
Te|sta|ment (letzter Wille); das Alte ~ *§ 15 (7)*, *Abk.* AT; das Neue ~ *§ 15 (7)*, *Abk.* NT (Teile der Bibel)
te|sta|men|ta|risch
Te|stat, das (Bescheinigung)
Te|sta|zee, die (Amöbe); *Pl.* Te|sta|zeen
te|sten; du testest
te|stie|ren
Te|sti|kel, der (Hoden)
Te|sti|mo|ni|um (Zeugnis); ~ paupertatis (Armutszeugnis)
Te|sto|ste|ron, das (männliches Hormon)
Te|stu|do, die (Schildkröte)
Te|ta|nie (Krampfanfall)
te|ta|nisch
Te|ta|nus (Wundstarrkrampf)

Te|te, die (Truppenspitze)
Tête-à-tête, das (vertrautes Beisammensein)
Te|thys (1. griech. Göttin; 2. Urmeer)
te|tra.../Te|tra... (*griech.* vier)
Te|tra|chlor|koh|len|stoff
Te|tra|chord, das/der (Folge von vier Tönen e. Quart)
Te|tra|cy|clin, das (Antibiotikum)
Te|tra|eder, das (dreiseitige Pyramide)
Te|tra|gon, das (Viereck)
te|tra|go|nal (viereckig)
Te|tra|lo|gie (Folge von vier Werken)
Te|tra|me|ter, der (vierfüßiger Vers)
Te|tra|po|die (Verstakt aus vier Versfüßen)
Te|trarch („Vierfürst" in e. Tetrarchie)
Te|trar|chie (Viererherrschaft)
Te|tro|de, die (vierpolige Elektronenröhre)
Tet|zel, Johannes (dt. Mönch ~1465-1519)
teu|er; teu[e]rer, am teuersten
Teu|e|rung
Teu|e|rungs...[rate *usw.*]
Teu|fe, die (Schachttiefe)
Teu|fel
Teu|fe|lei
Teu|fels...[werk *usw.*]
teu|fen
teuf|lisch
Teu|to|bur|ger Wald (Höhenzug in Norddeutschland)
Teu|to|ne (Deutscher)
teu|to|nisch
Tex, das (Maßeinheit f. Garn); *Zeichen* tex
Tex. (*Abk.* v. Texas)
Te|xa|ner
te|xa|nisch
Te|xas (Bundesstaat der USA); *Abk.* Tex.
Te|xas|fie|ber (Rinderkrankheit)
Te|xas Ran|gers (amerik. Polizeitruppe) *§ 15 (7)*
Te|xel (niederl. Insel)
Text
Text...[abdruck *usw.*]
tex|ten
Tex|ter
tex|til
Tex|til...[arbeiter *usw.*]
Tex|ti|li|e, die (Gewebe)
Tex|tu|a|li|tät
Tex|tur (Gewebe, *a. übertr.*)
Te|zett, das (die Buchstabenfolge tz); bis zum ~
t-för|mig, T-för|mig (in Form eines t bzw. T) *§ 13 (2)*
tg (*Abk. v.* Tangens) *§ 17 (2) Anm. 2*; *s. a.* tan
TGV (*Abk. v.* train à grande vitesse; frz. Hochgeschwindigkeitszug) *§ 17 (2) Anm. 1*
Th (*chem. Zeichen f.* Thorium)
TH (*Abk. v.* Technische Hochschule) *§ 17 (2) Anm. 1*
Thacke|ray, William Makepeace (engl. Schriftsteller 1811-1863)
Thad|dä|us (Apostel)
Thad|den-Trieg|laff, Reinold von (dt. Jurist 1891-1976)
thai; auf ~
Thai, das (Sprache); auf thai sprechen
Thai, der (Thailänder)
Thai|land (Staat)
Thai|län|der
thai|län|disch
Tha|la|mus, der (Teil des Zwischenhirns)
tha|las|so|gen (durch das Meer entstanden)
Tha|las|so|me|ter, das (Meeresspiegelmesser)
Tha|les von Mi|let (griech. Philosoph ~625- ~547 v. Chr.)
Tha|lia (Muse d. heiteren Dichtung)
Tha|li|do|mid, das (Medikament, Contergan)
Thal|li|um; *chem. Zeichen* Tl
Thal|lus, der (Pflanzenteil)
Thäl|mann, Ernst (dt. Politiker 1886-1944)
Tha|na|to|lo|gie (Erforschung des Sterbens)
Tha|na|tos (Tod)
Thanks|gi|ving Day (Erntedank) *§ 15 (7)*
Thar, die (Wüste in Pakistan u. Indien)
Tha|sos (griech. Insel)
That|cher, Margaret (engl. Politikerin *1925)
That|che|ris|mus
Tha|ya (Fluß in Mähren u. Österreich)
The|a|ter
The|a|ter...[besuch *usw.*]
The|a|ti|ner (ital. Ordensangehöriger)
The|a|tra|lik
the|a|tra|lisch *§ 17 (2) Anm. 1*
The|ba|is, die (1. Gebiet um Theben; 2. altgriech. Epos)
The|ba|ner
the|ba|nisch
The|ben (Stadt im antiken Griechenland)
Thé dan|sant, der (Tanzball)
The|in, das; *a.* Tein (veraltet für Koffein)
The|is|mus (Lehre von einem persönlichen Schöpfergott)
Theiß (Fluß)
The|ist (Anhänger des Theismus)
the|i|stisch
The|ke, die (Schank-, Ladentisch)
The|ma, das; *Pl.* Themata, Themen
The|ma|tik
the|ma|tisch
the|ma|ti|sie|ren
The|ma|vo|kal (*sprachwiss.* Stammbildungsvokal)
The|men...[bereich *usw.*]
The|mis (griech. Göttin)
The|mi|sto|kles (griech. Politiker ~525 – nach 460 v. Chr.)
Them|se, die (Fluß in England)
Theo|bro|min, das (Alkaloid der Kakaobohne)
The|o|de|rich (Ostgotenkönig ~421-526)
Theo|di|zee (Rechtfertigung Gottes)
Theo|do|lit, der (Winkelmesser)

Theo|do|ra|kis, Mikis (griech. Komponist *1925)
Theo|do|si|us [der Große] (röm. Kaiser 347/346-395)
Theo|gno|sie (Erkenntnis Gottes)
Theo|go|nie (Lehre von der Götterabstammung)
Theo|krat
Theo|kra|tie (Gottesstaat, Priesterherrschaft)
theo|kra|tisch
Theo|krit (griech. Dichter ~300- ~260 v. Chr.)
theo|kri|tisch (nach Art Theokrits); Theokritische Gedichte (Gedichte Theokrits) *§ 15 (7)*
Theo|lo|ge
Theo|lo|gie
theo|lo|gisch
theo|morph (in göttlicher Gestalt)
Theo|pha|nie (Gotteserscheinung)
Theo|phrast (griech. Philosoph ~370- ~287 v. Chr.)
The|or|be, die (Baßlaute)
The|o|rem, das (Lehrsatz)
The|o|re|ti|ker
the|o|re|tisch
the|o|re|ti|sie|ren
The|o|rie
Theo|soph (Anhänger der Theosophie)
Theo|so|phie (Lehre vom Erkennen des Göttlichen)
theo|so|phisch; Theosophische Gesellschaft *§ 15 (7)*
The|ra (griech. Insel, Santorin)
The|ra|peut (behandelnder Arzt)
The|ra|peu|tik (Lehre von der Behandlung von Krankheiten)
the|ra|peu|tisch
The|ra|pie (Behandlung von Kranken)
the|ra|pie|ren
the|ra|pie|re|si|stent
The|re|sia von Ávi|la (Heilige)
the|re|si|a|nisch; die Theresianische Akademie *§ 15 (7)*
The|re|si|en|stadt (Stadt in Tschechien, KZ)
The|ri|ak, der (Arznei)
The|ri|ak[s]|wur|zel
ther|mal (mit Wärme verbunden)
Ther|mal...[bad *usw.*]
Ther|me, die (warme Quelle, Warmbad); *Pl.* Thermen
Ther|mi|dor (Monat des frz. Revolutionskalenders)
Ther|mik (warmer Aufwind)
ther|misch (auf Wärme beruhend)
Ther|mi|stor, der (temperaturempfindl. elektr. Widerstand)
Ther|mit, das (Mischung aus Aluminium und Eisenoxid)
ther|mo.../Ther|mo... (*griech.* warm)
Ther|mo...[hose *usw.*]
ther|mo|che|misch
Ther|mo|dy|na|mik (Wärmelehre)
ther|mo|dy|na|misch
ther|mo|elek|trisch
Ther|mo|elek|tri|zi|tät (Elektrizität aus Erhitzen)
Ther|mo|ele|ment (Element, in dem Thermoelektrizität erzeugt wird)
Ther|mo|gramm (Wärmebild)
Ther|mo|graph (Temperaturschreiber)
Ther|mo|me|ter, das/der (Temperaturmesser)
ther|mo|nu|kle|ar (auf Wärme aus Kernenergie beruhend)
Ther|mo|nu|kle|ar|waf|fe
Ther|mo|pa|ne, das (isolierendes Fensterglas)
Ther|mo|pa|ne|fen|ster
ther|mo|phil (wärmeliebend)
Ther|mo|phor (wärmespeichernder Körper)
Ther|mo|plast, der (in Wärme formbarer Körper)
Ther|mo|py|len (*Pl.*) (hist. Ort in Griechenland)
Ther|mos|fla|sche
Ther|mo|sphä|re (Schicht der Erdatmosphäre)
Ther|mo|stat, der (Temperaturregler)
Ther|si|tes (Sagengestalt)
the|sau|rie|ren (ansammeln)
The|sau|rus (Wissensschatz)
The|se (Lehrsatz)
The|sei|on, das (Theseustempel [in Athen])
The|seus (myth. Gestalt)
The|sis, die (Teil des Versfußes; Teil eines Taktes)
Thes|pis|kar|ren (Wanderbühne)
Thes|sa|li|en (Balkanlandschaft)
Thes|sa|li|er
thes|sa|lisch
Thes|sa|lo|ni|cher (Adressaten v. Briefen d. Apostels Paulus)
Thes|sa|lo|ni|ki (Stadt in Griechenland)
thes|sa|lo|nisch
The|ta, das (der griech. Buchstabe θ, Θ)
The|tis (Nymphe, Mutter Achills)
Thi|amin, das (Vitamin B)
Thid|reks|sa|ga (germ. Heldensage)
Thiers, Adolphe (frz. Historiker 1797-1877)
Thier|se, Wolfgang (dt. Politiker *1943)
Thig|mo|taxis, die (durch Berührung ausgelöste Bewegung)
Thim|bu (Hauptstadt v. Bhutan)
Thing, das (germ. Volksversammlung)
Thing|stät|te
Thio|phen, das (Schwefelverbindung)
thi|xo|trop
Thi|xo|tro|pie (Fähigkeit, bei Berührung flüssig zu werden)
Tho|los, der/die (altgriech. Rundbau)
Tho|ma, Ludwig (dt. Schriftsteller 1867-1921)
Tho|ma|ner (Mitglied des Thomanerchors)
Tho|ma|ner|chor (Knabenchor in Leipzig)
Tho|mas (Apostel); ~ von Aquin[o] (ital. Theologe 1224/25-1274); ~ von

Canterbury (Thomas Becket, engl. Theologe ~1118-1170)
Tho|mas, Ambroise (frz. Komponist 1811-1896)
Tho|mas, Dylan (walis. Schriftsteller 1914-1953)
Tho|ma|si|us, Christian (dt. Jurist 1655-1728)
Tho|mas|kan|tor (Kantor an der Leipziger Thomaskirche)
Tho|mas|mehl (Dünger)
Tho|mas|stahl (im Thomasverfahren erzeugter Stahl)
Tho|mas|ver|fah|ren (Verfahren zur Stahlerzeugung)
Tho|mis|mus (Lehre des Thomas von Aquin)
Tho|mist
tho|mi|stisch
Tho|net|stuhl (Stuhl aus gebogenem Holz)
Thor (germ. Gott)
Tho|ra, die (die fünf Bücher Mose; jüd. Gesetz); *a.* Tora
tho|ra|kal (*zu* Thorax)
Tho|rax, der (Brustkorb)
Tho|reau, Henry David (amerik. Schriftsteller 1817-1862)
Tho|ri|um; *chem. Zeichen* Th
Thorn (Stadt in Polen, *poln.* Toruń)
Thorn|dike, Edward Lee (amerikan. Psychologe 1874-1949)
Thor|vald|sen, Bertel (dän. Bildhauer 1770-1844)
Thot[h] (ägypt. Gott)
Thra|ker (Angehöriger e. antiken Volks); *s. a.* Thrazier
Thra|ki|en (antike Region auf dem Balkan u. in Kleinasien); *s. a.* Thrazien
thra|kisch; *s. a.* thrazisch
Thrazien; *s. a.* Thrakien
Thra|zi|er; *s. a.* Thraker
thra|zisch; *s. a.* thrakisch
Thren|odie, die (Klagelied)
Thril|ler, der (auf Nervenkitzel angelegtes Werk)
Thrips, der (Fliegenart)
Throm|bo|se, die (Blutgerinnsel)
throm|bo|tisch
Throm|bo|zyt, der (Blutkörperchen)
Throm|bus, der (Pfropf aus geronnenem Blut)
Thron
Thron...[anwärter *usw.*]
thro|nen
Thu|ja, die (Lebensbaum)
thu|ky|di|de|isch (nach Art des Thukydides); das Thukydideische Werk (das Werk des Thukydides) *§ 15 (7)*
Thu|ky|di|des (griech. Historiker ~460- nach 400 v. Chr.)
Thu|le (sagenhafte Insel)
Thu|li|um; *chem. Zeichen* Tm
Thun (Stadt in der Schweiz)
Thu|ner See
Thun|fisch
Thur|gau (Schweizer Kanton)
Thur|gau|er
thur|gau|isch
Thü|rin|gen (Bundesland)
Thü|rin|ger
thü|rin|gisch
Thurn und Ta|xis (Fürstengeschlecht)
Thurn|wald, Richard (dt. Ethnologe 1869-1954)
Thut|mo|sis (*Name ägypt. Könige*)
THW (*Abk. v.* Technisches Hilfswerk) *§ 17 (2) Anm. 1*
Thy|mi|an, der (Lippenblütler, Gewürz)
Thy|mus, der (Brustdrüse)
Thy|mus|drü|se
Thy|re|o|i|di|tis, die (Entzündung der Schilddrüse)
Thy|ri|stor, der (Schaltelement)
Thyr|sos|stab (Stab des Dionysos u. der Bacchantinnen)
Thys|sen, August (dt. Industrieller 1842-1926)
ti (Solmisationssilbe)
Ti (*chem. Zeichen f.* Titan)
Tia|hua|na|co (alte Stadtkultur in Bolivien)
Tian|jin (Stadt in China); *a.* Tientsin (*ältere Umschrift*)
Ti|a|ra, die (e. Art Turban; Papstkrone)
Ti|ber, der (Fluß in Italien)
Ti|be|ri|us (röm. Kaiser 42 v. Chr. ~ 37 n.Chr.)
Ti|be|sti (Gebirge in der Sahara)
Ti|bet (Staat in Asien)
Ti|bet, der (Wollstoff)
Ti|be|ta|ner
ti|be|ta|nisch
Ti|be|ter
ti|be|tisch
Tic, der (nervöse Zuckung; Schrulle, *a.* Tick)
Tick, der (Schrulle); *a.* Tic
ticken [k|k]
Ticker (*a.* Fernschreiber) [k|k]
Ticket, das (Fahrschein) [k|k]
Ti|de, die (period. Änderung des Meeresspiegels; Gezeit)
Ti|de[n]|hub
Tie-Break, der/das (Tenniswertung)
Tieck, Ludwig (dt. Dichter 1773-1853)
tief; tief unten; tief◡bewegt *usw. § 11 (4)*
Tief, das
Tief...[ausläufer *usw.*]
tief◡be|wegt *§ 11 (4)*
tief|blau
tief◡boh|ren *§ 10*
Tie|fe, die
tief◡emp|fun|den *§ 11 (4)*
Tie|fen...[bestrahlung *usw.*]
tief|ernst
tief◡er|schüt|tert *§ 11 (4)*
tief◡ge|frie|ren *§ 10*
tief◡ge|fühlt *§ 11 (4)*
tief◡ge|hend *§ 11 (4)*; tiefer◡gehend, tiefstgehend; *adverbial, prädikativ und bei Steigerung d. Grundwortes nur zusammengeschrieben*: tiefgehend reformieren; die Wirkung ist tiefgehend; tiefgehender, am tiefgehendsten
tief◡ge|kühlt *§ 11 (4)*
tief◡grei|fend *§ 11 (4)*; *vgl.* tiefgehend
tief|grün|dig
Tief|kühl...[kost *usw.*]
tief◡küh|len *§ 10*
Tief|la|der
tief◡lie|gend *§ 11 (4)*; *vgl.* tiefgehend

ti̱ef◡schür|fend *§ 11 (4)*; *vgl.* tiefgehend
tief|schwarz
tief|sin|nig
Tief|sta|pe|lei
tief◡sta|peln *§ 10*
Tief|stap|ler
ti̱ef◡ste|hend; *vgl.* tiefgehend
Tiefst...[preis *usw.*]
tief◡tau|chen *§ 10*
tieftrau|rig
ti̱ef◡ver|schneit *§ 11 (4)*
Tie|gel
Tie|gel...[ofen *usw.*]
Tien|tsin (Stadt in China); *a.* Tianjin (*neuere Umschrift*)
Tie|po|lo, Giovanni Battista (ital. Maler 1696-1770)
Tier
Tier...[arzt *usw.*]
tier|ärzt|lich
tie|risch
tier|lieb
tier|lie|bend
Tif|fa|ny, Louis Comfort (amerikan. Kunsthandwerker 1848-1933)
Tif|fa|ny|stil
Tif|lis (Tbilissi, Hauptstadt v. Georgien)
Ti|fo|so (*ital.* Fan); *Pl.* Tifosi
Ti|ger
Ti|ger...[fell *usw.*]
Ti|ger|au|ge (*a.* Mineral)
Ti|ger|li|lie
ti|gern; du tigerst
Ti|grin|ja (Volk in Afrika)
Ti|gris, der (Fluß in Vorderasien)
Ti|jua|na (Stadt in Mexiko)
Ti|kal (Mayastadt)
Til|bu|ry, der (Kutsche)
Til|de, die (das Zeichen ~)
til|gen; du tilgst
Til|land|sie, die (Pflanzengattung)
Till Eu|len|spie|gel (volkstüml. Schalk † 1350)
Til|lich, Paul (dt.-amerikan. Theologe 1886-1965)
Til|ly, Johann von (Feldherr 1559-1632)
Til|sit (Stadt in Rußland)
Til|si|ter; ~ Friede[n], ~ Käse
Tim|ba|les (*Pl.*) (Trommelpaar)
Tim|bre, das (Klangfarbe)
tim|brie|ren
Tim|buk|tu (Stadt in Mali)
ti|men (zeitlich abstimmen); du timst; getimt
Time-out, das (Auszeit)
Time-sha|ring, das (*EDV* Zeitzuteilung)
Tim|mels|joch (Alpenpaß)
Ti|mo|kra|tie (Machtverteilung nach Vermögen)
ti|mo|kra|tisch
Ti|mor (Insel in Indonesien)
Ti|mo|the|us (bibl. Gestalt)
Ti|mo|the|us|gras
Tim|pa|no, der (Pauke)
Ti|mur (mongol. Eroberer 1336-1405); *s. a.* Tamerlan
Tinbergen, Jan (niederl. Ökonom 1903-1994); Nikolaas ~ (niederl. Zoologe 1907-1988)
tin|geln (umherziehen)
Tin|gel|tan|gel, das/der (einfache Unterhaltungsstätte)
Tin|gue|ly, Jean (schweizer. Bildhauer 1925-1991)
Tink|ti|on (Färbung)
Tink|tur (Färbemittel)
Tin|nef, der (Plunder)
Tin|te
Tin|ten...[faß *usw.*]
Tin|ten|ku|li, der
Tint|ling (Pilz)
Tin|to|ret|to (ital. Maler 1518-1594)
Tip, der (Rat; Lottotip o. ä.; *engl.* Trinkgeld)
Ti|pi, das (Indianerzelt)
Tipp...[fehler *usw.*] (*zu* tippen 1.)
Tipp...[schein *usw.*] (*zu* tippen 2.)
Tip|pel|bru|der (Landstreicher)
tip|peln (zu Fuß gehen)
tip|pen (1. maschineschreiben; 2. raten); du tippst
Tip|pett, Michael (engl. Komponist 1905-1998)
Tipp|se (Sekretärin)
tipp|topp (tadellos)
T. I. R. (*Kennzeichen f.* internationalen Transport)
Ti|re|si|as (Sagengestalt); *s. a.* Teiresias
Ti|ra|de, die (Wortschwall)
Ti|ra|mi|su, das (Süßspeise)
Ti|ra|na (Hauptstadt v. Albanien)
Ti|raß, der (Vogelnetz); *Pl.* Tirasse
ti|ras|sie|ren (mit dem Tiraß fangen)
ti|ri|lie|ren (zwitschern)
Ti|rol (österr. Bundesland)
Ti|ro|ler
ti|ro|le|risch
Ti|ro|li|enne, die (Tanz)
ti|ro|lisch
ti|ro|nisch; Tironische Noten (Kurzschrift des Tiro) *§ 15 (7)*
Tir|pitz, Alfred von (dt. Admiral 1849-1930)
Ti|ryns (antike Stadt)
Ti|ryn|ther (*zu* Tiryns)
ti|ryn|thisch (*zu* Tiryns)
Tisch
Tisch...[bein *usw.*]
Tisch|bein (dt. Malerfamilie)
tisch|fer|tig
Tisch|lein|deck|dich, das *§ 13 (4) Anm. 1*
Tisch|ler
Tisch|ler...[leim *usw.*]
Tisch|le|rei
tisch|lern
Tisch|ler|plat|te
Tisch|ten|nis, das
Ti|tan, das; *chem. Zeichen* Ti
Ti|tan, der (Sagengestalt; Saturnmond)
Ti|tan|ei|sen|erz
Ti|ta|nic (Name e. gesunkenen Schiffs)
Ti|ta|ni|de (Nachkomme der Titanen)
ti|ta|nisch
Ti|ta|no|ma|chie (Kampf d. Titanen gegen Zeus)
Ti|tel
Ti|tel...[blatt *usw.*]
Ti|te|lei
ti|teln

Ti|ter, der (Feinheit, Gehalt); *s. a.* Titre
Ti|thon, das (geolog. Stufe)
Ti|ti|ca|ca|see (südamerik. See)
Ti|ti|see (See u. Ort im Schwarzwald)
Ti|to, Josip (Josip Broz, jugoslawischer Politiker 1892-1980)
Ti|to|is|mus
Ti|to|ist
Ti|tra|ti|on (Bestimmung des Titers)
Ti|tre, der (Feinheit, Gehalt); *s. a.* Titer
ti|trie|ren (den Titer bestimmen)
Tit|te, die (weibl. Brust)
Ti|tu|lar (Titelinhaber, der das entspr. Amt aber nicht ausübt)
Ti|tu|lar...[bischof *usw.*]
Ti|tu|la|tur (Anrede mit allen Titeln)
ti|tu|lie|ren (mit Titel anreden; bezeichnen)
Ti|tu|lus (ma. Bildunterschrift)
Ti|tus (Flavius Vespasianus, röm. Kaiser 39-81)
Tiu (germ. Gott); *s. a.* Ziu
Ti|vo|li, das (Spiel; Amüsierbetrieb)
Ti|zi|an (Tiziano Vecellio, ital. Maler ~1488-1576)
ti|zi|a|nisch
ti|zi|an|rot; das Tizianrot
tja
Tjalk, die (Segelfrachter)
Tjost, die (mittelalterl. Zweikampf zu Pferde)
tjo|sten
tkm (*Abk. v.* Tonnenkilometer) *§ 17 (2) Anm. 2*
Tl (*chem. Zeichen f.* Thallium)
Tm (*chem. Zeichen f.* Thulium)
Tme|sis, die (Trennung [der Teile eines zusammengesetzten Wortes])
TNT (*Abk. v.* Trinitrotoluol) *§ 17 (2) Anm. 1*
Toast, der (1. Trinkspruch; 2. Röstbrot)
toa|sten
Toa|ster
To|bak; starker ~, anno ~
To|bel, der/das (Schlucht)
to|ben
To|bog|gan, der (Schlitten)
To|bruk (Stadt in Libyen)
Tob|sucht
tob|süch|tig
Tob|suchts|an|fall
Toc|ca|ta, die (Musikstück); *a.* Tokkata
Toch|ter
Toch|ter...[firma *usw.*]
Töch|ter|chen
Tocque|ville, Alexis de (frz. Schriftsteller 1805-1859)
Tod, der
tod|bleich
tod|brin|gend; *aber* den Tod bringend *§ 11 (4)*
Tod|dy, der (Palmwein)
tod|ernst
To|des...[ahnung *usw.*]
to|des|mu|tig
to|des|wür|dig
tod|feind (*Adjektiv*) *§ 15 (6)*; jdm. ~ sein
Tod|feind, der
tod|ge|weiht
tod|krank
töd|lich
tod|mü|de
tod|schick
tod|si|cher
tod|ster|bens|krank
Tod|sün|de
Todt, Fritz (dt. Ingenieur u. Politiker 1891-1942); Organisation ~, *Abk.* OT
tod|trau|rig
tod|un|glück|lich
tod|wund
Toe-loop, der (Drehsprung beim Eiskunstlauf)
Tof|fee, das (Sahnebonbon)
Tof|fel, der (Tölpel)
Töff|töff, das (Auto)
To|fu, der (Bohnenkäse)
To|ga, die; *Pl.* Togen
Tog|gen|burg (Landschaft in der Schweiz)
To|go (Staat in Afrika)
To|go|er
to|go|isch
To|go|le|se
To|hu|wa|bo|hu, das (Chaos)
Toi|let|te (1. Kleidung; 2. WC)
Toi|let|ten...[artikel *usw.*]
toi, toi, toi!
To|ka|dil|le, das (Brettspiel)
To|kai|er, To|ka|jer (Wein)
To|kio (Hauptstadt v. Japan)
To|kio|er
To|kio|ter
Tok|ka|ta, die (Musikstück); *a.* Toccata
To|ko|go|nie (geschlechtliche Fortpflanzung)
To|ku|ga|wa (jap. Dynastie)
Tö|le, die (Hund)
To|le|do (Stadt in Spanien)
to|le|ra|bel; to|le|ra|ble Werte
to|le|rant (duldsam)
To|le|ranz (Duldsamkeit)
To|le|ranz...[schwelle *usw.*]
to|le|rie|ren (dulden)
Tol|kien, John (engl. Schriftsteller 1892-1973)
toll
toll|dreist
Tol|le, die (Haarschopf)
tol|len; du tollst
Toll|haus
Toll|häus|ler
Tol|li|tät (Faschingsprinz oder -prinzessin)
Toll|kir|sche (Nachtschattengewächs)
toll|kühn
Toll|wut (Viruskrankheit)
toll|wü|tig
Tol|patsch, der (ungeschickter Mensch)
tol|pat|schig
Töl|pel, der (*a.* Vogel)
Töl|pe|lei
töl|pel|haft
töl|peln
Tol|stoi *oder* Tol|stoj, Aleksej Konstantinowitsch (1817-1875), Aleksej Nikolajewitsch (1883-1945) u. Lew Nikolajewitsch (Leo 1828-1910) (russ. Schriftsteller)
Tölt, der (Gangart b. Pferden)
Tol|te|ke (Angehöriger eines altamerikan. Volks)

tol|te|kisch
To|lu|bal|sam, der (Duftstoff)
To|lu|ol, das (Lösungsmittel)
To|ma|hawk, der (indianische Streitaxt)
To|ma|si di Lam|pe|du|sa, Giuseppe (ital. Schriftsteller 1896-1957)
To|ma|te
To|ma|ten...[mark usw.]
to|ma|ti|sie|ren
Tom|bak, der (Messingart)
Tom|bo|la, die (Verlosung)
Tom|my (engl. Soldat)
To|mo|graph
To|mo|gra|phie (Schichtröntgenverfahren)
to|mo|gra|phisch
Tomsk (Stadt in Rußland)
Ton[1] (Geräusch)
Ton[2] (Erde)
Ton...[abnehmer *usw.*, *zu* Ton[1]]
Ton...[erde *usw.*, *zu* Ton[2]]
to|nal (auf die Tonika bezogen)
To|na|li|tät
ton|an|ge|bend; *aber* den Ton angebend *§ 11 (4)*
Ton|do, das (Rundbild); *Pl.* Tondi
to|nen; du tonst
tö|nen; du tönst
To|ner, der (Druckerfarbe)
tö|nern
Ton|ga (Inselstaat)
Ton|ga|er
Ton|ga|in|seln
ton|ga|lisch
Ton|ga|spra|che
ton|hal|tig
To|nic, das; Tonic water *§ 15 (3)*
to|nig
To|ni|ka, die (Grundton)
To|ni|kum (stärkendes Mittel)
to|nisch (1. auf dem Grundton aufgebaut; 2. kräftigend)
Ton|ka|boh|ne (Same des Tonkabaums)
ton|los
Ton|na|ge, die (Rauminhalt)
Tönn|chen
Ton|ne (1. Behälter; 2. Gewicht, *Abk.* t)
Ton|nen...[dach *usw.*]
ton|nen|schwer
ton|nen|wei|se
Tön|ni|es, Ferdinand (dt. Soziologe 1855-1936)
Ton|sil|le, die (Mandel)
Ton|sill|ek|to|mie (Entfernen der Mandeln)
Ton|sil|li|tis (Mandelentzündung)
Ton|sur (kreisrund geschorene Stelle bei Mönchen)
To|nus, der (1. Ganzton; 2. Zustand der Spannung)
top (*Adjektiv*) (hervorragend)
Top, das (Oberteil)
Top, der (Tennisschlag)
TOP (*Abk. v.* Tagesordnungspunkt) *§ 17 (2) Anm. 1*
Top...[manager *usw.*]
To|pas, der (Edelstein)
to|pas|far|ben (goldgelb)
to|pas|far|big
Topf
Topf...[blume *usw.*]
Töpf|chen
top|fen; du topfst
Top|fen, der (Quark)
Top|fen...[knödel *usw.*]
Töp|fer
Töp|fe|rei
töp|fern
top|fit
Topf|schla|gen, das
To|pik, die (rhetor. Lehre von den Gemeinplätzen)
To|pi|nam|bur, der/die (Knolle einer Sonnenblumenart)
to|pisch (örtlich)
To|pitsch, Ernst (österr. Philosoph 1919-2003)
To|po|graph (Vermessungsingenieur)
To|po|gra|phie (Beschreibung geographischer Orte)
to|po|gra|phisch
To|po|lo|gie (Lehre von der Lage geometrischer Gebilde im Raum)
to|po|lo|gisch
Top|onym, das (Ortsname)
Top|ony|mik (Kunde von Ortsnamen)
top|ony|misch (die Kunde von Ortsnamen betreffend)
To|pos (Gesichtspunkt; Motiv); *Pl.* Topoi
topp!
Topp, der (Mastspitze)
Topp...[segel *usw.*]
top|pen
topp|la|stig (mit zuviel Gewicht in der Takelage)
top-se|cret (streng geheim)
Top|spin, der (Drall)
Top ten, die (*Pl.*) (die zehn Besten)
Toque, die (Hut)
Tor, das
Tor, der
Tor...[bilanz *usw.*]
To|ra, die (die fünf Bücher Mose; jüd. Gesetz); *a.* Thora
To|ra|ja (Volk auf Celebes)
Tor|aus, das (Raum hinter den Torlinien)
Tor|berg, Friedrich (österr. Schriftsteller 1908-1979)
Tord|alk, der (Vogel)
To|re|a|dor (Stierkämpfer)
To|rel|li, Giuseppe (ital. Komponist 1658-1709)
To|re|ro (Stierkämpfer)
To|res|schluß; vor ~
To|reut, der (Kunstschmied)
To|reu|tik (Metallbearbeitung)
Torf, der
Torf...[mull *usw.*]
tor|fig
Tor|gau (Stadt)
Tor|heit
tö|richt
tö|rich|ter|wei|se *§ 12*
tor|keln
Tor|men|till, der (Blutwurz)
Törn, der (Segelfahrt)
Tor|na|do, der (Wirbelsturm)
Tor|ni|ster, der (Ranzen)
To|ron|to (Stadt in Kanada)
tor|pe|die|ren
Tor|pe|do, der (Geschoß)
Tor|que|ma|da, Tomás de (span. Inquisitor 1420-1498)
tor|quie|ren (quälen; *techn.* krümmen)

Torr, das (Einheit d. Drucks)
Tor|ren|te, der (Sturzbach)
Tor|res|stra|ße (Meerenge zw. Australien u. Neuseeland)
Tor|ri|cel|li, Evangelista (ital. Physiker 1608-1647)
tor|ri|cel|lisch; die Torricellische Leere *§ 15 (7)*
Tor|si|on (Verdrillung)
tor|si|ons|fest
Tor|so, der (Rumpfteil einer Statue); *Pl.* Torsi
Tort, der (Kränkung)
Tört|chen
Tor|te
Tor|te|lett, das (Tortenboden)
Tor|te|let|te, die (Tortenboden)
Tor|tel|li|ni (*Pl.*) (gefüllte Nudeln)
Tor|til|la, die (Omelette)
Tor|tur, die (Folter)
To|ry, der; *Pl.* Torys, Tories
Tos|ca|ni|ni, Arturo (ital. Dirigent 1867-1957)
to|sen
to|sisch; Tosisches Schloß (Sicherheitsschloß nach Tosi) *§ 15 (7)*
Tos|ka|na (Region in Italien)
Tos|ka|ner
tos|ka|nisch
tot (*Adjektiv*); der Tote; das Tote Meer *§ 15 (7)*, Tote Hand (*jurist.*) *§ 15 (8)*; *als Verbzusatz a. zusammengeschrieben § 10*: tot◡schlagen *usw.*; tot◡geboren *§ 11 (4)*; totsagen
to|tal
To|tal...[schaden *usw.*]
To|ta|le, die (Gesamtansicht)
To|ta|li|sa|tor (1. Wettabschluß bei Rennen; 2. Niederschlagsmesser)
to|ta|li|sie|ren (zusammenzählen)
to|ta|li|tär (diktatorisch)
To|ta|li|ta|ris|mus
To|ta|li|tät (Gesamtheit)
To|ta|li|täts...[anspruch *usw.*]
tot◡ar|bei|ten, sich *§ 10*
tot◡är|gern; sich ~ *§ 10*
To|tem, das (heiliger, magischer Gegenstand)
To|tem...[pfahl *usw.*]
To|te|mis|mus (Verehrung von Totems)
to|te|mi|stisch
tö|ten
To|ten...[wache *usw.*]
to|ten|ähn|lich
to|ten|blaß
to|ten|bleich
to|ten|still
tot◡fah|ren *§ 10*
tot◡fal|len *§ 10*
tot◡ge|bo|ren
Tot|ge|burt
tot◡ge|glaubt *§ 11 (3), (4)*
tot|ge|sagt *§ 11 (3)*
To|ti|la (Ostgotenkönig)
tot◡krie|gen *§ 10*
tot◡la|chen, sich *§ 10*
tot◡lau|fen, sich *§ 10*
tot◡ma|chen *§ 10*
Tot|mann|brem|se (Bremse bei Lokomotiven)
To|to, das/der ([Fußball-]Wette)
Tot|punkt
Tot|rei|fe (Reifegrad bei Getreide)
tot|sa|gen *§ 9*; totgesagt *§ 11 (3)*
tot◡schie|ßen *§ 10*
Tot|schlag
tot◡schla|gen *§ 10*
Tot|schlä|ger (*a.* Waffe)
tot◡schwei|gen *§ 10*
tot◡stel|len, sich *§ 10*
tot◡tram|peln *§ 10*
tot◡tre|ten *§ 10*
Tot|zeit
Touch, der (Hauch; *a. übertr.*)
tou|chie|ren (berühren)
Tou|louse (Stadt in Frankreich)
Tou|louse-Lau|trec, Henri de (frz. Maler 1864-1901)
Tou|pet, das (Haarersatz)
tou|pie|ren (das Haar aufbauschen)
Tour, die; ~ de France, ~ de Suisse, Tour d'horizon (Überblick)
Tou|raine (Region in Frankreich)
Tour de France, die
Tour de Suisse, die
Tour d'ho|ri|zon, die (Überblick) *§ 15 (3)*
Tou|ré, Ahmed Sékou (guines. Politiker 1922-1984)
Tou|ren...[wagen *usw.*]
Tou|ris|mus
Tou|rist
Tou|ri|sten...[klasse *usw.*]
Tou|ri|stik
tou|ri|stisch
Tour|né, das (Trumpfkarte)
Tour|ne|dos, das (Fleischschnitte)
Tour|nee, die; *Pl.* Tour|neen
Tour|nier, Michel (frz. Schriftsteller *1924)
Tours (Stadt in Frankreich)
To|wa|rischtsch (*russ.* Genosse)
Tow|er, der (1. Gebäude in London; 2. Kontrollturm)
Tow|er|brücke [k|k]
Town|ship, die (Stadtteil, in dem nur Schwarze wohnen)
to|xi|gen (Giftstoffe erzeugend)
To|xi|ko|lo|ge
To|xi|ko|lo|gie (Lehre von den Giften)
to|xi|ko|lo|gisch
To|xin, das (Giftstoff)
to|xisch (giftig)
To|xi|zi|tät (Giftigkeit)
Toyn|bee, Arnold (engl. Historiker 1889-1975)
TP (*Abk. v.* trigonometrischer Punkt, Triangulationspunkt) *§ 17 (2) Anm. 2*
Trab, der (Gangart); ~ reiten; auf ~ bringen
Tra|bant, der (1. Begleiter; 2. Automarke in der DDR, *s. a.* Trab[b]i)
Tra|ban|ten|stadt (Satellitenstadt)
Tra[b]|bi, der; *s. a.* Trabant 2.
tra|ben
Tra|ber
Tra|ber|krank|heit (Schafkrankheit, Scrapie)
Trab|ren|nen
Trab|zon (Stadt in der Türkei);

s. a. Trapezunt
Tra|chea, die (Luftröhre); *Pl.* Tracheen
Tra|chee, die (Atmungsorgan bei Insekten); *Pl.* Tracheen
Tracht, die
Trach|ten...[anzug *usw.*]
trach|ten; du trachtest
träch|tig
Tracht|ler
Tra|chyt, der (vulkanisches Gestein)
Track|ball (Eingabegerät am Computer)
Tra|cy, Spencer (amerikan. Schauspieler 1900-1967)
Trade|mark (Warenzeichen)
Trade-Union (*engl.* Gewerkschaft)
tra|die|ren (überliefern)
Tra|di|ti|on (Überlieferung)
Tra|di|ti|o|na|lis|mus
Tra|di|ti|o|na|list
tra|di|ti|o|na|li|stisch
tra|di|ti|o|nell
Tra|di|ti|ons..[pflege *usw.*]
Tra|fal|gar (Kap der span. Atlantikküste); Seeschlacht bei ~ (1805)
Tra|fik, die (*österr.* Tabakladen)
Tra|fi|kant (Inhaber einer Trafik)
Tra|fo, der (*kurz f.* Transformator)
Tra|fo|sta|ti|on
Traft, die (Floß)
Traf|ten|füh|rer
träg, trä|ge
Trag...[bahre *usw.*]
Tra|gant, der (Pflanze, Harz)
trag|bar
Tra|ge
trä|ge, träg
Trag|elaph, der (Fabeltier)
tra|gen; du trägst, trugst, trügest; getragen
Trä|ger
trä|ger|los
trag|fä|hig
tra|gie|ren
Tra|gik
Tra|gi|ker
Tra|gi|ko|mik
tra|gi|ko|misch
Tra|gi|ko|mö|die
tra|gisch
Trag|luft|hal|le
Tra|gö|de (Schauspieler, der tragische Rollen spielt)
Tra|gö|die
Tra|gö|di|en...[dichter *usw.*]
Trai|ler (Anhänger; Filmausschnitt)
Train, der (Troß)
Trai|nee, der (Praktikant)
Trai|ner (Übungsleiter im Sport)
Trai|ner...[bank *usw.*]
trai|nie|ren (sich/jdn. auf einen Wettkampf vorbereiten)
Trai|ning, das
Trai|nings...[anzug *usw.*]
Trai|teur (Küchenleiter)
Tra|jan (Marcus Ulpius Traianus, röm. Kaiser 53-117)
Tra|jekt, der/das (Fährschiff)
Tra|jek|to|rie (Kurve)
Tra|keh|nen (ostpreuß. Pferdezuchtort)
Tra|keh|ner (*a.* Pferd)
Trakl, Georg (österr. Dichter 1887-1914)
Trakt, der (Gebäudeteil; Ausdehnung)
Trak|tan|den|li|ste (*schweiz.* Tagesordnung)
Trak|tan|dum, das (*schweiz.* Verhandlungsgegenstand)
Trak|tat, der/das (Abhandlung)
Trak|tät|chen (Erbauungsschrift)
trak|tie|ren (behandeln)
Trak|tor (Fahrzeug)
Trak|to|rist
tral|la|la!
träl|lern
Tram, die (*kurz f.* Trambahn)
Tram|bahn (Straßenbahn)
Tra|mi|ner (Wein)
Tra|mon|ta|na, Tra|mon|ta|ne, die (Nordwind)
Tramp, der (Landstreicher)
Tramp...[schiff *usw.*]
Tram|pel, der/das
tram|peln
Tram|pel|pfad
Tram|pel|tier (Kamel)
tram|pen; du trampst
Tram|per (jnd. der trampt)
Tram|po|lin, das (Sprunggerät)
Tram|way, die (Straßenbahn)
Tran, der (Fett)
Tran...[lampe *usw.*]
Tran|ce, die (Dämmerzustand)
Tranche, die (Schnitte; Teilbetrag)
Tran|chier...[messer *usw.*]
tran|chie|ren (zerschneiden)
Trä|ne
trä|nen; Tränendes Herz (Pflanze) *§ 15 (8)*
Trä|nen...[drüse *usw.*]
trä|nen|über|strömt
Tran|fun|zel, die (trübe Lampe)
tra|nig (langweilig)
Trank, der
Trän|ke, die
trän|ken; du tränkst
Trank|op|fer
Tran|qui|li|zer, der (Beruhigungsmittel)
tran|quil|lo (*musik.* ruhig)
trans.../Trans... (*lat.* hindurch, hinüber; jenseits)
Trans|ak|ti|on (finanzielle Unternehmung)
trans|al|pin (jenseits der Alpen)
trans|at|lan|tisch (jenseits des Atlantik)
Trans|bai|ka|li|en (Landschaft östlich vom Baikalsee)
Trans|cei|ver, der (Sprechfunkgerät)
Trans|co|der, der (Gerät zum Umsetzen in andere TV-Systeme)
Trans|fer, der (Übertragung)
Trans|fer...[liste *usw.*]
trans|fe|ra|bel; transfera|ble Summen
trans|fe|rie|ren (übertragen)
Trans|fi|gu|ra|ti|on (Verklärung Christi)
Trans|for|ma|ti|on (Umformung)
Trans|for|ma|tor (Spannungswandler)

trans|for|mie|ren (umwandeln)
trans|fun|die|ren (übertragen)
Trans|fu|si|on (Übertragung, *bes. von Blut*)
Trans|hi|ma|la|ya, der (Gebirge in Asien)
Tran|si|stor, der (elektron. Bauelement)
Tran|si|stor...[radio *usw.*]
Tran|sit, der (Durchgang)
Tran|sit...[verkehr *usw.*]
tran|si|tie|ren (passieren)
tran|si|tiv (ein Akkusativobjekt nach regierend)
Trans|co|der
Tran|si|ti|vum, das (transitives Verb)
tran|si|to|risch (vorübergehend)
Tran|si|to|ri|um (vorübergehender Zustand, Haushaltsposten)
Trans|kau|ka|si|en (Land südl. des Kaukasus)
Trans|kei (früher Republik in Südafrika)
trans|kon|ti|nen|tal (einen Kontinent überquerend)
tran|skri|bie|ren (in eine andere Schrift übertragen)
Tran|skrip|ti|on
Trans|li|te|ra|ti|on (buchstabengetreue Übertragung)
trans|li|te|rie|ren
Trans|lo|ka|ti|on (Verlagerung)
trans|lo|zie|ren (verlagern)
trans|ma|rin (überseeisch)
Trans|mis|si|on (Übertragung)
Trans|mis|si|ons...[riemen *usw.*]
trans|mit|tie|ren (übertragen)
trans|na|ti|o|nal (übernational)
trans|oze|a|nisch (jenseits des Ozeans)
trans|pa|rent (durchsichtig)
Trans|pa|rent, das (Bild aus durchscheinendem Material)
Trans|pa|rent...[papier *usw.*]
Trans|pa|renz
Tran|spi|ra|ti|on
tran|spi|rie|ren (schwitzen)
Trans|plan|tat (transplantiertes Gewebe/Organ)
Trans|plan|ta|ti|on (Organ- oder Gewebeübertragung)
trans|plan|tie|ren (Organe oder Gewebe übertragen)
trans|po|nie|ren (übertragen)
Trans|port
trans|por|ta|bel; transporta|ble Geräte
Trans|por|ta|ti|on
Trans|por|ter
trans|por|tie|ren
Trans|po|si|ti|on (Übertragung)
Trans|pu|ter (Computertyp)
Trans|sib (*kurz f.* Transsibirische Eisenbahn)
trans|si|bi|risch; die Transsibirische Eisenbahn *§ 15 (7)*
Trans|sil|va|ni|en (Gebiet in Rumänien, Siebenbürgen); *s. a.* Transsylvanien
trans|sil|va|nisch; *s. a.* transsylvanisch
Trans|sub|stan|ti|a|ti|on (Wesensverwandlung)
Trans|su|dat (Flüssigkeitssammlung in Körperhohlraum)
Trans|syl|va|ni|en (Gebiet in Rumänien, Siebenbürgen); *s. a.* Transsilvanien
trans|syl|va|nisch; *s. a.* transsilvanisch
Trans|uran (Element jenseits des Urans)
Tran|su|se
Trans|vaal (Provinz in Südafrika)
trans|ver|sal (querliegend)
Trans|ver|sa|le, die (Gerade, die eine polygonale Figur schneidet)
Trans|ver|sal|wel|le (Querwelle)
Trans|ve|stis|mus; *s. a.* Transvestitismus
Trans|ve|stit (Mann, der sich wie eine Frau verhält)
Trans|ve|sti|tis|mus (Bedürfnis, sich wie ein Angehöriger des anderen Geschlechts zu verhalten); *s. a.* Transvestismus
tran|szen|dent (übernatürlich)
tran|szen|den|tal (die Erfahrung überschreitend oder ermöglichend)
Tran|szen|denz
tran|szen|die|ren ([Grenzen] überschreiten)
Trap, der (Geruchsverschluß)
Tra|pez, das (Viereck; Turngerät)
Tra|pez...[akt *usw.*]
Tra|pe|zo|eder, das (von Trapezen begrenzter Körper)
Tra|pe|zo|id, das (Viereck)
Tra|pe|zunt (antike Stadt; *heute* Trabzon)
Trapp, der (Basaltschicht)
Trap|pe, die (Vogel)
trap|peln
trap|pen; du trappst
Trap|per (Pelztierjäger)
Trap|pist (Angehöriger des Trappistenordens)
Trap|pi|sten...[orden *usw.*]
Trap|schie|ßen, das (Tontaubenschießen)
trap|sen; du trapst *§ 7 (1)*
Tra|ra, das
tra|si|me|nisch; der Trasimenische See (in Italien) *§ 15 (8)*
Traß, der (Tuffstein)
Tras|sant (Aussteller einer Tratte)
Tras|sat (Bezogener einer Tratte)
Tras|se (Streckenführung eines Verkehrswegs)
tras|sie|ren (vorzeichnen)
Tratsch, der (Geschwätz)
trat|schen; du tratschst
Trat|te, die (Wechsel)
Trat|to|ria (Speiselokal)
Trau...[ring *usw.*]
Träub|chen (*zu* Traube)
Trau|be
Trau|ben...[kamm *usw.*]
Trau|ben|wick|ler (Schmetterling)
trau|big
trau|en; du traust
Trau|er
Trau|er...[anzeige *usw.*]
trau|ern
Trau|er|wei|de (Baum)
Trau|fe

träu|feln
träu|fen
trau|lich
Traum
Traum...[auto *usw.*]
Trau|ma, das ([*a.* seelische] Wunde); *Pl.* Traumata, Traumen
trau|ma|tisch
träu|men
Träu|mer
Träu|me|rei
träu|me|risch
traum|wan|deln
traun! traun fürwahr!
trau|rig
traut; trautes Heim
Trau|te, die (Mut)
Trau|to|ni|um (Musikinstrument)
Trau|ung
Tra|vel|ler|scheck (Reisescheck)
Tra|ven, B. (dt. Schriftsteller 1890-1969)
tra|vers (quer)
Tra|vers, der (Gangart)
Tra|ver|se, die (Querbalken)
tra|ver|sie|ren (quer durchschreiten)
Tra|ver|tin (Mineral)
Tra|ve|stie (satir. Verspottung)
tra|ve|stie|ren
Tra|ve|stie|show
Tra|vol|ta, John (amerikan. Schauspieler *1954)
Trawl, das (Schleppnetz)
Traw|ler (Fischdampfer)
Treat|ment, das (Drehbuchskizze)
Tre|be, die; auf die ~ gehen (ausreißen)
Tre|be|gän|ger
Tre|ber (*Pl.*) (Braurückstände)
Tre|cen|tist (Maler des Trecento)
Tre|cen|to, das (14. Jahrhundert, Kunststil)
Treck, der (Zug)
trecken (im Treck ziehen) [k|k]; *s. aber* Trekking
Trecker (Traktor) [k|k]
Treff, das (Spielkarte)
Treff, der (Treffen, Treffpunkt)
tref|fen; du triffst, trafst, träfest; getroffen
Tref|fer
Tref|fer...[quote *usw.*]
treff|lich
Treff|punkt
treff|si|cher
Treib...[ball *usw.*]
trei|ben; du treibst, triebst, triebest; getrieben
Trei|ben, das
Trei|ber (1. Jagdhelfer; 2. Computerprogramm)
Treib|haus|ef|fekt
Treib|mi|ne
Trei|del, der (Treidelseil)
Trei|de|ler; *s. a.* Treidler
trei|deln (an Seilen stromaufwärts schleppen)
Trei|del|pfad
Trei|del|weg
Treid|ler; *s. a.* Treideler
trei|fe (nicht koscher)
Treitsch|ke, Heinrich von (dt. Historiker 1834-1896)
Trek|king (Wandersport); *s. aber* trecken
Tre|ma, das (1. diakritisches Zeichen; 2. Zahnlücke); *Pl.* Tremata
Tre|ma|to|de, die (Wurm)
tre|mo|lan|do (*musik.* tremolierend auszuführen).
tre|mo|lie|ren; *s. a.* tremulieren
Tre|mo|lo, das (Beben)
Tre|mor, der (Zittern)
Tre|mu|lant, der (Orgelregister)
tre|mu|lie|ren; *s. a.* tremolieren
Trench|coat, der (Regenmantel)
Trenck, Friedrich Freiherr von (preuß. Offizier 1726-1794)
Trend, der (Richtung)
Trend...[setter *usw.*]
Tren|ker, Luis (österr. Schauspieler u. Regisseur 1892-1990)
Trenn...[linie *usw.*]
tren|nen; du trennst
trenn|scharf
Trenn|schär|fe
Tren|se, die (Mundstück des Pferdezaums)
Trente-et-qua|rante (Kartenspiel)
Tren|ti|no, das (Region in Italien)
tren|zen; der Hirsch trenzt
Tre|pang, der (Seegurke)
trepp|ab; treppauf, treppab
trepp|auf; treppauf, treppab
Trepp|chen
Trep|pe
Trep|pen...[absatz *usw.*]
Tres|ckow, Henning von (dt. Generaloberst 1901-1944)
Tre|sen, der
Tre|sor, der (Ladentisch)
Tre|sor...[raum *usw.*]
Tres|pe, die (Gras)
Tres|se, die (Borte)
Tres|sen...[rock *usw.*]
tres|sie|ren (knüpfen)
Tre|ster (*Pl.*) (Traubenrückstand)
Tre|ster|schnaps
Tret...[roller *usw.*]
tre|ten; du trittst, tratest, trätest; getreten
Tre|ter (*a.* Schuh)
Tret|mi|ne
treu
Treu|bruch
treu|brü|chig
treu|deutsch
treu|doof
Treue, die
Treue...[pflicht *usw.*]
Treu|eid
treu◡er|ge|ben *§ 11 (4)*
treu◡ge|sinnt *§ 11 (4)*
Treu|hand, die
Treu|hand...[anstalt *usw.*]
Treu|hän|der
treu|hän|de|risch
treu|her|zig
treu|lich
treu|los
Treu|pflicht
Treu|schwur
treu◡sor|gend *§ 11 (4)*
Tre|ve|rer (Volk)
Tre|vi|ra, das (Kunstfaser)

Tri|a|de, die (Dreiergruppe)
Tri|a|ge, die (Ausschußware)
Trial, das (*engl.*) (Prüfung)
Tria|log, der (Dreiergespräch)
Tri|an|gel, der/das (Dreieck, Musikinstrument)
tri|an|gu|lär
Tri|an|gu|la|ti|on (Landvermessung)
Tri|an|gu|la|ti|ons|punkt; *Abk.* TP (trigonometrischer Punkt)
tri|an|gu|lie|ren (mit Hilfe von Dreiecken vermessen)
Tri|a|non; Grand ~, Petit ~ (Schlösser in Versailles)
Tri|a|ri|er (röm. Soldat)
Tri|as, die (1. Triade; 2. geolog. Formation)
tri|as|sisch (*zu* Trias)
Tri|ath|let (jmd., der Triathlon betreibt)
Tri|ath|lon, der (Dreikampf, Sportart)
Tri|ba|de (homosexuelle Frau)
Tri|ba|die (Homosexualität unter Frauen)
Tri|ba|lis|mus (Stammesdenken)
tri|ba|li|stisch
Tri|bun (röm. Offizier)
Tri|bu|nal, das (Gerichtshof)
Tri|bu|nat, der/das (Amt eines Tribuns)
Tri|bü|ne
Tri|bü|nen...[platz *usw.*]
tri|bu|ni|zisch (den Tribunen betreffend)
Tri|bus, die (Wahlbezirk im antiken Rom)
Tri|but, der (Steuerleistung)
tri|bu|tär (tributpflichtig)
tri|but|pflich|tig
Tri|chi|ne, die (Wurm)
tri|chi|nös (von Trichinen befallen)
Tri|chi|no|se (Trichinenbefall)
Tri|chlor|äthan, das (Kohlenwasserstoffverbindung)
Tri|cho|to|mie (Dreiteilung)
tri|cho|to|misch
Trich|ter
Trich|ter|ling (Pilz)
trich|tern
Trick
Trick...[film *usw.*]
trick|reich
trick|sen; du trickst
Trick|track, das (Spiel)
tricky (*engl.*) [k|k]
Tri|dent, der (Dreizack)
Tri|den|ti|ner (*zu* Trient)
tri|den|ti|nisch; das Tridentinische Konzil, Glaubensbekenntnis *§ 15 (7)*
Tri|den|ti|num (Konzil von Trient)
Tri|du|um, das (Zeitraum von drei Tagen)
Trieb
Trieb...[tat *usw.*]
Trieb|fe|der
Trief|au|ge
trief|äu|gig
trie|fen; du triefst, troffst, tröffest; getroffen
trief|naß
Triel, der (Vogel)
Tri|en|ni|um (Zeitraum von drei Jahren)
Tri|ent (Trento, Stadt in Italien)
Trier (Stadt)
Tri|e|re, die (antikes Schiff)
Trie|rer (*zu* Trier)
trie|risch (*zu* Trier)
Tri|est (Stadt in Italien)
Tri|e|ster (*zu* Triest)
Tri|e|sti|ner (*zu* Triest)
Tri|eur (Sortiermaschine)
trie|zen; du triezt *§ 7 (1)*
Tri|fle, das (*engl.*) (Gebäck)
Tri|fo|kal...[glas *usw.*]
Tri|fo|li|um (Kleeblatt)
Tri|fo|ri|um (Laufgang in Kirchen)
Trift (Drift)
trif|ten (flößen)
trif|tig (zwingend)
Tri|ga, die (Dreigespann)
Tri|ge|mi|nus (Hirnnerv)
Trig|ger (auslösender Impuls)
Tri|glyph, der (dreiteiliges Feld an Tempelfriesen u. ä.); *s. a.* Triglyphe
Tri|gly|phe, die; *s. a.* Triglyph
tri|go|nal (dreieckig)
Tri|go|no|me|trie (Teilgebiet der Mathematik)
tri|go|no|me|trisch; trigonometrischer Punkt, *Abk.* TP
tri|klin (eine dreiachsige Kristallform betreffend)
Tri|kli|ni|um (röm. Eßtisch)
Tri|ko|lo|re, die (frz. Flagge)
Tri|kot, das (Kleidungsstück)
Tri|kot, der (Gewebe)
Tri|ko|ta|ge (aus Trikot gefertigte Ware)
tri|la|te|ral (dreiseitig)
Tril|ler
tril|lern
Tril|ler|pfei|fe
Tril|li|ar|de (10^{21})
Tril|li|on (10^{18})
Tri|lo|bit, der (Gliederfüßer)
Tri|lo|gie (Folge von drei Werken)
Tri|ma|ran, der (Dreirumpfsegelboot)
Tri|me|ster, das (drei Monate; drittel Studienjahr)
Tri|me|ter, der (Vers)
Trimm, der (Schiffszustand)
Trimm|ak|ti|on
Trimm-dich-Pfad
trim|men; du trimmst
Trim|mer (1. Schiffsarbeiter; 2. Kondensator)
Trimm|trab
tri|morph (in dreierlei Form vorkommend)
Tri|mor|phie (Vorkommen in dreierlei Form)
Tri|mor|phis|mus
Tri|ni|dad; ~ und Tobago (Inselstaat)
Tri|ni|ta|ri|er (kath. Bettelorden; Anhänger der Trinität)
Tri|ni|tät (Dreifaltigkeit)
Tri|ni|ta|tis (Sonntag nach Pfingsten)
Tri|ni|tro|to|lu|ol, das (Sprengstoff); *Abk.* TNT
Trink...[becher *usw.*]
trin|ken; du trinkst, trankst, tränkest; getrunken
Trin|ker
trink|fest
Tri|nom, das (mathematischer

Ausdruck)
tri|no|misch (dreigliedrig)
Tri|ode, die (Röhre mit drei Elektroden)
Tri|o|le, die (drei gleiche Noten mit dem Wert von zweien)
Tri|o|lett, das (Gedichtform)
Trip, der (Reise; *a. übertr.* Drogenrausch)
Tri|pel, das (mathematische Größe)
Tri|pel|al|li|anz (Allianz dreier Staaten)
Tri|phthong, der (Dreilaut)
Tri|plé, das (Billardstoß)
Tri|pli|zi|tät (dreifaches Vorkommen)
tri|plo|id (einen dreifachen Chromosomensatz enthaltend)
Trip|ma|dam, die (Pflanze)
Tri|po|lis (Hauptstadt v. Libyen)
trip|peln
Trip|pel|schritt
Trip|per (Geschlechtskrankheit)
Tri|ptik, das (dreiteiliges Dokument); *s. a.* Triptyk
Tri|pty|chon, das (dreiteiliges Bild, Flügelaltar)
Tri|ptyk, das (dreiteiliges Dokument); *s. a.* Triptik
Tri|pus, der (Dreifuß); *Pl.* Tripoden
Tri|re|me, die (antikes Schiff)
Tris|me|gi|stos; Hermes ~ (Gott)
trist; tri|ster
Tri|stan (Sagengestalt)
Tri|stan da Cu|nha (Inselgruppe im Südatlantik)
Tri|stes|se, die (Traurigkeit)
Tri|sti|en (*Pl.*) (Gedichtzyklus v. Ovid)
Trit|ago|nist, der (dritter Schauspieler)
Tri|ti|um (überschwerer Wasserstoff); *chem. Zeichen* T *oder* ^{3}H
Tri|ton, das (Atomkern)
Tri|ton (Meergott, Neptunmond)
Tri|to|nus, der (Tonintervall)
Tritt
Tritt...[brett *usw.*]
Tritt|brett|fah|rer
tritt|fest
tritt|si|cher
Tri|umph, der
Tri|umph...[zug *usw.*]
tri|um|phal
Tri|um|pha|tor
tri|umph|ge|krönt
tri|um|phie|ren
Tri|um|vir, der (Mitglied eines Triumvirats); *Pl.* Triumvirn
Tri|um|vi|rat, das (Dreimännerherrschaft)
tri|va|lent (dreiwertig)
Tri|van|drum (Stadt in Indien)
tri|vi|al (allgemein bekannt)
Tri|vi|al...[roman *usw.*]
Tri|vi|a|li|tät
Tri|vi|um, das (die unteren Fächer Grammatik, Rhetorik und Dialektik)
Tri|zeps, der (Streckmuskel)
Tro|as, die (Landschaft um Troja)
tro|chä|isch (aus Trochäen bestehend)
Tro|chä|us (Versfuß)
Tro|chi|lus, der (Teil einer ionischen Säule)
Tro|chit, der (versteinerter Seelilienstiel)
trocken [k|k]; auf dem trockenen/Trockenen sitzen (in Verlegenheit sein), sein Schäfchen ins trockene/Trockene bringen *§ 15 (6)*
Trocken...[milch *usw.*] [k|k]
trocken◡fal|len [k|k] *§ 10*
trocken◡le|gen [k|k] *§ 10*
Trocken|le|gung [k|k]
trocken◡rei|ben [k|k] *§ 10*
trocken◡schleu|dern [k|k] *§ 10*
trocken◡ste|hen [k|k] *§ 10*
trock|nen
Trod|del, die (Quaste)
Trö|del, der
Trö|del...[markt *usw.*]
Trö|de|lei
trö|deln
Tröd|ler
Tröd|ler|la|den
Troeltsch, Ernst (dt. Theologe 1865-1923)
Tro|er (Einwohner v. Troja)
Trog
Tro|glo|dyt, der („Höhlenmensch", Barbar)
Troi|er, der (Hemd); *a.* Troyer
Troi|ka, die (*russ.* Dreigespann)
tro|isch (*zu* Troja)
Trois|dorf [tro:s-] (Stadt)
Tro|ja (antike Stadt in Kleinasien)
Tro|ja|ner (1. Bewohner von Troja; 2. Computervirus)
tro|ja|nisch; der Trojanische Krieg *§ 15 (7)*
Troll, der (dämonisches Wesen)
Troll|blu|me
trol|len, sich
Trol|ley|bus (Oberleitungsbus)
Trol|lin|ger (Wein)
Trom|be, die (Windhose)
Trom|mel
Trom|mel...[bremse *usw.*]
trom|meln
Trom|mel|schle|gel
Tromm|ler
Trom|pe|te
trom|pe|ten
Trom|pe|ten...[baum *usw.*]
Trom|pe|ter
Trond|heim (Stadt in Norwegen)
Troo|per, der (Geländewagen)
Tro|pe, die; *s. a.* Tropus (bildlicher Ausdruck)
Tro|pen (*Pl.*) (Wendekreise)
Tro|pen...[anzug *usw.*]
tro|pen|taug|lich
Tropf, der (1. Dummkopf; 2. Infusionsgerät)
Tropf...[infusion *usw.*]
tropf|bar
tropf|bar|flüs|sig
Tröpf|chen
tröp|feln
trop|fen
Trop|fen, der
Trop|fen...[fänger *usw.*]
tropf|naß
Tropf|stein

Tro|phäe, die (Siegeszeichen)
tro|phisch (auf die Ernährung bezogen)
Tro|pi|cal, der (Gewebe)
Tro|pi|ka, die (Malaria)
tro|pisch (1. *zu* Tropen; 2. *zu* Tropus)
Tro|pis|mus (Bewegung von Teilen fester Pflanzen oder Tiere)
Tro|po|sphä|re (unterste Atmosphärenschicht)
Tro|pus (rhet. Figur); *Pl.* Tropen; *s. a.* Trope
Troß, der (Gefolge)
Tros|se, die (Drahtseil)
Troß|knecht
Troß|schiff (Schiff der Kriegsmarine)
Trost, der
Trost...[pflaster *usw.*]
trost|be|dürf|tig
trost|brin|gend; *aber* [keinen] Trost bringend *§ 11 (4)*
trö|sten
tröst|lich
Trö|te, die (Kindertrompete)
trö|ten; du trötest
Trott, der
Trot|ta, Margarethe von (dt. Schauspielerin u. Regisseurin *1942)
Trot|tel
trot|te|lig
trot|teln
trot|ten
Trot|teur, der (Schuh)
Trot|toir, das (Bürgersteig)
trotz (*Präposition*); trotz des Regens, trotz dem Regen; *aber* dem Regen zum Trotz; *vgl.* Trotz
Trotz, der; *vgl.* trotz
Trotz...[kopf *usw.*]
trotz|dem *§ 12*
trot|zen; du trotzt *§ 7 (1)*
trot|zig
Trotz|ki[j], Leo (russ. Revolutionär 1879-1940)
Trotz|kis|mus (von Trotzki[j] vertretene Form des Kommunismus)
Trotz|kist
trotz|ki|stisch
trotz|köp|fig
Trou|ba|dour, der (Dichter und Sänger im Mittelalter)
Trou|pier, der (altgedienter Soldat)
Trou|vaille, die (glücklicher Fund)
Trou|vère, der (Minnesänger)
Troy|er, der (Hemd); *a.* Troier
Troy|ge|wicht (Gewicht für Edelmetalle und -steine)
Trub, der (Bodensatz)
trüb, trü|be
Trü|be, die (*a.* Trübheit)
Tru|bel, der
trü|ben
Trüb|sal, die
trüb|se|lig
Trüb|sinn
trüb|sin|nig
Truch|seß, der (Vorsteher der Hofverwaltung)
Truck, der (*engl.* Lastwagen)
tru|deln
Truf|faut, François (frz. Regisseur 1932-1984)
Trüf|fel, die/der (1. Pilz; 2. Praline)
Trüf|fel...[schwein *usw.*]
trüf|feln
Trug, der (Täuschung); Lug und Trug
Trug...[bild *usw.*]
trü|gen
trü|ge|risch
Tru|he
Trum, das/der (1. Maschinenteil; 2. Bergwerksgang); *Pl.* Trümer; *s. a.* Trumm
Tru|man, Harry (Präsident der USA 1884-1972)
Trumm (1. = Trum; 2. Bruchstück, großer Gegenstand; *Pl.* Trümmer)
Trüm|mer; *s.* Trumm
Trüm|mer...[frau *usw.*]
Trumpf
Trumpf...[karte *usw.*]
trump|fen
Trunk
trun|ken
Trun|ken|bold
Trunk|sucht
trunk|süch|tig
Trupp, der
Trüpp|chen
Trup|pe
Trup|pen...[abbau *usw.*]
trupp|wei|se
Trü|sche, die (Fisch)
Trust, der (*engl.* Konzern)
Tru|stee, der (Treuhänder)
Trut|hahn
Trut|hen|ne
Trutz; Schutz und ~; Schutz-und-Trutz-Bündnis *§ 13 (2)*
Trutz|burg (Belagerungsburg)
trut|zen; du trutzt *§ 7 (1)*
trut|zig (trotzig)
Try|pa|no|so|ma, das (Geißeltierchen)
Tryp|sin, das (Enzym)
Tsa|tsi|ki, das/der (Joghurtsoße); *a.* Zaziki
Tschad, der (Staat in Afrika)
Tscha|der (Einwohner des Tschad)
tscha|disch
Tscha|dor, der (Schleier)
Tschad|see (See in Afrika)
Tschai|kow|ski[j], Peter Iljitsch (russ. Komponist 1840-1893)
Tscha|ko, der (Mütze)
Tschan|du, das (Rauschdroge)
Tschap|ka, die (Ulanenkappe)
Tschar|dasch, der; *a.* Csárdás
tschau! (*Abschiedsgruß*); *a.* ciao! (*ital.*)
Tsche|che
Tsche|chei, die
Tsche|chi|en (Staat)
tsche|chisch; auf ~; die Tschechische Republik *§ 15 (7)*
Tsche|chisch, das; auf tschechisch sprechen
Tsche|chi|sche, das
Tsche|cho|slo|wa|ke
Tsche|cho|slo|wa|kei
tsche|cho|slo|wa|kisch
Tsche|chow, Anton (russ. Dichter 1860-1904)
Tsche|ka, die (frühere sowjet. politische Polizei)
Tschen|sto|chau (Wallfahrtsort in Polen)

Tsche|rep|nin, Aleksandr (russ. Komponist 1899-1977)
Tscher|kes|se (Angehöriger eines Kaukasusvolks)
tscher|kes|sisch; auf ~
Tscher|kes|si|sch, das; auf tscherkessisch sprechen
Tscher|kes|si|sche, das
Tscher|no|byl (ukrain. Standort eines Kernkraftwerks)
Tscher|no|sem, das (Schwarzerde)
Tsche|ro|ke|se (Indianer)
Tscher|wo|nez, der (russ. Münze); *Pl.* Tscherwonzen
Tsche|tsche|ne (Angehöriger e. Kaukasusvolks)
Tsche|tsche|ni|en (Republik im Kaukasus)
Tschiang Kai-schek (chines. Politiker 1887-1975); *a.* Chiang Kai-shek
Tschi|buk, der (Tabakspfeife)
Tschi|kosch (Pferdehirt); *a.* Csikós
tschil|pen; *s. a.* schilpen
Tschi|nel|len (*Pl.*) (Becken)
Tschis|ma, der (ungar. Stiefel)
Tschuk|tsche (Angehöriger e. sibir. Volks)
tschüs!, tschüß!
Tschu|wa|sche (Angehöriger e. Turkvolks in Rußland)
Tsd. (*Abk. v.* Tausend)
Tse|tse|flie|ge (Überträgerin der Schlafkrankheit)
T-Shirt, das *§ 13 (2)*
Tsing|tau (Stadt in China); *a.* Qingdao (*heutige Umschrift*)
Tsu|ga, die (Baum)
T-Trä|ger *§ 13 (2)*
TU (*Abk. v.* Technische Universität) *§ 17 (2) Anm. 1*
Tu|a|reg (*Pl., a. als Sg. gebraucht*); *s.* Targi
Tu|ba, die (1. Eileiter; 2. Blasinstrument); *Pl.* Tuben
Tüb|bing (Schachtring)
Tu|be, die (*a.* = Tuba 1.)
Tu|ben...[ligatur *usw.*]
Tu|ber|kel, der (Geschwulst)
Tu|ber|kel...[bazillus *usw.*]
tu|ber|ku|lar
Tu|ber|ku|lin (Tuberkulosetestmittel)
tu|ber|ku|lös
Tu|ber|ku|lo|se (Infektionskrankheit)
Tu|be|ro|se, die (Pflanze)
Tü|bin|gen (Stadt)
Tüb|ke, Werner (dt. Maler *1929)
tu|bu|lär (röhrenförmig)
tu|bu|lös (röhrenförmig)
Tu|bus (Rohr)
Tuch
Tuch...[anzug *usw.*]
tu|chen (aus Tuch)
Tu|chent, die (*österr.* Federbett)
Tu|chol|sky, Kurt (dt. Schriftsteller 1890-1935)
tüch|tig
Tücke [k|k]
tuckern [k|k]
tückisch [k|k]
Tü|der, der (Seil)
tü|dern (anpflocken)
Tudj|man, Franjo (kroat. Politiker 1922-1999)
Tu|dor (engl. Adelsfamilie)
Tu|dor|bo|gen (flacher Spitzbogen)
Tu|dor|stil (Baustil)
Tuff, der (Gestein)
Tuffel|sen [ff|f] *§ 7 (1), § 28 Anm.*
tuf|fig
Tüf|te|lei
tüf|teln
Tüf|ting...[teppich *usw.*]
Tüft|ler
Tu|gend
Tu|gend...[lehre *usw.*]
Tu|gend|bold
tu|gend|haft
tu|gend|sam
Tui|le|ri|en (*Pl.*) (Schloß in Paris)
Tu|is|ko, Tu|i|sto (germ. Gott)
Tu|kan, der (Vogel)
Tu|lar|ämie (Hasenpest)
Tu|la|sil|ber (verzierte Silberarbeit)
Tu|li|pan, der (Tulpe)
Tüll, der
Tüll...[bluse *usw.*]
Tül|le, die
Tul|pe
Tul|pen...[zwiebel *usw.*]
tumb (einfältig)
Tum|ba, die (2. Grabüberbau; 2. Trommel); *Pl.* Tumben
tum|meln; sich ~
Tum|mel|platz
Tumm|ler (Becher)
Tümm|ler (1. Delphin; 2. Taube)
Tu|mor, der
Tu|mor...[zelle *usw.*]
Tüm|pel, der
Tu|mult, der
tu|mul|tu|a|risch (mit Tumult verbunden)
tu|mul|tu|ös
Tu|mu|lus, der (Hügelgrab); *Pl.* Tumuli
tun; du tust, tatest, tätest; getan; tu[e]!; das Tun [und Lassen]
Tün|che, die (Kalkfarbe)
tün|chen; du tünchst
Tun|dra, die (Kältesteppe); *Pl.* Tundren
tu|nen (Geräte abstimmen, nachrüsten); du tunst; getunt
Tu|ner, der (Radioteil)
Tu|ne|si|en (Staat in Afrika)
Tu|ne|si|er
tu|ne|sisch
Tun|gu|se (Angehöriger e. sibirischen Volks)
Tun|gus|ka, die
Tu|nicht|gut, der *§ 13 (4) Anm. 1*
Tu|ni|ka (Gewand)
Tu|ning, das (*zu* tunen)
Tu|nis (Hauptstadt v. Tunesien)
Tun|ke, die
tun|ken; du tunkst
tun|lich; tunlichst
Tun|nel, der
Tun|nel...[effekt *usw.*]
Tun|te, die (Homosexueller)
tun|tig
Tun|wort (Verb)
Tupf, der
Tüp|fel
Tüp|fel|chen
Tüp|fel|farn

tüp|feln
tup|fen; du tupfst
Tup|fer
Tu|pi (südamerik. Indianer)
Tu|po|lew, Andrej (sowjet. Flugzeugkonstrukteur 1888-1972)
Tür; *s. a.* Türe
Tür...[angel *usw.*]
Tu|ran (Region in Asien)
Tu|ran|dot (Märchengestalt)
Tur|ban, der (Kopfbedeckung)
Tur|bel|la|rie, die (Wurm)
Tur|bi|ne, die (Kraftmaschine)
Tur|bi|nen...[haus *usw.*]
Tur|bo, der (*kurz f.* Turbolader *usw.*)
Tur|bo...[lader *usw.*]
Tur|bo-Prop-Flug|zeug *§ 13 (2)*
tur|bu|lent (unruhig)
Tur|bu|lenz (lebhaftes Durcheinander)
Tür|chen
Tü|re; *s. a.* Tür
Turf, der (Pferderennbahn)
Tur|gen|jew, Iwan (russ. Dichter 1818-1883)
Tur|ges|zenz (Schwellung)
Tur|gor, der (Flüssigkeitsdruck)
Tur|got, Robert Baron de l'Aulne (frz. Politiker 1727-1781)
Tu|rin (Stadt in Italien); *ital.* Torino
Tu|ri|ner
tu|ri|nisch
Tür|ke; einen Türken bauen (täuschen)
Tür|kei (Staat)
tür|ken; du türkst
Tür|ken|bund (Pflanze)
Tür|ken|tau|be
Tur|ke|stan (Staat)
Tur|key, der (*engl.* Entziehungszustand Süchtiger)
tür|kis; ein Kleid in Türkis
Tür|kis, der (Mineral)
tür|kisch; auf ~
Tür|kisch, das; auf türkisch sprechen
Tür|ki|sche, das
Tür|kisch|rot, das
tür|kis|far|ben
tür|kis|far|big
tür|ki|sie|ren
Turk|me|ne (Angehöriger eines Turkvolkes)
Turk|me|ni|en (Staat)
turk|me|nisch
Turk|me|ni|stan (Staat)
Tur|ko|lo|ge
Tur|ko|lo|gie (Wissenschaft von Sprache und Kultur der Turkvölker)
Tur|ku (Stadt in Finnland; *schwed.* Åbo)
Turm
Turm...[falke *usw.*]
Tur|ma|lin, der (Mineral)
Türm|chen
tür|men
Tür|mer
turm|hoch
Turn, der (*engl.*) (Wende)
Turn...[schuh *usw.*]
tur|nen
Tur|nen, das
tur|ne|risch
Tur|ner|schaft
Tur|nier, das (sportliche Veranstaltung)
Tur|nier...[pferd *usw.*]
tur|nie|ren
Tur|nus (regelmäßige Abfolge)
tur|nus|ge|mäß
tur|nus|mä|ßig
Tu|ron, das (geolog. Stufe)
tur|teln
Tur|tel|tau|be
Tusch, der (Musik)
Tusch...[farbe *usw.*]
Tu|sche, die (Farbe)
tu|scheln
tu|schen; du tuschst
tu|schie|ren (Metallbearbeitung)
Tus|ku|lum (*lat.* Tusculum, Landsitz [Ciceros])
Tus|si, die (Frau)
Tut|anch|amun, Tut-anch-Amun (ägypt. König 14.Jh. v. Chr.); *s. a.* Tutenchamun
Tüt|chen
Tü|te
Tu|tel, die (Vormundschaft)
tu|te|la|risch (vormundschaftlich)
tu|ten
Tut|ench|amun, Tut-ench-Amun (ägypt. König 14. Jh. v. Chr.); *s. a.* Tutanchamun
Tu|tor (Betreuer)
Tu|to|ri|um
Tüt|tel, der (Punkt)
Tüt|tel|chen
tut|ti (*musik.* alle)
Tut|ti, das
Tut|ti|frut|ti, das (Süßspeise)
Tu|tu, das (*frz.* Ballettrock)
Tu|tu, Desmond (südafrikan. Erzbischof *1931)
TÜV (*Abk. v.* Technischer Überwachungsverein) *§ 17 (2) Anm. 1*
Tu|va|lu (Inselstaat)
Tu|va|lu|er
tu|va|lu|isch
TÜV-ge|prüft *§ 13 (2)*; *vgl.* TÜV
Tu|wi|ne (Angehöriger e. Turkvolks in Sibirien)
Tu|wi|ni|en
Tu|wort (Verb)
TV (*Abk. v.* Television) *§ 17 (2) Anm. 1*
Twain, Mark (amerikan. Schriftsteller 1835-1910)
Tweed, der (Gewebe)
Twen, der (Person in den Zwanzigern)
Twill, der (Gewebe)
Twin|set, das/der (Pullover u. Jacke aus gleichem Material)
Twist, der (1. Garn; 2. Tanz)
twi|sten (Twist tanzen)
Two|step, der (Tanz)
Ty|che (Göttin des Zufalls; Schicksal)
Ty|coon (Magnat; Führer)
Tym|pa|non (*griech.*), Tympanum (*lat.*), das (Giebelfeld)
Tyn|dall-Ef|fekt *§ 13 (2)* (Polarisationswirkung)
Typ, der
Ty|pe, die
ty|pen; du typst

Ty|pen...[druck *usw.*]
Ty|phli|tis, die (Blinddarmentzündung); *Pl.* Typhlitiden
ty|phös (typhusartig)
Ty|phus, der (Infektionskrankheit)
Ty|phus...[epidemie *usw.*]
Ty|pik (Wissenschaft von den psychologischen Typen)
ty|pi|sie|ren
Ty|po|graph (1. Schriftsetzer; 2. Setzmaschine)
Ty|po|gra|phie
ty|po|gra|phisch
Ty|po|lo|gie (System von Typen)
ty|po|lo|gisch
Ty|po|skript, das (maschinengeschriebener Text)
Ty|pus (Typ)
Tyr (germ. Gott); *s. a.* Tiu, Ziu
Ty|rann (Gewaltherrscher)
Ty|ran|nei
Ty|ran|nis
ty|ran|nisch (herrschsüchtig)
ty|ran|ni|sie|ren
Ty|ros (antike Stadt)
Tyr|rhe|ner (Etrusker)
tyr|rhe|nisch; das Tyrrhenische Meer *§ 15 (7)*
tyr|tä|isch; die Tyrtäischen Gedichte (Gedichte des Tyrtäus) *§ 15 (7)*
Tyr|tä|us (*lat.*), Tyr|tai|os (*griech.*) (griech. Dichter Mitte 7. Jh. v. Chr.)
Tza|ra, Tristan (rumän.-frz. Schriftsteller 1896-1963)

u U

das u (der Kleinbuchstabe u, der Laut u); das U (der Großbuchstabe U); U (*chem. Zeichen f.* Uran); ein X für ein U vormachen
ü, Ü; das ü (der Kleinbuchstabe ü, der Laut ü); das Ü (der Großbuchstabe Ü)
u. (*Abk. v.* und)
u. a. (*Abk. v.* und andere[s] *u. alle Beugungsformen*; unter anderem, unter anderen)
u. ä. (*Abk. v.* und ähnliche[s] [*alle Beugungsformen*])
u. a. m. (*Abk. v.* und andere[s] mehr [*alle Beugungsformen*])
u. A. w. g. (*Abk. v.* um Antwort wird gebeten)
U-Bahn (*kurz f.* Untergrundbahn) *§ 13 (2)*
U-Bahn|hof *§ 13 (2)*; *s.* U-Bahn
U-Bahn-Netz *§ 13 (3)*
U-Bahn-Tun|nel *§ 13 (3)*
Uban|gi, der (Fluß in Afrika)
übel; mir ist ~; *als Verbzusatz a. zusammengeschrieben § 10*: übel◡nehmen *usw.*; übel◡riechend, übler riechend, übelriechender *usw. § 11 (4)*
Übel, das; das kleinere Übel; von Übel sein
übel◡be|ra|ten *§ 11 (4)*; *aber* [sehr] übel beraten; *vgl.* übel
übel◡ge|launt *§ 11*; *vgl.* übel
übel◡ge|sinnt *§ 11*; *vgl.* übel
Übel|keit
übel|lau|nig
übel◡mei|nend *§ 11 (4)*; übelmeinender
übel◡neh|men *§ 10*
übel|neh|me|risch
übel◡rie|chend *§ 11 (4)*; *vgl.* übel
Übel|sein, das
Übel|stand
Übel|tat
Übel|tä|ter
übel◡tun *§ 10*
übel◡wol|len *§ 10*
Übel|wol|len, das
übel◡wol|lend *§ 11 (3), (4)*; übelwollender
üben; du übst
über (*Präposition*); *Verbpräfix § 8*: überfahren, überanstrengen; *als Verbzusatz zusammengeschrieben § 9*: überfließen, er fließt über *usw.*; *s. aber* über◡behalten *usw.* (übrig...) *§ 10*, über◡bekommen (überdrüssig sein) *§ 10*; *Erstglied von Adjektivkomposita*: übergroß *usw.*; über Kreuz
Über...[gewicht *usw.*]
über|all; von überall her
über|all|her; *vgl.* überall
über|all|hin
über|al|tert
über|aus
über◡be|hal|ten *§ 10*
über◡be|kom|men *§ 10*
über|be|trieb|lich
über|be|völ|kert
über|biet|bar
über◡blei|ben *§ 10*
Über|bleib|sel, das
über|blicks|wei|se
über|bor|den
über|brücken [k|k]
über|bür|den
über|da|chen
über|dies
über|di|men|si|o|nal (übermäßig groß)
über|di|men|si|o|niert
Über|druß, der
über|drüs|sig
über|durch|schnitt|lich
über|eck
über|eig|nen
über|ein|an|der; *als Verbzusatz a. zusammengeschrieben*: übereinander◡liegen *usw. § 10*; *vgl.* einander
Über|ein|kunft
über|ein|stim|men
über|ein|tref|fen
Über|fall
über|fäl|lig
Über|fang
über|fan|gen
Über|fang|glas
über|fei|nern
Über|flug
über|flü|geln
Über|fluß
über|flüs|sig
über|flüs|si|ger|wei|se *§ 12*
Über|fracht
über|frach|ten
über|frem|den
über|füh|ren
Über|ga|be
Über|gang
Über|gangs...[erscheinung *usw.*]

über|ge|meind|lich
über|ge|nug
über|ge|ord|net
über|ge|wich|tig
über|gla|sen
über|glück|lich
über|gol|den; du übergoldest
Über|griff
Über|grö|ße
über◡ha|ben *§ 10*
über|hand◡neh|men *§ 10*; es nimmt überhand
Über|hang
Über|hang|man|dat, das
über|häu|fen
über|haupt
über|heb|lich
über|hin
über|hit|zen
über|hö|hen
über|ho|len
über|hö|ren
Über-Ich, das *§ 13 (7) (a)*
über|in|di|vi|du|ell
über|ir|disch
über|jäh|rig
über|kan|di|delt (überspannt)
Über|kom|pen|sa|ti|on
über|kon|fes|si|o|nell
über|kreu|zen
über◡krie|gen *§ 10*
über|kro|nen
über|kru|sten
Über|land|bus
über|lap|pen
über◡las|sen (übriglassen) *§ 10*
über|las|sen; du überläßt *§ 8*
über|la|stig
über|le|bens|groß
über|le|gen; du überlegst
über|legt
über|lei|ten
Über|licht|ge|schwin|dig|keit
Über|lin|gen (Stadt)
Über|lin|ger See
über|li|sten
überm (*Verschmelzung von* über *und* dem) *§ 25 (1) Anm. 3*
über|mäch|tig
über|man|gan|sau|er
über|man|nen
über|manns|hoch
über|mä|ßig
über|mensch|lich
über|mit|teln
über|mor|gen; ~ abend; *vgl.* abend
über|mü|den
Über|mut
über|mü|tig
übern (*Verschmelzung von* über *und* den) *§ 25 (1) Anm. 3*
über|näch|ste
über|nach|ten
über|näch|tig
über|näch|tigt
Über|nah|me
über|na|ti|o|nal
über|na|tür|lich
über|or|ga|ni|siert
über|ört|lich
über|par|tei|lich
über|pro|por|ti|o|nal
über|quer
über|ra|schen
über|ra|schend
über|ra|schen|der|wei|se *§ 12*
über|re|gi|o|nal
über|reich
über|reich|lich
über|re|prä|sen|tiert
über|run|den
übers (*Verschmelzung von* über *und* das) *§ 25 (1) Anm. 3*
Über|sät|ti|gung
Über|schar
über|schat|ten
über|schau|bar
über|schlä|gig
über|schnell
über|schul|det
Über|schuß
über|schüs|sig
Über|schwang
über|schwäng|lich; *a.* überschwenglich
über|schwem|men
über|schweng|lich; *a.* überschwänglich
Über|see
Über|see...[hafen *usw.*]
über|see|isch
über|seh|bar
über|setz|bar
über|set|zen; du setzt über *§ 7 (1)*
über|set|zen; du übersetzt *§ 7 (1)*
Über|sicht
über|sich|tig
über|sicht|lich
über|sie|deln
über|sinn|lich
Über|soll, das (über das Soll hinausgehende Leistung)
über|sonnt
über|spit|zen; du überspitzt *§ 7 (1)*
über|staat|lich
über|stän|dig
über|stark
über|ta|rif|lich
über|täu|ben
über|teu|ern
über|töl|peln
Über|trag
über|tra|gen
über|trei|ben
über|tre|ten; du trittst über
über|tre|ten; du übertrittst
über|trie|ben
Über|tritt
über|trump|fen
über|über|mor|gen
über|voll
über|vor|sich|tig
über|vor|tei|len
über|wach
über|wäl|ti|gen
über|wäl|ti|gend
über|wei|sen; du überweist *§ 7 (1)*
über|weit
über|welt|lich
über|wend|lich
über|wend|lings
über|wer|fen *§ 9*; du wirfst über
über|wer|fen, sich; du überwirfst dich
über|wer|tig
über|wie|gen
über|wie|gend
über|win|den
über|win|tern
über|zäh|lig
über|zeich|nen
über|zeu|gen

über|zeu|gend
über|zie|hen *§ 9*; du ziehst über
über|zie|hen; du überziehst
über|züch|tet
über|zuckern [k|k]
Über|zug
über|zwerch (mürrisch)
Ubi|er (Angehöriger eines Germanenvolks)
ubi|qui|tär (überall verbreitet)
üb|lich
üb|li|cher|wei|se *§ 12*
U-Bo|gen *§ 13 (2)*
U-Boot (*kurz f.* Unterseeboot) *§ 13 (2)*
U-Boot-Krieg (*s.* U-Boot) *§ 13 (3)*
üb|rig; ~ haben; das übrige (andere), im übrigen (außerdem); *aber* das Übrige (was übrig ist)
üb|rig◡be|hal|ten *§ 10*
üb|rig◡blei|ben *§ 10*
üb|ri|gens
üb|rig◡las|sen *§ 10*
Übung
übungs|hal|ber
Uc|cel|lo, Paolo (ital. Maler ~1397-1475)
Ucker|mark (Landschaft) [k|k]
Ucker|mär|ker [k|k]
ucker|mär|kisch [k|k]
Ud, der (arab. Laute)
Udai|pur (Stadt in Indien)
Udet, Ernst (dt. General 1896-1941)
Udi|ne (Stadt in Italien)
u. dgl. [m.] (*Abk. v.* und dergleichen/desgleichen [mehr])
u. d. M. (*Abk. v.* unter dem Meeresspiegel)
ü. d. M. (*Abk. v.* über dem Meeresspiegel)
UdSSR (*Abk. v.* Union der Sozialistischen Sowjetrepubliken) *§ 17 (2) Anm. 1*
u. E. (*Abk. v.* unseres Erachtens)
UEFA (*Abk. f.* Europäischer Fußballverband) *§ 17 (2) Anm. 1*
UEFA-Pokal (*s.* UEFA) *§ 13 (2)*
U-Ei|sen *§ 13 (2)*
Uel|zen (Stadt)
Uel|ze|ner
Uel|zer
Uer|din|gen (Stadt)
Uex|küll, Jakob von (est. Biologe 1864-1944)
Ufa (*Abk. v.* Universum-Film-AG) *§ 17 (2) Anm. 1*
Ufa-Film *§ 13 (2)*
Ufer
uff! (*Interjektion*)
Uf|fi|zi|en (*Pl.*) (Museum in Florenz)
Uffz. (*Abk. v.* Unteroffizier)
UFO, Ufo (*Abk. v.* unbekanntes Flugobjekt) *§ 17 (2) Anm. 1*
u-för|mig, U-för|mig (in Form eines u bzw. U) *§ 13 (2)*
Ugan|da (Staat in Afrika)
Ugan|der
ugan|disch
Uga|rit (antiker Staat)
ugrisch
U-Haft (*kurz f.* Untersuchungshaft) *§ 13 (2)*
U-Ha|ken *§ 13 (2)*
Uh|land, Ludwig (dt. Dichter 1787-1862)
Uhr; drei Uhr zwanzig, 3.20 Uhr, 3^{20} Uhr, drei Uhr nachmittags
Uhr...[werk *usw.*]
Uh|ren...[industrie *usw.*]
Uhu[1], der (Vogel)
Uhu[2], der (Klebstoff)
ui! (*Interjektion*)
Ui|gu|re (Angehöriger e. Turkvolks)
Uj|jain (Stadt in Indien)
Ukas, der (Anordnung, Erlaß)
Uke|lei, der (Fisch)
Ukrai|ne, die (Staat)
Ukrai|ner
ukrai|nisch; auf ~
Ukrai|nisch, das; auf ukrainisch sprechen
Ukrai|ni|sche, das
Uku|le|le, die/das (Gitarre)
UKW (*Abk. v.* Ultrakurzwelle) *§ 17 (2) Anm. 1*
UKW-Emp|fän|ger *§ 13 (2)*
UKW-Sen|der *§ 13 (2)*
Ulan, der
Ulan-Ba|tor (Hauptstadt der Mongolei)
Ulan|ka, die (Waffenrock der Ulanen)
Ul|bricht, Walter (dt. Politiker 1893-1973)
Ule|ma (islamischer Rechts- und Religionsgelehrter)
Ulen|flucht (1. Dachöffnung; 2. Dämmerung)
Ulen|spie|gel; *s. a.* Eulenspiegel
Ul|fi|las (got. Bischof † 383); *s. a.* Wulfila
Uli|xes (*lat.*) (Sagengestalt); *s. a.* Ulysses, Odysseus
Ulk, der (Scherz)
ul|ken; du ulkst
ul|kig
Ulk|nu|del
Ul|kus, das; *Pl.* Ulzera (Geschwür)
Ull|mann, Liv (norweg. Schauspielerin *1938)
Ulm (Stadt)
Ul|me
Ul|men...[blatt usw.]
Ul|mer; Ulmer Münster
Ul|rich (Herzog v. Württemberg 1487-1550)
Ul|rich von Li[e]ch|ten|stein (dt. Minnesänger ~1200/10-1275)
Ul|ster (Region in Irland)
Ul|ster, der (Mantel[stoff])
ult. (*Abk. v.* ultimo)
Ul|ti|ma ra|tio *§ 15 (3)* (letztmögliches Mittel)
ul|ti|ma|tiv (nachdrücklich; perfekt)
Ul|ti|ma|tum (mit Drohung verbundene befristete Forderung)
ul|ti|mo; *Abk.* ult. (am Monatsletzten)
Ul|ti|mo, der (der letzte Tag im Monat)
ul|tra.../Ul|tra... (*lat.* jenseits, äußerst)
Ul|tra, der (Extremist)
ul|tra|kurz
Ul|tra|kurz|wel|le; *Abk.* UKW

Ul|tra|kurz|wel|len...[sender *usw.*]
ul|tra|ma|rin (*Adjektiv*); *vgl.* blau
Ul|tra|ma|rin, das
ul|tra|mon|tan (streng päpstlich gesinnt)
Ul|tra|mon|ta|nis|mus
ul|tra|rot
Ul|tra|schall
ul|tra|vi|o|lett (*Adjektiv*)
Ul|tra|vi|o|lett, das
Ulys|ses; *s. a.* Ulixes, Odysseus
Ul|ze|ra (*Pl. v.* Ulkus)
Ul|ze|ra|ti|on (Geschwürbildung)
ul|ze|rie|ren
ul|ze|rös (geschwürig)
um (*Präposition*); *Präfix*: umbauen, umgeben *usw.*; *als Verbzusatz zusammengeschrieben § 9*: umbauen *usw.*; um◡so; um wie◡viel mehr; um zu; rechts um!; um und um; das Um und Auf;
um|ar|bei|ten
um|ar|men
Um|bau
Um|ber, der (Fisch)
Um|blatt
Um|blick
Um|bra, die (braune Farbe)
um|bre|chen (Texte in Seiten einteilen); du umbrichst; umbrochen
Um|brer (Angehöriger e. antiken italischen Volkes)
Um|bri|en (Region in Italien)
um|brin|gen
um|brisch
Um|bruch
Um|druck
um|dü|stern
um|ein|an|der; *als Verbzusatz a. zusammengeschrieben*: umeinander◡fliegen *usw.* *§ 10*; *vgl.* einander
Um|fang
um|fan|gen
um|fäng|lich
um|fang|reich
Um|feld
um|flo|ren
um|for|mu|lie|ren
Um|fra|ge
um|frie|den
um|frie|di|gen
um|funk|ti|o|nie|ren
Um|gang
um|gäng|lich
Um|gangs...[sprache *usw.*]
um|gangs|sprach|lich
um|gar|nen
Um|ge|bung
Um|ge|gend
Um|ge|hung
Um|ge|hungs...[straße *usw.*]
um|ge|kehrt
um|git|tern
um|gol|den
um|gren|zen; du umgrenzt *§ 7 (1)*
um◡ha|ben
um|hal|sen
Um|hang
um|her
um|her; *als Verbzusatz a. zusammengeschrieben § 10*: umher◡blicken *usw.*
um|hin◡kom|men *§ 10*
um|hin◡kön|nen *§ 10*
um|hül|len
Umi|ak, der/das (Eskimoboot)
U/min (*Abk. v.* Umdrehungen pro Minute)
Um|kar|ton
Um|kehr
um|kehr|bar
um|klam|mern
um|klapp|bar
Um|klei|de|ka|bi|ne
Um|kreis
um|krem|peln
Um|la|ge
Um|land
Um|lauf
Um|laut
um|lau|ten
Um|le|ge...[kragen *usw.*]
um|lie|gend
Um|luft
um|man|teln
um|mo|deln
um|nach|tet
Um|nach|tung
um|ne|beln
Um|or|ga|ni|sa|ti|on
um|or|ga|ni|sie|ren
um|quar|tie|ren
um|ran|den
um|rän|dert
Um|raum
Um|riß
Um|ritt
um|run|den
um|rüst|bar
ums (*Verschmelzung aus* um *und* das) *§ 25 (1) Anm. 3*
Um|satz
Um|satz...[analyse *usw.*]
Um|schal|ter
Um|schau
Um|schicht
um|schich|tig
Um|schlag
Um|schluß
um|schrie|ben
Um|schrift
um|schul|den
Um|schü|ler
Um|schweif; ohne Umschweife
Um|schwung
Um|se|ge|lung, Um|seg|lung
um◡sein; *Zusammenschreibung nur im Infinitiv und Partizip üblich § 9 Anm. 1*: umzusein *oder* um zu sein, um◡gewesen; *aber* daß die Zeit um ist
um|sei|tig
um|seits
um|setz|bar
Um|sich|grei|fen, das
Um|sicht
um|sich|tig
um◡so *§ 12*; um◡so mehr; *aber* um so◡viel mehr
um|sonst
Um|spann|werk
Um|sprung
Um|stand; in anderen Umständen sein (schwanger sein); unter Umständen, *Abk.* u. U.
um|stän|de|hal|ber
um|ständ|lich
Um|stands...[kleid *usw.*]
um|stands|hal|ber *§ 12*
um|ste|hend; *Substantivierung in textverweisendem Sinn a.*

klein geschrieben § 15 (6): im umstehenden *oder* Umstehenden; das Umstehende
Um|stei|ge...[bahnhof *usw.*]
um|stei|gen
um|strit|ten
Um|sturz
um|stürz|le|risch
Um|tausch
Um|trieb
Um|trunk
U-Mu|sik (*kurz f.* Unterhaltungsmusik) *§ 13 (2)*
um|wäl|zen
Um|wälz|pum|pe
Um|weg
Um|welt
Um|welt...[schutz *usw.*]
um|welt|be|la|stend; *aber* die Umwelt belastend *§ 11 (4)*
um|welt|schä|di|gend; *aber* die Umwelt schädigend *§ 11 (4)*
Um|woh|ner
um|zäu|nen
um|zin|geln
Um|zug
um|zugs|hal|ber *§ 12*
UN (*Abk. v.* United Nations) *§ 17 (2) Anm. 1*
un... (*Negationspräfix*); unabhängig *usw.*
Un...[art *usw.*]
un|ab|än|der|lich
un|ab|ding|bar
un|ab|ding|lich
un|ab|läs|sig
un|ab|weis|bar
un|ab|weis|lich
Una Sanc|ta, die (kath. Kirche)
un|auf|hör|lich
un|auf|lös|lich
un|aus|bleib|lich
un|aus|sprech|lich
un|aus|steh|lich
un|aus|weich|lich
un|bän|dig
un|bar
un|be|dach|ter|wei|se *§ 12*
un|be|darft
un|be|greif|li|cher|wei|se *§ 12*
un|be|kannt; Anzeige gegen Unbekannt; nach unbekannt verzogen
un|be|nom|men
un|be|rech|tig|ter|wei|se *§ 12*
un|be|scha|det
un|be|schol|ten
un|be|schreib|lich
un|be|zähm|bar
un|be|zwing|lich
Un|bil|den (*Pl.*)
Un|bill, die
Un|cle Sam (*scherzh. f.* USA)
und; *Abk.* u., *Zeichen* &; und dergleichen, *Abk.* u. dgl.; und desgleichen, *Abk.* u. dgl.; und so fort, *Abk.* usf.; und so weiter, *Abk.* usw.; und viele[s] andere [mehr], *Abk.* u. v. a. [m.]; und zwar, *Abk.* u. zw.
Un|der|co|ver|agent, der (Geheimagent)
Un|der|dog, der (Benachteiligter)
un|der|dressed (zu nachlässig gekleidet)
Un|der|ground, der (Untergrund)
Un|der|state|ment, das (Untertreibung)
Un|de|zi|me, die (elfter Ton vom Grundton; Intervall von elf Tönen)
Un|di|ne (Wassergeist)
Un|ding
Und|set, Sigrid (norweg. Schriftstellerin 1882-1949)
Un|du|la|ti|on (Wellenbewegung)
un|du|lie|ren (wellenförmig verlaufen)
un|eins
un|end|lich; [bis] ins Unendliche; von null bis unendlich
un|end|li|che|mal; *aber* unendliche Male
un|end|lich|mal
un|ent|gelt|lich
un|ent|wegt
un|er|ach|tet
un|er|bitt|lich
un|er|find|lich
un|er|forsch|lich
un|er|hört
un|er|läß|lich
un|er|meß|lich
un|er|müd|lich
un|er|sätt|lich
un|er|schöpf|lich
un|er|schüt|ter|lich
UNESCO (*Abk. v.* United Nations Educational, Scientific and Cultural Organization) *§ 17 (2) Anm. 1*
un|fair
Un|fair|neß, ...ness (*engl.*)
Un|fall
Un|fall...[arzt *usw.*]
un|fall|frei
Un|flat, der (Schmutz)
un|flä|tig (unanständig, grob)
un|för|mig
Un|fug, der
Un|gar, der
un|ga|risch; auf ~
Un|ga|risch, das; auf ungarisch sprechen
Un|ga|ri|sche, das
Un|garn (Staat)
un|ge|ach|tet
un|ge|ahnt
un|ge|bär|dig
un|ge|fähr; von ungefähr
Un|ge|fähr, das
un|ge|fü|ge
un|ge|hal|ten
un|ge|heu|er; un|ge|heu|e|re, un|ge|heu|re
Un|ge|heu|er, das
un|ge|heu|er|lich
un|ge|ho|belt
un|ge|hö|rig
un|ge|lenk
Un|ge|mach, das
un|ge|mein
un|ge|niert
un|ge|rad; *s. a.* ungrad
un|ge|ra|de; *s. a.* ungrade
un|ge|reimt
un|ge|scheut
un|ge|schlacht
un|ge|stalt
un|ge|stüm
Un|ge|stüm, das
Un|ge|tüm
un|ge|wiß; im ungewissen sein (unsicher sein) *§ 15 (6)*
Un|ge|zie|fer
un|ge|zo|gen

Un|glau|be[n], der
Un|glück
un|glück|li|cher|wei|se *§ 12*
un|glück|se|li|ger|wei|se *§ 12*
un|grad; *s. a.* ungerad
un|gra|de; *s. a.* ungerade
Un|gunst; zu seinen Ungunsten; *vgl.* zuungunsten
un|hal|tig
Un|heil, das
un|heil|brin|gend; *aber* [großes] Unheil bringend *§ 11 (4)*
un|heil|voll
Un|hold, der
uni; ein uni Kleid; ein Kleid in Uni
Uni, das (einheitlicher Farbton)
Uni, die (*kurz f.* Universität)
UNICEF (*Abk. v.* United Nations International Children's Emergency Fund) *§ 17 (2) Anm. 1*
unie|ren; unierte Kirchen
Uni|fi|ka|ti|on (Vereinigung, Vereinheitlichung)
uni|fi|zie|ren (vereinigen, vereinheitlichen)
uni|form (*Adjektiv*) (gleichförmig)
Uni|form, die (einheitliche Dienstkleidung)
Uni|for|mi|tät (Gleichförmigkeit)
uni|ge|färbt (unifarben)
Uni|kat, das (einzige Ausfertigung)
Uni|kum (etw. in seiner Art Einmaliges)
uni|la|te|ral (einseitig)
Unio my|sti|ca (geheimnisvolle Vereinigung [der Seele mit Gott])
Uni|on, die (Bund)
Uni|o|nist (Anhänger einer Union)
Union Jack, der (Flagge Großbritanniens)
Uni|ons...[kirche *usw.*]
uni|pe|tal (einblättrig)
uni|po|lar (einpolig)
Uni|po|lar|ma|schi|ne (Gleichstromgenerator)
Uni|sex, der (Aufhebung der Geschlechtsunterschiede)
uni|so|no (einstimmig); ~ spielen
Uni|so|no, das (Einklang)
Uni|ta|ri|er (Anhänger des Unitarismus)
uni|ta|risch
Uni|ta|ris|mus (theolog. Lehre)
Uni|ted Na|tions (Vereinte Nationen)
Uni|ted Press In|ter|na|tio|nal (*Abk.* UPI)
Uni|ted States [of Ame|ri|ca] (*Abk.* US[A])
uni|ver|sal
Uni|ver|sal...[bildung *usw.*]
Uni|ver|sa|le, das (Allgemeinbegriff); *Pl.* Uni|versali|en
Uni|ver|sa|lie, die
Uni|ver|sa|lis|mus
uni|ver|sa|li|stisch
Uni|ver|sa|li|tät (Vielseitigkeit)
uni|ver|sell (allgemein)
Uni|ver|si|a|de (sportlicher Wettkampf)
uni|ver|si|tär
Uni|ver|si|tät; *kurz* Uni
Uni|ver|si|täts...[ausbildung *usw.*]
Uni|ver|sum (Kosmos)
UNIX, Unix, das (Betriebssystem)
Un|ke, die (Lurch)
un|ken; du unkst
un|kennt|lich
un|klar; im unklaren (ungewiß) sein, lassen *§ 15 (6)*
Unk|ti|on (Einreibung)
Un|land
un|längst
un|leug|bar
un|lieb|sam
Un|mut, der
un|mu|tig
un|nach|ahm|lich
un|nach|sicht|lich
un|nah|bar
un|nenn|bar
un|nor|mal
un|nö|ti|ger|wei|se *§ 12*
un|nütz
un|nüt|zer|wei|se *§ 12*
UNO, Uno (*Abk. v.* United Nations Organization) *§ 17 (2) Anm. 1*
UNO-Si|cher|heits|rat *§ 13 (2)*
un|paar
Un|paar|hu|fer
un|paa|rig
Un|paar|ze|her
un|päd|ago|gisch
un|par|tei|isch
Un|par|tei|ische, der
un|paß
un|päß|lich
Un|per|son
un po|co (*musik.* ein wenig)
un|pro|por|ti|o|niert
Un|rast, die
Un|rat, der
un|recht; unrecht bekommen, haben, tun; das ist unrecht; *vgl.* recht, Unrecht
Un|recht, das; zu Unrecht, im Unrecht sein, ein Unrecht leiden
un|recht|mä|ßi|ger|wei|se *§ 12*
un|rett|bar
Un|ruh, die (Teil der Uhr)
Un|ruh, Fritz von (dt. Schriftsteller 1885-1970)
Un|ru|he
un|rühm|lich
un|sag|bar
un|säg|lich
un|schätz|bar
un|schein|bar
Un|schlitt, das (Talg)
un|schlüs|sig
Un|schuld
un|schul|di|ger|wei|se *§ 12*
Un|schulds...[lamm *usw.*]
Un|se|gen
un|se|lig
un|se|li|ger|wei|se *§ 12*
un|ser; *vgl.* dein
un|se|rer; *s. a.* unsre; die Unseren (unsere Angehörigen); *vgl.* deiner
un|ser|ei|ner
un|ser|eins
un|se|rer|seits; *s. a.* unserseits, unsrerseits
un|se|res|glei|chen; *s. a.*

unsersgleichen, unsresgleichen
un|se|res|teils *§ 12*; *s. a.* unsresteils
un|ser|seits; *s. a.* unsrerseits, unsererseits
un|sers|glei|chen; *s. a.* unsresgleichen
un|sert|hal|ben
un|sert|we|gen; *s. a.* unsretwegen
un|sert|wil|len, um
un|sich|tig
un|sink|bar
Un|sinn
un|sin|nig
un|sin|ni|ger|wei|se *§ 12*
Un|sinns...[dichtung *usw.*]
Un|sit|te
un|sitt|lich
uns|rer; *s. a.* unserer
uns|rer|seits; *s. a.* unsererseits, unserseits
uns|res|glei|chen
uns|res|teils *§ 12*
uns|ret|we|gen; *s. a.* unsertwegen
uns|ret|wil|len; *s. a.* unsertwillen
uns|rig; *vgl.* deinig
un|statt|haft
Un|stern, der (unglückliches Geschick); unter einem ~ stehen
un|stet
un|ste|tig
un|still|bar
un|stim|mig
un|strei|tig
un|strit|tig
Un|strut, die (Fluß)
Un|sum|me
un|ta|de|lig, un|tad|lig
Un|tat
un|ten
un|ten|an
un|ten◡durch *§ 12*
un|ten◡er|wähnt *§ 11 (4)*
un|ten◡ge|nannt *§ 11 (4)*
un|ten◡her
un|ten◡her|um
un|ten◡hin
un|ten◡lie|gend *§ 11 (4)*
un|ten◡rum
un|ten◡ste|hend; *Substantivierung in textverweisender Bedeutung a. klein geschrieben § 15 (6)*: im untenstehenden *oder* Untenstehenden; das Untenstehende
un|ter (*Präposition*); *Verbpräfix § 8*: unterstellen *usw.*; *als Verbzusatz zusammengeschrieben § 9*: untergehen *usw.*; unter anderem, *Abk.* u. a.
un|ter...[belichten *usw.*]
un|ter...[bieten *usw.*]
Un|ter...[abteilung *usw.*]
un|ter|be|wußt
Un|ter|bo|den...[schutz *usw.*]
Un|ter|bruch, der (*schweizer.* Unterbrechung)
un|ter|chlo|rig (weniger chlorhaltig)
un|ter|der|hand (heimlich) *§ 12*
un|ter|des|sen
un|ter|drücke|risch [k|k]
un|te|re
un|ter|ein|an|der; *als Verbzusatz a. zusammengeschrieben § 10*: untereinander◡schreiben; *vgl.* einander
Un|ter|ein|heit
un|ter|ent|wickelt [k|k]
Un|ter|ent|wick|lung
un|ter|er|nährt
Un|ter|er|näh|rung
un|ter|fah|ren
Un|ter|fa|mi|lie
un|ter|fan|gen, sich
Un|ter|fan|gen, das
un|ter|fas|sen
un|ter|fer|ti|gen
Un|ter|fer|tig|te, der
un|ter|flur; etwas ~ verlegen
Un|ter|flur...[motor *usw.*]
Un|ter|fran|ken (Reg.-Bez. in Bayern)
un|ter|gä|rig
un|ter|ge|ben
un|ter|ge|wich|tig
Un|ter|gla|sur|far|be
un|ter|grün|dig
un|ter|halb
Un|ter|halt
Un|ter|halts...[anspruch *usw.*]
un|ter|halt|sam
un|ter|halts|be|rech|tigt
un|ter|halts|pflich|tig
un|ter|halts|ver|pflich|tet
Un|ter|hal|tung
Un|ter|hal|tungs...[film *usw.*]
un|ter|han|deln
Un|ter|händ|ler
Un|ter|haus
un|ter|ir|disch
Un|ter|ita|li|en
un|ter|jo|chen
un|ter|ju|beln
un|ter|kant
un|ter|kel|lern
un|ter|kö|tig
Un|ter|kunft
Un|ter|laß
un|ter|las|sen; du unterläßt *§ 7 (1)*
Un|ter|las|sungs...[klage *usw.*]
Un|ter|lauf
Un|ter|leg|schei|be
Un|ter|lid
un|term (*Verschmelzung von* unter *und* dem) *§ 25 (1) Anm. 3*
un|ter|mi|nie|ren
un|tern (*Verschmelzung von* unter *und* den) *§ 25 (1) Anm. 3*
un|ter|neh|men
Un|ter|neh|men, das
Un|ter|neh|mens...[beratung *usw.*]
Un|ter|neh|mer
Un|ter|neh|mer...[geist *usw.*]
Un|ter|neh|mung
un|ter|neh|mungs|lu|stig
Un|ter|pfand
Un|ter|pri|ma (vorletzte Klasse des Gymnasiums)
Un|ter|putz|ka|bel
Un|ter|richt
un|ter|rich|ten
un|ter|richt|lich
Un|ter|richts...[stunde *usw.*]
Un|ter|rock
un|ters (*Verschmelzung von* unter *und* das) *§ 25 (1) Anm. 3*
un|ter|schläch|tig (durch Was-

ser von unten angetrieben)
Un|ter|schleif, der (Unterschlagung)
Un|ter|schlupf, der
Un|ter|schrift
un|ter|schrift|lich
Un|ter|schuß
un|ter|schwef|lig (mit wenig Schwefel)
un|ter|schwel|lig
Un|ter|see|boot; *kurz* U-Boot
un|ter|see|isch
un|ter|seits
Un|ter|se|kun|da (sechste Klasse des Gymnasiums)
un|terst; das Unterste zuoberst kehren; zuunterst
Un|ter|stand
un|ter|ste; *s.* unterst
Un|ter|su|chungs...[ausschuß *usw.*]
Un|ter|tag|ar|bei|ter
Un|ter|ta|ge|ar|bei|ter
Un|ter|ta|ge|bau
un|ter|tags
un|ter|tan (*Adjektiv*)
Un|ter|tan, der
un|ter|tä|nig
Un|ter|ter|tia (vierte Klasse des Gymnasiums)
un|ter|tou|rig (mit zu niedriger Drehzahl laufend)
Un|ter|wal|den (Kanton der Schweiz); ~ nid dem Wald, ~ ob dem Wald (Halbkantone)
Un|ter|wald|ner
un|ter|wald|ne|risch
un|ter|wärts
un|ter|wegs
un|ter|wei|len
un|ter|zeich|net; der Unterzeichnete
un|tief
Un|tie|fe, die (seichte Stelle; *a.* sehr tiefe Stelle)
Un|tier
un|tilg|bar
un|tot; der Untote
un|tröst|lich
un|trüg|lich
un|um|gäng|lich
un|um|schränkt
un|um|stöß|lich
un|um|wun|den
un|ver|äu|ßer|lich
un|ver|dien|ter|ma|ßen
un|ver|dien|ter|wei|se *§ 12*
un|ver|fäng|lich
un|ver|fro|ren
un|ver|hält|nis|mä|ßig
un|ver|hofft
un|ver|merkt
un|ver|rich|te|ter|din|ge *§ 12*; *a.* unverrichteter Dinge
un|ver|rich|te|ter|sa|che *§ 12*; *a.* unverrichteter Sache
un|ver|schämt
un|ver|schul|de|ter|ma|ßen
un|ver|schul|de|ter|wei|se *§ 12*
un|ver|se|hens
un|ver|sieg|bar
un|ver|sieg|lich
un|ver|wandt (*a.* unentwegt)
un|ver|weilt
un|ver|wes|lich
un|ver|wüst|lich
un|ver|züg|lich
un|vor|denk|lich
un|vor|greif|lich
un|wäg|bar
un|weg|sam
un|wei|ger|lich
un|wi|der|leg|lich
un|wi|der|ruf|lich
un|wi|der|steh|lich
un|wie|der|bring|lich
Un|wil|le[n]
un|wirsch
un|wirt|lich
Un|wucht, die
Un|zahl
un|zäh|lig
un|zäh|lig|mal, un|zäh|li|ge|mal *§ 12*; *aber*: unzählige Male
Un|ze, die (Gewichtsmaß)
Un|zeit; zur ~
un|zer|trenn|lich
Un|zi|al|buch|sta|be
Un|zi|a|le
Un|zi|al|schrift (Schrift der röm. Antike)
un|zie|mend
un|ziem|lich
Un|zucht
un|züch|tig
Upa|ni|schad, die (altind. philos. Text); *Pl.* Upanischaden, Upanischads
Up|date, das (*EDV* überarbeitete Fassung)
up|da|ten; du updatest (auf den neuesten Stand bringen)
Up|dike, John (amerikan. Schriftsteller *1932)
UPI (*Abk. v.* United Press International) *§ 17 (2) Anm. 1*
Up|per|class, die (Oberschicht)
Up|per|cut, der (Aufwärtshaken)
üp|pig
Upp|sa|la (Stadt in Schweden)
Upp|sa|la|er
up to date (zeitgemäß)
Ur, der (Auerochse)
Ur...[abstimmung *usw.*]
Ur|ahn, Ur|ah|ne
Ural, der (Gebirge, Fluß in Rußland)
ural|al|ta|isch (zu einer bestimmten Sprachfamilie gehörig)
ura|lisch (aus der Gegend des Ural)
ur|alt
Ur|al|ter, das
ur|al|ters; von uralters her
Ur|ämie (Harnvergiftung)
ur|ämisch
Uran; *chem. Zeichen* U
Uran...[erz *usw.*]
ur|an|fäng|lich
Ura|nia (Muse der Sternkunde)
Ura|nis|mus (Homosexualität)
Ura|nist (Homosexueller)
Ura|nos (griech. Gott)
Uran|pech|blen|de (Mineral)
Ura|nus (Planet)
Urat, das (Salz der Harnsäure)
ur|auf|füh|ren
Urä|us|schlan|ge (Kobra)
ur|ban ([groß-]städtisch)
Ur|ban (*Papstname*)
Ur|ba|ni|sa|ti|on (Verstädterung)
ur|ba|ni|sie|ren (verstädtern)
Ur|ba|ni|stik (Stadtplanung)
Ur|ba|ni|tät (städtische Atmosphäre)
ur|bar; ~ machen

Ur|bar, das (Verzeichnis der Grundstücke und Erträge im Mittelalter); *s. a.* Urbarium
ur|ba|ri|sie|ren (urbar machen)
Ur|ba|ri|um; *s. a.* Urbar
Ur|bar|ma|chung
ur|bi et or|bi (der ganzen Welt)
ur|bild|lich
ur|chig (urwüchsig)
ur|christ|lich
Urd (Norne)
Ur|darm
ur|deutsch
ur|du; auf ~
Ur|du, das (Sprache); auf urdu sprechen
ur|ei|gen
ur|ei|gen|tüm|lich
Ure|ter, der (Harnleiter)
Ure|thra, die (Harnröhre)
ure|tisch (harntreibend)
Ur|feh|de, die (Rechtsfriede)
ur|for|men
ur|ge|müt|lich
ur|gent (dringend)
Ur|genz (Dringlichkeit)
ur|ger|ma|nisch
ur|ge|schicht|lich
ur|gie|ren (drängen)
ur|groß|müt|ter|lich
ur|groß|vä|ter|lich
Ur|he|ber
Uri (Kanton d. Schweiz)
Uri|an (*a.* Teufel)
Uri|as|brief (Brief, der dem Überbringer Unglück bringt)
Uri|el (Erzengel)
urig
Urin, der
Urin...[probe *usw.*]
Uri|nal, das (Uringefäß; Pissoir)
uri|nie|ren
Ur|kan|ton, der
Ur|knall
ur|ko|misch
Ur|kun|de
ur|kun|den; du urkundest
ur|kund|lich
Ur|laub
ur|lau|ben; du urlaubst
Ur|lau|ber
Ur|laubs...[kasse *usw.*]
Ur|ne
Ur|ner (*zu* Uri); Urner See
ur|ne|risch
Ur|ning (Uranist)
uro|ge|ni|tal (die Harn- und Geschlechtsorgane betreffend)
Uro|ge|ni|tal|sy|stem
Uro|lith, der (Harnstein)
Uro|lo|ge (Facharzt für Urologie)
Uro|lo|gie (Medizin der Harnorgane)
uro|lo|gisch
Ur|oma
Ur|opa
Uro|sko|pie (Untersuchung des Urins)
ur|plötz|lich
Ur|quell
Ur|sa|che
ur|säch|lich
ur|schrift|lich
Ur|schweiz
ur|sen|den
Ur|sprung
ur|sprüng|lich; *Abk.* urspr.
urst (sehr gut); das ist ~
Ur|stand
Ur|ständ; fröhliche ~ feiern
ur|stoff|lich
Ur|strom|tal
Ur|su|la (Heilige)
Ur|su|li|ne (Angehörige eines kath. Ordens)
Ur|teil
ur|tei|len
Ur|teils...[kraft usw.]
ur|teils|fä|hig
Ur|ti|ka|ria (Nesselsucht)
ur|tüm|lich
Uru|gu|ay (Staat, Fluß in Südamerika)
Uru|gu|ay|er
uru|gu|ay|isch
Urum|chi (Stadt in China)
Ur|ur|ahn
Ur|ur|en|kel
ur|vä|ter|lich
ur|ver|wandt
Ur|viech
Ur|vieh
Ur|wahl
Ur|wald
Ur|wald...[fauna *usw.*]
ur|welt|lich
ur|wüch|sig
Ur|zeit (frühe Zeit); *aber*: Uhrzeit (*zu* Uhr)
ur|zu|ständ|lich
US[A] (*Abk. v.* United States [of America]) *§ 17 (2) Anm. 1; in Zusammensetzungen* US-, *z. B.* US-Amerikaner
Usam|ba|ra|veil|chen
US-Ame|ri|ka|ner *§ 13 (2)*
US-ame|ri|ka|nisch *§ 13 (2)*
Usance, die (Brauch)
Usan|cen|han|del (Devisenhandel in fremder Währung)
Us|be|ke (Angehöriger e. Turkvolks)
us|be|kisch
Us|be|ki|stan (Staat in Asien)
US-Dollar *§ 13 (2)*; *Zeichen* US-$
Use|dom (Ostseeinsel)
User (*engl.*) (Anwender, Drogenkonsument)
usf. (*Abk. v.* und so fort)
Uso, der (Brauch)
USSR (*Abk. f.* Sowjetunion) *§ 17 (2) Anm. 1*
Us|su|ri, der (Fluß in Rußland)
USt (*Abk. v.* Umsatzsteuer) *§ 17 (2) Anm. 2*
Usta|scha, die (kroat. Miliz)
Usti|nov, Peter (brit. Schauspieler 1921-2004)
usu|ell (üblich)
Usur|pa|ti|on (widerrechtliche Inbesitznahme)
Usur|pa|tor (jmd., der widerrechtlich die Gewalt an sich reißt)
usur|pa|to|risch
usur|pie|ren
Usus, der (Brauch)
usw. (*Abk. v.* und so weiter)
ut (Solmisationssilbe)
Utah (Bundesstaat der USA); *Abk.* Ut.
Uta|ma|ro (jap. Holzschneider 1753-1806)
Uten|sil, das (Werkzeug)
ute|rin (zum Uterus gehörend)

Ute|rus (Gebärmutter)
Ut|gard (*germ.* Dämonenreich)
uti|li|tär (auf den Nutzen ausgerichtet)
Uti|li|ta|ri|er (Vertreter des Utilitarismus)
Uti|li|ta|ris|mus (Nützlichkeitsdenken)
Uti|li|ta|rist (Vertreter des Utilitarismus)
uti|li|ta|ri|stisch (den Utilitarismus betreffend)
Uti|li|tät (Nützlichkeit)
Ut|lan|de, die (*Pl.*) (nordfries. Küstenregion)
Uto|pia; *s. a.* Utopien (nur erdachtes Land)
Uto|pie (Schilderung e. zukünftigen/unerfüllbaren gesellschaftlichen Zustandes)
Uto|pi|en; *s. a.* Utopia
uto|pisch (nur in der Vorstellung möglich)
Uto|pis|mus
Uto|pist
Utra|quis|mus (Richtung der Hussiten)
Utra|quist
utra|qui|stisch
Ut|recht (Stadt)
Utril|lo, Maurice (frz. Maler 1883-1955)
ut su|pra; *Abk.* u. s. (*musik.* wie oben)
u. U. (*Abk. v.* unter Umständen)
UV (*Abk. v.* Ultraviolett) *§ 17 (2) Anm. 1*
u. v. a. [m.] (*Abk. v.* und viele[s] andere [mehr] *und allen Beugungsformen*)
UV-Fil|ter *§ 13 (2)*; *s.* UV
UV-Lam|pe *§ 13 (2)*; *s.* UV
UV-Strah|len *§ 13 (2)*; *s.* UV
UV-Strah|lung *§ 13 (2)*; *s.* UV
Uvu|la, die (Zäpfchen)
uvu|lar; der Uvular[laut]
u. W. (*Abk. v.* unseres Wissens)
Ü-Wa|gen (*kurz f.* Übertragungswagen) *§ 13 (2)*
u. Z. (*Abk. v.* unserer Zeitrechnung)
uzen (foppen, necken); du uzt *§ 7 (1)*
Uz|na|me (Spitzname)
u. zw. (*Abk. v.* und zwar)

V V

das v (der Kleinbuchstabe v, der Laut v); das V (der Großbuchstabe V); v (*Zeichen f.* Geschwindigkeit); V (*chem. Zeichen f.* Vanadium; *Abk. v.* Volt, Volumen; röm. Ziffer 5) *§ 17 (2) Anm. 2*
VA (*Abk. v.* Voltampere) *§ 17 (2) Anm. 2*
Va. (*Abk. v.* Virginia)
v. a. (*Abk. v.* vor allem)
Vaal (Fluß in Afrika)
va banque; ~ spielen (riskant spielen)
Va|banque|spiel, das (hohes Risiko)
va|cat (*lat.* fehlt); *s. aber* Vakat
Vache|le|der (biegsames Leder)
Va|de|me|cum, Va|de|me|kum (Leitfaden)
Va|di|um (symbol. Anzahlung)
va|dos (von Niederschlägen herrührend)
Va|duz (Hauptstadt v. Liechtenstein)
vag, va|ge (unbestimmt)
Va|ga|bon|da|ge, die (Landstreicherei)
Va|ga|bund (Landstreicher)
va|ga|bun|die|ren
Va|gant, der (Spielmann)
Va|gan|ten...[lied usw.]
va|ge, vag (unbestimmt)
va|gie|ren (umherschweifen)
Va|gi|na, die (Scheide)
va|gi|nal
Va|gi|nis|mus (Scheidenkrampf)
Va|gus, der (Nerv)
va|kant (unbesetzt)
Va|kanz, die (1. freie Stelle; 2. Schulferien)
Va|kat, das (leere Buchseite); *s. aber* vacat
Va|ku|o|le, die (Zellenhohlraum)
Va|ku|um (luftleerer Raum)
Va|ku|um...[pumpe *usw.*]
va|ku|um|ver|packt
Vak|zin, das (Impfstoff); *s. a.* Vakzine
Vak|zi|na|ti|on (Impfung)
Vak|zi|ne, die (Impfstoff); *s. a.* Vakzin
vak|zi|nie|ren (impfen)
Va|land, der (Teufel); *s. a.* Voland
va|le! (*lat.* leb wohl!)
Va|len|cia (Stadt in Spanien)
Va|len|ciennes|spit|ze (Klöppelspitze)
Va|lens, Flavius (röm. Kaiser ~328-378)
Va|len|tin (Heiliger)
Va|len|tin, Karl (dt. Komiker 1882-1948)
Va|len|ti|no, Rudolph (amerik. Schauspieler 1895-1926)
Va|len|tins|tag (Tag der Liebe)
Va|lenz, die (Wertigkeit)
Va|lenz...[grammatik *usw.*]
Va|le|ri|us (röm. Kaiser 4. Jh. n.Chr.)
Va|lé|ry, Paul (frz. Dichter 1871-1945)
Va|let, das (Lebewohl); ~ sagen
Va|leur, der (Wertpapier, Farbton)
Va|li|da|ti|on (Gültigkeitserklärung)
va|li|die|ren (gültig machen; die Zuverlässigkeit feststellen)
Va|li|di|tät (Gültigkeit; Zuverlässigkeit)
Val|la|do|lid (Stadt in Spanien)
val|le|ra! (Ausruf)
val|le|ri, val|le|ra! (Ausruf)
Val|le|ta (Hauptstadt v. Malta)
Va|lo|ren, die (*Pl.*) (Wertsachen)
Va|lo|ri|sa|ti|on (Aufwertung einer Ware)
va|lo|ri|sie|ren (aufwerten)
Val|pa|ra|i|ser
Val|pa|ra|i|so (chil. Stadt)
Val|po|li|cel|la, der (Rotwein)
Va|lu|ta (Währung)
Va|lu|ta...[kredit *usw.*]
Va|lu|ta-Mark (*DDR*) *§ 13 (2)*
va|lu|tie|ren (eine Wertstellung

festsetzen)
Val|va|ti|on (Festlegung des Wertes)
val|vie|ren (bewerten)
Vamp, der (verführerisch-berechnende Frau)
Vam|pir, der (Fledermaus; Blutsauger, *a. übertr.*)
van (*in niederländ. Namen*); Vincent van Gogh *usw.*; Van-Gogh-Ausstellung
Va|na|di|um; *chem. Zeichen* V
Van-Al|len-Gür|tel (Strahlungsgürtel der Erde) *§ 13 (4) Anm. 2*
Van|cou|ver (Stadt in Kanada)
Van|da|le (Angehöriger eines germ. Volkes; Barbar); *vgl.* Wandale
Van-der-Waals-Kraft (Anziehungskraft zw. Molekülen)
Van-Dyck-Braun, das *§ 13 (4) Anm. 2*
Vä|ner|see (See in Schweden)
Va|nil|le, die (Orchideenart; Gewürz)
Va|nil|le...[eis *usw.*]
Va|nil|lin, das (Vanillearoma)
Va|nu|a|tu (Staat)
Va|po|ri|me|ter, das (Gerät zur Messung des Alkoholgehalts)
Va|po|ri|sa|ti|on (Behandlung mit Wasserdampf)
va|po|ri|sie|ren (verdampfen)
Va|que|ro (Viehhirt)
var. (*Abk. v.* Varietät)
Va|ra|na|si (Benares, Stadt in Indien)
Va|ran|ger|fjord (Fjord in Norwegen)
Var|gas Llo|sa, Mario (peruan. Schriftsteller *1936)
Va|ria (*Pl.*) (Verschiedenes)
va|ri|a|bel (veränderbar); die Va|ri|a|ble
Va|ri|a|bi|li|tät
Va|ri|a|ble, die (veränderliche Größe)
Va|ri|an|te, die (Abwandlung)
Va|ri|a|ti|on (Veränderung)
Va|ri|a|ti|ons...[breite *usw.*]
Va|ri|e|tät (Abart)
Va|ri|e|té (Theater mit buntem Programm)
va|ri|ie|ren (unterschiedlich sein)
va|ri|kös (*zu* Varikose)
Va|ri|ko|se, die (Krampfadern)
Va|ri|ko|si|tät (Bildung von Varizen)
Va|ri|ko|ze|le, die (Erweiterung des Samenstranges)
Va|ri|nas, der (Tabaksorte)
Va|ri|o|la, Va|ri|o|le, die (Pocken); *Pl.* Variolae
Va|rio|me|ter, das (Gerät zur Messung von Luftdruckänderungen)
va|ris|kisch; das Variskische Gebirge *§ 15 (7)*; *s. a.* varis-zisch
Va|ri|stor, der (elektrischer Widerstand)
va|ris|zisch; *s. a.* variskisch
Va|rix, Va|ri|ze, die (Krampfader); *Pl.* Varizen
Va|ri|zel|le, die (Windpocke)
Varn|ha|gen von En|se, Karl August (dt. Schriftsteller 1785-1858); Rahel ~ (dessen Gattin 1771-1833)
Var|ro, Marcus Terentius (röm. Schriftsteller 116-27 v. Chr.)
Va|ru|na (ind. Gott)
Va|rus, Publius Quinctilius (röm. Feldherr ~46 v. Chr. ~9n.Chr.)
Va|sa (schwed. Adelsfamilie)
Va|sall (Gefolgsmann)
Va|sal|len...[staat *usw.*]
Va|sa|ré|ly, Victor de (frz. Maler 1908-1997)
Va|sa|ri, Giorgio (ital. Künstler 1511-1574)
Väs|chen *(zu* Vase)
Vas|co da Ga|ma (port. Entdeckungsreisender ~1469-1524)
Va|se
Vas|ek|to|mie (operative Entfernung von Gefäßen)
Va|se|lin, das (Salbenfett aus Erdöl); *s. a.* Vaseline
Va|se|li|ne, die; *s. a.* Vaselin
Va|so|mo|to|ren (*Pl.*) (Gefäßweite regulierende Nerven)
va|so|mo|to|risch
Va|ter
Va|ter...[haus *usw.*]
Vä|ter|chen (*zu* Vater)
Va|ter|land
va|ter|län|disch
Va|ter|lands...[liebe *usw.*]
va|ter|lands|lie|bend
vä|ter|lich
vä|ter|li|cher|seits
Va|ter|mör|der (*a.* Kragen)
Va|ters...[name *usw.*]
Va|ter|schafts...[klage *usw.*]
Va|ter|un|ser, das (Gebet)
Va|ti (*Koseform v.* Vater)
Va|ti|kan, der (Residenz des Papstes in Rom)
va|ti|ka|nisch; das Erste, Zweite Vatikanische Konzil *§ 15 (7)*
Va|ti|kan|stadt
Vat|na|jö|kull, der (Gletscher auf Island)
Vät|ter|see (See in Schweden)
Vau|de|ville, das (Liedeinlage; Chanson)
V-Aus|schnitt *§ 13 (2)*
v. Chr. (*Abk. v.* vor Christus)
v. Chr. G. (*Abk. v.* vor Christi Geburt)
VDE (*Abk. v.* Verband Deutscher Elektrotechniker) *§ 17 (2) Anm. 1*
VDE-geprüft *§ 13 (2)*
VDI (*Abk. v.* Verein Deutscher Ingenieure) *§ 17 (2) Anm. 1*
VdK (*Abk. v.* Verband der Kriegs- und Wehrdienstopfer, Behinderten u. Sozialrentner) *§ 17 (2) Anm. 1*
VEB (*Abk. v.* volkseigener Betrieb [*DDR*]) *§ 17 (2) Anm. 1*
Vech|ta (Stadt)
Ve|da, der (heilige Schriften d. Hindus); *Pl.* Veden
Ve|dan|ta, der (Schule der ind. Philosophie, die u. a. auf den Upanischaden aufbaut)
Ve|det|te, die (Vorposten, berühmter Schauspieler)
ve|disch (die Veden betreffend); das Vedische (älteste Form

des Altindischen)
Ve|du|te, die (gemalte Ansicht)
Ve|du|ten|ma|ler
Ve|ga, Lope de (span. Dichter 1562-1635)
Ve|ga|ner (Vegetarier, der auf alle tierischen Produkte verzichtet)
ve|ge|ta|bil (pflanzlich)
Ve|ge|ta|bi|li|en (*Pl.*) (pflanzliche Stoffe)
ve|ge|ta|bi|lisch (pflanzlich)
Ve|ge|ta|ri|er (jmd., der sich von pflanzlicher Kost ernährt)
ve|ge|ta|risch
Ve|ge|ta|ris|mus
Ve|ge|ta|ti|on (Wachstum von Pflanzen)
Ve|ge|ta|ti|ons...[gürtel *usw.*]
ve|ge|ta|tiv (pflanzenhaft)
ve|ge|tie|ren (kärglich leben)
ve|he|ment (ungestüm)
Ve|he|menz
Ve|hi|kel, das (Fahrzeug)
Veil|chen (Pflanze)
Veil|chen...[duft *usw.*]
veil|chen|blau
Veits|boh|ne (Saubohne)
Veits|tanz (Krankheit)
Vek|tor, der (math. Größe)
Vek|tor...[rechnung *usw.*]
vek|to|ri|ell
ve|lar (am Gaumensegel gebildet); der Velar[laut]
Ve|laz|quez (*span.* Diego Rodríguez de Silva y Velázquez, span. Maler 1599-1660)
Vel|de, Henry van de (belg. Architekt 1863-1957)
Ve|lin, das (Pergament, Papier)
Ve|lo, das (*kurz f.* Veloziped); ~ fahren
Ve|lo|drom, das (Radrennbahn)
Ve|lo|fah|ren, das; *s. aber* Velo
Ve|lours, das (Veloursleder)
Ve|lours, der (Samt)
Ve|lours|le|der
Ve|lo|zi|ped, das; *kurz* Velo
Velt|lin, das (Landschaft in Italien)
Velt|li|ner [Wein]
Ve|lum, das (1. Teil der Priestertracht; 2. Gaumensegel, Velum palatinum)
Vel|vet, der (Samt)
Ven|dée, die (frz. Departement)
Ven|de|mi|aire (Monat des frz. Revolutionskalenders)
Ven|det|ta (Blutrache)
Ve|ne, die (Ader)
Ve|ne|dig (Stadt in Italien)
Ve|ne|di|ger|grup|pe (Teil der Alpen)
Ve|nen...[entzündung *usw.*]
ve|ne|ra|bel (verehrungswürdig); venera|ble Werke
Ve|ne|ra|bi|le, das (das Allerheiligste)
ve|ne|risch (Geschlechtskrankheiten betreffend)
Ve|ne|ter (Bewohner Venetiens)
Ve|ne|ti|en (*ital.* Veneto)
Ve|ne|zia (*ital.* Venedig)
Ve|ne|zi|a|ner
ve|ne|zi|a|nisch
Ve|ne|zo|la|ner
ve|ne|zo|la|nisch
Ve|ne|zu|e|la (Staat)
Ve|ne|zu|e|ler
Ve|nia le|gen|di (Lehrbefugnis) *§ 15 (2)*
Venn; das Hohe Venn *§ 15 (7)*
ve|nös (die Venen betreffend)
Ven|til, das (Vorrichtung zum Absperren von Flüssigkeiten und Gasen)
Ven|til...[klappe *usw.*]
Ven|ti|la|ti|on (Bewegung von Gasen)
Ven|ti|la|tor (Vorrichtung zur Lüftung oder Kühlung)
ven|ti|lie|ren (lüften)
Ven|to|se (Monat des frz. Revolutionskalenders)
ven|tral (zum Bauch gehörend)
Ven|tri|kel, der (Kammer)
ven|tri|ku|lär
Ven|tri|lo|quist (Bauchredner)
Ven|tu|ri-Rohr (Düse) *§ 13 (2)*
Ve|nus (1. Göttin; 2. Planet)
Ve|nus...[sonde *usw.*]
Ve|nus|berg (*a.* Schamhügel)
Ve|nus|flie|gen|fal|le (Pflanze)
Ve|nus|hü|gel (Schamhügel)
ver...; *Präfix*; *die Schreibweise folgt dem Grundwort*: verbleiben *usw.*
ver|ab|fol|gen
ver|ab|re|den
ver|ab|re|de|ter|ma|ßen
ver|ab|rei|chen
ver|ab|säu|men
ver|ab|scheu|en
ver|ab|scheu|ens|wert
ver|ab|scheu|ungs|wür|dig
ver|ab|schie|den
ver|ab|so|lu|tie|ren (als absolut gültig betrachten)
ver|ach|ten
ver|ach|tens|wert
Ver|äch|ter
ver|ächt|lich
Ver|ächt|lich|ma|chung
ver|ach|tungs|wür|dig
Ve|ra|cruz (Stadt in Mexiko)
ver|al|bern
ver|all|ge|mei|nern
ver|al|ten
Ve|ran|da (Vorbau an Wohnhäusern)
ver|än|der|lich
Ver|än|der|li|che, die (Variable)
ver|äng|sti|gen
ver|an|kern
ver|an|la|gen
ver|an|lagt
Ver|an|la|gungs|steu|er
ver|an|las|sen
ver|an|schau|li|chen
ver|an|schla|gen
ver|an|stal|ten
Ver|an|stal|tungs...[kalender *usw.*]
ver|ant|wor|ten
ver|ant|wort|lich
Ver|ant|wor|tungs...[gefühl *usw.*]
ver|äp|peln
ver|ar|gen
ver|ar|men
ver|ar|schen
ver|arz|ten
ver|aschen
ver|ästeln
ver|aus|ga|ben

ver|aus|la|gen
ver|äu|ßer|lich
ver|äu|ßer|li|chen
ver|äu|ßern
Verb, das (Zeitwort)
Verb...[zusatz *usw.*]
ver|bal (mit Worten)
Ver|bal...[injurie *usw.*]
ver|ba|li|sie|ren (in Worte fassen)
Ver|ba|lis|mus (Neigung, sich ans Wort zu klammern)
ver|ba|li|ter (wörtlich)
ver|ball|hor|nen (entstellen)
Ver|band
Ver|band[s]...[kasten *usw.*]
ver|ban|nen
ver|bar|ri|ka|die|ren (versperren)
Ver|bas|kum (Pflanze)
ver|bau|ern
ver|be|am|ten
Ver|be|ne, die (Pflanze)
ver|ber|gen; du verbirgst, verbargst, verbärgest; verborgen
ver|bes|sern
ver|beu|gen, sich
ver|beu|len
ver|bie|stern
ver|bie|ten
ver|bil|den
ver|bild|li|chen
ver|bil|li|gen
ver|bim|sen (verprügeln); du verbimst *§ 7 (1)*
ver|bind|lich
Ver|bin|dungs...[linie *usw.*]
Ver|biß, der
Ver|biß|scha|den
ver|bis|sen
ver|bit|ten; sich etwas ~
ver|bit|tern
ver|blas|sen; du verblaßt *§ 7 (1)*
Ver|bleib
ver|blei|ben
Ver|blei|ben, das
ver|blei|en
ver|blen|den
ver|bleu|en (prügeln)
ver|bli|chen; der Verblichene
ver|blö|den
ver|blüf|fen
ver|blüf|fend
ver|blümt (vorsichtig andeutend)
ver|bocken [k|k]
Ver|bod|mung (Bodmerei)
ver|bohrt (*a.* starrsinnig)
ver|bor|gen; im verborgenen *oder* Verborgenen (unbemerkt)
ver|bos (weitschweifig)
Ver|bot
ver|bo|te|ner|wei|se
Ver|bots...[schild *usw.*]
ver|bots|wid|rig
ver|brä|men
ver|bra|ten (*a.* verbrauchen)
Ver|brauch
ver|brau|chen
Ver|brau|cher
Ver|brau|cher...[beratung *usw.*]
Ver|brauchs...[frist *usw.*]
ver|bre|chen
Ver|bre|chen, das
Ver|bre|chens...[bekämpfung *usw.*]
Ver|bre|cher
Ver|bre|cher...[album *usw.*]
ver|bre|che|risch
ver|brei|ten
ver|brei|tern
Ver|brei|tungs...[gebiet *usw.*]
Ver|bren|nungs...[motor *usw.*]
ver|brie|fen
ver|brü|dern
ver|brü|hen
ver|bu|chen
ver|bud|deln
Ver|bum, das (Verb)
ver|bum|fie|deln (leichtfertig ausgeben)
ver|bum|melt
Ver|bund
Ver|bund...[bau *usw.*]
ver|bün|den, sich
Ver|bün|de|te, der
ver|bund|fah|ren (*nur Infinitiv)*
ver|bür|gen
ver|bür|ger|li|chen
ver|bü|ßen; du verbüßt *§ 7 (1)*
ver|chro|men
Ver|cin|ge|to|rix (Keltenfürst † 46 v. Chr.)
Ver|cors (frz. Schriftsteller 1902-1991)
Ver|dacht
ver|däch|tig
Ver|däch|ti|ge, der
ver|däch|ti|gen
Ver|dachts...[grund *usw.*]
ver|dam|men
ver|dam|mens|wert
Ver|damm|nis
ver|dammt
ver|damp|fen
ver|dan|ken
ver|da|ten (in Daten umsetzen)
ver|dat|tert
ver|dau|en
ver|dau|lich; *s. a.* leicht◡verdaulich *usw.*
Ver|dau|ung
Ver|dau|ungs...[apparat *usw.*]
Ver|deck, das
ver|decken [k|k]
ver|deck|ter|wei|se
ver|den|ken
Ver|derb, der
ver|der|ben; du verdirbst, verdarbst, verdürbest; verdorben
Ver|der|ben, das
ver|der|ben|brin|gend; *aber* [großes] Verderben bringend *§ 11 (4), (6)*
ver|derb|lich
Ver|derb|nis, die
ver|derbt
ver|deut|li|chen
ver|deut|schen
Ver|di, Giuseppe (ital. Komponist 1813-1901)
ver|dich|ten
Ver|dich|ter
ver|dicken [k|k]
ver|die|nen
Ver|dienst, das/der
Ver|dienst...[ausfall *usw.*]
ver|dienst|lich
ver|dient
ver|dien|ter|ma|ßen *§ 12*
ver|dien|ter|wei|se *§ 12*
Ver|dikt, das (Urteil)
ver|din|gen, sich
ver|ding|li|chen
ver|dop|peln
Ver|dop|pe|lung, Ver|dopp|lung

ver|dor|ren
ver|drah|ten
ver|drän|gen
ver|drecken [k|k]
ver|drei|fa|chen
ver|dre|schen
ver|drie|ßen; du verdrießt *§ 7 (1)*, verdrossest, verdrössest; verdrossen
ver|drieß|lich
ver|dril|len (zusammendrehen)
ver|dros|sen
ver|druckst
Ver|druß
ver|duf|ten
ver|dum|men
Ver|dun (Stadt in Frankreich)
ver|dun|keln
Ver|dun|ke|lung, Ver|dunk|lung
ver|dün|nen
ver|dün|ni|sie|ren, sich
ver|dun|sten
Ver|dun|stungs...[messer *usw.*]
Ver|du|re, die (grüner Wandbehang)
ver|dur|sten
ver|dü|stern
ver|dutzt
ver|eb|ben
ver|edeln
Ver|ede|lung, Ver|ed|lung
V-Ef|fekt (*Abk. v.* Verfremdungseffekt) *§ 13 (2)*
ver|ehe|li|chen
ver|eh|ren
ver|eh|rungs|wür|dig
Ver|ein
ver|ein|ba|ren
ver|ein|bar|ter|ma|ßen
ver|ein|ba|rungs|ge|mäß
ver|ei|nen
ver|ein|fa|chen
ver|ein|heit|li|chen
ver|ei|ni|gen
ver|ein|nah|men
Ver|eins...[register *usw.*]
ver|ein|sa|men
ver|ein|sei|ti|gen
ver|eint
ver|ein|zeln
ver|ein|zelt
ver|ei|sen (*zu* Eis); du vereist *§ 7 (1)*
ver|ei|teln
ver|ei|tern
ver|ekeln
ver|elen|den
ver|en|den
ver|en|gen
ver|en|gern
ver|erb|bar
ver|er|ben
ver|erb|lich
Ver|er|bungs...[lehre *usw.*]
ver|estern
ver|ewi|gen
Ver|ewig|te, der
ver|fah|ren; sich ~
Ver|fah|ren, das
Ver|fah|rens...[recht *usw.*]
ver|fah|rens|recht|lich
Ver|fall
Ver|falls...[datum *usw.*]
ver|fäl|schen
ver|fan|gen
ver|fäng|lich
ver|fär|ben
ver|fas|sen; du verfaßt *§ 7 (1)*
Ver|fas|ser
Ver|fas|sung
ver|fas|sung|ge|bend *§ 11 (4)*
Ver|fas|sungs...[feind *usw.*]
ver|fas|sungs|wid|rig
ver|fau|len
ver|fech|ten
ver|feh|len
ver|fein|den
ver|fei|nern
ver|fe|men (ächten)
ver|fer|ti|gen
ver|fe|sti|gen
ver|fet|ten
ver|feu|ern
ver|fil|zen; du verfilzt *§ 7 (1)*
ver|fin|stern
ver|fit|zen; du verfitzt *§ 7 (1)*
ver|fla|chen
ver|flixt
ver|flos|sen
ver|flucht
ver|flüch|ti|gen, sich
ver|flüs|si|gen
Ver|folg, der; in ~
ver|fol|gen
Ver|fol|ger
Ver|fol|gungs...[jagd *usw.*]
ver|form|bar
ver|for|men
ver|frach|ten
ver|fran|zen, sich; du verfranzt dich *§ 7 (1)*
ver|frem|den
Ver|frem|dungs|ef|fekt; *Abk.* V-Effekt *§ 13 (2)*
ver|fres|sen
ver|fro|ren
ver|frü|hen, sich
ver|früht
ver|füg|bar
ver|fu|gen
ver|fü|gen
Ver|fü|gungs...[recht *usw.*]
ver|fü|gungs|be|rech|tigt
ver|füh|ren
ver|füh|re|risch
ver|füt|tern
Ver|ga|be
ver|ga|ben
ver|gack|ei|ern
ver|gaf|fen, sich
ver|gagt (voller Gags)
ver|gäl|len
ver|ga|lop|pie|ren
ver|gam|meln
Ver|gan|gen|heit
Ver|gan|gen|heits...[form *usw.*]
ver|gäng|lich
ver|ga|sen; du vergast *§ 7 (1)*
Ver|ga|ser
ver|gat|tern
ver|ge|ben (*a.* verzeihen)
ver|ge|bens
ver|geb|lich
ver|ge|gen|ständ|li|chen
ver|ge|gen|wär|ti|gen
ver|ge|hen; sich ~
Ver|ge|hen, das (1. Schwinden; 2. Gesetzesbruch)
ver|gei|gen
ver|gei|len
ver|gei|sti|gen
ver|gel|ten
Ver|gel|tungs...[schlag *usw.*]
ver|ge|sell|schaf|ten
ver|ges|sen; du vergißt *§ 7 (1)*, vergaßest, vergäßest; vergessen
Ver|ges|sen|heit
ver|geß|lich

ver|geu|den
ver|ge|wal|ti|gen
ver|ge|wis|sern
ver|gif|ten
Ver|gil (Publius Vergilius Maro, röm. Dichter 70-19 v. Chr.); *s. a.* Virgil
ver|gil|ben
ver|gip|sen; du vergipst *§ 7 (1)*
Ver|giß|mein|nicht (Pflanze) *§ 13 (4) Anm. 1*
ver|git|tern
ver|gla|sen; du verglast *§ 7 (1)*
Ver|gleich
ver|gleich|bar
ver|glei|chen; du verglichst
Ver|gleichs...[form *usw.*]
ver|gleichs|wei|se
ver|glet|schern
ver|glim|men
ver|glü|hen
ver|gnat|zen
ver|gnü|gen
Ver|gnü|gen, das
ver|gnüg|lich
ver|gnügt
Ver|gnü|gungs...[fahrt *usw.*]
ver|gnü|gungs|hal|ber
ver|gnü|gungs|süch|tig
ver|gol|den
ver|gön|nen
ver|got|ten
ver|göt|tern
ver|gött|li|chen
ver|grä|men
ver|grät|zen; du vergrätzt *§ 7 (1)*
ver|grau|en
ver|grau|len
ver|grei|fen, sich
ver|grei|sen; du vergreist *§ 7 (1)*
ver|grif|fen (*a.* nicht mehr lieferbar)
ver|grö|bern
ver|grö|ßern
Ver|grö|ße|rungs...[apparat *usw.*]
ver|gucken, sich [k|k]
ver|gül|den
Ver|gunst; mit ~
ver|gün|sti|gen
ver|gü|ten
verh. (*Abk. v.* verheiratet)
Ver|hack, der
ver|hack|stücken [k|k]
Ver|hae|ren, Émil (belg. Schriftsteller 1855-1916)
Verhaft, der
ver|haf|ten
ver|haf|tet
ver|ha|ken; sich ~
ver|hal|len
Ver|halt, der
ver|hal|ten; sich ~
ver|hal|ten (*Adjektiv*); mit verhaltenem Zorn
Ver|hal|ten, das
Ver|hal|tens...[forschung *usw.*]
ver|hal|tens|ge|stört
Ver|hält|nis
Ver|hält|nis...[wort *usw.*]
ver|hält|nis|mä|ßig
Ver|hal|tung
Ver|hal|tungs|maß|re|gel
ver|han|deln
Ver|hand|lungs...[basis *usw.*]
ver|hand|lungs|be|reit
ver|hand|lungs|fä|hig
ver|han|gen
ver|hän|gen
Ver|häng|nis
ver|häng|nis|voll
ver|harm|lo|sen; du verharmlost *§ 7 (1)*
ver|härmt
ver|har|ren
ver|har|schen
ver|här|ten
ver|has|peln; sich ~
ver|haßt
ver|hät|scheln
Ver|hau, der/das
ver|hau|en; sich ~
ver|hed|dern; sich ~
ver|hee|ren
ver|hee|rend
ver|heh|len
ver|heim|li|chen
ver|hei|ßen; du verheißt *§ 7 (1)*
ver|hei|ßungs|voll
ver|hel|fen
ver|herr|li|chen
ver|heult
ver|he|xen; du verhext *§ 7 (1)*
ver|hoh|len (verborgen); *s. aber* verholen
ver|hoh|ne|pi|peln
ver|hö|kern (zu Geld machen)
Ver|hol|bo|je
ver|ho|len; du verholst
ver|hol|zen
Ver|hör, das
ver|hor|nen
ver|hun|dert|fa|chen
ver|hun|zen; du verhunzt *§ 7 (1)*
ver|hurt
ver|huscht
ver|hü|ten (verhindern)
ver|hüt|ten ([Erz] verarbeiten)
Ver|hü|tungs...[mittel *usw.*]
ver|hut|zelt
Ve|ri|fi|ka|ti|on (Bestätigung)
ve|ri|fi|zie|ren (bestätigen)
ver|in|ner|li|chen
ver|ir|ren
Ve|ris|mus (schonungslose Darstellung der Wirklichkeit [als Stilrichtung])
Ve|rist
ve|ri|stisch
ve|ri|ta|bel (echt, wirklich); ve|ri|ta|ble Größe
ver|jäh|ren
Ver|jäh|rungs...[frist *usw.*]
ver|jaz|zen
ver|ju|beln
ver|jün|gen
Ver|jün|gungs...[kur *usw.*]
ver|ju|xen; du verjuxt *§ 7 (1)*
ver|ka|beln
ver|kad|men (kadmieren)
ver|kal|ben
ver|kal|ku|lie|ren, sich
ver|kap|pen
ver|kappt
ver|kap|seln
ver|kar|sten
ver|kar|ten
ver|kä|sen; du verkäst *§ 7 (1)*
ver|kä|sten (auszimmern)
ver|ka|tert
Ver|kauf
Ver|käu|fer
ver|käuf|lich
Ver|kaufs...[abteilung *usw.*]
ver|kaufs|för|dernd
ver|kaufs|of|fen

Ver|kehr
ver|keh|ren
Ver|kehrs...[ader *usw.*]
ver|kehrs|be|ru|higt
ver|kehrs|gün|stig
ver|kehrs|si|cher
ver|kehrt
ver|kei|len; sich ~
ver|ken|nen
ver|ket|ten
ver|ket|zern
ver|kie|seln
ver|kip|pen
ver|kit|schen; du verkitschst
ver|kla|gen
ver|klam|mern
ver|klap|pen (im Meer versenken)
ver|kla|ren
ver|klä|ren
ver|klau|su|lie|ren (mit Klauseln versehen)
ver|kleckern [k|k]
ver|klei|den
ver|klei|nern
Ver|klei|ne|rungs|form
ver|klei|stern
ver|klemmt
Ver|klicker, der (*seemannsspr.*) [k|k]
ver|klickern [k|k]
ver|klop|pen
ver|klüf|ten
ver|klum|pen
ver|knacken [k|k]
ver|knack|sen; du verknackst *§ 7 (1)*
ver|knal|len; sich ~
ver|knap|pen
ver|knäu|len
ver|knei|fen
ver|knif|fen
ver|knö|chern
ver|knö|chert
ver|knor|peln
ver|kno|ten
ver|knu|sen; du verknust *§ 7 (1)*
ver|koh|len
ver|ko|ken
ver|kom|men
ver|kop|peln
ver|kor|ken
ver|kork|sen; du verkorkst *§ 7 (1)*
ver|kör|nen
ver|kör|pern
ver|ko|sten
ver|kö|sti|gen
ver|kra|chen, sich
ver|kracht
ver|kraf|ten
ver|kral|len, sich
ver|kram|pen
ver|kramp|fen; sich ~
ver|krampft
ver|krau|ten
ver|krie|chen, sich
ver|kröp|fen
ver|krü|meln; sich ~
ver|krüm|men; sich ~
ver|krum|peln
ver|krüp|peln
ver|kru|sten
ver|küh|len, sich
ver|küm|mern
ver|kün|den
ver|kün|di|gen
ver|kup|fern
ver|kup|peln
ver|kür|zen; du verkürzt *§ 7 (1)*
Ver|la|de...[bahnhof *usw.*]
Ver|lag
ver|la|gern
Ver|lags...[anstalt *usw.*]
Ver|laine, Paul (frz. Dichter 1844-1896)
ver|lam|men (verwerfen [bei Schafen])
ver|lan|den
ver|lan|gen
Ver|lan|gen, das
ver|län|gern
Ver|län|ge|rungs...[kabel *usw.*]
ver|lang|sa|men
ver|läp|pern, sich
Ver|laß, der; darauf ist Verlaß
ver|las|sen; du verläßt *§ 7 (1)*, verließest
ver|läß|lich
ver|lä|stern
Ver|laub, der; mit ~
ver|lau|fen; sich ~
Ver|laufs...[form *usw.*]
ver|lau|sen; du verlaust *§ 7 (1)*
ver|laut|ba|ren
ver|lau|ten; ~ lassen
ver|le|ben|di|gen
ver|lebt
ver|le|gen (1. anderswohin legen; 2. [Bücher] herausbringen; 3. [Rohre usw.] legen)
ver|le|gen (*Adjektiv*)
Ver|le|gen|heits...[lösung *usw.*]
Ver|le|ger
ver|le|ge|risch
ver|lei|den
Ver|leih, der
ver|lei|ten
ver|let|zen; du verletzt *§ 7 (1)*
ver|letz|lich
Ver|letz|te, der
Ver|let|zungs...[gefahr *usw.*]
ver|leum|den
Ver|leum|dungs...[klage *usw.*]
ver|lie|ben, sich
ver|lie|ren
Ver|lies, das (Kerker)
ver|lo|ben
Ver|löb|nis, das
Ver|lob|te, der
Ver|lo|bungs...[anzeige *usw.*]
ver|locken [k|k]
ver|lo|gen
ver|loh|nen; sich ~
ver|lo|ren
ver|lo|ren‿ge|hen *§ 10*
ver|lö|schen; du verlöschst, *intransitiv a.* verlischst
ver|lo|sen; du verlost *§ 7 (1)*
ver|lot|tern
ver|lu|dern
ver|lum|pen
Ver|lust
Ver|lust...[liste *usw.*]
ver|lu|stie|ren, sich
ver|lu|stig; ~ gehen
verm. (*Abk. v.* vermählt)
ver|ma|chen
Ver|mächt|nis
ver|mäh|len; sich ~; vermählt, *Abk.* verm.
Ver|mähl|te, der
ver|mah|nen
ver|ma|le|dei|en; vermaledeit
ver|männ|li|chen
ver|man|schen
ver|mark|ten

ver|mark|ten
ver|mas|seln
Ver|mas|sung
Ver|meer, Jan [- van Delft] (niederl. Maler 1632-1675)
ver|meh|ren; sich ~
ver|mei|den
ver|meil (rot)
Ver|meil, das (vergoldetes Silber)
ver|mei|nen
ver|meint|lich
ver|men|gen
ver|mensch|li|chen
Ver|merk
ver|mer|ken
ver|mes|sen (*Adjektiv*); ein vermessener Plan
Ver|mes|sungs...[urkunde *usw.*]
Ver|mi|celles (*Pl.*) (Süßspeise)
ver|mie|sen
Ver|mil|lon, das (Zinnober)
ver|min|dern
ver|mi|nen
ver|mis|sen; du vermißt *§ 7 (1)*
Ver|miß|te, der
Ver|miß|ten|an|zei|ge
ver|mit|teln
ver|mit|tels[t]
Ver|mitt|ler
Ver|mitt|ler...[rolle *usw.*]
Ver|mitt|lung
Ver|mitt|lungs...[gebühr *usw.*]
ver|mö|beln
ver|mo|dern
ver|mö|ge
ver|mö|gen; du vermagst, vermochtest, vermöchtest; vermocht
Ver|mö|gen, das
ver|mö|gend
Ver|mö|gens...[bildung *usw.*]
Ver|mö|gens|steu|er, Ver|mögen|steu|er (*fachspr.*)
ver|mö|gens|wirk|sam
ver|mög|lich
Ver|mont (Bundesstaat der USA); *Abk.* Vt.
ver|moo|ren
ver|mot|tet
ver|mum|men
Ver|mum|mungs|ver|bot
ver|mu|ren (1. durch Schutt verwüsten; 2. mit zwei Ankern festmachen)
ver|murk|sen; du vermurkst *§ 7 (1)*
ver|mu|ten
ver|mut|lich
ver|mu|tungs|wei|se
ver|nach|läs|sig|bar
ver|nach|läs|si|gen
ver|na|gelt (*a.* begriffsstutzig)
ver|nä|hen
ver|nar|ben
ver|nar|ren, sich
ver|narrt
ver|na|schen; du vernaschst
Verne, Jules (frz. Schriftsteller 1828-1905)
ver|ne|beln
Ver|ne|be|lung, Ver|neb|lung
ver|neh|men (*a.* verhören)
Ver|neh|men, das; dem ~ nach
ver|neh|mungs|fä|hig
ver|nei|gen, sich
ver|nei|nen
ver|net|zen; du vernetzt *§ 7 (1)*
ver|nich|ten
Ver|nich|tungs...[krieg *usw.*]
ver|nickeln [k|k]
ver|nied|li|chen
ver|nie|ten
Ver|nis|sa|ge, die (Eröffnung e. Ausstellung [mit dem Künstler])
Ver|nunft
Ver|nunft...[grund *usw.*]
ver|nunft|be|gabt
Ver|nünf|te|lei
ver|nünf|teln
ver|nunft|ge|mäß
ver|nünf|tig
ver|nünf|ti|ger|wei|se *§ 12*
Ver|nünft|ler
ver|nunft|wid|rig
ver|nu|ten
ver|öden
ver|öf|fent|li|chen
Ve|ro|na (Stadt in Italien)
Ve|ro|ne|se (Einwohner v. Verona); *s. a.* Veroneser
Ve|ro|ne|se (ital. Maler 1528-1588)
Ve|ro|ne|ser; *s. a.* Veronese
ve|ro|ne|sisch
Ve|ro|ni|ka (Heilige)
ver|ord|nen
Ver|ord|nungs...[blatt *usw.*]
ver|paa|ren; verpaart
ver|pach|ten
Ver|päch|ter
ver|packen [k|k]
Ver|packungs...[material] [k|k]
ver|päp|peln
ver|pas|sen; du verpaßt *§ 7 (1)*
ver|pat|zen; du verpatzt *§ 7 (1)*
ver|pe|sten
ver|pfei|fen
Ver|pfle|gungs...[geld *usw.*]
ver|pflich|ten
Ver|pflich|tungs...[erklärung *usw.*]
ver|pfrün|den
ver|pfu|schen
ver|pi|chen; du verpichst
ver|pim|peln
ver|pis|sen, sich; du verpißt dich *§ 7 (1)*, verpiß dich!
ver|plem|pern
ver|plom|ben
ver|pö|nen
ver|pönt
ver|pop|pen
ver|prel|len
ver|pro|vi|an|tie|ren
ver|puf|fen
ver|pul|vern
ver|pup|pen, sich
Ver|putz, der
ver|put|zen; du verputzt *§ 7 (1)*
ver|quält
ver|quast
ver|quer
ver|quicken [k|k]
ver|quol|len
ver|ram|meln
ver|ram|schen; du verramschst
ver|rannt
Ver|rat
ver|ra|ten; *vgl.* raten
Ver|rä|ter
ver|rä|te|risch
ver|ratzt
ver|räu|chern
ver|rech|nen
Ver|rech|nungs...[scheck *usw.*]
ver|recken [k|k]
ver|rei|sen (*zu* reisen); du

ver|rei|ßen (*a.* vernichtend kritisieren); du verreißt *§ 7 (1)*; *vgl.* reißen
ver|ren|ken
ver|ren|nen, sich
ver|ren|ten
ver|rich|ten
ver|rie|geln
ver|rin|gern
Ver|riß
Ver|roc|chio, Andrea del (ital. Maler u. Bildhauer 1435/36-1488)
ver|ro|hen
ver|roh|ren
ver|ro|sten
ver|rot|ten
ver|rucht
ver|rücken [k|k]
ver|rückt; ~ werden
Ver|rück|te, der
Ver|rückt|wer|den; zum ~
Ver|ruf, der; in ~ geraten
ver|ru|fen (*Adjektiv*); ein verrufener Ort
ver|run|zelt
ver|ru|ßen; du verrußt *§ 7 (1)*
Vers, der
Vers...[lehre *usw.*]
ver|sach|li|chen
ver|sacken [k|k]
ver|sa|gen
Ver|sail|ler; ~ Vertrag
Ver|sailles (Stadt in Frankreich)
Ver|sal, der (Großbuchstabe); *Pl.* Versalien
ver|sal|zen; du versalzt *§ 7 (1)*
ver|sam|meln
Ver|samm|lungs...[freiheit *usw.*]
Ver|sand, der
Ver|sand...[handel *usw.*]
ver|sand|be|reit
ver|san|den
ver|sand|fer|tig
ver|sandt (*zu* versenden)
Ver|satz
Ver|satz|stück
ver|sau|beu|teln
ver|sau|en; du versaust
ver|sau|ern
ver|säu|men
Ver|säum|nis, das
Ver|säum|nis...[gebühr *usw.*]
ver|scha|chern
ver|schach|telt
ver|schaf|fen
ver|scha|len
ver|schämt
ver|schan|deln
ver|schan|zen; sich ~; du verschanzt *§ 7 (1)*
ver|schär|fen
ver|schau|keln (betrügen)
ver|schei|den (sterben); *vgl.* scheiden
ver|scher|beln
ver|scher|zen; du verscherzt *§ 7 (1)*
ver|scheu|ern (verkaufen)
ver|schie|den; er unternahm verschiedenes (einiges); *aber* Verschiedenes (etwas, was verschieden ist) *§ 15 (6)*
ver|schie|den|ar|tig
ver|schie|de|ne|mal (einigemal); *aber* verschiedene Male
ver|schie|de|ner|lei
ver|schie|den|far|big
ver|schie|den|ge|schlecht|lich
ver|schie|den|ge|stal|tig
ver|schie|dent|lich
ver|schif|fen
Ver|schiß
ver|schlacken [k|k]
ver|schla|fen
Ver|schlag
ver|schla|gen
ver|schlam|men
ver|schläm|men (*zu* Schlamm)
ver|schlam|pen
ver|schlan|ken
ver|schlech|tern
ver|schlei|ern
Ver|schlei|e|rungs...[taktik *usw.*]
ver|schlei|fen
ver|schlei|men
ver|schleimt
Ver|schleiß, der
ver|schlei|ßen; du verschleißt *§ 7 (1)*, verschlissest; verschlissen
Ver|schleiß...[erscheinung *usw.*]
Ver|schlep|pungs...[taktik *usw.*]
ver|schleu|dern
ver|schlimm|bes|sern
ver|schlim|mern
ver|schlin|gen
ver|schlos|sen (*a.* verschwiegen)
ver|schlu|dern
Ver|schluß
Ver|schluß...[sache *usw.*]
ver|schlüs|seln
ver|schmach|ten
ver|schmä|hen
ver|schmau|sen; du verschmaust *§ 7 (1)*
ver|schmel|zen; *vgl.* schmelzen
ver|schmer|zen; du verschmerzt *§ 7 (1)*
ver|schmitzt
ver|schmockt
ver|schmust
ver|schmut|zen; du verschmutzt *§ 7 (1)*
ver|schnau|fen
Ver|schnauf|pau|se
ver|schneit
Ver|schnitt
Ver|schnit|te|ne, der (Kastrat)
ver|schnör|keln
ver|schnupft
ver|schol|len
ver|scho|nen
ver|schö|nen
ver|schö|nern
ver|schor|fen
ver|schos|sen
ver|schrän|ken
ver|schrecken [k|k]
ver|schreckt
ver|schrei|ben
ver|schrei|bungs|pflich|tig
ver|schrie|en, ver|schrien
ver|schro|ben
ver|schrot|ten
ver|schrum|peln
ver|schüch|tern
ver|schul|den, sich
Ver|schul|den, das
ver|schul|det
ver|schu|len
ver|schus|seln
ver|schütt◡ge|hen *§ 10*

ver|schwä|gert
ver|schwen|den
ver|schwen|de|risch
Ver|schwen|dungs...[sucht *usw.*]
ver|schwie|gen
ver|schwim|men
ver|schwin|den; du verschwindest, verschwand[e]st, verschwändest; verschwunden
ver|schwi|stert
ver|schwit|zen (*a.* vergessen); du verschwitzt *§ 7 (1)*
ver|schwol|len
ver|schwom|men
ver|schwö|ren; sich ~
Ver|schwö|rer
ver|schwö|re|risch
ver|se|hen; du versiehst, versahst, versähest; versehen
Ver|se|hen, das
ver|se|hent|lich
Ver|seh|gang
ver|seh|ren
Ver|sehr|te, der
Ver|sehr|ten...[sport *usw.*]
ver|sei|fen
ver|selb|stän|di|gen; sich ~
Ver|se|ma|cher
ver|sen|gen
Ver|se|schmied
ver|ses|sen
ver|set|zen; du versetzt *§ 7 (1)*
Ver|set|zungs...[zeichen *usw.*]
ver|seu|chen
Ver|si|che|rer
ver|si|chern
Ver|si|cher|te, der
Ver|si|che|rungs...[karte *usw.*]
ver|sie|ben (*a.* vergessen)
ver|sie|gen
ver|siert
Ver|si|fex (Versemacher)
Ver|si|fi|ka|ti|on
ver|si|fi|zie|ren
ver|sil|bern
ver|sim|peln
ver|sinn|bild|li|chen
ver|sinn|li|chen
Ver|si|on
ver|sippt
ver|skla|ven
ver|slu|men; die Stadt verslumt, ist verslumt
ver|snobt
Ver|so, das (Rückseite)
ver|sof|fen
ver|soh|len
ver|söh|nen
ver|söhn|lich
Ver|söh|nungs...[fest *usw.*]
ver|son|nen
ver|sor|gen
Ver|sor|gungs...[ausgleich *usw.*]
ver|sor|gungs|be|rech|tigt
ver|sot|ten; der Schornstein versottet
ver|spach|teln (*a.* aufessen)
ver|spä|ten, sich
ver|spä|tet
ver|spei|sen; du verspeist *§ 7 (1)*
ver|spe|ku|lie|ren; sich ~
ver|spie|ßern
ver|spil|lern
ver|spre|chen; sich ~
Ver|spre|chen, das
Ver|spre|cher
ver|spren|gen
ver|spro|che|ner|ma|ßen *§ 12*
ver|spun|den
ver|spün|den
ver|staat|li|chen
ver|städ|tern
ver|stäh|len
Ver|stand
Ver|stan|des...[kraft *usw.*]
ver|stan|des|mä|ßig
ver|stän|dig
ver|stän|di|gen; sich ~
Ver|stän|di|gungs...[wille *usw.*]
ver|ständ|lich
ver|ständ|li|cher|wei|se *§ 12*
Ver|ständ|nis
ver|ständ|nis|in|nig
ver|stär|ken
Ver|stär|ker
Ver|stär|ker...[röhre *usw.*]
ver|stat|ten
ver|stau|ben
ver|stäu|ben
ver|staubt
ver|stau|chen
ver|stau|en
Ver|steck
ver|stecken [k|k]; Verstecken spielen
Ver|stecken|spie|len, das [k|k]
Ver|steck|spiel
ver|ste|hen; du verstehst, verstandest, verständest, verstündest; verstanden
Ver|ste|hen, das
Ver|ste|hens...[bereitschaft *usw.*]
ver|stei|fen; sich ~
ver|stei|gen, sich; verstiegen
ver|stei|gern
ver|stei|nen
ver|stei|nern
ver|stel|len
Ver|stel|lungs...[kunst *usw.*]
ver|step|pen
ver|ste|ti|gen
ver|steu|ern
ver|stie|gen (*Adjektiv*)
ver|stim|men (*a.* verärgern)
ver|stockt
ver|stoh|len
ver|stoh|le|ner|wei|se
ver|stor|ben; *s.* versterben, sterben
Ver|stor|be|ne, der
ver|stört
Ver|stoß
ver|stre|ben
ver|strei|chen; *s.* streichen; ~ lassen (vorübergehen lassen)
ver|stricken [k|k]; verstrickt
ver|stro|men
ver|strub|beln
ver|stüm|meln
Ver|such
ver|su|chen
Ver|suchs...[person *usw.*]
ver|suchs|wei|se
Ver|su|chung
ver|sump|fen
ver|sün|di|gen, sich
ver|sun|ken
ver|sus (gegen); *Abk.* vs.
ver|sü|ßen; du versüßt *§ 7 (1)*
vert. (*Abk. v.* vertatur)
ver|tä|feln
ver|ta|gen
ver|tän|deln
ver|ta|tur! (*lat.* man wende

um!); *Abk.* vert.
ver|tau|ben
ver|täu|en
ver|tau|send|fa|chen
ver|te! (*lat.* wende um!); verte si placet!, *Abk.* v. s. pl.
ver|te|bral
Ver|te|brat, der (Wirbeltier); *Pl.* Vertebraten
ver|tei|di|gen
Ver|tei|di|gungs...[waffe *usw.*]
ver|tei|len
Ver|tei|ler...[kasten *usw.*]
ver|teu|ern
ver|teu|feln
ver|teu|felt
ver|tie|fen
ver|tie|ren; vertiert
ver|ti|kal (senkrecht)
Ver|ti|kal...[kreis *usw.*]
Ver|ti|ka|le, die
Ver|ti|ko, das (Schränkchen)
ver|ti|ku|tie|ren ([Boden] auflockern)
ver|til|gen
ver|tip|pen; sich ~
ver|to|nen
ver|tor|fen
ver|trackt
Ver|trag
ver|tra|gen; sich ~
ver|trag|lich
ver|träg|lich
Ver|trags...[bruch *usw.*]
ver|trags|brü|chig
ver|trag|schlie|ßend *§ 11 (4)*
ver|trags|ge|mäß
ver|trag[s]|los
ver|trags|wid|rig
ver|trau|en
Ver|trau|en, das; ~ erweckend; *s. aber* vertrauenerweckend
ver|trau|en|er|weckend [k|k]; *prädikativ u. bei Steigerung oder Intensivierung zusammengeschrieben § 11 (4), (6)*: das ist vertrauenerweckend, sehr vertrauenerweckend; *aber* [großes] Vertrauen erweckend; *s.* Vertrauen
Ver|trau|ens...[mann *usw.*]
ver|trau|ens|ärzt|lich
ver|trau|en[s]|bil|dend
ver|trau|ens|se|lig
ver|trau|ens|voll
ver|trau|ens|wür|dig
ver|trau|lich
ver|träumt
ver|traut
ver|tre|ten
Ver|tre|ter
Ver|tre|ter...[besuch *usw.*]
Ver|tre|tungs...[stunde *usw.*]
ver|tre|tungs|wei|se
Ver|trieb, der
Ver|trie|be|ne, der
Ver|triebs...[kosten *usw.*]
ver|trim|men
ver|trot|teln
ver|trot|telt
Ver|tum|na|li|en (*Pl.*) (röm. Fest)
ver|tun; sich ~
ver|tu|schen
ver|übeln
ver|ul|ken
ver|un|eh|ren
ver|un|rei|ni|gen
ver|un|fal|len
Ver|un|fall|te, der
ver|un|glimp|fen
ver|un|glücken [k|k]
ver|un|krau|ten
ver|un|mög|li|chen
ver|un|rei|ni|gen
ver|un|si|chern
ver|un|stal|ten
ver|un|treu|en
ver|un|zie|ren
ver|ur|sa|chen
Ver|ur|sa|cher|prin|zip
ver|ur|tei|len
Ver|ve, die (Schwung)
ver|viel|fa|chen
ver|viel|fäl|ti|gen
ver|vier|fa|chen
ver|voll|komm|nen
ver|voll|stän|di|gen
verw. (*Abk. v.* verwitwet)
ver|wach|sen (*Adjektiv*)
ver|wah|ren
ver|wahr|lo|sen
Ver|wahr|sam
ver|wai|sen; du verwaist *§ 7 (1)*
ver|waist
ver|wal|ten
Ver|wal|ter
Ver|wal|tungs...[gericht *usw.*]
ver|wal|tungs|tech|nisch
ver|wam|sen (verprügeln); du verwamst *§ 7 (1)*
ver|wan|del|bar
ver|wan|deln
Ver|wand|lungs...[kunst *usw.*]
ver|wandt; der Ver|wand|te
Ver|wandt|schaft
ver|wandt|schaft|lich
Ver|wandt|schafts...[grad *usw.*]
ver|wanzt
ver|war|nen
Ver|war|nungs...[gebühr *usw.*]
ver|wa|schen
ver|wäs|sern
ver|wech|seln
Ver|wech|se|lung, Verwechslung
ver|we|gen
ver|weh|ren
ver|weich|li|chen
Ver|weil|dau|er
ver|wei|len
ver|weint
Ver|weis (Hinweis, Tadel)
ver|wei|sen (hinweisen); du verweist *§ 7 (1)*; *aber* verwaisen (*s. d.*)
ver|welt|li|chen
ver|wen|den
Ver|wen|dungs...[zweck *usw.*]
ver|wer|fen
ver|werf|lich
ver|wer|ten
ver|we|sen; du verwest *§ 7 (1)*
Ver|we|ser (Verwalter)
ver|wes|lich
Ver|we|sungs...[geruch *usw.*]
ver|wi|chen (vergangen)
ver|wickeln [k|k]
ver|wickelt [k|k]
Ver|wicke|lung [k|k], Verwick|lung
ver|wil|dern
ver|wil|dert
ver|win|dungs|fest
ver|win|kelt
ver|wir|ken
ver|wirk|li|chen
ver|wir|ren

Ver|wirr|spiel
ver|wit|tern
Ver|wit|te|rungs...[produkt *usw.*]
ver|wit|wet; *Abk.* verw.
ver|wo|ben
ver|wöh|nen
ver|wöhnt
ver|wor|fen
ver|wor|ren
ver|wun|den (*zu* Wunde)
ver|wun|der|lich
ver|wun|dern; sich ~
ver|wun|det
Ver|wun|de|te, der
Ver|wun|de|ten...[transport *usw.*]
ver|wun|schen
ver|wünscht
Ver|wurf
ver|wursch|teln, ver|wur|steln
ver|wur|zeln
Ver|wur|ze|lung, Ver|wurz|lung
ver|wü|sten
ver|za|gen
ver|zagt
ver|zah|nen
ver|zap|fen (*a.* reden)
ver|zär|teln
ver|zehn|fa|chen
ver|zehn|ten
Ver|zehr
Ver|zehr...[bon *usw.*]
ver|zeh|ren
ver|zeich|nen
Ver|zeich|nis
ver|zei|hen
ver|zeih|lich
ver|zer|ren
ver|zet|teln; sich ~
Ver|zicht
ver|zich|ten
Ver|zicht[s]|er|klä|rung
ver|zie|hen (1. den Wohnort wechseln; 2. falsch erziehen; 3. [Sämlinge] vereinzeln); sich ~ (s. entfernen)
ver|zie|ren
ver|zim|mern
ver|zin|ken
ver|zin|nen
ver|zin|sen; du verzinst *§ 7 (1)*
ver|zins|lich
ver|zo|gen
ver|zö|gern
Ver|zö|ge|rungs...[taktik *usw.*]
ver|zol|len
ver|zücken [k|k]
ver|zuckern [k|k]
ver|zückt
Ver|zug
Ver|zugs|zin|sen
ver|zwei|feln
Ver|zweif|lungs...[tat *usw.*]
ver|zwei|gen
ver|zwickt
ver|zwir|nen
Ve|si|ka|to|ri|um (Zugpflaster, -salbe)
Ves|pa, die (Motorroller)
Ves|pa|si|an (Titus Flavius Vespasianus, röm. Kaiser 9-79)
Ves|per, die (1. Andacht; 2. Mahlzeit)
Ves|per...[brot *usw.*]
ves|pern; du vesperst
Ves|puc|ci, Amerigo (ital. Seefahrer 1451-1512)
Ve|sta (Göttin)
Ve|sta|lin
Ve|ste; Veste Coburg (Burganlage in Coburg); *s. a.* Feste
Ve|sti|bül, das (Vorraum)
Ve|sti|bu|lum (altröm. Vorhalle; *a. anatom.* Eingangsbereich)
Ve|sti|tur, die(Einsetzung in ein Amt)
Ve|ston, der (Jacke)
Ve|suv, der (Vulkan in Italien)
Ve|su|vi|an, das (Mineral)
Ve|te|ran, der (Altgedienter)
Ve|te|ra|nen...[klub *usw.*]
ve|te|ri|när (*Adjektiv*)
Ve|te|ri|när, der (Tierarzt)
Ve|te|ri|när...[medizin *usw.*]
ve|te|ri|när|ärzt|lich
ve|te|ri|när|me|di|zi|nisch
Ve|to, das (Einspruch, Verbot)
Ve|to|recht
Vet|tel, die (alte Frau)
Vet|ter (Cousin)
Vet|tern|schaft; *s. a.* Vetterschaft
Vet|tern|wirt|schaft
Vet|ter|schaft; *s. a.* Vetternschaft
Ve|xier...[bild *usw.*]
ve|xie|ren
V-för|mig/v-för|mig (in der Form eines V *bzw.* v) *§ 13 (2), 15 (2) Anm.*
vgl. (*Abk. v.* vergleiche)
v. H. (*Abk. v.* vom Hundert)
VHS (*Abk. v.* Volkshochschule, Video-Home-System) *§ 17 (2) Anm. 1*
via (*lat.* über); via Paris
Via (*lat.* Straße, Weg); Via dolorosa
Via Ap|pia (antike Straße bei Rom)
Via|dukt, der/das (Straßenbrücke)
Via Ma|la (Schlucht in den Alpen)
Vi|a|ti|kum (letzte Kommunion e. Sterbenden)
Vi|bra|phon, das (Musikinstrument)
Vi|bra|pho|nist
Vi|bra|ti|on (Schwingung)
vi|bra|to (*Adjektiv*)
Vi|bra|to, das
Vi|bra|tor
vi|brie|ren
vi|ce ver|sa (umgekehrt); *Abk.* v. v.
Vi|chy (Ort in Frankreich)
Vi|co, Giovanni Battista (ital. Philosoph 1668-1744)
Vi|comte (*frz. Adelstitel*)
Vi|com|tesse
Vic|to|ria (engl. Königin 1819-1901)
Vic|to|ria (Hauptstadt der Seychellen)
Vic|to|ria|fäl|le (Wasserfall in Afrika)
Vic|to|ria|see (See in Afrika)
Vi|dal, Gore (amerikan. Schriftsteller *1925)
vi|de! (*lat.* sieh!); *Abk.* v.
Vi|deo, das (*kurz f.* Videotechnik, Videoband)
Vi|deo...[band *usw.*]
Vi|deoclip, der
Vi|deo|re|cor|der, ...re|kor|der

Vi|deo|thek
vi|die|ren (beglaubigen)
Viech, das; *s. a.* Vieh
Vie|che|rei
Vieh, das; *s. a.* Viech
Vieh...[herde *usw.*]
vie|hisch
Vieh|scheid, der (Almabtrieb)
viel; *immer klein geschrieben*; *s. aber* das Viel; *Zusammenschreibung bei Zusammensetzung v. Partizip I mit betontem* viel: viel◡versprechend *usw.*; *adverbial, prädikativ und bei Steigerung des Grundwortes zusammengeschrieben*: höchst vielversprechend, am vielversprechendsten; das ist vielversprechend; *Getrenntschreibung bei gleichmäßiger Betonung beider Teile*: ein viel versprechender[, aber wenig haltender] Politiker; *mit Partizip II*: eine viel◡befahrene Straße, die Straße ist viel◡befahren; *Substantivierung meist zusammengeschrieben*: der Vielgereiste
Viel, das; viele Wenig machen ein Viel
viel|ar|mig
viel|bän|dig
viel◡be|fah|ren; *vgl.* viel
viel◡be|schäf|tigt; *vgl.* viel
viel◡be|spro|chen; *vgl.* viel
viel|deu|tig
viel◡dis|ku|tiert; *vgl.* viel
Viel|eck, das
viel|eckig [k|k]
Viel|ehe
vie|ler|lei
viel◡er|ör|tert; *vgl.* viel
vie|ler|orts
viel|fach; das Viel|fa|che
Viel|fach...[gerät *usw.*]
Viel|falt, die
viel|fäl|tig
viel|far|big
Viel|flach, das
viel|flä|chig
Viel|fläch|ner
Viel|fraß, der (*a.* Marderart)
viel◡ge|braucht; *vgl.* viel
viel◡ge|fragt; *vgl.* viel
viel◡ge|le|sen; *vgl.* viel
viel◡ge|nannt; *vgl.* viel
viel◡ge|prie|sen; *vgl.* viel
viel◡ge|reist; *vgl.* viel
viel◡ge|schmäht; *vgl.* viel
viel|ge|stal|tig
viel|glied|rig
Viel|göt|te|rei
Viel|heit
viel|hun|dert|mal
viel|köp|fig
viel|leicht
Viel|lieb|chen; ein ~ essen
viel|mal; *aber* viele Male
viel|ma|lig
viel|mals
Viel|män|ne|rei
viel|mehr (*Konjunktionaladverb*); er ist nicht arm, sondern vielmehr reich; *aber* er besitzt viel mehr als ich
viel|sa|gend
viel|schich|tig
Viel|schrei|ber
viel|sei|tig
Viel|sei|tig|keits|prü|fung
viel|sil|big
viel|spra|chig
viel|stim|mig
viel|tau|send|mal
viel◡um|wor|ben; *vgl.* viel
viel|ver|spre|chend; *aber* eine viel versprechende[, aber wenig haltende] Regierung; *vgl.* viel
Viel|völ|ker|staat
Viel|wei|be|rei
Viel|wis|ser
Viel|zahl
Viel|zel|ler
viel|zel|lig
Vien|tiane (Hauptstadt v. Laos)
vier; die vier Elemente, Evangelien, Jahreszeiten, Mächte *usw.*; alle viere, auf allen vieren; zu vieren (viert) sein; *vgl.* acht
Vier, die (die Zahl Vier); eine Vier würfeln, schreiben; *vgl.* Acht[1]
Vier|ach|ser
vier|ar|mig
Vier-Au|gen-Ge|spräch *§ 13 (4)*
Vier|bei|ner
vier|bei|nig
vier|blät|te|rig, vier|blätt|rig
vier|di|men|si|o|nal
Vier-drei-drei-Sy|stem *§ 13 (4)*
Vier|eck
vier|eckig [k|k]
vier|ein|halb
Vie|rer, der
Vie|rer|bob
vie|rer|lei
Vie|rer|rei|he
Vie|rer|zug
vier|fach; 4fach; das Vierfache, 4fache *§ 13 (2) Anm. 2*
Vier|farb|druck
Vier|far|ben|druck
Vier|far|ben|ku|gel|schrei|ber
Vier|farb|ku|gel|schrei|ber
Vier|flach, das
Vier|fläch|ler
Vier|fü|ßer
vier|fü|ßig
Vier|füß|ler
Vier|ge|spann, das
vier|hän|dig
vier|hun|dert
Vier|jah|res|plan
Vier|kai|ser|jahr
vier|kant
Vier|kant, der
Vier|kant|ei|sen
vier|kan|tig
Vier|lan|de, die (Landschaft)
Vier|ling
Vier|mäch|te|kon|fe|renz
vier|mal; 4mal *§ 13 (2) Anm. 2*; *aber* vier Male
vier|ma|lig
Vier|ma|ster, der
Vier|mast|zelt
Vier|paß, der
Vier|plät|zer
vier|plät|zig
Vier|rad|an|trieb
vier|rä|de|rig
vier|räd|rig

Vier|ru|de|rer
vier|sai|tig (*zu* Saite)
vier|schrö|tig
vier|sei|tig (*zu* Seite)
Vier|sit|zer
vier|sit|zig
Vier|spän|ner
vier|spän|nig
vier|stel|lig
Vier|ster|ne|ho|tel, Vier-Sterne-Hotel *§ 13 (4)*
vier|stim|mig
vier|stöckig [k|k]
viert; zu ~ ; *vgl.* vier, vierte
Vier|tak|ter
Vier|takt|mo|tor
vier|tau|send
Vier|tau|sen|der, der (Berg)
vier|te; *in rein numerischer Verwendung (Abzählen) klein geschrieben*; *Großschreibung in Eigennamen, bei festen Begriffen oder wenn es sich um die Rolle eines Viertplazierten o. ä. handelt § 15 (6)*: der vierte, jeder vierte; der vierte Stand, er wurde Vierter; Heinrich der Vierte, Heinrich IV.; *vgl.* achte
vier|tei|len; du vierteilst
vier|tei|lig
vier|tel; ein viertel Pfund, eine viertel Stunde; *s. aber* Viertelpfund, Viertelstunde; *vgl.* achtel
Vier|tel, das; ein Viertel nach acht; Viertel acht (Uhrzeit); um drei Viertel acht; drei Viertel *oder* dreiviertel der Wähler; *vgl.* Achtel
Vier|tel|fi|na|le
Vier|tel|jahr
Vier|tel|jahr|hun|dert
vier|tel|jäh|rig
vier|tel|jähr|lich
Vier|tel|li|ter, der/das; *vgl. aber* viertel
vier|teln; du viertelst
Vier|tel|no|te
Vier|tel|pfund; *vgl. aber* viertel
Vier|tel|stun|de
vier|tel|stün|dig
vier|tel|stünd|lich
Vier|tels|wen|dung
Vier|tel|ton
vier|tens
viert|letz|te; *vgl.* letzte
vier|tü|rig
vier|und|ein|halb
vier|und|zwan|zig
Vier|und|zwan|zig|flach, das
Vier|und|zwan|zig|fläch|ner
Vie|rung (Kirchenteil zwischen Längs- u. Querschiff)
Vie|rungs...[kuppel *usw.*]
Vier|wald|stät|ter See (See in der Schweiz)
vier|wer|tig
vier|zehn; die Vierzehn Heiligen (Nothelfer); die Vierzehn Punkte [des Präsidenten Wilson 1918] *§ 15 (7)*
Vier|zehn|hei|li|gen (Wallfahrtskirche)
vier|zehn|hun|dert
vier|zehn|tä|gig
vier|zehn|täg|lich
Vier|zei|ler
vier|zei|lig
vier|zig
vier|zig|jäh|rig, 40jährig; der Vierzigjährige, 40jährige *§ 13 (2) Anm. 2*
Vier|zig|stun|den|wo|che
Vier|zim|mer|woh|nung
Vier-zwei-vier-Sy|stem (Fußballsystem) *§ 13 (4)*
Vier|zy|lin|der
Vier|zy|lin|der|mo|tor
vier|zy|lin|drig
Vi|et|cong, der (vietnames. Guerillakämpfer)
Vi|et|minh (polit. Befreiungsbewegung in Vietnam)
Vi|et|nam (Staat)
Vi|et|na|me|se
vi|et|na|me|sisch
vif (lebhaft)
Vi|gil, die (Gebet; kirchl. Vortagsfeier)
vi|gi|lant (wach, pfiffig)
Vi|gi|lie, die (Nachtwache; Vigil)
Vi|gnet|te, die (Schmuckbild, Gebührenplakette o. ä.)
Vi|go|gne, die (Garn)
vi|go|ro|so (*musik.* kraftvoll)
Vi|kar (Pfarrvertreter)
Vi|ka|ri|at, das
vi|ka|ri|ie|ren (vertreten)
Vik|tor Ema|nu|el (*Name ital. Könige*)
Vik|to|ria (Sieg); ~ rufen
Vik|to|ria (dt. Kaiserin 1840-1901)
vik|to|ri|a|nisch
Vik|tu|a|li|en (*Pl.*) (Lebensmittel)
Vik|tu|a|li|en|markt
Vi|kun|ja, das/die (Lama)
Vil|la, die
Vil|lach (Stadt in Österreich)
Vil|la|nell, das (Hirtenlied); *s. a.* Villanelle
Vil|la|nel|le, die (Hirtenlied); *s. a.* Villanell
Vil|len...[viertel *usw.*]
Vil|lon, François (frz. Dichter 1431-nach 1463)
Vil|nius (Hauptstadt v. Litauen); *s. a.* Wilna
Vils|ho|fen (Stadt in Bayern)
Vils|mai|er, Joseph (dt. Regisseur *1939)
Vi|mi|nal, der (Hügel in Rom)
Vin|ai|gret|te, die (Salatsoße)
Vin|cennes (Vorort v. Paris)
Vin|ci, Leonardo da (ital. Künstler 1452-1519)
Vin|de|li|zi|er (Angehöriger e. Keltenstamms)
vin|de|li|zisch
Vin|di|ka|ti|on (Anspruch auf Herausgabe)
vin|di|zie|ren
Vi|ne|ta (sagenhafte Stadt)
Vingt-et-un, das (Glücksspiel)
Vin|ku|la|ti|on
vin|ku|lie|ren (mit e. Zustimmungsvorbehalt versehen)
Vin|land (Küstenregion Nordamerikas, v. Wikingern bereist)
Vintsch|gau (Region in Südtirol)
Vin|zenz von Paul (frz. Ordensgründer 1584-1660)

Vi|o|la, die (1. Veilchen; *s. a.* Viole; 2. Bratsche)
Vi|o|la da brac|cio (Bratsche)
Vi|o|la da gam|ba (Gambe)
Vi|o|la d'amo|re (Bratsche mit mitschwingenden Saiten)
Vi|o|le (Veilchen); *s. a.* Viola
vi|o|lett; ein violettes Kleid; ein Kleid in Violett
Vi|o|lett; in Violett
Vi|o|lin...[bogen *usw.*]
Vi|o|li|ne, die (Geige)
Vi|o|li|nist
Vi|o|lon|cel|list
Vi|o|lon|cel|lo, das
Vi|o|lo|ne, der (Kontrabaß)
VIP, V. I. P. (*Abk. v.* very important person) *§ 17 (2) Anm. 1*
Vi|per, die (Schlange)
VIP-Lounge *§ 13 (2)*
Vi|ra|go, die (Mannweib)
Vir|chow, Rudolf (dt. Arzt 1821-1902)
Vi|re|ment (Umbuchung auf den nächsten Haushalt)
Vir|gil (röm. Dichter 70-19 v. Chr.); *vgl.* Vergil
Vir|gi|nia (Bundesstaat d. USA); *Abk.* Va.
Vir|gi|nia, die (Zigarre)
Vir|gi|ni|tät (Jungfräulichkeit)
vi|ril (männlich [wirkend])
Vi|ri|lis|mus
Vi|ri|li|tät
Vi|ro|lo|ge
Vi|ro|lo|gie (Virenforschung)
vi|ro|lo|gisch
vi|rös
Vir|tu|a|li|tät
vir|tu|a|li|ter (der Möglichkeit nach)
vir|tu|ell (möglich, scheinbar)
vir|tu|os (könnerhaft); vir|tu|o|se Musik
Vir|tu|o|se, der
Vir|tu|o|si|tät
vi|ru|lent (ansteckend; gefährlich)
Vi|ru|lenz
Vi|rus, das (Kleinstlebewesen, Erreger; *a. übertr.* Computervirus)
Vi|rus|grip|pe
Vi|rus|in|fek|ti|on
Vi|rus|krank|heit
Vi|sa (*Pl. v.* Visum)
Vi|sa|ge, die (Gesicht)
Vi|sa|gist (Gesichtskosmetiker)
vis-à-vis (gegenüber)
Vi|sa|vis, das (das Gegenüber)
Vi|scher, Friedrich Theodor (dt. Schriftsteller 1807-1887); Peter ~ d. Ä. (dt. Bildhauer ~1460-1529)
Vis|con|ti, Luchino (ital. Regisseur 1906-1976)
Vis|count (*engl. Adelstitel*)
Vis|coun|tess
Vish|nu (ind. Gott)
Vi|sier, das (Gesichtsschutz am Helm; Zielvorrichtung)
Vi|sier...[fernrohr *usw.*]
vi|sie|ren (ins Auge fassen; a. übertr.)
Vi|si|on (Einbildung; [ideale] Vorstellung)
vi|si|o|när (*Adjektiv*)
Vi|si|o|när, der
Vi|si|ons|ra|di|us (Sehachse)
Vi|si|ta|ti|on (Durchsuchung, Überprüfung)
Vi|si|te, die (Besuch [d. Arztes am Krankenbett])
Vi|si|ten|kar|te
vi|si|tie|ren
vis|kos (zähflüssig)
vis|kös
Vis|ko|se, die (Zellstoffaser)
Vis|ko|si|me|ter, das
Vis|ko|si|tät (*chem.* Zähigkeit)
Vi|sta, die (Sicht [eines Wechsels])
vi|su|a|li|sie|ren (veranschaulichen)
Vi|su|a|li|zer (Scannertyp)
vi|su|ell (das Sehen betreffend)
Vi|sum (Sichtvermerk); *Pl.* Visa, Visen
Vi|sum...[zwang *usw.*]
vi|sum|frei
vis|ze|ral (die Eingeweide betreffend)
Vi|ta, die (Leben[slauf])
vi|tal (lebenskräftig, -wichtig)
vi|ta|li|sie|ren
Vi|ta|lis|mus (Philosophie, die ein Lebensprinzip annimmt)
Vi|ta|list
vi|ta|li|stisch
Vi|ta|li|tät
Vit|amin, das (lebenswichtiger Stoff in der Nahrung)
Vit|amin...[mangel *usw.*]
Vit|amin-B-hal|tig *§ 13 (2)*
Vit|amin-B-Man|gel *§ 13 (2)*
vit|ami|nie|ren
vit|ami|ni|sie|ren
Vi|tel|li|us, Aulus (röm. Kaiser 15-69)
Vi|ti|um, das (Fehler)
Vi|tri|ne, die (Glasschrank)
Vi|tri|ol, das
Vi|truv (*lat.* Vitruvius, röm. Architekt ~84-27 v. Chr.)
Vitz|li|putz|li (Gespenst)
vi|va|ce (*musik.* lebhaft)
Vi|va|ce, das
vi|va|cis|si|mo (*Adjektiv*)
Vi|va|cis|si|mo, das
Vi|val|di, Antonio (ital. Komponist 1678-1741)
vi|vant! (*lat.*)
Vi|va|ri|stik (Kleintierhaltung)
Vi|va|ri|um (Kleintierzoo)
vi|vat! (*lat.* er lebe [hoch]); vivat, crescat, floreat!
Vi|vat, das
vi|vi|par (lebendgebärend)
Vi|vi|sek|ti|on (Sektion e. lebenden Tieres)
vi|vi|se|zie|ren
Vi|ze... (stellvertretend)
Vi|ze...[kanzler *usw.*]
Viz|tum, der (Vermögensverwalter)
Vla|minck, Maurice de (frz. Maler 1876-1958)
V-Leu|te *§ 13 (2)*
Vlies, das (Wolle); das Goldene Vlies (*griech. Sage*)
V-Mann (Vertrauensmann; Agent) *§ 13 (2)*
Vo|co|der, der (*kurz f.* voice coder)
Vo|gel
Vo|gel...[bauer *usw.*]
Vo|gel|beer|baum
Vo|gel|bee|re

Vö|gel|chen
Vo|gel|dunst (Schrot)
Vö|ge|lein *§ 7*; *s. a.* Vöglein
Vo|ge|ler; *s. a.* Vogler
Vo|ge|ler, Heinrich (dt. Maler 1872-1942)
vo|gel|frei
Vo|gel|herd
Vo|gel|kir|sche
Vo|gel|mie|re
vö|geln; du vögelst
Vo|gel-Strauß-Po|li|tik *§ 13 (4)*
Vo|gerl|sa|lat (Feldsalat)
Vo|ge|sen (*Pl.*) (Gebirgszug in Frankreich) (*frz.* Vosges)
Vög|lein; *s. a.* Vögelein
Vog|ler; *s. a.* Vogeler
Vogt (Verwaltungsbeamter)
Vog|tei
Vogt|land (dt. Landschaft)
Vogt|län|der
vogt|län|disch
Vogt|schaft
voi|là! (sieh da!)
Voile, der (Gewebe)
Voile|kleid
Vo|ka|bel, die ([zu lernendes] Wort)
Vo|ka|bel...[heft *usw.*]
Vo|ka|bu|lar
Vo|ka|bu|la|ri|um
vo|kal (stimmlich)
Vo|kal, der (Selbstlaut)
Vo|ka|li|sa|ti|on
vo|ka|lisch
Vo|ka|li|se, die (Gesang oder Singübung auf einem Vokal)
vo|ka|li|sie|ren (Vokale singen, Vokale einfügen)
Vo|ka|lis|mus
Vo|ka|list
Vo|kal|mu|sik
Vo|kal|stück
Vo|ka|ti|on (Berufung)
Vo|ka|tiv, der (Anredekasus)
vol. (*Abk. v.* Volumen)
Vol.-% (*Abk. v.* Volumprozent) *§ 13 (2)*
Vo|land (Teufel); *s. a.* Valand
Vo|lant, der/das (1. Falbel; 2. Lenkrad)
Vo|la|pük, das (Welthilfssprache)
Vol-au-vent, der (Pastete)
Vo|lie|re, Volière, die (*frz.* Fluggehege)
Volk
Völk|chen
Völ|ker...[bund *usw.*]
Völ|ker|kund|ler
völ|ker|kund|lich
Völ|ker|recht|ler
völ|ker|recht|lich
völ|kisch
Völk|lein
volk|lich
volk|reich
Volks...[abstimmung *usw.*]
volks|bil|dend
volks|ei|gen
volks|ety|mo|lo|gisch
Volks|hoch|schu|le; *Abk.* VHS
volks|kund|lich
volks|sprach|lich
Volks|tum
volks|tüm|lich
volks|ver|bun|den
Volks|wa|gen AG
volks|wirt|schaft|lich
voll; voll[er] Wasser; *in festen Wendungen oft klein geschrieben § 15 (6)*: aus dem vollen *oder* Vollen schöpfen; in die vollen *oder* Vollen [gehen]; *vgl.* Armvoll, Handvoll, Mundvoll; für voll nehmen; *als Verbzusatz a. zusammengeschrieben*: voll◡gießen *usw. § 10*; voll◡beschäftigt, voll◡tönend *usw. § 11 (4)*
Voll...[bad *usw.*]
volla|den [ll|l] *§ 7 (1), § 28 Anm.*; *a.* voll laden; *vgl.* voll
voll|auf
vollau|fen [ll|l] *§ 7 (1), § 28 Anm.*; *a.* voll laufen; *vgl.* voll
voll|au|to|ma|tisch
voll◡au|to|ma|ti|siert *§ 11 (4)*
voll|bär|tig
voll◡be|schäf|tigt *§ 11 (4)*
voll|blü|tig
voll|brin|gen; du vollbringst
voll|bu|sig
Völ|le, die
Völ|le|ge|fühl
voll|ela|stisch
voll|elek|tro|nisch
voll|en|den
voll|ends
vol|ler; *s.* voll
Völ|le|rei
völ|lern
vol|ley (*Adv.*) (aus der Luft); einen Ball volley nehmen
Vol|ley, der
Vol|ley|ball
voll|füh|ren
voll|gül|tig
völ|lig
voll|in|halt|lich
voll|jäh|rig
voll|kas|ko|ver|si|chert
voll◡kli|ma|ti|siert *§ 11 (4)*
voll|kom|men; vollkomm[e]nes
Voll|macht
voll|mast
voll|mun|dig
voll◡pfrop|fen *§ 10*
voll|reif
Voll|rei|fe, die
voll|schlank
voll|spu|rig
voll|stän|dig
voll|strecken [k|k]; du vollstreckst
voll◡tö|nend
voll|tö|nig
voll|trun|ken
voll|wer|tig
voll|wich|tig
voll|zäh|lig
voll|zieh|bar
voll|zie|hen; du vollziehst
Voll|zug
Voll|zugs...[anstalt *usw.*]
Vo|lon|tär
Vo|lon|ta|ri|at (Vorbereitungsdienst im künftigen Beruf)
vo|lon|tie|ren
Vol|si|nii (antike Stadt)
Vols|ker (Angehöriger e. Volks im antiken Italien)
vols|kisch
Volt, das (Einheit d. elektr. Spannung); *Abk.* V
Vol|ta (Fluß in Afrika)
Vol|ta, Alessandro (ital. Physiker 1745-1827); Voltasche Säule

Vol|ta|ele|ment (galvan. Element)
Vol|taire (François-Marie Arouet, frz. Schriftsteller 1694-1778)
Vol|ta|me|ter, das (Stromstärkemesser)
Volt|am|pere, das (Einheit d. elektr. Leistung); *Abk.* VA
Vol|ta|sche Säule
Vol|te; die ~ schlagen
Vol|te|schla|gen, das
vol|tie|ren; *s. a.* voltigieren
Vol|ti|ge, die (Sprung aufs Pferd)
Vol|ti|geur
vol|ti|gie|ren (Gymnastik auf dem bewegten Pferd treiben); *s. a.* voltieren
Volt|me|ter, das (Spannungsmesser)
Volt|se|kun|de, die (Einheit des elektr. Flusses), *Abk.* Vs
Vo|lu|men, das (1. Rauminhalt, *Abk.* V; 2. Band, *Abk.* vol.)
Vo|lu|men|ge|wicht
Vo|lu|men|pro|zent, das; *Abk.* Vol.-%; *s. a.* Volumprozent
Vo|lu|me|trie
Vo|lum|ge|wicht
vo|lu|mi|nös (umfangreich)
Vo|lum|pro|zent, das; *Abk.* Vol.-%; *s. a.* Volumenprozent
Vo|lun|ta|ris|mus (auf den Willen konzentrierte Philosophie)
Vo|lun|ta|rist
vo|lun|ta|ri|stisch
Vö|lu|spá, die (altnord. Schöpfungslied der Edda)
Vo|lu|te, die (Rolle am Säulenkapitell)
Vol|vu|lus, der (Darmverschlingung)
vom (*Verschmelzung v.* von *und* dem)
Vom|hun|dert|satz *§ 13 (4) Anm. 1*
vo|mie|ren (s. übergeben)
Vom|tau|send|satz *§ 17 (4) Anm. 1*
von; *Abk.* v.; von oben; von Rechts wegen; vonᴗseiten, *vgl.* Seite
von|ein|an|der; *als Verbzusatz a. zusammengeschrieben § 10*: voneinanderᴗgehen; *vgl.* einander
von|nö|ten (nötig) *§ 12*
vonᴗsei|ten *§ 12*; *a.* von Seiten
von|stat|ten *§ 12*
von vorn|her|ein *§ 12*
von we|gen!
Voo|doo, der (Geheimkult); *s. a.* Wodu
Vo|po, der (*kurz f.* Volkspolizist [*DDR*]); die ~ (Volkspolizei [*DDR*])
vor (*Präposition*); vor allem (*Abk.* v. a.), vor alters, vor sich hin gehen, vor Christi Geburt (*Abk.* v. Chr. G.), vor Christus (*Abk.* v. Chr.); da sei Gott vor!; *als Verbzusatz zusammengeschrieben § 9*: vorgehen *usw.*
Vor...[ahnung *usw.*]
vor|ab
Vor|ab|druck
Vor|abend
Vor|ab|in|for|ma|ti|on
Vor|al|pen
vor|an
vor|an; *als Verbzusatz a. zusammengeschrieben § 10*: voranᴗgehen *usw.*
vor|anᴗge|hend *§ 11 (3)*; *Substantivierung textverweisend klein oder groß geschrieben § 15 (6)*: im vorangehenden *oder* Vorangehenden
vor|an|mel|den
Vor|an|schlag
vor|ar|bei|ten
Vor|arl|berg (österr. Bundesland)
Vor|arl|ber|ger
vor|arl|ber|gisch
vor|auf; *als Verbzusatz a. zusammengeschrieben § 10*: voraufᴗgehen *usw.*
vor|aus; im voraus; *als Verbzusatz a. zusammengeschrieben § 10*: vorausᴗgehen *usw.*; *s. aber* Voraus
Vor|aus, der (Erbanspruch); *s. aber* voraus
Vor|aus...[abteilung *usw.*]
vor|aus|be|re|chen|bar
vor|ausᴗge|hend *§ 11*; *Substantivierung textverweisend klein oder groß geschrieben § 15 (6)*: im vorausgehenden *oder* Vorausgehenden
vor|aus|ge|setzt
vor|ausᴗha|ben
vor|aus|sag|bar
Vor|aus|schau
vor|aus|seh|bar
vor|ausᴗset|zen; du setzt voraus *§ 7 (1)*
Vor|aus|sicht
vor|aus|sicht|lich
Vor|bau
vor|be|dacht
Vor|be|dacht, der; mit ~
Vor|be|deu|tung
Vor|be|halt
vor|be|hal|ten
vor|be|halt|lich
vor|be|halt|los
Vor|be|halts...[klausel *usw.*]
vor|bei; *als Verbzusatz a. zusammengeschrieben § 10*: vorbeiᴗgehen, vorbeiᴗmüssen *usw.*
vor|beiᴗbe|neh|men, sich *§ 10*
Vor|bei|marsch
vor|be|la|stet
vor|be|rei|ten
Vor|be|rei|tungs...[dienst *usw.*]
vor|be|sagt
vor|be|straft; der Vorbestrafte
Vor|beu|ge|haft
vor|beu|gen
Vor|beu|gungs|maß|nah|me
vor|be|zeich|net
Vor|bild
vor|bild|lich
Vor|bör|se
vor|börs|lich
Vor|bo|te
vor Chri|sti Ge|burt; *Abk.* v. Chr. G.
vor|christ|lich
vor Chri|sto, vor Chri|stus; *Abk.* v. Chr.
Vor|deck, das
vor|dem

Vor|den|ker

Vor|der...[ansicht *usw.*]

vor|der|asi|a|tisch

Vor|der|asi|en

vor|de|re; der Vordere Orient

vor|der|grün|dig

vor|der|hand (zunächst) *§ 12*; *s. aber* Hand, Vorderhand

Vor|der|hand, die (Vorderbein b. Pferden)

Vor|der|in|di|en

Vor|der|la|der (altes Gewehr)

Vor|der|mann; auf ~

vor|der|ste; der Vorderste; zuvorderst

Vor|der|ste|ven, der (Steven)

Vor|der|teil

vor|dring|lich

Vor|druck

vor|ehe|lich

vor|ei|lig

vor|ein|an|der; *als Verbzusatz a. zusammengeschrieben § 10*: voreinander◡stellen; *vgl.* einander

vor|ein|ge|nom|men

vor|eis|zeit|lich

vor|ent|hal|ten

Vor|ent|scheid, der

vor|erst

vor|er|wähnt; *Substantivierung textverweisend klein oder groß geschrieben § 15 (6)*: im vorerwähnten *oder* Vorerwähnten

vor|ex|er|zie|ren

Vor|fahr, Vor|fah|re

Vor|fahrt

vor|fahrt[s]|be|rech|tigt

Vor|fall

vor|fal|len

vor|fin|den

Vor|flu|ter

vor|fri|stig

Vor|führ...[gerät *usw.*]

Vor|ga|be

Vor|gang

Vor|gän|ger

vor|gän|gig

Vor|gangs|wei|se

vor|ge|ben

vor|geb|lich

vor|ge|faßt

vor|ge|fer|tigt

Vor|ge|hen, das

Vor|ge|hens|wei|se

vor|ge|la|gert

Vor|ge|län|de

vor|ge|nannt; *Substantivierung textverweisend klein oder groß geschrieben 15 (6)*: das vorgenannte *oder* Vorgenannte

vor|ge|ord|net

Vor|ge|plän|kel

vor|ger|ma|nisch

vor|ge|schicht|lich

Vor|ge|schichts|for|schung

Vor|ge|schmack

vor|ge|schrit|ten

Vor|ge|setz|te, der

Vor|ge|setz|ten...[verhältnis *usw.*]

vor|ge|stern; seit ~, von ~; ~ abend *usw.*

vor|gest|rig

vor|greif|lich

Vor|griff

vor|ha|ben

Vor|ha|ben, das

Vor|halt, der (1. *musik.* Tonverzögerung vor dem Hauptton; 2. Vorhaltung)

vor|hal|ten

Vor|hand

vor|han|den; ~ sein

Vor|han|den|sein, das

Vor|hang

Vor|hän|ge|schloß

Vor|hang|stoff

Vor|haut (Hautfalte um die Eichel)

vor|her (*Adverb*) (früher); *als Verbzusatz* (voraus) *a. zusammengeschrieben § 10*: vorhe̲r◡bestimmen *usw.*; *vgl.* vorhergehend

Vor|her|be|stim|mung

vor|he̲r◡ge|hen; *vgl.* vorher, vorhergehend

vor|her|ge|hend (früher); *Substantivierung textverweisend klein oder groß geschrieben § 15 (6)*: im vorhergehenden *oder* Vorhergehenden

vor|he|rig

Vor|herr|schaft

vor|herr|schen

vor|her|sag|bar

Vor|her|sa|ge

vor|he̲r◡sa|gen; *vgl.* vorher

vor|her|seh|bar

vor|he̲r◡se|hen; *vgl.* vorher

vor|hin

vor|hin|ein; im ~

Vor|hut, die

vo|rig; vorigen Jahres; *Substantivierung textverweisend klein oder groß geschrieben § 15 (6)*: das vorige *oder* Vorige, im vorigen *oder* Vorigen

Vor|jahr

Vor|jah|res...[sieger *usw.*]

vor|jäh|rig

Vor|kauf

Vor|kaufs|recht

Vor|kehr, die

vor|keh|ren

vor|kli|nisch

vor|knöp|fen, sich

vor|kom|men

Vor|kom|men, das

vor|kom|men|den|falls *§ 12*

Vor|komm|nis, das

Vor|kost

Vor|ko|ster

vor|kra|gen

vor|la|den

Vor|la|ge

vor|las|sen

vor|läu|fig

vor|laut

Vor|le|ben, das

Vor|le|ge...[besteck *usw.*]

Vor|le|ger (Teppich)

Vor|le|ge|schloß

Vor|le|se...[pult *usw.*]

Vor|le|sung

vor|letz|te; der vorletzte (*numerisch*); der Vorletzte sein (*dem Rang nach*) *§ 15 (6)*; *vgl.* erste

Vor|lie|be

vor|lieb◡neh|men; *s. a.* fürlieb

vor|lie|gen

vor|lie|gend; *Substantivierung textverweisend klein oder groß geschrieben § 15 (6)*: im vorliegenden *oder* Vorliegen-

den
vor|lings (*Adv.*) (*Turnen:* mit der Vorderseite zum Gerät)
vorm (*Verschmelzung v.* vor *und* dem) *§ 25 (1) Anm. 3*
vorm. (*Abk. v.* vormals)
vor|ma|chen
Vor|macht
Vor|ma|gen
vor|ma|lig
vor|mals
Vor|mann
Vor|märz (deutsche Geschichte von 1815 bis 1848)
vor|märz|lich
Vor|mast, der
Vor|mensch
vor|mer|ken
Vor|milch
vor|mit|tag; *nach der Tagesangabe zur genaueren Bestimmung eines Termins*: heute vormittag; Sonntag vormittag; *aber* Sonntagvormittag; *s. a.* vormittags; *vgl.* abend
Vor|mit|tag, der; *s.* vormittag, *vgl.* Abend
vor|mit|tä|gig
vor|mit|täg|lich
vor|mit|tags
Vor|mit|tags...[stunde *usw.*]
Vor|mund, der
Vor|mund|schaft
Vor|mund|schafts...[gericht *usw.*]
vorn, vor|ne
vorn (*Verschmelzung v.* vor *und* den) *§ 25 (1) Anm. 3*
Vor|nah|me, die (*zu* vornehmen)
Vor|na|me, der
vorn|an
vor|ne, vorn
vor|nehm; ~ tun
vor|neh|men
vor|nehm|lich
Vor|nehm|tu|e|rei
vor|ne|weg; *s. a.* vornweg
vorn|he|rein; von ~
vorn|hin|ein; im ~, von ~
vorn|über; *als Verbzusatz a. zusammengeschrieben § 10*: vornüber◡fallen *usw.*; vornüber◡gebeugt *§ 11 (3) usw.*
vorn|weg; *s. a.* vorneweg
Vor|ort, der
Vor|ort[s]|ver|kehr
Vor|pom|mern
Vor|rang, der
vor|ran|gig
Vor|rang...[stellung *usw.*]
Vor|rat, der
vor|rä|tig
Vor|rats...[haltung *usw.*]
Vor|raum
Vor|recht
Vor|re|de
Vor|red|ner
Vor|rei|ter
Vor|ren|nen, das
vor|re|vo|lu|tio|när
Vor|rich|tung
Vor|ru|he|stand
Vor|run|de
vors (*Verschmelzung von* vor *und* das) *§ 25 (1) Anm. 3*
Vors. (*Abk. v.* Vorsitzende[r])
Vor|sai|son, die
Vor|satz, der
Vor|satz...[blatt *usw.*]
vor|sätz|lich
Vor|schalt...[gesetz *usw.*]
Vor|schau
Vor|schein
vor|schie|ßen; du schießt vor *§ 7 (1)*
Vor|schlag
vor|schla|gen
Vor|schlag|ham|mer
Vor|schlags...[recht *usw.*]
Vor|schluß|run|de
vor|schnell
Vor|schot|mannm (Seemann für d. Vorsegel)
Vor|schrift
vor|schrifts|ge|mäß
vor|schrifts|mä|ßig
vor|schrifts|wid|rig
Vor|schub, der
Vor|schul...[alter *usw.*]
Vor|schu|le
vor|schu|lisch
Vor|schuß, der
Vor|schuß...[lorbeeren *usw.*]
vor|schüt|zen; du schützt vor *§ 7 (1)*
vor|se|hen; sich ~
Vor|se|hung
Vor|sicht
vor|sich|tig
Vor|sichts...[maßnahme *usw.*]
vor|sichts|hal|ber
vor|sin|gen
vor|sint|flut|lich
Vor|sitz, der
vor|sit|zen; du sitzt vor *§ 7 (1)*
Vor|sit|zen|de, der
Vor|sit|zer
Vor|som|mer
Vor|sor|ge
Vor|sor|ge...[untersuchung *usw.*]
vor|sor|gen
vor|sorg|lich
Vor|spann, der
Vor|spann...[musik *usw.*]
Vor|spei|se
vor|spie|geln
Vor|spiel, das
vor|spie|len
Vor|spra|che
Vor|sprung
Vor|stadt...[kino *usw.*]
vor|städ|tisch
Vor|stand, der
Vor|stands...[sitzung *usw.*]
vor|ste|hend; *Substantivierung textverweisend klein oder groß geschrieben § 15 (6)*: im vorstehenden *oder* Vorstehenden
Vor|ste|her
Vor|ste|her|drü|se (Teil des männl. Geschlechtsapparats, Prostata)
Vor|steh|hund (Jagdhund)
vor|stel|len
vor|stel|lig
Vor|stel|lung
Vor|stel|lungs...[gespräch *usw.*]
Vor|ste|ven, der (vordere Verlängerung d. Kiels)
Vor|stop|per
Vor|stoß
vor|sto|ßen; du stößt vor *§ 7 (1)*
Vor|stra|fe
Vor|stra|fen|re|gi|ster
vor|strecken [k|k]

vor|strei|chen
Vor|streich|far|be
Vor|stu|fe
Vor|tag
vor|tags (am Vortag)
vor|täu|schen
Vor|teil
vor|teil|haft
Vor|trab, der
Vor|trag
vor|tra|gen
Vor|trags...[kunst *usw.*]
vor|treff|lich
Vor|trieb
Vor|tritt
Vor|trupp
vor|über; *als Verbzusatz a. zusammengeschrieben § 10*: vorüber◡gehen *usw.*
vor|über|ge|hend (zeitweilig)
Vor|ur|teil
vor|ur|teils|frei
vor|ur|teils|los
Vor|va|ter; *Pl.* Vorväter
vor|ver|gan|gen
Vor|ver|gan|gen|heit
Vor|ver|kauf
Vor|ver|kaufs|stel|le
vor|vor|ge|stern
vor|vo|rig
vor|vor|letz|te; *vgl.* erste
Vor|wahl
vor|wäh|len
Vor|wahl|num|mer
Vor|wähl|num|mer
vor|wal|ten
Vor|wand
vor|wärts; *als Verbzusatz a. zusammengeschrieben § 10*: vorwärts◡gehen
Vor|wärts...[gang *usw.*]
vor|wärts◡wei|send *§ 11 (3)*
Vor|wasch|gang
vor|weg; *als Verbzusatz a. zusammengeschrieben § 10*: vor|weg◡nehmen
Vor|weg|lei|stung
Vor|weg|nah|me
Vor|we|he, die
vor|weih|nacht|lich
Vor|weih|nachts|zeit
Vor|weis, der
vor|wei|sen; du weist vor *§ 7 (1)*
Vor|welt
vor|welt|lich
vor|werf|bar
vor|wer|fen
Vor|werk, das (Bauernhof, der zu e. größeren Gut gehört)
vor|wie|gen
vor|wie|gend
Vor|witz, der
vor|wit|zig
vor|wö|chig
Vor|wort
Vor|wurf
vor|wurfs|voll
Vor|zei|chen
Vor|zeich|nung
vor|zeig|bar
Vor|zei|ge...[frau *usw.*]
vor|zei|gen
Vor|zeit
Vor|zeit...[mensch *usw.*]
vor|zei|ten
vor|zei|tig
vor|zeit|lich
Vor|zen|sur
vor|zie|hen
Vor|zim|mer
Vor|zin|sen
Vor|zug, der
vor|züg|lich
Vor|zugs...[aktie *usw.*]
vor|zugs|wei|se
Voß, Johann Heinrich (dt. Dichter 1751-1826)
vo|tie|ren ([ab-]stimmen)
Vo|tiv...[bild *usw.*]
Vo|tum, das; *Pl.* Vota, Voten
Vou|cher, der/das (*engl.* Gutschein)
Vou|te, die (Gewölbeteil)
Voya|ger (*Name v. Raumsonden*)
Voy|eur (Spanner)
Voy|eu|ris|mus (sexuelle Schaulust)
voy|eu|ri|stisch
VPS (*Abk. v.* Videoprogrammsystem) *§ 17 (2) Anm. 1*
VR (*Abk. v.* Volksrepublik) *§ 17 (2) Anm. 1*
Vra|nitz|ky, Franz (österr. Politiker *1937)
Vries, Hugo de (niederl. Botaniker 1545-1626)
Vring, Georg von der (dt. Schriftsteller 1889-1968)
v. R. w. (*Abk. v.* von Rechts wegen)
Vs (*Abk. v.* Voltsekunde)
vs. (*Abk. v.* versus)
v. s. pl. (*Abk. v.* verte si placet!)
v. T. (*Abk. v.* vom Tausend)
vul|gär (volkstümlich, gemein, primitiv)
Vul|gär...[sprache *usw.*]
vul|ga|ri|sie|ren
Vul|ga|ris|mus
Vul|ga|ri|tät
Vul|gär|la|tein (lateinische Umgangssprache)
Vul|ga|ta, die (lat. Bibel)
vul|gi|va|ga; Venus ~ („die umherschweifende Venus")
vul|go
Vul|kan, der (feuerspeiender Berg)
Vul|kan...[ausbruch *usw.*]
Vul|kan|fi|ber, die (Kunststoff)
Vul|ka|ni|sa|ti|on
vul|ka|nisch
Vul|ka|ni|seur
vul|ka|ni|sie|ren
Vul|ka|nis|mus
Vul|ka|no|lo|ge
Vul|ka|no|lo|gie
vul|ka|no|lo|gisch
Vul|pi|us, Christiane (Gattin J. W. Goethes 1765-1816)
Vul|va, die (äußere Geschlechtsorgane der Frau)
v. u. Z. (*Abk. v.* vor unserer Zeitrechnung)
v. v. (*Abk. v.* vice versa)
V-Waf|fe *§ 13 (2)*

w W

das w (der Kleinbuchstabe w, der Laut w); das W (der Großbuchstabe W); W (*Abk. v.* Watt, West[en], *chem. Zeichen f.* Wolfram) *§ 17 (2) Anm. 2*
Waadt, **Waadt|land** (Kanton der Schweiz; *frz.* Vaud, Pays

de Vaud)
Waa|ge, die
waa|ge|recht, waag|recht; die Waag[e]rechte
Waal, die (Rheinarm)
wab|be|lig, wabb|lig
Wa|be, die
Wa|ben...[honig *usw.*]
Wa|ber|lo|he, die (Flammenwand in der nord. Sage)
wa|bern
wach; *als Verbzusatz a. zusammengeschrieben § 10*: wach◡halten, wach◡rütteln
Wach|au, die (Landschaft in Österr.)
Wa|che, die; ~ halten, ~ stehen; er steht ~; Wache stehend, *s. a.* wachestehend
wa|chen; du wachst
wa|che|ste|hend *§ 11 (4)*; *vgl.* Wache
wach|ha|bend *§ 11 (4)*; der Wachhabende
wach◡halten; *vgl.* wach
Wach|heit
Wa|chol|der, der (1. Pflanze; 2. Branntwein)
Wachs, das
wach|sam
wach|sen (größer werden); du wächst *§ 7 (1)*; wuchsest, wüchsest; gewachsen
wach|sen (mit Wachs einreiben); du wachst *§ 7 (1)*; gewachst
wäch|sern
Wachs|tum
Wachs|tums...[rate *usw.*]
Wacht; ~ halten
Wacht...[meister *usw.*]
Wäch|te, die (Schneewächte)
Wach|tel, die (Vogel)
Wach|tel|kö|nig (Vogel)
Wach|tel|wei|zen, der (Gattung von Blütenpflanzen)
Wäch|ter
Wacht|turm, Wach|turm
Wach- und Schließ|ge|sell|schaft
Wacke, die (Gesteinsbrocken) [k|k]
wacke|lig [k|k]; *s. a.* wacklig
Wacken|ro|der, Wilhelm Heinrich (dt. Schriftsteller 1773-1798) [k|k]
wacker [k|k]
Wackernagel, Jakob (schweiz. Sprachwissenschaftler 1853-1938); Wilhelm ~ (schweiz. Germanist 1806-1869)
Wacker|stein [k|k]
wack|lig; *s. a.* wackelig
Wad, das (Mineral)
Wa|de, die
Wa|den...[bein *usw.*]
Wa|di, das (trockenes Flußbett); ~ Qumran *usw.*
Wa|fer, der (Halbleiterscheibe)
Waf|fe
Waf|fel, die
Waf|fel...[eisen *usw.*]
Waf|fen...[lager *usw.*]
waff|nen
Wa|ga|du|gu (Hauptstadt v. Burkina Faso)
wäg|bar
Wä|gel|chen (kleiner Wagen)
Wa|ge|mut, der
wa|ge|mu|tig
wa|gen; du wagst
Wa|gen, der
Wa|gen...[rad *usw.*]
wä|gen; du wägst
Wa|ge|stück
Wag|gerl, Karl Heinrich (österr. Schriftsteller 1897-1973)
Wag|gon, der
wag|hal|sig
Wäg|lein (*zu* Wagen *oder* Waage)
Wag|ner (Stellmacher)
Wag|ner, Richard (dt. Komponist 1813-1883)
Wag|ne|ri|a|ner
Wag|ner-Oper *§ 13 (2)*
Wag|nis, das
Wa|gram (Ort in Österreich)
Wä|he, die (Kuchen)
Wah|ha|bit (Anhänger einer islam. Bewegung)
Wahl, die
Wahl...[urne *usw.*]
wäh|len
Wäh|ler
Wäh|ler...[wille *usw.*]
wäh|le|risch
Wahn
Wahn (Teil v. Köln, Flughafen)
Wahn...[bild *usw.*]
wäh|nen; du wähnst
Wahn|fried (Wagners Haus in Bayreuth)
Wahn|kan|te (schiefe Schnittholzkante)
wahn|schaf|fen (mißgebildet)
Wahn|sinn
Wahn|sinns...[tat *usw.*]
wahr; nicht ~ ?; der wahre Jakob; für ~ halten, ~ machen; *aber* etw. nicht wahrhaben wollen, wahrsagen
wah|ren
wäh|ren
wäh|rend
wäh|rend|dem *§ 12*
wäh|rend|des
wäh|rend|des|sen *§ 12*
wahr|ha|ben *§ 9*; nicht ~ wollen
wahr|haft
wahr|haf|tig
wahr|lich
wahr|neh|men *§ 9*
wahr|sa|gen *§ 8, § 9*; du wahrsagst *oder* sagst wahr
Wahr|schau (Warnung, Vorsicht)
wahr|schau|en *§ 8*; du wahrschaust
wahr|schein|lich
Wäh|rung
Wäh|rungs...[kurs *usw.*]
Wahr|zei|chen
Waid, der (Pflanze)
waid.../Waid... (die Jagd betreffend); *vgl.* weid.../Weid...
Wai|se, die (elternloses Kind)
Wai|sen...[haus *usw.*]
Waj|da, Andrzej (poln. Regisseur *1926)
Wal, der
Wal...[fang *usw.*]
Wa|la|chei, die (Landschaft)
Wal|chen|see, der (See u. Ort)
Wal|cott, Derek (Schriftsteller aus Saint Lucia *1930)

Wald
Wald...[rand *usw.*]
Wal|deck (Landschaft, Stadt)
wal|deckisch [k|k]
Wal|de|mar (*Name v. dän. u. brandenburg. Herrschern*)
Wal|den, Herwarth (dt. Schriftsteller 1878-1941)
Wal|den|ser (Angehöriger e. christl. Bewegung seit 1175, nach Petrus Waldus)
Wal|des...[rauschen *usw.*]
Wald|heim, Kurt (österr. Politiker *1918)
wal|dig
Wald|mei|ster (Pflanze)
Wal|dorf|sa|lat
Wal|dorf|schu|le (anthroposophische Schule)
Wald|re|be, die (Pflanze)
Wald|schrat[t], der (Gespenst)
Wald|städ|te (vier Städte am Rhein)
Wald|statt; *Pl.* Wald|stät|te (Urkantone d. Schweiz)
Wal|dung
Wald|vier|tel (Landschaft in Österreich)
Wald|vö|ge|lein (*a.* Orchidee) *§ 7*
Wa|len|see (See in der Schweiz)
Wales (Region in Großbritannien)
Wa|łe|sa, Lech (poln. Politiker *1943)
Wal|fisch (Wal)
Wal|hall, das (myth. Aufenthaltsort der Gefallenen); *s. a.* Walhalla
Wal|hal|la, das/die (1. Walhall; 2. Ruhmeshalle bei Regensburg)
Wa|li|ser (*zu* Wales)
wa|li|sisch
Wal|ke, die (das Filzen; Filzmaschine)
wal|ken (*zu* Walke); du walkst
wal|ken (*engl.*) (sportliches Gehen); *s.* Walking
Wal|kie-tal|kie, das (Funksprechgerät)
Wal|king, das (Sportart)
Walk|man, der (tragbarer Kassettenspieler); *Pl.* Walkmen
Walk|müh|le
Wal|kü|re (Geleiterin der Gefallenen nach Walhall)
Wall (Aufschüttung)
Wal|la|by, das (Känguruh)
Wal|lace, Alfred Russel (engl. Zoologe 1823-1913); Edgar ~ (engl. Schriftsteller 1875-1932)
Wal|lach, der (verschnittener Hengst)
wal|len
wäl|len (wallen machen)
Wal|len|stein, Albrecht von (dt. Herzog 1583-1634)
Wal|ler, der (Fisch)
wall|fah|ren
Wall|fahrt
wall|fahr|ten
Wall|fahrts...[kirche *usw.*]
Wal|lis, das (Kanton d. Schweiz)
Wal|li|ser (*zu* Wallis)
Wal|lo|ne, der (frankophoner Belgier)
Wal|lo|ni|en
wal|lo|n|isch; auf ~
Wal|lo|nisch, das; auf wallonisch sprechen
Wal|lo|ni|sche, das
Wall|raff, Günter (dt. Schriftsteller *1942)
Wall|raf-Ri|chartz-Mu|se|um (Kölner Museum) *§ 13 (4)*
Wall|street, Wall Street, die (Finanzzentrum in New York)
Wal|lung
Walm, der (dreieckige Dachfläche)
Walm|dach
Wal|nuß
Wal|nuß...[torte *usw.*]
Wa|lo|ne, die (Fruchtbecher d. Eiche)
Wal|pole, Hugh (engl. Schriftsteller 1884-1941)
Wal|pur|gis|nacht (Nacht zum 1. Mai als Hexentreffen)
Wal|rat, der/das (Fett vom Pottwal)
Wal|roß (Robbenart)
Wal|ser, Martin (dt. Schriftsteller *1927); Robert ~ (schweizer. Schriftsteller 1878-1956)
Wal|ser|tal; das Große ~, das Kleine ~ (österr. Alpentäler)
Wal|statt, die (Kampfplatz)
wal|ten; du waltest
Wal|ter, Fritz (dt. Fußballspieler 1920-2002)
Walther von der Vogelweide (dt. Dichter ~1170- ~1230)
Walz, Wal|ze, die (Wanderschaft); auf der ~ sein
Walz...[stahl *usw.*]
Wälz...[lager *usw.*]
Wal|ze (*a.* = Walz)
wal|zen; du walzt *§ 7 (1)*
wäl|zen; du wälzt *§ 7 (1)*
wal|zen|för|mig
Wal|zer (Tanz)
Wal|zer...[takt *usw.*]
Wäl|zer (Buch)
wal|zig
Wälz|la|ger
Wam|me, die (Hautlappen am Hals der Kuh; Bauchseite)
Wam|merl, das (Bauchfleisch)
Wam|pe, die ([dicker] Bauch)
Wam|pum, der (indian. Muschelschnur)
Wams, das
Wäms|chen
Wand; *Pl.* Wände
Wan|da|le (Angehöriger e. german. Volks; Barbar); *a.* Vandale
wan|da|lisch; *a.* vandalisch
Wan|da|lis|mus; *a.* Vandalismus
Wan|del
Wan|del...[halle *usw.*]
wan|del|bar
wan|deln
Wan|de|lung (*jurist.* Rückgängigmachung)
Wan|de|rer
Wan|de|re|rin, Wanderin; *s. a.* Wandrerin
wan|dern
Wan|ders|mann
Wand|ler

Wand|lung
wand|lungs|fä|hig
Wand|re|rin; *s. a.* Wandererin, Wanderin
Wands|becker Bo|te (v. Matthias Claudius herausgegebene Zeitung) [k|k]
Wands|bek (Teil v. Hamburg)
Wan|dung
Wa|ne, der (*nord.* Gottheit)
Wan|ge
Wan|gen...[kuß *usw.*]
Wan|ger|oo|ge (ostfries. Insel)
Wan|kel|mo|tor (Kreiskolbenmotor)
Wan|kel|mut
wan|kel|mütig
wan|ken
wann
Wan|ne
wan|nen; von wannen
Wann|see (See in Berlin)
Wanst, der ([dicker] Bauch)
Wänst|chen (*zu* Wanst)
Want, die/das (Tau); *Pl.* Wanten
Wan|ze (Insekt; Abhörmikrofon)
WAP (*Abk. f.* drahtloses Übertragungsverfahren)
Wa|pi|ti, der (amerik. Hirsch)
Wap|pen...[tier *usw.*]
Wap|perl, das
wapp|nen
Wa|ran, der (Echse)
War|burg, Aby (dt. Kunsthistoriker 1866-1929); Bibliothek ~, ~ Institute
Wa|re
Wa|ren...[kunde *usw.*]
Warf, der/das (Aufzug am Webstuhl)
Warf, die (Warft)
Warft, die (Erdaufschüttung in Überflutungsgebieten)
War|hol, Andy (amerikan. Künstler 1928-1987)
warm; wärmstens; *als Verbzusatz a. zusammengeschrieben § 10*: warm◡halten
Warm...[bad *usw.*]
warm|blü|tig
Wär|me
Wärme...[leiter *usw.*]
wär|me|däm|mend
wär|men
warm◡hal|ten *§ 10*; Suppe ~; *a. übertr.* sich jdn. ~
warm|her|zig
warm◡lau|fen *§ 10*
Warn...[licht *usw.*]
war|nen
Warp, der/das (1. Kettgarn; 2. Schürzenstoff)
Warp, der (Schleppanker)
war|pen (mit e. Warpanker fortbewegen)
War|rant, der (Bescheinigung)
War|schau (Hauptstadt v. Polen)
War|schau|er (*zu* Warschau); ~ Pakt; ~ Vertrag
war|schau|isch (*zu* Warschau)
War|te, die
War|te...[liste *usw.*]
war|ten
Wär|ter
war|um
Wärz|chen
War|ze
War|zen...[schwein *usw.*]
war|zig
was (*Pronomen*); wessen
Wa|sa (schwed. Dynastie)
Wasch...[mittel *usw.*]
Wä|sche
Wä|sche...[korb *usw.*]
wa|schen; du wäschst, wuschest, wüschest; gewaschen
Wa|sen, der (1. Rasen; 2. Wrasen [Dunst])
Was|gau (Landschaft in Rheinland-Pfalz)
wash and wear (bügelfrei)
Wa|shing|ton, George (Präsident der USA 1732-1799)
Wa|shing|ton (1. Bundesstaat d. USA, *Abk.* Wash.; 2. Bundeshauptstadt der USA)
Was|ser
Was|ser...[rohr *usw.*]
was|ser|ab|sto|ßend; *aber* das Wasser abstoßend *§ 11 (4), (6)*
was|ser|ab|wei|send; *aber* das Wasser abweisend *§ 11 (4), (6)*
was|ser|dicht
Was|ser|dost, der (Pflanze)
was|ser|fest
was|ser|ge|kühlt
wäs|se|rig; *s. a.* wäßrig
was|ser|le|bend
was|ser|lös|lich
Was|ser|mann, Jakob (dt. Schriftsteller 1873-1934)
was|sern; du wasserst
wäs|sern; du wässerst
Was|ser|pest, die (Pflanze)
was|ser|scheu
Was|ser|stoff; *chem. Zeichen* H
was|ser|stoff|blond
was|ser|süch|tig
wäß|rig; *s. a.* wässerig
wa|ten
Wa|ter|gate (Bürokomplex in Washington); Watergate-Skandal (Regierungskrise unter Präsident Nixon) *§ 13 (2)*
Wa|ter|kant, die (Nordseeküste)
Wa|ter|loo (Ort e. Niederlage Napoleons)
wa|ter|proof (wasserdicht); der Waterproof (wasserdichter Stoff, Mantel)
Wat|sche[n], die (Ohrfeige)
wat|scheln
Wat|son, James (amerik. Chemiker *1928); John ~ (amerik. Psychologe 1878-1958)
Watt, das (Küstenlandschaft); *Pl.* Watten
Watt, das (Einheit d. physikal. Leistung); *Abk.* W
Watt, James (engl. Ingenieur 1736-1819)
Wat|te
Wat|te...[bausch *usw.*]
Wat|teau, Jean-Antoine (frz. Maler 1684-1721)
Wa|tus|si (*Pl., a. als Sg. gebraucht*; Volk in Afrika)
Watz|mann (Berg in d. Alpen)
Waugh, Evelyn (engl. Schriftsteller 1903-1966)
Wau|wau, der (Hund)

Wayne, John (amerikan. Schauspieler 1907-1979)
WC (*Abk. f.* Toilette) *§ 17 (2) Anm. 1*
Web, das (*engl.*) (Computernetz)
Web...[kante *usw.*]
we|ben; du webst, wobst, webtest, wöbest; gewoben, gewebt
We|ber, das (Einheit des magnet. Flusses); *Abk.* Wb
We|ber, Alfred (dt. Soziologe 1868-1958); A. Paul ~ (dt. Zeichner 1893-1980); Carl Maria von ~ (dt. Komponist 1786-1826); Max ~ (dt. Soziologe 1864-1920); Wilhelm Eduard ~ (dt. Physiker 1804-1891)
We|ber...[kamm *usw.*]
We|ber|knecht (Spinne)
We|bern, Anton von (österr. Komponist 1883-1945)
Web|site (*EDV* Internetadresse)
Wech|sel
Wech|sel...[geld *usw.*]
Wech|sel|balg, der (angebl. untergeschobenes Kind)
wech|sel|haft
wech|seln
wech|sel|sei|tig
Weck...[ruf *usw.*]
Weck|amin, das (Aufputschmittel)
Wecken, der [k|k]
wecken [k|k]; du weckst
Wecker [k|k]
Weck|glas (Einmachglas)
Weck|her|lin, Georg Rudolf (dt. Dichter 1584-1653)
We|de|kind, Frank (dt. Schriftsteller 1864-1918)
We|del, der
we|deln
we|der; weder ... noch
Week|end, das (Wochenende)
weg; *als Verbzusatz a. zusammengeschrieben § 10*: weg◡angeln, weg◡haben *usw.*; *aber* weil sie weg ist *§ 8*
Weg, der
Weg...[kreuz *usw.*]
We|ga, die (Stern)
We|ge...[bau *usw.*]
we|ge|la|gern; du wegelagerst; gewegelagert *§ 8*
We|ge|la|ge|rer
we|gen (*Präposition*); von Rechts wegen; von wegen!
We|ge|ner, Alfred (dt. Geophysiker 1880-1930)
We|ger, der (Planke)
We|ge|rich (Pflanze)
we|gern; du wegerst
Weg|gang
weg◡ge|hen
weh, wehe; weh tun; weh sein, mir ist weh [ums Herz]; o weh!; weh[e] dir!; ach und weh schreien; das Wohl und Wehe
Weh, das; mit Ach und Weh; das Wohl und Wehe
Weh...[geschrei *usw.*]
we|he, weh (*s. d.*)
We|he[1], die (Schneeverwehung)
We|he[2], die (Gebärmutterkontraktion); *Pl.* Wehen
weh|kla|gen; du wehklagst; gewehklagt *§ 8*
weh|lei|dig
Weh|mut, die
weh|mü|tig
Weh|mut|ter (Hebamme)
Weh|ner, Herbert (dt. Politiker 1906-1990)
Wehr, das
Wehr, die
Wehr...[pflicht *usw.*]
wehr|bar
wehr|haft
wehr|los
Weh|weh, das
Weh|weh|chen, das
Weib
Weib|chen
Wei|bel, der (*schweizer.* Amtsdiener)
Wei|ber...[held *usw.*]
wei|bisch
Weibs...[bild *usw.*]
weich; *als Verbzusatz a. zusammengeschrieben § 10*: weich◡klopfen *usw.*
Weich...[käse *usw.*]
Weich|bild (Siedlungsgebiet, Umriß e. Ortes)
Wei|che[1], die (Verzweigung v. Schienen u. ä.)
Wei|che[2], die (Körperteil, Flanke)
wei|chen[1] (weich werden, weich machen); du weichst, weichtest; geweicht
weichen[2] (zurückgehen); du weichst, wich[e]st; gewichen
Wei|chen...[steller *usw.*]
w<u>ei</u>ch◡ge|kocht *§ 11 (3)*
w<u>ei</u>ch|ge|lö|tet *§ 9, § 11 (3)*
w<u>ei</u>ch|ge|spült *§ 9, § 11 (3)*
w<u>ei</u>ch|ge|zeich|net *§ 9, § 11 (3)*
Weich|heit
weich|lich
w<u>ei</u>ch|lö|ten *§ 9*
weich|ma|gne|tisch
Weich|sel, die (Fluß)
Weich|sel[|kir|sche], die
w<u>ei</u>ch|spü|len (mit Weichspüler behandeln) *§ 9*
Weich|spü|ler
w<u>ei</u>ch|zeich|nen *§ 9*
Weich|zeich|ner
weid..., **Weid**...; *a.* waid..., Waid... (die Jagd betreffend)
Wei|de (1. Baum; 2. Grasland)
Wei|de...[zaun *usw.*]
wei|den; sich ~
Wei|de|rich, der (Pflanze)
weid|ge|recht; *a.* waid...
weid|lich
Weid|mann; *a.* Waid...
weid|män|nisch; *a.* waid...
Weid|manns|heil!; *a.* Waid...
Weid|werk; *a.* Waid...
weid|wund; *a.* waid...
Wei|fe, die (Spinngerät)
wei|fen; du weifst (*zu* Weife)
Wei|gand, der (Kämpfer)
wei|gern; sich ~
Weih, der (Greifvogel); *s. a.* Weihe[1]
Wei|he[1], die (Greifvogel); s. a. Weih
Weihe[2], die (feierliche Handlung, Stimmung)
Wei|he...[stunde *usw.*]
Wei|her, der (Teich)

Weih|ga|be
Weih|nacht, die
weih|nach|ten; es weihnachtet
Weih|nach|ten, das (*a. Pl.*); an ~, zu ~
weih|nacht|lich
weih|nächt|lich
Weih|nachts...[abend *usw.*]
Weih|rauch
weih|räu|chern
Weih|was|ser
Weih|we|del, der (Weihwasserwedel)
weil (*Konjunktion*)
wei|land (einst)
Weil|chen
Wei|le, die
wei|len; du weilst
Wei|ler, der (kleine ländl. Siedlung)
Weill, Kurt (dt. Komponist 1900-1950)
Wei|mar (Stadt)
Wei|ma|rer; ~ Republik
Wei|muts|kie|fer, die (Nadelbaum); *a.* Weymouthskiefer
Wein, der
Wein...[berg *usw.*]
wein|bau|end
Wein|bei|ßer (1. Lebkuchenart; 2. Weinkenner)
Wein|berg, Steven (amerikan. Physiker *1933)
Wein|brand, der
wei|nen
wei|ner|lich
Wein|he|ber, Josef (österr. Schriftsteller 1892-1945)
Wein|kauf, der (alter Kaufbrauch; Bestätigungstrunk)
wein|rot
wein|se|lig
wei|se; der Weise, die Sieben Weisen
Wei|se, die (Art, Melodie)
Wei|se, Christian (dt. Schriftsteller 1642-1708)
Wei|sel, der/die (Bienenkönigin)
wei|sen; du weist *§ 7 (1)*, wiesest; gewiesen
Weis|heit
Weis|heits|zahn (hinterster Backenzahn)
weis|lich (wohlbedacht)
weis|ma|chen (einreden)
weiß (Farbe); schwarz auf weiß haben; aus schwarz weiß machen; die weiße Rasse, eine weiße Weste haben; ein Kleid in Weiß; der Weiße (Mensch weißer Rasse); die Weiße (Weißbier); *Großschreibung bei Eigennamen und festen Begriffen § 15 (7), (8)*: das Weiße Haus (Amtssitz des amerik. Präsidenten); das Weiße Meer; der Weiße Sonntag (Sonntag nach Ostern); der Weiße Tod (Tod im Schnee), Weißer Zwerg (Sterntyp); die Weiße Rose (Widerstandsgruppe)
Weiß...[brot *usw.*]
weis|sa|gen; ich weissage, geweissagt *§ 8*
Weis|sa|ger
Weiß|bin|der (Anstreicher)
weiß-blau *§ 13 (5)*
weiß|blond
weiß|blu|ten (s. verausgaben) *§ 9*; bis zum Weißbluten
Weiß|buch (amtl. Informationsschrift)
Weiß|bu|che (Hainbuche)
Weiß|dorn (Strauchgehölz)
Wei|ße, die (*a.* [Glas] Weißbier)
wei|ßeln (weiß streichen)
wei|ßen (weiß färben); du weißt *§ 7 (1)*
Weiß|fisch (Süßwasserfisch)
Weiß|fluß (heller Scheidenausfluß)
weiß◡ge|klei|det *§ 11 (4)*
Weiß|ger|ber (Feinlederhersteller)
weiß◡glü|hend *§ 11 (4)*
weiß Gott; er denkt sich weiß Gott was
weiß|haarig
Weiß|herbst, der (Wein)
weiß|lich (von weißer Farbe)
Weiß|lie|gen|de, das (Sedimentgestein)
Weiß|ling (Schmetterling)
weiß|nä|hen (Bett- u. Unterwäsche nähen) *§ 9*
Weiß|pap|pel (Baum, Silberpappel)
Weiß|rus|se
weiß|rus|sisch
Weiß|ruß|land (Staat)
Weiß|sucht (Albinismus, Pigmentstörung)
Weiß|wa|ren (Weißwäsche)
Weiß|wä|sche
weiß◡wa|schen (*a. übertr.*)
Weiß|wurst (Kalbsbrühwurst)
Weiß|zeug (weiße Wäsche)
Weis|tum (alte Rechtsaufzeichnung)
Wei|sung (*zu* weisen)
weit; am weitesten; bei weitem; von weitem; des weiteren; *Substantivierung in textverweisendem Sinn a. klein geschrieben § 15 (6):* im weiteren *oder* Weiteren (*verweisend* unten im Text); ohne weiteres; bis auf weiteres; weit und breit; weit weg; so weit, so gut; das Weite suchen; das Weitere folgt; Weiteres findet sich in der Anlage; alles Weitere mündlich
Weit, das (größte Weite)
weit|ab; ~ liegen
weit|aus (bei weitem); ~ am größten
weit|blickend [k|k]; *adverbial, prädikativ und bei Steigerung des Grundwortes nur zusammengeschrieben*: das ist weitblickend; weitblickender, weitblickendste
wei|ten; du weitest
wei|ter; *als Verbzusatz a. zusammengeschrieben § 10*: weiter◡empfehlen *usw.*; *aber* er kann weiter springen als ich; weiter empfehlen (weiterhin empfehlen); *vgl.* weit
Wei|ter|bil|dung
wei|ter◡füh|rend
wei|ter◡ge|hend
wei|ter|hin

wei|tern
wei|ters (des weiteren)
Wei|te|rung
weit◡ge|hend; weitgehender, weiter◡gehend, sehr weit◡gehend, weitgehendst, weitestgehend
weit◡ge|reist; *aber* er ist [sehr] weit gereist
weit|her; von ~; *a.* von weit her; *aber nur* damit ist es nicht weit her
weit|her|zig
weit|hin
weit|läu|fig
weit|ma|schig
weit|räu|mig
weit◡rei|chend; *vgl.* weitgehend
weit|schwei|fig
weit|sprin|gen (die Sportart Weitsprung ausüben) *§ 9*
weit|um
weit◡ver|brei|tet; *aber* das ist [sehr] weit verbreitet
Wei|zen
Wei|zen...[mehl *usw.*]
Weiz|man, Ezer (israel. Politiker *1924)
Weiz|mann, Chaijim (israel. Politiker 1874-1952)
Weiz|säcker (Carl Friedrich von ~ (dt. Physiker *1912); Ernst von ~ (dt. Diplomat 1882-1951); Richard von ~ (dt. Bundespräsident *1920); Viktor von ~ (dt. Arzt 1886-1957) [k|k]
welch, wel|che, wel|cher *usw.*; *immer klein geschrieben*
wel|cher|art; welcherart Musik; *aber* Musik welcher Art
wel|cher|lei
Wel|fe, der (Angehöriger e. fränk. Adelsgeschlechts)
welk
wel|ken
Well...[holz *usw.*]
well|done (*engl.* durchgebraten)
Wel|le
wel|len; du wellst
Wel|len...[gang *usw.*]
Wel|ler, der (Lehm)
Wel|le|ris|mus (Beispielsprichwort, Sagwort)
wel|lern (*zu* Weller)
Welles, Orson (amerikan. Schauspieler u. Regisseur 1915-1985)
Well|horn|schnecke (Meeresschnecke) [k|k]
wel|lig
Wel|ling|ton (Hauptstadt v. Neuseeland)
Wel|ling|ton, Arthur Wellesly Herzog von (engl. Feldherr u. Politiker 1769-1852)
Wel|ling|to|nia, die (Baum)
Well|ness, die (*engl.* Wohlbefinden)
Wells, Herbert George (engl. Schriftsteller 1866-1946)
Wel|pe, der (junger Hund)
Wels, der (Fisch)
welsch
Welsch...[land *usw.*]
wel|schen; du welschst
Welsch|schweiz (frz. Schweiz)
Welsch|schwei|zer
welsch|schwei|ze|risch
Wel|ser (Augsburger Handelshaus)
Welt; die dritte/Dritte Welt (Entwicklungsländer)
Welt...[ruhm *usw.*]
welt|be|we|gend; *aber* die Welt bewegend
Welt|cup, der
Wel|ten...[bummler *usw.*]
Wel|ter|ge|wicht (Gewichtsklasse b. Boxen, Ringen)
welt|er|schüt|ternd; *aber* die Welt erschütternd *§ 11 (4)*
welt|lich
welt|um|span|nend; *aber* die Welt umspannend *§ 11 (4)*
Wem|fall (Dativ)
Wen|de, der (Angehöriger eines westslaw. Volks)
Wen|de, die (Umkehr)
Wen|de...[kreis *usw.*]
Wen|de|hals (Vogel; *a. übertr.* Opportunist)
Wen|del, die (Schraubenform, Spirale)
Wen|del...[treppe *usw.*]
wen|den (umkehren); du wand|test, wendetest; gewandt, gewendet
Wen|ders, Wim (dt. Regisseur *1945)
wen|dig
wen|disch (zum Volk der Wenden gehörig)
Wen|dung (*a.* Redensart)
Wen|fall (Akkusativ)
we|nig; we|ni|ger, we|nig|ste; *stets klein geschrieben, auch mit Artikel § 15 (6)*: wenig fehlt; wenige wissen; ein wenig; ein weniges; wenig Gutes; mit ein wenig Fleiß; mit wenig/wenigem auskommen; ein klein wenig; einiges wenige; das wenige; um so weniger; nichts weniger als; zu◡wenig; *aber* zu wenige; es ist das wenigste; das wenigste, was getan werden sollte; die wenigsten wissen; *vgl.* nichtsdestoweniger
we|nig|stens
wenn; wenn auch; wenn schon, denn schon; *s. aber* wennschon; das Wenn und Aber; ohne Wenn und Aber
wenn|gleich (*Konjunktion*) *§ 12*
wenn|schon (*Konjunktion*) *§ 12*; *aber* wenn schon, denn schon
Wen|zel, der (Spielkarte)
wer
Wer|be...[slogan *usw.*]
wer|ben; du wirbst, warbst, würbest; geworben; wirb!
Wer|ber
wer|be|risch
Wer|dan|di (Norne)
Wer|de|gang
wer|den; du wirst, wurdest, würdest; geworden
Wer|der, der (Flußinsel)
Wer|fall (Nominativ)
Wer|fel, Franz (österr. Schriftsteller 1890-1945)
wer|fen; du wirfst, wurfst, würfest; geworfen
Werft, die (Schiffsbauanlage)

Werg, das (Abfall v. Flachs, Hanf)
Wer|geld (Bußgeld f. Totschlag)
wer|gen (aus Werg)
Werk, das (Arbeit, Betrieb)
Werk...[bank *usw.*]
wer|keln
wer|ken (arbeiten); du werkst
Wer|ken, das
werk|lich
Werks...[arzt *usw.*]
werk[s]|sei|tig
werk|tags
Werk|tags...[arbeit *usw.*]
werk|tä|tig
Werk|zeug
Werk|zeug...[macher *usw.*]
Wer|mut, der (Aromapflanze; damit gewürzter Wein)
Wer|mut[s]|trop|fen (*übertr.* Beeinträchtigung e. guten Nachricht)
Wern|her der Gärt|ner (dt. Dichter 13. Jh.)
Wer|ra, die (Fluß)
Wer|ra-Aal *§ 13 (7)*
Wer|re, die (Insekt; Grillenart)
Werst, die (altes russ. Längenmaß)
wert; ~ sein, viel ~ sein; nicht der Rede ~; *vgl.* wertachten, wertschätzen
Wert, der; *vgl.* wert
Wert...[papier *usw.*]
wert|ach|ten *§ 9*; *aber* des Vertrauens wert achten
wert|be|stän|dig
Wer|te...[skala *usw.*]
wer|ten; du wertest
wert|frei
wert|hal|ten; *vgl.* wertachten
wert|los
wert|schät|zen *oder* wert◡schätzen *§ 8, § 10*; du wertschätzt sie *oder* schätzt sie wert *§ 7 (1)*; *vgl.* wertachten
Wer|wolf (Mensch, der sich in e. Wolf verwandelt)
wes; wes das Herz voll ist
we|sen (dasein); du west *§ 7 (1)*
We|sen, das; viel Wesens machen
We|sen|donck, Mathilde (dt. Schriftstellerin 1828-1902)
we|sen|haft
We|sen|heit
we|sen|los
we|sent|lich; im wesentlichen (im großen und ganzen) *§ 15 (6)*; das Wesentliche; etwas/nichts Wesentliches
We|ser (Fluß)
Wes|fall (Genitiv)
wes|halb
We|sir, der (osman. Würdenträger)
We|si|rat, das (Wesirwürde)
Wes|ker, Arnold (engl. Schriftsteller *1932)
Wes|ley|a|ner (Methodist)
Wes|pe, die (Insekt)
Wes|pen...[nest *usw.*]
wes|sen
West; *Abk.* W; Ost und West; der Wind kommt aus West
West, der (Westwind)
West...[wind *usw.*]
west|deutsch
West|deutsch|land
We|ste
We|sten, der
West|end, das
We|sten|ta|sche
We|stern
We|ster|wald
west|eu|ro|pä|isch; westeuropäische Zeit, *Abk.* WEZ; Westeuropäische Union *§ 15 (7)*, *Abk.* WEU
West|fa|le
West|fa|len
west|fä|lisch
west|in|disch; die Westindischen Inseln (Bahamas, Antillen) *§ 15 (7)*
we|stisch
West|ler
west|le|risch
west|lich
West|min|ster|ab|tei (Westminster Abbey; Kirche in London)
West|nord|west; *Abk.* WNW
west|öst|lich; der Westöstliche Diwan (Gedichtsammlung v. Goethe) *§ 15 (7)*
West|over, der (Kleidungsstück)
West|rom (Rom im Unterschied zu Byzanz)
west|rö|misch; das Weströmische Reich *§ 15 (7)*
West|süd|west; *Abk.* WSW
West Vir|gi|nia (Bundesstaat der USA); *Abk.* W. Va.
West|wall (Befestigungsanlage des Dritten Reiches)
west|wärts
wes|we|gen
wett (quitt); wett sein; *aber* wett◡machen *§ 10*
Wett...[büro *usw.*]
Wett|be|werb
Wet|te
wett|ei|fern
Wet|ter
Wet|ter...[dienst *usw.*]
wet|ter|leuch|ten; es wetterleuchtet
Wet|ter|leuch|ten, das (ferne Blitze)
wet|tern
wet|ter|wen|disch
Wetteu|fel [tt|t] *§ 7 (1), § 28 Anm.*
Wet|ti|ner (dt. Adelsfamilie)
wett|ma|chen *§ 10*; du machst wett
wett|ren|nen
wett|strei|ten
wettur|nen [tt|t] *§ 7 (1), § 28 Anm.*
wet|zen (1. schärfen; 2. rennen); du wetzt *§ 7 (1)*
Wetz|lar (Stadt)
Wetz|stein
WEU (*Abk. v.* Westeuropäische Union) *§ 17 (2) Anm. 1*
Wey|mouths|kie|fer (Nadelbaum); *s. a.* Weimutskiefer
Wey|rauch, Wolfgang (dt. Schriftsteller 1904-1980)
WEZ (*Abk. v.* westeuropäische Zeit) *§ 17 (2) Anm. 1*
WG (*Abk. v.* Wohngemeinschaft) *§ 17 (2) Anm. 1*

Whig, der (brit. Liberaler)
Whip|cord, der (Gewebe)
Whirl|pool, der (Sprudelbad)
Whis|key (amerik., irischer Schnaps); *vgl.* Whisky
Whis|ky (schott. Schnaps); *vgl.* Whiskey
Whist, das (Kartenspiel)
Whist|ler, James (amerikan. Maler 1834-1903)
White, Patrick (austral. Schriftsteller 1912-1990)
White|coat, der (Jungrobbenfell)
White|head, Alfred North (engl. Philosoph 1861-1947)
Whit|man, Walt (amerikan. Schriftsteller 1819-1892)
Whit|worth|ge|win|de (Schraubengewinde)
WHO (*Abk. v.* World Health Organization) *§ 17 (2) Anm. 1*
Who's who (*Titel biographischer Lexika*)
Wi|chern, Johann Hinrich (dt. Theologe 1808-1881)
Wichs, der (student. Festkleidung)
Wichs...[bürste *usw.*]
Wich|se, die (*a.* Prügel)
wich|sen (polieren, *a.* prügeln, masturbieren); du wichst *§ 7*
Wich|ser
Wicht, der
Wich|te, die (Dichte)
Wich|tel, der (Zwerg)
Wich|tel|männ|chen
wich|tig; alles Wichtige; nichts Wichtiges; es gibt Wichtigeres; sich wichtig machen; wichtig nehmen
Wich|tig|tu|er
wich|tig|tu|e|risch
Wicke, die (Blume) [k|k]
Wickel, der (Rolle) [k|k]
Wickel...[tisch *usw.*] [k|k]
wickeln [k|k]
Wicke|lung [k|k]; *s. a.* Wicklung
Wicki, Bernhard (schweizer. Regisseur u. Schauspieler *1919) [k|k]
Wick|ler
Wick|lung; *s. a.* Wickelung
Wick|ram, Jörg (dt. Schriftsteller ~1505- vor 1562)
Wid|der (männl.Schaf; *a.* Sternbild; Pumpe)
wi|der (gegen); wider Willen; *Präfix von Verben*: widersprechen *usw.*; *als Verbzusatz zusammengeschrieben § 9*: widerhallen *usw.*; das Für und Wider
wi|der|bor|stig
wi|der|ein|an|der; *als Verbzusatz a. zusammengeschrieben § 10*: widereinander◡stoßen *usw*; *vgl.* einander
wi|der|fah|ren; es widerfährt
Wi|der|ha|ken
Wi|der|hall
wi|der|hal|len *§ 9*; es hallt wider, hat widergehallt
Wi|der|halt
Wi|der|kla|ge
wi|der|klin|gen *§ 9*; es klingt wider, hat widergeklungen
Wi|der|la|ger
wi|der|le|gen; du widerlegst
wi|der|lich
Wi|der|ling
wi|der|na|tür|lich
Wi|der|part, der (Gegner)
wi|der|ra|ten; du widerrätst
wi|der|recht|lich
Wi|der|re|de
wi|der|re|den; du widerredest, hast widerredet
Wi|der|rist, der (Rücken über den Schultern b. Pferden usw.)
Wi|der|ruf
wi|der|ru|fen; du widerrufst, hast widerrufen
Wi|der|sa|cher
wi|der|schal|len, es schallt wider, hat widergeschallt
Wi|der|schein
wi|der|schei|nen; es scheint wider, hat widergeschienen
wi|der|set|zen, sich; du widersetzt dich *§ 7*
wi|der|setz|lich
Wi|der|sinn
wi|der|spen|stig
wi|der|spie|geln; es spiegelt wider, widerspiegelt, hat wider[ge]spiegelt
wi|der|spre|chen; du widersprichst
Wi|der|spruch
Wi|der|spruchs...[geist *usw.*]
Wi|der|stand
Wi|der|stands...[recht *usw.*]
wi|der|ste|hen; du widerstehst
wi|der|strah|len; es strahlt wider, hat widergestrahlt
wi|der|stre|ben; du widerstrebst
Wi|der|streit
wi|der|strei|ten; es widerstreitet
wi|der|wär|tig
Wi|der|wil|le(n)
wi|der|wil|lig
Wi|der|wort
wid|men; du widmest
wid|rig
...**wid|rig**; rechtswidrig *usw.*
Wi|du|kind (Sachsenführer gegen Karl d. Großen)
Wi|du|kind von Cor|vey (sächs. Historiker ~925- nach 973)
wie; wie sehr; wie lange; das Wie (die Art und Weise); es kommt auf das Wie an
wie|beln (stopfen)
Wie|chert, Ernst (dt. Schriftsteller 1887-1950)
Wieck, Clara (dt. Pianistin u. Komponistin 1819-1896)
Wie|de|hopf, der (Vogel)
wie|der; wieder einmal; *als Verbzusatz meist zusammengeschrieben § 10*: wieder◡sehen *usw.*
Wie|der|be|ginn
Wie|der|ga|be
wie|der◡gut|ma|chen; du machst wieder gut *§ 10*
wie|der◡ha|ben *§ 10*
wie|der◡her|rich|ten; du richtest wieder her *§ 8, § 10*
wie|der◡her|stel|len; du stellst wieder her *§ 8, § 10*
wie|der|ho|len; du wiederholst
wie|der◡ho|len; du holst wieder

§ 10
wie|der|käu|en
Wie|der|kauf
Wie|der|kehr
wie̲|der⌣se|hen *§ 10*; auf Wiedersehen!; auf Wiedersehen sagen
Wie|der|täu|fer (Angehöriger einer Sekte im 16. Jhdt.)
wie̲|der⌣tun *§ 10*
Wie|der|ver|kauf
Wie|der|ver|käu|fer
Wie|der|wahl
wie̲|der⌣wäh|len *§ 10*
wie|fern (= inwiefern)
Wie|ge, die
wie|gen (1. schaukeln; 2. zerkleinern); du wiegst, wiegtest
wie|gen (ein Gewicht haben *oder* messen); du wogst, wögest; gewogen)
Wie|gen...[lied *usw.*]
Wie|gen|druck (Druck vor 1500)
wie|hern
Wie|land, Christoph Martin (dt. Dichter 1733-1813)
Wien (Hauptstadt v. Österreich)
Wie|ner; ~ Schnitzel, das ~ (*kurz f.* Wiener Würstchen), ~ Sängerknabe, ~ Schule
Wie|ner, Norbert (amerikan. Mathematiker 1894-1964)
wie|nern; du wienerst
Wie|ner|wald (Landschaft in Österreich)
Wies, die (Wallfahrtskirche)
Wies|ba|den (Stadt)
Wies|ba|de|ner, Wies|bad|ner
Wiese
Wie|sel
wie|sel|flink
wie|seln; du wieselst
Wie|sen...[blume *usw.*]
Wie|sen|thal, Simon (österr. Schriftsteller *1908)
wie|so
wie⌣viel; ~ Geld; ~ Menschen; um ~ mehr; ~ willst du haben?; *gebeugte Formen meist getrennt geschrieben*: wie viele Menschen; wie viele waren es?
wie|vie|ler|lei
wie|viel|mal; *aber* wie⌣viele Male; *vgl.* wie⌣viel
wie|viel|te; zum wievielten Mal; der Wievielte ist heute?
wie⌣weit; ~ ich das glauben kann; *aber* wie weit ist es bis dorthin?
wie|wohl (*Konjunktion*)
Wig|man, Mary (Marie Wiegmann, dt. Tänzerin 1886-1973)
Wig|wam
Wi|king
Wi|kin|ger
Wi|kin|ger...[sage *usw.*]
Wi|la|mo|witz-Moel|len|dorff, Ulrich von (dt. Philologe 1848-1931)
wild; wilder Wein; die Wilde Jagd (Gespenster); der Wilde Westen, der Wilde Kaiser (Gebirge) *§ 15 (7)*
Wild...[dieb *usw.*]
Wild|bret
Wild card (*Tennis usw.* freie Plazierung)
Wilde, Oscar (ir. Schriftsteller 1854-1900)
Wil|de|rei
Wil|de|rer
wil|dern
Wild|fang
Wild|ling
Wild|nis
Wil|dun|gen; Bad ~ (Stadt)
Wil|helm (*Name v. Herrschern*); Wilhelm II. (dt. Kaiser 1859-1941); ~ der Eroberer (engl. König 1028-1087); ~ von Oranien (engl. König 1689-1702)
Wil|hel|mi|na (Königin der Niederlande 1880-1962)
Wil||hel|mi|ne (Markgräfin v. Bayreuth 1709-1758)
wil|hel|mi|nisch; das Wilhelminische Zeitalter
Wil|helms|ha|ven
Wil|helms|hö|he (Schloß u. Park b. Kassel)
Wil|helm|stra|ße (Straße in Berlin, Sitz d. Reichskanzlei)
Wil|le|mer, Marianne von (Freundin Goethes 1784-1860)
Wil|le[n], der
wil|len *§ 15 (5)*; um Gottes willen, um meinetwillen, deinet..., derent..., dessent..., seinet..., ihret..., unsert..., euret...
wil|lens *§ 15 (6)*; ~ sein
Wil|lens...[kraft *usw.*]
wil|lent|lich
will|fah|ren
will|fäh|rig
Wil|liams, Tennessee (amerikan. Schriftsteller 1911-1983)
Wil|li|bald (Mönch, Heiliger ~700-787[?])
Wil|li|brord (Missionar, Heiliger 658-739)
wil|lig
wil|li|gen
Will|komm, der
will|kom|men; ~ heißen
Will|kom|men, das
Will|kom|mens...[gruß *usw.*]
Will|kür
Will|kür...[akt *usw.*]
will|kür|lich
Wil|na (Hauptstadt v. Litauen; *lit.* Vilnius)
Wil|son, Harold (engl. Politiker 1916-1995); Thomas Woodrow ~ (Präsident der USA 1856-1924)
Wim|ble|don (Stadt in England)
wim|meln
wim|me|rig
wim|mern
Wim|pel, der
Wim|per, die
Wim|perg, der (Schmuckgiebel)
Wim|per|ge, die (Wimperg)
Wim|pern...[tusche *usw.*]
Wim|per|tier|chen (Einzeller)
Wim|per|zucken, das [k|k]
Wind, der
Wind...[beutel *usw.*]
Win|de, die (1. Zugvorrichtung; 2. Pflanze)
Win|del, die
win|deln; du windelst

win|del|weich
win|den (drehen); du windest, wandest, wändest; gewunden
win|den (wehen, *zu* Wind); es windet
Wind|huk (Hauptstadt v. Namibia)
win|dig
Win|dow|shop|ping, das (Schaufensterbummel)
Wind|pocken (*Pl.*) (Infektionskrankheit) [k|k]
Winds|braut (Sturm)
wind|schief
wind|schlüp|fig
Wind|sor (engl. Dynastie)
wind|still
wind|sur|fen
Wind|sur|fer
Win|dung
Win|gert, der (Weinberg)
Win|golf, Wingolfsbund (Studentenverbindung)
Wink, der
Win|kel, der
Win|kel...[eisen *usw.*]
Win|kel|hal|bie|ren|de, die
win|ke|lig; *s. a.* winklig
win|keln
Win|kel|ried, Arnold von (schweiz. Nationalheld 14. Jh.)
win|ken; du winkst; gewinkt, gewunken
Win|ker
Win|ker....[krabbe *usw.*]
wink|lig; *s. a.* winkelig
Winsch, die (Winde [auf Schiffen])
win|seln
Win|ter
Win|ter...[nacht *usw.*]
win|ter|lich
Win|ter|ling (Pflanze)
win|tern; es wintert
win|ters (im Winter)
win|ters|über
Win|zer
win|zig
Winz|ling
Wip|fel
Wip|pe, die
wip|pen; du wippst
wir; wir Deutsche[n]; *vgl.* ich
Wir|bel
Wir|bel...[säule *usw.*]
wir|be|lig; *s. a.* wirblig
wir|beln
wirb|lig; *s. a.* wirbelig
Wirk...[waren *usw.*]
wir|ken
Wir|ker
Wir|ke|rei
wirk|lich
wirk|sam
Wir|kungs...[grad *usw.*]
wirr
Wir|ren, die (*Pl.*)
wir|rig
Wirr|kopf
Wirr|nis
Wirr|sal
Wirr|warr, der
Wir|sing, der (Kohl)
Wirt
Wir|tel, der (Ring, Scheibe)
wir|te|lig
wirt|lich
Wirts...[haus *usw.*]
Wirt|schaft
wirt|schaf|ten
Wirt|schafts...[raum *usw.*]
Wisch, der
wi|schen; du wischst
Wi|scher
Wis|con|sin (Bundesstaat der USA); *Abk.* Wis.
Wi|sent, der (Wildrind)
Wis|mut (Bismutum); *chem. Zeichen* Bi
wis|pern
Wiß|be|gier
Wiß|be|gier|de
wiß|be|gie|rig
wis|sen; du weißt *§ 7 (1)*, wußtest, wüßtest; gewußt; wisse!
Wis|sen, das
Wis|sens...[drang *usw.*]
Wis|sen|schaft
Wis|sen|schaft|ler
wis|sen|schaft|lich
wis|sen|schaft|lich-tech|nisch *§ 13 (5)*
Wis|sen|schafts...[theorie *usw.*]
wis|sens|wert
wis|sent|lich
Wi|tib (Witwe)
wit|schen; du witschst
Wit|tels|ba|cher (dt. Adelsfamilie)
Wit|ten|berg (Stadt)
Wit|ten|ber|ger
wit|ten|ber|gisch
wit|tern
Wit|te|rung
Wit|te|rungs...[verhältnisse *usw.*]
wit|te|rungs|be|dingt
Witt|gen|stein, Ludwig (österr. Philosoph 1889-1951)
Witt|ling (Fisch)
Wit|tum, das (*german.* Vermögensübertragung an die Braut; *kath.* Vermögen zur Versorgung e. Kirchenamtsträgers)
Wit|wa|ters|rand (Landschaft in Südafrika)
Wit|we
Wit|wen...[rente usw.]
Wit|wen|tum
Wit|wer
Witz
Witz, Konrad (dt. Maler ~1400-1445/46)
Witz...[figur *usw.*]
Witz|bold
Wit|ze|lei
wit|zeln
wit|zig
Witz|le|ben, Erwin von (dt. Generalfeldmarschall 1881-1944)
w. L. (*Abk. v.* westliche[r] Länge)
Wla|di|mir (Fürsten von Kiew)
Wla|di|wo|stok (Stadt in Rußland)
Wlas|sow, Andrej (sowjet. General 1901-1946)
WM (*Abk. v.* Weltmeisterschaft) *§ 17 (2) Anm. 1*
WNW (*Abk. v.* Westnordwest) *§ 17 (2) Anm. 2*
wo; wo immer er sein mag
wo|an|ders
wo|an|ders◡her *§ 12*
wo|an|ders◡hin *§ 12*
wob|beln

wo|bei
Wo|che
Wo|chen...[blatt *usw.*]
wö|chent|lich
Wöch|ne|rin
Wocken, der (Faserbüschel) [k|k]
Wo|dan (germ. Gott); *s. a.* Wotan
Wod|ka, der (Schnaps)
Wo|du, der (Geheimkult) ; *s. a.* Voodoo
wo|durch
wo|für
Wo|ge
wo|ge|gen
wo|gen; es wogt
wo|her
wo◡her|um *§ 12*
wo|hin
wo◡hin|auf *§ 12*
wo◡hin|aus *§ 12*
wo◡hin|ein *§ 12*
wo|hin|ge|gen
wo|hin|ter
wo◡hin|un|ter
wohl; *Getrenntschreibung als Modalpartikel und in der Bedeutung* wahrscheinlich: du hast wohl geschlafen; *als Erstglied von Adjektiven*: wohltuend *usw.*; *als Verbzusatz a. zusammengeschrieben*: wohl◡ergehen *usw. § 10*; *Zusammensetzung mit Partizip II möglich*: wohl◡getan *§ 11 (4)*; *bei Steigerung des Grundwortes nur zusammengeschrieben*: noch wohlgeratener *usw.*
Wohl, das; auf Ihr Wohl!, zum Wohl[e]!, das Wohl und Wehe
wohl|an!
wohl|an|stän|dig
wohl|auf
wohl◡aus|ge|wo|gen; *vgl.* wohl
wohl◡be|dacht; *vgl.* wohl
Wohl|be|fin|den, das
wohl◡be|hal|ten; *vgl.* wohl
wohl◡be|hü|tet; *vgl.* wohl
wohl◡be|kannt; *vgl.* wohl
wohl◡be|ra|ten; *vgl.* wohl
wohl◡be|stellt
wohl◡durch|dacht; *vgl.* wohl
Wöh|ler, Friedrich (dt. Chemiker 1800-1882)
wohl◡er|ge|hen
Wohl|er|ge|hen, das
wohl◡er|hal|ten; *vgl.* wohl
wohl◡er|wo|gen; *vgl.* wohl
wohl◡er|wor|ben; *vgl.* wohl
wohl◡er|zo|gen; *vgl.* wohl
Wohl|fahrt, die
Wohl|fahrts...[marke *usw.*]
wohl|feil
wohl◡füh|len, sich *§ 10*; zum Wohlfühlen
wohl|ge|bo|ren
Wohl|ge|fa|llen, das
wohl|ge|fäl|lig
wohl◡ge|formt; *vgl.* wohl
Wohl|ge|fühl
wohl◡ge|lit|ten; *vgl.* wohl
wohl◡ge|meint; *vgl.* wohl
wohl◡ge|merkt; *vgl.* wohl
wohl|ge|mut
wohl◡ge|nährt; *vgl.* wohl
wohl◡ge|ord|net; *vgl.* wohl
wohl◡ge|ra|ten; *vgl.* wohl
Wohl|ge|ruch
wohl◡ge|setzt; *vgl.* wohl
wohl◡ge|sinnt; *vgl.* wohl
wohl|ge|stalt
wohl◡ge|tan
wohl|ha|bend
Wohl|ha|ben|heit
woh|lig
wohl|klin|gend
wohl|lau|tend
Wohl|le|ben, das
wohl|mei|nend
wohl◡pro|por|ti|o|niert; *vgl.* wohl
wohl|rie|chend
wohl|schmeckend [k|k]
Wohl|sein, das; zum Wohlsein!
wohl◡si|tu|iert; *vgl.* wohl
Wohl|stand, der
Wohl|tat, die
wohl◡tem|pe|riert; das Wohltemperierte Klavier (Werk v. J. S. Bach) *§ 15 (7)*; *vgl.* wohl
wohl|tu|end; *vgl.* wohl
wohl◡tun *§ 10*
wohl◡über|legt; *vgl.* wohl
wohl◡un|ter|rich|tet; *vgl.* wohl
wohl◡ver|dient; *vgl.* wohl
wohl◡ver|hal|ten, sich *§ 10*
Wohl|ver|hal|ten, das
wohl◡ver|sorgt; *vgl.* wohl
wohl◡ver|stan|den; *vgl.* wohl
wohl◡ver|wahrt; *vgl.* wohl
wohl|weis|lich
wohl◡wol|len *§ 10*
Wohl|wol|len, das
Woh|mann, Gabriele (dt. Schriftstellerin *1932)
Wohn...[haus *usw.*]
woh|nen
wohn|lich
Woh|nung
Woh|nungs...[not *usw.*]
woh|nung[s]|su|chend
Woi|lach, der (Pferdedecke)
Woi|wo|de, der (poln. Beamter)
Woi|wod|schaft
Woj|ty|la, Karol (Papst Johannes Paul II *1920)
Wok, der (chines. Kochtopf)
wöl|ben
Wolf
Wolf, Christa (dt. Schriftstellerin *1929); Friedrich ~ (dt. Schriftsteller 1888-1953); Friedrich August ~ (dt. Philologe 1759-1824)
Wölf|chen
Wolfe, Thomas (amerikan. Schriftsteller 1900-1938)
wöl|fen (Junge werfen); der Hund wölft
Wol|fen|büt|tel
Wolff, Christian Freiherr von (dt. Philosoph 1679-1754)
Wolf|gang (Heiliger)
wöl|fisch
Wölf|ling
Wolf|ram; *chem. Zeichen* W
Wolf|ram von Eschen|bach (dt. Dichter ~1170/80- ~1220)
Wolfs...[rudel *usw.*]
Wolfs|kehl, Karl (dt. Schriftsteller 1869-1948)
Wolfs|milch (Pflanze)
Wol|ga, die (Fluß in Rußland)
wol|ga|deutsch; Wolgadeutsche Republik *§ 15 (7)*

Wol|go|grad (Stadt in Rußland; früher Stalingrad)
Wol|hy|ni|en (Landschaft in der Ukraine); *s. a.* Wolynien
wol|hy|nisch; *s. a.* wolynisch
Wol|ke
wöl|ken
Wol|ken...[bruch *usw.*]
wol|kig
Woll...[decke *usw.*]
Wollap|pen [ll|l] *§ 7 (1), § 28 Anm.*
Wol|le
wol|len; du willst, wolltest; gewollt
wol|len (aus Wolle)
wöl|len (Gewölle auswürgen)
Woll|hand|krab|be
wol|lig
Wollaus (Pflanzenschmarotzer) [ll|l] *§ 7 (1), § 28 Anm.*
Wol|lust, die
Wols (Wolfgang Schulze, dt. Maler 1913-1951)
Wo|ly|ni|en (Landschaft in der Ukraine); *s. a.* Wolhynien
wo|ly|nisch; *s. a.* wolhynisch
Wol|zo|gen, Ernst von (dt. Schriftsteller 1855-1934)
Wom|bat, der (Beuteltier)
Wo|men's Lib (Women's Liberation Movement, amerik. Frauenbewegung)
wo|mit
wo|mög|lich
wo|nach
Won|dra|tschek, Wolf (dt. Schriftsteller *1943)
Won|ne
Won|ne...[mond *usw.*]
won|nig
won|nig|lich
Woolf, Virginia (engl. Schriftstellerin 1882-1941)
wor|an
wor|auf
wor|auf|hin
wor|aus
Worce|ster|so|ße (scharfe Würzsoße)
Words|worth, William (engl. Dichter 1770-1850)
wor|ein
wor|feln (Gedroschenes gegen den Wind hochwerfen); du worfelst
Wor|fel...[schaufel *usw.*]
wor|in
Work|aho|lic, der (Arbeitswütiger)
Work|shop, der (Kurs)
World|cup, der ([Pokal im] Weltwettbewerb)
World|wide Fund for Na|ture (Naturschutzverband); *Abk.* WWF
World Wide Web (Teil des Internet-Netzwerks); *Abk.* www
Worms (Stadt)
Worm|ser
Wo|ro|nesch (Stadt in Rußland)
Wo|ro|schi|low, Kliment (sowjet. Politiker 1881-1969)
Worps|we|de (Ort u. Künstlerkolonie in Norddeutschland)
Wort; *Pl.* Wörter, Worte (*letzteres meist in der Bedeutung* 'Aussprüche')
Wort...[laut *usw.*]
Wört|chen
wort|ge|treu
wort|ge|wal|tig
wort|karg
wört|lich
wort|wört|lich
wor|über
wor|um
wor|un|ter
Wos|nes|sen|skij, Andrej (russ. Schriftsteller *1933)
Wo|tan (germ. Gott); *s. a.* Wodan
Wo|tru|ba, Fritz (österr. Bildhauer 1907-1975)
Wouk, Herman (amerikan. Schriftsteller *1915)
Woun|ded Knee (Ort eines Massakers an Indianern in Süddakota)
wo|von
wo|vor
wrack (*Adjektiv*); wrackes Schiff [k|k]
Wrack, das (zerstörtes Schiff usw.)
Wran|gel (dt.-balt. Adelsfamilie)
Wra|sen, der (Dunst); *s. a.* Wasen
Wren, Christopher (engl. Architekt 1632-1723)
wricken (Rudertechnik) [k|k]; *s. a.* wriggen
wrig|gen (Rudertechnik); *s. a.* wricken
Wright, Frank Lloyd (amerik. Architekt 1869-1959); Orville (1871-1948) und Wilbur (1867-1912) ~ (amerik. Flugpioniere)
wrin|gen
Wru|ke, die (Kohlrübe)
Ws (*Abk. v.* Wattsekunde)
WSW (*Abk. v.* Westsüdwest) *§ 17 (2) Anm. 2*
Wu|cher
Wu|cher...[preis *usw.*]
Wu|che|rei
Wu|che|rer
Wu|che|rin (Wuchererin)
wu|che|risch
wu|chern
Wuchs
wüch|sig
Wuchs|stoff
Wucht
wuch|ten
wuch|tig
Wu|han (Stadt in China)
Wühl...[maus *usw.*]
wüh|len
Wüh|ler
Wuh|ne, die (Loch); *s. a.* Wune
Wul|fe|nit, das (Mineral)
Wul|fi|la (got. Bischof † 383); *s. a.* Ulfilas
Wulst, der/die (Verdickung)
Wülst|chen
wul|stig
Wulst|ling (Pilz); Gedrungener ~ *§ 15 (8)*
wumm!
wum|mern
wund; ~ sein; *als Verbzusatz a. zusammengeschrieben § 10*: wund◡liegen *usw.*
Wund...[fieber *usw.*]

Wun|de, die
wun|der; wunder was getan haben; wunder wie groß sein; wundernehmen *§ 9*; *vgl.* wunders, Wunder
Wun|der, das; sein blaues Wunder erleben; kein Wunder, was Wunder; *vgl.* wunder
wun|der|bar
wun|der|ba|rer|wei|se *§ 12*
wun|der|lich
Wun|der|lich, Fritz (dt. Sänger 1930-1966); Paul ~ (dt. Maler *1927)
wun|dern; sich ~
wun|der|neh|men *§ 9*; es nimmt mich wunder
wun|ders; er glaubt wunders was getan zu haben; *vgl.* wunder, Wunder
wun|der|sam
wun|der|schön
wun|der|voll
wund◡laufen; sich ~ *§ 10*
wund◡lie|gen; sich ~ *§ 10*
Wund|mal
Wund|sein, das
Wundt, Wilhelm (dt. Psychologe 1832-1920)
Wu|ne, die (Loch); *s. a.* Wuhne
Wunsch
Wunsch...[kind *usw.*]
Wün|schel|ru|te
wün|schen
wunsch|ge|mäß
wupp!
Wup|per, die (Fluß)
Wup|per|tal (Stadt)
Wür|de, die
Wür|den...[träger *usw.*]
wür|de|voll
wür|dig
wür|di|gen
Wurf, der
Wurf...[pfeil *usw.*]
Wür|fel
Wür|fel...[becher *usw.*]
wür|fe|lig; *s. a.* würflig
wür|feln
würf|lig; *s. a.* würfelig
Wür|ge...[griff *usw.*]
wür|gen
Wür|ger (*a.* Vogel)
Würg|reiz
Wurm
Wurm, Theophil (dt. Theologe 1868-1953)
wur|men
wur|mig
wurscht; *vgl.* Wurst
Wurscht; *vgl.* Wurst
wurst; *vgl.* Wurst
Wurst, die; das ist mir Wurst *oder* wurst (*umgangsspr. a.* Wurscht *oder* wurscht: gleichgültig); *bei Intensivierung klein geschrieben*: wie wurst mir das ist; das ist mir ganz wurst
Wurst...[brot *usw.*]
Würst|chen
Wür|stel, das
Wur|ste|lei
wur|steln
wur|sten
Wur|ster
Wur|ste|rei
wur|stig
Wurst|ler
Wurst|le|rei
Wurt, Wur|te, die (Erdaufschüttung in Überflutungsgebieten)
Württ|tem|berg (Teil von Bande-W.)
Würt|tem|ber|ger
würt|tem|ber|gisch
Wurt|zit. das (Mineral)
Wurz, die
Würz|burg (Stadt)
Wür|ze, die
Wur|zel
Wur|zel...[stock *usw.*]
Wür|zel|chen
wur|ze|lig; *s. a.* wurzlig
wur|zeln
wür|zen; du würzt *§ 7 (1)*
wür|zig
wurz|lig; *s. a.* wurzelig
Wu|schel...[kopf *usw.*]
wu|sche|lig, wusch|lig
wu|seln
Wust, der
wüst
Wü|ste, die
wü|sten (verschwenden)
Wü|ste|nei
Wüst|ling
Wü|stung (verlassene Siedlung)
Wut
Wut...[anfall *usw.*]
wü|ten
wü|tend
wut|ent|brannt
Wü|te|rich
wut|schnau|bend
Wutz, die (Schwein)
Wwe. (*Abk. v.* Witwe)
Wwr. (*Abk. v.* Witwer)
Wy|an|dot (Indianervolk)
Wy|an|dot|te (Hühnerrasse)
Wyk auf Föhr (nordfries. Inselgemeinde)
Wy|ler, William (amerikan. Regisseur 1902-1981)
Wy|o|ming (Bundesstaat der USA); *Abk.* Wy.
Wy|szyn|ski, Stefan (poln. Kardinal 1901-1981)

X X

das x (der Kleinbuchstabe x, der Laut x, mathemat. Symbol der unbekannten Größe); das X (der Großbuchstabe X); X (griech. Buchstabe Chi, röm. Ziffer 10); ein X für ein U vormachen; ein Herr X, der Tag X
x-Ach|se *§ 13 (2)*
Xan|thin, das (chem. Stoff in Wein usw.)
Xan|thip|pe (zänkische Frau)
Xan|thom
X-Bei|ne *§ 13 (2)*
X-bei|nig *§ 13 (2)*
x-be|lie|big *§ 13 (2)*
X-Chro|mo|som *§ 13 (2)*
Xe (*chem. Zeichen f.* Xenon)
X-Ein|heit *§ 13 (2)*
Xe|na|kis, Iannis (griech.-frz. Komponist 1922-2001)
Xe|nie; *s. a.* Xenion; *Pl.* Xenien
Xe|ni|on; *s. a.* Xenie; *Pl.* Xenien
Xen|on; *chem. Zeichen* Xe
Xe|no|pha|nes (griech. Philo-

soph ~570- ~470 v. Chr.)
Xe|no|phon (griech. Schriftsteller ~430- nach 355 v. Chr.)
Xe|ro|gra|phie (Kopierverfahren)
Xe|ro|ko|pie
xe|ro|ko|pie|ren
xe|ro|phil (die Trockenheit liebend)
Xe|ro|phyt, der (Trockenpflanze)
Xer|xes (Perserkönig ~519-465 v. Chr.)
x-fach; das x-fa|che, X-fache (*mathem., zum Symbol* x) *§ 13 (2)*
x-för|mig, X-för|mig (in der Form eines x bzw. X) *§ 13 (2)*
X-Ha|ken *§ 13 (2)*
Xho|sa (Volk in Afrika)
Xi (der griech. Buchstabe χ, X)
Xi'an (Stadt in China)
x-mal *§ 13 (2)*
X-Strah|len *§ 13 (2)*
x-te *§ 13 (2)*; zum x-ten Mal
Xy|lem, das (*botan.* Leitgewebe)
Xy|lo|graph
Xy|lo|gra|phie (Holzstich)
xy|lo|gra|phisch
Xy|lol, das (Kohlenwasserstoff)
Xy|lo|meter, das (Meßgerät für d. spezif. Gewicht von Holz)
Xy|lo|phon, das (Schlaginstrument mit Holzstäben)
Xy|lo|se, die (Zuckerart)

y Y

das y (der Kleinbuchstabe y), das Y (der Großbuchstabe Y); Y (*chem. Zeichen f.* Yttrium)
y., yd. (*Abk. v.* Yard)
y-Achse *§ 13 (2)*
Yacht, die (Schiff); *a.* Jacht
Ya|jur|ve|da, der (heiliger Text der Hindus)
Yak, der (Rind); *a.* Jak
Ya|ku|za, die (jap. Mafia)
Yale (amerikan. Universität)
Ya|mous|sou|kro (Hauptstadt d. Elfenbeinküste)
Yams...[wurzel *usw.*]
Ya|mu|na, die (Fluß in Indien)
Yang, das (Phallos); Yin und Yang (weibl. u. männl. Prinzip)
Yan|gon (Hauptstadt v. Birma, Rangun); *s. a.* Rangun
Yan|kee (US-Amerikaner)
Yan|kee-doo|dle, der (Volkslied)
Yard, das (engl. Längenmaß); *Abk.* y., yd.
Ya|ren (Hauptstadt v. Nauru)
Yb (*chem. Zeichen f.* Ytterbium)
Y-Chro|mo|som *§ 13 (2)*
yd., y. (*Abk. v.* Yard)
Yeats, William Butler (irischer Schriftsteller 1865-1939)
Yel|low|stone-Na|ti|o|nal|park (in den USA)
Yen, der (jap. Währung)
Ye|ti (Schneemensch)
Ygg|dra|sil, die (nord. Weltesche)
Yin; Yin und Yang (Prinzipien der chines. Philosophie)
Ylang-Ylang-Öl (Duftstoff)
YMCA (*Abk. f.* Christlicher Verein Junger Männer/Menschen)
Ymir (Sagengestalt)
Yo|ga, der (esoter. Lehre, Konzentrationsübung); *a.* Joga
Yo|ghurt, der/das/die (Sauermilchprodukt); *a.* Joghurt
Yo|gi, der (Yoga-Anhänger; Asket); *a.* Jogi; *s. a.* Yogin
Yo|gin (Yogi); *a.* Jogin
Yo|him|bin, das (Heilmittel)
Yo|ko|ha|ma (Stadt in Japan); *a.* Jokohama
Yorck von War|ten|burg, Ludwig (preuß. Feldmarschall 1759-1830); Peter (dt. Widerstandskämpfer 1904-1944)
York (Stadt in England)
York|shire|ter|ri|er (Hunderasse)
Yo|ru|ba (Volk in Afrika)
Yo|se|mi|te-Na|ti|o|nal|park (in Kaliformien)
Young, Edward (engl. Dichter 1683-1765); Owen ~ (amerikan. Ökonom 1874-1962); Thomas ~ (engl. Physiker 1773-1829)
Young|plan (Reparationsplan 1930)
Young|ster, der (Neuling)
Your|ce|nar, Marguerite (frz. Schriftstellerin 1903-1987)
Yo-Yo, das (Seilrollenspiel)
Ypern (Stadt in Belgien)
Ypsi|lon (der Buchstabe y, Y)
Ypsi|lon|eu|le (Schmetterling)
Ysop, der (Gewürz- und Heilpflanze)
Ytong, der (Baustoff)
Yt|ter|bi|um; *chem. Zeichen* Yb
Yt|ter|er|de (Mineral)
Yt|tri|um; *chem. Zeichen* Y
Yuan (mongol. Dynastie in China)
Yu|ca|tán (Halbinsel und Staat in Mittelamerika); *a.* Yukatan
Yuc|ca, die (Palmlilie)
Yu|ka|tan (Halbinsel und Staat in Mittelamerika); *a.* Yucatán
Yu|kon, der (~ River, Fluß in Kanada u. Alaska)
Yu|kon-Ter|ri|to|ri|um *§ 13 (2)*
Yun, Isang (korean.-dt. Komponist 1917-1995)
Yun|nan (chines. Provinz)
Yup|pie, der (*aus* young urban professional; ehrgeiziger Aufsteiger)
Yver|don (Stadt in der Schweiz)
YWCA (*Abk. f.* Christlicher Verein Junger Mädchen)

z Z

das z (der Kleinbuchstabe z, der Laut z); das Z (der Großbuchstabe Z); von A bis Z (*a.* von Anfang bis Ende)
Z. (*Abk. v.* Zeile)
Za|ba|glio|ne, Za|ba|lo|ne, die (Weinschaumspeise)
Za|cha|ri|as (bibl. Gestalt)
zack!; zack, zack!
Zack; auf ~ sein
Zacke [k|k]

zacken [k|k]; du zackst; gezackt
Zacken, der [k|k]
zackig [k|k]
Za|dek, Peter (dt. Regisseur *1926)
zag (scheu)
Za|gel (Schwanz)
za|gen (ängstlich sein); du zagst
zag|haft
Za|greb (*früher* Agram, Hauptstadt v. Kroatien)
zäh; zä|her, am zä|he|sten
Zä|heit; *a.* Zäh|heit
zäh|flüs|sig
Zäh|heit; *a.* Zäheit
Zä|hig|keit
Zahl
Zahl...[tag *usw.*]
Zähl...[rohr *usw.*]
zahl|bar
zähl|bar
zäh|le|big
zah|len; du zahlst
zäh|len; du zählst
Zah|len...[angabe *usw.*]
zah|len|mä|ßig
Zäh|ler
zahl|los
zahl|reich
zahm
zäh|men
Zahn
Zahn...[arzt *usw.*]
Zähn|chen
zäh|ne|bleckend [k|k]; *aber* die Zähne bleckend *§ 11 (4), (6)*
zäh|ne|flet|schend; *aber* die Zähne fletschend *§ 11 (4), (6)*
Zäh|ne|klap|pern
zäh|ne|klap|pernd
zäh|ne|knir|schend
zäh|neln
zah|nen
zäh|nen (mit Zähnen versehen); du zähnst
zahn|los
zahn|lückig [k|k]
zahn|me|di|zi|nisch
Zahn|pa|sta, Zahn|pa|ste
Zahn|schmelz
Zäh|nung
Zäh|re (Träne)
Zäh|rin|ger (dt. Adelsfamilie)
Zähr|te (Fisch); *a.* Zärte
Zain, der (Rute, Dachsschwanz)
Za|i|re (Demokratische Republik Kongo)
Za|i|rer
za|i|risch
Za|ko|pa|ne (Ort in Polen)
Za|kyn|thos (griech. Insel)
Za|ma (antiker Ort in Afrika)
Zam|ba, die (Tanz)
Zam|pa|no (Angeber)
Zam|perl, das (Hund)
Zan|der, der (Fisch)
Zan|ge
Zank
Zank|ap|fel
zan|ken
Zän|ker
zän|kisch
Zapf
Zapf...[hahn *usw.*]
Zäpf|chen
Zäpf|chen-r, Zäpfchen-R *§ 13 (2)*
zap|fen; du zapfst
Zap|fen, der
Zap|fen|streich
za|po|nie|ren (mit Zaponlack überziehen)
Za|pon|lack (farbloser Lack)
Za|po|te|ke (Angehöriger e. Indianervolks)
Zap|pa, Frank (amerikan. Musiker 1940-1993)
zap|pe|lig; *s. a.* zapplig
zap|peln
Zap|pel|phil|ipp
zap|pen; du zappst; gezappt
zap|pen|du|ster
zapp|lig; *s. a.* zappelig
Zar (*Herrschertitel*)
Za|ra|thu|stra (iran. Religionsstifter vor 600 v. Chr.); *s. a.* Zoroaster
Za|re|witsch (Zarensohn)
Za|rew|na (Zarin)
Zar|ge, die (Holzrahmen)
Za|ris|mus
za|ri|stisch
Za|ri|za (Zarin)
zart; zarter, zarteste
zart◡be|sai|tet; noch zartbesaiteter; *aber* zarter besaitet *§ 11 (4)*
zart|bit|ter; zartbittere Schokolade
Zär|te (Fisch); *a.* Zährte
Zär|te|lei
zär|teln
zart|füh|lend
Zart|ge|fühl
zärt|lich
zart|ro|sa
Zä|si|um; *a.* Caesium, Cäsium; *chem. Zeichen* Cs
Zas|pel, die (Garnmaß)
Za|ster, der (Geld)
Zä|sur (Einschnitt; *a. übertr.*)
Zá|to|pek, Emil (tschech. Läufer 1922-2000)
Zau|ber
Zau|ber...[bann *usw.*]
Zau|be|rei
Zau|be|rer
zau|ber|haft
Zau|be|rin
zau|be|risch
zau|bern
Zau|ber|nuß (Hamamelis)
Zau|de|rer; *s. a.* Zaudrer
zau|dern
Zaud|rer; *s. a.* Zauderer
Zaum; im ~ halten
zäu|men
Zaum|zeug
Zaun
Zaun|ei|dech|se
zäu|nen; du zäunst
Zaun|gast
Zaun|kö|nig (Vogel)
Zaun|re|be (Rankgewächs)
Zaun|schlüp|fer (Vogel)
zau|sen; du zaust
Za|zi|ki, das/der (Joghurtsoße); *a.* Tsatsiki
z. B. (*Abk. v.* zum Beispiel)
z. b. V. (*Abk. v.* zur besonderen Verwendung)
z. d. A. (*Abk. v.* zu den Akten)
ZDF (*Abk. v.* Zweites Deutsches Fernsehen)
Zea, die (Mais)
Ze|ba|oth (himml. Heerscharen); der Herr ~ (Gott)
Ze|bra, das

Ze|bra...[streifen *usw.*]
Ze|bu, das (Buckelrind)
Zech, Paul (dt. Schriftsteller 1881-1946)
Ze|che, die (1. Bergwerk; 2. Rechnung f. Verzehr)
ze|chen; du zechst
Ze|chi|ne (Münze)
Zech|prel|ler
Zech|prel|le|rei
Zech|stein (geolog. Formation)
Zecke, die (Parasit) [k|k]
Ze|dent (zedierender Gläubiger)
Ze|der, die (Baum)
ze|dern (aus Zedernholz)
ze|die|ren (einen Anspruch auf Dritte übertragen)
Ze|drach|ge|wächs (Baumgattung)
Ze|dre|la[|**baum**], Ze|dre|le (Zederngattung)
Zee|man, Pieter (niederl. Physiker 1865-1943)
Zee|se, die (Schleppnetz)
Zee|sen|boot
Zef|fi|rel|li, Franco (ital. Regisseur *1923)
Zeh, der; *s. a.* Zehe
Ze|he, die; *s. a.* Zeh
zehn; zehn Finger; die Zehn Gebote; zu zehnt sein; *vgl.* acht
Zehn, die; *vgl.* Acht[1]
Zehn|eck
zehn|eckig [k|k]
zehn|ein|halb
Zehn|en|der
Zeh|ner, der
Zeh|ner...[packung *usw.*]; 10er-...[Packung *usw.*] *§ 13 (2)*
zeh|ner|lei
zehn|fach; 10fach *§ 13 (2) Anm. 2*; das Zehnfache, 10fache
Zehn|fin|ger|sy|stem
Zehn|flach, das
Zehn|fläch|ner
Zehn|jah|res|fei|er; 10-Jahres-Feier *§ 13 (4) Anm. 3*
Zehn|jah|res|plan
Zehn|jahr|fei|er
zehn|jäh|rig; 10jährig *§ 13 (2) Anm. 2*; der Zehnjährige, 10jährige
Zehn|kampf
Zehn|kämp|fer
zehn|mal
zehn|ma|lig
Zehn|mark|schein
Zehn|me|ter|brett
Zehn|pfen|nig|brief|mar|ke
Zehn|pfen|nig|stück
zehnt; *vgl.* zehnte
Zehnt, der (Steuer); *s. a.* Zehnte
zehn|tau|send; *s. a.* Zehntausend
Zehn|tau|send; die oberen ~
zehn|te; *in rein numerischer Verwendung (Abzählen) klein geschrieben*; *Großschreibung in Eigennamen, bei festen Begriffen oder wenn es sich um die Rolle eines Zehntplazierten o. ä. handelt § 15 (6)*: der zehnte, jeder zehnte, zu zehnt; er wurde Zehnter; der Zehnte (Zehnt); *vgl.* achte, Zehnt
Zehn|te, der (Steuer); *s. a.* Zehnt
zehn|tel; ein zehntel Liter; *vgl.* achtel
Zehn|tel, das; ein Zehntel; *vgl.* Achtel
Zehn|tel|gramm; *aber* zehntel Gramm
Zehn|tel|se|kun|de; *aber* zehntel Sekunde
zehn|tens
Zehn|ton|ner; 10tonner *§ 13 (2)*
Zehnt|recht
zehn|und|ein|halb
zeh|ren
Zehr|geld
Zehr|pfen|nig
Zeh|rung (Nahrung)
Zei|chen
Zei|chen...[block *usw.*]
zeich|nen
zeich|nungs|be|rech|tigt
zei|deln (imkern)
Zeid|ler (Imker)
Zeid|le|rei
Zei|ge|fin|ger
zei|gen; du zeigst
Zei|ger
zei|hen; zeihst, ziehst; geziehen
Zei|le
Zei|len...[abstand *usw.*]
zei|len|wei|se
Zei|ne, die (Korb)
Zei|sig, der (Vogel)
Zei|sing, der (*seemansspr.* Befestigungsstreifen)
Zeiss, Carl (dt. Mechaniker 1816-1888)
zeit (*Präposition*) *§ 15 (5)*; zeit meines Lebens; *vgl.* Zeit
Zeit, die; zur Zeit, *Abk.* z. Z./z. Zt.); von Zeit zu Zeit, Zeit haben, zu seiner Zeit; *aber* seinerzeit (damals); *vgl.* zeit, Zeitlang
Zeit...[wort *usw.*]
zeit|auf|wen|dig
Zei|ten|wen|de
zeit|ge|bun|den
zeit|ge|mäß
zeit|ge|nös|sisch
zeit|ge|recht
zeit|gleich
zei|tig
zei|ti|gen
zeit|kri|tisch
Zeit|lang; [auf, für] eine ~; *aber* einige Zeit lang *§ 11 (7) Anm. 1*; *vgl.* Zeit
zeit|le|bens *§ 12*; *aber*: zeit seines Lebens; *vgl.* zeit, Zeit
zeit|lich
zeit|los
Zeit|lo|se, die (Pflanze)
Zeit|lu|pe
zeit|nah
Zeit|raf|fer
zeit|rau|bend; [noch] zeitraubender; *aber* [die] Zeit raubend *§ 11 (1)*
zeit|spa|rend; [noch] zeitsparender; *aber* [viel] Zeit sparend *§ 11 (1)*
Zei|tung
Zei|tungs...[leser *usw.*]
Zei|tungs|en|te
zeit|ver|geu|dend; *aber* [viel] Zeit vergeudend *§ 11 (1)*

zeit|ver|setzt
zeit|wei|lig
zeit|wei|se
Ze|le|brant (messelesender Priester)
Ze|le|bra|ti|on
ze|le|brie|ren
Ze|le|bri|tät (Berühmtheit)
Zell...[atmung *usw.*]
Zel|le
Zelleh|re [ll|l]
Zel|len...[bildung *usw.*]
zel|len|för|mig
Zel|ler, Carl (österr. Komponist 1842-1898)
Zell|glas (Zellulosefolie)
zel|lig
Zel|lo|phan, das (Kunststofffolie) (*als Marke* Cellophan)
Zell|stoffa|brik [ff|f] *§ 7 (1), § 28 Anm.*
zel|lu|lar
zel|lu|lär
Zel|lu|lar|pa|tho|lo|gie
Zel|lu|li|tis, die (Entzündung des Zellgewebes); *a.* Cellulitis
Zel|lu|loid, das (Kunststoff); *a.* Celluloid
Zel|lu|lo|se, die (Zellstoff); *a.* Cellulose
Ze|lot (Eiferer)
ze|lo|tisch
Ze|lo|tis|mus
Zelt
Zelt...[lager *usw.*]
zel|ten
Zel|ter, der (Damenpferd)
Zel|ter, Carl Friedrich (dt. Komponist 1758-1832)
Zelt|gang (Paßgang)
Ze|ment, der (Baustoff, Bindemittel)
Ze|ment...[sack *usw.*]
Ze|men|ta|ti|on
ze|men|tie|ren
Zen, das (buddhist. Meditation)
Ze|ner|di|ode, die
Ze|nit, der (Scheitelpunkt [d. Himmels])
Ze|nit|hö|he
Ze|no|bia (röm. Kaiserin 3. Jh.)
Ze|non (griech. Philosophen); ~ d. Ä. aus Elea (490-430 v. Chr.); ~ d. J. aus Kition (~333- ~262 v. Chr.)
Ze|no|taph, das (leeres Grabmal); *s. a.* Kenotaph
zen|sie|ren (überwachen; bewerten)
Zen|sor
zen|so|risch
Zen|sur
zen|su|rie|ren
Zen|sus (Volkszählung, Vermögensschätzung)
Zent, die (Verwaltungsbezirk); *s. a.* Zentgericht
Zen|taur, der (Fabelwesen aus Mensch und Pferd); *s. a.* Kentaur
Zen|te|nar (100jähriger)
Zen|te|nar|aus|ga|be
Zen|te|nar|fei|er (Hundertjahrfeier)
Zen|te|na|ri|um
zen|te|si|mal (auf 100 bezogen)
Zen|te|si|mal|waa|ge
zent|frei
Zent|ge|richt; *s. a.* Zent
Zent|graf
Zen|ti|fo|lie (Rose)
Zen|ti|gramm; *Abk.* cg
Zen|ti|li|ter; *Abk.* cl
Zen|ti|me|ter; *Abk.* cm
Zent|ner; *Abk.* Ztr.
zent|ner|schwer
zent|ner|wei|se
zen|tral
Zen|tral...[bau *usw.*]
Zen|tral|afri|ka
zen|tral|afri|ka|nisch; Zentralafrikanische Republik (Staat)
Zen|tral|ame|ri|ka
zen|tral|ame|ri|ka|nisch
zen|tral|be|heizt *§ 11 (4)*
Zen|tra|le, die
zen|tral|ge|heizt *§ 11 (4)*
Zen|tra|li|sa|ti|on
zen|tra|li|sie|ren
Zen|tra|lis|mus
zen|tra|li|stisch
Zen|tra|li|tät
zen|trie|ren
zen|tri|fu|gal (die Mitte fliehend)
Zen|tri|fu|gal|kraft
Zen|tri|fu|ge (Schleudermaschine)
zen|tri|fu|gie|ren
zen|tri|pe|tal (zur Mitte strebend)
Zen|tri|pe|tal|kraft
zen|trisch
Zen|tri|win|kel (Mittelpunktswinkel)
Zen|trum
Zen|trums|par|tei (kathol. Partei d. Dt. Reiches)
Zen|tu|rie (altröm. Hundertschaft)
Zen|tu|rio (Führer einer Zenturie); *Pl.* Zen|tu|ri|o|nen
Zeo|lith, der (Mineral)
Ze|phan|ja (*Prophet*)
Ze|phir, der (milder Wind); *s. a.* Zephyr
ze|phi|risch; *s. a.* zephyrisch
Ze|phir|wol|le (Baumwolle); *s. a.* Zephyrwolle
Ze|phyr; *s. a.* Zephir
ze|phy|risch; *s. a.* zephirisch
Ze|phyr|wol|le (Baumwolle); *s. a.* Zephirwolle
Zep|pe|lin, Ferdinand Graf von (dt. Ingenieur 1838-1917)
Zep|pe|lin, der (Luftschiff)
Zep|ter, das (Herrscherstab)
zer... *Verbpräfix, die Schreibweise folgt dem Grundwort*: zerbeißen *usw.*
Ze|rat, das (Wachssalbe)
Zer|be|rus, der (Höllenhund, scharfer Wächter); *a.* Cerberus; *s. a.* Kerberos
zer|brech|lich
zer|dep|pern; *s. a.* zerteppern
Ze|re|a|lie, die (Feldfrucht); *a.* Cerealie
Ze|re|bel|lum, das (Kleinhirn); *a.* Cerebellum (*med.*)
ze|re|bral (das Hirn betreffend); *a.* cerebral (*med.*)
Ze|re|bral, der (Zerebrallaut)
Ze|re|bral...[laut *usw.*]
ze|re|bro|spi|nal (Hirn und Rückenmark betreffend); *a.* cerebrospinal (*med.*)
Ze|re|brum, das (Gehirn); *a.* Cerebrum (*med.*)

Ze|re|mo|nie
ze|re|mo|ni|ell (*Adjektiv*)
Ze|re|mo|ni|ell, das
ze|re|mo|ni|ös
Ze|re|sin, das (Erdwachs)
zer|fah|ren
Zer|fall
zer|fet|zen
zer|fled|dern
zer|flei|schen
zer|fran|sen
zer|klüf|tet
zer|knirscht
zer|lumpt
zer|mal|men
Zer|matt (Ort in der Schweiz)
zer|mür|ben
zer|nich|ten
zer|nie|ren (einschließen)
Ze|ro, die/das (Null; Gewinnfeld der Bank beim Roulette)
Ze|ro|graph
Ze|ro|gra|phie (Wachsgravur)
Ze|ro|pla|stik (Wachsplastik)
zer|pul|vern
zer|quält
Zerr|bild
zer|rei|ßen; du zerreißt *§ 7 (1)*
zer|ren
Zerr|spie|gel
zer|rüt|ten
zer|schel|len
zer|schmet|tern
zer|schrün|det
zer|schun|den
zer|set|zen; du zersetzt *§ 7 (1)*
zer|spa|nen
zer|spel|len
zer|splei|ßen; du zerspleißt *§ 7 (1)*
zer|stückeln [k|k]
zer|tep|pern; *s. a.* zerdeppern
Zer|ti|fi|kat, das (Zeugnis)
Zer|ti|fi|ka|ti|on
zer|ti|fi|zie|ren (bescheinigen)
zer|trüm|mern
Zer|ve|lat, der (Wurst); s. a. Cervelat, Servelat
Zer|ve|lat|wurst; *s. a.* Cervelatwurst, Servelatwurst
Zer|vix, die ([Gebärmutter-]Hals); *a.* Cervix (*med.*)
Zer|würf|nis, das
zes|si|bel; zessi|ble Ansprüche
Zes|si|on (Anspruchsübertragung)
Zes|si|o|nar
Ze|ste, die (Streifen von Zitrusschale)
Ze|ta, das (der griech. Buchstabe ζ, Z)
Ze|ter; ~ und Mordio schreien
Ze|ter|ge|schrei
ze|tern; du zeterst
Zet|kin, Clara (dt. Politikerin 1857-1933)
Zett, das (der Buchstabe Z)
Zet|tel (*a.* Kette am Webstuhl)
Zet|te|lei
Zet|tel|kar|tei
zet|teln
Zeug, das
Zeug...[haus *usw.*]
Zeu|ge, der
zeu|gen (1. Zeugnis ablegen; 2. erzeugen); du zeugst
Zeu|gen...[aussage *usw.*]
Zeug|ma, das (*stilist.* Verbindung ungleicher Glieder)
Zeug|nis, das
Zeug|nis...[abschrift *usw.*]
Zeugs, das
Zeu|gung
zeu|gungs|fä|hig
zeu|gungs|un|fä|hig
Zeus (griech. Gott)
Zeus...[tempel *usw.*]
Zeu|xis (griech. Maler ~435-~390 v. Chr.)
ZGB (*Abk. v.* Zivilgesetzbuch) *§ 17 (2) Anm. 1*
z. H., z. Hd. (*Abk. v.* zu Händen [von])
Zhou En|lai (chines. Politiker 1898-1976)
Zi|be|be, die (Rosine)
Zi|be|li|ne, die (Gewebe)
Zi|bet, der (Sekret der Zibetkatze)
Zi|bet|kat|ze
Zi|bo|ri|um, das (Altarkelch, Altaraufbau)
Zi|cho|rie (Wegwarte; deren Wurzel als Kaffeewürze)
Zi|cho|ri|en|kaf|fee
Zicke (Ziege) [k|k]
Zickel (Ziegenjunges) [k|k]
Zickel|chen [k|k]
zickeln (Zicklein werfen) [k|k]
Zicken (*Pl.*) [k|k] ; ~ machen
zickig [k|k]
Zick|lein (junge Ziege)
zick|zack; ~ laufen; *s. aber* Zickzack
Zick|zack, der; im ~ laufen; *s. aber* zickzack
zick|zacken [k|k]; du zickzackst
Zick|zack...[kurs *usw.*]
Ziech|ling (Schaber)
Zie|ge
Zie|gel, der
Zie|gel...[stein *usw.*]
Zie|ge|lei
zie|geln
zie|gel|rot
Zie|gen...[bock *usw.*]
Zie|gen|bart (*a.* Pilz)
Zie|gen|pe|ter (Mumps)
Zie|ger, der (Quark)
Zieh...[eltern *usw.*]
Zieh|brun|nen
zie|hen; du ziehst, zogst, zögest, gezogen
Zieh|har|mo|ni|ka
zieh|schlei|fen; das Ziehschleifen
Ziel
Ziel...[bahnhof *usw.*]
ziel|be|wußt
zie|len; du zielst
zie|lend
ziel|ge|rich|tet
ziel|los
ziel|si|cher
ziel|stre|big
zie|men; es ziemt sich
Zie|mer, der (1. Rückenstück; 2. Ochsenziemer)
ziem|lich
zie|pen (1. ziehen; 2. pfeifen)
Zier, die
Zie|rat, der
Zier|de, die
zie|ren; sich ~
Zie|re|rei
zier|lich
Zie|sel, der/das (Nagetier)
Ziest, der (Pflanze)
Zie|then, Hans Joachim von

(Husarengeneral 1699-1786)
Zif|fer; *Abk.* Ziff.
zif|fern|mä|ßig
zig (sehr viele); zig Unterschriften; zigfach, zigmal; zigtausend, Zigtausende
Zi|ga|ret|te
Zi|ga|ret|ten...[asche *usw.*]
Zi|ga|ril|lo, der/das (kleine Zigarre)
Zi|gar|re
Zi|gar|ren...[asche *usw.*]
Zi|geu|ner (Angehöriger e. indoiran. Wandervolks; *übertr.* unstet Lebender)
Zi|geu|ner...[sprache *usw.*]
zi|geu|ne|risch
zi|geu|nern (umherziehen); du zigeunerst
zig|fach; das Zigfache
zig|hun|dert; Zighunderte von Menschen
zig|mal
zig|tau|send; Zigtausende von Menschen
Zi|ka|de, die (Insekt)
Zik|ku|rat, die (Tempelturm)
zi|li|ar (die Wimpern betreffend)
Zi|li|ar|kör|per (Teil d. Auges)
Zi|li|a|te, die (Wimpertierchen)
Zi|lie (Wimper, Härchen)
Zi|li|zi|en (antike Landschaft in Kleinasien); *s. a.* Kilikien
Zil|le, die (Schiff)
Zil|le, Heinrich (dt. Zeichner 1858-1929)
Zil|ler|tal
Zil|ler|ta|ler; ~ Alpen
Zilp|zalp, der (Vogel)
Zim|bab|we (*engl.*) (Staat); *a.* Simbabwe
Zim|bal, das (Musikinstrument, Hackbrett)
Zim|bel, die (Musikinstrument, Becken; Orgelstimme)
Zim|ber (Angehöriger eines Germanenvolks); *s. a.* Kimber
zim|brisch; die Zimbrische Halbinsel *§ 15 (8)*; *s. a.* kimbrisch
Zi|mier, das (Helmschmuck)
Zim|mer
Zim|mer...[antenne *usw.*] (*zu* Zimmer)
Zim|mer...[arbeit *usw.*] (*zu* zimmern)
Zim|me|rei
Zim|me|rer
Zim|mer|ling
Zim|mer|mann
Zim|mer|mann, Bernd Alois (dt. Komponist 1918-1970); Dominikus ~ (dt. Baumeister 1685-1766)
zim|mern; du zimmerst
zim|per|lich
Zim|per|lie|se
zim|pern; du zimperst
Zimt, der (Gewürz)
Zimt...[baum *usw.*]
zimt|far|ben
zimt|far|big
Zimt|zicke [k|k], Zimt|zie|ge
Zin|cke|nit, der (Mineral)
Zin|cum (Zink)
Zin|del|taft, der (Gewebe)
Zin|der (Kohle)
Zi|ne|ra|ria, Zi|ne|ra|rie
zin|ga|re|se (zigeunerhaft); *vgl.* alla ~
Zin|gel, der (Fisch)
Zin|gu|lum (Bauchbinde v. Priestern)
Zink, das; *chem. Zeichen* Zn
Zink, der (Blasinstrument)
Zink...[wanne *usw.*]
Zin|ke, die (Zacke)
zin|ken (aus Zink)
zin|ken; du zinkst
Zin|ken, der (Geheimzeichen der Landstreicher; große Nase)
Zin|ker (Falschspieler)
Zin|ko|gra|phie (Zinkdruck)
Zin|ko|ty|pie
Zink|weiß, das
Zinn; *chem. Zeichen* Sn
Zin|ne, die (Mauerteil zwischen Schießscharten)
zin|nern (aus Zinn)
Zin|nie (Pflanze)
Zinn|kraut (Ackerschachtelhalm)
Zin|no|ber, der (Mineral, Farbe; Unsinn)
zin|no|ber|rot
Zinn|wal|dit, der (Mineral)
Zins, der
Zins...[fuß *usw.*]
zins|bar
zin|sen; du zinst *§ 7 (1)*
Zin|sen...[dienst *usw.*]
Zin|ses|zins, der
zins|los
zins|pflich|tig
zins|tra|gend; *aber* [reichen] Zins tragend *§ 11 (4), (6)*
Zin|zen|dorf, Nikolaus Ludwig Graf von (dt. Pietist)
Zi|ol|kow|ski, Konstantin (russ. Physiker 1857-1935)
Zi|on (Jerusalem)
Zi|o|nis|mus (nationalist. jüd. Bewegung)
Zi|o|nist
zi|o|ni|stisch
Zip|fel, der
zip|fe|lig; dreizipfelig *usw.*; *s. a.* zipflig
Zip|fel|müt|ze
zipf|lig; dreizipflig *usw.*; *s. a.* zipfelig
zip|pen (*EDV* komprimieren); du zippst; gezippt
Zip|per|lein (Gicht)
Zip|pus, der (alter Grenzstein); *Pl.* Zippi, Zippen
Zir|be, Zir|bel, die (Zirbelkiefer)
Zir|bel|drü|se (Hirndrüse)
Zir|bel|kie|fer (Nadelbaum)
Zir|co|ni|um; *a.* Zirkonium; *chem. Zeichen* Zr
zir|ka (*lat.* ungefähr); *a.* circa; *Abk.* ca.
Zir|kel, der (Zeichengerät, Kreis)
Zir|kel...[schluß *usw.*]
zir|keln; du zirkelst
zir|kel|rund
Zir|kon, der (Mineral)
Zir|ko|ni|um; *a.* Zirconium; *chem. Zeichen* Zr
zir|ku|lar
zir|ku|lär (kreisförmig)
Zir|ku|lar, das (Rundschreiben)
Zir|ku|la|ti|on (Umlauf)
zir|ku|lie|ren

Zir|kum|flex, der (Schleifton, Akzentzeichen ^)
Zir|kum|po|lar|stern (Stern im engeren Umkreis d. Himmelspols)
Zir|kum|po|si|ti|on
zir|kum|skript (umschrieben)
Zir|kum|zi|si|on (Beschneidung)
Zir|kus; *Pl.* Zirkusse
Zir|kus...[clown *usw.*]
zir|pen; du zirpst
Zir|rho|se, die (Verhärtung)
Zir|ro|ku|mu|lus (Wolkenart)
Zir|ro|stra|tus (Wolkenart)
Zir|rus (Federwolke); *Pl.* Zirren
Zir|rus|wol|ke
zir|zen|sisch (zirkushaft); *a.* circensisch
zis|al|pin (diesseits der Alpen [von Rom aus]; *a.* cisalpin
zi|scheln
zi|schen; du zischst
Zisch|laut
Zi|se|leur
zi|se|lie|ren ([Metall] fein verzieren)
Zis|la|weng; mit einem ~ (schwungvoll, geschickt)
Zis|sa|li|en (*Pl.*) (Metallreste)
Zis|so|i|de, die (Kurve)
Zi|sta, Zi|ste, die (Korb, Urne); *Pl.* Zisten
Zi|ster|ne, die ([unterird.] Wasserspeicher)
Zi|ster|zi|en|ser (Angehöriger eines Mönchsordens)
Zist|rös|chen
Zist|ro|se (Pflanze)
Zi|ta (Kaiserin v. Österreich 1892-1989)
Zi|ta|del|le (Festung)
Zi|tat, das (angeführter Text)
Zi|ta|ten...[schatz *usw.*]
Zi|ta|ti|on
Zi|ther, die (Saiteninstrument)
zi|tie|ren
Zi|trat, das (Salz der Zitronensäure); *a.* Citrat
Zi|trin, der (Mineral); *a.* Citrin
Zi|tro|nat, das (kandierte Zitronenschale)
Zi|tro|ne
Zi|tro|nen...[saft *usw.*]
Zi|tro|nen|fal|ter (Schmetterling)
zi|tro|nen|far|ben
zi|tro|nen|far|big
zi|tro|nen|gelb
Zi|tro|nen|me|lis|se
zi|tro|nen|sau|er
Zi|trus|frucht
Zit|ter|aal (Aal mit elektr. Organ)
Zit|ter|gras
zit|te|rig; *s. a.* zittrig
zit|tern
Zit|ter|pap|pel (Espe)
Zit|ter|par|tie
Zit|ter|ro|chen, der (Fisch mit elektr. Organ)
zitt|rig; *s. a.* zitterig
Zit|wer, der (Gewürzpflanze)
Zit|ze, die (Saugfortsatz der Milchdrüse)
Ziu (german. Gott)
Zi|vi, der (*kurz f.* Zivildienstleistender)
zi|vil (bürgerlich, nichtmilitärisch)
Zi|vil, das
Zi|vil...[recht *usw.*]
Zi|vil|cou|ra|ge, die
Zi|vi|li|sa|ti|on
zi|vi|li|sa|to|risch
zi|vi|li|sie|ren
Zi|vi|list
zi|vi|li|stisch
zi|vil|recht|lich (bürgerlichrechtlich)
ZK (*Abk. v.* Zentralkomitee) *§ 17 (2) Anm. 1*
Zl (*Abk. v.* Zloty) *§ 17 (2) Anm. 2*
Zlo|ty, der; *poln.* Złoty (poln. Währung); *Abk.* Zl
Zn (*chem. Zeichen f.* Zink)
Zo|bel, der (Marderart, Pelz)
Zo|bel|pelz
zockeln [k|k]
zocken [k|k]; du zockst
Zocker (Glücksspieler) [k|k]
zo|di|a|kal (den Tierkreis betreffend)
Zo|di|a|kal|licht
Zo|di|a|kus (Tierkreis als Himmelseinteilung)
Zoe (*Name byzant. Kaiserinnen*)
Zöf|chen (*zu* Zofe)
Zo|fe, die (Kammerdienerin)
Zoff, der (Streit); ~ machen, ~ kriegen
zö|ger|lich
zö|gern
Zög|ling
Zo|la, Émile (frz. Schriftsteller 1840-1902)
Zö|le|stin, der (Mineral)
Zö|le|sti|ner (Angehöriger e. Mönchsordens)
Zö|li|a|kie (Gluten-Überempfindlichkeit)
Zö|li|bat, der/das (Ehelosigkeit)
zö|li|ba|tär (*Adjektiv*)
Zö|li|ba|tär, der
Zö|li|bats...[zwang *usw.*]
Zoll[1], der (Längenmaß); dreizollig, 3zollig *§ 13 (2) Anm. 2*; dreizöllig, 3zöllig *usw.*
Zoll[2], der (Abgabe [an Grenzen]; Zollamt)
Zoll...[amt *usw.*]
zollang [ll|l] *§ 7 (1), § 28 Anm.*; *aber* drei Zoll lang *§ 11 (7)*
zoll|bar
zoll|breit; *aber* drei Zoll breit
Zoll|breit, der *§ 11 (7) Anm. 1*; ein Zollbreit Stoff; *aber* der Stoff ist einen/zwei Zoll breit
zol|len; Lob ~
Zoll|fahn|der
zoll|frei
Zolli|nie [ll|l] *§ 7 (1), § 28 Anm.*
Zöll|ner
zoll|pflich|tig
Zom|bie, der (Untoter)
Zö|me|te|ri|um (Grabstätte)
zo|nal (die Zone betreffend)
Zo|ne
Zö|no|bit (Einsiedler)
Zö|no|bi|um (Kloster, Kolonie v. Lebewesen)
Zoo, der
Zoo...[tier *usw.*]
Zoo|gra|phie (Tierdarstellung)
Zoo|la|trie (Tierkult)
Zoo|lith, der (Tierversteinerung)

Zoo|lo|ge
Zoo|lo|gie (Tierkunde)
zoo|lo|gisch
Zoom, das (Brennweitenveränderung)
zoo|men; du zoomst
Zoo-Or|che|ster *§ 13 (7) (a)*
zoo|phag (fleischfressend)
Zoo|pha|ge, der
Zoo|phyt
Zopf; alter Zopf (*a.* überlebter Brauch)
zop|fig
Zo|res, der (Ärger; Gesindel)
Zo|ril|la, der/die (Marderart)
Zorn
Zorn...[ader *usw.*]
zorn|ent|brannt
Zornes...[röte *usw.*]
zor|nig
zorn|mü|tig
zorn|schnau|bend
Zo|ro|a|ster (*griech.*) (iran. Religionsstifter ~600 v. Chr.); *s. a.* Zarathustra
zo|ro|a|strisch
Zos|se[n], der (Pferd)
Zo|ster, der (Gürtelrose); Herpes zoster
Zo|te, die (unanständiger Witz)
Zo|ten|rei|ßer
zo|tig
Zot|te, die (Haarbüschel; Ausstülpung [d. Darmwand])
Zot|tel, die (Haarbusch)
Zot|tel|bär
Zot|tel|haar
zot|te|lig; *s. a.* zottlig
zot|tig
zott|lig; *s. a.* zottelig
ZPO (*Abk. v.* Zivilprozeßordnung) *§ 17 (2) Anm. 1*
Zr (*chem. Zeichen f.* Zirkonium)
Zscho|pau (Stadt, Fluß)
z. T. (*Abk. v.* zum Teil)
Ztr. (*Abk. v.* Zentner)
zu (*Präposition*); zu Recht (mit Recht); *aber* zurecht (*s. d.*); zu Haus[e], *a.* zuhaus[e]; (*Partikel beim Infinitiv*); zu gehen; *aber* aufzugehen *§ 8*; (*Partikel bei Adjektiven u. Adverbien*); zuviel *usw. § 12, a.* zu viel *usw.*; *als Verbzusatz zusammengeschrieben*: zuarbeiten *usw. § 9*; *in der Bedeutung* geschlossen *fakultativ zusammengeschrieben § 9 Anm. 1*: zu◡haben, *mit* sein *nur im Infinitiv und Partizip*: zu◡sein, zu◡gewesen; *aber* zu ist *§ 8*
zu|al|ler|al|ler|letzt
zu|al|ler|erst
zu|al|ler|letzt
zu|al|ler|meist
Zu|ar|beit
zu|äu|ßerst
Zu|bau
Zu|be|hör
Zu|ber, der
Zu|bett|ge|hen, das
zu|bil|li|gen
Zu|biß
zu◡blei|ben (geschlossen bleiben) *§ 9 Anm. 1*; *vgl.* zu
Zu|brin|ger
Zu|brot
Zu|bu|ße (Beitrag)
Zuc|chet|to, der (Zucchino)
Zuc|chi|ni (*Pl. von* Zucchino)
Zuc|chi|no, der (längliche Kürbisart); *Pl.* Zucchini
Zucht
Zucht...[haus *usw.*]
züch|ten
Züch|ter
züch|te|risch
züch|tig
züch|ti|gen
zucht|los
zuckeln [k|k]
Zuckel|trab [k|k]
zucken [k|k]
zücken [k|k]
Zucker [k|k]
Zucker...[dose *usw.*] [k|k]
zucker|hal|tig [k|k]
zucke|rig [k|k]; *s. a.* zuckrig
zucker|krank [k|k]
Zucker|krank|heit (Diabetes) [k|k]
Zuckerl, das (Bonbon) [k|k]
zuckern [k|k]; du zuckerst
Zucker|schlecken, das [k|k]; das ist kein ~
Zuck|fuß (Krampf bei Pferden usw.)
Zuck|may|er, Carl (dt. Schriftsteller 1896-1977)
Zuck|mücke [...mük|ke]
zuck|rig; *s. a.* zuckerig
Zu|decke [k|k]
zu|dem
zu|dring|lich
zu|eig|nen
zu|ein|an|der; *als Verbzusatz a. zusammengeschrieben § 10*: zueinander◡finden; *vgl.* einander
zu|er|ken|nen
zu|erst
zu|er|tei|len
Zu|er|werb
Zu|fahrt
Zu|fahrts...[straße *usw.*]
Zu|fall
zu|fäl|lig
zu|fäl|li|ger|wei|se
Zu|flucht
zu|fol|ge
zu|frie|den
zu|frie|den◡ge|ben, sich *§ 10*
zu|frie|den◡las|sen *§ 10*
zu|frie|den◡stel|len *§ 10*
Zu|fuhr
Zu|fuß|ge|hen, das
Zug, der
Zug (Kanton d. Schweiz)
Zug...[abteil *usw.*]
Zu|ga|be
Zu|gang
zu|gan|ge
zu|gän|gig
zu|gäng|lich
zu|ge|ben
zu|ge|dacht
Zu|ge|führ|te, der
zu|ge|ge|ben
zu|ge|ge|be|ner|ma|ßen
zu|ge|gen
Zu|geh|frau
Zu|ge|hör, das/die (Zubehör)
zu|ge|hö|rig
zu|ge|knöpft
Zü|gel
zü|gel|los

zü|geln; du zügelst
Zu|ge|mü|se
Zu|ge|rei|ste, der
zu|ge|risch
Zu|ger See (See in der Schweiz)
zu|ge|stan|den
zu|ge|stan|de|ner|ma|ßen
Zu|ge|ständ|nis, das
zu|ge|ste|hen
zu|ge|tan
zu|ge|wandt
zu|ge|wen|det
Zu|ge|winn
zug|fest
zu|gig
zü|gig
zug|kräf|tig
zu|gleich
Zu|griff
zu|grun|de; *Verbzusatz*; *a. zusammengeschrieben § 10*: zugrunde◡legen *usw.*
zu|grun|de◡ge|hen *§ 10*
Zu|grun|de|ge|hen, das
zu|grun|de◡le|gen *§ 10*
Zu|grun|de|le|gung
zu|grun|de◡lie|gen *§ 10*
zu|grun|de◡lie|gend *§ 11 (3)*
zu|grun|de◡rich|ten *§ 10*
Zug|sal|be
Zug|scheit, das (Teil des Zuggeschirrs)
Zug|spitz|bahn
Zug|spit|ze (Alpengipfel)
zu|gucken [k|k]
Zug-um-Zug-Lei|stung *§ 13 (4)*
zu|gun|sten (*Präposition*) *§ 12*; *aber* zu meinen Gunsten
zu|gu|te; ~ halten, kommen, tun
zu gu|ter Letzt
zu◡ha|ben (geschlossen haben) *§ 9 Anm. 1, § 10*; *vgl.* zu
zuhal|ten
Zu|häl|ter
Zu|häl|te|rei
zu|häl|te|risch
zu|han|den
zu Hän|den, *Abk.* z. H., z. Hd.
zu|hauf
zu|haus, zu|hau|se *§ 12*; *a.* zu Haus, zu Hause
Zu|hau|se, das
Zu|hau|se|ge|blie|be|ne, der
Zu|hil|fe|nah|me
zu|hin|terst
zu|höchst
Zu|hö|rer
Zui|der|see (Nordseebucht, *heute* Ijsselmeer)
zu|in|nerst
Zu|kauf
Zu|kost
Zu|kunft
zu|künf|tig
Zu|kunfts...[angst *usw.*]
zu|kunfts|träch|tig
zu|kunft[s]|wei|send
Zu|la|ge
zu|lan|de; bei uns zulande; *aber* hierzulande; zu Wasser und zu Lande
zu|läng|lich
zu|läs|sig
zu La|sten; zu Lasten der Staatskasse
Zu|lauf
zu|leid, zu|lei|de; ~ tun
zu|letzt
zu|lie|be
Zu|lie|fe|rant
Zu|lie|fe|rer
Zu|lu, der (Angehöriger eines Bantuvolks)
Zu|luft
zum (*Verschmelzung von* zu *und* dem) *§ 25 (1) Anm. 3*
zu|ma|chen *§ 9*
zu|mal
zum Bei|spiel; *Abk.* z. B.
zu|meist
zu|min|dest
zu|mut|bar
zu|mu|te
zu|nächst
Zu|nächst|lie|gen|de, das
Zu|nah|me, die (*zu* zunehmen)
Zu|na|me, der
zünd|bar
Zünd|blätt|chen; *s. a.* Zündplättchen
zün|deln
zün|den
zün|dend
Zun|der, der (leichtentzündl. Stoff aus Zunderschwamm)
Zün|der
Zun|der|schwamm (Pilz)
Zünd|plätt|chen; *s. a.* Zündblättchen
zu|neh|men *§ 9*
zu|nei|gen *§ 9*
Zu|nei|gung
Zunft
Zunft...[haus *usw.*]
zünf|tig
Zünft|ler
Zun|ge
Zün|gel|chen
zün|geln
Zun|gen...[spitze *usw.*]
zun|gen|fer|tig
Zun|gen-r, das *§ 13 (2)*
Züng|lein
zu|nich|te; ~ machen
zu|nie|derst
Züns|ler (Schmetterling)
zu|nut|ze; ~ machen
zu|oberst
zu|or|den|bar
zu|paß, zu|pas|se; ~ kommen
zup|fen
Zupf|gei|ge
Zupf|gei|gen|han|sel (Liederbuch der Wandervogelbewegung)
Zupf|in|stru|ment
zur (*Verschmelzung von* zu *und* der) *§ 25 (1) Anm. 3*
Zur|ba|rán, Francisco (span. Maler 1598-1664)
Zür|cher; *s. a.* Züricher
zür|che|risch; *s. a.* züricherisch
zu|re|chen|bar
zu|rech|nungs|fä|hig
zu|recht; *als Verbzusatz a. zusammengeschrieben § 10*: zurecht◡basteln *usw.*; *aber* zu Recht geschehen, *vgl.* Recht
zu|re|den; gut ~
Zu|re|den, das
zu|rei|chend
Zü|rich (Stadt in der Schweiz)
Zü|ri[ch]|biet, das (Gegend um Zürich)
Zü|ri[ch]|bie|ter
Zü|ri|cher; *s. a.* Zürcher
zü|ri|che|risch; *s. a.* zürcherisch

Zü|rich|see (See bei Zürich)
Zu|rich|te|bo|gen (Schablone)
zu|rich|ten
Zu|rich|ter
zür|nen
zur|ren
Zur|ring, die (Leine)
Zur|schau|stel|lung
zu|rück; *als Verbzusatz a. zusammengeschrieben § 10*: zurück◡behalten *usw.*
Zu|ruf
zur Zeit; *Abk.* z. Z., z. Zt.; *a.* zurzeit
zur|zeit, zur Zeit
Zu|sa|ge
zu|sa|gend
zu|sam|men; *als Verbzusatz a. zusammengeschrieben § 10, (3)*: zusammen◡legen *usw.*; *mit* sein *nur beim Infinitiv und Partizip*
Zu|sam|men...[bruch *usw.*]
zu|sam|men◡ar|bei|ten *§ 10*
Zu|sam|men|kunft
zu|sam|men◡läp|pern *§ 10*
zu|sam|men◡pfer|chen *§ 10*
zu|sam|men◡schu|stern *§ 10*
zu|sam|men◡sein *§ 10*; *Zusammenschreibung nur beim Infinitiv und Partizip üblich § 8*: zusammen◡gewesen, zusammenzusein *oder* zusammen zu sein; *aber* zusammen ist
Zu|sam|men|sein, das
zu|samt
Zu|satz
Zu|sätz...[zahl *usw.*]
zu|sätz|lich
zu|schan|den; ~ machen, werden
Zu|schau|er
Zu|schlag
zu|schlag|frei
Zu|schnitt
Zu|schrift
zu|schul|den; sich etw. ~ kommen lassen
Zu|schuß
Zu|schuß...[betrieb *usw.*]
zu|schu|stern
Zu|se, Konrad (dt. Ingenieur 1910-1995)
zu|se|hends
zu◡sein (geschlossen sein) *§ 9 Anm. 1*; *Zusammenschreibung nur im Infinitiv und Partizip üblich*: zu◡gewesen, zuzusein *oder* zu zu sein; *aber* daß er zu ist
zu sei|ten
zu|si|chern *§ 9*
Zu|spei|se
Zu|spiel
Zu|spruch
Zu|stand
zu|stan|de *§ 12*; *Verbzusatz, a. zusammengeschrieben § 10*: zu|stan|de◡brin|gen
zu|stan|de◡brin|gen *§ 10*
zu|stan|de◡kom|men *§ 10*
Zu|stan|de|kom|men, das
zu|stän|dig
zu|stän|di|gen|orts *§ 12*
zu|stän|dig|keits|hal|ber *§ 12*
zu|ständ|lich
zu|stat|ten *§ 12*; ~ kommen
Zu|stell...[gebühr *usw.*]
Zu|strom
zu|ta|ge; ~ fördern
Zu|tat
zu|teil *§ 12*; ~ werden
zu|tiefst
Zu|trä|ger
Zu|trä|ge|rei
zu|träg|lich
Zu|trau|en, das
zu|trau|lich
zu|tref|fen|den|falls *§ 12*
Zu|tritt
zut|schen; du zutschst
zu|tu|lich
Zu|tun, das; ohne mein ~
zu|tun|lich
zu|un|gun|sten *§ 12*; *aber* zu seinen Ungunsten
zu|un|terst *§ 12*
Zu|ver|dienst, der
zu|ver|läs|sig
Zu|ver|sicht
zu|ver|sicht|lich
zu◡viel *§ 12*; *gebeugte Formen meist getrennt geschrieben*: zu viele; ~ bekommen
Zu|viel, das
zu|vor (1. *Adverb* vorher; 2. *Verbzusatz*)
zu|vor|derst
zu|vör|derst
zu|vor|kom|men (schneller sein) *§ 9*; *aber* zuvor kommen (vorher kommen)
zu|vor|kom|mend *§ 11 (3)*
Zu|vor|kom|men|heit
zu|vor|tun (sich auszeichnen) *§ 9*; *aber* etwas zuvor tun (vorher tun)
Zu|waa|ge
Zu|wachs
Zu|wan|de|rer, Zu|wand|rer
zu|we|ge *§ 12*; ~ bringen
zu|wei|len
zu◡we|nig *§ 12*; *gebeugte Formen meist getrennt geschrieben*: zu wenige
zu|wi|der; ~ sein
zu|wi|der◡han|deln *§ 10*
zu|wi|der◡han|delnd *§ 11 (3)*
Zu|wi|der|han|deln|de, der (*jurist.*)
Zu|wi|der|hand|lung
zu|wi|der◡lau|fen *§ 10*
zu Wil|len; zu Willen sein
zu|zei|ten (manchmal) *§ 12*; *aber* zu Zeiten Goethes
zu|zeln (saugen)
Zu|zug
Zu|züg|ler
zu|züg|lich
Zu|zugs|ge|neh|mi|gung
ZVS (*Abk. v.* Zentralstelle für die Vergabe von Studienplätzen) *§ 17 (2) Anm. 1*
zwacken [k|k]
Zwang
zwän|gen
zwang|haft
Zwang|huf (Mißbildung)
zwang|läu|fig
zwang|los
Zwangs...[anleihe *usw.*]
zwangs|läu|fig
zwangs|um|sie|deln
zwangs|ver|schicken [k|k]
zwangs|ver|stei|gern
zwangs|vor|füh|ren
zwangs|wei|se

zwan|zig; *vgl.* acht
zwan|zi|ger; die zwanziger Jahre; der Zwanziger
Zwan|zig|flach, das
Zwan|zig|fläch|ner
zwan|zig|jäh|rig; 20jährig *§ 13 (2) Anm. 2*
Zwan|zig|mark|schein; 20-Mark-Schein *§ 13 (2)*
Zwan|zig|pfen|nig|mar|ke
zwan|zig|ste; jeder ~; *vgl.* achte
zwan|zig|tau|send
Zwan|zig|uhr|nach|rich|ten; *a.* Zwanzig-Uhr-Nachrichten, 20-Uhr-Nachrichten *§ 13 (2)*
zwar
Zweck
Zweck...[bau *usw.*]
zweck|dien|lich
Zwecke [k|k]
zwecken [k|k]; du zweckst
zweck|ent|frem|den
zweck|ent|spre|chend
zweck|ge|bun|den
zweck|ge|mäß
zweck|haft
zweck|mä|ßig
zweck|mä|ßi|ger|wei|se *§ 12*
zwecks
zweck|wid|rig
Zweh|le, die (Tuch)
zwei; zu zweit, zu zweien *§ 15 (6)*; Diener zweier Herren; zweimal, 2mal *usw. § 13 (2) Anm. 2*; Zweimarkstück, 2-Mark-Stück *usw. § 13 (2)*; *vgl.* acht, Zwei
Zwei, die; die Zahl Zwei; *vgl.* Acht[1], zwei
Zwei|ach|ser, 2achser *§ 13 (2) Anm. 2*
zwei|ach|sig, 2achsig *§ 13 (2) Anm. 2*
Zwei|ak|ter
zwei|ak|tig
zwei|ar|mig
Zwei|bei|ner
zwei|bei|nig
Zwei|bett|zim|mer, 2-Bett-Zimmer *§ 13 (2)*
Zwei|blatt, das (Pflanze)
Zwei|brücken (Stadt) [k|k]
Zwei|brücke|ner [k|k]
Zwei|brücker [k|k]
Zwei|bund, der
Zwei|decker [k|k]
zwei|deu|tig
zwei|di|men|si|o|nal
Zwei|drit|tel|mehr|heit
zwei|ei|ig; zwei|ei|i|ge Zwillinge
zwei|ein|halb
Zwei|er, der
Zwei|er...[bob *usw.*]
zwei|er|lei
zwei|fach; 2fach *§ 13 (2) Anm. 2*; das Zweifache, 2fache
Zwei|fa|mi|li|en|haus
Zwei|far|ben|druck
zwei|far|big
Zwei|fel
Zwei|fel...[sucht *usw.*]
zwei|fel|haft
zwei|fel|los
zwei|feln
Zwei|fels|fall
zwei|fels|frei
zwei|fels|ohne
Zweif|ler
zweif|le|risch
zwei|flü|ge|lig; *s. a.* zweiflüglig
Zwei|flüg|ler
zwei|flüg|lig; *s. a.* zweiflügelig
Zwei|fron|ten|krieg
Zwei|fü|ßer
Zweig, der
Zweig, Arnold (dt. Schriftsteller 1887-1968); Stefan ~ (österr. Schriftsteller 1881-1942)
zwei|ge|schlech|tig
Zwei|ge|spann
zwei|ge|stri|chen
zwei|glei|sig
zwei|glie|de|rig, zwei|glied|rig
Zwei|hän|der
zwei|hän|dig
zwei|häu|sig
Zwei|heit
zwei|hen|ke|lig, zwei|henk|lig
zwei|hun|dert
Zwei|hun|dert|euro|schein
Zwei|jah|res|plan
Zwei|kampf
Zwei|ka|nal|ton
zwei|keim|blät|te|rig, zwei-keimblätt|rig
zwei|köp|fig
Zwei|kreis|brem|se
Zwei|li|ter|fla|sche, 2-Liter-Flasche *§ 13 (2)*
zwei|mäh|dig (zweimal im Jahr zu mähen)
zwei|mal; *aber* zwei Male; *s.* mal, Mal
zwei|ma|lig
Zwei|mann|boot
Zwei|mark|stück
Zwei|ma|ster
zwei|mo|to|rig
Zwei|par|tei|en|sy|stem
Zwei|pfen|nig|stück, 2-Pfennig-Stück *§ 13 (2)*
Zwei|pha|sen|strom
Zwei|rad; ~ fahren
zwei|rä|de|rig, zwei|räd|rig
Zwei|rei|her
zwei|rei|hig
Zwei|ru|de|rer
zwei|sam
zwei|schlä|fe|rig, zweischläf|rig
zwei|schnei|dig
zwei|sei|tig
zwei|sil|big
Zwei|sit|zer
zwei|sit|zig
zwei|spal|tig
Zwei|spän|ner
zwei|spän|nig
zwei|spra|chig
zwei|spu|rig
zwei|stel|lig
zwei|stim|mig
zwei|stöckig [k|k]
Zwei|strom|land (Land zwischen Euphrat u. Tigris)
zwei|stück|wei|se
Zwei|stu|fen|ra|ke|te
zwei|stu|fig
zwei|stün|dig
zwei|stünd|lich
Zweit...[frisur *usw.*]
Zwei|tak|ter
Zwei|takt|mo|tor
zwei|tau|send
Zwei|tau|sen|der
zweit|be|ste; der ~ Schüler; er wurde Zweitbester; *vgl.* achte
zwei|te; *in rein numerischer*

Verwendung (Abzählen) klein geschrieben § 15 (6); Großschreibung in Eigennamen, bei festen Begriffen oder wenn es sich um die Rolle eines Zweitplazierten o. ä. handelt § 15 (7), (8): der zweite, jeder zweite, wie kein zweiter (wie niemand sonst), zum zweiten (zweitens), aus zweiter Hand, mein zweites Ich; er wurde Zweiter; ein Zweites; Zweites Deutsches Fernsehen (*Abk.* ZDF), der Zweite Weltkrieg, Wilhelm der Zweite, Wilhelm II. (1859-1941).; *vgl.* achte

Zwei|tei|ler

zwei|tei|lig

Zwei|tei|lung

zwei|tens

Zwei|te[r]-Klas|se-Ab|teil

zweit|größ|te; der ~ Erdteil

zweit|höch|ste; der ~ Berg

zweit|klas|sig

Zweit|kläß|ler

zweit|letz|te; der ~ Teilnehmer; er wurde Zweitletzter; vgl. achte

zwei|tou|rig

zweit|ran|gig

zweit|schlech|te|ste; der ~ Schüler; *vgl.* achte

zwei|tü|rig

zwei|und|ein|halb

zwei|und|zwan|zig

zwei|wer|tig

Zwei|zei|ler

zwei|zei|lig

Zwei|zim|mer|woh|nung

Zwei|zü|ger

Zwei|zy|lin|der

Zwei|zy|lin|der|mo|tor

zwei|zy|lin|drig

Zwen|ke, die (Gras)

Zwerch|fell (Scheidewand zwischen Brust und Bauch)

Zwerch|fell|at|mung

zwerch|fell|er|schüt|ternd

Zwerg

Zwerg...[baum *usw.*]

zwerg|ar|tig

Zwer|gen...[volk *usw.*]

zwer|gen|haft

zwerg|haft

zwer|gig

zwerg|wüch|sig

Zwet|sche, Zwetsch|ge, Zwetsch|ke

Zwickau (Stadt) [k|k]

Zwickel [k|k]

zwicken [k|k]

Zwicker [k|k]

Zwick|müh|le (Stellung im Mühlespiel; Zwangslage)

Zwie|back, der

Zwie|bel

Zwie|bel...[kuchen *usw.*]

Zwie|bel|fisch (falscher Buchstabe)

zwie|beln

zwie|fach; der Zwiefache (Tanz)

zwie|fäl|tig

Zwie|ge|sang

Zwie|ge|spräch

Zwie|laut

Zwie|licht

zwie|lich|tig

Zwie|na|tur

Zwie|sel, das (Gabelung von Bäumen)

Zwie|sel...[beere *usw.*]

zwie|se|lig; *s. a.* zwieslig

zwie|seln

zwies|lig; *s. a.* zwieselig

Zwie|spalt

zwie|späl|tig

Zwie|spra|che

Zwie|tracht, die

Zwilch, der (Gewebe); *s. a.* Zwillich

zwil|chen (aus Zwilch, Zwillich)

Zwil|le, die (gabelförmige Steinschleuder)

Zwil|lich, der (Gewebe); *s. a.* Zwilch

Zwil|lich...[hose *usw.*]

Zwil|ling

Zwil|lings...[bruder *usw.*]

Zwing|burg

Zwin|ge, die (Einspanngerät)

zwin|gen; du zwingst, zwangst, zwängest; gezwungen

zwin|gend

Zwin|ger, der (Käfig f. Hunde)

Zwing|herr

Zwing|herr|schaft

Zwing|li, Ulrich (schweizer. Reformator 1484-1531)

Zwing|li|a|ner

zwin|kern

zwir|beln

Zwirn, der (Garn; Tuch)

zwir|nen

Zwir|ne|rei

Zwirns|fa|den

zwi|schen (*Präposition*); *als Verbzusatz zusammengeschrieben*: zwischenblenden *usw.*

Zwi|schen...[akt *usw.*]

zwi|schen|drein

zwi|schen|drin

zwi|schen|durch

zwi|schen|hi|nein

zwi|schen|in|ne

zwi|schen|mensch|lich

zwi|schen|spei|chern

zwi|schen|staat|lich

zwi|schen|zeit|lich

Zwist, der (Streit)

zwi|stig

zwit|schern

Zwit|ter, der (zweigeschlechtige Wesen)

zwit|ter|haft

zwit|te|rig, zwitt|rig

zwo (zwei)

zwölf; zu zwölft, zu zwölfen; die Zwölf Nächte (zwischen Weihnachten und Epiphanias) *§ 15 (7)*; *vgl.* acht

Zwölf, die; die Zahl Zwölf; *vgl.* Acht[1]

Zwölf|ach|ser; 12achser *§ 13 (2) Anm. 2*

zwölf|ach|sig; 12achsig *§ 13 (2) Anm. 2*

Zwölf|eck; 12eck *§ 13 (2) Anm. 2*

zwölf|eckig [k|k]

zwölf|ein|halb

Zwölf|en|der

Zwöl|fer

zwöl|fer|lei

zwölf|fach; 12fach *§ 13 (2) Anm. 2*; das Zwölffache, das 12fache

Zwölf|fin|ger|darm
Zwölf|flach
Zwölf|fläch|ner
Zwölf|kampf
Zwölf|kämp|fer
zwölf|mal; 12mal *§ 13 (2) Anm. 2*
zwölf|ma|lig
Zwölf|mei|len|zo|ne
Zwölf|ta|fel|ge|setz (altröm. Gesetz)
zwölf|tau|send
zwölf|te; Karl der Zwölfte; *vgl.* achte
zwölf|tel; *vgl.* achtel
Zwölf|tel, das; *vgl.* Achtel
zwölf|tens
Zwölf|tö|ner
Zwölf|ton|mu|sik
Zwölf|ton|ner; 12tonner *§ 13 (2) Anm. 2*
zwölf|und|ein|halb
Zwölf|zy|lin|der
Zwölf|zy|lin|der|mo|tor
zwölf|zy|lin|drig
zwo|te (zweite); der Zwote
z. Wv. (*Abk. v.* zur Wiedervorlage)
z. w. V. (*Abk. v.* zur weiteren Veranlassung)
Zy|an, das (Blausäure); *a.* Cyan (*chem.*)
Zy|a|ne, die (Pflanze)
Zy|a|nid, das (Salz der Blausäure)
Zy|an|ka|li, das (Kaliumsalz d. Blausäure)
Zy|a|no|se (Blausucht, Sauerstoffmangel)
Zy|go|ma, das (Jochbogen)
Zy|go|te, die (Zellstadium nach der Befruchtung)
Zy|kla|me, die (Alpenveilchen)
Zy|kla|men, das (Alpenveilchen)
Zy|kli|ker; *s. a.* Kykliker
zy|klisch; *s. a.* kyklisch
Zy|klo|i|de, die (Rollkurve)
Zy|klo|id|schup|pe (Fischschuppenart)
Zy|klon, der (Wirbelsturm)
Zy|klon, das (Blausäuregift); Zyklon B
Zy|klo|ne, die (Tiefdruckgebiet)
Zy|klop (einäugiger Riese); *s. a.* Kyklop
Zy|klo|pen...[auge *usw.*]
Zy|klo|pie
zy|klo|pisch; *s. a.* kyklopisch
zy|klo|thym (manisch-depressiv)
Zy|klo|thy|mie
Zy|klo|tron, das (Teilchenbeschleuniger)
Zy|klus (Kreis); *Pl.* Zyklen
Zy|lin|der (walzenförmiger Körper)
Zy|lin|der...[block *usw.*]
zy|lin|drisch
Zy|ma|se, die (Enzym)
Zy|mo|lo|gie (Gärungsforschung)
Zy|mo|tech|nik
zy|mo|tisch
Zy|ni|ker
zy|nisch (menschenverachtend)
Zy|nis|mus
Zy|per|gras
Zy|pern (Mittelmeerinsel)
Zy|per|wein
Zy|prer
Zy|pres|se (Baum)
zy|pres|sen (aus Zypressenholz)
Zy|pres|sen|hain
Zy|pri|er
Zy|pri|ot
zy|pri|o|tisch
zy|prisch
Zy|ri|a|kus (*Name e. Heiligen*)
zy|ril|lisch; *s. a.* kyrillisch
Zyst|al|gie (Harnblasenschmerz)
Zy|ste, die (Blase)
Zyst|ek|to|mie (Blasenentfernung)
zy|stisch
Zy|sti|tis, die (Blasenentzündung)
Zy|sto|skop, das (Blasenspiegel)
Zy|to|lo|ge
Zy|to|lo|gie (Zellforschung)
zy|to|lo|gisch
Zy|to|plas|ma, das (Zellplasma)
Zy|to|to|xin (Zellgift)
zy|to|to|xisch
z. Z., z. Zt. (*Abk. v.* zur Zeit)